Des coR Cha dOS

2021

CB032131

GUIA DE VINHOS DA ARGENTINA, BRASIL, CHILE & URUGUAI

PATRICIO TAPIA

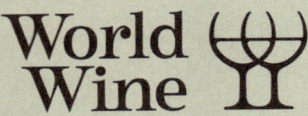

DescoRChadOS

2021

GUIA DE VINHOS DA ARGENTINA, BRASIL, CHILE & URUGUAI

By Patricio Tapia A.

PUBLISHER
Christian Burgos
EDITOR DE VINHO
Eduardo Milan
EDITORA
Pilar Hurtado
DIRETORA DE OPERAçõES, BRASIL
Christiane Burgos
REPRESENTANTE COMERCIAL, BRASIL
Sônia Machàdo
PRODUTORA GERAL
Lina María Gómez
PRODUTOR ASSOCIADO, ARGENTINA
Winifera
SOMMELIER, CHILE
Víctor Lara
PRODUTORA COMERCIAL, CHILE
María Paz Jiménez
DESIGN
Claudia Caviedes
EDIÇÃO DE ARTE, BRASIL
Ricardo Torquetto
ILUSTRAÇÃO CAPA
Pablo Bernasconi
ILUSTRAÇÃO MAPAS
Margarita Gómez & Pablo Fernández
TRADUÇÃO E REVISÃO
Arnaldo Grizzo e Eduardo Milan
ASSESSOR EM GEOLOGIA
Guillermo Corona (Argentina)
Eder González (Chile)

Guia Descorchados 2021.
Produzido por Guia Descorchados
www.guiadescorchados.cl
info@guiadescorchados.cl

Textos © 2020, Patricio Tapia
Produção © 2020, Guia Descorchados

Primeira edição: março de 2021.

ISBN: 978-65-991805-2-1
Impresso em Vox Editora

GOSTARIAM DE
UM CHÁ OU UM CAFÉ?

É PROVÁVEL QUE A PRIMEIRA VEZ QUE TENHA ESCUTADO ESSA PALAVRA FOI DURANTE UMA CONVERSA COM DOMINIK HUBER EM SUA CASA EM TORROJA DEL PRIORAT. NÃO ME LEMBRO EXATAMENTE EM QUE ANO, MAS COM CERTEZA NÃO FOI HÁ MUITO TEMPO. HUBER É UM DOS RESPONSÁVEIS PELOS VINHOS DE TERROIR AL LIMIT, UM NOME PRIMORDIAL SE VOCÊ QUISER CONHECER A PROFUNDA TRANSFORMAÇÃO SOFRIDA NO ESTILO DOS VINHOS DO PRIORATO NOS ÚLTIMOS, DIGAMOS, CINCO ANOS.

De modo que aquela conversa não pode ter acontecido há mais de cinco anos, no terraço de sua casa em Torroja, com algumas taças sobre a mesa. Lá, depois de ter provado seu **Les Manyes**, um Garnacha elaborado a partir de vinhas com mais de 50 anos, plantadas a cerca de 800 metros acima do povoado de Scala Dei – a escada para Deus – aquela palavra entrou na conversa: infusão.

Não bebíamos chá, muito menos alguma infusão à base de ervas, mas sim aquele Garnacha delicioso que, se não é o melhor exemplo de sua variedade no mundo, está pelo menos entre os três primeiros e redefine também a ideia do Priorato, tudo de uma só vez. Com apenas um gole, você esquece os solos de ardósia (licorella) para se concentrar na argila e no cal, algo parecido com a Borgonha, mas nas colinas catalãs exatamente onde a escada leva para Deus, que não é uma imagem minha, mas dos monges cartuxos que se estabelece-ram por lá há 900 anos para fazer aguardente. Mas, isso é uma outra história.

Infusão. Foi essa a palavra que Huber usou - não é um cara particularmente simpático, mas com fortes convicções - ao se referir à forma como ele faz seus vinhos. Cachos inteiros na cuba de fermentação, algum trabalho manual ali e nada mais. Nada de novo, se pensarmos bem. Na Borgonha, é uma técnica que outros monges usaram durante séculos. O que há de novo

CANTU IMPORTADORA

OS MELHORES CANTU

DescoR ChadOS

2021

BEBA COM MODERAÇÃO

95 puntos — DES COR CHA DOS

96 puntos — DES COR CHA DOS

97 puntos — DES COR CHA DOS

94 puntos — DES COR CHA DOS

94 puntos — DES COR CHA DOS

MEJOR ROSADO

MEJORES CABERNET SAUVIGNON

MEJORES TINTOS

MEJORES CABERNET SAUVIGNON

MEJORES MAIPO ANDES

MEJORES CARMENÈRE

MEJORES MAIPO COSTA

MEJOR CABERNET FRANC

 /CANTUIMPORTADORA

 CANTUIMPORTADORA.COM.BR

BRACCOBOSCA

Susana Balbo
WINES

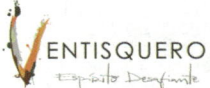
VENTISQUERO

é a palavra "infusão" e o que ela significa no mundo moderno do vinho, e principalmente no mundo dos vinhos sul-americanos, o tema que nos une.

Digamos que haja duas maneiras de fazer vinho. Uma poderia ser essa infusão, ou seja, fazer vinho como se prepara um chá. Deixe as folhas impregnar lentamente a água (o suco da polpa das uvas) com suas cores e sabores. Aí escorra tudo e pronto.

A outra é a mais utilizada e requer um trabalho mecânico ou, se a máquina não estiver disponível, um trabalho um pouco mais violento. Moer as uvas, com ou sem pedúnculo, mas moê-las. Se pudermos colocar em termos simples, isso não é fazer chá, mas sim café.

No vinho deste lado do mundo, e em muitos outros lugares, ocorreram mudanças substanciais nas últimas duas décadas. O primeiro, e já repetidamente relatado nestas e em outras páginas de publicações especializadas, é a ideia de obter maior frescor. Deixar de lado a supermadurez e tentar expressar uma ideia, um lugar, um estilo, por meio de sucos de uva com menos álcool. E isso porque existe um consenso entre as pessoas que pensam em vinho em relação à ideia de que se eu amadurecer demais meus cachos, tudo que eu fizer, tanto no Chile quanto na China, tenderá a ser igual, independente da variedade ou, pior, independentemente da origem dessas uvas.

Nos últimos anos de Descorchados assistimos a uma revolução vitivinícola que começa a mostrar as suas diferenças à medida que as safras avançam. Isso aconteceu no vale do Uco, em Mendoza, ou no Maipo, no Chile, ou no Uruguai, entre os Tannat de solos graníticos voltados para o Atlântico ou os de solos argilosos e calcários voltados para o rio da Prata. O que antes

era apenas uma massa de vinhos bons mas genéricos, graças a uma maior precisão no corte dos cachos, tem conseguido mostrar sentido de lugar.

Mas, acreditamos, que faltava essa parte da equação, o que acontece na vinícola. E sim, já ouvimos muitas vezes: "o vinho se faz na vinha". Parece lindo, mas todos sabemos que isso é suficiente apenas para uma imagem romântica. Se você faz muito bem na vinha, mas estraga na vinícola, todo esforço é inútil.

A infusão está intimamente ligada à ideia de interferir o mínimo possível. É a noção de espelho, que mostra como são os sabores da uva na vinha através do vidro de uma garrafa, procurando ser fiel, não colocar a mão em demasia, não distorcer. Nisso, quanto menos tarefas mecânicas e intrusivas houver, em teoria o reflexo no espelho será mais nítido.

É um assunto questionável e discutível em muitas áreas. Mas o que constatamos nas nossas provas em Descorchados é que alguns dos vinhos (não todos) que mais apreciamos são aqueles em que a ideia de fazer chá prevalece sobre a de fazer café. Café moído ruidosamente no moinho ou na mais sofisticada das cafeteiras italianas, esse ruído antes do líquido encher a xícara.

É uma teoria que, aliás, terá de ser discutida, sobretudo a partir do discurso de todos aqueles produtores que se orgulham de seus terroirs, que proclamam que a chave para um grande vinho está no clima, na topografia, na tradição. E sim, é um clichê com sabor de adoçante artificial, mas às vezes a ideia de fazer menos para conseguir mais é verdadeira. E tem o gosto e o cheiro sutil de uma cerimônia do chá.

Este é o Descorchados 2021. Venham e leiam. Há um bom café aqui e também algumas xícaras de chá sublimes, que adoraríamos compartilhar com vocês.

Patricio Tapia
patricio@guiadescorchados.cl

WINE BRANDS

VOCÊ CONHECE NOSSOS
CANAIS DE VENDA?

Comprar da Winebrands é fácil e prático!

🌐 Acesse nosso site e aproveite o cupom ADEGA15 para ganhar 15% desconto em compras acima de R$ 100,00

👧 Se preferir ser atendido por um de nosso consultores ligue 0800 771 5556 ou mande mensagem para WhatsApp para 11 94308-8266. Entregamos em todo o território nacional e com delivery de até 4 horas na Grande São Paulo!

🏪 Não deixe de visitar a Loja de vinhos mais Simpática de São Paulo com muitas novidades e promoções exclusivas. Estamos em frente à Hípica de Santo Amaro, na Chácara Santo Antônio.

PARA FICAR POR DENTRO DAS NOVIDADES E OFERTAS FIQUE DE OLHO EM NOSSAS MÍDIAS SOCIAIS OU CADASTRE-SE NO NOSSO SITE!

winebrands.com.br • 📷 winebrandsbr • 📷 lojawinebrands

DELIVERY SP: 📞 11 9 6906 1432

TELEVENDAS: 0800 771 5556

LOJA FÍSICA: Rua Visconde de Taunay, 711. Chácara Santo Antonio - São Paulo/SP. De Seg a Sab das 10h às 18h.

ACESSE NOSSO CATÁLOGO

DESAFIOS E
CRESCIMENTO

NESTE ÚLTIMO ANO NÃO FOI SÓ A CIRCULAÇÃO DE PESSOAS QUE FICOU COMPROMETIDA. TERIA ATÉ SIDO FÁCIL RECEBER AS MILHARES DE AMOSTRAS E DEGUSTAR "EM CASA" FALANDO COM OS ENÓLOGOS POR ZOOM. MAS A CIRCULAÇÃO DE AMOSTRAS FICOU PRATICAMENTE IMPOSSÍVEL.

Por isso, tirando o Chile, Patrício viajou enfrentando a pandemia para produzirmos este guia que está em suas mãos. Para degustar, foi dirigindo sozinho de Santiago a Mendoza, e depois veio ao Brasil sob um rígido protocolo que criamos. Afinal, não podíamos nos dar ao luxo de perder olfato e paladar do Patrício ou de nossa equipe de degustação.

Fomos um espelho da resiliência e flexibilidade que a Covid-19 exigiu de todos. E deu certo! Em nosso país, a firmeza de propósito em continuar levando o vinho e sua mensagem adiante foi acolhida de maneira fenomenal. A consultoria Wine Intelligence revelou que o número de consumidores regulares de vinho saltou de 32 milhões de adultos em 2018 para 39 milhões em 2020.

Isso é motivo de comemoração e um estímulo para que produtores e enólogos se desdobrem para elaborar belos vinhos em qualquer categoria de preço, para que possamos avaliar, selecionar e divulgar os melhores entre eles; e para que importadores e distribuidores os levem até você.

Mais do que uma cadeia de valor agregado, temos aqui uma cadeia de paixão agregada. A paixão pelo vinho, capaz de agregar doses de felicidade ao nosso dia a dia e de nos transportar em taças numa viagem pelos mais lindos terroirs da América do Sul.

Christian Burgos

ARGENTINA

2021

Vinhedo de Un Lugar en los Andes

INFORME DESCORCHADOS ARGENTINA 2021

Uco radical.

À MEDIDA QUE a truta começa a fritar no óleo, surge uma pequena controvérsia. Tomás, o caçula dos filhos de Walter Scibilia, nosso anfitrião em seu sítio em San Pablo, uma das áreas mais altas do vale do Uco, garante que foi ele quem pescou todas aquelas trutas; sete ou oito animais de bom tamanho, barrigudas, suculentos. Ele e o irmão mais velho, Mateo, acabaram de pegá-las naquela manhã em um dos meandros do rio que corre bem na frente de sua casa, no meio das montanhas.

Como Mateo ainda não apareceu para corroborar essa história, Tomás se gaba de sua habilidade na pescaria. E de vez em quando dá uma olhada nas trutas que seu pai frita no óleo fervente. A história de Thomas é plausível. Os quatro filhos de Walter são, de certa forma, um quarteto de encantadores meninos selvagens, criados naquela paisagem severa e montanhosa do Uco, ao pé da Cordilheira dos Andes, no meio de rios e trilhas em uma fazenda que tem mais de dez mil hectares e que chega - Walter me assegura - até a fronteira com o Chile.

Crianças selvagens, felizes, simples e ligadas à terra, como também parece Walter Scibilia, um latifundiário com uma terra que, na Europa, poderia ser um país inteiro, mas na imensidão do campo argentino, na sombra andina, é nada mais nada menos que um vasto pedaço de terra, majoritariamente constituído por montanhas e falésias que só servem para que seu gado ir de um lado para o outro à procura de pastagens.

Trutas

Walter Scibilia

Porém, ao lado do rio, que é onde estamos naquele momento, a fazenda de Walter oferece uma pausa verde e um ambiente fresco. Um recanto no meio do deserto que cheira a ervas e a pasto, e as trutas barrigudas sendo fritas, peixes carnudos que Tomás - já seguro de que a sua história foi aceita - contempla com orgulho.

Mas então Mateo chega e conta sua própria versão do dia da pescaria. E a história, obviamente, difere muito da de seu irmão mais novo, principalmente na responsabilidade que coube a cada um na obtenção daquelas trutas. Rindo e com um Tomás meio chateado, mas feliz que os peixes estejam prontos, aparece aquela enorme bandeja de trutas que se derrete na boca e que ao mesmo tempo estala com seus espinhos dourados. Em questão de minutos, não sobra nada.

Acompanhamos a refeição com o Pinot Noir que Walter obtém de seu pequeno vinhedo entre o rio e sua casa, um hectare de vinhedos em uma suave encosta plantada em 2003 e que, desde 2017, é vinificada junto com Sebastián Zuccardi, da vinícola Zuccardi, no projeto Un Lugar en Los Andes.

A safra 2018 é a segunda de **Un Lugar en los Andes Pinot Noir** e, assim como a primeira ou, talvez ainda mais evidente, são os aromas herbáceos que emanam deste tinto. Tem aromas de frutas vermelhas, refrescantes, mas principalmente das ervas que se sentem ao caminhar pelo local, a cerca de 1.700 metros de altura. A textura é firme, os taninos são tensos, falam bem da Pinot, e a acidez é aquela da montanha, do clima fresco. Um vinho de

Roy Urvieta e Belén Iacono de Domaine Nico

grande carácter que, infelizmente, é produzido em quantidades minúsculas. Apenas cerca de 300 garrafas foram feitas dessa safra. "O mais difícil aqui é a madurez. É um lugar muito tardio e às vezes as geadas do final de abril são um grande problema", diz Zuccardi, enquanto provamos esse Pinot.

Zuccardi também possui vinhedos em San Pablo, mas uns 300 metros mais abaixo, e de lá saem vinhos notáveis como o seu **Malbec Polígonos**, um dos tintos mais refrescantes do vale do Uco. No entanto, a colheita lá embaixo é muito mais adiantada, pelo menos duas semanas antes, estima Zuccardi. É um lugar extremo no contexto de Mendoza, mas não tanto quanto o vinhedo de Un Lugar en los Andes.

A busca por lugares no vale do Uco aos poucos vem ganhando em ambição e aventura. Se há dez anos o radical era o vinhedo Adrianna, de Catena, em Gualtallary, a 1.400 metros, hoje há novos projetos que vão muito mais ao alto, explorando as possibilidades que a topografia lhes dá, primeiro: a suave e imensa encosta que cai de os Andes. E, segundo, a oportunidade de irrigação por gotejamento que trouxe fertilidade a lugares que antes eram desertos.

Outro projeto desse tipo é o Domaine Nico, de propriedade de Laura Catena e focado cem por cento na Pinot Noir. Segundo Laura, tudo começou com as primeiras seleções clonais de Pinot que a vinícola Catena plantou em meados dos anos 1990. Vendo como se comportavam de acordo com os solos e as condições topográficas, aos poucos foram selecionando materiais e fazendo microvinificações, que se misturavam aos Pinot de Luca, outra das marcas da Catena. "Mas percebemos que era um crime misturá-los", diz Laura. Em 2016, aproveitando um ano fresco e muito expressivo para o Pinot, iniciaram o Domaine Nico, com frutas tanto da Villa Bastías (o primeiro local onde a vinícola plantou a Pinot clonal), como do vinhedo Adrianna e também do novo vinhedo de Gualtallary Alto, de onde vem seu Pinot mais ambicioso, **Le Paradis**, a 1.550 metros acima do nível do mar.

O enólogo Roy Urvieta e a viticultora Belén Iacono são os responsáveis pelo projeto. Belén me conta que em 70% da vinha predomina a areia e no restante, o cal. Urvieta vinifica ambas as origens separadamente. A fruta suculenta das areias e a textura tensa e os aromas minerais do cal, mas que para **Le Paradis** são mescladas as duas matérias-primas num vinho de grande profundidade. Os aromas e sabores são de frutas muito frescas e ácidas devido ao severo clima de montanha, que atrasa a maturação em pelo menos três semanas em relação a, por exemplo, o **Pinot Noir La Savante**, que fica 150 metros mais abaixo, no vinhedo Adrianna. Essa safra mais tardia, porém, não significa aumento do álcool. Essa safra de 2018, colhida em meados de abril, tem menos de 13 graus. E tudo isso é perceptível na tensão e no frescor desse Pinot, um dos exemplos da variedade com mais caráter na América do Sul hoje. Foram elaboradas 2.340 garrafas desse **Le Paradis**.

Vizinho dos vinhedos de **Le Paradis**, mas ainda mais acima na montanha, está El Espinillo, o novo vinhedo de Terrazas de los Andes. Também em

El Espinillo

Gualtallary, esse é o vinhedo mais alto da denominação, a cerca de 1.650 metros de altura. Antes de visitá-lo, só o tinha visto no Google Earth, e o que dava para ver na tela do computador era uma espécie de quadrado de vinhedos no meio do nada, plantado em 2012 e que a Terrazas comprou dois anos depois.

Hervé Birnie Scott, diretor da Terrazas, me conta que o vinhedo que compraram consistia em 22 hectares plantados com Malbec, Pinot Noir, Sauvignon e Chardonnay. A essa superfície de vinhas, acrescentaram mais 22, todas em solo plano, de origem eólica, o que em Uco significa que na matriz de pedras e de cal, há uma espessa camada de areia que o vento arrastou, cobrindo tudo..

Tudo está em andamento nesse lugar e, por enquanto, a variedade que mais promete (até que o Chardonnay diga o contrário) é a Malbec com o qual a Terrazas acaba de lançar seu **Parcel N° 1E El Espinillo 2017**.

O clima da montanha lá em cima é muito frio e a madurez mal chega a 12,9 graus de álcool em um ano quente como 2017. Esta **Parcel N° 1E** oferece notas florais em vez de frutadas, de ervas em vez de especiarias. A boca é dominada pela acidez, mas não aquela excessiva e acentuada acidez de outros vinhos de altura. Aqui é fresca, viva, acompanhando os sabores da fruta como uma suave música de fundo. Esse Malbec é tenso em taninos, embora não sejam tão selvagens como - outra vez- nas zonas montanhosas vizinhas. Em suma, comparando todos os outros Malbec de Uco em geral e, sobretudo, de Gualtallary em particular, esse El Espinillo é tão diferente quanto delicioso. Na mesma categoria, na de criaturas diferentes e deliciosas, pode-se incluir o **Vino de Finca de la Carrera**, da Riccitelli Wines.

Matías Riccitelli é um enólogo dinâmico e inquieto. Aos poucos, não só foi construindo um sólido catálogo de vinhos, todos excelentes, mas também se distanciou da sombra de seu pai, Jorge Riccitelli, um enólogo lendário na cena sul-americana. A ideia freudiana de "matar o pai" se realiza aqui do lado mais feliz, com um jovem Matías que brilha sozinho. E uma de suas conquistas é esse **Vino de Finca de la Carrera**, um Sauvignon que vem de vinhedos a cerca de 1.700 metros acima do nível do mar, no lado sul de La Carrera.

24

UINCI
#LOUCOSPORVINHO

DESCUBRA OS FANTÁSTICOS VINHOS
DE LAURA CATENA

Ao lado de seu pai, o genial Nicolás Catena Zapata, há mais de 20 anos Laura Catena está no comando das bodegas Catena Zapata, e foi responsável por colocar os vinhos argentinos no mais alto nível de qualidade.

Laura Catena também possui duas bodegas só suas: **as premiadas vinícolas-boutique Luca e La Posta**. Em Luca, Laura usa algumas das **melhores uvas dos vinhedos da família** para fazer interpretações muito pessoais das melhores castas da Argentina. São **vinhos de minúscula produção**, que merecem sempre **altíssimas notas** da imprensa especializada. Na bodega **La Posta**, Laura valoriza as uvas e vinhedos de produtores locais, criando **vinhos cheios de personalidade**, que mostram alguns dos melhores terroirs de Mendoza. Descubra por quê esses tesouros são disputados pelos grandes conhecedores de vinhos argentinos.
Você só os encontra na Vinci!

vincivinhos
vinhosvinci
www.vinci.com.br/

La Carrera é hoje um lugar promissor. Há vinhas a altitudes mais baixas que fazem falar, como o Pinot **Lui Umile**, da Lui Wines, ou o novo espumante **Phos**, da Alma 4. E também projetos enológicos que já falamos em outros relatórios da Argentina no Descorchados, esses últimos ainda está em fase experimental sob a batuta de José Lovaglio e Matías Michelini. Mas, nessa pequena comunidade, é o branco de Riccitelli que mais conseguiu nos surpreender.

Esse Sauvignon tem uma energia de acidez que provavelmente não exista em Mendoza e que só é comparável com a acidez dos vinhos do extremo sul, como em Trevelin. O clima frio marca os aromas especiados e, sobretudo, herbáceos. A boca é firme, com um corpo imponente, mas que se disfarça de leveza graças a sua acidez viva e afiada. O restante são sabores intensos de frutas cítricas e brancas e ervas por todos os lados.

Riccitelli chegou nesse pequeno vinhedo, de apenas dois hectares, visitando lugares possíveis para se elaborar um vinho. Foi em 2015 que se deparou com a Estancia La Carrera, propriedade da família Bombal, que ali havia plantado nos anos 2000 algo de Sauvignon, mas também de Chardonnay, Pinot e Merlot.

O nome Estância, no léxico argentino, já diz tudo. É uma área de mais de dez mil hectares que adentra os Andes no extremo norte do vale do Uco e esse vinhedo é, então, um pequeno lugar. No entanto, Riccitelli tem ambições maiores. Com a permissão da família, ele tem podido investigar nesta imensidão de solos e de alturas. E ele tem sonhos, sonhos que se relacionam com a topografia do local, com os solos tão diversos, que vão desde a argila ao mais puro cal. No momento, e desde a safra 2017, Riccitelli produz apenas esse branco.

No futuro, haverá muito mais.

QUANDO SE FALA EM VINHO ARGENTINO, é inevitável, primeiro, falar sobre o futuro. Em Gualtallary, talvez a mais midiática das denominações do vale do Uco, ainda há muito tecido para cortar. Para essa reportagem, visitei os vinhedos de Alta Yari, cujo um dos sócios é Hervé Joyaux Fabre, dono da Fabre Montmayou, em Vistalba. Uma propriedade de 3.800 hectares onde 220 são cobertos por vinhedos.

Situado nas famosas Lomas del Jaboncillo, a mais pura fonte de cal do Uco, este projeto está produzindo vinhos excepcionais. O melhor exemplo é o **Gran Malbec 2019**, uma mistura de dois vinhedos. Segundo o enólogo Juan Bruzzone, a primeira parcela apresenta solos calcários compactados, que tendem a produzir vinhos muito vivos, muito verticais e com grande acidez. Os solos da segunda parcela são arenosos e de pedras cobertas de cal, o que confere aos tintos um pouco mais de gordura, um corpo mais cheio, que é complementado pela linearidade da primeira parcela. Tudo isto, claro, no contexto do lugar: uma zona de altitude com um clima muito fresco, que entrega vinhos nervosos e muito tensos. Esse Malbec é uma delícia de frutas vermelhas, com notas de violetas e com um nervo na textura que fica girando no paladar.

Sabor clube

Surprise box de gastronomia

O 1º clube de descobertas gastronômicas do Brasil

A **surprise box** traz até **5 produtos** por mês

Todo mês a surprise box chega **na sua casa**

Deguste as descobertas do mês e **aproveite!**

Faça parte: www.saborclube.com.br

concierge@clubesabor.club | (11) 3876-8200

Acompanhe nas redes sociais: sabor.club 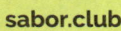 SaborPontoClub

Esse vinho já nos diz claramente que o futuro de Gualtallary em particular, e de Uco no geral, está na Malbec. Mas atenção, nesses solos calcários das Lomas del Jaboncillo, também crescem muito bem Cabernet Sauvignon e até Torrontés, que sob os olhos da Alta Yari se transformam numa espécie de limonada deliciosa para se beber aos litros no verão.

A questão, então, é se é tão certo que Malbec é a variedade que melhor interpreta esse novo Uco, esse Uco radical que tem se aventurado nas alturas que, há dez anos, seriam consideradas parte de um filme de marcianos. O que acontece com a Pinot Noir, a Sauvignon Blanc, até a Cabernet Franc, que nos solos calcários da região produzem vinhos excepcionais, cheios de personalidade. E a Garnacha e a Monastrell.

A resposta é que sim, pelo que se sabe é a Malbec que tem dado os melhores resultados e, portanto, é a uva que até agora melhor interpreta o potencial do local. Mas, quem sabe o que acontecerá no futuro. E as novas aventuras radicais do Uco estão aí para nos mostrar algo desse futuro, um futuro de Pinot ou Sauvignon ou Cabernet. Mas, acima de tudo, esses novos projetos nos extremos da viticultura andina estão aí para nos fazer perguntas. E isso é bom. É sinônimo de progresso.

Respeitar o passado.

UMA DE MINHAS PRIMEIRAS VISITAS a Mendoza, para escrever sobre seus vinhos, foi em meados dos anos 1990. Naquela época, pouco e nada se falava sobre aqueles novos e brilhantes vinhedos nas alturas, aquele Uco radical que hoje começa a despontar. A verdade é que ninguém falava (nem eu nem os meus entrevistados) de origens específicas, mas sim de técnicas, de formas. Como você faz? Que tipo de madeira você prefere? Quantos dias você disse que macerou?

Eram tempos muito diferentes os que vivemos. Ou, pelo menos, distintos dos que vivemos nesse pequeno mundo de especialistas em vinhos que, como especialistas em qualquer assunto (djs, sapatos, relógios cuco), vagamos num universo paralelo de noções que às vezes, muitas vezes, parecem tiradas da filosofia.

Então, naqueles tempos pré-filosóficos, me vi em uma degustação na vinícola Catena. E lá (lembro que era uma espécie de barracão, não sei onde, talvez Agrelo) estava Pedro Marchevsky, o viticultor da vinícola que, naquela época, falava de lugares. Ele falou, sobretudo, de Lunlunta, de um vinhedo plantado por volta de 1930 próximo ao rio Mendoza, em solos aluviais. Falou, segundo notas que consegui recuperar de cadernos perdidos, do trabalho que aos poucos foi fazendo para resgatar esse vinhedo. Das seleções massais que ele reproduzia e que avançavam da beira do rio até a beira da estrada. As mais antigas, perto da margem; as mais novas, mais perto da estrada.

Pedro Marchevsky é um personagem primordial no vinho sul-americano. Um visionário que viu o futuro da Malbec e que, nesses mesmos anos de

Vinha velha de Malbec em Angélica

que falo - meados dos anos 1990 - começou a replantar aquele material da Lunlunta (a vinha que mais tarde conheceríamos como Angélica) nas alturas de Gualtallary ou Altamira ou onde houvesse possibilidades lá em cima, nas novas encostas do vale do Uco.

Mas em meados dos anos 1990 não estávamos falando sobre o vale do Uco. Falávamos dessa variedade que, de repente, parecia oferecer possibilidades insuspeitas nos solos imediatamente ao sul e ao norte do rio Mendoza; aquela variedade que apresentava taninos "tão doces", como os mendocinos descreviam sua textura. Aquela uva que começava a se destacar no mercado internacional e que, apenas cinco anos depois, já no início da década seguinte, começaria a ser chamada de nova estrela. Para quem nasceu com o Malbec do vale do Uco mas, sobretudo, para quem conheceu a Malbec com esses tintos tensos, ácidos e nervosos, é preciso dizer que houve um passado. E que graças a esse passado - um passado muitas vezes sombrio - é que hoje existem todos esses deliciosos exemplos que se renovam e falam da sua origem com uma claridade ímpar, que nunca deixa de nos surpreender.

Lunlunta está no passado, por falar nisso. Mas também Agrelo, Perdriel e Vistalba. E Las Compuertas, é claro. Nomes que se perderam em meio à super excitação –justificada, aliás– de outras áreas que começaram a soar mais atraentes, mais bacanas como Altamira, Gualtallary, El Cepillo, San Pablo. E posso continuar...

Às vezes é bom imaginar o que teria acontecido ao Malbec argentino se não fosse essa "Primeira Zona". O que teria acontecido se antes desses Malbec afiados não houvesse aqueles cremes doces e gentis de Agrelo ou Perdriel. Será que o mercado estaria preparado para aqueles tintos afiados como navalhas, sem antes que esta "Primeira Zona" ribeirinha do rio Mendoza não tivesse explodido no mercado - no gringo, aliás - com exemplares mais fáceis e doces? A teoria de Descorchados é a seguinte. E começa com um "não". Não. Não teria sido possível.

E não teria sido porque, em primeiro lugar, foi o mercado e não o território que moldou o estilo dos primeiros Malbec que saíram para competir no exterior. O mercado norte-americano, e alguns críticos da época, o que pediam doçura, madeira, volúpia e suavidade, tudo o que a Malbec tem de sobra. E é por isso que se adaptou tão bem ao gosto gringo e começou a ser vendido com tanta facilidade.

Esses primeiros Malbec, no entanto, não vinham (pelo menos em sua maioria) do vale do Uco, mas sim dessa Primeira Zona, uma área mais quente, a uma altitude mais baixa, com solos menos calcários e mais argilosos e arenosos, tudo o que gera vinhos com frutas mais negras e maduras e de texturas suaves e voluptuosas. Se somarmos a isso as colheitas tardias, muito tardias, de 10 ou 15 anos atrás, e as generosas doses de madeira, a receita gringa ficava perfeita.

Mas insisto. Naqueles Malbecs iniciais e muito comerciais, o objetivo era atender às demandas de um mercado específico. Não havia nada ali de sentido de lugar. A expansão do vale do Uco, a partir da segunda metade dos anos 2000, coincidiu com uma busca diferente, mais conectada com a paisagem e com as possibilidades que existiam para refleti-la através de uma garrafa de vinho. É por isso que hoje os Malbec mais avançados nessa aventura nos parecem tão diferentes daqueles pioneiros, que conquistaram o mercado norte-americano. Por um lado, eles vinham de áreas muito diferentes, mas, por outro, as intenções por trás deles não tinham nada a ver entre si.

Hoje, porém, o olhar retorna para a Primeira Zona, mas depois de ter percorrido um bom caminho em que as técnicas enológicas e a abordagem da viticultura mudaram radicalmente: já não são tempos de sobremadurez, de álcoois acima dos 15 graus, muito menos da época de sangrias extremas, nem de 200% de madeira nova. Hoje o que predomina é o frescor e a maior sutileza, tanto na vinha como na vinícola. E é isso que também começa a se sentir hoje nos novos Malbecs que vem dai.

"A primeira zona tem muito a descobrir. O vale do Uco nos iluminou, mas acho que a partir de 2010 nos colocamos a serviço do lugar e não o contrário. E nesse contexto, mais uma vez apreciamos a história das vinhas velhas, mas agora com um novo olhar. É impossível ver o futuro, mas é possível entender o passado. E esses vinhedos nos dão a oportunidade de fazê-lo", afirma Alejandro Vigil, enólogo de Catena e de Bodegas Aleanna e um dos principais defensores dos vinhedos históricos da Primeira Zona de Mendoza.

E sim, estamos todos maravilhados com os novos vinhos do vale do Uco. E é provável que ao pé da Cordilheira dos Andes, acima de 1.400 metros de altura, bons vinhos continuem chegando. Mas isso não nos impede de desviar o olhar e observar como os tradicionais Malbec da Primeira Zona vem mudando e continuarão a nos surpreender.

Os melhores tintos de Agrelo em Descorchados 2021

Cerro del Plata surgindo de Vistalba nos vinhedos dos irmãos Durigutti

Vinhedo Angélica em Lunlunta

Alejandro Vigil

96 | **CADUS WINES** Cadus Single Vineyard Finca Las Torcazas Malbec 2017 | Agrelo
96 | **LORENZO DE AGRELO** Fede Malbec 2016 | Agrelo
96 | **SUSANA BALBO WINES** Nosotros Single Vineyard Nómade Malbec 2017 | Agrelo
95 | **ALEANNA - EL ENEMIGO WINES** Gran Enemigo S.V. Agrelo C. Franc, Malbec 2017 | Agrelo
95 | **BUDEGUER** Familia Budeguer Agrelo Malbec 2018 | Agrelo
95 | **CATENA ZAPATA** Catena Alta C. Sauvignon 2018 | Mendoza
95 | **LORENZO DE AGRELO** Lorenzo LoSagrado Malbec 2018 | Agrelo
95 | **LUI WINES** District Blend Alto Agrelo Malbec, C. Franc, Merlot, P. Verdot 2017 | Agrelo
95 | **NAVARRO CORREAS** Structura Malbec, C. Sauvignon, C. Franc, Merlot 2016 | Agrelo
95 | **SUSANA BALBO WINES** Signature Brioso S. Vineyard 2018 | Agrelo
94 | **BODEGA OTAVIANO** Penedo Borges Icono Malbec 2017 | Agrelo
94 | **CASARENA** Owen Single Vineyard Agrelo C. Sauvignon 2018 | Agrelo
94 | **CASARENA** Lauren Single Vineyard Agrelo Malbec 2018 | Agrelo
94 | **DANTE ROBINO** Gran Dante Bonarda 2018 | Luján de Cuyo
94 | **FINCA DECERO** Decero Mini Ediciones Remolinos Vineyard C. Franc 2018 | Argentina
94 | **LORENZO DE AGRELO** Lorenzo LoBendito Malbec 2018 | Agrelo
94 | **NIETO SENETINER** Partida Limitada Bonarda 2018 | Mendoza

Os melhores **tintos** de Lunlunta em Descorchados 2021

95 | **FABRE MONTMAYOU** Gran Reserva C. Sauvignon 2018 | Luján de Cuyo
95 | **MATERVINI** Finca Malbec 2018 | Perdriel
95 | **PERDRIEL** Perdriel Vineyards Selection Malbec, C. Sauvignon, Merlot 2017 | Argentina
94 | **BUDEGUER** Patrimonio Budeguer C. Sauvignon, C. Franc 2018 | Mendoza
94 | **CASARENA** Jamilla Single Vineyard Perdriel Malbec 2018 | Perdriel
94 | **FINCA CRUZ RAIZ** Familia Deicas Cru D'Exception Malbec 2018 | Luján de Cuyo
94 | **MENDEL WINES** Finca De Los Andes Malbec 2018 | Perdriel
93 | **AMANSADO** Amansado Malbec Reserva 2018 | Perdriel
93 | **CASARENA** Sinergy Jamilla-Vineyard Blend-Perdriel Malbec, Syrah, Merlot 2018 | Perdriel
93 | **CLOS ULTRALOCAL** Spontane Entrelazado C. Franc, C. Sauvignon, Malbec 2020 | Perdriel
93 | **FINCA CRUZ RAIZ** Familia Deicas Perdriel Single Vineyards Malbec 2019 | Perdriel
93 | **MENDEL WINES** Mendel C. Sauvignon 2019 | Perdriel
93 | **PERDRIEL** Perdriel Centenario Malbec, C. Sauvignon, Merlot 2018 | Argentina
92 | **AMANSADO** Amansado Cabernet de Sed C. Sauvignon 2019 | Perdriel
92 | **CLOS ULTRALOCAL** Spontane Afrancado C. Franc 2020 | Perdriel
92 | **CLOS ULTRALOCAL** Spontane Desvelado Roussanne, Sémillon 2020 | Perdriel
92 | **LAGARDE** Guarda C. Franc 2018 | Perdriel
92 | **LAGARDE** Lagarde Moscato 2019 | Perdriel
92 | **LAGARDE** Lagarde Viognier 2020 | Perdriel

Daniel Pi

Os melhores **tintos** de Vistalba e Las Compuertas em Descorchados 2021

97 | **RICCITELLI WINES** Riccitelli Viejos Viñedos en Pie Franco Malbec 2018 | Luján de Cuyo
96 | **DURIGUTTI FAMILY WINEMAKERS** Victoria Durigutti 2016 | Las Compuertas
96 | **FABRE MONTMAYOU** Grand Vin C. Sauvignon, Merlot, Malbec 2017 | Luján de Cuyo
96 | **TERRAZAS DE LOS ANDES** Parcel N°10W Los Cerezos Malbec 2017 | Las Compuertas
96 | **TRIVENTO** Eolo Malbec 2017 | Luján de Cuyo
95 | **DURIGUTTI FAMILY WINEMAKERS** Proyecto Las Compuertas 1914 Malbec 2018
       Las Compuertas
95 | **DURIGUTTI FAMILY WINEMAKERS** Durigutti Pie de Monte Finca Ruano Malbec 2018
       Vistalba
95 | **ENRIQUE FOSTER** Firmado Malbec 2017 | Las Compuertas
95 | **KAIKEN** Mai Malbec 2018 | Vistalba
95 | **NIETO SENETINER** Don Nicanor Single Vineyard Villa Blanca Malbec 2017 | Luján de Cuyo
95 | **RICCITELLI WINES** República del Malbec Malbec 2017 | Las Compuertas
94 | **BODEGA VISTALBA** Vistalba Corte B Malbec, C. Sauvignon, Bonarda 2018 | Argentina
94 | **DURIGUTTI FAMILY WINEMAKERS** Proyecto Las Compuertas Parral Criolla Chica 2020
       Las Compuertas
94 | **ENRIQUE FOSTER** Edición Limitada Malbec 2017 | Vistalba
94 | **FABRE MONTMAYOU** Gran Reserva Malbec 2018 | Luján de Cuyo

O Cabernet Sauvignon argentino brilha.

DOS 218 MIL HECTARES plantados hoje com vinhedos finos na Argentina, 43 mil são Malbec. E esse número, que já é bastante impressionante, contém também alguns dos melhores vinhos que se fazem não só nesse país, mas em toda a América do Sul. Pelo menos em Descorchados, alguns deles estão entre os dez e também entre os cinco melhores.

A hegemonia do Malbec na Argentina se dá, então, por números, pelo caráter e pela qualidade. Do nosso ponto de vista não há competição interna, por mais que se diga que a Cabernet Franc tem algo a dizer (e tem) apesar de seus pouco mais de 1.100 hectares plantados em 2019.

Nessa nova versão do guia, no entanto, pudemos verificar algo que já víamos há pelo menos cinco anos. O renascimento da Cabernet Sauvignon, com uma identidade que parece própria e que, acima de tudo, se diferencia

Susana Balbo

claramente da óbvia referência sul-americana que é a Cabernet do Chile.

Nesse ano provamos 146 amostras de Cabernet Sauvignon argentino e 108 delas obtiveram pelo menos 80 pontos, o mínimo que pedimos para aparecer no guia. E se esse número é importante, pelo menos para os nossos padrões, o que mais nos chamou a atenção foi a quantidade de exemplares excelentes da variedade (ver ranking abaixo), uma grande demonstração de potencial.

Mas, o que diferencia o Cabernet argentino? "O Cabernet de Mendoza parece rico em notas de cassis e frutas vermelhas, taninos agradáveis, principalmente se vierem de áreas com solos mais argilosos como Agrelo. No entanto, gosto dos solos de cascalho, que conferem texturas mais tensas, como o leito de Lunlunta, Perdriel ou Barrancas e também em La Consulta ", afirma Daniel Pi, diretor técnico da gigante Trapiche, responsável não só pela produção de cerca de 2.700.000 litros de Cabernet a cada ano, mas do melhor exemplo da variedade esse ano no Descorchados, o **Terroir Series Limited Edition Finca Laborde 2017**, um Cabernet que vem de vinhas velhas cultivadas em Latada em La Consulta, uma área tradicional no vale do Uco.

Coerente com o estilo dos vinhos mais ambiciosos da casa, esse Cabernet é suculento, com grande musculatura, mas ao mesmo tempo com uma acidez marcada e muitos sabores de fruta. No entanto, carecem das notas mentoladas que costumam estar associadas aos melhores exemplares da uva no Chile, principalmente na zona de cordilheira do Alto Maipo, de onde vêm os melhores expoentes da variedade naquele país. "Para mim, o Cabernet argentino tem menos notas balsâmicas que o chileno e essa é a principal diferença, exceto por alguns exemplares do vale do Aconcágua, que considero particularmente semelhantes aos argentinos pelo lado frutado", diz Pi.

Nesse sentido, muito tem a ver com o fato de que alguns dos melhores Cabernet argentinos, embora nem todos, aliás, venham do vale do Uco, um deserto como toda Mendoza, onde a vegetação não tem eucaliptos, mas também onde o sol é abundante. E essa abundância talvez seja a responsável por, digamos, queimar aquele mentol que se dá generosamente nas encostas mais verdes dos Andes, no Chile. Isso é uma teoria.

"Embora muitos consumidores gostem desses sabores mentolados, gosto quando o cabernet tem cheiro de pimenta-do-reino, aroma que se obtém com um pouco mais de madurez. Em Gualtallary, a luz solar, devido à sua altura, é abundante e esses aromas são alcançados com menos tempo de maturação, ou seja, também com menos álcool", diz Susana Balbo, da Susana Balbo Wines, outra das grandes referências de Cabernet na Argentina. Para seu Cabernet top, o **Signature 2018**, Balbo obtém uvas precisamente de Gualtallary.

Ainda que não se saiba qual será a verdadeira vocação de Gualtallary em termos varietais. A aposta segura é a Malbec, mas também há quem aposte na Pinot ou na Cabernet Sauvignon, como é o caso desse delicado, frutado e profundo **Signature**. Possui notas de ervas e de especiarias, em meio a uma refrescante camada de fruta vermelha. A textura é delicada, apesar dos seus taninos, firme e penetrante. Coloque esse Cabernet ao lado de qualquer Cabernet do Novo Mundo e ele mostrará claramente seu caráter.

E então, voltando ao tema inicial, busca-se um parceiro para a Malbec. Os produtores precisam para adicionar diversidade ao seu portfólio. Em Descorchados, acreditamos que esse não é o ponto. A história da Malbec, pelo menos a história recente, mostrou que não existe um Malbec, mas muitos. E que o sentido de lugar que os argentinos conseguiram obter (em um tempo ridiculamente curto, apenas dez anos) já é diversidade suficiente para um catálogo em qualquer região do mundo.

Porém, no mundo do vinho real, que não conhece o sentido de lugar, dos vinhos que vêm de solos de cal ou areia, mas sim de marcas mais óbvias - como um varietal, por exemplo - é necessário existir algo mais do que Malbec. E esse espaço, aos poucos, foi sendo preenchido pela Cabernet Franc. Mas vamos ser francos. Os pouco mais de mil hectares de Franc hoje na Argentina dão para falar com a imprensa especializada, mas não para encher gôndolas em supermercados.

Já a Cabernet Sauvignon é hoje a quarta variedade mais plantada na Argentina, depois da Malbec, da Cereza e da Bonarda. São 14 mil hectares. E com exemplos muito bons. Acreditamos que tem que se refletir um pouco sobre esses números e o que eles representam.

Os melhores Cabernet Sauvignon de Descorchados 2021 Argentina

97 | **TRAPICHE** Terroir Series Edición Limitada Finca Laborde C. Sauvignon 2017 | Vale de Uco

96 | **RICCITELLI WINES** Riccitelli Vale do Uco C. Sauvignon 2018 | Vale do Uco

96 | **SUSANA BALBO WINES** Susana Balbo Signature C. Sauvignon 2018 | Vale do Uco

95 | **ALTA YARI** Alta Yari Reserva C. Sauvignon 2019 | Gualtallary
95 | **CASARENA** Dna C. Sauvignon 2017 | Luján de Cuyo
95 | **CATENA ZAPATA** Catena Alta C. Sauvignon 2018 | Mendoza
95 | **ESCALA HUMANA WINES** Livverá C. Sauvignon 2020 | El Peral
95 | **FABRE MONTMAYOU** Gran Reserva C. Sauvignon 2018 | Luján de Cuyo
95 | **LA CELIA** La Celia C. Sauvignon 2017 | Vale do Uco
95 | **RUTINI WINES** Single Vineyard Gualtallary C. Sauvignon 2018 | Gualtallary
95 | **TRIVENTO** Gaudeo Single Vineyard Tupungato C. Sauvignon 2019 | Tupungato
95 | **ZUCCARDI VALLE DE UCO** Zuccardi Finca Los Membrillos C. Sauvignon 2018 | Altamira
94 | **ALTAR UCO** Edad Moderna C. Sauvignon 2019 | Vale do Uco
94 | **ATAMISQUE** Atamisque C. Sauvignon 2018 | Argentina
94 | **CASARENA** Owen Single Vineyard Agrelo C. Sauvignon 2018 | Agrelo
94 | **DOMAINE** Bousquet Gran Cabernet Sauvignon C. Sauvignon 2019 | Gualtallary
94 | **FINCA AMBROSÍA** Precioso C. Sauvignon 2018 | Gualtallary
94 | **FINCA BETH** 2 KM C. Sauvignon 2018 | Altamira
94 | **FINCA SOPHENIA** Synthesis C. Sauvignon 2018 | Gualtallary
94 | **GAUCHEZCO WINES** Oro Appellation Gualtallary C. Sauvignon 2016 | Gualtallary
94 | **LAGARDE** Henry Pure C. Sauvignon 2017 | Gualtallary
94 | **MASCOTA VINEYARDS** Magnánime C. Sauvignon 2015 | La Consulta
94 | **MASCOTA VINEYARDS** Unánime Signature C. Sauvignon 2018 | Vale do Uco
94 | **SUSANA BALBO WINES** BenMarco C. Sauvignon 2019 | Vale do Uco
94 | **TERRAZAS DE LOS ANDES** Grand Cabernet Sauvignon C. Sauvignon 2018
Mendoza
94 | **WEINERT** Weinert C. Sauvignon 2010 | Mendoza

Cabernet Sauvignon de excelente relação preço-qualidade

90 | **ALMA AUSTRAL** Alma Austral Cabernet Sauvignon 2019 | Mendoza
90 | **BODEGA Y VIÑEDOS SAN POLO** Auka Reserva Cabernet Sauvignon 2019
La Consulta
90 | **E'S VINO** E's Vino Cabernet Sauvignon 2020 | Gualtallary
90 | **LA CELIA** Pioneer Cabernet Sauvignon 2019 | Vale do Uco
90 | **NIETO SENETINER** Nieto Senetiner Cabernet Sauvignon 2020 | Mendoza
90 | **STAPHYLE** Staphyle Premium Cabernet Sauvignon 2020 | Agrelo
90 | **VIÑA LAS PERDICES** Partridge Reserva Cabernet Sauvignon 2018 | Agrelo

CARNE SECA MATURADA

NOSSA MARCA REGISTRADA

MACIEZ EXCEPCIONAL · TEXTURA LISA · SABORES INTENSOS

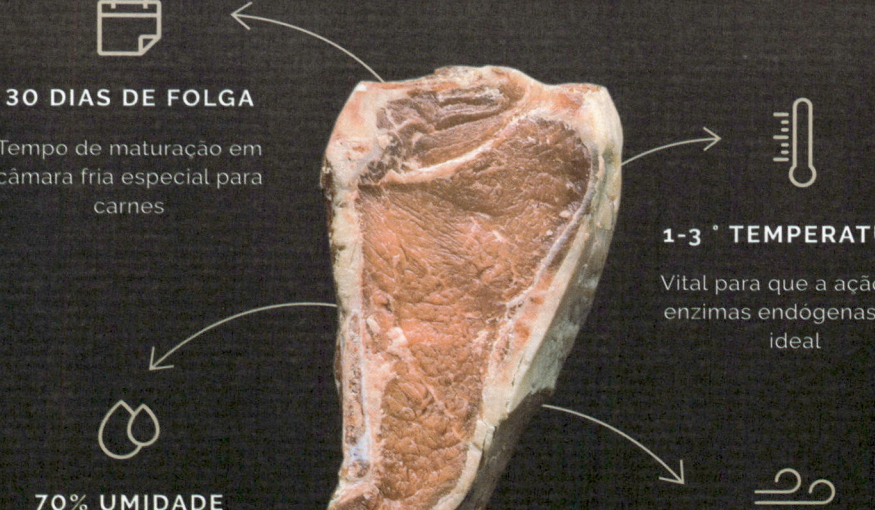

30 DIAS DE FOLGA

Tempo de maturação em câmara fria especial para carnes

1-3 ° TEMPERATURA

Vital para que a ação das enzimas endógenas seja ideal

70% UMIDADE

Estável em todo o processo para controlar o metabolismo microbiano

FLUXO DE AR

Boa ventilação para não alterar a qualidade da carne

ABRASADO

BODEGA
TONELES
1922

bodegalostoneles | abrasadotoneles

OS TERROIRS
DA ARGENTINA

Por: **Guillermo Corona**, geofísico, e **Patricio Tapia**.

Atingiu-se um ponto no desenvolvimento do **vinho sul-americano** em geral, e da Argentina em particular, em que já não é tão claro falar de vales, grandes porções de **território** que, muitas vezes, escondem realidades muito diferentes, tanto climáticas como geológicas; ou seja, diferentes sabores coexistindo sob uma **mesma denominação**. Pensando nisso, compilamos uma lista de alguns dos **terroirs** mais importantes da **Argentina** e suas principais características.

AGRELO

[**O LUGAR**] **Agrelo é um pequeno distrito** de Luján de Cuyo, localizado ao sul da cidade de Mendoza, no que é conhecido como a Primeira Zona. Praticamente toda a sua área cultivável é tomada por vinhedos, em pouco mais de 5.500 hectares. Geograficamente, é um retângulo de 30 por 10 quilômetros, entre duas cadeias de montanhas que formam um vale suave. Essa configuração topográfica gerou o desenvolvimento de solos argilosos profundos em sua borda leste (da Rota Nacional 40 à Rua Cobos), e muita amplitude térmica devido às temperaturas mínimas que despencam à noite. Esse setor mais baixo a leste é um dos mais sensíveis à geada em toda Mendoza. Nos últimos 20 anos, e graças à perfuração de poços de água, a fronteira vinícola de Agrelo alargou-se até a cordilheira ocidental. O agora chamado "Alto Agrelo" tem pouco a ver com o vale do Agrelo. Seus solos são pedregosos, tem declives acentuados e, portanto, mínimas mais elevadas, pois o ar frio escoa pelas partes mais baixas. Finalmente, nos últimos anos começou a se desenvolver a cordilheira oriental de Agrelo, setor com características climáticas semelhantes às de Alto Agrelo, mas com imensas acumulações de gesso sobre sedimentos aluviais, algo não visto no resto dos vales produtivos do país.

[**OS SABORES**] **Agrelo é uma das áreas** clássicas do vinho argentino e foi um dos lugares onde começaram a nascer os primeiros Malbec da Argentina que o mundo conheceu. E embora o estilo hoje tenha mudado um pouco, ainda mantém sua essência. Os tintos Agrelo são suculentos, generosos em madurez, suculentos e voluptuosos. O Malbec aqui mostra aqueles taninos doces e aquela generosidade de fruta que tanto o caracteriza. Já na nova zona do Alto Agrelo, os tintos e os brancos tendem a ter mais nervo e frescor, algo como um ponto intermediário entre a tensão e a acidez do Uco e a volúpia da Primeira Zona. ☙

▪ PRINCIPAIS PRODUTORES
(Em ordem alfabética)
Aleanna - El Enemigo Wines, BBPC, Bodega Otaviano, Bressia, Budeguer, Cadus Wines, Casarena, Catena Zapata, Dante Robino, Finca Decero, Lorenzo de Agrelo, Lui Wines, Navarro Correas, Nieto Senetiner, Norton, Susana Balbo.

Valle de Uco

Río Tunuyán

La Consulta

ALTAMIRA

[O LUGAR] Paraje **Altamira** é a porção mais alta e ocidental do distrito de La Consulta, departamento de San Carlos, o mais meridional dos três que formam o vale do Uco. Geologicamente, é definido como o setor mais alto de um amplo leque aluvial do Pleistoceno gerado pelo rio mais importante do vale, o Tunuyán. Seu diferencial em relação aos demais setores qualitativos do vale é a presença de material fino no solo; um aumento de sedimentos e argilas em comparação com outras áreas mais arenosas. Esse solo mais frio e com maior retenção de água é sustentado por um contato ondulante com os conglomerados calcários que o rio deixou há centenas de milhares de anos. Em Altamira, a "pedra" está sempre a menos de um metro, onde a raiz com ela interage. As temperaturas são amenas e o risco de geadas não é maior do que em outros setores clássicos do vale.

■ **PRINCIPAIS PRODUTORES**
(Em ordem alfabética)
Argento, Bodega Teho, Bodega y Viñedos San Polo, Buscado Vivo o Muerto, CARO, Catena Zapata, Chakana, Finca Beth, Giménez Riili, Kauzo Estates, La Celia, Manos Negras, Mendel Wines, Norton, Rutini Wines, Super Uco, Susana Balbo Wines, Terrazas de los Andes, Tinto Negro, Trivento, Zuccardi Valle de Uco

[OS SABORES] Costuma-se dizer que as texturas dos Malbec de Altamira tendem a ser mais suaves e delicadas. E isso, provavelmente, pode ser verdade em vinhedos de áreas mais baixas e mais antigas da zona, plantados há décadas em solos ricos em areia e argila. No entanto, as novas plantações em altitudes mais elevadas e em solos mais ricos em pedra e em cal, oferecem texturas tensas e firmes, mais próximas da sensação de giz na boca. Os sabores são, em seus melhores exemplares, os típicos dos vinhos de montanha: as notas de ervas e flores, as frutas vermelhas suculentas em alguns dos melhores Malbecs da América do Sul atualmente. ❧

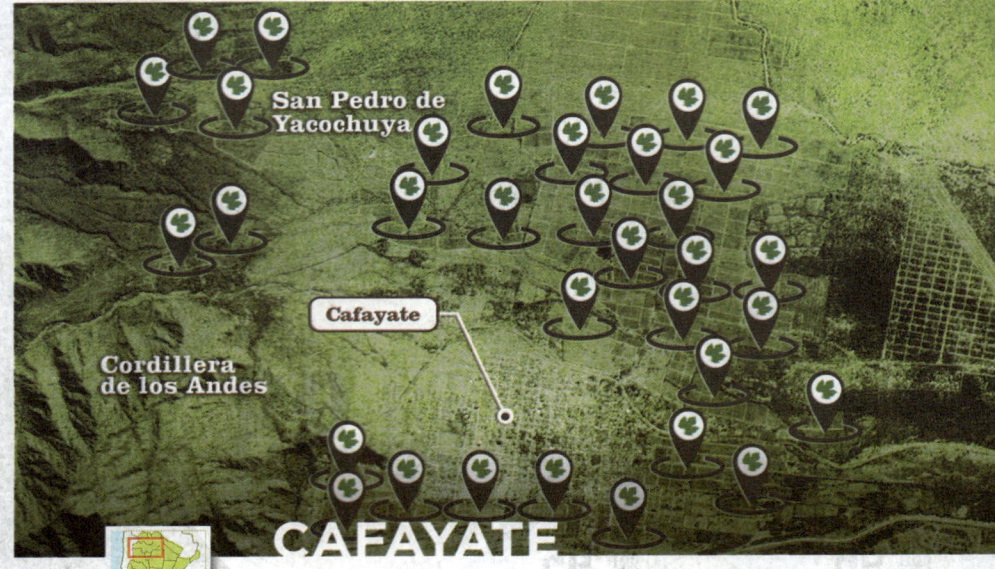

San Pedro de
Yacochuya

Cafayate

Cordillera
de los Andes

CAFAYATE

[**O LUGAR**] **Os vales Calchaquíes** estão localizados no noroeste da Argentina e fazem parte de uma grande fratura regional que se orienta de norte a sul e que afetou as rochas metamórficas paleozoicas da província geológica da cordilheira oriental. No setor desse extenso vale encontra-se o núcleo da viticultura vallista, nos arredores da cidade de Cafayate. Aqui, descidas aluviais desenvolveram-se a oeste, em particular a partir dos maciços de granito e xisto (Complexo de Tolombón). Uma porção importante e histórica desenvolve-se nas partes baixas, entre 1.650 e 1.800 metros acima do nível do mar, onde os solos são arenosos profundos. Nas últimas décadas, as partes mais altas também começaram a ser povoadas, nos leques aluviais e até no sopé dos morros, a mais de 2.000 metros acima do nível do mar. Lá os solos são pedregosos, em alguns pontos com horizontes petrocálcicos importantes, a amplitude térmica é menor e também a insolação, por estarem muito próximos da montanha.

[**OS SABORES**] **A intensidade** da radiação solar em Cafayate, a mais de 1.650 metros de altitude, é tremenda e tem um efeito direto no caráter de seus vinhos. No passado, os tintos de Cafayate eram suculentos, com alto teor alcoólico e altamente concentrados. Esse estilo era justificado pelo clima. No entanto, nos últimos anos, uma nova onda de produtores tem seguido um caminho muito mais fresco e com maior acidez. Os tintos e os Torrontés da zona são vinhos generosos, potentes, suculentos, mas sem os excessos do passado. ❧

PRINCIPAIS PRODUTORES
(Em ordem alfabética)
Estancia Los Cardones, El Esteco, El Porvenir de Cafayate, Inculto, Karim Mussi Winemaker, Vallisto

    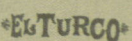 

Cordillera de los Andes

Barreal

Río de los Patos

Calingasta

Hilario

CALINGASTA

[**O LUGAR**] **Calingasta é** um vale alongado norte-sul de origem tectônica que separa a província geológica da pré-cordilheira a leste, da cordilheira frontal a oeste. Tudo nas profundezas da Cordilheira dos Andes san juanina. Este vale é atravessado e regado pelas águas do rio dos Patos, que desce desde as zonas congeladas, a mais de 6.000 metros acima do nível do mar. Essa complexidade geológica dá riqueza e diversidade. Os projetos na margem leste do rio estão nas encostas aluviais da pré-cordilheira, onde abundam as rochas metassedimentares da idade paleozoica com conteúdo variável de argila. Outros projetos estão nas margens do vale do rio, onde os solos são conglomerados com muita areia grossa, muito drenados. Ao nível climático, o vale apresenta características de um deserto andino, sem nebulosidade ao longo do ano, chuvas muito escassas e médias inferiores a cem milímetros por ano e uma das maiores amplitudes térmicas de qualquer região vitivinícola do país, com valores médios para o período setembro - abril de 24°C.

[**OS SABORES**] **A influência** da altitude e as condições extremas de oscilação térmica em Calingasta têm, aliás, um efeito importante no estilo dos vinhos, levando-os por caminhos mais frescas. No entanto, o grande patrimônio de vinhas velhas da zona é o que acaba por definir os sabores de Calingasta. As velhas vinhas de Criolla Chica, Moscatel Negro e muitas outras oferecem uma originalidade que é muito difícil de encontrar noutros locais da América do Sul. ✒

■ **PRINCIPAIS PRODUTORES**
(Em ordem alfabética)
Cara Sur, Finca Los Dragones

Valle de Uco

Río Tunuyán

La Consulta

EL CEPILLO

[**O LUGAR**] **El Cepillo** é uma área vitícola localizada ao sul do vale do Uco e possui 1.600 hectares de vinhedos. Começa na Rota Nacional 40, no fundo do vale, e sobe até as colinas ocidentais. Geologicamente, abrange dois setores bem definidos. Uma parte oriental e mais baixa, de histórico desenvolvimento vitivinícola, que é a margem sul do amplo leque aluvial do rio Tunuyán, o mesmo que constitui os solos da vizinha Paraje Altamira. A característica mais marcante da parte histórica de El Cepillo, no que diz respeito às áreas circundantes, é a combinação de solos argilosos, com menos de um metro de profundidade, com solos rochosos calcários. Geográfica e topograficamente, a área não apresenta grandes declives ou ondulações de terreno; é homogêneo. É encontrada no extremo sul do leque, em uma área que é uma baixada local, o que a torna muito sujeita a geadas prematuras e tardias. Essa predisposição em acumular ar frio à noite também a torna uma área com maior amplitude térmica que Altamira. Nos últimos 20 anos, e graças à exploração da água, foi possível desenvolver o setor oeste de Cepillo, local onde os cones coluviais de rochas vermelhas e quadradas se integram às areias eólicas e que é informalmente conhecido como Los Indios.

PRINCIPAIS PRODUTORES
(Em ordem alfabética)
Aleanna - El Enemigo Wines, Buscado Vivo o Muerto, Canopus Vinos, Clos Ultralocal, Doña Paula, Escorihuela Gascón, Manos Negras, Mascota Vineyards, Rutini Wines

[**OS SABORES**] **El Cepillo** El Cepi lo tem a reputação de ser um lugar frio, no extremo sul do vale do Uco. Mas mais do que frio, como diz o geólogo Guillermo Corona, é um lugar que tende a congelar. Quando se prova os vinhos da região, especialmente os seus Malbecs (mas também seus Pinot Noir), há neles alguma fruta preta, notas maduras e suculentas, num fundo de ervas e de flores que os denunciam como vinhos de montanha. ❧

Lomas del Jaboncillo

Valle de Uco

Tupungato

EL PERAL

[**O LUGAR**] **El Peral é** um distrito vitivinícola histórico no setor norte do vale do Uco, no departamento de Tupungato. Caracteriza-se por ser uma estreita faixa de terreno ao pé da serra que dá nome ao local. Em termos de solos, são constituídos principalmente por sedimentos finos (areias, sedimentos e argilas), sendo a maioria de solos profundos. Toda a zona clássica é regada por água em forma de manto, por sulcos. O clima do local é temperado a quente, com noites de brisas frescas, que, somadas aos solos frios, retardam a época da colheita. El Peral é um lugar com muita história, existem variedades e sistemas de condução muito diversos, assim como plantas muito antigas. Nos últimos 20 anos, a viticultura avançou em direção ao oeste árido e não cultivado, por meio de autorizações para perfuração de poços de água. É por isso que agora existem vinhas nas serras de Peral, e ainda mais altas, estendendo a fronteira produtiva até 1.500 metros acima do nível do mar, onde apenas as variedades de ciclo curto podem amadurecer. Lá em cima, os solos se tornam rasos, argilosos e conglomerados calcários aparecem com menos de um metro de profundidade. A constituição destes clastos é de origem metamórfica, sendo os filitos e os xistos a maior proporção no perfil.

[**OS SABORES**] **A mescla de vinhedos** muito antigos dessa zona tradicional de Mendoza, somada à fresca situação climática do lugar, rico em riachos, árvores frondosas e a sempre presente cordilheira dos Andes, fazem os vinhos de El Peral, os mais destacados, possuem uma profundidade de sabores e um frescor que não é fácil encontrar na Argentina. Os Malbec aqui são refrescantes e longos ao mesmo tempo; o Pinot, fresco e suculento e os brancos, com destaque para o Sémillon e o Chardonnay, rico em frutas e ervas. ✌

■ **PRINCIPAIS PRODUTORES**
(Em ordem alfabética)
Escala Humana Wines, Falasco Wines, Las Estelas, Lui Wines, Michelini i Mufatto, Susana Balbo Wines, Terrazas de los Andes, Trapiche, Vaglio Wines, Zorzal Wines, Zuccardi Valle de Uco

EM CONSTANTE MOVIMENTO

ESTE MENDOCINO

[O LUGAR] **O oásis leste** de Mendoza é uma região muito grande, com cerca de 70 mil hectares de vinhedos. Localizado a cerca de 50 quilômetros a leste da cidade de Mendoza, o solo é constituído exclusivamente de sedimentos finos (areia, silte e argila) transportados pelos rios Mendoza e Tunuyán. Milênios atrás, esses dois rios muito importantes se juntaram para formar o rio Zonda, que se espalhou sobre uma planície de campos de dunas e esculpiu um imenso leque aluvial (megafan) de 100 quilômetros do topo ao pé e apenas 0,2% de declive. Dentro desse oásis do Leste mendocino, três setores bem definidos podem ser determinados. O sopé das cerriladas de Rivadávia ao sul, com seus solos pedregosos, as cercanias do vale do rio Tunuyán, com seus solos argilosos, e o setor norte (San Martín) onde dominam a areia e as dunas. Há uma quarta zona que é a porção mais alta desse oásis do Leste e é composta pela foz do rio Tunuyán em Medrano e o setor do flanco oriental da serra de Lunlunta Carrizal. Ambos os setores são caracterizados por suas qualidades diferenciais; Medrano é o setor mais frio da zona leste e os vinhedos da serra estão em um setor de transição entre o que se conhece como Primeira Zona ou bacia superior do rio Mendoza.

[OS SABORES] **O leste de Mendoza** é uma vasta extensão de vinhedos, terras férteis e generosas em temperaturas e em sol que permitem a produção de grandes quantidades de vinho. É a terra da Bonarda, mas também da Criolla e da Moscatel. Os vinhos do Leste são ricos em álcool, por vezes densos, mas sempre maduros e suculentos. Porém, uma nova interpretação de vinícolas como Catena Zapata ou de jovens como Matías Morcos está buscando maior frescor em seus vinhos e desses esforços hoje nascem tintos com muito maior equilíbrio e refrescância. ❧

■ **PRINCIPAIS PRODUTORES**
(Em ordem alfabética)
Catena Zapata, Durigutti Family Winemakers, lúdica Vinos, Matías Morcos, Mauricio Lorca, Onofri Wines.

Cordillera de los Andes

Sierra del Jaboncillo

Tupungato

Río Las Tunas

Valle de Uco

GUALTALLARY

■ **PRINCIPAIS PRODUTORES**
(Em ordem alfabética)
Aleanna - El Enemigo Wines, Alta Yari, Altaluvia, Altar Uco, Altos Las Hormigas, Andeluna, Bodega Vistalba, Bressia, Buscado Vivo o Muerto, Cadus Wines, Catena Zapata, Cuatro Gatos Locos, Desquiciado Wines, Domaine Bousquet, Domaine Nico, Doña Paula, Durigutti Family Winemakers, E's vino, Escala Humana Wines, Finca Ambrosía, Finca Sophenia, Gauchezco Wines, Gen del Alma, Huentala Wines, Lagarde, Luca Wines, Lui Wines, Michelini i Mufatto, Norton, Passionate Wine, PerSe, Raffy, Riccitelli Wines, Rutini Wines, SuperUco, Susana Balbo Wines, Terrazas de los Andes, Trapiche, Tres14, Trivento, Vinos de Potrero, Viña Los Chocos, Viñalba, Zorzal Wines, Zuccardi Valle de Uco.

[**O LUGAR**] **O departamento de Tupungato** está localizado ao norte do vale do Uco. Isso traz uma diferença substancial em relação a outras áreas do vale. Seu limite cultivável é marcado pela geada, enquanto as montanhas fazem o resto. Gualtallary nasce na rota do vinho, aos 1.100 metros e chega à frente da montanha, aos 2.300. Geograficamente, possui dois vetores que o identificam, o grande rio Las Tunas e as montanhas. O rio, com seus múltiplos caminhos, gerou uma ampla descida aluvial. Ali se depositaram os seixos arredondados que, com o tempo e o clima árido, foram recobertos por uma espessa camada de areia de origem eólica, formando os meandros ao sul da estrada La Vencedora. Mas, ao norte, algo muito diferente acontece. Os caprichos geológicos fizeram com que o terreno se elevasse e expusesse (na forma de colinas) as porções mais antigas da encosta aluvial. Os solos das colinas apresentam uma concentração incomum de carbonato de cálcio, que juntamente com as suas encostas íngremes têm sido utilizados para a viticultura na última década. Uma terceira variável é climática. Entre os vinhedos mais baixos e mais altos, há 600 metros de ganho de elevação, o máximo para qualquer distrito no vale e três Winklers diferentes. Gualtallary, em sua combinação de aspectos geográficos, geológicos e climáticos, torna-se único e inesgotável.

[**OS SABORES**] **É muito difícil** tentar definir os sabores e texturas no que é talvez a área mais diversa de topografia e geologia no vale do Uco. Geralmente é generalizado, a propósito. E em qualquer generalização, sempre há alguma verdade. Os tintos e brancos de Gualtallary têm um lado selvagem, sempre aromático (por causa da altitude, por causa do clima fresco). Os brancos de grande acidez, os tintos com aromas intensos e taninos vivos. Em solos arenosos, os aromas são exuberantes a frutas vermelhas. Em solos com maior teor de calcário, essas notas tornam-se minerais e as texturas, nos tintos, lembram giz. 🐚

DEL ALMA

DescoR ChadOS

MELHORES TINTOS

MELHORES MALBEC

MELHORES GUALTALLARY

BEBA COM MODERAÇÃO. PROIBIDA VENDA PARA MENORES DE 18 ANOS.

INNOCENTI
ESTATE

Muito orgulhosos desse reconhecimento que representa uma homenagem aos nossos antepassados, à beleza e ao frescor da La Consulta e aos nossos sonhos de progresso como família vitivinícola, tudo dentro de uma garrafa.

· RANKING ·
Melhores La Consulta
MENDOZA, ARGENTINA

Finca Piedras Blancas, 1.100 m.s.n.m,
La Consulta, Valle de Uco, Mendoza, Argentina

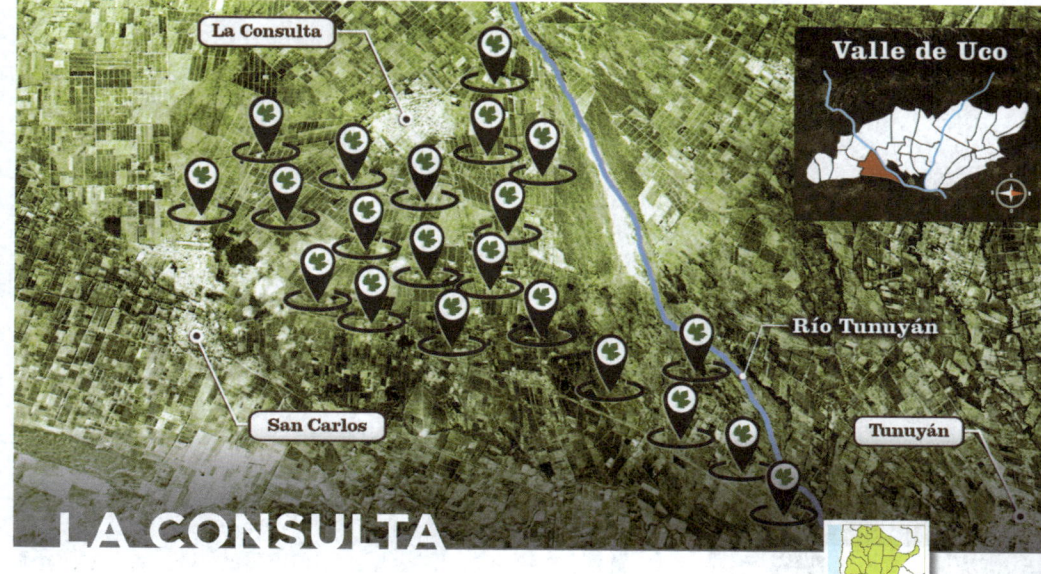

LA CONSULTA

[**O LUGAR**] **La Consulta** é um distrito vinícola tradicional no sul do vale do Uco. Está localizado no departamento de San Carlos e seu limite norte é feito pelo rio Tunuyán. Em nível geológico, está localizado na porção mais distal do leque aluvial Pleistoceno do rio Tunuyán, em uma área plana com declives muito suaves. Seus solos apresentam dois perfis típicos. O perfil mais comum e difundido em todo o distrito é o de solo profundo, de textura argilosa, com boa retenção de umidade. Isso, somado ao clima quente da região, atua como pulmão e alonga a época da colheita. Um segundo perfil mais limitado ocorre nas proximidades da costa do rio, a cerca das estradas Tregea, Curto e arredores, onde aparecem níveis em socalcos e os solos tornam-se mais rasos, pedregosos e correntes.

[**OS SABORES**] **Estamos em uma** das zonas mais quentes do vale do Uco e isso se faz sentir nos sabores suculentos e generosos dos vinhos locais. O Malbec aqui tem corpo, densidade e força tânica, mas ao mesmo tempo também algumas notas de um tinto de montanha. Acima de tudo, nos exemplares que não são colhidos tão tarde, é possível notar os aromas herbáceos e florais típicos de outras áreas aos pés da Cordilheira dos Andes em Mendoza. ❧

■ **PRINCIPAIS PRODUTORES**
(Em ordem alfabética)
Angulo Innocenti, Atamisque, Bodega Teho, Bodega y Viñedos San Polo, Canopus Vinos, Falasco Wines, Karim Mussi Winemaker, Kauzo Estates, La Celia, Luca Wines, Polo, Tinto Negro, Trapiche, Vinyes Ocults

Río Mendoza

LAS COMPUERTAS VISTALBA

Vistalba

[**O LUGAR**] **Las Compuertas** e Vistalba são distritos da Primeira Zona, na parte mais alta da bacia do rio Mendoza e a uma curta distância da capital da província. Destacam-se por possuírem uma viticultura centenária, com vinhas muito velhas e compostas quase na sua totalidade por castas tintas (+ 95%). Geograficamente, os dois distritos estão localizados na parte mais alta da superfície aluvial do leque do rio Mendoza; a oeste de Las Compuertas não há mais terras disponíveis para cultivo. Essa altura, bem como sua posição muito próxima à a pré-cordilheira tornam a área um local com temperaturas muito mais baixas do que a média da Primeira Zona. Seus solos são muito variados, indo desde os muito pedregosos com calcário (níveis petrocálcicos) nos socalcos às margens do rio Mendoza, até os franco-argilosos profundos. Nesse último ponto existe um componente antrópico a ser considerado. Por terem sido durante séculos os primeiros irrigados pelo rio, a grande maioria da carga suspensa (sedimentos e argilas) acabou nos sulcos das fazendas e gerou níveis locais muito importantes de material fino. Estudos têm verificado mais de um metro de sedimento fino depositado por irrigação. Isso dá à área uma combinação muito rara de se ver em Mendoza; a de sedimentos argilosos em cima de conglomerados calcários.

[**OS SABORES**] **A área mais alta** da Primeira Zona é também a mais fria, e isso é visível no caráter dos sabores que se obtêm aqui. As frutos são vermelhas em vez de pretas, mais notas herbáceas são sentidas em seus Cabernet e florais (no estilo do vale do Uco) em seus Malbec. Mas, talvez o mais importante aqui seja o fato de se tratar de um dos mais importantes enclaves de vinhedos antigos da região e que se faz sentir na profundidade dos sabores que os melhores vinhos locais têm. Uma clássica denominação que oferece alguns dos melhores tintos da América do Sul. ❧

■ **PRINCIPAIS PRODUTORES**
(Em ordem alfabética)
Durigutti Family Winemakers, Enrique Foster, Kaiken, Riccitelli Wines, Terrazas de los Andes

ENRIQUE FOSTER

EXPRESSÃO VARIETAL

Temos a melhor proposta para você: venha a **Mendoza** para vivenciar a excelência e o charme como complemento da qualidade dos nossos vinhos em um ambiente natural único rodeado de vinhedos.

  @bodegaefoster

Cordillera de los Andes

Manzano Histórico

Arroyo Grande

Valle de Uco

LOS CHACAYES

[**O LUGAR**] **O distrito** de Los Chacayes está localizado no centro do vale do Uco, encostado nas montanhas cobertas de neve a oeste. Seus solos são compostos por dois leques aluviais que descem da cordilheira frontal em direção ao fundo do vale. Há um declive acentuado na área, da ordem de 5%, o que significa que, em uma curta distância, há muita subida. É, juntamente com Gualtallary, o distrito com maior desnível de vinhas do vale, com 700 metros. Os projetos pioneiros foram instalados há 20 anos na parte baixa, em solos jovens e pedregosos, às margens da Estrada Provincial 94. Ao longo dos anos, foram estabelecidos projetos nas partes de maior altura ao longo da estrada, à medida que as licenças de poços para irrigação eram concedidas, um fator vital, já que sem eles a viticultura é impossível ali. À medida que subimos pela estrada, as condições também mudam: estamos em posições mais antigas no leque, onde os conglomerados que compõem o solo agora têm níveis petrocálcicos significativos e quase sempre são cobertos por uma espessura altamente variável de areia do vento, em uma espécie de dunas. Isso permite ter, na mesma propriedade, solos calcários arenosos profundos, pedregosos ou uma mistura entre eles. No nível climático, pode ser dividido em dois setores; o inferior é mais quente e o setor superior é temperado, com maior nebulosidade e mais exposto aos ventos que sopram do leste após o meio-dia.

[**OS SABORES**]   **Embora mais** estudos ainda sejam necessários para diferenciar os lugares dentro de Los Chacayes, acreditamos que se poderia generalizar aqui com o estilo dos tintos, especialmente dos Malbec. Os seus solos pedregosos, por vezes ricos em calcário, apresentam um Malbec de taninos intensos, firme e vibrantes. Quando se compara essa textura com, por exemplo, Agrelo, parece que são variedades diferentes. Quanto aos aromas e sabores, a fresca influência da brisa andina é sentida nas notas herbáceas e frutadas que contrastam com os taninos ferozes e selvagens. 🍷

■ **PRINCIPAIS PRODUTORES**
(Em ordem alfabética)
Aleanna - El Enemigo Wines, Alma Mater, Altos de Altamira, Bodegas Bianchi, Buscado Vivo o Muerto, Cadus Wines, Casa de Uco, Corazón del Sol, Dante Robino, Elodia, Falasco Wines, Finca El Origen, Finca La Bonita, Kaikén, La Cayetana, Matervini, Mosquita Muerta, Mundo Reves, Norton, Onofri Wines, Paucho, Piedra Negra, Pielihueso, Riccitelli Wines, SoloContigo, SuperUco, Susana Balbo Wines, Terrazas de los Andes, Ver Sacrum, Zuccardi Valle de Uco.

LUNLUNTA

[O LUGAR] **Lunlunta é** um distrito localizado na bacia superior do rio Mendoza, também conhecido como Primeira Zona. Geograficamente desenvolve-se na margem norte do rio, em diferentes níveis de socalcos cultivados à mão durante séculos. Tem uma topografia acidentada, com níveis de socalcos que se desenvolveram pela erosão do leito do rio em resposta ao levantamento da lâmina (anticlinal) de Lunlunta Carrizal, que se estende timidamente na superfície até à área descrita. Geologicamente, pode ser dividido em três setores. Um primeiro setor ao norte do distrito, desenvolvido no sub-cone aluvial Maipú, com solos argilosos de profundidade média. Um segundo setor, que tem sido cultivado nos socalcos fluviais do rio, com solos pedregosos (quentes), mas com um declive acentuado e exposição ao sul que permite uma diminuição da intensidade luminosa. Um último setor é a faixa costeira do distrito contra o rio, onde há zonas freáticas que afloram, e há tanto solos pedregosos soltos como setores argilosos específicos. Em nível climático, cumpre a média da Primeira Zona ao norte do Rio Mendoza, com verões quentes e secos. O setor mais baixo do distrito, desde os desfiladeiros até o rio Mendoza, possui árvores muito antigas que dão mais sombra aos quartéis e é também um corredor de brisas que descem das montanhas.

[OS SABORES] **Outra das áreas clássicas** de Mendoza, os Malbec de Lunlunta crescem sob o sol generoso de Mendoza e o protótipo corresponde a esses Malbec agradáveis, com texturas construídas a partir de taninos muito suaves; tintos que deslizam pela boca com notas de frutas pretas e ligeiros toques de ervas. Lunlunta e seus Malbec foram um dos pioneiros em mostrar ao mundo a variedade e seu caráter argentino. 🍃

■ **PRINCIPAIS PRODUTORES**
(Em ordem alfabética)
**Catena Zapata,
Domaine San Diego,
Cielo y Tierra**

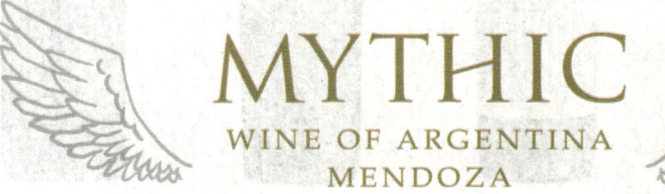

MYTHIC

WINE OF ARGENTINA
MENDOZA

Como descrever o que não tem explicação?
Como explicar aquilo que nunca ninguém se
atreveu? Assim nasceu Mythic: para contar
o extraordinário; para quebrar as nossas
regras sobre o terroir e levar a expressão de
cada casta um passo além da sua definição.

WWW.MYTHICCELLARS.COM

/mythiccellars /Mythic-Cellars

Respeito. Cuidado. Paixão.

SANTA JULIA
MENDOZA ARGENTINA

**PRODUTOR ORGÂNICO
Nº 1 DA ARGENTINA**

CERTIFICADO ORGÂNICO
LETIS

FAIR FOR LIFE

fair for life

VINHOS VEGANOS

VEG ARGENTINA

EL BURRO Malbec **93 pts.**
VINHO REVELAÇÃO

LA OVEJA Torrontés **91 pts.**
*RANKING MELHORES BRANCOS
CUSTO-BENEFÍCIO*

TENSIÓN LA RIBERA

Malbec-Petit Verdot **91 pts.**

Chardonnay-Semillón **92 pts.**

ALAMBRADO

Malbec **91 pts.**

Cabernet Franc **91 pts.**

Chardonnay **91 pts.**

FLORES NEGRAS

Pinot Noir **90 pts.**

FLORES BLANCAS

Viognier **90 pts.**

PEDERNAL

[O LUGAR] **Pedernal é** um vale pré-andino em Cuyo, desenvolvido nos últimos 30 anos no setor sul da província de San Juan, dentro da área de Cuyo. É caracterizada por ser a região mais fresca de San Juan, com índice III de Winkler. Possui alturas que variam de 1.200 a 1.500 metros e uma geologia altamente variável. O extremo oriental do vale é constituído por rochas calcárias da serra de Pedernal, pertencentes à pré-cordilheira oriental. A oeste, sul e norte, as diferentes descolagens da cordilheira central são constituídas por uma variabilidade de rochas que vão dos arenitos às pederneiras e xistos. A viticultura desenvolveu-se nos leques aluviais que descem do oriente e do ocidente. Esses leques têm idades e composições diferentes. O sopé da serra de Pedernal é majoritariamente calcário, enquanto as que descem do sopé central apresentam muito mais rochas de xisto e arenito em seu perfil.

[OS SABORES] **A província** de San Juan oferece um rico panorama de estilos e de sabores. É difícil comparar, por exemplo, um Malbec dos lugares planos e quentes da zona de Zonda com os de Calingasta ou os da nova zona de Pedernal, cravada na cordilheira. Esse lugar oferece Malbec (sua melhor arma de expressão) ricos em tensão, de texturas firmes e elétricas graças aos solos ricos em cal do lugar. Embora não se possa dizer que é uma zona fria ao estilo de San Pablo ou das zonas altas de Gualtallary, é considerávelmente mais fresca que o resto de San Juan, e os sabores, portanto, parecem muito mais suculentos e refrescantes. ❧

■ **PRINCIPAIS PRODUTORES**
(Em ordem alfabética)
Elodia, Finca Las Moras, Fuego Blanco, Pyros Wines, Susana Balbo Wines

PERDRIEL

[**O LUGAR**] **Perdriel é** um pequeno distrito histórico na parte alta da bacia do rio Mendoza. Ocupa uma alongada faixa leste-oeste na margem sul do rio Mendoza e forma, junto com seu vizinho do sul, Agrelo, o vale do Agrelo. Sua proximidade com o rio Mendoza moldou seus solos. Tal como Las Compuertas, Vistalba e Lunlunta (seus vizinhos na margem norte), possui níveis em socalcos onde a pedra se encontra muito próxima da superfície, ou inclusive aflorada. Essas pedras são os depósitos do rio Mendoza com importantes níveis petrocálcicos, cuja camada ou horizonte arável é composto por sedimentos de textura argilosa a limosa. Devido ao levantamento das lâminas de Lunlunta e Carrizal em sua borda oriental, também há um desenvolvimento de solos coluviais de curta distância que tem sido cultivados exclusivamente na borda sul da rua Olavarría. No setor mais meridional do distrito, nas proximidades da estrada Nacional 7, os solos aprofundam-se e transitam para perfis mais argilosos como os encontrados no setor inferior de Agrelo. Climaticamente é um setor com médio risco de geadas e alto risco de granizo. O curso do rio funciona como um corredor para as tempestades de verão que rapidamente ganham energia ao se moverem para o leste, fora do sistema das cordilheiras. Historicamente, a área foi designada como Winkler III alto.

■ **PRINCIPAIS PRODUTORES**
(Em ordem alfabética)
Amansado, Casarena, Clos Ultralocal, Fabre Montmayou, Finca Cruz Raiz, Lagarde, Matervini, Bodega Perdriel

[**OS SABORES**] **Nos solos** pedregosos e aluviais de Perdriel, os tintos sempre apresentam uma estrutura de taninos muito boa. E embora seja a Malbec que dê os melhores resultados, devemos também ficar atentos a Cabernet Sauvignon, que aqui oferece um lado frutado generoso, combinado com leves toques de ervas. Os tintos (e alguns brancos) costumam ser suculentos, como muitos na Primeira Zona junto ao rio Mendoza, mas aqui desfrutam de taninos muito firmes e vivos. 🍷

CASA NAOKI

There are points that make the difference

BED & BREAKFAST
Luxury Experience

A Casa Naoki é a exclusiva Casa de Hóspedes da Dartley Family Wines, localizada no município de Luján de Cuyo, na região de Agrelo conhecida como "Agrelo de Gesso". Um ambiente natural adaptado ao entorno, em perfeita harmonia com a flora autóctone e cercada por vinhedos, criando uma experiência ínóma e inesquecível, uma vivência de conforto e luxo, com a majestosa vista da Cordilheira dos Andes.

Viva a experiência e deguste nossos vinhos de mais de 90 pontos
– Guía Descorchados 2021 -.

hospitalidad@casarena.com   +54 9 261 3647244

Lago Pellegrini

Río Negro

Allen

General Roca

Vila Regina

Río Negro

RÍO NEGRO

[**O LUGAR**] **Río Negro** é uma província argentina localizada no limite norte da Patagônia. A grande maioria de seu vasto território é um grande deserto atravessado por um poderoso rio que nasce no sul dos Andes e deságua no Atlântico. Durante as últimas centenas de milhares de anos, o rio esculpiu um vale profundo em socalcos no planalto, cujos solos são muito ricos em silte e argila devido aos ciclos das cheias. Esse local foi utilizado pelo homem para a agricultura, com um desenvolvimento vitivinícola que começou assim que a ferocidade do rio e as suas cheias foram domadas por barragens compensatórias e uma rede de irrigação no início do século XX. Ao nível climático, é uma zona de estações marcadas, com um clima árido no planalto, com verões quentes (Winkler III e IV) e ventos intensos. Isso levou ao desenvolvimento de cortinas florestais nos quartéis, que têm um efeito microclimático com sua contribuição de sombra, aumento da umidade relativa e diminuição da insolação. Ao nível do solo, é possível diferenciar a zona da planície aluvial do rio, com solos profundos e argilosos, da zona das bordas, onde existem solos arenosos de origem eólica e também conglomerados com níveis petrocálcicos quando se está muito próximo aos desfiladeiros.

[**OS SABORES**] **Em termos** de sabores e texturas, os tintos e brancos de Río Negro poderiam ser regidos pela lógica dos vinhos de clima quente, suculentos, com taninos generosos e suaves, com sabores maduros e doces. Porém, como em áreas como Cafayate, Calingasta, Las Compuertas ou Vistalba, o elemento central é o grande patrimônio de vinhas velhas que, no caso de Río Negro, resumem-se em Malbec e Sémillon, mas também em outras um pouco mais excêntricas no cenário sul-americano como a Bastardo que ali é conhecida por Trousseau, nome que recebe na região francesa do Jura. ❧

■ PRINCIPAIS PRODUTORES
(Em ordem alfabética)
Aniello, Chacra, Fabre Montmayou, Humberto Canale, Manos Negras, Miras, Noemía de Patagonia, Riccitelli Wines

Valle de Uco

Río Las Tunas

SAN PABLO

[**O LUGAR**] **San Pablo** é um jovem IG deitada nas encostas das colinas no setor mais alto do vale do Uco. Tecnicamente falando, é em uma grande descida aluvial que compartilha com algumas áreas de Gualtallary, mas que foi posteriormente finalizada pela modelagem dos múltiplos riachos que descem da cordilheira frontal. San Pablo é a parte mais alta do distrito de Los Árboles, situado entre 1.200 e 1.700 metros acima do nível do mar. Climaticamente é um local muito particular, sujeito a geadas devido à sua proximidade com a frente montanhosa e também muito úmido devido ao efeito das chuvas orográficas, mais uma vez, devido à sua proximidade ao sopé das montanhas. É comum encontrar medições de precipitação que excedem 300 mm a 350 mm por ano. O clima vai de fresco a frio, entrando nas categorias II e I de Winkler. Seus solos são aluviais e altamente variáveis, mas quase sempre com conglomerados inferiores a um metro e menos carbonatos do que o seu "gêmeo", Gualtallary, pelo menos nos setores atualmente cultivados com vinhedos. Até essa data são 500 hectares de vinha e a médio prazo esse número vai aumentar devido à expansão dos projetos em curso e à aquisição de novos terrenos.

[**OS SABORES**] **Tudo ainda é** muito novo em San Pablo para ser categórico sobre o estilo de seus vinhos; Porém, é uma região fria, próxima à montanha e, portanto, como diz Guillermo Corona, é chuvosa no contexto do deserto que é o vale do Uco. E é por isso que seus Cabernet Franc, Malbec, Pinot Noir e alguns surpreendentes Sauvignon Blanc oferecem alguns dos sabores mais frescos e de ervas que podem ser encontrados no sopé dos Andes, comparáveis talvez às áreas mais altas de Gualtallary. Devemos estar atentos ao futuro de San Pablo, que parece brilhante. ❧

■ **PRINCIPAIS PRODUTORES**
(Em ordem alfabética)
Buscado Vivo o Muerto, Fincas Patagónicas, Las Estelas, Norton, Passionate Wine, Salentein, Trivento, Un Lugar en Los Andes, Uqueco Wine, Zuccardi Valle de Uco

ENZO BIANCHI
MALBEC
2018

Ranking mejores
Los Chacayes

96 PUNTOS

PARTICULAR
CABERNET SAUVIGNON
2018

Ranking mejores
San Rafael

93 PUNTOS

FAMIGLIA
MALBEC
2019

91 PUNTOS

**DON VALENTÍN
LACRADO**
CLÁSICO RED BLEND
2020

90 PUNTOS

OASIS SUR
MALBEC
2020

90 PUNTOS

SAN RAFAEL

[**O LUGAR**] **San Rafael** está localizado no coração de Mendoza e é um oásis regado por dois rios andinos, Atuel e Diamante. Esses descem dos Andes e, ao passarem pelo planalto Diamante, erodiram e aprofundaram o leito, gerando dois cânions até a foz nesse grande oásis, com 90 quilômetros de leste a oeste e 30 de norte a sul. San Rafael é um lugar de contrastes: as geadas assolam a região oriental do vale e o granizo é constante durante todo o verão. Apresenta temperaturas médias semelhantes às da bacia alta do rio Mendoza (Maipú), e na classificação climática de Winkler é IV e V, dependendo da área. Em termos edafológicos também é muito diverso. Os solos do setor sul são profundos, argilosos a areno-argilosos. A oeste do oásis, existe um leque aluvial desenvolvido pelo rio Diamante, com solos calcários pedregosos. O setor norte (Las Paredes, 25 de Mayo, El Usillal) é constituído por níveis pleistocênicos em socalcos, com altas concentrações de sulfatos e carbonatos, recobertos por uma camada eólica, e na foz do Atuel (Rama Caída, La Correina, Balloffet) aparecem solos argilosos. A toda esta diversidade soma-se o mais novo e mais alto setor do oásis, desenvolvido nos últimos 20 anos e representado pelas descidas aluviais do maciço de Sierra Pintada.

[**OS SABORES**] **Os sabores doces** e maduros de San Rafael, os taninos suaves dos tintos, os suculentos aromas frutados, fazem parte da generalização que se pode fazer de seus vinhos. Mas, aos poucos, os produtores vão mostrando maior ambição e espírito de aventura, desde a tradicional Bianchi, passando pela procura dos terroirs de Clos Ultralocal, até Santiago Salgado e a sua forma radical de produzir e pensar o vinho. Por um lado, há o resgate de vinhas velhas e, por outro, a exploração de zonas de maior altitude (25 de Mayo pela vinícola Funckenhausen, por exemplo) que dão nova vida aos já amigáveis tintos de San Rafael. ✒

■ **PRINCIPAIS PRODUTORES**
(Em ordem alfabética)
Bodegas Bianchi, Chacho Asensio Viñador en San Rafael, Clos Ultralocal, Fow Wines, Funckenhausen Vineyards, Iaccarini, Las Payas

VISTA FLORES

[O LUGAR] **Vista Flores** é um distrito do departamento de Tunuyán, na região central do vale do Uco. Geograficamente está localizado contra o oeste do vale, encostado nas colinas, em uma superfície aluvial do grande leque do rio Tunuyán. É uma zona de declives suaves, com elevada exposição luminosa e sem grandes ondulações no terreno. É uma zona quente, onde os seus 1.150 hectares de vinhas não têm problemas em atingir a madurez. Em termos de solos, pode ser dividido em dois setores bem diferenciados pela RP92. A leste, o domínio é do leque aluvial, onde aparecem solos médios, argilosos sobre conglomerados, e que se tornam mais pedregosos em direção à costa do rio Tunuyán. A oeste do percurso os solos são profundos, argilosos a areno-argilosos, e são as expressões distais dos leques que descem da cordilheira frontal.

[OS SABORES] **Se fosse** necessário procurar conectores entre a área tradicional de vinhedos de Mendoza, a Primeira Zona (Lunlunta, Las Compuertas, Perdriel, etc.) com o vale do Uco, certamente que áreas como La Consulta ou Vista Flores seriam as primeiras a criar essa ligação de sabores e texturas. O clima quente de Vista Flores, os solos férteis e mesmo pedregosos, oferecem tintos generosos e cheios. Vinhos que enchem a boca com os sabores de frutas negras. ❧

■ **PRINCIPAIS PRODUTORES**
(Em ordem alfabética)
Antucura, Bressia, Cadus Wines, Enrique Foster, Flechas de los Andes, Giménez Riili, Lagarde, Mauricio Lorca, Mundo Revés, RJ Viñedos, Ruca Malen, Tres14

ANTUCURA

Grand Vin | *Blend Selection*

RANKING

DOS MELHORES VINHOS

VISTA FLORES

DEL ALMA

DescoR ChadOS

MELHORES PREÇO
QUALIDADE BRANCOS

BEBA COM MODERAÇÃO. PROIBIDA VENDA PARA MENORES DE 18 ANOS.

VENCEDORES

O melhor **tinto** & o melhor **branco**

De todos os vinhos que provamos ano a ano, este par é nosso favorito. Sem dúvida, a maior honra que uma garrafa pode alcançar em *Descorchados*.

Enólogo & **Vinícola revelação** do ano

O prêmio Enólogo do ano leva quem mais nos entusiasmou pela qualidade de seus vinhos; os prêmios **Enólogo e Vinícola revelação** vão para aqueles que, com seu trabalho, transformam o vinho na América do Sul.

Vinhos **revelação** do **ano**

Esta é a novidade, o vinho que se destaca do resto, o que busca caminhos diferentes. Esse tipo de vinhos sempre tem um lugar em *Descorchados*.

Os melhores em cada **cepa** ou **estilo**

Seguindo o estilo varietal dos vinhos no Novo Mundo, estes rankings apelam aos melhores dentro de sua cepa. Mas atenção, porque também se incluem rankings por estilos de vinhos: **doces, espumantes, rosés.**

Os melhores por **vale**

Em *Descorchados* nos interessa o sentido de lugar dos vinhos, sua origem. Por isso aqui destacamos os melhores segundo o vale onde foram produzidos.

Superpreço

Um tema sempre recorrente é a boa relação preço-qualidade. Neste par de rankings vocês encontrarão as melhores ofertas provadas no ano. **Imprescindível.**

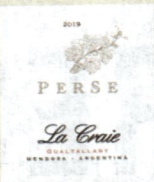

99
PERSE
La Craie
Malbec, C. Franc 2019
GUALTALLARY

99
ZUCCARDI VALLE DE UCO
Finca Piedra Infinita Supercal
Malbec 2018
ALTAMIRA

98
ESTANCIA USPALLATA
Igneo
Malbec, C. Franc, Pinot Noir 2018
USPALLATA

TOP
10

98
MATERVINI
Piedras Viejas Laderas
Malbec 2018
EL CHALLAO

98
NOEMÍA DE PATAGONIA
Noemía
Malbec 2018
PATAGONIA ARGENTINA

TINTOS 2021

98
SUPERUCO
SuperUco Altamira
Malbec, C. Franc 2017
ALTAMIRA

98
ZUCCARDI VALLE DE UCO
Finca Piedra Infinita
Malbec 2018
ALTAMIRA

97
ALEANNA EL ENEMIGO WINES
Gran Enemigo Single Vineyard El Cepillo
C. Franc, Malbec 2017
EL CEPILLO

97
ESCALA HUMANA WINES
Credo
Malbec 2018
EL PERAL

97
MICHELINI I MUFATTO
OLEO
Malbec 2018
GUALTALLARY

98
OTRONIA
Block 3&6
Chardonnay 2018
PATAGONIA ARGENTINA

97
RICCITELLI WINES
Vino de Finca de la Carrera
Sauvingon Blanc 2020
VALE DO UCO

97
TERRAZAS DE LOS ANDES
Grand Chardonnay
Chardonnay 2019
GUALTALLARY

TOP 10

97
ZUCCARDI VALLE DE UCO
Fósil
Chardonnay 2019
SAN PABLO

96
ALTAR UCO
Edad Media
Chardonnay, S. Blanc 2019
VALE DO UCO

BRANCOS 2021

96
BODEGA TEHO
Zaha Sémillon
Sémillon 2020
LA CONSULTA

96
CATENA ZAPATA
Adrianna Vineyard White Bones
Chardonnay 2018
MENDOZA

96
PASSIONATE WINE
Deshielo
Sauvingon Blanc 2019
GUALTALLARY

96
TRAPICHE
Terroir Series
Finca El Tomillo
Chardonnay 2019
VALE DO UCO

96
ZORZAL WINES
Eggo Blanc de Cal
Sauvingon Blanc 2019
GUALTALLARY

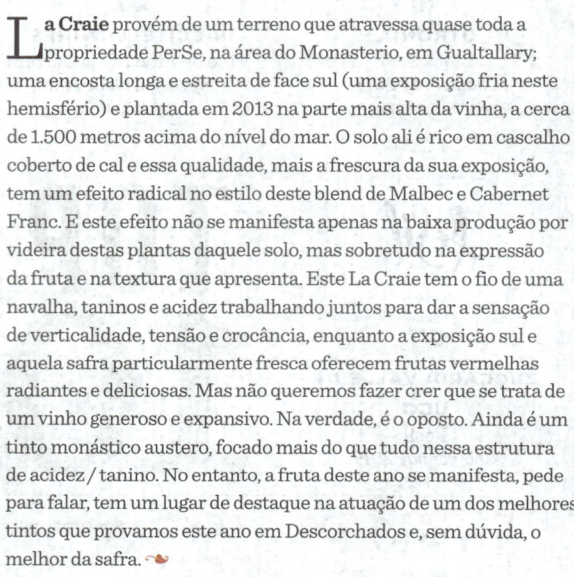

99

MELHOR TINTO.

PERSE
La Craie Malbec,Cabernet Franc 2019
GUALTALLARY

La Craie provém de um terreno que atravessa quase toda a propriedade PerSe, na área do Monasterio, em Gualtallary; uma encosta longa e estreita de face sul (uma exposição fria neste hemisfério) e plantada em 2013 na parte mais alta da vinha, a cerca de 1.500 metros acima do nível do mar. O solo ali é rico em cascalho coberto de cal e essa qualidade, mais a frescura da sua exposição, tem um efeito radical no estilo deste blend de Malbec e Cabernet Franc. E este efeito não se manifesta apenas na baixa produção por videira destas plantas daquele solo, mas sobretudo na expressão da fruta e na textura que apresenta. Este La Craie tem o fio de uma navalha, taninos e acidez trabalhando juntos para dar a sensação de verticalidade, tensão e crocância, enquanto a exposição sul e aquela safra particularmente fresca oferecem frutas vermelhas radiantes e deliciosas. Mas não queremos fazer crer que se trata de um vinho generoso e expansivo. Na verdade, é o oposto. Ainda é um tinto monástico austero, focado mais do que tudo nessa estrutura de acidez / tanino. No entanto, a fruta deste ano se manifesta, pede para falar, tem um lugar de destaque na atuação de um dos melhores tintos que provamos este ano em Descorchados e, sem dúvida, o melhor da safra. 🍷

Os melhores **tintos** do ano

98 | **ESTANCIA USPALLATA** Igneo Malbec, C. Franc, Pinot Noir 2018 | Uspallata
98 | **MATERVINI** Piedras Viejas Laderas Malbec 2018 | El Challao
98 | **NOEMÍA DE PATAGONIA** Noemía Malbec 2018 | Patagonia Argentina
98 | **SUPERUCO** SuperUco Altamira Malbec, C. Franc 2017 | Altamira
98 | **ZUCCARDI VALLE DE UCO** Finca Piedra Infinita Malbec 2018 | Altamira
97 | **ALEANNA - EL ENEMIGO WINES** Gran Enemigo Single Vineyard El Cepillo C. Franc, Malbec 2017 | El Cepillo
97 | **CATENA ZAPATA** Adrianna Vineyard River Stones Malbec 2018 | Mendoza
97 | **CATENA ZAPATA** Adrianna Vineyard Mundus Bacillus Terrae Malbec 2018 Mendoza
97 | **ESCALA HUMANA WINES** Credo Malbec 2018 | El Peral
97 | **GEN DEL ALMA** Seminare Malbec 2018 | Gualtallary
97 | **MICHELINI I MUFATTO** OLEO Malbec 2018 | Gualtallary
97 | **NOEMÍA DE PATAGONIA** J Alberto Malbec 2019 | Argentina
97 | **PASSIONATE WINE** @micheliniwine Marmolejo Malbec 2018 | San Pablo
97 | **PERSE** Volare del Camino Malbec 2019 | Gualtallary
97 | **RICCITELLI WINES** Riccitelli & Father Malbec, C. Franc 2018 | Mendoza
97 | **MARIANO DI PAOLA WINES** Mariano di Paola Corte del Enólogo Merlot, Malbec, C. Franc | 2015 Gualtallary
97 | **RUTINI WINES** Apartado Gran C. Sauvingon, C. Franc, Malbec, Syrah 2017 Vale do Uco
97 | **SUPERUCO** SuperUco Gualta Malbec, C. Franc 2017 | Gualtallary
97 | **TERRAZAS DE LOS ANDES** Parcel Nº1E El Espinillo Malbec 2017 | Gualtallary
97 | **TRAPICHE** Terroir Series Edición Limitada Finca Laborde C. Sauvingon 2017 Vale do Uco
97 | **VIÑA LOS CHOCOS** Estereo C. Franc 2018 | Gualtallary
97 | **WEINERT** Tonel Unico 248 Malbec 2006 | Luján de Cuyo
97 | **ZORZAL WINES** Eggo Tinto de Tiza Malbec 2018 | Gualtallary
97 | **ZORZAL WINES** Piantao C. Franc, Malbec, Merlot 2016 | Tupungato
97 | **ZUCCARDI VALLE DE UCO** Finca Piedra Infinita Gravascal Malbec 2018 Altamira
97 | **ZUCCARDI VALLE DE UCO** Aluvional Paraje Altamira Malbec 2018 | Altamira
97 | **ZUCCARDI VALLE DE UCO** Finca Canal Uco Malbec 2018 | Altamira
97 | **ZUCCARDI VALLE DE UCO** Zuccardi Aluvional Los Chacayes Malbec 2018 Los Chacayes

99

MELHOR TINTO.

ZUCCARDI VALLE DE UCO
Finca Piedra Infinita Supercal *Malbec 2018*
ALTAMIRA

Supercal é uma seleção de pequenos setores da vinha Piedra Infinita, os 52 hectares plantados ao redor da vinícola Zuccardi, com cerca de 1.100 metros de altura, em Altamira, ao sul do Vale do Uco. É principalmente uma seleção de solos ricos em cascalho e cal que a equipe da vinícola seleciona e colhe manualmente e, em seguida, fermenta em cachos completos em tanques de concreto. O enólogo Sebastián Zuccardi tem o cuidado de esmagar os cachos para que não ocorra a maceração carbônica, que, em sua opinião, oferece aromas mais ligados à vinícola do que ao local. A fermentação em presença de pedúnculos acrescenta taninos ao vinho, mas com certeza é o solo de cal que confere personalidade à textura deste Supercal, um Malbec austero, de acidez intensa e taninos agudos que simulam a sensação de giz. É generoso em sabores refrescantes e suculentos; cerejas puras envoltas em tons herbáceos e florais. Um dos melhores vinhos que já provamos na Argentina.

Os melhores **tintos** do ano

98 | **ESTANCIA USPALLATA** Igneo Malbec, C. Franc, Pinot Noir 2018 | Uspallata
98 | **MATERVINI** Piedras Viejas Laderas Malbec 2018 | El Challao
98 | **NOEMÍA DE PATAGONIA** Noemía Malbec 2018 | Patagonia Argentina
98 | **SUPERUCO** SuperUco Altamira Malbec, C. Franc 2017 | Altamira
98 | **ZUCCARDI VALLE DE UCO** Finca Piedra Infinita Malbec 2018 | Altamira
97 | **ALEANNA - EL ENEMIGO WINES** Gran Enemigo Single Vineyard El Cepillo C. Franc, Malbec 2017 | El Cepillo
97 | **CATENA ZAPATA** Adrianna Vineyard River Stones Malbec 2018 | Mendoza
97 | **CATENA ZAPATA** Adrianna Vineyard Mundus Bacillus Terrae Malbec 2018 Mendoza
97 | **ESCALA HUMANA WINES** Credo Malbec 2018 | El Peral
97 | **GEN DEL ALMA** Seminare Malbec 2018 | Gualtallary
97 | **MICHELINI I MUFATTO** OLEO Malbec 2018 | Gualtallary
97 | **NOEMÍA DE PATAGONIA** J Alberto Malbec 2019 | Argentina
97 | **PASSIONATE WINE** @micheliniwine Marmolejo Malbec 2018 | San Pablo
97 | **PER SE** Volare del Camino Malbec 2019 | Gualtallary
97 | **RICCITELLI WINES** Riccitelli & Father Malbec, C. Franc 2018 | Mendoza
97 | **MARIANO DI PAOLA WINES** Mariano di Paola Corte del Enólogo Merlot, Malbec, C. Franc | 2015 Gualtallary
97 | **RUTINI WINES** Apartado Gran C. Sauvingon, C. Franc, Malbec, Syrah 2017 Vale do Uco
97 | **SUPERUCO** SuperUco Gualta Malbec, C. Franc 2017 | Gualtallary
97 | **TERRAZAS DE LOS ANDES** Parcel Nº1E El Espinillo Malbec 2017 | Gualtallary
97 | **TRAPICHE** Terroir Series Edición Limitada Finca Laborde C. Sauvingon 2017 Vale do Uco
97 | **VIÑA LOS CHOCOS** Estereo C. Franc 2018 | Gualtallary
97 | **WEINERT** Tonel Unico 248 Malbec 2006 | Luján de Cuyo
97 | **ZORZAL WINES** Eggo Tinto de Tiza Malbec 2018 | Gualtallary
97 | **ZORZAL WINES** Piantao C. Franc, Malbec, Merlot 2016 | Tupungato
97 | **ZUCCARDI VALLE DE UCO** Finca Piedra Infinita Gravascal Malbec 2018 Altamira
97 | **ZUCCARDI VALLE DE UCO** Aluvional Paraje Altamira Malbec 2018 | Altamira
97 | **ZUCCARDI VALLE DE UCO** Finca Canal Uco Malbec 2018 | Altamira
97 | **ZUCCARDI VALLE DE UCO** Zuccardi Aluvional Los Chacayes Malbec 2018 Los Chacayes

98
MELHOR BRANCO.

OTRONIA
Block 3&6 *Chardonnay 2018*
PATAGONIA ARGENTINA

A Chardonnay é a variedade que melhor se apresentou nas condições extremamente frias e ventosas de Sarmiento, às margens do Lago Muster, na Patagônia. Neste lugar remoto, um deserto de estepe frio, a Chardonnay oferece um carácter muito particular onde os sabores das uvas que amadurecem sob o sol intenso contrastam com a acidez penetrante e aguda de um clima fresco que não consegue moderar essa acidez. Neste Chardonnay, envelhecido em foudres durante 16 meses, pode-se sentir a suculenta fruta do sul, as ervas e a profundidade dos sabores se projetando graças à densidade que mostram, mas sobretudo à acidez, uma espécie de veículo que transfere tudo através do palato.

Os melhores **brancos** do ano

97 | **RICCITELLI WINES** Vino de Finca de la Carrera S. Blanc 2020 | Vale do Uco
97 | **TERRAZAS DE LOS ANDES** Grand Chardonnay Chardonnay 2019 Gualtallary
97 | **ZUCCARDI VALLE DE UCO** Fósil Chardonnay 2019 | San Pablo
96 | **ALTAR UCO** Edad Media Chardonnay, S. Blanc 2019 | Vale do Uco
96 | **BODEGA TEHO** Zaha Sémillon Sémillon 2020 | La Consulta
96 | **CATENA ZAPATA** Adrianna Vineyard White Bones Chardonnay 2018 Mendoza
96 | **CATENA ZAPATA** Adrianna Vineyard White Stones Chardonnay 2018 Mendoza
96 | **MICHELINI I MUFATTO** Propósitos Chenin Blanc 2018 | Villa Seca
96 | **PASSIONATE WINE** Deshielo S. Blanc 2019 | Gualtallary
96 | **PASSIONATE WINE** Montesco Agua de Roca S. Blanc 2020 | San Pablo
96 | **PASSIONATE WINE** Sólido S. Blanc, Sémillon 2018 | Vale do Uco
96 | **PERSE** Volare de Flor 4ta Flor Chardonnay N/V | Mendoza
96 | **RUTINI WINES** Apartado Gran Chardonnay Chardonnay 2018 Vale do Uco
96 | **SALENTEIN** Single Vineyard Los Nogales S. Blanc 2019 | San Pablo
96 | **TRAPICHE** Terroir Series Finca El Tomillo Chardonnay 2019 | Vale do Uco
96 | **ZORZAL WINES** Eggo Blanc de Cal S. Blanc 2019 | Gualtallary
95 | **ZUCCARDI VALLE DE UCO** Polígonos Tupungato Sémillon 2020 Tupungato

ENÓLOGO DO ANO.

MATÍAS RICCITELLI
RICCITELLI WINES

Em *Descorchados* temos acompanhado de perto o trabalho de Matías Riccitelli, desde que em 2009 começou a produzir seu primeiro Malbec nos solos aluviais da margem norte do rio Mendoza. Matías é filho de Jorge Riccitelli, um dos heróis da enologia argentina, mas nunca trabalhou para ele, embora tenham feito vinho juntos, mas isso é outra história. A sua história centra-se na obra de Fabre Montmayou, onde conheceu as potencialidades de Vistalba e também das velhas vinhas de Río Negro, duas áreas que são hoje fundamentais no seu projeto, um catálogo que, se observado com atenção, reflete um profundo e muito sério trabalho de pesquisa que vai de La Carrera a Río Negro, passando por Las Compuertas, Vistalba, Chacayes, Gualtallary ou qualquer lugar onde haja potencial para fazer bons vinhos. E ele tem alguns bons vinhos, como seu tremendo Riccitelli & Father, feito a quatro mãos com seu pai. Ou o Sauvingon Vino de Finca de la Carrera 2020, que abre uma grande janela para o potencial daquela área extrema do Vale do Uco. Vinhos sérios, cheios de sentido de lugar, e outros loucos como a nova linha Kung Fu que, além de ter rótulos divertidos e lúdicos, trazem um ar fresco ao tema do vinho natural. Este ano Riccitelli nos surpreendeu, mas já faz isso há muito tempo. 🍷

ENÓLOGO REVELAÇÃO DO ANO.

TOMÁS STAHRINGER

Para Tomás Stahringer, o inimigo mais perigoso do vinho é o ego de quem o produz, um aliado que pode tornar-se "um veneno de tudo o que é puro e bom nas nossas intenções, um ímã que nos atrai continuamente. O vinho é o protagonista. Não devemos nos confundir". É a opinião deste enólogo que, após uma breve mas intensa carreira na procura de vinhos com frescor e identidade, parece ter apanhado o fio que aos poucos vai se desfazendo da meada. Trabalha na Bodegas Polo desde 2008 e aí conseguiu importantes mudanças, principalmente nos vinhos provenientes de La Consulta e Altamira; vinhos tintos de grande suculência e equilíbrio. Seu projeto pessoal, Vinyes Oculults, começa a brilhar graças a um punhado de tintos (mais um delicioso Viognier), todos de Uco, mas especialmente dos sete hectares que o próprio Stahringer plantou em 2007 nos solos pedregosos do rio Las Tunas, em Tunuyán. Fiquem de olho no Gran Malbec 2017 para ter uma ideia: uma seleção de um hectare de vinhas próprias que é um líquido leve e refrescante mas ao mesmo tempo repleto de taninos verticais e tensos, um vinho que fala por si e sai uma parada muito boa para a nova geração do Malbec argentino, aquela geração que começa a oferecer um forte sentido de lugar e que, finalmente, deixa os egos de lado. 🍷

VINÍCOLA REVELAÇÃO.

PERSE

David Bonomi e Edgardo del Pópolo não precisam falar sobre o que fazem ou quem são. E felizmente não, respeitando o velho ditado de que a palavra xadrez nunca é dita no jogo de xadrez. Preferem que os vinhos falem por si, frase que se ouve muito, mas que raramente tem o significado que esta vinícola oferece. Os silêncios naquele punhado de hectares de Monasterio, o primeiro grand cru da Argentina, no coração de Gualtallary, dizem tudo o que você precisa saber. E, neste caso, falam por meio de vinhos de um caráter raramente encontrado na América do Sul. O projeto PerSe nasceu em 2012, embora tenha sido apenas em 2016 que começaram a produzir vinhos cem por cento de seus próprios vinhedos, todos plantados nas encostas da Sierra del Jaboncillo em Monasterio, um solo rico em cal que, interpretado por esta dupla, oferece um grau de austeridade e tensão que só se compara às igrejas românicas de paredes largas, sólidas e firmes, sem qualquer decoração. La Craie é um dos nossos dois tintos do ano, mas há também o fresco e refrescante Inseparable ou a complexidade do Volare del Camino. E por que falar (por suas apenas 300 garrafas, nem devemos falar) Uni del Bonnesant, um Malbec que está no pódio do pódio na América do Sul. PerSe é a vinícola do ano em Descorchados. Não há muito mais a ser dito. 🍷

DESTAQUE
PREÇO-QUALIDADE.

SANTA JULIA

Em uma conversa há alguns anos com José Zuccardi, dono da tradicional Bodega Santa Julia, em Mendoza, falamos sobre o gosto do consumidor e as possíveis interpretações que poderiam ser dadas a esse gosto, interpretações que geralmente vão para o lado da madeira e doçura, uma afirmação que não tem muitos alicerces além da venda, o que basta, mas não é tudo. Exposto a outros estilos, a vinhos mais frescos e frutados, por exemplo, o consumidor médio (o que quer que isso signifique) também pode reagir favoravelmente, como evidenciado pelos 15 milhões de garrafas anuais que a Santa Julia produz e vende. Lá, os vícios da doçura e do excesso de madeira (que supostamente o "consumidor" gosta) não estão em lugar nenhum. Pelo contrário, o que Rubén Ruffo (desde 1990 o enólogo da vinícola) e a sua equipe têm feito - há pelo menos quatro safras - é deixar a casta e a fruta mostrarem-se sem complexos. Pegue o Tintillo, por exemplo, um Bonarda e Malbec com maceração carbônica que irradia frescor e frutas vermelhas; o tinto de que se precisa para matar a sede no verão. E os preços que eles pedem por esses sucos são uma pechincha em todas as suas letras. Pureza e honestidade a preços impossíveis de resistir. O consumidor, nesse caso, está certo.

95

MELHOR LARANJA.

RICCITELLI WINES
Kung Fu Orange *Sauvingon Blanc 2020*
VALE DO UCO

A linha **Kung Fu** é a novidade da Riccitelli neste ano de 2021 e é baseada em vinhos sem intervenção e sem adição de sulfitos. Nesse caso, é um Sauvingon Blanc da região de Gualtallary, fermentado e estagiado em ovos e ânforas, e tem um lado selvagem delicioso. É rico em notas de ervas, mas também em frutos brancos maduros e flores. Acontece aqui algo que vai além das convenções do que o Sauvingon Blanc deveria (e não deveria) ser, e esta é uma resposta muito livre de Riccitelli e seu trabalho experimental com um estilo que vai além dos vinhos naturais.

Os melhores laranjas do ano

94 | **40/40** Otro Andar Torrontés 2019 | Mendoza
94 | **PIELIHUESO** Pielihueso Naranjo 2019 | Los Chacayes
94 | **SUSANA BALBO WINES** Susana Balbo Signature Naranjo Torrontés 2019
Vale do Uco
93 | **CASA DE UCO** El Salvaje Estilo Naranja Chardonnay, Torrontés 2019
Los Chacayes
93 | **ESCALA HUMANA WINES** Livverá Malvasía 2020 | Vale do Uco
92 | **LAS PAYAS** Bicho Raro Patricia, Malvina, Emperatriz 2019 | San Rafael
92 | **MATÍAS MORCOS** Moscatel Rosado Moscatel Rosado 2020 | Mendoza
91 | **CHAKANA** Estate Selection Maceración Prolongada Torrontés 2020
Chacayes
91 | **KRONTIRAS** Krontiras Cosmic Amber Chardonnay 2019 | Mendoza
91 | **MIRAS** Miras Jovem Torrontés 2020 | Patagonia Argentina
90 | **LAS PAYAS** Soles naciendo de unos peces Serna 2020 | San Rafael

95

MELHOR ROSADO.

CANOPUS VINOS
Pintom Subversivo *Pinot Noir 2020*
EL CEPILLO

Este rosé vem de uma parcela de 0,7 hectare ao sul da propriedade Canopus em El Cepillo, rico em solos calcários em um setor mais frio do vinhedo. As uvas são colhidas cedo, especialmente em um ano quente como 2020, que começou em meados de fevereiro. Em seguida, a vinificação é feita em três partes. Um é prensado diretamente, fermentado em aço. Uma segunda parte fermenta em tanque aberto, no método oxidativo. E uma terceira parte numa espécie de infusão, ou seja, sacos cheios de cachos de Pinot colhidos muito tardiamente, infundidos no rosé da primeira vinificação. Um chá, no fundo. Esta maneira estranha, bizarra, mas excitante de olhar para o rosé fala do foco Canopus nesse estilo. O resultado é suculento, fresco, cheio de sabores frescos e vermelhos, com notas de ervas. O mais interessante está nos taninos, que são firmes, verticais, duros, tensos. Um rosé com grande personalidade, grande vibração, superenergia e, aliás, um bicho raro no mundo dos vinhos sul-americanos. 🦐

Os melhores rosados do ano

93 | **CASA DE UCO** El Salvaje Orgánico Rosado Pinot Gris 2020 | Los Chacayes
93 | **RUTINI WINES** Rutini Colección Rosé Malbec 2019 | Mendoza
93 | **UQUECO WINE** CouerSair Garnacha 2020 | Mendoza
93 | **WEINERT** Montfleury Pinot Noir 2020 | Gualtallary
92 | **CATENA ZAPATA** La Marchigiana Moscatel Rosado 2019 | Mendoza
92 | **EL ESTECO** Partida Limitada Garnacha 2020 | Vales Calchaquíes
92 | **EL ESTECO** El Esteco Blanc de Noir Pinot Noir 2020 | Vales Calchaquíes
92 | **ESCALA HUMANA WINES** Livverá Sangiovese 2020 | Vale do Uco
92 | **FINCA LOS DRAGONES** Alfil Claret Torrontés, Bonarda, Criolla Chica 2020 | Vale de Calingasta
92 | **GEN DEL ALMA** Ji Ji Ji Clarete Chenin Blanc, Malbec, Pinot Noir 2020 | Vale do Uco
92 | **KARIM MUSSI WINEMAKER** Altocedro Año Cero Barrel Collection Rosé Merlot 2019 | La Consulta
92 | **LAGARDE** Organic Rosé Malbec, Sémillon 2020 | Luján de Cuyo
92 | **LAS PAYAS** Bicho Raro Canela 2020 | San Rafael
92 | **MATÍAS MORCOS** Ancestral Blend 2020 | Mendoza
92 | **VER SACRUM** Ménage Clarete Garnacha, Syrah, Marsanne 2019 | Mendoza
92 | **VIÑA LAS PERDICES** Exploración Rosé Malbec 2020 | Agrelo

95

MELHOR ROSADO.

SUSANA BALBO WINES
Susana Balbo Signature Rosé *Malbec, Pinot Noir 2020*
VALE DO UCO

Este *blend* é 60% Malbec e 40% Pinot Noir. O Malbec foi colhido muito cedo, quase como espumante, enquanto o Pinot Noir foi colhido maduro. A cor clara deste rosé se deve unicamente ao breve contato que o suco tem com as cascas durante a prensagem das uvas. Sem envelhecimento em madeira, este é um rosé sério, com força tânica e acidez firme, frutos vermelhos ácidos e muita tensão. Um rosé sério, para acompanhar marisco gratinado ou uma paella de marisco.

Os melhores rosados do ano

93 | **CASA DE UCO** El Salvaje Orgánico Rosado Pinot Gris 2020 | Los Chacayes
93 | **RUTINI WINES** Rutini Colección Rosé Malbec 2019 | Mendoza
93 | **UQUECO WINE** CouerSair Garnacha 2020 | Mendoza
93 | **WEINERT** Montfleury Pinot Noir 2020 | Gualtallary
92 | **CATENA ZAPATA** La Marchigiana Moscatel Rosado 2019 | Mendoza
92 | **EL ESTECO** Partida Limitada Garnacha 2020 | Vales Calchaquíes
92 | **EL ESTECO** El Esteco Blanc de Noir Pinot Noir 2020 | Vales Calchaquíes
92 | **ESCALA HUMANA WINES** Livverá Sangiovese 2020 | Vale do Uco
92 | **FINCA LOS DRAGONES** Alfil Claret Torrontés, Bonarda, Criolla Chica 2020
      Vale de Calingasta
92 | **GEN DEL ALMA** Ji Ji Ji Clarete Chenin Blanc, Malbec, Pinot Noir 2020
      Vale do Uco
92 | **KARIM MUSSI WINEMAKER** Altocedro Año Cero Barrel Collection Rosé
      Merlot 2019 | La Consulta
92 | **LAGARDE** Organic Rosé Malbec, Sémillon 2020 | Luján de Cuyo
92 | **LAS PAYAS** Bicho Raro Canela 2020 | San Rafael
92 | **MATÍAS MORCOS** Ancestral Blend 2020 | Mendoza
92 | **VER SACRUM** Ménage Clarete Garnacha, Syrah, Marsanne 2019 | Mendoza
92 | **VIÑA LAS PERDICES** Exploración Rosé Malbec 2020 | Agrelo

96
MELHOR ESPUMANTE.

RUTINI WINES
Antología LIV *Chardonnay, Pinot Noir 2016*
GUALTALLARY

Esta é a primeira vez que um espumante é incluído na linha Antología. É uma mistura de metade Chardonnay e metade Pinot Noir da safra fria de 2016 em Gualtallary. O vinho base de Chardonnay estagiou cinco meses em barricas, enquanto o Pinot saiu do aço diretamente para a segunda fermentação em garrafa, segundo o método tradicional. O contato com as borras já dura quatro anos e meio, o que lhe confere um toque oxidativo, vínico, com alta concentração de frutas vermelhas, mas ao mesmo tempo acidez elevada e uma borbulha generosa, tipo creme, em sua textura. Este é provavelmente o vinho espumante mais complexo que experimentamos de Rutini, e atenção que a Rutini é um dos grandes produtores destes vinhos na América do Sul. 🍷

Os melhores **espumantes** do ano

95 | **ESTANCIA USPALLATA** Estancia Uspallata Brut Nature Pinot Noir N/V Uspallata

94 | **BODEGA VISTALBA** Progenie I Pinot Noir, Chardonnay N/V | Argentina

94 | **BODEGAS CHANDON** Barón B Cuvée Millésime Brut Rosé 2016 Mendoza

94 | **BODEGAS CHANDON** Barón B Extra Brut Chardonnay, Pinot Noir N/V Mendoza

94 | **LAGARDE** Lagarde Blanc de Noir Brut Nature Millésimé 2017 Vista Flores

94 | **OTRONIA** Otronia Chardonnay 2017 | Patagonia Argentina

93 | **ALMA 4** Alma 4 Pinot Rosé Pinot Noir 2016 | Vale do Uco

93 | **ALMA 4** Alma 4 Chardonnay Chardonnay 2015 | Vale do Uco

93 | **ALPAMANTA ESTATE WINES** Breva Pet Nat Criolla Grande 2020 Mendoza

93 | **BODEGAS CHANDON** Cuvée Reserve Blanc de Blancs Chardonnay N/V Mendoza

93 | **BODEGAS CHANDON** Cuvée Reserve Blanc de Noir Pinot Noir N/V Mendoza

93 | **CADUS WINES** Champenoise Brut Nature Pinot Noir,Malbec N/V Vale do Uco

93 | **CANOPUS VINOS** Pintom Petnat Pinot Noir 2020 | El Cepillo

93 | **CHAKANA** Ayni Espumante Nature Pinot Noir N/V | Altamira

93 | **OTRONIA** Otronia Rosé Pinot Noir 2017 | Patagonia Argentina

93 | **PHILIPPE CARAGUEL** Grand Cuvée Extra Brut Chardonnay N/V Tupungato

93 | **RUTINI WINES** Rutini Colección Brut Nature 2018 | Vale do Uco

98

VINHO REVELAÇÃO.

MATERVINI
Piedras Viejas Laderas *Malbec 2018*
EL CHALLAO

Esta é uma seleção de um hectare em solos calcários de El Challao, um vinhedo plantado em 2008, a oeste de Mendoza, a cerca de 1.600 metros acima do nível do mar. É uma microprodução de vinhas que nesta zona extrema produzem apenas 250 gramas por planta, ou seja, são necessárias quatro a cinco plantas para produzir uma garrafa. Mas o que produzem é delicioso. Este vinho tem tudo menos caráter varietal. É um lugar antes da uva, um sentido de origem que aqui oferece um Malbec austero, severo, de grande intensidade, de grande profundidade. Não há nenhum Malbec simpático aqui que agrade multidões. Na verdade, sem o rótulo Malbec, esse tinto se move em seu próprio ritmo monástico; com sua própria linguagem.

97

VINHO REVELAÇÃO.

MARIANO DI PAOLA WINES
Mariano di Paola Corte del Enólogo
Merlot, Malbec, Cabernet Franc 2015
GUALTALLARY

Para este blend de 40% Malbec, 50% Merlot e 10% Cabernet Franc, o enólogo Mariano di Paola recorreu aos seus vinhedos em Gualtallary, que circundam a vinícola no sopé da Cordilheira dos Andes, em direção ao extremo norte do Vale do Uco. O vinho estagiou 15 meses em barricas novas de carvalho. E o resultado é um tinto muito jovem, repleto de frutos maduros e profundos, com efeito da madeira nos bastidores, sem interferir na expressão da fruta. A textura é ampla, voluptuosa, de estrutura horizontal, com taninos redondos e suculentos. Já pode ser bebido, mas sem dúvida este vinho vai ganhar muito em complexidade com quatro ou cinco anos de garrafa.

97

VINHO REVELAÇÃO.

TERRAZAS DE LOS ANDES
Parcel N°1E El Espinillo *Malbec 2017*
GUALTALLARY

Este é um dos vinhedos mais altos do Vale do Uco e o mais alto de Gualtallary. O clima da montanha lá em cima é muito frio e a maturidade demora duas a três semanas, mal atingindo - em um ano quente como 2017 - 12,9 graus. A vinha foi plantada em 2012, em solos ricos em calcário e toda esta situação extrema faz com que o vinho tenha muita personalidade, o que entrega notas florais mais do que frutadas, ervas mais do que especiarias. A boca é dominada pela acidez, mas não aquela excessiva e acentuada acidez de outros vinhos de grande altitude. Aqui a acidez é fresca, viva, acompanhando os sabores da fruta como uma suave música de fundo. Este Malbec é tenso nos taninos, embora não sejam tão selvagens como –outra vez– nas zonas montanhosas vizinhas. Esta é a primeira versão do El Espinillo para a linha Parcel. 🍷

96

VINHO REVELAÇÃO.

ALMA MATER

GSM *Mourvèdre, Syrah, Garnacha 2018*
CHACAYES

Este **GSM** é 44% Monastrell, 37% Garnacha e 19% Syrah, todos dos vinhedos Alma Mater, plantados nos solos extremamente pedregosos de Los Chacayes, a cerca de 1.100 metros acima do nível do mar. Trata-se de uma cofermentação das três castas e envelheceu 11 meses em barricas. Liderado pela estrutura tânica, séria e austera do Monastrell, este não é o GSM amável, frutado e simpático com o qual, em geral, este blend se relaciona na América do Sul. Este é duro, monástico, sem decoração ou fogos de artifício. Pura tensão em um vinho sério e impenetrável. Um tinto para esperar uma década.

96   VINHO REVELAÇÃO.

CADUS WINES
Cadus Single Vineyard Finca Las Torcazas *Malbec 2017*
AGRELO

Este Malbec vem da Finca Las Torcazas, na parte mais alta de Agrelo, a cerca de 1.100 metros acima do nível do mar. Em solos aluviais, ricos em cascalho, tem uma importante força de tanino, cheia de uma textura radicalmente diferente de tudo o que nos foi vendido na zona, nenhum daqueles "taninos doces" que aparecem nos folhetos turísticos. Em vez disso, o lado mais selvagem e muito pouco explorado é mostrado aqui. As frutas são doces, suculentas e até agora tudo bem. Mas neste solo, na parte alta de Agrelo, com muitos cascalhos, a textura fica indomada.

96

VINHO REVELAÇÃO.

CHAKANA
Vientre *Malbec 2018*
ALTAMIRA

Este Malbec vem do lote "gravas" no vinhedo Ayni, propriedade de Chakana em Altamira, no Vale do Uco. É uma vinha orgânica certificada, a fermentação é espontânea, sem leveduras exógenas, envelhecida em barricas de 500 litros, sem adição de sulfitos em qualquer parte do processo. O vinho tem uma pureza deliciosa. É repleto de frutas vermelhas e uma acidez elétrica e suculenta que transporta a fruta sem deixar de injetar frescor até o final do paladar. Uma fotografia muito especial de Altamira, menos austera ou monolítica do que de costume. Este é mais sutil, com sabores de frutas vermelhas cristalinas em um corpo médio, quase delicado. A tentação de abrir agora.

96 VINHO REVELAÇÃO.

CIELO ARRIBA

Huichaira *Malbec, Syrah, Cabernet Franc 2018*
JUJUY

A pesar de vir do norte da Argentina, Huichaira é um vale muito frio. E deve ser por causa da altura, mais de 2.700 metros acima do nível do mar. Lá, a família Nievas tem dois hectares plantados em 2014, principalmente com Malbec, mas também com Cabernet Franc e Syrah, todos colhidos na mesma época e cofermentados. É um vinho de grande acidez e sabores deliciosamente tintos, refrescantes e vivos. A influência das montanhas parece dar aquela sensação de frescor, de brisa andina, de ervas que se sobrepõem à fruta. Um vinho de caráter, para pensar em um novo espaço que se abre no horizonte do vinho argentino.

96

VINHO REVELAÇÃO.

LORENZO DE AGRELO
Fede *Malbec 2016*
AGRELO

Federico Ribero foi um dos integrantes originais do trio de sócios da vinícola Lorenzo de Agrelo. Federico faleceu em 2013 e este vinho, o primeiro produzido pela vinícola, é uma homenagem a ele. É selecionado a partir de uma vinha plantada em alta densidade em solos ricos em areia, mas com um subsolo de rochas embebidas em calcário; um típico solo de leito de rio no sopé dos Andes. Isso tem um efeito importante na estrutura do vinho, nos taninos firmes, na forma como a textura se espalha pela boca com o toque que o giz pode dar. A fruta é vermelha, intensa, fresca, crocante, e a acidez o acompanha o tempo todo, como um guarda-costas. Esta é uma excelente visão de Agrelo, de um Agrelo com mais de mil metros de altura que tem muito a ver com o que acontece lá em cima, com o frescor que a montanha dá no Vale do Uco. ᴄ̂

96 VINHO REVELAÇÃO.

MAURICIO LORCA
Ancestral *Malbec 2019*
VALE DO UCO

Esta é uma produção minúscula de apenas 1.500 garrafas de uvas selecionadas em 500 metros quadrados de vinhedos. São solos muito pobres, com baixíssima fertilidade. As uvas são fermentadas e envelhecidas em recipientes de cerâmica durante cerca de dez meses. É o Malbec na sua forma mais pura, uma espécie de conclusão do projeto de Lorca para os vinhos não envelhecidos na madeira, uma espécie de fim de ciclo. Esta é, sem dúvida, a expressão mais poderosa do Malbec em Lorca; um tinto suculento, cheio de notas frutadas e notas de violetas num corpo de sabores profundos, muito frutados e florais. A textura tem os taninos certos para manter a fruta e dar-lhe um bom corpo. Um Malbec do melhor que provamos nesta vinícola.

96

VINHO REVELAÇÃO.

SOLOCONTIGO
Neelands Rows Selection *Malbec 2019*
LOS CHACAYES

Este é o novo vinho da SoloContigo e é uma seleção de fileiras de Malbec de seus vinhedos plantados em Los Chacayes, cerca de 1.200 metros acima do nível do mar no Vale do Uco. A fermentação é efetuada com 20% de cacho completo e, uma vez finalizada, apenas metade do vinho tem fermentação malolática, fazendo com que a tensão da acidez seja sentida com especial destaque. É um vinho com fruta vermelha vibrante, grande profundidade e taninos firmes. Uma boa mistura entre a adorável textura rústica de Los Chacayes e a generosidade floral e frutada do Malbec de montanha.

96

VINHO REVELAÇÃO.

STAPHYLE
Dragón de Vino *Malbec 2019*
MENDOZA

Staphyle plantou os primeiros (e até agora apenas) vinhedos da nova I.G. Potrerillos em 2014, bem nos terraços aluviais do que foi o rio Mendoza em seu caminho desde os Andes até a cidade de Mendoza. O envelhecimento durou 15 meses em barricas e o vinho hoje mostra uma generosa camada de frutos vermelhos e sabores a especiarias, mas sobretudo notas florais. São as violetas dos Malbecs de Uco, embora aqui também se sinta o caráter suculento de Luján de Cuyo, os doces sabores daquele lugar a 1.450 metros acima do nível do mar, no meio da cordilheira dos Andes. 🍷

95

VINHO REVELAÇÃO.

ALMACÉN DE LA QUEBRADA

Cachi *Malbec 2018*
SALTA

Cachi é outro dos pequenos vales escondidos no meio da Cordilheira dos Andes, em Salta. A cerca de 2.400 metros de altura, aqui as uvas foram colhidas muito cedo para equilibrar a cascata de frutos negros que a forte irradiação destas vinhas de grande altitude implica. O resultado é um vinho delicado, com aromas profundos de frutos vermelhos, mas também notas terrosas em meio a uma acidez suculenta e vibrante. Na boca está repleto de ervas e cerejas. Um vinho cheio de personalidade, ainda em estado selvagem. Espere alguns anos por ele.

95

VINHO REVELAÇÃO.

ALTA YARI
Alta Yari Gran Torrontés *Torrontés 2020*
GUALTALLARY

A 1.550 metros acima do nível do mar, este deve ser o Torrontés mais alto plantado no Vale do Uco. E nesse ponto, com o clima frio de montanha, a variedade meio que perde algumas notas florais e vira uma espécie de suco de limão. As notas habituais de flores começam a sentir-se no fundo, como nos bastidores, enquanto a acidez e o corpo tenso dominam num vinho tremendamente refrescante que, apesar de ter 35% do volume envelhecido em madeira, mantém a tensão de uma forma muito original. Um Torrontés mutante e delicioso.

95 VINHO REVELAÇÃO.

ARGENTO
Single Vineyard Altamira *Malbec 2019*
ALTAMIRA

Este Malbec é uma fotografia nítida dos tintos de Altamira, da intensidade dos aromas de frutas vermelhas e violetas, da acidez firme do vinho de montanha e dos taninos agudos dos solos ricos em cal. Esta é uma seleção de parcelas de solos pedregosos, cascalhos cobertos de cal que conferem aquele tipo de textura semelhante à do giz e que confere nervos e tensão aos vinhos. 75% deste Malbec envelhece dez meses em fudres de cinco mil litros, o que só proporcionou taninos suaves num vinho tinto intenso, refrescante e límpido na sua expressão de lugar. 🍷

95 VINHO REVELAÇÃO.

BUDEGUER
Familia Budeguer Agrelo *Malbec 2018*
AGRELO

Para este **Familia Budeguer Agrelo**, foi selecionado o Parcela 1 de um vinhedo próprio, plantado em 2011 em solo profundo rico em argila. Normalmente, neste tipo de solo e sob o calor de Agrelo, os Malbec costumam ser redondos, suculentos, sólidos. No entanto, este parece ser a exceção em um tinto que mostra vigor, taninos firmes e também muitas frutas vermelhas em um contexto de vinho fresco e de nervo. Segundo o consultor da Budeguer, Santiago Achával, o segredo tem sido o manejo da água em um solo que retém muito e também uma colheita em busca desse frescor. Um tinto a ter em conta ao olhar para a recuperação de áreas clássicas do vinho de Mendoza, como o Agrelo. ❦

95

VINHO REVELAÇÃO.

CASA PETRINI
Talud *Cabernet Franc 2019*
TUPUNGATO

Plantado en 2015, esta é a primeira experiência da Petrini com o Cabernet Franc. É uma seleção de solos rochosos junto ao leito do rio. As uvas foram vinificadas com 10% de cacho inteiro e envelhecidas 12 meses em barricas de madeira usadas. O vinho é uma expressão fiel do Cabernet Franc de clima frio, os aromas herbáceos comandam, os tons de tabaco e também os toques terrosos num corpo médio, mas com taninos ferozes e acidez pungente que apelam a carnes grelhadas. Uma excelente estreia com a marca fresca e vibrante dos vinhos da casa.

95
VINHO REVELAÇÃO.

CORAZÓN DEL SOL
Luminoso RMVG
Roussanne, Viognier, Marsanne, Grenache 2019
ARGENTINA

Esta é uma amostra muito peculiar de variedades mediterrâneas, incluindo uma tinta como a Garnacha. Para fazer este vinho, o enólogo Cristian Moor usa uvas de diferentes áreas do Vale do Uco, como Altamira, Los Chacayes e Vista Flores. O lote final inclui 50% Viognier, 15% Roussanne, 15% Marsanne e 20% Garnacha, e é uma delícia de sabores cítricos que se desdobram na boca com grande frescor. É um branco encorpado, mas ao mesmo tempo com acidez e vitalidade frutada que o tornam irresistível. Um dos bons brancos deste ano e mais uma prova do grande potencial do Uco com as variedades mediterrâneas. ☙

95

VINHO REVELAÇÃO.

EL PORVENIR DE CAFAYATE
Laborum Nuevos Suelos *Malbec 2019*
VALE DE CAFAYATE

Este é o novo vinho de El Porvenir, plantado por volta de 2010 nas encostas da Sierra de Quilmes, em solos muito pedregosos e ricos em calcário. A ideia aqui era mostrar o Malbec o mais puro possível, para que fosse fermentado em tanques de aço com leveduras indígenas, e não envelhecido em barricas. Este vinho tem um carácter muito especial, com muito pouco a ver com o Malbec da região, geralmente doce e suculento. Este, por outro lado, é mineral, com sabores mais austeros, embora com notas de violetas e taninos firmes, de grande densidade e nitidez. Este Malbec é uma reminiscência do Vale do Uco, e é provável que essa sensação se deva aos solos calcários. Quem sabe. 🍷

95 VINHO REVELAÇÃO.

FALASCO WINES
Hermandad *Chardonnay 2018*
VALE DO UCO

Para este **Hermandad**, a família Falasco obtém as uvas de um vinhedo quase escondido entre pequenas montanhas na região de El Peral, no Vale do Uco e a cerca de 1.300 metros acima do nível do mar. O solo é rico em rochas aluviais e material calcário, que se faz sentir neste envolvente branco, suculento, voluptuoso e largo, mas cuja textura tensa ao mesmo tempo fala daqueles solos calcários. O vinho estagia em barricas por cerca de dez meses, e há algo daqueles sabores e aromas da madeira tostada, mas o que aqui reina é a fruta, os sabores das frutas brancas maduras num vinho que preenche o paladar, embora sem incomodar. 🍷

95

VINHO REVELAÇÃO.

LA CELIA
La Celia *Malbec 2017*
ALTAMIRA

Os aromas são maduros, mas não apenas frutados; aqui também surgem notas florais e ligeiros toques terrosos num nariz que, apesar da sua juventude, já parece complexo. Na boca é constituído por taninos musculosos, de muito bom porte. Também a acidez é percebida firme, sustentando os sabores frutados neste tinto imponente e com um longo futuro na garrafa. Este novo vinho de La Celia é uma seleção de fileiras do lote 47, plantado em 1999 em Altamira e que hoje é a origem dos melhores Malbecs da vinícola. Cem por cento envelhecido em barris de 2.000 litros por alguns anos antes de ir para a garrafa e armazenado por mais um ano.

95

VINHO REVELAÇÃO.

ONOFRI WINES
Alma Gemela *Garnacha 2019*
CHACAYES

Este Grenache vem de vinhedos plantados em 2008 em solos ricos em pedras na área de Los Chacayes, no Vale do Uco. Amadurecido por dez meses em barricas, tem a textura densa e selvagem dos taninos clássicos da região, a mais de 1.300 metros acima do nível do mar. A altitude, o clima de montanha e os solos rochosos fazem com que todos os vinhos locais tenham taninos verticais e duros. Garnacha oferece aquele rosto frutado, mas em Los Chacayes, este exemplar é uma pequena besta.

95

VINHO REVELAÇÃO.

RICCITELLI WINES
Kung Fu Orange *Sauvingon Blanc 2020*
VALE DO UCO

A linha **Kung Fu** é a novidade da Riccitelli neste ano de 2021 e é baseada em vinhos sem intervenção e sem adição de sulfitos. Nesse caso, é um Sauvingon Blanc da região de Gualtallary, fermentado e estagiado em ovos e ânforas, e tem um lado selvagem delicioso. É rico em notas de ervas, mas também em frutos brancos maduros e flores. Acontece aqui algo que vai além das convenções do que o Sauvingon Blanc deveria (e não deveria) ser, e esta é uma resposta muito livre de Riccitelli e seu trabalho experimental com um estilo que vai além dos vinhos naturais. ⬤

94 VINHO REVELAÇÃO.

ALMA 4

Phos *Pinot Noir 2020*
VALE DO UCO

Este método ancestral (uma única fermentação na garrafa) é Pinot Noir cem por cento, da zona de Ancón, em La Carrera, no extremo norte do Vale do Uco. Embora mal chegue a mil garrafas, é algo que você tem que experimentar. Possui uma adorável rusticidade, com notas de especiarias, mas acima de tudo muita fruta vermelha ácida em meio a tons de ervas. É leve, mas ao mesmo tempo muito tenso. Tem força nas bolhas, espuma que pica na língua. Este é o vinho espumante de que necessitam para os ouriços-do-mar com molho verde. ❧

94 VINHO REVELAÇÃO.

ALTALUVIA
Altaluvia *Riesling 2019*
GUALTALLARY

Dos 130 hectares que a Altaluvia possui, cerca de quatro são Riesling. Neste caso, trata-se de uma mistura de solos, alguns pouco férteis e pedregosos, e outros mais profundos, que dão frutos mais frescos. O resultado é um Riesling de muito boa densidade, com toques especiados e herbáceos, mas acima de tudo uma deliciosa sensação frutada quase cítrica que invade a boca, fazendo salivar. E depois tem a textura que prende o paladar, falando de solos ricos em cal. Das muitas possibilidades que Gualtallary oferece em particular, e o Vale do Uco em geral, para as variedades que deram tão bons resultados, devemos agora adicionar o potencial de Riesling. Este exemplar tem muito carácter, um vinho único. Não há outro Riesling plantado no mundo nas montanhas, em solos pedregosos e de cal branca, a 1.350 metros de altitude.

94

VINHO REVELAÇÃO.

ALTOS DE ALTAMIRA
Albaflor *Merlot 2018*
LOS CHACAYES

De vinhedos plantados em 2007 na área de Los Chacayes, a cerca de 1.300 metros acima do nível do mar, no Vale do Uco, este é um bom sinal do que o Merlot pode se tornar. O solo é muito pobre, pedregoso, num local que costuma produzir vinhos selvagens, rico em taninos. O que mostra agora são muitas frutas vermelhas maduras, especiarias, notas de ervas que também estão associadas a Los Chacayes. A textura, aliás, é cheia de taninos reativos, com muita pegada, e a acidez é firme. Um vinho para esperar alguns anos. 🌶

94 VINHO REVELAÇÃO.

ANDELUNA
Andeluna Elevación
Malbec, Merlot, Cabernet Sauvingon 2018
VALE DO UCO

Este *blend* tem 55% de Malbec, 37% de Cabernet Sauvingon e o restante de Merlot, todos de vinhedos próprios em Gualtallary, ao norte do Vale de Uco, a cerca de 1.300 metros acima do nível do mar. O nariz é delicioso, cheio de aromas especiados e herbáceos, mas principalmente de frutas vermelhas maduras, exuberantes, embora sem nenhum dulçor. A boca é a mesma coisa. São toques terrosos, muitas frutas vermelhas em um corpo que tem taninos firmes, mas ainda assim é macio e redondo. ⌐≈

94

VINHO REVELAÇÃO.

CATENA ZAPATA
D.V. Catena *Malbec 2018*
MENDOZA

D.V. Catena Malbec é uma espécie de pequena homenagem ao Malbec da chamada Primeira Zona, os tradicionais vinhedos de Mendoza localizados ao norte e ao sul do rio Mendoza. O estilo de Malbec do lugar costuma ser amplo, maduro, mas não neste caso. Aqui o enólogo Alejandro Vigil escolheu Lunlunta e Agrelo como componentes principais, embora tenha colhido as uvas mais cedo para obter maior frescor, frutas mais vermelhas. O efeito é delicioso, mostrando outro rosto mais tenso na região, mais nervoso e refrescante. Uma interpretação diferente para o lugar que deu origem ao primeiro Malbec da Argentina para o mundo. ☙

94

VINHO REVELAÇÃO.

ESTANCIA USPALLATA

Estancia Uspallata *Pinot Noir 2018*
USPALLATA

A mais de dois mil metros de altitude, em plena Cordilheira dos Andes, este peculiar projeto produz vinhos em condições extremas, com clima de montanha, noites frias e dias de forte irradiação. Com 60% de cacho completo e 11 meses de envelhecimento em barricas, este tem um corpo leve, mas ao mesmo tempo com taninos muito tensos, uma certa sensação de vinho fibroso, com os músculos de um maratonista. Os aromas e sabores estão a meio caminho entre o terroso e o frutado, e a acidez é a espinha dorsal da qual tudo se projeta. 🍷

94

VINHO REVELAÇÃO.

FINCA LAS MORAS
Demencial *Pinot Noir 2019*
VALE DE PEDERNAL

Este é o novo Pinot de Las Moras e provém de uma seleção de vinhas da zona do Pedernal, em solos ricos em pedras e calcário a 1.450 metros de altitude, bem inseridos na Cordilheira dos Andes, na altura do Vale de San Juan. A influência fresca da serra e dos solos calcários são claramente percebidos neste vinho tinto com sabores e aromas de frutas vermelhas suculentas, mas sobretudo com uma estrutura firme e robusta, que fala muito da casta e da permeabilidade do solo onde suas vinhas crescem. Aqui você tem a textura de giz e a acidez vibrante de um tinto de clima frio em um dos bons Pinot da atualidade na Argentina e definitivamente uma das melhores relações qualidade-preço.

94 VINHO REVELAÇÃO.

FINCA LAS MORAS
Demencial Malbec *Malbec 2019*
SAN JUAN

Quando se trata de Calingasta, ainda não se sabe exatamente seu potencial, muito menos quais variedades darão os melhores resultados lá nas montanhas, acima dos 1.500 metros de altura. Existem muitas vinhas velhas, muito velhas, mas também novas, neste caso plantadas há cerca de dez anos. No momento, o Malbec é uma das variedades candidatas a se beneficiar das brisas andinas e daqueles solos aluviais. Este Malbec é um suco de cereja vermelha, com uma acidez intensa e uma textura calcária que lhe confere muita aderência. É tenso, vertical, rico em notas frutadas, mas também de violetas. Um suco delicioso para beber agora com costeletas de porco defumadas. Las Moras compra as uvas de alguns produtores de Calingasta. Atenção com este lugar.

94 VINHO REVELAÇÃO.

FINCA SOPHENIA
Finca Sophenia Estate Reserva *Syrah 2019*
GUALTALLARY

Em um solo quase puro de pedra, este Syrah vem das primeiras vinhas que Sophenia plantou em Gualtallary em 1997. Os solos são muito pobres e quentes; as pedras refletem fortemente o calor. É por isso que em anos frescos, como este 2018, os frutos de Syrah desta parcela brilham em concentração e no tipo de sabores que oferecem: tons de frutas negras ácidas e crocantes, que se expandem pela boca com frescor. O clima mais frio daquele ano, a brisa da montanha, a altitude (cerca de 1.200 metros) e aquela safra fresca criaram um delicioso Syrah. ☙

94

VINHO REVELAÇÃO.

FRANCISCO PUGA Y FAMILIA
L'amitié Grand Vin *Malbec, Cabernet Franc, Merlot 2019*
VALES CALCHAQUÍES

Um tinto à base de 45% de Malbec da área de Los Zazos, em Tucumán, com solos rochosos e calcários de local fresco, mais 30% de Malbec de Río Seco, uma área mais quente de Cafayate. A mistura é complementada por 17% de Cabernet Franc e 8% de Merlot. É um vinho fluido, com muitas frutas vermelhas, suculentas, maduras, num corpo de taninos firmes, de boa profundidade, com uma acidez fresca, que ajuda a realçar os sabores herbáceos. Um tinto para esperar pelo menos alguns anos.

94 VINHO REVELAÇÃO.

GAUCHEZCO WINES
Oro Appellation Gualtallary *Cabernet Sauvingon 2016*
GUALTALLARY

A safra de 2016 foi fria e chuvosa; um ano difícil, mas que produziu alguns dos vinhos mais refrescantes e tensos que Mendoza produziu em décadas. Veja este Cabernet, por exemplo, de vinhedos na área de Gualtallary, cerca de 1.380 metros acima do nível do mar, ao norte do Vale do Uco. Passaram-se cinco anos e este tinto permanece intacto, com suas frutas vermelhas vibrantes e taninos selvagens e penetrantes que aderem fortemente ao paladar. Um vinho para guardar por cinco anos ou mais. 🍷

94 VINHO REVELAÇÃO.

KAIKÉN
Aventura Los Chacayes Sur *Malbec 2019*
CHACAYES

Para este **Aventura**, Kaikén seleciona parcelas de vinhedos em Los Chacayes, mas principalmente em solos muito rochosos, que tendem a produzir vinhos concentrados com grande força tânica. Esta seleção representa com grande precisão o protótipo de Malbec que acreditamos ser encontrado em Chacayes. Aromas florais, muitas frutas negras e vermelhas ácidos, de textura firme, com taninos severos que dão a impressão de que o vinho tem uma austeridade quase monástica. A ideia de não estagiar em madeira e vinificar com mínima intervenção ajuda ainda mais a ver esta pequena paisagem montanhosa a mais de 1.200 metros de altitude.

94 VINHO REVELAÇÃO.

LA FLORITA
Primer Intento *Bonarda 2018*
EL PERAL

Em Finca La Florita, a vinha base deste projeto localizado em El Peral, existem 0,5 hectare plantado com Bonarda há cerca de 12 anos. Cachos cem por cento inteiros e com um ano de envelhecimento em barricas de 500 litros, o resultado é um vinho de deliciosa tensão, um excelente exemplar de como a Bonarda se transforma em áreas mais frescas e montanhosas como El Peral, ao pé da Cordilheira dos Andes, 1.150 metros de altura, no Vale do Uco. Aqui se encontram frutas vermelhas, acidez vibrante e taninos firmes, coisas raras na Bonarda do leste de Mendoza, onde essa variedade é abundante. 🍷

94 VINHO REVELAÇÃO.

LAGARDE
Lagarde Blanc de Noir Brut Nature Millésimé
Pinot Noir 2017
VISTA FLORES

Quando busca frescor do Pinot Noir, Lagarde recorre às vinhas de Vista Flores, no Vale do Uco, onde a influência fresca da montanha imprime sua marca de nervo na acidez. Este é cem por cento Pinot Noir daquela zona e foi feito com o método tradicional de segunda fermentação em garrafa e com três anos de contato com as borras. É um creme na boca; as bolhas suaves, abundantes e finas se misturam aos sabores especiados e florais. A acidez é o maestro, com a sua sensação pulsante, num vinho de grande profundidade. Um vinho espumante para armazenamento.

94 VINHO REVELAÇÃO.

LAS PAYAS

Civilización y Barbarie

Cabernet Franc, Criolla Grande, Moscatel Rosado, Cereza 2020
SAN RAFAEL

A base deste vinho é o Cabernet Franc (a "civilização"), apenas algumas fileiras ou 400 quilos que Santiago Salgado compra de um vizinho de Las Payas. O resto, ou seja, uns 400 quilos a mais de variedades Criollas que representam a "barbárie", tudo em referência ao livro clássico do autor Domingo Sarmiento, Facundo, Civilización y Barbarie en la Pampa Argentina. O resultado é uma delícia de fruta vermelha, um vinho crocante, fresco, cheio de vida, cheio de tensão e vitalidade. Um daqueles tintos que se comportam como os brancos, ideais para refrescar. 🍷

94 VINHO REVELAÇÃO.

MUNDO REVÉS

Le Petit Voyage *Malbec 2020*

CHACAYES

Esta é uma seleção de uma vinha a cerca de 1.400 metros de altura na zona de Los Chacayes, local com clima de montanha e solos pedregosos que costumam dar o tipo de taninos que este Malbec apresenta; taninos que formam uma textura áspera e reativa que sustentam uma densidade suculenta e fresca de sabores frutados. Apesar de a extração ter sido muito controlada, a força do local prevalece por oferecer um vinho com muito carácter, ideal para beber agora com embutidos ou para conservar uns dois anos, não mais que isso, por isso é suculento e frutas suculentas não se perdem. ✒

94 VINHO REVELAÇÃO.

NORTON

Norton *Sémillon 2018*
ARGENTINA

Os primeiros grandes vinhos brancos de Norton, das décadas de 1950 e 1960, e que a vinícola abre de vez em quando em ocasiões especiais, foram feitos com Sémillon. Este novo branco da casa é uma espécie de homenagem aos vinhos de outrora. É obtido a partir de uma vinha plantada nos anos 1950 em Altamira, e não envelhece em barricas; apenas fermenta no concreto e imediatamente vai para a garrafa. O caráter oxidativo deste vinho é marcante, assim como as notas de frutas cítricas confitadas, mel e especiarias. O corpo poderoso, com uma textura muito vertical, acidez severa e repleto de frutas brancas maduras. 🍷

94 VINHO REVELAÇÃO.

SUSANA BALBO WINES
Susana Balbo Signature Naranjo *Torrontés 2019*
VALE DO UCO

Uma cara nova para os Torrontés, este laranja é feito com uvas da região de Altamira, no Vale do Uco. O contato com as suas peles dura sete dias, mas por se tratar de uma uva rica em fenóis, aqui a influência é sentida na sua textura que, de imediato, adquire tensão e uma certa aspereza, muito bem dosada, em meio a uma acidez crocante e notas de ervas por todos os lados, uma marca registrada dos Torrontés da montanha. Um laranja elegante, muito bem equilibrado e agora perfeito para mariscos grelhados. Experimente com ostras.

94

VINHO REVELAÇÃO.

VAGLIO WINES

Vaglio Blanco *Chardonnay, Sémillon 2019*

EL PERAL

Esta é a nova mistura de Vaglio, e é composta por 90% de Chardonnay mais 10% de Sémillon, todos provenientes de solos arenosos e pedregosos de El Peral, o centro de operações de José Vaglio no Vale do Uco. Este branco é suculento e cheio de acidez que permeia o paladar com seu caráter refrescante. Mas a questão vai um pouco mais longe, com uma textura construída a partir de taninos firmes, pronta para atacar um prato de miúdos ou qualquer preparação que contenha esse tipo de gordura. A propósito, você também pode experimentar garoupa grelhada.

94

VINHO REVELAÇÃO.

VER SACRUM
Geisha Dragón del Desierto
Viognier, Marsanne, Pedro Ximénez 2020
CHACAYES

Este é o novo branco do portfólio Ver Sacrum, e é uma cofermentação de 70% Viognier, 20% Marsanne, ambas variedades de Los Chacayes, no Vale do Uco, e 10% de Pedro Ximénez, do leste de Mendoza. Fermentado em concreto e com 20% de envelhecimento em barricas sob o véu de flor (como a Geisha de Jade, o branco clássico da vinícola) apresenta um corpo suculento, muita resistência e uma textura que mistura muito bem a densidade da fruta com a textura selvagem dos taninos. Um branco para beber com miúdos ou para guardar durante cinco anos. ❧

94 VINHO REVELAÇÃO.

XUMEK
Abismo Finca La Ciénaga *Malbec 2018*
ZONDA

Abismo vem de uma parcela no vinhedo La Ciénaga, 1.480 metros acima do nível do mar. É a mais antiga, plantada em 2011 com material clonal de Malbec. 60% do vinho envelheceu em barricas e o restante em tanques de aço. Ao contrário dos outros tintos da casa, a fruta de altura é aqui sentida com um caráter tenso, de frutas vermelhas maduras mas ao mesmo tempo especiado e herbáceo. Na boca percebe-se a presença de solos calcários, proporcionando uma textura de taninos tensos, pulsantes e afiados. Um vinho que, sem dúvida, irá crescer na garrafa ao longo dos anos.

94 VINHO REVELAÇÃO.

ZUCCARDI VALLE DE UCO
Polígonos del Valle de Uco Tupungato
Sauvingon Blanc 2020
TUPUNGATO

Este Sauvingon vem da área de La Carrera, no extremo norte do Vale do Uco, e em algumas das altitudes mais altas registradas em Mendoza, geralmente acima de 1.500 metros. É um clima de montanha, com brisas andinas que marcam este vinho com um forte componente herbáceo, mas ao mesmo tempo também com sabores cítricos. Na boca apresenta uma excelente estrutura, taninos firmes e acidez acentuada num corpo generoso, que se espalha pela boca. É o vinho perfeito para um ceviche de ostras.

93

VINHO REVELAÇÃO.

ALPAMANTA ESTATE WINES
Breva Pet Nat *Criolla Grande 2020*
MENDOZA

Este vinho foi originalmente pensado como um clarete, um tinto claro feito de uvas Criollas de um vinhedo plantada na região de Tupungato por volta dos anos 80. No entanto, na metade e devido aos sabores frescos do suco, eles decidiram fazer um petnat com os oito gramas de açúcar restantes. Engarrafado sem adição de enxofre, este é o protótipo do vinho de verão, para piscina, para refrescar as férias, com um álcool para beber a garrafa enquanto a carne está ficando pronta na grelha. Uma nova saída na Argentina para variedades Criollas.

93 VINHO REVELAÇÃO.

BENEGAS
Finca Libertad El Pedregal
Cabernet Franc, Cabernet Sauvingon 2019
MAIPÚ

Finca Libertad é a base dos vinhedos de Benegas e está localizada no terraço do rio Mendoza, próximo ao leito do rio. Este blend de 50% Cabernet Franc e 50% Cabernet Sauvingon provém de quatro hectares, plantados em solos particularmente pedregosos, com muito pouca fertilidade e que exalam sabores altamente concentrados. Neste lote, são os aromas do Cabernet Franc que comandam, dominando o nariz e a boca com as suas notas herbáceas. É leve, muito equilibrado, com taninos deliciosos, doces e suaves, muitas frutas maduras, mas em um corpo ágil e muito fluido. Para beber agora com o assado.

93

VINHO REVELAÇÃO.

CASA DE UCO
El Salvaje Orgánico Rosado *Pinot Gris 2020*
LOS CHACAYES

Feito com Pinot Gris, após um breve contato com as peles durante a prensagem dos cachos, este rosé provém de vinhedos plantados em 2008 nos solos pedregosos de Los Chacayes, a cerca de 1.300 metros acima do nível do mar, no Vale do Uco. Engarrafado sem filtrar, é um rosé com uma certa rusticidade, com aromas a especiarias e ervas, e na boca com notas de flores e frutas vermelhas maduras. Este é para paella de frutos do mar, embora também funcione muito bem com salmão defumado. Uma pequena loucura de Los Chacayes, de onde não costuma vir este tipo de excentricidade. 🍷

93

VINHO REVELAÇÃO.

CASARENA
Sinergy Owen Vineyard Blend
Malbec, Cabernet Sauvingon 2018
AGRELO

Este cem por cento do vinhedo Owen, na zona de Agrelo, no coração de Luján de Cuyo, é um blend de Cabernet Sauvingon de vinhas de 1930 e Malbec muito mais jovem, plantadas em 2005. Após seis meses de envelhecimento em barricas separadamente, a mistura é feita e estagiada por mais seis meses. O resultado é um vinho intenso nos sabores frutados, suculento, rico em acidez, mas também vivo e vibrante nas frutas vermelhas. A textura é firme, tensa, acompanhada de taninos finos e agudos. Um tinto para beber agora, e um ótimo exemplar de uma nova escola em Agrelo. ⌒

93 VINHO REVELAÇÃO.

CATENA ZAPATA

La Marchigiana *Chardonnay 2019*
MENDOZA

Este não é o protótipo de Chardonnay que se encontra todos os dias em Gualtallary. Com duas semanas de maceração com as peles em ânforas de barro, sem adição de leveduras ou sulfitos, este "Chardonnay natural" parece selvagem na textura, maduro e suculento nos sabores de fruta branca, tudo temperado com notas de especiarias e ervas em geral, textura volumosa. As uvas para este branco vêm do vinhedo Adrianna, plantado nos solos de cascalho e calcário de Gualtallary na primeira metade da década de 90.

93 VINHO REVELAÇÃO.

FINCA BETH

Arranque *Malbec 2019*

ALTAMIRA

Este é o vinho "de entrada" da Finca Beth, e a ideia era mostrar o Malbec com pouca intervenção, nu. Com 20% de cachos inteiros, fermentados em ovos de cimento e não envelhecidos em madeira, este é um delicioso suco de Malbec de montanha, com sabores doces, tons de ervas, textura amigável e taninos muito redondos que complementam muito bem com uma acidez vibrante. Este é o vinho de que necessitam para pizzas ou para acompanhar hambúrgueres. Beba agora.

93 VINHO REVELAÇÃO.

IÚDICA VINOS
Nannu *Torrontés 2019*
LAVALLE

Iúdica obtém esses Torrontés de La Rioja de um vinhedo próprio plantado no início dos anos 90 em Lavalle, no quente leste de Mendoza. Sem passar pela madeira, a sensação de doçura é tremenda, embora tenha menos de dois gramas de açúcar residual, e essa sensação é apenas da maturação da fruta. Um Torrontés luxurioso em seus sabores, em suas texturas voluptuosas de Botero, e a sensação de plenitude, de que se está bebendo mas ao mesmo tempo comendo. Um vinho de grande carácter. 🍷

93
VINHO REVELAÇÃO.

SANTA JULIA
El Burro *Malbec 2020*
MAIPÚ

El **Burro** é a porta de entrada da Santa Julia para os chamados vinhos "naturais", com muito pouca intervenção na vinícola e provenientes de vinhas tratadas sem produtos sintéticos. Este vem de Maipú e é fácil de beber, intenso, mas ao mesmo tempo leve; com uma acidez que aqui funciona como um ar condicionado, refrescando tudo. Um daqueles tintos para continuar a beber e que são necessários no mundo dos vinhos naturais, por vezes cheios de boas intenções, mas não tão generosos na boa enologia que consiga interpretar essas intenções.

93 VINHO REVELAÇÃO.

TRAPICHE
Trapiche Lateral Ánfora *Sémillon 2019*
VALE DO UCO

Este Sémillon vem da Finca El Milagro, em El Cepillo, cerca de 1.200 metros acima do nível do mar no Vale do Uco. Fermentado com as peles em ânforas e envelhecido nesses mesmos recipientes durante 12 meses, tem uma densidade deliciosa. A maturação dos sabores lembra frutas brancas doces, mas também mel. A textura é oleosa, com acidez amigável, sabores profundos e um fundo especiado que se funde com toda aquela fruta suculenta. Deveriam considerar abrir este vinho para carne de porco grelhada ou salmão defumado.

93
VINHO REVELAÇÃO.

VINOS DE POTRERO
Potrero Reserva *Cabernet Franc 2019*
VALE DO UCO

Este Cabernet Franc foi plantado em 2015, nos solos pedregosos e calcários de Gualtallary, em direção ao norte do Vale do Uco. É um vinho vibrante, suculento, delicioso em frescor, nervoso nos taninos que se desdobram pela boca sustentando uma estrutura que, embora leve, é tensa e fibrosa. Estamos diante da primeira versão deste Reserva, e você pode perfeitamente incluí-lo na lista de desejos do Cabernet Franc deste ano no Vale do Uco, um lugar onde esta variedade parece estar muito confortável. 🍷

93 VINHO REVELAÇÃO.

VINYES OCULTS
Vinyes Ocults *Viognier 2020*
LOS CHACAYES

De um vinhedo com 20 anos na região de Los Chacayes, no Vale do Uco, este é um dos poucos Viogniers de altitude, no sopé da Cordilheira dos Andes. Este tem um lado cítrico incomum na variedade. Talvez seja o clima de montanha e a influência da serra, mas o fato é que, para além das clássicas notas florais, este tem uma acidez cítrica e sabores de cal. Segundo Tomás Stahringer, essa nota se deve à localização, mas também porque os cachos estão sempre protegidos do sol, evitando que os raios queimam a pele e percam a acidez. ☙

93 VINHO REVELAÇÃO.

VIÑA LOS CHOCOS
Eléctrico *Malbec 2018*
GUALTALLARY

Este é o novo vinho de Los Chocos, um Malbec de uma seleção de parcelas em solos arenosos a uma altitude de 1.550 metros na área de Gualtallary, ao norte do Vale do Uco. Não tem intervenção em madeira, visto que o envelhecimento é feito em vasos de cimento de forma a evidenciar o fruto Gualtallary num vinho de montanha. Aqui os aromas herbáceos e florais se misturam com notas de frutas vermelhas e negras ácidas. O vinho tem muita aderência, com sabores frutados de dar água na boca.

93 VINHO REVELAÇÃO.

WEINERT
Montfleury *Pinot Noir 2020*
GUALTALLARY

Para este rosé, o enólogo Hubert Weber seleciona uvas Pinot Noir da área Gualtallary, de vinhas com dez anos. Metade do volume é colhido muito cedo para garantir um bom frescor e o resto, no final de fevereiro (um mês depois) para dar volume. Os dois componentes fermentam separadamente e são então misturados em tanques de concreto antes de serem engarrafados. O resultado é um rosé delicioso na expressão de frutas vermelhas, com boca densa e cremosa e ao mesmo tempo marcada por uma acidez firme e tensa. Um rosé sério para miúdos de carne. 🍷

92 VINHO REVELAÇÃO.

ALTOS LAS HORMIGAS
Tinto *Bonarda, Malbec, Sémillon 2019*
MENDOZA

A ideia por trás de Tinto é regressar aos vinhos refrescantes e leves do passado onde, para além das castas tintas, havia uvas brancas para sublinhar o frescor. Neste lote há 51% de Bonarda, 43% de Malbec e o resto de Sémillon que foi cofermentado. Colhido muito cedo (terceira semana de fevereiro), brilha em sua acidez, tornando os frutos mais refrescantes e crocantes. Um vinho de sede, do tipo que sempre se precisa, principalmente sob o intenso calor do verão de Mendoza.

92

VINHO REVELAÇÃO.

AMANSADO

Amansado Cabernet de Sed *Cabernet Sauvingon 2019*
PERDRIEL

Com um estilo muito original, este Cabernet brinca com a ideia de não levar muito a sério a casta, e consegue num vinho que se apresenta numa garrafa borgonhesa, e que é produzido graças ao método de maceração carbônica que habitualmente dá origem aos vinhos frutado se muito fáceis de beber. Aqui a fruta do Cabernet, as notas de ervas e especiarias desdobram-se generosamente pelo nariz e pela boca; o corpo é firme nos taninos, mas ao mesmo tempo suculento na acidez. Um daqueles tintos para beber fresco no verão, acompanhando um churrasco desde as linguiças até o corte principal da carne.

92

VINHO REVELAÇÃO.

CHACHO ASENSIO, VIÑADOR EN SAN RAFAEL

Chacho *Cereza 2020*

SAN RAFAEL

Esta é uma seleção de Cereza proveniente de um vinhedo muito velho onde, além disso, existem outras castas como a Criolla Grande ou Moscatel. Esta variedade é fermentada com 20% de cacho inteiro, e o resultado é um vinho delicado, muito frutado, com corpo leve, taninos muito suaves e leves toques herbáceos. Este é para beber por litros no verão, à beira da piscina e, se preferir, com um prato de sushi ou tempurá de camarão. Um vinho para matar a sede, de uma casta muito pouco explorada na América do Sul. 🌶

92 VINHO REVELAÇÃO.

DANTE ROBINO
Dante Robino *Malbec 2020*
MENDOZA

Esta uma excelente relação qualidade-preço, um Malbec crocante, com frutas vermelhas, notas de ervas, taninos muito suculentos e sedosos, mas ao mesmo tempo com aderência suficiente para ser companheiro do churrasco. O resto é fruta vermelha, deliciosa, refrescante, vibrante. Se você já se perguntou como é o novo Malbec argentino, aquele que não é mais tão doce, nem tão maduro, nem passado na madeira, aqui está a resposta. Este tinto é feito à base de uvas de Perdriel, com algumas de Agrelo e Ugarteche, todas de Luján de Cuyo. Compre várias garrafas, porque a relação qualidade-preço aqui é fenomenal.

92

VINHO REVELAÇÃO.

DARTLEY FAMILY WINES
Divine Creations Nouveau *Malbec 2020*
MENDOZA

De vinhedos de Agrelo, trata-se de uma espécie de Beaujolais a la Mendoza, utilizando Malbec mais uma pequena porcentagem de Merlot e Syrah, e também utilizando a técnica de maceração carbônica que costuma produzir vinhos com muita expressão frutada. Este é um bom exemplo de vinho de piscina, delicioso em seu frescor, leve, embora tenha taninos suficientes para linguiças grelhadas. Uma boa ideia para beber por litros no verão, esse estilo nunca é demais no cenário do Malbec de Mendoza .

92

VINHO REVELAÇÃO.

E'S VINO
E's vino *Malbec 2020*
GUALTALLARY

Um excelente trabalho para obter um Malbec crocante e fresco em uma das safras mais quentes e secas da década. Colhido cerca de duas semanas antes do normal, parece focado nas frutas vermelhas e, sobretudo, nas notas herbáceas que falam muito do Malbec de Gualtallary, uma zona de altitude, um lugar de montanha que costuma dar aquele sabor de frutas e tons de ervas. A acidez é firme, os taninos são finos e vivos num vinho que hoje se dá bem com pizza ou hambúrguer. E também, nada menos, esta é uma das boas relações qualidade-preço do Malbec no mercado desta safra.

92 VINHO REVELAÇÃO.

EL PORVENIR DE CAFAYATE

Pequeñas Fermentaciones *Marsanne, Roussanne 2020*

VALE DE CAFAYATE

Parece lógico que variedades como Marsanne e Roussanne funcionam bem em climas ensolarados e quentes, como os de Cafayate, no norte da Argentina. Estas castas foram enxertadas numa vinha velha de Torrontés com mais de 65 anos, sendo posteriormente cofermentadas com posterior estágio de seis meses em barricas de 500 litros. O resultado é um branco com notas florais e frutas tropicais, com boca generosa, de grande cremosidade, repleto de sabores frutados, maduros e volumosos, mas também com uma acidez acentuada para equilibrar. Um bom exemplar de branco mediterrâneo. 🍷

92 VINHO REVELAÇÃO.

KARIM MUSSI WINEMAKER
Altocedro Año Cero Barrel Collection Rosé
Merlot 2019
LA CONSULTA

Este é cem por cento Merlot da área de La Consulta. Com os cachos prensados diretamente, fermentados em barricas e nelas envelhecidos durante um ano, é um rosé de grande oleosidade, textura cremosa e sabores suaves de frutas vermelhas ácidas, notas herbáceas e florais. Um daqueles rosés que hoje são mais frequentes na cena sul-americana, flexível com muitos pratos, mas acima de tudo pensado para comer. Eles podem variar de paella a massa e muito mais. Um bom passo adiante na ideia de que o rosé é muito mais do que um vinho de aperitivo. ☙

92

VINHO REVELAÇÃO.

LÓPEZ

Chateau Vieux *Malbec 2018*
MENDOZA

Um **Chateau Vieux** especialmente frutado e concentrado, pelo menos para os padrões de López, é esta nova versão de um clássico argentino. Esta safra provém da zona de Cruz de Piedra, nos solos aluviais de Maipú, em Mendoza. É envelhecido por seis meses em barricas de cinco mil a seis mil litros e depois armazenado em garrafa por mais meio ano antes de entrar no mercado. É intenso nos aromas de frutas vermelhas maduras, enquanto na boca é macio, com taninos muito polidos e redondos. Notas de ervas são adicionadas aos sabores frutados. Um vinho para guardar.

92

VINHO REVELAÇÃO.

LUI WINES

Lui Umile *Pinot Noir 2020*
VALE DO UCO

De vinhedos de grande altitude na região de La Carrera, cerca de 1.400 metros acima do nível do mar, e dos vinhedos plantados por volta dos anos 1970 no Vale do Uco, esta é uma amostra deliciosa e refrescante de Pinot Noir. Sem grandes ambições senão mostrar a cara da casta, aqui encontram-se aromas e sabores frutados em meio a um corpo muito leve, mas ao mesmo tempo com taninos firmes que servem de suporte para que aquela fruta suculenta se expresse. A acidez é vibrante, ideal para tintos de sede; para beber na piscina. ☙

92

VINHO REVELAÇÃO.

NORTON
Grüner Veltliner Espumante *Grüner Veltliner N/V*
ARGENTINA

Produzido pelo método charmat de segunda fermentação em tanques de aço e sem contato com as borras para que, segundo o enólogo David Bonomi, não perca nenhuma fruta, este Grüner é um espumante focado em frutas brancas ácidas e notas de pimenta clássicas da variedade. Apesar de seu caráter festivo, de piscina e de verão, este é seco, nada doce (tem quatro gramas de açúcar), o que aumenta a suculência e seu caráter refrescante. Compre vários desses vinhos para matar a sede no verão. 🍷

92

VINHO REVELAÇÃO.

RÍO DEL MEDIO
Malabar *Sauvingon Blanc 2020*
CÓRDOBA

Da zona de Calamuchita ao pé das Sierras Grandes em Córdoba, e sobre solos de granito e calcário a uma altitude de quase mil metros, este é um Sauvingon de textura suculenta, redonda e cremosa. Tons de ervas e frutas brancas maduros, unidos por uma acidez firme mas equilibrada. Com apenas 13 graus de álcool, é fresco, ideal para abrir agora com frutos do mar gratinados ou peixes gordurosos assados. Uma pequena surpresa dos vinhedos plantados em 2011. ⬤

91

VINHO REVELAÇÃO.

DESQUICIADO WINES
BeRock *Garnacha 2020*
MENDOZA

Este Garnacha de Junín, no leste de Mendoza, tem todas as qualidades que precisa para se tornar o próximo tinto para matar a sede neste verão. Repleto de frutas vermelhas, com uma doçura suave que vem daquela zona quente, e taninos firmes como se fosse pensar num prato de queijos maduros e carnes frias, este tinto refrescante bebe-se por litros.

91

VINHO REVELAÇÃO.

DOMAINE BOUSQUET
Virgen Organic *Malbec 2020*
TUPUNGATO

Elaborado com uvas cultivadas organicamente na zona de Gualtallary, a mais de 1.200 metros de altitude no Vale do Uco, e vinificado sem adição de sulfitos, este tipo de vinho natural tem um forte caráter frutado, frutas vermelhas intensas e maduras de corpo médio, mas com taninos muito firmes e musculosos que se movem pelo paladar com sua nitidez e força. Expressão de fruta pura neste Malbec, hoje no seu melhor para acompanhar pizzas. Também oferece uma excelente relação qualidade-preço. 🍷

91

VINHO REVELAÇÃO.

DURIGUTTI FAMILY WINEMAKERS
Cara Sucia Cepas Tradicionales
Bonarda, Syrah, Sangiovese, Barbera, Buonamico 2019
RIVADAVIA

Uma mistura totalmente improvável de castas, algumas italianas e outras francesas, neste tinto que mostra a diversidade com que as vinhas eram normalmente plantadas antes que o mundo moderno impusesse sua ordem. As uvas foram colhidas na mesma época e cofermentadas para se obter este delicioso suco frutado e simples; um vinho repleto de refrescantes sabores de frutas vermelhas e ervas em meio a um corpo intenso, taninos firmes. Ideal para beber agora, campeão de qualquer churrasco.

91

VINHO REVELAÇÃO.

FINCA EL ORIGEN
Finca El Origen Rosé *Malbec 2020*
VALE DO UCO

Um rosé com muito boa textura e corpo, o que aqui se destaca é a abundância de sabores ácidos de frutas vermelhas e toques florais. É uma sensação fluida, mas ao mesmo tempo com muitos sabores que lhe dão peso, que lhe dão densidade. E o final é refrescante, convidando você a tomar mais uma taça. Uma surpresa muito boa que vem principalmente dos vinhedos de Los Chacayes, cerca de 1.200 metros acima do nível do mar, mais 25% do Colonia Las Rosas. A prensagem dos cachos é direta e não envelhece em barricas. Compre uma caixa deste vinho e leve-a consigo nas férias. Com certeza será o hit do verão. 🍷

91

VINHO REVELAÇÃO.

IACCARINI
Via Blanca Terroir Series *Malbec 2020*
SAN RAFAEL

Uma das boas relações preço-qualidade no Malbec argentino hoje, este exemplar de San Rafael vem de vinhas jovens, plantadas há cerca de 15 anos em um vinhedo a 850 metros acima do nível do mar. Simples, focado nos sabores frutados, exibe notas de frutas vermelhas e negras em meio a suaves toques de especiarias. Na boca é de corpo médio, com taninos firmes que apelam para carnes grelhadas. Um Malbec que, por um preço absurdo, pode animar um churrasco inteiro. Compre várias garrafas.

90 VINHO REVELAÇÃO.

FAMILIA BLANCO
Just Malbec, Please *Malbec 2019*
UGARTECHE

Um Malbec sem ambições mais que agradar pelos seus sabores frutados e pela sua simplicidade, este é um tinto direto na expressão das frutas vermelhas. Sem envelhecer em madeira, aqui surge um corpo simpático, taninos polidos, muito boa acidez, crocante e refrescante. São necessários mais vinhos como estes, leves, descomplicados, com uma mensagem direta que fale do Malbec. Se você nunca experimentou o Malbec antes, este é um das melhores portas para uma das melhores relação qualidade-preço do mercado. 🍷

90 VINHO REVELAÇÃO.

THE WINE PLAN
Eureka Wines *Criolla Grande 2019*
ARGENTINA

Feito com uvas de um vinhedo da região de Rivadavia, no clima quente do leste de Mendoza, este rosé simples e refrescante é bebido como água. A textura é macia, o corpo é muito leve e os seus aromas de frutas vermelhas são sentidos em meio a uma acidez que envolve e refresca tudo no seu caminho. Um delicioso rosé para beber à beira da piscina e com pizza. Uma maneira de ver o leste de Mendoza de uma forma muito mais alegre, um olhar diferente que vai muito além da mera região que produz muito vinho sem interesse. 🍷

96

[DIVIDIDO]

MELHOR BLEND BRANCO.

ALTAR UCO
Edad Media *Chardonnay, Sauvingon Blanc 2019*
VALE DO UCO

O Chardonnay de Tupungato aqui forma 90% da mistura mais 10% do Sauvingon Blanc de Gualtallary. O vinho é vinificado em meio oxidativo, com leveduras indígenas, e posteriormente envelhecido sob um véu de flor durante um ano em barricas de 500 litros. O efeito deste envelhecimento oxidativo deu a este branco um caráter de "Jerez", adicionando notas salinas às frutas maduras que exibe. O corpo é cheio, de textura cremosa e tons levemente herbáceos e especiados. O corpo é intenso, com sabores amplos. Um branco que envelhece na garrafa por muitos anos. 🐚

Os melhores blend brancos do ano

95 | **BRESSIA** Lágrima Canela Chardonnay, Sémillon 2019 | Vale do Uco

95 | **CORAZÓN DEL SOL** Luminoso RMVG Roussanne, Viognier, Marsanne, Grenache 2019 | Argentina

95 | **SUSANA BALBO WINES** Signature White Blend Sémillon, Sauvignon Blanc, Torrontés 2020 | Vale do Uco

94 | **ALTAR UCO** Edad Moderna S. Blanc, Chardonnay 2020 | Vale do Uco

94 | **KARIM MUSSI WINEMAKER** Alandes Paradoux Blend Blanc de Blancs 4ème Édition N/V | Vale do Uco

94 | **MAURICIO LORCA** Ancestral Chardonnay 2019 | Vale do Uco

94 | **MOSQUITA MUERTA** Mosquita Muerta Chardonnay, S. Blanc, Sémillon 2019 | Vale do Uco

94 | **ONOFRI WINES** Zenith Nadir Chardonnay, S. Blanc, Roussanne, Marsanne 2019 | Vale do Uco

94 | **OTRONIA** 45 Rugientes - Corte de blancas 2018 | Patagonia Argentina

94 | **PIEDRA NEGRA** Gran Lurton Corte Fruilano Tocai, S. Blanc 2020 Vista Flores

94 | **PIELIHUESO** Pielihueso Blanco Torrontés, S. Blanc, Chardonnay, Pinot Gris 2019 | Los Chacayes

94 | **RICCITELLI WINES** Blanco de la Casa Chardonnay, S. Blanc, Sémillon 2020 | Mendoza

94 | **VAGLIO WINES** Vaglio Blanco Chardonnay, Sémillon 2019 | El Peral

94 | **VALLISTO** Viejas Blancas Riesling, Ugni Blanc 2020 | Cafayate

94 | **VER SACRUM** Geisha de Jade Roussanne, Marsanne 2019 | Chacayes

94 | **VER SACRUM** Geisha Dragón del Desierto Viognier, Marsanne, Pedro Ximénez 2020 | Chacayes

96

[DIVIDIDO]

MELHOR BLEND BRANCO.

PASSIONATE WINE

Sólido *Sauvingon Blanc, Sémillon 2018*
VALE DO UCO

Sólido é uma mistura de Sémillon de Cordón del Plata e Sauvingon Blanc das alturas de San Pablo, 1.500 metros acima do nível do mar, ambos no Vale do Uco, no sopé da Cordilheira dos Andes. Cada variedade é fermentada individualmente em barricas de 500 litros e aí permanece durante um ano até ao engarrafamento. O resultado é um vinho encorpado, com grande concentração e maturidade suculenta, apesar do seu teor alcoólico bastante baixo. Um branco que enche o paladar com os seus sabores especiados e de frutas doces, mas ao mesmo tempo mostra uma acidez radiante, cheia de vigor. Espere alguns anos antes de abri-lo. Pode haver surpresas. ❧

Os melhores blend brancos do ano

95 | **BRESSIA** Lágrima Canela Chardonnay, Sémillon 2019 | Vale do Uco

95 | **CORAZÓN DEL SOL** Luminoso RMVG Roussanne, Viognier, Marsanne, Grenache 2019 | Argentina

95 | **SUSANA BALBO WINES** Signature White Blend Sémillon, Sauvignon Blanc, Torrontés 2020 | Vale do Uco

94 | **ALTAR UCO** Edad Moderna S. Blanc, Chardonnay 2020 | Vale do Uco

94 | **KARIM MUSSI WINEMAKER** Alandes Paradoux Blend Blanc de Blancs 4ème Édition N/V | Vale do Uco

94 | **MAURICIO LORCA** Ancestral Chardonnay 2019 | Vale do Uco

94 | **MOSQUITA MUERTA** Mosquita Muerta Chardonnay, S. Blanc, Sémillon 2019 | Vale do Uco

94 | **ONOFRI WINES** Zenith Nadir Chardonnay, S. Blanc, Roussanne, Marsanne 2019 | Vale do Uco

94 | **OTRONIA** 45 Rugientes - Corte de blancas 2018 | Patagonia Argentina

94 | **PIEDRA NEGRA** Gran Lurton Corte Fruilano Tocai, S. Blanc 2020 Vista Flores

94 | **PIELIHUESO** Pielihueso Blanco Torrontés, S. Blanc, Chardonnay, Pinot Gris 2019 | Los Chacayes

94 | **RICCITELLI WINES** Blanco de la Casa Chardonnay, S. Blanc, Sémillon 2020 | Mendoza

94 | **VAGLIO WINES** Vaglio Blanco Chardonnay, Sémillon 2019 | El Peral

94 | **VALLISTO** Viejas Blancas Riesling, Ugni Blanc 2020 | Cafayate

94 | **VER SACRUM** Geisha de Jade Roussanne, Marsanne 2019 | Chacayes

94 | **VER SACRUM** Geisha Dragón del Desierto Viognier, Marsanne, Pedro Ximénez 2020 | Chacayes

99
MELHOR BLEND TINTO.

PERSE
La Craie 2018
GUALTALLARY

La Craie provém de um terreno que atravessa quase toda a propriedade PerSe, na área do Monasterio, em Gualtallary; uma encosta longa e estreita de face sul (uma exposição fria neste hemisfério) e plantada em 2013 na parte mais alta da vinha, a cerca de 1.500 metros acima do nível do mar. O solo ali é rico em cascalho coberto de cal e essa qualidade, mais a frescura da sua exposição, tem um efeito radical no estilo deste blend de Malbec e Cabernet Franc. E este efeito não se manifesta apenas na baixa produção por videira destas plantas daquele solo, mas sobretudo na expressão da fruta e na textura que apresenta. Este La Craie tem o fio de uma navalha, taninos e acidez trabalhando juntos para dar a sensação de verticalidade, tensão e crocância, enquanto a exposição sul e aquela safra particularmente fresca oferecem frutas vermelhas radiantes e deliciosas. Mas não queremos fazer crer que se trata de um vinho generoso e expansivo. Na verdade, é o oposto. Ainda é um tinto monástico austero, focado mais do que tudo nessa estrutura de acidez / tanino. No entanto, a fruta deste ano se manifesta, pede para falar, tem um lugar de destaque na atuação de um dos melhores tintos que provamos este ano em Descorchados e, sem dúvida, o melhor da safra. ❧

Os melhores blend tintos do ano

98 | **ESTANCIA USPALLATA** Igneo Malbec, C. Franc, Pinot Noir 2018 | Uspallata
98 | **SUPERUCO** SuperUco Altamira Malbec, C. Franc 2017 | Altamira
97 | **ALEANNA - EL ENEMIGO WINES** Gran Enemigo Single Vineyard El Cepillo C. Franc, Malbec 2017 | El Cepillo
97 | **RICCITELLI WINES** Riccitelli & Father Malbec, C. Franc 2018 | Mendoza
97 | **MARIANO DI PAOLA WINES** Mariano di Paola Corte del Enólogo Merlot, Malbec, C. Franc 2015 | Gualtallary
97 | **RUTINI WINES** Apartado Gran C. Sauvingon, C. Franc, Malbec, Syrah 2017 Vale do Uco
97 | **SUPERUCO** SuperUco Gualta Malbec, C. Franc 2017 | Gualtallary
97 | **ZORZAL WINES** Piantao C. Franc, Malbec, Merlot 2016 | Tupungato
96 | **ALMA MATER** GSM Mourvèdre, Syrah, Garnacha 2018 | Chacayes
96 | **ALTA YARI** Gran Corte C. Franc, Malbec, C. Sauvingon 2019 | Gualtallary
96 | **CARO** CARO C. Sauvingon, Malbec 2018 | Mendoza
96 | **CHEVAL DES ANDES** Cheval des Andes Malbec, C. Sauvingon 2017 | Mendoza
96 | **CIELO ARRIBA** Huichaira Malbec, Syrah, C. Franc 2018 | Jujuy
96 | **DOMAINE BOUSQUET** Ameri Malbec, C. Sauvingon, Merlot, Syrah 2019 Tupungato
96 | **DURIGUTTI FAMILY WINEMAKERS** Victoria Durigutti 2016 | Las Compuertas
96 | **FABRE MONTMAYOU** Grand Vin C. Sauvingon, Merlot, Malbec 2017 Luján de Cuyo
96 | **LÓPEZ** Montchenot 20 Años C. Sauvingon, Merlot, Malbec 2001 | Mendoza
96 | **MAURICIO LORCA** Inspirado C. Sauvingon, C. Franc 2017 | Vale do Uco
96 | **MICHELINI I MUFATTO** GY Malbec, C. Franc 2019 | Gualtallary
96 | **PIEDRA NEGRA** L´Esprit de Chacayes sin azufre Malbec, Cot 2020 | Vista Flores
96 | **RUTINI WINES** Antología 49 Merlot, C. Franc 2017 | Vale do Uco
96 | **SUSANA BALBO WINES** Nosotros Francis Malbec, Syrah,C. Franc 2017 Vale do Uco
96 | **SUSANA BALBO WINES** Nosotros Sofita Malbec, P. Verdot 2017 | Vale do Uco
96 | **TERRAZAS DE LOS ANDES** Parcel N°12 S Licán Malbec 2017 | Los Chacayes
96 | **TRAPICHE** Iscay Malbec, C. Franc 2017 | Vale do Uco
96 | **VIÑA LOS CHOCOS** Parcela 79 Malbec, C. Franc 2017 | Gualtallary
96 | **VIÑALBA** Diane Malbec, C. Franc 2018 | Vale do Uco
96 | **ZUCCARDI VALLE DE UCO** Tito Zuccardi Malbec, C. Franc 2018 | Altamira

95

MELHOR BONARDA.

ZUCCARDI VALLE DE UCO
Zuccardi Emma *Bonarda 2019*
VALE DO UCO

Em homenagem à matriarca do clã Zuccardi, que morreu em 2020, este Bonarda veio originalmente da área quente do leste de Mendoza. Em 2010, os vinhedos de Altamira começaram a entrar em produção e, desde então, o Vale do Uco passou a comandar o blend. Este ano, 60% vem de Altamira, de vinhedos a cerca de 1.100 metros, e o restante de San Pablo, a 1.400 metros, já no sopé da Cordilheira dos Andes. A fruta de Bonarda em Uco é muito diferente daquela do leste. A doçura das amoras não é mais tão evidente; aqui começam a aparecer tons florais, uma acidez muito mais pungente e taninos mais nítidos. Esta Bonarda em particular parece muito mais afiada e nervosa, muito mais tensa. E talvez, com maior potencial de armazenamento. 🍷

Os melhores Bonarda do ano

94 | **ALEANNA - EL ENEMIGO WINES** El Enemigo Single Vineyard El Mirador Bonarda 2018 | El Mirador

94 | **ALEANNA - EL ENEMIGO WINES** El Enemigo Single Vineyard La Esperanza Bonarda 2018 | San Martín

94 | **DANTE ROBINO** Gran Dante Bonarda 2018 | Luján de Cuyo

94 | **LA FLORITA** Primer Intento Bonarda 2018 | El Peral

94 | **MUNDO REVÉS** Asa Nisi Masa Bonarda 2020 | Vale do Uco

94 | **NIETO SENETINER** Partida Limitada Bonarda 2018 | Mendoza

93 | **ALEANNA - EL ENEMIGO WINES** El Enemigo Single Vineyard El Barranco Bonarda 2018 | Junín

93 | **ALEANNA - EL ENEMIGO WINES** El Enemigo Bonarda 2018 | El Mirador

93 | **ALEANNA - EL ENEMIGO WINES** El Enemigo Single Vineyard Los Paraísos Bonarda 2018 | El Mirador

93 | **ALTOS LAS HORMIGAS** Colonia Las Liebres Bonarda 2020 | Mendoza

93 | **CALIGIORE VINOS ECOLÓGICOS** Caligiore Natural Bonarda 2019 Ugarteche

93 | **LUI WINES** Lui Gran Reserva Bonarda 2018 | Agrelo

92 | **CATENA ZAPATA** La Marchigiana Bonarda 2019 | Mendoza

92 | **ENRIQUE FOSTER** Enrique Foster Reserva Bonarda 2018 | Vale do Uco

92 | **ESCALA HUMANA WINES** Livverá Bonarda 2020 | Vale do Uco

97

MELHOR CABERNET FRANC.

VIÑA LOS CHOCOS
Estereo *Cabernet Franc 2018*
GUALTALLARY

Cabernet Franc é a casta estrela de Los Chocos, e a principal fonte de uvas é uma parcela no leito de um rio, um solo rico em cal e cascalho que foi plantado em 2009. Com um ano e meio em barricas, este tem o lado intenso das notas de ervas e tabaco da casta, mas também as notas terrosas que lhe conferem complexidade e carácter. A boca é impulsionada por uma acidez vibrante, muitos sabores frutados e, acima de tudo, taninos finos e vivos; pequenas agulhas que servem de estrutura. Um Cabernet Franc para pensar em guarda e hoje um dos melhores expoentes da variedade na Argentina. 800 garrafas foram feitas deste Estereo. Tente obter algumas delas. 🍷

Os melhores Cabernet Franc do ano

96 | **BENEGAS** Benegas Lynch C. Franc 2018 | Maipú
96 | **BUDEGUER** Familia Budeguer Chacayes C. Franc 2018 | Mendoza
96 | **PASSIONATE WINE** @micheliniwine Manolo C. Franc 2018 | San Pablo
96 | **RUTINI WINES** Single Vineyard Gualtallary C. Franc 2018 | Gualtallary
96 | **SUPERUCO** Calcáreo Coluvio de Altamira C. Franc 2019 | Altamira
96 | **ZORZAL WINES** Eggo Franco C. Franc 2019 | Gualtallary
95 | **ANDELUNA** Andeluna Pasionado C. Franc 2018 | Vale do Uco
95 | **BRESSIA** Bressia del Alma C. Franc 2015 | Vista Flores
95 | **CASA PETRINI** Talud C. Franc 2019 | Tupungato
95 | **KARIM MUSSI WINEMAKER** Alandes Gran Cabernet Franc C. Franc 2018 Vale do Uco
95 | **MAURICIO LORCA** Inspirado C. Franc 2017 | Vale do Uco
95 | **SUSANA BALBO WINES** BenMarco C. Franc 2019 | Vale do Uco
95 | **VIÑA LOS CHOCOS** Vertebrado C. Franc 2019 | Gualtallary
94 | **ALEANNA - EL ENEMIGO WINES** El Enemigo C. Franc 2018 | Gualtallary
94 | **DOS PUENTES** Dos Puentes Gran Summit C. Franc 2018 | Vale do Uco
94 | **EL ESTECO** Fincas Notables Cuartel 5 C. Franc 2018 | Vales Calchaquíes
94 | **FINCA DECERO** Decero Mini Ediciones Remolinos Vineyard C. Franc 2018 | Argentina
94 | **FUEGO BLANCO** Flinstone C. Franc 2018 | Vale de Pedernal
94 | **HUMBERTO CANALE** Gran Reserva C. Franc 2018 | Patagonia Argentina
94 | **LA CELIA** La Celia C. Franc 2017 | La Consulta
94 | **PAUCHO** Paucho C. Franc 2019 | Los Chacayes
94 | **RICCITELLI WINES** Viñedos de Montaña C. Franc 2018 | Vale do Uco
94 | **TRAPICHE** Gran Medalla C. Franc 2017 | Vale do Uco
94 | **ZORZAL WINES** Gran Terroir C. Franc 2019 | Tupungato

97

MELHOR CABERNET SAUVINGON.

TRAPICHE
Terroir Series Edición Limitada Finca Laborde
Cabernet Sauvingon 2017
VALE DO UCO

É bom falar do Cabernet Sauvingon da Argentina, e esse é um dos motivos pelo qual isso acontece. Aqui estão os tons de ervas junto com frutas vermelhas maduras em um vinho voluptuoso com uma acidez firme e forte. Esta versão do Cabernet tem um lado suculento, mas ao mesmo tempo tem fruta e acidez, sem notas mentoladas. Do outro lado da Cordilheira reinam o mentol e o eucalipto. Deste lado está a fruta, e nenhum é melhor do que o outro, eles são exatamente o que são. Este Terroir Series provém da zona de La Consulta, de um antigo vinhedo plantado em latada. Fermentou em tanques de cimento e estagiou 18 meses em barricas, mais um ano em garrafa antes de entrar no mercado. ❧

Os melhores Cabernet Sauvingon do ano

96 | **RICCITELLI WINES** Riccitelli Vale do Uco C. Sauvingon 2018 | Vale do Uco
96 | **SUSANA BALBO WINES** Susana Balbo Signature C. Sauvingon 2018 Vale do Uco
95 | **ALTA YARI** Alta Yari Reserva C. Sauvingon 2019 | Gualtallary
95 | **CASARENA** Dna C. Sauvingon 2017 | Luján de Cuyo
95 | **CATENA ZAPATA** Catena Alta C. Sauvingon 2018 | Mendoza
95 | **ESCALA HUMANA WINES** Livverá C. Sauvingon 2020 | El Peral
95 | **FABRE MONTMAYOU** Gran Reserva C. Sauvingon 2018 | Luján de Cuyo
95 | **LA CELIA** La Celia C. Sauvingon 2017 | Vale do Uco
95 | **RUTINI WINES** Single Vineyard Gualtallary C. Sauvingon 2018 | Gualtallary
95 | **TRIVENTO** Gaudeo Single Vineyard Tupungato C. Sauvingon 2019 Tupungato
95 | **ZUCCARDI VALLE DE UCO** Zuccardi Finca Los Membrillos C. Sauvingon 2018 | Altamira
94 | **ALTAR UCO** Edad Moderna C. Sauvingon 2019 | Vale do Uco
94 | **ATAMISQUE** Atamisque C. Sauvingon 2018 | Argentina
94 | **CASARENA** Owen Single Vineyard Agrelo C. Sauvingon 2018 | Agrelo
94 | **DOMAINE BOUSQUET** Gran Cabernet Sauvingon 2019 | Gualtallary
94 | **FINCA AMBROSÍA** Precioso C. Sauvingon 2018 | Gualtallary
94 | **FINCA BETH** 2 KM C. Sauvingon 2018 | Altamira
94 | **FINCA SOPHENIA** Synthesis C. Sauvingon 2018 | Gualtallary
94 | **GAUCHEZCO WINES** Oro Appellation Gualtallary C. Sauvingon 2016 Gualtallary
94 | **LAGARDE** Henry Pure C. Sauvingon 2017 | Gualtallary
94 | **MASCOTA VINEYARDS** Magnánime C. Sauvingon 2015 | La Consulta
94 | **MASCOTA VINEYARDS** Unánime Signature C. Sauvingon 2018 | Vale do Uco
94 | **SUSANA BALBO WINES** BenMarco C. Sauvingon 2019 | Vale do Uco
94 | **TERRAZAS DE LOS ANDES** Grand Cabernet Sauvingon 2018 | Mendoza
94 | **WEINERT** Weinert C. Sauvingon 2010 | Mendoza

98 MELHOR CHARDONNAY.

OTRONIA
Block 3&6 *Chardonnay 2018*
PATAGÔNIA ARGENTINA

A Chardonnay é a variedade que melhor se apresentou nas condições extremamente frias e ventosas de Sarmiento, às margens do Lago Muster, na Patagônia. Neste lugar remoto, um deserto de estepe frio, a Chardonnay oferece um carácter muito particular onde os sabores das uvas que amadurecem sob o sol intenso contrastam com a acidez penetrante e aguda de um clima fresco que não consegue moderar essa acidez. Neste Chardonnay, envelhecido em foudres durante 16 meses, pode-se sentir a suculenta fruta do sul, as ervas e a profundidade dos sabores se projetando graças à densidade que mostram, mas sobretudo à acidez, uma espécie de veículo que transfere tudo através do palato. ❧

Os melhores Chardonnay do ano

97 | **TERRAZAS DE LOS ANDES** Grand Chardonnay 2019 | Gualtallary
97 | **ZUCCARDI VALLE DE UCO** Fósil Chardonnay 2019 | San Pablo
96 | **CATENA ZAPATA** Adrianna Vineyard White Bones Chardonnay 2018 Mendoza
96 | **CATENA ZAPATA** Adrianna Vineyard White Stones Chardonnay 2018 Mendoza
96 | **PERSE** Volare de Flor 4ta Flor Chardonnay N/V | Mendoza
96 | **RUTINI WINES** Apartado Gran Chardonnay 2018 | Vale do Uco
96 | **TRAPICHE** Terroir Series Finca El Tomillo Chardonnay 2019 | Vale do Uco
95 | **ALEANNA - EL ENEMIGO WINES** El Enemigo Chardonnay 2019 | Gualtallary
95 | **ALMA MATER** Chardonnay Chardonnay 2018 | Chacayes
95 | **BODEGA VISTALBA** Autóctono Parcela Única Chardonnay 2019 | Argentina
95 | **BUSCADO VIVO O MUERTO** El Cerro Gualtallary Chardonnay 2019 Gualtallary
95 | **BUSCADO VIVO O MUERTO** El Límite Las Pareditas Chardonnay 2019 Las Pareditas
95 | **BUSCADO VIVO O MUERTO** Las Tunas Chardonnay 2019 | Los Árboles
95 | **CASA PETRINI** Lecho de Río Chardonnay 2019 | Tupungato
95 | **FALASCO WINES** Hermandad Chardonnay 2018 | Vale do Uco
95 | **MICHELINI I MUFATTO** Convicciones Chardonnay 2018 | Gualtallary
95 | **PASAJE NOBREGA** Pasaje Nobrega Chardonnay de las Cenizas Chardonnay 2019 | Altamira
95 | **PASSIONATE WINE** Caos Chardonnay 2018 | Vale do Uco
95 | **SALENTEIN** Single Vineyard Las Sequoias Chardonnay 2018 | San Pablo
95 | **TRAPICHE** Trapiche Terroir Series Finca Las Piedras Chardonnay 2019 Vale do Uco

94 MELHOR CRIOLLA.

DURIGUTTI FAMILY WINEMAKERS
Proyecto Las Compuertas Parral *Criolla Chica 2020*
LAS COMPUERTAS

Um dos poucos vinhedos que ainda sobrevivem como Criolla Chica (Listán Prieto) em Las Compuertas, provém de vinhas plantadas em 1943 em sistema de latada e nos socalcos aluviais do rio Mendoza. É fermentado em ovos de cimento, primeiro com as peles e, no meio, sem a presença delas, como se fosse um branco. Daí o estilo deste Criolla, a sua cor pálida, os seus aromas sutis de frutos vermelhas ácidas, mas também a essência da casta com os seus taninos rústicos e firmes. Um vinho com muita garra, que se divide entre um corpo tenso e rústico e deliciosas frutas vermelhas que serviriam perfeitamente para matar a sede. Os irmãos Durigutti trabalham com variedade no seu melhor. ❧

Os melhores criollas do ano

93 | **ALPAMANTA ESTATE WINES** Breva Pet Nat Criolla Grande 2020 | Mendoza

93 | **CARA SUR** Cara Sur Criolla Criolla Chica 2020 | San Juan

93 | **EL ESTECO** Old Vines 1958 Criolla Chica 2020 | Vales Calchaquíes

93 | **INCULTO** Inculto Criolla Chica 2019 | Vales Calchaquíes

93 | **PASSIONATE WINE** Via Revolucionaria La C. Grande Criolla Grande 2020 | Tupungato

93 | **VALLISTO** Criolla Criolla Chica 2020 | Vales Calchaquíes

92 | **CADUS WINES** Cadus Signature Series Criolla Grande 2020 | Mendoza

92 | **CARA SUR** Parcela La Totora Criolla Chica 2019 | San Juan

92 | **MUNDO REVÉS** Le Petit Voyage Criolla Chica 2020 | Vista Flores

91 | **CATENA ZAPATA** La Marchigiana Criolla Chica 2019 | Mendoza

91 | **MATÍAS MORCOS** Criolla Criolla Chica 2020 | Mendoza

90 | **THE WINE PLAN** Eureka Wines Criolla Grande 2019 | Argentina

95

MELHOR GARNACHA.

ONOFRI WINES
Alma Gemela *Garnacha 2019*
CHACAYES

Este Grenache vem de vinhedos plantados em 2008 em solos ricos em pedras na área de Los Chacayes, no Vale do Uco. Amadurecido por dez meses em barricas, tem a textura densa e selvagem dos taninos clássicos da região, a mais de 1.300 metros acima do nível do mar. A altitude, o clima de montanha e os solos rochosos fazem com que todos os vinhos locais tenham taninos verticais e duros. Garnacha oferece aquele rosto frutado, mas em Los Chacayes, este exemplar é uma pequena besta. 🌱

Os melhores Garnachas do ano

94 | **CORAZÓN DEL SOL** Grenache Garnacha 2019 | Chacayes
94 | **ESTANCIA LOS CARDONES** Tigerstone Garnacha 2019 | Cafayate
94 | **VER SACRUM** Gloria S. Garnacha 2017 | Chacayes
93 | **UQUECO WINE** CouerSair Garnacha 2020 | Mendoza
92 | **EL ESTECO** Partida Limitada Garnacha 2020 | Vales Calchaquíes
92 | **VER SACRUM** Ver Sacrum Garnacha 2018 | Chacayes
91 | **DESQUICIADO WINES** BeRock Garnacha 2020 | Mendoza
90 | **MARTINO WINES** Martino Garnacha 2019 | Argentina

99 MELHOR MALBEC.

ZUCCARDI VALLE DE UCO
Finca Piedra Infinita Supercal *Malbec 2018*
ALTAMIRA

Supercal é uma seleção de pequenos setores da vinha Piedra Infinita, os 52 hectares plantados ao redor da vinícola Zuccardi, com cerca de 1.100 metros de altura, em Altamira, ao sul do Vale do Uco. É principalmente uma seleção de solos ricos em cascalho e cal que a equipe da vinícola seleciona e colhe manualmente e, em seguida, fermenta em cachos completos em tanques de concreto. O enólogo Sebastián Zuccardi tem o cuidado de esmagar os cachos para que não ocorra a maceração carbônica, que, em sua opinião, oferece aromas mais ligados à vinícola do que ao local. A fermentação em presença de pedúnculos acrescenta taninos ao vinho, mas com certeza é o solo de cal que confere personalidade à textura deste Supercal, um Malbec austero, de acidez intensa e taninos agudos que simulam a sensação de giz. É generoso em sabores refrescantes e suculentos; cerejas puras envoltas em tons herbáceos e florais. Um dos melhores vinhos que já provamos na Argentina. ❧

Os melhores **Malbec** do ano

98 | **MATERVINI** Piedras Viejas Laderas Malbec 2018 | El Challao
98 | **NOEMÍA DE PATAGONIA** Noemía Malbec 2018 | Patagonia Argentina
98 | **ZUCCARDI VALLE DE UCO** Finca Piedra Infinita Malbec 2018 | Altamira
97 | **CATENA ZAPATA** Adrianna Vineyard River Stones Malbec 2018 | Mendoza
97 | **CATENA ZAPATA** Adrianna Vineyard Mundus Bacillus Terrae Malbec 2018 | Mendoza
97 | **ESCALA HUMANA WINES** Credo Malbec 2018 | El Peral
97 | **GEN DEL ALMA** Seminare Malbec 2018 | Gualtallary
97 | **MICHELINI I MUFATTO** OLEO Malbec 2018 | Gualtallary
97 | **NOEMÍA DE PATAGONIA** J Alberto Malbec 2019 | Argentina
97 | **PASSIONATE WINE** @micheliniwine Marmolejo Malbec 2018 | San Pablo
97 | **PER SE** Volare del Camino Malbec 2019 | Gualtallary
97 | **TERRAZAS DE LOS ANDES** Parcel Nº1E El Espinillo Malbec 2017 | Gualtallary
97 | **WEINERT** Tonel Único 248 Malbec 2006 | Luján de Cuyo
97 | **ZORZAL WINES** Eggo Tinto de Tiza Malbec 2018 | Gualtallary
97 | **ZUCCARDI VALLE DE UCO** Finca Piedra Infinita Gravascal Malbec 2018 Altamira
97 | **ZUCCARDI VALLE DE UCO** Aluvional Paraje Altamira Malbec 2018 Altamira
97 | **ZUCCARDI VALLE DE UCO** Finca Canal Uco Malbec 2018 | Altamira
97 | **ZUCCARDI VALLE DE UCO** Zuccardi Aluvional Los Chacayes Malbec 2018 Los Chacayes

94

MELHOR MERLOT.

ALTOS DE ALTAMIRA
Albaflor *Merlot 2018*
LOS CHACAYES

De vinhedos plantados em 2007 na área de Los Chacayes, a cerca de 1.300 metros acima do nível do mar, no Vale do Uco, este é um bom sinal do que o Merlot pode se tornar. O solo é muito pobre, pedregoso, num local que costuma produzir vinhos selvagens, rico em taninos. O que mostra agora são muitas frutas vermelhas maduras, especiarias, notas de ervas que também estão associadas a Los Chacayes. A textura, aliás, é cheia de taninos reativos, com muita pegada, e a acidez é firme. Um vinho para esperar alguns anos. ⚭

Os melhores **Merlot** do ano

93 | **HUMBERTO CANALE** Gran Reserva Merlot 2018 | Patagonia Argentina
93 | **PATRITTI** Primogénito Sangre Azul Merlot 2017 | Patagonia Argentina
93 | **RJ VIÑEDOS JOFFRE E HIJAS** Premium Merlot 2017 | Vale do Uco
92 | **EL ESTECO** Fincas Notables Cuartel 28 Merlot 2018
    Vales Calchaquíes
92 | **KAIKÉN** Ultra Merlot 2018 | Vistalba
92 | **KARIM MUSSI WINEMAKER** Altocedro Año Cero Barrel Collection
    Rosé Merlot 2019 | La Consulta
91 | **VINOS ADENTRO** Adentro Merlot 2018 | Vales Calchaquíes
90 | **MIRALUNA** Miraluna Merlot 2018 | Salta
90 | **MIRAS** Miras Jovem Merlot 2020 | Patagonia Argentina

94

MELHOR MERLOT.

RICCITELLI WINES
Old Vines from Patagonia *Merlot 2018*
RÍO NEGRO

Uma seleção de vinhas com mais de 40 anos nas zonas de Allen e Guerrico, todas em Río Negro, este vinho envelhece cerca de 16 meses em barricas. A madeira ainda é sentida, principalmente na boca, mas a fruta é generosa, tanto no nariz como na boca. Aromas profundos de frutas negras maduras em meio a taninos suculentos e musculosos e tons de ervas para conferir algum frescor e complexidade. Um vinho para beber agora com lasanha ou levar para a adega para abrir daqui a alguns anos. 🍷

Os melhores Merlot do ano

93 | **HUMBERTO CANALE** Gran Reserva Merlot 2018 | Patagonia Argentina
93 | **PATRITTI** Primogénito Sangre Azul Merlot 2017 | Patagonia Argentina
93 | **RJ VIÑEDOS JOFFRE E HIJAS** Premium Merlot 2017 | Vale do Uco
92 | **EL ESTECO** Fincas Notables Cuartel 28 Merlot 2018
Vales Calchaquíes
92 | **KAIKÉN** Ultra Merlot 2018 | Vistalba
92 | **KARIM MUSSI WINEMAKER** Altocedro Año Cero Barrel Collection
Rosé Merlot 2019 | La Consulta
91 | **VINOS ADENTRO** Adentro Merlot 2018 | Vales Calchaquíes
90 | **MIRALUNA** Miraluna Merlot 2018 | Salta
90 | **MIRAS** Miras Jovem Merlot 2020 | Patagonia Argentina

94

[DIVIDIDO]

MELHOR PETIT VERDOT.

CADUS WINES
Cadus Signature Series *Petit Verdot 2018*
VALE DO UCO

Selvagem em todos os níveis, esta é a foto do Petit Verdot e a razão pela qual é um componente de blend tão bom. Aqui está uma cascata de sabores de frutas negras, mas também um rio de acidez e taninos, com uma generosidade que quase arrebata. Não há timidez em mostrar a variedade, ao contrário, há atrevimento. Aplausos aqui por ousar engarrafá-lo. Vá buscar um cordeiro, espero que esteja vivo. 🍒

Os melhores Petit Verdot do ano

93 | **CASARENA** Lauren Single Vineyard Agrelo P. Verdot 2018 | Agrelo

93 | **KARIM MUSSI WINEMAKER** Altocedro Finca Los Galos P. Verdot 2018 La Consulta

92 | **ALCHIMIA WINES** Lujo Moderno P. Verdot 2019 | Mendoza

92 | **ATAMISQUE** Serbal P. Verdot 2020 | Argentina

92 | **BODEGA VISTALBA** Tomero Reserva P. Verdot 2018 | Argentina

92 | **FINCA DECERO** Decero Mini Ediciones Remolinos Vineyard P. Verdot 2017 | Argentina

92 | **MARTINO WINES** Martino Superiore P. Verdot 2017 | Argentina

91 | **BUDEGUER** 4000 Gran Reserva P. Verdot 2018 | Agrelo

91 | **PROEMIO WINES** Proemio Reserva P. Verdot 2018 | Maipú

90 | **DARTLEY FAMILY WINES** Mythic Mountain P. Verdot 2020 | Mendoza

94

MELHOR PETIT VERDOT.

MAURICIO LORCA
Lorca Gran *Petit Verdot 2018*
VALE DO UCO

N o contexto do Petit Verdot, sente-se relativamente domado, sem os taninos ou a acidez selvagem que caracterizam a casta, embora o sejam. Este vinho apresenta tons herbáceos, muita fruta negra e uma carga intensa de taninos; eles parecem afiados e musculosos, como se pensasse em uma longa guarda ou um bom bife grelhado. Este vem da área da Vista Flores, com mais de mil metros de altura, no Vale do Uco. 🐾

Os melhores Petit Verdot do ano

93 | **CASARENA** Lauren Single Vineyard Agrelo P. Verdot 2018 | Agrelo
93 | **KARIM MUSSI WINEMAKER** Altocedro Finca Los Galos P. Verdot 2018 | La Consulta
92 | **ALCHIMIA WINES** Lujo Moderno P. Verdot 2019 | Mendoza
92 | **ATAMISQUE** Serbal P. Verdot 2020 | Argentina
92 | **BODEGA VISTALBA** Tomero Reserva P. Verdot 2018 | Argentina
92 | **FINCA DECERO** Decero Mini Ediciones Remolinos Vineyard P. Verdot 2017 | Argentina
92 | **MARTINO WINES** Martino Superiore P. Verdot 2017 | Argentina
91 | **BUDEGUER** 4000 Gran Reserva P. Verdot 2018 | Agrelo
91 | **PROEMIO WINES** Proemio Reserva P. Verdot 2018 | Maipú
90 | **DARTLEY FAMILY WINES** Mythic Mountain P. Verdot 2020 | Mendoza

95

MELHOR PINOT NOIR.

NORTON

Altura *Pinot Noir 2020*
ARGENTINA

Para este Pinot Noir, Norton recorre a vinhedos a cerca de 1.580 metros acima do nível do mar em Gualtallary, em solos ricos em areia, mas também em cal. Estagiado em ovos de concreto por seis meses e imediatamente engarrafado, este vinho brilha com frutas vermelhas, notas florais, sabores radiantes e suculentos e tons de ervas. Este caráter festivo não tem muito a ver com as notas um tanto terrosas e de frutas secas de muitos dos Pinots mais ambiciosos da Argentina. Segundo David Bonomi, o segredo deste vinho é a vinificação redutiva, cuidando do frescor dos frutos por oxidação que envolve a exposição dos cachos ao oxigênio. É fruta da mais alta qualidade, num dos melhores vinhedos do Vale do Uco, mas não envelhece em barricas. A fruta cuidou ao máximo do oxigênio, como quando se conservam os tomates de Mendoza no verão (os melhores tomates do mundo) para que se possa degustá-los em pleno inverno e sentir os mesmos sabores do verão. Aqui a equipe de Norton fez o mesmo, um olhar mais local de como o Pinot é feito, sem receitas de fora, apenas tentando capturar a fruta dentro de uma garrafa. ❧

Os melhores Pinot Noir do ano

94 | **BRESSIA** Piel Negra Pinot Noir 2019 | Vale do Uco
94 | **DOMAINE NICO** Le Paradis Pinot Noir 2018 | Vale do Uco
94 | **ESTANCIA USPALLATA** Estancia Uspallata Pinot Noir 2018 | Uspallata
94 | **FALASCO WINES** Hermandad Winemaker Series Pinot Noir 2019
   Vale do Uco
94 | **FINCA LAS MORAS** Demencial Pinot Noir 2019 | Vale de Pedernal
94 | **LAS ESTELAS** Las Estelas Pinot Noir 2019 | Tunuyán
94 | **MANOS NEGRAS** Artesano Pinot Noir 2018 | Río Negro
94 | **RICCITELLI WINES** Old Vines from Patagonia Pinot Noir 2020 | Río Negro
94 | **ZORZAL WINES** Gran Terroir Pinot Noir 2019 | Tupungato
93 | **ALMA MATER** Alma Mater Pinot Noir 2018 | Chacayes
93 | **ATAMISQUE** Catalpa Pinot Noir 2018 | Argentina
93 | **DOMAINE NICO** La Savante Pinot Noir 2018 | Vale do Uco
93 | **DOMAINE NICO** Grand Mère Pinot Noir 2018 | Vale do Uco
93 | **FINCA BETH** 2 KM Pinot Noir 2018 | Altamira
93 | **LA CAYETANA** Integrae Naturae Pinot Noir 2018 | Chacayes
93 | **MANOS NEGRAS** Red Stone Pinot Noir 2019 | El Cepillo
93 | **PASSIONATE WINE** @micheliniwine Arduino Pinot Noir 2018 | Gualtallary
93 | **RUTINI WINES** Antología 52 Pinot Noir 2016 | Vale do Uco
93 | **TRIVENTO** Golden Black Series Pinot Noir 2020 | Vale do Uco

95

[DIVIDIDO]

MELHOR PINOT NOIR.

RICCITELLI WINES
Riccitelli Valle de Uco *Pinot Noir 2019*
VALE DO UCO

Um Pinot Noir de montanha, de solos arenosos com fundo de cascalho coberto de cal de Gualtallary, a cerca de 1.400 metros acima do nível do mar, em direção ao norte do vale do Uco. Amadurecido por cerca de oito meses em carvalho, este Pinot de uma safra muito fresca como a de 2019 tem todos os ingredientes necessários para conhecer a casta: os aromas frutados, as frutas vermelhas, mais os tons florais, o frescor e o perfume de um vinho que envolve o nariz. Na boca apresenta taninos de cal, firmes e vivos, e a acidez de um tinto da montanha. Um Pinot delicioso e suculento com grande profundidade de sabores, grande frescor e energia.

Os melhores **Pinot Noir** do ano

94 | **BRESSIA** Piel Negra Pinot Noir 2019 | Vale do Uco
94 | **DOMAINE NICO** Le Paradis Pinot Noir 2018 | Vale do Uco
94 | **ESTANCIA USPALLATA** Estancia Uspallata Pinot Noir 2018 | Uspallata
94 | **FALASCO WINES** Hermandad Winemaker Series Pinot Noir 2019 Vale do Uco
94 | **FINCA LAS MORAS** Demencial Pinot Noir 2019 | Vale de Pedernal
94 | **LAS ESTELAS** Las Estelas Pinot Noir 2019 | Tunuyán
94 | **MANOS NEGRAS** Artesano Pinot Noir 2018 | Río Negro
94 | **RICCITELLI WINES** Old Vines from Patagonia Pinot Noir 2020 | Río Negro
94 | **ZORZAL WINES** Gran Terroir Pinot Noir 2019 | Tupungato
93 | **ALMA MATER** Alma Mater Pinot Noir 2018 | Chacayes
93 | **ATAMISQUE** Catalpa Pinot Noir 2018 | Argentina
93 | **DOMAINE NICO** La Savante Pinot Noir 2018 | Vale do Uco
93 | **DOMAINE NICO** Grand Mère Pinot Noir 2018 | Vale do Uco
93 | **FINCA BETH** 2 KM Pinot Noir 2018 | Altamira
93 | **LA CAYETANA** Integrae Naturae Pinot Noir 2018 | Chacayes
93 | **MANOS NEGRAS** Red Stone Pinot Noir 2019 | El Cepillo
93 | **PASSIONATE WINE** @micheliniwine Arduino Pinot Noir 2018 | Gualtallary
93 | **RUTINI WINES** Antología 52 Pinot Noir 2016 | Vale do Uco
93 | **TRIVENTO** Golden Black Series Pinot Noir 2020 | Vale do Uco

97 MELHOR SAUVINGON BLANC.

RICCITELLI WINES

Vino de Finca de la Carrera *Sauvingon Blanc 2020*
VALE DO UCO

Este Sauvingon é extremo. De um vinhedo a 1.700 metros acima do nível do mar, em La Carrera, em Tupungato, e ao pé da Cordilheira dos Andes, tem uma energia de acidez que provavelmente não existe em Mendoza e que só é comparável à acidez dos vinhos extremos ao sul, como em Trevelin. O clima frio marca os seus aromas especiados e sobretudo herbáceos. A boca é firme, com um corpo imponente, mas que se disfarça de leveza graças à sua acidez aguda e viva. Todo o resto é sabores intensos de frutas cítricas brancas e, novamente, ervas em todos os lugares. Este vinho é fermentado com leveduras indígenas e envelhece em barricas usadas durante cerca de seis meses. 🌶

Os melhores Sauvingon Blanc do ano

96 | **PASSIONATE WINE** Deshielo S. Blanc 2019 | Gualtallary
96 | **PASSIONATE WINE** Montesco Agua de Roca S. Blanc 2020 | San Pablo
96 | **SALENTEIN** Salentein Single Vineyard Los Nogales S. Blanc 2019 San Pablo
96 | **ZORZAL WINES** Eggo Blanc de Cal S. Blanc 2019 | Gualtallary
95 | **CASA YAGÜE** Casa Yagüe S. Blanc 2019 | Argentina
95 | **RICCITELLI WINES** Kung Fu Orange S. Blanc 2020 | Vale do Uco
95 | **UQUECO WINE** CouerSair S. Blanc 2020 | Mendoza
94 | **VALLISTO** Felix S. Blanc 2020 | Cafayate
94 | **ZUCCARDI VALLE DE UCO** Polígonos del Vale do Uco Tupungato S. Blanc 2020 | Tupungato
93 | **ALPAMANTA ESTATE WINES** Breva S. Blanc 2019 | Mendoza
92 | **FINCA SOPHENIA** Synthesis S. Blanc 2020 | Gualtallary
92 | **FUEGO BLANCO** Valle del Silex S. Blanc 2020 | Vale de Pedernal
92 | **INCULTO** Culto Payogasta S. Blanc 2019 | Vales Calchaquíes
92 | **LUI WINES** Lui Umile S. Blanc 2020 | El Peral
92 | **RÍO DEL MEDIO** Malabar S. Blanc 2020 | Córdoba
92 | **RUTINI WINES** Rutini Colección S. Blanc 2020 | Vale do Uco
92 | **TRAPICHE** Costa & Pampa S. Blanc 2020 | Chapadmalal
91 | **BODEGA VISTALBA** Tomero S. Blanc 2020 | Argentina
91 | **E'S VINO** E's Vino S. Blanc 2020 | Gualtallary
91 | **LAGARDE** Altas Cumbres S. Blanc 2020 | Mendoza
91 | **PERDRIEL** Perdriel Series S. Blanc 2020 | Argentina

96 MELHOR SÉMILLON.

BODEGA TEHO
Zaha Sémillon *Sémillon 2020*
LA CONSULTA

De um vinhedo muito antigo com cerca de 50 anos na região de La Consulta, no Vale do Uco, esta é uma seleção que é conhecida localmente como "Sémillon Amarelo" que, segundo Alejandro Sejanovich, tem a característica de dar toques salgados. Neste caso, é um branco encorpado, com uma textura oleosa, mas ao mesmo tempo uma acidez firme e forte que pode ser interpretada como salina, mas que é principalmente nervosa e refrescante. Além disso, leves notas de mel aparecem à medida que o vinho é oxigenado na taça. ❧

Os melhores Sémillon do ano

95 | **MICHELINI I MUFATTO** Certezas Sémillon 2018 | El Peral
95 | **ZUCCARDI VALLE DE UCO** Polígonos del Vale do Uco Tupungato Sémillon 2020 | Tupungato
94 | **ALEANNA - EL ENEMIGO WINES** El Enemigo Sémillon 2019 | Agrelo
94 | **ESCALA HUMANA WINES** Credo Sémillon 2018 | El Peral
94 | **MENDEL WINES** Mendel Sémillon Sémillon 2019 | Altamira
94 | **MICHELINI I MUFATTO** Balsa de Piedra Sémillon 2019 | Tupungato
94 | **MIRAS** Familia Miras Sémillon 2019 | Patagonia Argentina
94 | **NORTON** Norton Sémillon 2018 | Argentina
94 | **RICCITELLI WINES** Old Vines From Patagonia Sémillon 2020 | Río Negro
94 | **TERRA CAMIARE** Socavones Sémillon Vintage Sémillon 2018 | Córdoba
93 | **BODEGA VISTALBA** Tomero Reserva Sémillon 2018 | Argentina
93 | **CORAZÓN DEL SOL** Sémillon Sémillon 2019 | Chacayes
93 | **HUMBERTO CANALE** Old Vineyard Sémillon 2019 | Patagonia Argentina
93 | **MIRAS** Miras Jovem Sémillon 2020 | Patagonia Argentina
93 | **NIETO SENETINER** Nieto Senetiner Sémillon 2019 | Mendoza
93 | **PASSIONATE WINE** Vía Revolucionaria Hulk Sémillon 2020 | Tupungato
93 | **TRAPICHE** Trapiche Lateral Anfora Sémillon 2019 | Vale do Uco
93 | **TRIVENTO** Golden Black Series Sémillon 2020 | Mendoza

95 MELHOR SYRAH.

FINCA LA BONITA
Togo Pequeñas Ediciones *Syrah 2020*
LOS CHACAYES

Dos oito hectares que a família Cutillo plantou em Los Chacayes, um é de Syrah, e com ele fazem este vinho que tem muito de selvagem, mas ao mesmo tempo muito da variedade em um clima de montanha. Aqui encontram-se aromas de ervas e também animais no meio de tantas frutas vermelhas maduras que falam de um ano quente como o de 2020. Depois de envelhecer 9 meses em barricas, de carvalho usado, este tinto tem também algumas notas tostadas e um corpo médio, com taninos muito suaves e suculentos.

Os melhores **Syrah** do ano

94 | **EL ESTECO** Partida Limitada Syrah 2019 | Vales Calchaquíes
94 | **FINCA SOPHENIA** Finca Sophenia Estate Reserva Syrah 2019 Gualtallary
94 | **LUCA WINES** Syrah Laborde Double Select Syrah 2018 | La Consulta
93 | **FINCA LAS MORAS** Gran Syrah Syrah 2016 | San Juan
93 | **LA CAYETANA** Integrae Naturae Syrah 2018 | Chacayes
91 | **BODEGA VISTALBA** Tomero Reserva Syrah 2018 | Mendoza
91 | **PYROS WINES** Appellation Syrah 2018 | Vale de Pedernal
90 | **DESQUICIADO WINES** BeRock Syrah 2019 | Mendoza
90 | **FINCA LAS MORAS** Paz Syrah 2019 | San Juan
90 | **FUNCKENHAUSEN VINEYARDS** La Espera Reserva Carpe Diem Syrah 2019 | San Rafael
90 | **MAURICIO LORCA** Ópalo Syrah 2019 | Vale do Uco

95
MELHOR TORRONTÉS.

ALTA YARI
Alta Yari Gran Torrontés *Torrontés 2020*
GUALTALLARY

A 1.550 metros acima do nível do mar, este deve ser o Torrontés mais alto plantado no Vale do Uco. E nesse ponto, com o clima frio de montanha, a variedade meio que perde algumas notas florais e vira uma espécie de suco de limão. As notas habituais de flores começam a sentir-se no fundo, como nos bastidores, enquanto a acidez e o corpo tenso dominam num vinho tremendamente refrescante que, apesar de ter 35% do volume envelhecido em madeira, mantém a tensão de uma forma muito original. Um Torrontés mutante e delicioso. 🌶

Os melhores Torrontés do ano

94 | **40/40** Otro andar Torrontés 2019 | Mendoza
94 | **EL ESTECO** Old Vines 1945 Torrontés 2020 | Cafayate
94 | **EL PORVENIR DE CAFAYATE** Laborum De Parcela Torrontés 2020 | Vale de Cafayate
94 | **SUSANA BALBO WINES** Susana Balbo Signature Naranjo Torrontés 2019 | Vale do Uco
94 | **SUSANA BALBO WINES** Susana Balbo Signature Barrel Fermented Torrontés 2020 | Vale do Uco
93 | **COLOMÉ** Estate Torrontés 2020 | Salta
93 | **EL PORVENIR DE CAFAYATE** Laborum Single Vineyard Torrontés 2020 | Vale de Cafayate
93 | **EL PORVENIR DE CAFAYATE** Laborum Oak Fermented Torrontés 2019 | Vale de Cafayate
93 | **IÚDICA VINOS** Nannu Torrontés 2019 | Lavalle
93 | **VALLISTO** Vallisto Torrontés 2020 | Cafayate
93 | **VINOS ADENTRO** Gran Nevado Torrontés 2019 | Vales Calchaquíes
92 | **MANOS NEGRAS** Manos Negras Torrontés 2020 | Salta
92 | **VINOS ADENTRO** Adentro Torrontés 2019 | Vales Calchaquíes
91 | **ALMA AUSTRAL** Alma Austral Torrontés Torrontés 2020 | Vale do Uco
91 | **CHAKANA ESTATE** Selection Maceración Prolongada Torrontés 2020 | Chacayes
91 | **CHAKANA ESTATE** Selection Torrontés 2020 | Chacayes
91 | **EL ESTECO** Blend de Extremos Torrontés 2020 | Vales Calchaquíes
91 | **ESTANCIA LOS CARDONES** Anko Torrontés 2020 | Cafayate
91 | **KARIM MUSSI WINEMAKER** Abras Torrontés 2020 | Vale de Cafayate
91 | **MIRAS** Miras Jovem Torrontés 2020 | Patagonia Argentina
91 | **SANTA JULIA** La Oveja Torrontés 2020 | Maipú
91 | **TERRAZAS DE LOS ANDES** Reserva Torrontés 2019 | Mendoza

96
MELHOR AGRELO.

CADUS WINES
Cadus Single Vineyard Finca Las Torcazas *Malbec 2017*
AGRELO

Este Malbec vem da Finca Las Torcazas, na parte mais alta de Agrelo, a cerca de 1.100 metros acima do nível do mar. Em solos aluviais, ricos em cascalho, tem uma importante força de tanino, cheia de uma textura radicalmente diferente de tudo o que nos foi vendido na zona, nenhum daqueles "taninos doces" que aparecem nos folhetos turísticos. Em vez disso, o lado mais selvagem e muito pouco explorado é mostrado aqui. As frutas são doces, suculentas e até agora tudo bem. Mas neste solo, na parte alta de Agrelo, com muitos cascalhos, a textura fica indomada. 🍷

Os melhores de Agrelo do ano

95 | **ALEANNA - EL ENEMIGO WINES** Gran Enemigo Single Vineyard Agrelo C. Franc, Malbec 2017 | Agrelo

95 | **BUDEGUER** Familia Budeguer Agrelo Malbec 2018 | Agrelo

95 | **CATENA ZAPATA** Catena Alta C. Sauvingon 2018 | Mendoza

95 | **LORENZO DE AGRELO** Lorenzo LoSagrado Malbec 2018 | Agrelo

95 | **LUI WINES** District Blend Appellation Alto Agrelo Malbec, C. Franc, Merlot, P. Verdot 2017 | Agrelo

95 | **NAVARRO CORREAS** Structura Malbec, C. Sauvingon, C. Franc, Merlot 2016 | Agrelo

95 | **SUSANA BALBO WINES** Signature Brioso S. Vineyard 2018 | Agrelo

94 | **BODEGA OTAVIANO** Penedo Borges Icono Malbec 2017 | Agrelo

94 | **CASARENA** Owen Single Vineyard Agrelo C. Sauvingon 2018 | Agrelo

94 | **CASARENA** Lauren Single Vineyard Agrelo Malbec 2018 | Agrelo

94 | **DANTE ROBINO** Gran Dante Bonarda 2018 | Luján de Cuyo

94 | **FINCA DECERO** Decero Mini Ediciones Remolinos Vineyard C. Franc 2018 | Argentina

94 | **LORENZO DE AGRELO** Lorenzo LoBendito Malbec 2018 | Agrelo

94 | **NIETO SENETINER** Partida Limitada Bonarda 2018 | Mendoza

96

MELHOR AGRELO.

LORENZO DE AGRELO
Fede *Malbec 2016*
AGRELO

Federico Ribero Ribero foi um dos integrantes originais do trio de sócios da vinícola Lorenzo de Agrelo. Federico faleceu em 2013 e este vinho, o primeiro produzido pela vinícola, é uma homenagem a ele. É selecionado a partir de uma vinha plantada em alta densidade em solos ricos em areia, mas com um subsolo de rochas embebidas em calcário; um típico solo de leito de rio no sopé dos Andes. Isso tem um efeito importante na estrutura do vinho, nos taninos firmes, na forma como a textura se espalha pela boca com o toque que o giz pode dar. A fruta é vermelha, intensa, fresca, crocante, e a acidez o acompanha o tempo todo, como um guarda-costas. Esta é uma excelente visão de Agrelo, de um Agrelo com mais de mil metros de altura que tem muito a ver com o que acontece lá em cima, com o frescor que a montanha dá no Vale do Uco. ∽

Os melhores de Agrelo do ano

95 | **ALEANNA - EL ENEMIGO WINES** Gran Enemigo Single Vineyard Agrelo C. Franc, Malbec 2017 | Agrelo
95 | **BUDEGUER** Familia Budeguer Agrelo Malbec 2018 | Agrelo
95 | **CATENA ZAPATA** Catena Alta C. Sauvingon 2018 | Mendoza
95 | **LORENZO DE AGRELO** Lorenzo LoSagrado Malbec 2018 | Agrelo
95 | **LUI WINES** District Blend Appellation Alto Agrelo Malbec, C. Franc, Merlot, P. Verdot 2017 | Agrelo
95 | **NAVARRO CORREAS** Structura Malbec, C. Sauvingon, C. Franc, Merlot 2016 | Agrelo
95 | **SUSANA BALBO WINES** Signature Brioso S. Vineyard 2018 | Agrelo
94 | **BODEGA OTAVIANO** Penedo Borges Icono Malbec 2017 | Agrelo
94 | **CASARENA** Owen Single Vineyard Agrelo C. Sauvignon 2018 | Agrelo
94 | **CASARENA** Lauren Single Vineyard Agrelo Malbec 2018 | Agrelo
94 | **DANTE ROBINO** Gran Dante Bonarda 2018 | Luján de Cuyo
94 | **FINCA DECERO** Decero Mini Ediciones Remolinos Vineyard C. Franc 2018 | Argentina
94 | **LORENZO DE AGRELO** Lorenzo LoBendito Malbec 2018 | Agrelo
94 | **NIETO SENETINER** Partida Limitada Bonarda 2018 | Mendoza

96

MELHOR AGRELO.

[DIVIDIDO]

SUSANA BALBO WINES
Nosotros Single Vineyard Nómade *Malbec 2017*
AGRELO

Este **Nosotros** provém de uma vinha plantada em 2001 em alta densidade (oito mil plantas por hectare) na zona de Agrelo, em solos argilosos. Amadurecido 16 meses em barricas, 80% delas em madeira nova, e com uvas colhidas no início da safra, faz parte de um novo lote de Malbec que apresenta um lado mais ousado àquele tradicional gordo, denso e de frutas negras de Agrelo. Aqui há nervos, tensão de taninos e muita suculência em um tinto intenso e amplo. 🍷

Os melhores de Agrelo do ano

95 | **ALEANNA - EL ENEMIGO WINES** Gran Enemigo Single Vineyard Agrelo C. Franc, Malbec 2017 | Agrelo

95 | **BUDEGUER** Familia Budeguer Agrelo Malbec 2018 | Agrelo

95 | **CATENA ZAPATA** Catena Alta C. Sauvingon 2018 | Mendoza

95 | **LORENZO DE AGRELO** Lorenzo LoSagrado Malbec 2018 | Agrelo

95 | **LUI WINES** District Blend Appellation Alto Agrelo Malbec, C. Franc, Merlot, P. Verdot 2017 | Agrelo

95 | **NAVARRO CORREAS** Structura Malbec, C. Sauvingon, C. Franc, Merlot 2016 | Agrelo

95 | **SUSANA BALBO WINES** Signature Brioso S. Vineyard 2018 | Agrelo

94 | **BODEGA OTAVIANO** Penedo Borges Icono Malbec 2017 | Agrelo

94 | **CASARENA** Owen Single Vineyard Agrelo C. Sauvingon 2018 | Agrelo

94 | **CASARENA** Lauren Single Vineyard Agrelo Malbec 2018 | Agrelo

94 | **DANTE ROBINO** Gran Dante Bonarda 2018 | Luján de Cuyo

94 | **FINCA DECERO** Decero Mini Ediciones Remolinos Vineyard C. Franc 2018 | Argentina

94 | **LORENZO DE AGRELO** Lorenzo LoBendito Malbec 2018 | Agrelo

94 | **NIETO SENETINER** Partida Limitada Bonarda 2018 | Mendoza

99

MELHOR ALTAMIRA.

ZUCCARDI VALLE DE UCO
Finca Piedra Infinita Supercal *Malbec 2018*
ALTAMIRA

Supercal é uma seleção de pequenos setores da vinha Piedra Infinita, os 52 hectares plantados ao redor da vinícola Zuccardi, com cerca de 1.100 metros de altura, em Altamira, ao sul do Vale do Uco. É principalmente uma seleção de solos ricos em cascalho e cal que a equipe da vinícola seleciona e colhe manualmente e, em seguida, fermenta em cachos completos em tanques de concreto. O enólogo Sebastián Zuccardi tem o cuidado de esmagar os cachos para que não ocorra a maceração carbônica, que, em sua opinião, oferece aromas mais ligados à vinícola do que ao local. A fermentação em presença de pedúnculos acrescenta taninos ao vinho, mas com certeza é o solo de cal que confere personalidade à textura deste Supercal, um Malbec austero, de acidez intensa e taninos agudos que simulam a sensação de giz. É generoso em sabores refrescantes e suculentos; cerejas puras envoltas em tons herbáceos e florais. Um dos melhores vinhos que já provamos na Argentina. 🍷

Os melhores de Altamira do ano

98 | **SUPERUCO** SuperUco Altamira Malbec, C. Franc 2017 | Altamira
98 | **ZUCCARDI VALLE DE UCO** Finca Piedra Infinita Malbec 2018 | Altamira
97 | **ZUCCARDI VALLE DE UCO** Finca Piedra Infinita Gravascal Malbec 2018 | Altamira
97 | **ZUCCARDI VALLE DE UCO** Aluvional Paraje Altamira Malbec 2018 | Altamira
97 | **ZUCCARDI VALLE DE UCO** Finca Canal Uco Malbec 2018 | Altamira
96 | **ARGENTO** Single Block 1 Malbec 2018 | Altamira
96 | **CARO** CARO C. Sauvingon, Malbec 2018 | Mendoza
96 | **CATENA ZAPATA** Catena Zapata Nicasia Vineyard Malbec 2018 | Mendoza
96 | **CHAKANA** Vientre Malbec 2018 | Altamira
96 | **SUPERUCO** Calcáreo Coluvio de Altamira C. Franc 2019 | Altamira
96 | **ZUCCARDI VALLE DE UCO** Tito Zuccardi Malbec, C. Franc 2018 | Altamira
96 | **ZUCCARDI VALLE DE UCO** Polígonos del Vale do Uco Paraje Altamira Malbec 2019 | Altamira
96 | **ZUCCARDI VALLE DE UCO** Concreto Malbec 2019 | Altamira
95 | **ALTOS LAS HORMIGAS** Appellation Paraje Altamira Malbec 2018 | Altamira
95 | **ARGENTO** Single Vineyard Altamira Malbec 2019 | Altamira
95 | **BODEGA TEHO** Zaha Toko Vineyard Malbec 2019 | Altamira
95 | **LA CELIA** La Celia Malbec 2017 | Altamira
95 | **MANOS NEGRAS** Artesano Malbec 2018 | Altamira
95 | **MENDEL WINES** Mendel Finca Remota Malbec 2018 | Altamira
95 | **RUTINI WINES** Single Vineyard Altamira Malbec 2018 | Altamira
95 | **SUSANA BALBO WINES** BenMarco C. Franc 2019 | Vale do Uco
95 | **SUSANA BALBO WINES** Susana Balbo Signature Malbec 2017 | Altamira
95 | **TINTO NEGRO** Finca La Escuela Malbec 2018 | Altamira
95 | **TINTO NEGRO** Finca La Escuela La Piedra Malbec 2018 | Altamira
95 | **TRIVENTO** Gaudeo Single Vineyard Paraje Altamira Malbec 2018 | Altamira
95 | **ZUCCARDI VALLE DE UCO** Zuccardi Finca Los Membrillos C. Sauvingon 2018 | Altamira

95

MELHOR EL CEPILLO.

CANOPUS VINOS
Pintom Subversivo *Pinot Noir 2020*
EL CEPILLO

Este rosé vem de uma parcela de 0,7 hectare ao sul da propriedade Canopus em El Cepillo, rico em solos calcários em um setor mais frio do vinhedo. As uvas são colhidas cedo, especialmente em um ano quente como 2020, que começou em meados de fevereiro. Em seguida, a vinificação é feita em três partes. Um é prensado diretamente, fermentado em aço. Uma segunda parte fermenta em tanque aberto, no método oxidativo. E uma terceira parte numa espécie de infusão, ou seja, sacos cheios de cachos de Pinot colhidos muito tardiamente, infundidos no rosé da primeira vinificação. Um chá, no fundo. Esta maneira estranha, bizarra, mas excitante de olhar para o rosé fala do foco Canopus nesse estilo. O resultado é suculento, fresco, cheio de sabores frescos e vermelhos, com notas de ervas. O mais interessante está nos taninos, que são firmes, verticais, duros, tensos. Um rosé com grande personalidade, grande vibração, superenergia e, aliás, um bicho raro no mundo dos vinhos sul-americanos. 🍷

Os melhores de El Cepillo do ano

94 | **BUSCADO VIVO O MUERTO** El Indio El Cepillo Malbec 2017 | El Cepillo
94 | **CANOPUS VINOS** De Sed Malbec 2020 | El Cepillo
94 | **CLOS ULTRALOCAL** Al borde del Mundo Pampa El Cepillo Malbec, Tempranillo 2019 | El Cepillo
94 | **ESCORIHUELA GASCÓN** DON Malbec 2018 | El Cepillo
94 | **ESCORIHUELA GASCÓN** 1884 The President's Blend Malbec, C. Sauvignon, Syrah 2018 | Vale do Uco
94 | **MASCOTA VINEYARDS** Magnánime C. Sauvingon 2015 | La Consulta
94 | **MASCOTA VINEYARDS** Unánime Malbec 2018 | San Carlos
93 | **CANOPUS VINOS** Pintom Petnat Pinot Noir 2020 | El Cepillo
93 | **ESCORIHUELA GASCÓN** Organic Vineyard Malbec 2019 | El Cepillo
93 | **MANOS NEGRAS** Red Stone Pinot Noir 2019 | El Cepillo
93 | **RUTINI WINES** Antología 52 Pinot Noir 2016 | Vale do Uco
92 | **CANOPUS VINOS** Pintom Pinot Noir 2019 | El Cepillo
92 | **DOÑA PAULA** Altitude Series 1100 Malbec, Syrah, C. Sauvignon 2018 | San Carlos
92 | **ESCORIHUELA GASCÓN** Pequeñas Producciones Pinot Noir 2019 | El Cepillo
92 | **MASCOTA VINEYARDS** Gran Mascota Malbec 2018 | San Carlos

95

[DIVIDIDO]

MELHOR EL CEPILLO.

DOÑA PAULA
Parcel Los Indios *Malbec 2018*
EL CEPILLO

O vinhedo Los Indios está localizado na região de El Cepillo, ao sul do Vale do Uco, a uma altitude de 1.150 metros em uma área com muitas geadas, embora de tardes quentes enquanto as uvas amadurecem. Os solos são aluviais, parte do cone aluvional do rio Tunuyán. Após quase dois anos de envelhecimento em barricas, metade madeira nova, é um Malbec tremendamente estruturado, com taninos muito firmes e vivos associados a uma acidez penetrante. As camadas de frutas negras ácidas são muito densas, mas sem perder o frescor num tinto que, apesar do seu peso, tem uma sensação de frescor, sente-se cheio de fibras.

Os melhores de El Cepillo do ano

94 | **BUSCADO VIVO O MUERTO** El Indio El Cepillo Malbec 2017 | El Cepillo
94 | **CANOPUS VINOS** De Sed Malbec 2020 | El Cepillo
94 | **CLOS ULTRALOCAL** Al borde del Mundo Pampa El Cepillo Malbec, Tempranillo 2019 | El Cepillo
94 | **ESCORIHUELA GASCÓN** DON Malbec 2018 | El Cepillo
94 | **ESCORIHUELA GASCÓN** 1884 The President's Blend Malbec, C. Sauvingon, Syrah 2018 | Vale do Uco
94 | **MASCOTA VINEYARDS** Magnánime C. Sauvingon 2015 | La Consulta
94 | **MASCOTA VINEYARDS** Unánime Malbec 2018 | San Carlos
93 | **CANOPUS VINOS** Pintom Petnat Pinot Noir 2020 | El Cepillo
93 | **ESCORIHUELA GASCÓN** Organic Vineyard Malbec 2019 | El Cepillo
93 | **MANOS NEGRAS** Red Stone Pinot Noir 2019 | El Cepillo
93 | **RUTINI WINES** Antología 52 Pinot Noir 2016 | Vale do Uco
92 | **CANOPUS VINOS** Pintom Pinot Noir 2019 | El Cepillo
92 | **DOÑA PAULA** Altitude Series 1100 Malbec, Syrah, C. Sauvingon 2018 San Carlos
92 | **ESCORIHUELA GASCÓN** Pequeñas Producciones Pinot Noir 2019 | El Cepillo
92 | **MASCOTA VINEYARDS** Gran Mascota Malbec 2018 | San Carlos

97

MELHOR EL PERAL.

ESCALA HUMANA WINES
Credo *Malbec 2018*
EL PERAL

A fruta aqui é radiante, com grande força nos taninos e na acidez, mas também num frescor nada comum numa safra quente como 2018. Este é um desfile de frutas vermelhas, ervas e flores; com sabores profundos e toques mentolados; de tensão e precisão em mostrar um lugar que, talvez, esteja fora do radar de muitos, mas que merece toda a atenção. Aqui está contida a energia, um vinho duro, severo na sua construção e ao mesmo tempo exuberante nos sabores. Um dos melhores tintos da América do Sul hoje. 🍷

Os melhores de El Peral do ano

96 | **SUSANA BALBO WINES** Nosotros Francis Malbec, Syrah, C. Franc 2017 Vale do Uco

96 | **TRAPICHE** Trapiche Terroir Series Finca Coletto Malbec 2018 Vale do Uco

95 | **ESCALA HUMANA WINES** Livverá C. Sauvingon 2020 | El Peral

95 | **FALASCO WINES** Hermandad Chardonnay 2018 | Vale do Uco

95 | **LAS ESTELAS** Estela Perinetti Grand Vin C. Sauvingon, Malbec 2018 Tupungato

95 | **MICHELINI I MUFATTO** Certezas Sémillon 2018 | El Peral

95 | **ZUCCARDI VALLE DE UCO** Polígonos del Vale do Uco Tupungato Sémillon 2020 | Tupungato

94 | **ESCALA HUMANA WINES** Credo Sémillon 2018 | El Peral

94 | **LA FLORITA** Primer Intento Bonarda 2018 | El Peral

94 | **LA FLORITA** Primer Intento Malbec 2019 | El Peral

94 | **LA FLORITA** Primer Intento Syrah, Sémillon, Malbec 2018 | El Peral

94 | **MICHELINI I MUFATTO** Balsa de Piedra Sémillon 2019 | Tupungato

94 | **VAGLIO WINES** Vaglio Blanco Chardonnay, Sémillon 2019 | El Peral

94 | **ZORZAL WINES** Gran Terroir Pinot Noir 2019 | Tupungato

93 | **LAS ESTELAS** Las Estelas Malbec 2018 | Tupungato

92 | **LA FLORITA** Tierra de Lechuzas Sémillon 2019 | El Peral

92 | **LA FLORITA** Tierra de Lechuzas Malbec 2020 | El Peral

92 | **LUI WINES** Lui Umile S. Blanc 2020 | El Peral

92 | **TERRAZAS DE LOS ANDES** Reserva Sémillon 2019 | Mendoza

92 | **TRAPICHE** Trapiche Lateral Sémillon 2019 | Vale do Uco

94 MELHOR LESTE MENDOCINO.

ALEANNA - EL ENEMIGO WINES
El Enemigo Single Vineyard El Mirador *Bonarda 2018*
EL MIRADOR

Acerca de 650 metros acima do nível do mar, e em solos arenosos, estão essas vinhas plantadas há 80 anos em Rivadavia, no coração do quente leste de Mendoza. Um Bonarda suculento, mas ao mesmo tempo com taninos firmes e acidez pronunciada, algo inusitado na zona e que se relaciona com a ideia de colher estas uvas mais cedo, evitando assim os excessos de álcool e sabores maduros habituais. Este tem tensão, frescor, mas sem descuidar daquele caráter de suco de amora tão típico da variedade. ❧

Os melhores do leste mendocino do ano

93 | **ALEANNA - EL ENEMIGO WINES** El Enemigo Single Vineyard El Barranco Bonarda 2018 | Junín

93 | **ALEANNA - EL ENEMIGO WINES** El Enemigo Bonarda 2018 | El Mirador

93 | **ALEANNA - EL ENEMIGO WINES** El Enemigo Single Vineyard Los Paraísos Bonarda 2018 | El Mirador

93 | **DURIGUTTI FAMILY WINEMAKERS** Cara Sucia Sangiovese 2020 Rivadavia

93 | **IÚDICA VINOS** Nannu Torrontés 2019 | Lavalle

93 | **ONOFRI WINES** Alma Gemela Teroldego 2020 | Lavalle

92 | **CATENA ZAPATA** La Marchigiana Bonarda 2019 | Mendoza

92 | **CATENA ZAPATA** La Marchigiana Moscatel Rosado 2019 | Mendoza

92 | **MATÍAS MORCOS** Moscatel Rosado Moscatel Rosado 2020 | Mendoza

92 | **MATÍAS MORCOS** Ancestral Blend Moscatel Rosado, Criolla Chica, Pedro Ximénez 2020 | Mendoza

92 | **ONOFRI WINES** Alma Gemela Monastrell, Bonarda 2019 | Lavalle

91 | **13 CLES** Reserva Bonarda 2019 | Rivadavia

91 | **CATENA ZAPATA** La Marchigiana Criolla Chica 2019 | Mendoza

91 | **DESQUICIADO WINES** BeRock Garnacha 2020 | Mendoza

91 | **DESQUICIADO WINES** BeRock Chenin Blanc 2020 | Mendoza

91 | **DURIGUTTI FAMILY WINEMAKERS** Cara Sucia Cepas Tradicionales 2019 Rivadavia

91 | **DURIGUTTI FAMILY WINEMAKERS** Cara Sucia Nebbiolo 2020 | Rivadavia

91 | **MATÍAS MORCOS** Criolla Criolla Chica 2020 | Mendoza

91 | **ONOFRI WINES** Alma Gemela Carignan 2019 | Lavalle

91 | **PASO A PASO** Criollas de Don Graciano Clarete Field Blend 2020 San Martín

94 MELHOR LESTE MENDOCINO.

ALEANNA - EL ENEMIGO WINES
El Enemigo Single Vineyard La Esperanza *Bonarda 2018*
SAN MARTÍN

La Esperanza é parte da tentativa do enólogo Alejandro Vigil de dar relevância às velhas vinhas de Bonarda que são plantadas no leste de Mendoza. À sombra de Uco ou Luján de Cuyo, esta área é quente, com solos generosos que rendem grandes quantidades de uvas. Mas manejando a vinha, restringindo os volumes e colhendo mais cedo, obtém-se uma Bonarda como esta, com uma estrutura firme de taninos e uma acidez tensa, junto daqueles sabores untuosos e generosos de frutas negras tão clássicos da casta. Um suco de amora. 🦃

Os melhores do leste mendocino do ano

93 | **ALEANNA - EL ENEMIGO WINES** El Enemigo Single Vineyard El Barranco Bonarda 2018 | Junín

93 | **ALEANNA - EL ENEMIGO WINES** El Enemigo Bonarda 2018 | El Mirador

93 | **ALEANNA - EL ENEMIGO WINES** El Enemigo Single Vineyard Los Paraísos Bonarda 2018 | El Mirador

93 | **DURIGUTTI FAMILY WINEMAKERS** Cara Sucia Sangiovese 2020 Rivadavia

93 | **IÚDICA VINOS** Nannu Torrontés 2019 | Lavalle

93 | **ONOFRI WINES** Alma Gemela Teroldego 2020 | Lavalle

92 | **CATENA ZAPATA** La Marchigiana Bonarda 2019 | Mendoza

92 | **CATENA ZAPATA** La Marchigiana Moscatel Rosado 2019 | Mendoza

92 | **MATÍAS MORCOS** Moscatel Rosado Moscatel Rosado 2020 | Mendoza

92 | **MATÍAS MORCOS** Ancestral Blend Moscatel Rosado, Criolla Chica, Pedro Ximénez 2020 | Mendoza

92 | **ONOFRI WINES** Alma Gemela Monastrell, Bonarda 2019 | Lavalle

91 | **13 CLES** Reserva Bonarda 2019 | Rivadavia

91 | **CATENA ZAPATA** La Marchigiana Criolla Chica 2019 | Mendoza

91 | **DESQUICIADO WINES** BeRock Garnacha 2020 | Mendoza

91 | **DESQUICIADO WINES** BeRock Chenin Blanc 2020 | Mendoza

91 | **DURIGUTTI FAMILY WINEMAKERS** Cara Sucia Cepas Tradicionales 2019 Rivadavia

91 | **DURIGUTTI FAMILY WINEMAKERS** Cara Sucia Nebbiolo 2020 | Rivadavia

91 | **MATÍAS MORCOS** Criolla Criolla Chica 2020 | Mendoza

91 | **ONOFRI WINES** Alma Gemela Carignan 2019 | Lavalle

91 | **PASO A PASO** Criollas de Don Graciano Clarete Field Blend 2020 San Martín

94 MELHOR LESTE MENDOCINO.

LA CAYETANA
Integrae Naturae *Pedro Ximénez 2019*
LAVALLE

Este é uma mistura de 90% de Pedro Ximénez ou também conhecida como Criolla Blanca na Argentina. A isto se somam 10% de Gewürztraminer, Viognier e Sémillon que estão há dois anos em envelhecimento biológico, isto é, sob o véu de flores como os vinhos de Jerez. Estes 10% são adicionado ao Pedro Ximénez antes do engarrafamento, como uma espécie de dosagem. E o que resulta é um vinho redondo, suculento, cheio de tons de caramelo e oxidativos, mas também rico em tons florais e especiados. Um grande e profundo branco para beber agora ou guardar por uma década. ✍

Os melhores do **leste mendocino** do ano

93 | **ALEANNA - EL ENEMIGO WINES** El Enemigo Single Vineyard El Barranco Bonarda 2018 | Junín
93 | **ALEANNA - EL ENEMIGO WINES** El Enemigo Bonarda 2018 | El Mirador
93 | **ALEANNA - EL ENEMIGO WINES** El Enemigo Single Vineyard Los Paraísos Bonarda 2018 | El Mirador
93 | **DURIGUTTI FAMILY WINEMAKERS** Cara Sucia Sangiovese 2020 Rivadavia
93 | **IÚDICA VINOS** Nannu Torrontés 2019 | Lavalle
93 | **ONOFRI WINES** Alma Gemela Teroldego 2020 | Lavalle
92 | **CATENA ZAPATA** La Marchigiana Bonarda 2019 | Mendoza
92 | **CATENA ZAPATA** La Marchigiana Moscatel Rosado 2019 | Mendoza
92 | **MATÍAS MORCOS** Moscatel Rosado Moscatel Rosado 2020 | Mendoza
92 | **MATÍAS MORCOS** Ancestral Blend Moscatel Rosado, Criolla Chica, Pedro Ximénez 2020 | Mendoza
92 | **ONOFRI WINES** Alma Gemela Monastrell, Bonarda 2019 | Lavalle
91 | **13 CLES** Reserva Bonarda 2019 | Rivadavia
91 | **CATENA ZAPATA** La Marchigiana Criolla Chica 2019 | Mendoza
91 | **DESQUICIADO WINES** BeRock Garnacha 2020 | Mendoza
91 | **DESQUICIADO WINES** BeRock Chenin Blanc 2020 | Mendoza
91 | **DURIGUTTI FAMILY WINEMAKERS** Cara Sucia Cepas Tradicionales 2019 Rivadavia
91 | **DURIGUTTI FAMILY WINEMAKERS** Cara Sucia Nebbiolo 2020 | Rivadavia
91 | **MATÍAS MORCOS** Criolla Criolla Chica 2020 | Mendoza
91 | **ONOFRI WINES** Alma Gemela Carignan 2019 | Lavalle
91 | **PASO A PASO** Criollas de Don Graciano Clarete Field Blend 2020 San Martín

99 MELHOR GUALTALLARY.

PER SE
La Craie *Malbec, Cabernet Franc 2019*
GUALTALLARY

La Craie provém de um terreno que atravessa quase toda a propriedade PerSe, na área do Monasterio, em Gualtallary; uma encosta longa e estreita de face sul (uma exposição fria neste hemisfério) e plantada em 2013 na parte mais alta da vinha, a cerca de 1.500 metros acima do nível do mar. O solo ali é rico em cascalho coberto de cal e essa qualidade, mais a frescura da sua exposição, tem um efeito radical no estilo deste blend de Malbec e Cabernet Franc. E este efeito não se manifesta apenas na baixa produção por videira destas plantas daquele solo, mas sobretudo na expressão da fruta e na textura que apresenta. Este La Craie tem o fio de uma navalha, taninos e acidez trabalhando juntos para dar a sensação de verticalidade, tensão e crocância, enquanto a exposição sul e aquela safra particularmente fresca oferecem frutas vermelhas radiantes e deliciosas. Mas não queremos fazer crer que se trata de um vinho generoso e expansivo. Na verdade, é o oposto. Ainda é um tinto monástico austero, focado mais do que tudo nessa estrutura de acidez / tanino. No entanto, a fruta deste ano se manifesta, pede para falar, tem um lugar de destaque na atuação de um dos melhores tintos que provamos este ano em Descorchados e, sem dúvida, o melhor da safra. 🌶

Os melhores de Gualtallary do ano

97 | **CATENA ZAPATA** Adrianna Vineyard River Stones Malbec 2018 | Mendoza
97 | **CATENA ZAPATA** Adrianna Vineyard Mundus Bacillus Terrae Malbec 2018 | Mendoza
97 | **GEN DEL ALMA** Seminare Malbec 2018 | Gualtallary
97 | **MICHELINI I MUFATTO** OLEO Malbec 2018 | Gualtallary
97 | **PER SE** Volare del Camino Malbec 2019 | Gualtallary
97 | **MARIANO DI PAOLA WINES** Mariano di Paola Corte del Enólogo Merlot, Malbec, C. Franc 2015 | Gualtallary
97 | **SUPERUCO** SuperUco Gualta Malbec, C. Franc 2017 | Gualtallary
97 | **TERRAZAS DE LOS ANDES** Grand Chardonnay 2019 | Gualtallary
97 | **TERRAZAS DE LOS ANDES** Parcel Nº1E El Espinillo Malbec 2017 Gualtallary
97 | **VIÑA LOS CHOCOS** Estereo C. Franc 2018 | Gualtallary
97 | **ZORZAL WINES** Eggo Tinto de Tiza Malbec 2018 | Gualtallary
97 | **ZORZAL WINES** Piantao C. Franc, Malbec, Merlot 2016 | Tupungato

97

MELHOR LA CONSULTA.

TRAPICHE
Terroir Series Edición Limitada Finca Laborde
Cabernet Sauvingon 2017
VALE DO UCO

É bom falar do Cabernet Sauvingon da Argentina, e esse é um dos motivos pelo qual isso acontece. Aqui estão os tons de ervas junto com frutas vermelhas maduras em um vinho voluptuoso com uma acidez firme e forte. Esta versão do Cabernet tem um lado suculento, mas ao mesmo tempo tem fruta e acidez, sem notas mentoladas. Do outro lado da Cordilheira reinam o mentol e o eucalipto. Deste lado está a fruta, e nenhum é melhor do que o outro, eles são exatamente o que são. Este Terroir Series provém da zona de La Consulta, de um antigo vinhedo plantado em latada. Fermentou em tanques de cimento e estagiou 18 meses em barricas, mais um ano em garrafa antes de entrar no mercado. 🍷

Os melhores de La Consulta do ano

96 | **BODEGA TEHO** Zaha Sémillon 2020 | La Consulta
96 | **BODEGA TEHO** Teho Tomal Vineyard Malbec 2019 | La Consulta
96 | **LUCA WINES** Nico by Luca Rosas Vineyard Malbec 2017 | La Consulta
95 | **ATAMISQUE** Atamisque Malbec 2018 | La Consulta
95 | **KARIM MUSSI WINEMAKER** Altocedro Reserve Old Vine Malbec 2018 La Consulta
94 | **BIRA** Brunetto Sangiovese, Merlot, Syrah 2020 | Vale do Uco
94 | **BODEGA TEHO** Teho Tomal Vineyard El Corte 2019 | La Consulta
94 | **FALASCO WINES** Hermandad Malbec 2018 | Vale do Uco
94 | **KARIM MUSSI WINEMAKER** Altocedro Gran Reserva Malbec 2017 La Consulta
94 | **KAUZO ESTATES** 1853 Old Vine Estate Selected Parcel Malbec 2017 La Consulta
94 | **LA CELIA** La Celia C. Franc 2017 | La Consulta
94 | **LUCA WINES** Syrah Laborde Double Select Syrah 2018 | La Consulta
94 | **POLO** Herencia La Palabra Malbec 2018 | La Consulta
94 | **POLO** Herencia La Palabra Malbec, C. Sauvingon, Merlot 2018 | La Consulta
94 | **TINTO NEGRO** 1955 Vineyard Malbec 2018 | La Consulta
94 | **TRAPICHE** Gran Medalla C. Franc 2017 | Vale do Uco
94 | **TRAPICHE** Trapiche Terroir Series Finca Orellana Malbec 2018 | Vale do Uco
93 | **INNOCENTI ESTATE** Angelo Innocenti C. Sauvingon 2019 | La Consulta
93 | **BODEGA Y VIÑEDOS SAN POLO** La Remonta Selección de Suelos La Consulta Malbec 2019 | La Consulta
93 | **CANOPUS VINOS** Canopus Blanco Sémillon, S. Blanc 2020 | La Consulta
93 | **CLOS ULTRALOCAL** Revolución Garage La Consulta C. Franc, C. Sauvingon 2019 | La Consulta
93 | **KARIM MUSSI WINEMAKER** Altocedro Finca Los Galos P. Verdot 2018 La Consulta
93 | **KARIM MUSSI WINEMAKER** Altocedro La Consulta Select Blend 2019 La Consulta
93 | **POLO** Herencia Respeto Malbec 2019 | Vale do Uco
93 | **VINYES OCULTS** Vinyes Ocults Maceración Carbônica Malbec 2020 Vale do Uco

96 MELHOR LOS ÁRBOLES.

MAURICIO LORCA

Inspirado *Cabernet Sauvingon, Cabernet Franc 2017*
VALE DO UCO

Esta é a terceira edição deste Cabernet-Cabernet, 75% Cabernet Sauvingon e 25% Cabernet Franc, todos de vinhedos em Los Árboles, cerca de 1.250 metros de altura no Vale do Uco. Estagiou 18 meses em barricas e fermentou nos mesmos recipientes de 500 litros. Graças às colheitas precoces e a um ano de baixa produção (houve fortes geadas), esta nova versão tem um brilho nas frutas vermelhas, mas ao mesmo tempo muito denso e concentrado, entre uma acidez suculenta e taninos abundantes, embora muito finos e tensos. Um vinho que se sente equilibrado agora e que vai continuar a evoluir por pelo menos mais dez anos. Um dos grandes tintos que provamos de Lorca em sua carreira, que começou em 2003. 🍷

Os melhores de Los Árboles do ano

96 | **TRAPICHE** Terroir Series Edición Limitada Finca Las Piedras Malbec 2018 Vale do Uco

95 | **BODEGA VISTALBA** Tomero Gran Reserva Malbec 2017 | Argentina

95 | **BUSCADO VIVO O MUERTO** Las Tunas Chardonnay 2019 | Los Árboles

95 | **MAURICIO LORCA** Inspirado C. Franc 2017 | Vale do Uco

95 | **MAURICIO LORCA** Inspirado C. Franc, C. Sauvingon, Malbec, P. Verdot 2017 | Vale do Uco

95 | **MAURICIO LORCA** Lorca Gran Malbec 2017 | Vale do Uco

95 | **TRAPICHE** Trapiche Terroir Series Finca Las Piedras Chardonnay 2019 Vale do Uco

94 | **BODEGA VISTALBA** Progenie I Pinot Noir, Chardonnay N/V | Argentina

94 | **BRESSIA** Piel Negra Pinot Noir 2019 | Vale do Uco

94 | **ELODIA** Elodia Malbec 2018 | Los Árboles

94 | **LOS TONELES** Tonel 137 Malbec 2017 | Vale do Uco

94 | **MAURICIO LORCA** Lorca Gran Malbec, P. Verdot, Syrah 2017 | Vale do Uco

94 | **MOSQUITA MUERTA** Malcriado Malbec 2016 | Vale do Uco

94 | **SUSANA BALBO WINES** BenMarco C. Sauvingon 2019 | Vale do Uco

94 | **TRAPICHE** Iscay Syrah, Viognier 2018 | Vale do Uco

93 | **ABRASADO** Abrasado Unique Parcel Malbec 2018 | Vale do Uco

93 | **BODEGA VISTALBA** Tomero Reserva Sémillon 2018 | Argentina

93 | **DURIGUTTI FAMILY WINEMAKERS** Durigutti Pie de Monte Finca Zarlenga Malbec 2018 | Los Árboles

93 | **GAUCHEZCO WINES** Gauchezco Oro Appellation Los Árboles Malbec 2016 | Los Árboles

93 | **LORENZO DE AGRELO** Mártir Chardonnay 2019 | Los Árboles

93 | **LUI WINES** Champenoise Nature Pinot Noir 2017 | Los Árboles

93 | **MAURICIO LORCA** Poético C. Franc 2018 | Vale do Uco

93 | **MAURICIO LORCA** Block 1 Malbec 2015 | Vale do Uco

97

MELHOR LOS CHACAYES.

ZUCCARDI VALLE DE UCO
Zuccardi Aluvional Los Chacayes *Malbec 2018*
LOS CHACAYES

O nariz deste vinho é encantador. Como ditam os melhores exemplos de Los Chacayes no Vale do Uco, oferece flores em todos os lugares. Há frutas, mas principalmente flores que encantam. Na boca tem os taninos da zona, ásperos, selvagens, que picam a língua com suas arestas. Os sabores são profundos, intensos, repletos de tons de cereja vermelha madura em corpo médio, com acidez suculenta. Zuccardi compra as uvas para este vinho numa vinha a cerca de 1.100 metros acima do nível do mar, em solos rochosos e arenosos. 🍷

Os melhores de Los Chacayes do ano

96 | **ALMA MATER** GSM Mourvèdre, Syrah, Garnacha 2018 | Chacayes
96 | **BODEGAS BIANCHI** Enzo Bianchi Malbec 2018 | Vale do Uco
96 | **BUDEGUER FAMILIA BUDEGUER** Chacayes C. Franc 2018 | Mendoza
96 | **CADUS WINES** Cadus Single Vineyard Finca Viña Vida Malbec 2017 Chacayes
96 | **FINCA LA BONITA** Togo Pequeñas Ediciones Malbec 2020 | Argentina
96 | **MOSQUITA MUERTA** Mosquita Muerta Malbec 2017 | Vale do Uco
96 | **PIEDRA NEGRA** L'Esprit de Chacayes sin azufre Malbec, Cot 2020 Vista Flores
96 | **RICCITELLI WINES** Riccitelli Vale do Uco C. Sauvingon 2018 | Vale do Uco
96 | **SOLOCONTIGO** Neelands Rows Selection Malbec 2019 | Los Chacayes
96 | **SUPERUCO** Calcáreo Río de Los Chacayes Malbec 2019 | Los Chacayes
96 | **SUSANA BALBO WINES** Nosotros Sofita Malbec, P. Verdot 2017 Vale do Uco
96 | **SUSANA BALBO WINES** BenMarco Sin Límites Orgánico Malbec 2019 Vale do Uco
96 | **TERRAZAS DE LOS ANDES** Parcel N°12 S Licán Malbec 2017 | Los Chacayes
95 | **ALEANNA - EL ENEMIGO WINES** Gran Enemigo S. Vineyard Chacayes 2017 Los Chacayes
95 | **ALMA MATER** Chardonnay 2018 | Chacayes
95 | **BODEGAS BIANCHI** IV Generación Malbec 2018 | Vale do Uco
95 | **BUSCADO VIVO O MUERTO** El Manzano Los Chacayes Malbec 2017 Chacayes
95 | **CASA DE UCO** Vineyard Selection Malbec 2016 | Los Chacayes
95 | **ELODIA** Elodia Malbec 2018 | Chacayes
95 | **FINCA LA BONITA** Togo Pequeñas Ediciones Syrah 2020 | Los Chacayes
95 | **ONOFRI WINES** Alma Gemela Garnacha 2019 | Chacayes
95 | **PIEDRA NEGRA** Gran Malbec Malbec, Cot 2018 | Vista Flores
95 | **PIEDRA NEGRA** Chacayes Malbec, Cot 2017 | Vista Flores

96

MELHOR MAIPÚ.

[DIVIDIDO]

BENEGAS

Benegas Lynch *Cabernet Franc 2018*
MAIPÚ

Don Tiburcio Benegas trouxe este material de Bordeaux e o plantou em Mendoza por volta de 1899. Hoje esses vinhedos, espalhados nas duas margens do rio Mendoza, estão entre os Cabernet Franc mais antigos da América do Sul e, provavelmente, do mundo. Benegas tem parte desse material original, que foi plantado em Cruz de Piedra, na Finca La Libertad e que, nesta safra de 2018, oferece talvez a melhor versão até hoje. A fruta vermelha e radiante da uva sente-se aqui com total clareza, mas também os aromas de ervas num corpo de taninos firmes e vivos, com os sabores da fruta fresca ao fundo. Uma verdadeira relíquia de material genético inestimável que foi produzido, cem por cento varietal, desde 2002. 🌶

Os melhores de Maipú do ano

95 | **BENEGAS** Single Vineyard Blend C. Sauvingon, C. Franc, Merlot 2018 Maipú

95 | **CATENA ZAPATA** Catena Zapata Malbec Argentino Malbec 2018 Mendoza

94 | **BUDEGUER** Familia Budeguer Maipú Malbec 2018 | Maipú

94 | **LÓPEZ** Montchenot 10 Años C. Sauvingon, Merlot, Malbec 2011 Mendoza

94 | **LÓPEZ** Montchenot 15 Años C. Sauvingon, Merlot, Malbec 2006 Mendoza

93 | **BENEGAS** Finca Libertad El Pedregal C. Franc, C. Sauvingon 2019 Maipú

92 | **MARTINO WINES** Martino Superiore P. Verdot 2017 | Argentina

96

MELHOR MAIPÚ.

LÓPEZ
Montchenot 20 Años
Cabernet Sauvingon, Merlot, Malbec 2001
MENDOZA

O auge do estilo de López, este 20 años tem a base típica de Cabernet Sauvingon (65%) e Merlot (20%) do vinhedo La Marthita em Cruz de Piedra, em Maipú, bem como vinhedos em Agrelo para Malbec. O vinho envelhece três anos em barricas e depois o resto em garrafas nas caves da vinícola. É um vinho sutil, aliás. O tempo de envelhecimento confere-lhe um lado especiados que se junta às frutas confitadas formando um aroma difícil de definir, mas delicioso. A boca é quase etérea, com taninos tão polidos que quase não se podem sentir e uma acidez quase imperceptível para acompanhar. Um vinho com um equilíbrio perfeito e uma profundidade de sabores que impressiona. Hoje está no seu melhor. ☙

Os melhores de Maipú do ano

95 | **BENEGAS** Single Vineyard Blend C. Sauvingon, C. Franc, Merlot 2018 Maipú

95 | **CATENA ZAPATA** Catena Zapata Malbec Argentino Malbec 2018 Mendoza

94 | **BUDEGUER** Familia Budeguer Maipú Malbec 2018 | Maipú

94 | **LÓPEZ** Montchenot 10 Años C. Sauvingon, Merlot, Malbec 2011 Mendoza

94 | **LÓPEZ** Montchenot 15 Años C. Sauvingon, Merlot, Malbec 2006 Mendoza

93 | **BENEGAS** Finca Libertad El Pedregal C. Franc, C. Sauvingon 2019 Maipú

92 | **MARTINO WINES** Martino Superiore P. Verdot 2017 | Argentina

96 MELHOR NORTE ARGENTINO.

ARCA YACO
Amar y Vivir *Malbec 2018*
VALES CALCHAQUÍES

Este é o Malbec mais importante de Arca Yaco, com vinhedos plantados em 2013 com mais de 2.100 metros de altura e cerca de 38 quilômetros a noroeste de Cafayate, no norte da Argentina. Os solos são calcários e banhados por águas de nascentes numa paisagem imponente de serras e desertos. O vinho tem 10% Cabernet Sauvingon do mesmo vinhedo e envelhece 15 meses em barris de 500 litros (70% de madeira nova). Este Amar y Vivir tem a pureza frutada dos tintos da região, a exuberância que o sol projeta nos cachos e a acidez que a altura da montanha confere. As frutas são negras e especiadas, os taninos firmes e musculosos, mas este não é outro tinto super monstruoso do norte; é muito equilibrado e oferece muito frescor. 🍷

Os melhores do Norte Argentino do ano

95 | **ALMACÉN DE LA QUEBRADA** Cachi Malbec 2018 | Salta
95 | **EL ESTECO** Altimus Gran Vino C. Franc, C. Sauvingon, Malbec, Merlot 2017 | Vales Calchaquíes
95 | **EL ESTECO** Partida Limitada Malbec 2019 | Vales Calchaquíes
95 | **EL PORVENIR DE CAFAYATE** Laborum Nuevos Suelos Malbec 2019 Vale de Cafayate
95 | **EL PORVENIR DE CAFAYATE** Laborum De Parcela Finca Alto Rio Seco Malbec 2018 | Vale de Cafayate
95 | **ESTANCIA LOS CARDONES** Tigerstone Malbec 2018 | Cafayate
95 | **INCULTO** Algarrobo Malbec 2019 | Cafayate
95 | **VALLISTO** Malbec Malbec 2018 | Cafayate
94 | **ALMACÉN DE LA QUEBRADA** Pucará Malbec 2018 | Salta
94 | **COLOMÉ** Auténtico Malbec 2019 | Salta
94 | **EL ESTECO** Fincas Notables Cuartel 5 C. Franc 2018 | Vales Calchaquíes
94 | **EL ESTECO** Partida Limitada Syrah 2019 | Vales Calchaquíes
94 | **EL ESTECO** Old Vines 1945 Torrontés 2020 | Cafayate
94 | **EL ESTECO** Old Vines 1946 Malbec 2020 | Vales Calchaquíes
94 | **EL ESTECO** Fincas Notables Cuartel 9 Malbec 2018 | Vales Calchaquíes
94 | **EL ESTECO** Fincas Notables Cuartel 28 Tannat 2018 | Vales Calchaquíes
94 | **EL PORVENIR DE CAFAYATE** Laborum De Parcela Torrontés 2020 Vale de Cafayate
94 | **ESTANCIA LOS CARDONES** Tigerstone Garnacha 2019 | Cafayate
94 | **ESTANCIA LOS CARDONES** Estancia Los Cardones C. Sauvingon, Garnacha, Malbec, P. Verdot 2018 | Cafayate
94 | **FRANCISCO PUGA Y FAMILIA** Paco Puga Contemporáneo 2019 Vales Calchaquíes
94 | **FRANCISCO PUGA Y FAMILIA** L'amitié Grand Vin Malbec, C. Franc, Merlot 2019 | Vales Calchaquíes
94 | **INCULTO** Abrazo Malbec 2019 | Cafayate
94 | **INCULTO** Punto de Fuga Tannat 2019 | Cafayate
94 | **MATERVINI** Calcha Malbec 2018 | Vales Calchaquíes
94 | **MATERVINI** Alteza Malbec 2018 | Vale de Cafayate
94 | **VALLISTO** Felix S. Blanc 2020 | Cafayate
94 | **VALLISTO** Viejas Blancas Riesling, Ugni Blanc 2020 | Cafayate

96 MELHOR NORTE ARGENTINO.

CIELO ARRIBA

Huichaira *Malbec, Syrah, Cabernet Franc 2018*
JUJUY

Apesar de vir do norte da Argentina, Huichaira é um vale muito frio. E deve ser por causa da altura, mais de 2.700 metros acima do nível do mar. Lá, a família Nievas tem dois hectares plantados em 2014, principalmente com Malbec, mas também com Cabernet Franc e Syrah, todos colhidos na mesma época e cofermentados. É um vinho de grande acidez e sabores deliciosamente tintos, refrescantes e vivos. A influência das montanhas parece dar aquela sensação de frescor, de brisa andina, de ervas que se sobrepõem à fruta. Um vinho de caráter, para pensar em um novo espaço que se abre no horizonte do vinho argentino. ❧

Os melhores do norte Argentino do ano

95 | **ALMACÉN DE LA QUEBRADA** Cachi Malbec 2018 | Salta
95 | **EL ESTECO** Altimus Gran Vino C. Franc, C. Sauvingon, Malbec, Merlot 2017 | Vales Calchaquíes
95 | **EL ESTECO** Partida Limitada Malbec 2019 | Vales Calchaquíes
95 | **EL PORVENIR DE CAFAYATE** Laborum Nuevos Suelos Malbec 2019 Vale de Cafayate
95 | **EL PORVENIR DE CAFAYATE** Laborum De Parcela Finca Alto Río Seco Malbec 2018 | Vale de Cafayate
95 | **ESTANCIA LOS CARDONES** Tigerstone Malbec 2018 | Cafayate
95 | **INCULTO** Algarrobo Malbec 2019 | Cafayate
95 | **VALLISTO** Malbec Malbec 2018 | Cafayate
94 | **ALMACÉN DE LA QUEBRADA** Pucará Malbec 2018 | Salta
94 | **COLOMÉ** Auténtico Malbec 2019 | Salta
94 | **EL ESTECO** Fincas Notables Cuartel 5 C. Franc 2018 | Vales Calchaquíes
94 | **EL ESTECO** Partida Limitada Syrah 2019 | Vales Calchaquíes
94 | **EL ESTECO** Old Vines 1945 Torrontés 2020 | Cafayate
94 | **EL ESTECO** Old Vines 1946 Malbec 2020 | Vales Calchaquíes
94 | **EL ESTECO** Fincas Notables Cuartel 9 Malbec 2018 | Vales Calchaquíes
94 | **EL ESTECO** Fincas Notables Cuartel 28 Tannat 2018 | Vales Calchaquíes
94 | **EL PORVENIR DE CAFAYATE** Laborum De Parcela Torrontés 2020 Vale de Cafayate
94 | **ESTANCIA LOS CARDONES** Tigerstone Garnacha 2019 | Cafayate
94 | **ESTANCIA LOS CARDONES** Estancia Los Cardones C. Sauvingon, Garnacha, Malbec, P. Verdot 2018 | Cafayate
94 | **FRANCISCO PUGA Y FAMILIA** Paco Puga Contemporáneo 2019 Vales Calchaquíes
94 | **FRANCISCO PUGA Y FAMILIA** L'amitié Grand Vin Malbec, C. Franc, Merlot 2019 | Vales Calchaquíes
94 | **INCULTO** Abrazo Malbec 2019 | Cafayate
94 | **INCULTO** Punto de Fuga Tannat 2019 | Cafayate
94 | **MATERVINI** Calcha Malbec 2018 | Vales Calchaquíes
94 | **MATERVINI** Alteza Malbec 2018 | Vale de Cafayate
94 | **VALLISTO** Félix S. Blanc 2020 | Cafayate
94 | **VALLISTO** Viejas Blancas Riesling, Ugni Blanc 2020 | Cafayate

98

MELHOR PATAGÔNIA.

NOEMÍA DE PATAGONIA
Noemía *Malbec 2018*
PATAGONIA ARGENTINA

Noemía nasceu em um vinhedo de apenas 1,5 hectare, razão pela qual Hans Vinding-Diers se estabeleceu em Mainque há quase 20 anos. É um vinhedo plantado há quase 90 anos em solos aluviais, em uma área ventosa de Río Negro. O vinho tem 20% de cachos completos e envelheceu 15 meses sobre as suas borras finas, sem enxofre, em barricas de 600 litros. Graças às colheitas antecipadas, a fruta é de um vermelho intenso e não perde a crocância com o armazenamento. Pelo contrário, esta safra é refrescante, cheio de frutas vermelhas e tons de especiarias e ervas. Este vinho, de uma delicadeza especial, é jovem e irresistível para beber agora, mas se tiver coragem, pode esperar pelo menos mais cinco anos. A melhor versão de Noemía até agora, desde a primeira em 2001. 🐌

Os melhores de Patagônia do ano

97 | **NOEMÍA DE PATAGONIA** J Alberto Malbec 2019 | Argentina
95 | **CASA YAGÜE** Casa Yagüe S. Blanc 2019 | Argentina
95 | **HUMBERTO CANALE** Barzi Canale Malbec, Merlot, C. Franc, P. Verdot 2017 Patagonia Argentina
95 | **PATRITTI** Primogénito Sangre Azul Malbec, C. Sauvingon, Merlot, P. Verdot 2017 | Patagonia Argentina
95 | **RICCITELLI WINES** Old Vines from Patagonia Chenin Blanc 2020 | Río Negro
94 | **CASA YAGÜE** Casa Yagüe Chardonnay 2019 | Argentina
94 | **HUMBERTO CANALE** Gran Reserva C. Franc 2018 | Patagonia Argentina
94 | **HUMBERTO CANALE** Gran Reserva Malbec 2018 | Patagonia Argentina
94 | **MANOS NEGRAS** Artesano Pinot Noir 2018 | Río Negro
94 | **MIRAS** Familia Miras Sémillon 2019 | Patagonia Argentina
94 | **MIRAS** Familia Miras Malbec 2019 | Patagonia Argentina
94 | **NOEMÍA DE PATAGONIA** A Lisa Malbec 2019 | Patagonia Argentina
94 | **OTRONIA** 45 Rugientes - Corte de blancas 2018 | Patagonia Argentina
94 | **OTRONIA** Otronia Chardonnay 2017 | Patagonia Argentina
94 | **RICCITELLI WINES** Old Vines from Patagonia Merlot 2018 | Río Negro
94 | **RICCITELLI WINES** Old Vines from Patagonia Pinot Noir 2020 | Río Negro
94 | **RICCITELLI WINES** Old Vines From Patagonia Sémillon 2020 | Río Negro
94 | **RICCITELLI WINES** Old Vines from Patagonia Bastardo 2020 | Río Negro
93 | **ANIELLO** Blend de Suelos Malbec 2017 | Río Negro
93 | **BODEGA DEL FIN DEL MUNDO** Special Blend Malbec, C. Sauvignon, Merlot 2018 | Patagonia Argentina
93 | **CASA YAGÜE** Casa Yagüe OAK Chardonnay 2019 | Argentina
93 | **FABRE MONTMAYOU** H.J. Fabre Barrel Selection Malbec 2019 | Patagonia Argentina
93 | **HUMBERTO CANALE** Gran Reserva Merlot 2018 | Patagonia Argentina
93 | **HUMBERTO CANALE** Old Vineyard Sémillon 2019 | Patagonia Argentina
93 | **MIRAS** Miras Jovem Sémillon 2020 | Patagonia Argentina
93 | **MIRAS** Miras Crianza Chardonnay 2018 | Patagonia Argentina
93 | **OTRONIA** Otronia Rosé Pinot Noir 2017 | Patagonia Argentina
93 | **PATRITTI** Primogénito Sangre Azul Merlot 2017 | Patagonia Argentina
93 | **PATRITTI** Primogénito Malbec 2017 | Patagonia Argentina
93 | **RICCITELLI WINES** Old Vines from Patagonia Malbec 2018 | Río Negro

98

MELHOR PATAGÔNIA.

OTRONIA
Block 3&6 *Chardonnay 2018*
PATAGONIA ARGENTINA

A Chardonnay é a variedade que melhor se apresentou nas condições extremamente frias e ventosas de Sarmiento, às margens do Lago Muster, na Patagônia. Neste lugar remoto, um deserto de estepe frio, a Chardonnay oferece um carácter muito particular onde os sabores das uvas que amadurecem sob o sol intenso contrastam com a acidez penetrante e aguda de um clima fresco que não consegue moderar essa acidez. Neste Chardonnay, envelhecido em foudres durante 16 meses, pode-se sentir a suculenta fruta do sul, as ervas e a profundidade dos sabores se projetando graças à densidade que mostram, mas sobretudo à acidez, uma espécie de veículo que transfere tudo através do palato. 🍷

Os melhores de Patagônia do ano

97 | **NOEMÍA DE PATAGONIA** J Alberto Malbec 2019 | Argentina
95 | **CASA YAGÜE** Casa Yagüe S. Blanc 2019 | Argentina
95 | **HUMBERTO CANALE** Barzi Canale Malbec, Merlot, C. Franc, P. Verdot 2017 Patagonia Argentina
95 | **PATRITTI** Primogénito Sangre Azul Malbec, C. Sauvingon, Merlot, P. Verdot 2017 | Patagonia Argentina
95 | **RICCITELLI WINES** Old Vines from Patagonia Chenin Blanc 2020 | Río Negro
94 | **CASA YAGÜE** Casa Yagüe Chardonnay 2019 | Argentina
94 | **HUMBERTO CANALE** Gran Reserva C. Franc 2018 | Patagonia Argentina
94 | **HUMBERTO CANALE** Gran Reserva Malbec 2018 | Patagonia Argentina
94 | **MANOS NEGRAS** Artesano Pinot Noir 2018 | Río Negro
94 | **MIRAS** Familia Miras Sémillon 2019 | Patagonia Argentina
94 | **MIRAS** Familia Miras Malbec 2019 | Patagonia Argentina
94 | **NOEMÍA DE PATAGONIA** A Lisa Malbec 2019 | Argentina
94 | **OTRONIA** 45 Rugientes - Corte de blancas 2018 | Patagonia Argentina
94 | **OTRONIA** Otronia Chardonnay 2017 | Patagonia Argentina
94 | **RICCITELLI WINES** Old Vines from Patagonia Malbec 2018 | Río Negro
94 | **RICCITELLI WINES** Old Vines from Patagonia Pinot Noir 2020 | Río Negro
94 | **RICCITELLI WINES** Old Vines From Patagonia Sémillon 2020 | Río Negro
94 | **RICCITELLI WINES** Old Vines from Patagonia Bastardo 2020 | Río Negro
93 | **ANIELLO** Blend de Suelos Malbec 2017 | Río Negro
93 | **BODEGA DEL FIN DEL MUNDO** Special Blend Malbec, C. Sauvingon, Merlot 2018 | Patagonia Argentina
93 | **CASA YAGÜE** Casa Yagüe OAK Chardonnay 2019 | Argentina
93 | **FABRE MONTMAYOU** H.J. Fabre Barrel Selection Malbec 2019 | Patagonia Argentina
93 | **HUMBERTO CANALE** Gran Reserva Merlot 2018 | Patagonia Argentina
93 | **HUMBERTO CANALE** Old Vineyard Sémillon 2019 | Patagonia Argentina
93 | **MIRAS** Miras Jovem Sémillon 2020 | Patagonia Argentina
93 | **MIRAS** Miras Crianza Chardonnay 2018 | Patagonia Argentina
93 | **OTRONIA** Otronia Rosé Pinot Noir 2017 | Patagonia Argentina
93 | **PATRITTI** Primogénito Sangre Azul Merlot 2017 | Patagonia Argentina
93 | **PATRITTI** Primogénito Malbec 2017 | Patagonia Argentina
93 | **RICCITELLI WINES** Old Vines from Patagonia Malbec 2018 | Río Negro

95

[DIVIDIDO]

MELHOR PERDRIEL.

FABRE MONTMAYOU
Gran Reserva *Cabernet Sauvingon 2018*
LUJÁN DE CUYO

Para este Cabernet Sauvingon, Fabre Montmayou compra uvas de um vinhedo de 50 anos em Agrelo, um vinhedo plantado em solos aluviais, ricos em areia e cascalho. Cem por cento envelhecido em barricas, 20% delas de madeira nova, tem um forte componente de ervas que é incomum nos Cabernets de Mendoza. Segundo o enólogo Juan Bruzzone, isso se deve ao manejo na vinha, protegendo em parte os cachos do sol para preservar o frescor, e também o lado herbáceo da variedade. O resto são frutas vermelhas maduras e suculentas, de corpo firme, taninos vivos e de bom calibre na boca. Este é um dos bons Cabernets da Argentina hoje. 🍷

Os melhores de Perdriel do ano

94 | **BUDEGUER** Patrimonio Budeguer C. Sauvingon, C. Franc 2018 | Mendoza
94 | **CASARENA** Jamilla Single Vineyard Perdriel Malbec 2018 | Perdriel
94 | **FINCA CRUZ** Raíz Familia Deicas Cru D'Exception Malbec 2018 | Luján de Cuyo
94 | **MENDEL WINES** Finca De Los Andes Malbec 2018 | Perdriel
93 | **AMANSADO** Amansado Malbec Reserva Malbec 2018 | Perdriel
93 | **CASARENA** Sinergy Jamilla - Vineyard Blend - Perdriel Malbec, Syrah, Merlot 2018 | Perdriel
93 | **CLOS ULTRALOCAL** Spontane Entrelazado C. Franc, C. Sauvingon, Malbec 2020 | Perdriel
93 | **FINCA CRUZ** Raíz Familia Deicas Perdriel Single Vineyards Malbec 2019 | Perdriel
93 | **MENDEL WINES** Mendel C. Sauvingon 2019 | Perdriel
93 | **PERDRIEL** Perdriel Centenario Malbec, C. Sauvingon, Merlot 2018 | Argentina
92 | **AMANSADO** Amansado Cabernet de Sed C. Sauvingon 2019 | Perdriel
92 | **CLOS ULTRALOCAL** Spontane Afrancado C. Franc 2020 | Perdriel
92 | **CLOS ULTRALOCAL** Spontane Desvelado Roussanne, Sémillon 2020 Perdriel
92 | **LAGARDE** Guarda C. Franc 2018 | Perdriel
92 | **LAGARDE** Lagarde Moscato 2019 | Perdriel
92 | **LAGARDE** Lagarde Viognier 2020 | Perdriel

95

MELHOR PERDRIEL.

[DIVIDIDO]

MATERVINI
Finca *Malbec 2018*
PERDRIEL

Este Malbec é baseado (80%) em vinhas muito velhas na área de Perdriel, plantadas em 1938 em solos aluviais, ricos em cascalho; um dos lugares mais clássicos do vinho de Mendoza. Foi em áreas como Perdriel que o Malbec argentino se tornou famoso. Tintos suculentos e amigáveis, generosos em frutas negras. E este vinho é um daqueles exemplos claros e nítidos de um lugar. Aqui tudo é amigável, todas as frutas doces e especiarias, embora temperadas por uma acidez suculenta e fresca, que ajuda a lhe dar tensão. A safra 2018, para Matervini, parece ser um ótimo ano. E este prova isso. Um dos melhores exemplares de Perdriel nesta safra. Um clássico de Mendoza. 🌸

Os melhores de Perdriel do ano

94 | **BUDEGUER** Patrimonio Budeguer C. Sauvingon, C. Franc 2018 | Mendoza
94 | **CASARENA** Jamilla Single Vineyard Perdriel Malbec 2018 | Perdriel
94 | **FINCA CRUZ** Raíz Familia Deicas Cru D'Exception Malbec 2018 Luján de Cuyo
94 | **MENDEL WINES** Finca De Los Andes Malbec 2018 | Perdriel
93 | **AMANSADO** Amansado Malbec Reserva Malbec 2018 | Perdriel
93 | **CASARENA** Sinergy Jamilla - Vineyard Blend - Perdriel Malbec, Syrah, Merlot 2018 | Perdriel
93 | **CLOS ULTRALOCAL** Spontane Entrelazado C. Franc, C. Sauvingon, Malbec 2020 | Perdriel
93 | **FINCA CRUZ** Raíz Familia Deicas Perdriel Single Vineyards Malbec 2019 | Perdriel
93 | **MENDEL WINES** Mendel C. Sauvingon 2019 | Perdriel
93 | **PERDRIEL** Perdriel Centenario Malbec, C. Sauvingon, Merlot 2018 Argentina
92 | **AMANSADO** Amansado Cabernet de Sed C. Sauvingon 2019 | Perdriel
92 | **CLOS ULTRALOCAL** Spontane Afrancado C. Franc 2020 | Perdriel
92 | **CLOS ULTRALOCAL** Spontane Desvelado Roussanne, Sémillon 2020 Perdriel
92 | **LAGARDE** Guarda C. Franc 2018 | Perdriel
92 | **LAGARDE** Lagarde Moscato 2019 | Perdriel
92 | **LAGARDE** Lagarde Viognier 2020 | Perdriel

95

[DIVIDIDO]

MELHOR PERDRIEL.

PERDRIEL
Perdriel Vineyards Selection
Malbec, Cabernet Sauvingon, Merlot 2017
ARGENTINA

O estilo é amplo, muito maduro e musculoso, com taninos densos, ao mesmo tempo grossos e agudos. A fruta parece negra, doce, mas ao mesmo tempo com uma acidez firme, cujo foco é manter o frescor em meio a este tumulto de sabores suculentos e a esta textura voluptuosa. Este é um novo vinho de Perdriel e tem como base 50% Malbec, 30% Cabernet Sauvingon e 20% Merlot. 70% envelhecem em barricas de carvalho durante 16 meses. Este é um tinto para beber agora com refeições pesadas iguais ao seu peso, ou deixá-lo na adega por cinco a seis anos. 🍇

Os melhores de Perdriel do ano

94 | **BUDEGUER** Patrimonio Budeguer C. Sauvingon, C. Franc 2018 | Mendoza

94 | **CASARENA** Jamilla Single Vineyard Perdriel Malbec 2018 | Perdriel

94 | **FINCA CRUZ** Raíz Familia Deicas Cru D'Exception Malbec 2018 | Luján de Cuyo

94 | **MENDEL WINES** Finca De Los Andes Malbec 2018 | Perdriel

93 | **AMANSADO** Amansado Malbec Reserva Malbec 2018 | Perdriel

93 | **CASARENA** Sinergy Jamilla - Vineyard Blend - Perdriel Malbec, Syrah, Merlot 2018 | Perdriel

93 | **CLOS ULTRALOCAL** Spontane Entrelazado C. Franc, C. Sauvingon, Malbec 2020 | Perdriel

93 | **FINCA CRUZ** Raíz Familia Deicas Perdriel Single Vineyards Malbec 2019 | Perdriel

93 | **MENDEL WINES** Mendel C. Sauvingon 2019 | Perdriel

93 | **PERDRIEL** Perdriel Centenario Malbec, C. Sauvingon, Merlot 2018 Argentina

92 | **AMANSADO** Amansado Cabernet de Sed C. Sauvingon 2019 | Perdriel

92 | **CLOS ULTRALOCAL** Spontane Afrancado C. Franc 2020 | Perdriel

92 | **CLOS ULTRALOCAL** Spontane Desvelado Roussanne, Sémillon 2020 Perdriel

92 | **LAGARDE** Guarda C. Franc 2018 | Perdriel

92 | **LAGARDE** Lagarde Moscato 2019 | Perdriel

92 | **LAGARDE** Lagarde Viognier 2020 | Perdriel

96

MELHOR SAN JUAN.

ELODIA
Elodia *Malbec 2018*
VALE DE PEDERNAL

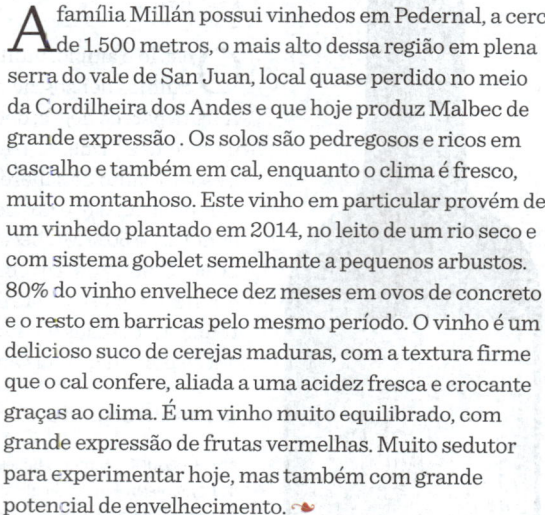

A família Millán possui vinhedos em Pedernal, a cerca de 1.500 metros, o mais alto dessa região em plena serra do vale de San Juan, local quase perdido no meio da Cordilheira dos Andes e que hoje produz Malbec de grande expressão. Os solos são pedregosos e ricos em cascalho e também em cal, enquanto o clima é fresco, muito montanhoso. Este vinho em particular provém de um vinhedo plantado em 2014, no leito de um rio seco e com sistema gobelet semelhante a pequenos arbustos. 80% do vinho envelhece dez meses em ovos de concreto e o resto em barricas pelo mesmo período. O vinho é um delicioso suco de cerejas maduras, com a textura firme que o cal confere, aliada a uma acidez fresca e crocante graças ao clima. É um vinho muito equilibrado, com grande expressão de frutas vermelhas. Muito sedutor para experimentar hoje, mas também com grande potencial de envelhecimento. ✍

Os melhores de San Juan do ano

95 | **FINCA LAS MORAS** Sagrado Pedernal Malbec 2016 | Vale de Pedernal
95 | **FUEGO BLANCO** Flinstone Malbec 2018 | Vale de Pedernal
95 | **PYROS WINES** Pyros Vineyard Limestone Hill Malbec 2018 Vale de Pedernal
95 | **SUSANA BALBO WINES** Benmarco Sin Límites Vale de Pedernal Malbec 2019 | Vale de Pedernal
94 | **CARA SUR** Los Nidos Bonarda, Barbera 2019 | San Juan
94 | **FINCA LAS MORAS** Demencial Pinot Noir 2019 | Vale de Pedernal
94 | **FINCA LAS MORAS** Demencial Malbec 2019 | San Juan
94 | **FINCA LOS DRAGONES** Los Dragones Tinto de Corte Malbec, Bonarda 2019 Vale de Calingasta
94 | **FUEGO BLANCO** Flinstone C. Franc 2018 | Vale de Pedernal
94 | **PYROS WINES** Single Vineyard Block 4 Malbec 2016 | Vale de Pedernal
94 | **PYROS WINES** Parcelas Únicas Malbec, Syrah, C. Sauvingon 2016 Vale de Pedernal
94 | **XUMEK** Abismo Finca La Ciénaga Malbec 2018 | Zonda
93 | **CARA SUR** Cara Sur Criolla Criolla Chica 2020 | San Juan
93 | **CARA SUR** Cara Sur Moscatel Blanco 2020 | San Juan
93 | **CARA SUR** Cara Sur Moscatel Tinto Moscatel Negro 2020 | San Juan
93 | **FINCA LAS MORAS** Gran Syrah 2016 | San Juan
93 | **FINCA LAS MORAS** Demencial Blanc de Blancs Viognier, S. Blanc, Chardonnay 2019 | Vale de Pedernal
93 | **FUEGO BLANCO** Valle del Silex C. Franc, Malbec 2019 | Vale de Pedernal
93 | **FUEGO BLANCO** Valle del Silex Malbec 2019 | Vale de Pedernal

97

MELHOR SAN PABLO.

PASSIONATE WINE
@micheliniwine Marmolejo *Malbec 2018*
SAN PABLO

Como todos os vinhos que o enólogo Matías Michelini obtém no vinhedo San Pablo, este Malbec tem um forte componente mineral, algo que vai muito além das notas varietais para mergulhar no que, aparentemente, aquele lugar oferece, um dos mais extremos da região. Vale de Uco, cerca de 1.500 metros acima do nível do mar. Neste Malbec há algo da uva, os aromas e sabores das violetas, sobretudo, e também alguns sabores e aromas a cerejas ácidas, ambos descritores que costumam estar associados ao Malbec de Uco . Mas há muito mais aqui. São aqueles aromas de cinza, aqueles taninos que, mais do que Malbec, lembram Nebbiolo. E a acidez mineral que se estende por todo o paladar, destacando o caráter de montanha deste tinto cheio de personalidade. 🍷

Os melhores de San Pablo do ano

96 | **BUSCADO VIVO O MUERTO** La Verdad San Pablo Malbec 2017 | San Pablo
96 | **PASSIONATE WINE** @micheliniwine Manolo C. Franc 2018 | San Pablo
96 | **PASSIONATE WINE** Montesco Agua de Roca S. Blanc 2020 | San Pablo
96 | **SALENTEIN** Salentein Single Vineyard Los Nogales S. Blanc 2019
San Pablo
96 | **ZUCCARDI VALLE DE UCO** Polígonos del Vale do Uco San Pablo
Malbec 2019 | San Pablo
95 | **SALENTEIN** Single Vineyard Las Sequoias Chardonnay 2018 | San Pablo
95 | **UQUECO WINE** CouerSair S. Blanc 2020 | Mendoza
94 | **LAS ESTELAS** Las Estelas Pinot Noir 2019 | Tunuyán
94 | **UN LUGAR EN LOS ANDES** Un Lugar en Los Andes Malbec 2018 | San Pablo
93 | **FINCAS PATAGÓNICAS** Las Notas de Jean Claude 2014 | San Pablo
93 | **NORTON** Altura White Blend S. Blanc, Sémillon, Grüner Veltliner 2020
Argentina
93 | **TRIVENTO** Golden Black Series Pinot Noir 2020 | Vale do Uco
93 | **ZUCCARDI VALLE DE UCO** Polígonos del Vale do Uco San Pablo
Verdejo 2020 | San Pablo
92 | **SALENTEIN** Single Vineyard La Pampa '97 (IG San Pablo) Malbec 2018
San Pablo
92 | **SALENTEIN** Salentein Numina Pinot Noir 2019 | San Pablo
92 | **SALENTEIN** Primus Pinot Noir 2018 | Vale do Uco
92 | **ZUCCARDI VALLE DE UCO** Polígonos del Vale do Uco San Pablo
C. Franc 2019 | San Pablo

97

MELHOR SAN PABLO.

ZUCCARDI VALLE DE UCO

Fósil *Chardonnay 2019*
SAN PABLO

Os Zuccardi plantaram o vinhedo San Pablo em 2012 pensando, entre outras coisas, que este lugar fresco, muito próximo à Cordilheira dos Andes, a cerca de 1.400 metros de altura, poderia dar a eles um grande branco do Vale do Uco. É isso que está no projeto Fósil desde a sua primeira safra em 2016. E este ano, graças a um intenso trabalho de seleção de solos, os mais calcários da propriedade de San Pablo, é provável que tenham conseguido fazer o melhor branco de Zuccardi desde que provamos seus vinhos, o que é dizer muito. É ao mesmo tempo suculento, voluptuoso, mas com ossos duros, taninos que se unem à acidez para criar uma estrutura firme, suportes de aço no meio de toda aquela festa dos sabores da fruta madura. 🌶

Os melhores de San Pablo do ano

96 | **BUSCADO VIVO O MUERTO** La Verdad San Pablo Malbec 2017 | San Pablo
96 | **PASSIONATE WINE** @micheliniwine Manolo C. Franc 2018 | San Pablo
96 | **PASSIONATE WINE** Montesco Agua de Roca S. Blanc 2020 | San Pablo
96 | **SALENTEIN** Salentein Single Vineyard Los Nogales S. Blanc 2019 San Pablo
96 | **ZUCCARDI VALLE DE UCO** Polígonos del Vale do Uco San Pablo Malbec 2019 | San Pablo
95 | **SALENTEIN** Single Vineyard Las Sequoias Chardonnay 2018 | San Pablo
95 | **UQUECO WINE** CouerSair S. Blanc 2020 | Mendoza
94 | **LAS ESTELAS** Las Estelas Pinot Noir 2019 | Tunuyán
94 | **UN LUGAR EN LOS ANDES** Un Lugar en Los Andes Malbec 2018 | San Pablo
93 | **FINCAS PATAGÓNICAS** Las Notas de Jean Claude 2014 | San Pablo
93 | **NORTON** Altura White Blend S. Blanc, Sémillon, Grüner Veltliner 2020 Argentina
93 | **TRIVENTO** Golden Black Series Pinot Noir 2020 | Vale do Uco
93 | **ZUCCARDI VALLE DE UCO** Polígonos del Vale do Uco San Pablo Verdejo 2020 | San Pablo
92 | **SALENTEIN** Single Vineyard La Pampa '97 (IG San Pablo) Malbec 2018 San Pablo
92 | **SALENTEIN** Salentein Numina Pinot Noir 2019 | San Pablo
92 | **SALENTEIN** Primus Pinot Noir 2018 | Vale do Uco
92 | **ZUCCARDI VALLE DE UCO** Polígonos del Vale do Uco San Pablo C. Franc 2019 | San Pablo

95

MELHOR SAN RAFAEL.

BODEGAS BIANCHI
Particular *Malbec 2018*
SAN RAFAEL

O s solos aluviais de San Rafael, sob o intenso sol da região, tendem a produzir este tipo de Malbec (mais 4% de Cabernet Sauvingon) concentrado e maduro, rico em especiarias e tons de frutas negras. Este vem de um envelhecimento de 12 meses em barricas de carvalho (70% do volume), e parte dessa permanência na madeira é sentida nos toques defumados e tostados que se misturam com a fruta. Um vinho para esperar alguns anos antes de abrir para costeletas grelhadas. 🌶

Os melhores de San Rafael do ano

94 | **BODEGAS BIANCHI** María Carmen Chardonnay 2019 | San Rafael
94 | **BODEGAS BIANCHI** Enzo Bianchi Malbec, C. Sauvingon, Merlot, C. Franc 2018 | San Rafael
94 | **CLOS ULTRALOCAL** Horizonte Sur Cuesta Los Terneros Cuadro Benegas 2019 | San Rafael
94 | **LAS PAYAS** Civilización y Barbarie C. Franc, Criolla Grande, Moscatel Rosado, Cereza 2020 | San Rafael
93 | **BODEGAS BIANCHI** Particular C. Sauvignon 2018 | San Rafael
93 | **FOW WINES** Discontinuo - Serie Gres Nebbiolo 2018 | Mendoza
93 | **LAS PAYAS** Libre Nero d'Avola 2020 | San Rafael
92 | **CHACHO ASENSIO, VIÑADOR EN SAN RAFAEL** Chacho Cereza 2020 San Rafael
92 | **CHACHO ASENSIO, VIÑADOR EN SAN RAFAEL** Chacho 2020 | San Rafael
92 | **CLOS ULTRALOCAL** Horizonte Sur Tropezón El Aluvión Malbec 2019 San Rafael
92 | **FUNCKENHAUSEN VINEYARDS** La Espera Reserva Carpe Diem Chardonnay 2019 | San Rafael
92 | **IACCARINI** Via Blanca Reserva de Familia Malbec 2019 | San Rafael
92 | **IACCARINI** Cavas Don Nicasio Reserva Malbec 2019 | San Rafael
92 | **LAS PAYAS** Bicho Raro Patricia, Malvina, Emperatriz 2019 | San Rafael
92 | **LAS PAYAS** Bicho Raro Canela 2020 | San Rafael
92 | **LAS PAYAS** Criollaje Cereza, Criolla Grande, Pedro Ximénez 2019 San Rafael

96

MELHOR VISTA FLORES.

MAURICIO LORCA
Ancestral *Malbec 2019*
VALE DO UCO

Esta é uma produção minúscula de apenas 1.500 garrafas de uvas selecionadas em 500 metros quadrados de vinhedos. São solos muito pobres, com baixíssima fertilidade. As uvas são fermentadas e envelhecidas em recipientes de cerâmica durante cerca de dez meses. É o Malbec na sua forma mais pura, uma espécie de conclusão do projeto de Lorca para os vinhos não envelhecidos na madeira, uma espécie de fim de ciclo. Esta é, sem dúvida, a expressão mais poderosa do Malbec em Lorca; um tinto suculento, cheio de notas frutadas e notas de violetas num corpo de sabores profundos, muito frutados e florais. A textura tem os taninos certos para manter a fruta e dar-lhe um bom corpo. Um Malbec do melhor que provamos nesta vinícola.

Os melhores de Vista Flores do ano

95 | **ANTUCURA** Antucura Grand Vin Merlot, C. Sauvignon, Malbec 2016 | Vista Flores

95 | **BRESSIA** Bressia del Alma C. Franc 2015 | Vista Flores

95 | **FLECHAS DE LOS ANDES** Flechas de Los Andes Gran Corte Malbec, C. Franc, Syrah 2015 | Vista Flores

94 | **FLECHAS DE LOS ANDES** Flechas de los Andes Gran Malbec 2017 | Vista Flores

94 | **LAGARDE** Lagarde Blanc de Noir Brut Mature Millésimé Pinot Noir 2017 | Vista Flores

94 | **MAURICIO LORCA** Lorca Gran P. Verdot 2017 | Vale do Uco

94 | **MAURICIO LORCA** Ancestral Chardonnay 2019 | Vale do Uco

94 | **MAURICIO LORCA** Gran Lorca Ópalo Malbec, Syrah, P. Verdot 2017 | Vale do Uco

94 | **MUNDO REVÉS** Asa Nisi Masa Bonarda 2020 | Vale do Uco

94 | **RUCA MALEN** Kinien de Don Raul Corte Único P. Verdot, C. Sauvignon, Malbec 2017 | Vista Flores

93 | **ENRIQUE FOSTER** Enrique Foster Single Vineyard Finca Los Barrancos Malbec 2018 | Mendoza

93 | **GIMÉNEZ RIILI** Padres Dedicados Malbec 2018 | Mendoza

93 | **MAURICIO LORCA** Mauricio Lorca Malbec 2017 | Vale do Uco

93 | **RJ VIÑEDOS** Joffre e Hijas Premium Merlot 2017 | Vale do Uco

92 | **ANTUCURA** Antucura Calcura / Antucura Blend Selection C. Sauvignon, Malbec, Merlot 2015 | Vista Flores

92 | **CADUS WINES** Cadus Signature Series Criolla Grande 2020 | Mendoza

92 | **MUNDO REVES** Le Petit Voyage Criolla Chica 2020 | Vista Flores

92 | **RJ VIÑEDOS** Joffre e Hijas Gran Cabernet Franc 2019 | Vale do Uco

92 | **TRES 14** Tres 14 Malbec 2017 | Vale do Uco

97

MELHOR VISTALBA LAS COMPUERTAS.

RICCITELLI WINES

Riccitelli Viejos Viñedos en Pie Franco *Malbec 2018*
LUJÁN DE CUYO

Esta é uma visão de Las Compuertas e Vistalba, duas das zonas mais tradicionais do vinho de Mendoza e uma das mais ricas em patrimônio de vinhas muito velhas, neste caso com mais de 80 anos. Aqui estão 50% de Vistalba e os outros 50% de Las Compuertas, e tem essa moral, esse caráter local do Malbec, no terraço aluvial de Mendoza e em uma das áreas mais altas de Luján de Cuyo. Não tem a energia ácida do Uco, mas tem a profundidade da fruta das vinhas velhas, os sabores especiados, as frutas negras; o frescor de uma elevada acidez que aqui cumpre o papel de refrescar até ao fim. Um vinho clássico, mas revisitado por um dos enólogos mais talentosos da Argentina hoje. 🍷

Os melhores de Vistalba Las Compuertas do ano

96 | **DURIGUTTI FAMILY WINEMAKERS** Victoria Durigutti 2016 | Las Compuertas
96 | **FABRE MONTMAYOU** Grand Vin C. Sauvingon, Merlot, Malbec 2017 Luján de Cuyo
96 | **TERRAZAS DE LOS ANDES** Parcel N°10W Los Cerezos Malbec 2017 Las Compuertas
96 | **TRIVENTO** Eolo Malbec 2017 | Luján de Cuyo
95 | **DURIGUTTI FAMILY WINEMAKERS** Proyecto Las Compuertas 1914 Malbec 2018 | Las Compuertas
95 | **DURIGUTTI FAMILY WINEMAKERS** Durigutti Pie de Monte Finca Ruano Malbec 2018 | Vistalba
95 | **ENRIQUE FOSTER** Firmado Malbec 2017 | Las Compuertas
95 | **KAIKÉN** Mai Malbec 2018 | Vistalba
95 | **NIETO SENETINER** Don Nicanor Single Vineyard Villa Blanca Malbec 2017 Luján de Cuyo
95 | **RICCITELLI WINES** República del Malbec 2018 | Las Compuertas
94 | **BODEGA VISTALBA** Vistalba Corte B Malbec, C. Sauvignon, Bonarda 2018 Argentina
94 | **DURIGUTTI FAMILY WINEMAKERS** Proyecto Las Compuertas Parral Criolla Chica 2020 | Las Compuertas
94 | **ENRIQUE FOSTER** Edición Limitada Malbec 2017 | Vistalba
94 | **FABRE MONTMAYOU** Gran Reserva Malbec 2018 | Luján de Cuyo
93 | **DURIGUTTI FAMILY WINEMAKERS** Proyecto Las Compuertas C. Franc 2019 | Las Compuertas
93 | **DURIGUTTI FAMILY WINEMAKERS** Old Memories C. Franc, C. Sauvingon, Malbec 2016 | Las Compuertas
93 | **DURIGUTTI FAMILY WINEMAKERS** Old Routes C. Sauvingon, C. Franc, Malbec 2017 | Las Compuertas
93 | **DURIGUTTI FAMILY WINEMAKERS** Proyecto Las Compuertas Cordisco 2020 | Las Compuertas
93 | **DURIGUTTI FAMILY WINEMAKERS** Proyecto Las Compuertas 5 Suelos Malbec 2019 | Las Compuertas
93 | **TERRAZAS DE LOS ANDES** Apelación de Origen Las Compuertas Malbec 2018 | Mendoza
93 | **TRIVENTO** Golden Black Series Sémillon 2020 | Mendoza
92 | **ALCHIMIA WINES** Lujo Moderno P. Verdot 2019 | Mendoza
92 | **DURIGUTTI FAMILY WINEMAKERS** Proyecto Las Compuertas Charbono 2019 | Las Compuertas
92 | **KAIKÉN** Ultra Merlot 2018 | Vistalba

93 SUPERPREÇO BRANCO.

IÚDICA VINOS
Nannu *Torrontés 2019*
LAVALLE

Iúdica obtém esses Torrontés de La Rioja de um vinhedo próprio plantado no início dos anos 90 em Lavalle, no quente leste de Mendoza. Sem passar pela madeira, a sensação de doçura é tremenda, embora tenha menos de dois gramas de açúcar residual, e essa sensação é apenas da maturação da fruta. Um Torrontés luxurioso em seus sabores, em suas texturas voluptuosas de Botero, e a sensação de plenitude, de que se está bebendo mas ao mesmo tempo comendo. Um vinho de grande carácter. 🌰

Os melhores superpreço brancos do ano

93 | **COLOMÉ** Estate Torrontés 2020 | Salta
93 | **GEN DEL ALMA** Ji Ji Ji Chenin Blanc 2020 | Villa Seca
93 | **NIETO SENETINER** Nieto Senetiner Sémillon 2019 | Mendoza
93 | **VINOS DE POTRERO** Potrero Chardonnay 2020 | Vale do Uco
92 | **ALBA EN LOS ANDES** Alba en los Andes Finca Chardonnay 2020 | Vale do Uco
92 | **BENEGAS** Clara Benegas Chardonnay 2020 | Gualtallary
92 | **BODEGAS** Chandon Chandon Brut Nature Chardonnay, Pinot Noir N/V | Mendoza
92 | **COLOMÉ** Amalaya Blanco Torrontés, Riesling 2020 | Argentina
92 | **FUEGO BLANCO** Valle del Silex S. Blanc 2020 | Vale de Pedernal
92 | **LA FLORITA** Tierra de Lechuzas Sémillon 2019 | El Peral
92 | **MANOS NEGRAS** Manos Negras Torrontés 2020 | Salta
92 | **RÍO DEL MEDIO** Malabar S. Blanc 2020 | Córdoba
92 | **SANTA JULIA** Tensión La Ribera Chardonnay, Sémillon 2020 | Vale do Uco
92 | **TERRAZAS DE LOS ANDES** Reserva Sémillon 2019 | Mendoza
92 | **TERRAZAS DE LOS ANDES** Reserva Chardonnay 2019 | Vale do Uco

94

SUPERPREÇO TINTO.

DURIGUTTI FAMILY WINEMAKERS
Proyecto Las Compuertas Parral *Criolla Chica 2020*
LAS COMPUERTAS

Um dos poucos vinhedos que ainda sobrevivem como Criolla Chica (Listán Prieto) em Las Compuertas, provém de vinhas plantadas em 1943 em sistema de latada e nos socalcos aluviais do rio Mendoza. É fermentado em ovos de cimento, primeiro com as peles e, no meio, sem a presença delas, como se fosse um branco. Daí o estilo deste Criolla, a sua cor pálida, os seus aromas sutis de frutos vermelhas ácidas, mas também a essência da casta com os seus taninos rústicos e firmes. Um vinho com muita garra, que se divide entre um corpo tenso e rústico e deliciosas frutas vermelhas que serviriam perfeitamente para matar a sede. Os irmãos Durigutti trabalham com variedade no seu melhor. 🍷

Os melhores superpreço tintos do ano

93 | **ALTOS LAS HORMIGAS** Colonia Las Liebres Bonarda 2020 | Mendoza
93 | **DOÑA PAULA** Estate Black Edition C. Sauvingon, Malbec, P. Verdot 2019 | Luján de Cuyo
93 | **DURIGUTTI FAMILY WINEMAKERS** Cara Sucia Sangiovese 2020 Rivadavia
92 | **ALTOS LAS HORMIGAS** Tinto Bonarda, Malbec, Sémillon 2019 | Mendoza
92 | **ARGENTO** Artesano Organic Malbec 2019 | Agrelo
92 | **DANTE ROBINO** Dante Robino Malbec 2020 | Mendoza
92 | **DOÑA PAULA** Estate Blue Edition Bonarda, Malbec, Pinot Noir 2019 Luján de Cuyo
92 | **E'S VINO** E's Vino Malbec 2020 | Gualtallary
92 | **IACCARINI** Via Blanca Reserva de Familia Malbec 2019 | San Rafael
92 | **LAS PAYAS** Criollaje Cereza, Criolla Grande, Pedro Ximénez 2019 San Rafael
92 | **LÓPEZ** Chateau Vieux Malbec 2018 | Mendoza
92 | **RÍO DEL MEDIO** Tizun Malbec 2018 | Córdoba
92 | **SANTA JULIA** Tintillo Bonarda, Malbec 2020 | Mendoza
92 | **TINTO NEGRO** Limestone Block Malbec 2019 | Chacayes
92 | **VINOS DE POTRERO** Potrero Malbec 2020 | Vale do Uco
92 | **VIÑALBA** Reserva Malbec 2019 | Vale do Uco
92 | **VIÑALBA** 80% Malbec 20% Cabernet Franc Reserva Malbec, C. Franc 2019 | Vale do Uco
92 | **WEINERT** Carrascal Malbec 2018 | Mendoza
92 | **ZORZAL WINES** Terroir Único Malbec 2019 | Gualtallary

PROYECTO
Las Compuertas

Al rescate de un pueblo y una tierra con historia.

Parral centenario de Criolla Chica. Elaboración en huevos de hormigón

Luján de Cuyo — Mendoza

CRIOLLA
PARRAL

Vino de pueblo.

PROVA DE VINHOS

As pontuações

80 ⇢ 85

Vinhos simples
para todos os dias.

86 ⇢ 90

Apostas mais complexas,
mas também adequadas para
beber no dia a dia.

91 ⇢ 95

Vinhos excelentes
que, independente
do preço, devem
ser provados.

96 ⇢ 100

Existe a perfeição?
Provavelmente não, mas
neste grupo há vinhos
que se aproximam bastante.

As castas

tinto   **branco**   **rosado**   **laranja**   **doce**   **espumante**

Equivalências estimadas de preços

$ ············> **Muito baixo**

$ $ ············> **Baixo**

$ $ $ ············> **Médio**

$ $ $ $ ············> **Médio alto**

$ $ $ $ $ ············> **Alto**

40/40.

PROPRIETÁRIO Lucas Pfister
ENÓLOGO Lucas Pfister
FACEBOOK vino40/40
RECEBE VISITAS Não

· **PROPRIETÁRIO & ENÓLOGO**
Lucas Pfister

[**ESTE É** o projeto do jovem enólogo Lucas Pfister, iniciado em 2013 na propriedade de seus pais em Ugarteche, Mendoza. A fazenda está localizada no quilômetro 40 da antiga rota 40, na Argentina, que liga as extremidades norte e sul do país, daí o nome. Pfister, um enólogo inquieto com estudos na França e experiência vinícola também em Portugal, Alemanha e Austrália, produz vinhos declara expressão frutada aqui, sem maquiagem e em quantidades limitadas. Pfister passa parte do ano no norte da Itália, onde assessora outras vinícolas.]

94
40/40
Cabernet Sauvignon, Malbec, Merlot, Tempranillo 2019
$$$ | MENDOZA | **13.5°**

Esta mistura tem 20% de Tempranillo de vinhedos plantados em 1972, 15% de Merlot de 1987 e depois Cabernet e Malbec, de 1985 e 2004, respectivamente e em quantidades semelhantes. É um vinho que segue os parâmetros do estilo da casa. A fruta madura e suculenta, a extração muito macia de taninos, uma certa delicadeza em um tinto que se bebe muito bem agora, mas que por sua acidez e estrutura, merece uma guarda na garrafa.

94
40/40
Malbec 2019
$$$ | MENDOZA | **13°**

Um Malbec da área de Ugarteche, em Luján de Cuyo, embora tenha o nervo e as flores de Uco. De vinhedos plantados em 2004, em solos ricos em cascalho e também em argilas (são duas parcelas, cada uma com seu próprio tipo de solo), e envelhecido em barricas antigos por um ano, é um vinho vibrante em acidez e em sabores vermelhos, intenso e suculento, cheio de vitalidade. A textura dos taninos é vertical e penetrante e a mesma sensação deixa a acidez. Um Malbec longe do protótipo da variedade nessa área, de exemplares muito mais suculentos e maduros.

94
OTRO ANDAR
Torrontés 2019
$$$ | MENDOZA | **11°**

Este Torrontés vem de videiras em latada, plantadas em 1975, em Ugarteche, Luján de Cuyo. Depois de oito dias de maceração com as peles, adquiriu um tom laranja. Embora o nariz tenha algumas notas florais, este vinho é bastante austero, ou pelo menos austero para os padrões da cepa. A boca é tensa, dura, com taninos firmes e uma acidez aguda, cercada por notas de frutas brancas ácidas. É poderoso, mas ao mesmo tempo leve. Um exemplo muito bom de laranja, sem o amargor usual deste estilo. Este vinho é tomado muito facilmente.

93
OTRO ANDAR
Bonarda, Malbec 2019
$$$ | MENDOZA | **12.5°**

Esta mistura tem 50% de Bonarda de vinhas antigas plantadas em 1976 e 50% Malbec plantada em 2004, todas na área de Ugarteche, no vinhedo da família Pfister. Ambas as variedades são cofermentadas, todas de cacho completo, o que deu uma sensação de "Beaujolais", com esse tipo de frutas vermelhas maduras com algo terroso no meio. É um vinho leve de 12,5 graus de álcool, longe daqueles Bonarda suculentos (e aqueles Malbec), como doces de amora. Este é tenso, fresco e suculento.

92 OTRO ANDAR
Malbec 2019
$$$ | MENDOZA | 12°

Um Malbec de argila, que geralmente amadurece um pouco mais tarde do que em solos aluviais e tem aquela textura ampla dada por argilas, solos mais "frios" que permitem essa maturidade lenta em um tinto que mostra aromas de frutas vermelhas maduras generosamente. É um vinho que se sente vibrante e fácil de beber, com tons especiados e herbáceos. Uma das chaves deste vinho é a extração, que em 40/40 é sempre muito macia, daí a delicadeza dos taninos e a sensação de bebibilidade.

91 40/40
Cabernet Franc 2019
$$$ | MENDOZA | 13°

Lucas Pfister plantou este vinhedo em 2014, meio hectare de Cabernet Franc em Ugarteche. Este tem um forte componente de ervas, de muitas notas vegetais que são misturadas com os sabores de frutas vermelhas e especiarias. A boca é firme em taninos, muito tensa e com acidez pronunciada. Teríamos que esperar dois ou três anos para ter mais equilíbrio.

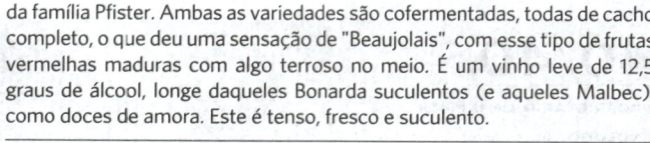

Abito Wines.

PROPRIETÁRIO David Mayo
ENÓLOGO Sergio Montiel
WEB www.abitowines.com
RECEBE VISITAS Não

· **PROPRIETÁRIO & AGRÓNOMA**
David Mayo & Valeria Bonomo

[**ABITO WINES** nasceu como um projeto de vinho, orientado a produzir uvas para terceiros de pouco mais de cem hectares plantados nos solos aluviais de Barrancas, a leste de Mendoza. No entanto, David Mayo, seu proprietário, decidiu em 2013 começar a engarrafar seus próprios vinhos. O enólogo responsável é Sergio Montiel.]

90 ABITO
Malbec 2019
$$ | BARRANCAS | 14.2°

Da região de Barrancas, em Maipú, este Malbec plantado em solos pedregosos e arenosos é envelhecido em barricas de segundo uso por oito meses. É suculento, voluptuoso, aromas maduros de frutas negras em um corpo grande, que enche a boca com uma sensação cremosa e envolvente.

OUTRO VINHO SELECIONADO
88 | ABITO PETIT VERDOT Petit Verdot 2019 | Barrancas | 14.7° | **$$**

Abrasado.

PROPRIETÁRIO Millán S.A.
ENÓLOGA Clara Eugenia Roby
WEB www.bodegalostoneles.com
RECEBE VISITAS Sim

• **ENÓLOGA** Clara Eugenia Roby

[**ABRASADO** é o restaurante da vinícola Los Toneles, especializada em carnes curadas e maturadas a frio. O nome, um jogo com as palavras "assado", "abrazo" e "brasas" também batiza esta linha de vinhos da família Millán, construída com uma seleção de uvas das fazendas que eles têm para seus outros projetos, a ver: Mosquita Muerta, Fuego Blanco, Los Toneles e Elodia. A filosofia de Abrasado é produzir vinhos que, claro, se adaptem ao cardápio carnívoro do restaurante, um dos melhores do gênero em Mendoza.]

93 ABRASADO UNIQUE PARCEL
Cabernet Franc 2018
$ $ $ | VALE DO UCO | **14.5°**

Este Cabernet Franc é uma mistura de 50% dos vinhedos de Los Árboles e 50% de Los Chacayes, ambas áreas no Vale do Uco. O primeiro geralmente dá vinhos frutados e suculentos, enquanto o segundo é caracterizado por sua austeridade, por taninos severos e quase selvagens. Esta é uma mistura de ambos os mundos, totalmente oposto na teoria, mas que aqui são misturados bastante harmoniosamente em vinho que tem textura áspera, ao lado de frutas doces e suculentas que mantêm o equilíbrio. O final é de ervas, a sensação é fresco.

93 ABRASADO UNIQUE PARCEL
Malbec 2018
$ $ $ | VALE DO UCO | **14.5°**

Este **Unique Parcel** vem de um lote plantado em 2015 em condução de gobelet, um sistema semelhante a arbustos, que foi concebido para climas quentes e que geralmente mantêm o frescor dos cachos. Aqui a sensação de doçura é claramente mostrada, juntamente com acidez suculenta e taninos muito macios, redondos e suculentos em um Malbec amigável, muito fácil de beber, mas ao mesmo tempo com sabores profundos que pedem carne defumada.

92 ABRASADO HISTORIC BLENDS
Malbec 2019
$ $ | VALE DO UCO | **13.5°**

Este Malbec vem de diferentes vinhedos no Vale do Uco, especialmente em Tupungato, ao norte da denominação. A seleção das videiras também é feita por sua idade, vinhedos de cerca de 20 anos que dão esse tipo de frutas vermelhas, suculentas, com uma doçura suave, mas não tanto que não pode ser um bom companheiro para carnes grelhadas. Um exemplo claro de Malbec comercial, mas sem recorrer aos argumentos baratos de sobremadurez e excesso de barrica.

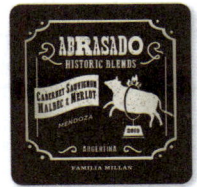

91 ABRASADO HISTORIC BLENDS
Cabernet Sauvignon, Malbec, Merlot 2019
$ $ | VALE DO UCO | **13.5°**

Esta mistura tem uma doçura suave de frutas vermelhas maduras, taninos muito macios, tons especiados e delicadamente herbáceo, mas acima de tudo frutas doces que se expandem pela boca em um vinho de espírito comercialmente, muito fácil de beber, mas ao mesmo tempo mostrando claramente os sabores e aromas do Vale do Uco.

Alba en los Andes.

PROPRIETÁRIO Carlos Lorefice
ENÓLOGO Bernardo Bossi Bonilla
WEB www.albaenlosandes.com
RECEBE VISITAS Não

• **ENÓLOGO** Bernardo Bossi Bonilla

[**ALBA EN LOS ANDES** é o projeto dos irmãos Carlos e Aurelia Lorefice, família de empresários de comunicação de Buenos Aires que tem essa vinícola desde 2012. A fazenda, localizada em Tupungato, soma cerca de 35 hectares de vinhedos que foram originalmente dedicados à venda de uvas. O primeiro engarrafamento da vinícola foi em 2014.]

IMPORTADOR: www.premierwine.com.br

95 LA MUJER
Malbec, Cabernet Sauvignon 2016
$$$ | VALE DO UCO | **13.8°**

Esta é uma seleção de Malbec e Cabernet Sauvignon dos vinhedos da família Lorefice no Vale do Uco, no início do que é conhecido como Gualtallary, acima de 1.100 metros de altura. Aqui há 80% de Malbec e 20% de Cabernet Sauvignon, envelhecido por 12 meses em barricas. A fruta é a predominante, a suculência dos sabores, mas ao mesmo tempo a acidez firme e os taninos musculosos, quase austeros que se sentem aqui, em um vinho que oferece aquela sensação de montanha, ervas e acidez selvagem. Espere de dois a três anos antes de abri-lo. Ele só vai ganhar em complexidade.

93 ALBA EN LOS ANDES ESTATE RESERVE
Cabernet Franc 2019
$$ | VALE DO UCO | **14.5°**

Localizado acima de 1.100, e vinhedos de cerca de 25 anos, este Cabernet Franc oferece muitas notas de ervas, mas também frutadas. O nariz é encantador, convida você a beber. A boca é suculenta, cheia de sabores frutados, mas novamente há o lado de ervas, tabaco, típico da variedade. E falando nisso, este é um tinto que mostra o lado mais varietal da uva.

93 ALBA EN LOS ANDES ESTATE RESERVE
Malbec 2018
$$ | VALE DO UCO | **13.5°**

Uma versão madura e amigável da variedade, com toques florais e muitas frutas vermelhas maduras, em meio a toques de ervas e aquela sensação de suculência, que é projetada graças a taninos muito macios, muito amigáveis. Um Malbec que harmoniosamente combina os sabores frutados e doces, a tensão dos taninos e o lado herbáceo da montanha.

92 ALBA EN LOS ANDES FINCA
Chardonnay 2020
$$ | VALE DO UCO | **14°**

De um vinhedo de cerca de 25 anos na área mais baixa de Gualtallary, cerca de 1.100 metros acima do nível do mar, tem 50% do volume envelhecido em barricas e os outros 50% em tanques de aço. É um Chardonnay cremoso, com muita intensidade e frutas maduras em todos os lugares em um vinho amigável, muito frutado e suculento.

Alchimia Wines.

PROPRIETÁRIO Tomas Guillermo Jans

ENÓLOGO Cristián García

WEB www.alchimiawines.com.ar

RECEBE VISITAS Não

• **PROPRIETÁRIO** Tomas Guillermo Jans

[**ALCHIMIA WINES** iniciou a produção em 2012, com a base de um vinhedo de 90 hectares na área de Barrancas, que mais tarde foi acompanhado por vinhedos em Vista Flores e Vistalba. Tomas Jans é dono deste projeto e hoje eles produzem cerca de 120 mil garrafas em cinco níveis de vinhos.] **IMPORTADOR:** www.amigosevinos.com.br

92 LUJO MODERNO
Petit Verdot 2019
$$ | MENDOZA | **15.3°**

Sob o calor e o sol mendocino, a Petit Verdot parece subjugar suas qualidades um pouco selvagens para se tornar um gatinho mimado. Este exemplar vem de vinhedos plantados em meados da década passada em Vistalba, uma das áreas mais altas de Luján de Cuyo. Ele tem nove meses em barricas novas de madeira, mas a força da fruta parece ter absorvido todo esse carvalho e o que parece é apenas um tinto de uma grossa camada de sabores de frutas vermelhas maduras no meio de um corpo cremoso, intenso e concentrado.

91 LUJO MODERNO
Cabernet Franc 2019
$$ | ARGENTINA | **15.3°**

De vinhedos plantados por volta de meados de 2000 na área de Vistalba, ao lado do rio Mendoza em Luján de Cuyo, este Cabernet Franc parece amplo e voluptuoso, generoso em frutas negras maduras e doces. Tem um ano de envelhecimento em barricas novas e o impacto da tosta de carvalho também é um componente importante a ser considerado. Para a guarda.

OUTRO VINHO SELECIONADO

88 | EDICIÓN LIMITADA Malbec 2018 | Mendoza | 14.5 | **$$**

Aleanna-El Enemigo Wines.

PROPRIETÁRIOS Alejandro Vigil & Adrianna Catena
ENÓLOGO Alejandro Vigil
WEB www.enemigowines.com
RECEBE VISITAS Sim

• **PROPRIETÁRIO & ENÓLOGO**
Alejandro Vigil

[**A HISTORIADORA** Adrianna Catena é filha de Nicolás Catena, um dos principais nomes do vinho argentino. Sua conexão com o negócio nada mais foi do que isso, até que em 2009 ele se uniu a Alejandro Vigil, diretor técnico de Catena, para empreender um projeto que nasceu após uma conversa e que tomou forma lentamente: criar vinhos inspirados naqueles produzidos pelos primeiros imigrantes europeus na Argentina. A partir daí, surgiram conceitos como cofermentação, pisa a pé, levedura nativa e madeira usada. Hoje produzem cerca de cem mil garrafas, com ênfase na Bonarda e, principalmente, no Cabernet Franc, que responde por 70% de sua produção. Aleanna tem acesso a alguns dos melhores vinhedos do Grupo Catena em Adrianna Vineyard em Gualtallary.] **IMPORTADOR:** www.mistral.com.br

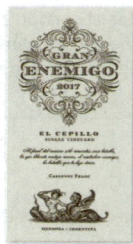

97 GRAN ENEMIGO SINGLE VINEYARD EL CEPILLO
Cabernet Franc, Malbec 2017
$$$$ | EL CEPILLO | **13.5°**

Ao sul do Vale do Uco, a área de El Cepillo tem a reputação de ser muito fresca e dura. A verdade é que mais do que frio, por causa de sua altura e topografia, tem uma tendência a geada que restringe severamente as produções. Portanto, esse lugar tem uma reputação de tintos carregados e severos em taninos, mas ao mesmo tempo generosos em acidez. Além de tudo isso, este Cabernet Franc 80% e 20% Malbec, com 30% de cachos inteiros em fermentação, tem notas terrosas e florais em um nariz charmoso. A boca é firme, tensa, cheia de acidez e taninos afiados. Um excelente exemplar de uma área que não está no radar da maioria, mas que oferece vinhos de grande caráter. Este é para abrir em dez anos.

95 GRAN ENEMIGO SINGLE VINEYARD AGRELO
Cabernet Franc, Malbec 2017
$$$$ | AGRELO | **13.5°**

Um aroma definitivamente particular, este vinho cheira a especiarias doces, cravo e canela. Tem 80% de Cabernet Franc e o resto é Malbec, todos de vinhedos com cerca de 30 anos de idade em Agrelo. Estagiado por 15 meses em fudres, tem as qualidades dos tintos da área em Luján de Cuyo; frutas doces, a textura amigável de taninos que amadureceram ao sol. E o final novamente com esses temperos doces, com aquele cravo que lhe dá personalidade.

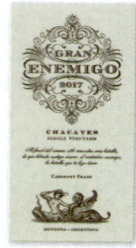

95 GRAN ENEMIGO SINGLE VINEYARD CHACAYES
Cabernet Franc, Malbec 2017
$$$$ | LOS CHACAYES | **13.5°**

A área de Chacayes fica a cerca de 1.200 metros acima do nível do mar, no Vale do Uco. Daí vem o Cabernet Franc dessa mistura, que ocupa 80% do total e mostra uma acidez e uma textura de taninos ferozes, cheios de arestas, como costuma ser o caso dos tintos daquele lugar. Depois de 15 meses em fudres, tem todo o sabor de frutas vermelhas e o nervo dessa área fresca, além de alguns toques de especiarias doces e ervas típicas da variedade. Um vinho de grande tensão, especialmente por causa dessa trama de taninos que é combinada com uma acidez afiada. Para guardar de cinco a seis anos.

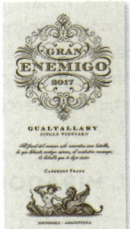

95
GRAN ENEMIGO SINGLE VINEYARD
GUALTALLARY Cabernet Franc, Malbec 2017
$$$$ | G U A L T A L L A R Y | **13.5°**

El Enemigo obtém as uvas para este vinho do vinhedo Adrianna, propriedade de Catena na área de Monasterio, ao pé das colinas de Jaboncillo, em
Gualtallary. A maioria da mistura (80%) é Cabernet Franc de 25 anos, e
o resto Malbec, todo plantado em solos calcários e pedregosos. Depois de
15 meses de envelhecimento em fudres, este tem os aromas exuberantes
da área, flores ácidas e cerejas no meio de uma textura bastante amigável,
mas ao mesmo tempo uma acidez intensa, cheia de arestas. Outro Gran
Enemigo Single Vineyard para não tocar em pelo menos cinco anos.

95
EL ENEMIGO
Chardonnay 2019
$$$ | G U A L T A L L A R Y | **13.5°**

Gualtallary é uma das melhores fontes na Argentina quando se trata de
Chardonnay. E lá, uma das joias da coroa é o vinhedo Adrianna, que Catena
plantou em 1992. Este Chardonnay vem daquele vinhedo, de solos ricos
em cal e pedras de origem aluvial. O lugar dá aos brancos muita personalidade e que é sentido nas notas minerais que são misturadas com os
sabores frutados. O corpo é amplo e fala de envelhecimento por nove meses em barricas; notas tostadas, doçura leve. É um Chardonnay imponente,
delicioso para peixes de carne gorda. Ou para a guarda. Esse branco só
ganhará em complexidade com os anos de garrafa.

94
EL ENEMIGO
Cabernet Franc 2018
$$$ | G U A L T A L L A R Y | **13.5°**

Todo o projeto Aleanna começou com Cabernet Franc, mas por causa do
Cabernet Franc de solos de cal de Gualtallary. Essa foi a pedra fundamental
da qual cresceu o que é hoje uma das vinícolas mais importantes da Argentina. E este foi seu primeiro vinho, graças à safra 2008. Depois de todos esses anos, hoje este rótulo mudou para um lado muito mais tenso e fresco,
deixando a doçura de lado e a madeira para trás. Uma deliciosa e herbácea
expressão de Cabernet de montanha (os vinhedos estão localizados ao pé
dos Andes, 1.470 metros acima do nível do mar) que é facilmente bebido
e pede mais de uma garrafa.

94
EL ENEMIGO
Sémillon 2019
$$$ | A G R E L O | **13.5°**

Esta já é a segunda versão que testamos deste Enemigo de Sémillon, com
uvas da área de Agrelo, localizada a cerca de 930 metros de altura, em
solos de argila, em Luján de Cuyo. O vinho ficou envelhecido por 15 meses
em barricas, 20% sob o véu de flor, uma técnica que o enólogo Alejandro
Vigil costuma usar em seus brancos mais ambiciosos. O véu deu-lhe uma
rica complexidade salina, com toques especiados e pequenas notas de mel.
O corpo é envolvente, sabores suculentos, textura cremosa; um vinho grande, amplo, cheio de sabor e projetado para uma guarda de garrafas longa.

94
EL ENEMIGO
Syrah, Viognier 2018
$$$ | G U A L T A L L A R Y | **13.5°**

Esta mistura de 87% de Syrah e o resto de Viognier, todos dos vinhedos El
Enemigo em Gualtallary, ao norte do Vale do Uco, tem a expressividade da

variedade em climas ensolarados. Apresenta notas de ervas, frutas negras maduras e especiarias num nariz exuberante. Na boca mostra os taninos firmes dos solos calcários de Gualtallary. Se no nariz parecia bombástico, no paladar é austero, com a tensão da acidez e os taninos agudos como protagonistas deste vinho tinto que tem um longo caminho a percorrer. Não o abra por pelo menos alguns anos.

94 EL ENEMIGO SINGLE VINEYARD EL MIRADOR
Bonarda 2018
$$$ | EL MIRADOR | **13.5°**

Cerca de 650 metros acima do nível do mar, e em solos arenosos, essas vinhas plantadas há 80 anos em Rivadavia, no coração do quente leste mendocino, se instalam. Um Bonarda suculento, mas ao mesmo tempo de taninos firmes e acidez pronunciada, algo incomum na área e que se relaciona com a ideia de colher essas uvas no início da estação e, assim, evitar o álcool excessivo e sabores muito duros que são comuns. Este tem tensão, frescor, mas sem deixar de lado esse caráter de suco de amora tão típico da variedade.

94 EL ENEMIGO SINGLE VINEYARD LA ESPERANZA
Bonarda 2018
$$$ | SAN MARTÍN | **13.5°**

La Esperanza faz parte da tentativa do enólogo Alejandro Vigil de dar relevância às antigas videiras de Bonarda que são plantadas no leste de Mendoza. Sob a sombra de Uco ou Luján de Cuyo, esta área é quente, com solos generosos que dão grandes quantidades de uvas. Mas ao gerenciar o vinhedo, restringindo os volumes e colheitas mais cedo, você pode obter Bonarda como este, com uma estrutura firme de taninos e uma acidez tensa, juntamente com aqueles sabores untuosos e generosos de frutas negras tão clássicos da variedade. Um suco de amora.

94 GRAN ENEMIGO BLEND
Malbec, Cabernet Franc, Cabernet Sauvignon, Merlot, Petit Verdot 2017
$$$ | GUALTALLARY | **13.5°**

Esta mistura é baseada em 50% de Malbec e 20% de Cabernet Franc, todos de solos profundos em Adrianna, o vinhedo do grupo Catena na área de Gualtallary, ao norte de Vale do Uco. Depois de 15 meses de envelhecimento em fudres, este vinho é uma expressão suculenta de frutas vermelhas maduras e especiarias. Um tinto amigável, com taninos muito polidos, com aquela doçura deliciosa que envolve a boca.

93 EL ENEMIGO
Bonarda 2018
$$$ | EL MIRADOR | **13.5°**

Esta Bonarda vem do quente leste de Mendoza, a área da Rivadavia, cerca de 650 metros acima do nível do mar (uma altura baixa para os padrões de Mendoza) e de vinhedos de cem anos. A mistura também tem 15% de Cabernet Franc de Gualtallary, cujo papel é muito importante neste vinho, proporcionando ossos, estrutura e tensão graças às parras nascidas em solos de cal. O resultado é uma Bonarda com o suco e fruta da cepa, mas com taninos firmes e tensos, como se pensasse em carne de porco defumada.

93 EL ENEMIGO
Malbec 2018
$$$ | GUALTALLARY | **13.5°**

Para este **El Enemigo**, o Malbec de entrada de Aleanna, o enólogo Alejandro Vigil obtém suas uvas de um vinhedo plantado por volta da primeira metade dos anos 90 nos solos de cascalho e cal de Guallallary, ao norte do Vale do Uco. É um vinhedo de altura, acima de 1.300 metros, e que se sente no tipo de fruta que oferece, notas de frutas vermelhas ácidas combinadas com ervas. A boca fala do solo, com aquela textura firme e tensa de cal. É refrescante, a acidez manda, a sensação é crocante.

93 EL ENEMIGO SINGLE VINEYARD EL BARRANCO
Bonarda 2018
$$$ | JUNÍN | 13.5°

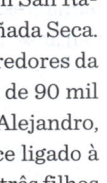

De um vinhedo de cerca de 80 anos na área de Junín, ao quente leste mendocino, e em solos arenosos que intensificam o calor e beneficiam a maturidade desta variedade tardia, neste Single Vineyard você sente esse calor. A intensidade do sol é expressa em sabores suculentos de frutas negras e especiarias doces em um corpo macio, redondo e voluptuoso. Um Bonarda para cordeiro grelhado.

93 EL ENEMIGO SINGLE VINEYARD LOS PARAÍSOS
Bonarda 2018
$$$ | EL MIRADOR | 13.5°

Los Paraísos é uma Bonarda que vem de um vinhedo de cerca de 80 anos, plantado em solos arenosos a cerca de 650 metros de altura em Rivadavia, no leste de Mendoza, uma área quente em que a Bonarda pode amadurecer sem problemas, muitas vezes dando esse tipo de vinhos amplos, suculentos e generosos em frutas negras e notas especiadas; uma espécie de Syrah, mas com um corpo menos afiado. Depois de um ano envelhecendo em fudres, este tinto parece voluptuoso, com seus taninos polidos e cremosos. Ideal hoje com carne de porco defumada.

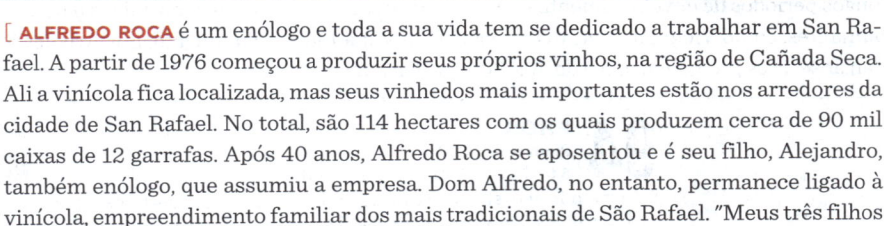

Alfredo Roca.

PROPRIETÁRIO Família Roca

ENÓLOGO José Rubiales

WEB www.rocawines.com

RECEBE VISITAS Sim

▪ **PROPRIETÁRIO** Alejandro Alfredo Roca

[**ALFREDO ROCA** é um enólogo e toda a sua vida tem se dedicado a trabalhar em San Rafael. A partir de 1976 começou a produzir seus próprios vinhos, na região de Cañada Seca. Ali a vinícola fica localizada, mas seus vinhedos mais importantes estão nos arredores da cidade de San Rafael. No total, são 114 hectares com os quais produzem cerca de 90 mil caixas de 12 garrafas. Após 40 anos, Alfredo Roca se aposentou e é seu filho, Alejandro, também enólogo, que assumiu a empresa. Dom Alfredo, no entanto, permanece ligado à vinícola, empreendimento familiar dos mais tradicionais de São Rafael. "Meus três filhos hoje estão no comando, meio que renasce", diz.] **IMPORTADOR:** www.casaflora.com

91 PARCELAS ORIGINALES BONARDA
Bonarda 2017
$$ | SAN RAFAEL | 14°

Esta Bonarda vem de Los Amigos, um vinhedo de 3,5 hectares plantado em 1960. O envelhecimento se estende por seis meses em madeira usada, e o que sai de lá é um exemplo claro da variedade, com seus aromas exuberantes de amoras e especiarias, além de alguns toques de ervas. A boca é redonda, com taninos macios e sabores profundos de amoras doces.

Alfredo Roca.

90 ALMA INQUIETA
Cabernet Franc 2018
\$\$ | MENDOZA | 14°

Um Cabernet Franc amigável, de muitas frutas vermelhas maduras e tons de ervas muito suaves, que mal são sentidos no meio de seu caráter frutado. A boca tem taninos bem domados, e lá a fruta ainda é claramente mostrada. Um bom e simples exemplar de Cabernet Franc de San Rafael, com dez meses de envelhecimento em madeira.

90 ALMA INQUIETA BLEND DE VARIETALES
Malbec, Cabernet Sauvignon, Cabernet Franc, Petit Verdot 2018
\$\$ | MENDOZA | 13.9°

Esta mistura vem dos solos de argila e pedregosos de Finca Los Amigos, o vinhedo dos Roca em San Rafael, e é um resumo das variedades que são plantadas na propriedade. Envelhecido por um ano em madeira de terceiro uso, ele se sente amigável, com muitos sabores frutados e uma textura sem arestas.

OUTRO VINHO SELECIONADO
89 | FINCAS Malbec 2019 | Mendoza | 13.7° | **\$**

Alma 4 Espumantes.

PROPRIETÁRIO Cuatro amigos

ENÓLOGOS Sebastián Zuccardi, Marcela Manini, Agustín López & Mauricio Castro

WEB www.alma4.com

RECEBE VISITAS Não

• ENÓLOGOS Sebastián Zuccardi, Marcela Manini, Agustín López & Mauricio Castro

[**ESTE PROJETO,** nascido em 1999, reúne quatro amigos mendocinos em torno do espumante: o casal Sebastián Zuccardi-Marcela Manini (enólogo da vinícola Zuccardi e sua esposa, que também estudou enologia) e os agrônomos Mauricio Castro e Agustín López. Todos os amigos da época em que estudaram no Lyceum Agrícola de Mendoza. Todos os espumantes são feito usando o segundo método de fermentação na garrafa - alguns têm longos períodos de envelhecimento - e trabalham com certas variedades atípicas para espumantes, como Viognier. Suas uvas nascem em Vista Flores, Tupungato, Los Árbles e San José. Eles produzem cerca de 40.000 garrafas por ano.]

94 PHOS
Pinot Noir 2020
\$\$ | VALE DO UCO | 13°

Este método ancestral (uma única fermentação na garrafa) é cem por cento Pinot Noir, da área de Ancón de La Carrera, no extremo norte do Vale do Uco. Embora seja apenas mil garrafas, é algo que têm que provar. Tem uma rusticidade adorável, com toques especiados, mas acima de tudo muitas frutas vermelhas ácidas em meio a tons de ervas. É leve, mas ao mesmo tempo muito tenso. Ele tem força nas borbulhas, um espumante que pinica a língua. Este é o espumante que precisam para ouriços.

93 ALMA 4
Chardonnay 2015
\$\$\$ | VALE DO UCO | 13°

A fruta deste vinho vem em parte de San Pablo e em parte de La Carrera, ambos no extremo norte do Vale do Uco. Feito com o método tradicional de segunda fermentação na garrafa, com cinco gramas de açúcar residual e 50 meses de contato com suas borras. Tem 20% de uvas fermentadas em barricas e o resto em concreto. A fruta do Chardonnay aqui é transformada é uma espécie de limonada, ou pelo menos um suco fresco e ácido para saciar a sede. As bolhas são muito macias, redondas, abundantes. Um desses brancos para beber com ostras.

93 ALMA 4 ROSÉ
Pinot Noir 2016
$ $ | V A L E D O U C O | **13°**

Da área de La Carrera, este espumante foi feito com o método tradicional de segunda fermentação na garrafa e com 40 meses de contato com suas borras. Se você esquecer as bolhas deste vinho, você pode encontrar um rosé delicioso, rico em sabores e aromas de frutas vermelhas ácidas, em um corpo macio, leve, rico em acidez e tensão. O típico rosé para levar para a piscina e bebê-lo por litros. E se adicionam bolhas a isso, dá na mesma. Para comprar por garrafas.

Alma Austral.

PROPRIETÁRIO Francisco García Burgos
ENÓLOGO Damián Moreno
WEB www.almaaustral.com.ar
RECEBE VISITAS Não   • **PROPRIETÁRIO** Francisco García Burgos

[**FRANCISCO GARCÍA** esteve ligado ao mundo do vinho do lado comercial e marketing, quando trabalhou em vinícolas como Trivento ou Chakana. Em 2014 decidiu montar seu próprio projeto, focado no Vale do Uco, especialmente nas áreas de Anchoris, La Arboleda e San Pablo, este último a quase 1.500 metros acima do nível do mar.]

92 BARREL SERIES
Cabernet Sauvignon 2018
$ $ | V A L E D O U C O | **14°**

De um vinhedo muito antigo, de cerca de 50 anos, plantado a cerca de 950 metros acima do nível do mar, na área de Anchoris, no Vale do Uco. 30% do volume total do vinho é envelhecido em barricas por 11 meses. O resultado é um Cabernet fresco, com um sotaque em frutas vermelhas maduras e também com toques de ervas sutis em um corpo de taninos bastante amigáveis, macios no contexto da variedade. Um vinho para carnes grelhadas, especialmente para cortes magros, bem suculento.

92 BARREL SERIES
Malbec 2018
$ $ | V A L E D O U C O | **14°**

Trata-se de uma mistura baseada em vinhedos de La Arboleda, em 70%, mais 30% dos vinhedos de San Pablo, acima de 1.400 metros de altura, todos no Vale do Uco. Uma deliciosa camada de sabores de frutas é claramente mostrada, trazendo suco para um vinho com uma textura muito macia, mas acima de tudo com acidez crocante. Este é para acompanhar ensopados de cordeiro.

91 ALMA AUSTRAL TORRONTÉS
Torrontés 2020
$ | V A L E D O U C O | **13°**

Este Torrontés vem de antigos vinhedos de Torrontés no Vale do Uco, plantados por volta do início da década de 1980. E é interessante como a influência dos Andes (o vinhedo tem cerca de 1.100 metros de altura) dá aos Torrontés um ar mais austero, menos exuberante que seus homólogos de Salta, mas também mais frio, com uma acidez que fica no caminho de sabores frutados e florais. Para frango grelhado.

91 ALMA AUSTRAL VINEYARD SELECTION
Cabernet Sauvignon, Cabernet Franc, Malbec 2018
$ $ $ | VALE DO UCO | **14.3°**

Esta é uma mistura de 40% Cabernet Sauvignon da área Anchoris, 30% Cabernet Franc e 30% Malbec, estes dois de San Pablo, todos no Vale do Uco. Um terço do vinho é envelhecido em madeira por um ano. O vinho se sente intenso em sabores maduros de frutas negras, também especiarias doces, mas com uma acidez que proporciona frescor e especialmente faz com que os taninos se sintam mais afiados e firmes. Um vinho para frios.

90 ALMA AUSTRAL
Cabernet Sauvignon 2019
$ | MENDOZA | **13.6°**

Uma excelente relação preço-qualidade neste Cabernet Sauvignon da área de Anchoris, cerca de 950 metros acima do nível do mar, sob a denomi-nação de Luján de Cuyo e ao norte do rio Mendoza. É um delicioso suco de sabores de frutas vermelhas e ervas em um corpo que, apesar de leve, tem estrutura de tanino muito boa e acidez crocante. Vá pegar uma pizza.

OUTROS VINHOS SELECIONADOS
88 | ALMA AUSTRAL MALBEC Malbec 2019 | Mendoza | 13.6° | **$**
88 | BARREL SERIES VIOGNIER Viognier 2020 | Vale do Uco | 13° | **$$**

Alma Mater**.**

PROPRIETÁRIOS Santiago Achával & Pablo Martorell
ENÓLOGOS Santiago Achával & Pablo Martorell
RECEBE VISITAS Não

• VITICULTOR & ENÓLOGO
Juan Pablo Calandria & Santiago Achával

[**ALMA MATER** é o projeto de Santiago Achával e Pablo Martorell, como sócios, e a asses-soria em vinhedos de Juan Pablo Calandria. Sua produção, de cerca de 15 mil garrafas, é baseada em vinhedos típicos de Los Chacayes, no projeto imobiliário de vinhos do The Vines. Lá eles têm cerca de dez hectares aos quais, além disso, são adicionados vinhedos em San Pablo, para complementar.] **IMPORTADOR:** www.thewineshipping.company

96 GSM
Mourvèdre, Syrah, Garnacha 2018
$ $ $ $ | CHACAYES | **14.2°**

Este **GSM** tem 44% de Monastrell, 37% Garnacha e 19% Syrah, todos dos vinhedos de Alma Mater, plantados nos solos extremamente pedregosos de Los Chacayes, cerca de 1.100 metros de altura. Trata-se de uma co-fermentação das três variedades e envelhecida por 11 meses em barricas. Liderado pela estrutura tânica, séria e austera da Monastrell, este não é o GSM amigável, frutado e simpático com o qual essa mistura geralmente está relacionada na América do Sul. Este é duro, monástico, sem decoração ou fogos de artifício. Pura tensão em um vinho sério e impenetrável. Um tinto para esperar uma década.

95 CHARDONNAY
Chardonnay 2018
$$$$ | CHACAYES | **14.2°**

Alma Mater obtém seu Chardonnay de um vinhedo de seis anos de idade, plantado nos solos rochosos de Los Chacayes, cerca de 1.100 metros de altura no Vale do Uco. Após 11 meses de envelhecimento em barricas, o vinho tem tons de baunilha macios, mas o que predomina é a fruta em um branco de grande densidade. Os sabores são frutados, intensos e firmes, suculentos, embora ao mesmo tempo moderados por uma acidez tensa, muito afiada. Em um branco com moral de tinto, com uma estrutura poderosa. Para guardar por uma década.

93 ALMA MATER
Pinot Noir 2018
$$$$ | CHACAYES | **14.2°**

Um dos problemas com o Pinot Noir no Vale do Uco é que, embora a estrutura (dada por solos de cal) nunca falhe e se sinta firme e tensa, muitas vezes a fruta vermelha não aparece e o que é percebido um desenvolvimento prematuro, frutas secas e notas terrosas que podem vir de um processo de vinificação muito oxidativo. Neste caso, há um delicioso equilíbrio entre um leve fundo de notas terrosas e as frutas, flores, juventude de aromas e sabores. A estrutura tânica é feroz, os taninos são afiados e firmes. Este é um Pinot sério. Entre os melhores da safra.

92 ESPUMANTE
Chardonnay, Pinot Noir 2017
$$$$ | CHACAYES | **14.2°**

Esta é a estreia de Santiago Achával no território dos espumantes com natureza brut feita com o método tradicional de segunda fermentação na garrafa. As uvas - 50% Chardonnay e 50% Pinot Noir - vêm da área de Los Chacayes do Vale do Uco, cerca de 1.100 metros de altura. O contato com as borras foi prolongado por dois anos. A bolha é fina e abundante, os sabores são frescos e frutados, com certos toques tostados. O corpo é generoso, com uma acidez muito boa e um certo amargor no final.

Alpamanta Estate Wines.

PROPRIETÁRIO Andrej Razumovsky
ENÓLOGA Victoria Brond
WEB www.alpamanta.com
RECEBE VISITAS Sim

· **ENÓLOGA** Victoria Brond

[**ALPAMANTA** foi fundada em 2005 por Andrej Razumovsky da Áustria, seu primo André Hoffmann da Suíça e Jérémie Delecourt da França; os três amigos e os três com ancestrais vinhateiros na Europa. Seus vinhedos estão em Ugarteche, Luján de Cuyo, e são trabalhados sob os preceitos da viticultura orgânica e biodinâmica. Desde 2019, Victoria Brond é a enóloga responsável pelos vinhos da vinícola.] **IMPORTADOR:** www.sonoma.com.br

93 BREVA
Sauvignon Blanc 2019
$$$ | MENDOZA | **12.5°**

Este é um Sauvignon Blanc da Ugarteche, de vinhedos plantados em 2006 e gerenciados sob os preceitos da biodinâmica. O vinho é fermentado em

ovos, mas 20% do volume é estagiado em fudres de madeira. A primeira safra deste projeto foi em 2015 e ainda mantém o estilo um tanto louco de branco, um Sauvignon não clarificado com mínima intervenção na vinícola. Um vinho com textura cremosa, com sabores quase caramelizados, mas ao mesmo tempo uma grande presença de acidez, que refresca tudo em sua passagem. Para espíritos aventureiros.

93 BREVA PET NAT
Criolla Grande 2020
$$$ | MENDOZA | **12.5°**

Este vinho foi originalmente considerado como um clarete, um tinto claro de uvas Criollas de uma latada plantada na área de Tupungato por volta dos anos 80. No entanto, no meio do caminho e por causa dos sabores frescos do suco, eles decidiram fazer um petnat com os oito gramas restantes de açúcar. Engarrafado sem a adição de enxofre, este é o protótipo de vinho de verão, piscineiro, para refrescar as férias, com álcool suficiente para beber por garrafas enquanto a carne está na grelha. Uma nova saída na Argentina para variedades Criollas.

92 CAMPAL
Malbec, Cabernet Franc, Merlot 2019
$$ | MENDOZA | **13.5°**

Há algo selvagem nesta mistura de 89% Malbec, 10% Merlot e o resto do Cabernet Franc. Já do nariz, onde ervas, aromas frutados e leves toques de couro coexistem, ele se sente diferente. E na boca, todos esses sabores se repetem, mas desta vez com um sotaque na textura, feito de taninos firmes, afiados e rústicos. A boca é cheia de sabor em um vinho para cordeiro. Este Campal vem de vinhedos plantados em 2006 na área de Ugarteche, gerenciados de forma biodinâmica. As três variedades são cofermentadas e depois estagiadas em tanques de aço por oito meses antes de serem engarrafadas.

92 ESTATE
Cabernet Franc 2018
$$$ | MENDOZA | **14.5°**

Com os poucos hectares que a Alpamanta plantou em seu vinhedo de Ugarteche, mal produz cerca de três mil garrafas deste Estate, um Franc feito sob o sol local, com um nariz rico em notas de ervas e frutas doces, enquanto a boca é poderosa, com taninos firmes, de uma grande maturidade e um peso que parece presente.

91 BREVA
Syrah 2019
$$$ | MENDOZA | **12°**

Em **Breva** há uma espécie de ar experimental que se traduz, de cara, pela aparência nebulosa, de vinhos não filtrados. Neste caso é um vinho feito 100% Syrah, com apenas 12 graus de álcool e com frutas deliciosas, vermelhas e ácidas em um corpo leve com uma textura muito boa, cremosa e sem arestas. Um vinho refrescante para os dias de verão.

91 ESTATE
Malbec 2018
$$$ | MENDOZA | **14.5°**

Envelhecido por um ano em barricas e vinhedos plantados em 2006, este é um exemplar maduro e suculento de Malbec de Ugarteche, uma área quente em Luján de Cuyo. A madeira sente com seus toques tostados, mas é a fruta madura e doce que comanda.

90 BREVA BLEND
Malbec, Cabernet Sauvignon 2019
$$$ | UGARTECHE | **14°**

Com sabores suculentos e voluptuosos, essa mistura de 50% de Malbec e 50% de Cabernet Sauvignon é fermentada e estagiada por quatro meses em ânfora, você sente o amadurecimento da fruta, o álcool (14 graus) mostra seu calor e tudo parece volumoso e doce. A textura, no entanto, tem taninos firmes que proporcionam algum equilíbrio.

90 NATAL MALBEC
Malbec 2019
$$ | MENDOZA | **14°**

Um exemplar muito bom de Malbec suculento, maduro, levemente doce, em um estilo comercial, mas sem recorrer a truques como doçura excessiva ou madeira demais. Aqui tudo parece bem equilibrado em um tinto que é fácil de beber e foca na fruta.

OUTROS VINHOS SELECIONADOS

88 | NATAL Cabernet Sauvignon 2019 | Mendoza | 13.5° | **$$**
87 | NATAL Chardonnay 2019 | Mendoza | 12.5° | **$$**

Alta Yari.

PROPRIETÁRIO Hervé J. Fabre
ENÓLOGO Juan Bruzzone
WEB www.fabremontmayou.com
RECEBE VISITAS Não

• **ENÓLOGO** Juan Bruzzone

[**HERVÉ FABRE** e sua esposa, Diane, são donos da famosa vinícola Fabre Montmayou em Vistalba, mas também têm este projeto anexado com outros parceiros para uma linha de produções limitadas, seleções de um único vinhedo plantado há 13 anos em Gualtallary, com mais de 1.500 metros de altura.] **IMPORTADOR:** Biolivas

96 ALTA YARI GRAN CORTE
Cabernet Franc, Malbec, Cabernet Sauvignon 2019
$$$ | GUALTALLARY | **14.5°**

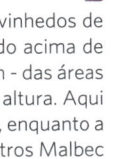

O **Gran Corte** é uma mistura de 60% de Cabernet Franc - de vinhedos de cerca de 1.420 metros de altura - mais 35% Malbec - plantado acima de 1.500 metros acima do nível do mar - e 5% Cabernet Sauvignon - das áreas mais baixas da propriedade de Alta Yari, com 1.350 metros de altura. Aqui há uma forte presença dos sabores de ervas do Cabernet Franc, enquanto a fruta vermelha do Malbec (que se sente muito presente em outros Malbec na área) aqui é subjugada por essas ervas. O corpo é firme, com taninos texturizados de giz, e o final ainda é dominado por ervas. Guarde esse vinho por pelo menos quatro anos.

96 GRAN MALBEC
Malbec 2019
$$$ | GUALTALLARY | **14.5°**

Esta é uma mistura de dois lotes dentro da propriedade de Alta Yari em um dos pontos mais altos de Gualtallary, acima de 1.500 metros de altura. Segundo o enólogo Juan Bruzzone, o primeiro lote tem solos de cal compactados, que costumam dar vinhos muito afiados, muito verticais, de

grande acidez. Os solos do segundo lote são arenosos e de cascalho cobertos por cal, o que dá tintos com um pouco mais de gordura, um corpo mais amplo que é complementado pela linearidade da primeira parcela. Tudo isso, é claro, no contexto do lugar: uma área de altura com um clima muito frio, que entrega vinhos nervosos, muito tensos. Este vinho é uma delícia de frutas vermelhas, notas de violetas e com um nervo na textura que fica circulando no paladar. Um dos melhores Malbecs que você pode experimentar hoje na Argentina.

95 ALTA YARI GRAN TORRONTÉS
Torrontés 2020
$$$ | GUALTALLARY | **13.5°**

A 1.550 metros acima do nível do mar, estes devem ser os Torrontés plantados em altitude mais alta no Vale do Uco. E nesse ponto, com o clima frio da montanha, a variedade meio que perde algumas das notas florais e se torna uma espécie de suco de limão. As notas habituais das flores começam a se sentir muito profundas, como nos bastidores, enquanto a acidez e o corpo tenso comandam em um vinho tremendamente refrescante que, apesar de ter 35% do volume estagiado em madeira, mantém a tensão de uma forma muito única. Um Torrontés mutante e delicioso.

95 ALTA YARI RESERVA
Cabernet Sauvignon 2019
$$ | GUALTALLARY | **14.5°**

Um Cabernet Sauvignon muito, mas muito particular de uma área que também é muito especial para a variedade. É um vinhedo de cerca de 12 anos, plantado em solos ricos em cal, a uma altitude de 1.350 metros, com a forte influência das brisas dos Andes, um terroir longe dos solos aluviais e do sol dos Cabernets de Agrelo, 400 metros mais baixos no vale. Os aromas aqui são florais, violetas e cerejas vermelhas maduras, enquanto na boca a textura está intimamente ligada aos solos de cal com essa sensação de giz muito pronunciada. Provado às cegas, seria difícil dizer que este é um Cabernet Sauvignon. Apostaríamos em um Malbec ou, talvez, um Cabernet Franc. Sem dúvida, o lugar aqui está tendo uma forte presença, muito mais do que a variedade.

94 ALTA YARI RESERVA
Malbec 2019
$$ | GUALTALLARY | **14.5°**

Esta é a porta de entrada para o mundo dos vinhos de solos calcários de Alta Yari, cerca de 1.400 metros acima do nível do mar, na espetacular propriedade desta vinícola na área de Monastério, em Gualtallary, no Vale do Uco. É um Malbec floral, delicioso em suas notas de violetas, mas sobretudo em seus aromas e sabores frutados, frutas vermelhas crocantes que enchem a boca, junto com taninos de giz; sensação aguda e ao mesmo tempo áspera tão típica de vinhos de cal, neste caso, de cal compactado no solo deste Malbec de 12 anos de idade. Um tinto delicioso a um preço realmente ridículo.

Altaluvia.

PROPRIETÁRIO Doña Paula Wines
ENÓLOGO Martin Kaiser
WEB www.altaluviawines.com
RECEBE VISITAS Não

• **ENÓLOGO** Martin Kaiser

[**ALTALUVIA É** um projeto que vem de Doña Paula, a vinícola de interesse chileno em Mendoza. A fruta para esses vinhos vem exclusivamente da Finca Altaluvia, um vinhedo que Doña Paula plantou em 2007 a cerca de 1.300 metros de altura em Gualtallary, ao norte do Vale do Uco. É um vinhedo de 130 hectares nos solos aluviais do rio Las Tunas, em muitos setores ricos em cal.]

96 ALTALUVIA
Malbec 2018
$$$ | GUALTALLARY | 14.5°

Esta é uma seleção de solos de muitos cascalhos, solos aluviais do rio Las Tunas, com estas pedras revestidas de calcário. São três parcelas que totalizam cerca de 4,5 hectares. As uvas foram colhidas precocemente e, após a fermentação, o vinho envelhece há 16 meses em barricas de madeira usadas. Esta é uma expressão pura de frutas vermelhas, com um nível suculento de acidez, cheio de ervas e notas florais em meio a taninos fibrosos firmes, com a tensão dos músculos de um corredor de maratona. Um tinto que mostra como um espelho o Malbec de montanha.

94 ALTALUVIA
Riesling 2019
$$$ | GUALTALLARY | 12°

Dos 130 hectares que Altaluvia tem, cerca de quatro são de Riesling. Neste caso, é uma mistura de solos, alguns muito inférteis e pedregosos, e outros mais profundos, que dão frutas mais frescas. O resultado é um Riesling de densidade muito boa, com toques especiados e de ervas, mas acima de tudo uma deliciosa sensação frutada, quase cítrica que invade a boca fazendo salivar. E depois há a textura que prende o paladar, falando sobre solos ricos em cal. Das muitas possibilidades oferecidas por Gualtallary em particular e pelo Vale do Uco em geral, das variedades que dão resultados tão bons, agora teriam que adicionar o potencial do Riesling. Este exemplo tem um monte de caráter, um vinho único. Não há outras Riesling plantadas no mundo na montanha, em solos pedregosos e brancos de cal, a 1.350 metros de altura.

93 ALTALUVIA
Chardonnay 2018
$$$ | GUALTALLARY | 13°

Este Chardonnay vem de um único quartel, ao lado de um córrego, no vinhedo de Gualtallary, 1.300 metros acima do nível do mar. Aqui está a eletricidade e o nervo do Chardonnay de Gualtallary, a influência das brisas frescas dos Andes, moldando os sabores e oferecendo notas cítricas e ervas em todos os lugares. A acidez manda na boca, enfatizando o caráter do vinho de altura, um branco de montanha.

93 ALTALUVIA
Cabernet Franc 2018
$$$ | GUALTALLARY | 15°

Em leitos de rios em solos muito pedregosos, este é um Cabernet Franc de tons maduros, mas ao mesmo tempo com uma boa parcela de tons de ervas, perto das notas de tabaco tão comuns na variedade. Os taninos são tensos, a acidez ajuda a refrescar em um vinho que precisa de pelo menos dois a três anos de armazenamento em garrafas.

Altar Uco.

PROPRIETÁRIOS Maia Echegoyen, Juan Pablo Michelini & Daniel Kokogian
ENÓLOGO Juan Pablo Michelini
WEB www.altaruco.com
RECEBE VISITAS Sim

• **ENÓLOGO** Juan Pablo Michelini

[**ALTAR UCO**] é a vinícola de três sócios: Maia Echegoyen, Juan Pablo Michelini e Daniel Kokogian. Eles começaram a fazer vinho em 2014 com frutas de terceiros, principalmente em Gualtallary, mas também em El Peral e San José, todas áreas de grande altitude no Vale do Uco. Juan Pablo Michelini é o enólogo, enquanto Maia cuida dos vinhedos. Hoje eles produzem cerca de 30 mil garrafas.] **IMPORTADOR:** www.familiakoganwines.com

96 EDAD MEDIA
Chardonnay, Sauvignon Blanc 2019
$$$$ | VALE DO UCO | 13°

O Chardonnay de Tupungato aqui forma 90% de mistura mais 10% de Sauvignon Blanc de Gualtallary. O vinho é vinificado em um ambiente oxidativo, com leveduras indígenas, e posteriormente envelhecido sob véu de flor por um ano em barricas de 500 litros. O efeito desse envelhecimento oxidativo deu um caráter de "Jerez" a este branco, fornecendo notas salinas aos frutos maduros que ele mostra. O corpo é amplo, cremoso em textura e levemente à herbáceo e tons especiados. O corpo é intenso, com sabores amplos. Um branco para envelhecer na garrafa por muitos anos.

95 EDAD MEDIA
Malbec, Cabernet Sauvignon, Cabernet Franc, Merlot 2017
$$$$ | VALE DO UCO | 14.3°

Com este vinho o projeto Altar Uco começou em 2014 e esta já é a quarta versão dessa mistura que vem de uvas de vinhedos plantadas há cerca de dez anos a 1.350 metros acima do nível do mar em Gualtallary, no Vale do Uco. Este ano tem 40% de Malbec e o restante em partes iguais Cabernet Sauvignon, Cabernet Franc e Merlot. Este tem um ano de barricas de 500 litros, permanece mais um ano em ânforas e mais um ano na garrafa antes de entrar no mercado. 2017 foi uma safra quente com baixos rendimentos, o que significou vinhos de muito boa concentração. Aqui estão muitas frutas vermelhas maduras no meio de taninos firmes e ásperos ainda. Um vinho de grande caráter frutado, mas que precisa de cerca de cinco anos na garrafa.

94 EDAD MODERNA
Cabernet Sauvignon 2019
$$$ | VALE DO UCO | 13.6°

Uma expressão cristalina da variedade, aqui há notas de ervas, muitas frutas vermelhas maduras e uma textura tensa, com taninos firmes, embora finos e muito afiados. O corpo é médio, acompanhado de uma acidez muito boa e notas de ervas que acompanham os sabores das frutas vermelhas até o final. Este Cabernet vem 80% de Gualtallary, ao norte do Vale do Uco, e 20% de El Peral, também em Uco. Como todos os tintos de Edad Moderna, este não tem envelhecimento em barricas, é apenas envelhecido em cimento por cerca de nove meses.

94
EDAD MODERNA
Malbec 2019
$$$ | T U P U N G A T O | **14°**

Para este Malbec, 80% do vinho vem da área de San José, ao norte de Tupungato, de vinhedos com cerca de 30 anos, e a outra porcentagem restante é Gualtallary, também em Tupungato. Fermentação e envelhecimento em lagares de cimento por nove meses e não tem passagem por barricas para preservar sabores frutados em um vinho cheio de notas de cerejas e violetas. Um Malbec de caráter fresco e deliciosamente varietal, para servi-lo com embutidos.

94
EDAD MODERNA
Sauvignon Blanc, Chardonnay 2020
$$$ | V A L E   D O   U C O | **12.6°**

Esta é uma cofermentação de 70% Sauvignon Blanc e 30% Chardonnay, toda de uvas de um vinhedo em Gualtallary, ao norte do Vale do Uco. A cofermentação é feita em ovos de cimento com suas borras por cerca de nove meses. Este é um branco suculento, com muita intensidade em acidez e sabores cítricos, mas caramelizado. A acidez não para até o fim, sublinhando o frescor e o nervo no meio de uma textura surpreendentemente cremosa.

93
EDAD MODERNA
Malbec, Cabernet Sauvignon, Cabernet Franc, Merlot 2019
$$$ | V A L E   D O   U C O | **13.6°**

Com base em vinhedos Gualtallary, esta mistura consiste em 25% de cada cepa. Todas as variedades foram cofermentadas, exceto Merlot, e o envelhecimento durou nove meses em lagares de concreto. A fruta vermelha é suculenta e tem destaque tanto no nariz quanto na boca. É intenso em taninos, com uma textura firme e afiada e a acidez vibrante das uvas colhidas no início da estação.

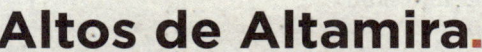

Altos de Altamira.

PROPRIETÁRIOS Roberto Ranftl, Julieta Núñez & Ricardo Núñez

ENÓLOGO Luis Soria

WEB www.albaflor.com.ar

RECEBE VISITAS Sim

• **PROPRIETÁRIO** Ricardo Núñez

[**ESTE PROJETO** nasceu em 2010, entre três sócios: Roberto Ranftl, Julieta e Ricardo Núñez, todos relacionados ao mundo do vinho de diferentes ângulos. Inicialmente eles se concentraram nas uvas de Altamira, mas com o tempo eles se expandiram para outras áreas do Vale do Uco. Em 2013, eles compraram uma fazenda na fronteira entre Vista Flores e Los Chacayes, onde hoje têm 25 hectares e com os quais cobrem boa parte de sua produção.]

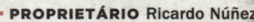

Altos de Altamira.

94 ALBAFLOR
Merlot 2018
$$$ | LOS CHACAYES | **14.5°**

De vinhedos plantados em 2007 na área de Los Chacayes, cerca de 1.300 metros de altura, no Vale do Uco, este é um bom sinal do que o Merlot poderia se tornar. O solo é muito pobre, pedregoso, em um lugar que geralmente dá vinhos selvagens, ricos em taninos. O que mostra agora são muitas frutas vermelhas maduras, especiarias, notas de ervas que também estão associadas com Los Chacayes. A textura, por sinal, é cheia de taninos reativos, com muita aderência, e a acidez é firme. Um vinho para esperar por alguns anos.

92 ALBAFLOR
Cabernet Franc 2019
$$ | LOS CHACAYES | **14.5°**

Esta é uma seleção de uvas compradas na área de Los Chacayes, cerca de 1.100 metros de altura, no Vale do Uco. E tem aquela pegada de taninos um tanto selvagens, típicos dos vinhos daquele lugar de solos pedregosos e calcários. O resto aqui é pura fruta deliciosa e refrescante, com toques especiados, mas acima de tudo ervas e cerejas maduras em um vinho para beber por litros.

90 ALBAFLOR
Cabernet Sauvignon 2019
$$ | VISTA FLORES | **14.5°**

Solos profundos, ricos em argilas, pedras e areias, este é um Cabernet focado em sabores frutados, frutas vermelhas maduras, negras ácidas e, ao fundo, alguns tons de ervas. A estrutura de acidez e taninos é firme, intimamente relacionada à genética da variedade, ideal para acompanhar um assado.

90 ALBAFLOR
Malbec 2019
$$ | VISTA FLORES | **14.5°**

De um vinhedo em latada, localizado a cerca de 1.300 metros acima do nível do mar, este é um Malbec suculento, ricos sabores maduros temperados com toques de violetas. Tem boa pegada na boca, o suficiente para hambúrgueres. Um tinto simples e cheio de frutas.

OUTRO VINHO SELECIONADO
88 | ALBAFLOR Sauvignon Blanc 2020 | Vista Flores | 13.5° | **$$**

Altos Las Hormigas.

PROPRIETÁRIOS Antonio Morescalchi, Alberto Antonini & outros
ENÓLOGO Federico Gambetta
WEB www.altoslashormigas.com
RECEBE VISITAS Não

• **PROPRIETÁRIOS**

[**ALTOS LAS HORMIGAS** foi uma das primeiras vinícolas a apostar seriamente no Malbec, quando o tremendo sucesso internacional que teria ainda não era conhecido. A aposta se materializou na década de 1990 com os italianos Alberto Antonini e Attilio Pagli, ambos enólogos, e Antonio Morescalchi, engenheiro, fundador e parte de uma equipe que hoje é complementada pelo especialista em solos Pedro Parra e pelo empresário Albert Cussen. A empresa continua apostando fortemente no Malbec, aprofundando a origem de seus vinhos, localizados entre os mais estimulantes do cenário local. Seus 206 hectares iniciais em Luján de Cuyo, onde também está localizada sua vinícola, foram adicionados em 2011 outros 50 na área de Altamira, no Vale do Uco.]

IMPORTADOR: www.worldwine.com.br

96 APPELLATION GUALTALLARY
Malbec 2018
$$$$ | GUALTALLARY | 13.9°

Altos Las Hormigas aluga dois vinhedos em Gualtallary, ambos ricos em solos de cal, o que, sem dúvida, contribui para uma estrutura mais sólida, mas também oferece vinhos mais austeros, menos exuberantes (e um pouco exaustivos) do que os de areias nessa área de altura, acima de 1.300 metros, ao pé dos Andes. Está cheio de sabores frutados, notas de violetas e uma deliciosa acidez que é projetada em todo o paladar. Um vinho muito do lugar, em um lugar como Gualtallary onde ainda é preciso muitos estudos para determinar seu caráter real. Por enquanto, e temendo generalizar, tem a personalidade do Malbec de Gualtallary nascido em solos ricos em cal.

95 APPELLATION PARAJE ALTAMIRA
Malbec 2018
$$$$ | ALTAMIRA | 13.5°

Este Malbec vem de uvas compradas de dois produtores de Altamira, em solos ricos em cascalho produzidos pelas inundações do rio Tunuyán. O vinhedo fica a cerca de 1.200 metros acima do nível do mar, e tem o caráter dos vinhos locais, a tensão dos taninos, monolíticos e austeros, em meio a sabores frutados, frescos e crocantes. As notas de violetas no final do paladar dão um vinho que precisa de mais três a quatro anos na garrafa.

93 COLONIA LAS LIEBRES
Bonarda 2020
$$ | MENDOZA | 13°

A primeira safra desse vinho foi em 2003, e este ano tem uma pequena novidade: 10% dos vinhedos próprios em Altamira, no primeiro ano de produção dessas videiras plantadas em 2017. E embora sejam apenas algumas gotas, ele mudou o estilo deste vinho, dando-lhe um nervo e uma fruta vermelha - cerejas daquelas espremidas e ácidas - que constroem um vinho delicioso para beber, com taninos firmes que se sentem tensos e afiados e

Altos Las Hormigas.

correspondem à textura que normalmente é obtida nesses vinhos da montanha. Apenas 10% que transformou este clássico. Entusiasma imaginar um 100% Bonarda de Altamira.

94 RESERVE
Malbec 2018
$$$ | V A L E   D O   U C O | **13.9°**

Se o **Clásico** é a visão de um Malbec genérico de Mendoza, esta Reserva é a visão do Malbec, mas concentrada no Vale do Uco e, neste caso, duas zonas. 60% vêm de Gualtallary e os 40% restantes vêm de Altamira, em ambos os casos, uvas compradas. O estilo tenso e nervoso do Malbec de Uco é aqui retratado com nitidez; notas de violetas, cerejas frescas e ácidas. O vinho foi estagiado por 18 meses em fudres, que parece ter arredondado a textura. Um vinho delicioso, mas também com um profundo senso de lugar.

92 TINTO
Bonarda, Malbec, Sémillon 2019
$$ | M E N D O Z A | **13.5°**

A ideia por trás de Tinto é voltar aos vinhos refrescantes e leves do passado, quando, além das variedades tintas, havia uvas brancas para sublinhar o frescor. Nesta mistura há 51% de Bonarda, 43% de Malbec e o resto de Sémillon que foi cofermentada. Colhido muito cedo (terceira semana de fevereiro), brilha em sua acidez, fazendo com que as frutas se sintam mais refrescantes e crocantes. Um vinho de sede, que são sempre necessários, especialmente sob o intenso calor do verão do mendocino.

91 CLÁSICO
Malbec 2019
$$ | M E N D O Z A | **13.5°**

Este Malbec é baseado em vinhedos de Luján de Cuyo, mais 20% de Malbec do Vale do Uco. Tentando mostrar o caráter do Malbec mendocino, mas na tecla de leveza e frescor, este tem muitas frutas vermelhas maduras, um volume médio na boca e taninos muito macios e amigáveis. Um Malbec equilibrado, pronto agora para beber com churrasco de domingo.

91 COLONIA LAS LIEBRES
Bonarda 2018
$$ | M E N D O Z A | **10.5°**

Esta Bonarda vem da área de El Peral no Vale do Uco e é feita com o método tradicional de segunda fermentação na garrafa. Um suco de fruta vermelha ácida, refrescante e vivaz, ideal para matar a sede no verão. Compre por garrafas.

Amansado.

PROPRIETÁRIOS Adolfo & Gustavo Brennan
ENÓLOGOS Juan Pablo Michelini & José Luis Miano
WEB www.amansadowines.com
RECEBE VISITAS Sim

• **ENÓLOGO** Juan Pablo Michelini

[OS IRMÃOS BRENNAN são criadores de cavalos crioulos em Mendoza, mas eles também têm como atividade paralela a produção de vinhos, como hobby. E assim foi até que um dia, em 2014, visitaram a vinícola Zorzal, em Gualtallary, e foram recebidos pelo enólogo Juan Pablo Michelini. Um ano depois, Michelini e os Brennans lançam sua primeira safra de uvas nas áreas de Lunlunta e Perdriel, ambos lugares muito tradicionais em Luján de Cuyo, onde o enólogo nunca teve a oportunidade de vinificar. Os Brennan também têm vinhedos de Malbec muito antigos, com mais de 70 anos, com os quais produzem seus melhores vinhos.] **IMPORTADOR:** www.familiakoganwines.com

94 AMANSADO YUNTA BLEND DE TERROIRS
Malbec 2018
$$ | MENDOZA | 14.1°

A ideia por trás deste vinho é combinar dois mundos opostos: os solos calcários e o clima frio da montanha de Gualtallary e os solos mais pesados de Perdriel, 400 metros mais baixos em Mendoza. Trata-se de uma co-fermentação de 50% de Gualtallary e 50% de Perdriel, colhida ao mesmo tempo e estagiada em um ano em cimento. Os taninos firmes, a acidez afiada e os aromas de violetas e cerejas ácidas da metade de Gualtallary dominam neste vinho, enquanto o lado doce e a textura amigável de Perdriel se sentem ao fundo como um complemento. Um ensaio interessante de terroirs para beber agora com frios.

94 CRIANZA EN ÁNFORA PEDRO XIMÉNEZ
Pedro Ximénez 2019
$$$$$ | MENDOZA | 14°

Depois de um ano e meio sob o véu de flor, em ânfora de cerâmica, esta Pedro Ximénez, de vinhas de 70 anos, em Tupungato, mostra uma forte presença salina e notas especiadas vindas da flor. O nariz é dominado por essas notas, enquanto na boca, a safra fresca de 2019 fala com sua acidez tensa e aromas de ervas e florais. É um branco fresco, com muita tensão e verticalidade e um vinho que será projetado por anos na garrafa. Deve-se ser pacientes por pelo menos cinco anos.

93 AMANSADO MALBEC RESERVA
Malbec 2018
$$ | PERDRIEL | 13.4°

Esta é uma seleção de solos ricos em argilas, mas com subsolo pedregoso de terraços aluviais do rio Mendoza, na área de Perdriel. Metade do vinho é envelhecido em barricas por um ano e o outro é envelhecido em cimento e concreto. O resultado é um vinho com muita tensão de acidez, taninos firmes e afiados e frutas vermelhas radiantes. Nada disso se relaciona com Perdriel, que costuma entregar vinhos mais maduros e macios. Não é esse o caso. Este pertence a uma nova ninhada de tintos de áreas clássicas que reinterpretam esses lugares a partir de uma visão muito mais fresca.

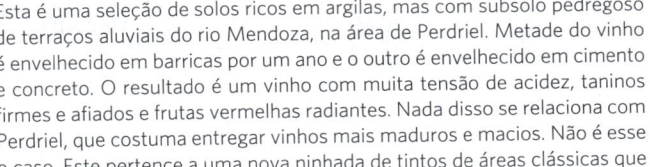

92 AMANSADO CABERNET DE SED
Cabernet Sauvignon 2019
$$ | PERDRIEL | **13.2°**

Em um estilo muito original, este Cabernet brinca com a ideia de não levar a variedade muito a sério, e consegue em um vinho que é apresentado em uma garrafa borgonha, e que é produzido graças ao método de maceração carbônica que geralmente dá vinhos frutados e muito fáceis de beber. Aqui a fruta da Cabernet, as notas de ervas e especiadas, desdobram-se através do nariz e da boca generosamente; o corpo é firme em taninos, mas ao mesmo tempo suculento em acidez. Um daqueles tintos frescos para o verão, acompanhando um churrasco desde linguiças ao corte principal de carne.

90 AMANSADO
Malbec 2019
$$ | PERDRIEL | **13.4°**

De um vinhedo de 45 anos, plantado em Perdriel, este vinho oferece uma expressão pura da variedade a um preço muito acessível. Aqui há frutas vermelhas suculentas, notas de ervas, um corpo leve e muito macio e uma acidez que acompanha tudo proporcionando um frescor crocante. Sem passagem por madeira, este é um bom Malbec para matar a sede.

90 AMANSADO ROSADO
Pedro Ximénez, Cabernet Sauvignon 2019
$$ | TUPUNGATO | **13.5°**

Este é um Pedro Ximénez de uma latada de cerca de 70 anos em Tupungato, com 5% Cabernet Sauvignon, que aqui fornece a cor rosa em um vinho que é, acima de tudo, fresco e frutado, muito macio em textura junto com uma acidez suculenta. É ideal para matar a sede no verão, por garrafas.

OUTRO VINHO SELECIONADO
89 | AMANSADO Cabernet Sauvignon 2019 | Perdriel | 13.4° | $$

Anaia Wines.

PROPRIETÁRIOS Osvaldo del Campo & Patricia Serizola
ENÓLOGA Alejandra Martínez Audano
WEB www.anaiawines.com
RECEBE VISITAS Sim

PROPRIETÁRIOS Patricia Serizola & Osvaldo del Campo

[**ANAIA É** o projeto de Patricia Serizola, seu marido, Osvaldo del Campo, e Octavio Molmenti, nenhum com experiência prévia na produção ou comercialização de vinhos. Em 2016 eles compraram um vinhedo em Agrelo e em 2017 começaram a engarrafar seus primeiros vinhos. Hoje eles têm 56 hectares com os quais produzem cerca de cem mil garrafas.]

93 ANAIA GRAN CABERNET
Cabernet Sauvignon 2018
$$$ | AGRELO | **14°**

Agrelo tem certa reputação na Argentina por seu Cabernet Sauvignon que cresce em solos pedregosos e de argila, como as vinhas de Anaia, plantadas em 2003. Este Cabernet tem leves toques de ervas, mas é a fruta que domina, os tons de frutas negras no meio de um corpo médio, com taninos bem firmes e afiados, mas não agressivos. Um Cabernet muito bom com muito senso de lugar.

93 ANAIA GRAN MALBEC
Malbec 2018
$$$ | A G R E L O | 13.9°

Esta é uma seleção de parcelas do vinhedo Anaia em Agrelo que mostram uvas com maior concentração de sabores. O vinho é envelhecido por um ano em fudres de três mil litros e depois vai para a garrafa. Este é outro bom exemplar de Agrelo em suas frutas maduras e especiarias doces. Os vinhos da área são assim moldados pelo sol daquele lugar, em direção aos pés dos Andes. A textura é macia, rica em taninos, mas estes são taninos amigáveis, muito doces e macios.

92 ANAIA
Viognier 2019
$$ | A G R E L O | 12.1°

Este Viognier vem da área tradicional de Agrelo, um lugar conhecido por seus tintos, mas também tem um espaço interessante para variedades mediterrâneas que gostam do sol, como Viognier. Neste caso, são vinhas plantadas em solos de argila por volta de 2006, e mostram uma face bastante austera da variedade, com notas de flores e frutas brancas, juntamente com uma exuberância contida. A boca é moldada a partir de uma acidez crocante e muitos sabores frutados que lhe dão uma suculência deliciosa.

91 ANAIA COFERMENTADO
Malbec, Cabernet Sauvignon 2018
$$ | A G R E L O | 13.9°

Trata-se de uma cofermentação de 60% de Cabernet Sauvignon e 40% de Malbec, sem envelhecer em barricas. Assim como os vinhos da base de Anaia, este também tem uma fruta negra madura e suculenta, com tons de ervas. Muito macio em textura, mas ao mesmo tempo com boa profundidade de sabores frutados, aqui está um vinho deliciosamente simples, sem grandes ambições, mas muito representativo dos vinhos de Agrelo, um lugar ensolarado e quente que oferece tintos com esse tipo de voluptuosidade.

90 ANAIA
Cabernet Sauvignon 2018
$$ | A G R E L O | 14°

Com um sotaque nas ervas, mas também com uma boa densidade de frutas negras e especiarias, este Cabernet não tem passagem por madeira. Aqui está a expressão clara de um clima ensolarado e quente nesses sabores maduros e também na textura macia e amigável.

90 ANAIA MALBEC
Malbec 2018
$$ | A G R E L O | 13.8°

Sem envelhecimento em barricas, este Malbec frutado vem de vinhedos plantados em 2003 em Agrelo. Tem aromas agradáveis de frutas negras maduras e algumas especiarias doces. Os sabores são suculentos, doces, e os taninos se sentem redondos e amigáveis.

90 TINTO DE AGRELO
Malbec 2019
$$ | A G R E L O | 13.2°

Uma abordagem suculenta e muito refrescante para vinhos de Agrelo, tradicionalmente mais maduros e de frutas mais negras do que seus homólogos no Vale do Uco. E essa tem sido uma boa maneira de diferenciar ambas as zonas. Em muitos casos modernos de Agrelo, no entanto, esse lado maduro às vezes é cansativo, embora não neste Malbec que mostra os frutos negros de uma área quente, mas acompanhado por uma acidez nítida e um corpo leve e fresco, cheio de frutas. Um olhar de nova escola para uma região muito tradicional de Luján de Cuyo.

Andeluna.

PROPRIETÁRIO José María Barale

ENÓLOGO Manuel González

WEB www.andeluna.com.ar

RECEBE VISITAS Sim

• **ENÓLOGO** Manuel González

[**FUNDADA EM** 2003 pela americana Ward Lay, e adquirida em 2011 pelo empresário argentino José María Barale, a Andeluna é uma das vinícolas mais conhecidas do Vale do Uco. Possui 67 hectares em Gualtallary, cerca de 1.300 metros de altura, com os quais produzem 80 mil caixas de 12 garrafas por ano, metade delas de Malbec. Seu enólogo é Manuel González.]

IMPORTADOR: www.worldwine.com.br

95 ANDELUNA PASIONADO
Cabernet Franc 2018
$$$$ | VALE DO UCO | **14.5°**

Para este **Pasionado**, duas parcelas são usadas principalmente. O primeiro é o lote original que Andeluna plantou em 1997 em Gualtallary, e o outro está localizado no setor mais ocidental da propriedade, o mais alto, mais pedregoso e de menor fertilidade. Esta é uma expressão clara da variedade, com forte ênfase em ervas, notas especiadas e frutas vermelhas misturadas com flores. A boca tem taninos muito moderados e macios, em um contexto de muitas frutas vermelhas maduras e, novamente, um caráter de ervas que fornece frescor.

95 ANDELUNA PASIONADO
Malbec 2017
$$$ | GUALTALLARY | **14.5°**

Pasionado é uma seleção de lotes, especialmente no lado oeste da propriedade, a parte mais alta, acima de 1.300 metros, com mais cascalho na superfície e menos areia. O envelhecimento se estende por 18 meses em barricas e é um vinho selvagem, com aromas terrosos e frutados, mas também tons de couro, carne crua. A boca é suculenta, muito concentrada e ao mesmo tempo muito ácida e com um enredo de taninos firmes, tão selvagens quanto seus aromas. Um Malbec para guardar.

94 ANDELUNA ELEVACIÓN
Malbec, Merlot, Cabernet Sauvignon 2018
$$ | VALE DO UCO | **14.5°**

Esta mistura tem 55% de Malbec, 37% Cabernet Sauvignon e o resto do Merlot, todos de seus próprios vinhedos em Gualtallary, ao norte de Vale do Uco, cerca de 1.300 metros acima do nível do mar. O nariz é delicioso, cheio de aromas especiados e à base de ervas, mas acima de tudo frutas vermelhas maduras, exuberantes, embora sem doçura. A boca é igual. Há toques terrosos, muitas frutas vermelhas em um corpo que tem taninos firmes, e ainda se sente macio e redondo.

94 PASIONADO CUATRO CEPAS
Malbec, Cabernet Sauvignon, Cabernet Franc, Merlot 2017
$$$ | GUALTALLARY | **14.5°**

Este é historicamente o primeiro top de Andeluna, com sua primeira safra em 2003, e é uma seleção de lotes da propriedade da vinícola em Gualtallary, onde são um dos pioneiros, com vinhedos plantados em 1997. Este ano, a mistura inclui 38% de Malbec, 33% Cabernet Sauvignon, mais 20% de Cabernet Franc e o restante do Merlot. Após 18 meses em barricas, este é um vinho de grande concentração, com muitos sabores frutados, acidez firme e tons especiados. Os taninos afirmam uma estrutura potente, para pensar na guarda de garrafas.

91 ANDELUNA EDICIÓN LIMITADA
Sémillon 2020
$$ | VALE DO UCO | **13°**

Este Sémillon tem um caráter melado, quase oleoso em sua textura. Os aromas são densos, maduros, com toques de mel e especiarias doces no meio de um corpo generoso, que engloba todo o paladar com essa sensação voluptuosa. Este Sémillon vem de vinhedos localizados na área de El Cepillo, no extremo sul do Vale do Uco, cerca de 1.300 metros de altura, em uma área de fortes geadas e baixos rendimentos por videira.

91 BLANC DE FRANC
Cabernet Franc 2020
$$$ | GUALTALLARY | **12.5°**

Este rosé vem de vinhedos especialmente trabalhados para o estilo, com os cachos Cabernet Franc protegidos dos raios intensos do sol e colhidos muito cedo, especialmente nesta safra, que foi muito quente em Mendoza e também em Gualtallary, de onde vem esse rosé. A principal qualidade é seu frescor, sua importante parcela de frutas vermelhas ácidas e seu corpo leve, textura rica e final levemente herbáceo.

90 ANDELUNA ALTITUD
Cabernet Sauvignon 2017
$$ | TUPUNGATO | **14.5°**

Este Cabernet cheira a frutas negras e especiarias, mas também oferece notas de couro e terra em um corpo de taninos firmes e afiados que podem ir muito bem com torta de carne ou ensopados. Esta é uma seleção de frutas da área de Gualtallary, cerca de 1.300 metros acima do nível do mar, no Vale do Uco.

90 ANDELUNA ALTITUD
Malbec 2018
$$ | TUPUNGATO | **14.5°**

Este Malbec vem de vinhedos na região de Gualtallary, acima de 1.300 metros de altura, e mostra o lado mais maduro e concentrado dos vinhos daquela área, geralmente mais próximo de notas florais e corpos mais leves e nervosos. Aqui há concentração e muitos sabores de frutas negras.

90 ANDELUNA LADERA RED BLEND
Malbec, Merlot, Cabernet Sauvignon 2019
$$ | VALE DO UCO | **14°**

Consistente com os tinto de Andeluna na área de Gualtallary, essa mistura tem aquele sotaque em frutas negras, um caráter maduro, mais maduro e severo do que o habitual na área. É intenso em taninos e tem um corpo muito bom e concentração no sabor das frutas para ser o companheiro de qualquer churrasco.

90 ANDELUNA LADERA WHITE BLEND
Chardonnay, Torrontés, Sauvignon Blanc 2019
$$ | VALE DO UCO | 13.5°

Uma mistura muito peculiar de Chardonnay, Torrontés e Sauvignon Blanc, esta tem um corpo muito bom, construída a partir de uma acidez crocante e sabores de frutas maduras. É amplo, oleoso; pronto agora para truta grelhada.

OUTROS VINHOS SELECIONADOS
88 | ANDELUNA 1300 Chardonnay 2020 | Vale do Uco | 13.5° | **$$**
87 | ANDELUNA 1300 Malbec 2019 | Vale do Uco | 14° | **$$**
87 | FINCA MARTHA Chardonnay 2020 | Gualtallary | 13.5° | **$$**

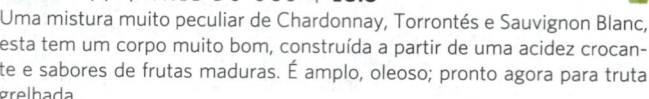

Aniello.

PROPRIETÁRIOS Carlos De Angelis & Ramón Cereijo
ENÓLOGA María Eugenia Herrera
WEB www.bodegaaniello.com.ar
RECEBE VISITAS Sim

· **ENÓLOGA** María Eugenia Herrera

[**ANIELLO** é o empreendimento de Carlos De Angelis e Ramón Cereijo, na região do Río Negro. Em 2012, eles começaram a comprar um vinhedo de 40 hectares plantado por volta de meados da década de 1980, nos terraços aluviais do Río Negro. Hoje, o projeto compreende 55 hectares de vinhedos, que estão engarrafados sob a marca Aniello desde 2012.]
IMPORTADOR: www.worldwine.com.br

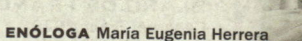

93 BLEND DE SUELOS
Malbec 2017
$$ | RÍO NEGRO | 13.5°

Esta é uma seleção de diferentes tipos de solos nos dois vinhedos de Aniello em Rio Negro. Envelhecido em barricas por 12 meses, este Malbec é rico em notas de frutas vermelhas, com uma aderência muito boa graças aos taninos que se sentem afiados, crocantes. Nesta mistura, há uvas de vinhedos jovens, mas a base está em videiras plantadas em 1947 que são as que dão profundidade e tensão. Um vinho para beber agora, desfrutando de todos os seus sabores frutados e frescos, ou para armazenar por pelo menos três anos na adega.

OUTROS VINHOS SELECIONADOS
89 | 006 BLEND DE SUELOS BLANCO DE PINOT NOIR Pinot Noir 2019
Patagônia Argentina | 13.5° | **$$**
89 | BLEND DE SUELOS CORTE DE PINOT NOIR Pinot Noir 2017
Patagônia Argentina | 13.5° | **$$**
88 | ANIELLO 006 MALBEC Malbec 2019 | Patagônia Argentina | 13.5° | **$**
88 | BLEND DE SUELOS Pinot Noir 2017 | Patagônia Argentina | 13.5° | **$$**

Antigal.

PROPRIETÁRIO Virgilio Cartoni
ENÓLOGA Miriam Gómez
WEB www.antigal.com
RECEBE VISITAS Sim

· ENÓLOGA Miriam Gómez

[**ANTIGAL** pertence a Virgilio Cartoni, empresário chileno que iniciou esse projeto com o mercado americano em mente. Eles estão engarrafando desde 2007 e hoje produzem 120 mil caixas de 12 garrafas. A enólogo é Miriam Gómez, que começou a trabalhar lá a partir da segunda safra da vinícola.] **IMPORTADOR:** www.nexuswinesagency.com

92 ONE SINGLE VINEYARD LA DOLORES
Malbec 2014
$$$$$ | G U A L T A L L A R Y | **15.5°**

Apesar do estilo da casa, que é de frutas maduras e texturas muito macias e amigáveis, o solo de cascalho coberto com cal de Gualtallary (de um vinhedo plantado em 2000) tem um efeito muito difícil de evitar. E aqui os taninos se sentem firmes e ásperos, com essa textura de giz tão típica desses solos. O resto é muito de Antigal no sentido de doçura, a amabilidade dos sabores, as notas de especiarias doces. O solo se impõe a um estilo.

91 ADUENTUS PETIT BLEND
Petit Verdot, Cabernet Franc, Malbec 2017
$$$ | V A L E D O U C O | **15.3°**

Trata-se de uma mistura de 50% de Cabernet Franc, 30% Malbec e 20% Petit Verdot, todos de vinhedos no Vale do Uco. Envelhecido em barricas de segundo e terceiro uso por 18 meses, tem sabores doces, mas ao mesmo tempo tem taninos muito bons e boa acidez para alcançar o equilíbrio, especialmente se você pensar em costelas de porco grelhadas.

90 ADUENTUS
Malbec 2017
$$$ | G U A L T A L L A R Y | **14.9°**

Cem por cento dos vinhedos na área de Gualtallary do Vale do Uco, este é um Malbec suculento e sedoso com uma textura muito macia; taninos muito arredondados e doces e suculentos. Um vinho de estilo comercial, mas sem abusar da doçura ou madeira.

90 ADUENTUS MEDITERRÁNEO
Malbec, Tempranillo, Syrah 2017
$$$ | V A L E D O U C O | **15.3°**

Vem de vinhedos em Gualtallary e La Arboleda, ambos no Vale do Uco. Tem 40% de Malbec, mais 30% Tempranillo e 30% Syrah. É um tinto suculento, com sabores maduros e amigáveis, em meio a tons de especiarias doces. A textura é construída de taninos firmes e suculentos, agora prontos para embutidos.

OUTROS VINHOS SELECIONADOS

88 | UNO Cabernet Sauvignon 2018 | Vale do Uco | 13.9° | **$$**
86 | ADUENTUS EXTRA BRUT Chardonnay 2018 | Gualtallary | 12.9° | **$$$**
85 | UNO RED BLEND Malbec, Syrah, Petit Verdot 2017 | Vale do Uco | 13.9° | **$$**

Antucura.

PROPRIETÁRIA Anne Caroline Biancheri
ENÓLOGO Mauricio Ortiz
WEB www.antucura.com
RECEBE VISITAS Sim

• **ENÓLOGO** Mauricio Ortiz

[**ESTA VINÍCOLA** pertence a Anne Caroline Biancheri, uma francesa que chegou na década de 1990 na Argentina, criou uma editora de livros sobre vinho e, em 1998, entrou no mundo do vinho comprando uma fazenda na área de Vista Flores. Lá, a mil metros de altura, no coração do Vale do Uco, Antucura possui cem hectares, 40 deles Malbec, e tem uma produção anual de 200 mil garrafas. Os vinhedos crescem em solos aluviais, ricos em pedras, que já fizeram parte de um rio que desceu os Andes..] **IMPORTADOR:** www.premiumwines.com.br

95 ANTUCURA GRAND VIN
Merlot, Cabernet Sauvignon, Malbec 2016
$ $ $ | V I S T A   F L O R E S | **14.5°**

Em um estilo clássico mendocino, aqui está a maturidade das frutas de Vista Flores, Merlot (50% de blend) proporcionando frutas vermelhas maduras e suculentas, em meio a taninos muito macios e redondos. O resto consiste em 40% Cabernet Sauvignon e 10% Malbec em um tinto muito bordalês, mas Bordeaux em anos quentes, quando essa fruta suculenta enche a boca. Uma mistura de grande profundidade, complexidade e ao mesmo tempo finesse.

92 ANTUCURA CALCURA | ANTUCURA BLEND
SELECTION Cabernet Sauvignon, Malbec, Merlot 2015
$ $ | V I S T A   F L O R E S | **14.3°**

Esta é uma seleção de vinhedos, gerenciados para dar menos uvas, mas mais concentração. Possui um terço de cada uma das variedades e envelhece por 12 meses em barricas, 60% delas novas. Depois de quatro anos de garrafa, a madeira se sente muito bem integrada, com notas tostadas ao fundo, especiarias doces e toques confitados. Frutas maduras em primeiro plano falam do calor do lugar. Um vinho suculento, como é o estilo da casa.

91 ANTUCURA BARRANDICA
Malbec 2019
$ $ | V I S T A   F L O R E S | **14.2°**

Esta é uma das boas relações preço-qualidade de Vista Flores. No estilo da casa, este Barrandica se sente suculento, de maturidade muito boa, com sabores vermelhos maduros e muitas notas especiadas. Um para guisado de cordeiro.

91 SINGLE VINEYARD TANI
Cabernet Franc 2017
$ $ | V I S T A   F L O R E S | **14°**

Acima de mil metros acima do nível do mar, na região de Vista Flores, no Vale do Uco, trata-se de um suculento e voluptuoso Cabernet Franc, marcado pela maturidade da fruta ditada pelo estilo da casa. Estagiado por 12 meses em barricas, a influência da madeira é notável, mas há muitas frutas no fundo e o lado de ervas da variedade parece muito marcante. Paciência, que este vinho precisa de garrafa para ganhar em complexidade.

91 SINGLE VINEYARD YEPÚN
Malbec 2017
$$ | VISTA FLORES | **14.2°**

Envelhecido por cerca de 12 meses em barricas, com 60% de madeira usada e o restante de madeira nova, esta é uma seleção de solos de menor fertilidade na propriedade de Antucura, em Vista Flores. A madeira tem um forte destaque aqui, mas a fruta por trás dela é intensa e madura. Dê-lhe tempo de garrafa.

90 ANTUCURA BARRANDICA
Cabernet Franc 2019
$$ | VISTA FLORES | **14.2°**

Com cerca de mil metros de altura, este Franc oferece uma relação preço-qualidade muito boa com um tinto suculento de muito boa concentração e maturidade; tons de ervas em um tinto muito fluido, muito suculento. Este é para levar para o churrasco.

OUTRO VINHO SELECIONADO

88 | CHERIE Pinot Noir 2019 | Vista Flores | 12.4° | **$$**

Argento.

PROPRIETÁRIO Grupo Avinea
ENÓLOGO Juan Pablo Murgia
WEB www.bodegaargento.com
RECEBE VISITAS Não

• **ENÓLOGO** Juan Pablo Murgia

[**ARGENTO NASCEU** em 1998 e foi comprada em 2011 pelo conhecido empresário petrolífero Alejandro Bulgheroni, também dono de vinícolas como Otronia, na Patagônia argentina, ou Garzón, nas colinas da Baía de Maldonado, no Uruguai. O projeto Argento está sediado na região de Cruz de Piedra, em Maipú, onde possui uma vinícola que produz mais de quatro milhões de litros de diferentes vinhedos, tanto no Vale do Uco quanto em Luján de Cuyo. O enólogo é Juan Pablo Murgia e o consultor, o italiano Alberto Antonini, um dos consultores mais procurados da América do Sul.]

IMPORTADORES: www.domno.com.br www.zonasul.com.br

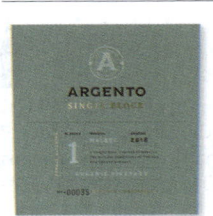

96 SINGLE BLOCK 1
Malbec 2018
$$$ | ALTAMIRA | **14.5°**

O **Single Block 1** é uma seleção de vinhedos orgânicos de propriedade de Argento na área de Altamira em La Consulta. A fruta escolhida corresponde às parcelas plantadas em solos mais ricos em cal, que imediatamente se sente na textura áspera, de giz que mostra esse Malbec. E também nos aromas minerais que são misturados com a generosa camada de frutas vermelhas refrescantes. Tem um ano de envelhecimento em fudres de 3.500 litros, o que certamente ajudou a acalmar a textura dos taninos, embora sem adicionar aromas tostados da madeira. Deliciosa expressão frutada em um vinho que claramente exibe sua origem.

95 SINGLE VINEYARD ALTAMIRA
Malbec 2019
$$ | ALTAMIRA | **14.5°**

Este Malbec é uma fotografia clara dos tintos de Altamira, a intensidade em aromas de frutas vermelhas e violetas, a firme acidez do vinho da montanha e os taninos afiados de solos ricos em cal. Esta é uma seleção de parcelas de solos pedregosos, cascalhos cobertos de cal que entregam esse tipo de textura semelhante à do giz e que traz nervo e tensão aos vinhos. 75% desse Malbec envelhece por dez meses em fudres de cinco mil litros, que só forneceu taninos macios em um vinho tinto intenso, refrescante e claro em sua expressão de lugar.

93 SINGLE VINEYARD AGRELO
Cabernet Franc 2019
$$ | A G R E L O | **14.5°**

Da área superior de Agrelo, um lugar tradicional no vinho mendocino, este Cabernet Franc tem leves toques de ervas em meio a deliciosos sabores de frutas vermelhas e tons especiados. Tem o lado do vinho da montanha (o vinhedo tem cerca de 1.100 metros de altura), o que é sentido em sua acidez, e também em taninos firmes, sublinhados talvez pelo cal no solo onde as videiras foram plantadas. Um exemplar suculento e frutado da variedade para guisados de cordeiro.

93 SINGLE VINEYARD AGRELO
Malbec 2019
$$ | A G R E L O | **14.5°**

Embora esta seja uma nova escola de Agrelo, com frutas vermelhas e leves toques de violetas, aqui você pode sentir o sabor de frutas maduras no paladar e também os taninos redondos e doces que caracterizam a área. Esse Malbec, no entanto, vem do Alto Agrelo, um lugar especial que costuma dar vinhos de maior frescor e de lá venha talvez aquela sensação refrescante no nariz e também a acidez afiada que ele mostra.

92 ARTESANO ORGANIC
Malbec 2019
$ | A G R E L O | **14.5°**

Este Malbec vem da área de Alto Agrelo, cerca de 1.100 metros acima do nível do mar, em uma área intermediária entre os sabores de frutas negras e maduras do Agrelo tradicional, e os sabores mais nervosos e refrescantes de Uco. Aqui há frutas vermelhas e toques leves de violetas, ao lado dos taninos amigáveis e doces de uma área mais quente. É um boa cruzamento de mundos em um tinto que, em primeiro lugar, se concentra em frutas e na facilidade de beber. E o preço, é justamente uma pechincha que não se pode perder.

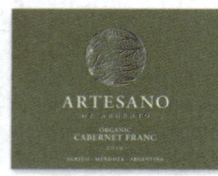

91 ARTESANO ORGANIC
Cabernet Franc 2019
$ | A G R E L O | **14.5°**

A linha **Artesano** vem de vinhedos na área de Alto Agrelo, cerca de 1.100 metros acima do nível do mar, em direção ao pé da Cordilheira dos Andes. É uma área bastante fresca no contexto de Agrelo, e a partir daí você tem vinhos frescos e suculentos como este Franc que mostra o lado de ervas da variedade, mas também as frutas vermelhas de um vinho da montanha. A boca é mais suculenta, madura e redonda. A relação preço-qualidade é excelente.

90 CUESTA DEL MADERO GRAN RESERVA
Chardonnay 2019
$ | M E N D O Z A | **13.5°**

Uma visão pura e frutada do Chardonnay, este tem um breve envelhecimento na madeira por dois meses (aduelas de carvalho), que deu um tom confitado e tostado aos sabores, mas sem predominar sobre a fruta. A textura é cremosa, amigável, pronta agora para beber com peixe grelhado.

90 ESTATE RESERVE
Malbec 2018
$ | M E N D O Z A | **14.5°**

Um delicioso amostra de quão encantador o Malbec pode ser, a preços baixos. Este vem de vinhedos orgânicos, foi fermentado em aço inoxidável e, posteriormente, um quarto da mistura foi estagiada em madeira por seis meses. A fruta da variedade e as notas das flores são claramente sentidas em uma espécie de suco de fruta para adultos. A boca é macia, com rico frescor, e um dulçor que seduz.

OUTROS VINHOS SELECIONADOS

89 | CUESTA DEL MADERO GRAN RESERVA Malbec 2018 | Mendoza | 14.5° | **$**
89 | ESTATE RESERVE Cabernet Franc 2019 | Mendoza | 14.5° | **$**
89 | MINIMALISTA Malbec 2019 | Mendoza | 13.5° | **$**
88 | CUESTA DEL MADERO GRAN RESERVA Cabernet Sauvignon 2018 | Mendoza 14° | **$**
88 | CUESTA DEL MADERO RESERVA Chardonnay 2019 | Mendoza | 13.5° | **$**
88 | MINIMALISTA ROSÉ Syrah, Malbec, Pinot Grigio 2020 | Mendoza | 12.5° | **$**
87 | CUESTA DEL MADERO RESERVA C. Sauvignon 2019 | Mendoza | 13.5° | **$**
87 | ESTATE BOTTLED MALBEC Malbec 2020 | Mendoza | 14° | **$**
87 | MINIMALISTA Pinot Grigio 2020 | Mendoza | 13° | **$**

Atamisque.

PROPRIETÁRIO John Du Monceau
ENÓLOGO Philippe Caraguel
WEB www.atamisque.com
RECEBE VISITAS Sim

• **ENÓLOGO** Philippe Caraguel

[**ATAMISQUE** nasceu em 2008, em Tupungato, apostando desde seu início em um estilo de frutas frescas e vibrantes em seus vinhos, algo incomum para a época. Fundada pelo empresário francês John Du Monceau, a vinícola possui 127 hectares de vinhedos, compra uvas de terceiros e tem um portfólio que cobre diversas faixas de preço. Serbal é sua linha de entrada e é seguida para cima pelas marcas Catalpa e Atamisque. Atualmente, eles produzem cerca de 600.000 garrafas.] **IMPORTADOR:** www.worldwine.com.br

95 ATAMISQUE
Malbec 2018
$$$ | LA CONSULTA | **14.5°**

Este Malbec vem de um vinhedo de cerca de cem anos na área de La Consulta, ao sul do Vale do Uco. Desde 2007, a Atamisque compra as uvas daquele vinhedo para este Atamisque Malbec e para seu Atamisque Assemblage. A qualidade e o caráter fresco, denso e vivaz da fruta são a primeira coisa que chama a atenção. Colhido no início da temporada, parece firme, cheio de frescor; frutas negras com nuances de ervas e tons especiados. Hoje ele se sente no seu melhor, mas a verdade é que só vai melhorar com o passar dos anos. Uma década perfeitamente.

95 ATAMISQUE ASSEMBLAGE
Malbec, Cabernet Sauvignon, Merlot, Petit Verdot 2017
$$$$ | LA CONSULTA | **14.5°**

Metade deste vinho é Malbec e vem de um antigo vinhedo de cem anos na área de La Consulta, ao sul do Vale do Uco. 25% é Merlot, 20% Cabernet Sauvignon e resto de Petit Verdot, todos do vinhedo de San José, propriedade da Atamisque. A concentração de frutas vermelhas e ervas neste vinho é monumental. É denso, mas sem perder o frescor, a acidez mantém seu vigor até o fim do paladar, enquanto tudo se sente cheio de frutas e ervas em uma deliciosa festa que precisa de tempo na garrafa, especialmente para acalmar os taninos.

94 ATAMISQUE
Cabernet Sauvignon 2018
$$$ | ARGENTINA | 14°

Esta é uma mistura de vinhedos, parte San José de Tupungato, e parte Gualtallary, ambos no Departamento de Tupungato, acima de 1.300 metros de altura, ao norte do Vale do Uco. O vinho é envelhecido por cerca de 14 meses em barricas e, em seguida, permanece na garrafa por um ano antes de ir ao mercado. Ao contrário de muitos exemplares da variedade em Mendoza, ele não tem essa doçura que dá o sol intenso do deserto; em vez disso, preserva as notas de ervas e frutas negras da cepa, acompanhadas de taninos firmes e tensos e uma acidez que elimina qualquer sensação de doçura. Um Cabernet entre os melhores da Argentina.

94 ATAMISQUE
Chardonnay 2020
$$$$ | ARGENTINA | 14°

Este Chardonnay vem de vinhedos de muito pouca produtividade, plantados por volta de 1980 em Tupungato, cerca de 1.500 metros de altura, do primeiro Chardonnay na área. Depois de oito meses em barricas novas de madeira, que apenas lhe deram algumas notas especiadas, é um branco onde, por um lado, predominam a acidez firme e textura tensa e, por outro, frutas frescas.

94 CATALPA
Cabernet Franc, Cabernet Sauvignon, Merlot, Malbec 2018
$$$ | ARGENTINA | 14°

Esta mistura tem 60% de Cabernet Franc, 30% Merlot e o resto de Cabernet Sauvignon e Malbec em partes iguais. Depois de um ano envelhecendo em barricas, mantém a fruta muito viva, com a presença de Cabernet Franc muito à frente, suas notas de ervas e suas frutas vermelhas. A textura deste tinto tem uma aresta, os taninos são muito verticais no meio de uma fruta fresca e vermelha.

94 CATALPA
Malbec 2019
$$$ | ARGENTINA | 14°

Esta é uma seleção de vinhedos plantados em 2006 na propriedade de Atamisque em San José, em Tupungato cerca de 1.300 metros de altura no Vale do Uco. Metade do vinho é envelhecido em barricas por um ano, oferecendo uma expressão pura frutada, frutas vermelhas suculentas e acompanhada por notas de ervas em um tinto de muito nervo e fibra. Apesar da concentração e densidade de sabores frutados, há tensão aqui.

93 CATALPA
Cabernet Franc 2019
$$$ | ARGENTINA | 14°

Um Cabernet Franc intenso, concentrado, aqui as notas de ervas, tabaco, típicas da variedade, são misturadas com os tons de frutas negras maduras e suculentas. A boca tem uma rede de taninos que se expande por todo o paladar, deixando uma sensação de voluptuosidade e maturidade que permanece por muito tempo na boca, uma vez que o vinho já foi bebido. É um Franc com muito corpo e presença, ideal para beber hoje com cordeiro.

93 CATALPA
Chardonnay 2020
$$$ | ARGENTINA | 14°

No estilo usual dos brancos da casa, este Chardonnay mostra muitas frutas brancas e notas florais, mas em quantidades moderadas, com certa austeridade. Ele vem da área de San José de Tupungato, ao norte do Vale do Uco, e tem uma deliciosa sensação cremosa, acompanhada de tons levemente tostados (metade do vinho foi envelhecido em barricas por quatro meses) e muitas frutas maduras. Ideal para peixes defumados.

93 CATALPA
Pinot Noir 2018
$$$ | ARGENTINA | 14°

Um equilíbrio muito bom aqui entre as notas tostadas da madeira, onde este Pinot Noir foi estagiado por um ano, e as notas frutadas, as frutas vermelhas frescas que vêm daquela área cerca de 1.300 metros de altura, em direção ao pé dos Andes, um clima de montanha que geralmente imprime essa fruta suculenta nos vinhos. Aqui, além disso, há uma tensão muito boa nos taninos e uma acidez que sublinha ainda mais o frescor.

92 SERBAL
Petit Verdot 2020
$$ | ARGENTINA | 14°

Um delicioso suco de Petit Verdot, este oferece não apenas um caráter da variedade muito claro, mas também uma excelente relação preço-qualidade. É rico em frutas vermelhas e negras ácidas; a textura é firme, com taninos muito penetrantes e robustos como é habitual nesta variedade bordelesa. A acidez faz sua parte, aumentando a sensação de frutas frescas em um delicioso vinho agora com frios.

90 SERBAL
Cabernet Franc 2020
$$ | ARGENTINA | 14°

Suculento e herbáceo, este tem uma textura encantadora, construída a partir de taninos macios e doces, no meio de um corpo amigável, sem arestas. Todo o resto é suco de fruta maduro e tons de tabaco. Um Cabernet Franc muito varietal, a um preço muito conveniente.

90 SERBAL
Malbec 2020
$$ | ARGENTINA | 14°

Este Malbec amigável é generoso em tons de frutas maduras em um contexto de corpo médio, taninos firmes e acidez muito boa. Um companheiro perfeito para churrasco.

90 SERBAL
Pinot Noir 2020
$$ | ARGENTINA | 14°

Um suco Pinot Noir, este é leve, firme; de muitas frutas vermelhas e toques de ervas. O corpo é nervoso, marcado por uma acidez severa, de taninos firmes. Um tinto para beber por litros no verão.

90 SERBAL
Sauvignon Blanc 2020
$$ | TUPUNGATO | **13°**

Suculento, fresco e frutado, com tons cítricos, este é um branco simples, ideal para acompanhar o aperitivo.

90 SERBAL
Viognier 2020
$$ | TUPUNGATO | **14°**

Este Viognier é tradicionalmente uma relação preço-qualidade muito boa da cepa na América do Sul. Tem frutas tropicais, notas de flores, um corpo cremoso, acidez muito boa e sem amargor. O tipo de branco versátil, que pode ir muito bem como um aperitivo, mas também como um companheiro de polvo grelhado.

OUTRO VINHO SELECIONADO

89 | SERBAL Chardonnay 2020 | Argentina | 13° | **$$**

Belhara Estate.

PROPRIETÁRIO Stephen Paul Huse
ENÓLOGO Stephen Paul Huse
WEB www.belharaestate.me
RECEBE VISITAS Não

• **PROPRIETÁRIO & ENÓLOGO**
Stephen Paul Huse

[**STEPHEN HUSE** é um enólogo francês do país basco, e após estar em vários Châteaux em Bordeaux e vinícolas na América do Sul, ele se estabeleceu em 2014 em Mendoza. Hoje, ele e seu pai, Joseph, têm cerca de 280 hectares de vinhedos espalhados pela província, com os quais produzem um milhão e meio de litros, entre garrafas e granel.]

IMPORTADORES: www.zaffari.com.br www.carrefour.com.br

93 AMAYAN
Malbec 2019
$$ | TUPUNGATO | **13.5°**

Localizado a 1.200 metros acima do nível do mar, na parte oriental de Tupungato, no norte do Vale do Uco, esta é uma mistura de 90% de Malbec e o resto do Cabernet Franc. As frutas vermelhas da Malbec de montanha são claramente sentidas neste tinto; os aromas e sabores de cerejas ácidas com nuances de notas de violetas em um vinho de taninos afiados, firmes e verticais. A sensação de suculência e generosidade frutada persistem em um vinho que reflete muito bem a variedade naquela área ao pé dos Andes.

91 PUNTA NEGRA
Malbec 2019
$$ | MENDOZA | **14°**

Trata-se de uma mistura de vinhedos de Tupungato, 40%, e Luján de Cuyo, 60%, e é o Malbec da entrada da vinícola. Tem uma suculência rica, com frutas vermelhas maduras e uma acidez nítida. A textura é amigável, com taninos muito polidos. Envelhecimento em barricas por um ano deu-lhe um lado especiado que suporta a complexidade, mas sem prejudicar a proeminência de sabores frutados.

Benegas.

PROPRIETÁRIO Federico Benegas Lynch
ENÓLOGO Federico Benegas Lynch
WEB www.benegaswinery.com
RECEBE VISITAS Sim

• **ENÓLOGO & PROPRIETÁRIO**
Federico Benegas Lynch

[**ESTA É** uma vinícola relativamente jovem, criada por Federico Benegas, que retomou uma importante tradição familiar: no século XIX, seu bisavô Tiburcio Benegas fundou a vinícola El Trapiche e foi um precursor do desenvolvimento do vinho em Mendoza, onde naquela época trigo e alfafa eram produzidos principalmente. El Trapiche foi dissolvido na década de 1970, mas seu bisneto queria recuperar um pouco dessa história, e em 1999 ele comprou um vinhedo antigo plantado por Don Tiburcio chamado Finca La Libertad. Alguns anos depois, ele adquiriu outro vinhedo que hoje tem 40 hectares plantados, La Encerrada, na área de Monasterio de renome atual, em Gualtallary. Benegas produz cerca de 500 mil garrafas por ano.]

IMPORTADOR: www.vinhosdomundo.com.br

96 BENEGAS LYNCH
Cabernet Franc 2018
$$$$$ | MAIPÚ | **14.5°**

Don Tiburcio Benegas trouxe este material de Bordeaux e plantou-o em Mendoza por volta de 1899. Hoje esses vinhedos, espalhados em ambos os lados do rio Mendoza, são dos mais antigos Cabernet Franc da América do Sul e provavelmente do mundo. Benegas tem parte desse material original, que foi plantado em Cruz de Piedra, na Finca La Libertad e que, nesta safra de 2018, oferece talvez a melhor versão até o momento. A fruta radiante, vermelha, da uva, é sentida aqui com total clareza, e também os aromas herbáceos em um corpo de taninos afiados, firmes, com os sabores de frutas frescas ao fundo. Uma verdadeira relíquia de um material genético de valor inestimável e que foi produzida, cem por cento varietal, desde 2002.

95 BENEGAS SINGLE VINEYARD BLEND
Cabernet Sauvignon, Cabernet Franc, Merlot 2018
$$$ | MAIPÚ | **14.5°**

Uma mistura tradicional de bordelesa, esta tem um terço de cada uma das variedades, todas de vinhedos muito antigos plantados às margens do rio Mendoza, em Finca La Libertad. Cabernet Franc foi plantada em 1899, enquanto Cabernet Sauvignon vem de 1935 e Merlot, de 1956, uma herança única de material genético que, sob o novo estilo dos vinhos Benegas, oferece um delicado perfume de ervas ligado a frutas vermelhas maduras. O corpo tem média intensidade, com toques suculentos de frutas, mas sempre com o toque de ervas circulando ao lado da cumplicidade da acidez, que aqui refresca tudo.

93 BENEGAS LYNCH OLD VINES BLEND
Cabernet Franc, Cabernet Sauvignon, Merlot, Petit Verdot 2018
$$$$$ | MAIPÚ | **15°**

Inspirado em misturas bordelesas, embora com menor presença de Cabernet Sauvignon, tem 40% Cabernet, 30% de Cabernet Franc, 20% Merlot, e o resto do Petit Verdot, todos envelhecidos por um ano e meio em barricas. O vinho se sente suculento, cheio de uma maturidade acentuada, frutas negras e tons de especiarias doces pela madeira. Um vinho à moda antiga que ainda precisa de mais alguns anos na garrafa.

93 FINCA LIBERTAD EL PEDREGAL
Cabernet Franc, Cabernet Sauvignon 2019
$$ | MAIPÚ | 14.5°

Finca La Libertad é o vinhedo base de Benegas e está localizado no terraço do rio Mendoza, ao lado do leito do rio. Esta mistura de 50% de Cabernet Franc e 50% Cabernet Sauvignon vem de quatro hectares, plantados especialmente em solos pedregosos, de muito pouca fertilidade e que dão sabores muito concentrados. Nessa mistura, são os aromas do Cabernet Franc que comandam, dominando com suas notas de ervas o nariz e também a boca. É leve, muito equilibrado, com taninos deliciosos, doces e macios, muitas frutas maduras, mas em um corpo ágil, muito fluido. Para beber agora com o churrasco.

92 CLARA BENEGAS
Chardonnay 2020
$ | GUALTALLARY | 13.5°

Este Chardonnay vem de Gualtallary, de um vinhedo de cerca de 1.450 metros de altura, plantado há cerca de 15 anos em solos aluviais, ricos em cal. Colhido no início da estação, tem frutas brancas maduras e suculentas. O corpo é redondo, muito cremoso, e sem envelhecer em madeira. Um daqueles Chardonnays para beber ao lado de camarão refogado.

91 BENEGAS ESTATE DON TIBURCIO
Malbec, C. Franc, C. Sauvignon, P. Verdot, Merlot 2019
$$ | MAIPÚ | 14.5°

Uma mistura clássica de Benegas, com 50% de Malbec de Gualtallary, além de percentuais mais ou menos semelhantes das outras variedades, todas de Finca La Libertad, em Cruz de Piedra, Maipú. Depois de seis meses em barricas de carvalho, tem uma densidade suculenta, cheia de sabores de frutas maduras e taninos muito polidos, suculentos e redondos. Você pode sentir aromas de nozes e especiarias doces em um tinto para cordeiro.

91 JUAN BENEGAS
Malbec 2020
$$ | MENDOZA | 14.5°

Este Malbec é uma mistura de duas zonas. 60% vêm dos vinhedos benegas em Gualtallary, no Vale do Uco, mais 40% da Finca Libertad, na região de Cruz de Piedra, em Maipú e ao lado do rio Mendoza. Com uma breve passagem por barricas, este é um clássico Malbec mendocino, com suas frutas vermelhas maduras e leves toques de violetas, sabores doces, taninos muito redondos e suculentos. Uma foto da variedade em Mendoza.

Bira Wines.

PROPRIETÁRIO Santiago Bernasconi
ENÓLOGO Federico Isgro
WEB www.birawines.com
RECEBE VISITAS Não

· PROPRIETÁRIO & ENÓLOGO
Santiago Bernasconi & Federico Isgro

[**SANTIAGO BERNASCONI** é gerente comercial de vinícolas na Argentina e Federico Isgro é engenheiro agrônomo. Ambos têm esse projeto de cerca de 20 mil garrafas, todas de frutas do Vale do Uco, em especial La Consulta, Gualtallary e La Arboleda.]
IMPORTADOR: www.worldwine.com.br

95 BIN OTTO
Sangiovese, Syrah, Merlot 2020
$$$$ | VALE DO UCO | **13.5°**

Bin Otto é basicamente um Sangiovese -90% da mistura-, que vem de um antigo vinhedo de 45 anos na área de La Arboleda, no Vale do Uco. É uma seleção de parcelas neste vinhedo. O vinho envelhece por 12 meses em barricas e, embora seja percebido muito jovem, talvez com a madeira muito à frente, a camada de fruta aqui é densa, ao mesmo tempo muito fresca e vibrante. Essa fruta se amarra ao fundo e gradualmente, à medida que o vidro oxigena, emerge fortemente. Uma deliciosa força de frutas para um vinho que deve ser armazenado por alguns anos antes de abrir.

95 TANO
Malbec, Sangiovese, Syrah, Merlot 2019
$$$$$ | VALE DO UCO | **14°**

Para **Tano**, o blend tem 69% de Malbec, 20% Sangiovese e o resto parcialmente igual de Syrah e Merlot. Malbec vem de Gualtallary e é colhido um pouco mais tarde do que para Tanito. Essa sensação de maturidade é transformada aqui em sabores profundos, de frutas vermelhas e especiarias, embora sempre com a ideia de uma acidez associada que se manifesta em todos os lugares, refrescando e dando nervo. Estagiado por um ano em barricas, tem muita vida pela frente, mas agora é inegável que a fruta transbordante convide você a beber com rosbife.

94 BRUNETTO
Sangiovese, Merlot, Syrah 2020
$$$ | VALE DO UCO | **13.5°**

Com base em um Sangiovese (75%) de vinhedos antigos na área de La Consulta, este vinho é envelhecido por 12 meses em barricas, e tem uma suculência e frescor que guia os sabores das frutas vermelhas. Sua textura tem aderência, acidez firme e leves toques de ervas no meio de um corpo médio, com muito equilíbrio e também sabores suculentos e profundos. Com o ar na taça, o lado de ervas parece emergir mais fortemente, sempre com essa fruta generosa que faz deste um tinto muito fácil de beber.

93 ROSSO D'UCO
Sangiovese, Syrah, Merlot 2020
$$ | VALE DO UCO | **14°**

Este é um vinho delicioso em todos os seus aspectos. No nariz, com um buquê de flores e ervas e frutas vermelhas ácidas, e a boca, cheia de frutas vermelhas ácidas em um corpo leve, muito fácil de beber, mas ao mesmo tempo equilibrada, suculenta. O tinto com moral de branco que você precisa para matar sua sede no verão ou para acompanhar a pizza.

93 TANITO
Malbec, Sangiovese, Cabernet Franc 2019
$$ | VALE DO UCO | **14°**

Este **Tanito** tem 80% de Malbec e 8% de Cabernet Franc, ambos de Gualtallary, enquanto o Sangiovese que completa a mistura vem da área de La Arboleda, tudo ao pé dos Andes no Vale do Uco. O vinho é envelhecido em barricas usadas por um ano, e é um tinto puramente frutado, cheio de sabores e aromas de cerejas e ervas maduras; um Malbec muito de montanha, com uma doçura suave e textura muito amigável.

Bodega del Fin del Mundo.

PROPRIETÁRIO Família Eurnekian
ENÓLOGO Ricardo Galante
WEB www.bodegadelfindelmundo.com
RECEBE VISITAS Sim

• PROPRIETÁRIA
Juliana del Aguila Eurnekian

[**NO QUE** costumava ser uma área deserta da Patagônia Argentina, está Bodega del Fin del Mundo; especificamente em San Patricio del Chañar, a 55 quilômetros de Neuquén. Lá o empresário Julio Viola e sua família começaram a plantar vinhedos em 1999 e hoje já somam 870 hectares. Em 2009, a família Eurnekian fez parceria com Viola e em 2019 decidiu adquirir toda a propriedade. Os Eurnekian também têm outra vinícola, na Armênia, de onde emigraram para a Argentina no início do século XX.] **IMPORTADOR:** www.mrman.com.br

93 FIN DEL MUNDO SINGLE VINEYARD
Malbec 2018
$$ | PATAGÔNIA ARGENTINA | **14.6°**

Uma expressão rica e suculenta de Malbec, vem de vinhedos que Fin del Mundo plantou por volta do início de 2000 na área de San Patricio del Chañar, em solos arenosos com fundo de rocha e cal, tudo em um clima de ventos no início da Patagônia Argentina. Aqui estão frutas vermelhas maduras, uma acidez suculenta, crocante, refrescante. E um final levemente herbáceo. É um bom exemplo do novo estilo de vinhos da vinícola, há anos imerso em tintos maduros e amadeirados demais.

93 SPECIAL BLEND
Malbec, Cabernet Sauvignon, Merlot 2018
$$$$ | PATAGÔNIA ARGENTINA | **14.6°**

Esta mistura tem 40% de Malbec, 40% Cabernet Sauvignon e o resto de Merlot, todos de vinhedos ricos em areias e pedras em San Patricio del Chañar, na área de Neuquén. Depois de um ano envelhecendo em barricas, é um vinho de bom equilíbrio, com toques especiados e de frutas secas. Um tinto tradicional, de corpo médio e moderado que destaca a maturidade de sabores e taninos muito finos.

91 FIN DEL MUNDO SINGLE VINEYARD
Cabernet Franc 2017
$$ | PATAGÔNIA ARGENTINA | **14.1°**

De vinhedos plantados por volta de 2000, esta é uma versão madura e doce de Cabernet Franc, com taninos muito macios e aromas ligeiramente herbáceos, mas principalmente especiarias doces e frutas secas. Com uma forte influência da madeira, parece untuoso e suculento.

90 RESERVA DEL FIN DEL MUNDO
Pinot Noir 2019
$ | PATAGÔNIA ARGENTINA | **14.1°**

Uma seleção de vinhedos do próprios de Fin del Mundo em San Patricio del Chañar. 40% da mistura é envelhecida em barricas por oito meses, enquanto o resto é deixado em um tanque de aço. Um Pinot simples, frutas vermelhas maduras, taninos muito macios e domados, amigáveis. Um Pinot para beber na piscina.

Bodega Otaviano.

PROPRIETÁRIO Jorge Cahiza

ENÓLOGO Jorge Correa

WEB www.bodegaotaviano.com

RECEBE VISITAS Sim

• **ENÓLOGO** Jorge Correa

[**OTAVIANO É** uma vinícola de propriedade de um grupo de amigos argentinos e brasileiros. Eles fazem vinhos desde 2005, embora desde 2010 com sua própria vinícola, localizada ao lado de seus vinhedos na região de Alto Agrelo. São 48 hectares de videiras, seis de uvas brancas e o resto das tintas, especialmente Malbec, plantadas em solos de argila a cerca de 1.050 metros acima do nível do mar.] **IMPORTADOR:** www.asagourmet.com.br

94 PENEDO BORGES ICONO
Malbec 2017
$$$ | A G R E L O | **13.5°**

Icono é uma seleção de vinícola, ou seja, das melhores barricas do ano, basicamente com Malbec que ocupa 85% da mistura final. A seleção é feita após um ano de envelhecimento em barricas. O fruto desta seleção é um vinho de grande profundidade de sabores, com toques especiados e à base de ervas e taninos firmes, afiado, penetrante. Além disso, há notas terrosas que são projetadas em todo o paladar. Um vinho à moda antiga com uma estrutura austera. Para guardar.

93 PENEDO BORGES MICROVINIFICACIONES
Cabernet Franc 2017
$$$$ | A G R E L O | **14.2°**

Dos 48 hectares que Otaviano possui em Agrelo, apenas um é Cabernet Franc e este Microvinificaciones é uma seleção de vinhas das quais apenas mil garrafas foram produzidas. Trata-se de um Franc suculento, com taninos muito polidos, com toques de ervas macias, com toques sutis de tabaco em meio a muitos aromas e sabores de frutas vermelhas e negras maduras. É expansivo na boca, com toques de ervas e taninos que, apesar de sua maciez, se sentem firmes.

92 PENEDO BORGES EXPRESIÓN PARCELA
Malbec 2017
$$$ | A G R E L O | **14.2°**

Para este **Expresión Parcela**, são selecionados setores do vinhedo Otaviano em Agrelo, com solos livres de argila que têm pouco rendimento por cacho. O vinho é envelhecido por um ano em barricas, metade feitas de madeira nova. Esta é outra expressão clara de Agrelo, com suas notas de frutas negras, seus taninos muito redondos, tons de ervas e sabores frutados e suculentos na boca. Um vinho onde você pode sentir o calor do álcool, a maturidade da fruta, mas em um contexto de equilíbrio. .

91 PENEDO BORGES EXPRESIÓN TERROIR
GRAN RESERVA Cabernet Sauvignon 2017
$$ | A G R E L O | **14.8°**

Este é um Cabernet Sauvignon mais 10% de Cabernet Franc dos solos de argila de Agrelo, na área de Luján de Cuyo. Este tem uma deliciosa camada de sabores e aromas herbáceos, junto com frutas vermelhas e negras em um Cabernet que se sente ágil na boca, com bom tecido de taninos que se expandem através do paladar com tensão. A acidez é persistente e acompanha os sabores até o fim.

91 PENEDO BORGES EXPRESIÓN TERROIR GRAN RESERVA Malbec 2017
$$ | AGRELO | 14.5°

Uma expressão nítida de Malbec de Agrelo, uma área clássica para a variedade na Argentina, este tem os aromas de frutas vermelhas maduras e especiarias, taninos macios e redondos e a sensação de maturidade do Malbec de Agrelo. Não é um vinho pesado, mas é de maturidade acentuada que dá uma sensação de voluptuosidade e suculência. Uma foto muito boa da área.

90 PENEDO BORGES EXPRESIÓN RESERVA Chardonnay 2019
$$ | AGRELO | 14.1°

Uma expressão simples e suculenta de Chardonnay dos vinhedos quentes de Agrelo, em Luján de Cuyo. Os solos de argila fresca atenuam parcialmente o calor do ambiente, oferecendo sabores muito ricos de frutas brancas maduras em um vinho de muito bom volume, de rica densidade, suculento na boca. O envelhecimento de seis meses em barricas fornece notas tostadas.

Bodega Teho.

PROPRIETÁRIOS Jeff Mausbach & Alejandro Sejanovich
ENÓLOGO Alejandro Sejanovich
WEB www.tintonegro.com
RECEBE VISITAS Sim

· **PROPRIETÁRIOS & ENÓLOGO**
Alejandro Sejanovich & Jeff Mausbach

[TEHO NASCEU por iniciativa de dois amigos, Jeff Mausbach e Alejandro Sejanovich, que resgataram um vinhedo abandonado em 1945 em Altamira, Vale do Uco. Em 2010 eles tiveram sua primeira colheita, mais tarde adicionaram uvas de outras propriedades, como La Consulta e Los Árboles, e rapidamente posicionou seus vinhos como um dos projetos mais estimulantes da cena argentina. Sejanovich (enólogo) e Jeff Mausbach (educador de vinhos) trabalharam por vários anos na Catena Zapata. Hoje, não só estão por trás desta vinícola, mas também Estancia Los Cardones, Tinto Negro, Mano Negra e Buscado Vivo o Muerto.] **IMPORTADOR:** wine.com.br

96 TEHO TOMAL VINEYARD MALBEC Malbec 2019
$$$$ | LA CONSULTA | 14°

Este é um vinhedo muito antigo, com solos pedregosos, plantado há cerca de 75 anos. Como todo vinho velho, aqui está o que é conhecido como "uva francesa", basicamente é Malbec, mas também Bonarda, Sangiovese, Petit Verdot e às vezes até Sémillon. Este Tomal é composto de uma série de microvinificações com diferentes técnicas, desde cofermentações, até cachos completos, até colheitas muito precoces. Vários componentes que resultam em um vinho concentrado, mas ao mesmo tempo uma acidez que parece elétrica, firme, que sublinha os sabores frutados e notas de ervas; sublinha, ao fundo, o frescor em um vinho de muitas camadas.

96 ZAHA SÉMILLON Sémillon 2020
$$ | LA CONSULTA | 13°

De um vinhedo muito antigo de cerca de 50 anos na área de La Consulta, no Vale do Uco, esta é uma seleção que é conhecida localmente como "Sémillon amarelo" que, segundo Alejandro Sejanovich, tem a característica de dar toques salinos. Neste caso, é um branco de corpo amplo, com textura oleosa, mas ao mesmo tempo uma acidez firme e afiada, que poderia ser interpretada como soro fisiológico, mas que é principalmente nervosa e refrescante. Além disso, pequenos toques de mel aparecem à medida que o vinho é oxigenado na taça.

95 — ZAHA TOKO VINEYARD
Malbec 2019
$$$ | ALTAMIRA | 14°

Este é um tipo de quebra-cabeça de vinho, com muitas peças que se encaixam. A base é 90% Malbec mais 10% Cabernet Franc e Petit Verdot, fruto de microvinificações, algumas colheitas anteriores, algumas posteriores e algumas cofermentações. O resultado é um vinho de grande expressão frutada, com toques de ervas, mas especialmente frutas vermelhas maduras que se expandem fortemente pela boca, em meio a taninos firmes e muita suculência. Um vinho para beber por garrafas.

94 — TEHO TOMAL VINEYARD EL CORTE Malbec, C. Franc, C. Sauvignon, Syrah, Tempranillo, P. Verdot, Bonarda, Sémillon 2019
$$$ | LA CONSULTA | 14°

O vinhedo Tomal é uma antiga plantação de mais de 75 anos, com variedades mistas incluindo Malbec, Cabernet Sauvignon, Sémillon e Tempranillo e outras. Todas as uvas são colhidas ao mesmo tempo e depois cofermentadas. O envelhecimento ocorre em carvalho, 25% novo, durante 15 meses antes do engarrafamento. Este é um vinho muito jovem ainda, com ervas e notas frutadas no meio de um corpo intenso, com taninos firmes e quase selvagens. Tem uma boa acidez para pensar em longos anos na garrafa. Paciência.

93 — ZAHA TOKO VINEYARD
Cabernet Franc 2018
$$$ | ALTAMIRA | 14°

De um vinhedo na área de Altamira do Vale do Uco e plantado em solos ricos em cascalho cobertos de cal, este Cabernet Franc tem 20% de cachos completos em seu processo de vinificação e uma guarda de barrica de um ano, 15% de madeira. É um Franc de sabores maduros e doces, como ditado por uma safra quente no estilo deste 2018, aqui está um corpo médio de taninos muito polidos e macios. Para beber com queijos maduros.

92 — ZAHA TOKO VINEYARD
Cabernet Sauvignon 2018
$$$ | ALTAMIRA | 14°

De um vinhedo na região de Paraje Altamira, no Vale do Uco, possui 20% de cacho inteiro em sua vinificação e, em seguida, o envelhecimento se estende por um ano em carvalho, 15% de madeira nova. A safra 2018 foi quente em Mendoza e isso se reflete neste Cabernet com sabores doces e texturas untuosas, com taninos firmes, proporcionando uma estrutura firme para um tinto que merece um guisado de cordeiro.

91 — ZAHA
Marsanne 2020
$$ | LOS ÁRBOLES | 13°

De Los Árboles, no Vale do Uco, este é um Marsanne rico em aromas frutados e florais. A textura é macia, cremosa, e a acidez cumpre bem seu papel de refrescar e também de sublinhar os sabores frutados. Para ostras grelhadas.

Bodega Teho.

90 FLORA ROSE BY ZAHA
Pinot Noir 2020
$$ | LOS ÁRBOLES | **13°**

Um rosé de Pinot que percorre o caminho de frutas amigáveis e suculentas, com uma certa doçura que lhe dá um caráter mais gentil e fácil de entender. Os sabores são frutados em um rosé que seria um companheiro muito bom para camarão em molho agridoce.

Bodega Vistalba.

PROPRIETÁRIOS Carlos Pulenta & Alejandro Bulgheroni

ENÓLOGO Fernando Colucci

WEB www.bodegavistalba.com

RECEBE VISITAS Sim

• **PROPRIETÁRIOS**
Carlos & Paula Pulenta

[**A FAMÍLIA** é um dos nomes ilustres do vinho mendocino. Antonio Pulenta foi o fundador da vinícola Peñaflor, a maior da Argentina e que pertencia à família até 1997. Seu filho mais velho, Carlos, queria seguir os passos do pai e em 2003 começou a produzir vinhos sob sua própria marca, Vistalba, na área de mesmo nome, ao lado do rio Mendoza, em Luján de Cuyo. Em 2009, o empresário petrolífero Alejandro Bulgheroni (proprietário, entre outras vinícolas, da Garzón, no Uruguai) entrou na empresa e desde então houve grandes mudanças. Na parte do vinho, a chegada como consultor de Alberto Antonini tem gerado transformações estilísticas nos vinhos, deixando de lado os excessos de maturidade e madeira do passado.]

IMPORTADOR: www.domno.com.br

95 TOMERO GRAN RESERVA
Malbec 2017
$$$$ | ARGENTINA | **14.9°**

O mais ambicioso dos vinhos da tradicional linha Tomero de Bodega Vistalba vem de uma seleção de parcelas de um vinhedo em Los Árboles, cerca de 1.100 metros acima do nível do mar no Vale do Uco, em direção ao pé da Cordilheira dos Andes. A mudança de estilo aqui é importante. Estagiado em fudres de madeira usados (em vez de cem por cento de barricas novas de 225 litros, como no passado) e também de uvas colhidas precocemente, agora parece ter muito mais nervo e frescor. Ainda é um vinho grande, muito potente e de grande estrutura. Se você tem cordeiro à mão, você pode abri-lo, mas é melhor esperar uma década.

95 AUTÓCTONO PARCELA ÚNICA
Chardonnay 2019
$$$$$ | ARGENTINA | **14.3°**

Autóctono faz parte de uma série de pequenas produções de Vistalba, concentradas em Gualtallary até agora. Esta versão de Chardonnay vem de vinhedos de cerca de 1.450 metros de altura na área de Gualtallary, ao norte do Vale do Uco. Em solos ricos em cal, aqui você pode sentir o clima fresco da montanha em suas notas florais e sua acidez afiada. Tem um corpo e densidade muito bons, mas ao mesmo tempo um ar refrescante que é misturado no meio desses sabores maduros. É, talvez, a acidez tentando impor sua presença em um vinho que se sente ainda muito jovem. Espere pelo menos cinco anos.

94 PROGENIE I
Pinot Noir, Chardonnay N/V
\$\$\$\$ | A R G E N T I N A | **12.5°**

Este é o espumante top da Bodega Vistalba e é feito graças ao método tradicional de segunda fermentação na garrafa. Tem 60% de Pinot Noir e 40% Chardonnay, e maceração com as borras ou restos de leveduras mortas se estende por três anos. É um dos melhores espumantes da Argentina hoje, devido à complexidade, ao mesmo tempo, pelo frescor de seus sabores frutados e pela acidez, que aqui é a espinha dorsal da qual todo o resto é projetado. Este é um vinho para decantar e descobrir o que está por trás das borbulhas.

94 VISTALBA CORTE B
Malbec, Cabernet Sauvignon, Bonarda 2018
\$\$\$ | A R G E N T I N A | **14.8°**

Corte B é uma mistura que este ano tem 65% de Malbec, 25% Cabernet Sauvignon e o restante de Bonarda, todas de vinhedos plantados ao lado da vinícola em Vistalba. Tanto Malbec quanto Bonarda vêm de videiras muito antigas, de 1948, enquanto Cabernet é de vinhedos de 1999. No passado, este Corte B, como A e C, eram muito distorcidos pela madeira, portanto, a mensagem, a interpretação da vinícola de um lugar tão tradicional como Vistalba, não eram claramente vistos. Agora você pode ver. A Vistalba mostra que gosta de Malbec denso e concentrado, cheio de especiarias doces e frutas negras ácidas em um vinho generoso no corpo, mas também em acidez e taninos. E é assim que eles veem o lugar, que achamos muito respeitável.

93 TOMERO RESERVA
Sémillon 2018
\$\$ | A R G E N T I N A | **13.5°**

Plantada no final dos anos 80 na área de Los Árboles, no Vale do Uco, este Sémillon é envelhecido por 12 meses em barricas. A textura é cremosa e conta com esses aromas doces da variedade para criar uma sensação de volume no paladar; um branco expansivo que se desdobra na boca com seus sabores de frutas brancas maduras e especiarias doces. Um Sémillon para frutos do mar gratinados.

92 TOMERO RESERVA
Petit Verdot 2018
\$\$ | A R G E N T I N A | **14.9°**

Um Petit Verdot um pouco menos selvagem do que você esperaria, aqui está uma acidez muito típica da uva, intensa, penetrante, mas ao mesmo tempo os taninos se sentem macios no contexto da variedade. O resto são frutas vermelhas maduras que se desdobram pela boca, apoiadas por essa acidez o tempo todo. A sensação é de densidade e ao mesmo tempo de frescor. Este Petit Verdot vem da área de Los Árboles, em Tunuyán, no Vale do Uco, cerca de 1.100 metros acima do nível do mar.

91 PROGENIE II
Pinot Noir, Chardonnay N/V
\$\$ | A R G E N T I N A | **12.8°**

Feito com 60% de Pinot Noir e 40% Chardonnay, este espumante é feito com o método tradicional de segunda fermentação na garrafa, e com 12 meses de contato com as borras, aqui está o Pinot e suas frutas vermelhas ácidas que predominam. É um vinho de perlage macio, abundante e afiado.

O corpo é médio, mas de boa densidade, o suficiente para acompanhar salmão grelhado.

91 PROGENIE III EXTRA BRUT
Pinot Noir, Chardonnay N/V
$$ | ARGENTINA | 12.7°

Feito com o método charmat de segunda fermentação em tanques de aço, esta mistura de Pinot e Chardonnay (metade e metade de cada) macerado com suas borras por três meses, é um espumante delicioso e frutado, com uma bolha macia e uma acidez refrescante. Este é o rosé que você precisa para levar para a mesa ao lado de camarão ou uma bandeja de sushi e sashimi. Pinot e Chardonnay vêm da área de Los Árboles de Tunuyán, no Vale do Uco.

91 TOMERO
Sauvignon Blanc 2020
$ | ARGENTINA | 13.4°

Este Sauvignon vem de vinhedos na área de Los Árboles do Vale do Uco. É colhido em diferentes momentos para obter frutas mais frescas e madu-ras, a fim de obter diferentes sabores na mistura final. E o resultado é um branco de muito frescor, com toques especiados e, acima de tudo, uma generosa camada de frutas brancas que dão profundidade à boca.

91 TOMERO RESERVA
Syrah 2018
$$ | MENDOZA | 15.5°

Uma Syrah focada nos sabores frutados da variedade, frutas negras ma-duras e também toques especiados doces. A textura tem taninos suculen-tos e macios, acompanhados de uma acidez com nervo e vivacidade. Este Syrah vem da área de Los Árboles do Vale do Uco.

91 TOMERO ROSÉ
Pinot Noir 2020
$ | ARGENTINA | 13.7°

Feito 100 por cento de Pinot Noir da área de Los Árboles do Vale do Uco, ele é pressionado e separado de suas peles para ser vinificado mais tarde como branco. São apenas algumas horas de maceração com as peles, o que lhe dá essa cor rosa macia e sutil; um vinho de sabores suculentos de frutas vermelhas em um corpo médio, de acidez muito boa que re-fresca tudo em sua passagem. Um rosé ideal para acompanhar tempura de camarão.

OUTRO VINHO SELECIONADO
89 | TOMERO Cabernet Franc 2019 | Argentina | 14.4° | $$

Bodega y Cavas de Weinert.

PROPRIETÁRIO Bernardo C. Weinert

ENÓLOGO Hubert Weber

WEB www.bodegaweinert.com

RECEBE VISITAS Sim

• **PROPRIETÁRIO** Bernardo C. Weinert

[**ESTA EMBLEMÁTICA** vinícola nasceu em 1975, quando o brasileiro Bernardo Weinert comprou uma antiga vinícola em Mendoza. No início seus vinhos foram feitos pelo lendário enólogo Raúl de La Mota, responsável por um estilo que dura até hoje: longos períodos de envelhecimento dos tintos em barris de madeira velhos e grandes. Na década de 1990, outro enólogo, Hubert Weber, que havia chegado como estagiário, assumiu o comando do projeto e continua até hoje. Weinert é uma vinícola clássica, com caráter, que faz poucas concessões à moda e mudanças com o tempo.] **IMPORTADOR:** www.bodegaweinert.com.br

97 TONEL ÚNICO 248
Malbec 2006
$$$$$ | LUJÁN DE CUYO | **14.9°**

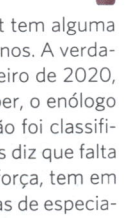

Embora este vinho tenha 13 anos em barricas, Iduna Weinert tem alguma suspeita com esse número e preferiu comunicar que tem 14 anos. A verdade é que o envelhecimento durou de outubro de 2006 a janeiro de 2020, quando o vinho foi engarrafado. Perguntamos a Hubert Weber, o enólogo da vinícola, por que a qualidade (superlativo deste vinho) não foi classificada para Estrela, a melhor classificação da vinícola. E ele nos diz que falta mais concentração. Mas o que ele não tem em "brilho", em força, tem em caráter. Um caráter sutil, leve, fresco, com frutas doces e notas de especiarias e café que são marcas da casa, ainda que em um contexto de grande elegância. Um Malbec etéreo e o melhor que já provamos para Weinert. Este Tonel 248 vem de um único barril de 4.800 litros e de uma única fazenda na área de Mayor Drummond, plantada em 1910 com Malbec, mas iniciada em 2012 para a construção de um bairro particular.

94 WEINERT
Cabernet Sauvignon 2010
$$$ | MENDOZA | **14.9°**

Com 80% de uvas de Ugarteche e o resto dos vinhedos de Lunlunta, ambos em Luján de Cuyo, este Cabernet complexo e bem desenvolvido já tem uma década de idade em barricas de dois mil a seis mil litros. É um tinto que mistura tons de fruta doce, notas de ervas em uma boca onde você pode sentir os sabores predominantes de frutas confitadas e notas de café e especiarias doces. Os taninos se sentem firmes, mesmo que não agridam. É um vinho à moda antiga, muito no estilo da casa.

94 WEINERT
Malbec 2012
$$$ | MENDOZA | **14.9°**

Esta é uma seleção de diferentes vinhedos em Luján de Cuyo, todos com videiras com mais de 60 anos. O vinho envelheceu por oito anos em barricas de dois mil a seis mil litros. "Foi uma colheita muito boa, uma colheita tranquila", diz o enólogo Hubert Weber sobre este 2012 que hoje parece voluptuoso, com sabores doces e notas especiadas e de café. Um Malbec generoso, cheio de tons de frutas vermelhas maduras, quase confitadas.

Bodega y Cavas de Weinert.

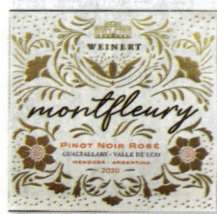

93

MONTFLEURY
Pinot Noir 2020
$ $ | GUALTALLARY | **13.7°**

Para este rosé, o enólogo Hubert Weber seleciona uvas Pinot Noir da área de Gualtallary de dez anos de idade. Metade do volume colhe muito cedo para garantir um bom frescor, e o resto, no final de fevereiro (um mês depois) para dar-lhe volume. Os dois componentes fermentam separadamente e, em seguida, misturam-se em lagares de concreto antes de serem engarrafados. O resultado é um delicioso rosé em sua expressão de frutas vermelhas, com uma boca densa e cremosa e ao mesmo tempo marcada por uma acidez firme e tensa. Um rosé sério para moela de carne.

92

CARRASCAL
Malbec 2018
$ $ | MENDOZA | **14.4°**

Este Malbec é uma seleção de vinhedos entre 30 e 50 anos nas áreas de Ugarteche, Carrizal del Medio e Perdriel. O vinho foi envelhecido em barricas de carvalho por 18 meses. Embora frutado e quase jovem em seus sabores de frutas vermelhas maduras, tem o selo dos vinhos da casa em seus toques de especiarias doces e ervas. A boca parece corpulenta, com uma acidez rica e textura muito bem definida; gentil, suave.

91

CARRASCAL
Cabernet Sauvignon 2018
$ $ | MENDOZA | **13.8°**

Com 18 meses em barricas e dois vinhedos, ambos com 30 anos, em Ugarteche e Carrizal del Medio, este é outro delicioso expoente do estilo Weinert a um preço muito conveniente. Tem notas de café e especiarias doces, taninos muito macios e acidez firme: selos da casa.

OUTRO VINHO SELECIONADO
88 | CARRASCAL Chardonnay 2020 | Mendoza | 13.5° | $

Bodega y Viñedos San Polo.

PROPRIETÁRIO Friedhelm Herb
ENÓLOGO Cristián Ampuero
WEB www.sanpolo.com.ar
RECEBE VISITAS Sim

· ENÓLOGO Cristián Ampuero

[**A VINÍCOLA** San Polo pertencia até muito recentemente à família Giol, que em 2017 vendeu ao alemão Friedhelm Herb, tanto a vinícola quanto todos os vinhedos, que totalizam 65 hectares, a maioria deles na área de La Consulta, no Vale do Uco. Atualmente, eles produzem cerca de 200.000 garrafas.] **IMPORTADOR:** Makonys

94

LA REMONTA SELECCIÓN DE SUELOS ALTAMIRA Malbec 2019
$ $ | ALTAMIRA | **14°**

San Polo possui cinco hectares de vinhedos em Altamira, e três correspondem ao Malbec, plantado nos solos aluviais e pedregosos da área. Esta é uma seleção dessas videiras, das quais apenas três mil garrafas foram feitas. E a expressão das frutas vermelhas e flores de Altamira é claramente sentida, acompanhada de uma estrutura muito boa na boca, muito forte, mas contida, sem taninos selvagens ou concentração excessiva. Uma expressão bastante tensa na acidez e com frutas muito vermelhas que são mostradas em todos os lugares.

93   LA REMONTA SELECCIÓN DE SUELOS LA CONSULTA Malbec 2019
$$ | LA CONSULTA | **14°**

Da área de La Consulta, cerca de 1.100 metros acima do nível do mar, esta é uma seleção de vinhedos plantados em solos de argila e areia. Envelhecido em barricas por um ano - embora apenas 35% de madeira nova - este Malbec deixa espaço importante para a expressão da fruta, que aqui parece exuberante, com uma importante parcela de notas florais e muitas frutas vermelhas maduras em uma textura firme, mas nunca agressiva.

92   AUKA DON ALFONSO GRAN RESERVA Malbec 2018
$$ | LA CONSULTA | **14°**

Este cem por cento Malbec vem de seus próprios vinhedos plantados em 1996, na área de La Consulta, no Vale do Uco. O envelhecimento se estende por cerca de 16 meses, o que é claramente sentido nas notas de madeira tostada e especiarias, no momento acima dos sabores frutados da variedade. Mas é uma coisa de tempo. Essas frutas formam uma camada grossa que logo absorverá as tostadas. Um vinho para pensar em abrir espaço na adega por um a dois anos antes de abrir com queijos maduros.

92   LA REMONTA BLEND Malbec, Cabernet Sauvignon, Merlot 2017
$$ | VALE DO UCO | **14°**

Esta é uma mistura de 40% Malbec, 40% Cabernet Sauvignon e o resto de Merlot, todos de seus próprios vinhedos em La Consulta, cerca de 1.150 metros de altura no Vale do Uco. A maturidade dos sabores lembra frutas cristalizadas e passas, enquanto na boca essa sensação doce é confirmada com sabores untuosos, de grande profundidade e peso. Um vinho suculento para carne de porco assada.

91   LA REMONTA SELECCIÓN DE SUELOS GUALTALLARY Malbec 2019
$$ | GUALTALLARY | **14°**

Dos três vinhos da linha de Selección de Suelos de San Polo, esta é a única fruta que eles compram de terceiros, na área do Monasterio, em Gualtallary, cerca de 1.300 metros acima do nível do mar, ao norte do Vale do Uco. Neste Malbec você pode ver a sensação de giz dos taninos, juntamente com uma acidez que age como uma espinha dorsal de onde todos os sabores saem. Um vinho de boa maturidade, profundo em sabores e uma tremenda relação preço-qualidade.

90   AUKA RESERVA Cabernet Franc 2019
$$ | LA CONSULTA | **14°**

Os aromas de ervas do Cabernet Franc são sentidos aqui acompanhados de frutas vermelhas maduras e especiarias. A boca está tensa, com taninos muito bons e musculosos mostrando suas garras afiadas. Nessa textura estão os sabores das frutas vermelhas doces e também a forte presença de madeira.

90 AUKA RESERVA
Cabernet Sauvignon 2019
$ | L A   C O N S U L T A | **13.5°**

De La Consulta, no Vale do Uco, cerca de mil metros acima do nível do mar, tem a força da variedade, taninos firmes e musculosos. Há sabores de frutas vermelhas maduras, quase cristalizadas e também a forte influência da madeira, onde este vinho (70% do volume) foi estagiado por meio ano. Ideal para carne seca.

OUTROS VINHOS SELECIONADOS
89 | AUKA RESERVA Malbec 2019 | La Consulta | 13.5° | **$**
88 | AUKA JOVEN Cabernet Sauvignon 2020 | Vale do Uco | 13° | **$**
88 | AUKA JOVEN Malbec 2020 | Vale do Uco | 13° | **$**

Bodegas Bianchi.

PROPRIETÁRIO Família Bianchi
ENÓLOGO Silvio Alberto
WEB www.bodegasbianchi.com.ar
RECEBE VISITAS Sim

• **ENÓLOGO** Silvio Alberto

[**ESTA VINÍCOLA** foi fundada em 1928 por Valentín Bianchi, um imigrante italiano que possuía empresas nos setores florestal e marítimo, e também participou da política antes de se aventurar no negócio do vinho. Bodegas Bianchi opera em duas instalações - o campo original, em San Rafael, e o outro em Chacayes, setor do Vale do Uco. Bianchi possui 300 hectares em San Rafael e uma parte deles é usada para espumantes. Possui outros 150 hectares em Uco, a maioria plantada com Malbec embora, curiosamente, haja também 12 hectares da variedade Viognier. Bodegas Bianchi produz mais de 20 milhões de garrafas anualmente.]

IMPORTADOR: www.paodeacucar.com   www.angeloni.com.br   www.divvino.com.br

96 ENZO BIANCHI
Malbec 2018
$ $ $ $ $ | V A L E   D O   U C O | **14.4°**

Esta é uma seleção de fileiras do vinhedo de Bianchi em Los Chacayes, no Vale do Uco. Esta área é caracterizada por seu clima de montanha (de cerca de 1.300 metros), mas também por seus solos pedregosos e ricos em cal. Neste Malbec tem, antes de tudo, uma forte relação entre taninos e acidez, ambos generosos em sua expressão, competindo para saber quem têm mais destaque, uma característica clássica dos vinhos muito jovens. Então a fruta aqui é densa, vermelha madura, temperada com toques de violetas e especiarias. Esses sabores parecem suculentos, maduros, mas não cansativos. Não há doçura aqui, apenas uma gostosa e suculenta madurez de frutas. Esta garrafa deve ser aberta em dez anos.

95 IV GENERACIÓN
Malbec 2018
$ $ $ $ | V A L E   D O   U C O | **14.5°**

Los Chacayes, no Vale do Uco e cerca de 1.300 metros acima do nível do mar ao pé da Cordilheira dos Andes, geralmente dá aos taninos que este IV Generación oferece. Pode ser o frio, mas também os solos rochosos e inférteis do lugar. A questão é que os tintos da área são selvagens em texturas, mesmo em versões maduras ou suculentas como esta. Aqui há sabores de frutas negras doces, também ervas e notas especiadas e tostadas (o vinho passou 12 meses em barricas, 50% madeira nova) com algumas notas de violetas. É um tinto para deixar na adega por um tempo. Pense em cinco anos.

95 PARTICULAR
Malbec 2018
$$$ | S A N   R A F A E L | **14.9°**

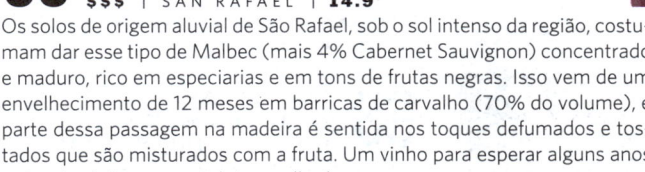

Os solos de origem aluvial de São Rafael, sob o sol intenso da região, costumam dar esse tipo de Malbec (mais 4% Cabernet Sauvignon) concentrado e maduro, rico em especiarias e em tons de frutas negras. Isso vem de um envelhecimento de 12 meses em barricas de carvalho (70% do volume), e parte dessa passagem na madeira é sentida nos toques defumados e tostados que são misturados com a fruta. Um vinho para esperar alguns anos antes de abrir para costeletas grelhadas.

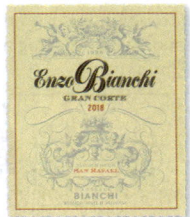

94 ENZO BIANCHI
Malbec, Cabernet Sauvignon, Merlot, Cabernet Franc 2018
$$$$$ | S A N   R A F A E L | **14.5°**

Há um tema com o caráter dos tintos de San Rafael. E diz respeito à ideia de generalizar sobre seus sabores. No caso deste Enzo Bianchi, uma seleção de vinhedos de textura franco-arenosa, com cascalhos cobertos com cal, cerca de 800 metros acima do nível do mar, a personalidade é definida a partir do calor do lugar, o sol de San Rafael moldando os sabores suculentos e amigáveis. Parece doce, denso, mas nunca cansativo, graças em grande parte a uma acidez que se move por todo o paladar graciosamente. É um vinho para a guarda de qualquer maneira. Esta mistura é envelhecida por um ano em barricas e consiste em 43% de Malbec, 37% Cabernet Sauvignon, 15% Merlot e o resto do Cabernet Franc.

94 MARÍA CARMEN
Chardonnay 2019
$$$$ | S A N   R A F A E L | **14.5°**

María Carmen é uma seleção das melhores parcelas do lote 18, um vinhedo de Chardonnay plantado em solos de grande componente calcário na propriedade Las Paredes, ao lado da vinícola Bianchi em San Rafael. Com um ano mantido de barricas, este é um Chardonnay denso, com sabores maduros de frutas brancas, mas também com toques especiados da madeira onde foi estagiado por um ano. É amplo em seus sabores, rico em acidez, mas também com um peso de fruta que é sentido na boca com uma sensação quase oleosa. Um desses brancos que hoje impressionam, mas que em uma década terá se desenvolvido em garrafa sem problema.

94 IV GENERACIÓN
Malbec, Merlot, Cabernet Sauvignon, Petit Verdot 2018
$$$$ | V A L E   D O   U C O | **14.5°**

Para este **IV Generación**, a seleção é feita no vinhedo de Bianchi nos solos pedregosos de Los Chacayes, ao pé dos Andes, no Vale do Uco. O vinhedo tem cerca de 1.300 metros de altura e foi plantado com as quatro variedades desta mistura. A base é Malbec, com 44% (mais 24% de Merlot, 22% Cabernet Sauvignon e o resto do Petit Verdot), e que é sentida nos sabores frutados, cerejas negras e também violetas - comuns em Malbec de alta altitude, mas também na força tânica que caracteriza os tintos de Los Chacayes. Este é um portento de frutas, um vinho para armazenar por pelo menos três anos na garrafa.

93 PARTICULAR
Cabernet Franc 2018
$ $ $ | V A L E   D O   U C O | **15.1°**

Dê a este Cabernet Franc tempo na taça. No início, só mostra aromas de madeira e frutas negras maduras. Mais tarde, no entanto, ele começa a exibir ervas e notas especiadas enquanto a boca é preenchida com sabores suculentos. Os taninos, por outro lado, não retrocedem, falando claramente de Los Chacayes, aquela área de solos pedregosos que geralmente dá esse tipo de tinto selvagem.

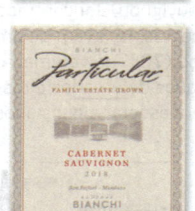

93 PARTICULAR
Cabernet Sauvignon 2018
$ $ $ | S A N   R A F A E L | **15°**

Cem por cento dos vinhedos de San Rafael, e com 10% de Malbec, este é um Cabernet Sauvignon selvagem e intenso, com um lote de taninos que se agarra ao paladar muito fortemente e uma densidade de frutas suculentas, cheia de maturidade e doçura. Um Cabernet quente, voluptuoso, grande do clima; 70% envelhecem em barricas por um ano. Deixe-o estagiar ainda mais na garrafa para que ele possa ganhar equilíbrio.

92 GRAN FAMIGLIA BIANCHI
Malbec 2018
$ $ $ | V A L E   D O   U C O | **14.9°**

Dos vinhedos do Vale do Uco, na área de Los Chacayes, a 1.300 metros acima do nível do mar, ao pé da Cordilheira dos Andes, 60% do volume foi envelhecido por dez meses em barricas, uma mistura de carvalho novo e de diferentes usos. É um Malbec intenso na maturidade, mas ao mesmo tempo poderoso na acidez, o que lhe dá um equilíbrio suculento e voluptuoso. Um creme de frutas negras maduras na boca.

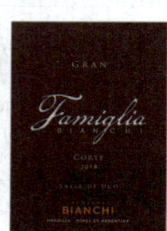

92 GRAN FAMIGLIA BIANCHI
Merlot, Cabernet Sauvignon, Malbec 2018
$ $ $ | V A L E   D O   U C O | **14.9°**

Trata-se de uma mistura de 35% de Cabernet Sauvignon, 35% Merlot e 30% de Malbec, todos dos vinhedos de Bianchi no Vale do Uco, na área de Los Chacayes, solos ricos em pedras que costumam dar vinhos de grande estrutura tânica. Aqui você sente isso, mas também uma grande força de frutas, maturidade suculenta, sabores maduros e doces para um curry de cordeiro curry.

91 FAMIGLIA BIANCHI
Cabernet Sauvignon 2018
$ $ | M E N D O Z A | **14.5°**

Para este **Famiglia**, as uvas de San Rafael foram selecionadas como base (60%), mas também tem percentuais menores de Los Chacayes e Gualtallary, ambas no Vale do Uco. O envelhecimento dura oito meses em barricas, embora apenas 30% do volume do vinho. O caráter é frutado, rico em frutas negras, mas também com algumas notas de ervas em um corpo volumoso e denso.

91 FAMIGLIA BIANCHI
Malbec 2019
$ $ | M E N D O Z A | **14.5°**

Esta é uma mistura de diferentes vinhedos, todos dentro de Mendoza, de San Rafael a Agrelo. 20% do volume foi envelhecido em barricas por oito meses. É um tinto cheio de sabores maduros, rico em texturas macias e cremosas, também denso. Parece pesado na boca, mas a acidez ajuda a sensação geral não ser cansativa. Um vinho para churrasco.

91 FAMIGLIA BIANCHI BRUT NATURE
Chardonnay, Pinot Noir 2019
$$ | SAN RAFAEL | 12°

Uma excelente relação preço-qualidade para este espumante feito com o método tradicional de segunda fermentação na garrafa. Bolhas abundantes, mas acima de tudo muito cremosas, em um vinho focado em sabores frutados em um corpo de muito boa intensidade, como se pensasse em sashimi.

91 FAMIGLIA BIANCHI ROSÉ BLEND
Malbec, Pinot Noir 2020
$ | MENDOZA | 13.8°

Este rosé é uma mistura de 50% de Malbec e 50% Pinot Noir, ambos dos vinhedos de Bianchi em San Rafael. As duas variedades são pressionadas cachos completos (separadamente) e depois fermentadas como brancas. O resultado é um rosé delicioso e frutado, com muito boa pegada na boca e ao mesmo tempo com muitos sabores de frutas vermelhas ácidas. Um vinho para levar para as férias, em caixas.

90 DON VALENTÍN LACRADO
Bonarda, Merlot, Tempranillo, Syrah 2020
$ | MENDOZA | 13.3°

Um clássico na cena tinta argentina, a primeira safra de Don Valentín Lacrado foi em 1965 e hoje é uma mistura baseada em Bonarda de diferentes vinhedos, especialmente San Rafael e do leste de Mendoza, em Rivadavia e Junín. É um vinho frutado, com sabores de frutas vermelhas maduras em uma textura muito amigável, o tinto típico para restaurantes especializados em carnes grelhadas.

90 FAMIGLIA BIANCHI
Chardonnay 2020
$$ | SAN RAFAEL | 13.6°

Houve uma grande mudança de estilo neste Chardonnay. Hoje ele se sente muito mais fresco e não tem mais a forte influência da madeira como no passado. Hoje, apenas 15% do volume envelhece (por seis meses) em madeira. Além disso, não tem fermentação malolática, o que suporta esse frescor que mostra hoje. Um branco suculento e direto em sua expressão frutada.

90 FAMIGLIA BIANCHI
Viognier 2020
$$ | VALE DO UCO | 13.5°

Este Viognier vem de vinhedos plantados na área de Los Chacayes, cerca de 1.300 metros acima do nível do mar, no Vale do Uco. Em solos pedregosos, este tem um lado cítrico suculento que pode vir do clima da montanha, resfriado por brisas andinas. O corpo é oleoso, mas não cansativo. Para empanadas de frutos do mar.

90 FAMIGLIA BIANCHI EXTRA BRUT
Chardonnay, Pinot Noir 2019
$$ | SAN RAFAEL | 11.6°

Um espumante simples, direto em sua expressão frutada, com tons de frutas brancas maduras no meio de um corpo leve, com uma bolha macia e abundante. Um vinho se bebe muito fácil, pronto agora para o aperitivo.

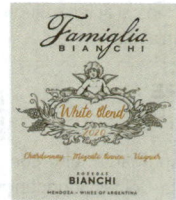

90 FAMIGLIA BIANCHI WHITE BLEND
Moscatel Blanco, Chardonnay, Viognier 2020
$ | MENDOZA | 13.7°

Esta é a nova mistura de Bianchi e consiste em um terço de cada uma das três variedades. O vinho tem uma acidez suculenta, com muitas frutas brancas e flores, em um corpo leve, mas de acidez muito boa e com uma doçura macia (tem três gramas de açúcar residual), o que torna ainda mais fácil beber.

90 OASIS SUR
Malbec 2020
$ | SAN RAFAEL | 14.5°

Um Malbec de estilo comercial, mas sem recorrer aos argumentos mais cruéis, como madeira ou sobremadurez, aqui está um suco de cerejas negras maduras, com uma acidez justa para oferecer equilíbrio. Pronto para beber agora com pizza. Oasis Sur é um novo vinho da Bianchi, projetado para o consumidor começar a conhecer o estilo dos tintos de San Rafael.

OUTROS VINHOS SELECIONADOS

89 | DON VALENTÍN Lacrado Malbec 2020 | Mendoza | 14.5° | $
89 | ELSA BIANCHI Malbec 2020 | San Rafael | 14.5° | $
89 | ELSA BIANCHI Torrontés 2020 | San Rafael | 13.6° | $
89 | FINCA LOS PRIMOS Malbec 2020 | San Rafael | 14.5° | $
89 | FINCA LOS PRIMOS Torrontés 2020 | San Rafael | 13.6° | $
89 | OASIS SUR Cabernet Sauvignon 2020 | San Rafael | 14° | $
88 | DON VALENTÍN LACRADO Cabernet Sauvignon 2020 | Mendoza | 14.5° | $
88 | DON VALENTÍN LACRADO Torrontés 2020 | Mendoza | 13.6° | $
88 | ELSA BIANCHI Chardonnay 2020 | San Rafael | 13.2° | $
88 | FINCA LOS PRIMOS Chardonnay 2020 San Rafael | 13.2° | $

Bodegas Chandon.

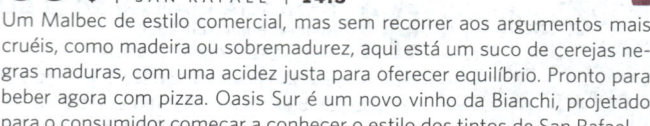

PROPRIETÁRIO Bodegas Chandon S.A.

ENÓLOGOS Diego Ribbert & Gustavo Sánchez

WEB www.terrazasdelosandes.com

RECEBE VISITAS Sim

• **ENÓLOGOS**
Diego Ribbert & Gustavo Sánchez

[**CHANDON SE** estabeleceu na Argentina em 1960, sendo a primeira subsidiária no exterior da Moët & Chandon, uma renomada vinícola na região de Champagne, na França. Quando chegaram apostaram em fazer seus espumantes com uvas dos setores Alto Valle de Rio Negro e Agrelo, o mais frio que havia então para encontrar o frescor necessário para este tipo de vinho. Mas ao longo dos anos eles se aventuraram em vinhedos mais altos. Em 1992 eles plantaram em Gualtallary, e foram pioneiros em uma região que agora está crescendo. Hoje a base de seus melhores espumantes vem dessa área, de vinhedos como El Espinillo (1.600 metros) ou El Peral (1.500 metros). Chandon tem seus próprios vinhedos nas áreas mais importantes de Mendoza e é o maior produtor de espumantes da Argentina.]

94 BARÓN B CUVÉE MILLÉSIME BRUT ROSÉ
Chardonnay, Malbec, Pinot Noir 2016
$$$ | MENDOZA | 12.2°

Esta mistura tem 70% de Chardonnay e o resto do Pinot Noir, todos de vinhedos em El Peral e Gualtallary, ambos ao norte do Vale do Uco, ao pé dos Andes, e em alturas que variam de 1.500 a 1.650 metros. Tem três anos de envelhecimento em suas borras e foi feito com o método de segunda fermentação na garrafa. Tudo aqui é construído sobre uma acidez intensa, nítida e penetrante. E essa acidez torna os sabores frutados crocantes e refrescantes, também causa tensão e as bolhas acompanham com sua textura cremosa.

94 BARÓN B EXTRA BRUT
Chardonnay, Pinot Noir N/V
$$ | M E N D O Z A | **12.4°**

A base dessa mistura tem 60% de Chardonnay e o resto do Pinot Noir, ambos colhidos muito cedo na estação, com pouco contato com as peles. Feito com o método tradicional de segunda fermentação na garrafa, é envelhecido em suas leveduras por cerca de 36 meses. Os aromas se aproximam de frutas vermelhas e frutas secas, acompanhados de notas de ervas, enquanto na boca o que manda é acidez acompanhada de bolhas macias e sabores refrescantes. Este vinho ainda é jovem e é o clássico espumante para guardar.

93 CUVÉE RESERVE BLANC DE BLANCS
Chardonnay N/V
$$ | M E N D O Z A | **12.9°**

Esta é uma mistura de El Peral e Gualtallary, cem por cento Chardonnay e com 40 meses de contato com as borras de acordo com o método tradicional de segunda fermentação na garrafa. O envelhecimento da levedura adicionou notas de padaria e frutas secas, mas também adicionou volume em um Chardonnay que parece clássico, suculento, de estilo maduro. Um daqueles espumantes para decantar e revelar o vinho tranquilo por trás das bolhas.

93 CUVÉE RESERVE BLANC DE NOIR
Pinot Noir N/V
$$ | M E N D O Z A | **11.7°**

Com mais de 40 meses em suas borras, de acordo com o método de segunda fermentação na garrafa, é muito impressionante como este cem por cento de vinhedos de El Peral e Gualtallary, ambos no Vale do Uco, ainda tem um forte sotaque da fruta. Não é oxidativo, algo esperado após esse longo envelhecimento, mas pelo contrário, afirma-se em acidez e frescor, em um vinho de grande tensão.

92 BRUT NATURE ROSÉ
Chardonnay, Malbec, Pinot Noir N/V
$$ | M E N D O Z A | **12.5°**

Esta é uma mistura de Chardonnay e Pinot Noir, além de 25% de Malbec para ajustar a cor em um rosé feito com o método tradicional de segunda fermentação na garrafa e aqui com cerca de 30 meses de contato com as borras. Um vinho delicioso em sua expressão frutada, cheio de frutas vermelhas ácidas refrescantes, acompanhado de bolhas muito macias, abundantes e finas. Um vinho sofisticado, mas ao mesmo tempo direto. Para beber na piscina.

92 CHANDON BRUT NATURE
Chardonnay, Pinot Noir N/V
$$ | M E N D O Z A | **12.4°**

Trata-se de uma seleção de vinhedos de El Peral e Gualtallary, feito com o método tradicional de segunda fermentação na garrafa e, neste caso, com 36 meses de contato com as borras. Apesar desse longo envelhecimento, o vinho se sente focado em frutas, com bolhas macias, delicadas e abundantes. É um espumante para beber no verão, muito fresco. E o preço é simplesmente ridículo. Uma das melhores relações preço-qualidade em espumantes na América do Sul.

Bressia.

PROPRIETÁRIO Walter Bressia
ENÓLOGO Walter Bressia
WEB www.bressiabodega.com
RECEBE VISITAS Sim

• **PROPRIETÁRIO & ENÓLOGO**
Walter Bressia

[**ESTE É O** projeto do renomado enólogo mendocino Walter Bressia, que ele completou em 2003 após uma carreira de sucesso marcada por seu tempo nas vinícolas Nieto Senetiner e Viniterra. É uma vinícola puramente familiar, de pequena escala, focada em pequenas séries de vinho, várias delas de alta gama. Está localizada em Agrelo e compra uvas em alguns dos melhores setores de Luján de Cuyo e Uco. .] **IMPORTADOR:** www.lacharbonnade.com.br

95 BRESSIA DEL ALMA
Cabernet Franc 2015
$$$$$ | VISTA FLORES | **14.5°**

Esta é a segunda edição de **Del Alma**, a primeira foi com um Merlot e esta com um Cabernet Franc de Vista Flores, no Vale do Uco. Estagiado por 36 meses em 2.500 litros fudres, neste Franc está o caráter dos tintos de Bressia, muito claramente delineado. Há ervas, tons especiados e doces, mas acima de tudo uma fruta suculenta que se expande pela boca com seus taninos sedosos, sua acidez amigável, seus tons de ervas e tabaco que são projetados até o fim, proporcionando frescor no meio de toda essa densidade.

95 CONJURO
Malbec, Cabernet Sauvignon, Merlot 2016
$$$$$ | GUALTALLARY | **14.5°**

Conjuro tem 50% de Malbec, 30% Cabernet Sauvignon e 20% Merlot, todos de vinhedos acima de 1.300 metros de altura, na área de Gualtallary, ao norte do Vale do Uco. Malbec tem uma forte presença aqui, não só em percentuais, mas também em sua fruta, que é suculenta, com aquela deliciosa voluptuosidade que os melhores tintos da casa têm. Este vinho é feito desde 2003, e esta edição é uma das melhores que lembramos em Descorchados. Frutas e frescor, tensão e voluptuosidade, tudo em uma taça.

95 LÁGRIMA CANELA
Chardonnay, Sémillon 2019
$$$ | VALE DO UCO | **14°**

70% deste vinho é Chardonnay da área de Gualtallary e 30% é Sémillon na área de Los Árboles, de um vinhedo antigo, também no Vale do Uco. Estagiado em carvalho por oito meses, tem muito claro a marca de um Sémillon de safra tardia, que oferece notas de mel e aquela textura oleosa contrastando com o lado mais mineral e pedras do Chardonnay das alturas de Gualtallary. Este é um branco clássico, cheio de tensão e frescor, mas ao mesmo tempo com a estrutura firme de um vinho para evoluir ao longo do tempo.

95 SARO
Cabernet Sauvignon, Cabernet Franc, Merlot 2015
$$$$$ | MENDOZA | **14.5°**

Esta é a homenagem de Walter Bressia ao seu pai: Saro, uma mistura de 70% Cabernet Sauvignon, mais 20% de Cabernet Franc e o resto do Merlot, todos envelhecidos por cerca de 36 meses em barricas, e é a expressão mais clara do estilo casa, apenas 3.200 garrafas. E expressa a suculência e voluptuosidade dos sabores que se espera de Bressia, um estilo que nunca é cansativo, mas que sempre fica naquela fruta expansiva, deliciosa em sua maturidade. Deixe este vinho por pelo menos cinco anos na garrafa, se não mais.

94 PIEL NEGRA
Pinot Noir 2019
$$$ | VALE DO UCO | **14°**

Um Pinot suculento, frutas vermelhas maduras e tons especiados, especialmente temperados este ano, que foi muito fresco. Este Pinot vem de um setor de altura na área de Los Árboles, cerca de 1.200 metros acima do nível do mar. Os taninos - voluptuosos, redondos, muito finos, mas ao mesmo tempo penetrantes - aparecem no meio do dulçor. Este é um Pinot frutado, suculento, amplo, cheio de sabores frutados, vermelhos e maduros. Um Pinot expansivo para carne de caça cozida.

94 PROFUNDO
Malbec, Cabernet Sauvignon, Merlot, Syrah 2016
$$$ | AGRELO | **14°**

Este clássico blend of Bressia (primeira safra em 2001), este ano tem 50% de Malbec, 30% Cabernet Sauvignon, 10% Merlot e o resto de Syrah. Esta última variedade é a única que não vem de Agrelo, mas de Vista Flores, no Vale do Uco. Fiel ao estilo da casa, este vinho tem notas florais e frutadas, com taninos redondos e suculentos, mas sempre mantendo a ideia de frescor graças a uma acidez firme. Um vinho para abrir em três a quatro anos.

OUTRO VINHO SELECIONADO
88 | SYLVESTRA EXTRASECCO Sauvignon Blanc 2020 | Vale do Uco | 11° | **$$$$**

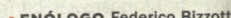

Budeguer.
PROPRIETÁRIO Sebastián Budeguer
ENÓLOGO Federico Bizzotto
WEB www.bodegabudeguer.com
RECEBE VISITAS Sim

• **ENÓLOGO** Federico Bizzotto

[**A FAMÍLIA** Budeguer é de Tucumán, no norte da Argentina, mas em 2005 decidiu se mudar para Mendoza para iniciar o projeto de uma vinícola. Eles escolheram o distrito de Maipú e lá plantam seus primeiros vinhedos. Na área de Agrelo, enquanto isso, eles construíram a vinícola. Hoje têm acesso a uvas de diferentes áreas de Mendoza, de Uco a Luján de Cuyo e, sem esquecer suas origens, suas linhas lembram suas terras tucumanas como o Tucumén básico, de vinhos varietais, e os mais ambiciosos 4000 (o código postal de Tucumán), onde seus melhores rótulos estão localizados.] **IMPORTADOR:** www.dolomitiwine.com.br

96 FAMILIA BUDEGUER CHACAYES
Cabernet Franc 2018
$$$$$ | MENDOZA | **13.5°**

De uvas de vinhedos na área de Los Chacayes, cerca de 1.100 metros acima do nível do mar e plantadas em 2008. Envelhecido por 12 meses em barricas, este Franc mostra uma fruta brilhante, vermelha e intensa, que se expande através do paladar com sua sensação crocante. Os taninos são firmes e ao mesmo tempo finos e afiados. A ideia de um vinho da montanha, com acidez viva e notas de ervas, é claramente vista aqui. Este é um tinto para o futuro, embora agora essas camadas de frutas suculentas e refrescantes são muito sedutoras para resistir. Grelhe um bife e sirva bem suculento.

95 FAMILIA BUDEGUER AGRELO
Malbec 2018
$$$$ | AGRELO | **13.8°**

Para este **Familia Budeguer Agrelo**, o Lote 1 de seu próprio vinhedo foi selecionado, plantado em 2011 em um solo profundo rico em argilas. Normalmente, neste tipo de solo e sob o calor de Agrelo, os Malbec são geralmente redondos, suculentos, sólidos. No entanto, esta parece ser a exceção em um tintos mostrando garras, taninos firmes e também muitas frutas vermelhas em um contexto de vinho fresco e nervoso. De acordo com o consultor da Budeguer, Santiago Achával, a chave tem sido o manejo da água em um solo que retém muito, e também uma colheita em busca desse frescor. Um tinto a considerar ao dar uma olhada na recuperação de áreas clássicas do vinho mendocino, como Agrelo.

94 FAMILIA BUDEGUER CHACAYES
Malbec 2018
$$$$ | MENDOZA | **13.5°**

Este **Familia Budeguer Chacayes** vem daquela área montanhosa no Vale do Uco, cerca de 1.100 metros acima do nível do mar. O vinhedo tem cerca de 13 anos e é plantado em um solo pedregoso, como é habitual no local, mas neste caso com um pouco mais de cal e areia na superfície. A fruta vermelha está radiante neste Malbec, fresco, crocante. A acidez é intensa, com muito nervo, e os taninos, embora talvez não no nível habitual de selvageria em Los Chacayes, aqui se sentem firmes. Um vinho muito jovem, precisa de mais três a quatro anos de garrafa.

94 FAMILIA BUDEGUER MAIPÚ
Malbec 2018
$$$$ | MAIPÚ | **13.5°**

Nos terraços aluviais do rio Mendoza, e vinhedos plantados em 2006, esta é uma seleção de um lote de Malbec de maturidade homogênea. É envelhecido por 12 meses em barricas. O sol e o calor de Maipú têm um efeito sobre o caráter deste vinho, os aromas maduros e suculentos, os sabores doces, o equilíbrio geral que você sente, a textura amigável e, acima de tudo, a acidez que permanece firme, enquanto ainda refresca os sabores frutados.

94 PATRIMONIO BUDEGUER
Cabernet Sauvignon, Cabernet Franc 2018
$$$ | MENDOZA | **13.8°**

Embora Budeguer apresente este vinho como uma mistura, ele realmente tem 85% de Cabernet Sauvignon de seus vinhedos plantados em 2005 em Perdriel. O Cabernet dessa área, segundo o enólogo Federico Bizzotto, dá sabores bastante doces e maduros, por isso precisava de um pouco mais de energia. E essa energia foi encontrada em Los Chacayes, em direção às montanhas no Vale do Uco, com 15% de Cabernet Franc que aqui faz toda a diferença, fornecendo ervas, frutas vermelhas, nervo em acidez; um toque de tensão em meio à suavidade quase austera de Cabernet.

93   4000 GRAN RESERVA BLACK BLEND
Malbec, Cabernet Sauvignon, Petit Verdot 2018
$$$ | MENDOZA | 14°

Nesta mistura há 60% de Malbec, 30% Cabernet Sauvignon e o resto do Petit Verdot, de três áreas diferentes de Mendoza: Los Chacayes, no Vale do Uco, e Perdriel e Agrelo, no tradicional Luján de Cuyo. Malbec vem principalmente de Agrelo (70% do total) e o resto vem de Los Chacayes. A variedade ganha presença neste tinto, os frutos vermelhos de Agrelo que Budeguer produz hoje, além do nervo e da tensão tânica de Los Chacayes, em um vinho cheio de frutas e suculência.

93   FAMILIA BUDEGUER MAIPÚ
Cabernet Sauvignon 2018
$$$$ | MAIPÚ | 13.5°

Trata-se de um Cabernet que vem de vinhedos plantados nos terraços aluviais do rio Mendoza, na região de Maipú. São solos de argila e arenosos, em um clima quente que tem impacto no estilo deste tinto, focado em frutas maduras e doces, com um fundo de ervas e tons terrosos. A textura consiste em taninos finos e afiados, embora amigáveis para os padrões da variedade. Os sabores ainda parecem maduros e suculentos em um Cabernet para guisado de cordeiro.

92   4000 GRAN RESERVA
Malbec 2018
$$$ | MENDOZA | 14°

Esta é uma mistura de diferentes lugares em Mendoza, com 20% Los Chacayes, 50% Agrelo e 30% Perdriel, três áreas muito diferentes que oferecem aqui um vinho fresco e frutado, uma porta para atender a variedade neste lugar na Argentina. As frutas vermelhas, a maturidade dos sabores, os toques das violetas, os taninos macios e redondos.

91   4000 GRAN RESERVA
Petit Verdot 2018
$$$ | AGRELO | 14°

Sob o clima quente de Agrelo e em solos de argila, o Petit Verdot geralmente selvagem torna-se um gatinho. As frutas são vermelhas maduras, há notas de ervas que são mostradas no nariz e na boca, os taninos são firmes, mas muito macios no contexto do que é geralmente esperado da variedade. Um tinto suculento, ideal para costeletas grelhadas.

90   4000 RESERVA
Malbec 2019
$$ | MENDOZA | 13.8°

De vinhedos plantados em 2005 na região de Maipú, em solos de cascalho, e em Agrelo em solos mais secos, este Malbec simples e direto tem uma fruta encantadora e generosa, em camadas que lembram cerejas negras e tons de ervas. A boca é sedosa, com densidade muito boa. O vinho perfeito para chorizo.

OUTROS VINHOS SELECIONADOS

89 | 4000 GRAN RESERVA Cabernet Sauvignon 2018 | Mendoza | 13.8° | $$$
89 | 4000 RESERVA BLUE BLEND Cabernet Sauvignon, Malbec, Petit Verdot 2019
    Mendoza | 14° | $$

Buscado Vivo o Muerto.

PROPRIETÁRIOS Jeff Mausbach & Alejandro Sejanovich

ENÓLOGO Alejandro Sejanovich

FACEBOOK Vivo o Muerto Wines

RECEBE VISITAS Não

• **PROPRIETÁRIOS & ENÓLOGO**
Alejandro Sejanovich & Jeff Mausbach

[**EM 2013** foram produzidos os primeiros vinhos de Buscado Vivo o Muerto, outra das vinícolas emergentes no sempre dinâmico cenário do vinho argentino. Os nomes por trás dela, sim, não são novos. É uma parceria entre Jeff Mausbach, Alejandro Sejanovich e Jorge Crotta, que também possuem vinícolas como Tinto Negro, Mano Negra e Bodega Teho. A proposta que eles fazem aqui é um catálogo de misturas baseadas em Malbec. São uvas que já foram vinificadas em diferentes partes de Mendoza e complementam-nas com percentuais mais baixos de outras variedades tintas, como Cabernet Franc, Tempranillo ou Cabernet Sauvignon. Todos os seus vinhos são no Vale do Uco.]

96 LA VERDAD SAN PABLO
Malbec 2017
$$$$ | SAN PABLO | **14°**

Em termos de altura e, portanto, clima, San Pablo é uma das áreas mais extremas de Vale do Uco. Acima de 1.300 metros de altura, este é o clima da montanha e a paisagem andina. Daí vem esse Malbec que tem uma forte ênfase em ervas e notas florais. Atenção no nariz e você vai sentir um pouco do ar andino de lá. A boca, por outro lado, é fruta vermelha madura pura, em meio a taninos firmes e afiados e uma acidez que é responsável por sublinhar essa aderência. Dê-lhe algum tempo na taça, e você verá os aromas de ervas e florais se tornarem muito mais aparentes. Seria uma boa ideia guardar esse tinto por alguns anos, talvez cerca de três para começar.

95 EL CERRO GUALTALLARY
Chardonnay 2019
$$$ | GUALTALLARY | **13°**

Esta seleção de vinhedos vem Gualtallary, com solos arenosos e pedregosos com muita presença de cal cobrindo as pedras. É envelhecido em barricas de 500 litros por um ano. A presença de cal aqui é evidente, trazendo uma boa parcela da mineralidade para um vinho onde sabores frutados são cítricos, assim como a acidez, o que faz você pensar em frutos do mar macerados com limão. Da trilogia branca dos vinhedos Vivo o Muerto, esta é talvez a mais linear, a mais vertical e tensa.

95 EL CERRO GUALTALLARY
Malbec 2017
$$$$ | GUALTALLARY | **14°**

O solo onde os vinhedos são plantados para este Malbec são arenosos na superfície, mas depois ricos em pedras e cal. E isso parece ser decisivo no tipo de textura que apresenta, nessa trama de tanino compacto e musculoso que adere ao paladar com suas garras. O vinho tem 15 meses de envelhecimento em carvalho, 20% novo, mas não sente o tostado ou o sabor da madeira, mas notas bastante especiadas que não rivalizam na presença com a densa camada de sabores frutados. Um vinho robusto e profundo para manter na garrafa por mais alguns anos.

95 EL LÍMITE LAS PAREDITAS
Chardonnay 2019
$$$ | LAS PAREDITAS | **13°**

Las Pareditas está localizada no extremo sul do Vale do Uco, no Departamento de San Carlos, plantada em solos arenosos e cascalhos de cal na década de 80 com o clone de Mendoza (na verdade, uma seleção de massal que ocasionalmente também inclui outras variedades, como Chenin Blanc ou até mesmo Riesling). O enólogo Alejandro Sejanovich gosta dessa diversidade e é o que ele quer expressar neste vinho que definitivamente vai além dos frutos brancos do Chardonnay, para entrar em especiarias e ervas. A boca é redonda, cremosa, mas ao mesmo tempo com uma acidez elétrica, de grande frescor. Difícil de reconhecer como Chardonnay, mas como um excelente branco.

95 EL MANZANO LOS CHACAYES
Malbec 2017
$$$$ | CHACAYES | **14°**

Los Chacayes, cerca de 1.300 metros acima do nível do mar no Vale do Uco, é caracterizado por seus solos pedregosos que, juntamente com o clima da montanha, oferecem vinhos de texturas ásperas e selvagens. Aqui você sente esse efeito, com taninos que se movem pela boca como se fossem pregos passando pelo paladar. É um tinto com uma ótima presença frutada, rico em densidade de sabores de frutas negras e vermelhas e também nuances com toques de flores, um detalhe muito típico nos tintos de Uco. Este é perfeito para frios.

95 LAS TUNAS
Chardonnay 2019
$$$ | LOS ÁRBOLES | **12.5°**

Da área de Los Árboles de Tunuyán, no Vale do Uco, vem de uma antiga seleção de Chardonnay conhecida como clone Mendoza, uma população espalhada por toda a América do Sul que muitas vezes também inclui outras uvas. Neste caso, há um monte de Chenin Blanc. Este é um branco perfumado, notas florais e tons especiados e herbáceos. O corpo é leve, mas muito nervoso, com uma acidez suculenta, como suco de limão, e um final frutado. Pense em um ceviche de ostras para este branco cheio de energia.

94 EL INDIO EL CEPILLO
Malbec 2017
$$$$ | EL CEPILLO | **14°**

El Cepillo está localizado no extremo sul do Vale do Uco. E este vinhedo é plantado em solos arenosos, em direção ao pé da Cordilheira dos Andes. Um exemplar claro de Malbec da montanha, este El Indio tem notas de violetas e ervas, mas predominantemente aromas e sabores frutados que se expandem através do paladar generosamente, dando a sensação de maturidade, voluptuosidade e doçura. Os taninos são macios, muito domesticados para a média dos tintos na área, e o final é herbáceo e suculento.

94 EL LÍMITE LAS PAREDITAS
Malbec 2017
$$$$ | LAS PAREDITAS | **14°**

Las Pareditas está localizada na província de San Carlos, bem no extremo sul do Vale do Uco. Os solos de lá são ricos em cal, o que contribui para o tipo de textura em seus vinhos, taninos reativos e intensos. Os sabores frutados têm maturidade e, ao mesmo tempo, muita densidade, e a acidez é firme, acalmando esse caráter suculento e dando frescor. Ele ainda é muito jovem, guarde esta garrafa por alguns anos.

94 SAN JORGE ALTAMIRA
Malbec, Cabernet Franc, Cabernet Sauvignon 2017
$$$$ | ALTAMIRA | 14°

Uma Altamira com grande força, tanto em seu corpo quanto em sua textura, vem de vinhedos plantados em solos heterogêneos, areias, pedras, cascalho e cal. As três variedades são colhidas ao mesmo tempo e depois cofermentadas com 30% de cacho completo. Depois disso, 15 meses de envelhecimento na madeira, 20% novas. A primeira coisa que chama a atenção é sua grande expressão frutada, com notas de frutas negras e algumas violetas que se transformam na boca em sabores densos e suculentos. Os taninos se sentem duros, um pouco selvagens. Vá pegar um pouco de cordeiro.

Cadus Wines.

PROPRIETÁRIO Molinos Río de la Plata S.A.
ENÓLOGO Santiago Mayorga
WEB www.caduswines.com
RECEBE VISITAS Sim

• **ENÓLOGO** Santiago Mayorga

[**CADUS FOI** a linha top de Nieto Senetiner até se tornar independente de sua vinícola mãe em 2015. Atualmente possui vinhedos exclusivos para este projeto no Vale do Uco, em setores como Altamira, Gualtallary e Vista Flores. Eles também vinificam algumas frutas de Agrelo, em Luján de Cuyo. Sua filosofia é produzir vinhos de terroirs específicos, que fazem sentido de lugar. O enólogo Santiago Mayorga, que trabalhou por vários anos com Roberto de la Mota na vinícola Mendel, é o responsável por materializar isso.] **IMPORTADOR:** www.casaflora.com.br

96 CADUS SINGLE VINEYARD FINCA LAS TORCAZAS **Malbec 2017**
$$$$ | AGRELO | 15°

Este Malbec vem de Finca Las Torcazas, na parte mais alta de Agrelo, cerca de 1.100 metros acima do nível do mar. Em solos aluviais, ricos em cascalho, este tem uma importante força de tanino, cheia de uma textura radicalmente diferente de tudo o que nos foi vendido sobre a área, nenhum daqueles "taninos doces" que aparecem nos folhetos turísticos. Aqui, em vez disso, o lado mais selvagem e não explorado é mostrado. As frutas são doces, suculentas e até agora está tudo bem. Mas neste solo, na parte superior de Agrelo, com muitos cascalhos, a textura se torna indomável.

96 CADUS SINGLE VINEYARD FINCA VIÑA VIDA
Malbec 2017
$$$$ | CHACAYES | 15°

A partir de um vinhedo plantado em meados de 2000, na área de Los Chacayes, no Vale do Uco, em solos ricos em rochas, este é um exemplar em HD do que são os tinto locais. A austeridade do nariz, um nariz que mostra muito pouco, apenas alguns aromas florais e herbáceos. Mas é na boca onde a festa realmente se ilumina. Os taninos são selvagens, os frutos concentrados e profundos, a acidez afiada. Tudo neste vinho é um delicioso exagero, uma cascata de sensações que contrasta com aquele nariz tímido, de certa forma, silencioso. Um desses vinhos projetados para o futuro.

95 BLEND OF VINEYARDS
Malbec 2018
$$$ | M E N D O Z A | **14.8°**

Esta mistura vem de vinhedos em três lugares em Mendoza, um terço de Alto Agrelo, um terço de Los Chacayes e um terço de Los Árboles. Cem por cento envelhecido em barricas, 40% madeira nova, por um ano. Um tinto muito jovem, onde você ainda sente a barrica e suas notas tostadas, mas também há uma contribuição importante no lado de Agrelo, dessas frutas amigáveis e suculentas, quase doces. Há muito o que falar neste vinho, mas todas as discussões teriam que ser adiadas por alguns anos, quando tudo parecer muito mais integrado. Por enquanto, paciência.

94 CADUS SIGNATURE SERIES
Petit Verdot 2018
$$$ | V A L E D O U C O | **14.5°**

Selvagem em todos os seus níveis, esta é a foto do Petit Verdot e a razão pela qual é tão bom componente de misturas. Aqui está uma cascata de sabores de frutas negras, mas também um rio de acidez e taninos, com uma generosidade que quase sobrecarrega. Não há timidez em mostrar a variedade, pelo contrário, há um nervo. Aplausos aqui por ousar engarrafar. Vá buscar um cordeiro, espero que ele esteja vivo.

93 CHAMPENOISE BRUT NATURE
Pinot Noir, Malbec N/V
$$$$ | V A L E D O U C O | **12.5°**

A partir de vinhedos em Tupungato, este espumante foi produzido com o método tradicional de segunda fermentação na garrafa, e com dois anos de contato com as borras. O nariz tem uma forte ênfase em especiarias e ervas, embora também haja frutas vermelhas no fundo. É leve na boca, mas também firme e tensa graças a uma acidez acentuada e bolhas abundantes. Um para levar à mesa e acompanhar um carpaccio ou apenas servi-lo como um aperitivo.

93 TUPUNGATO APPELLATION
Malbec 2018
$$$ | T U P U N G A T O | **15°**

Esta é uma seleção de parcelas da área de Gualtallary, ao norte do Vale do Uco e entre 1.300 e 1.400 metros acima do nível do mar. Os solos são ricos em areias e pedras banhadas em cal, o que geralmente dá ao Malbec da área taninos firmes, semelhante à sensação de giz no paladar. O resto é fruta vermelha, muito fresca e acompanhada pela acidez que a montanha proporciona nessa altura, uma acidez firme e nítida.

92 CADUS SIGNATURE SERIES
Criolla Grande 2020
$$$ | M E N D O Z A | **13°**

Esta criolla vem de vinhedos de cerca de 60 anos na área de Vista Flores, no Vale do Uco, plantada em um solo de areias profundas. É cem por cento Criolla Grande, mas que se sente especialmente concentrada, com taninos firmes e pontiagudos, e que talvez tenha destaque na rusticidade da uva. O resto são sabores doces e suculentos para beber à beira da piscina e, espero, na companhia de um choripán.

92 LOS CHACAYES APPELLATION
Malbec 2018
$$$ | CHACAYES | 14.5°

Los Chacayes, cerca de 1.200 metros acima do nível do mar, no Vale do Uco, costuma dar Malbec de grande estrutura e taninos selvagens, o que pode ser devido a uma mistura entre o clima da montanha e os solos pedregosos e calcários do local. Neste Malbec há aquela textura áspera e taninos muito reativos, mas moderados por uma maturidade suculenta e sabores de frutas que, com sua doçura, acalmam.

92 VISTA FLORES APPELLATION
Chardonnay 2019
$$ | VISTA FLORES | 14°

Um Chardonnay da velha escola, este tem aromas intensos de madeira onde fermentou e estagiou por um ano (50% do volume total), mas também notas maduras de frutas brancas em uma textura que parece untuosa, expansiva. Ele enche o paladar com sua doçura, enquanto os toques de madeira continuam fornecendo camadas de sabores. Um branco para salmão grelhado.

Caligiore Vinos Ecológicos.

PROPRIETÁRIO Gustavo Adolfo Caligiore
ENÓLOGO Gustavo Adolfo Caligiore
WEB www.caligiore.com.ar
RECEBE VISITAS Sim

• **PROPRIETÁRIO & ENÓLOGO**
Gustavo Adolfo Caligiore

[**A FAMÍLIA** Caligiore sempre teve vinhedos e vendeu suas uvas a granel até que, em 2003, Gustavo Caligiore, a terceira geração da família na Argentina, começou a engarrafar vinhos com o nome da família. Hoje eles têm 14 hectares, todos na área de Ugarteche, no Vale do Uco. E com eles produzem cerca de cem mil garrafas.] **IMPORTADOR:** www.sonoma.com.br

93 CALIGIORE NATURAL
Bonarda 2019
$$ | UGARTECHE | 14.3°

Para esta Bonarda, o produtor Gustavo Caligiore obtém as uvas de um vinhedo plantado em 1973 nos solos arenosos e profundos a cerca de 950 metros de altura em Ugarteche. Produzido apenas com suco de fruta, sem sulfitos, mas com correção de acidez, este é um suco de fruta vermelha e negra muito madura, mas claramente varietal. A Bonarda em estado puro, sem mais interferências, em um tinto suculento e ao mesmo tempo com muito boa pegada para pensar em carne defumada.

93 CALIGIORE NATURE'S LEGACY
Malbec, Cabernet Sauvignon, Ancellotta, Bonarda, Syrah 2018
$$$ | UGARTECHE | 14.7°

Esta mistura consiste em 40% de Malbec, 25% Cabernet Sauvignon, 15% Ancellotta, 10% Bonarda e o resto de Syrah, e é uma seleção de lotes e depois barricas, todos de vinhedos próprios em Ugarteche, cerca de 950 metros acima do nível do mar. É um vinho suculento, com uma presença firme de madeira onde foi estagiado por um ano, mas também os sabores frutados que se expandem pela boca, enchendo-o com aquela sensação expansiva e volumosa. Nesse estilo suculento, é muito bem-sucedido.

92   CALIGIORE RESERVA
Malbec 2018
$$ | U G A R T E C H E | **13.3°**

De vinhedos de cerca de 20 anos em Ugarteche, antes de entrar no Vale do Uco, cerca de 950 metros acima do nível do mar, este é um Malbec frutado e suculento, longe dos tons maduros e de madeira que este vinho tinha no passado. O presente é cheio de frutas em um corpo médio, taninos firmes, mas muito amigáveis, e sabores de frutas vermelhas maduras.

92   NATURE'S LEGACY
Malbec 2017
$$ | U G A R T E C H E | **14.5°**

A barrica (50% do volume por um ano) tem forte influência sobre este vinho, os aromas tostados, as notas especiadas, os sabores caramelizados. No entanto, os sabores frutados do Malbec maduro, colhidos em um ponto doce de maturidade, também desempenham um papel importante. Em seu estilo suculento e amplo, este é muito bem-sucedido.

90   CALIGIORE RESERVA
Bonarda 2018
$$ | U G A R T E C H E | **13.3°**

Para esta Bonarda, Caligiore obtém uvas de vinhedos plantados em 1973 em solos arenosos em Ugarteche. É uma fotografia muito boa da variedade, em um lugar quente; os aromas e sabores de frutas negras, amoras, juntamente com especiarias doces. O corpo é de uma textura amigável e suculenta.

OUTRO VINHO SELECIONADO
88 | 4 VACAS GORDAS Malbec, Cabernet Sauvignon 2019 | Ugarteche | 13.8° | **$**

Canopus Vinos.

PROPRIETÁRIO Canopus
ENÓLOGOS Gabriel Dvoskin & Giuseppe Franceschini
WEB www.canopusvinos.com
RECEBE VISITAS Sim

• PROPRIETÁRIOS & ENÓLOGOS
Alberto Domínguez, Ricardo García, Gabriel
Dvoskin, Camila Lapido, Giuseppe Franceschini

[**GABRIEL DVOSKIN** é jornalista e passou boa parte de sua vida reportando para agências internacionais no exterior. Em 2008 decidiu voltar à Argentina para experimentar o vinho e, junto com dois sócios, iniciou o projeto Canopus, um vinhedo de dez hectares plantado com Malbec e Pinot Noir em El Cepillo, a zona sul do Vale do Uco, um lugar onde o frio manda e, acima de tudo, as geadas aparecem. Desses vinhedos, plantados em 2010, a Canopus produz cerca de 12 mil garrafas.]

95   PINTOM SUBVERSIVO
Pinot Noir 2020
$$$ | E L C E P I L L O | **12°**

Este rosé vem de um terreno de 0,7 hectare ao sul da propriedade Canopus em El Cepillo, rico em solos calcários em um setor mais frio do vinhedo. As uvas são colhidas cedo, especialmente em um ano quente como 2020, que começou em meados de fevereiro. Em seguida, a vinificação é feita em três partes. Um é prensado diretamente, fermentado em aço. Uma segunda parte fermenta em tanque aberto, no método oxidativo. E uma terceira parte numa espécie de infusão, ou seja, sacos cheios de cachos de Pinot colhidos muito tardiamente, infundidos no rosé da primeira vinificação. Um chá, no fundo. Esta maneira estranha, bizarra, mas excitante de olhar para o rosé fala do foco Canopus nesse estilo. O resultado é suculento, fresco, cheio de sabores frescos e vermelhos, com notas de ervas. O mais interessante está nos taninos, que são firmes, verticais, duros, tensos. Um rosé com grande personalidade, grande vibração, superenergia e, aliás, um bicho raro no mundo dos vinhos sul-americanos.

94 DE SED
Malbec 2020
$$ | EL CEPILLO | 13°

É verdade que este vinho funciona como um vinho para matar a sede, como o próprio nome diz, mas também tem uma maneira rigorosa de expressar os solos calcários e o clima fresco de El Cepillo; as frutas vermelhas, a tensão dos taninos, que é mostrada com garra no paladar, com aquela textura de giz dada pelos solos calcários. Este vinho foi projetado para matar a sede, mas temos a sensação de que o terroir de El Cepillo tem sido mais forte, mais poderoso e tem uma presença inevitável em um vinho de sede, embora também seja muito mais.

93 CANOPUS BLANCO
Sémillon, Sauvignon Blanc 2020
$$$ | LA CONSULTA | 12°

Este branco é baseado em Sémillon (88% da mistura) de um antigo vinhedo de La Consulta, cerca de 50 anos, mais um pouco de Sauvignon Blanc de um vinhedo vizinho de Canopus, em El Cepillo, todos ao sul do Vale do Uco. O Sauvignon adiciona um pouco de brilho, um pouco de frescor, a este vinho com um forte caráter de Sémillon oleoso, denso, cremoso, com notas de mel no meio de muitos sabores de frutas maduras. A colheita foi precoce, que tem dado baixo teor de álcool, mas também há contato com as peles por dois meses, que hoje oferece essa potência na boca.

93 PINTOM PETNAT
Pinot Noir 2020
$$$ | EL CEPILLO | 10.5°

Esta é a terceira tentativa de Canopus com o pet nat, e é a mais bem-sucedida, especialmente por causa da nitidez dos sabores frutados emanando do Pinot Noir, um Pinot colhido muito cedo (meados de fevereiro) que proporciona muito vigor, muita tensão nervosa e acidez. As bolhas são abundantes, mas muito amigáveis, e os sabores frutados emergem em todos os lugares em um vinho para não parar de beber. Compre-o por caixas para aplacar sua sede neste verão e espero que você tenha peixe grelhado.

92 PINTOM
Pinot Noir 2019
$$$$$ | EL CEPILLO | 12.6°

Este é o vinho mais ambicioso de Canopus, cem por cento Pinot Noir de uma seleção de solos calcários da propriedade da vinícola em El Cepillo, ao sul do Vale do Uco. É um vinhedo plantado há cerca de dez anos, e que hoje dá um tinto de grande estrutura, taninos firmes, acidez pronunciada, mas sabores terrosos que não coincidem com a juventude deste pinot. Geralmente acontece na Argentina com essa variedade. Plantada em solos de cal (como neste caso) a estrutura de tanino é maravilhosa em sua densidade e verticalidade, mas as vinificações são geralmente muito oxidativas, perdendo grande parte do frescor da fruta em seu estado jovem. O edifício, em sua estrutura de concreto, está pronto e tem sido perfeito; o que é necessário agora é decorá-lo de tal forma que convide a desfrutar de seu frescor e juventude e esperar alguns anos para que esses aromas terrosos apareçam com o armazenamento da garrafa.

Cara Sur.

PROPRIETÁRIOS Francisco Bugallo, Sebastián Zuccardi, Marcela Manini & Nuria Añó
ENÓLOGOS Francisco Bugallo & Sebastián Zuccardi
INSTAGRAM @carasur.barreal
RECEBE VISITAS Sim

• PROPRIETÁRIOS Francisco Bugallo, Nuria Añó, Marcela Manini & Sebastián Zuccardi

[**DO VALE** de Calingasta, província de San Juan, vêm os vinhos deste projeto de Nuria Añó, Pancho Bugallo, Marcela Manini e Sebastián Zuccardi (da vinícola Zuccardi), amigos da universidade. O projeto nasceu na região do Paraje Hilario, em um vinhedo antigo com Criolla, Bonarda e Moscatel Negro, com exceção do vinho rosé, que vem do Paraje Villa Nueva, no mesmo vale. O projeto se destaca por ter sido um dos primeiros a ousar com a uva Criolla, antes do pequeno boom que experimenta hoje, e também por ter colocado os olhos em uma área de tremenda herança de videiras antigas, muitas delas consideradas extintas ou simplesmente desconhecidas. O trabalho de resgate de Cara Sur é algo para prestar atenção.] **IMPORTADOR:** www.vinhomix.com.br

94 LOS NIDOS
Bonarda, Barbera 2019
$$$ | S A N   J U A N | **13°**

Esta mistura de videiras antigas, incluindo Barbera e Bonarda, vem dos solos aluviais do rio Los Patos, na área de Paraje Hilario, no Vale de Calingasta, San Juan. A fermentação ocorre em ovos de concreto e é envelhecido nesses mesmos ovos por oito meses. Este é um vinho que combina rusticidade texturizada com uma deliciosa generosidade em frutas negras e flores. Os aromas levam tempo para aparecer, mas a boca é pura fruta vermelha intensa, com uma acidez afiada e aromas terrosos, enquanto os taninos são musculosos e firmes. É um vinho que precisa de mais três a quatro anos na garrafa para mostrar maior complexidade. Taninos e acidez para suportar essa jornada têm muito.

93 CARA SUR CRIOLLA
Criolla Chica 2020
$$$ | S A N   J U A N | **13.5°**

Esta é uma seleção de quatro vinhedos, todos muito antigos, na região de Hilario, no Vale do Calingasta. Fermentado e estagiado em ovos de cimento, tem todo o lado adoravelmente rústico da Criolla Chica, a Listán Prieto das Ilhas Canárias ou a País no Chile. Cheio de frutas vermelhas, notas de ervas, sabores terrosos, com um corpo leve, mas ao mesmo tempo muito firme e taninos afiados, é um vinho para embutidos.

93 CARA SUR MOSCATEL BLANCO
Moscatel Blanco 2020
$$$ | S A N   J U A N | **12.5°**

De vinhedos de cerca de 50 anos na área de Paraje Hilario, no Vale de Calingasta, esse mostra o DNA aromático do Moscatel, a abundância de

notas florais no meio de um corpo firme, muito típico de vinhos estagiados com suas peles, mas sem a rusticidade ou amargor que muitas vezes está associada a essa técnica. Este branco é, em essência, refrescante, com um bom corpo para pensar em frutos do mar gratinados.

93 CARA SUR MOSCATEL TINTO
Moscatel Negro 2020
$$$ | S A N J U A N | **13.5°**

Talvez esta seja a melhor versão deste vinho, um tinto que vem de uma latada de cerca de 80 anos de Moscatel Negro. Tomando muito cuidado com a oxidação ao vinificar, e com uvas colhidas no início da estação, aqui o que prevalece é uma fruta vermelha radiante, cheia de sabores suculentos e vibrantes. Há especiarias e também muitas ervas, mas acima de tudo frutas vermelhas que tornam este vinho especialmente fácil de beber.

92 PARCELA LA TOTORA
Criolla Chica 2019
$$$ | S A N J U A N | **13.5°**

La Totora é um terreno de pouco menos de meio hectare, plantado cerca de 1.550 metros de altura, em Paraje Hilario. É uma videira em latada de mais de 80 anos. Nesse vinhedo há uma Listán Prieto, mas também alguns Torrontés e Cereza. Cara Sur colhe apenas a Listán Prieto para este vinho que parece delicado, sutil. É envelhecido em ovos de cimento por oito meses, e esse guarda parece ter acalmado sua textura que, como ditada pela variedade, tem taninos selvagens e rústicos, embora a concentração de sabores seja bastante leve. Um dos melhores Listán Prieto que são produzidos hoje na América do Sul.

91 PÉRGOLAS
Cereza 2020
$$$ | S A N J U A N | **13.5°**

Cereza é uma variedade esquecida e seu ingresso de volta para o mundo do vinho pode ser como rosé. Tem frutas suculentas, não muito corpo, mas acidez. E neste rosé simples e amigável, essas qualidades são claramente vistas em um vinho que é feito para a matar a sede no verão. Traga algumas dessas garrafas para as festas e abra com queijos, paellas ou pizzas. Vai bem com tudo.

90 CARA SUR TINTO
Bonarda, Barbera, Malbec 2020
$$$ | S A N J U A N | **13.5°**

Uma mistura de diferentes variedades, incluindo Bonarda e Malbec, mas também alguma Barbera, este é o mais concentrado e maduro dos vinhos de Cara Sur; frutas negras fazem uma pequena festa em meio à acidez e taninos ferozes.

OUTRO VINHO SELECIONADO
89 | PÉRGOLAS Torrontés 2020 | San Juan | 13° | **$$$**

CARO.

PROPRIETÁRIOS Nicolás Catena & Barón Eric de Rothschild
ENÓLOGO Philippe Rolet
WEB www.bodegascaro.com.ar
RECEBE VISITAS Sim

• **ENÓLOGO** Philippe Rolet

[**CARO NASCEU** da sociedade que as vinícolas Catena e Lafite (emblemático Château francês) estabeleceram em 1999. A ideia inicial era combinar duas culturas, duas famílias e duas cepas em um vinho que tinha Malbec e Cabernet Sauvignon, variedades típicas de Mendoza e Bordeaux, respectivamente. Esse vinho é CARO. Com o tempo, eles criaram dois rótulos complementares. Em 2003, Amancaya (Petit Caro no mercado argentino), segundo vinho da casa, feito com uma filosofia semelhante, mas com um período mais curto de armazenamento. Desde 2010, eles produzem o cem por cento Malbec Aruma. CARO tem oito hectares próprios e produz cerca de 700 mil garrafas por ano.] **IMPORTADOR:** www.mistral.com.br

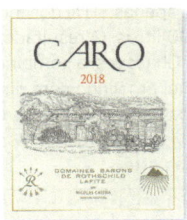

96 CARO
Cabernet Sauvignon, Malbec 2018
$$$$$ | M E N D O Z A | **14.6°**

Esta safra de Caro tem 76% de Malbec e 24% de Cabernet Sauvignon, todos de vinhedos na região de Altamira, cerca de 1.200 metros acima do nível do mar, no Vale do Uco. São vinhas de 18 anos, plantadas em solos pedregosos e ricos em cal. O vinho é envelhecido por cerca de 18 meses em barricas de carvalho. A expressão deste vinho, no início, é um pouco tímida. No entanto, uma vez que passa algum tempo na taça - ou, se preferir, uma vez decantado - ele mostra uma deliciosa camada frutada, frutas vermelhas e ervas no meio de um corpo médio, de grande suculência e taninos firmes que revelam que se ainda precisa de pelo menos quatro a cinco anos na garrafa. Uma excelente versão de um dos clássicos modernos do vinho argentino.

94 AMANCAYA
Cabernet Sauvignon, Malbec 2018
$$$$ | M E N D O Z A | **14.5°**

Para **Amancaya**, a mistura vem principalmente de vinhedos em Altamira (95%), no Vale do Uco, enquanto os 5% restantes vêm de um vinhedo antigo em Agrelo, uma das áreas tradicionais do vinho mendocino. Metade do volume passa por barricas (um terço novas) por um ano, enquanto a outra é envelhecida em lagares de cimento. 70% é Malbec e 30%, Cabernet Sauvignon. Um tinto suculento, de grande expressão frutada, com o caráter de frutas vermelhas maduras de um ano quente, mas ao mesmo tempo com uma trama bem armada e resistente de taninos para suportar sem problemas o peso da fruta em um tinto muito bem equilibrado.

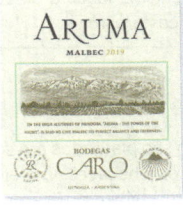

92 ARUMA
Malbec 2019
$$$ | M E N D O Z A | **14.5°**

A mistura de Aruma vem de vinhedos jovens de cerca de dez anos no Vale do Uco, especialmente em Altamira e San José. Fermentado em aço, e envelhecido por oito meses em lagares de cimento, este tinto tem o frescor da safra 2019, frutas vermelhas maduras, mas sem doçura, mas sim um equilíbrio suculento. É macio, frutado, pronto para beber agora com um prato de queijos e frios.

Casa de Uco.

PROPRIETÁRIO Família Tonconogy
ENÓLOGO Sebastián Bisole
WEB www.casadeuco.com
RECEBE VISITAS Sim

• PROPRIETÁRIOS
Alberto & Juan Tonconogy

[**CASA DE UCO** é o projeto da família Tonconogy na área de Los Chacayes do Vale do Uco. Lá, além de um dos melhores hotéis da região, têm 72 hectares onde predomina o Malbec, plantado nos solos típicos de Los Chacayes, ricos em pedras, sob um clima de montanha. Atualmente, produzem cerca de 90.000 garrafas.] **IMPORTADOR:** www.winelovers.com.br

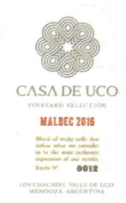

95 VINEYARD SELECTION
Malbec 2016
$$$ | LOS CHACAYES | **14°**

Esta é uma seleção de vinhedos Malbec, plantados em solos ricos em pedra na área de Los Chacayes do Vale do Uco acima de 1.200 metros de altura. O vinho fermenta em concreto e, em seguida, apenas 30% do vinho é envelhecido em madeira, a maioria fudres de 2.500 litros. O resultado é uma fotografia afiada do lado mais selvagem de Los Chacayes, a combinação de clima de montanha e solos pedregosos dá aqui um vinho com uma textura áspera, acidez firme. Nem todo prato combina bem aqui. Você precisa de cordeiro ou carne de caça, mas em guisados que contrastam essa textura. O resto são frutas e flores radiantes por toda parte.

93 EL SALVAJE ESTILO NARANJA
Chardonnay, Torrontés 2019
$$ | LOS CHACAYES | **12.5°**

Essa mistura de Torrontés e Chardonnay, macerada com as peles como dita o estilo dos vinhos laranjas, tem uma forte ênfase em aromas florais e notas de laranjas confitadas. O corpo tem muito a agradecer aos taninos ferozes que geralmente dão aqueles solos de pedra e aquele clima de montanha acima de 1.200 metros em Los Chacayes. A textura dá vigor a esse laranja, dá tensão, em um vinho que precisa de alguns anos para ganhar em complexidade e equilíbrio.

93 EL SALVAJE ORGÁNICO ROSADO
Pinot Gris 2020
$$ | LOS CHACAYES | **13.5°**

Feito com Pinot Gris, após um breve contato com as peles na época em que os cachos foram pressionados, este rosé vem de vinhedos plantados em 2008 nos solos pedregosos de Los Chacayes, cerca de 1.300 metros acima do nível do mar, no Vale do Uco. Engarrafado sem filtro, é um rosé de certa rusticidade, com aromas especiados e herbáceos, e uma boca com toques de flores e frutas vermelhas maduras. Este é para paella de frutos do mar, embora também funcione muito bem com salmão defumado. Uma pequena loucura de Los Chacayes, de onde esses tipos de excentricidades não costumam vir.

92 EL SALVAJE
Malbec 2016
$$ | LOS CHACAYES | **14°**

Para este **Salvaje** são selecionados vinhedos que não são plantados em solos tão ricos em pedras, os solos mais comuns em Los Chacayes. O efeito de uma maior proporção de argilas aqui tem dado um Malbec mais amplo

e suculento, apesar de vir de uma safra muito fria como foi 2016. Aqui estão frutas vermelhas em um corpo suculento, com taninos firmes, mas longe do lado selvagem de Chacayes. Vá pegar algumas asas de frango.

92 EL SALVAJE ORGÁNICO
Malbec 2019
$$ | L O S   C H A C A Y E S | **13.5°**

Chacayes geralmente dá Malbec selvagem, especialmente em taninos, que se sentem muito claramente na boca. Tem muitas frutas vermelhas e notas de violetas, muito nervo e acidez refrescante e crocante, o que ajuda este vinho a ser muito fácil de beber. Aqui eles têm uma expressão muito boa de lugar, marcada pela textura, mas também pela fruta.

92 EL SALVAJE ORGÁNICO BLANCO DE GRIS
Pinot Gris 2020
$$ | L O S   C H A C A Y E S | **13.5°**

Esta é uma pequena produção de apenas cerca de mil garrafas de Pinot Gris não filtrado, feito com pouca intervenção e engarrafado para obter um suco muito semelhante ao que você poderia provar se tirado direto dos tanques, após a fermentação. Este tem frutas brancas maduras, doces e tons de especiarias em um vinho de corpo muito bom, pronto gora para frutos do mar gratinados.

91 EL SALVAJE BLEND DE BLANCS
Chardonnay, Sauvignon Blanc, Torrontés, Pinot Gris 2019
$$ | L O S   C H A C A Y E S | **12.5°**

Esta é uma mistura de 50% Sauvignon Blanc, 25% Chardonnay, 20% Torrontés e o resto de Pinot gris, as quatro variedades que Casa de Uco tem no vinhedo de Los Chacayes. É um branco muito herbáceo, com toques de flores de Torrontés, mas sem o corpo denso associado a esta uva. É sim um branco leve, de acidez muito rica e generoso em frutas maduras.

91 EL SALVAJE ORGÁNICO
Pinot Noir 2019
$$ | L O S   C H A C A Y E S | **13°**

De vinhedos plantados em 2008 em Los Chacayes, este é um Pinot Noir com aromas terrosos e uma carga tânica muito impressionante, algo incomum na cena argentina. Aqui está uma estrutura que pode suportar muito bem uma tarde de pizzas à beira da piscina.

Casa Petrini.

PROPRIETÁRIO Eduardo Petrini
ENÓLOGO Ariel Angelini
WEB www.casapetrini.com
RECEBE VISITAS Sim

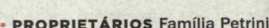
PROPRIETÁRIOS Família Petrini

[**CASA PETRINI** é uma das vinícolas mais atraentes do Vale do Uco. Trata-se de um projeto familiar baseado em um vinhedo de 35 hectares plantado em 2013 ao lado do rio Las Tunas, na área de Agua Amarga. Entre as características deste terroir, principalmente de Malbec, destaca-se um pequeno setor com pedras vulcânicas, de onde obtém sua peculiar Roca Volcánica um Single Vineyard de Malbec. O enólogo da Casa Petrini é Ariel Angelini.]

96 IMÁN
Malbec 2017
$$$$$ | TUPUNGATO | **13.5°**

A família Petrini plantou cerca de 32 hectares de vinhedos perto do rio Tunas em Tupungato, todos em terras muito pedregosas, em um terraço de rio. No entanto, cerca de dois hectares e meio têm um solo particular, de rochas vulcânicas, tanto na superfície quanto na profundidade. Com essas uvas, Petrini faz dois vinhos. O primeiro é a Roca Volcánica, sem passagem por madeira, e o segundo é Imán, que é envelhecido em barricas por um ano antes de ir para a garrafa e ficar lá por mais um ano. O vinho exala caráter, as notas de sangue do Malbec nesses solos especiais, a profundidade dos sabores, os taninos firmes, mas imersos em uma densa camada de frutas azuis. Um vinho para dar uma reviravolta na ideia que você tem de Malbec de Uco.

95 LECHO DE RÍO
Chardonnay 2019
$$ | TUPUNGATO | **13°**

Esta é uma seleção de um hectare de Chardonnay. Uma parte é feita com suas peles (uma maceração de cerca de 15 dias) e daí vem essa cor intensa e também, a potência na boca que se desdobra com seus sabores cremosos, maduros e profundos. Embora as uvas tenham sido colhidas muito cedo, a maceração dá-lhe um novo caráter, que é projetado além de um branco nervoso e ácido. Este tem a complexidade fenólica de um branco com ares tintos, para acompanhar um pedaço de atum grelhado.

95 ROCA VOLCÁNICA
Malbec 2019
$$$ | TUPUNGATO | **13.5°**

Este **Roca Volcánica** vem de uma seção do vinhedo de Petrini às margens do rio Las Tunas, que é especialmente rico em rochas vulcânicas, tanto na superfície quanto na profundidade. A partir daí, as frutas são obtidas para um Malbec que é feito com 25% cacho completo e sem fermentação malolática, a fim de manter o frescor nas uvas. Sem envelhecer em carvalho, tem uma deliciosa profundidade, frutas azuis, ervas e especiarias em um corpo que é denso e ao mesmo tempo muito fresco. Um vinho para beber hoje por litros, mas também com grande potencial de guarda.

95 TALUD
Cabernet Franc 2019
$$$ | TUPUNGATO | **13.5°**

Plantada em 2015, esta é a primeira experiência da Petrini com o Cabernet Franc. É uma seleção de solos rochosos ao lado do leito do rio, as uvas foram vinificadas com 10% de cachos inteiros e envelhecidas por 12 meses em barricas de madeira usadas. O vinho é uma expressão fiel de Cabernet Franc no clima frio, os aromas de ervas mandam, os tons de tabaco e também os toques terrosos em um corpo médio, mas de taninos ferozes e acidez afiada que pedem carne grelhada. Uma excelente estreia com o selo fresco e vibrante dos vinhos da casa.

93 CASA PETRINI
Malbec 2020
$$ | TUPUNGATO | **13.5°**

Este é o Malbec básico de Petrini e uma porta de entrada muito boa para o estilo fresco de seus tintos. De vinhedos plantados em 2013 em solos aluviais do rio Las Tunas, e feitos com 25% cacho completo, o que predomina aqui são os aromas e sabores de frutas vermelhas ácidas em um corpo médio, taninos com aderência suficiente para acompanhar um bom bife grelhado. Um vinho puramente frutado, envelhecido em barricas.

93 CASA PETRINI
Tannat 2020
$$ | TUPUNGATO | **13°**

Esta é uma expressão pura e cristalina da variedade nos solos aluviais de Petrini, ao lado do rio Las Tunas, na área de Água Amarga, ao norte do Vale do Uco. Aqui está o lado floral do Tannat, mas também uma expressividade incomum em aromas frutados. A boca está cheia de frutas vermelhas ácidas em um corpo de taninos ferozes e pronto para atacar um cordeiro na brasa. Tannat não é uma variedade altamente plantada em Uco. Deveria haver mais.

91 ROSÉ
Malbec, Tannat 2020
$$ | TUPUNGATO | **12.5°**

Esta mistura tem 70% de Malbec e 30% Tannat de vinhedos plantados em solos aluviais às margens do rio Las Tunas em Tupungato. Feito com cachos prensados diretamente, sem contato com madeira, este é um vinho suculento, generoso em aromas e sabores de frutas vermelhas ácidas no meio de um corpo que mostra nervo e tensão graças a uma acidez crocante e taninos com aderência que pedem comida. Pense em camarão em molho picante.

Casa Yagüe.

PROPRIETÁRIOS Marcelo Yagüe & Patricia Ferrari
ENÓLOGOS Marina Coña & Farid Tejo
WEB www.casayague.com
RECEBE VISITAS Sim

· **PROPRIETÁRIOS**
Marcelo Yagüe & Patricia Ferrari

[**A FAMÍLIA** Yagüe, em 2014, plantou um punhado de hectares de vinhedos no Vale de Trevelin, na província de Chubut, escondidos na Cordilheira dos Andes, a cerca de 500 metros do rio Futaleufú e a 12 quilômetros da fronteira com o Chile. Nesse local, quase dois mil quilômetros ao sul de Buenos Aires, as chuvas são abundantes e a paisagem é repleta de verde no que é a fronteira sul do vinho argentino.]

95 CASA YAGÜE
Sauvignon Blanc 2019
$$$$ | ARGENTINA | **10.8°**

Em anos quentes como 2017, em Trevelin, o Sauvignon pode chegar a 11,5 graus. Mas em anos frios como 2019, esse álcool cai consideravelmente para 10,8. No entanto, os aromas e sabores deste vinho parecem maduros, com notas de cítricos confitados, mas em um contexto de acidez elétrica, cheio de aresta. Um bicho raro, inclassificável ou muito difícil de se assemelhar em estilo ou em sabores a outros exemplares da variedade no Novo Mundo e que lá, no sul da Argentina, 1.800 quilômetros ao sul de Buenos Aires, e com um clima muito frio, oferece uma sensação peculiar de lugar.

94 CASA YAGÜE
Chardonnay 2019
$$$$ | ARGENTINA | **11°**

Casa Yagüe tem dois Chardonnay, um estagiado em madeira e este, que é a expressão mais cristalina da variedade naquela área fria do sul da Argentina. Com apenas 11 graus de álcool, algo normal para a variedade, este é um branco claro, mas ao mesmo tempo com uma acidez de dar medo. Afiada, cheia de eletricidade, suportando sabores de ervas e frutas cítricas. A safra 2019 foi uma safra fresca em Trevelin e que parece especialmente nessa acidez, mas também em uma sensação de ervas que domina. Um vinho único, cheio de senso de lugar.

93 CASA YAGÜE OAK
Chardonnay 2019
$$$$ | ARGENTINA | **11°**

Este é o mesmo Chardonnay que eles chamam de "autêntico" em Yagüe, mas com seis meses de envelhecimento em barricas de segundo uso de 500 litros. A madeira se sente, mas não é forte o suficiente para superar as exuberantes frutas cítricas e notas de ervas, mas acima de tudo não pode combater a acidez que é firme aqui, cheia de vigor. É um vinho delicioso agora, mas acima de tudo é um vinho para o futuro. Espere pelo menos cinco anos. Dez seria o ideal.

Casarena.

PROPRIETÁRIO Peter Dartley
ENÓLOGO Leandro Azin
WEB www.casarena.com
RECEBE VISITAS Sim

• **ENÓLOGO** Leandro Azin

[**DESDE SUA** criação, em 2007, Casarena é focada na tradicional denominação de origem de Luján de Cuyo, especificamente nas áreas de Perdriel e Agrelo. Lá eles têm vários vinhedos que totalizam cerca de 160 hectares, alguns deles plantados recentemente; outros, 20 ou 30 anos atrás. Com essas videiras fazem cerca de um milhão de garrafas por ano. Embora também façam vinhos jovens ou Reserva, o foco principal de Casarena é em vinhos nascidos de parcelas específicas, os Single Vineyards.] **IMPORTADOR:** www.magnumimportadora.com.br

95 DNA
Cabernet Sauvignon 2017
$$$$ | LUJÁN DE CUYO | **14.5°**

Casarena tem Cabernet Sauvignon plantado em três de seus quatro vinhedos em Luján de Cuyo. A base para este DNA Cabernet vem do vinhedo Owen, plantado em 1930 e representando 80% do volume aqui. A mistura é completada por Cabernet de Lauren, também em Agrelo, e Jamilla em Perdriel. A seleção é feita na vinícola, uma vez que os vinhos fermentaram. O envelhecimento dura 16 meses, e embora haja certa presença de notas tostadas de madeira, o que predomina é fruta de Cabernet pura e suculenta, acompanhada de notas de ervas em um corpo tenso, muito firme, com taninos afiados e abundantes. Outro vinho para um longa guarda em garrafas.

95 DNA
Malbec 2017
$$$$ | LUJÁN DE CUYO | **14.5°**

Casarena possui quatro vinhedos em diferentes áreas de Luján de Cuyo, e em todos eles tem Malbec plantado. Este DNA é uma espécie de resumo da melhor expressão da variedade que eles podem obter na área. A seleção é feita após o vinho ter fermentado e envelhecido por 16 meses em barricas. Este ano, uma safra quente de boa concentração, mostra um DNA suculento, profundo, de uma textura deliciosa em sua forma arredondada, com taninos muito polidos. As frutas parecem vermelhas e maduras, acompanhados de ervas. Um vinho que ainda precisa ser guardado para ganhar complexidade.

94 ICONO
Malbec, Cabernet Sauvignon, Syrah, Cabernet Franc 2017
$$$$$ | LUJÁN DE CUYO | **15°**

Icono é feito a partir da melhor expressão de diferentes variedades que Casarena tem em seus quatro vinhedos espalhados por Luján de Cuyo. Esta safra tem 50% de Malbec do vinhedo Naoki, 30% Cabernet Sauvignon de Owen, 10% Syrah de Jamilla e o resto de Cabernet Franc de Lauren. A fruta doce e vivaz do Malbec é a predominante em um vinho onde notas de ervas e tons defumados e frutados são mostrados em todos os lugares. O álcool causa uma sensação quente, e também ajuda a textura a se sentir mais suculenta e envolvente.

94 JAMILLA SINGLE VINEYARD PERDRIEL
Malbec 2018
$$$ | PERDRIEL | **14°**

Esta é uma seleção de parcelas de Malbec do vinhedo Jamilla, plantadas por volta de 1995 em solos arenosos e pedregosos, solos de terraço aluvial do rio Mendoza. Ao contrário de muitos Malbec de perdriel, este é um vinho muito fresco, cheio de frutas vermelhas e leves toques florais. A textura é leve, mas ao mesmo tempo nervosa, com taninos muito finos apoiando os sabores das frutas. Um vinho delicioso e intenso com uma acidez muito boa e final herbáceo; um novo olhar para Perdriel.

94 LAUREN SINGLE VINEYARD AGRELO
Malbec 2018
$$$ | AGRELO | **14°**

O vinhedo Lauren foi plantado entre 2007 e 2009, em solos de argila em Agrelo. Localizado a 918 metros acima do nível do mar, é um clima frio, onde as brisas frescas da montanha descansam. Ainda assim, é Agrelo, um lugar ensolarado que oferece Malbec maduro e amigável. Essas uvas foram colhidas no início de um ano quente, e isso é sentido nos aromas de frutas vermelhas maduras e ervas. É uma boa maneira de interpretar um lugar clássico em Luján de Cuyo, uma maneira de vê-lo com mais vigor, mais frutas vermelhas, mais delicadeza. Aqui o que se destaca é a tensão e o frescor.

94 OWEN SINGLE VINEYARD AGRELO
Cabernet Sauvignon 2018
$$$ | AGRELO | **14°**

Este é o vinhedo mais antigo de Casarena. Está localizado na tradicional Calle Cobos, na região de Agrelo, e são 22 hectares plantados em 1930 com Cabernet Sauvignon no sistema de latada. Há uma grande diversidade genética nos cachos, resultado da troca que durante décadas os proprietá-rios originais deste vinhedo (Casarena comprou o vinhedo em 2008) fize-ram com seus vizinhos. O vinho é envelhecido por 12 meses em barricas e o resultado é um clássico Agrelo, com seus sabores amigáveis e maduros, rico em notas de ervas e especiarias doces. Um clássico.

93 LAUREN SINGLE VINEYARD AGRELO
Petit Verdot 2018
$$$ | A G R E L O | 14°

Fiel à genética da variedade, aqui está um festival de taninos ligados a fru-tas vermelhas maduras e uma acidez que, como os taninos, é alta, nervosa e tensa. Aqui a extração foi muito cuidadosa. De acordo com o enólogo Leandro Azin, eles tiveram que tomar muitas precauções para que não se tornasse um tinto intomável. E está longe disso. Pelos padrões da cepa, este é frutado, bebível e pronto para cordeiro.

93 NAOKI SINGLE VINEYARD AGRELO
Malbec 2018
$$$ | A G R E L O | 14°

A propriedade Naoki possui 18 hectares de vinhedos, plantados em 2010 em solos com uma importante presença de gesso compactado que, se-gundo a equipe enológica de Casarena, tende a criar texturas de taninos reativos. Isso aparece aqui, mas acompanhado de notas frutadas e florais em um vinho com notas muito boas de frutas vermelhas frescas e acidez intensa e penetrante.

93 SINERGY JAMILLA | VINEYARD BLEND
PERDRIEL Malbec, Syrah, Merlot 2018
$$$ | P E R D R I E L | 14°

Finca Jamilla é o vinhedo de Casarena em Perdriel, uma das áreas mais tradicionais, ao norte do rio Mendoza. Esta é uma mistura de diferentes parcelas, baseadas em Malbec, mais 20% Syrah e 10% Merlot. Cada va-riedade é envelhecida separadamente em barricas por seis meses, e en-tão a mistura é feita para ser levada a barricas por mais meio ano. Malbec brilha com seus sabores de cerejas pretas e especiarias, notas de ervas ao fundo. O paladar é suave, suculento acidez e tons de especiarias doces.

93 SINERGY LAUREN | VINEYARD BLEND
Cabernet Franc, Merlot, Malbec 2018
$$$ | A G R E L O | 14°

Este é uma visão mais fresca e vital do que se acostuma em Agrelo. Uma mistura de vinhedos à base de Cabernet Franc, e com um ano de enve-lhecimento total em barricas (os primeiros seis meses as variedades são envelhecidas separadamente), mostra sabores frescos e aromas, notas deliciosas de ervas e também especiarias em um corpo de sabores profun-dos, textura macia e acidez afiada.

93 SINERGY OWEN | VINEYARD BLEND
Malbec, Cabernet Sauvignon 2018
$$$ | A G R E L O | 14°

Este cem por cento do vinhedo Owen, na área de Agrelo, no coração de Luján de Cuyo, é uma mistura de Cabernet Sauvignon de videiras de 1930 e Malbec muito mais jovem, plantado em 2005. Após seis meses de en-velhecimento em barricas separadas, a mistura é feita e envelhecida por mais seis meses. O resultado é um vinho intenso em sabores frutados e suculentos, alto em acidez, mas também vivaz e vibrante em frutas vermelhas. A textura é firme, parece tensa, acompanhada de taninos finos como agulhas. Um tinto para beber agora, e um bom exemplar de uma nova escola em Agrelo.

92 LAUREN SINGLE VINEYARD AGRELO
Cabernet Franc 2018
$$$ | A G R E L O | **14°**

Em solos de argila, na área tradicional de Agrelo, este Cabernet Franc viaja no lado maduro e especiado da variedade. Tem 12 meses em barricas, e isso adicionou notas de especiarias. A textura é firme, com taninos muito bons que são misturados com uma acidez firme. Na boca também as notas das ervas, muito normais na variedade, emergem fortemente.

90 RAMANEGRA RESERVADO
Cabernet Franc, Cabernet Sauvignon, Malbec, Petit Verdot 2019
$$ | L U J Á N D E C U Y O | **13.5°**

Este multivarietal, todos de vinhedos próprios em Luján de Cuyo, tem o selo da casa: os aromas de frutas maduras e especiarias doces, a boca macia e amigável, cheia de taninos sedosos. Um daqueles vinhos que vai bem com qualquer assado e que também representa fielmente o estilo clássico dos tintos da região.

90 RAMANEGRA RESERVADO
Malbec 2019
$$ | L U J Á N D E C U Y O | **13.7°**

Este Malbec é uma mistura de vinhedos de Casarena em Luján de Cuyo. O envelhecimento se estende por cerca de um ano em barricas e o que sai deles é um tinto com notas crocantes frutadas, maduras e especiadas. A boca é macia, com sabores doces, mas também uma acidez fina que é responsável por equilibrar o paladar.

OUTROS VINHOS SELECIONADOS

89 | AREYNA WINEMAKER'S SELECTION-RAMANEGRA ESTATE Torrontés 2020
Cafayate | 13.5° | **$$**

89 | WINEMAKER'S SELECTION-ESTATE/RAMANEGRA ESTATE
Cabernet Sauvignon 2020 | Luján de Cuyo | 13.5° | **$$**

89 | WINEMAKER'S SELECTION-ESTATE/RAMANEGRA ESTATE Malbec 2020
Luján de Cuyo | 13.7° | **$$**

88 | 505 BODINI Malbec 2020 | Luján de Cuyo | 13.5° | **$**

Catena Zapata.

PROPRIETÁRIO Família Catena Zapata

ENÓLOGO Alejandro Vigil

WEB www.catenawines.com

RECEBE VISITAS Sim

• **PROPRIETÁRIOS**
Família Catena Zapata

[**QUE MALBEC** seja a grande marca dos vinhos argentinos se deve em parte ao trabalho de Nicolás Catena, que nos anos 90 se comprometeu seriamente com esta casta e sua internacionalização. O dono da Catena Zapata vem de uma tradição que começou em 1902, quando seu avô, Nicola Catena, plantou um vinhedo de Malbec. O seguidor foi seu pai, Domingo Catena, responsável por transformar a vinícola em uma das mais importantes produtoras do país. Nicolás Catena afinal consolidou-se como uma marca orientada para a qualidade, sendo pioneira não só no resgate do Malbec, mas também na aposta nas vinhas em altura. A história recente da vinícola tem sido marcada pelo trabalho da equipe enológica liderada por Alejandro Vigil, focada em estudar em profundidade os diferentes terroirs de Mendoza, fazendo vinhos que comprovam a hierarquia do Malbec e também as diferentes faces que, de acordo com seus origem, é capaz de mostrar.] **IMPORTADOR:** www.mistral.com.br

97 ADRIANNA VINEYARD MUNDUS BACILLUS TERRAE Malbec 2018
$$$$$ | MENDOZA | 13.7°

Da linha **Vino de Parcela**, este é o mais tímido no início, o mais austero. No entanto, logo na taça começa a se abrir, para mostrar suas qualidades. A fruta, que antes parecia ausente, agora é vermelha e nervosa, a textura muito mais nítida, a acidez vibrante. Aos poucos, o vinho parece construir sobre si mesmo, ganhando em estrutura e tamanho, embora sempre com esse caráter tenso e vertical dos vinhos de Gualtallary. Esta é uma seleção de parras plantadas em 1992 em solos ricos em cal com cerca de 1.400 metros de altura. Com 50% de cacho inteiro e 18 meses de envelhecimento em barricas, aqui há um vinho que levará uma década para se mostrar.

97 ADRIANNA VINEYARD RIVER STONES Malbec 2018
$$$$$ | MENDOZA | 13.9°

Plantado em 1992 em um solo rico em cascalhos cobertos de cal em um lugar que já foi um leito de córrego, cerca de 1.350 metros de altura no vinhedo Adrianna, que está localizado na área de Monasterio, um lugar que você tem que ter em mente quando se fala dos melhores terroirs da Argentina. Os solos do lugar e o clima, com a forte influência das brisas da montanha, ao pé dos Andes. Esta safra de River Stones é especialmente honesta, com a fruta à frente, os aromas de frutas vermelhas, ervas, flores em um vinho cheio de vitalidade. Talvez pensem que é um tinto muito simples e frutado. No entanto, nossa teoria é que há um longo caminho até aqui, anos para que essa fruta quase ingênua, mas tão fresca, ganhe em complexidade. Uma expressão pura e honesta do lugar.

96 ADRIANNA VINEYARD WHITE BONES Chardonnay 2018
$$$$$ | MENDOZA | 12.6°

Este **Bones** vem de uma parte alta do vinhedo Adrianna, cerca de 1.450 metros acima do nível do mar. Plantados em 1992, esses solos são de origem aluvial, mas muito ricos em resíduos calcários, fósseis que estão presentes na área que hoje é conhecida como Monasterio. O vinho é envelhecido por cerca de 16 meses sob um fino véu de flor que lhe dá um componente salino muito especial. Este é um Chardonnay determinado pelo solo de cal que proporciona essa sensação austera e vertical. Não parece feito de frutas, mas de pedras, mas - ao contrário das White Stones - parece um pouco mais suculento, um pouco mais maduro, embora sempre no contexto desses vinhos cheios de mineralidade.

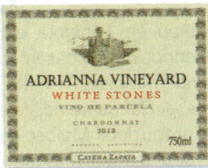

96 ADRIANNA VINEYARD WHITE STONES
Chardonnay 2018
$$$$$ | MENDOZA | 12.8°

Acima de 1.350 metros acima do nível do mar, os solos para este Chardonnay são ricos em cal, paredes de cal, areia e cascalho compacto na área de Gualtallary, ao norte do Vale do Uco, no que é conhecido como Monasterio, um lugar que por seu clima de montanha e esses solos especiais, é hoje uma das grandes fontes de brancos e tintos. Neste caso, essas características dão a impressão de que era um vinho feito de pedras em vez de frutas. É afiado, vertical, se comporta como uma flecha na boca. Estagiado sob um fino véu de flor, que segundo o enólogo Alejandro Vigil, subtrai gordura, remove glicerol e essa sensação ampla. Tudo isso explica o estilo, a arquitetura desse branco, um dos grandes da América do Sul.

96 CATENA ZAPATA NICASIA VINEYARD
Malbec 2018
$$$$$ | MENDOZA | 13.9°

O vinhedo Nicasia foi plantado em 1996 na área de Altamira, em solos pedregosos. O vinho foi fermentado cem por cento em cachos inteiros e cem por cento em barricas. Após dois anos de envelhecimento na madeira, este Malbec é capaz de capturar a essência de Altamira, aquele lado austero dado pelos solos de pedra, e também os aromas de frutas vermelhas e violetas muito típicos nas alturas do Vale do Uco. A textura é firme, com taninos muito afiados atuando como pilares para que a fruta, crocante e vivaz, seja claramente exibida.

95 ADRIANNA VINEYARD FORTUNA TERRAE
Malbec 2018
$$$$$ | GUALTALLARY | 13.9°

Esta é uma seleção do lote 6 do vinhedo Adrianna, plantado em 1992 em Gualtallary, acima de 1300 metros de altura no Vale do Uco. Os solos ricos em calcário, aluviais e pedregosos, e o clima frio da montanha, dão a este Malbec um caráter refrescante e tenso. Se somarmos a isso as colheitas antecipadas (um mês em médias nas últimas quatro safras, segundo o enólogo Alejandro Vigil), a personalidade deste Fortuna, juntamente com os outros da linha Vinos de Parcela, reflete as brisas andinas em um vinho cheio de frutas vermelhas e cheio de acidez e vigor de taninos. Um vinho que se bebe hoje, mas que continuará a crescer ao longo dos anos na garrafa.

95 CATENA ALTA
Cabernet Sauvignon 2018
$$$$$ | MENDOZA | 13.8°

Este **Catena Alta Cabernet Sauvignon** é uma das bandeiras da vinícola. Com suas primeiras versões no final dos anos 90, e sempre com base nos vinhedos de Catena em Agrelo, plantados em 1982, esta Alta sempre mostrou uma visão frutada e clara da variedade. Enquanto do outro lado da cordilheira, no Chile, o Cabernet tradicional é cheio de tons terrosos e mentolados, em Agrelo o tema é fruta, a expressão cristalina da variedade que aqui se traduz em aromas e sabores de frutas vermelhas e ervas. O corpo tem aderência, taninos firmes, mas firmes mais que aderir ao paladar, seu papel parece ser o do príncipe consorte, servindo como apoio para que a rica expressão frutada seja mostrada em toda a sua plenitude. Deixe este vinho na adega por pelo menos três anos.

95 CATENA ZAPATA MALBEC ARGENTINO
Malbec 2018
$$$$$ | MENDOZA | **13.8°**

O vinhedo de Angélica foi plantado na região de Maipú, em Lunlunta, por volta de 1930. É uma área tradicional do vinhedo mendocino e a base não só dos primeiros grandes tintos de Catena, mas também a base de material genético que a vinícola plantaria em outro lugar, especialmente no Vale do Uco. Nesta área histórica do vinho argentino são produzidos Malbec de frutas doces e taninos muito amigáveis. Este tem um pouco disso, mas também a fruta é suculenta, rica e fresca em um vinho de grande profundidade.

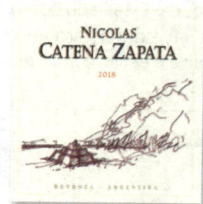

95 NICOLAS CATENA ZAPATA
Cabernet Sauvignon, Malbec 2018
$$$$$ | MENDOZA | **13.9°**

Esta versão de Nicolas Catena Zapata é uma mistura de 70% Cabernet Sauvignon de Altamira com algo de Gualtallary, enquanto 30% Malbec vem de Gualtallary com um pouco de Altamira. É, ao fundo, uma mistura de vinhedos de altura e, pela primeira vez, não tem nada de Agrelo no tradicional vinhedo de La Pirámide, a principal fonte de Cabernet de Catena desde o final dos anos 90, quando esta vinícola tinha um forte foco na variedade. A fruta de altura deu nervo e frutas vermelhas vibrantes à mistura, um vinho tinto, um Cabernet frutado, direto em sua expressão. E Malbec, trazendo essa doçura suave. Um tinto para armazenar por pelo menos cinco anos.

94 ANGÉLICA ZAPATA
Malbec 2017
$$$$$ | MENDOZA | **13.5°**

Angélica Zapata é uma das marcas tradicionais da Catena, um Malbec que é uma seleção das melhores fontes da variedade que a vinícola possui, tanto ao norte quanto ao sul do rio Mendoza. Aqui estão porções de Gualtallary, Altamira, mas também Agrelo e Maipú para formar uma foto panorâmica do Malbec mendocino, ainda que de nova escola, sem abusar da madeira ou sobrematuração. As frutas são vermelhas maduras, a sensação floral no meio do paladar é forte, e a acidez acompanha até um final agradável e refrescante.

94 CATENA ALTA
Chardonnay 2019
$$$$ | VALE DO UCO | **13.8°**

Antes de aparecer os Chardonnays de parcelas em Catena, esta Alta era seu top branco. E ainda é um Chardonnay impressionante em seu porte e complexidade. Os sabores frutados são misturados com os tons minerais dos solos ricos em cal de onde vem, e a textura é tensa, mas ao mesmo tempo uma deliciosa cremosidade. É uma contradição, mas funciona perfeitamente aqui. Os sabores são amplos e profundos, a sensação de maturidade, voluptuoso. Esta Alta vem em 80% dos vinhedos plantados em 1992 em Gualtallary e o resto na Villa Bastías, ambos no Vale do Uco, cerca de 1.100 metros de altura, ao pé dos Andes.

94 CATENA ALTA
Malbec 2018
$$$$$ | M E N D O Z A | **13.8°**

Catena Alta foi o primeiro dos grandes Malbecs de Catena. Em seus primeiros anos (a primeira safra foi em 1996) vinha exclusivamente de Angélica, em Maipú e, pouco a pouco - especialmente a partir de 2001 - começaram a entrar vinhedos em outras áreas, especialmente de lugares altos no Vale do Uco. Este ano, é o vinhedo Adrianna de Gualtallary, cerca de 1.300 metros, a base deste Alta, com pelo menos 40% da mistura total. E essa origem é sentida em um vinho cheio de frutas vermelhas e violetas, que são notas muito típicas de Malbec de altura em Uco. Tem nervo em acidez, taninos muito macios e polidos, e sabores de frutas vermelhas suculentas e frescas. Uma foto do lugar.

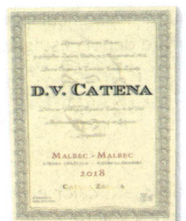

94 D.V. CATENA
Malbec 2018
$$$ | M E N D O Z A | **13.5°**

D.V. Catena Malbec é uma espécie de pequeno tributo ao Malbec da chamada Primeira Zona, os tradicionais vinhedos de Mendoza localizados ao norte e ao sul do rio Mendoza. O estilo do Malbec do lugar geralmente é amplo, maduro, mas não neste caso. Aqui o enólogo Alejandro Vigil escolheu Lunlunta e Agrelo como principais componentes, embora tenha colhido as uvas mais cedo para obter maior frescor, frutas vermelhas. O efeito é delicioso, mostrando outro lado mais tenso da área, mais nervoso e refrescante. Uma interpretação diferente para o lugar que foi a origem do primeiro Malbec da Argentina para o mundo.

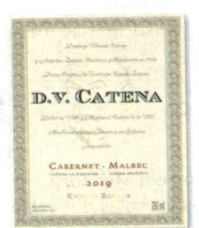

93 D.V. CATENA
Cabernet Sauvignon, Malbec 2019
$$$ | M E N D O Z A | **13.7°**

Esta mistura tem 50% de Malbec, 40% Cabernet Sauvignon e 10% Cabernet Franc. O vinho é envelhecido em barricas (35% novas) há pouco mais de um ano e o que sai delas é uma expressão muito fresca e, ao mesmo tempo, profunda de Lunlunta e Agrelo, duas áreas tradicionais em Luján de Cuyo, nos arredores da cidade de Mendoza. Tem frutas vermelhas maduras, também toques de ervas e um corpo médio, taninos firmes, cobertos por ervas e aromas especiados. Um vinho que pode ir bem com qualquer carne grelhada.

93 LA MARCHIGIANA
Chardonnay 2019
$$$$ | M E N D O Z A | **13.2°**

Este não é o protótipo Chardonnay que você encontra todos os dias em Gualtallary. Com duas semanas de maceração com as peles em tanques de argila, sem a adição de leveduras ou sulfitos, este "Chardonnay natural" parece selvagem em textura, maduro e suculento em sabores de frutas brancas, tudo temperado por toques de especiarias e ervas em uma textura ampla e volumosa. As uvas para este branco vêm do vinhedo Adrianna, plantadas nos solos de cascalho e cal de Gualtallary por volta da primeira metade da década de 1990.

93 LA MARCHIGIANA
Malbec 2019
$$$$ | M E N D O Z A L U N L U N T A | **14°**

Lunlunta é uma área tradicional de Luján de Cuyo, rica em solos aluviais do rio Mendoza e sob um clima ensolarado que geralmente imprime em seus

Malbec tons de frutas pretas negras e taninos macios e redondos. Mas neste caso, graças às colheitas precoces, o enólogo Alejandro Vigil conseguiu espremer o lado mais frio e nítido de Lunlunta em um Malbec fermentado em ânforas de barro, com uma maceração prévia, embora sem suas peles. Sem a adição de sulfitos, este é um tipo de vinho natural suculento, vibrante e muito fácil de beber, mas ao mesmo tempo com muitas camadas de sabores. Um novo olhar para uma das áreas históricas do Malbec argentino..

92 LA MARCHIGIANA
Bonarda 2019
$$$$ | MENDOZA | **13.4°**

Apesar do calor do leste mendocino, que geralmente entrega Bonarda de sabores pesados e álcool alto, neste caso você sente um tinto fresco, tensão e vibração. Graças às colheitas precoces, aqui está uma acidez firme que ajuda a fruta a se expressar de uma forma muito mais suculenta e vivaz. Este Bonarda é fermentado em ânfora de barro e depois estagiado nelas por oito meses antes do engarrafamento.

92 LA MARCHIGIANA
Moscatel Rosado 2019
$$$$ | MENDOZA | **13.5°**

A leste de Mendoza, as alturas são menos dramáticas e o calor é mais intenso. Tradicionalmente, tem sido o local dos grandes volumes de Bonarda, Criolla ou Moscatel, três cepas que serviram para saciar a sede dos argentinos por décadas. Hoje, vários produtores buscam resgatar esse patrimônio das videiras antigas, e Alejandro Vigil, com a linha Marchigiana, é um deles. Este Moscatel vem de videiras antigas em Rivadavia e é um delicioso suco de flores e frutas brancas, concentrado, tenso, mas ao mesmo tempo amplo e cheio de sabor.

92 CATENA APPELLATION AGRELO
Cabernet Sauvignon 2019
$$$ | AGRELO | **13.5°**

Agrelo é a área característica do Cabernet Sauvignon em Mendoza, e Catena tem sido, desde o início dos anos 90, uma das vinícolas que melhor aproveitou esses solos aluviais e a abundância de sol deste lugar, ao pé dos Andes, em Luján de Cuyo. Esta denominação oferece uma versão muito mais fresca do que o habitual, mostrando tons minerais e frutados no meio de um corpo tenso, com taninos muito bons que têm aderência, mas não agridem. A acidez tem força suficiente para proporcionar equilíbrio diante da maturidade dos sabores das frutas vermelhas e negras.

92 CATENA APPELLATION PARAJE ALTAMIRA
Malbec 2019
$$$ | ALTAMIRA | **13.6°**

Outro excelente fotografia de lugar nesta linha Appellation. Aqui temos cem por cento de Paraje Altamira, de vinhedos plantados em 1996 em solos aluviais, ricos em cascalho. Tem um ano de envelhecimento em barricas, 35% de carvalho novo, o que não é realmente sentido. O que é claramente mostrado é o lado de violeta e erva da área, juntamente com os taninos firmes e tensos que são acompanhados por uma acidez vibrante, muito Malbec de montanha.

92 CATENA APPELLATION SAN CARLOS
Cabernet Franc 2019
$$$ | SAN CARLOS | **13.6°**

O vinhedo de San Carlos, no Vale do Uco, ao pé dos Andes, é rico em areias e depósitos de calcário, e isso se sente neste Cabernet Franc, uma variedade que parece acomodar essas alturas (acima de mil metros) e aquelas condições de deserto de montanha que é Uco, ao sul de Mendoza. Os taninos têm a textura do giz, enquanto os sabores se sentem maduros, moderados pelo sol local. As notas de ervas do Cabernet Franc aparecem no final da boca, proporcionando frescor e complexidade.

91 CATENA APPELLATION LA CONSULTA
Malbec 2019
$$$ | LA CONSULTA | 13.5°

La Consulta, no Vale do Uco, é uma espécie de território intermediário (em termos de sabores) entre os Malbec de montanha mais alta nos Andes, e as do norte do rio Mendoza, mais abaixo e mais perto da cidade de Mendoza. É uma área onde o calor é mostrado, como neste caso, em que se expressa em tons de frutas vermelhas e negras maduras, mas acompanhada pela acidez acentuada típica do Malbec da nova escola em Uco. Outra boa foto de lugar nesta linha **Appellation.**

91 CATENA APPELLATION LUNLUNTA
Malbec 2019
$$$ | LUNLUNTA | 13.5°

Ao norte do rio Mendoza, naquele terraço aluvial de solos de cascalho e areias, Lunlunta é uma fonte tradicional de Malbec em Mendoza, cujo estilo está relacionado a tintos amigáveis, sabores de frutas maduras, taninos macios. Uma personalidade moderada pelo sol daquela localidade rural. Este é um pequeno retrato daquele lugar. Frutas vermelhas doces, taninos macios como creme, final levemente herbáceo.

91 CATENA APPELLATION TUPUNGATO
Chardonnay 2019
$$$ | TUPUNGATO | 13.5°

O vinhedo Adrianna de Gualtallary é a principal fonte de Chardonnay de Catena, e este vinho é a seleção de entrada para esse vinhedo. Os aromas parecem maduros e suculentos, as notas de caramelo são misturadas com as frutas brancas doces no nariz. Na boca, o assunto é diferente. A acidez marca os contornos da língua e você pode sentir o peso deste vinho da montanha. Adrianna foi plantado em 1992 em solos de cascalho e cal no norte do Vale do Uco.

91 D.V. CATENA TINTO HISTÓRICO
Malbec, Bonarda, Petit Verdot 2019
$$$ | MENDOZA | 13.5°

Esta mistura tenta replicar os tintos históricos de Mendoza, um poutpourri de variedades onde o Malbec predominava, mas também havia Bonarda, Sangiovese, Criolla e várias outras. Neste caso, a base é de 35% de Malbec, mais 20% de Petit Verdot e o resto de Bonarda, Sangiovese e Criolla. O resultado de uma mistura tão particular é um tinto suculento, com sabores doces e frutados; para acompanhar carne de porco defumada ao molho barbecue.

91 LA MARCHIGIANA
Criolla Chica 2019
$$$$ | MENDOZA | 12.5°

O leste de Mendoza tem uma rica herança de velhas videiras de Criolla ou Listán Prieto, a primeira das variedades tintas que chegaram ao Novo Mundo com os conquistadores espanhóis. Vem de Rivadavia, com cerca de 635 metros de altura, em uma das áreas mais baixas e mais quentes de Mendoza. No entanto, o enólogo Alejandro Vigil é responsável por iluminar este vinho fresco, oferecendo frutas vermelhas vibrantes e notas terrosas típicas da variedade. Um vinho deliciosamente rústico para comer com frios.

90 ALAMOS
Chardonnay 2019
$$ | M E N D O Z A | **13.5°**

Um estilo clássico de Chardonnay de clima quente, esta mistura de vinhedos de diferentes áreas de Mendoza, entre 900 e 1.300 metros de altitude, tem cinco meses em barricas e hoje oferece notas láticas e frutas maduras que flutuam em um corpo médio, oleoso e suculento.

90 CATENA
Chardonnay 2019
$$$ | M E N D O Z A | **13.5°**

Este vinho de entrada da vinícola Catena é uma mistura de vinhedos, principalmente da Villa Bastías e El Cepillo, em Uco, e também de Agrelo, em Luján de Cuyo. Envelhecido em barricas por dez meses, tem um lado untuoso e voluptuoso que marca seu caráter. Os sabores parecem maduros e enchem a boca com suas notas frutadas doces. Para truta defumada.

90 CATENA APPELLATION LUJÁN DE CUYO
WHITE CLAY Sémillon, Chenin Blanc 2019
$$$ | L U J Á N D E C U Y O | **13.5°**

Um Chardonnay com a personalidade untuosa e voluptuosa dos brancos de Luján de Cuyo, sua textura densa e redonda fala dos solos de argila onde este branco nasce, de vinhedos plantados em 1983. Os sabores são maduros, a textura cremosa, e o final, doce e suculento.

90 TILIA
Torrontés 2020
$$ | S A L T A | **13.3°**

Das alturas de Cafayate, a mais de 1.700 metros acima do nível do mar, este Torrontés consegue oferecer um estilo refrescante, crocante e leve, sem trair o lado varietal. Aqui estão notas de flores e frutas brancas, e em grandes quantidades, como manda o Torrontés. A acidez é suculenta, os sabores frutados são espalhados pela boca enchendo-a com sabores. Para o aperitivo.

OUTROS VINHOS SELECIONADOS
89 | CATENA Cabernet Sauvignon 2019 | Mendoza | 13.6° | **$$$**
89 | CATENA Malbec 2019 | Mendoza | 13.5° | **$$$**
89 | TILIA Malbec 2020 | Mendoza | 13.5° | **$$**
88 | TILIA Bonarda 2020 | Mendoza | 13.5° | **$$**
88 | TILIA Chardonnay 2020 | Mendoza | 13.5° | **$$**

Cave Extrême.

PROPRIETÁRIO Jean-Edouard de Rochebouët

ENÓLOGO Philippe Caraguel

WEB www.atamisque.com

RECEBE VISITAS Sim

· ENÓLOGO Philippe Caraguel

[**ESTA VINÍCOLA** de espumantes foi fundada em 1998 por Jean-Edouard de Rochebouët, que durante anos foi gerente geral da Chandon Argentina, bem como presidente da Câmara de Comércio Franco-Argentina. Para seu empreendimento contratou Philippe Caraguel, filho de Paul Caraguel, um ex-enólogo de Chandon, como enólogo. Cave Extrême desenvolve uma pequena produção de cerca de 18 mil garrafas por ano.]

92 EXTRÊME CUVÉE SPECIALE EXTRA BRUT
Pinot Noir, Chardonnay 2019
$$$ | S A N   J O S É   D E   T U P U N G A T O | **13°**

Com 24 meses de contato com leveduras no método tradicional de segunda fermentação na garrafa, essa mistura de 60% de Pinot Noir e 40% de Chardonnay tem uma deliciosa mistura de notas de padaria, fruto desse contato com leveduras, e também a fruta suculenta da Pinot que manda aqui no caráter do vinho. Tem uma borbulha muito abundante e um peso muito bom na boca para levar à mesa e acompanhar carpaccio de carne.

92 VICOMTE DE ROCHEBOUËT EXTRA BRUT
Chardonnay, Pinot Noir 2019
$$ | S A N   J O S É   D E   T U P U N G A T O | **13°**

Com um ano de contato com as borras na garrafa, seguindo o método tradicional de Champagne, tem 70% de Pinot Noir e 30% Chardonnay com oito gramas de açúcar residual. Este vinho tem ênfase na acidez e, ao mesmo tempo, com um fundo frutado, frutas muito frescas. A acidez também ajuda a dar uma certa tensão às bolhas e, portanto, muito frescor a um espumante para beber como aperitivo no verão.

91 VICOMTE DE ROCHEBOUËT ROSÉ EXTRA BRUT
Pinot Noir, Chardonnay 2019
$$ | S A N   J O S É   D E   T U P U N G A T O | **13°**

Esta é uma mistura em partes iguais de Chardonnay e Pinot Noir vinificado como branco, mais 8% Pinot Noir como tinto. O vinho é feito de acordo com o método tradicional de segunda fermentação na garrafa e com 12 meses de barricas. É frutado, suculento, com uma textura muito macia, com bolhas cremosas que estouram suavemente no paladar, aumentando a sensação frutada e fresca.

Chakana.

PROPRIETÁRIO Proviva SRL

ENÓLOGO Gabriel Bloise

WEB www.chakanawines.com.ar

RECEBE VISITAS Não

• **ENÓLOGO** Gabriel Bloise

[**CHAKANA** foi fundada em 2002 pelos Pelizzatti. A família é a segunda geração na Argentina de imigrantes italianos de Valtellina, onde seus parentes ainda têm uma vinícola produtora de vinho. Chakana está localizada em Agrelo, Luján de Cuyo, onde tem cem hectares plantados. Nos últimos anos, adicionou outros vinhedos: dois em Altamira (na parte superior e inferior), um em Mayor Drummond e um em Gualtallary. A partir de 2020, os Pelizzattis deixaram a vinícola e hoje o proprietário é Proviva SRL.]

IMPORTADOR: www.lapastina.com

96 VIENTRE
Malbec 2018
$$$$ | ALTAMIRA | **13.5°**

Este Malbec vem da parcela "gravas" no vinhedo Ayni, propriedade de Chakana em Altamira, no Vale do Uco. É um vinhedo orgânico certificado, a fermentação é espontânea, sem leveduras exógenas, estagiado em barricas de 500 litros, sem adicionar sulfitos em qualquer estágio do processo. O vinho tem uma pureza deliciosa; é cheio de frutas vermelhas e uma acidez elétrica suculenta, que traz a fruta enquanto ainda injeta frescor até o fim do paladar. Uma fotografia muito especial de Altamira, menos austera ou monolítica do que o habitual. Este parece mais sutil, com sabores cristalinos de frutas vermelhas em um corpo médio, quase delicado. Uma tentação de abrir agora.

94 AYNI
Chardonnay 2019
$$$ | ALTAMIRA | **13.5°**

Esta é a segunda versão de Ayni Chardonnay, uma seleção de parcelas de solos muito rasos que estão entre os dois hectares da variedade que Chakana tem neste vinhedo de Altamira, no Vale do Uco. A colheita é muito antecipada, com pressão direta dos cachos. A fermentação ocorre em barricas de 500 litros, usadas, ao contrário da primeira versão em que a madeira era nova. E há o toque defumado, por sinal, mas a mesma densidade e cremosidade, os sabores de frutas brancas envolvendo e os detalhes das flores em um vinho de grande corpo, de grande untuosidade.

93 AYNI ESPUMANTE NATURE
Pinot Noir N/V
$$ | ALTAMIRA | **13°**

Feito com o método tradicional segunda fermentação na garrafa, que é obtida a partir da adição de suco de uvas Chardonnay do ano seguinte e que atua como um licor de tiragem. O vinho passa 18 meses em contato com suas borras, e depois desse tempo há um sotaque muito firme nas frutas vermelhas da Pinot Noir, o lado mais frutado de um rosé delicioso, refrescante, borbulha muito cremosa e notas especiadas e de padaria que dão o toque de complexidade a um vinho projetado para matar a sede. Para beber por litros no verão.

93 ESTATE SELECTION
Cabernet Sauvignon 2019
$$ | V A L E   D O   U C O | **14°**

Este Cabernet Sauvignon (75% da mistura aqui) de Gualtallary tende a ter ervas e notas florais, mas também muitas frutas e taninos poderosos, especialmente se vem de solos ricos em cal. A textura média indomável é acentuada por aqueles taninos afiados e robustos de Los Chacayes, que é a outra área de onde vem este Cabernet de excelente relação qualidade-preço e um dos bons exemplares da variedade na Argentina.

93 FINCA LOS CEDROS
Malbec 2019
$$ | A L T A M I R A | **13.5°**

La Finca Los Cedros pertence à Chakana e está localizada na área de Altamira, no Vale do Uco. É um vinhedo orgânico certificado que nesta safra deu um delicioso Malbec com sua expressão do lugar. Frutas vermelhas frescas são misturadas com tons de violetas em uma textura firme e pontiaguda, com uma acidez que vibra na boca. Um exemplar direto e simples de Altamira, para combinar com cecinas. Esta é uma das duas propriedades que Chakana possui na região de Altamira, plantada em 2011. O vinho é envelhecido por dez meses em tonéis e barricas.

92 ESTATE SELECTION
Malbec 2019
$$ | V A L E   D O   U C O | **14°**

Este **Estate** vem de vinhedos em Altamira, principalmente, mas também de Gualtallary e Los Chacayes, todas áreas muito importantes no Vale do Uco, ao pé dos Andes. O envelhecimento se prolonga por cerca de dez meses em tonéis e barricas, e o que sai de lá é um delicioso suco de fruta, com toques animais e especiados, em um vinho de boa aderência, mas sem agressividade.

91 ESTATE SELECTION
Torrontés 2020
$$ | C H A C A Y E S | **14°**

Quando os Torrontés vêm de áreas mais frias do que Salta (onde esta cepa é comum), ele imediatamente mostra uma cara diferente. Neste caso, dos vinhedos de Chacayes, ricos em cal, este branco mostra uma acidez suculenta e vivaz, juntamente com uma deliciosa tensão. É firme, rico em sabores florais e frutados, e com um final levemente herbáceo. Um daqueles Torrontés que iria muito bem com empanadas de frutos do mar fritos.

91 ESTATE SELECTION MACERACIÓN
PROLONGADA Torrontés 2020
$$ | C H A C A Y E S | **14°**

Uma versão laranja de Torrontés, esse vem de vinhedos de solos ricos em calcário na área de Chacayes do Vale do Uco. O vinho permanece em contato com as peles por oito meses, por isso tem esse tom de laranja pálido. A boca é poderosa, com o corpo generoso habitual na variedade, mas ao mesmo tempo com o frescor em acidez e sabores dados pelo vinhedo de altura. Uma laranja fácil de entender, e melhor se você tem ouriços à mão.

91 ESTATE SELECTION RED BLEND
Malbec, Cabernet Sauvignon, Cabernet Franc 2019
$$ | V A L E   D O   U C O | **14°**

Trata-se de uma mistura de 80% de Malbec, 15% de Cabernet Franc e 5% Cabernet Sauvignon, de três áreas no Vale do Uco: Altamira, Gualtallary e Chacayes. A presença do Malbec de solos aluviais e cal de Altamira e

Gualtallary é sentida na textura firme deste vinho, o resto são sabores suculentos de frutas doces, amigáveis e voluptuosas em um vinho para bife.

91 NUNA VINEYARD
Malbec 2020
$ $ | A G R E L O | **14°**

As uvas para esta Nuna vêm de um vinhedo orgânico e biodinâmico certificado, que circunda a vinícola de Agrelo, em Luján de Cuyo. Fermentado com suas leveduras indígenas e com oito meses de envelhecimento em concreto, possui o DNA do Malbec Chakana, um estilo amigável e suculento, que está intimamente relacionado com os vinhos da região, amadurecendo sob o sol intenso mendocino. Um vinho fácil de beber, mas ao mesmo tempo com muitas camadas de frutas para se fixar.

91 SOBRENATURAL TINTO
Tannat, Malbec 2020
$ $ | A G R E L O | **14°**

Um suco de fruta concentrado, maduro e um pouco selvagem em taninos, esta mistura de Tannat (75%) e Malbec vem dos solos arenosos de Agrelo, onde Chakana tem sua adega. O vinhedo é tratado de acordo com os preceitos da biodinâmica e, na enologia, a intervenção é mínima, com leveduras nativas e sem a adição de enxofre. Esse tipo de "vinho natural" funciona bem como suco de fruta adulto. Tem doçura, uma generosa camada de sabores frutados e boa aderência para acompanhar o assado.

90 CUEVA DE LAS MANOS
Malbec 2019
$ $ | A G R E L O | **14°**

Este Malbec vem dos vinhedos orgânicos e biodinâmicos que Chakana tem na área de Agrelo, em Luján de Cuyo. A fermentação foi realizada em particular sem leveduras selecionadas. É um Malbec simples, focado em frutas vermelhas maduras e especiarias, em um corpo leve, com taninos muito macios e redondos.

90 ESTATE SELECTION
Chardonnay 2020
$ $ | V A L E D O U C O | **13.5°**

Extraordinariamente floral, e com um corpo intenso, com sabores profundos, este Chardonnay é uma mistura de vinhedos no Vale do Uco, principalmente Altamira e Gualtallary. 25% do vinho fermentado em barricas usadas e o resto em ovos de concreto. As notas frutadas coexistem perfeitamente com flores e especiarias, enquanto esse corpo robusto esconde uma acidez fresca que faz você pensar em frutos do mar gratinados.

90 INKARRI ESTATE
Bonarda 2020
$ $ | A G R E L O | **13°**

A Bonarda em um de seus momentos mais suculentos. Possui sabores de frutas negras maduras que se expandem através do nariz e paladar no meio de um corpo leve, com uma textura muito macia e acidez moderada, o que cria uma sensação de doçura muito agradável. Um vinho que é bebido muito fácil, especialmente com embutidos.

90 INKARRI ESTATE RED BLEND
Malbec, Syrah, Tannat, Cabernet Franc 2019
$$ | A G R E L O | **13.5°**

Da linha de vinhos orgânicos Inkarri, todos dos vinhedos de Chakana em Agrelo, este é o que tem maior presença na boca e, acima de tudo, taninos mais firmes. E isso provavelmente se deve à presença de Tannat na mistura que imediatamente chama a atenção com sua textura cheia de aderência. O resto está maduro, fruta suculenta pronta para beber agora.

90 SOPURE RED BLEND
Bonarda, Malbec 2020
$$ | A G R E L O | **12°**

Um tinto suculento, frutas exuberantes, doce, amigável. Aqui há 90% Bonarda e é sentida nos aromas e sabores das amoras maduras. A fermentação dessas uvas é espontânea, sem leveduras exógenas, além de não ter agregado sulfito, em uma abordagem muito pouco intervencionista. Um suco para beber agora com pizza.

OUTROS VINHOS SELECIONADOS

89 | INKARRI Sauvignon Blanc, Chardonnay N/V | Agrelo | 13° | **$$**
89 | INKARRI ESTATE Malbec 2019 | Agrelo | 14° | **$$**
89 | INKARRI ESTATE WHITE BLEND Sauvignon Blanc, Chardonnay, Viognier 2021
        Agrelo | 14° | **$$**

Cheval des Andes.

PROPRIETÁRIO Château Cheval Blanc & Terrazas de los Andes

ENÓLOGO Gérald Gabillet

WEB www.chevaldesandes.com.ar

RECEBE VISITAS Não   • **ENÓLOGO** Gérald Gabillet

[**CHEVAL DES ANDES** nasceu em 1999 como um produto da sociedade entre Cheval Blanc, um dos lendários Châteaux de St. Émilion, e Terrazas de Los Andes, propriedade de Chandon. Foi em visita de Pierre Lurton, presidente da Cheval Blanc, à vinícola argentina onde o projeto foi criado. Diz-se que Lurton ficou impressionado com o Malbec que Terrazas produz em Las Compuertas e seduziu-lhe a ideia de se reconectar com uma variedade de uva que era importante em St. Émilion até a chegada da filoxera, a praga que destruiu a viticultura francesa na segunda metade do século XIX. A filosofia de Cheval des Andes é produzir um único vinho, uma mistura à base de Malbec, de um vinhedo plantado há 80 anos em Las Compuertas, Luján de Cuyo, bem como 15 hectares de um vinhedo em Altamira.] **IMPORTADOR:** www.mhbrasil.com.br

96 CHEVAL DES ANDES
Malbec, Cabernet Sauvignon 2017
$$$$$ | M E N D O Z A | **14°**

Este ano, a mistura de Cheval des Andes consiste em 62% de Malbec (cerca de metade de Altamira, em Uco, e a outra metade de Las Compuertas, em Luján) mais 38% de Cabernet Sauvignon de Las Compuertas. A safra de 2017 foi bastante quente em Mendoza ou, colocando-a em um contexto, muito mais quente do que a fria 2016, ano em que aqui em Descorchados aplaudimos como uma grande mudança no estilo de Cheval, uma mistura que vem sendo feita desde 1999. Mas apesar da colheita quente, o caminho para um maior frescor segue seu curso e aqui o que manda em frutas vermelhas, suculentas e frescas, em um vinho de grande elegância de taninos, tudo muito equilibrado, deixando uma sensação nítida de suculência, ainda que com uma boa densidade de frutas em um corpo generoso.

Cicchitti.

PROPRIETÁRIO José Cicchitti
ENÓLOGO Augusto Cicchitti
WEB www.bodegacicchitti.com
RECEBE VISITAS Sim

PROPRIETÁRIO Família Cicchitti

[**JOSÉ CICCHITTI** começou a produzir vinhos em Mendoza no início da década de 1980, em Perdriel. No início, o projeto se chamava Finca Perdriel, até os anos 90, quando a vinícola se tornou um negócio familiar, com sua esposa, e mudou o nome para Cicchitti. Hoje eles têm 200 hectares de vinhedos, em diferentes lugares de Mendoza. Eles produzem cerca de 450 mil garrafas por ano.]

92 BLANC DE BLANCS
Chardonnay, Sauvignon Blanc 2019
$$ | AGRELO | **14.5°**

Um branco à moda antiga, esta mistura de Chardonnay e Sauvignon Blanc vem de vinhedos com cerca de 30 anos de idade em Agrelo. Tem três meses em barricas, o que é percebido nos aromas e sabores especiados e tostados. A fruta, no entanto, parece concentrada e poderosa, com um caráter maduro que lhe dá voluptuosidade. Ideal para peixes defumados ou queijos maduros.

91 CICCHITTI
Chardonnay 2020
$$ | TUPUNGATO | **14.5°**

Este Chardonnay vem da área de Água Amarga, no Vale do Uco. Em um ano quente, deu 14,5 graus de álcool, mas não se sente, em meio a uma acidez suculenta e sabores de frutas tropicais, no estilo de abacaxi. A boca é grande, embora de acidez muito boa e textura firme, o que definitivamente esconde a sensação quente do álcool.

OUTROS VINHOS SELECIONADOS
88 | CICCHITTI COLECCIÓN Cabernet Sauvignon 2018 | Perdriel | 14.2° | **$$**
87 | CICCHITTI COLECCIÓN Sangiovese 2018 | El Cepillo | 14.7° | **$$**

Cielo y Tierra.

PROPRIETÁRIO Gustavo Santaolalla
ENÓLOGO Juan Carlos Chavero
WEB www.cieloytierrasa.com.ar
RECEBE VISITAS Não

• **PROPRIETÁRIO** Gustavo Santaolalla

[**GUSTAVO SANTAOLALLA** é um conhecido músico, compositor e produtor musical argentino, vencedor de dois Oscars pelas trilhas sonoras dos filmes El Secreto de la Montaña e Babel. Santaolalla é de Buenos Aires, mas em 2005 decidiu se aventurar no mundo do vinho, comprando uma propriedade na tradicional área de Lunlunta, na margem norte do rio Mendoza, que hoje é a base de todos os seus vinhos.] **IMPORTADOR:** www.bmundi.com.br

92 DON JUAN NAHUEL
Malbec 2017
$$$ | MENDOZA | **13.5°**

Don Juan Nahuel vem de uma seleção especial de vinhedos pertencentes à Cielo y Tierra na área de Lunlunta, em Luján de Cuyo. A seleção é feita a partir das videiras mais antigas, entre 25 e 30 anos, plantadas em solos ricos em argilas. O volume impresso por essas argilas é sentido aqui, em um Malbec amplo e suculento, de muitas frutas maduras e tons especiados doces. Um exemplar típico do Malbec generoso maduro de Lunlunta.

91 CELADOR
Malbec 2018
$$ | MENDOZA | **13.4°**

De vinhedos de cerca de 30 anos plantados na tradicional área de Lunlunta, em Luján de Cuyo, cerca de 900 metros acima do nível do mar. Com um ano envelhecendo em barricas, ele se move muito bem dentro dos parâmetros do Malbec daquele lugar, com seus taninos muito macios e seus sabores e aromas de frutas doces. Um vinho amigável, simples e direto.

OUTROS VINHOS SELECIONADOS

88 | CALLEJÓN DE LAS BRUJAS Cabernet Franc 2019 | Mendoza | 14.1° | **$$**
88 | CALLEJÓN DE LAS BRUJAS Malbec 2019 | Mendoza | 14.2° | **$$**

Clos Ultralocal.

PROPRIETÁRIO Leo Borsi
ENÓLOGO Leo Borsi
WEB www.leoborsi.com
RECEBE VISITAS Sim

• **ENÓLOGO** Leo Borsi

[**ULTRALOCAL** nasceu em 2010 como o empreendimento pessoal de Leo Borsi, que na época retornou à Argentina após uma carreira de sucesso na França, onde foi enólogo titular da histórica vinícola Vieux Télégraphe, da região do Rhône. E surge com uma ideia muito específica que veio com o desejo de capturar: fazer com que os vinhos argentinos sejam definidos mais pelo seu local de origem do que pela variedade, como na França. Hoje, com a ajuda de dois sócios que aderiram ao projeto, produz vinhos de diferentes pontos de Mendoza, de pequenas propriedades: Rama Caída, Chacayes, Altamira, Las Catitas e Perdriel. Possui 13 hectares e uma produção anual de cerca de 13 mil garrafas.]

94 AL BORDE DEL MUNDO PAMPA EL CEPILLO
Malbec, Tempranillo 2019
$ $ $ | EL CEPILLO | **14°**

El Cepillo está localizado no extremo sul do Vale do Uco, em uma área fria, onde geadas são comuns e onde o cultivo da videira é difícil. A partir daí, em solos aluviais do rio Tunuyán, o enólogo Leo Borsi obtém as uvas para este Malbec (70% da mistura) com algum Tempranillo que é um selvagem na boca. Sabores de frutas negras em meio a taninos verticais e afiados que não deixam a língua em paz. Ele está muito jovem e precisa de pelo menos três anos na garrafa.

94 HORIZONTE SUR CUESTA LOS TERNEROS
CUADRO BENEGAS Malbec, C. Sauvignon, Merlot 2019
$ $ | SAN RAFAEL | **14°**

De vinhedos de cerca de 40 anos, na área de 25 de Mayo, em San Rafael, cerca de 950 metros acima do nível do mar, uma altura bastante importante no contexto daquele lugar. Esta mistura de 60% de Malbec, 30% Cabernet Sauvignon e 10% Merlot tem uma vitalidade que dá água da boca. As frutas parecem vermelhas e suculentas, a acidez é nítida e faz com que os sabores pareçam vívidos e crocantes. Um vinho para matar sua sede enquanto come um assado.

93 REVOLUCIÓN GARAGE LA CONSULTA
Cabernet Franc, Cabernet Sauvignon 2019
$ $ | LA CONSULTA | **14°**

Este tinto transmite muito bem o espírito de La Consulta e seus vinhos redondos, suculentos e maduros, primos próximos do que é produzido em Luján de Cuyo, pelo menos do que é tradicionalmente produzido. Aqui estão frutas negras, especiarias doces e um corpo de taninos ainda muito jovens que precisam de tempo de garrafa ou um bom bife grelhado. Nesta mistura há 50% de Cabernet Franc e 50% Cabernet Sauvignon, plantados em solos de areia e cascalho do que já foi o leito do rio Tunuyán.

93 SPONTANE ENTRELAZADO
Cabernet Franc, Cabernet Sauvignon, Malbec 2020
\$\$ | P E R D R I E L | **13°**

Suculento e ao mesmo tempo muito concentrado, tem a acidez de um vinho para matar a sede, mas ao mesmo tempo o corpo e, acima de tudo, a estrutura dos taninos para ir bem com todo o assado, do chorizo ao fim. As frutas são vermelhas maduras, há ervas e toques florais, no meio de taninos que parecem pequenos monstros com garras. Trata-se de uma seleção de variedades, com uma proporção de cerca de 50% de Cabernet Franc, mais 25% de Malbec e 25% Cabernet Sauvignon.

93 TIERRA FIRME PARAJE ALTAMIRA
Malbec 2019
\$\$\$ | A L T A M I R A | **14°**

Este **Tierra Firme** vem de um vinhedo antigo, no terraço do rio Tunuyán, em solos aluviais, ricos em cascalho e areias. A seleção é feita de três parcelas dentro deste vinhedo. O envelhecimento em barricas usadas dura cerca de 12 meses e é engarrafado sem filtrar. O vinho é uma expressão madura e altamente concentrada da área. Os taninos são firmes, pontiagudos, e os sabores lembram frutas cozidas e especiarias doces em um Malbec que ainda precisa de tempo na garrafa. Devem ser pacientes aqui.

92 HORIZONTE SUR TROPEZÓN EL ALUVIÓN
Malbec 2019
\$\$ | S A N   R A F A E L | **14°**

Suculento e maduro, este é um exemplar muito bom de Malbec de San Rafael, neste caso de um vinhedo de solos aluviais, plantado no início do milênio próximo ao rio Diamante, no distrito de Cañada Seca. A textura, embora macia, deixa espaço para taninos afiados em meio a uma doçura suave de frutas vermelhas maduras.

92 SPONTANE AFRANCADO
Cabernet Franc 2020
\$\$ | P E R D R I E L | **13°**

As notas de ervas, muito típicas da variedade, são confundidas com os sabores e aromas frutados neste Cabernet Franc muito potente, algo selvagem, algo rústico, mas deliciosamente frutado. Vá pegar moela. Este vinho vem de sua própria fazenda em Perdriel, muito perto do rio Mendoza, nos solos aluviais na margem alta, cerca de 800 metros acima do nível do mar. São vinhedos jovens, cerca de quatro anos de idade.

92 SPONTANE DESVELADO
Roussanne, Sémillon 2020
\$\$ | P E R D R I E L | **13°**

Oleoso e com notas de ervas e frutas cítricas caramelizadas, tem um caráter suculento, mas ao mesmo tempo com uma acidez viva e penetrante que se intromete entre os sabores frutados proporcionando muito frescor. O corpo é denso, para beber com carnes vermelhas no estilo indiano. Quanto mais condimentadas, melhor. Este vinho tem uma longa maceração com suas peles, por cerca de oito meses, sob véu de flor, como nos vinhos de Jura ou Jerez.

Colomé.

PROPRIETÁRIO Christoph Ehrbar
ENÓLOGO Thibaut Delmotte
WEB www.bodegacolome.com
RECEBE VISITAS Sim

• **ENÓLOGO** Thibaut Delmotte

[**LOCALIZADA NA** cidade de Colomé, no departamento de Molinos, esta é a mais antiga vinícola em operação da Argentina. Foi fundada em 1831 pelo último governador da colônia de Salta, Nicolás Severo de Isasmendi, e os vinhedos de Malbec plantados por seus descendentes em 1854 fornecem as uvas para o vinho Colomé Reserva. A família Hess, da Suíça (que também é dona da Amalaya), adquiriu a propriedade em 2010 e investiu pesado na reforma da vinícola, na compra de novas terras, na introdução de práticas agrícolas biodinâmicas e no posicionamento da Colomé como empresa focada em Malbec e Torrontés. Além dos vinhedos ao redor da vinícola, a uma altitude de 2.300 metros, possuem mais três propriedades, incluindo a Finca Altura Máxima, especialmente notável por sua altitude: 3.111 metros acima do nível do mar.] **IMPORTADORES:** www.timbrotrading.com www.decantervinhos.com.br

94 AUTÉNTICO
Malbec 2019
$$$ | SALTA | **14.5°**

Este **Auténtico** é uma seleção de vinhedos antigos da vinícola, na cidade de Colomé, e planados cerca de 2.300 metros acima do nível do mar. Decidiu-se não utilizar o envelhecimento da madeira para respeitar ao máximo os sabores e aromas que a altura dá nesses Malbec, que começaram a ser plantados em torno de 1.830 na área. Parece suculento e voluptuoso, generoso em frutas negras e taninos que cobrem o paladar com sua força e sua aresta. É intenso em todos os seus aspectos, selvagem e profundo.

93 AMALAYA CORTE ÚNICO BARREL FERMENTED
Malbec, Cabernet Sauvignon, Tannat 2019
$$ | SALTA | **14.5°**

Este **Corte Único** é um bom resumo do estilo da casa, os sabores intensos e suculentos dados pelas uvas de altura, neste caso em Finca San Isidro, cerca de 1.800 metros acima do nível do mar, na cidade de Colomé. A textura é áspera, com taninos musculosos; especiarias e frutas negras fazendo festa no paladar. Um vinho para cordeiro.

93 ESTATE
Torrontés 2020
$$ | SALTA | **13.5°**

Uma expressão fiel de Torrontés dos Vales de Calchaquíes, esta tem notas florais e frutas tropicais em um corpo intenso, mas com acidez suficiente para que não fique enjoativo. Os sabores parecem maduros, as flores inundam o paladar e o vinho se sente suculento. Esta é uma seleção de vinhedos de Finca La Brava, cerca de 1.700 metros acima do nível do mar, na cidade de Colomé.

92 AMALAYA BLANCO
Torrontés, Riesling 2020
$ | ARGENTINA | **13°**

Acima de 1.800 metros acima do nível do mar, em Finca San Isidro, esta é uma mistura de 85% de Torrontés e 15% de Riesling que oferece uma expressão cristalina e refrescante de branco de altura com seus aromas herbáceos e florais (a marca dos Torrontés domina) em um corpo que, embora suculento, tem acidez firme e suculenta. Para um curry de camarão.

92 AMALAYA GRAN CORTE
Malbec, Cabernet Franc, Tannat 2019
$$ | SALTA | 14.5°

Esta mistura é baseada em Malbec, com 85%, mais 9% de Cabernet Franc e o resto do Tannat. O vinho é envelhecido por um ano em barricas, e é um vinho intenso e musculoso, com taninos muito jovens, um pouco selvagens e suculentas frutas negras. Um vinho que enche a boca com maturidade, mas ao mesmo tempo tem uma estrutura firme de taninos para suportar esse peso e densidade.

91 ESTATE
Malbec 2018
$$ | SALTA | 14.5°

Trata-se de uma mistura de vinhedos pertencentes a Colomé, em diferentes alturas do Vale, desde Finca La Brava, a 1.700 metros, até Altura Máxima, acima de 3.100 metros. Tem uma fruta densa vermelha e negra; a maturidade suculenta da fruta, os sabores especiados, a textura áspera e dura de um vinho nascido sob o sol intenso de Colomé.

OUTRO VINHO SELECIONADO

88 | AMALAYA Malbec 2019 | Argentina | 14° | $

Corazón del Sol.

PROPRIETÁRIO Dr. Madaiah Revana

ENÓLOGOS Santiago Achával, Cristián Moor & Luciano Bastías

WEB www.corazondelsol.com

RECEBE VISITAS Sim

· **ENÓLOGOS** Santiago Achával, Cristián Moor & Luciano Bastías

[**MADAIAH REVANA** é cardiologista em Houston, mas também adora vinhos e tem três vinícolas, uma em Napa, uma em Oregon e a última em Los Chacayes, no Vale do Uco. Lá, plantou sete hectares em 2008, com os quais produz atualmente cerca de 80 mil garrafas. Em 2014, eles terminaram de construir a vinícola no complexo The Vines.]

95 LUMINOSO RMVG
Roussanne, Viognier, Marsanne, Garnacha 2019
$$$ | ARGENTINA | 13°

Esta é uma amostra muito peculiar de variedades mediterrâneas, incluindo uma tinta como Garnacha. Para fazer esse vinho, o enólogo Cristian Moor utiliza uvas de diferentes áreas do Vale do Uco, como Altamira, Los Chacayes e Vista Flores. A mistura final inclui 50% de Viognier, 15% Roussanne, 15% Marsanne e 20% Garnacha, e é uma delícia de sabores cítricos que se desdobram pela boca com grande frescor. É um branco com muito corpo, mas ao mesmo tempo com uma acidez e uma vitalidade frutada que o torna irresistível. Um dos bons brancos deste ano, e mais uma prova do grande potencial de Uco com cepas mediterrâneas.

94 GARNACHA
Garnacha 2019
$$$ | CHACAYES | 13.5°

Este Garnacha vem do vinhedo Revana, plantado no final da última década nos solos extremamente pedregosos de Los Chacayes, no Vale do Uco. Possui 20% de cacho completo em sua produção e um envelhecimento de cerca de oito meses em fudres. E é um Garnacha com muita aderência. Aos sabores e aromas frutados, suculentos e refrescantes, é adicionado um enredo de taninos firmes e nervosos, com garras afiadas que aderem ao paladar pedindo frios. Um tinto muito nervoso e um dos melhores Garnachas hoje na Argentina.

93 SÉMILLON
Sémillon 2019
$$ | CHACAYES | 12°

Corazón del Sol obtém este Sémillon de vinhas muito jovens, plantadas há pouco mais de uma década nos solos ricos em pedra da área de Los Chacayes do Vale do Uco. Feito sem envelhecer em barricas, é uma expressão pura da variedade com suas notas de frutas brancas, nuances com toques de mel e especiarias. É um vinho encorpado muito bom, suficiente para miúdos, mas também com a acidez refrescante para aplacar o calor do verão. Uma excelente amostra varietal em uma área mais conhecida por seus tintos.

92 LUMINOSO GSM
Garnacha, Mourvèdre, Syrah 2017
$$$ | CHACAYES | 13.5°

Trata-se de uma cofermentação de 54% de Garnacha, 35% de Syrah e o resto de Monastrell, todos de vinhedos de 12 anos plantados em Los Chacayes, em solos aluviais, ricos em pedras e também em solos um pouco mais férteis em Altamira e Vista Flores. O resultado é um vinho profundo, de grande maturidade, sabores suculentos de frutas negras e notas sutis de couro em um corpo imponente que pede carnes cozidas lentamente e muitas especiarias em seu preparo.

Corbeau Wines.

PROPRIETÁRIO Família Rodríguez
ENÓLOGO Eduardo L. Rodríguez
WEB www.corbeauwines.com
RECEBE VISITAS Não

PROPRIETÁRIOS Eduardo L. Rodríguez, Eduardo H. Rodríguez, Francisco J. Rodríguez

[A FAMÍLIA RODRÍGUEZ já está na terceira geração de produtores de vinho a granel, em San Martín, com vinhedos em Maipú e Santa Rosa. Foi só em 2016 que começaram a engarrafar seus vinhos, sob a marca Mad Bird. Atualmente possui cerca de 320 hectares e eles fazem uma seleção do melhor de seus vinhedos para esta marca.]

91 MAD BIRD SUPREMO
Malbec, Merlot, Ancellotta, Sangiovese, Syrah 2016
$$$ | MENDOZA | 14°

Esta é uma mistura dos melhores lotes de Corbeau em seus vinhedos a leste de Mendoza. O vinho é envelhecido por um ano em barricas e é uma extensão do estilo da casa, marcada pela maturidade e suculência dos sabores; frutas negras maduras em um vinho de grande potência e maturidade. Este é para um guisado de cordeiro.

90 MAD BIRD REPOSADO
Malbec 2017
$$ | M E N D O Z A | **13.7°**

De Finca Las Bayas, a leste de Mendoza, este Malbec é uma seleção de parcelas que envelhecem por dez meses em barricas. É um vinho intenso, com sabores de frutas negras em um contexto de grande maturidade.

OUTROS VINHOS SELECIONADOS

89 | MAD BIRD Malbec, Ancellotta 2018 | Mendoza | 13.5° | **$**
88 | MAD BIRD DARK Malbec 2018 | Mendoza | 13.5° | **$**
88 | MAD BIRD ROSÉ Sangiovese, Merlot 2020 | Mendoza | 13.8° | **$**
88 | MAD BIRD WHITE BLEND Sauvignon Blanc, Chardonnay, Torrontés 2020
Mendoza | 13° | **$**

Dante Robino.

PROPRIETÁRIO Cervecería e Maltería Quilmes
ENÓLOGA Soledad Buenanueva
WEB www.bodegadanterobino.com
RECEBE VISITAS Sim

• **ENÓLOGA** Soledad Buenanueva

[**DANTE ROBINO** foi um imigrante italiano da região do Piemonte que se estabeleceu em Luján de Cuyo e criou esta vinícola há cerca de cem anos, em 1920, na área de Perdriel, produzindo vinhos de grande escala. Em 1982, após a morte de Robino, foi a família Squassini (também do Piemonte) que assumiu a vinícola, reduzindo volumes e concentrando sua produção em maior qualidade. Hoje Dante Robino tem cerca de 400 hectares (entre vinhedos próprios e de terceiros) e produz cerca de seis milhões de garrafas.] **IMPORTADOR:** www.ambev.com.br

94 GRAN DANTE
Bonarda 2018
$$$ | L U J Á N D E C U Y O | **14.1°**

Uma Bonarda surpreendente em seu caráter, tem frutas negras e maduras como de costume na variedade, mas também uma acidez muito bem colocada e uma trama de taninos incomuns na variedade: firme, tenso, afiado que adere ao paladar com muita energia. É generoso no corpo, expansivo, mas ao mesmo tempo tem um caráter crocante. Este tinto vem de vinhedos cerca de 1.100 metros acima do nível do mar na área de Alto Agrelo, de vinhedos plantados em 2002. O envelhecimento em barricas novas dura um ano.

94 GRAN DANTE
Malbec 2018
$$$ | V A L E D O U C O | **14.7°**

Los Chacayes está localizado no Vale do Uco, acima de 1.200 metros de altura, e é uma área montanhosa, com solos pedregosos, muitas vezes apenas pedra, coberta por carbonato de cálcio. Esse clima e esses solos dão vinhos como esses, pequenos selvagens com taninos que são projetados através da boca com uma força impressionante; taninos afiados e musculosos, cercados por frutas vermelhas maduras e tons de flores que também são clássicos de Los Chacayes. Este vinho é uma fotografia do lugar e um excelente Malbec de montanha.

92 DANTE ROBINO
Malbec 2020
$ | MENDOZA | **14.1°**

Esta é uma excelente relação preço-qualidade, um Malbec crocante, com frutas vermelhas, notas de ervas, taninos muito suculentos e sedosos, mas ao mesmo tempo com aderência suficiente para ser um companheiro no churrasco. O resto é fruta vermelha, deliciosa, refrescante, vibrante. Se você já se perguntou como é o novo Malbec argentino, aquele que não é mais tão doce nem tão sobremaduro nem com passagem por madeira, aqui está a resposta. Este tinto é baseado em uvas de Perdriel, com algo de Agrelo e Ugarteche, tudo de Luján de Cuyo. Compre várias garrafas, porque a relação preço-qualidade aqui é fenomenal.

OUTRO VINHO SELECIONADO

89 | DANTE ROBINO EXTRA BRUT Pinot Noir, Chardonnay 2020 | Mendoza | 14.1° | **$**

Dartley Family Wines.

PROPRIETÁRIO Peter Dartley
ENÓLOGO Leandro Azin
WEB www.dartleyfamilywines.com
RECEBE VISITAS Sim

• **ENÓLOGO** Leandro Azin

[**DE PROPRIEDADE** dos americanos Peter e Karen Dartley, que também são donos da vinícola Casarena, a Dartley Family Wines surgiu em 2012 com a compra de um vinhedo de 20 hectares localizado em Agrelo, Luján de Cuyo. A produção da vinícola é regida pelo enólogo de Casarena Leandro Azin, que obtém uvas de Agrelo e Perdriel, ambas áreas em Luján de Cuyo, Mendoza.] **IMPORTADOR:** www.uainegroup.com

93 MYTHIC BLOCK
Cabernet Sauvignon 2018
$$$ | MENDOZA | **14°**

Este Cabernet Sauvignon vem de um vinhedo plantado em 1930, no setor tradicional da Calle Cobos, em Agrelo. Esta área é de solos pedregosos e arenosos, de leitos fluviais, com água suficiente para a folhagem cobrir os cachos de alguma forma, garantindo frescor nas frutas, mas também notas de ervas que adicionam essa sensação fresca neste Cabernet de caráter varietal claro.

92 DIVINE CREATIONS NOUVEAU
Malbec 2020
$$ | MENDOZA | **12.5°**

De vinhedos em Agrelo, esta é uma espécie de Beaujolais mendocino, usando Malbec e mais uma pequena porcentagem de Merlot e Syrah, e também usando a técnica de maceração carbônica que geralmente dá vinhos de grande expressão de frutas. Este é um bom exemplo de vinho bebível, delicioso em seu frescor, leve, embora com taninos suficientes para linguiças grelhadas. Uma boa ideia para beber por litros no verão, esse estilo nunca é demais no panorama do Malbec mendocino.

92 MYTHIC BLOCK
Malbec 2018
$$$ | M E N D O Z A | **14.5°**

Um exemplo muito bom de Malbec de Agrelo, vem de um vinhedo planta-do em 2010 em uma encosta voltada para o sul, uma orientação mais fres-ca que permite ter maior nervo nos sabores. No entanto, este tem sabores maduros e intensos, frutas doces no meio de taninos muito amigáveis e sedosos. Os sabores são profundos, a influência da madeira é sentida, em-bora sem interferir nos sabores frutados.

92 MYTHIC MOUNTAIN
Cabernet Franc 2020
$$ | M E N D O Z A | **13°**

Uma excelente relação preço-qualidade neste Cabernet Franc. Tem todos os ingredientes da variedade, os aromas de frutas vermelhas e as notas de tabaco que proporcionam complexidade no nariz. Foi envelhecido por seis meses em barricas e algumas notas defumadas são sentidas, embora uma fruta generosa predomine a qual as notas de ervas e especiadas são adicionadas. O corpo tem aderência suficiente para pensar em costeletas grelhadas. Um pequeno exemplar do potencial que o Cabernet Franc tem sob o clima quente de Mendoza.

91 MYTHIC VINEYARD
Malbec 2019
$$ | M E N D O Z A | **14°**

Esta é uma seleção de três vinhedos em Agrelo, em Luján de Cuyo. Tam-bém tem um ano de envelhecimento em barricas de madeira de segundo uso. O vinho se destaca por sua suculência, aromas frescos e frutados, os sabores de frutas vermelhas maduras em um corpo macio, com taninos muito polidos e corpo claro, ágil, animado por uma acidez vivaz.

90 MYTHIC MOUNTAIN
Malbec 2020
$$ | M E N D O Z A | **13°**

Do lado das frutas maduras e em um estilo que, embora pareça leve, mos-tra um caráter agradável e quente, este Malbec de vinhedos em Luján de Cuyo parece amigável, com o álcool trazendo maciez aos taninos e um charmoso fundo de frutas doces em um vinho simples, mas bem equilibra-do. Para ensopados de carne.

90 MYTHIC MOUNTAIN
Petit Verdot 2020
$$ | M E N D O Z A | **13°**

Deixando claro que este tinto é feito com Petit Verdot, os taninos são fir-mes, selvagens e agarrados na boca pedindo rosbife. Os sabores e aromas são frutas negras, maduras e doces no meio de um corpo imponente, muito generoso no contexto dos vinhos deste preço. Para carne grelhada.

90 MYTHIC MOUNTAIN
Sauvignon Blanc, Chardonnay, Viognier 2020
$$ | M E N D O Z A | **13°**

Uma mistura refrescante de 60% Sauvignon Blanc e 40% Chardonnay, esta é nervosa em sabores de frutas brancas e cítricas no meio de um corpo leve, com acidez muito pronunciada que faz dele um candidato sério para acom-panhar um ceviche de corvina ou um prato de camarão. Extraordinariamente fresco e nervoso para vir do quente Luján de Cuyo.

90 MYTHIC VINEYARD
Cabernet Sauvignon 2019
$$ | M E N D O Z A | **14°**

Um desses Cabernets suculentos, simples em expressão frutada, acompanhado de notas de ervas em um corpo leve, com taninos afiados - parte da genética da variedade - e acidez que faz parte do frescor deste tinto. Para levar ao churrasco.

90 NATION #22
Malbec 2018
$$ | P E R D R I E L | **14°**

Esta é uma seleção de vinhedos plantados em solos arenosos e pedregosos na área de Perdriel de Luján de Cuyo. É um Malbec muito de lugar, com suas notas aromáticas de frutas negras e especiarias doces. A boca tem uma aderência muito boa, uma estrutura construída a partir de taninos afiados. Tem concentração e sabores suculentos de frutas negras.

OUTROS VINHOS SELECIONADOS
89 | NATION #2 Malbec 2019 | Mendoza | 13° | **$$**
89 | NATION #2 ROSÉ Malbec 2020 | Perdriel | 12.5° | **$$**

Desquiciado Wines.

PROPRIETÁRIO Gonzalo Tamagnini
ENÓLOGO Gonzalo Tamagnini
WEB www.desquiciado.com
RECEBE VISITAS Não

• **ENÓLOGO** Gonzalo Tamagnini

[**DESQUICIADO** é o projeto de Gonzalo Tamagnini, enólogo, e Martín Sesto, responsável pela área comercial. Eles se conheceram trabalhando para a dupla Alejandro Sejanovich e Jeff Mausbach, onde sintonizaram as ideias e compartilharam seu fanatismo pelo vinho. Hoje produzem uvas de diferentes lugares em Mendoza, principalmente do Vale do Uco.]

IMPORTADOR: www.familiakoganwines.com

94 DESQUICIADO SALVAJE
Malbec 2018
$$$ | T U P U N G A T O | **14°**

Frutas vermelhas ácidas e notas violetas fazem uma pequena festa neste Malbec de solos do leito do rio, ricos em areias e cascalho coberto de cal, na área de Gualtallary, cerca de 1.300 metros de altura, ao norte do Vale do Uco. É uma cofermentação de 85% de Malbec e 15% de Syrah que é então envelhecida por 22 meses em barricas. O que sai de lá é um tinto suculento, com uma grande tensão de taninos na boca e, além disso, acidez rica e nítida. Parece nervoso, refrescante e faz você querer continuar bebendo.

93 DESQUICIADO
Sauvignon Blanc, Chardonnay, Pinot Gris 2019
$$ | T U P U N G A T O | **14°**

Este branco tem 50% de Sauvignon Blanc, 35% Pinot Gris e 15% de Char-

donnay, a última variedade corresponde a quatro barricas de 2017 e 2018, todas de vinhedos de cerca de dez anos plantados na área de Gualtallary, ao norte do Vale do Uco, e cerca de 1.300 metros acima do nível do mar. A acidez é alta neste branco, domina os sabores e dá nervo, enquanto sente as frutas brancas maduras dando peso. Um vinho para pensar em frutos do mar grelhados.

92 DESQUICIADO
Malbec, Syrah, Petit Verdot, Cabernet Franc 2019
\$\$ | T U P U N G A T O | **14°**

Trata-se de uma mistura de 40% de Malbec, 20% Syrah, 30% de Cabernet Franc e o resto do Petit Verdot, com 14 meses em barricas de terceiro uso. Malbec e Syrah são cofermentados e a isso são adicionados os outros vinhos, já vinificados, e com diferentes percentuais de cacho completo. Tem aderência e taninos firmes, cercados por muitos sabores frutados em um vinho que parece tenso e vibrante.

91 BEROCK
Chenin Blanc 2020
\$\$ | M E N D O Z A | **11°**

Um Chenin refrescante, generoso em acidez afiada, mas também em sabores de frutas brancas e notas cítricas e florais que oferecem uma sensação suculenta e primaveril em um branco para beber ao lado de ceviche de camarão. Este Chenin vem do leste de Mendoza, de um vinhedo enxertado em uma Criolla Chica.

91 BEROCK
Garnacha 2020
\$\$ | M E N D O Z A | **14°**

Este Garnacha de Junín, no leste de Mendoza, tem todas as qualidades que precisam para torná-lo o próximo tinto para matar a sede neste verão. Cheio de frutas vermelhas, com uma doçura suave que vem daquela área quente, e taninos firmes para pensar em um prato de queijos maduros e frios, este tinto refrescante é bebido por litros.

90 BEROCK
Syrah 2019
\$\$ | M E N D O Z A | **14°**

Um delicioso suco de amora maduro, com uma doçura suave, mas ao mesmo tempo com um lote de taninos que faz muito bem para que não se torne cansativo, este é o vinho que precisam para o churrasco. Vem da área de Los Chacayes, onde os solos pedregosos e a influência da montanha geralmente dão esse tipo de tintos ásperos.

90 DESQUICIADO
Cabernet Franc 2020
\$\$ | T U P U N G A T O | **14°**

Nesta linha Desquiciado, a clareza das frutas comanda, e este Cabernet Franc é um bom exemplo. As notas de ervas e frutas vermelhas dominam em um corpo leve, com taninos muito finos e macios e apresentam acidez, refrescando tudo até o fim. Trata-se de uma cofermentação de 90% de Cabernet Franc, mais Petit Verdot e Merlot em quantidades semelhantes.

90 DESQUICIADO
Malbec 2020
$$ | TUPUNGATO | **14°**

Uma visão suculenta e fresca de Malbec do Vale do Uco, aqui estão aromas e sabores de frutas vermelhas maduras acompanhados pelas clássicas notas de violetas do Malbec da montanha. A textura é ampla e suculenta, muito macia, em um vinho que é principalmente frutado e refrescante. Trata-se de um co-fermentação entre 85% de Malbec, 7% de Syrah e o resto do Cabernet Franc.

OUTRO VINHO SELECIONADO
89 | BEROCK Pinot Noir 2020 | Mendoza | 14° | **$$**

Domaine Bousquet.

PROPRIETÁRIOS Anne Bousquet, Labid Al Ameri & Guillaume Bousquet

ENÓLOGO Rodrigo Serrano

WEB www.domainebousquet.com

RECEBE VISITAS Sim

• **PROPRIETÁRIOS** Guillaume Bousquet, Anne Bousquet, Labid & Eva Al-Ameri

[**ESTA VINÍCOLA** pertence à família Bousquet, francesa com uma história de várias gerações no ramo do vinho. Eles chegaram a Mendoza na década de 90 liderados por Jean Bousquet, que em 1997 começou este empreendimento e depois deixou-o nas mãos de seus filhos Anne e Guillaume. A vinícola está localizada e possui seus vinhedos no setor de Gualtallary, com 1.200 metros de altura, no Vale do Uco. Eles têm lá 110 hectares plantados, cultivados organicamente.]

96 AMERI
Malbec, Cabernet Sauvignon, Merlot, Syrah 2019
$$$$ | TUPUNGATO | **15°**

Ameri este ano tem 60% de Malbec, 20% Cabernet Sauvignon, 10% Syrah e 10% Merlot, todos dos vinhedos Bousquet em Gualtallary, uma seleção de fileiras dos lotes mais antigos da propriedade, plantadas em 1998. Estagiado por um ano em barricas, aqui as frutas vermelhas maduras e exuberantes do Malbec competem com as notas de ervas da Cabernet da casa, que tem esse caráter fresco, de ervas de montanha. Um vinho nascido a 1.200 metros de altura é natural que tenha esse tipo de ervas, mas também que o clima ajude o Malbec a se sentir tinto, profundo, muito firme em acidez e taninos.

95 GRAN MALBEC
Malbec 2019
$$$ | GUALTALLARY | **14.6°**

Esta é uma seleção dos vinhedos mais antigos da propriedade, plantados por volta de 1998, dos primeiros na área de Gualtallary. É baseado em Malbec, com 85%, além de 5% Cabernet Sauvignon, 5% Merlot e 5% Syrah. Consistente com uma safra muito boa, com características frescas, este Malbec tem uma fruta vermelha radiante e profunda, mas ao mesmo tempo se sente marcado por uma forte presença de notas de ervas que fala, talvez, da importância do Cabernet Sauvignon na mistura. Os sabores são suculentos, profundos; as ervas continuam correndo, enquanto frutas vermelhas do Malbec dão uma pequena festa nos bastidores. Um prazer de vinho.

94 GRAN CABERNET SAUVIGNON
Cabernet Sauvignon 2019
$$$ | GUALTALLARY | 14.8°

Este é um tinto baseado em Cabernet Sauvignon, mas com 15% de Malbec, todos de Bousquet em Gualtallary, cerca de 1.200 metros de altura ao norte do Vale do Uco. Cem por cento envelhecido em barricas por dez meses, este tem o lado de ervas da variedade muito acentuado. Há notas vermelhas, sabores e aromas maduros, mas no fundo. Em primeiro plano, há aquele lado de ervas muito presente, tanto no nariz quanto na boca. Os taninos são firmes, a acidez é afiada e o corpo generoso. Um grande tinto para guisado de cordeiro.

93 GAIA
Cabernet Franc 2019
$$$ | GUALTALLARY | 14.5°

Quando Jean Bousquet começou a plantar seu vinhedo em Gualtallary, por volta de 1998, o foco era Malbec, mas também havia espaço para Cabernet Franc e desses primeiros vinhedos vem este exemplar suculento e muito varietal. Possui aromas de tabaco e especiarias, juntamente com frutas vermelhas maduras em um corpo médio, com taninos afiados, abundantes e apoiando a sensação de tensão.

93 GRAN CHARDONNAY
Chardonnay 2019
$$ | GUALTALLARY | 13.5°

A partir de vinhedos de cerca de 1.200 metros de altura na área Gualtallary, plantados em 1998, dos primeiros daquele lugar, este tem um corpo imponente, com muitos sabores de frutas maduras e notas especiadas. Cem por cento do vinho foi envelhecido em barricas, 60% madeira nova, de 400 litros. Um branco exuberante, muito consistente com o estilo da casa, este é um Chardonnay para armazenar na adega.

92 GAIA
Cabernet Sauvignon 2019
$$$ | GUALTALLARY | 14.5°

Um Cabernet puramente varietal, mostra aromas de ervas e especiarias; também frutas negras e notas terrosas. A boca é poderosa, com muita energia tânica e acidez afiada em um corpo cheio de sabores frutados. Tem dez meses em barricas e vem de vinhedos plantados por volta de 1998 na propriedade Domaine Bousquet em Gualtallary.

92 GAIA
Malbec 2019
$$$ | GUALTALLARY | 14.5°

Um Malbec suculento, com muito caráter varietal, com toques florais e muitos sabores de frutas vermelhas exuberantes e frescas. Na boca tem taninos polidos e uma certa doçura que sublinha sua personalidade fácil de entender. Com dez meses de envelhecimento em barricas, vem dos vinhedos mais antigos da propriedade Bousquet em Gualtallary, ao norte do Vale do Uco.

91 VIRGEN ORGANIC
Malbec 2020
$$ | TUPUNGATO | 14.5°

Feito com uvas cultivadas organicamente na área de Gualtallary, acima de 1.200 metros de altura no Vale do Uco, e vinificadas sem a adição de sulfitos, esse tipo de vinho natural tem um caráter frutado forte, frutas vermelhas intensas e maduras em um corpo médio, mas bem firmes e taninos musculosos que se movem ao redor do paladar com sua tensão e força. Expressão frutada pura neste Malbec hoje no seu melhor para acompanhar pizzas. Também oferece excelente relação preço-qualidade.

90 **VIRGEN ORGANIC**
Cabernet Sauvignon 2020
$$ | T U P U N G A T O | **14.5°**

Feito com frutas de vinhedos orgânicos e vinificado com muito pouca intervenção e sem adição de sulfitos, este Cabernet é uma festa meio louca de taninos e frutas vermelhas. É suculento, fácil de beber, especialmente com frios.

90 **VIRGEN ORGANIC RED BLEND**
Malbec, Cabernet Sauvignon, Cabernet Franc 2020
$$ | T U P U N G A T O | **14.5°**

Feito com uvas orgânicas do Vale do Uco, na região de Gualtallary, e vinificado sem sulfitos, este é um suco de frutas maduras, especiarias e algumas ervas em um corpo macio, mas ainda com carga tânica suficiente para ser um companheiro de peso na frente de um prato de frios e queijos.

Domaine Nico.

PROPRIETÁRIA Laura Catena
ENÓLOGO Roy Urvieta
WEB www.domainenico.com
RECEBE VISITAS Sim

· **ENÓLOGO** Roy Urvieta

[**DOMAINE NICO** é o projeto da família Catena focado em Pinot Noir, todos de vinhedos de altura, no Vale do Uco em geral, e em Gualtallary em particular. De acordo com Laura Catena, tudo começou com as primeiras seleções clonais de Pinot que a vinícola plantou por volta de meados da década de 1990. Vendo como eles se comportavam de acordo com os solos e as condições topográficas, eles gradualmente selecionavam material e faziam microvinificações que, misturadas, parariam no Pinot da vinícola Luca, outra das marcas da Catena. "Mas percebemos que era um crime misturá-los", diz Laura. Em 2016, aproveitando um ano fresco e muito expressivo para Pinot, Domaine Nico caminhou, com frutas tanto de Villa Bastías (primeiro lugar onde plantou Pinot clonal na vinícola), bem como do vinhedo Adrianna e do novo vinhedo de Gualtallary Alto (ainda mais alto que Adrianna, acima de 1.550 metros), plantado em um solo rico em cal e de onde vem seu Pinot mais ambicioso, Le Paradis.]

94 **LE PARADIS**
Pinot Noir 2018
$$$$$ | V A L E D O U C O | **13°**

Le Paradis é um pequeno vinhedo de 1,1 hectare plantado a 1.500 metros acima do nível do mar, na parte mais alta de Gualtallary. Os solos deste vinhedo são ricos em cal, mas é cal compactado no que é conhecido localmente como "cimento indio", uma mistura de areias, carbonato de cálcio e cascalho. Esse tipo de solo proporciona vinhos de grande austeridade na boca, taninos compactos e firmes, textura de giz. Enquanto isso, os aromas e sabores são frutas muito frescas e ácidas devido ao severo clima de montanha, que atrasa a maturidade pelo menos três semanas em relação, por exemplo, a La Savante, que é 150 metros mais baixa no vinhedo Adrianna. Essa colheita tardia, no entanto, não significa um aumento do álcool. Esta safra, colhida em meados de abril, tem menos de 13 graus. E tudo isso é sentido na tensão e frescor deste pinot, um dos exemplares da variedade com mais caráter hoje na América do Sul. 2.340 garrafas foram feitas deste Le Paradis.

93 GRAND MÈRE
Pinot Noir 2018
$$$ | VALE DO UCO | 13°

De vinhedos na Villa Bastías, no sul de Tupungato, e cerca de 1.120 metros acima do nível do mar, este Pinot é fermentado com 20% cachos completos. Tem 18 meses em barricas, todas de madeira usada. A produção total do lote de dois hectares foi de cerca de oito mil garrafas para este Pinot que parece muito fresco (12,9%) e onde notas terrosas são misturadas com sabores frutados, frutas vermelhas maduras acompanhadas de leves toques especiados. A tensão dos taninos funcionaria muito bem com atum grelhado.

93 LA SAVANTE
Pinot Noir 2018
$$$$$ | VALE DO UCO | 13.5°

La Savante faz parte das primeiras videiras que o Dr. Nicolás Catena plantou por volta de 1994 em Gualtallary, então, apenas conhecido como Tupungato Alto e hoje, o vinhedo Adrianna. Feito com uma seleção de clones de Dijon, o vinho é envelhecido por 18 meses em barricas, 10% novas. Parece muito fechado no início, mal mostrando notas terrosas em meio a toques frutados. Depois de um tempo na taça, frutas vermelhas intensas começam a surgir acompanhadas de especiarias e tons terrosos. A boca apresenta taninos de cal, fruto de solos de cascalho cobertos por carbonato de cálcio e oferecendo essa textura como giz. Aos poucos o Pinot mostra cada vez mais camadas frutadas, até que as frutas dominem tudo com seu frescor e vitalidade.

92 GRAND PÈRE
Pinot Noir 2018
$$$ | VALE DO UCO | 13°

Este vem de um terreno plantado por volta de 1993 na área de Villa Bastías e foi o primeiro Pinot Noir do grupo Catena no Vale do Uco. É um terreno de apenas dois hectares em solos profundos e arenosos e está ao lado da parcela que dá Gran Mère, também parte do Domaine Nico. Este Pinot parece se concentrar em sabores frutados. Frutas vermelhas misturadas com especiarias que dão uma sensação de muito frescor. O corpo é macio, acidez intensa e taninos muito domados. O fim é levemente herbáceo.

92 HISTOIRE D'A
Pinot Noir 2018
$$$$$ | GUALTALLARY | 13°

Para **Histoire**, a seleção é feita a partir de vinhedos de Pinot Noir plantados em 1998 na parte inferior do vinhedo Adrianna, ao lado do Lomas del Jaboncillo, no início do que é conhecido como Monasterio, uma das áreas que está dando alguns dos melhores tinto hoje no Vale do Uco. Neste caso, o solo rico em cascalho banhado em carbonato de cálcio dá ao vinho uma sensação de taninos firmes, com textura de giz, apoiando frutas vermelhas e notas terrosas. É um tinto de alta tensão, marcado por uma acidez deliciosa e firme. Um vinho com sabores amplos e profundos.

Doña Paula.

PROPRIETÁRIO Grupo Claro
ENÓLOGO Martín Kaiser
WEB www.donapaula.com
RECEBE VISITAS Não

• **ENÓLOGO** Martín Kaiser

[**FUNDADA PELOS** chilenos de Santa Rita, Doña Paula se estabeleceu em Mendoza em 1997. Eles trabalham apenas com seus próprios vinhedos e têm quatro fazendas: El Alto, em Luján de Cuyo; Los Cerezos, em Tupungato; Alluvia, em Gualtallary, e Los Indios, em San Carlos. A propriedade de Gualtallary, com generosos solos aluviais em cal, tem 130 hectares plantados e atualmente é a fonte de seus melhores vinhos. A equipe técnica é liderada pelo enólogo Martín Kaiser.]

97 PARCEL ALLUVIA
Malbec 2018
$$$$$ | GUALTALLARY | **14.5°**

Alluvia é o vinhedo de Doña Paula a 1.350 metros acima do nível do mar em Gualtallary, no Vale do Uco. Trata-se de uma seleção do lote oito, localizado no leito pedregoso de um córrego, o que muda um pouco o perfil do Malbec na área. Gualtallary geralmente oferece Malbec exuberante em ervas e aromas frutados, e taninos finos e afiados. No entanto, neste caso, em um vinhedo de tanta pedra, a madurez é avançada e o vinho parece muito mais monolítico e severo do que o normal no local. A concentração é maior, em um tinto impressionante em tamanho e densidade, mas ao mesmo tempo preserva a acidez mineral dos vinhos da montanha.

95 PARCEL LOS INDIOS
Malbec 2018
$$$$$ | EL CEPILLO | **14.5°**

O vinhedo Los Indios está localizado na área de El Cepillo, ao sul do Vale do Uco, cerca de 1.150 metros de altura em uma área de muitas geadas, embora tardes quentes à medida que as uvas amadurecem. Os solos são aluviais, parte do cone aluvial do rio Tunuyán. Depois de quase dois anos envelhecendo em barricas, metade madeira nova, este é um tremendo Malbec na estrutura, com taninos muito firmes, muito afiados, associados à acidez penetrante. As camadas de frutas negras ácidas são muito densas, embora sem perder o frescor em um tinto que, apesar de seu peso, se sente fresco, se sente cheio de fibras.

96 SELECCIÓN DE BODEGA
Malbec 2018
$$$$ | GUALTALLARY | **14.5°**

Para **Selección de Bodega**, são escolhidos os lotes mais ricos em solos calcários da propriedade de Doña Paula em Gualtallary, ao norte do Vale do Uco, a cerca de 1.350 metros acima do nível do mar. Envelhecido em barricas por 20 meses, metade madeira nova, este mostra claramente de onde vem. O agarre na boca e a sensação de textura de giz vem dos solos de calcário, enquanto as frutas negras ácidas e notas de violetas e ervas refletem as brisas dos Andes, esses aromas de vinhos da montanha. Um vinho muito jovem; para dar cerca de quatro a cinco anos na adega.

94 ALTITUDE SERIES 1350
Cabernet Franc, Malbec, Casavecchia 2018
$$$ | T U P U N G A T O | **14.5°**

Do vinhedo Alluvia, cerca de 1.350 metros de altura em Gualtallary, ao norte do Vale do Uco. Tem 50% de Cabernet Franc, 45% Malbec e o resto é Casavecchia. A textura deste tinto é a primeira coisa que chama a atenção, com seus taninos verticais firmes. Você pode sentir o tipo de solos calcários do vinhedo, um solo comum em Gualtallary em particular, mas também no Vale do Uco. O resto são frutas vermelhas ácidas em um vinho com muita energia e muita aderência. Ideal esperar alguns anos e abri-lo com curry de cordeiro.

93 ALTITUDE SERIES 969
Petit Verdot, Bonarda, Malbec 2020
$$$ | L U J Á N D E C U Y O | **13.5°**

Esta mistura vem cem por cento dos vinhedos de Doña Paula em Ugarteche e tem 55% de Petit Verdot, Bonarda em 40% e o resto do Malbec. A força do Petit Verdot aqui se sente e vem para preencher a falta de taninos e verticalidade do Malbec de Ugarteche, uma área quente em Luján de Cuyo. A Bonarda, com solos de argila e férteis, vem para fornecer um monte de frutas neste tinto equilibrado com muito boa acidez e vigor.

93 ESTATE BLACK EDITION
Cabernet Sauvignon, Malbec, Petit Verdot 2019
$$ | L U J Á N D E C U Y O | **14.5°**

As três variedades nesta mistura (60% Malbec, 30% Cabernet Sauvignon e o resto do Petit Verdot) vêm do vinhedo de Doña Paula em Ugarteche. O vinho mostra claramente o novo caminho que esta vinícola tomou, em direção a vinhos de muito mais nervos e aderência em taninos. Aqui estão frutas vermelhas e especiarias, bem como notas de ervas que dão complexidade e frescor ao nariz. A boca é vertical, com acidez aguda e taninos afiados. Ideal hoje com queijos maduros.

92 ALTITUDE SERIES 1100
Malbec, Syrah, Cabernet Sauvignon 2018
$$$ | S A N C A R L O S | **14.5°**

Uma mistura de 60% de Malbec, 30% de Syrah e o resto do Cabernet Sauvignon, da área de El Cepillo, ao sul do Vale do Uco, e de um vinhedo de cerca de 1.110 metros de altura, aqui predomina a sensação untuosa de Malbec, juntamente com as notas especiadas da barrica que suportam essa untuosidade. Um vinho grande, com muitas frutas maduras e também acidez que ajuda a refrescar.

92 ESTATE BLUE EDITION
Bonarda, Malbec, Pinot Noir 2019
$$ | L U J Á N D E C U Y O | **13.5°**

Esta mistura, bastante improvável, de Malbec (60%), Bonarda (30%) e Pinot Noir (10%), vem da área de Ugarteche, em Luján de Cuyo, e mostra o calor do lugar, mas ao mesmo tempo você sente a colheita precoce das uvas em uma acidez e tensão que refrescam e convidam a continuar bebendo. É um vinho com aromas e sabores untuosos, embora de textura vibrante e acidez, para pensar em chorizo grelhado.

Doña Paula.

91 ESTATE
Malbec 2019
$$ | VALE DO UCO | **14.5°**

Para seu **Malbec Estate**, Doña Paula usa seus vinhedos de Alluvia em Gualtallary, 1.350 metros acima do nível do mar, e Los Indios, em El Cepillo, no extremo sul do Vale do Uco. O vinho é envelhecido em madeira por um ano e o que sai dessas barricas é um Malbec intenso, de grande maturidade, rico em notas especiadas; um Malbec quente, que enche a boca com seus sabores untuosos.

90 ESTATE
Sauvignon Blanc 2020
$$ | VALE DO UCO | **12°**

Refrescante e cheio de notas de ervas e cítricos, este é o protótipo de Sauvignon de Gualtallary com seus aromas explosivos e acidez intensa e afiada. O corpo leve ajuda você a beber muito facilmente e muito melhor se tiver um ceviche à mão.

OUTRO VINHO SELECIONADO
89 | ESTATE Riesling 2019 | Vale do Uco | 13.5° | $$

Dos Puentes.

PROPRIETÁRIOS DeWayne & Linda Bridges
ENÓLOGO Mauricio Vegetti (consultor)
WEB www.dospuentes.com
RECEBE VISITAS Não   • **ENÓLOGO** Mauricio Vegetti

[**O AMERICANO** DeWayne Bridges veio escalar o monte Aconcágua em 2011 e, como entusiasta do vinho, além de escalar ele se dedicou a degustar os vinhos mendocinos até que decidiu, um ano depois, iniciar um projeto com vinho comprando um vinhedo em Los Sauces, no Vale do Uco. A primeira safra, sob a marca Dos Puentes, foi em 2013.]

94 DOS PUENTES GRAN SUMMIT
Cabernet Franc 2018
$$$$ | VALE DO UCO | **14°**

Este Cabernet Franc vem de uma parcela enxertada em Merlot em 2008 no vinhedo Los Sauces da família Bridges. Tem 18 meses em barricas e você pode sentir esse efeito nas notas de especiarias doces, mas acima de tudo mostra o caráter varietal, as notas de ervas, quase mentol, em uma área que é fria dentro de Uco. A textura é nervosa, construída a partir de taninos muito firmes e tensos, com muita aresta. Um Franc de solos ricos em cal que geralmente dão esse tipo de texturas, ideal para embutidos.

93 DOS PUENTES RESERVE
Malbec 2019
$$ | VALE DO UCO | **14°**

De Los Sauces, no Vale Uco, este Malbec é envelhecido em barricas de um ano. É fresco, com taninos muito firmes e afiados, que se agarram firmemente ao paladar. Tem um perfil jovem de frutas vermelhas frescas e também um caráter floral que sublinha esse sentimento fresco. Para abrir com carnes grelhadas.

92 BRIDGES FAMILY WINERY WINEMAKER'S SELECTION Cabernet Sauvignon, Cabernet Franc, Malbec 2018
$$ | V A L E   D O   U C O | **14°**

Esta mistura tem 50% Cabernet Sauvignon, mais 25% Malbec e 25% de Cabernet Franc, todos de seus próprios vinhedos na área de Los Sauces, a nordeste de Los Chacayes, no Vale do Uco. O envelhecimento se estende por 15 meses em barricas, e o efeito são as notas especiadas, mas também as brisas andinas colocam sua assinatura, com notas de mentol e ervas em um tinto muito equilibrado e fresco, com taninos macios e amigáveis.

92 DOS PUENTES RESERVE Cabernet Franc 2019
$$ | V A L E   D O   U C O | **14°**

De seus próprios vinhedos em Los Sauces, propriedade da família Bridges no Vale do Uco, este tem um lado suculento delicioso, muito bebível e fácil de entender. Sobre isso, há notas de ervas que são muito comuns na variedade, toques de mentol e tabaco. A boca é tensa, com taninos afiados e acidez muito penetrante, o que refresca muito bem os sabores das frutas vermelhas.

91 DOS PUENTES BARREL SELECT RED BLEND Malbec, Pinot Noir, Cabernet Sauvignon 2019
$$ | V A L E   D O   U C O | **14°**

Uma mistura bastante incomum entre Malbec (65%), Pinot Noir (35%) e o resto do Cabernet Franc, este tinto tem uma firme aptidão para ser vinho de verão, um daqueles mata sua sede nas férias. Malbec fornece frutas vermelhas maduras, leves toques florais, enquanto Pinot entrega aquele lado mais macio de Pinot colhido maduro, aqueles taninos mais calmos. Um tinto rico e fácil para pizzas.

90 BRIDGES FAMILY WINERY SINGLE VINEYARD Malbec 2018
$$ | V A L E   D O   U C O | **14°**

Envelhecer em barricas por nove meses deixou uma marca neste Malbec. Há notas especiadas e madeira tostada, e depois de tudo isso, frutas vermelhas maduras. Uma textura muito macia, acompanhada de taninos domesticados e redondos, fazem deste vinho um tinto perfeito para queijos maduros.

90 DOS PUENTES Malbec 2020
$ | V A L E   D O   U C O | **14'**

Um Malbec suculento, tons de ervas e algumas violetas; um exemplo bastante preciso do Malbec simples do Vale do Uco, que é mostrado na boca com amabilidade, sem arestas, sem taninos que perturbam, oferecendo frutas vermelhas maduras e um corpo suculento.

90 DOS PUENTES BARREL SELECT Chardonnay 2019
$$ | V A L E   D O   U C O | **14°**

Um delicioso suco de frutas brancas, especialmente maduras e tropicais, neste Chardonnay de um vinhedo acima de mil metros de altura, no Vale do Uco. 10% do volume total foi estagiado em barricas por seis meses, e essas notas de madeira tostada são sentidas neste branco fresco e simples para mexilhões defumados.

OUTRO VINHO SELECIONADO

89 | BRIDGES FAMILY WINERY SINGLE VINEYARD Cabernet Franc 2018
Vale do Uco | 14° | **$$**

Durigutti Family Winemakers

PROPRIETÁRIOS Héctor & Pablo Durigutti
ENÓLOGOS Héctor & Pablo Durigutti
WEB www.durigutti.com
RECEBE VISITAS Sim

· **PROPRIETÁRIOS & ENÓLOGOS**
Héctor & Pablo Durigutti

[**OS IRMÃOS** Pablo e Héctor Durigutti são enólogos e têm se dedicado a fazer vinhos a vida toda, primeiro para importantes vinícolas de Mendoza, e desde 2002 com esse projeto que partiu com três mil garrafas e hoje vai para 600 mil. Em 2007 eles compraram seu primeiro vinhedo em Las Compuertas, antigas videiras que agora fazem parte dos 20 hectares da família.] **IMPORTADOR:** www.dominiocassis.com.br

96 VICTORIA DURIGUTTI
Malbec, Cabernet Franc, Petit Verdot, Cordisco 2016
$$$$$ | LAS COMPUERTAS | 14.7°

Victoria é o vinho mais ambicioso da vinícola e corresponde a um vinhedo muito antigo, de 2,5 hectares, plantado entre 1910 e 1914, em solos de argila. Este vinhedo tem cerca de 40% de Malbec, 30% de Cabernet Franc e o resto do Petit Verdot. Victoria, então, é uma mistura de campo dessa parcela, mas cujas variedades foram colhidas e vinificadas separadamente, além de 3% de Cordisco de um lote adjacente, mas de videiras plantadas em 2012. Este tem muita aderência, a porcentagem de Petit Verdot se manifesta com aqueles taninos selvagens e afiados, enquanto Malbec parece trazer seus sabores frutados e dá alguma amabilidade à mistura. Um vinho com sabores profundos, com muita tensão de acidez; um tinto para abrir em dez anos.

95 DURIGUTTI PIE DE MONTE FINCA RUANO
Malbec 2018
$$ | VISTALBA | 13.8°

De uma das áreas mais altas de Luján de Cuyo, na margem norte do rio Mendoza, e também uma das mais afetadas pela pressão imobiliária que faz com que a cidade de Mendoza se expanda em direção à montanha. José Antonio Ruano possui um vinhedo de cerca de sete hectares que começou a ser plantado em 1945, em solos de argila, pesados; solos frios, a fim de garantir que, neste caso, eles se juntem a uma colheita precoce e um cuidado na extração. O resultado é um verdadeiro suco de fruta, um estilo vibrante e refrescante, tenso e afiado, totalmente inédito em Vistalba, onde vinhos muito mais escuros, maduros e concentrados geralmente são encontrados. Uma verdadeira surpresa que você tem que experimentar, uma interpretação suculenta de uma área tradicional de Mendoza.

95 PROYECTO LAS COMPUERTAS 1914
Malbec 2018
$$$ | LAS COMPUERTAS | 13.9°

Quando Durigutti comprou a propriedade de Las Compuertas, havia um antigo vinhedo de cerca de dez hectares, plantado em meados da década de 1910. Dentro desses hectares, uma mancha de argila de 2,5 hectares que, segundo Pablo Durigutti, é um solo mais frio que mantém muito mais frescor, acidez e frutas vermelhas. E é isso que domina este Malbec. Antes dos taninos afiados, o que você sente aqui é a pureza da variedade, os aromas de frutas vermelhas maduras, os tons de ervas. Um exemplo de lugar, uma área histórica no vinho argentino.

94
DURIGUTTI PIE DE MONTE
FINCA LAS JARILLAS Malbec 2018
$$ | GUALTALLARY | 13.9°

Este vinhedo, plantado há cerca de 15 anos em Gualtallary - cerca de 1.360 metros acima do nível do mar, em solos ricos em pedras, areias e cal no Vale do Uco -, pertence ao produtor Fernando Arias. Um exemplar muito bom de lugar, este tinto é exuberante em aromas e sabores frutados e, acima de tudo, ervas, em meio a taninos firmes e afiados, muito relacionados com o solo de cal. Tem um caráter suculento, vinho para matar a sede, que seduz imediatamente. Um Malbec com um grande senso de lugar e, ao mesmo tempo, para beber por litros.

94
PROYECTO LAS COMPUERTAS PARRAL
Criolla Chica 2020
$$ | LAS COMPUERTAS | 13.2°

Um dos poucos vinhedos que sobrevivem ainda de Criolla Chica (Listán Prieto) em Las Compuertas, este vem de videiras plantadas em 1943 no sistema de latada e nos terraços aluviais do rio Mendoza. É fermentado em ovos de cimento, primeiro com suas peles e, no meio do caminho, sem a presença deles, como se fosse um branco. Daí o estilo deste Criolla, sua cor pálida, seus aromas sutis de frutas vermelhas ácidas, mas também a essência da variedade com seus taninos firmes e rústicos. Um vinho muito nervoso, que é debatido entre um corpo tenso e rústico e deliciosas frutas vermelhas que funcionariam perfeitamente, o suficiente para se matar da sede. O trabalho dos irmãos Durigutti com a variedade em seu momento mais brilhante.

93
CARA SUCIA
Sangiovese 2020
$ | RIVADAVIA | 12.5°

Um Sangiovese completamente incomum nestes tempos modernos, este é um tinto delicado, sutil em seus aromas de frutas vermelhas, especiarias e ervas. O corpo é tenso, suculento, cheio de taninos firmes e pontiagudos como agulhas picando no paladar. Ele vem de um vinhedo em Rivadavia, plantado em 1940, e foi destinado a vinhos fora do radar até que os irmãos Durigutti, originalmente do quente leste mendocino, o resgataram para fazer este pequeno deleite. Um vinho mostrando o caminho que os tintos do leste poderiam seguir; pelo menos uma dessas estradas.

93
DURIGUTTI PIE DE MONTE FINCA ZARLENGA
Malbec 2018
$$ | LOS ÁRBOLES | 13.9°

Daniel Zarlenga é um argentino que divide seu tempo entre seu trabalho na Venezuela e seu trabalho como produtor de uvas em Los Árboles, no Vale do Uco. Dos três rótulos da coleção Pie de Monte, os solos pedregosos daquele deserto serrano de onde vêm as uvas Zarlenga são aqueles que dão o vinho mais maduro, concentrado e voluptuoso, embora sem negligenciar a acidez, que aqui é o fio condutor, a cola que mantém tudo junto e faz a fruta parecer muito mais fresca e mais viva.

93
OLD MEMORIES
Cabernet Franc, Cabernet Sauvignon, Malbec 2016
$$$$ | LAS COMPUERTAS | 14.5°

Com 65% de Cabernet Franc, 15% Cabernet Sauvignon e o resto do Malbec, todos estagiados em um único fudre de 2.500 litros por 18 meses. A influência da madeira é sentida no início, mas então a densidade e maturidade da fruta se impõem em meio a taninos firmes e acidez suculenta. Um vinho para armazenar cinco anos na garrafa ou para abrir agora com frios e dar uma olhada em Las Compuertas, uma área clássica ao lado do rio Mendoza.

93 OLD ROUTES
Cabernet Sauvignon, Cabernet Franc, Malbec 2017
$$$ | LAS COMPUERTAS | 14°

Esta é uma mistura de 60% Cabernet Sauvignon, 25% Cabernet Franc e o resto do Malbec, todos da área de Las Compuertas, em direção à margem norte do rio Mendoza. Envelhecido por 14 meses em barricas de 500 litros, aqui está uma textura densa, sabores de frutas vermelhas e negras maduras em um vinho macio, com taninos sutis, doces e suculentos. Um tinto para acompanhar o bife com batatas fritas, um estilo clássico.

93 PROYECTO LAS COMPUERTAS
Cabernet Franc 2019
$$$ | LAS COMPUERTAS | 13.8°

Quando Durigutti comprou a propriedade de Las Compuertas, em 2007, eles encontraram antigos vinhedos de Malbec que, como qualquer vinhedo antigo, tinham outras variedades misturadas, incluindo o Cabernet Franc. Então eles decidiram reproduzir essas videiras, e este Franc vem de um novo vinhedo, plantado com a reprodução dessas videiras. Sob a nova fase da vinícola, este tinto tem uma deliciosa sutileza frutada, com toques de ervas, taninos firmes, suculentos e intensos, em um vinho que não tem arestas além desses taninos afiados como agulhas.

93 PROYECTO LAS COMPUERTAS
Cordisco 2020
$$ | LAS COMPUERTAS | 11.2°

Os irmãos Durigutti plantaram este Cordisco (Montepulciano d'Abruzzo) com material que foi obtido de um antigo vinhedo em San Juan. O ano foi 2012 e o local escolhido, Las Compuertas, a fonte de alguns de seus melhores vinhos. Este é um tinto de cor clara, com aromas para nada frutados, mas bastante terroso, e uma textura selvagem, rico em taninos afiados e firmes. Sirva frio com um prato generoso de frios e queijos. Não vão notar quando já estarão abrindo a segunda garrafa.

93 PROYECTO LAS COMPUERTAS 5 SUELOS
Malbec 2019
$$$ | LAS COMPUERTAS | 12.9°

Este Malbec significa o início de um estudo do Durigutti nos solos de Las Compuertas e a necessidade da planta em cada um desses solos, de pedregoso a argiloso. Aqui está um resumo disso, mas você também pode ver claramente a mudança no estilo dos vinhos desses irmãos, sua direção para colheitas antecipadas e extrações muito mais suaves e menos violentas, em busca de potência só pelo fato de ter potência. Aqui está um suco de fruta vermelha, delicioso em seu frescor, tenso e ao mesmo tempo refrescante.

92 PROYECTO LAS COMPUERTAS CHARBONO
Charbono 2019
$$$ | LAS COMPUERTAS | 13.8°

Charbono é sinônimo de Bonarda, uma variedade que pode ser muito produtiva. É por isso que Durigutti plantou em alta densidade, com mais de nove mil plantas por hectare, de modo que haja mais plantas competindo pela mesma quantidade de alimentos no solo. Este é um Charbono de notas de fruta negras, um suco de amora amigável e suculento.

91 CARA SUCIA
Nebbiolo 2020
$ | RIVADAVIA | **12.8°**

De um vinhedo plantado em 1967, esta é uma versão suculenta e delicada de Nebbiolo. De uvas colhidas muito cedo na estação, é um suco de frutas vermelhas frescas para beber com frios que se têm à mão ou simplesmente colocá-lo em um balde com gelo e bebê-lo por litros à beira da piscina. Um vinho de sede de dicionário.

91 CARA SUCIA CEPAS TRADICIONALES
Bonarda, Syrah, Sangiovese, Barbera, Buonamico 2019
$ | RIVADAVIA | **13.9°**

Uma mistura completamente improvável de variedades, algumas italianas e algumas francesas, neste tinto que fala da diversidade com que os vinhedos eram geralmente plantados antes do mundo moderno estourar com sua ordem. As uvas foram colhidas ao mesmo tempo e destinadas a obter este delicioso suco frutado e simples; um vinho cheio de sabores refrescantes de frutas vermelhas e ervas no meio de um corpo intenso, com taninos firmes. Ideal para beber agora, um campeão de qualquer churrasco.

90 CARA SUCIA BLANCO LEGÍTIMO Palomino,
Pedro Ximénez, Ugni Blanc, Chenin Blanc, Moscatel Blanco 2020
$ | RIVADAVIA | **13.6°**

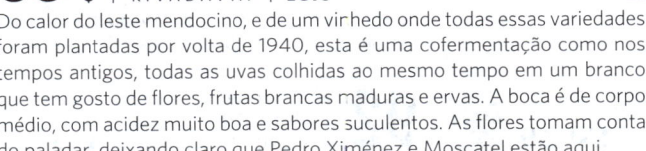

Do calor do leste mendocino, e de um vinhedo onde todas essas variedades foram plantadas por volta de 1940, esta é uma cofermentação como nos tempos antigos, todas as uvas colhidas ao mesmo tempo em um branco que tem gosto de flores, frutas brancas maduras e ervas. A boca é de corpo médio, com acidez muito boa e sabores suculentos. As flores tomam conta do paladar, deixando claro que Pedro Ximénez e Moscatel estão aqui.

90 OLD FRIENDS
Malbec, Cabernet Sauvignon, Cabernet Franc 2018
$$ | LAS COMPUERTAS | **13.8°**

Trata-se de uma mistura de 70% de Malbec, 20% Cabernet Sauvignon e 10% de Cabernet Franc, tudo de um vinhedo plantado em 1910 na área de Las Compuertas, cerca de 1.110 metros de altura, no lugar mais alto de Luján de Cuyo. A fruta aqui é negra, com sabores intensos, taninos firmes e uma acidez muito boa. Um tinto um pouco selvagem para costeletas de porco defumadas.

E's Vino.

PROPRIETÁRIA Eugenia Luka

ENÓLOGOS Julia Halupczok & Matías Michelini

WEB www.esvino.com.ar

RECEBE VISITAS Não

• **PROPRIETÁRIA** Eugenia Luka

[**ESTE É** o projeto de Eugenia Luka, filha de Roberto Luka, dono da Finca Sophenia em Gualtallary, no alto Vale do Uco. Sua produção, de cerca de 90 mil garrafas, está baseada no vinhedo de Finca Sophenia, plantado por seu pai em 1998, muito antes de Gualtallary ser colocado em voga.]

96 ELLO
Malbec 2018
$$$$ | GUALTALLARY | **14.8°**

Esta é uma seleção de um parcelas de cerca de nove hectares, plantadas em um pé franco em 1997 e do qual Sophenia (vinícola mãe da E's Vino) recebe seu melhor Malbec. Este vem de uma seção especial de cascalho pequeno que estão leitos do rio Las Tunas. O vinho foi fermentado em ânfora e depois envelhecido por um ano em barricas, e tem uma estrutura monolítica de tanino, de grande severidade; taninos musculosos em torno de uma camada de sabores de frutas e ervas negras ácidas que enchem o paladar. Um vinho que hoje está apenas começando a mostrar seus sabores. Seja paciente e abra esta garrafa em mais três ou quatro anos.

92 E'S VINO
Malbec 2020
$ | GUALTALLARY | **13.9°**

Um excelente trabalho para obter um Malbec fresco e crocante em uma colheita das mais quentes e secas da década. Colhido cerca de duas semanas antes do habitual, ele se sente focado em frutas vermelhas e, acima de tudo, nas notas de ervas que falam muito sobre o Malbec de Gualtallary, uma área de altura, um lugar de montanha que geralmente dá esse tipo de frutas e tons de ervas. A acidez é firme, os taninos são finos e afiados em um vinho que pode ser bebido perfeitamente hoje com pizza ou hambúrgueres. E também esta é uma das boas relações preço-qualidade em Malbec no mercado desta safra.

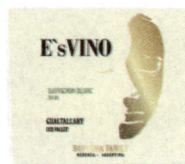

91 E'S VINO
Sauvignon Blanc 2020
$ | GUALTALLARY | **13.6°**

Colhido 20 dias antes de uma safra normal, este Sauvignon quente de 2020 mostra o calor e a secura do ano extremo em Mendoza em geral, e no Vale do Uco em particular. No entanto, este é um branco delicioso em seus contrastes. Aqui há uma textura cremosa, mas ao mesmo tempo muita acidez, uma acidez crocante que convida a frutos do mar macerados com limão.

90 E'S VINO
Cabernet Sauvignon 2020
$ | GUALTALLARY | **14.2°**

Focado nos aromas herbáceos da variedade, este Cabernet delicioso e suculento vem de uma safra quente e seca como 2020, então olhe dessa perspectiva, parece fresco e crocante. Um Cabernet perfeito agora para o assado de domingo.

El Esteco.

PROPRIETÁRIO Grupo Peñaflor
ENÓLOGO Alejandro Pepa
WEB www.elesteco.com.ar
RECEBE VISITAS Sim

• **ENÓLOGO** Alejandro Pepa

[**LOCALIZADA NAS** alturas de Cafayate, Salta, El Esteco é a vinícola do norte do Grupo Peñaflor (Trapiche, Finca Las Moras, entre outras). Possui mais de um século no ramo do vinho e tem cerca de 780 hectares (520 em Cafayate e 260 em Chañar Punco) e uma produção anual que ultrapassa 15 milhões de garrafas. Desde 2015 seu enólogo, Alejandro Pepa, vem levando El Esteco para novos caminhos, com uma abordagem que incentiva maior frescor e influenciou grande parte do portfólio da vinícola. Essa abordagem é notória, especialmente em linhas como Old Vines, lançada em 2015. Nesse e em outros vinhos, Pepa está enfatizando a vitalidade da fruta, conseguindo interpretar o terroir de Salta de forma muito diferente do habitual.] **IMPORTADOR:** www.devinum.com.br

95 ALTIMUS GRAN VINO
Cabernet Franc, Cabernet Sauvignon, Malbec, Merlot 2017
$$$$ | VALES CALCHAQUÍES | **14.5°**

A primeira safra de Altimus foi em 2000 e representa uma seleção das melhores parcelas que El Esteco tem em Cafayate, acima de 1.700 metros de altura. Este ano, o blend inclui 49% Cabernet Sauvignon, 32% Malbec, 16% Cabernet Franc e o resto do Merlot. A presença de notas de ervas, tanto da Cabernet Sauvignon quanto da Cabernet Franc, é sentida em primeiro plano, oferecendo uma sensação de frescor delicioso. Essa sensação aumenta com os sabores e aromas frutados em um corpo nervoso, onde a acidez comanda e a textura é fina, tensa, cheia de fibras. Esta é a melhor versão de Altimus que provamos em Descorchados.

95 PARTIDA LIMITADA
Malbec 2019
$$ | VALES CALCHAQUÍES | **14°**

A medida que Alejandro Pepa e Claudio Maza, os enólogos de El Esteco, ousam com colheitas antecipadas em busca de sabores mais frescos, o vinhedo de Chañar Punco, cerca de dois mil metros de altura acima das Serras de Quilmes, surge como um terroir que pode dar vinhos de grande personalidade. Neste caso, é um Malbec estagiado em ovos de cimento por 12 meses e oferece uma face suculenta e floral da variedade, como se fosse um Malbec das alturas de Uco, em um clima de montanha mais frio. Esta qualidade de frutas frescas, vermelhas e ricas em acidez é mostrada aqui, enquanto a textura é nervosa, construída de uma camada de taninos afiados. Uma excelente amostra de potencial do terroir.

94 FINCAS NOTABLES CUARTEL 28
Tannat 2018
$$$ | VALES CALCHAQUÍES | **14°**

Outro dos Tannats de nova escola, este vem de um vinhedo plantado em 1999 nos arredores de Cafayate, nos solos arenosos típicos da região. Aqui as colheitas antecipadas fazem maravilhas com o frescor deste tinto, e as macerações foram feitas frias, antes da fermentação, ou seja, sem álcool para evitar extração extrema em uma variedade como o Tannat, que pode ser muito tânica. Há uma textura afiada de taninos, uma acidez suculenta em um tinto que é facilmente bebido.

94 FINCAS NOTABLES CUARTEL 5
Cabernet Franc 2018
$$$ | VALES CALCHAQUÍES | **14.5°**

Este vinho vem de um quartel plantado por volta de 1999 com quase dois mil metros de altura, em Cafayate. Colhido cedo, e brincando com diferentes misturas, alguns com mais componentes vegetais (típicos da variedade) e outros menos vegetais, aqui foi montado um vinho de muitas frutas vermelhas, muito frescas e vivazes, com toques florais e de ervas. Um vinho delicioso para beber agora com embutidos, ou para armazenar por um par de anos para que os aromas e sabores ganhem em complexidade.

94 FINCAS NOTABLES CUARTEL 9
Malbec 2018
$$$ | VALES CALCHAQUÍES | **14.5°**

Parcela 9 está localizada na Finca La Maravilla, nos arredores da vila de Cafayate, cerca de 1.700 metros acima do nível do mar. É um vinhedo plantado em solos arenosos em 2007. Estagiado em barricas por cerca de 15 meses, esta é a versão mais fresca e vivaz que lembramos de Fincas Notables. Feitas com 20% cacho completo, aqui o que predomina são as frutas vermelhas, as notas florais no meio de um corpo suculento, com muita tensão de acidez e taninos. As uvas colhidas cedo, além disso, deram um caráter nervoso. Uma nova cara de Cafayate.

94 OLD VINES 1945
Torrontés 2020
$$$ | CAFAYATE | **13.5°**

De um vinhedo plantado em 1945, nos solos arenosos de Cafayate, este Torrontés mostra as chaves mais importantes da variedade, como os aromas florais e a densidade da uva, juntamente com um frescor delicioso, uma acidez intensa que também deixa espaço para sabores cítricos. O vinho se sente fluido, e a acidez intensa não se separa dos sabores da fruta e a textura é afiada, com muita aderência. Esse branco precisa de empanadas de frango frito.

94 OLD VINES 1946
Malbec 2020
$$$ | VALES CALCHAQUÍES | **14.5°**

Esta é uma seleção de vinhedos plantados em 1946 com Malbec nos arredores de Cafayate, cerca de 1.700 metros de altura. O vinho envelhece por 11 meses, apenas em ovos de cimento. A expressão frutada parece pura. Oferece os aromas exuberantes do Malbec do norte da Argentina, mas como é de costume no estilo da casa, sem exagerar com maturidade ou excesso de extração, problemas frequentes em muitos tintos da região, ainda hoje. Tem acidez firme e taninos afiados que dão equilíbrio.

94 PARTIDA LIMITADA
Syrah 2019
$$ | VALES CALCHAQUÍES | **14°**

De Chañar Punco, cerca de dois mil metros acima do nível do mar, nas alturas das Sierras de Quilmes, este Syrah de clima extremo oferece um delicioso lado frutado, cheio de frutas vermelhas ácidas em um corpo tenso, taninos firmes, mas muito finos que se agarram à boca firmemente. A acidez faz o resto, permitindo que os sabores das frutas se expressem com ainda mais frescor e clareza. Uma amostra pura da cepa em um lugar improvável como aquele deserto de alta altitude que é Chañar Punco. Cerca de 2.500 garrafas foram feitas deste vinho.

93 CHAÑAR PUNCO
Cabernet Sauvignon, Malbec, Merlot 2017
$$$$ | VALES CALCHAQUÍES | **14.5°**

Chañar Punco está localizado a cerca de dois mil metros acima do nível do mar nas Sierras de Quilmes, um vinhedo plantado em solos de pedra e cal em 1999. Este 2017 mostra uma cara suculenta e frutada dos tintos locais. Tem 70% de Malbec, 27% Cabernet Sauvignon e o resto do Merlot, tudo em um vinho concentrado, com taninos intensos e penetrantes, com muitas frutas e especiarias negras.

93 OLD VINES 1958
Criolla Chica 2020
$$$ | VALES CALCHAQUÍES | **14.2°**

A Criolla ou Listán Prieto foi a primeira variedade de tinta trazida pelos conquistadores espanhóis para o Novo Mundo e expandiu-se pela América do Sul. Perdida há séculos, ela se recuperou nos últimos anos, graças a pequenas vinícolas, mas também a grandes empresas como El Esteco. Este Criolla vem de parras plantadas em 1958 e hoje oferece um delicioso vinho, que quase se assemelha a um rosé delicado, puramente frutado; para beber por litros no verão.

92 BLEND DE EXTREMOS
Malbec, Merlot 2020
$$ | VALES CALCHAQUÍES | **14.2°**

Esta mistura suculenta e muito frutada consiste em Malbec do vinhedo de El Esteco em Cafayate, cerca de 1.700 metros de altura, e o Merlot de Chañar Punco, cerca de 300 metros acima, na Sierra de Quilmes. Depois de envelhecer por um ano em barricas, mostra toda a generosidade das uvas que crescem sob o sol intenso do norte argentino. É um tinto cheio de frutas negras, de corpo médio, mas suculento. Abra-o hoje com massa à bolonhesa.

92 EL ESTECO BLANC DE BLANCS
Marsanne, Roussanne, Torrontés, Viognier, Chardonnay 2020
$$ | VALES CALCHAQUÍES | **13.2°**

À base de Roussanne, Marsanne e Viognier (total de dois terços da mistura) este branco tem um delicioso lado floral, com toques de frutas brancas e especiarias. A textura é cremosa, ampla, muito mediterrânea, acompanhada de uma acidez muito boa. O corpo é intenso, ideal para beber agora com miúdos.

92 EL ESTECO BLANC DE NOIR
Pinot Noir 2020
$$ | VALES CALCHAQUÍES | **13.5°**

Pressionado com cacho inteiro, com a cor obtida apenas a partir do contato do suco com as peles na prensa, este cem por cento Pinot Noir vem da área de Chañar Punco, cerca de dois mil metros de altura, sobre as Sierras de Quilmes. É um rosé delicado e refrescante com uma acidez afiada. Para você comer com camarão ou apenas para abrir no verão e beber por litros.

92 FINCAS NOTABLES CUARTEL 28
Merlot 2018
$$$ | VALES CALCHAQUÍES | 14.5°

De Chañar Punco, cerca de dois mil metros de altura, este é um vinhedo de solos de pedra plantados em 1999. É um lugar no meio da montanha, onde a Merlot amadurece suavemente, dando tons florais e frutados. Este exemplar é suave, tons de ervas, com uma rede de taninos firme, mas muito suave.

92 FINCAS NOTABLES CUARTEL 9
Cabernet Sauvignon 2018
$$$ | VALES CALCHAQUÍES | 14°

Plantada por volta de meados de 2000 nos arredores da vila de Cafayate, este Cabernet se beneficia das colheitas precoces de frutas mais vermelhas e maior acidez, tornando-o muito mais fluido do que a maioria dos Cabernets na área, geralmente doces e um pouco enjoativos devido à forte insolação de altura. Aqui há ervas, frutas vermelhas frescas e um corpo médio, construído a partir de taninos firmes e finos.

92 PARTIDA LIMITADA
Garnacha 2020
$$ | VALES CALCHAQUÍES | 14°

Este Garnacha vem de um setor chamado La Turbina, 2.035 metros acima do nível do mar, nas encostas da Sierra de Quilmes. Plantado nesses solos de cal e pedra, é uma pequena produção de cerca de 600 garrafas de um vinho que é um suco de frutas vermelhas maduras e doces que são misturadas na boca com uma rede de taninos firmes. Um Garnacha com sabores frutados, direto e simples.

91 BLEND DE EXTREMOS
Malbec 2020
$$ | VALES CALCHAQUÍES | 14°

Uma espécie de grande panorama do Malbec de altura, com suas notas de ervas e sabores de frutas negras maduras e suculentas, este vem de dois vinhedos, um localizado a mais de dois mil metros, em Chañar Punco, e o outro a 1.700 metros acima do nível do mar, em Cafayate. É amplo, com sabores doces e notas de frutas negras, em um contexto de taninos muito redondos e amigáveis.

91 BLEND DE EXTREMOS
Torrontés 2020
$$ | VALES CALCHAQUÍES | 13.5°

Uma mistura de dois lugares de altura nos Vales Calchaquíes, o primeiro em Chañar Punco, nada menos que dois mil metros acima do nível do mar, e o outro em Cafayate, cerca de 300 metros abaixo. É um Torrontés denso, com aromas florais e especiados, mas também notas de frutas brancas maduras que montam um vinho de bom corpo, sabores doces e amplos.

90 DON DAVID RESERVE
Sauvignon Blanc 2020
$$ | VALES CALCHAQUÍES | 13°

Uma versão fresca, suculenta e herbácea de Sauvignon Blanc do norte da Argentina, este tem 15% do volume fermentado em ovos de concreto e o resto em aço inoxidável. Ele foi estagiados com suas borras por sete meses. É um branco leve e muito expressivo, pronto agora para o aperitivo.

90 DON DAVID RESERVE
Tannat 2019
$$ | VALES CALCHAQUÍES | **14°**

Um Tannat moderado pelo sol intenso dos Vales Calchaquíes, apresenta tons de ervas e frutas negras, em um corpo de bastante concentração para o nível de preço, e também de uma densa camada de taninos. É Tannat, no final das contas, então estas coisas são altamente esperadas.

90 DON DAVID RESERVE
Torrontés 2020
$$ | VALES CALCHAQUÍES | **14°**

As notas das flores e o corpo simpático e suculento do Torrontés são claramente sentidos, mas aqui está um frescor de acidez que o torna muito mais compreensível e bebível. Tem as características da variedade, embora muito bem adaptada a um paladar mais moderno ou, pelo menos, que não tenha sido criado com os Torrontés tradicionais do norte da Argentina.

90 EL ESTECO
Malbec 2019
$$ | VALES CALCHAQUÍES | **14.5°**

De vinhedos em Cafayate, cerca de 1.700 metros acima do nível do mar, no deserto dos Vales Calchaquíes, este Malbec se sente denso, sabores maduros, mas sem exagerar em termos de doçura graças a uma firme rede de taninos e acidez muito boa. Para costeletas de porco grelhadas.

El Porvenir de Cafayate.

PROPRIETÁRIA Lucía Romero
ENÓLOGO Paco Puga
WEB www.elporvenirdecafayate.com
RECEBE VISITAS Sim

• PROPRIETÁRIA, AGRÔNOMO & ENÓLOGO
Lucía Romero, Daniel Guillén & Paco Puga

[**EM 2000** nasceu esse empreendimento da família Romero Marcuzzi. Eles têm 90 hectares, que estão divididos entre quatro fazendas. Um deles é o El Retiro, com 1.450 metros de altura, com videiras antigas de Tannat e Torrontés. Outro é o Alto Los Cuises, a 1.850 metros de distância, com cinco mil plantas de Chardonnay. El Porvenir de Cafayate destaca-se, entre outras coisas, pelo trabalho que fazem com Torrontés, uma variedade com a qual produzem desde vinhos jovens até outros de grande complexidade. O enólogo residente é Francisco Puga, que chegou em 2016 da vinícola Amalaya.]

IMPORTADOR: www.domno.com.br

95 LABORUM DE PARCELA FINCA ALTO RÍO SECO
Malbec 2018
$$$ | CAFAYATE | **14.5°**

Los Cuises é um vinhedo de pouco mais de um hectare, ao pé da Sierra de Quilmes, um pequeno oásis cercado por figueiras e jacarandás, com solos pedregosos; uma mancha verde no meio do deserto, cerca de 1.800 metros acima do nível do mar. Este Malbec tem um lado notavelmente herbáceo, com frutas vermelhas doces, mas ao mesmo tempo com uma forte presença de acidez marcando os contornos da língua. Em termos de textura, tem taninos firmes e afiados. É um Malbec de grande personalidade, bastante delicado para os padrões de variedade naquela área extrema da Argentina.

El Porvenir de Cafayate.

95 LABORUM NUEVOS SUELOS
Malbec 2019
$$$ | CAFAYATE | 14.1°

Este é o novo vinho de El Porvenir, plantado por volta de 2010 nas colinas da Sierra de Quilmes, em solos muito pedregosos e ricos em cal. A ideia aqui era mostrar o Malbec mais puro possível, por isso foi fermentado em tanques de aço com leveduras indígenas, e não foi envelhecido em barricas. Esse vinho tem um caráter muito especial, com muito pouco a ver com o Malbec da área, geralmente doce e suculento. Esse, por outro lado, parece mineral, com sabores mais austeros, embora com toques de violetas e taninos firmes, de alta densidade e arestas. Este Malbec lembra o Vale do Uco, e é provável que esse sentimento seja por causa dos solos de cal, quem sabe.

94 LABORUM DE PARCELA
Torrontés 2020
$$$ | CAFAYATE | 12.8°

Finca El Retiro está localizada nos arredores da vila de Cafayate, com latadas de Torrontés de cerca de 65 anos, o mais antigo da propriedade. Esta é uma seleção de um lote desse vinhedo, em um microclima mais frio e onde as plantas têm uma maior expressão vegetativa, mais folhas para cobrir os cachos do sol, e preservar mais acidez e aromas e sabores mais frescos. Com 15% de cacho completo, fermentado em ovos de concreto, este é um Torrontés muito particular, com tons cítricos antes de floral, e com um corpo mais leve, dominado por uma acidez firme que lembra um suco de limão.

93 ALTO LOS CUISES
Malbec 2019
$$$$$ | CAFAYATE | 13.8°

Este Malbec vem de vinhedos plantados em 2010, em solos de cal, areias e pedras cobertas de cal. A uma altitude de 1.750 metros acima do nível do mar, parece generoso em maturidade, amigável, suculento. Vizinho ao Malbec Nuevos Suelos, mas desta vez sem o componente calcário como ator principal, este tinto mostra um lado mais suculento e maduro.

93 LABORUM OAK FERMENTED
Torrontés 2019
$$ | CAFAYATE | 12.8°

Dos três Torrontés que experimentamos este ano, este é o único que é envelhecido em barricas, e que adiciona outra camada de sabor às notas florais e frutadas habituais deste branco suculento. Aqui há aromas tostados e especiados de madeira, em uma boca de grande volume, rica em sabores de frutas doces e com uma textura talvez mais redonda do que seus pares no portfólio da vinícola. Vem de vinhedos de 65 anos plantados em solos arenosos a 1.650 metros de altura, nos arredores de Cafayate.

93 LABORUM SINGLE VINEYARD
Torrontés 2020
$$ | CAFAYATE | 12.4°

Consistentemente, El Porvenir produz alguns dos melhores Torrontés da Argentina. Neste exemplar, são utilizados vinhedos de cerca de 65 anos, plantados em solos arenosos próximos à cidade de Cafayate, cerca de 1.650 metros acima do nível do mar. A fermentação é realizada em aço, e o resultado tem todos os ingredientes que são solicitados da variedade: os aromas intensos de flores e frutas tropicais, o corpo denso, algo rústico em textura, mas sempre generoso em sabores suculentos de frutas maduras.

93 LABORUM SINGLE VINEYARD
Tannat 2018
$$$ | CAFAYATE | **14.5°**

Este Tannat vem de latadas de cerca de 65 anos, plantadas nos solos arenosos da Finca El Retiro, nos arredores da vila de Cafayate. Videiras muito antigas que dão um Tannat de acidez rica, intensa, e taninos que se sentem selvagens e ásperos, mas longe dos padrões habituais de variedade, especialmente em vinhos jovens. O vinho parece floral, cheio de frutas negras e com um corpo suculento e denso.

93 PEQUEÑAS FERMENTACIONES
Chardonnay, Sémillon 2020
$$ | CAFAYATE | **12°**

Para estas **Pequeñas Fermentaciones**, El Porvenir seleciona uvas de vinhedos enxertados com Chardonnay e Sémillon em padrões de Torrontés. São videiras muito antigas, com cerca de 65 anos, que hoje dão esse delicioso suco, uma mistura fresca entre mel e frutas brancas maduras. O corpo é amigável, sedoso, com uma acidez que parece sucumbir à maturidade da fruta, mas ainda se refresca. Um branco ideal para pensar em miúdos refogados com algumas gotas de limão.

92 LABORUM DE PARCELA
Chardonnay 2019
$$$ | CAFAYATE | **13.5°**

Um Chardonnay sol, as frutas parecem doces e suculentas, mas a acidez é muito firme, muito afiada, o que lhe dá uma estrutura de muita energia. O corpo é generoso, rico em sabores especiados e frutados. Ele vem de Finca Los Cuises, um pequeno oásis verde no meio do deserto da montanha, 1.850 metros acima do nível do mar.

92 PEQUEÑAS FERMENTACIONES
Marsanne, Roussanne 2020
$$ | CAFAYATE | **12°**

Faz sentido que variedades como Marsanne e Roussanne trabalhem bem em climas ensolarados e quentes, como Cafayate, no norte da Argentina. Essas variedades foram enxertadas em uma antiga latada de Torrontés com mais de 65 anos, e foram depois cofermentadas com um envelhecimento subsequente de seis meses em barricas de 500 litros. O resultado é um branco de nota floral e frutas tropicais, com uma boca generosa, de grande cremosidade, cheia de sabores frutados, maduros e volumosos, mas também com uma acidez acentuada para equilibrar. Um bom exemplar de branco mediterrâneo.

Elodia.

PROPRIETÁRIO Millán S.A.

ENÓLOGA Clara Roby

WEB www.familiamillan.com

RECEBE VISITAS Sim

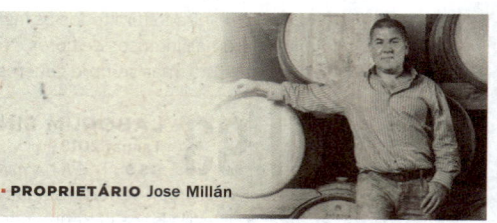

• **PROPRIETÁRIO** Jose Millán

[**ELODIA É** outro dos projetos da família Millán no vinho mendocino. Neste caso, trata-se de buscar a identidade do Malbec através de três origens: Los Árboles e Los Chacayes, ambos no Vale do Uco, e Pedernal, a área mais alta do Vale de San Juan. Os vinhedos são jovens, entre dez e 15 anos, e todos correspondem ao mesmo material original, uma seleção massal (uma população) de Malbec que foi reproduzida nessas áreas.]

96 ELODIA
Malbec 2018
$$$ | VALE DO PEDERNAL | **14.5°**

A família Millán tem vinhedos em Pedernal, cerca de 1.500 metros, o mais alto naquela área no meio das montanhas no Vale de San Juan, um lugar quase perdido no meio dos Andes e que hoje dá Malbec de grande expressão. Os solos são pedregosos e ricos em cascalho e também cal, enquanto o clima é frio, muito de montanha. Este vinho em particular vem de um vinhedo plantado em 2014, no leito de um rio seco e com sistema de gobelet como pequenos arbustos. 80% do vinho foi armazenado por dez meses em ovos de concreto e o resto em barricas pelo mesmo período. O vinho é um delicioso suco de cerejas maduras, com a textura firme que dá o cal, juntamente com uma acidez fresca e crocante graças ao clima. É um vinho muito equilibrado, de grande expressão de frutas vermelhas. Muito sedutor para provar hoje, mas também com grande potencial de guarda.

95 ELODIA
Malbec 2018
$$$ | CHACAYES | **14.5°**

Finca Mantrax está localizada na área de Los Chacayes, cerca de 1.300 metros acima do nível do mar, no Vale do Uco. Seus solos são caracterizados por serem ricos em pedras, todos de origem bastante coluvial. Isso, além do clima frio da montanha, tornam o Malbec da área um pouco selvagem. Segundo Clara Roby, enóloga de Elodia, a extração deve ser muito cuidadosa para que os taninos não se tornem indomáveis ou pegados demais. Neste caso, você sente a pressão tânica e também a força na expressão frutada. É uma fotografia afiada do lugar em um ano quente que parece ter dado à fruta doçura extra. Um vinho para a guarda.

94 ELODIA
Malbec 2018
$$$ | LOS ÁRBOLES | **14.5°**

As uvas para este Malbec vêm de uma seleção de solos muito pobres, na área de Los Árboles, acima de 1.300 metros de altura no Vale do Uco. Em termos de vinificação, 80% do volume é envelhecido em ovos de concreto, enquanto o restante passa por barricas, dez meses em ambos os casos. O vinho tem a suculência de um ano quente, os aromas de frutas negras e os tons de violetas que são típicos de Uco, vinhos de altura. A textura é muito macia, com taninos muito polidos que mostram a face mais gentil de Los Árboles.

Enrique Foster.

PROPRIETÁRIO Enrique Foster
ENÓLOGO Mauricio Lorca
WEB www.grupoforsterlorca.com
RECEBE VISITAS Sim

• **ENÓLOGO** Mauricio Lorca

[**NORTE-AMERICANO** nascido na Espanha, Enrique Foster chegou a Mendoza em 2001, animado com o Malbec e com a ideia de empreender com a variedade. Assim, comprou um vinhedo plantado em 1919, em Mayor Drummond, Luján de Cuyo, e convenceu o enólogo Mauricio Lorca, com experiência em diversas vinícolas locais, a aderir ao projeto. Hoje são sócios não só nessa marca, mas também na vinícola Mauricio Lorca, ambas formando o grupo Bodega Foster Lorca.] **IMPORTADOR:** www.vinhoeponto.com.br

95 FIRMADO
Malbec 2017
$$$$$ | L A S   C O M P U E R T A S | 14.8°
Firmado é o vinho top de Enrique Foster e vem de um antigo vinhedo de mais de 70 anos na área de Las Compuertas, nos terraços aluviais ao norte do rio Mendoza. Envelhece por cerca de 18 meses em barricas, onde as uvas também foram fermentadas. É um vinho ainda muito jovem, que está apenas começando a se desenvolver. A madeira ainda está em primeiro plano, mas a fruta por trás dela parece densa, de grande potência, suficiente para absorver essa madeira e integrá-la aos outros sabores. Seja paciente e espere por ele por cerca de três anos.

94 EDICIÓN LIMITADA
Malbec 2017
$$$ | V I S T A L B A | 14.8°
Foster compra as uvas para esta Edición Limitada de um produtor na área de Las Compuertas. São vinhedos Malbec de mais de 70 anos, nos terraços aluviais do rio Mendoza, em uma das áreas mais altas de Luján de Cuyo, acima de mil metros. É um lugar clássico em Mendoza, a origem de muitos dos melhores Malbecs que a Argentina produziu em sua história recente, e este deve estar entre os bons. A fruta parece vermelha, vibrante, muito fresca, enquanto a boca é firme, nervosa, com taninos pulsantes e afiados. É um clássico dentro do portfólio da Foster e tem sido produzido desde a safra de 2003.

93 ENRIQUE FOSTER SINGLE VINEYARD
FINCA LOS BARRANCOS Malbec 2018
$$ | M E N D O Z A | 14°
Este vinho vem de uma seleção de vinhedos de cerca de 40 anos, plantados na região do Vista Flores. É envelhecido em barricas de um ano, o que não conseguiu diminuir a forte presença de sabores frutados. As frutas são vermelhas maduras, mas também há notas florais claras, bem como ervas e tons especiados. A boca mostra taninos firmes, acidez muito boa e generosas camadas de sabores frutados em um vinho que ainda se sente jovem.

92 ENRIQUE FOSTER RESERVA
Malbec 2018
$$ | V A L E   D O   U C O | 14.2°
Esta é uma mistura de Vista Flores e Los Árboles, ambas áreas do Vale do Uco. O envelhecimento dura um ano em barricas, cem por cento do

volume. Existem algumas notas especiadas e tostadas de madeira, mas o foco é a fruta madura e amigável do Vale do Uco, com alguns toques de violetas no meio dessa suculenta maturidade que enche a boca. Um Malbec generoso para linguiças.

92 **ENRIQUE FOSTER RESERVA**
Bonarda 2018
$ $ | V A L E D O U C O | **13.5°**

Este Bonarda vem de Los Árboles, no Vale do Uco, a cerca de 1.250 metros de altura, uma área fresca para a variedade e que proporciona vinhos de tensão muito maior, de melhor acidez em uma uva bastante doce. Neste caso, é um vinho generoso em sabores frutados, em tons especiados e herbáceos, em um corpo denso, mas ao mesmo tempo com acidez muito suculenta e taninos intensos.

92 **SINGLE VINEYARD FINCA LOS ALTEPES**
Malbec 2018
$ $ | L O S Á R B O L E S | **14°**

Los Altepes é produzido com frutas do vinhedo de Enrique Foster em Los Árboles, a 1.250 metros de altura no Vale do Uco. Comparado a Los Barrancos, seu "irmão" na linha Single Vineyard, parece muito mais musculoso e severo, com taninos firmes e imponentes que mantêm uma fruta negra, madura, expansiva. Para guardar na adega por pelo menos alguns anos.

90 **IQUE BONARDA**
Bonarda 2020
$ | M E N D O Z A | **13.5°**

De vinhedos em Vista Flores, cerca de 1.050 metros acima do nível do mar, e com 10% de envelhecimento na madeira, essa Bonarda parece quente e volumoso, falando claramente de uma colheita muito quente em Mendoza. Aqui estão notas de frutas negras e ervas, no meio de um corpo amplo, textura muito amigável.

OUTRO VINHO SELECIONADO

89 | IQUE MALBEC Malbec 2020 | Mendoza | 13.5° | **$**

Escala Humana Wines.

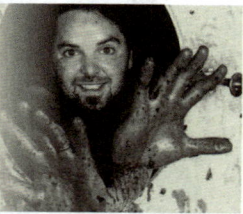

PROPRIETÁRIO Germán Masera
ENÓLOGO Germán Masera
WEB www.escalahumanawines.com
RECEBE VISITAS Não

· PROPRIETÁRIO & ENÓLOGO
Germán Masera

[**DEPOIS DE** passar por Viña Cobos, pelo grupo Millán, Sophenia, e também passar por Noemia, Patagônia, o enólogo Germán Masera decidiu com sua família que chegou a hora de desenvolver seu próprio projeto. Escala Humana é seu nome e sua primeira linha de vinhos é Livverá, cuja proposta resgata cepas esquecidas do Vale do Uco, aquelas que chegaram com imigrantes e durante anos deram identidade à região. Bonarda, Malvasia e Beguiñol (além de alguns Cabernet Sauvignon) são as videiras que vinificam e com as quais produz cerca de 30 mil garrafas.] **IMPORTADOR:** www.familiakoganwines.com

97 CREDO
Malbec 2018
$$$$$ | EL PERAL | **14°**

A fruta aqui é radiante, com grande força em taninos e acidez, mas também tem um frescor que não é nada comum em uma safra quente como 2018. Este é um desfile de frutas vermelhas, ervas e flores; sabores profundos e toques mentolados; de tensão e precisão em mostrar um lugar que pode estar fora do radar de muitos, mas merece toda a atenção. Aqui há energia contida, um vinho tenso e severo em sua construção, e ao mesmo tempo exuberante em seus sabores. Um dos melhores tintos da América do Sul.

95 LIVVERÁ
Cabernet Sauvignon 2020
$$$ | EL PERAL | **13.5°**

El Peral é um lugar especial no Vale Uco, mais verde, com mais árvores e riachos do que você vê no deserto de montanha mais alto no Vale do Uco. E El Peral também é uma fonte muito boa de Cabernet Sauvignon, e este é talvez um dos três ou quatro melhores exemplares na área. De um vinhedo de cerca de 50 anos, plantado em solos ricos em areias e cascalho manchado de cal, aqui estão ervas, notas frutadas e uma textura robusta, muito forte; muito no lado mais selvagem da variedade, mas ao mesmo tempo com a tensão e a camada de frutas de um vinho de montanha, um exemplo de quão longe a Cabernet foi na Argentina.

94 CREDO
Sémillon 2018
$$$$$ | EL PERAL | **13°**

Este cem por cento de Sémillon vem de vinhedos de El Peral, de um vinhedo muito antigo plantado em solos calcários e arenosos naquela área, uma espécie de pequeno oásis verde e frondoso pouco antes de chegar ao deserto que é Gualtallary, alguns metros mais alto nos sopés andinos. Tem 15 meses de envelhecimento em barricas de 500 litros (todas de segundo e terceiro uso) e parte disso há aqui, alguns desses tons tostados e confitados, mas acima de tudo tons de mel de Sémillon antigo mostrados aqui ao lado de uma textura mais oleosa do que cremosa. Este é para armazenar por décadas e é o melhor que provamos da cepa na América do Sul, desde que provamos Sémillon. E isso já faz muito tempo.

94 LIVVERÁ
Bequignol 2020
$$$ | VALE DO UCO | **13°**

Esta variedade do sul da França tem uma presença moderada na Argentina, com cerca de 600 hectares oficiais de acordo com o INV em Mendoza. O vinhedo para este vinho tem cerca de 40 anos e é plantado em El Zampal, cerca de mil metros de altura no Vale do Uco. Esta versão tem 100% cacho inteiro, com uma mistura muito bem-sucedida entre as frutas vermelhas radiantes da variedade, a força dos taninos e a acidez, que aqui fazem você pensar em embutidos, queijos maduros, linguiça e chorizo.

93 LIVVERÁ
Malbec 2019
$$$ | GUALTALLARY | **13.5°**

Este é um vinho de montanha, mas montanha e sol; com os aromas de ervas e florais de altura, mas também o lado doce e suculento de um clima ensolarado que é expresso aqui em frutas doces. Com um ano de envelhecimento em barricas, também oferece uma estrutura de tanino firme; um Malbec pronto agora para morcillas.

93 LIVVERÁ
Malvasia 2020
$$$ | VALE DO UCO | 11°

Este Malvasia, uma pequena excentricidade na cena argentina, vem de um vinhedo muito antigo, com cerca de 90 anos, apenas 19 fileiras na região de Zampal, no Vale do Uco. Com 90 dias de contato com as peles e seis meses de barricas usadas, tem muita personalidade, muita força, uma energia de acidez e taninos que impacta a boca, muitos sabores frutados e especiarias e ervas. Uma festa de texturas e sabores para guardar na garrafa por muito mais anos.

92 LIVVERÁ
Bonarda 2020
$$$ | VALE DO UCO | 13°

Bonarda no Vale do Uco tende a perder sua doçura e ganhar em taninos e acidez quando comparado ao seu terroir do leste, onde hoje a maior parte da variedade é plantada. Neste caso, vem de um vinhedo de La Arboleda, cerca de 1.100 metros acima do nível do mar e uma latada de 30 anos. O vinho é produzido com muito pouca intervenção, embora com seis meses de envelhecimento em barricas de madeira antigas. Tem nervo, mas também tem notas doces em um contexto de frescor, acidez suculenta. Este é o vinho perfeito para morcillas.

92 LIVVERÁ
Sangiovese 2020
$$$ | VALE DO UCO | 11°

Trata-se de cem por cento de Sangiovese, da região de Campo Vidal, no Vale do Uco, de videiras plantadas há 50 anos a 1.250 metros de altura. Prensa direta, e com três meses de envelhecimento em ovos de cimento, este é um rosé sério, com uma estrutura muito boa de acidez e taninos, e muitos sabores frutados em todos os lugares.

Escorihuela Gascón.

PROPRIETÁRIO Grupo de acionistas de capitais argentinos
ENÓLOGO Matías Ciciani Soler
WEB www.escorihuelagascon.com.ar
RECEBE VISITAS Sim

• **ENÓLOGO** Matías Ciciani Soler

[**ESCORIHUELA GASCÓN** foi fundada em 1884 por Miguel Escorihuela Gascón, um jovem de Aragão, Espanha. O prédio que ele construiu ainda permanece em seu lugar original, em Godoy Cruz, tornando-se a vinícola mais antiga de Mendoza ainda em operação. Em 1992, a empresa passou para as mãos do Grupo Catena Zapata, que a levou a novos caminhos. Um deles foi abrir no local o Restaurante 1884, um dos mais reconhecidos de Mendoza, iniciativa de Nicolás Catena e do chef Francis Mallmann. Na Escorihuela Gascón produzem cerca de 15 milhões de garrafas por ano, sendo 250 hectares próprios e 150 produtores externos.] **IMPORTADOR:** www.grandcru.com.br

94   1884 THE PRESIDENT'S BLEND
Malbec, Cabernet Sauvignon, Syrah 2018
$$$$ | VALE DO UCO | **14°**

Este é 85% Malbec de El Cepillo, no extremo sul do Vale do Uco, e tem o lado de ervas marcado da Malbec que Escorihuela produz na área. Também inclui 10% Cabernet Sauvignon e 5% Syrah em uma mistura suculenta, de muitas frutas, acentuada pelo fato de que todo Malbec e Syrah não têm passagem pela madeira, algo incomum em tintos deste nível de preço. Para acompanhar carne grelhada ou para guardar por dois a três anos.

94   DON
Malbec 2018
$$$$$ | EL CEPILLO | **14.5°**

Este Malbec vem de um vinhedo em El Cepillo plantado em 2005 nos solos aluviais e calcários do local. É um vinhedo biodinâmico certificado (dos primeiros na Argentina) que dá frutas com um caráter de ervas marcado. Este é o mesmo Malbec do Organic Vineyard, mas desta vez é envelhecido por 16 meses em barricas de 400 litros. Além do lado de ervas, há também frutas vermelhas maduras, tons especiados e taninos firmes, mas amigáveis, em um tinto de longa guarda na garrafa.

94   PEQUEÑAS PRODUCCIONES
Malbec 2018
$$$ | VALE DO UCO | **14°**

Esta é uma mistura de 30% de Malbec de El Cepillo, no Vale do Uco, e 70% da área de Las Compuertas, na margem norte do rio Mendoza, em Luján de Cuyo. El Cepillo parece fornecer o lado de ervas dos vinhos que Escorihuela produz nessa área, enquanto Las Compuertas é fruta vermelha madura, profunda e suculenta. A textura é macia, mas deixa espaço para taninos firmes e afiados.

93   ORGANIC VINEYARD
Malbec 2019
$$$ | EL CEPILLO | **13.5°**

Este é um Malbec completamente incomum, com aromas de ervas e vegetais, em meio a frutas vermelhas e tons de ervas. Vem de vinhedos biodinâmicos na área de El Cepillo, ao sul do Vale do Uco. Envelhecido por oito meses em tanques de aço, a doçura na boca contrasta com os toques de ervas. A acidez é fresca em um tinto que é muito fácil de beber.

92   PEQUEÑAS PRODUCCIONES
Pinot Noir 2019
$$$ | EL CEPILLO | **13.3°**

De El Cepillo, ao sul do Vale do Uco, e com oito meses de barricas, este é um Pinot refrescante e suculento, com muitos aromas de frutas vermelhas maduras e também toques terrosos em um corpo tenso, taninos firmes, acidez afiada. Um Pinot Noir para embutidos.

Estancia Los Cardones.

PROPRIETÁRIO Saavedra, Sejanovich & Mausbach
ENÓLOGO Alejandro Sejanovich
WEB www.estancialoscardones.com
RECEBE VISITAS Sim

• **ENÓLOGO** Alejandro Sejanovich

[**ESTANCIA LOS CARDONES** é uma das vinícolas que se rebelaram contra o estilo dos tintos que imperavam durante anos no norte. Com medidas como o avanço da colheita ou mais irrigação têm alcançado vinhos de maior frescor e caráter frutado, longe da maturidade excessiva e exuberância. A vinícola é de Jeff Mausbach e Alejandro Sejanovich, ex-sócios da Catena Zapata e parceiros em diversos projetos (Teho, Manos Negras, Buscado Vivo o Muerto). Eles dividem a propriedade com o cardiologista Fernando Saavedra, que investiu significativamente. O vinhedo da Estancia Los Cardones tem 25 hectares plantados, a maioria Malbec, além de algo de Petit Verdot, Garnacha e Tannat.] **IMPORTADOR:** www.tdpwines.com.br

95 TIGERSTONE
Malbec 2018
$$$ | C A F A Y A T E | **14°**

Antes deste vinho estrear no mercado, graças à safra de 2013, a imagem dos vinhos do norte da Argentina estava relacionada a tintos concentrados, grande volume de álcool e maturidade extrema. Dizia-se que era o que dava aquele clima de montanha, muitas vezes acima de dois mil metros de altura. No entanto, este Tigerstone chegou para provar que este estilo era uma decisão bastante estilística. Aqui há um Malbec fresco, frutas vermelhas, acidez suculenta, taninos firmes, mas finos. Um Malbec que não tem nada a ver com a história recente deste lugar nos Andes.

94 ESTANCIA LOS CARDONES
Cabernet Sauvignon, Garnacha, Malbec, Petit Verdot 2018
$$$ | C A F A Y A T E | **14°**

Cerca de 1.700 metros de altura, na área de Tolombón, nos arredores da vila de Cafayate, esta é uma mistura de variedades onde o Malbec domina. Tudo foi cofermentado, e depois estagiado por 18 meses em madeira. O resultado é um tinto macerado dulçor, tons maduros e suaves, em um corpo médio, com sabores profundos e tons de ervas em um contexto de taninos muito macios e doces. Um vinho para costeletas de porco defumadas.

94 TIGERSTONE
Garnacha 2019
$$$ | C A F A Y A T E | **13°**

Vinhos frescos, radiantes em acidez e frutas vermelhas vibrantes não têm sido comuns nas últimas três décadas no norte da Argentina. Este é um dos pioneiros e mostra sabores suculentos, tensão de taninos presentes em todo o paladar, aromas especiados e florais em um Garnacha de corpo leve, mas ao mesmo tempo estrutura enérgica, como os músculos de um corredor de maratona. Ele vem de vinhedos a cerca de 1.700 metros acima do nível do mar, em solos arenosos e de pedras e é envelhecido por nove meses em barricas de carvalho usadas.

92 ANKO FLOR DE CARDÓN
Malbec 2019
$$ | CAFAYATE | **13°**

Los Cardones foi pioneiro no norte da Argentina em mostrar uma nova face dos tintos locais, geralmente associada a vinhos densos e hiper maduros. Nesta Flor de Cardón, dos vinhedos de Tolombón, cerca de 1.700 metros acima do nível do mar, a fruta vermelha e fresca da Malbec é claramente sentida, o corpo é leve, os taninos muito macios e a acidez incisiva, refrescando tudo em seu caminho.

91 ANKO
Torrontés 2020
$ | CAFAYATE | **13°**

Um Torrontés de grande expressão varietal, aqui as notas florais estão no fundo, enquanto frutas tropicais maduras e especiarias vêm de frente no nariz. No paladar acontece a mesma coisa, um vinho de densidade de frutas suculentas, com uma textura muito macia e redonda, e acidez afiada. Este Torrontés vem de vinhedos muito antigos, administrados em latada, na área de Tolombón. Não tem fermentação malolática e não foi envelhecido em barricas. Beba agora com um curry de camarão.

90 ANKO
Malbec 2019
$$ | CAFAYATE | **13.5°**

Uma deliciosa e suculenta expressão de Malbec doce e maduro, aqui o sol intenso de Tolombón, cerca de 1.700 metros acima do nível do mar, tem um efeito direto sobre os sabores, que se sentem volumosos e densos. A textura, no entanto, é macia como creme.

Estancia Mendoza.

PROPRIETÁRIO FECOVITA Ltda.

ENÓLOGO Marcelo Parolaro

WEB www.estanciamendoza.com.ar

RECEBE VISITAS Sim

• **ENÓLOGO** Marcelo Parolaro

[**A FEDERAÇÃO** das Cooperativas de Vinhos Da Argentina, a Fecovita, é uma associação de 29 cooperativas em toda a Argentina. No total, cinco mil produtores possuem mais de 30 mil hectares de vinhedos, um gigante que tem como uma de suas marcas emblemáticas Estancia Mendoza e, sob esse guarda-chuva, marcas como Los Helechos ou a representação para a América do Sul da marca F.C. Barcelona, que eles podem usar como linha de vinhos.]

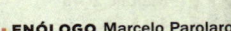

90 ESTANCIA MENDOZA SINGLE VINEYARD
Cabernet Franc 2019
$$ | VALE DO UCO | **13.5°**

Uma pequena e suculenta fotografia de Cabernet Franc, esta é generosa em aromas e sabores herbáceos, como ditado pela variedade. Tem taninos firmes que constroem uma textura que se agarra o paladar. É frutado, fácil de beber, especialmente se você tem paella de arroz com coelho.

OUTRO VINHO SELECIONADO

88 | ESTANCIA MENDOZA SINGLE VINEYARD Malbec 2019 | Vale do Uco 13.6° | **$$**

Estancia Uspallata.

PROPRIETÁRIOS Ariel Saud, Alejandro Sejanovich & Jeff Mausbach

ENÓLOGO Alejandro Sejanovich

WEB www.estanciauspallata.com

RECEBE VISITAS Não

• **ENÓLOGO** Alejandro Sejanovich

[**ESTANCIA USPALLATA** faz parte de uma propriedade de 44 mil hectares de Ariel e Belém Saud. Na porta deste campo operava por muito tempo a estação de troca de cargas ferroviárias que cruzava para o Chile. Durante décadas, linhas de telégrafo da Argentina ao Canadá, de propriedade da All American Cable, passaram por ela. Em 2008, após muitos anos de exploração do turismo, decidiram plantar as primeiras videiras do que hoje é a latada mais alta de Mendoza (2.000 metros). Com pouco mais de quatro hectares espalhados entre Malbec, Cabernet Franc e Pinot Noir, a propriedade é o melhor exemplo de onde a pré-cordilheira literalmente termina e os gigantes dos Andes, o Vale de Uspallata começam.]

98 ÍGNEO
Malbec, Cabernet Franc, Pinot Noir 2018
$$$ | USPALLATA | 14°

Com aproximadamente 90% de Malbec, mais Cabernet Franc e pinot, esta é a primeira versão de uma edição muito limitada (duas barricas de 225 litros cada) feita quase ao nível de microvinificações, com 100% de cacho completo, e parte em maceração carbônica. O vinho é então envelhecido em barricas por um ano. A estrutura dos taninos é a primeira coisa que chama a atenção, uma textura severa, acompanhada de uma acidez igualmente profunda. É um Malbec muito raro, sem as frutas vermelhas ou notas de violetas do Malbec de Uco ou da montanha. Aqui predominam as notas de ervas, os toques do tabaco, como se fosse uma espécie de travesti de Cabernet Franc. Um vinho muito peculiar.

96 ESTANCIA USPALLATA
Malbec 2018
$$$ | USPALLATA | 14°

Esta já é a quarta versão deste Malbec, de vinhedos a mais de dois mil metros acima do nível do mar, plantados no meio da montanha em 2009. Essas uvas amadurecem em condições muito especiais, sob grande irradiação, mas ao mesmo tempo no frio da montanha, o que resulta em sabores maduros, frutas negras maduras, mas uma acidez severa, que marca os contornos da língua com sua sensação aguda. Os sabores frutados são exuberantes, profundos. Um vinho para abrir daqui a dez anos.

95 ESTANCIA USPALLATA BRUT NATURE
Pinot Noir N/V
$$ | USPALLATA | 12°

Feito com o método de segunda fermentação na garrafa ou "tradicional", este cem de por cento Pinot Noir vem de vinhedos de dois mil metros de altura, na área de Uspallata, nas encostas da Cordilheira dos Andes. Em um clima extremo, onde a maturidade é lenta devido ao frio, este vinho mostra claramente essa sensação de montanha, acidez e frescor quase herbáceo. E falando sobre essa acidez, aqui é abundante, suculenta, e tensa. Traz à vida todos os sabores frutados, frutas vermelhas (que também são ácidas) e ajuda as bolhas a se sentirem ainda mais pulsantes e mais nítidas. Vertical e severo, mas ao mesmo tempo delicioso e refrescante, este é o vinho que precisam para ostras.

94 | ESTANCIA USPALLATA
Pinot Noir 2018
$$$ | U S P A L L A T A | **13.5°**

Com mais de dois mil metros de altura, no meio da Cordilheira dos Andes, este projeto peculiar produz vinhos em condições limites, clima de montanha, noites frias e dias de forte irradiação. Com 60% de cacho completo, e 11 meses de envelhecimento em barricas, tem um corpo leve, mas ao mesmo tempo taninos muito tensos, uma certa sensação de vinho fibroso, com os músculos de um corredor de maratona. Os aromas e sabores estão no meio do caminho entre terrosos e frutados, e acidez é a espinha dorsal da qual tudo é projetado.

Fabre Montmayou.

PROPRIETÁRIO Bodegas Fabre S.A
ENÓLOGO Hervé J. Fabre
WEB www.fabremontmayou.com
RECEBE VISITAS Não

· PROPRIETÁRIOS
Hervé J. Fabre & Diane J. Fabre

[**FABRE MONTMAYOU** foi criado no início da década de 1990 pelo enólogo Hervé Joyaux Fabre, de Bordeaux, que teve a ideia de empreender com Malbec. Seu primeiro passo foi comprar um vinhedo de vinhas antigas (a partir de 1908) na área de Vistalba, na parte mais alta de Luján de Cuyo. Ele construiu a vinícola ali. Anos depois, comprou vinhedos na Patagônia e mais tarde, no Vale do Uco. Hoje tem 50 hectares na Patagônia e quase 300 em Mendoza, 200 deles em Gualtallary. As uvas de seu antigo vinhedo de Vistalba vão para a mistura de tinta Grand Vin, o ícone da casa.] **IMPORTADOR:** www.premiumwines.com.br

96 | GRAND VIN
Cabernet Sauvignon, Merlot, Malbec 2017
$$$$$ | L U J Á N D E C U Y O | **14.5°**

Este é o vinho top da Fabre e é produzido com uma seleção de uvas de seu vinhedo Vistalba, plantado em 1908, nos solos aluviais da área. A mistura deste ano consiste em 85% de Malbec, 10% Cabernet Sauvignon e o resto do Merlot. O envelhecimento dura 16 meses em barricas de carvalho. É um vinho denso, com tons especiados e maduros, com muitas frutas com sabores profundos e tons de ervas. Tem grande projeção na garrafa e, embora agora a madeira se sinta forte, a camada de sabores frutados certamente irá absorvê-la em alguns anos. Um tinto para ser paciente e abrir espaço na adega.

95 | GRAN RESERVA
Cabernet Sauvignon 2018
$$$ | L U J Á N D E C U Y O | **14.5°**

Para este Cabernet Sauvignon, Fabre Montmayou compra uvas de um vinhedo de cerca de 50 anos em Agrelo, um vinhedo plantado em solos aluviais, rico em areias e cascalho. Cem por cento envelhecido em barricas, 20% de madeira nova, tem um forte componente de ervas incomum em Cabernet mendocinos. De acordo com o enólogo Juan Bruzzone, isso se deve à gestão no vinhedo, protegendo parcialmente os cachos do sol para preservar o frescor, e também aquele lado de ervas da variedade. O resto são frutas vermelhas maduras e suculentas em um corpo firme, com taninos afiados e bom calibre no paladar. Este é um dos bons Cabernet hoje na Argentina.

94 GRAN RESERVA
Malbec 2018
$$$ | LUJÁN DE CUYO | 14.5°

Para entender o caráter dos vinhos de Vistalba - uma das áreas mais altas de Luján de Cuyo, cerca de 1.050 metros acima do nível do mar - teríamos que começar com este vinho, um Malbec de videiras plantadas no início do século XX por imigrantes europeus, em solos de cal e argilas, em um subsolo pedregoso, do leito do rio Mendoza, que passa ao sul da área. Este é um Malbec rico em frutas negras, acidez pronunciada, leves toques de violetas e especiarias. A boca parece firme, dura graças aos taninos que se expandem através do paladar com sua aresta. É suculento, generoso em sabores frutados e um final que lembra ervas e mais frutas negras. Um clássico.

93 H.J. FABRE BARREL SELECTION
Malbec 2019
$$ | PATAGÔNIA ARGENTINA | 14.5°

Este Malbec vem de vinhedos de 40 anos, plantados nos solos arenosos de General Roca, no Alto Vale de Rio Negro, no início da Patagônia Argentina. Neste tintos, os aromas florais e frutados são sentidos com nitidez, uma característica dos vinhos locais. A boca é suculenta, com taninos finos e afiados, e notas florais continuam inundando o paladar junto com frutas vermelhas ao lado de cerejas pretas. Ideal para abrir agora com pernil.

91 H.J. FABRE RESERVA
Cabernet Franc 2019
$$ | LUJÁN DE CUYO | 14.5°

Este Cabernet Franc vem de dois vinhedos, um em Agrelo e outro em Perdriel, ambas áreas em Luján de Cuyo, Mendoza. Tem um componente de ervas suaves, mas também muitas frutas vermelhas maduras no meio de um corpo firme, com taninos severos, com uma acidez amigável e uma sensação voluptuosa, de vinho denso. Para acompanhar costeletas de cordeiro.

91 RESERVA
Cabernet Sauvignon 2019
$$ | LUJÁN DE CUYO | 14.5°

Um Cabernet de dicionário com uma excelente relação preço-qualidade. Tem aromas de ervas, mas principalmente frutados e especiados em um vinho de muito boa concentração e acidez; taninos firmes, embora não agressivo. Sabores frutados parecem os grandes protagonistas. Pense em carnes cozidas lentamente na panela ou talvez frios.

90 RESERVA
Malbec 2019
$$ | LUJÁN DE CUYO | 14.5°

Uma boa porta de entrada para o mundo tradicional do Malbec em particular e dos tintos Fabre em geral, aqui destacam-se os aromas típicos de Luján de Cuyo, frutas maduras e especiarias em um corpo de densidade muito boa, taninos macios e polidos. Vem de vinhedos antigos em Vistalba, em direção aos terraços aluviais do rio Mendoza.

Falasco Wines.

PROPRIETÁRIO Família Falasco

ENÓLOGO Alejandro Canovas

WEB www.familiafalasco.com

RECEBE VISITAS Não

• **ENÓLOGO** Alejandro Canovas

[**A FAMÍLIA FALASCO** fabrica vinhos em Mendoza desde 1939, sob diferentes marcas, a principal delas é Los Haroldos. No caso da Falasco Wines, é um projeto jovem, criado em 2015, voltado 100% para vinhos de alta gama, com uvas do Vale do Uco.]

IMPORTADOR: www.obraprimaimportadora.com.br

95 HERMANDAD
Chardonnay 2018
$$$ | VALE DO UCO | **12.5°**

Para este **Hermandad**, a família Falasco obtém uvas de um vinhedo quase escondido entre pequenas montanhas na área de El Peral, no Vale do Uco e cerca de 1.300 metros acima do nível do mar. O solo é rico em rochas aluviais e material calcário, que se sente neste branco envolvente, suculento, voluptuoso e amplo, mas cuja textura é tensa e fala desses solos de cal. O vinho é envelhecido em barricas por cerca de dez meses, e há algo desses sabores e aromas de madeira tostada, mas o que manda aqui é a fruta, os sabores de frutas brancas maduras em um vinho que enche o paladar, embora sem enjoar.

95 HERMANDAD
Malbec, Cabernet Sauvignon, Petit Verdot 2018
$$$ | VALE DO UCO | **14.5°**

Nesta mistura a base é Malbec, com 50% do volume total, enquanto 35% é Cabernet Sauvignon e o resto é Petit Verdot, todos de diferentes vinhedos no Vale do Uco. É um vinho imponente, com taninos ferozes e frutas negras maduras. No entanto, não se sente sobremaduro ou com madeira em excesso (foi estagiado em barricas, 60% novas, por um ano); é bastante tenso, graças em grande parte àqueles taninos firmes e afiados, mas também à acidez, que aqui desempenha o papel da coluna vertebral, de onde todos os sabores saem. Um vinho para guardar.

94 HERMANDAD
Malbec 2018
$$$ | VALE DO UCO | **14.5°**

De La Consulta, no Vale do Uco, e solos aluviais, colados ao rio Tunuyán, este é um Malbec feroz, com notas fortes de violetas, de uma profunda maturidade frutada, mas ao mesmo tempo com uma acidez firme, suculenta, de grande intensidade. O vinho parece muito jovem, selvagem, tem taninos indomáveis ainda. Precisa de pelo menos três a quatro anos na garrafa para ganhar em equilíbrio. Este Malbec foi envelhecido em barricas por 12 meses e cerca de 50 mil garrafas foram feitas.

94 HERMANDAD WINEMAKER SERIES
Pinot Noir 2019
$$$ | VALE DO UCO | **14.5°**

Os solos rochosos e às vezes calcários de Los Chacayes, cerca de 1.100 metros acima do nível do mar, no Vale do Uco, ao pé dos Andes, geralmente dão vinhos de grande aderência na boca, de taninos muito firmes. Neste

Pinot você pode sentir aquelas garras afiadas que estão imersas em um delicioso suco de frutas vermelhas, tons de ervas em um Pinot de grande frescor. Foi colhido em diferentes estágios, um cedo, para obter frescor e nervo, e que representou 70% do volume total. A segunda colheita foi de uvas muito mais maduras (a maturidade é violenta nesses solos de pedra) para trazer profundidade. Uma descoberta muito boa.

Familia Blanco.

PROPRIETÁRIOS Mónica Najurieta & Gabriel Blanco
ENÓLOGO Giuseppe Franceschini
WEB www.familiablancowines.com.ar
RECEBE VISITAS Sim

· PROPRIETÁRIOS
Gabriel Blanco & Mónica Najurieta

[**A FAMÍLIA BLANCO** produz uvas em Mendoza há três gerações. No entanto, só desde 2005 começaram a engarrafar seus próprios vinhos. Hoje Gabriel e Monica, juntamente com seus cinco filhos, são os que lideram as rédeas da empresa. Seus vinhedos estão localizados na área superior de Ugarteche, entre 970 e 1.070 metros de altura.]
IMPORTADOR: www.lacharbonnade.com.br Makonnys

91 MAIRENA RESERVA
Bonarda 2018
$ $ | UGARTECHE | **13.5°**

Trata-se de uma seleção de dois hectares de latadas plantadas há 45 anos na área de Ugarteche, acima de mil metros de altura, em Luján de Cuyo. Como o mais simples Mairena Ocasión, também se sente fresco e suculenta, sem o habitual caráter doce e acidez leve que caracteriza a variedade. Aqui estão taninos firmes, prontos para morcillas.

91 MAIRENA RESERVE
Malbec 2018
$ $ | UGARTECHE | **14.3°**

De vinhedos de 20 anos na área de Ugarteche, e envelhecido por um ano em barricas de carvalho usado, este é um Malbec suculento, frutas vermelhas maduras ricas e também com toques especiados. A acidez é responsável por sublinhar o frescor dos sabores, enquanto os taninos, muito finos, têm aderência suficiente para pensar em linguiças.

90 JUST MALBEC, PLEASE
Malbec 2019
$ | UGARTECHE | **13.7°**

Um Malbec sem ambição mais do que agradar com seus sabores frutados e simplicidade, este é um tinto direto em sua expressão de frutas vermelhas. Sem envelhecer na madeira, aqui há um corpo amigável, com taninos polidos, acidez muito boa, crocante e refrescante. Mais vinhos como esses são necessários, leves, descomplicados, com uma mensagem direta que fala sobre Malbec. Se você nunca experimentou Malbec antes, este é um das melhores portas de entrada para uma das melhores relações preço-qualidade do mercado.

90 MAIRENA OCASIÓN
Bonarda 2019
$ | UGARTECHE | **13.5°**

Cem por cento Bonarda que oferece um lado fresco e amigável da variedade. É suculento, tons florais, taninos bem presentes, sem aquela doçura enjoativa e essa falta de acidez que geralmente está associada a essa uva, especialmente quando vem de áreas quentes do leste de Mendoza.

90 MAIRENA OCASIÓN
Malbec 2019
$ | U G A R T E C H E | **14°**

Uma abordagem muito simples e suculenta de Malbec, este tem tons de frutas vermelhas maduras e algumas violetas. Um tinto fácil de beber, especialmente se você tem carne grelhada à mão. Para o assado.

OUTROS VINHOS SELECIONADOS

89 | MAIRENA OCASIÓN Sauvignon Blanc 2020 | Ugarteche | 13° | $
88 | MAIRENA OCASIÓN Cabernet Sauvignon 2019 | Ugarteche | 13.8° | $

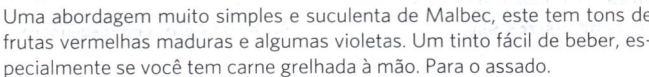

Finca Agostino.

PROPRIETÁRIO Agostino Wines
ENÓLOGO Eduardo Álvarez
WEB www.fincaagostino.com
RECEBE VISITAS Sim

▪ **ENÓLOGO** Eduardo Álvarez

[**FINCA AGOSTINO** começou em 2006 apenas como produtora de uvas, e em 2009 começou a engarrafar seus próprios vinhos. Os donos são os irmãos Agostino, filhos de imigrantes italianos na Argentina. Atualmente têm duas fazendas em produção, uma em Barrancas, em Maipú, e outra em El Cepillo, ao sul do Vale do Uco.] **IMPORTADOR:** www.vinicolaaurora.com.br

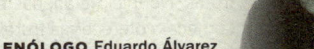

91 FINCA AGOSTINO WHITE BLEND
Sauvignon Blanc, Sémillon 2018
$$ | M E N D O Z A | **14°**

Esta mistura tem 80% de Sémillon da área de El Cepillo, ao sul do Vale do Uco, e o resto é Sauvignon Blanc de Barrancas, em Maipú. 100% do Sémillon é envelhecido em barricas, e isso é sentido nos aromas de madeira tostadas que são percebidos no início. Muito em breve, porém, frutas brancas e notas de mel ganham destaque em um branco suculento, de grande cremosidade; para pensar em lasanha de legumes.

90 FINCA AGOSTINO
Malbec 2018
$ | E L C E P I L L O | **14°**

El Cepillo está localizado ao sul do Vale do Uco, é uma área de solos pedregosos a uma altura acima de 1.300 metros. O vinhedo de onde vem este Malbec foi plantado por volta de meados da década de 1990 e, nesta colheita, uma safra bastante quente, deu uma fruta suculenta e levemente doce. Aqui há uma boa textura, composta de taninos firmes, uma acidez rica e um final muito frutado.

OUTROS VINHOS SELECIONADOS

89 | PEQUENAS PARTILHAS Malbec 2019 | Barrancas | 13.5° | $
86 | FINCA AGOSTINO Chardonnay, Viognier 2019 | Barrancas | 13° | $

Finca Ambrosía.

PROPRIETÁRIOS Hans Niedermann & amigos
ENÓLOGO Matías Macías
WEB www.fincaambrosia.com
RECEBE VISITAS Sim

• **PROPRIETÁRIO** Hans Niedermann

[**ESTE PROJETO** pertence ao suíço Hans Niedermann (mais dez amigos) e está localizado em Gualtallary, uma das áreas de maior altitude e prestígio do Vale do Uco. A fazenda começou a ser plantada em 2004 e atualmente conta com 60 hectares, a maioria da produção é vendida a terceiros, como Trapiche, Altos Las Hormigas e Zorzal.] **IMPORTADOR:** www.mondoroso.com

94 GRAND CRU
Malbec, Cabernet Sauvignon, Cabernet Franc 2015
$$$$$ | GUALTALLARY | **15°**

Seja paciente com esse vinho. Precisa de tempo na taça para mostrar suas frutas. No início é apenas madeira e não muito mais, mas muito em breve começa a oferecer as frutas vermelhas ácidas, ervas e flores de Gualtallary. Na boca, desta vez desde o início, os taninos mostram o solo de cal, aquela textura de giz que está embutida no paladar. Um vinho para deixar na garrafa por cinco anos e assim alcançar a complexidade. Elementos a serem desenvolvidos em garrafa, tem bastante. Esta é uma seleção das melhores fileiras da propriedade de Finca Ambrosía em Gualtallary, ao norte do Vale do Uco.

94 PRECIOSO
Cabernet Sauvignon 2018
$$$ | GUALTALLARY | **15°**

O clima da montanha parece fazer muito bem para Cabernet Sauvignon. Este tem um sotaque de ervas marcado, com especiarias e frutas vermelhas que se expandem pela boca dando uma rica sensação de frescor. Os taninos, como o bom tinto de cal, são tensos e afiados, um pouco rústicos, mas isso é o selo de Gualtallary quando se trata de solos calcários. Depois de 18 meses em barricas, a madeira aqui não é sentida; mais do que qualquer coisa é a expressão de um tinto de montanha, ervas, frescor, acidez afiada.

93 LUNA LLENA GRAN MALBEC
Malbec 2019
$$ | GUALTALLARY | **14.8°**

Este é o Malbec básico de Finca Ambrosía e é obtido a partir de vinhedos plantados em cascalhos cobertos de cal na área de Gualtallary, ao norte do Vale do Uco e cerca de 1.300 metros acima do nível do mar. Este tem a textura firme do Malbec de cal, a sensação áspera cercada por sabores de frutas vermelhas frescas e vibrantes, o lado de ervas de Gualtallary. Um vinho delicioso em sua simplicidade e claro em sua expressão de lugar.

93 VIÑA ÚNICA
Chardonnay 2019
$$ | GUALTALLARY | **13.5°**

Um Chardonnay montanha, com aromas de ervas e uma acidez marcada e pulsante que oferece uma sensação aguda, uma textura quase áspera que faz você pensar em frutos do mar crus, macerados em limão. O resto são frutas brancas maduras e certas notas cítricas. Este Chardonnay vem de Gualtallary, em solos calcários cerca de 1.300 metros acima do nível do mar.

93 VIÑA ÚNICA
Malbec 2017
$$$ | GUALTALLARY | **14.9°**

Este é um jovem exemplo de Malbec de Gualtallary. Você pode sentir os aromas de cerejas e violetas, além das notas de ervas que parecem ser comuns na área, mas há também a madeira que, por enquanto, se impõe com seus detalhes de carvalho tostado. No entanto, a camada de sabores é densa e é uma questão de alguns anos para que essa madeira se integre. Este Malbec vem de vinhedos próprios, plantados em solos de cal em Gualtallary, cerca de 1.300 metros acima do nível do mar, no Vale do Uco.

Finca Beth.

PROPRIETÁRIO Enrique Sack
ENÓLOGOS Matías Michelini & Felipe Stahlschmidt
WEB www.fincabeth.com
RECEBE VISITAS Não

• **PROPRIETÁRIO** Enrique Sack

[**A FINCA BETH,** de propriedade da família Sack, está localizada na ponta sudoeste de Altamira e possui 40 hectares de vinhedos, plantados em 2010. Três anos depois, eles começaram a engarrafar seus primeiros vinhos. Hoje eles têm a consultoria de dois enólogos, Matías Michelini para a linha 2km e Felipe Stahlschmidt para Rompecabezas, dois estilos opostos sob um mesmo teto.]

94 2 KM
Cabernet Sauvignon 2018
$$$ | ALTAMIRA | **14.5°**

Colhido muito cedo na estação, se produz apenas cerca de 1.500 garrafas deste Cabernet e é uma contribuição real para a discussão sobre o Cabernet Sauvignon mendocino, uma variedade que geralmente é levada muito a sério, e não neste caso, um suco de fruta, fresco e vibrante. Não há nada ambicioso neste Cabernet, nada para lembrar de Bordeaux também. Só quer mostrar o tipo de frutas e ervas de um vinho da montanha, o que não é pouco.

94 2 KM BLEND
Malbec, Cabernet Franc 2018
$$$ | ALTAMIRA | **14°**

Essa mistura foi o primeiro vinho que a Finca Beth lançou em 2013, com 65% de Malbec e 35% de Cabernet Franc, e essa proporção permanece até agora, como uma espécie de homenagem ao primeiro vinho que, naquela safra, foi feito por Juan Pablo Michelini, irmão mais novo de Matías, atual responsável pela linha 2km. Ambas as variedades são cofermentadas em ovos de cimento e depois envelhecidas em barricas de 500 litros usadas por pouco mais de um ano. Um clássico do vinho moderno na Argentina, este foi um dos pioneiros em vinhos de sede, frescos e frutados. Ainda é. Um vinho que parece um suco.

93 2 KM
Pinot Noir 2018
$$$ | ALTAMIRA | **14°**

Esta é a segunda safra deste Pinot Noir, de vinhedos em solos muito pedregosos, plantados em 2010 em Altamira, no Vale do Uco. É fermentado em

Finca Beth.

ovos de cimento, envelhecido em barricas por um ano e pouco mais, e com meio ano de garrafa antes de ir ao mercado. É um delicioso suco de fruta, cheio de frescor, mas também com taninos firmes, com muita aderência, até um pouco selvagem. Um vinho muito pouco domado, mas ao mesmo tempo de muito caráter, para pensar em um magret de pato.

93 ARRANQUE
Malbec 2019
$$ | ALTAMIRA | **14°**

Este é o vinho de "entrada" de Finca Beth, e a ideia era mostrar Malbec com pouca intervenção, nu. Com 20% de cacho completo, fermentado em ovos de cimento e sem madeira, este é um delicioso suco de Malbec da montanha, com sabores doces, tons de ervas, textura amigável e taninos muito redondos que se complementam muito bem com uma acidez vibrante. Este é o vinho que você precisa para a pizza ou para acompanhar hambúrgueres. Beba agora.

93 ROMPECABEZAS
Malbec 2018
$$$ | ALTAMIRA | **14.5°**

Uma visão madura e concentrada de Malbec de Altamira, este tem frutas doces, negras e aromas de ervas que ficam no caminho dessa grossa e suculenta camada de maturidade. Depois de uma passagem por barricas de 16 meses, isso mostra notas de madeira tostada que proporcionam complexidade. Um vinho de grande corpo e concentração, mas ainda de taninos dóceis.

92 ROMPECABEZAS
Cabernet Sauvignon 2018
$$$ | ALTAMIRA | **14.5°**

Um Cabernet focado em notas de ervas, este vem de vinhas plantadas em 2010 em solos pedregosos de cerca de 1.200 metros de altura, no Vale do Uco. Frutas vermelhas maduras e aromas herbáceos em todos os lugares em um vinho com taninos firmes, acidez marcada e corpo muito bom. Uma abordagem voluptuosa para uma variedade que está dando exemplos muito bons nos pés dos Andes.

Finca Cruz Raíz.

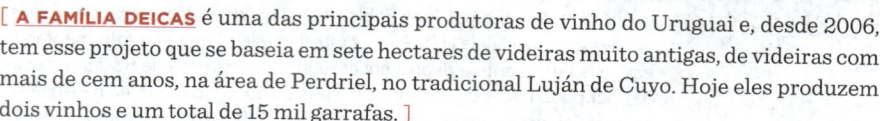

PROPRIETÁRIO Família Deicas
ENÓLOGO Santiago Deicas
WEB www.familiadeicas.com
RECEBE VISITAS Não

• **ENÓLOGO** Santiago Deicas

[**A FAMÍLIA DEICAS** é uma das principais produtoras de vinho do Uruguai e, desde 2006, tem esse projeto que se baseia em sete hectares de videiras muito antigas, de videiras com mais de cem anos, na área de Perdriel, no tradicional Luján de Cuyo. Hoje eles produzem dois vinhos e um total de 15 mil garrafas.]

94 FAMILIA DEICAS CRU D'EXCEPTION
Malbec 2018
$$$$$ | LUJÁN DE CUYO | **14°**

Esta é uma seleção das melhores videiras de seu próprio vinhedo na área de Perdriel, que os Deicas compraram em 2006 com plantas com mais de cem anos de idade. Desde então, os Deicas têm se dedicado a restaurar o vinhedo. Esta seleção compreende apenas cerca de 1.500 garrafas de um vinho de sabores profundos, de muito boa tensão de taninos e acidez, e de caráter maduro, mas sem excentricidades, sem exageros. Muito no estilo dos vinhos do ensolarado Perdriel, em Luján de Cuyo, uma área clássica do vinhedo argentino que hoje experimenta um importante rejuvenescimento.

93 FAMILIA DEICAS PERDRIEL SINGLE VINEYARDS
Malbec 2019
$$$ | P E R D R I E L | **13.5°**

Este Malbec vem de seus próprios vinhedos na área de Perdriel, cerca de sete hectares de vinhedos muito antigos, provavelmente com mais de cem anos de idade. Apenas 15% do volume é envelhecido em barricas por cerca de nove meses. Hoje ele mostra um caráter quente, suculento, com muita suculência e taninos muito macios. Os sabores são maduros e doces e o final é ligeiramente especiado. A acidez refresca tudo em sua passagem.

Finca Decero.

PROPRIETÁRIO Thomas Schmidheiny
ENÓLOGO Juan Marco
WEB www.fincadecero.com
RECEBE VISITAS Sim

• **ENÓLOGO** Juan Marco

[**INAUGURADA EM** 2006, a impressionante vinícola Decero, no prestigiado setor de Alto Agrelo (Luján de Cuyo), está localizada a 1.050 metros de altura nos sopés da Cordilheira dos Andes, juntamente com o vinhedo Remolinos de 165 hectares, que foi plantado em terras nunca antes cultivadas. A maior parte é Malbec, enquanto o resto das cepas plantadas são Petit Verdot, Cabernet Sauvignon e Tannat. O nome deste ambicioso projeto - de propriedade do bilionário suíço Thomas Schmidheiny - vem do fato de que começou "do zero".]

94 DECERO AMANO, REMOLINOS VINEYARD
Malbec, Cabernet Sauvignon, Petit Verdot, Tannat 2016
$$$$$ | A R G E N T I N A | **14.8°**

Este é o vinho top de Decero, e é construído com cerca de 60% Malbec, 30% Cabernet Sauvignon e o resto do Petit Verdot e Tannat, tudo a partir da única fonte de uva que a vinícola tem na área de Alto Agrelo, cerca de mil metros acima do nível do mar, em Mendoza. Depois de 20 meses de envelhecimento em barricas e um ano na garrafa antes de entrar no mercado, ele ainda se sente muito jovem, com uma textura áspera e selvagem. É frutado, com tons especiados e leves toques de ervas. Um vinho que precisa de cerca de três a quatro anos na garrafa para alcançar maior complexidade.

94 DECERO MINI EDICIONES
REMOLINOS VINEYARD Cabernet Franc 2018
$$$$ | A R G E N T I N A | **14.5°**

Decero não tinha Cabernet Franc entre seus 165 hectares de vinhedos, até que em 2014 eles enxertaram algumas videiras em Syrah. A primeira produção foi em 2016 e nesta nova safra a expressão da variedade é muito clara, principalmente em termos de seus aromas herbáceos, que são misturados de forma deliciosa com os aromas e sabores das frutas vermelhas. A boca parece mais fibrosa e talvez mais fina que os outros tintos da casa, mas aqui também há mais frescor e suculência.

94 THE OWL & THE DUST DEVIL ICON BLEND, REMOLINOS VINEYARD Malbec, C. Sauvignon, P. Verdot, Tannat, C. Franc 2017
$$$ | ARGENTINA | 14.5°

Este **Icon Blend** tem 50% de Malbec, 20% Cabernet Sauvignon, 16% Petit Verdot, 11% Tannat e 3% Cabernet Franc, todos do único vinhedo de Decero na área de Alto Agrelo, cerca de mil metros acima do nível do mar, ao pé dos Andes. Tem 18 meses de envelhecimento em barricas e depois mais um ano na garrafa antes de entrar no mercado. O resultado é um vinho muito equilibrado, suculento em frutas vermelhas maduras, com uma pegada muito firme de seus taninos, algo incomum no estilo da casa, que tende a oferecer texturas cremosas em seus tintos. Aqui há aderência, a acidez é firme e o vinho se sente vigoroso.

92 DECERO MINI EDICIONES REMOLINOS VINEYARD Petit Verdot 2017
$$$$ | ARGENTINA | 14.1°

Em Mendoza, Petit Verdot parece ter sofrido mutação. Do tinto selvagem e tânico de Bordeaux, para um gatinho mimado que não machuca ninguém. Decero é um dos mestres nesse estilo e este é um bom exemplar. Aqui há frutas vermelhas maduras e especiarias doces, no meio de um corpo de taninos que se sentem, têm aderência e força, mas todos sob controle, muito medidos.

92 DECERO MINI EDICIONES REMOLINOS VINEYARD Tannat 2016
$$$$ | ARGENTINA | 14.5°

Uma versão domesticada de Tannat, sob o sol intenso e o calor generoso de Agrelo. Aqui há uma forte presença de especiarias doces e ervas, com as notas frutadas da variedade ao fundo. Na boca a estrutura é tremenda, com taninos firmes, muito em sintonia com o DNA da uva. É um vinho grande, mas ao mesmo tempo com acidez muito rica para equilibrar esse peso neste tinto quente e ideal para curry de cordeiro.

92 DECERO REMOLINOS VINEYARD Cabernet Sauvignon 2018
$$$ | ARGENTINA | 14.5°

Aos pés dos Andes, em Alto Agrelo, a cerca de mil metros acima do nível do mar, o clima é um pouco mais frio e parece favorecer a maturidade mais lenta do Cabernet Sauvignon. Neste exemplar há notas de ervas que se misturam muito bem com tons de frutas vermelhas e negras. No paladar, os taninos são polidos, mas se sentem e dão a sensação de aderência suficiente para um bife grelhado.

91 DECERO REMOLINOS VINEYARD Malbec 2018
$$$ | ARGENTINA | 14.5°

Este é um exemplo clássico de Malbec de Agrelo, cheio de frutas doces, texturas amigáveis e suculentas, que vem de um ano de rendimentos muito baixos. É fácil de beber, e na boca, a essas frutas doces são adicionados leves toques de especiarias. Este Malbec vem de uma seleção de lotes do vinhedo Los Remolinos, na região de Alto Agrelo, com cerca de mil metros de altura.

91 THE OWL & THE DUST DEVIL Malbec 2018
$$ | ARGENTINA | 14.5°

Do vinhedo Los Remolinos, na região do Alto Agrelo, em direção ao pé dos

Andes, cerca de 1.050 metros acima do nível do mar, trata-se de um Malbec suculento e frutado, focado nos sabores e aromas de cerejas negras ácidas, no meio de um corpo médio, taninos macios e notas sutis de especiarias doces.

90 THE OWL & THE DUST DEVIL
Cabernet Sauvignon 2018
$$ | ARGENTINA | **14.5°**

Enquanto os aromas herbáceos têm toda a proeminência no nariz, o paladar é dominado pelos sabores de frutas vermelhas maduras e doces. A textura parece macia, auxiliada pelo calor do álcool neste Cabernet generoso e voluptuoso da região de Alto Agrelo, a cerca de 1.050 metros de altura, ao pé dos Andes.

OUTRO VINHO SELECIONADO

89 | DECERO REMOLINOS VINEYARD | Syrah 2017 | Argentina | 14.5° | **$$$**

Finca El Origen.

PROPRIETÁRIO Carolina Wine Brands
ENÓLOGO Lucas Montivero
WEB www.fincaelorigen.com
RECEBE VISITAS Sim

• **ENÓLOGO** Lucas Montivero

[**ESTA É UMA** subsidiária da vinícola chilena Santa Carolina, uma das mais antigas do país vizinho. Finca El Origen nasceu em 1996 e comprou uvas de produtores em Vista Flores (Vale do Uco) até desenvolver seus próprios vinhedos ao longo do tempo. Hoje tem duas fazendas: La Esperanza, em Los Chacayes, com 1.200 metros de altura, e Las Pintadas, no setor de Colônia Las Rosas, com menor altitude e condições menos extremas, de onde vêm seus vinhos mais jovens.] **IMPORTADOR:** Prowine Importadora

93 GRAN RESERVA
Malbec 2018
$$$ | CHACAYES | **14.9°**

Embora o estilo de Finca El Origen ofereça tintos bastante macios e contidos no contexto de Los Chacayes - um lugar de vinhos de grandes taninos -, este Gran Reserva mostra um pouco dessa garra, daqueles taninos reativos. Este vem de um setor do vinhedo rico em cal, quase sem solo e com baixa fertilidade, que proporciona uma boa concentração de uvas nos cachos. Concentração de sabores e também taninos que aqui mostra aresta e músculos. O resto são sabores tintos e maduros frutados, em um vinho suculento com um corpo muito bom.

92 ANDES BLEND
Cabernet Sauvignon, Malbec, Petit Verdot 2018
$$ | VALE DO UCO | **14.6°**

Esta mistura tem 84% de Malbec mais Cabernet Sauvignon e Petit Verdot, todos de seus próprios vinhedos plantados na área de Los Chacayes, cerca de 1.200 metros de altura no Vale do Uco. A presença de Malbec aqui é forte, oferecendo tons florais e especiados no meio de uma camada de frutas vermelhas maduras. A textura, ao contrário de muitos exemplares dessa área montanhosa e solos rochosos, é amigável, com taninos doces.

92 GRAN RESERVA
Cabernet Sauvignon 2017
$ $ $ | C H A C A Y E S | **14.7°**

Com um notório aroma de madeira em que foi estagiada por um ano, este Cabernet de montanha tem uma generosa camada de sabores de frutas negras e também ervas em um tinto de alta densidade, com sabores doces e taninos tensos. A madeira já não é mais sentida, e o espaço fica limpo para a fruta expressar. Este Cabernet vem de seus próprios vinhedos na área de Los Chacayes do Vale uco.

91 FINCA EL ORIGEN ROSÉ
Malbec 2020
$ | V A L E D O U C O | **13.5°**

Um rosé de textura e corpo muito bom, o que se destaca aqui é a abundância de sabores de frutas vermelhas ácidas e também toques florais. Parece fluido, mas ao mesmo tempo com muitos sabores que lhe dão peso, que lhe dão densidade. E o final é refrescante, convidando você a tomar outra taça. Uma surpresa muito boa que vem principalmente de vinhedos de Los Chacayes, cerca de 1.200 metros acima do nível do mar, mais 25% da Colônia Las Rosas. A pressão dos cachos é direta e não tem envelhecimento em barricas. Compre uma caixa deste vinho e leve-o nas férias. Será um sucesso no verão.

90 RESERVA
Malbec 2019
$ $ | V A L E D O U C O | **14.8°**

Cem por cento dos vinhedos de Los Chacayes, no Vale do Uco, este Reserva é uma suculenta amostra de Malbec, cheia de frutas negras e notas especiadas, além de toques de madeira tostada, onde 30% deste vinho foi estagiado por meio ano.

OUTRO VINHO SELECIONADO

88 | FINCA EL ORIGEN Chardonnay 2020 | Vale do Uco | 13.7° | $

Finca La Anita.

PROPRIETÁRIO Bernard Fontannaz

ENÓLOGA Soledad Vargas

WEB www.fincalaanita.com

RECEBE VISITAS Sim

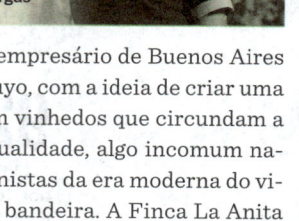

• **ENÓLOGA** Soledad Vargas

[**FINCA LA ANITA** produz vinhos desde 1993, depois que o empresário de Buenos Aires Manuel Mas comprou uma fazenda em Agrelo, Luján de Cuyo, com a ideia de criar uma vinícola inspirada nos Châteaux de Bordeaux. Ou seja, com vinhedos que circundam a vinícola e uma produção voltada exclusivamente para a qualidade, algo incomum naqueles anos. Sua aposta fez de sua vinícola um dos protagonistas da era moderna do vinho argentino, ajudando a posicionar o Malbec como uma bandeira. A Finca La Anita cobre 57 hectares e produz cerca de 180 mil garrafas. Desde 2017, a vinícola pertence ao grupo suíço Origin Wine Global Distribution.] **IMPORTADOR:** www.totalvinhos.com.br

93 FINCA LA ANITA GRAN CORTE
Syrah, Malbec 2018
$$$ | A G R E L O | **14.5°**

Trata-se de uma seleção de 59% de Syrah, 33% de Malbec da safra de 2018 e o restante, também do Malbec, mas da safra de 2017, todos dos vinhedos da Finca La Anita, em Agrelo. Este é um vinho enorme, tanto em seu corpo quanto na presença de frutas maduras. É profundo, com taninos afiados e musculosos. Tem muitos anos pela frente na garrafa, embora abri-la agora com carne assada seria uma boa ideia.

OUTROS VINHOS SELECIONADOS
89 | FINCA LA ANITA Malbec 2018 | Agrelo | 14.5° | **$$$**
88 | LUNA Malbec 2019 | Agrelo | 13.5° | **$$**

Finca Las Moras.

PROPRIETÁRIO Bemberg Family
ENÓLOGO Eduardo Casademont
WEB www.fincalasmoras.com.ar
RECEBE VISITAS Não

• **ENÓLOGO** Eduardo Casademont

[**FINCA LAS MORAS** é a vinícola de propriedade do Grupo Peñaflor (Trapiche, El Esteco, entre outros) em San Juan. Tem quase mil hectares de vinhas distribuídas entre os vales de Zonda, Tulum e Pedernal. Alguns de seus melhores vinhos vêm de um vinhedo a 1.350 metros de altura em Pedernal, plantado em 2009. O portfólio da Las Moras é muito diversificado, desde variedades e marcas comerciais até vinhos altamente ambiciosos, como os rótulos Gran Syrah ou Mora Negra. Eles produzem cerca de 32 milhões de garrafas anualmente.] **IMPORTADOR:** www.decanter.com.br

95 SAGRADO PEDERNAL
Malbec 2016
$$$ | V A L E D O P E D E R N A L | **14.3°**

Esta é uma seleção dos melhores vinhedos de Malbec, dos 35 hectares que Las Moras plantou com a variedade desde 2009 na área de Pedernal, cerca de 1.450 metros de altura, em San Juan. Sua primeira safra foi em 2010 e esta nova versão segue esse caminho, que se resume em mostrar aquela nova face do Malbec de San Juan, em uma área como Pedernal, cujos solos de calcário e altura mostraram que podem imprimir muita personalidade em seus vinhos. Neste caso, é uma criança pequena, cheia de vitalidade, de frutas vermelhas maduras e marcada por uma acidez penetrante. Dê a ele pelo menos cinco anos na garrafa.

94 DEMENCIAL
Pinot Noir 2019
$$ | V A L E D O P E D E R N A L | **14°**

Este é o novo Pinot de Las Moras e vem de uma seleção de vinhedos na área de Pedernal, em solos ricos em pedra e cal de cerca de 1.450 metros de altura, bem dentro na Cordilheira dos Andes, na altura do Vale de San Juan. A fresca influência da montanha e dos solos calcários são percebidas com evidências neste tinto de sabores e aromas de frutas vermelhas suculentas, mas sobretudo com uma estrutura firme e robusta, que fala muito da variedade e quão permeável é o solo onde suas parras crescem. Aqui você tem a textura do giz e a acidez vibrante de um clima fresco em um dos bons Pinot hoje na Argentina e definitivamente uma das melhores relações preço-qualidade.

Finca Las Moras.

94 DEMENCIAL MALBEC
Malbec 2019
$$ | SAN JUAN | **14°**

Quando se fala em Calingasta, ainda não se sabe exatamente o seu potencial total ou quais variedades darão seus melhores resultados lá em cima na montanha, acima de 1.500 metros de altura. Há muitas videiras antigas, muito antigas, mas também novas, neste caso plantadas há cerca de dez anos. No momento, o Malbec é uma das variedades candidatas a se beneficiar das brisas andinas e desses solos aluviais. Este Malbec é um suco de cereja vermelha, com uma acidez intensa e uma textura de giz que lhe dá muita aderência. É tenso, vertical, rico em notas de frutas, mas também violetas. Um delicioso suco para beber agora com costeletas de porco defumadas. Las Moras compra as uvas de um par de produtores em Calingasta. Olho nesse lugar.

93 DEMENCIAL BLANC DE BLANCS
Viognier, Sauvignon Blanc, Chardonnay 2019
$$ | VALE DO PEDERNAL | **14°**

Demencial é o novo vinho de Las Moras e é uma seleção de vinhedos nas alturas de Pedernal, no Vale de San Juan e ao pé dos Andes. Esta mistura consiste em 45% Viognier, 25% Sauvignon Blanc e 30% Chardonnay, e é um branco com caráter oleoso, mas ao mesmo tempo com uma acidez firme, quase elétrica em meio a sabores de frutas secas e mel. É amplo, profundo, com toques especiados no final e com uma expectativa muito boa de vida na garrafa. Pode ser uma surpresa agradável em três ou quatro anos.

93 GRAN SYRAH
Syrah 2016
$$$ | SAN JUAN | **14°**

Gran Syrah é uma espécie de fotografia de San Juan e suas três principais áreas (Tulum, Zonda e Pedernal), e corresponde à ideia, incubada há uma década, de que a Syrah era a variedade certa para essa área. Hoje, pelo menos em Descorchados, sabemos que ainda é muito cedo para dizer tal coisa, embora não duvidemos que a Syrah dê resultados muito bons lá. Este vinho é suculento, poderoso, expansivo, com uma maturidade acentuada e notas carnudas que dão complexidade; um vinho para a guarda.

90 PAZ
Sauvignon Blanc 2019
$ | VALE DO PEDERNAL | **13°**

Pedernal está localizado a cerca de 1.350 metros acima do nível do mar, na província de San Juan, e de lá nascem tintos muito bons, mas também brancos muito bons, como este Sauvignon com toques tostados da madeira (15% do volume foi estagiado por três meses em barricas novas), mas especialmente com frutas cítricas e tons de ervas. Um Sauvignon com muita força e encorpado para pensar em ouriços.

90 PAZ
Syrah 2019
$$ | SAN JUAN | **14°**

Uma versão muito boa deste Syrah, é focado em frutas negras maduras e notas de carne que são muito típicas da variedade, especialmente em climas influenciados pelas brisas frescas dos Andes. Além disso, há uma boa parcela de taninos selvagens que pedem carne grelhada.

OUTROS VINHOS SELECIONADOS

89 | BARREL SELECT Malbec 2018 | San Juan | 13.5° | $
89 | PAZ Malbec 2017 | Vale de Pedernal | 14° | $

Finca Sophenia.

PROPRIETÁRIO Roberto Luka
ENÓLOGOS Julia Halupczok & Matías Michelini
WEB www.sophenia.com.ar
RECEBE VISITAS Sim

• **PROPRIETÁRIO** Roberto Luka

[**SOPHENIA** foi uma das primeiras vinícolas a apostar no distrito de Gualtallary, na parte alta do Vale do Uco. O empresário Roberto Luka a fundou em 1997, quando a área era quase um deserto e fazendas, hotéis e restaurantes ainda não haviam chegado. A propriedade Sophenia ao lado da cordilheira tem 130 hectares plantados, com os quais cerca de 850 mil garrafas são produzidas anualmente. Desde 2013 o consultor de vinhos é Matías Michelini, conhecido por produzir vinhos que respeitam a força da fruta e seu senso de origem, além de ser um nome-chave dentro do boom que a Gualtallary experimenta.]

IMPORTADOR: www.worldwine.com.br

95 ROBERTO LUKA
Malbec, Cabernet Sauvignon, Merlot 2017
$$$$ | GUALTALLARY | **14.3°**

Esta já é a sexta versão de Roberto Luka, um vinho que foi criado originalmente em 2014 para o casamento de Vitória, a filha mais velha de Roberto Luka, dono da vinícola. Este ano, a mistura tem 48% de Malbec, 26% Cabernet Sauvignon, 16% Merlot e o resto de Syrah, todos de seus próprios vinhedos em Gualtallary, nos terraços aluviais do rio Las Tunas. É um vinho intenso, com sabores muito vermelhos, muito refrescante. Os taninos são firmes, a acidez afiada. Tudo neste tinto fala de uma longa vida pela frente, então você deve ser paciente porque há vinho aqui por pelo menos mais cinco anos.

94 ANTISYNTHESIS FIELD BLEND
Malbec, Cabernet Sauvignon 2019
$$$ | GUALTALLARY | **13.6°**

Este é 70% Malbec e 30% Cabernet, todos misturados em um terreno que é colhido ao mesmo tempo e cujas uvas são cofermentadas com 6% de cacho completo. Tudo é envelhecido em barricas de 500 litros, metade de madeira nova. Uma safra fresca como 2019 deu à fruta um frescor extra, apoiando a acidez, fazendo tudo parecer mais crocante. Os sabores das frutas negras ácidas são misturados com os tons de violetas e ervas que podem vir do Cabernet. É um vinho para guardar por pelo menos dois ou três anos.

94 FINCA SOPHENIA ESTATE RESERVA
Syrah 2019
$$ | GUALTALLARY | **13.8°**

Em um solo de pedra quase pura, este Syrah vem dos primeiros vinhedos que Sophenia plantou em Gualtallary em 1997. Os solos são muito pobres e quentes; as pedras refletindo o calor com força. É por isso que nos anos frescos, como este 2018, as frutas de Syrah dessa parcela brilham em concentração e no tipo de sabores que oferecem: tons de frutas negras ácidas, crocantes, que se expandem pela boca com frescor. O clima mais frio daquele ano, as brisas da montanha, a altitude (cerca de 1.200 metros) e aquela safra fresca construíram um delicioso Syrah.

Finca Sophenia.

94 SYNTHESIS
Cabernet Sauvignon 2018
\$\$\$ | GUALTALLARY | **14.5°**

Uma seleção de parcelas plantadas em 1997 com clones franceses muito pouco produtivos, de cachos muito pequenos, que deram um delicioso suco, cheio de tons frutados antes de herbáceos, com um fundo de ervas e toques minerais. 2018 foi uma safra muito boa, um pouco mais quente que 2019, mas esse calor não foi tão intenso como, por exemplo, se mostrou em 2020, por isso tem dado vinhos equilibrados e, como neste caso, acidez suculenta e refrescante. Algo está acontecendo com o Cabernet Sauvignon argentino, algo bom. Uma nova ninhada de produtores está alcançando excelentes resultados com a cepa, especialmente em um estilo frutado, cheio de suculência. Este é um dos bons.

94 SYNTHESIS
Malbec 2019
\$\$\$ | GUALTALLARY | **14.5°**

Uma das melhores safras da década, este 2018 foi fresco, com chuvas moderadas e tem dado Malbec fresco, cheio de frutas vermelhas. Esta é uma mistura de duas colheitas, uma mais cedo e outra depois. É envelhecido por um ano em barricas, todas de 500 litros. Os aromas e sabores frutados deste Malbec, plantados em solos pedregosos e arenosos, são exuberantes, suculentos, ricos em notas de cerejas e violetas, com toques especiados de madeira e algum tostado (metade das barricas são novos), proporcionando complexidade. Aqui se tem um vinho para abrir em cinco anos.

94 SYNTHESIS THE BLEND
Malbec, Cabernet Sauvignon, Merlot 2017
\$\$\$\$ | GUALTALLARY | **14.8°**

Esta mistura é um resumo de alguns dos melhores lotes de propriedade Sophenia em Gualtallary, muito perto do rio Las Tunas. É uma seleção de parcelas, mas também uma seleção na adega das melhores barricas. A mistura final é composta por 50% de Malbec, 45% Cabernet Sauvignon e 5% Merlot, e tem 14 meses em barricas. É um vinho intenso e concentrado com frutas negras e taninos firmes, apoiado por uma acidez igualmente firme. É intenso, expansivo e maduro. Para guardar e ser paciente.

92 FINCA SOPHENIA ESTATE RESERVA
Malbec 2019
\$\$ | GUALTALLARY | **14.3°**

Este Malbec vem de solos dominados pela areia na superfície. Eles foram plantados em 1997 e 1998, em pé franco. O envelhecimento nas barricas dura 12 meses e o vinho mostra um pouco desse contato com a madeira, aromas levemente especiados, mas a verdade é que a fruta domina, tanto no nariz quanto na boca. As frutas vermelhas, os aromas das violetas, a acidez firme, os taninos afiados em um Malbec prototípico da variedade no Vale do Uco, ao pé dos Andes.

92 SYNTHESIS
Sauvignon Blanc 2020
\$\$\$ | GUALTALLARY | **12.5°**

Um ano quente deu a este Sauvignon uma textura madura, expansiva e sabores maduros, mas sempre com o toque mineral, ácido, crocante, tradicional no Sauvignon Blanc de Sophenia. A colheita em dois momentos, ambos muito cedo na estação, resultou nessa acidez, mas este ano quente também deu uma grande sensação na boca, uma certa cremosidade.

92 SYNTHESIS BRUT NATURE
Chardonnay, Pinot Noir 2019
$$$ | GUALTALLARY | **12°**

Esta é uma mistura de metade Chardonnay de seus próprios vinhedos em Gualtallary e metade Pinot Noir da área de La Carrera, ambos no Vale do Uco. Feito com o método tradicional de segunda fermentação na garrafa, além de um ano de contato com as borras, este é um espumante fresco e frutado, cheio de vivacidade; frutas brancas ácidas, tons de padaria, bolhas macias e acidez afiada. Para beber por litros no verão.

91 FINCA SOPHENIA ESTATE RESERVA
Cabernet Franc 2019
$$ | GUALTALLARY | **13.8°**

Este Cabernet Franc vem de vinhedos enxertados em Merlot e Sauvignon Blanc, entre 2017 e 2018. O vinho é fermentado em aço e depois tem um ano de envelhecimento em barricas. É um exemplo típico da variedade, com seus aromas de ervas e especialmente tabaco. A textura parece firme, construída a partir de taninos afiados, tudo acompanhado de uma acidez nítida e um final refrescante e herbáceo.

91 FINCA SOPHENIA ESTATE RESERVA
Cabernet Sauvignon 2019
$$ | GUALTALLARY | **14.4°**

No lado herbáceo da variedade, esta seleção de parcelas de Cabernet clonal, plantadas entre 1997 e 1998, dá um vinho que oferece uma relação muito boa entre notas de ervas e notas frutadas. O corpo tem taninos finos, acidez deliciosa e uma sensação de suculência que convida você a continuar bebendo. Para bife.

91 FINCA SOPHENIA ESTATE RESERVA
Chardonnay 2020
$$ | GUALTALLARY | **13.6°**

30% deste Chardonnay vem de um terreno muito pedregoso, plantado em 1997, e foi fermentado e envelhecido em barricas por três meses. O resto vem de solos mais férteis e frios, e é fermentado em aço inoxidável. O resultado dessa mistura é um Chardonnay com sabores maduros, mas ao mesmo tempo acidez intensa no meio de um corpo cremoso, com sabores profundos.

90 RUTA 89
Malbec 2020
$$ | GUALTALLARY | **14°**

Uma seleção de solos ricos em pedra, plantados em 1997 (dos primeiros vinhedos em Gualtallary), esta é uma expressão suculenta de Malbec de Uco, com sabores de frutas vermelhas e leves notas florais, como de violetas. O corpo é macio, acidez muito boa. Os quatro meses de envelhecimento em barricas deram um toque especiado à fruta e alguma complexidade.

90 SOPHENIA EXTRA BRUT
Chardonnay, Sémillon 2019
$$ | GUALTALLARY | **12°**

Simples e direto, cheio de frescor e sabores de frutas brancas ácidas, este espumante é um daqueles vinhos para acompanhar qualquer aperitivo, especialmente no verão, à beira da piscina.

Finca Sophenia.

Fincas Patagónicas.

PROPRIETÁRIA Patricia Ortiz
ENÓLOGO Fabián Valenzuela
WEB www.tapiz.com.ar
RECEBE VISITAS Sim

• **ENÓLOGO** Fabián Valenzuela

[**FINCAS PATAGÓNICAS** é o projeto da família Ortiz, que a comprou - em 2003 - do grupo Kendall Jackson, com sede na Califórnia. Patricia Ortiz dirige esta empresa que possui cerca de 75 hectares de vinhedos em San Pablo e mais 60 nos setores Vista Flores e La Arboleda, que ela usa para produzir sua marca Tapiz. Zolo é a linha que está concentrada em vinhedos de Agrelo, e Wapiza é o novo projeto dos Ortiz cerca de 1.400 quilômetros ao sul de Mendoza e 15 quilômetros do Atlântico em Viedma, na foz do rio Negro. Fabián Valenzuela é o enólogo residente, enquanto o enólogo francês Jean-Claude Berrouet, ex-diretor técnico do famoso Chateau Pétrus, em Pomerol, é seu consultor desde 2012.]

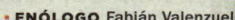

93 **LAS NOTAS DE JEAN CLAUDE**
Cabernet Franc, Cabernet Sauvignon, Merlot, Petit Verdot 2014
$$$$$ | SAN PABLO | **14.2°**

Esta é uma seleção feita pelo próprio Jean Claude Berrouet - consultor francês de Fincas Patagónicas e por anos, enólogo do Chateau Pétrus em Pomerol -, no vinhedo da vinícola em San Pablo, um dos lugares mais altos do Vale do Uco, acima de 1.350 metros. O vinho tem uma forte influência da barrica onde foi envelhecido por 14 meses. Por trás disso, frutas vermelhas maduras e especiarias, além de hints de ervas. O corpo é fino, leve, mas com uma alta concentração de taninos que preveem mais anos de desenvolvimento em garrafa.

91 **TAPIZ RESERVA SELECCIÓN DE BARRICAS**
Malbec, Cabernet Sauvignon, Merlot, Cabernet Franc, Syrah 2015
$$$ | SAN PABLO | **14.1°**

Esta é uma seleção de vinhedos e, acima de tudo, barricas, todas frutas do vinhedo de Tapiz em San Pablo, cerca de 1.350 metros acima do nível do mar, no Vale do Uco. Depois de envelhecer por 14 meses em barricas, essa mistura de 36% Malbec, 25% Cabernet Sauvignon, 24% Merlot mais Cabernet Franc e Syrah tem muita força de frutas, com tons de violetas e frutas vermelhas ácidas, proporcionando frescor. Tem taninos firmes, acidez de vinho de montanha e sabores tostados da barrica.

91 **ZOLO BLACK**
Cabernet Franc 2015
$$$ | LUJÁN DE CUYO | **14°**

De Finca El Jarillal, cerca de 1.050 metros acima do nível do mar em Agrelo, este Cabernet Franc tem notas doces de frutas maduras e um pouco de ervas. O corpo é médio, com taninos firmes e sabores frutados que se misturam com as notas de madeira, aromas tostados que falam do envelhecimento por 14 meses em barricas.

90 TAPIZ ALTA COLLECTION
Cabernet Franc 2018
$$ | SAN PABLO | **13.8°**

Suaves toques de ervas em um Cabernet Franc amigável, frutas vermelhas maduras e especiarias doces. A boca mostra taninos firmes, boa acidez e novamente toques de ervas no final do paladar.

OUTRO VINHO SELECIONADO
88 | WAPISA PINOT NOIR Pinot Noir 2019 | Patagônia Argentina | 13.9° | **$$**

Flechas de los Andes.

PROPRIETÁRIO Grupo Societario Rothschild & Dassault
ENÓLOGO Pablo Richardi
WEB www.flechasdelosandes.com.ar
RECEBE VISITAS Sim
• **ENÓLOGO** Pablo Richardi

[**BENJAMIN DE ROTHSCHILD** e Laurent Dassault são dois empresários e viticultores franceses (proprietários dos Château Clarke e Château Dassault, respectivamente) que fizeram uma parceria para fundar Flecha de los Andes no setor Vista Flores. Lá eles juntaram-se ao grupo imobiliário Clos de los Siete, empreendimento desenvolvido por Michel Rolland que consiste em plantar vinhedos e estabelecer várias vinícolas nessa área (também fazendo entre todos um vinho, embora tenham se dissociado do projeto em 2011). Os vinhedos de Flechas de Los Andes foram gradualmente plantados desde 1999, sua imponente vinícola foi construída em 2003 e eles começaram a fazer seus primeiros vinhos em 2004. Eles se concentram no Malbec, uma variedade que ocupa 70 de seus cem hectares.] **IMPORTADOR:** www.obraprimaimportadora.com.br

95 FLECHAS DE LOS ANDES GRAN CORTE
Malbec, Cabernet Franc, Syrah 2015
$$$$$ | VISTA FLORES | **14.5°**

Esta é uma mistura histórica em Flechas de los Andes e eles têm feito desde a safra de 2007. Este ano tem 55% de Malbec, 40% de Cabernet Franc e o resto da Syrah para, segundo o enólogo Pablo Richardi, dar tempero à mistura. A safra de 2015 foi bastante fresca, com produção significativa atingindo recorde. É por isso que teve que sangrar para não perder a concentração, mas ainda é um vinho que parece especialmente delicado no contexto do que esta vinícola faz. É um tinto fluido, sem arestas, com deliciosos aromas de ervas de Cabernet Franc, acidez suculenta de um ano menos quente e o final onde a grama de Franc novamente parece ganhar destaque.

94 FLECHAS DE LOS ANDES GRAN MALBEC
Malbec 2017
$$$ | VISTA FLORES | **14.5°**

Em 2017, houve fortes geadas que afetaram a produção de uvas no Vale do Uco. Em Flechas, o Malbec foi o mais danificado, com 30% menos de volume, em comparação com um ano normal. É por isso que, naquele ano, o Malbec estava muito concentrado. E aqui aparece. Este Malbec vem de uma seleção de parcelas com baixos rendimentos. O vinho tem um terço em fudres, um terço em barricas de segundo uso e um terço em aço, todos por um ano e meio em média. Mantendo a textura que é o selo da casa, taninos muito macios, redondos e polidos, aqui estão muitos sabores de

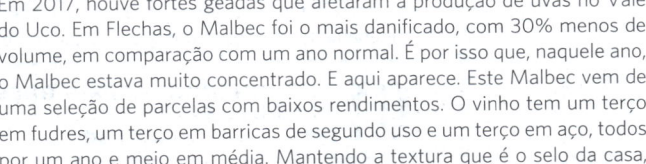

frutas maduras e ervas, com toques suaves de flores. Tem acidez nervosa, o que proporciona uma boa parte do frescor e ilumina a fruta. Um vinho para levar à adega e deixá-lo lá por alguns anos.

91 PUNTA BLEND
Malbec, Merlot, Cabernet Sauvignon, Petit Verdot 2017
$$ | VISTA FLORES | **14.5°**

Uma "mistura argentina de bordeaux", este tem metade de Malbec, mais 24% de Merlot, 24% Cabernet Sauvignon e o resto de Petit Verdot, com 70% de envelhecimento do volume total em aço e os 30% restantes em barricas. Os dois anos na garrafa já lhe deram um equilíbrio muito bom, onde nada parece sobrar. Os taninos muito polidos, os aromas evoluíram em frutas secas e especiarias doces.

91 PUNTA MALBEC
Malbec 2018
$$ | VISTA FLORES | **14°**

Este é o Malbec de entrada de Flechas de los Andes, de vinhedos plantados em 1999 na área de Vista Flores, no Vale do Uco. 70% do vinho é envelhecido em aço e 30% em barricas. A ideia é mostrar Malbec sem disfarces nesta primeira abordagem aos vinhos da casa. E o que ele oferece são as notas de violetas junto com frutas maduras e especiarias doces. Tem um corpo importante e taninos muito redondos em um vinho simples, mas cheio de frutas.

Fow [Fabricio Orlando Wines].

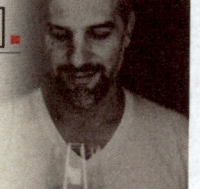

PROPRIETÁRIO Fabricio Orlando
ENÓLOGO Fabricio Orlando
WEB www.fowines.com
RECEBE VISITAS Não

· PROPRIETÁRIO & ENÓLOGO
Fabricio Orlando

[**FABRICIO ORLANDO** é enólogo e já trabalhou em diversas vinícolas mendocinas, como Rutini e Pulenta. Orlando é natural de San Rafael e com uvas deste lugar decidiu iniciar seu projeto pessoal em 2010. Comercializa seus vinhos desde 2014 e hoje produz cerca de 45 mil garrafas.]

93 DISCONTINUO - SERIE GRES
Nebbiolo 2018
$$$ | MENDOZA | **14°**

Fabricio Orlando seleciona as uvas para este Nebbiolo de um vinhedo de 29 anos na área de Cuadro Benegas, em San Rafael. O vinho é fermentado em vasos de terracota e é envelhecido lá por 18 meses. A força tânica da variedade está muito presente aqui, mas também as notas de flores e frutas vermelhas em meio a tons intrigantes de terra e tostados de madeira, embora este vinho nunca tenha visto nenhuma barricas. O experimento de Orlando funciona, forçando o envelhecimento e a oxigenação em uma variedade que tem as ferramentas de taninos e acidez para resistir a isso.

91 DISCONTINUO - SERIE GRES
Nebbiolo 2018
$$$ | MENDOZA | **13°**

De vinhedos na área de Cuadro Benegas, em San Rafael, e videiras de 30 anos, os cachos deste Nebbiolo são pressionados diretamente e depois fermentados em vasos de cerâmica onde também é estagiado por um ano, algo incomum no estilo na América do Sul, onde geralmente se privilegia lançar rosés depois de muito pouca guarda. Aqui há muito frescor, muitas frutas vermelhas ácidas em um vinho de corpo leve, textura muito amigável. A acidez desempenha um papel fundamental em sabores refrescantes, enquanto o final é herbáceo e fresco.

90 ÓPTIMO
Malbec, Cabernet Sauvignon, Bonarda 2017
$$$ | MENDOZA | **14.4°**

Óptimo é uma mistura de 48% de Malbec, 38% Cabernet Sauvignon, ambos da área de Vista Flores, no Vale do Uco, e 14% de Bonarda de uma antiga latada em Rama Caída, ao sul de Mendoza, em San Rafael. Este é um estilo amplo, muito maduro, com tons suculentos de frutas doces e taninos muito macios. Para levar ao assado.

OUTROS VINHOS SELECIONADOS
89 | CASTIZO Cabernet Franc 2019 | Mendoza | 13.5° | $$
89 | CASTIZO Malbec 2019 | Mendoza | 14° | $$

Fuego Blanco.

PROPRIETÁRIO Millán S.A.
ENÓLOGA Clara Eugenia Roby
WEB www.fuegoblancowines.com
RECEBE VISITAS Sim

• **ENÓLOGA** Clara Eugenia Roby

[**PARTE DO GRUPO** de vinícolas da família Millán (Los Toneles, Mosquita Muerta Wines), Fuego Blanco é o projeto que eles têm no Vale do Pedernal, província de San Juan. A área onde o vinhedo está localizado é alta, cerca de 1.500 metros, condições que são utilizadas aqui para projetar um pequeno portfólio de vinhos frutados e de bom frescor. Possui cem hectares próprios e hoje é um dos principais atores em um lugar de grande potencial na cena vinícola argentina.]

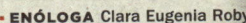

95 FLINTSTONE
Malbec 2018
$$ | VALE DO PEDERNAL | **14.2°**

Esta seleção de parcelas de Malbec é definida pelo tipo de solo com alto teor de cascalhos cobertos de cal nas alturas do Vale do Pedernal, em San Juan, acima de 1.500 metros de altura, um lugar onde hoje muita atenção está sendo dada e onde há uma pequena comunidade de produtores. Este Malbec tem 50% do volume de envelhecimento em fudres e mostra toda a generosidade dos vinhos locais, as notas de frutas vermelhas maduras e, acima de tudo, os aromas florais em um delicioso tinto, profundo em sabores, muito macio em textura.

94 FLINTSTONE
Cabernet Franc 2018
$$ | VALE DO PEDERNAL | **14.2°**

Como de costume nos vinhos Fuego Blanco, tem uma exuberância de sabores frutados e florais e aromas com toques de ervas em um nariz e boca quase explosivos. Os taninos são um pouco mais duros do que o normal, mas talvez seja porque a variedade é geralmente mais tânica deste lado dos Andes, em Mendoza. Este Franc vem de uma seleção de vinhedos plantados em solos muito pedregosos e calcários, 1.500 metros de altura, no Vale do Pedernal, em San Juan.

93 VALLE DEL SILEX
Cabernet Franc, Malbec 2019
$$ | VALE DO PEDERNAL | **13.5°**

Trata-se de uma cofermentação de 70% de Cabernet Franc e 30% de Malbec, uma mistura que vem de vinhedos jovens (2014) plantados em solos pedregosos e arenosos no Vale do Pedernal, cerca de 1.500 metros acima do nível do mar. Assim como seu parceiro, o Silex Malbec, este tem um perfil de fruta muito marcante, acompanhado de taninos muito macios e uma acidez fresca que o torna muito bebível, muito suculento, rico em tons especiados e com um pouco de ervas.

93 VALLE DEL SILEX
Malbec 2019
$$ | VALE DO PEDERNAL | **14°**

Cerca de 1.500 metros de altura, no Vale do Pedernal, em San Juan, os vinhedos de Fuego Blanco são plantados em solos muito pedregosos em um clima de montanha. Para a linha Silex, esse solo permanece muito pedregoso, mas também com um alto teor de areias. Nesses solos, que têm menos cal em sua composição, são obtidos vinhos muito mais frutados, mais diretos em sua expressão da variedade do que os de cal e pedras. Este é suculento, rico em notas de frutas vermelhas em um corpo muito amigável, um Malbec delicioso para beber agora com embutidos.

92 VALLE DEL SILEX
Sauvignon Blanc 2020
$ | VALE DO PEDERNAL | **13°**

Um branco de montanha, este nasce de vinhedos ricos em pedras cerca de 1.500 metros acima do nível do mar, no Vale do Pedernal. Este tem notas de ervas e algumas frutas cítricas, em um nariz bastante austero. Na boca o que predomina é a acidez dos vinhos de alta altitude, a sensação aguda que atravessa o paladar apoiada por uma textura que parece ter garras. Um Sauvignon refrescante, suculento e pronto para ostras.

91 VALLE DEL SILEX
Syrah, Malbec 2019
$$ | VALE DO PEDERNAL | **13.5°**

Uma boa mistura de sabores e especiarias nesta mistura de 60% de Syrah com 40% de Malbec. Tem muitas especiarias, muitas notas de ervas, enquanto o Malbec parece fornecer todo o seu lado frutado e floral em um vinho muito macio, com taninos muito polidos e redondos.

90 VALLE DEL SILEX
Gewürztraminer 2020
$ | VALE DO PEDERNAL | **13°**

Cheio de aromas de ervas e lichias, este é um suco de frutas brancas e flores no meio de um corpo que, embora forte, ao mesmo tempo se sente amigável, untuoso. Este Gewürz vem de vinhedos ricos em pedra, plantados a cerca de 1.500 metros de distância no Vale do Pedernal em San Juan.

Funckenhausen Vineyards.

PROPRIETÁRIO Família Heinlein
ENÓLOGA Jimena López
WEB www.funckenhausen.com
RECEBE VISITAS Sim

▪ PROPRIETÁRIOS
Kurt Heinlein & Alejandro Leirado

[**KURT HEINLEIN** era um empresário marítimo que, com o objetivo de diversificar seus negócios e ter um lugar no campo, começou a plantar vinhedos na área de 25 de Mayo, San Rafael, por volta de 2005. Dois anos depois, teve sua primeira safra e já em 2010 começou a comercializar seus vinhos sob a marca Funckenhausen. Hoje eles plantaram 34 hectares naquela área a noroeste de São Rafael, um lugar não muito explorado pelos produtores locais, mas que promete muito por suas temperaturas mais baixas e seus solos de pedra e cal, produto dos terraços formados pelo rio Diamante. Espera-se que em um futuro próximo mais vizinhos venham acompanhar a aventura de Heinlein, que morreu em janeiro de 2019. Hoje, seu neto Alejandro Leirado é o responsável pela vinícola.] **IMPORTADORES:** www.familiakoganwines.com
www.angeloni.com.br www.mywinery.com.br

92 LA ESPERA RESERVA CARPE DIEM
Chardonnay 2019
$$ | SAN RAFAEL | **13.7°**

La Espera vem da área de 25 de Mayo, cerca de 850 metros acima do nível do mar, ao sul do rio Diamante, em terraços aluviais. Pelos padrões de San Rafael, este é um vinhedo de arranha-céus e que se reflete no frescor deste Chardonnay, seus aromas ligeiramente cítricos, com toques de ervas. Acidez é protagonista no paladar, aumentando a sensação de frescor. Um branco ao mesmo tempo nervoso e denso, com uma doçura macia de frutas no final.

91 LA ESPERA RESERVA TERROIR'S SIGNATURE
Cabernet Sauvignon 2018
$$ | SAN RAFAEL | **14.7°**

Suculento e maduro, com toques de ervas e especiarias, este vem de vinhedos plantados há 25 anos na área de 25 de maio, em San Rafael. Com um ano de envelhecimento em barricas, aqui você pode sentir a influência da madeira, mas você também pode perceber a fruta, que é madura e voluptuosa, mostrando taninos firmes e musculosos.

90 EULEN FAMILIA
Malbec 2018
$$ | MENDOZA | **14.5°**

Um Malbec suculento, com sabores doces, tons especiados, em um corpo muito de Malbec de San Rafael, macio em textura, sublinhando a doçura da fruta. No final, há tons de frutas negras e ervas em um vinho simples e sem arestas.

90 LA ESPERA RESERVA CARPE DIEM
Pinot Noir 2019
$$ | SAN RAFAEL | **13.8°**

Esta é uma visão bastante doce e suculenta de pinot, com taninos muito polidos, doces e macios. A sensação frutada no paladar é suculenta, e sabores doces predominam em um tinto para embutidos.

90 LA ESPERA RESERVA CARPE DIEM
Syrah 2019

$$ | SAN RAFAEL | 14.3°

Trata-se de uma cofermentação de 85% de Syrah mais 15% de Malbec, todos de vinhedos plantados a cerca de 850 metros de altura na área de 25 de Mayo, em San Rafael. Este tem uma dose muito boa de frutas negras, maduras e voluptuosas. O que não tem de nervo e frescor, tem em sabores suculentos e amplos, que levam toda a proeminência na boca.

Gauchezco Wines.

PROPRIETÁRIO Eric Anesi
ENÓLOGO Mauricio Ocvirk
WEB www.gauchezco.com
RECEBE VISITAS Sim

· **PROPRIETÁRIO** Eric Anesi

[**EM 2008,** o americano Eric Anesi iniciou este projeto em Mendoza, na região de Barrancas, em Maipú, onde compraram uma propriedade de 265 hectares, cem deles plantados com vinhedos. Essa é a base das uvas Gauchezco, embora também comprem uvas em outras áreas de Mendoza. Atualmente, produzem cerca de 500 mil garrafas entre todas as suas linhas.]

IMPORTADOR: wine-co.com.br

94 GAUCHEZCO ORO APPELLATION GUALTALLARY **Malbec 2016**

$$$ | GUALTALLARY | 14.4°

Gauchezco compra uvas de vinhedos plantados no final da última década em solos ricos em areia em Gualtallary. A combinação desses solos, juntamente com o clima frio da montanha, dão, geralmente naquela área do Vale do Uco, vinhos exuberantes, ricos em frutas vermelhas e em tons de violetas. A boca é tensa, suculenta, a acidez vibrante e os taninos muito firmes. Este Malbec é exatamente isso. Uma foto do lugar.

94 ORO APPELLATION GUALTALLARY
Cabernet Sauvignon 2016

$$$ | GUALTALLARY | 14.4°

A safra de 2016 foi fresca e chuvosa; um ano difícil, mas deu alguns dos vinhos mais refrescantes e tensos já feitos em Mendoza em décadas. Veja este Cabernet, por exemplo, de vinhedos na área de Gualtallary, cerca de 1.380 metros acima do nível do mar, ao norte do Vale do Uco. Cinco anos se passaram e este tinto permanece intacto, com sua fruta vermelha, vibrante e os taninos selvagens e penetrantes que aderem fortemente ao paladar. Um vinho para guardar cinco anos e mais.

93 GAUCHEZCO ORO APPELLATION LOS ÁRBOLES
Malbec 2016

$$$ | LOS ÁRBOLES | 14.3°

De Los Árboles, de um vinhedo plantado em 1999 no departamento de Tunuyán, no Vale do Uco, e cerca de 1.180 metros acima do nível do mar, ao pé dos Andes, este é um Malbec suculento, com taninos robustos, de musculatura muito boa e que se expandem pela boca. Os sabores são maduros, também expansivos, doces. Um vinho grande, para carne grelhada.

92 PLATA GRAND RESERVE
Malbec, Cabernet Franc 2017
\$\$ | MENDOZA | **14.4°**

68% dessa mistura é Malbec e vem de uvas compradas em Los Árboles e Gualtallary, ambas áreas no Vale do Uco, enquanto o resto é Cabernet Franc que vem de seus próprios vinhedos, plantados há mais de cem anos em Barrancas, e que seria um dos primeiros Cabernet Franc plantados na Argentina. A mistura funciona muito bem, com Malbec ganhando terreno com seus sabores amigáveis e doces, e Cabernet Franc adicionando notas de ervas frescas. Um vinho muito fácil de beber, especialmente com costeletas grelhadas.

91 ORO APPELLATION PARAJE ALTAMIRA
Malbec 2016
\$\$\$ | ALTAMIRA | **14.1°**

Uma perspectiva de Malbec de Altamira que caminha no lado maduro e suculento da variedade, tem aromas e sabores de frutas negras, em meio a tons especiados e herbáceos. A boca é construída de taninos redondos e suculentos, e parece grande, amigável.

91 PLATA GRAND RESERVE
Malbec 2017
\$\$ | MENDOZA | **14.3°**

Este cem por cento Malbec vem 40% da área de Los Árboles e 30% de Altamira, ambos no Vale do Uco, enquanto o resto vem de seus próprios vinhedos na área mais quente de Barrancas, em Maipú. Cerca de 45% do volume é envelhecido em barricas por 18 meses, enquanto o restante é deixado em aço. É um Malbec suculento, amplo, com sabores doces e frutas maduras em meio a taninos muito redondos e suculentos. Um tinto comercial, mas muito equilibrado.

91 RESERVE
Malbec 2019
\$\$ | MENDOZA | **14.2°**

Esta mistura tem 50% de uvas de Vista Flores e outros 50% de Los Árboles, ambos vinhedos plantados em solos aluviais ricos em areias e cascalho do Vale do Uco. Depois de dez meses em barricas, este é um exemplar direto e frutado da área. Os aromas e sabores de cerejas e violetas em um corpo médio, com carga tânica suficiente para um bife na grelha.

OUTROS VINHOS SELECIONADOS

89 | ESTATE Torrontés 2019 | Salta | 12.5° | **\$**
88 | ESTATE Malbec 2019 | Mendoza | 14° | **\$**
88 | ESTATE ROSÉ Malbec, Mourvèdre 2020 | Mendoza | 13.2° | **\$**
88 | RESERVE Cabernet Franc 2018 | Mendoza | 14.1° | **\$\$**
88 | RESERVE Petit Verdot 2019 | Mendoza | 14.3° | **\$\$**
85 | ROYAL ROAD Malbec 2020 | Mendoza | 13.8° | **\$**

Gen del Alma.

PROPRIETÁRIO Finca Don Emilio S.A.

ENÓLOGOS Belén Sánchez & Matías Prieto

RECEBE VISITAS Não

· ENÓLOGOS
Belén Sánchez & Matías Prieto

[**EM 2014** surgiu este projeto do casal formado por Gerardo Michelini e Andrea Muffato. E começou com força, com vinhos imediatamente atraindo atenção por sua vitalidade e frescor. Seu vinho mais conhecido é Ji Ji Ji tinto, uma mistura de Malbec com Pinot Noir que foi um sucesso retumbante quando apareceu, enquanto o top Seminare já está há quatro safras entre os melhores tintos da América do Sul de acordo com Descorchados. Mas há mudanças. Hoje, Michelini-Muffatto deu um passo de lado, deixando a propriedade completa do projeto para os investidores originais, enquanto a enologia é realizada por Belén Sánchez e Matias Prieto.] **IMPORTADOR:** www.totalvinhos.com.br

97 SEMINARE
Malbec 2018
$ $ $ $ | GUALTALLARY | **13.7°**

Seminare, em sua terceira safra, é a última vez que vem da propriedade Eiti Leda, nos solos extremamente calcários de Gualtallary, em Tupungato Winelands, cerca de 1.450 metros acima do nível do mar, em direção ao extremo norte do Vale do Uco. É uma seleção de sete hectares de um vinhedo plantado em cabeza ou gobelet. É fermentado em ânforas de cimento de 2.700 litros, com extração mínima, apenas molhando o chapéu com peles. O resultado deste ano, uma safra quente em Mendoza, oferece sabores deliciosos e suculentos, e profundos com notas de ervas que falam claramente de Gualtallary. A textura é firme, cheia de taninos afiados. Este é para a guarda.

95 OTRA PIEL
Cabernet Sauvignon, Cabernet Franc, Pinot Noir 2018
$ $ $ | GUALTALLARY | **13.5°**

Esta mistura tem 50% Cabernet Sauvignon, 40% Cabernet Franc e 10% Pinot Noir, todos cofermentados em ânforas enterradas na propriedade de Gualtallary da Gen del Alma. 50% do volume é envelhecido em barricas por um ano. O resultado é um vinho focado em sabores maduros e notas terrosas, com tons de ervas que gradualmente prevalecem. Os taninos devem muito ao solo do vinhedo, rico em cascalhos cobertos de cal que geralmente dão essa textura como giz. Um tinto profundo e de alta intensidade.

93 CRUA CHAN GUALTA
Malbec 2018
$ $ $ | GUALTALLARY | **13.5°**

Para **Crua Chan Gualta**, a Gen del Alma usa seus próprios vinhedos, plantados em 2013, em solos arenosos e aluviais, de cascalhos cobertos de cal, em Gualtallary. Cacho todo fermentado, em uma espécie de maceração carbônica. O envelhecimento dura um ano em barricas antigas de 500 litros. O cacho completo dá um tom terroso, muito frutado, muito de "Beaujolais", amansando os taninos. Mas a qualidade da fruta é tal que os sabores se sentem muito profundos, maduros e complexos, passeando pelas frutas vermelhas refrescantes, especiarias e notas de ervas. Um vinho que está hoje em seu momento ideal para morcillas.

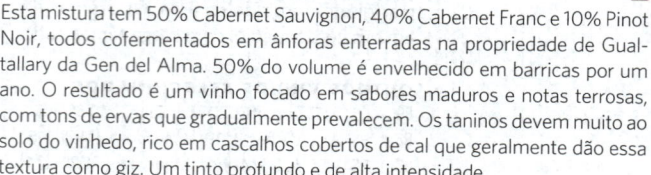

93 JI JI JI
Chenin Blanc 2020
$$ | VILLA SECA | **11.5°**

Sim, é verdade, este vinho tem um monte de caráter e mostra um rosto muito diferente do que você provavelmente poderia estar acostumado com Chenin Blanc. Ou, melhor ainda, mostra-lhes o Chenin com um rosto que, se nunca experimentaram, podem ficar animados, especialmente se tiverem frutos do mar crus, macerados com limão, no menu. De uma forma ou de outra, este é um delicioso branco, cheio de texturas e sabores de ervas e ao mesmo tempo confitado. Vem de vinhedos plantados em 1970 na área de Villa Seca, cerca de mil metros acima do nível do mar. Não é envelhecido em barricas.

92 JI JI JI CLARETE
Chenin Blanc, Malbec, Pinot Noir 2020
$$ | VALE DO UCO | **12.5°**

O estilo clarete, que poderíamos definir como algo mais "escuro" do que o rosé da moda, essa cor de pele de cebola, gradualmente começa a ganhar um espaço na cena sul-americana, graças em grande parte a vinhos suculentos, frutados e fáceis de beber como este Ji Ji Ji, produzido com uma mistura bastante excêntrica de Malbec, Chenin Blanc e Pinot Noir, todos do Vale do Uco. Um suco de frutas vermelhas, com taninos muito macios, e um delicioso fundo floral. O protótipo de vinho para matar a sede.

91 JI JI JI
Malbec, Pinot Noir 2020
$$ | GUALTALLARY | **13°**

Cem por cento de maceração carbônica, e também uma mistura de Pinot e Malbec (algo usual no mundo de Gen del Alma), acaba por ser um tinto muito fácil de beber, suculento, com taninos muito leves e ao mesmo tempo muito polidos; um daqueles vinhos que você bebe, termina a garrafa e não percebe quando já está vendo onde a próxima para abrir.

91 OTRA PIEL
Chardonnay 2019
$$$ | GUALTALLARY | **13°**

De vinhedos plantados em 2013, em solos arenosos com fundo de cascalho coberto de cal. 50% do vinho é envelhecido em barricas de madeira usadas, e o resto em concreto. Um Chardonnay amigável, fruta madura, com densidade rica e cremosidade; para beber com frutos do mar grelhados.

90 GENE
Cabernet Franc, Cabernet Sauvignon, Merlot, Malbec 2019
$$ | GUALTALLARY | **14°**

Esta mistura tem 50% de Malbec, 20% de Cabernet Franc, 20% Cabernet Sauvignon, todos Gualtallary, e o resto do Merlot que vem de Los Árboles, todos no Vale do Uco. O vinho se sente amigável, com sabores de frutas maduras e sem arestas. Para beber com frios.

90 SUPERLÓGICO
Malbec 2019
$$ | EL PERAL | **13.5°**

Amigável e suculento, com taninos muito macios e notas ligeiramente defumadas, este Malbec da área El Peral tem o caráter fresco e frutado para acompanhar o assado.

Giménez Riili.

PROPRIETÁRIO Federico Giménez Riili

ENÓLOGO Pablo Martorell

WEB www.gimenezriili.com

RECEBE VISITAS Sim

▪ **PROPRIETÁRIO** Federico Giménez Riili

[**GIMÉNEZ RIILI** é uma vinícola familiar, composta por imigrantes da Europa. Os Riili, da Sicília, e os Giménez, da Andaluzia, ambos no final do século XIX e início do século XX. A união das duas famílias aconteceu quando Eduardo Giménez se casou com Susana Riili. Os jovens, juntamente com os irmãos de Eduardo, adquiram uma vinícola na área do Rodeo del Medio, em Guaymallén, e aí começa a história. Hoje eles recebem uvas da região de Maipú, mas também de diferentes áreas de Mendoza, especialmente do Vale do Uco, onde produzem alguns de seus melhores vinhos.]

94 GRAN FAMILIA
Malbec 2016
$ $ $ $ | M E N D O Z A | **14.2°**

Para este **Gran Familia**, Giménez Riili seleciona uvas da região de Altamira, cerca de 1.100 metros acima do nível do mar, no Vale do Uco. Estagiado por 22 meses em barricas muito novas, vem de uma safra muito fresca em Mendoza, e que aparece no caráter vermelho dos sabores. Tem taninos firmes, muita concentração, mas depois de tudo isso, você sente aquele nervo de uma safra fria. Deixe-o por pelo menos alguns anos na garrafa para ganhar ainda mais em complexidade. Se você quiser beber hoje, escolha carne de caça assada.

94 JOYAS DE FAMILIA BLEND
Malbec, Cabernet Franc, Cabernet Sauvignon, Merlot, Syrah 2016
$ $ $ $ $ | M E N D O Z A | **14°**

A safra de 2016 foi considerada muito difícil em Mendoza. Chuvas abundantes e temperaturas bastante baixas fizeram com que a maturidade desacelerasse, oferecendo vinhos muito mais frescos e ácidos do que o habitual. Esta mistura de uvas de Altamira e Vista Flores, ambas áreas montanhosas no Vale do Uco, ao pé dos Andes, tem aquele lado nervoso e vermelho das frutas, no meio de um corpo voluptuoso e de alta densidade. Precisa de tempo na garrafa, mas já mostra uma deliciosa força de fruta que poderia ser uma boa companhia para um cordeiro cozido.

93 PADRES DEDICADOS
Malbec 2018
$ $ $ | M E N D O Z A | **13.5°**

Um estilo suculento e amplo, neste Malbec da área da Vista Flores, no Vale do Uco. Você sente a madurez da fruta, e as frutas negras que geralmente estão associadas a essa maturidade. Mas você também pode ver a acidez do Malbec da montanha (o vinhedo está acima de mil metros) e os taninos que se agarram ao paladar pedindo carne. O vinho foi envelhecido por 16 meses em barricas.

90 BUENOS HERMANOS
Cabernet Franc 2019
$ $ | M E N D O Z A | **13.4°**

Um Cabernet Franc profundo, com sabores maduros e doces, mas também nuances de notas de especiarias e ervas típicas da variedade. Ele tem um corpo firme, com taninos para pensar em carne. Este tinto vem da área de Los Sauces do Vale uco e foi envelhecido por oito meses em barricas.

OUTROS VINHOS SELECIONADOS

89 | BUENOS HERMANOS Torrontés 2019 | La Rioja | 13.3° | **$$**

89 | DE NOS BLEND DE ROSADOS Malbec, Cabernet Franc 2020 | Mendoza 13.4° | **$$**

88 | DE NOS BLEND DE TINTAS Malbec, Cabernet Franc, Petit Verdot, Syrah 2020 Argentina | 13.9° | **$$**

Graffigna.

PROPRIETÁRIO VSPT Wine Group

ENÓLOGO Fernando Mengoni

WEB www.graffignawine.com

RECEBE VISITAS Sim

· **ENÓLOGO** Fernando Mengoni

[**GRAFFIGNA É** um dos grandes atores da área de San Juan, ao norte de Mendoza. É também uma das vinícolas mais antigas do país, fundada há 145 anos pelo imigrante italiano Santiago Graffigna. Hoje pertence ao grupo francês Pernod Ricard. Graffigna possui 192 hectares plantados em diferentes setores de San Juan, com vinhedos em Calingasta e Pedernal, entre 1.400 e 1.600 metros, e também em áreas mais baixas, de aproximadamente 700 metros, como Tulum, Sonda e Ullum. Eles se concentram no Malbec, embora também produzam Syrah, uma variedade que se desenvolveu bem em San Juan. Sua produção anual é de 2,4 milhões de garrafas.]

91 GRAFFIGNA GLORIOUS SELECTION
Malbec 2019

$ | A R G E N T I N A | **13.5°**

Esta é uma seleção de vinhedos na área de La Consulta e é o mais ambicioso dos tintos de Graffigna, embora ainda tenha um preço muito conveniente pela qualidade que entrega. Aqui está a personalidade dos vinhos do Vale do Uco, os aromas de cerejas negras e notas de violetas típicas daquela área ao pé dos Andes. A textura é firme, a acidez é suculenta. Perfeito para pensar em embutidos ou ensopados de carne e vegetais.

OUTROS VINHOS SELECIONADOS

89 | GRAFFIGNA Malbec 2020 | Argentina | 13.5° | **$**

89 | GRAFFIGNA Malbec 2018 | Argentina | 13.7° | **$**

88 | GRAFFIGNA Cabernet Sauvignon 2018 | Argentina | 13.5° | **$**

88 | GRAFFIGNA Chardonnay 2019 | Argentina | 13.5° | **$**

88 | GRAFFIGNA Syrah 2018 | Argentina | 14° | **$**

87 | GRAFFIGNA Malbec 2020 | Argentina | 13° | **$**

Grupo Peñaflor.

PROPRIETÁRIO Bemberg Family

ENÓLOGO Stephen Mcewen

WEB www.grupopenaflor.com.ar

RECEBE VISITAS Não

• **ENÓLOGO** Stephen Mcewen

[**O GRUPO PEÑAFLOR** é um dos mais importantes conglomerados vinícolas da América do Sul, e seu portfólio de vinícolas inclui nomes muito importantes no contexto do vinho argentino, como Trapiche, Finca Las Moras ou El Esteco. Trata-se de uma seleção de projetos especiais que a Peñaflor possui com diferentes clientes no mundo.]

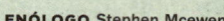

91 OPI RESERVA
Malbec 2019
$ $ | M E N D O Z A | **13.5°**

Opi é o apelido do enólogo Rodolfo Sadler, renomado técnico da cena argentina e integrante do grupo de enólogos da Peñaflor. Trata-se de um grande Malbec, rico em tons de madeira onde foi estagiado por 15 meses (20% madeira nova) e com frutas maduras e doces em primeiro plano, construindo um vinho grande, para assados mendocinos.

90 ALMA ANDINA RESERVE
Malbec 2019
$ $ | M E N D O Z A | **14°**

Um Malbec suculento com sabores de frutas negras, também tem tons de ervas que lhe dão complexidade. Após 15 meses de envelhecimento em barricas, 20% madeira nova, tem leves toques tostados, mas o que continua a dominar é a fruta madura e voluptuosa em um Malbec para embutidos.

90 LUJURIA
Malbec 2019
$ | M E N D O Z A | **13.5°**

Um Malbec suculento e simples, com tons especiados e defumados, mas acima de tudo com frutas negras maduras e taninos firmes e afiados que fornecem uma estrutura para pensar em carne assada. Um exemplo clássico do Malbec argentino, com sua amabilidade em texturas, mas também com sua generosidade em sabores frutados.

90 WAXED BAT RESERVA
Cabernet Sauvignon, Malbec 2019
$ $ | M E N D O Z A | **14°**

Suculento e cheio de madurez, o que predomina aqui é uma sensação de voluptuosidade, como se o vinho fosse capaz de cobrir todo o paladar com seus sabores suculentos e doces. É um vinho grande para comidas poderosas; para pensar, por exemplo, de um curry de cordeiro.

Huentala Wines.

PROPRIETÁRIO Julio Camsen

ENÓLOGO Pepe Morales

WEB www.huentalawines.com

RECEBE VISITAS Sim

• **PROPRIETÁRIO** Julio Camsen

[**MUITO ACIMA** no Vale do Uco, no lado sul da Calle La Vencedora, que divide em dois o vale de Gualtallary, a imponente entrada de pedra da Huentala Wines dá uma ideia das proporções deste projeto do empresário mexicano (ligado à hotelaria) Julio Camsen. Os 230 hectares de vinhedos, a base de todos os vinhos da casa, são guardados por duas enormes raposas de pedra, a icônica escultura de Huentala.]

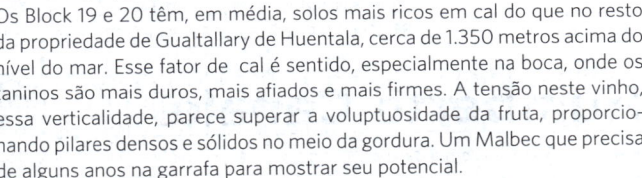

94 LA ISABEL ESTATE, BLOCK 19&20
Malbec 2018
$$$$ | G U A L T A L L A R Y | **14.5°**

Os Block 19 e 20 têm, em média, solos mais ricos em cal do que no resto da propriedade de Gualtallary de Huentala, cerca de 1.350 metros acima do nível do mar. Esse fator de cal é sentido, especialmente na boca, onde os taninos são mais duros, mais afiados e mais firmes. A tensão neste vinho, essa verticalidade, parece superar a voluptuosidade da fruta, proporcionando pilares densos e sólidos no meio da gordura. Um Malbec que precisa de alguns anos na garrafa para mostrar seu potencial.

93 GRAN SOMBRERO
Chardonnay 2020
$$$ | G U A L T A L L A R Y | **12.3°**

Esta é uma seleção de vinhedos de Gualtallary, ricos em areias e com um subsolo de cascalho coberto de cal, cerca de 1.350 metros de altura, ao norte do Vale do Uco. Sem envelhecer em barricas, esta é uma expressão pura da área, os aromas de ervas ligados a frutas brancas em um corpo nervoso, intenso, rico em acidez e texturas firmes.

93 HUENTALA LA ISABEL ESTATE
Malbec 2018
$$$ | G U A L T A L L A R Y | **14.5°**

A cada ano, a Huentala seleciona seu melhor Malbec para seus dois melhores vinhos. São dois blocos, o 19º e o 20º, que se separam para um determinado vinho e o resto, que é o melhor dos 80 hectares, vai para esta La Isabel Estate, um vinho maduro, com sabores doces e profundos, com uma intensidade importante que enche o paladar. Os 14 meses de barricas (30% de madeira nova) mostram um lado tostado, que não chega a ser protagonista. Um vinho que pode muito bem ser bebido agora com cordeiro, mas que vai ser melhor com três ou quatro anos de garrafa.

91 GRAN SOMBRERO
Cabernet Sauvignon 2019
$$$ | G U A L T A L L A R Y | **14.4°**

Este é um Cabernet de grande maturidade, com sabores exuberantes, toques de ervas, com muitas especiarias e tons terrosos no meio de um vinho que se sente ótimo no paladar, generoso na maturidade. Este vem da área de Los Árboles, no extremo norte do Vale do Uco.

91 GRAN SOMBRERO
Malbec 2019
$$$ | G U A L T A L L A R Y | **14.6°**

De seus próprios vinhedos em Gualtallary, plantados em solos ricos em areias de cerca de 1.400 metros de altura, no Vale do Uco. Cem por cento desse Malbec é envelhecido em barricas, mas apenas 10% de madeira nova. Este é um vinho suculento, frutas negras, tons de ervas, no meio de um corpo generoso e exuberante em sabores.

90 GRAN SOMBRERO
Cabernet Franc 2019
$$$ | V A L E D O U C O | **14.4°**

Um Cabernet Franc amigável e suculento, rico em tons especiados e herbáceos, muito consistente com as características da variedade. Depois de oito meses em barricas, é amigável, suculento, maduro, redondo. Para cordeiro.

OUTROS VINHOS SELECIONADOS
89 | SOMBRERO Cabernet Franc 2019 | Vale do Uco | 14.3° | **$$**
89 | SOMBRERO Malbec 2019 | Vale do Uco | 14.5° | **$$**
88 | SOMBRERO Sauvignon Blanc 2020 | Vale do Uco | 12.3° | **$$**

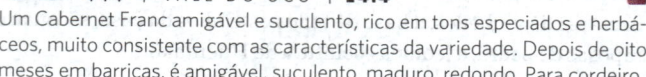

Humberto Canale.

PROPRIETÁRIO Guillermo Canale
ENÓLOGO Horacio Bibiloni
WEB www.bodegahcanale.com
RECEBE VISITAS Sim

· PROPRIETÁRIOS
Guillermo & Guillo Barzi Canale

[**A VINÍCOLA CANALE** é uma das pioneiras no Río Negro. Foi fundada em 1909 pela família Canale e hoje continua sendo uma das grandes referências na Patagônia Argentina. Atualmente eles possuem 140 hectares de vinhedos, todos nessa área, com 70% dos vinhedos de vinhas antigas, com mais de 35 anos. Com esse material, eles produzem 1.600.000 garrafas, e são a maior vinícola da região.] **IMPORTADOR:** www.grandcru.com.br

95 BARZI CANALE
Malbec, Merlot, Cabernet Franc, Petit Verdot 2017
$$$$$ | P A T A G Ô N I A A R G E N T I N A | **14°**

Esta é a segunda versão do novo top de Canale, com sua primeira safra em 2015. Esta safra tem 37% de Malbec, 33% Merlot, 19% de Cabernet Franc e o resto do Petit Verdot e é uma seleção de fileiras entre os melhores vinhedos da vinícola em Rio Negro. Por ser uma pequena produção (três mil garrafas), o trabalho é artesanal, com colheitas manuais e trabalho em pequenos recipientes. O envelhecimento leva cerca de 18 meses em barricas, onde termina sua fermentação malolática. É um vinho muito jovem, com a força dos taninos na frente, mas também com uma grossa camada de sabores frutados, acompanhado de uma acidez crocante, que prevê uma longa vida na garrafa.

94 GRAN RESERVA
Cabernet Franc 2018
$$$ | P A T A G Ô N I A A R G E N T I N A | **14°**

Esta é uma seleção de parcelas de Cabernet Franc que Canale importou da Europa em meados da década de 1990, implantados na propriedade da família em Rio Negro. Depois de um ano envelhecendo em barricas, aqui está um vinho com muita profundidade de sabores, muita fruta e também muita força na boca. Aqui, além da fruta, está o tom de ervas da variedade, que aqui traz frescor e vitalidade.

94 GRAN RESERVA
Malbec 2018
$$$ | PATAGÔNIA ARGENTINA | **14°**

Trata-se de uma seleção de vinhedos de cerca de 15 anos, plantados na propriedade de Canale, em Rio Negro. A seleção deste Malbec foi feita com base no trabalho do enólogo Pedro Marchevski na vinícola Catena e, mais especificamente, no vinhedo Angélica, nos terraços aluviais do rio Mendoza. Este material, hoje base de muitos vinhedos em Mendoza e também no sul, produz esse delicioso Malbec em suas frutas vermelhas, profundas em sabores, intensas em acidez e com certos toques terrosos que trazem complexidade. Um vinho com um grande corpo, mas ao mesmo tempo de grande frescor.

93 GRAN RESERVA
Merlot 2018
$$$ | PATAGÔNIA ARGENTINA | **14°**

Este Merlot vem de vinhedos plantados em meados da década de 1990 na propriedade de Canale em Rio Negro, cujo material foi importado da Europa. Esta safra tem uma gama de aromas deliciosos e frutados, com frutas maduras em primeiro plano e, em seguida, os aromas de ervas ainda mais ao fundo. Envelhecido por 12 meses em barricas, este é um Merlot robusto em textura, firme em acidez, mas sempre frutado e suculento.

93 OLD VINEYARD
Sémillon 2019
$$ | PATAGÔNIA ARGENTINA | **13°**

Antes de o Sémillon ser resgatado na América do Sul, Canale já estava nessa tarefa e, na verdade, nunca a abandonou. Uma fonte confiável de Sémillon rico no estilo bordelês, com tons de mel e boca generosa, esta nova versão não decepciona. Ele é um branco para beber agora porque tem frescor e seria perfeito com pejerreys, mas também é um vinho para a guarda. Este Sémillon vem da histórica Finca El Milagro, plantada com essa variedade por volta de 1942 nos solos arenosos da propriedade de Canale em Rio Negro.

92 OLD VINEYARD
Malbec, Cabernet Sauvignon 2019
$$ | PATAGÔNIA ARGENTINA | **14°**

60% deste vinho é Malbec que vem de vinhedos plantados em 1969, enquanto 40% Cabernet Sauvignon vem de uma latada de 1937. Estagiado por um ano em madeiras usadas, este vinho tem um caráter frutado profundo, com taninos muito firmes e acidez suculenta, mas principalmente frutas vermelhas maduras em um contexto de vinho delicioso hoje em dia para beber com embutidos.

90 ÍNTIMO
Cabernet Sauvignon, Merlot, Malbec 2019
$ | PATAGÔNIA ARGENTINA | **13.5°**

Este vermelho oferece uma relação preço-qualidade muito boa, com muitos sabores frutados e tons especiados em uma textura com taninos e acidez suficiente para suportar um bom assado sem problemas. Esta é a garrafa clássica que vai rápido em qualquer reunião de amigos.

OUTRO VINHO SELECIONADO

89 | ÍNTIMO Cabernet Sauvignon 2019 | Patagônia Argentina | 13.5° | **$**

Iaccarini.

PROPRIETÁRIO Paulo Méndez
ENÓLOGO Daniel Pomar
WEB www.bodegaiaccarini.com.ar
RECEBE VISITAS Sim

• **ENÓLOGO** Daniel Pomar

[**OS MÉNDEZ COLLADO** são empresários de Buenos Aires sem relação prévia com o vinho. Em 2009 eles iniciaram este projeto em San Rafael, comprando vinhedos lá e uma vinícola no ano seguinte. Hoje eles têm 25 hectares com os quais produzem cerca de 350 mil garrafas.]

92 CAVAS DON NICASIO RESERVA
Malbec 2019
$$ | S A N   R A F A E L | **14°**

Cavas Don Nicasio é uma seleção de um vinhedo muito antigo, conduzido em latada e plantado em 1947, na área de Colonia El Usillal, em San Rafael. Um Malbec de grande elegância na textura, com aromas e sabores de frutas vermelhas maduras no meio de uma acidez amigável que é projetada pela boca, proporcionando o frescor justo. O vinho é envelhecido por um ano em barricas e as especiarias da madeira são sentidas, mas sem ofuscar a fruta.

92 VIA BLANCA RESERVA DE FAMILIA
Malbec 2019
$$ | S A N   R A F A E L | **13°**

Esta é uma seleção de vinhedos de Malbec, cerca de 14 anos, plantados em Colonia El Usillal, em San Rafael. O vinho é envelhecido por seis meses antes de ser engarrafado, e a ideia é que, ao contrário da linha básica de Terroir Series, haja mais concentração de sabores aqui. E há, mas o interessante é que você não perde o frescor em um vinho encorpado e taninos suficientes para costeletas de porco, juntamente com acidez suculenta e notas de ervas.

91 VIA BLANCA TERROIR SERIES
Malbec 2020
$ | S A N   R A F A E L | **13.9°**

Uma das boas relações preço-qualidade hoje no Malbec argentino, este exemplo de San Rafael vem de videiras jovens, plantadas há cerca de 15 anos em um vinhedo de 850 metros de altura. Simples, focado em sabores frutados, exibe notas de frutas vermelhas e negras em meio a suaves toques especiados. A boca é de corpo médio, com taninos firmes pedindo carne grelhada. Um Malbec que, por um preço ridículo, pode animar um churrasco inteiro. Compre várias garrafas.

90 VIA BLANCA TERROIR SERIES
Bonarda 2020
$ | S A N   R A F A E L | **13.9°**

Uma expressão suculenta de Bonarda, vem de vinhedos de cerca de 15 anos plantados em San Rafael, 850 metros acima do nível do mar. Sem envelhecer na madeira, este é um vinho que se parece com um suco de amora, simples e direto, mas ao mesmo tempo com um monte de caráter varietal.

Innocenti Estate.

PROPRIETÁRIO Mariano Innocenti

ENÓLOGA Virginia Siri

WEB www.anguloinnocenti.com

RECEBE VISITAS Sim • **PROPRIETÁRIO** Mariano Innocenti

[**OS ANGULO INNOCENTI** tem uma longa história no ramo de negócios em Mendoza. Em 2001 decidiram empreender também no vinho, com a compra de uma propriedade em La Consulta, no Vale do Uco, onde atualmente possuem cerca de 160 hectares, a maioria deles para a venda de uvas. Foi só em 2010 que eles começaram a engarrafar seus próprios vinhos.]

93 ANGELO INNOCENTI
Cabernet Sauvignon 2019
$$ | L A C O N S U L T A | **14°**

A partir da parcela oito, na propriedade dos Innocenti em La Consulta, este Cabernet geralmente tem aromas de ervas que dominam as frutas, e nesta versão permanece assim. É um Cabernet muito equilibrado, com muito frescor, principalmente na acidez, que é afiada, e naqueles aromas e sabores herbáceos que tendem a refrescar tudo em sua passagem. Os taninos são muito amigáveis, elegantes, finos, e o final é compartilhado entre frutas vermelhas maduras e tons de ervas.

92 ANGELO INNOCENTI
Cabernet Franc 2018
$$$ | L A C O N S U L T A | **14.5°**

Este Cabernet Franc é selecionado de um setor de propriedade rico em solos de pedra. O vinho é envelhecido em barricas por um ano, em madeira de segundo uso. O nariz é rico em tons de ervas, tabaco e especiarias, enquanto o fundo é frutado, rico em tons de frutas vermelhas e ao fundo, pequenos tons terrosos em um contexto de grande equilíbrio e elegância. Um Cabernet Franc com um forte caráter varietal.

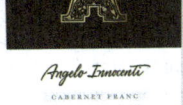

92 ANGELO INNOCENTI
Malbec 2019
$$ | L A C O N S U L T A | **14°**

Esta é uma seleção de vinhedos de Malbec de propriedade de Angulo Innocenti em seu vinhedo de La Consulta, no Vale do Uco. 50% do vinho é envelhecido em barricas por oito meses, e há algumas dessas notas de madeira tostada, mas o principal aqui é a fruta negra ácida e aromas florais em um vinho de corpo médio, com taninos muito firmes e sabores amplos e suculentos.

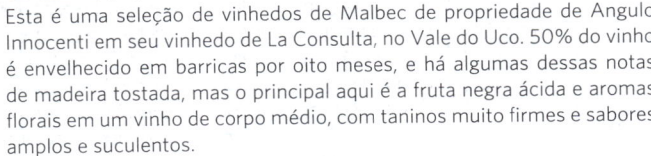

90 NONNI
Chardonnay 2019
$ | L A C O N S U L T A | **14°**

Muitos sabores frutados neste Chardonnay amigável e suculento de acidez rica e também com algumas notas de ervas. Este vinho vem de vinhedos plantados por volta de 2003 em solos calcários de La Consulta, no Vale do Uco. Não é envelhecido em barricas.

90 NONNI
Malbec 2019

$ | LA CONSULTA | **13.5°**

De vinhedos na área de La Consulta, no Vale do Uco, e com 30% do volume envelhecido em barricas de madeira usadas, este é um Malbec simples e direto em sua expressão frutada, com uma acidez muito rica e tons de especiarias doces no meio de frutas negras maduras.

Iúdica Vinos.

PROPRIETÁRIO Raúl Iúdica

ENÓLOGOS Raúl & Juan Iúdica

WEB www.iudicavinos.com

RECEBE VISITAS Sim

• **PROPRIETÁRIOS** Raúl Iúdica,
Laura de Iúdica & Juan Iúdica

[**IÚDICA ES** é um projeto de família, composto por Laura García, seu marido Raúl Iúdica e seu filho Juan. Eles começaram a fazer seus vinhos em 2016, embora todos os três tenham contato próximo com este mundo: são todos enólogos. Atualmente produzem cerca de 40 mil garrafas, parte delas com vinhedos próprios em Lavalle, mais frutas compradas em Maipú e Santa Rosa.]

93 NANNU
Torrontés 2019

$ | LAVALLE | **12°**

Iúdica obtém este Torrontés riojano de seu próprio vinhedo plantado no início dos anos 90 em Lavalle, em direção ao quente leste mendocino. Sem passar pela madeira, a sensação de doçura é tremenda, embora tenha menos de dois gramas de açúcar residual, e essa sensação só é da fruta madura. Um Torrontés luxuoso em seus sabores, em suas voluptuosas texturas de Botero, e a sensação de plenitude, do que está sendo bebido, mas ao mesmo tempo está sendo comido. Um vinho de grande caráter.

90 NANNÚ
Malbec, Bonarda 2016

$ | MAIPÚ | **12°**

Um tinto cheio de frutos seco e notas de especiarias doces; um vinho leve, mas ao mesmo tempo com bons taninos que se expandem através da boca junto com uma acidez firme, especialmente fresca em comparação com os aromas que parecem doces e maduros. Deixe essa mistura na taça por alguns minutos para oxigenar e você verá como a Bonarda (25% da mistura) mostra seus aromas de frutas negras, amoras maduras, o que muda o caráter deste vinho para um lado muito mais suculento, mais voluptuoso.

Kaikén Wines.

PROPRIETÁRIO Aurelio Montes
ENÓLOGOS Rogelio Rabino & Gustavo Hörmann
WEB www.kaikenwines.com
RECEBE VISITAS Sim

• **ENÓLOGOS**
Gustavo Hörmann & Rogelio Rabino

[**KAIKÉN** pertence aos chilenos de Viña Montes, uma das vinícolas mais bem sucedidas do país vizinho e emblemática do Vale de Colchagua. Foi fundada em Mendoza em 2002 e desde então tem acompanhado a evolução do vinho argentino. As linhas Terroir Series e Ultra se destacam de sua ampla gama, bem como seus vinhos high-end como Cabernet Franc Obertura e Malbec Mai. Seus vinhedos estão em Vistalba e Agrelo (Luján de Cuyo) e Vista Flores (Vale do Uco). O enólogo é Aurelio Montes Jr., enquanto o enólogo residente é Rogelio Rabino. Eles produzem cerca de 200.000 garrafas por ano.] **IMPORTADOR:** www.qualimpor.com.br

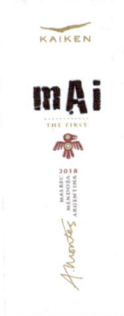

95 MAI
Malbec 2018
$$$$ | VISTALBA | **14.5°**

Mai é o vinho mais ambicioso de Kaikén e é baseado em um vinhedo antigo plantado em 1910 com Malbec, embora também tenha algumas plantas - como qualquer vinhedo antigo - de outras videiras, neste caso alguns Cabernet e alguns Sémillon. A primeira versão deste vinho foi em 2007, e esta nova safra pode ser considerada como um ponto de ruptura na breve história deste tinto. Embora já tenhamos havíamos visto em sua safra anterior, neste o leme se volta para a fruta mais suculenta e vivaz, deixando a madeira ao fundo, e para as frutas vermelhas e notas de violetas como protagonistas. Mai deve ser incluído entre os melhores Malbecs em Luján de Cuyo, que vem deste vinhedo antigo plantado na área de Vistalba, ao lado da vinícola Kaikén.

94 AVENTURA LOS CHACAYES SUR
Malbec 2019
$$$ | CHACAYES | **14.5°**

Para este **Aventura**, Kaikén seleciona parcelas de vinhedos em Los Chacayes, mas especialmente em solos muito rochosos, que geralmente dão vinhos concentrados e grande força tânica. Esta seleção representa com muita precisão o protótipo de Malbec que acreditamos estar localizado em Chacayes. Aromas florais, muitas frutas ácidas negras e vermelhas e uma textura firme, com taninos severos que dão a impressão de que o vinho tem uma austeridade quase monástica. A ideia de não estagiar em madeira e vinificar com intervenção mínima ajuda ainda mais a ver essa pequena paisagem montanhosa acima de 1.200 metros acima do nível do mar.

93 AVENTURA LOS CHACAYES NORTE
Malbec 2019
$$$ | CHACAYES | **14.6°**

Para este **Chacayes Norte**, vinhedos plantados em solos mais antigos do que para os Chacayes Sur foram selecionados, solos mais erodidos, menos pedregosos e com maior presença de cal. Como os outros membros desta linha de Kaikén, não há envelhecimento em barricas, e procuram oferecer uma visão mais clara do lugar e aqui esses solos de calcário revelam uma textura fina e afiada, com uma sensação de giz muito clara. Os aromas e sabores parecem próximos de cerejas vermelhas e violetas em um delicioso e suculento vinho.

93 OBERTURA
Cabernet Franc 2018
$$$ | CHACAYES | **14.5°**

Uma visão de Cabernet Franc amigável, textura bastante dócil, especialmente se pensarmos que este Franc vem dos solos rochosos de Los Chacayes, solos que geralmente dão vinhos de grande intensidade tânica. Aqui as extrações foram muito mais leves, daí a textura mais "domada" neste tinto que tem 12 meses de envelhecimento em barricas e deliciosos aromas de ervas, flores e frutas vermelhas maduras. Um olhar elegante para uma área que geralmente entrega pequenos monstros.

92 AVENTURA VALLE DE CANOTA
Malbec 2019
$$$ | LAS HERAS | **14.5°**

Canota é uma indicação geográfica que está localizada ao norte da cidade de Mendoza, ao pé dos Andes. E no momento, MaterVini e Kaikén recebem vinhos de lá, cerca de 1.100 metros de altura em solos ricos em pedras. Possui aromas de frutas vermelhas suculentas, notas de ervas em um vinho de textura selvagem, caráter quente e sabores envolventes.

92 ULTRA
Chardonnay 2019
$$ | ALTAMIRA | **14°**

Um Chardonnay suculento, textura muito macia e cremosa e tons de frutas brancas maduras. Atrás deles, leves sabores tostados da madeira e a sensação de amplitude. Ideal para um salmão grelhado ou para a famosa truta do rio Mendoza, este Chardonnay vem da área de Altamira, cerca de 1.200 metros de altura no Vale do Uco. 65% fermentado em aço e o resto em barricas novas. Essa parte é estagiada em madeira por um ano.

92 ULTRA
Merlot 2018
$$ | VISTALBA | **14.5°**

Um Merlot de taninos ferozes, muito tensos, um pouco selvagens, que são combinados com uma acidez firme, de grande vivacidade. As frutas parecem negras e maduras, mas com essa acidez tudo parece mais fresco, com maior crocância. Este é um Merlot para carne de caça assada ou para armazenar por alguns anos em garrafa, e vem de latadas na área de Vistalba, pouco mais de mil metros de altura no Luján de Cuyo.

90 ESTATE
Sauvignon Blanc, Sémillon 2020
$$ | AGRELO | **13°**

Extraordinariamente refrescante e herbáceo para ser Agrelo, uma área bastante quente, e esse tem muito nervo, muita tensão em um corpo leve, mas de acidez firme, e muitos aromas e sabores frutados frescos e radiantes que enchem o paladar. Ideal para aperitivo.

90 TERROIR SERIES
Torrontés 2020
$$$ | C A F A Y A T E | **13.5°**

Para este Torrontés, Kaikén deixa seus vinhedos em Agrelo e compra uvas em Cafayate, a área mais prestigiada da Argentina para esta variedade. E o que produz lá é um branco típico de Torrontés, com seus aromas florais e frutas brancas maduras em um corpo intenso, com taninos marcados, mas ao mesmo tempo de muitos sabores frutados. Este é ideal para empanadas de frango do norte da Argentina.

Karim Mussi Winemaker.

PROPRIETÁRIO Karim Mussi Saffie

ENÓLOGO Karim Mussi Saffie

WEB www.karimmussi.com

RECEBE VISITAS Sim

· **PROPRIETÁRIO & ENÓLOGO**
Karim Mussi

[**KARIM MUSSI** é um renomado enólogo mendocino que, ao longo dos anos, construiu um sólido portfólio de vinícolas sob seu nome: Altocedro, Abras, Alandes e Qaramy. Para preencher os 28 rótulos que compõem essa coleção, Mussi obtém frutas do Vale do Uco, com exceção da Abras, projeto focado em Cafayate.]

IMPORTADORES: www.portuscale.com.br www.thewine.com.br www.atlanticbeveragedistributors.com

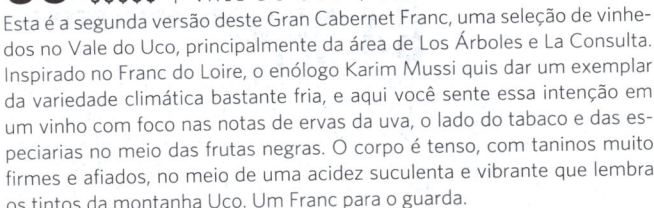

95 ALANDES GRAN CABERNET FRANC
Cabernet Franc 2018
$$$$$ | V A L E D O U C O | **14.7°**

Esta é a segunda versão deste Gran Cabernet Franc, uma seleção de vinhedos no Vale do Uco, principalmente da área de Los Árboles e La Consulta. Inspirado no Franc do Loire, o enólogo Karim Mussi quis dar um exemplar da variedade climática bastante fria, e aqui você sente essa intenção em um vinho com foco nas notas de ervas da uva, o lado do tabaco e das especiarias no meio das frutas negras. O corpo é tenso, com taninos muito firmes e afiados, no meio de uma acidez suculenta e vibrante que lembra os tintos da montanha Uco. Um Franc para o guarda.

95 ALTOCEDRO RESERVE OLD VINE
Malbec 2018
$$$$ | L A C O N S U L T A | **13.8°**

Para este **Reserve Old Vine** as uvas Malbec são selecionadas a partir de vinhedos de até 80 anos, em Altamira, Chacón e El Cepillo, ao sul do Vale do Uco. Estagiado por 18 meses em barricas, tem deliciosa suculência e profundidade. É a fruta que envia para cá, a densidade dos sabores e as notas de ervas e florais que o acompanham. A sedosidade dos taninos é outro fator a considerar; a cremosidade de taninos polidos. Um Malbec para pensar na guarda, mas que hoje seduz com suas frutas e sua textura.

94 ALANDES
Malbec 2019
$$$ | V A L E D O U C O | **14.5°**

Alandes Malbec Uco é uma mistura de seis vinhedos no Vale do Uco, ao pé da Cordilheira dos Andes, de Los Árboles ao norte, até El Cepillo, ao sul. 70% do volume é envelhecido em barricas por dez meses. O resultado é um vinho de muito caráter de montanha, com aquelas frutas vermelhas intensas e refrescantes, mas também com notas de ervas e flores que são clássicos do Uco. Um vinho para beber agora com carnes grelhadas, mas acima de tudo para armazenar na adega por alguns anos. Tem muita vida tem pela frente.

94 ALANDES PARADOUX BLEND BLANC DE BLAN. CS 4ÈME ÉDITION Sémillon, Sauvignon Blanc N/V
$$$$ | VALE DO UCO | **14°**

Paradoux branco nesta safra inclui os anos de 2017, 2018 e 2019, 66% Sémillon e o resto do Sauvignon Blanc, todos de vinhedos no Vale do Uco. Este é outro dos brancos argentinos que precisam de pelo menos três a quatro anos na garrafa para mostrar tudo o que têm. É intenso em camadas de sabores, o envelhecimento na madeira é sentido em seus toques tostados, e o corpo é concentrado, denso. Mas tudo ainda em um estado embrionário. Seja paciente porque vale a pena esperar por esse branco.

94 ALANDES PARADOUX RED BLEND 6ÈME ÉDITION Malbec, Merlot, Petit Verdot, Cabernet Franc, Cabernet Sauvignon N/V
$$$$ | VALE DO UCO | **14.8°**

A sexta edição do Paradoux inclui vinhos das safras de 2017 a 2019 e também de vinhedos que este ano incluem Los Árboles, Vista Flores, Los Chacayes, Altamira, El Cepillo e La Consulta. Além disso, inclui 20% de cada uma das variedades. Como veio do Vale do Uco, funciona muito bem. É um resumo dos tintos da montanha mendocinos com seu caráter de ervas, florais, mas acima de tudo generosos em frutas vermelhas e com uma textura firme que age como se fossem ossos em que uma grossa camada de sabores frutados é suportada. É um vinho para a guarda. Pense em no mínimo cinco anos.

94 ALTOCEDRO GRAN RESERVA Malbec 2017
$$$$$ | LA CONSULTA | **14°**

Muito perto da fronteira entre La Consulta e Altamira é um vinhedo de cerca de 108 anos, e de lá as videiras são selecionadas para esta Gran Reserva. Como todo vinhedo velho, não foi apenas plantado com uma variedade. Neste caso, há Sémillon que são cofermentadas com Malbec e correspondem a 4% ou 5% da mistura final. O resultado é um Malbec cheio de suculência doce, taninos sedosos, com uma acidez suave, mas ao mesmo tempo muito persistente. Continue até o fim, sutilmente refrescando os sabores deste vinho feito para durar uma década e mais. Abra esta garrafa em cinco anos para ganhar em complexidade.

93 ALTOCEDRO FINCA LOS GALOS Petit Verdot 2018
$$$ | LA CONSULTA | **15.1°**

Enxertado em uma latada de Cabernet Sauvignon por cerca de 15 anos na área de La Cañada, em La Consulta, no Vale do Uco, corresponde a um material importado de Margaux, Bordeaux, e que - segundo Karim Mussi - é menos tânico do que o habitual na variedade. No momento, a barrica tem destaque, mas atrás dessa cortina de aromas tostados você pode sentir a fruta vermelha da variedade, no meio de uma textura firme, mas isso não acrescenta. Outro para abrir espaço na adega.

93 ALTOCEDRO LA CONSULTA SELECT BLEND
Malbec, Syrah, C. Sauvignon, Tempranillo, C. Franc, Merlot 2019
$$$ | LA CONSULTA | **14.3°**

Consulta Select é um resumo dos cinco vinhedos dentro de La Consulta que a vinícola tem acesso, e também um resumo das variedades presentes lá. Estagiado por 12 meses em barricas, usadas principalmente, este é um bom exemplo do estilo dos vinhos de Karim Mussi: frutas maduras, corpos de densidade muito boa, a força dos taninos em tintos projetados para armazenamento. Três a quatro anos aqui lhe renderiam muito em complexidade.

92 ALANDES CALCHAQUI VALLEY
Malbec 2018
$$$ | CAFAYATE | **15.2°**

Esta é uma seleção de quatro vinhedos ao longo dos Vales Calchaquíes, de mais de 2.500 metros em Molinos, até 1.600, em Cafayate. 70% do volume é envelhecido em barricas por dez meses, de modo que a madeira não fique no caminho dessa interpretação do norte da Argentina, através do Malbec. Aqui você pode sentir o calor e a insolação intensa da área, os aromas maduros e suculentos de um Malbec nascido ao sol, a textura amigável e suculenta.

92 ALTOCEDRO AÑO CERO
BARREL COLLECTION ROSÉ Merlot 2019
$$$ | LA CONSULTA | **14.7°**

Este é um 100% Merlot da área de La Consulta. Com cachos prensados diretamente, fermentados em barricas e envelhecidos nelas por um ano, é um rosé de grande oleosidade, textura cremosa e sabores macios de frutas vermelhas ácidas, ervas e notas florais. Um desses rosados hoje mais frequentes na cena sul-americana, eclético com muitos pratos, mas acima de tudo projetado para a comida. Pode-se variar de paella a macarrão, e tudo o que podem pensar no meio. Um bom passo em frente na ideia de que rosé é muito mais do que um vinho para o aperitivo.

92 QARAMY 600
Malbec, Cabernet Sauvignon, Syrah 2017
$$$$$ | VALE DO UCO | **14°**

Finca Qaramy é um vinhedo de cerca de cem hectares plantado em Los Árboles, no Vale do Uco. As variedades naquele lugar são as três que compõem essa mistura. Este ano inclui 78% de Malbec, 15% Cabernet Sauvignon e o resto de Syrah. Este é um vinho robusto, do tipo de vinhos que vão bem com churrasco, onde vinhos concentrados, maduros e densos como estes têm seu lugar.

92 QARAMY ALTO
Malbec, Cabernet Sauvignon 2018
$$$$ | VALE DO UCO | **14.9°**

Esta mistura consiste em 90% de Malbec e 10% Cabernet Sauvignon, todos da área de Los Árboles, no Vale do Uco. Envelhecido em barricas por 18 meses, mantém o lado das frutas vermelhas, cerejas ácidas de Malbec de altura, juntamente com leves toques de violetas. Cabernet Sauvignon fornece seus taninos, que se sentem afiados e firmes em meio a camadas de sabores suculentos e profundos, e também com mais toques de ervas.

91 ABRAS
Torrontés 2020
$$ | CAFAYATE | 13.5°

O enólogo Karim Mussi obtém este Abras de vinhas de 50 anos plantadas nos solos arenosos de Cafayate, cerca de 1.750 metros de altura em Salta. O vinho é fermentado em tanques de aço e macerado com suas peles por cerca de 25 dias. Apesar dessa maceração prolongada, você não sente uma textura áspera aqui, mas sim uma generosidade abundante de aromas e sabores de frutas brancas e flores em um exemplar típico de variedade.

91 ALTOCEDRO AÑO CERO
Malbec 2019
$$ | LA CONSULTA | 14.2°

Año Cero é uma seleção de Malbec de solos pedregosos, plantados há cerca de 30 anos em diferentes vinhedos na área de La Consulta, no Vale do Uco. Um terço do vinho é envelhecido em barricas por cerca de dez meses e o resultado tem um estilo jovem, focado em frutas vermelhas maduras e na textura que parece amigável, construída a partir de taninos redondos e cremosos. Para ensopados de carne.

91 LOS POETAS RESERVA BLEND
Cabernet Franc, Cabernet Sauvignon, Malbec, Merlot 2018
$$$ | LA CONSULTA | 14.3°

Um estilo amplo, maduro e suculento nesta mistura de 45% Cabernet Sauvignon, 35% Malbec, 10% Merlot e 10% Cabernet Franc com 12 meses de envelhecimento em barricas. Os aromas tostados da madeira também são sentidos, especialmente na boca, onde este vinho se expande com seus sabores de frutas negras.

91 QARAMY
Malbec 2019
$$ | VALE DO UCO | 14°

Qaramy Malbec vem da área de Los Árboles do Vale do Uco de um vinhedo plantado cerca de 1.150 metros acima do nível do mar. Metade do vinho é envelhecido por cerca de dez meses em barricas e o que é obtido é um vinho sutilmente perfumado por carvalho tostado, mas no qual, acima de tudo, os aromas e sabores frutados se destacam, as notas de cerejas e violetas no meio de um corpo de taninos firmes e afiados que se agarram firmemente ao paladar, mas sem agredir; apenas a pegada certa para um bom bife grelhado.

90 ALTOCEDRO AÑO CERO
Cabernet Sauvignon 2019
$$ | LA CONSULTA | 14.3°

Uma mistura de dois vinhedos no Vale do Uco, mas com base na área de La Consulta, este Cabernet Sauvignon tem os clássicos aromas de ervas da variedade, acompanhados por leves toques terrosos. A boca é generosa no corpo, com taninos um pouco adstringentes que derretem em uma espessa camada de sabores maduros de frutas vermelhas.

90 EL TURCO BLEND DE UVAS TINTAS
Cabernet Sauvignon, Malbec, Merlot, Petit Verdot, Tempranillo 2019
$$ | LA CONSULTA | 14.5°

Esta é uma seleção de videiras jovens de seus próprios vinhedos em La Consulta, no Vale do Uco. A colheita é precoce em cada uma das variedades, a fim de dar maior vigor aos sabores maduros habituais da área. E o que é alcançado é um vinho muito fácil de beber, com ervas e toques especiados no meio de uma textura de taninos firmes, mas ao mesmo tempo muito fino. Um delicioso vinho agora para pizza.

90 EL TURCO
Malbec 2019
$$ | VALE DO UCO | **14.5°**

Para **El Turco**, as uvas vêm de uma seleção de seus próprios vinhedos na área de La Consulta, no Vale do Uco. Como de costume neste lugar, um pouco mais quente que o resto do sopé andino, os sabores parecem amigáveis e maduros, suculentos na boca. Um Malbec para beber com carne grelhada ou empanadas de carne, hoje está no seu melhor.

90 QARAMY
Cabernet Sauvignon 2019
$$ | VALE DO UCO | **15.1°**

Esta é uma seleção de Cabernet Sauvignon dos vinhedos de Qaramy em Los Árboles, cerca de 1.150 metros acima do nível do mar e ao pé dos Andes, no Vale do Uco. É um Cabernet suculento, com sabores maduros e untuosos, com leves toques de ervas em meio a uma espessa camada de sabores de frutas vermelhas maduras.

90 QARAMY LATIDO
Malbec 2019
$$ | VALE DO UCO | **14.5°**

Uma versão direta e fresca de Malbec de Los Árboles, este tinto sem madeira de videiras jovens naquela área do Vale do Uco, oferece o caráter quente e suculento do Malbec do lugar; notas especiadas e doces em meio a um corpo de taninos sedosos, com uma acidez afiada e um final levemente herbáceo.

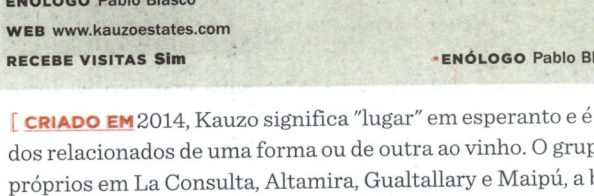

Kauzo Estates.

PROPRIETÁRIO Empreendedores e pequenos investidores (Argentina, E.U., Brasil)

ENÓLOGO Pablo Blasco

WEB www.kauzoestates.com

RECEBE VISITAS Sim

• **ENÓLOGO** Pablo Blasco

[**CRIADO EM** 2014, Kauzo significa "lugar" em esperanto e é o projeto de cinco amigos, todos relacionados de uma forma ou de outra ao vinho. O grupo possui cerca de 65 hectares próprios em La Consulta, Altamira, Gualtallary e Maipú, a base de sua produção, embora também trabalhem com outros produtores para completar as 200 mil garrafas que produzem anualmente, 45 mil delas sob a linha Kauzo Estate.] **IMPORTADOR:** www.delmaipo.com.br

94 1853 OLD VINE ESTATE SELECTED PARCEL
Malbec 2017
$$$ | LA CONSULTA | **14°**

Este vinhedo foi plantado em 1910, com material massal que - segundo os dados de Kauzo - vem de 1853, ou seja, é uma seleção de material histórico. É um pequeno vinhedo, de pouco mais de nove hectares, em La Consulta; uma área que oferece vinhos mais próximos de Luján de Cuyo em termos de estilo, aquelas frutas negras maduras em tintos voluptuosos, expansivos no paladar. Aqui você sente essas frutas, mas também há tons de especiarias doces em taninos muito macios, redondos e suculentos. Um mendocino clássico.

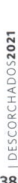

94 TERROIR EXPRESSION ALTAMIRA
Malbec 2018
$$$ | A L T A M I R A | 14°

Kauzo obtém as uvas para este Malbec de um vinhedo de 4,5 hectares plantado em 1960 na área de Altamira do Vale do Uco. Um Malbec de notas suculentas de frutas vermelhas, taninos polidos e uma acidez firme que dá vida e, acima de tudo, nervo. Embora macio para o Malbec comum do lugar, este tem uma certa elegância que o distingue. Um olhar sutil para Altamira, hoje uma das principais fontes para os tintos na Argentina.

90 KAUZO COFERMENTED
Malbec 2019
$$ | V A L E   D O   U C O | 13.5°

Trata-se de uma cofermentação de 80% de Malbec do La Consulta mais 20% de Malbec de Vista Flores, ambas áreas do Vale do Uco. Especialmente maduro para Uco, tem tons de especiarias doces, ervas e frutas negras em um corpo que se sente voluptuoso, com taninos muito fáceis de beber, redondos e amigáveis.

90 MALACARA OAK CASK RED BLEND
Malbec, Cabernet Sauvignon, Merlot 2019
$$ | M E N D O Z A | 13.5°

Esta mistura consiste em 50% Altamira Malbec, 30% Cabernet Sauvignon de El Cepillo e o resto de Syrah de Los Chacayes, todos no Vale do Uco. Um vinho simples e suculento com sabores amigáveis e taninos muito macios e cremosos. Tem um caráter maduro, mas não enjoa. Para o assado.

Krontiras.

PROPRIETÁRIO CK y Asociados S.A.
ENÓLOGOS Panos Zouboulis & Maricruz Antolín
WEB www.bodegaskrontiras.com
RECEBE VISITAS Sim

• **ENÓLOGO** Panos Zouboulis

[**CONSTANTINOS KRONTIRAS** é um empresário grego casado com uma argentino, Silvina, e, portanto, sua conexão com o vinho em Mendoza. Em 2005 começou a engarrafar seus vinhos sob a marca Krontiras, enquanto em 2011 eles abriram a vinícola em Perdriel. Toda a uva vem de duas fazendas que totalizam 20 hectares de vinhedos, plantadas principalmente com Malbec, embora haja também Tempranillo, Petit Verdot, Aglianico e Chardonnay, todas geridas sob os preceitos da biodinâmica.] **IMPORTADOR:** www.mmvinhos.com.br

92 KRONTIRAS NATURAL
Malbec 2020
$$$ | M E N D O Z A | 13.9°

Em uma safra muito quente, teve que ser colhida duas semanas antes do habitual, para manter a continuidade do estilo, o caráter fresco e frutado da variedade em um vinho de vinhedos plantados em 2005 e que hoje são manuseados sob os preceitos do biodinâmica. Este Malbec não é envelhecido em madeira ou sulfitos. Suco de fruta puro transformado em vinho que, em um ano quente, oferece um pouco mais de densidade e voluptuosidade, embora sem perder seu espírito simples e direto.

91 MIKRON
Malbec 2019
$$ | MENDOZA | **13.5°**

A primeira colheita de Mikron foi em 2009, e naqueles anos, quando esse tipo de vinhos "piscineiros" estavam apenas começando a aparecer, focados nas frutas vermelhas e frescas da variedade e no caráter festivo do Malbec, até aquele momento muito pouco explorado. Esta nova edição mantém o mesmo espírito com uma cascata de frutas vermelhas maduras em um vinho leve e muito amigável. E se adicionarmos uma nova safra a isso, a sensação da piscina aumenta.

91 KRONTIRAS COSMIC AMBER
Chardonnay 2019
$$$ | MENDOZA | **13.1°**

Esta laranja é cem por cento Chardonnay, com uma maceração com suas peles que atingiu até sete meses; um branco feito como um tinto que oferece um corpo generoso, cheio de sabores de frutas brancas confitadas em um corpo suculento e quente, textura muito macia, taninos muito amigáveis. Pronto agora para miúdos grelhados.

90 DOÑA SILVINA RESERVA
Malbec 2015
$$$ | MENDOZA | **14°**

De vinhedos com mais de cem anos de idade na área de Perdriel, este é um Malbec suculento, doce e amigável com taninos domados pelo álcool. Os sabores são maduros e expansivos. Um tinto para o inverno, com queijos.

90 MIKRON ROSADO
Malbec 2020
$$ | MENDOZA | **13.5°**

Feito com uvas de vinhedos orgânicos, este é 85% Malbec e 15% Aglianico, todos colhidos ao mesmo tempo e com pressão direta de cachos. Não tem passagem por barricas ou fermentação malolática. O fruto vermelho deste rosé parece maduro, talvez porque o Malbec foi colhido em par com Aglianico, que é uma variedade de maturidade tardia. Parece denso, voluptuoso, com sabores profundos. Para a paella.

La Cayetana.

PROPRIETÁRIA Emilia Armando de Soler
ENÓLOGO Eduardo Soler
WEB www.lacayetana1865.blogspot.com
RECEBE VISITAS Sim

• **PROPRIETÁRIA** Emilia Armando

[**LA CAYETANA** pertence a Emilia Armando, esposa de Eduardo Soler, proprietário e responsável pelos vinhos da Ver Sacrum. O projeto gira em torno da ideia de resgatar antigas técnicas e estilos de vinificação de Mendoza, com um visual moderno, ainda que sem integrar tecnologia.] **IMPORTADOR:** www.wines4u.com.br

94 INTEGRAE NATURAE
Pedro Ximénez 2019
$$$ | LAVALLE | **13°**

Esta é uma mistura de 90% de Pedro Ximénez ou também conhecida como Criolla Blanca na Argentina. Some-se a isso 10% de Gewürztrami-

ner, Viognier e Sémillon que estão sob envelhecimento biológico há dois anos, ou seja, sob o véu de flor como vinhos de Jerez. Esses 10% são adicionados a Pedro Ximénez antes do engarrafamento, como uma espécie de dosagem. O que resulta é um vinho redondo e suculento, cheio de tons caramelizados e oxidativos, mas também rico em tons florais e especiados. Um branco grande e profundo, beber agora ou guardá-lo por uma década.

93 INTEGRAE NATURAE
Pinot Noir 2018
$$$ | C H A C A Y E S | **13.5°**

Da área de Los Chacayes, cerca de cem metros de altura no coração do Vale do Uco, é um vinhedo plantado há cerca de seis anos no leito do rio do que já foi o Arroyo Grande. O vinho é envelhecido em barricas por um ano e o resultado é um Pinot Noir com notas terrosas, de poucas frutas vermelhas frescas que deveriam estar em um vinho jovem, mas que aqui foram substituídas por tons salinos. A textura é firme, densa, profunda e o fim é de ervas.

93 INTEGRAE NATURAE
Syrah 2018
$$$ | C H A C A Y E S | **14°**

Da área de Los Chacayes, no Vale do Uco, cerca de 1.100 metros de altura. É fermentado com leveduras indígenas, e depois fermentado e envelhecido em barricas usadas por 12 meses. A fruta é exuberante aqui, uma espécie de suco de amora densa, com taninos duros, como os usuais na área de Los Chacayes, um solo de pedra que dá tintos selvagens, com os aromas de ervas da montanha, mas especialmente com os taninos tensos dessas rochas no chão. Este é um Syrah que precisa de tempo na garrafa ou um bom corte de cordeiro cozido.

La Celia.

PROPRIETÁRIO VSPT Wine Group
ENÓLOGA Andrea Ferreyra
WEB www.lacelia.com.ar
RECEBE VISITAS Sim

• **ENÓLOGA** Andrea Ferreyra

[**DESDE 1999** de propriedade do grupo chileno San Pedro Tarapacá (também proprietário de Tamarí), esta vinícola histórica no Vale do Uco conta com 400 hectares distribuídos entre os distritos de Eugenio Bustos, Altamira e La Consulta. A variedade predominante é Malbec, a espinha dorsal dos vinhos La Celia.] **IMPORTADOR:** www.interfood.com.br

95 LA CELIA
Cabernet Sauvignon 2017
$$$$$ | V A L E D O U C O | **14°**

Os aromas de ervas se misturam muito bem aqui com notas de frutas negras de Cabernet de clima quente. É suculento e potente em taninos, mas também tem uma acidez linear e afiada que proporciona equilíbrio e uma sensação de frescor no meio de toda essa voluptuosidade. Um capítulo separado merecem os taninos, colunas de mármore, firmes e resistentes em um vinho para armazenar por vários anos na adega e depois abrir com pratos tão corpulentos quanto ele. Este Cabernet vem da fazenda de La Celia, na região de Eugenio Bustos, ao sul do Vale do Uco, com solos ricos em cal. Foi envelhecido em barricas por um ano e meio, e mais seis meses em tonéis.

95 LA CELIA
Malbec 2017
$$$$$ | ALTAMIRA | **14°**

Os aromas parecem maduros, mas não apenas frutados; aqui também há notas de flores e leves toques terrosos em um nariz que, apesar de sua juventude, já se sente complexo. A boca é construída a partir de taninos musculosos, de muito bom porte. A acidez também é sentida firmemente, apoiando sabores frutados neste tinto imponente e com um longo futuro na garrafa. Este novo vinho de La Celia é uma seleção de fileiras no lote 47, plantado em 1999 em Altamira e que hoje é a fonte do melhor Malbec da vinícola. Cem por cento estagiado em tonéis de dois mil litros por alguns anos antes de ir para a garrafa e ser mantido lá por mais um ano.

94 HERITAGE SINGLE VINEYARD
Malbec 2017
$$$ | ALTAMIRA | **14°**

Este é um vinhedo único, seleção de uvas do lote 47, plantada em Altamira em 1999. Vem sendo produzido desde a safra de 2006 e esta safra tem 15 meses de estágio, 70% do volume total em barricas e o restante em tonéis. Vem de uma safra quente como 2017, mas isso não parece. As frutas são doces e maduras, embora a acidez e os taninos mantenham a tensão, fazendo com que este Malbec se sinta ao mesmo tempo opulento e fibroso. Hoje está em um momento muito bom de consumo. Tente cordeiro ou algo de força semelhante.

94 LA CELIA
Cabernet Franc 2017
$$$$$ | LA CONSULTA | **14°**

Frutas maduras, notas de café e especiarias doces com fundo de ervas neste Cabernet Franc. É um vinho suculento, com tons defumados, especialmente na boca, e com um corpo imponente, que é projetado com seus sabores untuosos e sua estrutura rica em taninos fibrosos de vinho para ensopados de cordeiro, cozido lentamente até que a carne seja cortada com o garfo. Um vinho para cinco anos. Seja paciente com essa seleção de Cabernet Franc de um pequeno terreno de 3,9 hectares, que é estagiado em tonéis de dois mil litros por dois anos.

92 ELITE
Malbec 2018
$$ | ALTAMIRA | **14°**

Em um estilo suculento, com muita maturidade e notas especiadas e doces, este Malbec tem uma presença importante no paladar. Os taninos são firmes, ainda muito jovens, e essa estrutura suporta uma fruta suculenta, com muita intensidade e força. Esta é uma seleção de vinhedos na região de Altamira, ao sul do Vale do Uco.

90 LA CELIA ROSÉ
Pinot Noir, Pinot Grigio 2020
$ | VALE DO UCO | **12.5°**

Este rosé é uma boa relação preço-qualidade. Tem 80% de Pinot Noir e o resto de Pinot Grigio, todos de seus próprios vinhedos na área de La Consulta. Esta é a segunda versão e surpreende pelo seu corpo muito bom, no meio de uma acidez que refresca tudo em seu caminho. Tem muitas frutas vermelhas frescas, algumas notas de ervas. Pelo seu preço, é quase imbatível no segmento. Leve-o para a mesa com paella ou frutos do mar grelhados.

90 PIONEER
Cabernet Sauvignon 2019
$ | V A L E   D O   U C O | **14°**

Um Cabernet musculoso, de sabores muito bons e suculentos de frutas negras maduras, mas temperado com notas de ervas. A boca é ampla, com taninos firmes e acidez afiada. Uma excelente relação preço-qualidade para beber com frios.

OUTROS VINHOS SELECIONADOS
89 | PIONEER Cabernet Franc 2019 | Vale do Uco | 14° | **$**
88 | PIONEER Chardonnay 2019 | Vale do Uco | 13.5° | **$**
88 | PIONEER Malbec 2019 | Vale do Uco | 13.5° | **$**

La Florita.

PROPRIETÁRIO Família Badaloni, Adrián Toledo & Marcelo Licanic
ENÓLOGO Adrián Toledo
WEB www.laflorita.com
RECEBE VISITAS Não

• **PROPRIETÁRIO** Juan Franco Badaloni

[**JUAN FRANCO BADALONI** tem cerca de 24 hectares de vinhedos na área de El Peral, uma fazenda cercada por montanhas e ladeada por árvores em um dos lugares mais frondosos do deserto que é o Vale do Uco. O vinhedo foi plantado em 2008 basicamente com syrah e essa é a base deste projeto, onde Marcelo Licanic e o enólogo Adrián Toledo também participam; produzem cerca de 40.000 garrafas..]

94 PRIMER INTENTO
Bonarda 2018
$$ | E L   P E R A L | **13°**

Em Finca La Florita, vinhedo base deste projeto localizado em El Peral, há 0,5 hectare plantado com Bonarda com cerca de 12 anos. Cem por cento de cacho inteiro e com um ano de envelhecimento em barricas de 500 litros, o resultado é um vinho de deliciosa tensão, um excelente exemplar de como a Bonarda se transforma em áreas mais frias e montanhosas como El Peral, em direção ao pé dos Andes, a 1.150 metros de altura no Vale do Uco. Aqui há frutas vermelhas, acidez vibrante e taninos firmes, coisas que raramente são vistas em Bonardas do leste de Mendoza, onde esta variedade abunda.

94 PRIMER INTENTO
Malbec 2019
$$ | E L   P E R A L | **13.5°**

Este Malbec vem de uma "mancha" de solos altamente rochosos na propriedade de La Florita em El Peral, no Vale do Uco. Essa parcela dá baixa produtividade e sabores concentrados. Nesta safra, as notas de ervas parecem tomar o centro do palco, deixando as frutas vermelhas, ácidas e refrescantes ao fundo. Na boca é tenso, suculento, com tons de frutas azuis no meio desse lado de ervas que continua predominando.

94 PRIMER INTENTO
Syrah, Sémillon, Malbec 2018
$$ | E L   P E R A L | **13.6°**

Esta é uma seleção de um terreno de 3,8 hectares em El Peral, no Vale do Uco. É um vinhedo de cerca de 12 anos, plantado nos solos arenosos e pedregosos daquela área. Cem por cento feito com cachos inteiros e co-fermentado com 5% de Sémillon e 10% de Malbec, este vinho tem o estilo dos tintos da casa, notas frescas e herbáceas, tensão de tanino e acidez crocante. Antes da doçura usual em Syrah mendocinos, o que parece aqui é vivacidade e frutas vermelhas em um vinho para curry de cordeiro.

92 **TIERRA DE LECHUZAS**
Malbec 2020
$$ | EL PERAL | **13.4°**

As uvas para este Tierra de Lechuzas vêm de videiras jovens, de quatro anos de idade, plantadas na fazenda La Florita, propriedade da família Badaloni em El Peral. Trata-se de uma cofermentação entre 85% de Malbec, mais 10% de Syrah e o resto de Alicante Bouschet, mais 30% de engaço na mistura. É um vinho de excelente relação preço-qualidade, concentrado, suculento, generoso em frutas negras maduras, acompanhado de tons especiados e de ervas.

92 **TIERRA DE LECHUZAS**
Sémillon 2019
$ | EL PERAL | **13.5°**

Este vinho vem de um vinhedo muito antigo, plantado em El Peral. Sem envelhecer em barricas, tem uma cor intensa, quase dourada, e um corpo cremoso, cheio de sabores de frutas maduras, quase em geleia. É amigável, com toques especiados no final da boca e aquela maciez, aquele arredondamento da textura que faz você pensar em fetuccini Alfredo.

La Giolina.

PROPRIETÁRIO Ángel Morchio
ENÓLOGA María Morchio
WEB www.lasnencias.com.ar
RECEBE VISITAS Não

• **ENÓLOGA** María Morchio

[**LA GIOLINA** começou a engarrafar seus vinhos em 2009, com a base de dois vinhedos, ambos em La Consulta. Lá eles plantaram cerca de 75 hectares, 90% deles com Malbec, que é o foco da vinícola. La Giolina pertence à família Morchio Giol e produz cerca de 80 mil garrafas, além do negócio de venda de uvas e produção de vinhos a granel.]

92 **VALLE LAS NENCIAS FAMILY SELECTION**
Malbec 2018
$$ | LA CONSULTA | **14°**

Este Malbec vem de solos muito pobres e arenosos, e de um vinhedo Malbec enxertado em Merlot na área de La Consulta. Envelhece por cerca de oito meses, em barricas e tonéis, todos de madeira usada. A expressão da fruta aqui é clara: tudo é frutado e refrescante, os aromas e sabores que lembram cerejas ácidas. O corpo tem média intensidade, construído em taninos muito finos e firmes, e uma acidez que impõe sua presença desde o início. Um Malbec ideal para o verão, para beber e matar a sede.

La Giolina.

92 VALLE LAS NENCIAS SINGLE VINEYARD
Malbec 2017
$$$ | LA CONSULTA | 14.5°

Este **Single Vineyard** vem de uma parcela no vinhedo La Esperanza, na área de La Consulta, cerca de mil metros de altura no Vale do Uco. É envelhecido por um ano e pouco mais em barricas novas. A fruta aqui é claramente percebida, refrescantes frutas vermelhas, mas ao mesmo tempo você pode sentir a influência da barrica, fornecendo notas tostadas, e também há notas terrosas em um corpo médio, com taninos muito finos e macios.

91 VALLE LAS NENCIAS RESERVE
Malbec 2019
$$ | LA CONSULTA | 13.5°

De vinhedos plantados em 1998 na área de La Consulta, no Vale do Uco, este é um Malbec simples e frutado, mostrando notas de frutas vermelhas e flores da variedade que cresce ao pé da Cordilheira dos Andes. Este é ideal para abrir com hambúrgueres.

OUTROS VINHOS SELECIONADOS
89 | LARETIAS Malbec 2020 | La Consulta | 13.5° | $
89 | VALLE LAS NENCIAS FAMILY SELECTION Merlot 2018 | La Consulta | 14° | $$

La Posta Vineyard.

PROPRIETÁRIA Laura Catena
ENÓLOGO Luis Reginatto
WEB www.lapostavineyards.com
RECEBE VISITAS Sim

• **PROPRIETÁRIA & ENÓLOGO**
Luis Reginatto & Laura Catena

[**LAURA CATENA** (Luca Wines) tem esse projeto há cerca de 15 anos. As uvas são compradas de terceiros, mas torna visível o nome de cada vinhedo, de cada produtor, no rótulo, como forma de reconhecer esse trabalho e o local específico de origem. Na verdade, é o sobrenome de cada vinhedo ou família produtora que dá nome a cada vinho. Há, por exemplo, o Malbec La Posta Pizzella, cultivada em Altamira pelos Pizzella, um casal de professores que saíram de Buenos Aires para o campo, ou o Bonarda La Posta Armando, que nasce de um vinhedo de seis hectares no setor Guaymallén, plantado em 1963 e de propriedade de Estela Armando, cuja ligação com o cultivo da videira vem de seu bisavô.] **IMPORTADOR:** www.vinci.com.br

93 PIZZELLA
Malbec 2019
$$ | LA CONSULTA | 13.5°

Cerca de 1.150 metros acima do nível do mar, em Tupungato, este Malbec foi plantado em meados da década passada. 50% é envelhecido em barricas por cerca de dez meses e os outros 50% permanecem em tanques de aço. A expressão do Malbec de Uco é clara aqui, com seus aromas de frutas vermelhas ácidas e violetas. É intenso no corpo, de profundidade muito boa e com um delicioso final floral, que convida você a continuar bebendo.

93 FAZZIO
Malbec 2019
$$ | TUPUNGATO | 13.5°

Este vinhedo da família Pizzella foi plantado por volta do início de 2000.

50% do vinho foi envelhecido em barricas de diferentes usos e os outros 50% foram estagiados em aço por dez meses. O vinho tem o caráter do Malbec de Altamira, especialmente tintos que vêm de solos pedregosos, que oferecem uma textura rígida e afiada e, neste caso, rica em frutas vermelhas ácidas e notas de violetas.

92 PAULUCCI
Malbec 2019
$$ | U G A R T E C H E | **13.5°**

De um vinhedo na área de Ugarteche, plantado há cerca de 45 anos, mostra uma cara bastante fresca de Malbec em um lugar que geralmente oferece vinhos de frutas mais negras. Neste caso, parece vigoroso, com acidez acentuada, com taninos muito firmes e afiados, à espera de um churrasco. Tem uma concentração muito boa e um final que lembra violetas.

90 LA POSTA ROSÉ
Malbec 2020
$$ | V A L E D O U C O | **13.5°**

Este rosé é o produto de uvas Malbec de Tupungato, mas colhido cedo para preservar o frescor da fruta. Com 13% de álcool, trata-se de um rosé leve e amigável, com uma textura muito boa e acidez. Para beber no verão.

OUTRO VINHO SELECIONADO

89 | LA POSTA BLANCO WHITE BLEND Torrontés, Sauvignon Blanc 2020
Los Árboles | 13.5° | **$$**

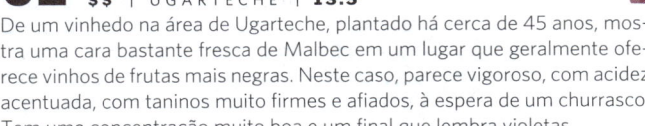

Lagarde.

PROPRIETÁRIO Família Pescarmona
ENÓLOGO Juan Roby
WEB www.lagarde.com.ar
RECEBE VISITAS Sim

• **ENÓLOGO** Juan Roby

[**A HISTÓRIA** moderna de Lagarde começa em 1969, quando a família Pescarmona comprou esta vinícola de 1897. Os Pescarmona fizeram dela uma das marcas mais representativas do vinho argentino, e hoje a terceira geração dessa família está no comando. Comandada desde 2003 pelo enólogo Juan Roby Stordeur, Lagarde possui vinhedos em algumas das melhores áreas de Mendoza, como Gualtallary, Vista Flores, Perdriel, Agrelo e Mayor Drummond. Nesta última está localizada a vinícola, além do vinhedo histórico da casa, plantado em 1906.] **IMPORTADOR:** www.ravin.com.br

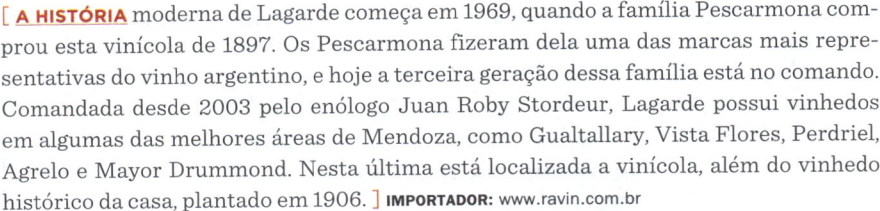

95 HENRY GRAN GUARDA
Malbec, Cabernet Sauvignon, Cabernet Franc, Syrah 2017
$$$$$ | L U J Á N D E C U Y O | **14.2°**

A primeira versão de Henry Gran Guarda foi em 1997 e, como todos os grandes vinhos daqueles anos, tinha um forte foco na extração, no corpo. Esta nova safra mostra o sinal dos tempos, com um vinho que tem mudado em direção a um estilo mais delicado, menos severo e menos duro. O envelhecimento foi reduzido de dois anos para um ano e meio, mas, acima de tudo, o tamanho das barricas aumentou para 500 litros, o que diminui a influência da tosta de madeira. O resultado não decepcionará os fãs deste vinho, mas não vai assustar aqueles que procuram vinhos menos concentrados. É maduro, suculento, mas ao mesmo tempo focado na fruta madura e voluptuosa de Luján de Cuyo que, neste vinho, apesar dos anos, mantém seu selo e seu senso de lugar.

95 PRIMERAS VIÑAS
Malbec 2018
$$$$$ | GUALTALLARY | 13.9°

Primeras Viñas é uma seleção dos vinhedos mais antigos, plantados em 2005 na propriedade que Lagarde tem em Gualtallary, ao pé da Cordilheira dos Andes e cerca de 1.380 metros de altura. Os solos são ricos em areias, quase 90%, mas também há cal, que dá esse vinho de textura de giz, enquanto a areia dá aqueles aromas suculentos de frutas. São solos quentes que apuram a maturidade e que se sente aqui, naqueles aromas maduros e exuberantes, juntamente com taninos firmes e tensos. Frutas vermelhas, violetas, ervas em todos os lugares em um Malbec que se sente caótico agora em sua juventude, mas que sem dúvida se desenvolverá muito bem na garrafa. Tenham paciência.

94 LAGARDE BLANC DE NOIR BRUT NATURE MILLÉSIMÉ Pinot Noir 2017
$$$$ | VISTA FLORES | 12.4°

Ao procurar frescor no Pinot Noir, Lagarde recorre aos vinhedos de Vista Flores, no Vale do Uco, onde a nova influência da montanha imprime seu selo nervoso na acidez. Trata-se de cem por cento de Pinot Noir daquela área e foi feito com o método tradicional de segunda fermentação na garrafa e com três anos de contato com as borras. É um creme na boca; bolhas macias, abundantes e finas se misturam com sabores especiados e florais. Acidez é o fio condutor com sua sensação afiada, com sua aresta em um vinho de grande profundidade. Um espumante para a guarda.

94 HENRY PURE
Cabernet Sauvignon 2017
$$$$$ | GUALTALLARY | 14°

Para esta nova versão de Henry Pure, o enólogo Juan Roby selecionou vinhedos plantados com Cabernet Sauvignon em 2010, comprados no complexo de Tupungato Winelands. O vinho tem dois anos em barricas de 500 litros, apenas duas barricas nessa pequena produção que hoje é concentrada, intensa, selvagem, talvez muito jovem, mas já mostrando toda a generosidade e exuberância dos tintos que nascem nos solos de areia e cal de Gualtallary, ao pé dos Andes e cerca de 1.400 metros de altura no Vale do Uco.

94 PRIMERAS VIÑAS
Malbec 2018
$$$$$ | LUJÁN DE CUYO | 14.2°

Primeras Viñas Malbec é uma mistura das duas principais fontes da variedade que Lagarde tem em Luján de Cuyo: Perdriel e Mayor Drummond. O primeiro, plantado por volta de 1930, e o segundo por volta de 1906. Envelhecida por 18 meses em barricas novas de 500 litros e tosta muito suave, aqui a madeira traz um leve toque especiado, enquanto a fruta é mostrada com total clareza. Esta fruta tem o caráter da área, o lado amigável e maduro dos vinhos de Luján, a textura construída a partir de taninos redondos, deslizando pelo paladar sem arestas. Um vinho se bebe muito bem agora com frios defumados, mas que vai durar pelo menos uma década na garrafa.

94 PROYECTO HERMANAS
Chardonnay 2020
$$$$ | GUALTALLARY | 13.2°

De vinhedos muito jovens, plantados por volta de 2014 nos solos arenosos e calcários de Gualtallary, ao pé dos Andes, no Vale do Uco. Esse lugar tem dado muito bom Chardonnay, especialmente graças ao frescor da montanha e aqueles solos ricos em calcário. Aqui você pode sentir essa influência, em um Chardonnay de grande volume, generosas camadas de sabores, mas ao mesmo tempo com uma acidez afiada, que parece ter aresta. Sem fermentação malolática, a cremosidade que oferece é impressionante. Um vinho de longa duração. Deixe na garrafa por dois ou três anos.

94 PROYECTO HERMANAS
Malbec, Cabernet Franc 2018
$$$$ | MEDRANO | 13.8°

Esta nova versão da mistura Proyecto Hermanas tem 75% de Malbec de Gualtallary no Vale do Uco e 25% Cabernet Franc de Perdriel em Luján de Cuyo. O envelhecimento de ambas as variedades é feito por um ano em barricas usadas, e o que sai delas é um vinho poderoso, com notas de frutas vermelhas maduras e violetas de Malbec da montanha, ligadas ao lado suculento, mas ao mesmo tempo um pouco herbáceo do Cabernet Franc de Luján. A textura é tensa, com taninos afiados e o final é inundado com notas de tabaco. Para beber com queijos maduros.

93 GUARDA DOC
Malbec 2018
$$$ | LUJÁN DE CUYO | 14.1°

Lagarde tem 22 hectares de Malbec em Mayor Drummond, depois da adega e ao lado de seu restaurante El Fogón, um dos bons restaurantes de Mendoza. Esse vinhedo foi plantado em 1906, e a partir de uma seleção dessas videiras vem este Guarda DOC, um Malbec que mostra claramente o estilo dos vinhos da denominação, aquele caráter suculento, delicioso, amigável em taninos, cheio de notas especiadas e de ervas, mas acima de tudo frutado em um tinto de sabores profundos e concentrados.

93 LAGARDE ORGANIC
Malbec 2019
$$ | LUJÁN DE CUYO | 13.8°

Esta é a segunda versão do Organic Malbec, um tinto que vem de vinhedos orgânicos na área de Mayor Drummond, de um vinhedo localizado atrás da adega e que foi plantado em 1906. Toda a pureza frutada dessas videiras velhas é mostrada aqui, em um vinho sem passagem por de barricas, o que de certa forma amplifica a sensação do Malbec de Luján de Cuyo, com aquelas notas de frutas negras maduras e aqueles taninos macios e amigáveis. Um excelente exemplar da variedade, mas em uma área tradicional e histórica em Mendoza.

93 PROYECTO HERMANAS WHITE BLEND
Viognier, Sémillon, Sauvignon Blanc 2019
$$$$ | LUJÁN DE CUYO | 12.6°

Esta mistura é baseada em 53% de Viognier, mais 38% de Sémillon e o resto do Sauvignon Blanc, todos de diferentes vinhedos em Luján de Cuyo, principalmente Perdriel e Mayor Drummond. 80% do volume foi fermentado em barricas por quase um ano, o que lhe deu um certo toque especiado e tostado, mas o que mais chama a atenção é a cremosidade e densidade do vinho na boca, os sabores profundos, a deliciosa suculência que inunda o paladar em um vinho para massas.

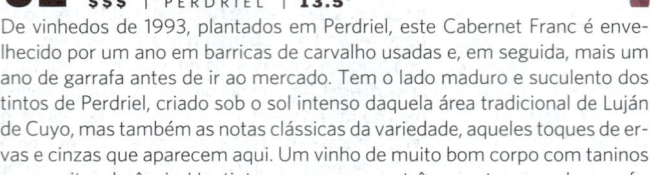

92 GUARDA
Cabernet Franc 2018
$$$ | PERDRIEL | **13.5°**

De vinhedos de 1993, plantados em Perdriel, este Cabernet Franc é envelhecido por um ano em barricas de carvalho usadas e, em seguida, mais um ano de garrafa antes de ir ao mercado. Tem o lado maduro e suculento dos tintos de Perdriel, criado sob o sol intenso daquela área tradicional de Luján de Cuyo, mas também as notas clássicas da variedade, aqueles toques de ervas e cinzas que aparecem aqui. Um vinho de muito bom corpo com taninos com muita aderência. Um tinto para pensar em três a quatro anos de garrafa.

92 GUARDA BLEND
Malbec, Cabernet Sauvignon, Merlot, Syrah 2018
$$$ | LUJÁN DE CUYO | **13.5°**

Esta mistura consiste em 40% de Malbec, 30% Cabernet Sauvignon, 20% Merlot e os 10% restantes de Syrah. O vinho é envelhecido por um ano em barricas usadas e é uma excelente interpretação da área, desses sabores e aromas suculentos, maduros, envolventes. A textura é macia, cremosa, redonda, e a maturidade é voluptuosa em um vinho ideal para acompanhar os generosos assados argentinos.

92 LAGARDE
Moscato 2019
$$ | PERDRIEL | **12.6°**

De vinhas plantadas no final dos anos 90 em Perdriel, este Moscato Giallo tem todo o perfume da variedade, flores e frutas brancas exuberantes. Fermentado com as peles, tem uma boa pegada na boca graças à maceração que durou duas semanas e deu-lhe taninos firmes e severos. O corpo é apoiado, no entanto, por sua generosidade de sabores que transbordam no paladar. A acidez acompanha com sua crocância.

92 LAGARDE
Viognier 2020
$$ | PERDRIEL | **11.6°**

De vinhedos plantados em 1993, nos solos aluviais de Perdriel, cerca de 980 metros de altura em Luján de Cuyo. Colhido muito cedo na estação e em um ano muito quente, este tem um frescor delicioso, marcado por uma acidez que tem uma aresta, e que contrasta com frutas maduras inundando o paladar. O estilo deste Viognier mudou muito. Costumava ser um creme, agora é um suco delicioso e refrescante.

92 ORGANIC ROSÉ
Malbec, Sémillon 2020
$$ | LUJÁN DE CUYO | **12.8°**

Este rosé é uma mistura de 70% de Sémillon e 30% de Malbec, ambos de vinhedos muito antigos, plantados em 1906 em Mayor Drummond, em Luján de Cuyo. Malbec é quem dá a cor aqui, com uma breve maceração, mas o suficiente para dar aquele rosa pálido que mostra. Um vinho com aromas muito frescos, leves toques florais e uma boca que encanta pelo seu peso. Tem cremosidade e, ao mesmo tempo, força. Não é o rosé típico para aliviar o calor do verão, este vai um pouco mais longe, com seus sabores profundos e oleosidade que, segundo o enólogo Juan Roby, vem do Sémillon, que geralmente dá esse volume.

91 ALTAS CUMBRES
Sauvignon Blanc 2020
$$ | MENDOZA | **11.5°**

Este Sauvignon vem de dois vinhedos, um em Perdriel, em Luján de Cuyo, e outro em Vista Flores, no Vale do Uco. Fermentado em aço, tem uma deliciosa clareza de frutas, apoiada por uma acidez que range na boca com seu frescor. Ele é um branco simples, mas ao mesmo tempo com muita aptidão para o verão.

91 CHAMPENOISE BLEND EXTRA BRUT
Chardonnay, Pinot Noir N/V
$$$ | MENDOZA | **12.6°**

Feito com 50% de Chardonnay de Perdriel e 50% de Pinot Noir de Vista Flores, no Vale do Uco, este é um método tradicional com 18 meses de contato com as borras. É um espumante com foco em sabores e aromas frutados, acompanhado de tons de ervas e bolhas muito finas e amigáveis. Com seis gramas de açúcar residual, parece um pouco doce, mas são frutas maduras que dominam.

91 GOES PINK ROSÉ
Malbec, Pinot Noir 2020
$$ | MENDOZA | **12.7°**

Esta é uma mistura de 50% Malbec de Perdriel, mais 50% Pinot Noir de Vista Flores. Enquanto o Malbec é o produto de uma sangria, o Pinot é pressionado completamente a partir dos cachos. Fermentado em tanques de aço, é um rosé amigável e suculento, mas acima de tudo muito frutado e refrescante. A acidez deixa nervoso o tempo todo em seu paladar. Um bom companheiro para o verão.

91 LAGARDE
Chardonnay 2020
$$ | PERDRIEL | **12.6°**

Apesar de ser um ano quente e vir 100% de um lugar quente como Perdriel (mais conhecido por seus tintos do que por seus brancos), este cem por cento Chardonnay sem passagem por barricas é surpreendentemente fresco. Colhido muito cedo, e com baixo teor de álcool, aqui está muita suculência e sabores refrescantes.

91 LAGARDE
Malbec 2019
$$ | LUJÁN DE CUYO | **14.1°**

Mostrando claramente o estilo maduro, especiado e muito macio que caracteriza o Malbec de Luján de Cuyo, oferece frutas negra em meio a tons de especiarias doces que vêm da madeira. A textura é dada por taninos macios e redondos. Um vinho ideal para costeletas grelhadas.

91 LAGARDE BLEND DE TINTAS
Cabernet Sauvignon, Malbec, Syrah 2019
$$ | LUJÁN DE CUYO | **13.5°**

Esta é uma mistura de 40% Cabernet Sauvignon, 33% Malbec e o resto de Syrah, todos de diferentes vinhedos em Luján de Cuyo. Cabernet mostra seus taninos firmes, mas são Malbec e Syrah que colocam os sabores frutados nesta expressão amigável e frutada de Luján de Cuyo. Esta é a primeira versão deste vinho não envelhecido em barricas.

Lagarde.

90 ALTAS CUMBRES
Malbec 2019
$$ | LUJÁN DE CUYO | **12.6°**

Um Malbec direto e simples, esta é uma mistura dos vinhedos de Lagarde em Luján de Cuyo. Com sabores frescos, muitas frutas vermelhas maduras e um corpo macio, amigável e rico em acidez, serve como um companheiro perfeito para assados ou empanadas de carne.

Las Payas.

PROPRIETÁRIO Santiago Salgado
ENÓLOGO Santiago Salgado
WEB www.fincalaspayas.com.ar
RECEBE VISITAS Sim

• **PROPRIETÁRIO & ENÓLOGO**
Santiago Salgado

[**SANTIAGO SALGADO** estudou jornalismo em Buenos Aires, mas a partir dos 23 anos começou a se dedicar ao teatro, como produtor. Nessa idade, ele reabriu um antigo teatro em seu bairro, San Isidro, enquanto continuava seu trabalho de produção. No entanto, em 2004 ele decidiu mudar de vida e se mudou para San Rafael para trabalhar no campo. E a partir daí, ele caiu no vinho. Sua primeira safra foi em 2005 e desde então compra uvas de diferentes produtores da área. A visão de Salgado é completamente livre, sem preconceitos, embora tenha certa tendência a fazer vinhos naturais, com nada além de uvas. Las Payas produz alguns dos vinhos mais incomuns que a Argentina oferece hoje.] **IMPORTADOR:** www.sommelier4u.com.br

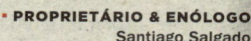

94 CIVILIZACIÓN Y BARBARIE
Cabernet Franc, Criolla Grande, Moscatel Rosado, Cereza 2020
$$ | SAN RAFAEL | **14.5°**

A base deste vinho é Cabernet Franc (a "civilização"), apenas algumas fileiras ou 400 quilos que Santiago Salgado compra de um vizinho de Las Payas. O resto, ou seja, cerca de 400 quilos a mais de variedades Criollas representando a "barbárie", tudo em referência ao livro clássico do autor Domingo Sarmiento, Facundo, Civilización y Barbarie en la Pampa Argentina. O resultado é uma delícia de frutas vermelhas, um vinho crocante, refrescante, cheio de vida, cheio de tensão e vitalidade. Um daqueles tintos que se comportam como brancos, ideal para refrescar.

93 LIBRE
Nero d'Avola 2020
$$ | SAN RAFAEL | **12.5°**

Uma delícia de Nero d'Avola, vem do vinhedo experimental da INTA em Rama Caída, em San Rafael; um laboratório que é uma das principais fontes de uvas de Las Payas e todas as suas variedades excêntricas. Neste caso, é um vinho feito sem aditivos de qualquer tipo, apenas suco de uva fermentado que dá um delicioso tinto, de acidez vibrante, do tipo de vinhos para beber sem parar.

92 BICHO RARO
Canela 2020
$$ | SAN RAFAEL | **13°**

Canela é uma cruzamento natural, aconteceu no Novo Mundo, entre o

Muscat a Petit Grain e Listán Prieto ou também conhecida como Criolla Chica na Argentina. É uma uva rosa, muito pouca cor, o que dá a este vinho uma aparência quase de clarete. Na boca é nervoso, cheio de acidez intensa e taninos macios, enquanto sabores frutados são mostrados em todos os lugares em um vinho ideal para matar a sede.

92 BICHO RARO
Patricia, Malvina, Emperatriz 2019
$$ | S A N   R A F A E L | **12.8°**

Das três variedades, a Emperatriz é fermentada com suas peles, enquanto as outras duas são fermentadas como se fossem brancas, embora na verdade sejam meio rosadas. Sem qualquer aditivo, apenas uvas fermentadas, este é um delicioso rosé, refrescante, tenso, acidez muito boa e com foco em notas de ervas. O vinho que precisam para passar os dias de verão à beira da piscina.

92 CRIOLLAJE
Cereza, Criolla Grande, Pedro Ximénez 2019
$ | S A N   R A F A E L | **12.3°**

Como o nome indica, esta é uma mistura de variedades Criollas que foram cofermentadas como tintas, ou seja, em contato com suas peles. É um vinho leve, muito fresco, focado em frutas vermelhas e com a acidez na frente, refrescando tudo em seu caminho, direcionando os sabores para um caráter nervoso e suculento.

91 LA ABUELA NO ESTÁ ORGULLOSA
San Rafael 2020
$$ | S A N   R A F A E L | **12.4°**

Argentina é uma variedade criada pela INTA, filha do Moscatel Rosado, tem toda aquela carga de frutas vermelhas e flores em um vinho refrescante e suculento, tons especiados em um corpo firme, de acidez muito boa. Um vinho piscineiro rosé, para o verão.

90 SOLES NACIENDO DE UNOS PECES
Serna 2020
$$ | S A N   R A F A E L | **13.4°**

Serna é uma variedade criada pelo aparentemente muito criativo INTA de San Rafael. É uma uva de mesa que foi macerada com as peles por seis meses, como vinho laranja. Vinificado naturalmente, só que com uvas, este é um vinho frutado, com acidez crocante e tons de frutas vermelhas e ervas.

OUTRO VINHO SELECIONADO
89 | BICHO RARO Malvina 2019 | San Rafael | 14° | $$

López.

PROPRIETÁRIO Família López

ENÓLOGOS Carlos López & Omar Panella

WEB www.bodegaslopez.com.ar

RECEBE VISITAS Sim

• **ENÓLOGOS** Omar Panella, Carlos López & Carmelo Panella

[**ESTE SE TRATA,** com certeza, de um estilo. Eles mesmos chamam de estilo López, e como poucas vezes essa autodefinição tem razão. Esta vinícola foi fundada em 1898 e ainda está nas mãos da família, que tem mantido uma maneira de fazer as coisas quase sem variações por mais de um século. Hoje eles têm cerca de mil hectares, dos quais 700 estão em Maipú, incluindo seu emblemático vinhedo La Marthita, uma longa extensão de videiras antigas (cerca de 180 hectares) de onde nascem vinhos clássicos como o Montchenot. A vinícola, também localizada em Maipú, é branca e imponente e abriga contêineres de 40 milhões de litros. Os López se distanciam da moda com vinhos sutis, às vezes extremamente delicados, filhos do envelhecimento. Como no caso de Weinert, os López acreditam que o vinho deve ser armazenado primeiro em barris antigos, entre cinco mil e 35 mil litros de capacidade, onde, de acordo com cada rótulo, eles podem permanecer por vários anos, décadas às vezes. Eles também acreditam no envelhecimento da garrafa, que também dura anos. É uma maneira de ver vinho, um olhar à moda antiga que nós aqui em Descorchados não só aplaudimos, mas admiram.] **IMPORTADORES:** www.uainegroup.com.br www.rivascomex.com.br

96 MONTCHENOT 20 AÑOS
Cabernet Sauvignon, Merlot, Malbec 2001
$$$$$ | MENDOZA | 12.8°

O auge do estilo de López, neste 20 años há a base típica de Cabernet Sauvignon (65%) Merlot (20%) do vinhedo La Marthita em Cruz de Piedra, em Maipú, bem como vinhedos em Agrelo para Malbec. O vinho tem três anos em barricas e depois o resto é na garrafa nas adegas da vinícola. A propósito, é um vinho sutil. O tempo de armazenamento deu-lhe um lado especiado que une as frutas confitadas formando um aroma difícil de definir, mas delicioso. A boca é quase etérea, com taninos tão polidos que dificilmente se sentem e uma acidez quase imperceptível acompanhando. Um vinho de equilíbrio perfeito e com uma profundidade de sabores que impressiona. Ele está no seu melhor hoje.

94 MONTCHENOT 10 AÑOS
Cabernet Sauvignon, Merlot, Malbec 2011
$$ | MENDOZA | 13.2°

Do vinhedo La Marthita, onde López recebe seu melhor Cabernet Sauvignon e Merlot (a base deste vinho é 65% Cabernet e 20% Merlot), este é um excelente exemplo do estilo de Montchenot. Neste caso, possui dez anos de guarda na vinícola, que são divididos em três anos de barricas e o restante em garrafa. O que sai dessas garrafas é um vinho de grande elegância, generoso em notas especiadas doces, com hints de café e frutas vermelhas secas. É doce, no sentido mais gentil da palavra; os taninos tão macios e essa sensação especiada na boca. Um clássico.

94 MONTCHENOT 15 AÑOS
Cabernet Sauvignon, Merlot, Malbec 2006
$$$$ | MENDOZA | **13°**

Outro dos grandes clássicos da Argentina, este tinto é baseado no vinhedo La Marthita de Cruz de Piedra, com 65% de Cabernet Sauvignon, 20% Merlot e o resto do Malbec, este último dos vinhedos da vinícola em Agrelo. O vinho tem três anos em barricas e depois o resto ocorre na garrafa, sem sair da vinícola até os 15 anos. O resultado é um vinho com muitas camadas de sabores especiados e frutas confitadas e detalhes de café. A boca tem um lado muito amigável, com taninos muito firmes e suculentos, e um final especiado.

93 PETIT MONTCHENOT
Cabernet Sauvignon, Merlot, Malbec 2016
$$ | MENDOZA | **13.3°**

Este é o novo vinho da clássica linha Montchenot, os vinhos envelhecidos na vinícola de López. Neste caso, é uma mistura de vinhedos de Cruz de Piedra e Agrelo e uma mistura de uvas com 65% de Cabernet Sauvignon, 15% Merlot e o resto de Malbec. O envelhecimento dura dois anos em barricas de cinco mil a vinte mil litros, e depois três anos na garrafa. O estilo é o habitual, um tinto com sabores especiados e frutados, com taninos muito polidos e corpo leve e amigável. Neste caso, parece ainda mais frutado e fresco devido à sua juventude, mas o espírito é o mesmo.

92 CHATEAU VIEUX
Malbec 2018
$$ | MENDOZA | **13.5°**

Um **Chateau Vieux** especialmente frutado e concentrado, pelo menos pelos padrões de López, é esta nova versão de um clássico argentino. Esta safra vem da área de Cruz de Piedra, nos solos aluviais de Maipú, em Mendoza. Envelheceu por seis meses em barricas entre cinco mil e seis mil litros, e depois foi armazenado na garrafa por mais meio ano antes de entrar no mercado. É intenso em aromas de frutas vermelhas maduras, enquanto na boca se sente macia, com taninos muito polidos e redondos. Notas de ervas se adicionam aos sabores frutados. Um vinho para a guarda.

91 CHATEAU VIEUX
Cabernet Sauvignon, Merlot, Pinot Noir 2014
$$ | MENDOZA | **13.4°**

Esta mistura tradicional de Cabernet Sauvignon, Merlot e Pinot Noir, de vinhedos em Cruz de Piedra e Lunlunta tem o selo dos vinhos da casa, os aromas terrosos e especiadas de uma guarda de tonéis longa, três anos neste caso. A boca já se sente bem equilibrada, com taninos muito macios, emoldurados em uma acidez amigável e fresca. Para entrar no mundo de López, esta é uma boa porta.

90 CASONA LÓPEZ
Malbec 2019
$ | MENDOZA | **13.3°**

Um Malbec que fala do sol de Luján de Cuyo, aqui você pode sentir as notas de frutas negras no meio de detalhes especiados. A boca é firme, com taninos pontiagudos, embora não sejam agressivos. É tudo maturidade e frutas negras.

90 MONTCHENOT NATURE
Chardonnay, Sémillon, Pinot Noir 2019
$$ | MENDOZA | **12.6°**

Produzido com o método charmat de segunda fermentação em tanques de aço, e com seis meses de contato com as borras, este é simples, frutado, muito fresco e com uma bolha muito macia, pelo menos para os padrões deste método de elaboração. Abra esta garrafa para ceviche.

OUTROS VINHOS SELECIONADOS

89 | LÓPEZ Sémillon 2020 | Mendoza | 14° | $

89 | MONTCHENOT Chenin Blanc 2020 | Mendoza | 12.5° | $

89 | MONTCHENOT BRUT NATURE Pinot Noir, Chardonnay 2019 | Mendoza 12.6° | $$

89 | MONTCHENOT EXTRA BRUT Chardonnay, Sémillon, Pinot Noir 2019 Mendoza | 12.5° | $$

87 | CASONA LÓPEZ Chardonnay 2020 | Mendoza | 13.8° | $

86 | TRAFUL Malbec 2019 | Mendoza | 13.5° | $

Lorenzo de Agrelo.

PROPRIETÁRIO Ricardo Hernán de Laurente

ENÓLOGO Matías Tomás Prieto

WEB www.lorenzodeAgrelo.com

RECEBE VISITAS Não

• **ENÓLOGO** Matías Tomás Prieto

[**LORENZO DE AGRELO** pertence a Hernán de Laurente e Marcelo Tinelli, ambos não relacionados ao vinho em termos comerciais. Em 2010, eles iniciaram esse projeto, após a compra de terras onde plantaram 60 hectares de vinhedos. A primeira colheita foi feita com uvas já plantadas naquela fazenda em 2011. Hoje eles produzem cerca de cem mil garrafas.]

96 FEDE
Malbec 2016
$$$$$ | AGRELO | **14.7°**

Federico Ribero foi um dos membros originais do trio de sócios da vinícola Lorenzo de Agrelo. Federico morreu em 2013 e este vinho, o primeiro a produzir na vinícola, é em homenagem a ele. É selecionado a partir de um vinhedo plantado em alta densidade em solos ricos em areias, mas com um subsolo de rochas encharcadas de calcário; um solo típico do leito do rio ao pé dos Andes. Isso tem um efeito importante na estrutura do vinho, nos taninos firmes, na forma como a textura se estende pela boca com a sensação que o giz pode dar. A fruta é vermelha, intensa, fresca, crocante e a acidez acompanha o tempo todo, como um guarda-costas. Esta é uma excelente visão de Agrelo, de um Agrelo acima de mil metros de altura que tem muito a ver com o que acontece um pouco mais alto, com o frescor que dá a montanha no Vale do Uco.

95 LORENZO LOSAGRADO
Malbec 2018
$$$$ | AGRELO | **14.5°**

Este **LoSagrado** é uma seleção de fileiras de vinhedos de face para o sudeste na propriedade da vinícola em Agrelo, cerca de mil metros de altura. É uma nova orientação neste hemisfério do mundo, e que tem dado ao fruto muita expressão e grande frescor. Não há aqui as notas de ervas e florais (de violetas) do Malbec de Uco, alguns metros mais alto nas montanhas andinas; este tinto mostra um monte de frutas, sem que os 14 meses de barricas tenha conseguido distorcer.

---

94 LORENZO LOBENDITO
Malbec 2018
$ $ $ $ | A G R E L O | **14.3°**

Este **LoBendito** vem de uma seleção de fileiras voltadas para o norte, uma orientação quente em um lugar muito quente como Mendoza. Este vem de Agrelo, com cerca de 1.100 metros de altura e é possível que essa altitude influencie para que a fruta não se sinta tão doce, tão madura; mas há também a mão desta vinícola, que tende a colher cedo, e que é sentido nas frutas vermelhas, a acidez nervosa deste Malbec suculento na medida certa.

---

93 LORENZO LODIVINO
Malbec 2018
$ $ $ $ | A G R E L O | **14.4°**

O vinhedo para este LoDivino está localizado no topo de uma pequena colina, ligeiramente orientada para o leste. As frutas são suculentas, como em todos os tintos da casa; os taninos ligeiramente mais doces, mas a sensação de fruta vermelha madura, generosa e exuberante, é mantida em um tinto muito bom e com um final de cereja preta acompanhado de uma acidez crocante. Um tinto para levar para o churrasco e abrir quando for a hora do corte principal.

---

93 MÁRTIR
Chardonnay 2019
$ $ $ | L O S Á R B O L E S | **12.6°**

Este é o único vinho do portfólio de Lorenzo de Agrelo que não vem de seus próprios vinhedos naquela área, mas de um antigo vinhedo de Chardonnay em Los Árboles, no Vale do Uco. Sem envelhecimento em barricas, ele só tem contato com suas borras por entre seis e oito meses em ovos de cimento. Com 70% de fermentação malolática, tem cremosidade, mas ao mesmo tempo acidez muito boa que destaca sabores frutados, frutas brancas maduras e tons especiados. Um vinho denso, mas crocante, pronto agora para tempurá.

---

92 MÁRTIR
Malbec 2018
$ $ $ | A G R E L O | **14.3°**

Aqui está uma fotografia muito boa de Agrelo, especialmente do que hoje é chamado de "alto Agrelo", acima de 1.050 metros de altura. Frutas vermelhas maduras, tons de ervas e florais, sem a centelha de Uco - um pouco mais alto -, mas muito mais fresco do que os exemplares de Agrelo em uma altura mais baixa, embora com textura macia e elegante similar de taninos. O melhor dos dois mundos, resumido em um Malbec frutado, muito fresco, com toques de ervas macias e alguma delicadeza, sutileza. Hoje está no seu melhor momento de consumo, então vá para os frios.

---

91 MÁRTIR
Cabernet Franc 2018
$ $ $ | A G R E L O | **14.2°**

De vinhedos de cerca de dez anos, na área de Alto Agrelo, a 1.050 metros acima do nível do mar, este Cabernet Franc é envelhecido em barricas por um ano antes de ir para a garrafa. Tem aromas herbáceos, muitas frutas vermelhas maduras e tons terrosos que se sentem mais claramente no paladar, em meio a taninos macios e suculentos. Para empanadas de carne.

Los Haroldos.

PROPRIETÁRIO Família Falasco
ENÓLOGO Gustavo Martínez
WEB www.losharoldos.com
RECEBE VISITAS Não

• **ENÓLOGO** Gustavo Martínez

[**DESDE SUA** chegada à Argentina, a família Falasco está relacionada ao vinho, primeiro à venda em Buenos Aires e depois à produção e venda, a partir do final dos anos 80. Os vinhedos de Balbo foram a primeira marca registrada, seguidos depois por Los Haroldos, uma vinícola que a família comprou em 1994 e que hoje é a marca que mais exporta.]

IMPORTADOR: obraprimaimportadora.com.br

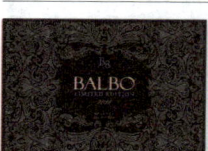

94 BALBO LIMITED EDITION
C. Sauvignon, Merlot, Malbec, P. Verdot, Bonarda, Syrah, Tannat 2018
$$ | VALE DO UCO | **14.5°**

Este **Limited Edition** é uma seleção de vinhedos de diferentes origens e também uma amostra de diferentes barricas. As variedades vêm principalmente do Vale do Uco, apenas Tannat e Bonarda não vêm de lá. Todos são envelhecidos em madeira separadamente por seis meses e, em seguida, depois de fazer a mistura final, o vinho retorna mais seis meses para barricas antes de ir para a garrafa. A madeira ainda parece presente, mas é uma coisa de tempo para a camada grossa de sabores frutados absorver esses tons tostados. A textura é muito macia, embora tenha taninos firmes que ajudam a sensação de aderência. Um vinho que ainda precisa de tempo na garrafa para ganhar em complexidade. Pense em pelo menos três anos.

94 LOS HAROLDOS GRAN CORTE
C. Sauvignon, Merlot, Malbec, Bonarda, P. Verdot, Syrah, Tannat 2018
$$ | VALE DO UCO | **14.5°**

Este multivarietal consiste principalmente de frutas do Vale do Uco, exceto Tannat e Bonarda, que vêm do leste de Mendoza. Sete variedades que, em uma espécie de homenagem, correspondem aos sete membros da família que atualmente trabalham na vinícola. Esta é uma seleção de vinhedos e barricas que é envelhecida por um ano em madeira, e o resultado é um tinto muito duro, ainda com taninos selvagens em meio a frutas maduras e notas especiadas. Suculento, complexo, intenso e denso, é para beber com ossobuco.

91 BALBO VINEYARD SELECTION
Malbec 2018
$ | VALE DO UCO | **14.5°**

Esta é uma seleção de vinhedos de diferentes áreas do Vale do Uco. Cem por cento envelhecido em barricas, metade madeira nova, é outra expressão muito boa de Malbec de Uco, com seus aromas de cerejas negras e notas de violetas, no meio de um corpo denso, de acidez muito boa, e taninos macios e amigáveis.

91 LOS HAROLDOS RESERVA
Malbec 2018
$ | VALE DO UCO | **14°**

Uma relação preço-qualidade quase imbatível, esta é uma mistura de diferentes vinhedos no Vale do Uco. 90% do vinho é envelhecido em barricas, a maioria de segundo uso, e o resto em aço. A influência da madeira é sentida, mas não é o ator principal. A fruta aqui domina, com seus sabores vermelhos e maduros, além de algumas notas de flores. A textura tem aderência suficiente para um pedaço de carne grelhada.

90 BALBO ESTATE
Malbec 2019
$ | M E N D O Z A | **14°**

Uma boa abordagem para o Malbec do Vale do Uco, é simples e focado em frutas, além de algumas notas de ervas e florais. O corpo é médio a leve, com uma textura de boa aderência e muitos sabores frutados. 70% do volume total foi estagiado em madeira e os outros 30% foram fermentados e estagiados em aço.

OUTROS VINHOS SELECIONADOS

88 | ESTATE Malbec 2019 | Mendoza | 14° | **$**
88 | LOS HAROLDOS ESTATE Malbec, Cabernet Sauvignon, Petit Verdot 2019 Mendoza | 14° | **$**
87 | CHACABUCO Malbec 2020 | Mendoza | 14° | **$**

Los Helechos.

PROPRIETÁRIO FECOVITA Ltda.
ENÓLOGO Marcelo Parolaro
WEB www.bodegaloshelechos.com.ar
RECEBE VISITAS Não

• ENÓLOGO Marcelo Parolaro

[**A FEDERAÇÃO** das Cooperativas de Vinhos Da Argentina, a Fecovita, é uma associação de 29 cooperativas em toda a Argentina. No total, cinco mil produtores possuem mais de 30 mil hectares de vinhedos, um gigante que tem como uma de suas marcas emblemáticas Estancia Mendoza e, sob esse guarda-chuva, marcas como Los Helechos ou a representação para a América do Sul da marca F.C. Barcelona, que eles podem usar como linha de vinhos.]

93 LOS HELECHOS MALBEC DE MALBECS
Malbec 2016
$$$ | V A L E D O U C O | **14°**

Esta é uma seleção do melhor Malbec de Los Helechos, plantados no Vale do Uco, em direção ao pé dos Andes e ao sul da cidade de Mendoza. Estagiado em barricas novas, possui um forte componente frutado, rico em tons de cerejas e flores no meio de um corpo médio, acidez rica; uma acidez nítida e afiada que combina com a textura de taninos firmes, muito típicos dos solos ricos em cal do lugar. Um bom exemplar de Malbec andino.

91 LOS HELECHOS RESERVE
Malbec 2019
$ | V A L E D O U C O | **13.7°**

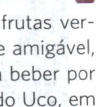

Uma excelente relação preço-qualidade, este é generoso em frutas vermelhas maduras, em tons de flores, e uma textura suculenta e amigável, com taninos muito redondos e polidos. Um vinho não só para beber por garrafas, mas para dar uma olhada no estilo Malbec no Vale do Uco, em direção ao pé dos Andes.

Los Helechos.

90 LOS HELECHOS SELECTED VINEYARD
Malbec 2019

$$ | VALE DO UCO | 13.6°

Um Malbec suculento e expressivo do Vale do Uco, este tem todos os componentes que são esperados da variedade nas alturas andinas. Há aromas de frutas vermelhas maduras, ervas e notas violetas no meio de um corpo fresco, rico em acidez e macio em taninos. Um tinto ideal para assados.

OUTROS VINHOS SELECIONADOS

89 | LOS HELECHOS RESERVE Cabernet Sauvignon 2019 | Vale do Uco | 13.6° | $

88 | LOS HELECHOS RESERVE Chardonnay 2019 | Vale do Uco | 12.9° | $

Los Toneles.

PROPRIETÁRIO Millán S.A.

ENÓLOGA Clara Eugenia Roby

WEB www.bodegalostoneles.com

RECEBE VISITAS Sim

• **ENÓLOGA** Clara Eugenia Roby

[A FAMÍLIA MILLÁN comprou a vinícola Armando em 2002, uma empresa mendocina fundada em 1922, e renomeou-a Los Toneles, para honrar a forma como as pessoas se referiam a ela, a vinícola da barrica, por causa de seus enormes tonéis, visíveis da rua. Depois de reformar o antigo prédio (denominado Patrimônio Cultural de Mendoza), eles se dedicaram à produção de vinhos de massa. Em 2010, no entanto, decidiram reorientar a vinícola visando a qualidade. Para isso, eles construíram um catálogo de acordo com a origem das uvas e o tempo de armazenamento. Suas uvas vêm de vinhedos de Luján de Cuyo (Perdriel) e do Vale do Uco (Chacayes, Vista Flores, Gualtallary). Os Millán também têm as vinícolas Fuego Blanco e Mosquita Muerta Wines.]

94 TONEL 137
Malbec 2017

$$$ | VALE DO UCO | 14.8°

Esta é uma seleção de Finca Mosquita Muerta, em Los Árboles, no Vale do Uco, acima de 1.300 metros de altura. É uma pequena produção de cerca de sete mil garrafas, com 60% do vinho envelhecido em barricas de 500 litros por um ano. É um Malbec suculento, de maturidade muito boa, tons especiados e florais; um tinto que mostra um caráter muito acessível, muito amigável em textura e, ao mesmo tempo, sabores profundos que duram muito tempo. Para carnes de porco defumadas.

92 TONEL 78
Malbec, Bonarda 2018

$$ | VALE DO UCO | 13.5°

Trata-se de uma mistura de 60% de Malbec na área de La Consulta, no Vale do Uco, mais 40% de Bonarda de Ugarteche, o tradicional D.O. de Luján de Cuyo. Ambas as variedades foram cofermentadas e, em seguida, 50% do vinho foi envelhecido em barricas. É uma boa mistura, o melhor dos dois mundos; os frutos frescos do Malbec de Uco, com a untuosidade da Bonarda de Ugarteche, sem qualquer uma, realmente, prevalecendo. Um vinho muito equilibrado, muito frutado e, acima de tudo, muito amigável.

90 TONEL 46
Cabernet Sauvignon 2018
$$ | VALE DO UCO | **13.5°**

A partir de uma seleção de dois vinhedos na área de Vista Flores do Vale do Uco, mostra um lado varietal claro. É firme em taninos, com leves toques de ervas e, acima de tudo, frutas negras em um Cabernet com energia suficiente para pensar em entrecote grelhado.

90 TONEL 46
Malbec 2018
$$ | VALE DO UCO | **13.5°**

Para este Malbec, as uvas vêm de produtores principalmente em La Consulta e Tupungato, ambas no Vale do Uco. Este tem uma expressão generosa e frutada, rica em tons de frutas vermelhas maduras e algumas flores. A textura é amigável, com sabores generosos e uma doçura agradável.

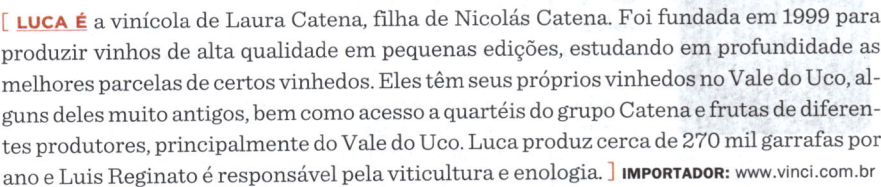

Luca Wines.

PROPRIETÁRIA Laura Catena
ENÓLOGO Luis Reginato
WEB www.lucawines.com
RECEBE VISITAS Sim

• PROPRIETÁRIA & ENÓLOGO
Luis Reginatto & Laura Catena

[**LUCA É** a vinícola de Laura Catena, filha de Nicolás Catena. Foi fundada em 1999 para produzir vinhos de alta qualidade em pequenas edições, estudando em profundidade as melhores parcelas de certos vinhedos. Eles têm seus próprios vinhedos no Vale do Uco, alguns deles muito antigos, bem como acesso a quartéis do grupo Catena e frutas de diferentes produtores, principalmente do Vale do Uco. Luca produz cerca de 270 mil garrafas por ano e Luis Reginato é responsável pela viticultura e enologia.] **IMPORTADOR:** www.vinci.com.br

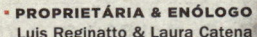

96 NICO BY LUCA ROSAS VINEYARD
Malbec 2017
$$$$$ | LA CONSULTA | **14°**

O vinhedo Rosas foi iniciado em 2020 (tinha cem anos), então esta será a penúltima versão dos vinhos Luca mais ambiciosos, um 100% Malbec estagiado em barricas de 500 litros por dois anos. Naquela época, o vinho parece não ter perdido sua crocância e frescor: frutas vermelhas ácidas e notas de violetas estão aqui mostrando todo o caráter do Malbec de Uco, toda a sua energia e vitalidade. Este tinto parece fresco, suculento, tenso, com tons de frutas vermelhas por toda parte. Aqui há vinho por pelo menos mais dez anos.

95 HISTORIA DE FAMILIA
Malbec 2018
$$$$$ | VALE DO UCO | **13.5°**

Uma mistura de dois vinhedos de Malbec, 50% de Altamira plantado no início dos anos 2000, e o outro na parte mais alta de Gualtallary, cerca de 1.550 metros acima do nível do mar, plantado em 2013. Após um ano de envelhecimento em barricas (80% de volume), o vinho mostra uma deliciosa profundidade de frutas vermelhas maduras, mas também uma acidez tensa, que marca os contornos da língua com uma aresta refrescante. O final está cheio de notas florais, violetas por toda parte.

95 LUCA BESO DE DANTE
Malbec, Cabernet Franc, Cabernet Sauvignon 2018
$$$$ | VALE DO UCO | 14°

Historicamente, esta era uma mistura baseada em Cabernet Sauvignon com Malbec. A partir de 2015, o Cabernet Franc começou a ser incorporado diante do sucesso que começou a ter essa variedade no Vale do Uco. Esta safra tem 60% de Malbec, 30% Cabernet Sauvignon e o resto do Cabernet Franc, envelhecido em barricas por 18 meses. A fruta vermelha suculenta da Malbec do Uco se sente aqui com seus sabores de frutas vermelhas e violetas. No entanto, 30% de Cabernet vem de El Cepillo, uma área fria ao sul de Uco, onde essa variedade oferece um lado forte de ervas que fica aqui, juntamente com taninos bem definidos e firmes.

94 G LOT
Chardonnay 2019
$$$ | GUALTALLARY | 13.5°

Este **G Lot** vem de vinhedos plantados acima de 1.400 metros de altura na área de Monasterio, dentro de Gualtallary, um lugar rico em cascalho e cal que, juntamente com o clima frio da montanha, oferece brancos de grande frescor e verticalidade em sua estrutura; vinhos nervosos e, ao mesmo tempo, cremosidade rica. Neste caso, há uma generosidade de frutas brancas maduras em meio a notas de ervas. O corpo é suculento, com uma acidez tensa e sabores profundos.

94 MALBEC OLD VINE
Malbec 2018
$$$ | VALE DO UCO | 13.5°

Malbec Old Vine é uma seleção de cinco produtores em todo o Vale do Uco, e todas as videiras antigas, com cerca de 80 anos de idade. O vinho é envelhecido em barricas, um terço de madeira nova. Colhido no início da estação, aqui você sente um caráter muito de Malbec do Uco, com seus aromas de violetas e cerejas, e a boca marcada por taninos firmes e acidez afiada. É uma fotografia muito boa do vale em sua parte histórica, quando ainda não havia se tornado o boom que é hoje. Não tem a aresta ou verticalidade das versões mais modernas, plantadas em vinhedos mais altos, mas o frescor e o caráter frutado.

94 SYRAH LABORDE DOUBLE SELECT
Syrah 2018
$$$ | LA CONSULTA | 13.5°

Este é um Syrah que vem de vinhedos muito antigos pelos padrões da cepa, cerca de 55 anos na área de La Consulta, ao sul do Vale do Uco. O vinho é envelhecido por um ano em barricas, 35% de madeira nova, e agora mostra um rosto muito frutado, com tons de frutas e flores vermelhas ácidas, em meio a taninos firmes, cheios de vitalidade, e apoiados por uma acidez vigorosa. Um desses Syrah atípicas na América do Sul, primeiro por causa do material antigo, talvez das videiras mais antigas desta parte do mundo, e também porque oferece um caráter refrescante em uma variedade que geralmente é pesada e madura.

90 G LOT
Pinot Noir 2018
$$$ | GUALTALLARY | 14°

Um Pinot focado nos aromas de especiarias doces, tem um corpo leve, com taninos muito polidos e doces. Sabores frutados parecem suculentos, maduros e quentes em um vinho para beber agora com terrine.

Lui Wines.

PROPRIETÁRIO Mauricio Vegetti Lui
ENÓLOGO Mauricio Vegetti Lui
WEB www.luiwines.com
RECEBE VISITAS Sim

· PROPRIETÁRIO & ENÓLOGO
Mauricio Vegetti Lui

[**MAURICIO VEGETTI LUI** é enólogo e até 2010 era o único proprietário deste, um pequeno projeto pessoal. Mas esse projeto vem crescendo e desde 2012 seu sócio é Lucas Dalla Torre. A vinícola é baseada em contratos com diferentes produtores em Mendoza e hoje eles produzem cerca de 300 mil garrafas.]

95 DISTRICT BLEND APPELLATION ALTO AGRELO
Malbec, Cabernet Franc, Merlot, Petit Verdot 2017
$$$$$ | AGRELO | 14°

Este **District Blend** é uma seleção de barricas da área de Alto Agrelo, um lugar que o enólogo Mauricio Vegetti define como uma área intermediária, entre o clima montanhoso de Uco e o mais quente de Luján de Cuyo. A seleção que deu vida a essa mistura consiste em 45% de Malbec, 25% de Cabernet Franc, 21% Petit Verdot e o resto do Merlot. Um vinho muito equilibrado, com tons frescos, frutas vermelhas maduras, notas de ervas, taninos firmes, acidez aguda e detalhes terrosos macios que lhe dão complexidade. Guarde por cerca de cinco anos.

94 DISTRICT BLEND APPELLATION GUALTALLARY
Cabernet Sauvignon, Malbec, Cabernet Franc 2016
$$$$$ | GUALTALLARY | 14°

Com 46% de Cabernet Sauvignon, 34% de Malbec e 20% Cabernet Franc, esta mistura de Gualtallary mostra - em um ano complexo, de muitas chuvas - a exuberância do lugar, a generosidade de ervas e sabores frutados, mas aqui com o detalhe do envelhecimento em madeira (um ano em barricas de diferentes usos e tamanhos), que lhe deu um caráter tostado e especiado. É um vinho de taninos firmes e musculosos, outro do District Blend para levar para a adega e esquecer a garrafa por alguns anos.

94 LUI CHAMPENOISE BRUT NATURE
Pinot Noir, Chardonnay 2016
$$$ | VALE DO UCO | 12°

Um espumante feito com o método tradicional de segunda fermentação na garrafa, tem metade Chardonnay e metade Pinot Noir da área de Los Sauces, no Vale do Uco. O vinho tem um longo contato com as borras por 39 meses, e aqui você já sente a presença da oxidação desse envelhecimento, transformado em tons vinosos, especiarias, terra. A bolha é muito macia, muito fina, acompanhando uma acidez que permanece muito firme, muito tensa. Embora os sabores frutados estejam em segundo plano, eles se sentem em um vinho de muitas camadas, de grande complexidade. Para carne crua.

94 LUI GRAN RESERVA
Malbec 2018
$$$ | GUALTALLARY | 14°

A exuberância de aromas frutados e de ervas do Malbec de Gualtallary é muito clara neste tinto. A fruta é vermelha, intensa, os taninos firmes e com textura de giz falam dos solos com forte presença de cal, a acidez é vibrante, como os bons vinhos da região, cerca de 1.350 metros acima do nível do mar. Embora a extração na vinícola tenha sido muito leve, de qualquer forma a força do lugar é mostrada aqui em seu estado selvagem. A concentração de sabores, a força, impressiona. O envelhecimento foi prorrogado por um ano em barricas de 300 litros (80% do volume, o restante é deixado em aço) e é armazenado por seis meses na garrafa.

93 CHAMPENOISE NATURE
Pinot Noir 2017
$$$ | LOS ÁRBOLES | 12°

Cem por cento Pinot Noir, nature e sem dosagem, todas as frutas da área de Los Sauces, no Vale do Uco, e com dois anos de contato com as borras. Aqui está a fruta do Pinot em uma expressão generosa; os aromas e sabores das frutas vermelhas ácidas, os toques florais no meio de um corpo dominado por uma acidez firme e tensa. As bolhas são abundantes e muito macias, e o final é floral.

93 DISTRICT BLEND APPELLATION LOS SAUCES
Cabernet Franc, Cabernet Sauvignon, Malbec, Pinot Noir 2016
$$$$$ | VALE DO UCO | 14°

Um vinho intenso na maturidade, mas também intenso em taninos, acidez e concentração, esta é uma mistura de variedades, todas da área de Los Sauces, no Vale do Uco. A mistura final acabou por ter 37% de Cabernet Franc, 27% Cabernet Sauvignon, 25% Malbec e o resto do Pinot Noir. Deixe na garrafa por alguns anos para que, o que é hoje é uma explosão frutada e tânica, ganhe em complexidade e equilíbrio.

93 LUI GRAN RESERVA
Bonarda 2018
$$$ | AGRELO | 14°

A Bonarda, pelo menos a maior parte, vem do quente leste mendocino, onde o calor garante a maturidade e o volume, geralmente generosos, da variedade. Os sabores da Bonarda, sob esse calor, são doces e muitas vezes enjoativos. Neste caso, porém, essa cepa tem crescido em um clima diferente, acima de mil metros de altura, em Alto Agrelo; um clima mais próximo do frio da montanha e que influenciou fortemente o caráter da uva. Aqui estão esses sabores e aromas de amoras maduras, mas falta a doçura na boca; em vez disso, sente que a acidez domina, forneceu frescor e tornou esses sabores maduros moderados. Uma boa abordagem da variedade.

92 LUI BRUT NATURE
Pinot Noir 2020
$$ | LOS ÁRBOLES | 12°

É comum que, com o método charmat de produção de espumante (um método mais industrial de fazer esse estilo de vinhos), são feitos exemplares de um certo grau de doçura, de extra brut para cima. O que não é comum é que haja charmat brut nature (com menos de sete gramas de açúcar) no mercado. Este é um dos poucos exemplares, e imediatamente o que chama a atenção é o frescor dos sabores, a acidez de mãos dadas com as bolhas, fazendo o trabalho de refrescar. Um suco puro de Pinot Noir, em um vinho projetado para o verão.

92 LUI GRAN RESERVA
Cabernet Franc 2018
$$$ | A G R E L O | **14°**

Alto Agrelo é uma espécie de zona intermediária entre os sabores fresco e herbáceos de Uco e os mais maduros das áreas inferiores. Este Cabernet Franc vem de um vinhedo em Alto Agrelo a cerca de 1.050 metros de altura. Este exemplar da variedade tem um perfume de ervas agradável, muito típico do Franc, acompanhado de aromas e sabores frutados. A boca tem um corpo de média intensidade, com textura tensa, construído com taninos muito finos. A acidez é refrescante.

92 LUI UMILE
Pinot Noir 2020
$$ | V A L E D O U C O | **13.5°**

De vinhedos no alto da área de La Carrera, cerca de 1.400 metros acima do nível do mar, e vinhedos plantados ao redor dos anos 70 no Vale do Uco, esta é uma deliciosa e refrescante amostra de Pinot Noir. Sem grandes ambições, mas para dar crivo à variedade, aqui há aromas e sabores de frutas no meio de um corpo muito leve, mas ao mesmo tempo com taninos firmes que servem de apoio para que essa fruta suculenta se expresse. A acidez é vibrante, ideal para o tinto de sede; um para beber na piscina.

92 LUI UMILE
Sauvignon Blanc 2020
$$ | E L P E R A L | **12.5°**

Um Sauvignon que, mais do que no nariz, suas qualidades são encontradas na boca. Os aromas são tímidos, frutas maduras e ervas, mas no paladar é amplo, voluptuoso, muito frutado e refrescante, o tipo de branco que deixa o aperitivo e passa diretamente para a mesa para acompanhar alguns peixes oleosos assados. Este Sauvignon vem da área de El Peral, ao norte do Vale do Uco.

90 LUI RESERVA
Malbec 2019
$$ | V I S T A F L O R E S | **14°**

De uvas da área de Vista Flores do Vale do Uco, este é um exemplo claro de Malbec suculento, um pouco doce, taninos macios e uma linda camada frutada. As frutas são vermelhas maduras e há toques de ervas que aumentam seu charme. 60% do volume do vinho foi estagiado em barricas por um ano.

OUTROS VINHOS SELECIONADOS

89 | LUI RESERVA Cabernet Franc 2019 | Vale do Uco | 14° | **$$**
88 | LUI RESERVA Cabernet Sauvignon 2019 | Agrelo | 14° | **$$**

Manos Negras.

PROPRIETÁRIOS Jeff Mausbach & Alejandro Sejanovich

ENÓLOGO Alejandro Sejanovich

WEB www.manosnegras.com.ar

RECEBE VISITAS Sim

• PROPRIETÁRIOS & ENÓLOGO
Alejandro Sejanovich & Jeff Mausbach

[**MANOS NEGRAS** é outra vinícola da sociedade de Alejandro Sejanovich, Jeff Mausbach e Jorge Crotta. Nasceu em 2009, com a ideia de produzir vinhos que refletissem as diferentes latitudes da Argentina. Eles o chamaram de Manos Negras como uma forma de homenagear os produtores artesanais que sujam as mãos fazendo vinho. Eles produzem vinhos de Salta, Mendoza e Patagônia, em busca do terroir certo para as diferentes variedades, e sua produção anual beira 360 mil garrafas.] **IMPORTADOR:** www.wine.com.br

95 ARTESANO
Malbec 2018
$ $ | ALTAMIRA | 14°

Trata-se de uma cofermentação de 90% de Malbec, mais 10% de Cabernet, Cabernet Franc e Petit Verdot, todos do vinhedo de Manos Negras em Altamira. Com 12 meses de envelhecimento em barricas, 20% de madeira nova, mostra uma textura granular, taninos muito firmes, que são misturados com frutas vermelhas ácidas e notas florais, ambas bastante comuns nos tintos da região. Um Malbec nervoso, de acidez excelente e crocante, com toques especiados e de ervas, mas principalmente orientados na fruta.

94 ARTESANO
Pinot Noir 2018
$ $ | RÍO NEGRO | 13.5°

Para este **Artesano**, Manos Negras recorre a um antigo vinhedo de cerca de 50 anos na área principal de Rio Negro. Quase todo fermentado com cachos inteiros e por um ano em madeira (15% nova), este tem um lado terroso muito marcante, juntamente com frutas vermelhas ácidas. O corpo parece leve, mas ao mesmo tempo tem taninos muito afiados, finos e firmes talvez do engaço, que aqui tem uma grande presença em textura. Um suco de fruta com muita complexidade em um Pinot do sério, mas isso não implica que ele não refresca e que não é ideal para o verão.

93 RED STONE
Pinot Noir 2019
$ $ | EL CEPILLO | 13.5°

Este Pinot vem da área de El Cepillo, no extremo sul do Vale do Uco, cerca de 1.300 metros acima do nível do mar. Com 20% de cacho inteiro e nove meses de envelhecimento em madeira usada, este Pinot tem nervo; acidez é a espinha dorsal e a partir daí os sabores saem, e são frescos, suculentos, de frutas vermelhas ácidas e algumas ervas. O corpo é leve, mas de alta fibra, alta tensão. Além disso, esta deve ser uma das melhores relações preço-qualidade em Pinot Noir na Argentina.

93   STONE SOIL
Malbec 2018
$$ | ALTAMIRA | **14°**

Uma mistura deliciosa e, acima de tudo, suculenta de sabores de frutas vermelhas e negras aliada a uma textura de tanino firme e sólida, taninos musculosos que se expandem através do paladar trazendo corpo a um vinho que, sem essa textura, seria como beber suco de amora madura e framboesas. Vem de Altamira, e tem nove meses em carvalho. Abra agora com um sanduíche de pernil.

92   MANOS NEGRAS
Torrontés 2020
$ | SALTA | **13.5°**

Se você quer aprender sobre o sabor e aroma dos Torrontés do norte da Argentina, comece com este exemplar que, além de mostrar todas as qualidades e características da variedade, tem um excelente preço. Frutas brancas tropicais e maduras, flores por toda parte, um corpo denso, que enche a boca, e taninos ligeiramente rústicos para acompanhar a clássica empanada de frango da região.

91   ATREVIDA
Malbec 2019
$$ | LOS CHACAYES | **14°**

Uma versão um pouco menos selvagem (especialmente em taninos) do que costumamos experimentar da área de Los Chacayes, cerca de 1.200 metros de altura no Vale do Uco, este se sente generoso em frutas negras e especiarias doces. Embora os taninos piquem a língua proporcionando uma sensação de corpulência, este Malbec é muito mais fluido do que a média.

91   MANOS NEGRAS
Pinot Noir 2020
$ | LOS ÁRBOLES | **13.5°**

Uma relação preço-qualidade quase imbatível neste Pinot Noir do Rio Negro, no início da Patagônia Argentina, cerca de mil quilômetros ao sul de Mendoza. Envelhecido por seis meses em barricas usadas, mostra uma gama radiante de frutas vermelhas, frescas e vibrantes. O corpo é leve, mas ao mesmo tempo formado por taninos finos que picam a língua. Um desses tintos para matar sua sede no verão, mas ao mesmo tempo um exemplar claro de uma variedade onde tais exemplos não abundam a este preço.

91   STONE SOIL BLEND DE BLANCAS
Sémillon, Sauvignon Blanc, Chardonnay 2019
$$ | SAN CARLOS | **13°**

Para este **Stone Soil**, são selecionados solos rasos de areias e pedras banhadas em cal da área de San Carlos do Vale do Uco. A prensagem dos cachos é feita diretamente, sem desengace. Não tem fermentação malo-lática ou envelhecimento em barricas. É um branco denso, com aromas e sabores que vão de flores ao mel, e acidez firme, que é responsável pela refrescância. Ideal para ouriços.

90   MANOS NEGRAS
Chardonnay 2020
$ | LOS ÁRBOLES | **13.5°**

De vinhedos plantados em Los Árboles, no Vale do Uco, em 1998, este Chardonnay cremoso, porém fresco, é dominado por frutas brancas frescas, toques florais macios em um corpo médio, taninos tensos, mas fino como agulhas. O tipo de branco de que precisam.

90 MANOS NEGRAS
Malbec 2019
$$ | SAN CARLOS | **14°**

Um Malbec focado nas notas de frutas vermelhas e pretas maduras, com alguns detalhes muito leves para violeta que geralmente aparecem nos exemplos da variedade no Vale do Uco. É suculento e doce, para alguns hambúrgueres com bacon.

Margot.

PROPRIETÁRIO Família Carparelli
ENÓLOGA Romina Carparelli
WEB www.bodegamargot.com.ar
RECEBE VISITAS Sim

• **PROPRIETÁRIOS** Família Carparelli

[**A FAMÍLIA CARPARELLI** tem esse projeto desde 2001, quando decidiram começar a engarrafar seus vinhos sob a marca Margot. Romina Carparelli é a enóloga e a vinícola possui uma fazenda de cerca de 25 hectares na área de Cordón del Plata, no Vale do Uco, de onde obtém 100% das uvas para seu portfólio de vinhos.]

92 CELEDONIO
Malbec 2017
$$$ | TUPUNGATO | **14°**

Com 12 meses de envelhecimento em barricas (apenas 40% do vinho), este Malbec é uma seleção de vinhedos pertencentes à família Carparelli, plantado em 2005. A madeira se sente em primeiro plano, mas atenção, que por trás dela imediatamente emergem os sabores frutados típicos da variedade nas alturas de Uco, cerca de 1.100 metros acima do nível do mar. Os aromas de cerejas negras, violetas, emergem em um vinho de estrutura bastante leve, com taninos muito polidos.

91 MAULA SELECTED BARRELS
Malbec 2018
$$ | TUPUNGATO | **14°**

Embora a área de Cordón del Plata não seja tão famosa quanto seus vizinhos mais a oeste, em Gualtallary, ela tem condições semelhantes, embora em uma altura mais baixa. Os vinhedos de Margot estão cerca de 1.100 metros acima do nível do mar e foram plantados em 2005. Com um ano de envelhecimento em barricas, aqui você pode sentir a influência da madeira, mas acima de tudo tem fruta, suculenta, madura e exuberante, em um Malbec fácil de beber.

OUTRO VINHO SELECIONADO

89 | MAULA OAK Malbec 2018 | Tupungato | 14° | **$$**

Mariano Di Paola Wines.

PROPRIETÁRIO Mariano Di Paola

ENÓLOGO Mariano Di Paola

WEB www.rutiniwines.com

RECEBE VISITAS Não

• **PROPRIETÁRIO & ENÓLOGO**
Mariano Di Paola

[**MARIANO DI PAOLA** é um dos lendários enólogos argentinos e um dos líderes diretos do avanço que o vinho sul-americano teve nas últimas décadas. Este projeto pessoal, baseado em uvas de Gualtallary, corre paralelamente ao seu trabalho na vinícola Rutini, onde ele é o enólogo chefe desde 1994.]

97 CORTE DEL ENÓLOGO
Merlot, Malbec, Cabernet Franc 2015
$$$$$ | GUALTALLARY | 14.5°

Para esta mistura de 40% de Malbec, 50% Merlot e 10% de Cabernet Franc, o enólogo Mariano di Paola recorreu a vinhedos em Gualtallary, no extremo norte do Vale do Uco. O vinho é envelhecido por 15 meses em barricas novas de carvalho. E o resultado é um tinto muito jovem, cheio de frutas maduras e profundas, com o efeito da madeira nos bastidores, sem interferir na expressão frutada. A textura é ampla, voluptuosa, com estrutura horizontal, com taninos redondos e suculentos. Você pode beber muito bem agora, mas este vinho certamente vai ganhar muito em complexidade com quatro ou cinco anos de garrafa.

Martino Wines.

PROPRIETÁRIO Hugo Martino

ENÓLOGOS Attilio Pagli & Sergio Montiel

WEB www.martinowines.com.ar

RECEBE VISITAS Sim

• **ENÓLOGO** Sergio Montiel

[**MARTINO** pertence a quatro acionistas, Hugo Martino, Jorge Cardoso, Raúl Molteni e Claudio Soengas, que iniciaram este projeto em 2001, com base em um vinhedo plantado em 1946 em Agrelo. Além dessas uvas, elas compram em diferentes áreas de Mendoza, principalmente no Vale do Uco. Anualmente, produzem cerca de 120 mil garrafas. O enólogo é Sergio Montiel e o consultor Attilio Pagli.] **IMPORTADOR:** www.optimusimportadora.com.br

94 BALDOMIR GRAN BLEND
Malbec, Cabernet Franc 2013
$$$$$ | ARGENTINA | 14.9°

Neste **Baldomir** há 70% de Malbec da área de La Consulta, com algo de Las Compuertas, ao lado do rio Mendoza. Cabernet Franc vem de vinhedos plantados em 2006 em Vista Flores. O envelhecimento em barricas se estende por 30 meses neste vinho que hoje se sente ainda muito jovem, com Malbec e suas frutas negras e vermelhas monopolizando os sabores. Cabernet Franc, por outro lado, fornece especiarias doces e toques leves de ervas. Um vinho para pensar na guarda. Pelo menos cerca de quatro anos.

94 BALDOMIR GRAN MALBEC
Malbec 2013
$ $ $ $ $ | ARGENTINA | 14.9°

Este **Gran Malbec** vem de dois vinhedos. Um muito velho na área de Las Compuertas, ao lado do rio Mendoza, em Luján de Cuyo, e o outro, um vinhedo de 25 anos na área de La Consulta, no Vale do Uco. É envelhecido por cerca de 30 meses em barricas, de primeiro e segundo uso. O resultado é um vinho de grande potência, mas ao mesmo tempo de muita tensão na acidez; enche a boca e se projeta com força até o fim. A densidade e maturidade do Malbec de Las Compuertas parecem predominar aqui, com seus sabores suculentos. É um vinho que precisa de pelo menos cinco anos de garrafa.

93 MARTINO SUPERIORE
Malbec 2014
$ $ $ | ARGENTINA | 14.5°

O vinhedo La Violeta é a base do projeto Martino. São sete hectares plantados em 1946 e uma seleção deles vai para este Superiore. Estagiado por 18 meses em barricas (20% madeira nova), tem caráter de velha escola, com suas notas tostadas, mas também café e especiarias. A boca é densa, madura e suculenta em sabores, juntamente com uma acidez muito presente, que marca os contornos da língua com sua aresta. Ele se sente jovem. Dê a ele mais dois ou três anos de garrafa.

92 MARTINO
Malbec 2019
$ $ | ARGENTINA | 14.3°

Este cem por cento Malbec vem de um vinhedo plantado em 1946, na Calle Cobos, no coração histórico de Agrelo, em Luján de Cuyo. Com dez meses de barricas usadas, é uma salada de frutas vermelhas e negras em um nariz delicioso que é projetada no paladar como suco de fruta com toques de violetas. Um Malbec delicioso com extraordinária relação preço-qualidade.

92 MARTINO SUPERIORE
Petit Verdot 2017
$ $ $ | ARGENTINA | 14.6°

Da região de Barrancas, em Maipú, em um vinhedo no leito do rio Mendoza - portanto, de solos aluviais, ricos em cascalho e areias -, este é um clássico Petit Verdot de clima quente: cheio de frutas negras e especiarias doces em um corpo imponente, com taninos selvagens que aumentam a sensação de suculência e voluptuosidade.

91 MARTINO
Cabernet Franc 2019
$ $ | ARGENTINA | 14.5°

Uma deliciosa mistura de frutas vermelhas, especiarias e ervas neste Cabernet Franc de Agrelo, cerca de 980 metros acima do nível do mar. Com uma passagem por barricas por cerca de dez meses, este é um excelente exemplar da variedade em um clima de montanha bastante quente e ensolarado. No paladar, frutas vermelhas maduras fazem uma pequena festa ao lado de notas de ervas.

91 MARTINO
Pedro Ximénez 2020
$ $ | ARGENTINA | 14.1°

Um Pedro Ximénez de dicionário, este tem um aroma floral encantador acompanhado de frutas vermelhas, em meio a toques leves especiados. Na boca é generoso no corpo, com uma acidez muito boa (uma acidez fresca do vinho de montanha) que destaca os sabores frutados e os refresca. Ele vem de um vinhedo muito antigo na área de La Consulta, cerca de 1.100 metros acima do nível do mar.

90 MARTINO
Garnacha 2019
$$ | ARGENTINA | **14.8°**

Uma expressão simples e suculenta de Garnacha, tem um lado cremoso e ao mesmo tempo quente, que desliza pelo paladar enchendo a boca com sabores maduros. O final é frutado, apoiado por uma acidez rica. É o tipo de tinto que você precisa beber fresco no verão, junto com um prato de frios e queijos.

90 MARTINO
Sangiovese 2019
$$ | ARGENTINA | **13.9°**

Um Sangiovese modelado pelo calor de Agrelo, aqui você pode sentir os aromas ligeiramente florais da variedade, juntamente com as notas de cerejas maduras. O corpo tem uma textura um tanto adstringente, mas acima de tudo marcada pela maturidade dos sabores.

OUTRO VINHO SELECIONADO
89 | NORCELO Malbec 2019 | Argentina | 14.2° | **$$**

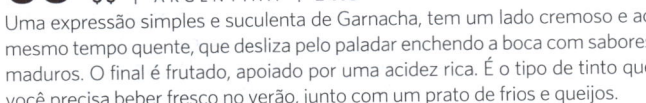

Mascota Vineyards.

PROPRIETÁRIO Bemberg Family

ENÓLOGO Rodolfo Sadler

WEB www.mascotavineyards.com.ar

RECEBE VISITAS Não

• **ENÓLOGO** Rodolfo Sadler

[**HÁ MAIS** de 30 anos o enólogo Rodolfo Sadler está ligado ao Grupo Peñaflor (Trapiche, El Esteco), e desde 2010 está no comando desta jovem vinícola do conglomerado, Mascota. Eles produzem cerca de 2,4 milhões de garrafas por ano, espalhadas entre suas linhas de entrada (Opi e Mascota) e outras de maior faixa de preço (Unánime, Big Bat e Gran Mascota). Os primeiros nascem de vinhedos em Cruz de Piedra, Maipú; este último vem do Vale do Uco.] **IMPORTADOR:** www.paodeacucar.com

95 UNÁNIME GRAN VINO TINTO
Cabernet Sauvignon, Malbec, Cabernet Franc 2018
$$$ | SAN CARLOS | **14.07°**

Nessa mistura há 60% Cabernet Sauvignon, 25% Malbec e os outros 15% Cabernet Franc, com 15 meses de envelhecimento em barricas. É um vinho grande e voluptuoso com sabores exuberantes, suculentos e frutados, expansivos. Toda a fruta vem da área de San Carlos, no extremo sul do Vale do Uco, onde geralmente existem esses tipos de sabores intensos e firmes. Um tinto para esperar na garrafa, então compre e deixe na adega por pelo menos cinco anos.

94 MAGNÁNIME
Cabernet Sauvignon 2015
$ $ $ | LA CONSULTA | **14.5°**

Este **Magnánime** vem de vinhedos no sul do Vale do Uco, em El Cepillo, em solos aluviais, ricos em cascalho, em um clima de montanha (com fortes oscilações térmicas entre o dia e a noite, especialmente na época da maturação). O nariz é charmoso, uma mistura de aromas de ervas, cassis e frutas vermelhas. A boca é grande, ampla, construída a partir de taninos musculosos, acompanhada de uma acidez que pica a língua com seu caráter crocante. Trata-se de um Cabernet de produção muito baixa, uma seleção de apenas cerca de quatro barricas de 225 litros cada. Pegue pelo menos um par e armazene em sua adega.

94 UNÁNIME
Malbec 2018
$ $ $ | SAN CARLOS | **14.3°**

De vinhedos em El Cepillo, ao sul do Vale do Uco, e solos pedregosos, este Malbec tem uma cor intensa como poucos outros, uma tinta que mancha a taça. Os aromas são exuberantes, com muitas frutas, com muitas notas florais, com toques de ervas que aparecem depois de um tempo na taça. A boca é suculenta, exuberante, cheia de nuances de ervas, mas também sabores de licor que envolvem o paladar. Trata-se de um vinho comercial, que sublinha a doçura do Malbec, mas sem recorrer a excessos de qualquer tipo. É o exemplo clássico de Malbec para o churrasco.

94 UNÁNIME SIGNATURE
Cabernet Sauvignon 2018
$ $ $ $ | VALE DO UCO | **14.26°**

Com 90% de Cabernet Sauvignon e 10% Malbec, todos da região de San Carlos, no extremo sul do Vale do Uco. "10% do Malbec dá carne, o lado mais suculento", diz o enólogo Rodolfo Sadler sobre esse tinto voluptuoso, maduro e intenso. As notas de ervas são as que dominam, mas também a doçura da fruta no paladar que sustenta essa sensação de suculência. Outro dos tintos de Mascota para levar para o churrasco.

93 UNÁNIME
Chardonnay 2019
$ $ $ | GUALTALLARY | **13.7°**

Um Chardonnay das alturas de Gualtallary, ao norte do Vale do Uco, este é um branco cremoso, com muita profundidade de sabores. Estagiado em fudres (30%) durante seis meses, enquanto o resto descansa por um período semelhante em lagares e ovos de cimento. É suculento, textura cremosa e sabores intensos. Ideal para acompanhar a truta do rio Mendoza, pequenas, mas de sabor muito intenso.

92 GRAN MASCOTA
Malbec 2018
$ $ $ | SAN CARLOS | **14.2°**

Mascota seleciona uvas para este vinho da área de El Cepillo, no extremo sul do Vale do Uco, cerca de 1.050 metros acima do nível do mar. Envelhecido por 15 meses em barricas, e mais meio ano na garrafa antes de ir ao mercado, é um vinho suculento, com taninos firmes e musculosos, de grande volume. A madeira se sente e é a protagonista, mas sabores de frutas negras também são de importância semelhante. Para armazenar um par de anos antes de abrir com guisado de cordeiro.

91 GRAN MASCOTA
Cabernet Sauvignon 2018
$$$ | SAN CARLOS | 14.3°

Um Cabernet do extremo sul do Vale do Uco, em El Cepillo, este tem muita força, notas doces de madeira (envelhecia em barricas por 15 meses) e especiarias em um vinho suculento; um Cabernet que enche a boca com sabores maduros e doçura.

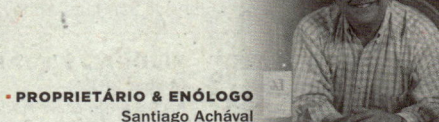

Matervini.

PROPRIETÁRIO Santiago Achával

ENÓLOGO Santiago Achával

WEB www.matervini.com

RECEBE VISITAS Sim

• **PROPRIETÁRIO & ENÓLOGO**
Santiago Achával

[**VINHOS QUE** nascem ao longo da pré-Cordilheira dos Andes. Esse é o conceito por trás do Matervini, projeto que os enólogos Santiago Achával e Roberto Cipresso – que foi por anos consultor na Achával Ferrer – têm desde 2008. Eles trabalham principalmente com Malbec, vindos de terroirs como Yacochuya (Cafayate), Las Heras (Mendoza), Chacayes (Vale do Uco) ou Perdriel (Luján de Cuyo). Santiago Achával já está completamente desligado de sua antiga vinícola (a famosa Achával Ferrer) e hoje está completamente dedicado a este projeto.] **IMPORTADOR:** www.thewineshipping.company

98 PIEDRAS VIEJAS LADERAS
Malbec 2018
$$$$$ | EL CHALLAO | 14.4°

Esta é uma seleção de um hectare em solos calcários de El Challao, um vinhedo plantado em 2008, a oeste de Mendoza, cerca de 1.600 metros de altura. Trata-se de uma microprodução, de vinhedos que nessa área extrema produzem apenas 250 gramas por planta, ou seja, é preciso de quatro a cinco plantas para produzir uma garrafa. Mas o que produzem é uma delícia. Este vinho tem tudo, menos caráter varietal. É um lugar antes da uva, um senso de origem que aqui oferece um Malbec austero, severo, de grande intensidade, de grande profundidade. Não há Malbec simpático aqui que agrade as multidões. Na verdade, sem o rótulo Malbec, este tinto se move em seu próprio ritmo monástico; com sua própria linguagem.

95 FINCA
Malbec 2018
$$$$$ | PERDRIEL | 14.4°

Este Malbec é baseado (80%) em vinhedos muito antigos na área de Perdriel, plantados em 1938 em solos aluviais, ricos em cascalho; um dos lugares mais clássicos do vinho mendocino. Foi a partir de áreas como Perdriel que o Malbec argentino ficou famoso. Suculentos, amigáveis, tintos generosos em frutas negras. E este vinho é um daqueles exemplos claros e nítidos de um lugar. Aqui é tudo amabilidade, todas as frutas doces e especiarias, embora moderadas por uma acidez suculenta e fresca, o que ajuda a dar-lhe tensão. A safra de 2018, para Matervini, parece ser um grande ano. E este vinho prova isso. Um dos melhores exemplos de Perdriel nesta safra. Um mendocino clássico.

95 MER
Malbec, Cabernet Franc 2018
$$$$$ | M E N D O Z A | **14.4°**

Esta é uma pequena produção de apenas cerca de 588 garrafas, com 15% Cabernet Franc de Los Chacayes e o resto de Malbec de diferentes áreas em Mendoza. São apenas duas barricas com "alguns litros daqui e alguns ali", como descreveu Santiago Achával. O resultado é um vinho de grande equilíbrio e densidade, desde sabores maduros até frutas negras, acidez fina e suaves toques de ervas em um tinto sutil, talvez o mais sutil no catálogo de Matervini. Esta mistura é uma edição especial, dedicada à Mercedes, mulher de Santiago Achával, dona da vinícola.

95 PIEDRAS VIEJAS TERRAZAS
Malbec 2018
$$$$$ | E L C H A L L A O | **14.4°**

O vinhedo El Challao foi plantado em 2008, a oeste de Mendoza, cerca de 1.600 metros de altura, em solos coluviais, ricos em teor de cal. Matervini plantou lá cerca de oito hectares de onde obtém dois vinhos. Um deles é este Piedras Viejas, que mostra uma estrutura sólida e severa. Não tem aromas de ervas ou frutas; em vez disso, é como cheirar pedras. Não é um vinho atraente ou, se preferir, fácil de beber. Aqui há uma certa austeridade, uma certa timidez. Mas também há uma certa energia, uma força interior. Gostaríamos de saber como essa energia vai evoluir na garrafa.

94 ALTEZA
Malbec 2018
$$$$$ | V A L E D E C A F A Y A T E | **14.5°**

Este Malbec vem de San Fernando de Yacochuya, cerca de 2.020 metros de altura, nos Vales Calchaquíes. Envelhecido em barricas por 15 meses, é um vinho grande, com taninos poderosos, muita concentração e sabores selvagens de ervas e frutas negras, além de taninos finos, abundantes e muito polidos. Eles são acompanhados por uma firme acidez, tensão e força, mas sem ser avassalador. Um vinho para armazenar por anos na adega e desfrutar de como ele evolui na garrafa.

94 CALCHA
Malbec 2018
$$$$$ | V A L E S C A L C H A Q U Í E S | **14.5°**

Cerca de 2.400 metros acima do nível do mar, na área de Quebrada de las Flechas, este é um exemplo perfeito da generosidade dos vinhos locais; a densidade da fruta, a força dos taninos, a acidez que fica no caminho dos sabores de frutas negras e especiarias doces. Tem 15 meses de barricas (40% de madeira nova), e que fornece tons tostados, embora o que predomina aqui seja a força do local, a intensidade que dá essa altura.

93 CHACAYES BLEND
Malbec, Cabernet Franc 2018
$$$ | L O S C H A C A Y E S | **13.5°**

Um vinho sólido, de grandes proporções em todos os sentidos, desde a influência da madeira (15 meses de envelhecimento em barricas), até a maturidade e caráter suculento de seus taninos, que parecem fisiculturistas, os únicos capazes de suportar o peso dessa fruta, tão madura e voluptuosa. Este é um vinho para comer com cordeiro. Tem 70% de Malbec e 30% de Cabernet Franc.

92 ANTES ANDES VIÑA CANOTA
Malbec 2018
$$$$$ | LAS HERAS | 14.5°

De Las Heras, e de um vinhedo a cerca de 950 metros acima do nível do mar, este Malbec se sente suculento, com muita densidade e maturidade. Após 15 meses em barricas, há também notas especiadas e tostadas no meio de um corpo grande, expansivo e sabores doces que são responsáveis por atingir todos os cantos do paladar. Este é um tinto calórico, para o inverno.

Mauricio Lorca.

PROPRIETÁRIO Mauricio Lorca
ENÓLOGO Mauricio Lorca
WEB www.grupofosterlorca.com
RECEBE VISITAS Sim

PROPRIETÁRIO & ENÓLOGO
Mauricio Lorca

[**MAURICIO LORCA** tem sua própria marca de vinhos desde 2003, além de seu trabalho como enólogo na Enrique Foster, ambas vinícolas do Grupo Foster Lorca. O catálogo de Mauricio Lorca é sólido e ordenado, com vinhos conhecidos por defender um estilo de equilíbrio e elegância. Outra peculiaridade de alguns de seus vinhos é que eles passam por vários anos de armazenamento antes de entrar no mercado. Alguns de seus melhores rótulos vêm de dois vinhedos em Vista Flores, Vale do Uco.] **IMPORTADOR:** www.vinhoeponto.com.br

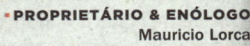

96 ANCESTRAL
Malbec 2019
$$$$$ | VALE DO UCO | 14.5°

Esta é uma pequena produção de apenas cerca de 1.500 garrafas de uvas selecionadas de 500 metros quadrados de videiras. São solos muito pobres, de fertilidade muito baixa. As uvas são fermentadas e estagiadas em vasos de cerâmica por cerca de dez meses. Este é o Malbec em sua forma mais pura, uma espécie de conclusão do projeto de vinhos de Lorca sem envelhecer na madeira, uma espécie de fim de ciclo. Esta é, sem dúvida, a expressão mais poderosa do Malbec em Lorca; um tinto suculento, cheio de notas frutadas e toques de violetas em um corpo de sabores profundos, muito frutados e florais. A textura tem apenas taninos suficientes para manter essa fruta e dar-lhe um bom corpo. Um Malbec (com percentuais de Cabernet Franc e Syrah) dos melhores que já experimentamos nesta vinícola.

96 INSPIRADO
Cabernet Sauvignon, Cabernet Franc 2017
$$$$$ | VALE DO UCO | 14.8°

Esta é a terceira edição deste Cabernet-Cabernet, 75% Cabernet Sauvignon e 25% Cabernet Franc, todos de vinhedos em Los Árboles, cerca de 1.250 metros de altura no Vale do Uco. É envelhecido por 18 meses em barricas e fermentado nessas mesmas barricas de 500 litros. Graças às colheitas precoces e a um ano de baixos rendimentos (houve fortes geadas), esta nova versão parece brilhante em frutas vermelhas, mas ao mesmo tempo muito densa e concentrada, em meio à acidez suculenta e taninos abundantes, embora muito finos e tensos. Um vinho que se sente equilibrado agora e continuará evoluindo por pelo menos mais dez anos. Um dos grandes tintos que provamos de Lorca em sua carreira, que começou em 2003.

Mauricio Lorca.

95 INSPIRADO
Cabernet Franc 2017
$$$$$ | V A L E D O U C O | **14.8°**

Inspirado Cabernet Franc vem de uma seleção de vinhedos na área de Los Árboles, no Vale do Uco. São títulos limitados de cerca de três mil garrafas de vinho envelhecidas por 18 meses em barricas de 500 litros, onde as uvas também foram fermentadas. As características da variedade estão aqui: as notas de ervas, os sabores das frutas vermelhas e os tons terrosos no meio de uma estrutura tânica severa e austera. Um vinho projetado para um longo armazenamento em garrafas.

95 INSPIRADO
Cabernet Franc, Cabernet Sauvignon, Malbec, Petit Verdot 2017
$$$$$ | V A L E D O U C O | **14.8°**

Esta é uma seleção das melhores uvas do vinhedo Lorca em Los Árboles. Uma vez fermentado o vinho, ele é envelhecido separadamente. A mistura só é feita após o armazenamento, que neste caso foi prorrogado por 18 meses em barricas de 500 litros. Um vinho intenso, muito suculento, mas também com taninos firmes e tons de frutas negras em meio a notas de ervas. Precisa de tempo e paciência para obter mais equilíbrio.

95 LORCA GRAN
Malbec 2017
$$$ | V A L E D O U C O | **14.9°**

Gran Malbec vem de vinhedos na área de Los Árboles, acima de 1.200 metros de altura no Vale do Uco. As uvas são vinificadas em concreto e, em seguida, o vinho é envelhecido por 18 meses em barricas novas. A madeira não parece ter destaque aqui, misturando-se com os intensos sabores frutados e herbáceos que emergem. É um tinto com concentração muito boa, cheio de taninos firmes, acidez afiada e um final herbáceo que proporciona ainda mais frescor. Um Malbec para a guarda. Pense em três anos.

94 ANCESTRAL
Chardonnay 2019
$$$$$ | V A L E D O U C O | **14.5°**

Trata-se de uma seleção de um pequeno terreno de 500 metros quadrados, que correspondem aos setores de fertilidade mais pobres do vinhedo, localizado a cerca de mil metros de altura em Vista Flores. O vinho fermenta e é envelhecido em vasos de cerâmica por nove meses. O que sai de lá é um branco de grande expressão, de grande corpo. Os aromas são frutados, mas ao mesmo tempo há notas de especiarias e ervas. A densidade na boca é quase uma reminiscência da estrutura de um tinto. Um Chardonnay com muito pouca intervenção, sem correções de qualquer tipo, apenas suco de uva fermentado. Muito caráter aqui.

94 GRAN LORCA ÓPALO
Malbec, Syrah, Petit Verdot 2017
$$$ | V A L E D O U C O | **14.5°**

Esta mistura é um clássico no portfólio da Lorca e consiste em 50% de Malbec, 30% Syrah e os 20% restantes Petit Verdot. O vinho é envelhecido por nove meses em concreto, sem madeira, como toda a linha Ópalo. Este vinho tem a pureza frutada de um vinho de muito boa concentração. A safra de 2017 foi afetada por geadas severas, que diminuíram volumes e deram vinhos altamente concentrados. Aqui você sente isso, além de taninos firmes e musculosos em um tinto com uma longa vida pela frente.

94 LORCA GRAN
Malbec, Petit Verdot, Syrah 2017
$$$ | VALE DO UCO | **14.5°**

Este **Gran Blend** consiste em 70% de Malbec, 20% Syrah e 10% Petit Verdot e se sente jovem ainda, com mais quatro a cinco anos para evoluir na garrafa. Agora os taninos se sentem ferozes, musculosos, afiados, enquanto os sabores do Malbec tendem a monopolizar tudo. As uvas para este vinho vêm da área de Los Árboles, cerca de 1.250 metros acima do nível do mar, no Vale do Uco. É envelhecido por 18 meses em barricas novas.

94 LORCA GRAN
Petit Verdot 2017
$$$ | VALE DO UCO | **14.5°**

No contexto do Petit Verdot, ele se sente relativamente domado, sem os taninos ou a acidez selvagem que caracteriza a variedade, embora é claro que sejam. Este vinho tem tons de ervas, muitas frutas negras e uma intensa carga de taninos; que se sentem afiados e musculosos, para pensar em uma guarda longa ou um bom bife grelhado. Este vem da área de Vista Flores, acima de mil metros de altura, no Vale do Uco.

93 BLOCK 1
Malbec 2015
$$$ | VALE DO UCO | **14.5°**

De Finca Los Altepes, na área de Los Árboles, no Vale do Uco, cerca de 1.250 metros de altura, e envelhecido por 18 meses em barricas, aqui está um Malbec 100% em um estilo um pouco mais de velha escola, com uma estrutura muito severa, taninos firmes e corpo grande; as notas da barrica bem misturadas com aromas frutados, frutas secas e flores. Um vinho para manter na garrafa pelos próximos cinco anos.

93 MAURICIO LORCA
Malbec 2017
$$ | VALE DO UCO | **14°**

Esta versão de Malbec de Mauricio Lorca vem de Vista Flores, no Vale do Uco, a uma altura um pouco acima de mil metros acima do nível do mar. Pela filosofia, a linha não envelhece em barricas, com a ideia de mostrar mais claramente a fruta do lugar. E o que parece aqui é um suco de frutas maduras, especiarias e ervas, em um vinho de muito boa pegada e final rico em notas de ervas e flores.

93 POÉTICO
Cabernet Franc 2018
$$ | VALE DO UCO | **14.5°**

Por um lado, este Cabernet Franc cheira a ervas e tabaco, dois descritores clássicos da variedade, mas por outro, oferece uma camada densa e concentrada de sabores de frutas negras que se sentem com uma ênfase importante na maturidade. É um vinho grande, suculento e expansivo no paladar, juntamente com uma acidez muito boa e, no meio de todos esses sabores maduros, as ervas que refrescam. Este Franc vem em parte de Los Árboles e parte de Vista Flores, e é envelhecido por um ano em barricas, 25% de madeira não usada.

92 ÓPALO
Cabernet Sauvignon 2019
$$ | VALE DO UCO | 13.6°

Potente e concentrado, com toques de ervas e frutas negras, este Cabernet Sauvignon tem força e energia tânica. Tenha cuidado com ele, especialmente se você não tem uma boa morcilla para acompanhá-lo. Um tinto de corpo grande, mas ao mesmo tempo acidez muito rica. Beba agora ou guarde-o por alguns anos para mostrar seu lado mais sutil.

92 ÓPALO
Malbec 2019
$$ | VALE DO UCO | 14°

Sabores profundos de frutas vermelhas maduras e especiarias neste Malbec. Sem envelhecer na madeira, mas com o foco na maturidade da fruta e na extração de sabores, parece corpulento, vigoroso, expansivo. Um daqueles Malbec ideais para costeletas de cordeiro.

92 POÉTICO
Cabernet Sauvignon 2018
$$ | VALE DO UCO | 14.5°

Um Cabernet cheio de vigor e concentração, este Poético, de vinhedos localizados a cerca de 1.250 metros acima do nível do mar, na área de Los Árboles, Vale do Uco, tem uma força concentrada em taninos firmes e duros. Sabores frutados parecem maduros e suculentos, e a acidez é refrescante. Para ensopados de carne.

92 POÉTICO
Malbec 2018
$$ | VALE DO UCO | 14.5°

Mauricio Lorca obtém as uvas para esta Poético de Finca Los Altepes, na área de Los Árboles, no Vale do Uco, cerca de 1.250 metros acima do nível do mar. O vinho é envelhecido por um ano em barricas e o que sai de lá é um suco muito concentrado de frutas negras, nuances com notas especiadas em um corpo que enche o paladar com seus taninos e sabores. Este é para curry de cordeiro.

91 POÉTICO
Chardonnay 2020
$$ | VALE DO UCO | 13.5°

Um Chardonnay com notas cremosas, sabores maduros e toques de carvalho tostado (40% do volume foi estagiado em barricas). A boca é macia, redonda, voluptuosa; ideal para acompanhar miúdos. Este branco vem da área de Los Árboles, em Tunuyán, cerca de 1.250 metros acima do nível do mar no Vale do Uco. Abra para torta de batata.

90 ÓPALO
Syrah 2019
$ | VALE DO UCO | 13.5°

Um suco de Syrah maduro e concentrado, este é generoso em frutas vermelhas doces, no meio de um corpo macio, redondo e cremoso. Pense em costeletas de porco defumada quando abrir essa garrafa.

90 ZAPAM ZUCUM ORGÁNICO
Malbec 2019
$ | LA RIOJA | 13°

De vinhedos orgânicos no Vale de Famatina, acima de mil metros de altura, este Malbec oferece uma generosa camada de sabores frutados, em meio a taninos que se sentem com sua aresta. Um tinto frutado, mas ao mesmo tempo muito bom corpo e concentração para carnes grelhadas.

OUTROS VINHOS SELECIONADOS
88 | BRANDSEN Malbec 2020 | Vale do Uco | 13.5° | **$**
87 | BRANDSEN Chardonnay 2020 | Vale do Uco | 13.5° | **$**

Mendel Wines.

PROPRIETÁRIO Roberto de la Mota
ENÓLOGO Roberto de la Mota
WEB www.mendel.com.ar
RECEBE VISITAS Sim

• **PROPRIETÁRIO & ENÓLOGO**
Roberto de la Mota

[**NASCIDA EM** 2004, esta vinícola é uma parceria entre o famoso enólogo Roberto de la Mota (filho do lendário enólogo Raúl de la Mota) com a família Sielecki. Sua base é um vinhedo na área de Mayor Drummond, Luján de Cuyo, plantada em 1928. Com o tempo, adquiriram mais vinhedos no setor próximo de Perdriel e outros ao sul, em Altamira, Vale do Uco. O vinhedo de Altamira também é de videiras velhas, com mais de 60 anos, que originam o rótulo Finca Remota, o mais ambicioso dos vinhos da vinícola.] **IMPORTADOR:** www.ravin.com.br

95 MENDEL FINCA REMOTA
Malbec 2018
$$$$$ | ALTAMIRA | 14°

Finca Remota é o nome do vinhedo que Mendel tem em Altamira, na área histórica desta denominação hoje muito badalada no Vale do Uco. São vinhas plantadas em 1957, em solos de cal, com cerca de 1.110 metros de altura. E apesar de ser um ano quente, mostra o frescor da altitude e os taninos severos do solo de cal. Parece duro, com taninos muito severos, acidez marcada, e frutas negras maduras e doces. É um tinto que ainda precisa de tempo na garrafa, mas já revela claramente o estilo da casa quando se trata de Malbec de Altamira . Aqui há maturidade, força, mas sem exageros.

94 FINCA DE LOS ANDES
Malbec 2018
$$$$$ | PERDRIEL | 14.6°

O primeiro Malbec a conquistar o mundo vieram de Luján de Cuyo, de lugares como Perdriel. E esta é uma espécie de homenagem de Mendel aos vinhos originais, mais voluptuosos, menos minerais e tensos do que o novo Malbec das alturas de Uco, embora ainda tenha aquela doçura encantadora de taninos e essa maturidade. Este novo tinto de Mendel tem aquele caráter expansivo e suculento do Malbec de Perdriel, taninos macios e suculentos, a sensação de calor da fruta em um vinho para abrir espaço na adega.

Mendel Wines.

94
MENDEL SÉMILLON
Sémillon 2019
\$\$ | ALTAMIRA | **14°**

Mendel é um dos motores da revalorização do Sémillon na América do Sul. Sua primeira versão foi em 2009 e desde então é uma das referências da variedade deste lado do mundo. 80% desse branco vem de um vinhedo de 77 anos em Altamira, que tem sido a origem das uvas desde o início. O resto vem de novas plantações no mesmo lugar, com material daquele vinhedo antigo. O vinho é fermentado em tanques de aço (20% em barricas) e depois permanece lá por seis meses com as borras. Esta é uma excelente versão deste vinho. Um ano fresco deu acidez muito boa, enquanto você sente o peso do corpo, a densidade dos sabores, as notas de mel em uma das melhores versões deste clássico moderno.

94
MENDEL UNUS
Malbec, Cabernet Sauvignon, Petit Verdot 2018
\$\$\$\$ | MENDOZA | **14.5°**

Esta mistura consiste em 65% de Malbec, 25% de Cabernet Sauvignon e o resto do Petit Verdot, de vinhedos localizados em Mayor Drummond e Altamira, todos antigos e plantados a partir de 1924. O estilo da casa é claramente visto neste tinto: o vinho se sente musculoso, cheio de frutas negras em um tinto expansivo, com taninos muito polidos e macios, mas ao mesmo tempo musculosos, marcados por uma acidez amigável que parece sublinhar a maturidade da fruta.

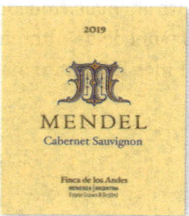

93
MENDEL
Cabernet Sauvignon 2019
\$\$\$ | PERDRIEL | **14.5°**

A base deste vinho é Cabernet Sauvignon plantado em 1998 na área de Perdriel, além de 20% de vinhas jovens plantadas em Altamira, no Vale do Uco. A mistura funciona muito bem, especialmente por ser uma safra fresca que deu notas de ervas e acidez muito rica neste Cabernet doce, frutas maduras e densas.

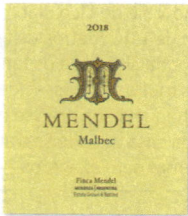

92
MENDEL
Malbec 2018
\$\$\$ | LUJÁN DE CUYO | **14.4°**

Uma versão suculenta deste Malbec da área do Mayor Drummond, em Luján de Cuyo. É um vinhedo plantado em 1928 que dá uma fruta voluptuosa e doce, especialmente em anos quentes como este de 2018. Aqui está uma densa camada de sabores de frutas negras e tons de ervas no meio de um corpo de taninos muito macios e polidos que suportam sabores frutados. Um vinho suculento e expansivo.

92
MENDEL CABERNET FRANC
Cabernet Franc 2018
\$\$\$ | ALTAMIRA | **14.4°**

Este Cabernet Franc foi plantado em 2012, em Altamira, em solos pedregosos e calcários, ao pé dos Andes, no Vale do Uco. Embora o ano tenha sido quente, aqui você pode sentir claramente as notas de ervas e tabaco da variedade, mais frutas negras em um corpo voluptuoso, textura muito macia e redonda. Você sente a maturidade, mas também há uma acidez que permite o equilíbrio.

Mendoza Vineyards.

PROPRIETÁRIO Bernard Fontannaz
ENÓLOGO Richard Bonvin
WEB www.mendozavineyards.com
RECEBE VISITAS Sim

• **ENÓLOGO** Richard Bonvin

[**MENDOZA VINEYARDS** é o lado argentino da Swiss Origin Global Distribution Group, uma empresa com vinícolas na Suíça e África do Sul e produzindo nada menos que seis milhões e meio de garrafas em Mendoza, fortemente apoiada por cerca de 50 produtores de uva. Eles têm vinícolas em Agrelo e nos arredores da cidade de Mendoza.]

91 MV GRAN RESERVA
Malbec 2018
$$ | LUJÁN DE CUYO | **14°**

Este Malbec vem de vinhedos de cerca de 90 anos, na área de Agrelo, cerca de 900 metros acima do nível do mar. Envelhecido por um ano em barricas, tem o lado maduro dos tintos de Agrelo, notas especiadas, tons de ervas, o corpo de taninos amigáveis e suculentos. Um protótipo do lugar, pronto agora para abrir com hambúrgueres e batatas fritas.

Michelini i Mufatto.

PROPRIETÁRIOS Andrea Mufatto, Gerardo & Manuel Michelini
ENÓLOGOS Andrea Mufatto, Gerardo & Manuel Michelini
WEB www.michelinimufatto.com
RECEBE VISITAS Sim

• **PROPRIETÁRIOS & ENÓLOGOS**
Andrea Mufatto, Gerardo & Manuel Michelini

[**MICHELINI I MUFATTO** é o projeto da enóloga Andrea Mufatto, seu marido, Gerardo Michelini, e seu filho mais velho, Manuel. A fonte de uva para seus vinhos brancos fica em El Peral, um dos lugares mais frescos dentro do Vale do Uco, enquanto os tintos vêm de La Cautiva, em uma das áreas mais altas de Gualtallary, logo acima da área agora muito falada de Monasterio. O estilo da casa é baseado na pureza da fruta, com muito pouca intervenção quando se trata de vinificação, e colheitas antecipadas para sublinhar o frescor. O projeto abrange cerca de 35 mil garrafas.]

97 ÓLEO
Malbec 2018
$$$$$ | GUALTALLARY | **13.5°**

Esta é a primeira safra de Óleo e vem de um pequeno setor do vinhedo La Cautiva, uma espécie de lugar de 0,4 hectare onde não há solo, mas uma massa de cal e cascalho compactado, que é localmente chamado de "cimento indio" no Vale do Uco. Esse solo e a altura deste vinhedo, no sopé dos Andes, cerca de 1.600 metros acima do nível do mar, dão a este vinho um caráter muito especial. Não há frutas aqui, apenas pedras. Mas mais do que isso, o que este vinho transmite são sensações táteis: a textura selvagem e feroz de taninos de cal; a sensação de acidez proporcionando frescor, mas também texturas, como sublinhar essa sensação de giz na boca. E a fruta, bem atrás, como contemplando o espetáculo, esta performance feita de pedra andina, cimento indio no meio da montanha. Um vinho superlativo.

96 GY
Malbec, Cabernet Franc 2019
$$$$ | GUALTALLARY | 13.5°

Esta é uma mistura de vinhedos e videiras. Tem 60% de Malbec e 40% de Cabernet Franc, e três vinhedos em três alturas diferentes em Gualtallary, de 1.200 para 1.600. A fermentação, que na verdade é uma cofermentação, é feita com 30% de cacho completo, e o vinho é envelhecido por um ano em madeira, um pouco em tonéis e outra parte em barricas. O vinho tem uma certa sensação de ervas que refresca, mas também tem sabores defumados e animais em meio a muitas frutas vermelhas e tons especiados. A textura é firme, os sabores são frutados e frescos em uma safra que foi fria em Mendoza. E os taninos ferozes, agarrando o paladar firmemente.

96 LA CAUTIVA
Malbec 2018
$$$$$ | GUALTALLARY | 13°

Cem por cento vinificado com cachos inteiros, em uma espécie de semi--maceração carbônica, tudo em tanques de carvalho de cerca de três mil quilos e envelhecimento longo em barricas por cerca de 18 meses, esta é uma seleção de parcelas do vinhedo La Cautiva, um dos mais altos do Vale do Uco, cerca de 1.600 metros acima do nível do mar , em Gualtallary. O clima da montanha e os solos ricos em cal falam de um vinho com muito caráter, com tons florais, mas ao mesmo tempo com muitas notas especiadas, com muitas arestas em textura, com muitos taninos firmes e afiados, com uma deliciosa profundidade, refrescante, intensa. Este é um vinho selvagem em aromas, selvagem em texturas, mas ao mesmo tempo tão fácil de beber, tão cheio de nuances. Um vinho tinto, crocante e um dos melhores tintos da safra na América do Sul.

96 PROPÓSITOS
Chenin Blanc 2018
$$$$$ | VILLA SECA | 12°

De uma latada plantada em 1970 em solos profundos, na área de Villa Seca, em Tunuyán, no centro do Vale do Uco. Fermentado com as peles até o meio do processo e depois envelhecido por 18 meses em barricas, este cem por cento Chenin Blanc tem uma densidade suculenta, cheia de aromas e sabores oxidativos, rico em tons especiados e frutas confitadas no meio de uma textura que não só é ampla e se expande para os lados do paladar, mas acima de tudo é profunda , estende-se até o fim. Um vinho cheio de nuances e com uma redução suave que aumenta ainda mais sua complexidade.

95 CERTEZAS
Sémillon 2018
$$$$$ | EL PERAL | 12.5°

Certezas é uma seleção de solos menos férteis no vinhedo Manoni, que foi plantado há 130 anos pela mesma família na área de El Peral, ao norte do Vale do Uco. O vinho é fermentado com suas peles (apenas até metade do processo, ou seja, por cerca de três dias) e depois termina a fermentação em barricas de 500 litros, onde é envelhecido por 18 meses com suas borras. Este vinho tem um lado fortemente redutivo. Depois de um longo contato com as borras, ele cheira a fósforo, mas também há frutas maduras e confitadas, e especiarias de seu caráter oxidativo. Na boca é amplo, com sabores suculentos e texturas em um branco projetado para viver em garrafas por décadas.

95 CONVICCIONES
Chardonnay 2018
$$$$$ | G U A L T A L L A R Y | **13°**

Este vinho vem de um vinhedo de solos ricos em calcário, cerca de 1.600 metros acima do nível do mar. Envelhecido em barricas, algumas com desenvolvimento de véu de flor. O envelhecimento se estende por cerca de 18 meses e o efeito desse envelhecimento é importante, proporcionando notas redutivas entre sabores de frutas maduras, especiarias, frutas confitadas, tons salinos, tudo acompanhado de uma acidez feroz, uma acidez da montanha que vem colocar ordem e equilíbrio no meio de toda essa orgia de sabores e maturidade.

95 LA NIÑA ALBA
Malbec 2019
$$$$$ | G U A L T A L L A R Y | **14°**

Este **Niña Alba** vem do vinhedo La Cautiva, um dos mais altos de Gualtallary, cerca de 1.600 metros acima do nível do mar. Os solos são ricos em cal, e isso resulta em texturas muito firmes, em sensação de verticalidade. As frutas são vermelhas, moldadas pelo clima fresco da montanha, os aromas florais, a sensação de ervas no meio de toda aquela carga de frutas e, acima de tudo, aquela estrutura nervosa e austera de taninos. Um Malbec muito bom para manter na adega.

94 BALSA DE PIEDRA
Sémillon 2019
$$$ | T U P U N G A T O | **13°**

O vinhedo da Família Manoni é a fonte para os melhores brancos da vinícola Michelini i Mufatto. É um vinhedo de cerca de 130 anos, cem por cento plantado com Sémillon na área de El Peral, em solos aluviais ao norte do Vale do Uco. Depois de seis meses em barricas usadas, e fermentado com suas peles, tem um forte componente oxidativo, frutas secas e especiarias doces que são complementadas por frutas maduras e suculentas, que este vinho mostra na boca. É amplo, voluptuoso, muito profundo. Um branco para envelhecer por décadas.

94 BALSA DE PIEDRA BLEND DE TINTAS
Malbec, Cabernet Sauvignon, Cabernet Franc, Merlot, Sémillon 2019
$$$ | T U P U N G A T O | **13°**

Esta é uma cofermentação de diferentes variedades, brancas e tintas, de diferentes vinhedos, principalmente de El Peral, San José e Gualtallary, todas em Tupungato, ao norte do Vale do Uco. Fermentada com 30% de cacho completo, e envelhecida por seis meses em barricas usadas, aqui a acidez é o ator principal, a espinha dorsal de onde frutas vermelhas, sabores vibrantes e refrescantes são projetados para todo o paladar. Um vinho para beber, especialmente com frios.

Miraluna.

PROPRIETÁRIO Carlos Urtasun
ENÓLOGO Daniel Heffner
WEB www.miraluna.com.ar
RECEBE VISITAS Sim

• ENÓLOGO Daniel Heffner

[**ESTE PROJETO** pertence à família Urtasun, donos de restaurantes em Buenos Aires e Salta. Em 2004, eles começaram a se aventurar no mundo do vinho comprando uma fazenda na área de Cachi, a cerca de 180 quilômetros de Salta em direção à Cordilheira dos Andes, cerca de 2.600 metros acima do nível do mar. Hoje eles têm quatro hectares plantados lá, e desse lugar eles recebem a fruta para todos os seus vinhos, cerca de 25 mil garrafas por ano.]

90 EKEKO
Malbec, Merlot 2017
$$ | SALTA | **14.8°**

Trata-se de uma mistura de 60% de Malbec e 40% de Merlot, todos de seus próprios vinhedos na área de Cachi, cerca de 2.600 metros de altura. Esta é uma versão frutada de um vinho em clima extremo. A insolação é sentida na maturidade das frutas, os sabores das cerejas negras em meio a tons de chocolate. É um vinho com um corpo ótimo, com sabores quentes.

90 MIRALUNA
Merlot 2018
$$$ | SALTA | **14.5°**

Com cerca de 2.670 metros de altura, este é um Merlot marcado pelo sol dos Andes, e com oito meses de barricas, este é um vinho suculento, de grande força e maturidade. Um filho de sua origem, cheio de notas confitadas e frutas negras.

OUTRO VINHO SELECIONADO
88 | MIRALUNA Malbec 2018 | Salta | 14.8° | **$$**

Miras.

PROPRIETÁRIO Marcelo Miras & Família
ENÓLOGO Marcelo Miras
WEB www.bodegamiras.com.ar
RECEBE VISITAS Sim

• PROPRIETÁRIO & ENÓLOGO
Marcelo Miras

[**NATURAL DE** San Rafael, província de Mendoza, o enólogo Marcelo Miras chegou à Patagônia no final da década de 1990 para trabalhar na vinícola Humberto Canale, pioneira em Río Negro. Ao mesmo tempo, produziu vinhos para seu consumo pessoal, a produção que cresceu até que, em 2006, começou a comercializá-los. Hoje a Miras é uma marca totalmente estabelecida que produz cerca de 60 mil garrafas por ano.] **IMPORTADOR:** www. lacharbonnade.com.br

94 FAMILIA MIRAS
Malbec 2019
$$$$ | PATAGÔNIA ARGENTINA | **14.5°**

Esta nova série de três vinhos vem de vinhedos antigos na área de Mainqué do Rio Negro, plantados em 1958. As videiras são certificadas orgânicas e o vinho é envelhecido em barricas de 600 litros. A partir desta primeira versão, pouco mais de 1.200 garrafas de um tinto focado 100% nas frutas vermelhas maduras da variedade foram feitas naquela área da Patagônia Argentina. É macio, muito cremoso, taninos amigáveis e tons especiados e doces.

94 FAMILIA MIRAS
Sémillon 2019
$$$$ | PATAGÔNIA ARGENTINA | **13.5°**

Um novo Sémillon de Marcelo Miras, um dos mestres do Sémillon na América do Sul, vem da área de Mainqué, de vinhedos plantados em 1965. O vinho é fermentado em tanques de aço (70% de seu volume) e o resto em madeira. O vinho é um creme. Os sabores de frutas brancas maduras se misturam harmoniosamente com os tons de mel em meio a uma textura macia, redonda e suculenta. Um vinho de muitas camadas e que só vai melhorar com o tempo na garrafa.

93 MIRAS CRIANZA
Chardonnay 2018
$$$ | PATAGÔNIA ARGENTINA | **13.5°**

Este Chardonnay vem da área de Fernández Oro, de vinhedos plantados em 1999. É envelhecido por 12 meses em barricas e com sua malolática completo. Daí talvez o lado cremoso e amigável de sua textura e também os aromas láticos que se confundem com os sabores frutados em um branco amigável, com sabores profundos e com uma acidez sempre presente.

93 MIRAS JOVEM
Sémillon 2020
$$ | PATAGÔNIA ARGENTINA | **13°**

Um Sémillon de estilo oxidativo, aqui mais do que frutas o que se sente são os aromas de mel e especiarias em um branco de generoso corpo, que enche a boca com sua textura voluptuosa e acidez firme, marcando os contornos do paladar. Enquanto a maioria dos produtores que tentam resgatar Sémillon na Argentina (e também no Chile) optam pelo lado mais frutado e redutivo, aqui mostram-se ares de brancos do passado que sempre valem a pena revisitar. Este Miras Jovem vem de um pequeno vinhedo de 1,7 hectare, plantado em 1977.

92 MIRAS CRIANZA
Cabernet Franc 2018
$$$ | PATAGÔNIA ARGENTINA | **14°**

Os aromas de tabaco, especiarias e ervas são claros neste Cabernet Franc, um tinto que mostra muito bem a variedade. As frutas são frescas, vermelhas, além de aromas terrosos que combinam com as frutas dando complexidade em um vinho muito bem equilibrado, muito varietal. Este Franc vem de vinhedos plantados em 1999 na área de Fernández Oro, Rio negro.

91 MIRAS JOVEM
Torrontés 2020
$$ | PATAGÔNIA ARGENTINA | **14.5°**

Este laranja vem de um Torrontés plantado na área de Mainque em 1958. Em contato com as peles por 40 dias, hoje mostra muita concentração e força. É vital em tons de frutas vermelhas ácidas e também em acidez e taninos que se desdobram pela boca deixando um amargor agradável.

90 MIRAS JOVEM
Merlot 2020
$$ | PATAGÔNIA ARGENTINA | **13.5°**

De um vinhedo plantado em 1977, em solos de argila, este Merlot tem toda a clareza de variedade no sul da Argentina. Frutas vermelhas maduras, algumas ervas em um contexto de maturidade rica e suculenta. A textura é amigável, com taninos muito domados e doces. Um Merlot para aprender sobre a uva na América do Sul.

OUTROS VINHOS SELECIONADOS
89 | MIRAS JOVEM Trousseau 2020 | Patagônia Argentina | 13.8° | **$$**
88 | MIRAS JOVEM Malbec 2020 | Patagônia Argentina | 13.5° | **$$**

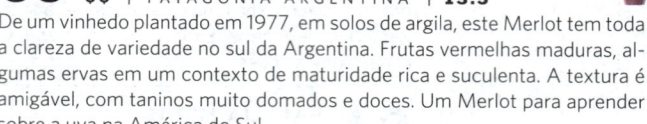

Mosquita Muerta.

PROPRIETÁRIO Millán S.A.
ENÓLOGA Clara Eugenia Roby
WEB www.mosquitamuertawines.com
RECEBE VISITAS Sim

- **ENÓLOGA** Clara Eugenia Roby

[**ESTE PROJETO** da família Millán (Fuego Blanco, Los Toneles) começa em 2010 e deve ser o mais ousado dos empreendimentos do grupo. Apenas misturas são feitas aqui com a filosofia de misturar variedades e origens. Eles começaram apenas com tintos, mas desde 2014 eles também fazem misturas brancas, algumas tão originais quanto Mosquita Muerta Blend de Blancas, baseada em Chardonnay com Viognier, Moscatel e Sauvignon Blanc. O projeto é liderado por José Millán.]

96 MOSQUITA MUERTA
Malbec 2017
$$$ | VALE DO UCO | **14.5°**

Esta é uma seleção de parcelas dos vinhedos que Mosquita Muerta tem em Los Chacayes, no Vale do Uco, acima de 1.300 metros acima do nível do mar. A tensão dos taninos é imediatamente sentida neste Malbec, a influência dos solos aluviais, de cascalho coberto de cal, proporciona aqui essa textura de giz, rústico, que é responsável por abranger todos os cantos do paladar como se fosse um vinho feito de Baga, na Bairrada ou um Sagrantino de Montefalco. Malbec é considerado leve, com "taninos doces", como definem alguns produtores mendocinos. Os Chacayes são um outro mundo, e mostra-o de uma forma particularmente fiel.

95 MOSQUITA MUERTA
Malbec, Cabernet Franc, Cabernet Sauvignon, Merlot 2017
$$$ | VALE DO UCO | **14.5°**

Esta é uma mistura de 70% Malbec, 20% Cabernet Sauvignon, mais Cabernet Franc e Merlot em percentuais semelhantes. Desse 70% de Malbec, 50% vem de Los Árboles e apenas 20% da mistura total é de Mantrax, na área de Los Chacayes. E é impressionante como o lado selvagem - especialmente em termos de textura - dessa porcentagem interfere com os outros, como alguém que rouba a cena. Os taninos de Mantrax aqui colocam nervo, força, tensão e acidez, enquanto Los Árboles (que é de onde vêm 50% do Malbec e todas as outras variedades) adicionam sabores frutados e amáveis, um gesto para acalmar o selvagem na gaiola.

94 MALCRIADO
Malbec 2016
$$$$$ | VALE DO UCO | 14.8°

Esta é uma seleção de lotes do vinhedo de Mosquita Muerta na área de Los Árboles do Vale do Uco. A ideia é obter concentração e densidade em uma área que não se caracterize pela força de seus taninos, mas pela generosidade frutada em seus tinto. Este é um suco de frutas maduras, ervas e tons florais, de nuances especiadas, mas acima de tudo há a fruta vermelha madura expandindo-se através da boca com seus sabores suculentos e taninos macios, quase como se tivessem sido polidos.

94 MOSQUITA MUERTA
Chardonnay, Sauvignon Blanc, Sémillon 2019
$$ | VALE DO UCO | 13.5°

Esta é uma mistura de 50% Chardonnay de vinhedos em Los Árboles e Los Chacayes, ambos no Vale do Uco, além de 30% de Sémillon e o resto de Sauvignon Blanc. Apenas parte, a porcentagem que vem de Los Árboles, é fermentada e envelhecida em barricas, enquanto o resto apenas em aço. Este é um branco singular na cena argentina. Tem a textura densa e suculenta do tinto maduro, mas ao mesmo tempo tem taninos tensos que afirmam essa maturidade. Há notas de especiarias, flores, frutas; há muito para focar a atenção em um vinho que iria muito bem com torta de caranguejo.

93 SAPO DE OTRO POZO
Malbec, Cabernet Franc, Syrah 2018
$$ | VALE DO UCO | 14.5°

Esta mistura tem 60% de Malbec do vinhedo Mantrax, na área de Los Chacayes, em solos ricos em pedras e cal, o que dá vinhos de grande concentração e, sobretudo, de taninos ferozes. Para acalmar essa textura, há o Syrah e Cabernet Franc que vêm do vinhedo de Mosquita Muerta, em Los Árboles, que apesar de estar também em Uco, tem solos menos calcários e pedregosos, tornando as texturas mais gentis e equilibrando em um vinho cheio de frutas e com o dulçor preciso para torná-lo mais gentil.

92 PISPI
Malbec, Cabernet Sauvignon, Cabernet Franc, Merlot 2018
$$ | VALE DO UCO | 14°

Pispi é uma espécie de janela para o Vale do Uco, através de cinco variedades de duas zonas: Los Árboles e Los Chacayes. Este ano, a mistura é baseada em 60% de Malbec, 20% Cabernet Sauvignon, mais Merlot e Cabernet Franc em proporções semelhantes. A base do Malbec, aquele Malbec floral de Uco, com toques de violetas e muitas notas frutadas, é sentida neste vinho. A textura é muito fina, os sabores são doces e a sensação de equilíbrio que deixa é deliciosa.

91 PERRO CALLEJERO BLEND DE MALBEC
Malbec 2019
$$ | MENDOZA | 13.5°

Esta é uma mistura de vinhedos de Agrelo e Los Chacayes, em um Malbec de excelente relação qualidade-preço. A fruta é vibrante, cheia de intensidade e frescor; os sabores e aromas das cerejas têm toda a proeminência, enquanto na boca é muito macio e com taninos redondos. Um vinho muito fácil de beber, sem arestas. Leve-o para o churrasco de domingo.

Mosquita Muerta.

90 PERRO CALLEJERO
Pinot Noir 2020
$$ | V A L E D O U C O | **12.5°**

De Los Chacayes, no Vale do Uco, tem o caráter dos tintos da área; aromas frutados e violetas, mas neste caso marcado pelas flores. E, acima de tudo, uma textura selvagem em uma variedade que já é bastante tânica, como Pinot Noir. Um tinto suculento e, apesar dessa textura, fácil e fresco para beber, especialmente com choripán.

OUTRO VINHO SELECIONADO
89 | PERRO CALLEJERO Cabernet Franc 2019 | Mendoza | 13.8° | **$$**

Mundo Revés.

PROPRIETÁRIO Quentin Pomier & Thibault Lepoutre
ENÓLOGOS Quentin Pomier & Thibault Lepoutre
WEB www.mundoreves.mitiendanube.com
RECEBE VISITAS Não

• PROPRIETÁRIOS & ENÓLOGOS
Quentin Pomier & Thibault Lepoutre

[**ESTE É O** projeto de Quentin Pomier e Thibault Lepoutre, dois enólogos franceses que vivem em Mendoza há anos. Começou em 2009, com apenas dois barris, e hoje eles produzem 25 mil garrafas, todas do Vale do Uco, ao pé da Cordilheira dos Andes.]

94 ASA NISI MASA
Bonarda 2020
$$ | V A L E D O U C O | **14.7°**

A seleção para este Bonarda bastante incomum para os padrões da cepa, vem de uma latada muito antiga na área de Vista Flores, no Vale do Uco. A textura, geralmente lisa, aqui se transforma para criar um pequeno monstro com garras afiadas. Os sabores são exuberantes, ricos em tons de amoras e ervas; um tinto corpulento, longe dos estereótipos da Bonarda do quente leste mendocino. Em vez disso, é um excelente exemplar de Bonarda de montanha .

94 LE PETIT VOYAGE
Malbec 2020
$$ | C H A C A Y E S | **14°**

Esta é uma seleção de um vinhedo de cerca de 1.400 metros de altura na área de Los Chacayes, um lugar de clima de montanha e solos pedregosos que geralmente dá o tipo de taninos mostrados por este Malbec; taninos que formam uma textura áspera e reativa, que suporta uma densidade suculenta e fresca de sabores frutados. Embora a extração tenha sido muito controlada, a força do local é imposta oferecendo um vinho com muito caráter, ideal para beber agora com embutidos ou guardar por alguns dois anos, não mais do que isso, para que não perca sua fruta suculenta e jovem.

93 ASA NISI MASA
Malbec 2020
$$ | V A L E D O U C O | **14°**

Com seis meses de envelhecimento em lagares de cimento e sem passagem por barricas, essa expressão pura e frutada de Malbec vem de vinhedos jovens plantados ao sul de Altamira, quase na fronteira com El Cepillo e no extremo sul do Vale do Uco. É intenso em notas de violetas, mas também generoso em sabores de frutas vermelhas maduras. Os taninos são muito reativos, firmes em sua tarefa de segurar o peso frutado.

93 LE PETIT VOYAGE
Sémillon, Sauvignon Blanc, Chardonnay 2020
$$ | VALE DO UCO | 12°

Esta mistura tem um terço de cada uma das variedades, todas de diferentes áreas do Vale do Uco, principalmente Altamira e Gualtallary. O vinho é fermentado com suas peles e depois envelhecido em barricas por seis meses. A acidez é a chave neste vinho, uma espinha dorsal da qual aromas e sabores frutados (que são cítricos, muito exuberantes) são exibidos sem problemas. É refrescante, mas ao mesmo tempo tem corpo muito bom e densidade de sabores. A textura é firme, para frutos do mar crus.

92 LE PETIT VOYAGE
Criolla Chica 2020
$$ | VISTA FLORES | 12.4°

De uma antiga latada de Vista Flores, no Vale do Uco, este vinho foi fermentado com a técnica de maceração carbônica, que costuma dar vinhos muito frutados, como este pequeno tinto para curtir o verão, um vinho de muitas notas florais e frutadas que se expande pela boca com a fluidez de um suco de cereja. É uma acidez leve, rica e nítida. Ideal para beber no verão à beira da piscina.

91 ASA NISI MASA
Cabernet Franc 2020
$$ | VALE DO UCO | 14°

Esta é uma mistura de dois vinhedos de Cabernet Franc, um em Altamira e outro em Los Sauces, ambos no Vale do Uco. Sem envelhecer na madeira, este é um exemplar acessível e herbáceo da variedade, com taninos muito macios, um volume generoso e sabor de frutas vermelhas maduras.

Navarro Correas.

PROPRIETÁRIO Bemberg Family

ENÓLOGA Alejandra Riofrio

WEB www.navarrocorreas.com

RECEBE VISITAS Sim

• **ENÓLOGA** Alejandra Riofrio

[**DESDE 2016** esta vinícola faz parte do Grupo Peñaflor (Trapiche, El Esteco). Mas sua origem remonta nada menos do que o ano de 1798, quando Juan de Dios Correas plantou parras ao pé da cadeia de montanhas. Durante o século XIX e grande parte do século XX a empresa foi dedicada a venda de uvas, até 1979, quando Edmundo Navarro Correas, descendente do fundador, promove a produção de vinhos. Hoje eles têm 38 hectares próprios e adquirem uvas de outros 600 externos, que vão de San Juan à Patagônia. A enóloga responsável é Alejandra Riofrio.] **IMPORTADOR:** www.devinum.com.br

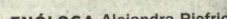

95 STRUCTURA
Malbec, Cabernet Sauvignon, Cabernet Franc, Merlot 2016
$$$ | AGRELO | 14.5°

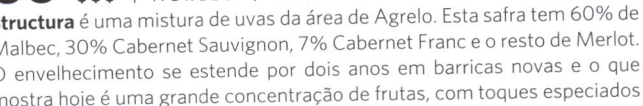

Structura é uma mistura de uvas da área de Agrelo. Esta safra tem 60% de Malbec, 30% Cabernet Sauvignon, 7% Cabernet Franc e o resto de Merlot. O envelhecimento se estende por dois anos em barricas novas e o que mostra hoje é uma grande concentração de frutas, com toques especiados e herbáceos, em um corpo robusto, de taninos selvagens. Precisa de pelo

menos três a quatro anos na garrafa, um tempo em que certamente ganhará em complexidade.

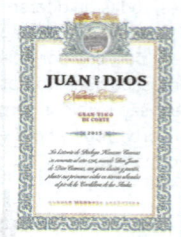

94 JUAN DE DIOS
Malbec, Cabernet Sauvignon 2015
$ $ $ $ | A G R E L O | **14.5°**

Juan de Dios é uma mistura de 18% Cabernet Sauvignon e 82% Malbec,
todos da área de Agrelo, em Luján de Cuyo. Depois de 18 meses em barricas novas, este ainda é uma massa de frutas selvagens, um pequeno monstro que, no momento, mostra muito, mas em desordem: taninos selvagens,
camadas grossas e generosas de frutas, acidez vivaz. Dê-lhe pelo menos
cinco anos na adega para que tudo se equilibre e ganhe em complexidade.
Esta é uma aposta segura se você está procurando vinhos para envelhecer.

93 ALEGORÍA GRAN RESERVA
Malbec 2017
$ $ | A G R E L O | **14.5°**

Os vinhedos de Agrelo tendem a dar vinhos generosos em frutas negras e
voluptuosas no corpo. Este é um grande Malbec, filho de uma área ensolarada e quente, mas também é um tinto que oferece acidez suculenta e
frutas vermelhas refrescantes, que o separa do molde clássico para fazer
parte de uma nova geração de Malbec de Agrelo que busca o frescor da variedade, aquele lado mais vital. Este, apesar de seus 15 meses em barricas
e seus 14,5 graus de álcool, vai nessa direção.

92 ALEGORÍA GRAN RESERVA
Chardonnay 2018
$ $ | M E N D O Z A | **14°**

De Los Árboles, cerca de 1.100 metros de altura, no Vale do Uco, este
Chardonnay tem 50% de seu volume fermentado e envelhecido em barricas por um ano, enquanto a outra metade é vinificada em aço. O resultado
é um branco profundo, muito pesado, com as notas óbvias de madeira,
mas também com uma forte presença frutada em um Chardonnay de grande peso e presença para camarões grelhados.

92 NAVARRO CORREAS GRAND CUVÉE
Chardonnay, Pinot Noir N/V
$ $ | M E N D O Z A | **12.5°**

Com 90% de Chardonnay e 10% Pinot Noir, todos das alturas de Gualtallary, no Vale do Uco, este espumante tem forte ênfase em frutas brancas,
frescor de acidez e bolhas, que se sentem abundantes e macias. Foi feito
com o método tradicional de segunda fermentação na garrafa, e tem um
ano de contato com as borras. Para beber agora com peixe grelhado.

91 NAVARRO CORREAS EXTRA BRUT
Chardonnay, Pinot Noir N/V
$ $ | M E N D O Z A | **12°**

Este extra brut é feito com o método charmat de segunda fermentação
em tanques de aço, e com três meses de contato com as borras antes de
ser engarrafado. Tem um foco em frutas que se sentem frescas e vivas. A
borbulha é generosa, cremosa, e a acidez é vivaz. Ideal para aplacar o calor
no verão.

91 RESERVE SELECCIÓN DE PARCELAS
Malbec 2018
$$ | M E N D O Z A | 14°

Este Malbec oferece uma extraordinária relação preço-qualidade. De três vinhedos, La Consulta e Los Árboles, no Vale do Uco, e outro em Agrelo, em Luján de Cuyo, aqui a expressão pura da variedade é mostrada em suas notas de cerejas negras ácidas e leves toques de violetas. O corpo é intenso, construído a partir de deliciosos sabores frutados, trama muito boa de taninos e acidez firme para suportar todo esse peso e proporcionar equilíbrio.

90 RESERVA SELECCIÓN DE PARCELAS
Chardonnay 2019
$$ | M E N D O Z A | 13.5°

Este Chardonnay vem de duas áreas montanhosas, Los Árboles e Gualtallary, ambas no extremo norte do Vale do Uco. 70% do vinho é fermentado em aço e o resto em barricas, onde é então envelhecido por seis meses. A mistura não perde a fruta, que aqui combina muito bem com as notas tostadas da madeira causando uma sensação um pouco doce, mas ao mesmo tempo muito refrescante, graças a uma acidez suculenta que nunca perde seu caminho. Um Chardonnay para ceviche de camarão.

90 RESERVE SELECCIÓN DE PARCELAS
Cabernet Sauvignon 2019
$$ | M E N D O Z A | 14°

Um Cabernet selvagem, textura firme e um pouco rústico, com taninos que aderem fortemente ao paladar. É intenso em sabores de frutas negras, mas também tem hints de ervas e couro. Um vinho poderoso e ideal para grelhados. Este Cabernet é uma seleção de vinhedos no Vale do Uco e Luján de Cuyo e é estagiado em madeira por um ano.

OUTROS VINHOS SELECIONADOS

89 | COLECCIÓN PRIVADA Cabernet Sauvignon 2019 | Mendoza | 13.5° | $

89 | COLECCIÓN PRIVADA Malbec 2019 | Mendoza | 13.5° | $

Nieto Senetiner.

PROPRIETÁRIO Molinos Río de la Plata S.A.

ENÓLOGOS Santiago Mayorga & Roberto González

WEB www.nietosenetiner.com.ar

RECEBE VISITAS Sim

· **ENÓLOGO** Santiago Mayorga

[**NIETO SENETINER** é uma das maiores vinícolas da Argentina. Eles possuem 300 hectares, alugam cerca de 700 e produzem mais de 20 milhões de garrafas por ano. Eles também têm história: começa em 1888, quando imigrantes italianos compram vinhedos em Vistalba, Luján de Cuyo, e continua em 1969, quando passam para as famílias Nieto e Senetiner, que três décadas depois vendem sua vinícola para a empresa Molinos Río de La Plata, atuais proprietários. O enólogo que supervisiona tudo é Roberto González, que está ligado à empresa há 25 anos e hoje divide seu trabalho em duas vinícolas. Uma delas é Vistalba, a vinícola histórica; a outra, Carrodilla, onde fazem espumantes, uma parte importante de sua produção. Nieto Senetiner tem outras empresas sob sua aba: Cadus, a marca estrela até se tornar independente, e a vinícola Ruca Malen, comprada em 2015.] **IMPORTADOR:** www.casaflora.com.br

95 DON NICANOR SINGLE VINEYARD VILLA BLANCA Malbec 2017
$$$ | LUJÁN DE CUYO | 15°

O vinhedo Villa Blanca tem pouco menos de 118 anos de idade, um verdadeiro patrimônio mendocino localizado ao lado do restaurante de Nieto em Vistalba. Estagiado por alguns anos em barricas, esta é uma das expressões mais claras de Luján de Cuyo, do estilo clássico da área histórica de Mendoza; daqueles vinhos maduros e amigáveis, frutas doces, que encantaram o mercado por volta do início de 2000. Aqui tem isso, mas também frutas maduras, cerejas e amoras, no meio de algumas notas de ervas. Um clássico que foi revisitado, pioneiro na recuperação das áreas históricas de Luján de Cuyo, ao longo do caminho foi incursionar nas alturas do Vale do Uco, e fez um retorno às origens com todas as lições aprendidas na montanha.

94 DON NICANOR BARREL SELECT Malbec 2018
$$ | VALE DO UCO | 15°

Esta é uma seleção de diferentes vinhedos no Vale do Uco, especialmente em Los Árboles, Los Chacayes e Gualtallary, três áreas muito diversas que deram aqui um vinho que mostra o lado de ervas muito marcado, juntamente com frutas vermelhas maduras e álcool (que se sente em seu lado mais untuoso) proporcionando maciez e suculência. Um vinho para cordeiro.

94 PARTIDA LIMITADA Bonarda 2018
$$$ | MENDOZA | 13.5°

Um Bonarda clássico no cenário moderno argentino, com sua primeira versão em 2000, quando a variedade não era considerada como hoje e os exemplos que existiam no mercado não eram a melhor expressão da cepa. Este Partida Limitada ajudou a dar mais prestígio à Bonarda e, desde então, tornou-se uma referência. Esta nova safra é uma versão suculenta da variedade, com toques de ervas. O envelhecimento em carvalho durou 12 meses e isso aparece nessas especiarias, mas não como no passado. A influência da barrica hoje é muito menor, deixando toda a doçura e frutos negros da Bonarda para se expressar com total liberdade.

93 DON NICANOR Malbec 2019
$$ | MENDOZA | 14.5°

Esta é uma mistura de Agrelo e também de vinhedos mais altos, no Vale do Uco, especialmente em Los Chacayes e Los Árboles. Um exemplo muito bom da variedade, que mistura o lado suculento de Agrelo, os frutos maduros dessa área mais abaixo da montanha, com os aromas mais frutados e refrescantes da altura de Uco. Um Malbec cheio de frutas, suculento.

93 DON NICANOR BARREL SELECT Cabernet Franc 2018
$$ | LOS CHACAYES | 14.5°

Este é cem por cento Cabernet Franc da área de Los Chacayes, no Vale uco, acima de 1.200 metros de altura. Fermentado em ovos de cimento e depois envelhecido em barricas por um ano. As notas de ervas da variedade contrastam com os sabores de frutas vermelhas maduras em um ano muito quente como 2018. Aqui estão taninos firmes e sabores profundos que terminam com tons de ervas. Para cordeiro ao alecrim.

93 NIETO SENETINER
Sémillon 2019
$ | M E N D O Z A | 13°

Esta Sémillon vem da área de Villa Bastías, em direção ao centro de Tupungato, no norte do Vale do Uco. Os vinhedos foram plantados em 1947 acima de 1.200 metros de altura. 30% do vinho é envelhecido em barricas por dez meses e o que ele mostra hoje é um caráter muito varietal, de Sémillon melado, com textura cremosa, apoiada por uma acidez firme e afiada. É um branco delicioso agora com frutos do mar, mas pode ser guardado por mais três ou quatro anos.

92 NIETO SENETINER GRAND CUVÉE
BRUT NATURE Pinot Noir, Chardonnay N/V
$$ | M E N D O Z A | 12.5°

Este é um charmat, ou seja, um espumante cuja segunda fermentação foi em tanques de aço. Mas, neste caso, é um charmat "longo", onde o contato com as borras é prolongado, neste caso, de seis meses. A força dos sabores frutados é intensa, com a acidez desempenhando um papel fundamental para refrescar e dar nervo. A bolha é macia, abundante, e também suporta esse frescor em um vinho para aliviar o calor no verão. Compre por caixas.

91 DON NICANOR
Cabernet Sauvignon 2019
$$ | V A L E D O U C O | 14°

Este vinho é baseado em vinhedos de Los Árboles e Los Chacayes, ambos no Vale do Uco. Envelhecido em barricas por um ano, todo em madeira usada, ele mostra o mundo do Cabernet e seu lado mais herbáceo e especiado, mas também o suco de frutas vermelhas no meio de taninos firmes e suculentos, acompanhados por uma acidez vibrante.

91 DON NICANOR
Chardonnay 2019
$$ | M E N D O Z A | 14°

De vinhedos no Vale do Uco, acima de mil metros de altura, trata-se de um Chardonnay oleoso, textura cremosa e um final que combina ervas e frutas maduras. É o tipo de Chardonnay que precisam para um salmão grelhado.

91 DON NICANOR BLEND
Malbec, Merlot, C. Sauvignon, C. Franc, P. Verdot 2019
$$ | M E N D O Z A | 14.5°

Esta mistura de diferentes vinhedos em Agrelo e no Vale do Uco oferece uma deliciosa expressão de frutas vermelhas maduras e especiarias. Um vinho de corpo médio com taninos muito firmes e uma acidez que ajuda a refrescar. Para abrir agora com pizza.

91 NIETO SENETINER MALBEC D.O.C.
Malbec 2019
$ | L U J Á N D E C U Y O | 14.5°

Esta é uma mistura baseada em 90% dos vinhedos de Nieto Senetiner em Alto Agrelo, em Luján de Cuyo. De acordo com a legislação, este D.O.C. deve ter um ano em barricas e depois um ano na garrafa antes de ir ao mercado. Quando o processo acaba, o que temos é um vinho de muitas frutas vermelhas, frescas e sem arestas, fácil de beber por garrafas. E, a propósito, um bom exemplar de variedade.

90 NIETO SENETINER
Bonarda 2020
$ | MENDOZA | **12.7°**

Embora neste Bonarda estejam os aromas das amoras e a exuberância no nariz da variedade, na boca é uma surpresa. Longe da doçura e voluptuosidade que geralmente está associada a essa uva, aqui há textura tensa e nervosa, uma acidez firme que suporta sabores maduros. Um Bonarda para pensar em cortes de carne magra grelhada.

90 NIETO SENETINER
Cabernet Sauvignon 2020
$ | MENDOZA | **14°**

Robusto e intenso, este Cabernet precisa de uma massa à bolonhesa para acalmar seus taninos, que se sentem firmes e afiados. Há notas de ervas e especiarias, mas - tanto no nariz quanto na boca - o que manda é fruta vermelha madura em um vinho suculento pronto para beber agora.

90 NIETO SENETINER
Malbec 2020
$ | MENDOZA | **14°**

No lado maduro e untuoso da variedade, possui uma estrutura firme, com taninos musculosos em torno de sabores doces de frutas vermelhas. Acidez faz o trabalho de refrescar e equilibrar um clássico tinto argentino para carne grelhada.

90 NIETO SENETINER BRUT NATURE
Pinot Noir, Malbec N/V
$ | MENDOZA | **12.5°**

Trata-se de uma mistura de 85% de Pinot Noir e 15% de Malbec, produzida com o método charmat de segunda fermentação em tanques de aço. É um espumante simples, de acidez rica; um estilo suculento, fácil de beber e ideal para aplacar o calor do verão. Um espumante de piscina por natureza.

90 NIETO SENETINER EXTRA BRUT
Pinot Noir, Malbec N/V
$ | MENDOZA | **12.5°**

Feito com o segundo método charmat de fermentação em tanques de aço, um método mais industrial, esta mistura de Pinot e Malbec tem cerca de 11 gramas de açúcar residual e muitos sabores de frutas vermelhas ácidas. Essa doçura não impede de sentir refrescante e fácil de beber. Para as férias de verão.

OUTROS VINHOS SELECIONADOS

- | BLEND COLLECTION Malbec, Cabernet Franc, Petit Verdot 2019 | Mendoza 14.5° | $
- | NIETO SENETINER BLEND COLLECTION WHITE Sauvignon Blanc, Chardonnay, Viognier, Sémillon 2020 | Vale do Uco | 13.5° | $
- | EMILIA Malbec 2020 | Mendoza | 13° | $
- | EMILIA Sauvignon Blanc 2020 | Mendoza | 12.5° | $

Noemía de Patagonia.

PROPRIETÁRIO Hans Vinding-Diers
ENÓLOGO Hans Vinding-Diers
WEB www.bodeganoemia.com
RECEBE VISITAS Sim

·PROPRIETÁRIO & ENÓLOGO
Hans Vinding-Diers

[**A EMPRESÁRIA** italiana Noemí Marone Cinzano e sei então marido, o enólogo dinamarquês e consultor Hans Vinding-Diers, fundaram esta vinícola na Patagônia em 2002. Vinding-Diers havia chegado alguns anos antes em Río Negro como consultor de Humberto Canale, uma vinícola pioneira na região. E foi assim que começou seu gosto por este terroir e uma afeição especial pelos vinhedos antigos que lá podem ser encontrados. A origem de Noemía está em um vinhedo de Malbec de 1932, semiabandonado, que eles recuperaram. A partir deste e de outro vinhedo, plantado em 1955, vêm os tinto de Noemía, todos de alta gama. Hoje Vinding-Diers gerencia e é dono do projeto.] **IMPORTADOR:** www.mistral.com.br

98 NOEMÍA
Malbec 2018
$$$$$ | P A T A G Ô N I A   A R G E N T I N A | **13.5°**

Noemía nasceu em um vinhedo de apenas 1,5 hectare, e foi por isso que Hans Vinding-Diers se estabeleceu em Mainque em que há quase 20 anos. É um vinhedo plantado há quase 90 anos em solos aluviais, em uma área de vento de Rio Negro. O vinho tem 20% de cachos completos e é envelhecido por 15 meses com suas borras finas, sem enxofre, em barricas de 600 litros. Graças às colheitas precoces, a fruta é vermelha intensa e não perdeu nada de sua crocância depois dessa guarda. Pelo contrário, esta safra parece refrescante, cheia de frutas vermelhas e tons especiados e herbáceos. Este vinho, de delicadeza especial, é jovem e irresistível para beber agora, mas se se animarem, podem esperar por pelo menos mais cinco anos. A melhor versão de Noemía até agora, desde a primeira versão em 2001.

97 J ALBERTO
Malbec 2019
$$$$ | A R G E N T I N A | **14°**

Para **J Alberto**, Noemía seleciona vinhas de um vinhedo de 67 anos, cerca de 4,5 hectares ao lado da vinícola. É uma mistura no vinhedo com 95% de Malbec e o resto do Merlot. Estagiada em diferentes recipientes de madeira e concreto, esta nova safra é talvez a mais nervosa e fresca das quais temos memória em Descorchados. A fruta parece especialmente vermelha e crocante, apoiada por uma acidez incisiva. Os taninos são firmes, mas muito sutis, apoiando os sabores frutados que se desdobram por toda a boca. A sensação é vermelha, crocante, refrescante na melhor safra de J Alberto até hoje.

94 A LISA
Malbec 2019
$$$ | A R G E N T I N A | **14°**

A Lisa é uma espécie de introdução ao mundo de Noemía em Rio Negro. Este é 90% Malbec e o resto do Merlot, todos de produtores da área de Mainque. 20% do volume do vinho é envelhecido em barricas usadas por cerca de nove meses, enquanto o resto é deixado em aço inoxidável. Esta nova safra tem um lado vermelho delicioso. É refrescante, suculento, de grande capacidade, mas ao mesmo tempo com sabores profundos em uma textura cremosa.

Norton.

PROPRIETÁRIO Miguel Halstrick

ENÓLOGO David Bonomi

WEB www.norton.com.ar

RECEBE VISITAS Sim

• **ENÓLOGO** David Bonomi

[**COM UMA** produção de 25 milhões de garrafas, mais de 60 rótulos diferentes e cinco fazendas nas principais áreas de Mendoza, o Norton é uma das maiores vinícolas da Argentina. Foi fundada em 1895 e sua história recente é marcada pela compra da família austríaca Swarovski, dona do Norton desde 1989. Michael Halstrick, CEO do Norton desde 1991, vem dessa família, que é considerada "mendocina de adoção". Nos últimos anos, a equipe enológica foi liderada por Jorge Riccitelli, uma das figuras-chave na história recente do vinho argentino. Em 2017, Riccitelli deixou seu posto para David Bonomi, que havia sido seu braço direito nos últimos anos.]

IMPORTADOR: www.winebrands.com.br

95 ALTURA
Pinot Noir 2020
\$\$ | ARGENTINA | **13.9°**

Para este Pinot Noir, Norton usa vinhedos cerca de 1.580 metros acima do nível do mar em Gualtallary, em solos arenosos, mas também de cal. Estagiado em ovos de concreto por seis meses e imediatamente para a garrafa, este vinho brilha em frutas vermelhas, notas florais, sabores radiantes e suculentos e tons de ervas. Este caráter festivo tem pouco a ver com as notas bastante terrosas e de frutas secas de muitos dos Pinot mais ambiciosos da Argentina. Segundo David Bonomi, o segredo neste vinho é a vinificação redutiva, cuidando do frescor dos frutos da oxidação que envolve expor os cachos ao oxigênio. É fruta de alta qualidade, em um dos melhores vinhedos do Vale do Uco, mas não é envelhecido em barricas. A fruta cuidou do oxigênio ao máximo, como os tomates mendocino de verão (dos melhores tomates do mundo, devemos dizer) são preservados para que se desfrute deles em pleno inverno e sinta os mesmos sabores de verão. Aqui a equipe de Norton fez o mesmo, um olhar mais local sobre como Pinot é feito, sem receitas externas, apenas tentando capturar a fruta dentro de uma garrafa.

95 GERNOT
Malbec, Cabernet Franc, Cabernet Sauvignon 2017
\$\$\$\$\$ | ARGENTINA | **14.9°**

Gernot Langes, nesta safra conhecido apenas como Gernot, é o vinho top de Norton e estreou com a safra de 2003. Desde 2016, esse vinho tem sofrido mutações radicalmente, talvez por causa daquela safra que foi muito fria. Agora não é mais a tão potente, super concentrado, ou a mistura cheia de madeira que costumava ser. Hoje o uso de madeira tem moderado, as datas de colheita foram avançadas e a fruta parece muito mais fresca, mais nítida, juntamente com taninos firmes e uma acidez afiada que prevê uma guarda longa de garrafas. Este vinho é baseado em 50% de Malbec e 40% de Cabernet Franc (ambos de Altamira), mais 10% Cabernet Sauvignon de Perdriel.

94 ALTURA
Malbec 2019
$$ | A R G E N T I N A | **14.9°**

De um vinhedo a 1.300 metros acima do nível do mar, na área de Los Cha-cayes, no Vale do Uco, é envelhecido por um ano em barricas. Geralmente, os tintos deste lugar são ferozes em taninos, de texturas selvagens que nascem em parte pelo clima da montanha, mas também por solos pedre-gosos e ricos em cal. Neste caso, não é a rocha viva típica do lugar, mas um vinhedo plantado há 21 anos em solos com maior teor de cal, o que parece estar influenciando a textura aqui, modificando os taninos, tornando-os mais gentis, embora sem perder a tensão e a aresta. O resto é pura fruta vermelha deliciosa e notas de violetas.

94 LOTE NEGRO
Malbec, Cabernet Franc 2018
$$$ | A R G E N T I N A | **14.5°**

Esta é uma seleção de linhas de Malbec e Cabernet Franc, do Vale do Uco. Na mistura há 60% Malbec de Los Chacayes e 40% de Cabernet Franc de Altamira. Envelhecido por pouco mais de um ano em barricas de 500 litros, este tem a fruta como grande protagonista, os sabores de frutas vermelhas intensas no meio de uma cortina muito fina de aromas de especiarias e ervas. A textura é firme, cheia de taninos muito verticais e afiados. Este vinho é delicioso agora com carnes de cordeiro bem temperadas ou talvez em mais cinco anos, quando ganhará em complexidade.

94 NORTON
Sémillon 2018
$$ | A R G E N T I N A | **14.2°**

Os primeiros grandes vinhos brancos de Norton, das décadas de 1950 e 1960, e que de tempos em tempos a vinícola abre em ocasiões especiais, foram feitos com Sémillon. Este novo branco da casa é uma espécie de tributo aos vinhos do passado. É obtido a partir de um vinhedo plantado na década de 50 em Altamira, e não é envelhecido em barricas; apenas fermentação em concreto e imediatamente para a garrafa. Atenção deve ser dada ao caráter oxidativo deste vinho, as notas de cítricos confitados, mel e especiarias. O corpo é potente, muito vertical em textura, com uma acidez severa e cheio de frutas brancas maduras.

94 PRIVADA FAMILY BLEND
Malbec, Merlot, Cabernet Sauvignon 2018
$$$ | A R G E N T I N A | **14.5°**

Esta mistura de 40% Malbec, 30% Cabernet Sauvignon e 30% Merlot vem de diferentes vinhedos em Luján de Cuyo, principalmente Perdriel, Las Compuertas, Agrelo e Vistalba, todos clássicos na cena mendocina. Envelhecido em barricas por 16 meses, parece quente e voluptuoso, com tons de frutas negras e especiarias doces. A boca é poderosa, com muita concentração em acidez e taninos, mas também no sabor das frutas. Um vinho amplo, contundente e maduro.

93 ALTURA WHITE BLEND
Sauvignon Blanc, Sémillon, Grüner Veltliner 2020
$$ | A R G E N T I N A | **13.4°**

Nesta mistura tem 50% de Sauvignon, 20% Grüner Veltliner, ambas as variedades plantadas cerca de 1.450 metros de altura em San Pablo, e também 30% Sémillon de um vinhedo plantado em 1950 em Altamira. A fermentação ocorre em ovos de cimento e não é envelhecido em barricas.

A influência do Sauvignon e do Grüner de alta altitude é mostrada na forma de notas de ervas em todos os lugares e também em uma acidez firme e vibrante. Um vinho de grande frescor, com muito nervo, e com a Sémillon ao fundo, oferecendo textura no meio desse branco tenso e vertical.

92 ALTURA
Cabernet Franc 2019
$$ | ARGENTINA | **14.8°**

Um Cabernet Franc duro, com taninos musculosos e severos, que dão a sensação de austeridade. Os sabores são frutados, frutas negras e maduras sem muita indicação de notas de ervas, tabaco, que geralmente estão associados à variedade. Um Franc para guardar de dois a três anos e ver como esses taninos são arredondados e como o vinho adquire mais amabilidade. Vem de vinhedos de cerca de 20 anos plantados em Altamira.

92 GRÜNER VELTLINER ESPUMANTE
Grüner Veltliner N/V
$$ | ARGENTINA | **12.5°**

Produzido com o método charmat de segunda fermentação em tanques de aço e sem contato com as borras para, segundo o enólogo David Bonomi, não perder nenhuma fruta, este Grüner é um espumante focado em frutas brancas ácidas e notas clássicas de pimenta da variedade. Apesar de seu caráter festivo, piscina e verão, este é seco, não é doce (tem quatro gramas de açúcar), o que aumenta a suculência e seu caráter refrescante. Compre várias dessas garrafas para aliviar a sede no verão.

92 SPECIAL EDITION GRÜNER VELTLINER
Grüner Veltliner 2019
$$ | ARGENTINA | **12.8°**

Pelo que nos lembramos, este é o único Grüner que existe no mercado sul-americano, consistente com os proprietários austríacos da vinícola Norton, que é de onde vem essa variedade. Esta versão de Agrelo, de vinhedos de 15 anos, tem uma forte ênfase nos aromas de ervas, quase mentol, imersos em um corpo cremoso, de acidez marcada, mas ao mesmo tempo de sabores suculentos que falam do clima ensolarado de Agrelo. Uma versão talvez um pouco quente, mas que fala de variedade. Esta é a segunda versão dessas uvas que antes eram destinadas apenas a espumantes.

91 RESERVA
Chardonnay 2020
$$ | ARGENTINA | **13.8°**

Um creme de Chardonnay, aqui você pode sentir o amadurecimento da fruta, os sabores de frutas brancas doces e um pouco de geleia. O corpo é oleoso, muito profundo e ao mesmo tempo uma acidez firme, o que ajuda a dar equilíbrio. Um desses brancos perfeitos para acompanhar miúdos grelhados.

90 MALBEC D.O.C.
Malbec 2018
$ | ARGENTINA | **13.9°**

Em um ano considerado quente em Mendoza, este exemplo de Luján de Cuyo mostra frutas negras e notas especiadas doces. É suculento na boca, com sabores expansivos e novamente a sensação de especiarias doces matizando seu lado frutado. Ideal para assados.

90 RESERVA
Malbec 2019
$$ | ARGENTINA | **14.5°**

Para este **Reserva**, Norton usa vinhedos em toda Mendoza, principalmente no Vale do Uco e Luján de Cuyo. Um Malbec básico, oferece as notas doces e maduras da variedade, além de algumas notas florais. O corpo é redondo, muito amigável e cheio de sabores frutados.

OUTRO VINHO SELECIONADO

88 | COLECCIÓN Malbec 2020 | Argentina | 13.6° | $

Onofri Wines.

PROPRIETÁRIA Mariana Onofri
ENÓLOGOS Gonzalo Tamagnini & Pablo Martorell
INSTAGRAM Onofri Wines
RECEBE VISITAS Sim

• **PROPRIETÁRIA** Mariana Onofri

[**MARIANA ONOFRI** é sommelier e diretora de vinhos do projeto imobiliário The Vines em Los Chacayes. O projeto Onofri Wines possui oito hectares na área de Lavalle, de onde obtém a base de seus vinhos, mais uvas compradas em Los Chacayes, especialmente brancos de uvas mediterrâneas. Na enologia eles são aconselhados por Pablo Martorell, responsável pelos vinhos de Los Chacayes (The Vines), e Gonzalo Tamagnini para os vinhos Lavalle. Hoje eles produzem cerca de 20 mil garrafas.] **IMPORTADOR:** www.familiakoganwines.com

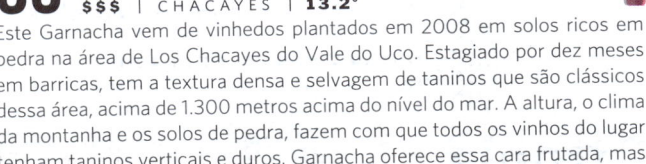

95 ALMA GEMELA
Garnacha 2019
$$$ | CHACAYES | **13.2°**

Este Garnacha vem de vinhedos plantados em 2008 em solos ricos em pedra na área de Los Chacayes do Vale do Uco. Estagiado por dez meses em barricas, tem a textura densa e selvagem de taninos que são clássicos dessa área, acima de 1.300 metros acima do nível do mar. A altura, o clima da montanha e os solos de pedra, fazem com que todos os vinhos do lugar tenham taninos verticais e duros. Garnacha oferece essa cara frutada, mas em Los Chacayes, este exemplar é uma pequena besta.

94 ZENITH NADIR
Chardonnay, Sauvignon Blanc, Roussanne, Marsanne 2019
$$$ | VALE DO UCO | **13.5°**

Esta é uma mistura baseada em Chardonnay (50%) da área de Los Árboles, além de Sauvignon Blanc, Roussanne e Marsanne de Los Chacayes, todos no Vale do Uco. Esta é uma mistura muito particular, com frutas muito diferentes umas das outras, mas de alguma forma conseguem se entrelaçar, oferecendo sabores ao mesmo tempo muito frutados e herbáceos, em um corpo marcado pela acidez, pelas notas de frutas brancas maduras e por uma certa tensão que é mostrada nessa acidez, mas também na textura, que se sente nervosa e muito vibrante.

93 ALMA GEMELA
Teroldego 2020
$$ | LAVALLE | **13.9°**

Esta é uma excentricidade de Onofri em seu catálogo. Uma variedade do norte, de Alto Ádige, que de repente é plantada no meio do deserto do leste mendocino em Lavalle e dá um vinho intenso e selvagem, quase com a raiva de alguém que de repente encontra ele em um lugar que tem pouco e nada a ver com sua casa. Aqui há frutas vermelhas maduras intensas, um lado de ervas muito marcado e, acima de tudo, muita energia em taninos. Uma besta na jaula.

92 ALMA GEMELA
Monastrell, Bonarda 2019
$$ | LAVALLE | 12.9°

50% Bonarda e 50% Monastrell que foi enxertado em videiras antigas de cepas Criollas. As duas variedades são cofermentadas e, em seguida, o vinho é envelhecido por dez meses em barricas de madeira usadas. O vinho tem muito frescor, mas ao mesmo tempo frutas maduras em um caráter leve, muito fluido; é generoso em frutas vermelhas e tons de ervas. O vinho se bebe rápido e serve para matar a sede.

91 ALMA GEMELA
Carignan 2019
$$ | LAVALLE | 13.5°

Este carignan foi enxertado em antigas videiras de variedades Criollas em 2017, plantadas na área de Lavalle, a leste de Mendoza. Com 25% cacho completo e envelhecido por dez meses em barricas de madeira usadas, este é um carignan de sabores doces e amigáveis, com muita tensão e força de taninos (que é clássico da variedade) e onde a acidez se integra muito bem, proporcionando frescor.

90 ALMA GEMELA
Bonarda 2019
$$ | LAVALLE | 13°

Esta Bonarda vem dos solos planos no leste de mendocino, na área de Lavalle, uma área quente onde a Bonarda se sente à vontade e dá vinhos generosos na maturidade. Este é maduro e suculento, mas tem uma acidez muito boa e taninos firmes para dar equilíbrio.

OUTRO VINHO SELECIONADO
88 | ALMA GEMELA Pedro Ximénez 2020 | Lavalle | 11.9° | $$

Otronia.

PROPRIETÁRIO Grupo Avinea
ENÓLOGO Juan Pablo Murgia
WEB www.otronia.com
RECEBE VISITAS Não

· **ENÓLOGO** Juan Pablo Murgia

[A CERCA DE 1.900 quilômetros de Mendoza, na costa leste do Lago Musters, em Chubut, o empresário argentino Alejandro Bulgueroni e o consultor italiano Alberto Antonini pensaram que este lugar com vento, com pouca chuva e baixas temperaturas - um deserto frio onde no verão há 14 horas de sol (fotossíntese não é o problema) e no inverno as noites duram 12 horas- , poderia ser interessante. Em 2010 eles começaram a plantar o vinhedo e hoje eles têm cerca de 50 hectares, principalmente com Chardonnay e Pinot Noir, no projeto mais ao sul da América do Sul.] **IMPORTADOR:** www.worldwine.com.br

98 BLOCK 3&6
Chardonnay 2018
$$$$$ | PATAGÔNIA ARGENTINA | 13°

Chardonnay é a variedade que deu os melhores resultados sob as condições extremamente ventosas e frias de Sarmiento, às margens do Lago Musters, na Patagônia. Naquele lugar remoto, um deserto frio de estepe, Chardonnay oferece um caráter muito particular onde os sabores das uvas que amadurecem sob um sol intenso contrastam com a acidez penetrante e aguda de um clima fresco que não modera essa acidez. Neste Chardonnay, estagiado em fudres por 16 meses, você pode sentir a fruta suculenta do sul, as ervas e a profundidade dos sabores se projetando graças à densidade que eles mostram, mas sobretudo à acidez, um tipo de veículo que move tudo através do paladar.

94 45 RUGIENTES - CORTE DE BLANCAS
Gewürztraminer, Pinot Grigio, Chardonnay 2018
$$$ | PATAGÔNIA ARGENTINA | 13°

A linha **Rugientes** oferece um panorama de todo o vinhedo de Otronia em Sarmiento, ao lado do Lago Musters, no que é o vinhedo mais ao sul da América do Sul. Esta mistura inclui 42% Gewürztraminer, 36% Pinot Grigio e o resto de Chardonnay, as três variedades brancas que melhor se adaptaram a essas condições frias extremas em uma estepe seca. A primeira coisa que se destaca é o contraste entre a maturidade da fruta, os sabores de flores e ervas no meio de uma acidez intensa, que parece ter uma aresta. Um vinho de grande volume e ao mesmo tempo de grande frescor, projetado para peixes gordurosos grelhados.

94 OTRONIA
Chardonnay 2017
$$$$ | PATAGÔNIA ARGENTINA | 12.5°

Este Chardonnay cem por cento vem dos solos de Sarmiento, ao lado do rio Musters. É feito com o método tradicional de segunda fermentação na garrafa e, no momento de entrar no mercado, está em contato com suas borras por 21 meses; não tem adição de licor de expedição - ou seja dose zero - ou seja, é seco ao extremo. E isso aparece neste vinho: frutas cítricas puras e ervas no meio de um corpo leve e fibroso, com bolhas como agulhas e a acidez, que é uma espécie de condutor em um espumante feito para uma bandeja de ostras.

93 OTRONIA ROSÉ
Pinot Noir 2017
$$$$ | PATAGÔNIA ARGENTINA | 12.5°

Feito 100% com uvas do vinhedo de Otronia às margens do Lago Musters na Patagônia Argentina, este método tradicional com 21 meses de contato com as borras é um delicioso e direto suco de frutas vermelhas ácidas. A bolha é muito macia e cremosa, e a acidez típica dos vinhos da região é mostrada aqui com energia especial. Um espumante brilhante para refrescar qualquer tipo de comida à base de peixes ou frutos do mar. Você poderia experimentar um curry de camarão.

92 BLOCK 1
Pinot Noir 2018
$$$$$ | PATAGÔNIA ARGENTINA | 12°

Aos poucos, este vinho, uma seleção de solos de lagos, solos calcários, às margens do Lago Musters, na Patagônia Argentina, está ganhando em frutas vermelhas que falam sobre a variedade, mas ainda precisam de menos caráter vegetal. O resto está aqui: a acidez suculenta e penetrante, os taninos firmes e afiados de Pinot Noir sério. Ainda faltam as raízes das vinhas para tomar posse do lugar. Se você tem que apostar em uma variedade, nossa aposta é em pinot, mas em mais dez anos. Um trabalho em andamento que precisa ser olhado com muita atenção.

91 45 RUGIENTES
Pinot Noir 2018
$$$ | P A T A G Ô N I A   A R G E N T I N A | **12.5°**

Um Pinot muito particular, nascido nos solos de Sarmiento, às margens do Lago Chubut, e quase dois mil quilômetros ao sul de Mendoza, na Patagônia Argentina. O nariz tem um forte componente herbáceo que se sobrepõe aos aromas das frutas, presentes embora em doses baixas. A boca é dominada pela acidez acentuada dos vinhos que Otronia produz lá, mas também sabores frutados frescos em um tinto que melhora a cada ano à medida que o vinhedo (estabelecido em 2010) ganha em idade.

Paso a Paso.

PROPRIETÁRIOS Norberto Páez & Sebastián Bisole

ENÓLOGOS Norberto Páez & Sebastián Bisole

WEB www.pasoapasowines.com.ar

RECEBE VISITAS Sim

• **PROPRIETÁRIOS & ENÓLOGOS**
Norberto Páez & Sebastián Bisole

[**PASO A PASO** é a vinícola em parceria entre Norberto Páez e Sebastián Bisole, ambos agrônomos que se conhecem desde a faculdade. Eles fazem vinhos juntos desde 2008, como hobby, mas a partir de 2015 começaram a engarrafar sob a marca Paso a Paso em uma garagem no centro da cidade de Godoy Cruz. Eles não têm vinhedos, mas compram uvas de produtores de diferentes áreas de Mendoza, desde o leste até El Cepillo, no sul do Vale do Uco. Hoje eles produzem cerca de 20 mil garrafas.] **IMPORTADOR:** www.familiakoganwines.com

91 CRIOLLAS DE DON GRACIANO CLARETE FIELD BLEND
Criolla Grande, Moscatel Rosado, Pedro Ximénez, Torrontés 2020
$ | S A N   M A R T Í N | **12.5°**

Esta é uma cofermentação das quatro variedades encontradas no vinhedo que Paso a Paso cultiva na área de San Martín, plantada em 1968. Uma espécie de rosé mais intenso ou, se preferir, tinto mais leve, este vinho se move perfeitamente na atmosfera (bastante nova na América do Sul) do clarete: vinhos frutados e simples para matar a sede e beber à beira da piscina. É isso aí.

OUTROS VINHOS SELECIONADOS

89 | PASO A PASO VINO DE GARAGE Malbec 2019 | El Cepillo | 14° | **$$**

89 | PASO A PASO VINO DE GARAGE BONARDA Bonarda 2019 | El Cepillo 13.7° | **$$**

88 | CRIOLLAS DE DON GRACIANO ROSÉ FIELD BLEND Criolla Grande, Moscatel Rosado, Pedro Ximénez, Torrontés, Bonarda 2020 | San Martín | 12.5° | **$**

88 | PASO A PASO VINO DE GARAGE ORANGE Field Blend Pedro Ximénez, Pinot Gris, Torrontés 2020 | Vale do Uco | 12.9° | **$$**

Passionate Wine.

PROPRIETÁRIO Matías Michelini
ENÓLOGO Matías Michelini
WEB www.passionatewine.com
RECEBE VISITAS Sim

• **PROPRIETÁRIO & ENÓLOGO**
Matías Michelini

[**ESTE É O** projeto de Matías Michelini, importante enólogo da atual cena do vinho argentino. Michelini, ligado a várias vinícolas como consultor - incluindo Zorzal - implanta aqui livremente toda a sua criatividade e também seu apego a Tupungato (Vale do Uco) e seu setor de maior altura, Gualtallary. As principais linhas da Passionate são Via Revolucionaria, Montesco e, no topo do catálogo, @michelini. Todos atestam a personalidade dos vinhos Michelini, que apostam em uma enologia do respeito à origem, para priorizar o frescor e a tensão da fruta. Um trabalho dos mais originais da América do Sul.] **IMPORTADORES:** www.grandcru.com.br   www.vinhomix.com.br

97 @MICHELINIWINE MARMOLEJO
Malbec 2018
$$$$ | SAN PABLO | **14.5°**

Como todos os vinhos que o enólogo Matías Michelini obtém do vinhedo de San Pablo, este Malbec tem um forte componente mineral, algo que vai muito além das notas varietais para entrar no que parece ser aquele lugar, um dos mais extremos do Vale do Uco, cerca de 1.500 metros acima do nível do mar. Neste Malbec há algo da uva, os aromas e sabores das violetas, sobretudo, e também alguns sabores e aromas de cerejas ácidas, ambos descritores que geralmente estão associados com o Malbec de Uco. Mas há muito mais aqui. Há aqueles aromas de cinzas, aqueles taninos que, mais do que Malbec, lembram Nebbiolo. E a acidez mineral que se estende por todo o paladar, enfatizando o caráter da montanha deste tinto cheio de personalidade.

96 MONTESCO AGUA DE ROCA
Sauvignon Blanc 2020
$$$ | SAN PABLO | **12°**

A área de San Pablo, cerca de 1.500 metros acima do nível do mar, é uma das mais extremas do Vale do Uco, e de lá estão vinhos de grande personalidade, tanto brancos quanto tintos. Montesco é, sem dúvida, um deles. Uma versão radical de Sauvignon Blanc, o nome fica ótimo nele. Não há nada frutado aqui, pelo contrário, parece ser suco de rocha, não admira que pareça assim. Fermentado em vasos de cimento, com leveduras nativas, é uma espécie de suco de montanha, com acidez acentuada, com o corpo nervoso e vertical. Poucos Sauvignon Blanc na América do Sul mais adequados para comer com ostras. Esta Agua de Roca vem de vinhedos plantados em 2007 e sua primeira safra foi em 2011.

96 @MICHELINIWINE MANOLO
Cabernet Franc 2018
$$$$ | SAN PABLO | **13.5°**

Este Cabernet Franc vem de um vinhedo localizado na área de San Pablo, cerca de 1.500 metros acima do nível do mar. O vinhedo foi plantado em 2007 e hoje é a fonte de alguns dos melhores vinhos de Passionate, incluindo este tinto que compartilha com os outros que vêm de lá (Montesco Agua de Roca, Marmolejo) uma intensidade mineral que se sobrepõe aos sabores varietais

e entra no solo, nos sabores que as raízes parecem extrair desses solos calcários e pedregosos. Tem aromas de ervas e frutas vermelhas, mas é dominado
principalmente por notas de cinzas em um corpo tenso, com acidez viva e
taninos afiados. Cerca de mil garrafas foram feitas deste vinho.

96 DESHIELO
Sauvignon Blanc 2019
$$$$ | GUALTALLARY | **12.6°**

Este novo Sauvignon de Matías Michelini vem de uma parcela junto ao rio
em Gualtallary, nos solos pedregosos naquela área montanhosa acima de
1.300 metros de altura. É fermentado em ânforas de cerâmica espanhola e
depois estagiado ali por um ano. A primeira coisa que você nota aqui é aquela deliciosa mistura entre sabores minerais e cítricos, tanto no nariz quanto
na boca. É um branco corpulento, com muita aderência, mas acima de tudo
com uma acidez que parece ter unhas afiadas. Um vinho muito no estilo
apaixonado, radical em seu caráter, embora muito agradável de beber com
a comida certa. Aqui a aposta segura é com um ceviche de corvina. Essa é a
boa notícia. A má notícia é que apenas 900 garrafas foram feitas.

96 SÓLIDO
Sauvignon Blanc, Sémillon 2018
$$$$$ | VALE DO UCO | **12.6°**

Solido é uma mistura de mudas da área de Cordón del Plata, e Sauvignon Blanc das alturas de San Pablo, a 1.500 metros acima do nível do mar,
ambos no Vale do Uco, ao pé dos Andes. Cada variedade é fermentada
individualmente em barricas de 500 litros e permanece lá por um ano até
ser engarrafada. O resultado é um vinho com muito corpo, alta concentração e madurez suculenta, apesar de seu baixo grau de álcool. Um branco
que enche o paladar com seus sabores especiados e frutas doces, mas ao
mesmo tempo mostra uma acidez radiante, cheia de vigor. Espere alguns
anos antes de abri-lo. Pode haver surpresas.

95 CAOS
Chardonnay 2018
$$$$$ | VALE DO UCO | **12.5°**

O enólogo Matías Michelini obtém as uvas para este Chardonnay de um vinhedo antigo nos arredores da vila de Tupungato, ao norte do Vale do Uco.
O vinho é fermentado em duas barricas de 500 litros. Na primeira, uma
colheita antecipada e, na segunda, uma colheita posterior. 15% dos sucos
de uva desidratados foram adicionados à última barrica. Uma vez que as
uvas terminaram de fermentar, esta barrica foi fortificado com aguardente
de uva e, em seguida, criou-se um véu de flor. Finalmente, ambos os recipientes foram misturados e o vinho foi engarrafado. A primeira coisa que
chama a atenção é a cor intensa, quase dourada, e seus aromas de frutas
e especiarias maduras, com um caráter claramente oxidativo. O corpo é
profundo, muito forte, com uma textura tânica que faz pensar em ouriços.
Um vinho de grande personalidade e apenas para espíritos aventureiros.

93 @MICHELINWINE ARDUINO
Pinot Noir 2018
$$$$ | GUALTALLARY | **14°**

De vinhedos plantados em solos arenosos e pedregosos de Gualtallary,
acima de 1.300 metros de altura naquela área no norte do Vale do Uco,
este tem um forte componente mineral em seus aromas e sabores; tipo de
notas de cinzas que são misturadas e se impõem sobre sabores frutados,
dando-lhe um caráter muito especial e distinto. É tenso em acidez e os
taninos oferecem uma aderência muito boa.

93 VÍA REVOLUCIONARIA HULK
Sémillon 2020
$$ | TUPUNGATO | **10.5°**

Hulk estreou em 2011 e em suas primeiras safras foi colhido muito cedo para acentuar o lado ácido e fresco da variedade na área de Cordón del Plata do Vale do Uco. Hoje não é mais tão extremo, mas ainda é um vinho delicioso, com sabores doces, textura muito cremosa e corpo amplo, sem perder aquele frescor que sempre o caracterizou. Ele não é mais tão "verde" como era em seus primórdios; hoje é um branco com sabores profundos e final longo.

93 VÍA REVOLUCIONARIA LA C. GRANDE
Criolla Grande 2020
$$ | TUPUNGATO | **11.8°**

Esta é uma variante de Criolla, de cachos e grãos maiores que, como obviamente soa, a Criolla Chica mais apreciada ou o Listán Prieto das Ilhas Canárias, a primeira das vinhas tintas que chegaram ao Novo Mundo pela mão dos conquistadores espanhóis. Esta Criolla Grande deve ter sido misturada nessas primeiras levas e também pode ser a Negramoll das Canárias. Nós não sabemos. O que sabemos é que este Vía Revolucionaria é um vinho delicioso, um suco de cerejas ácidas que faz você não querer parar de beber por garrafas, por litros. Esses vinhos nunca são demais para matar a sede.

Patritti.

PROPRIETÁRIO Rubén Patritti
ENÓLOGO Nicolás Navío
WEB www.bodegaspatritti.com.ar
RECEBE VISITAS Sim

· **ENÓLOGO** Nicolás Navío

[**DA EMERGENTE** região vinícola de San Patricio del Chañar, na Patagônia, vem esta jovem vinícola que em 2009 lançou seus primeiros vinhos ao mercado. Comandada desde o início pelo enólogo Nicolás Navío e aconselhada por Mariano Di Paola (da Rutini Wines), Patritti vem interpretando progressivamente seus solos e o clima de deserto da Patagônia. São 104 hectares e uma produção anual de 120 mil garrafas.] **IMPORTADOR:** www.lacharbonnade.com.br

95 PRIMOGÉNITO SANGRE AZUL
Malbec, Cabernet Sauvignon, Merlot, Petit Verdot 2017
$$$ | PATAGÔNIA ARGENTINA | **14.5°**

Os solos de San Patricio del Chañar, onde Patritti planta seus vinhedos desde 2003, são ricos em areias rasas, que escondem no subsolo uma camada de cal compacto que parece estar diretamente relacionada com a textura que fica aqui, taninos selvagens que se movem pela boca em todas as direções. Isto é uma pedra de vinho. A mistura tem 40% de Malbec, 40% Cabernet Sauvignon mais Merlot e Petit Verdot.

93 PRIMOGÉNITO
Malbec 2017
$$ | PATAGÔNIA ARGENTINA | **14.3°**

Houve grandes mudanças neste vinho, especialmente em termos de extração na vinícola. Aqui há 10% de cacho inteiro, e macerações muito mais curtas, com a ideia de garantir uma textura menos invasiva. Tem um ano em barricas, mas ao contrário das safras anteriores - que tinham cerca de 30%

de madeira nova - nesta safra tudo é de segundo uso em diante. O resultado é um vinho com notas frutadas muito mais pronunciadas, acidez mais incisiva e taninos firmes e afiados. Uma amostra suculenta de Malbec do sul.

93 PRIMOGÉNITO SANGRE AZUL
Merlot 2017
$$$ | PATAGÔNIA ARGENTINA | 14.3°

Fermentado em velhas barricas de carvalho, com 10% de cacho completo, e depois 15 meses envelhecendo em barricas, este é um Merlot crocante em sua expressão frutada, com notas florais, algumas ervas, mas acima de tudo frutas vermelhas maduras em um vinho de grande extração, de taninos muito firmes, de acidez pronunciada. Um Merlot com muita personalidade e muita força, vem de vinhedos plantados em 2003 em solos de argila e cal em San Patricio del Chañar.

91 PRIMOGÉNITO SANGRE AZUL
Chardonnay 2019
$$$ | PATAGÔNIA ARGENTINA | 13.8°

Frutas maduras, notas especiadas e alguns toques de caramelo neste Chardonnay que vem dos solos arenosos de San Patricio del Chañar, em Neuquén. São vinhas de 2003 que dão uma boa densidade de frutas em um branco para pensar em truta defumada.

90 PRIMOGÉNITO SANGRE AZUL
Pinot Noir 2016
$$$ | PATAGÔNIA ARGENTINA | 13.7°

Um Pinot bastante austero, vem de vinhedos de 2003 em solos arenosos. Os sabores são doces, maduros, mas com um bom esqueleto de taninos que é uma boa base para que essa camada densa não canse. Pense em cortes de carne magros grelhados quando você abrir este vinho.

PerSe Vines.

PROPRIETÁRIOS Edgardo Del Popolo & David Bonomi
ENÓLOGOS David Bonomi & Edgardo Del Popolo
WEB www.persevines.com
RECEBE VISITAS Não

· PROPRIETÁRIOS & ENÓLOGOS
Edgardo Del Popolo & David Bonomi

[**PERSE** é o projeto de David Bonomi, enólogo chefe de Norton, e Edgardo del Popolo, enólogo da Susana Balbo Wines. Os dois sonhavam PerSe só como uma vinícola intimamente ligada ao terroir mendocino, com vinhos que mostravam esse caráter montanhoso. Sua história começa em 2012, mas é provável que a partir da safra fresca de 2016 você os encontre no seu melhor, especialmente agora que eles estão obtendo as primeiras frutas de um vinhedo que compartilham com os monges do Mosteiro de Cristo Orante, na área de Monasterio, um dos mais altos de todo o Vale do Uco e hoje uma das origens de alguns dos melhores vinhos da América do Sul. Nos solos calcários do lugar (intensamente brancos e pedregosos) e cerca de 1.500 metros de altura, no meio deste deserto da montanha, Bonomi e Del Popolo encontraram seu lugar no mundo.]

99 LA CRAIE
Malbec, Cabernet Franc 2019
$$$$$ | GUALTALLARY | 14.5°

La Craie vem de um terreno que percorre quase toda a propriedade de Per Se, na área de Monasterio, em Gualtallary; uma encosta longa e estreita que olha para o sul (uma exposição fria neste hemisfério) e foi plantada em 2013 na parte mais alta do vinhedo, cerca de 1.500 metros acima do nível do mar. O solo de lá é rico em cascalho coberto de cal e essa qualidade, além do frescor de sua exposição, tem um efeito radical no estilo dessa mistura de Malbec e Cabernet Franc. E esse efeito se manifesta não só na baixa produção dessas plantas naquele solo, mas sobretudo na expressão do fruto e da textura que ele mostra. Este La Craie tem a aresta de uma navalha, taninos e acidez trabalhando juntos para dar a sensação de verticalidade, tensão e crocante, enquanto a exposição sul e a safra particularmente fresca, oferecem frutas vermelhas radiantes, deliciosas. Mas não queremos que isso os faça acreditar que este é um vinho generoso e expansivo. Na verdade, é exatamente o oposto. Continua sendo um tinto austero, monástico, focado mais do que qualquer coisa nessa acidez/estrutura de tanino. No entanto, o fruto deste ano se manifesta, pede a palavra, tem um lugar de destaque na performance de um dos melhores tintos que já experimentamos este ano em Descorchados e, sem dúvida, o melhor da safra.

97 VOLARE DEL CAMINO
Malbec 2019
$$$$$ | GUALTALLARY | 14.4°

Volare é uma seleção dos solos mais calcários do vinhedo original que os monges do Monasterio del Cristo Orante plantaram em 2008 em Gualtallary, cerca de 1.400 metros acima do nível do mar, ao norte do Vale do Uco. É um vinhedo em uma altura mais baixa, em solos planos, e desde 2018 o enólogo David Bonomi faz este vinho para Volare del Camino e para Inseparable, os dois vinhos básicos do projeto Per Se. No entanto, a diferença nos solos é importante, não no nível da fruta, mas no nível das texturas. Os aromas e sabores são irmãos entre os dois vinhos, mas a grande distância está naquele solo que aqui em Volare oferece uma tensão e aresta que lhe dá verticalidade, o que dá energia, uma energia diferente. Este Volare, comparado com Inseparable, é mais selvagem.

96 IUBILEUS
Malbec 2019
$$$$$ | GUALTALLARY | 14.5°

Plantado nas encostas de Monasterio, em Gualtallary, este Iubileus é feito pelo segundo ano consecutivo apenas com Malbec, um Malbec plantado em 2013 em solos ricos em cal e pedras, mas também com uma importante porção de gesso que, talvez, seja parcialmente responsável pela sensação de amplitude e suculência que fica aqui. Mas tenha cuidado: como já dissemos outras vezes, esse sentimento ocorre no contexto dos vinhos verticais, austeros e monásticos de Per Se. Em outro contexto, este Malbec seria linear e extremamente afiado. Uma safra fresca lhe deu um caráter vibrante, os aromas de violetas e cerejas são misturados com as ervas em um corpo que, embora expansivo, tem uma acidez suculenta e vibrante. A fruta domina tudo, dá brilho, vitaliza. Uma excelente versão dos vinhos mais generosos da casa.

96 VOLARE DE FLOR 4TA FLOR
Chardonnay N/V
$$$$$ | MENDOZA | 14°

O enólogo David Bonomi refere-se a Volare de Flor como os vinhos de sua infância, que ele lembra, aqueles feitos por seu avô, deixando por longos e desprotegidos anos o vinho no barril até que um fino filme de flores foi gerado, à maneira dos vinhos de Jerez ou do Jura. Para recriar essa memória, Bonomi começou a estabelecer esta verdadeira solera em 2000, primeiro em grandes garrafas de vidro. Então, quando as quantidades eram suficientes, ele transferiu o vinho para barris onde extraía de vez em quando versões deste Volare, todas frutos de um vinhedo de Chardonnay, plantado em solos de argila no final dos anos 90, em Carrizal. Nessa nova "saca", Bonomi percebeu que 2019, um ano muito fresco, veio com muita energia, com uma acidez muito marcante, então decidiu não engarrafar a quarta flor no inverno e esperar para poder adicionar algo de 2019, que foi finalmente 10% da mistura total. E essa intuição deu um resultado delicioso, oferecendo um Volare de Flor vivaz e suculento, sempre com os toques salinos do véu, mas também adicionando uma vibração requintada. Se não fosse por uma garrafa pequena, você beberia por litros. Um branco especial, onde frutas, sal e ervas se combinam para oferecer um vinho que hoje ficaria muito bem com ostras refogadas, mas que vai durar na garrafa por pelo menos uma década.

95 INSEPARABLE
Malbec 2019
$$$$$ | GUALTALLARY | **14°**

Os monges do mosteiro de Cristo Orante, cerca de 1.400 metros acima do nível do mar, em Gualtallary, plantaram os primeiros vinhedos em 2008. E desses vinhedos Per Se obtém Inseparable, uma porta brilhante e fresca para o mundo desta vinícola, um dos nomes fundamentais hoje na cena vinícola argentina. As frutas vermelhas, a mineralidade, a força da acidez e os taninos se reúnem aqui, em um vinho radiante e luminoso. Um espelho contra o sol para um Malbec que não tem nada a ver com a variedade, mas com um lugar como o Monasterio, onde o clima da montanha e o solo de cal determinam a história. 9.500 garrafas foram feitas deste vinho.

SEM PONTUA-ÇÃO UNI DEL BONNESANT
Malbec 2019
$$$$$ | GUALTALLARY | **14°**

Esta safra, a quarta na breve mas intensa história de Uni del Bonnesant, foi fresca e isso parece ter deixado este Malbec mudo. Digamos que nunca foi um tagarela, um vinho exuberante. Pelo contrário, muito pelo contrário. Austero, severo, monástico; mais concentrado na expressão do solo extremamente calcário onde foram plantadas em 2013 aquelas 312 parras (0,06 hectare). Um canto de uma colina suave voltada para sudeste e que é construído com aqueles solos que aqui chamam de "cimento indio", uma mistura compacta de cal, areias e pedras e onde as raízes mal penetram, dando pouquíssimas uvas, mas de grande sabor. Mas se 2018 foi um Uni austero - sempre - mas com uma deixa mais amigável, uma safra mais fresca parece tê-lo fechado em si mesmo, sublinhando sua estrutura firme, cheia de taninos afiados, sua acidez penetrante e apenas uma camada de sabores frutados para dizer que é feita de uvas e não pedras. O monge entrou em sua igreja, porque fora dela estava muito frio e, por sinal, mostra o melhor das safras deste soberbo Malbec em sua curta história, um tinto para abrir em uma década ou em duas ou três. Ou agora. Essa é a boa notícia. A má notícia é que, como sempre, a Uni mal fez 240 garrafas, então muito do que acabaram de ler não é nada além de ficção. É por isso que colocar uma pontuação neste vinho não faz sentido. Se eu tivesse, seria uma pontuação perfeita.

Perdriel.

PROPRIETÁRIO Miguel Halstrick
ENÓLOGO David Bonomi
WEB www.perdrielwines.com
RECEBE VISITAS Sim

• **ENÓLOGO** David Bonomi

[**PERDRIEL FAZ** parte do grupo Norton, uma das maiores vinícolas da Argentina. Esta é de médio porte: produz cerca de 300.000 garrafas por ano. O berço de seus vinhos é, como o nome diz, a área de Perdriel, no coração de Luján de Cuyo. Eles têm, além de Malbec, Cabernet Sauvignon, uma cepa presente na Series monovarietal e na mistura de alta gama Centenário.] **IMPORTADOR:** www.winebrands.com.br

95 — PERDRIEL VINEYARDS SELECTION
Malbec, Cabernet Sauvignon, Merlot 2017
$$$$$ | ARGENTINA | **14.9°**

O estilo é amplo, com muita maturidade e taninos musculosos, densos, ao mesmo tempo grossos e afiados. A fruta parece negra, doce, mas ao mesmo tempo há uma acidez firme, cujo foco é manter o frescor no meio desse tumulto de sabores suculentos e essa textura voluptuosa. Este é um novo vinho de Perdriel e é baseado em 50% Malbec, 30% Cabernet Sauvignon e 20% Merlot. 70% estão envelhecidos em barricas de carvalho por 16 meses. Este é um tinto para beber agora com comidas potentes que igualam o seu peso, ou deixar na adega por cinco a seis anos.

93 — PERDRIEL CENTENARIO
Malbec, Cabernet Sauvignon, Merlot 2018
$$$$ | ARGENTINA | **14.5°**

Em Perdriel existem atualmente cerca de 900 hectares de vinhedos e a vinícola Perdriel pretende, com este vinho, mostrar a área, através de três variedades. A mistura tem 40% de Malbec, 30% de Merlot e 30% Cabernet Sauvignon, todos fermentados em concreto e depois envelhecidos em barricas por 14 meses. Trata-se de um vinho denso, com sabores maduros, muito profundos e com taninos musculosos, o que deixa espaço para uma acidez que é responsável por dar equilíbrio. Um grande vinho para carnes especiadas.

91 — PERDRIEL SERIES
Cabernet Franc 2019
$$ | ARGENTINA | **14.5°**

Notas de frutas vermelhas maduras e ervas têm destaque neste Cabernet Franc de vinhedos plantados por volta de 2013; videiras muito jovens que dão este Franc com um monte de caráter varietal, mas ao mesmo tempo com o estilo quente que moldam o sol e o clima do lugar. Este se sente denso, suculento, em taninos muito bons que convidam a comer frios.

91 — PERDRIEL SERIES
Malbec 2019
$$ | ARGENTINA | **14.5°**

Uma visão madura e suculenta de Malbec, sob o sol de Perdriel em Luján de Cuyo. Este tem notas de frutas negras, especiarias e algumas ervas em um corpo denso, de maturidade muito boa. Os taninos, embora doces, têm uma aresta e se sentem à medida que o vinho se move no paladar. Para o assado.

91 PERDRIEL SERIES
Sauvignon Blanc 2020
$$ | A R G E N T I N A | **12.5°**

Colhido muito cedo na estação, em um ano dos mais quentes dos que lembramos do milênio que está apenas começando, este tem um sotaque marcante nas notas de ervas e aromas de hortelã. A boca tem uma concentração muito boa (apesar da colheita precoce), talvez pelas argilas locais, que dão volume na boca. Para o ceviche.

Philippe Caraguel**.**

PROPRIETÁRIO Philippe Caraguel
ENÓLOGO Philippe Caraguel
FACEBOOK Philippe Caraguel
RECEBE VISITAS Sim

• **PROPRIETÁRIO & ENÓLOGO**
Philippe Caraguel

[**ENÓLOGO DAS** vinícolas Atamisque e Cave Extréme, Philippe Caraguel também toma seu tempo neste projeto pessoal nascido em 2013, dedicado exclusivamente a espumantes. Produz cerca de 30 mil garrafas por ano, com uvas dos vinhedos Atamisque em Tupungato. Produz três tipos de espumante: um Extra Brut Blanc, um Extra Brut Rosé e um Special Cuvée, cem por cento Chardonnay. O vínculo de Philippe Caraguel com borbulhas tem fortes raízes familiares. Seu pai, o francês Paul Caraguel, foi enólogo de Chandon em Mendoza por décadas.]

93 GRAND CUVÉE EXTRA BRUT
Chardonnay N/V
$$$ | T U P U N G A T O | **12.5°**

Esta espumante é um blanc de blancs, cem por cento Chardonnay neste caso que tem dois anos de contato com suas borras, sob o método tradicional de segunda fermentação na garrafa. Tem a complexidade dessa longa guarda, com toques de padaria e especiarias, e pouco mais de nove gramas de açúcar por litro, mas essa doçura não é sentida pelo efeito que dá a acidez, firme e tensa aqui. Um vinho de corpo muito bom, com bolhas finas e abundantes para acompanhar o sushi.

91 EXTRA BRUT
Chardonnay, Pinot Noir 2020
$$ | T U P U N G A T O | **12.5°**

Produzido com o método tradicional de segunda fermentação na garrafa, este é 50% Chardonnay e 50% Pinot Noir, de vinhedos plantados a 1.300 metros de altura na área de San José. Com um ano de contato com as borras, aqui está um vinho muito frutado, com toques de ervas que se entrelaçam com aquelas frutas brancas ácidas em um espumante de muito frescor.

90 EXTRA BRUT ROSÉ
Chardonnay, Pinot Noir 2020
$$ | T U P U N G A T O | **12.5°**

Com 40% de Pinot Noir, 40% Chardonnay mais 20% Pinot Noir feito como tinto (e dando cor a este espumante) aqui as frutas vermelhas tomam a palavra, deixando um sabor suavemente doce enquanto as bolhas refrescam o paladar. Para servir muito frio com tempurá de camarão.

Piedra Negra.

PROPRIETÁRIO François Lurton
ENÓLOGOS Thibault Lepoutre & Alfredo Mestre
WEB www.bodegapiedranegra.com
RECEBE VISITAS Sim

• **PROPRIETÁRIO** François Lurton

[**ESTA É** uma das vinícolas de François Lurton, dono de projetos no Chile, Espanha e em sua França natal, onde faz parte de uma família de Bordeaux que está neste negócio há várias gerações. François e seu irmão Jacques Lurton chegaram na década de 1990 em Mendoza como consultores de Catena Zapata. Com o tempo, eles criaram seu próprio projeto no Vale do Uco, especificamente na cadeia de montanhas e no setor árido de Los Chacayes, onde começaram a plantar o vinhedo há mais de duas décadas. Essas videiras hoje são a base para seu portfólio de vinhos, vinhedos pioneiros em uma área hoje em ascensão na Argentina.]

96 L'ESPRIT DE CHACAYES SIN AZUFRE
Malbec, Cot 2020
$$$ | V I S T A F L O R E S | **13.9°**

L'Esprit de Chacayes é cem por cento Malbec, mas na verdade é uma mistura de 70% de seleções massais de Malbec argentino, acostumado por mais de cem anos ao terroir local, e 30% de Cot, o Malbec francês clonal que Piedra Negra plantou por volta do ano 2000, alguns anos depois de seu "primo" argentino. O vinho não tem adição de sulfitos, aquele aditivo para preservar a higiene das uvas, mas que também é um solvente, um agente de extração que em lugares de grandes taninos como Los Chacayes, envolve muitos taninos. A ausência de sulfitos exógenos deu um pouco de paz a este Malbec, mas a paz é relativa. É um vinho tinto, intenso, com sabores profundos, taninos firmes e afiados. Um vinho para abandonar na adega e esquece por cinco anos.

95 CHACAYES
Malbec, Cot 2017
$$$$$ | V I S T A F L O R E S | **15.2°**

Quando a família Lurton chegou a Los Chacayes no final da década de 1990, o que eles plantaram foi Malbec das seleções massais locais; o e Malbec amigável e doce que então comandou o comércio mundial. Mas alguns anos depois, e com o objetivo de dar mais diversidade ao seu vinhedo, clones franceses importados adicionaram mais austeridade, maior acidez, menos doçura e, sem dúvida, muito menos amabilidade, qualidades que são acentuadas em vinhos de uma área montanhosa como Los Chacayes. Neste caso, há 50% das seleções massais do Malbec argentino e 50% dos clones de Cot francês que dão um tremendo vinho em porte, com toques de madeira onde foi estagiado por 15 meses. Deixe este pequeno selvagem, um vinho tremendamente frutado e vivaz, por pelo menos cinco anos na adega.

95 GRAN MALBEC
Malbec, Cot 2018
$$$ | V I S T A F L O R E S | **15°**

Embora no papel seja cem por cento Malbec, aqui há uma mistura de 70% de "Malbec argentino", uma seleção massal histórica, que sempre existiu na Argentina, e 30% de Cot, o clone de Malbec francês importado por Piedra Negra. Este último tem muitos taninos e também uma acidez pronunciada, um Malbec menos doce, menos amigável que o argentino. E aqui a mistura funciona oferecendo um vinho de grande intensidade de frutas com tons doces no meio dessa carga de taninos.

94 GRAN LURTON CORTE ARGENTINO
Cabernet Sauvignon, Cabernet Franc, Malbec 2018
$$$ | VISTA FLORES | **14.9°**

O coração de Gran Lurton é sempre Cabernet, e este ano tem 80% da variedade, mais 15% de Cabernet Franc e 5% Malbec. Este é um vinho de ervas, notas herbáceas e fresco em um clima de montanha como Los Chacayes. A textura é clássica da área: taninos firmes, duros e selvagens que aderem ao paladar como se tivessem garras. Há sabores doces de frutas maduras, mas também uma grande acidez que fala das colheitas antecipadas, de quase um mês em relação às versões anteriores. Um tinto para pensar em guarda por alguns anos.

94 GRAN LURTON CORTE FRUILANO
Tokai, Sauvignon Blanc 2020
$$$ | VISTA FLORES | **14.5°**

Esta é a clássica mistura Piedra Negra, baseada em Tokai (neste caso, 90%) mais outras variedades. Na safra 2020 o resto é ocupado por Sauvignon Blanc. Enquanto Tokai é colhido muito cedo, Sauvignon é colhido muito tarde, quase como se estivesse esperando pela maturidade de taninos de uma uva de tinta. O resultado é um vinho com o nervo e frescor de Tokai, mas com um delicioso toque doce, o que o torna muito mais gentil. Um vinho de grande profundidade, com muito potencial de guarda.

92 ARROYO GRANDE JACKOT
Tokai 2020
$$ | VISTA FLORES | **13.8°**

Tokai é uma especialidade da Piedra Negra. Plantada nos solos rochosos de Los Chacayes, ao pé dos Andes, no Vale do Uco, esta versão desta variedade do Friuli, na Itália, mostra nas alturas da montanha mendocina uma personalidade ao mesmo tempo defumada e frutada, com suaves toques especiados. Na boca é profundo, com muitos sabores frutados que são misturados com especiarias. A acidez é firme e vivaz, e o final é refrescante.

92 MALBEC RESERVA
Malbec 2019
$$ | VISTA FLORES | **14.5°**

Um exemplo concentrado e potente de Los Chacayes, este Malbec tem uma tremenda força que se manifesta em seus taninos afiados e robustos, e em seus sabores de frutas negras, dando a sensação de suculência, de grande corpo no meio de uma maturidade voluptuosa. Los Chacayes é frequentemente associado com vinhos deste tipo, com uma textura selvagem. É um bom exemplar.

92 PIEDRA NEGRA
Pinot Gris 2019
$$$ | VISTA FLORES | **12.9°**

Feito com o método tradicional de segunda fermentação na garrafa, e com 18 meses de contato com as borras, este é um Pinot Gris de sabores amigáveis, com texturas maceradas por uma borbulha cremosa apoiando acidez, que aqui é uma espinha dorsal de frescor e tensão. Este é para beber agora com presunto cru.

92 RESERVA
Pinot Gris 2020
$$ | VISTA FLORES | 12.3°

Nas alturas de Los Chacayes, cerca de 1.100 metros acima do nível do mar e ao pé da Cordilheira dos Andes, este Pinot Gris parece austero; o nariz é um pouco tímido mostrando apenas alguns aromas frutados. A ação, no entanto, está na boca, onde se desdobra com seus sabores de frutas brancas maduras, suas especiarias e sua doçura, muito bem matizados por uma acidez intensa e penetrante. Este Pinot Cris vem de vinhedos com cerca de 20 anos em solos de cascalho aluvial.

90 ALTA COLECCION ROSADO (BIO)
Pinot Gris 2020
$$ | VISTA FLORES | 13°

Depois de seis horas de maceração na prensa, o suco foi tingido de uma cor pálida neste Pinot Gris dos solos pedregosos de Los Chacayes, no Vale do Uco. É um rosé delicado, sabores ricos em frutas vermelhas no meio de um corpo leve, com uma acidez clara que marca com precisão os contornos da língua. Abra-o para acompanhar frutos do mar crus ou peixes grelhados suaves.

90 ARROYO GRANDE MALBEC SIN AZUFRE
Malbec, Cot 2020
$$ | VISTA FLORES | 13.5°

Concentrados e intensos, os taninos selvagens do Malbec de Los Chacayes aqui estão em evidência, mas simulados em parte graças à forte carga de frutas que mostra. Parece pesado, mas ao mesmo tempo com uma acidez que consegue colocar algum equilíbrio.

Polo.

PROPRIETÁRIO Polo Bodega y Viñedos
ENÓLOGO Tomás Stahringer
WEB www.bodegapolo.com
RECEBE VISITAS Não

- **ENÓLOGO** Tomás Stahringer

[**ESTA VINÍCOLA** familiar foi fundada no início da década de 1990 por Ramón Polo. Grande parte de seus vinhos vem da propriedade Dona Luisa, localizada a mil metros de altura em La Consulta, Vale do Uco. A sua principal vinícola, em Carrodilla, Luján de Cuyo, foi adicionada em 2011 uma exclusiva para espumantes, em Coquimbito, Maipú. A produção de Polo de cerca de 350 mil garrafas por ano é feita pelo enólogo Tomás Stahringer e Romina Regules (Vinyes Ocults).]

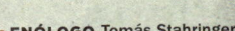

94 HERENCIA LA PALABRA
Malbec 2018
$$$ | LA CONSULTA | 13.8°

Este Malbec vem da Parcela 3, cuja particularidade é ser muito pobre em seus solos, com muitos cascalhos cobertos de cal. Plantada há 22 anos, produz muito pouco, mas de grande concentração e o que se sente neste vinho é uma fruta negra intensa e densa, com toques muito leves de violetas. É tudo corpo, é tudo voluptuosidade e maturidade, mas nunca chega a cansar. É um vinho muito jovem; leva de quatro a cinco anos na garrafa para obter complexidade. No momento, é uma massa de frutas negras, em ebulição.

94 HERENCIA LA PALABRA
Malbec, Cabernet Sauvignon, Merlot 2018
$$$ | LA CONSULTA | 13.9°

A primeira safra deste vinho foi em 2013 e, desde então, essa mistura mostra mais ou menos fielmente os percentuais das variedades que o Polo possui em seu vinhedo de La Consulta, com 1.050 metros de altura, no Vale do Uco. 60% Malbec, 35% Cabernet Sauvignon e o resto do Merlot. Malbec aqui tem um grande destaque, mas é o Malbec de La Consulta, com seus sabores e aromas exuberantes, maduros, suculentos, no meio de taninos firmes que podem vir do Cabernet Sauvignon, um esqueleto firme, feito de taninos musculosos. Este é um vinho de grande concentração e maturidade para esperar por alguns anos. Abra esta garrafa em três ou quatro.

93 HERENCIA RESPETO
Malbec 2019
$$ | VALE DO UCO | 13.8°

Em solos de origem aluvial, profundos, ricos em cal e cascalho, este vinhedo foi plantado há cerca de 20 anos na área de La Consulta, ao sul do Vale do Uco. 40% do volume é envelhecido em barricas por um ano, de madeiras usadas. O vinho tem uma forte carga de frutas, frutas vermelhas maduras e tons de violetas, com essa maturidade dos tintos de La Consulta, que geralmente são suculentos. Neste caso, há esse caráter, mas também taninos muito bons associados a uma acidez firme, que proporciona vigor e energia.

92 HERENCIA RESPETO BLEND DE BLANCAS
Chardonnay, Viognier, Torrontés 2019
$$ | VALE DO UCO | 12.8°

Esta mistura consiste em 70% de Chardonnay de Gualtallary, 25% Viognier de Los Chacayes e o resto de um Torrontés também plantado em Gualtallary. São três vinhedos de altura, clima moderado perto da montanha que lhe deu um lado cítrico, de acidez muito boa, mas ao mesmo tempo com uma densidade suculenta, voluptuosa. Um vinho com toques especiados e notas cítricas para acompanhar tempurá de camarão.

Proemio Wines**.**

PROPRIETÁRIO Marcelo Bocardo
ENÓLOGO Marcelo Bocardo
WEB www.proemiowines.com
RECEBE VISITAS Não

• **PROPRIETÁRIO & ENÓLOGO**
Marcelo Bocardo

[**FUNDADA EM** 2001, Proemio é a vinícola do enólogo Marcelo Bocardo, terceira geração de imigrantes italianos na Argentina. Em Proemio produzem vinhos com uvas de diferentes áreas de Mendoza, como Russell, Perdriel e El Cepillo.] **IMPORTADOR:** www.olivetto.com.br

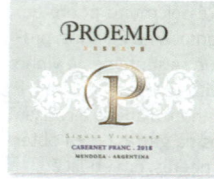

92 PROEMIO RESERVA
Cabernet Franc 2018
$$ | MAIPÚ | 14.3°

Este Cabernet Franc vem de uma latada enxertada em Sauvignon Blanc em 2017. O clima de Russell, talvez muito quente para Sauvignon, parece ser mais adequado para Franc, e este é um bom exemplo da variedade, um tinto intenso em aromas de frutas vermelhas e ervas secas em um corpo denso, com taninos profundos e suculentos, com toques especiados.

91 PROEMIO RESERVA
Malbec 2018
$ $ | M A I P Ú | **14.4°**

Este **Reserva** vem de vinhedos orgânicos na área de Russell de Maipú, plantadas por volta do início de 2000. Com idade entre 12 e 15 meses em barricas, de diferentes usos, aqui você pode sentir a influência da madeira e sua tosta, mas também há uma forte presença de frutas vermelhas maduras e especiarias doces. O corpo é denso, com taninos firmes e afiados e uma acidez amigável. Um vinho voluptuoso, pronto agora para carne.

91 PROEMIO RESERVA
Petit Verdot 2018
$ $ | M A I P Ú | **14.5°**

Opulento e denso, com a fruta vermelha e acidez clássica da variedade, mas também com a energia dos taninos que são ferozes, pequenos monstros de garras afiadas na boca. O calor de Russell na área de Maipú não acalma a força tânica desta pequena besta.

91 PROEMIO RESERVA
Syrah, Garnacha 2017
$ $ | M A I P Ú | **14.5°**

Esta mistura vem de um vinhedo de 20 anos, onde Syrah e Garnacha são misturados e a proporção é de cerca de 50% de cada variedade; ambas são cofermentadas em cimento e depois envelhecidas em barricas por um ano. Dê esse tempo de vinho na taça e você verá como ele é preenchido com aromas de frutas vermelhas e flores. A boca parece densa e os taninos firmes, embora dóceis. Para morcillas.

OUTRO VINHO SELECIONADO

89 | PROEMIO TERROIR RED BLEND Malbec, Cabernet Sauvignon, Petit Verdot 2017
Maipú | 13.7° | **$ $**

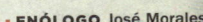

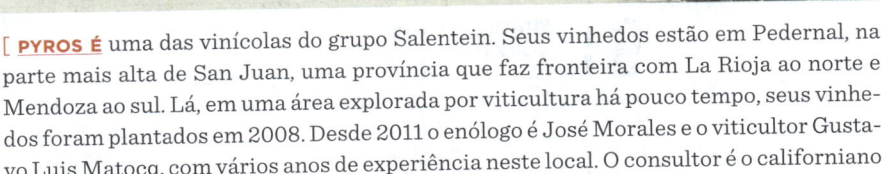

Pyros Wines.

PROPRIETÁRIO Família Pon

ENÓLOGO José Morales

WEB www.pyroswines.com

RECEBE VISITAS Não

• ENÓLOGO José Morales

[**PYROS É** uma das vinícolas do grupo Salentein. Seus vinhedos estão em Pedernal, na parte mais alta de San Juan, uma província que faz fronteira com La Rioja ao norte e Mendoza ao sul. Lá, em uma área explorada por viticultura há pouco tempo, seus vinhedos foram plantados em 2008. Desde 2011 o enólogo é José Morales e o viticultor Gustavo Luis Matocq, com vários anos de experiência neste local. O consultor é o californiano Paul Hobbs.] **IMPORTADOR:** www.zahil.com.br

95 PYROS VINEYARD LIMESTONE HILL
Malbec 2018
$ $ $ $ | V A L E D O P E D E R N A L | **14°**

Para **Limestone Hill**, Pyros seleciona um vinhedo ao pé da montanha, rico em solos de cal, mas um raro cal sedimentar na América do Sul. O efeito deste solo no vinho ainda é difícil de prever, especialmente porque estas

são vinhas jovens, cerca de 12 anos de idade, e ainda precisam se estabelecer nessa condição de altura tão extrema e solo tão único. Mas no momento este Malbec mostra uma fruta profunda, taninos finos e firmes que picam a língua e se sentem abundantes, muito semelhantes em sensação a outros Malbecs de solos calcários mais ao sul, em Uco. Os aromas das violetas emergem depois de um tempo, juntamente com muitas outras frutas. É para abrir com um bom assado ou esperar por cinco anos.

94 PARCELAS ÚNICAS
Malbec, Syrah, Cabernet Sauvignon 2016
$$$ | VALE DO PEDERNAL | **14°**

Para **Parcelas Únicas** Pyros seleciona vinhedos Malbec plantados em solos calcários de sua propriedade em Pedernal. Este Malbec compõe 70% da mistura, enquanto 22% Syrah e 8% Cabernet Sauvignon vêm de uvas compradas de produtores vizinhos. Como todos os tintos Pyros, este também é guiado por uma acidez firme, muito de tinto de altura, na montanha. As frutas são negras e intensas, preenchendo o paladar, e ao fundo se sentem notas macias de ervas. A sensação tânica é forte aqui, você precisa de alimentos poderosos para equilibrar.

94 SINGLE VINEYARD BLOCK 4
Malbec 2016
$$$ | VALE DO PEDERNAL | **14.5°**

Esta é uma seleção de parcelas de solos ricos em areias, pedras e cal ao pé das montanhas de Pedernal, cerca de 1.400 metros de altura. O envelhecimento das barricas dura 16 meses, 15% dessa madeira é nova. A fruta é expressiva, muito semelhante a outros Malbec de montanha mais ao sul no Vale do Uco; a textura é generosa em taninos que picam a língua. A acidez é alta, destacando o frescor dos sabores. Este vinho ainda precisa de alguns anos na garrafa para afinar e ganhar em complexidade.

92 APPELLATION
Malbec 2018
$$ | VALE DO PEDERNAL | **14.5°**

Um Malbec guiado pela acidez, este tem uma expressão generosa e frutada, rica em notas de frutas vermelhas maduras e ervas, notas mais florais em um nariz muito típico da variedade na montanha. A boca tem acidez como espinha dorsal, e a partir daí os sabores frutados saem. Este Malbec vem de vinhedos plantados ao pé das montanhas em Pedernal, cerca de 1.400 metros de altura.

91 APPELLATION
Syrah 2018
$$ | VALE DO PEDERNAL | **14.5°**

Dos primeiros vinhedos que Pyros plantou em Pedernal, cerca de 1.400 metros de altura no final da década de 1990, este Syrah de solos arenosos e pedregosos oferece uma generosa camada em notas de frutas negras, bem como tons de ervas. Os taninos são firmes, afiados, ainda jovens e ideais para curry de cordeiro.

Raffy.

PROPRIETÁRIO Balint Zanchetta
ENÓLOGOS Fabricio Martínez & Philippe Zanchetta
WEB www.bodega-raffy.com
RECEBE VISITAS Sim

· **PROPRIETÁRIO** Philippe Zanchetta

[**RAFFY É** de Jaqueline e Philippe Zanchetta, ela da Argentina e ele da França. Em 2014 eles compraram esta vinícola que era de propriedade de um amigo, também francês. São dez hectares de vinhedos na área de Gualtallary, com os quais produzem cerca de 50 mil garrafas.]

94 PARDUS
Malbec, Cabernet Sauvignon, Merlot 2016
$$ | GUALTALLARY | **14.5°**

Esta é uma mistura de 50% Malbec, 30% Cabernet Sauvignon e o resto do Merlot. Normalmente, este vinho seria cem por cento Cabernet, mas em anos difíceis como 2016, Philippe Zanchetta decide contar com outras cepas, todas plantadas no vinhedo de Gualtallary. Este tem a deliciosa fruta de Malbec, os sabores suculentos, vermelhos, maduros, e notas de violetas no meio de uma densidade suculenta. Os aromas evoluem em especiarias, frutas confitadas e passas. Um tinto de grande concentração, mas ao mesmo tempo de muito bom equilíbrio.

93 TURSOS
Malbec 2016
$$ | GUALTALLARY | **14.5°**

Este Malbec vem de uma pequena parcela plantada em um leito seco do rio, quase apenas de pedras. Os rendimentos lá são muito baixos e isso é sentido na estrutura deste vinho, um tinto envolvente, com aromas de ervas e florais; a fruta é sedosa, voluptuosa. As notas tostadas e especiadas vêm do envelhecimento em barricas antigas, que duraram 18 meses. Dentro dos vinhos da casa, este é o que melhor reflete o estilo.

91 PARDUS
Malbec 2017
$$ | GUALTALLARY | **14.5°**

Esta é uma seleção do vinhedo de Raffy, de uma área rica em solos calcários. O envelhecimento é prorrogado por 18 meses em barricas, de madeira usada. A presença de álcool é importante aqui, mas também há muita força de frutas, sabores maduros de frutas vermelhas no meio de uma doçura que enche a boca.

OUTROS VINHOS SELECIONADOS

89 | HEDERA Malbec 2018 | Gualtallary | 14.3° | **$$**
88 | HEDERA ROSADO Malbec 2020 | Gualtallary | 13.5° | **$**

Renacer.

PROPRIETÁRIO Patricio Reich

ENÓLOGOS Olivier Coquete & Bernardita Gil

WEB www.bodegarenacer.com.ar

RECEBE VISITAS Sim

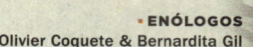

• ENÓLOGOS
Olivier Coquete & Bernardita Gil

[**RENACER É** de Patricio Reich, um executivo chileno com uma longa história de comercialização de vinhos. Em 2003 mudou-se para Mendoza para começar com a vinícola Renacer, na tradicional área de Perdriel, Luján de Cuyo. Um ano depois, ele construiu a vinícola de pedra ali, um símbolo da marca. Ao redor da vinícola há cerca de 30 hectares de vinhedos que correspondem à base dos vinhos da casa. Hoje eles produzem cerca de dois milhões de garrafas.] **IMPORTADOR:** www.vinhosdomundo.com.br

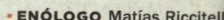

90 RENACER
Cabernet Franc 2017
$$$$ | MENDOZA | 14°

Muito no estilo dos vinhos da casa, este tem muita força e uma maturidade suculenta. Um vinho que enche a boca, vem de vinhedos na região de Altamira e Perdriel. O envelhecimento foi prorrogado por dois anos em barricas.

OUTROS VINHOS SELECIONADOS
88 | PUNTO FINAL MALBEC ROSÉ Malbec 2020 | Luján de Cuyo | 14° | $
88 | PUNTO FINAL RESERVA CABERNET FRANC C. Franc 2018 | Vista Flores | 14° | $$
87 | CALIBRE CABERNET SAUVIGNON C. Sauvignon 2019 | Mendoza | 13.8° | $
87 | CALIBRE MALBEC Malbec 2019 | Vale do Uco | 13.5° | $

Riccitelli Wines.

PROPRIETÁRIO Matías Riccitelli

ENÓLOGO Matías Riccitelli

WEB www.matiasriccitelli.com

RECEBE VISITAS Sim

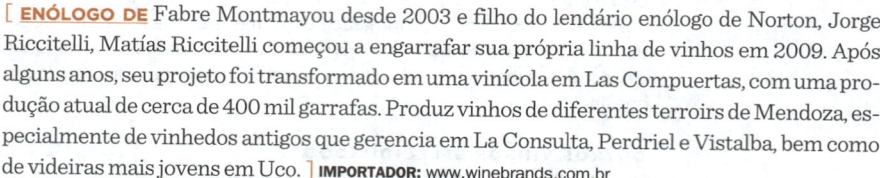

• ENÓLOGO Matías Riccitelli

[**ENÓLOGO DE** Fabre Montmayou desde 2003 e filho do lendário enólogo de Norton, Jorge Riccitelli, Matías Riccitelli começou a engarrafar sua própria linha de vinhos em 2009. Após alguns anos, seu projeto foi transformado em uma vinícola em Las Compuertas, com uma produção atual de cerca de 400 mil garrafas. Produz vinhos de diferentes terroirs de Mendoza, especialmente de vinhedos antigos que gerencia em La Consulta, Perdriel e Vistalba, bem como de videiras mais jovens em Uco.] **IMPORTADOR:** www.winebrands.com.br

97 RICCITELLI & FATHER
Malbec, Cabernet Franc 2018
$$$$$ | MENDOZA | 14.5°

Jorge Riccitelli e Matías, seu filho e dono da vinícola, fazem este vinho a quatro mãos, com 70% de Malbec de um vinhedo plantado em 1927 na área de Las Compuertas, 1.100 metros de altura, no terraço aluvial do rio Mendoza, mais 30% de Cabernet Franc de Los Chacayes, no Vale do Uco. Estagiado em fudres, aqui está toda a profundidade das vinhas velhas de

Malbec; esses aromas de frutas e especiarias negras, com o frescor de ervas do Cabernet Franc se impondo no nariz, mas subjugando na boca diante da força do Malbec, diante dessa estrutura feroz e monolítica em um vinho projetado para abrir em anos.

97 VINO DE FINCA DE LA CARRERA
Sauvignon Blanc 2020
$$$$ | VALE DO UCO | 12°

Este Sauvignon é extremo. De um vinhedo a 1.700 metros acima do nível do mar, em La Carrera, em Tupungato, e ao pé dos Andes, tem uma energia em acidez que provavelmente não existe em Mendoza e que é apenas comparável à acidez dos vinhos do extremo sul, como em Trevelin. O clima frio dá sua assinatura com seus aromas especiados e acima de tudo herbáceos. A boca é firme, com um corpo imponente, mas que é disfarçada de leveza graças a essa acidez pulsante e afiada. Todo o resto são sabores intensos de frutas brancas cítricas e novamente ervas em todos os lugares. Este vinho é fermentado com leveduras indígenas e envelhecido em barricas usadas por cerca de seis meses.

97 RICCITELLI VIEJOS VIÑEDOS EN PIE FRANCO
Malbec 2018
$$$ | VALE DO UCO | 14°

Esta é uma visão de Las Compuertas e Vistalba, duas das áreas mais tradicionais do vinho mendocino e as mais ricas na herança de videiras muito antigas, neste caso mais de 80 anos. Aqui há 50% de Vistalba e os outros 50% de Las Compuertas, e tem essa moral, esse caráter de Malbec de lugar, no terraço aluvial de Mendoza e em uma das áreas mais altas de Luján de Cuyo. Não tem a energia ácida de Uco, mas tem a profundidade do fruto das videiras antigas, os sabores especiados, as frutas negras; o frescor de uma alta acidez que aqui cumpre seu papel refrescante até o fim. Um vinho clássico, mas revisitado por um dos mais talentosos enólogos da atualidade na Argentina.

96 RICCITELLI VALLE DE UCO
Cabernet Sauvignon 2018
$$$ | LUJÁN DE CUYO | 14°

Chacayes geralmente dá vinhos intensos em taninos, com muita textura áspera, mas neste caso não é. Riccitelli tomou muito cuidado ao extrair esses taninos na vinícola, suavemente macerado e obtendo um vinho delicioso em sua expressão de tinto montanha, os aromas herbáceos ao lado das frutas vermelhas que explodem aqui com uma intensidade deliciosa. Na boca tem aquela maciez nervosa, construída a partir de taninos firmes, suculentos e elétricos em um Cabernet que brilha e refresca em todos os seus estágios.

95 OLD VINES FROM PATAGÔNIA
Chenin Blanc 2020
$$$$ | RÍO NEGRO | 12.5°

Em busca de vinhedos antigos, Riccitelli chegou a Beltran, em Rio Negro, e descobriu este velho vinhedo de Chenin de 1960, um vinhedo de produção muito baixa que tem dado um branco intenso, muito forte. Metade do vinho é fermentado com suas peles, e essa é em parte a razão desse corpo intenso, para essa textura firme, quase uma estrutura de vinho tinto. E aromas de ervas por toda parte, frutas brancas maduras e acidez no meio de toda essa festa. Um branco para levar para a adega e esquecer por uma década.

95 KUNGFU ORANGE
Sauvignon Blanc 2020
$$$ | V A L E   D O   U C O | **11.5°**

A linha **Kungfu** é a novidade de Riccitelli este ano de 2021 e é baseada em vinhos sem intervenção e sem a adição de sulfitos. Neste caso, é um Sauvignon Blanc da área de Gualtallary, fermentado e estagiado em ovos e ânfora, e que tem um delicioso lado selvagem. É rico em notas de ervas, mas também em frutas brancas maduras e flores. Aqui acontece algo que vai além das convenções do que deve (e não deve) ser Sauvignon Blanc, e esta é uma resposta muito livre de Riccitelli e seu trabalho experimental com um estilo que é mais do que vinhos naturais.

95 REPÚBLICA DEL MALBEC
Malbec 2018
$$$$ | L A S   C O M P U E R T A S | **14.5°**

Las Compuertas é uma das áreas mais tradicionais do vinho mendocino e, sobretudo, daquelas com a maior herança de videiras antigas. Este vem de um vinhedo plantado em 1927, cerca de 1.100 metros de altura, na margem norte do rio Mendoza, em terraços aluviais ricos em areias e cascalho. É estagiado por um ano em fudres e oferece outra fotografia afiada tirada por Riccitelli desta área histórica. A profundidade dos sabores de frutas negras, especiarias, tons de ervas no meio de um corpo austero, taninos intensos e monolíticos, emoldurados em uma acidez que também é severa. Um tinto para a guarda.

95 RICCITELLI VALLE DE UCO
Pinot Noir 2019
$$$ | V A L E   D O   U C O | **13.5°**

Um Pinot Noir da montanha, dos solos arenosos com um fundo de cascalho coberto com cal de Gualtallary, cerca de 1.400 metros acima do nível do mar, ao norte do Vale do Uco. Estagiado por cerca de oito meses em carvalho, este Pinot de uma safra muito fresca como 2019 tem todos os ingredientes necessários para conhecer a variedade: os aromas frutados, frutas vermelhas, além dos tons de flores, o frescor e o perfume de um vinho que envolve o nariz. A boca tem taninos de cal, firmes, afiados e a acidez de uma montanha tinta. Um delicioso e suculento pinot, com grande profundidade de sabores, grande frescor e energia.

95 TINTO DE LA CASA
Malbec 2019
$$$ | M E N D O Z A | **14°**

Esta é uma cofermentação de Malbec de Las Compuertas com Malbec de Gualtallary, ambos colhidos ao mesmo tempo. O encontro de dois mundos muito diferentes, um acima de 1.400 metros, uma nova área em Uco, e o outro de 1.100 metros em uma área como Las Compuertas, da mais tradicional em Mendoza. Fermentado com 50% de cachos inteiros, e estagiado em carvalho por um ano, este é um vinho vibrante e intenso, contrastando os doces e amigáveis frutos de Las Compuertas com as notas de ervas mais selvagens de Gualtallary. E os taninos são firmes, muito do solo de cal. Um vinho de grande energia e força.

94 BLANCO DE LA CASA
Chardonnay, Sauvignon Blanc, Sémillon 2020
$$$ | MENDOZA | **12.5°**

Esta mistura tem 40% de Sauvignon Blanc da área de Gualtallary, 40% Sémillon da La Consulta e o resto de Chardonnay La Carrera, acima de 1.700 metros de altura. É fermentado em ovos de concreto e depois envelhecido ali por alguns meses antes de ir para a garrafa. O vinho mantém uma deliciosa acidez, que emoldura sabores suculentos de frutas brancas maduras em um branco intenso, alta densidade e que pode durar anos na garrafa.

94 OLD VINES FROM PATAGÔNIA
Bastardo 2020
$$$ | RÍO NEGRO | **13.5°**

Bastardo ou Trousseau é essa variedade que dá vinhos deliciosos e rústicos na Galícia ou Jura, tintos de cores claras, mas estruturas firmes e aromas florais; uma espécie de Pinot Noir para as massas, ou pelo menos foi antes do Jura e da Galícia se tornarem moda e os preços subirem. Esta nova interpretação no fim do mundo vem de vinhedos de cerca de 60 anos na área de Allen, em Rio Negro. Possui textura rústica, taninos firmes e afiados, juntamente com notas de ervas e frutas vermelhas suculentas; um vinho para embutidos.

94 OLD VINES FROM PATAGÔNIA
Merlot 2018
$$$$ | RÍO NEGRO | **14°**

Uma seleção de vinhedos com mais de 40 anos nas áreas de Allen e Guerrico, todos em Rio Negro, este vinho envelhece por cerca de 16 meses em barricas. A madeira ainda é sentida, especialmente na boca, mas a fruta é generosa, tanto no nariz quanto na boca. Os sabores profundos de frutas negras maduras em meio a taninos suculentos, musculosos, e tons de ervas para dar-lhe algum frescor e complexidade. Um vinho para beber agora com lasanha ou levá-lo para a adega para abrir em um par de anos.

94 OLD VINES FROM PATAGÔNIA
Pinot Noir 2020
$$$$ | RÍO NEGRO | **13°**

Em Rio Negro ainda existem vinhedos muito antigos de Pinot Noir, algo muito raro na América do Sul. Vem de vinhas plantadas no final da década de 1960, na área de Beltran, e hoje mostra deliciosos aromas de flores e frutas vermelhas em meio a tons de ervas. A contribuição real deste vinho, no entanto, está na boca, onde os taninos são plantados no paladar com poder e garra. Tem uma energia interior que desafia aqueles que acreditam que Pinot é delicado, até mesmo frágil. Não há nada dessa fragilidade aqui.

94 OLD VINES FROM PATAGÔNIA
Sémillon 2020
$$$$ | RÍO NEGRO | **12.5°**

Fermentado e estagiado em fudres por cerca de sete meses, este Sémillon vem de vinhedos plantados no final da década de 1960 em Allen e Ingeniero Huergo, ambas áreas em Rio Negro, no início da Patagônia Argentina. Colhido muito cedo na estação, mostra a acidez e o lado herbáceo da variedade, mas também tem maturidade suficiente. Na boca você sente uma acidez rica, embora sua textura oleosa contraste com essas ervas e essa acidez nervosa. Um vinho para guardar por uma década.

94 THIS IS NOT ANOTHER LOVELY MALBEC
Malbec 2019
$ $ | VALE DO UCO | **13.5°**

Esta é a primeira versão desse Malbec, que nasceu com a ideia de discutir o conceito de Malbec acessível e doce que invadiu o mercado mundial há pouco mais de uma década. Contrastando com essa maturidade e arredondamento, mostra garras de taninos que sentem do cal, projetados pelos solos de Uco, ricos em cascalho cobertos por cal. Armazenado em piscinas de concreto, sem passagem pela madeira, aqui há muito frescor, muita fruta vermelha suculenta e refrescante em um tinto para beber por litros. A seleção que foi feita para este Malbec vem das áreas de Gualtallary e Los Chacayes, ambas no Vale do Uco.

94 VIÑEDOS DE MONTAÑA
Cabernet Franc 2018
$ $ $ | VALE DO UCO | **14.5°**

Esta é uma fotografia clara de Cabernet Franc. Há as notas de ervas e, ao mesmo tempo, um monte de frutas suculentas e amigáveis, em um tinto de grande corpo e cuja concentração permite estar ao lado de algumas costelas de porco. Mas também tem a energia refrescante para beber mais frio, no verão. Este vem de Los Chacayes e Campo de Los Andes, ambas áreas no Vale do Uco.

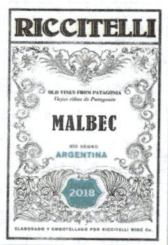

93 OLD VINES FROM PATAGÔNIA
Malbec 2018
$ $ $ $ | RÍO NEGRO | **13.5°**

Para este Malbec, o enólogo Matías Riccitelli foi em busca de um antigo vinhedo de 50 anos na região de Guerrico, em Rio Negro. Fermentado sem leveduras exógenas e envelhecido em barricas por pouco mais de um ano, tem um lado suculento e maduro, com toques especiados e de ervas, mas especialmente com aquela fruta deliciosa e suculenta que se espalha por todo o paladar.

92 KUNGFU
Malbec 2020
$ $ $ | VALE DO UCO | **14°**

A principal fonte de Malbec de Riccitelli no Vale do Uco é Tupungato Winelands, em Gualtallary, e de lá ele seleciona vinhedos para este vinho que é a resposta da vinícola aos vinhos naturais. Este tinto no nível mínimo de intervenção é frutado e amigável, com tons de ervas e especiarias que combinam em uma boca generosa em maturidade e maciez. Um Malbec delicioso e untuoso.

91 HEY MALBEC
Malbec 2019
$ $ | MENDOZA | **12°**

Um Malbec suculento, cheio de sabores de frutas negras, vem de uvas do Vale do Uco e Luján de Cuyo. Vinificado com 20% de cacho completo, sem passagem por barricas, é um exemplo de Malbec comercial mendocino, a um excelente preço e pronto agora para servir por taças no restaurante.

Ricominciare Bodega de Familia.

PROPRIETÁRIA Viviana Catena
ENÓLOGA Flavia Maschi
WEB www.ricominciare.com.ar
RECEBE VISITAS Não

· PROPRIETÁRIA & ENCARREGADO
Viviana Catena e "Felo" Rafael

[**RICOMINCIARE** pertence a Jorge Catena, que já foi sócio da Bodegas Esmeralda e que em 2004 vendeu sua parte da empresa para iniciar esse novo projeto dois anos depois. Sua ideia era fazer uma vinícola muito pequena, em uma escala diferente. Catena morreu em 2014 e hoje é Viviana, sua filha, que é responsável pela vinícola que produz cerca de 20 mil garrafas.]

91 RICOMINCIARE BLEND CAMPO ROTONDO
Cabernet Franc, Cabernet Sauvignon, Malbec, Merlot 2019
$$ | L A   C O N S U L T A | **14°**

De vinhedos plantados há cerca de 30 anos na área da La Consulta, esta é uma seleção dos melhores lotes da propriedade Ricominciare, no Vale do Uco. Envelhecido em aço, este vinho segue o estilo doce e amigável da casa, com toques especiados que se movem entre frutas negras doces e taninos redondos. Um vinho sem arestas, muito fluido.

90 RICOMINCIARE
Cabernet Franc, Malbec 2019
$$ | L A   C O N S U L T A | **14°**

Esta mistura de 40% de Cabernet Franc e 60% de Malbec, todos de seus próprios vinhedos em La Consulta, no Vale do Uco, é um tinto suculento, com sabores doces e maduros, com uma textura muito amigável. Não há excessos aqui, apenas frutas maduras e amigáveis para acompanhar ensopados de carne.

RJ Viñedos.

PROPRIETÁRIOS Raúl Jofré & Mirta Santalucia
ENÓLOGO Ricardo González
WEB www.rjvinedos.com
RECEBE VISITAS Sim

· PROPRIETÁRIOS
Jimena & Raúl Jofré

[**A FAMÍLIA** de Raúl Jofré é do sul da França e lá foram viticultores por gerações. Como homenagem a essa herança, em 1998 ele comprou o primeiro vinhedo em Tunuyán e depois restaurou uma antiga vinícola em Perdriel, onde atualmente produz seus vinhos. Hoje eles têm cerca de 60 hectares próprios e cinco produtores com os quais no total produzem cerca de 650 mil garrafas.] **IMPORTADOR:** www.dominiocassis.com.br

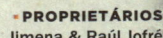

93 JOFFRE E HIJAS PREMIUM
Merlot 2017
$$$ | V A L E   D O   U C O | **14.4°**

Cada vez que a colheita tem a qualidade necessária, RJ Viñedos utiliza uvas Merlot selecionadas da área de Vista Flores. Seguindo o estilo dos vinhos da casa, tem um equilíbrio voluptuoso, frutas maduras, taninos redondos e acidez amigável. Aqui está tudo isso, embora a acidez seja talvez mais nítida do que o normal, mas os sabores são suculentos e a textura, amigável.

92 JOFFRE E HIJAS GRAN CABERNET FRANC
Cabernet Franc 2019
$$ | VALE DO UCO | 14.5°

Trata-se de uma seleção de lotes na área de Vista Flores, no Vale do Uco, com mais de mil metros de altura. Após nove meses de envelhecimento em barricas (metade do volume) mantém o estilo dos vinhos da casa, os sabores especiados doces ligados a frutas vermelhas maduras em um tinto que se sente suculento, volumoso.

92 JOFFRE E HIJAS GRAN MALBEC
Malbec 2019
$$ | VALE DO UCO | 13.8°

Para el **Gran Malbec**, RJ Viñedos seleciona uvas dos departamentos de Tupungato e Tunuyán no Vale do Uco. Seguindo o estilo da casa, ele se sente suculento e maduro, com taninos e domados, redondos e suculentos, com toques de ervas. Com nove meses de envelhecimento em barricas (metade do volume apenas), você também sente toques especiados. Um vinho sem arestas, fluido e volumoso.

90 PASIÓN 4
Cabernet Franc, Petit Verdot 2019
$$ | MENDOZA | 14.2°

Esta é uma mistura de 87% de Cabernet Franc de vinhedos em Vista Flores e os 13% restantes de Petit Verdot de Altamira, ambos ao sul do Vale do Uco. A combinação funciona muito bem em um tinto suculento, frutas muito maduras, mas ao mesmo tempo com toques de ervas ricas proporcionando frescor. Os taninos são macios, muito amigáveis e suculentos.

OUTROS VINHOS SELECIONADOS
89 | PASIÓN 4 Malbec 2019 | Mendoza | 13.8° | $$
87 | JOFFRE EXPRESIONES DE TERROIR Malbec 2020 | Mendoza | 13.3° | $

Ruca Malen.

PROPRIETÁRIO Molinos Río de la Plata S.A.

ENÓLOGA Noelia Torres

WEB www.bodegarucamalen.com

RECEBE VISITAS Sim

• ENÓLOGA Noelia Torres

[**ESTA VINÍCOLA** na área de Agrelo foi fundada em 1998 pelos sócios franceses Jean Pierre Thibaud e Jacques Louis de Montalembert. Em 2015 foi adquirida pelo grupo Molinos Río de la Plata, uma das maiores empresas da indústria alimentícia da Argentina e da América Latina, dona da vinícola Nieto Senetiner. Localizada a 30 quilômetros ao sul de Mendoza, Ruca Malen é cercada por um vinhedo de 27 hectares. Seus vinhos nascem de lá, mas também dos 140 hectares que lidam com contratos com terceiros. Noelia Torres é a enóloga chefe.] **IMPORTADOR:** www.lapastina.com

94 KINIEN DE DON RAÚL CORTE ÚNICO
Petit Verdot, Cabernet Sauvignon, Malbec 2017
$$$$ | VISTA FLORES | 14.7°

A primeira colheita de Kinien de Don Raúl foi em 2004, em homenagem ao famoso enólogo mendocino Raúl de la Mota, amigo dos proprietários e que participou da primeira safra de 2004. É um vinho muito jovem, com o peso dos 12 meses de envelhecimento ainda em seus ombros. É um vinho muito concentrado, de maturidade acentuada, mas ao mesmo tempo de uma estrutura de taninos tensos e firmes. A mistura tem 41% de Petit Verdot, 30% Malbec e 29% Cabernet Sauvignon. Guarde esse vinho por cerca de cinco anos. Precisa desse tempo para ganhar em complexidade.

91 TERROIR SERIES
Cabernet Sauvignon 2018
$$ | VALE DO UCO | **14.7°**

Muito em sintonia com o estilo dos vinhos Terroir Series, este Cabernet de diferentes vinhedos do Vale do Uco, todos pelos 1.100 metros, oferece um foco em aromas e sabores frutados, mas também tem um forte componente de notas de mentol e ervas que se fundem com os sabores de frutas vermelhas no paladar. Para ensopados.

91 TERROIR SERIES
Malbec 2018
$$ | VALE DO UCO | **14.7°**

Trata-se de uma mistura de vários setores do Vale do Uco, incluindo Los Chacayes, Vistaflores, Los Árboles e La Consulta. O vinho envelhece por 12 meses em barricas de segundo e terceiro uso e depois vai para a garrafa. O que está na garrafa é um Malbec suculento, ideal para beber com o assado ou com um sanduíche de lombo. Frutas puras, diretamente dos pés dos Andes.

90 RUCA MALEN
Malbec 2019
$ | MENDOZA | **14.7°**

Esta é uma mistura de vinhedos de Luján de Cuyo e do Vale do Uco e oferece, em primeiro lugar, uma ideia clara de Malbec mendocino, e também uma excelente relação qualidade-preço. Frutas vermelhas e negras matizadas com ervas e toques florais em um corpo macio, taninos redondos e com uma doçura sedutora no meio de uma generosa camada de sabores frutados. Para começar a conhecer o Malbec argentino.

90 RUCA MALEN TERROIR SERIES
Chardonnay 2019
$$ | VALE DO UCO | **13.2°**

De um vinhedo em Los Árboles, no Vale do Uco, e cerca de 1.300 metros de altura, este é um Chardonnay com 40% de envelhecimento em barricas e mostra um delicioso lado frutado, suculento, emoldurado em um corpo de grande cremosidade, sabores densos e acidez amigável.

90 RUCA MALEN TERROIR SERIES BLEND
Malbec, Cabernet Sauvignon, Petit Verdot 2018
$$ | AGRELO | **14.5°**

Esta mistura inclui 66% de Malbec, 27% Cabernet Sauvignon e 7% Petit Verdot, todos de vinhedos principalmente de Agrelo, onde está localizada a vinícola Ruca Malen. As três variedades são elaboradas separadamente e misturadas uma vez que terminaram o envelhecimento, após um ano em barricas. Esta é mais uma das boas amostras de frutas e sabores suculentos da linha Terroir Series. É quente, suculento, frutado e sedoso.

OUTROS VINHOS SELECIONADOS

89 | RUCA MALEN Cabernet Sauvignon 2019 | Mendoza | 14.7° | **$**

87 | RUCA MALEN BLEND Malbec, Cabernet Sauvignon 2019 | Mendoza | 14.5° | **$**

Rutini Wines.

PROPRIETÁRIO Grupo Catena - Benegas Lynch

ENÓLOGO Mariano Di Paola

WEB www.rutiniwines.com

RECEBE VISITAS Sim

• **ENÓLOGO** Mariano Di Paola

[**FUNDADA EM** 1886, Rutini é uma das maiores vinícolas da Argentina. Possui infraestrutura e tecnologia para produzir cerca de 15 milhões de garrafas por ano, que são distribuídas em diversas linhas de vinhos e variedades. O volume que eles manuseiam não os impede de fazer vinhos com caráter, capazes de se diferenciar uns dos outros, especialmente porque o renomado Mariano di Paola, enólogo-chefe desde 1994, levou esse desafio muito a sério. Di Paola começou a colher a fruta mais cedo, diminuindo o álcool, diminuindo a influência da madeira. Uma abordagem que definiu o curso da vinícola nos últimos anos.] **IMPORTADOR:** www.zahil.com.br

97 APARTADO GRAN
Cabernet Sauvignon, Cabernet Franc, Malbec, Syrah 2017
$ $ $ $ $ | VALE DO UCO | **14.3°**

Este novo Apartado Blend tem 30% Cabernet Sauvignon, 30% Malbec, 20% Cabernet Franc e 20% Syrah, todos de vinhedos de Gualtallary, El Cepillo e La Consulta. As quatro variedades são cofermentadas, mas não colhidas ao mesmo tempo, mas esperam no tanque sob gelo seco para que a próxima variedade esteja pronta no vinhedo. Primeiro vai Syrah, em grãos inteiros, e no final o Cabernet Sauvignon, também em grão inteiro, tudo em uma espécie de maceração carbônica. O vinho, uma vez fermentado, é envelhecido em barricas por dois anos. E o que sai de lá é um perfume de frutas vermelhas e maduras em um vinho de grande concentração e, ao mesmo tempo, muito profundo e também de acidez que ajuda a refrescar e acentuar esse caráter frutado. Um vinho em sua infância, que tem pelo menos dez anos de idade na garrafa antes de começar a mostrar seu potencial.

96 ANTOLOGÍA 49
Merlot, Cabernet Franc 2017
$ $ $ $ | VALE DO UCO | **14.2°**

Esta nova Antologia tem 80% de Merlot da área de El Cepillo, ao sul do Vale do Uco, e o resto do Cabernet Franc de Gualtallary. E é o Antologia clássico em grande estilo, com aquele caráter suculento e maduro, de frutas negras, tons de especiarias doces. Aqui também há uma acidez firme, e se você deixar um tempo na taça, os sabores de frutas mais vermelhas e frescas, também as ervas que gradualmente tomam conta da cena começam a aparecer. Um vinho para abrir agora, por sinal, mas também para armazenar por dez anos na adega.

96 ANTOLOGÍA LIV
Chardonnay, Pinot Noir 2016
$ $ $ $ | GUALTALLARY | **12°**

Esta é a primeira vez que um espumante é incluído na linha Antologia. É uma mistura de metade Chardonnay e metade Pinot Noir da safra fria 2016 em Gualtallary. O vinho base de Chardonnay foi envelhecido por cinco meses em barricas, enquanto Pinot veio de aço direto para segunda fermentação na garrafa, de acordo com o método tradicional. O contato com as borras durou quatro anos e meio, e isso lhe deu um toque oxidativo, vínico, de grande concentração em frutas vermelhas, mas ao mesmo tempo de grande acidez e uma borbulha generosa, como o creme, em sua textura. Este é provavelmente o espumante mais complexo que já provamos de Rutini, e note que Rutini é um dos grandes produtores desses vinhos na América do Sul.

96 APARTADO GRAN CHARDONNAY
Chardonnay 2018
$$$$$ | VALE DO UCO | 13.8°

Apartado é uma seleção das melhores parcelas de Chardonnay em Gualtallary (80% da mistura) e El Cepillo (20%), com um ano envelhecendo em barricas, com suas borras e com metade de madeira nova. A influência das brisas das montanhas é sentida nesta acidez, suculenta e fresca, sabores minerais que se movem em uma textura áspera, quase selvagem. Há um truque neste vinho. 30% da mistura final vem das bases de espumante de Chardonnay de Apartado, ou seja, vinhos de uma tensão e verticalidade que rivalizam com os outros 70% que é untuoso, redondo. Uma deliciosa mistura em um dos brancos mais originais da atualidade na Argentina.

96 APARTADO GRAN MALBEC
Malbec 2017
$$$$$ | VALE DO UCO | 14°

Para **Apartado Gran Malbec** o enólogo Mariano di Paola seleciona parcelas de seus próprios vinhedos em La Consulta, Gualtallary e El Cepillo, todos no Vale do Uco e todos 1.200 metros acima do nível do mar, exceto em La Consulta, que é perto de mil. O nariz é cheio de violetas, frutas vermelhas, ervas, e a textura é tensa, tem a aderência do Malbec de Altamira, com aqueles taninos reativos, duros, severos. Uma fotografia HD de Malbec do melhor da variedade ao pé dos Andes. E um tinto para guardar por dez anos.

96 SINGLE VINEYARD GUALTALLARY
Cabernet Franc 2018
$$$$ | GUALTALLARY | 14.2°

Em solos arenosos e muito pedregosos, e vinhedos plantados há cerca de dez anos em Gualtallary, cerca de 1.300 metros acima do nível do mar no Vale do Uco. Esse tem um foco em sabores de ervas, com ênfase em tabaco, hortelã, lavanda e o que vier à mente. A textura é tensa, com taninos firmes e afiados, com uma acidez suculenta e ao mesmo tempo com sabores profundos. Com 14 meses em barricas, 20% novas, este tem o caráter de tinto de montanha, um dos Cabernet Franc de mais caráter da atualidade na América do Sul e a melhor versão deste Single Vineyard desde sua estreia em 2014.

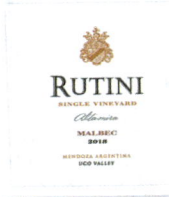

95 SINGLE VINEYARD ALTAMIRA
Malbec 2018
$$$$ | ALTAMIRA | 14.2°

Uma boa fotografia do Malbec de Altamira, tem taninos severos que incorporam ao paladar com sua aresta. Os aromas são florais e, ao mesmo tempo, frutados com toques de ervas. Tudo isso é encontrado em Altamira, mas aqui também há um caráter suculento da maturação da fruta tomando a palavra. Este é um vinho muito jovem, que precisa de pelo menos três a quatro anos para evoluir para territórios mais complexos. Este Malbec é envelhecido por 14 meses em barricas, 20% de madeira nova.

95 SINGLE VINEYARD GUALTALLARY
Cabernet Sauvignon 2018
$$$$ | GUALTALLARY | **14.3°**

Argentina e Mendoza não são frequentemente associadas ao Cabernet Sauvignon, mas há exemplos cada vez melhores da variedade, especialmente nas áreas altas, em direção ao pé dos Andes, em Uco, onde o sol permanece intenso, mas a altitude diminui a temperatura, preservando a acidez. Esse vem de um vinhedo em Gualtallary, a cerca de 1.300 metros, e a nova influência das brisas andinas é sentida em acidez e notas de ervas. A textura é firme, cheia de taninos afiados, enquanto os sabores frutados inundam o paladar. Um dos melhores Cabernets da Argentina hoje.

94 SINGLE VINEYARD GUALTALLARY
Malbec 2018
$$$$ | VALE DO UCO | **14.3°**

Gualtallary tem, quando vem de solos arenosos, um caráter festivo, quase delicado, com tons de frutas vermelhas maduras, mas sobretudo ervas e flores. E o corpo, quase leve, com taninos macios, com acidez nítida. Este Malbec corresponde exatamente a esta descrição: um tinto delicado, mas ao mesmo tempo firme, com a fruta à frente, mas também com todas aquelas flores e ervas de uma área que está mergulhada 1.300 metros acima do nível do mar, ao pé dos Andes.

93 ANTOLOGÍA 52
Pinot Noir 2016
$$$$ | VALE DO UCO | **14.4°**

2016 foi uma safra fresca, uma das mais frias de Mendoza nos últimos anos, mas isso não aparece neste pinot. Os sabores e aromas maduros, a doce sensação dos taninos, a acidez que fica no caminho dessa maciez e refresca os sabores. Este é um Pinot polido, redondo; tudo é fluidez e amabilidade. Vem de vinhedos em Gualtallary, em solos arenosos, cerca de 1.300 metros de altura. Tem um ano de envelhecimento em barricas, metade de madeira nova.

93 CRUZ ALTA CHAIRMAN'S BLEND
C. Sauvignon, Malbec, C. Franc, Merlot, P. Verdot 2017
$$$$ | VALE DO UCO | **14.5°**

Uma mistura de vinhedos de Gualtallary e El Cepillo, ambas áreas localizadas nas extremidades do Vale do Uco e ao pé dos Andes, além de 18 meses de envelhecimento em barricas, este é um vinho quente e suculento, mas ao mesmo tempo com uma acidez muito fresca que ajuda a equilibrar. É profundo e amplo, com um forte sotaque em especiarias doces. O blend é baseado em Cabernet Sauvignon com 50%, mais 20% Malbec, 10% Cabernet Franc, 10% Merlot e 10% Petit Verdot.

93 ENCUENTRO
Malbec 2018
$$ | MENDOZA | **13.9°**

Para **Encuentro**, o enólogo Mariano Di Paola seleciona vinhas do Vale do Uco, especialmente Gualtallary, os vinhedos que circundam a enorme e moderna vinícola Rutini ao pé dos Andes. Depois de nove meses envelhecendo em carvalho (20% novo), este Malbec tem um brilho delicioso em sua fruta, você pode sentir o efeito da brisa da montanha em seus aromas de frutas vermelhas refrescantes matizando com toques de violetas. É macio e ao mesmo tempo profundo, com acidez suculenta. Para acompanhar queijos maduros.

93 RUTINI COLECCIÓN
Cabernet Franc 2018
$$$ | VALE DO UCO | 14.2°

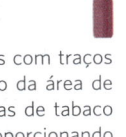

Uma excelente amostra de Cabernet Franc em solos aluviais com traços de cal no Vale do Uco, principalmente Gualtallary com algo da área de El Cepillo. É um Franc carregado no lado das ervas, as notas de tabaco e especiarias, com frutas vermelhas maduras atrás dele, proporcionando complexidade. Os taninos são muito macios e leves toques leves tostados (passou um ano em barricas, 20% madeira nova) fornecem sabor para o final da boca. Um Cabernet Franc deliciosamente varietal.

93 RUTINI COLECCIÓN
Cabernet Sauvignon, Malbec 2018
$$ | VALE DO UCO | 13.9°

Após 12 meses em barricas, com 10% de madeira nova, esta seleção de vinhedos no Vale do Uco, com ênfase em Gualtallary, ao norte do vale, tem uma nova aparência, rica em frutas vermelhas e tons de ervas. A presença de Cabernet de montanha fornece muitas frutas negras, enquanto Malbec adiciona sedosidade e amabilidade. Os sabores de frutas vermelhas enchem o paladar em um delicioso vinho para beber agora com salame.

93 RUTINI COLECCIÓN
Chardonnay 2019
$$$ | VALE DO UCO | 14.2°

Esta é uma seleção de uvas Gualtallary e El Cepillo, no extremo norte e sul do Vale do Uco. 50% do volume foi envelhecido em barricas (10% nova) e é sentido nas notas especiadas deste branco untuoso, com um peso muito bom, mas acompanhado de uma acidez importante que proporciona equilíbrio. Faz você querer deixá-lo por três a quatro anos na garrafa e ver sua evolução.

93 RUTINI COLECCIÓN
Gewürztraminer 2020
$$$ | VALE DO UCO | 14.9°

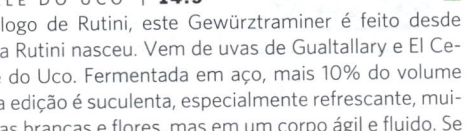

Um clássico no catálogo de Rutini, este Gewürztraminer é feito desde 1994, quando a marca Rutini nasceu. Vem de uvas de Gualtallary e El Cepillo, ambas mo Vale do Uco. Fermentada em aço, mais 10% do volume total em barricas, esta edição é suculenta, especialmente refrescante, muito orientada para frutas brancas e flores, mas em um corpo ágil e fluido. Se você está procurando um branco para sushi, experimente este.

93 RUTINI COLECCIÓN BRUT NATURE
Chardonnay, Pinot Noir 2018
$$$$ | VALE DO UCO | 12°

Uma mistura entre 50% Chardonnay e 50% Pinot Noir, feita com o método tradicional de segunda fermentação na garrafa, e com dois anos de contato com as borras, este é um espumante focado em frutas. Apesar do longo envelhecimento com s boras, ele permanece em seu lado frutado, proporcionando uma sensação suculenta e refrescante, em meio a bolhas afiadas e tensas. Depois de um tempo na taça, à medida que oxigena, notas de padaria aparecem em um vinho complexo, mas ao mesmo tempo muito suculento para beber. Acidez tem muito trabalho aqui. Deixe algumas garrafas para abrir em dois ou três anos.

93 RUTINI COLECCIÓN ROSÉ
Malbec 2019
$$$$ | MENDOZA | **12.6°**

Pronto agora para trazê-lo bem gelado à beira da piscina, este Malbec rosé é uma delícia simples e direta de frutas vermelhas ácidas em um corpo que tem uma cota de acidez precisa para refrescar e uma leveza onde esse frescor brilha. Foi feito com Malbec de Gualtallary, e por pressão direta dos cachos. 100% em madeira nova por seis meses, mas apenas se sente, é como um sussurro de notas especiadas; trabalho notável de barricas.

92 ENCUENTRO
Chardonnay 2019
$$ | MENDOZA | **13.8°**

No lado voluptuoso e generoso da variedade nas alturas de Gualtallary, no Vale do Uco, 50% deste Chardonnay é envelhecido por nove meses em barricas de carvalho usado, e de lá talvez venham aquelas notas caramelizadas e também essa cremosidade. Parece maduro, expansivo, enchendo cada canto do paladar com suas suculentas frutas brancas.

92 ENCUENTRO BRUT NATURE
Pinot Noir 2018
$$$ | TUPUNGATO | **12.2°**

Este centésimo por cento Pinot Noir vem de vinhedos na área de Gualtallary do Vale do Uco. É pressionado diretamente dos cachos e feito com o método de segunda fermentação na garrafa mais um contato com as borras por 15 meses. O vinho tem um delicioso sabor de fruta vermelha, com bolha cremosa e acidez muito amigável, o que lhe dá uma sensação suculenta, mas nunca pesada. Para ostras gratinadas.

92 RUTINI COLECCIÓN
Cabernet Franc, Malbec 2018
$$ | VALE DO UCO | **14.3°**

Cabernet Franc, 50% dessa mistura, é uma das estrelas do Vale do Uco, e aqui é mostrado em toda a sua intensidade, proporcionando sabores de frutas vermelhas e notas de tabaco que contrastam com a pureza absoluta das frutas do Malbec, com seus aromas e sabores de cerejas vermelhas ácidas. Taninos médios e muito polidos, esta é uma mistura que pode ser apreciada com hambúrgueres.

92 RUTINI COLECCIÓN
Malbec 2018
$$$ | MENDOZA | **14.1°**

Esta é uma grande mistura de cerca de 600 mil litros que é feita de diferentes vinhedos no Vale do Uco, notadamente em Gualtallary, La Consulta e El Cepillo. O envelhecimento dura um ano em barricas, com 20% de madeira nova. É um Malbec que pretende tirar uma foto de Uco, de Malbec em direção aos pés dos Andes. Tem uma acidez muito boa, que ajuda os sabores de frutas vermelhas maduras a se refrescar e se sentir mais evidente.

92 RUTINI COLECCIÓN
Sauvignon Blanc 2020
$$ | VALE DO UCO | **14.7°**

Com frutas de Gualtallary, um dos lugares mais altos do Vale do Uco, acima de 1.200 metros acima do nível do mar, aqui você pode sentir o frescor da montanha em uma acidez brilhante e vibrante. 10% do vinho foi estagiado por três meses em barricas novas de carvalho, o que lhe deu um leve toque defumado em meio aos sabores refrescantes de frutas e ervas.

92 RUTINI COLECCIÓN EXTRA BRUT
Pinot Noir, Chardonnay 2018
$$$ | VALE DO UCO | 12°

Com oito gramas de açúcar residual e 18 meses de contato com as borras no método tradicional de segunda fermentação, trata-se de um vinho suculento, borbulhas como creme e sabores voluptuosos de frutas brancas maduras. Um espumante amigável, fácil de beber, ideal para peixes gordurosos grelhados.

91 TRUMPETER RESERVE
Cabernet Sauvignon 2019
$$ | VALE DO UCO | 13.8°

Toda a suculência do Cabernet Sauvignon do Vale do Uco neste tinto com aromas frutados, frescos e temperados com tons de ervas. A boca é macia, taninos redondos, enquanto frutas e ervas coexistem em harmonia em um Cabernet para beber com morcillas.

91 TRUMPETER RESERVE
Malbec 2019
$$ | VALE DO UCO | 13.6°

Esta é uma seleção de vinhedos no Vale do Uco, envelhecidos por nove meses em barricas de carvalho, 30% madeira nova. Um exemplo suculento de Malbec da montanha, este tem notas de violetas em meio a aromas de cerejas negras. O corpo é generoso em sabores de frutas, mas também tem a parte certa de acidez para que a maturidade não seja enjoativa. No final, as violetas dominam em um tinto para beber com carne grelhada.

90 CRUZ ALTA
Malbec 2019
$$ | MENDOZA | 14°

Um Malbec clássico para carne grelhada, tem doçura (sete gramas de açúcar residual) e taninos muito macios em um corpo redondo e voluptuoso, que enche a boca com sua maturidade. Para beber agora e ver como é o Malbec que conquistou o público americano.

90 FRANCESCO RUTINI
Malbec 2019
$$$ | MENDOZA | 14°

Uma salada de frutas negras com notas de chocolate e especiarias doces neste Malbec amigável, redondo e suculento de uma seleção de vinhedos no Vale do Uco. Aqui estão tons de ervas, tons especiados em um tinto que é o protótipo de Malbec maduro e suculento para carne grelhada.

90 TRUMPETER
Malbec 2019
$$ | MENDOZA | 14.1°

Uma fotografia de Malbec simples e frutado, com todas as qualidades da cepa em seu estado mais gentil e fácil de entender. Aqui estão os aromas das cerejas, os leves toques das violetas e a textura macia, sem arestas, que desliza pelo paladar graciosamente. No final, uma leve doçura torna-o ainda mais acessível. Nada menos que cinco milhões de litros são feitos deste vinho.

Rutini Wines.

90 TRUMPETER RESERVE
Viognier 2020

$$ | VALE DO UCO | **14.1°**

De vinhedos em Altamira, no Vale do Uco, este tem as notas florais e textura cremosa dos brancos feitos com a variedade. A acidez é firme, trazendo o frescor necessário para um vinho que hoje se bebe hoje muito fácil, especialmente com ostras refogadas ou grelhadas.

90 TRUMPETER ROSÉ
Malbec 2020

$$ | VALE DO UCO | **12.1°**

Um rosé perfeito para o verão, para beber à beira da piscina, ele se move pela boca com seu corpo ágil, rico em sabores de frutas vermelhas ácidas e tons de ervas. Sem envelhecer na madeira, é um delicioso suco de adultos para acompanhar ceviche.

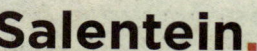

Salentein.

PROPRIETÁRIO Família Pon
ENÓLOGO José Galante
WEB www.bodegasalentein.com
RECEBE VISITAS Sim

• **ENÓLOGO** José Galante

[**SALENTEIN FOI** um dos pioneiros em apostar fortemente no Vale do Uco. Seu fundador, o empresário holandês Mijndert Pon, que morreu em 2014, não só acreditava no potencial dos vinhos, plantando vinhedos como San Pablo, com 1.605 metros de altura, mas apostando na arquitetura da vinícola criando um museu ambicioso com arte argentina e holandesa (Killka) e concebendo um centro de visitas ao nível dos melhores do mundo. Salentein possui cerca de 180 hectares entre as propriedades de San Pablo, La Pampa, Oasis e Altamira, com diferentes variedades plantadas, embora Malbec e Chardonnay sejam as que obtêm os melhores resultados.] **IMPORTADOR:** www.zahil.com.br

96 SALENTEIN SINGLE VINEYARD LOS NOGALES
Sauvignon Blanc 2019

$$ | SAN PABLO | **13.5°**

Acima de 1.500 metros de altura, em San Pablo, no Vale do Uco, Salentein plantou 1,5 hectare de vinhedos em solos pedregosos e ricos em cal. Sem envelhecimento em barricas, tem tons de ervas que ganham destaque à medida que o vinho é oxigenado na taça. Há também frutas cítricas e uma acidez que é tensa e firme, e atua aqui como uma espécie de ar condicionado, refrescando tudo em sua passagem. Um Sauvignon que mostra o caráter dos vinhos de San Pablo, um lugar colado à montanha nos Andes.

95 SINGLE VINEYARD LAS SEQUOIAS
Chardonnay 2018

$$$ | SAN PABLO | **13.5°**

De um dos vinhedos na altitude mais alta do Vale do Uco, ele vem de plantas a 1.600 metros acima do nível do mar, em San Pablo. Este Chardonnay é envelhecido em barricas por cerca de dez meses, tudo de segundo e terceiro uso. O vinho tem uma força notável, uma textura quase tânica e uma concentração de sabores que impressionam na boca, sabores profundos de frutas brancas e frutas secas. Um grande vinho, com a moral de um tinto, com essa força e densidade. Para guardar por pelo menos cinco anos.

93 SINGLE VINEYARD EL TOMILLO
(I.G. PARAJE ALTAMIRA) **Malbec 2018**
$$$$ | ALTAMIRA | **14°**

O vinhedo de Altamira foi plantado por Salentein em 2007, onde antes havia campos de maçã, acima de mil metros de altura, no Vale do Uco. Esse vem desses vinhedos, uma seleção de parcelas com 16 meses de envelhecimento em barricas. É um vinho grande, marcado pela supermadurez, tons de madeira tostada e especiarias. Na boca é amplo, expansivo, suculento.

92 PRIMUS
Pinot Noir 2018
$$$$ | VALE DO UCO | **13.5°**

Acima de 1.300 metros de altura, este é um Pinot maduro e generoso, com tons de especiarias doces, toques de madeira e frutas secas. A textura é amigável, com taninos muito redondos, e os aromas e sabores se repetem na boca; essas especiarias doces no meio de frutas secas.

92 SALENTEIN NUMINA
Pinot Noir 2019
$$ | SAN PABLO | **14°**

Este Pinot vem da área de San Pablo, acima de 1.400 metros de altura, de vinhedos plantados entre 1997 e 2003. O envelhecimento dura nove meses em barricas e o vinho mostra um tom marcante de frutas, mas também muitas notas de ervas, suculentas e frescas. Tem uma textura com taninos afiados, mas amigáveis, em meio a generosos sabores frutados.

92 SALENTEIN PRIMUS
Malbec 2017
$$$$ | VALE DO UCO | **14.5°**

Salentein é dominado pelo estilo concentrado e supermaduro, um estilo que estreou há uma década e que agora - quase aposentado - alguns continuam. No caso de Salentein, eles lidam perfeitamente com isso. São vinhos concentrados como este Malbec de vinhedos plantados entre 1997 e 2008, um vinho cheio de madurez e suculência. Um Malbec intenso e doce.

92 SINGLE VINEYARD LA PAMPA '97
(I.G. SAN PABLO) **Malbec 2018**
$$$$ | SAN PABLO | **13.5°**

Dos primeiros vinhedos de Salentein no Vale do Uco, este tem cerca de 1.300 metros de altura, plantados em 1997. O estilo do vinho é maduro, suculento, de grande maturidade que envolve o paladar. Os sabores são suculentos, e o envelhecimento por 16 meses em carvalho é sentido nas notas de madeira tostada. É um vinho de estilo bastante clássico (clássico dos anos 2000), onde o que parece importar é a força.

91 SALENTEIN NUMINA
Malbec 2018
$$ | VALE DO UCO | **14.5°**

Este Malbec vem de vinhedos plantados em 2007 em Los Árboles e também na área de San Pablo, em torno da vinícola Salentein no Vale do Uco. Com 14 meses de envelhecimento em barricas, 10% madeira nova, este tinto mostra notas de especiarias e ervas, com madeira muito presente, mas também com frutas maduras que ganham destaque. Um vinho suculento e amplo.

91 SINGLE VINEYARD LOS JABALÍES
(I.G. SAN PABLO) **Pinot Noir 2018**
$$$ | S A N P A B L O | **13.5°**

A partir de vinhedos plantados em 2000, cerca de 1.400 metros acima do nível do mar, este é um Pinot que, apesar do clima da montanha, se sente quente e untuoso, com muitas notas especiadas e frutas negras no meio de um corpo amigável e maduro, sem aresta, com taninos muito macios.

90 RESERVA
Chardonnay 2019
$$ | V A L E D O U C O | **13.5°**

Da área de San Pablo, mas cerca de 1.200 metros acima do nível do mar, na parte mais baixa desta I.G., este é um Chardonnay fresco e ao mesmo tempo de boa densidade e maturidade. Ele é cremoso e gentil.

90 RESERVA CORTE DE TINTAS
Cabernet Sauvignon, Malbec, Cabernet Franc 2019
$$ | V A L E D O U C O | **14.5°**

Esta mistura tem 51% de Cabernet Sauvignon que vem de Los Árboles, no Vale do Uco, e marca muito bem este vinho, que se sente amplo e suculento, mas também poderoso em corpo e taninos. Um tinto para o assado.

OUTROS VINHOS SELECIONADOS
88 | RESERVA Malbec 2019 | Vale do Uco | 14° | **$$**
88 | SALENTEIN RESERVA Cabernet Sauvignon 2019 | Vale do Uco | 14.5° | **$$**
87 | KILLKA Sauvignon Blanc 2020 | Vale do Uco | 12.6° | **$**
87 | PORTILLO Sauvignon Blanc 2020 | Vale do Uco | 13.6° | **$**

Santa Julia.

PROPRIETÁRIO Família Zuccardi
ENÓLOGO Rubén Ruffo
WEB www.santajulia.com.ar
RECEBE VISITAS Sim

ENÓLOGO Rubén Ruffo

[A MARCA mais comercial do Grupo Zuccardi produz impressionantes 12 milhões de garrafas, mais da metade para o mercado local. Nos últimos anos as mudanças que Zuccardi experimentou também permearam Santa Julia, por isso seus vinhos tendem a um estilo de menos madeira, são mais leves e suculentos. Seu amplo catálogo hoje oferece alguns vinhos de alta qualidade, como o Malbec da linha Reserva, e outros novos, como a mistura de Bonarda e Malbec Tintillo. O enólogo é Rubén Ruffo, que tem quase 30 safras na vinícola.
] **IMPORTADOR:** www.paodeacucar.com

93 EL BURRO
Malbec 2020
$$ | M A I P Ú | **13.5°**

El Burro é a entrada de Santa Julia para os chamados vinhos "naturais", com pouca intervenção na vinícola e de vinhedos tratados sem produtos sintéticos. Este vem de Maipú e é fácil de beber, intenso, mas ao mesmo tempo leve; com uma acidez que atua como ar condicionado aqui, refrescando tudo. Um desses tintos para continuar bebendo e que é necessário no mundo dos vinhos naturais, às vezes cheio de boas intenções, mas não tão generoso em boa enologia que pode interpretar essas intenções. .

92 TENSIÓN LA RIBERA
Chardonnay, Sémillon 2020
$ | VALE DO UCO | 13.5°

Com 70% de Chardonnay e o resto do Sémillon, todos do Vale do Uco e todos dos terraços aluviais do rio Tunuyán, este é um branco para pensar em comida para tintos, como costeletas de porco, massas com molhos à base de tomate. Há um corpo, e lá a Sémillon tem muito a ver com isso, fornecendo texturas oleosas e suculentas. É um vinho grande.

92 TINTILLO
Bonarda, Malbec 2020
$ | MENDOZA | 13.5°

Tintillo estreou com a safra de 2016, uma mistura de metade Bonarda e metade Malbec, feita com a técnica de maceração carbônica que costuma acentuar o lado das frutas em vinhos que querem ser (mas nem sempre) fáceis de beber, vinhos sem arestas, como neste caso, onde a fruta é o ator principal, e doçura, o ator coadjuvante. Um vinho para beber por litros. A garrafa normal definitivamente é pouco.

91 ALAMBRADO
Cabernet Franc 2019
$ | VALE DO UCO | 14°

Uma expressão deliciosa e simples de Cabernet Franc, as notas de ervas são as que comandam, mas as frutas vermelhas estão atrás, formando uma camada de sabores densos e compactos. Este é um vinho leve, encantador, muito fácil de beber, com um caráter da variedade muito marcante.

91 ALAMBRADO
Chardonnay 2020
$ | VALE DO UCO | 13.5°

Dos vinhedos de Santa Julia, em Vista Flores, no Vale do Uco, 20% do volume desse vinho foi envelhecido em barricas. Possui um corpo suculento, de profundidade muito boa, com uma acidez firme que suporta e mantém o frescor ante a madurez da fruta; aqui está um Chardonnay para ostras refogadas na manteiga.

91 ALAMBRADO
Malbec 2019
$ | VALE DO UCO | 14°

Esta é uma seleção de vinhedos no Vale do Uco. 40% do vinho é envelhecido em barricas, de madeira usada. Este Malbec tem um caráter suculento, com ervas e notas florais, mas sobretudo de aromas voluptuosos e sabores em uma textura que tem taninos firmes, intensidade e força muito boas. Há uma boa concentração, também uma certa doçura em um tinto que pede carne com alguma urgência.

91 LA OVEJA
Torrontés 2020
$$ | MAIPÚ | 13°

De vinhedos orgânicos, este Torrontés é um branco feito de forma natural, com intervenção mínima e sem adição de sulfitos. É um vinho suculento, com o caráter dos Torrontés muito claro, as notas das flores, os tons de ervas e frutas brancas maduras em um corpo suculento, de grande intensidade, de acidez amigável. Uma foto da variedade e um branco pronto para beber agora com frango assado.

91 MAGNA BLEND
Cabernet Sauvignon, Malbec, Syrah 2019
$ | VALE DO UCO | 14°

Esta mistura é baseada em 50% Cabernet Sauvignon, 40% Malbec e o resto de Syrah, todos envelhecidos por dez meses em barricas de madeira usadas. O vinho é frutado ante de tudo, com a doçura de Cabernet em meio aos sabores suculentos do Malbec, os aromas e sabores de flores e frutas vermelhas. Um tinto para esperar pelo assado, enquanto comem choripán.

91 MALBEC DEL MERCADO
Malbec 2020
$ | VALE DO UCO | 14°

Esta é uma seleção de vinhedos de La Consulta e Vista Flores, todos no Vale do Uco. Sem envelhecer em barricas, este é um Malbec que mostra o lado amigável, frutado e suculento da variedade. Um vinho de taninos macios e expansivos. Abra-o um pouco mais de frio, para miúdos.

91 TENSIÓN LA RIBERA
Malbec, Petit Verdot 2019
$ | VALE DO UCO | 14°

Este é 90% Malbec e 10% Petit Verdot, uma mistura cheia de frutas maduras. Malbec é quem oferece frutas, maciez, notas de ervas, suculência de uma uva madura sem exageros. O Petit Verdot fornece taninos, acidez e tensão, e também um certo lado rústico que suporta e contrasta com a doçura da fruta. Um vinho para beber agora com frios.

90 FLORES BLANCAS
Viognier 2020
$ | VALE DO UCO | 13.5°

Este Viognier vem da área do Vista Flores e é um exemplo suculento da variedade, com tons florais, frutados e especiados em um vinho muito fresco, que não cansa e hoje é um companheiro perfeito para a carne de porco.

90 FLORES NEGRAS
Pinot Noir 2020
$ | VALE DO UCO | 14°

É preciso mais Pinot Noir deste estilo, um estilo "piscineiro" que busca muita fruta, simplicidade de sabores em um corpo delicioso e suculento, ideal para matar a sede no verão ou abrir com uma pizza ou hambúrgueres. Um tinto que não precisa de muitos protocolos nem parece fingir as alturas da Borgonha. E isso é bom.

90 RESERVA
Cabernet Franc, Malbec 2018
$ | VALE DO UCO | 14°

Esta mistura Malbec (70%) e Cabernet Franc vem de vinhedos no Vale do Uco, todos de solos aluviais em altura, em direção ao pé dos Andes. Este vinho combina os sabores exuberantes do Malbec, aquelas frutas vermelhas maduras e suculentas, os taninos mais firmes e a acidez do Cabernet Franc. O resultado é um vinho que flerta com a doçura, mas mantém tensão e frescor e trabalha para matar a sede, mas também vai muito bem com assados.

OUTROS VINHOS SELECIONADOS

89 | RESERVA Chardonnay 2020 | Vale do Uco | 13.5° | $

89 | RESERVA Malbec 2019 | Vale do Uco | 14° | **$**
88 | NACIONAL Sémillon, Torrontés 2020 | Mendoza | 13.5° | **$**
88 | RESERVA Cabernet Sauvignon 2019 | Vale do Uco | 14° | **$**

SoloContigo.

PROPRIETÁRIO Noel & Terry Neelands
ENÓLOGO Pablo Marino
WEB www.solocontigowine.com
RECEBE VISITAS Sim   • **ENÓLOGO** Pablo Marino

[**TERRY E NOEL** Neelands são uma família de Toronto. Em uma viagem a Mendoza em 2008, eles ficaram entusiasmados com a ideia de fazer vinhos na área, especificamente no The Vines, um projeto imobiliário em Los Chacayes. A primeira safra foi em 2012 e hoje eles têm cinco hectares (plantados a partir de 2009) com os quais produzem cerca de 120 mil garrafas. Além disso, possuem uma casa-vinícola, inaugurada em outubro de 2016, com capacidade para cem mil litros e onde também recebem turistas com o impressionante fundo dos Andes como quintal.]

96 NEELANDS ROWS SELECTION
Malbec 2019
$$$ | L O S C H A C A Y E S | **13.5°**

Este é o novo vinho da SoloContigo e é uma seleção de fileiras de Malbec de seus vinhedos plantados em Los Chacayes, cerca de 1.200 metros acima do nível do mar no Vale do Uco. A fermentação ocorre com 20% de cacho completo e, uma vez concluída, apenas metade do vinho sofre fermentação malolática, fazendo com que a tensão de acidez seja sentida com especial ênfase. É um vinho de frutas vermelhas vibrantes, taninos muito profundos e firmes. Uma boa mistura entre a adorável rusticidade texturizada de Los Chacayes e a generosidade floral e frutada do Malbec da montanha.

93 CASA DE LAS MUSAS BLEND
Cabernet Franc, Malbec, Merlot, Cabernet Sauvignon 2019
$$ | L O S C H A C A Y E S | **13.5°**

Esta mistura consiste em 50% de Cabernet Franc, 20% Malbec mais 15% Merlot e outros 15% Cabernet Sauvignon, foi envelhecida por 12 meses em barricas e mesclada por três meses em tanque de aço. Ao contrário de muitas misturas bordalesas, aqui está a fruta vermelha e suculenta que comanda com seu caráter crocante e nervoso, no meio de uma acidez que sublinha essa sensação de frescor. Um vinho para bife grelhado.

93 CASA DE LAS MUSAS GSM
Garnacha, Syrah, Monastrell 2019
$$ | L O S C H A C A Y E S | **13.5°**

Este **GSM** tem 50% Garnacha, 40% Syrah e o resto de Monastrell, todos de seus próprios vinhedos em torno da vinícola SoloContigo em Los Chacayes. A fermentação ocorre em tonéis de carvalho de seis mil litros e é envelhecida por um ano em barricas. O resultado é um vinho deliciosamente suculento, com uma maturidade acentuada, mas com muita carga de frutas e acidez firme que se sente nervosa e refrescante. A maturidade também fez com que os taninos ferozes de Los Chacayes parecessem muito mais redondos.

93 DEVELADO
Syrah, Garnacha 2020
$$ | LOS CHACAYES | **13.8°**

Este é 50% Syrah e 50% Garnacha, todos de seus próprios vinhedos na área de Los Chacayes, ao lado da vinícola no Vale do Uco, cerca de 1.200 metros acima do nível do mar. Ambas as variedades fermentam junto com 50% de cachos inteiros. O vinho mostra a aderência tradicional dos tintos de Los Chacayes, aquela textura de solos de pedra, de fertilidade muito baixa. As frutas são crocantes e suculentas em uma mistura que se bebe muito bem agora, especialmente com frios e queijos.

92 DEVELADO
Merlot, Malbec 2020
$$ | LOS CHACAYES | **14°**

Os tintos de Los Chacayes têm uma certa rusticidade, um lado selvagem que é sentido, sobretudo, na textura com taninos ásperos como neste caso, onde Malbec e Merlot (50% de cada cepa na mistura) oferecem uma estrutura tânica firme, intensa e afiada, tudo acompanhado por muitas frutas vermelhas crocantes. Ambas as variedades são cofermentadas, com o Merlot com cacho completo.

91 SOLOCONTIGO
Cabernet Franc 2019
$$ | LOS CHACAYES | **14.1°**

Um vinho de entrada no catálogo soloContigo, esta é uma seleção de parcelas de Cabernet Franc, de vinhedos plantados em Los Chacayes em meados da última década. É um Franc simples, de muita suculência, com tons frutados em todos os lugares e uma textura muito cremosa e amigável. Não envelhece em barricas, apenas aço inoxidável, este é um tinto para hambúrgueres.

Sposato Family Vineyards.

PROPRIETÁRIOS Tony & Karen Sposato

ENÓLOGA Fernanda González

WEB www.sposatofamilyvineyards.com

RECEBE VISITAS Sim

· PROPRIETÁRIOS
Karen & Tony Sposato

[**TONY E KAREN** Sposato são um casal de Delaware nos Estados Unidos. Lá eles têm uma empresa de paisagismo, mas o vinho é a paixão de ambos. Depois de uma viagem a Mendoza, em 2012, eles decidiram começar a plantar vinhedos em Agrelo, onde compraram cem hectares, dos quais 60 agora são plantados com vinhedos de onde obtêm a maioria de seus vinhos. Eles produzem cerca de cem mil garrafas.]

91 SPOSATO GRAND RESERVE
Cabernet Sauvignon 2017
$$$$ | AGRELO | **14.5°**

Os solos onde esta Cabernet é plantada são ricos em argilas, o que geralmente produz o efeito de vinhos amplos, redondos e suculentos, como é o caso deste Cabernet. Pela genética, esse arredondamento é um pouco diminuído pelos taninos da variedade, que aqui fazem seu caminho entre muitos sabores volumosos e supermaduros. Este é um tinto de inverno, para acompanhar queijos maduros.

90 SPOSATO FAMILY VINEYARDS ROSÉ
Malbec, Bonarda, Cabernet Franc 2020
$ $ | A G R E L O | **12.7°**

Este rosé é baseado em 50% de Malbec, 30% Bonarda e o restante de 20% de Cabernet Franc. As três variedades são colhidas ao mesmo tempo, prensadas com cacho completo e em aço. O resultado é um rosé delicioso no frescor, em frutas vermelhas ácidas que flutuam em um corpo médio, com taninos muito macios que dão a sensação de cremosidade. Pronto para o verão.

OUTRO VINHO SELECIONADO
88 | SPOSATO FAMILY VINEYARDS Sauvignon Blanc 2020 | Agrelo | 13.2° | **$ $**

Staphyle.

PROPRIETÁRIO Família Porretta
ENÓLOGO Ricardo Minuzzi
WEB www.staphyle.com.ar
RECEBE VISITAS Não
• **ENÓLOGO** Ricardo Minuzzi

[**STAPHYLE É** da família Porretta, que também possui o histórico Hotel Potrerillos, nas alturas de Luján de Cuyo. Embora a família tenha sido relacionada ao vinho, especialmente a produção de uvas, somente desde 2002 eles engarrafam sob esta marca. Hoje eles têm 55 hectares em Agrelo, mais cinco hectares ao lado do hotel, e às margens do Dique Potrerillo, na nova I.G. Potrerillos, onde Staphyle, no momento, é a única vinícola.]

IMPORTADOR: Mundo Sommelier

96 DRAGÓN DE VINO
Malbec 2019
$ $ $ | M E N D O Z A | **14°**

Staphyle plantou os primeiros (e até agora únicos) vinhedos da nova I.G. Potrerillos em 2014, bem nos terraços aluviais do que já foi o rio Mendoza em seu caminho dos Andes para a cidade de Mendoza. O envelhecimento durou 15 meses em barricas e o vinho hoje mostra uma generosa camada de sabores de frutas vermelhas e especiarias, mas acima de tudo notas florais. São as violetas do Malbec de Uco, embora aqui você também sinta o caráter suculento de Luján de Cuyo, os sabores doces daquele lugar com cerca de 1.450 metros de altura, no meio da Cordilheira dos Andes.

93 PARTIDA LIMITADA
Cabernet Franc 2019
$ $ | A G R E L O | **14°**

Dos 55 hectares de Staphyle em Agrelo, cinco são Cabernet Franc plantados há cerca de 20 anos. Esta é uma seleção de uma parcela, gerenciada para sabores mais concentrados. O envelhecimento é estendido por um ano em barricas, 80% de madeira nova. Esta é uma expressão muito boa da variedade, especialmente em um lugar quente, com sol generoso, como Agrelo. Há aromas herbáceos, de muitas frutas vermelhas maduras, doces e toques de tabaco no meio de uma textura amigável e redonda que fala desse clima.

Staphyle.

92 PARTIDA LIMITADA
Malbec 2019
$$ | AGRELO | 14°

Trata-se de uma seleção especial do vinhedo da família Porretta em Agrelo, a partir de plantas em 2018, mas também é uma seleção de tonéis e depois barricas, onde este vinho é envelhecido por 12 meses. Esta é uma relação preço-qualidade das melhores; um vinho suculento, um Malbec de tons doces e sabores suculentos que repousa em taninos muito redondos. Uma fotografia muito boa dessa variedade no tradicional Agrelo, a origem de alguns dos primeiros Malbecs que impactaram o mercado internacional, há quase três décadas.

91 PARTIDA LIMITADA
Cabernet Sauvignon, Malbec 2019
$$ | AGRELO | 14°

Trata-se de uma mistura de 50% de Cabernet Sauvignon e 50% de Malbec, todos de vinhedos plantados há 18 anos em Agrelo. Envelhecido por um ano em barricas, este é um vinho voluptuoso, com tons especiados, especiarias doces. E a fruta é vermelha madura, com leves toques de ervas. Este vinho precisa de um ano na garrafa, embora agora sua força de frutas iria muito bem com miúdos.

91 STAPHYLE PREMIUM
Cabernet Franc 2020
$ | AGRELO | 14°

Esta é a primeira vez que a Staphyle produz um Cabernet Franc nesta linha Premium, e é uma estreia muito boa. De vinhedos de 18 anos em Agrelo, envelhecidos em barricas por oito meses, todos de madeira usada, é um Franc delicioso, fresco, intenso em notas de ervas, com taninos muito macios e acidez firme. Uma excelente relação preço-qualidade em uma variedade que continua a crescer em importância na Argentina.

90 STAPHYLE PREMIUM
Cabernet Sauvignon 2020
$ | AGRELO | 14°

Este é um Cabernet suculento, tons especiados e um caráter maduro e doce, o que torna muito fácil de entender, especialmente se você tem um bom pedaço de carne grelhada no prato. É um tanino suculento, macio e redondo que vem de vinhedos de 18 anos, plantados em Agrelo. É envelhecido em barricas usadas por oito meses.

OUTROS VINHOS SELECIONADOS
89 | STAPHYLE PREMIUM Chardonnay 2020 | Agrelo | 13.5° | $
89 | STAPHYLE PREMIUM Malbec 2020 | Agrelo | 14° | $
89 | VÁSTAGO DE GEA Malbec 2020 | Mendoza | 13° | $
88 | VÁSTAGO DE GEA Cabernet Sauvignon 2020 | Agrelo | 13.5° | $
88 | VÁSTAGO DE GEA Torrontés 2020 | Salta | 13° | $
87 | VÁSTAGO DE GEA Malbec 2020 | Agrelo | 13.5° | $

SuperUco.

PROPRIETÁRIO SuperUco S.A.
ENÓLOGO Matías Michelini
WEB www.superuco.com
RECEBE VISITAS Sim

• **PROPRIETÁRIOS** Irmãos Michelini

[**ESTE É** o projeto dos quatro irmãos Michelini (Gabriel, Gerardo, Juan Pablo e Matías) junto com Daniel Sammartino, amigo da família. Eles escolheram pequenos vinhedos em três áreas do Vale do Uco: Gualtallary, em Tupungato; Altamira, em San Carlos, e Chacayes, em Tunuyán. Neste último setor, no coração da Uco, eles também têm sua pequena vinícola, construída em 2015 e cercada por dois hectares de vinhedos que cultivam sob o conceito de agricultura biodinâmica.]

98 SUPERUCO ALTAMIRA
Malbec, Cabernet Franc 2017
$$$$$ | ALTAMIRA | **14.6°**

Depois de muitos anos degustando vinhos argentinos, acabamos montando imagens mentais de como eles cheiram e como os tintos em certas áreas têm gosto. Em Altamira, por exemplo, acreditamos que os melhores exemplares têm geralmente taninos austeros, monolíticos, ferozes e duros. Uma espécie de cimento cercado por frutas raivosamente frescas e vermelhas, ácidas e vibrantes; um contraste entre a estrutura de paredes grossas de uma igreja romana e a exuberância de sabores frescos oferecidos pela altura da montanha. É por isso que gostamos deste vinho. Enche todas as prateleiras que, pensamos, devem atender o melhor dos vinhos de Altamira. Austeridade e exuberância confrontados em um tinto que é para o presente, mas que é mais do que qualquer coisa destinado para o futuro.

97 SUPERUCO GUALTA
Malbec, Cabernet Franc 2017
$$$$$ | GUALTALLARY | **14°**

Este é um dos dois vinhos mais ambiciosos de SuperUco e vem de um vinhedo de 1.400 metros de altura, em solos aluviais e calcários em Gualtallary, ao norte do Vale do Uco. Diz-se que nesta área, e nesses solos de cal, os tintos (este tem 60% de Malbec e o resto é Cabernet Franc) têm taninos reativos e duros. E isso é verificado neste Gualta. Mas não só é taninos, há também uma camada de sabores de frutas vermelhas refrescantes e ácidas, aromas de violetas e taninos, novamente firmes e tensos, com essa textura de giz que dá o cal e contrasta com a exuberância frutada. Um vinho profundo e festivo; divertido, e ao mesmo tempo intenso.

96 CALCÁREO COLUVIO DE ALTAMIRA
Cabernet Franc 2019
$$$ | ALTAMIRA | **14.5°**

Um dos melhores Cabernet Franc da safra, este vem de solos de Altamira, ricos em pedras e areias, cerca de 1.200 metros acima do nível do mar, ao sul do Vale do Uco. É fermentado em ânforas e ovos de concreto, a serem estagiados mais tarde em fudres e em barricas, oito meses em cada recipiente antes de ir para a garrafa. O nariz se sente cheio de aromas herbáceos, mas também tons frutados, enquanto na boca tem taninos firmes, cheios de arestas que aderem à boca e não liberam mais. A acidez é responsável por acentuar ainda mais os sabores das frutas vermelhas que, quando o vinho é oxigenado na taça, tendem a ganhar destaque. É para beber agora ou deixara por dez anos na adega.

96 CALCÁREO RÍO DE LOS CHACAYES
Malbec 2019
$$$ | LOS CHACAYES | 13.7°

Los Chacayes é uma área montanhosa, cerca de 1.150 metros acima do nível do mar, ao pé dos Andes, no Vale do Uco. O local é formado a partir dos terraços aluviais do rio Tunuyán, solos ricos em pedra que dão vinhos de grande tensão tânica, taninos muito reativos que são imediatamente sentidos no paladar. Em contraste, há os sabores frescos e vívidos da montanha, as notas de frutas vermelhas, os aromas das violetas. Tudo isso presente neste delicioso vinho, refrescante, crocante; acidez pronunciada, textura de giz, ervas que são unidas com frutas vermelhas em um Malbec que faz salivar. Deixe algumas garrafas por três a quatro anos. Outra foto em HD feita pelos Michelini.

95 CALCÁREO GRANITO DE TUPUNGATO
Malbec 2019
$$$ | TUPUNGATO | **14.1°**

Uma fotografia HD do Malbec de Gualtallary, cerca de 1.400 metros de altura, ao norte do Vale do Uco. A exuberância do nariz, cheia de aromas de flores e frutas vermelhas; o corpo tenso, com uma acidez suculenta, e a tensão dos solos de calcário cobertos com cal que oferece uma textura semelhante a giz. Um vinho muito fácil de beber agora (especialmente se você tem à mão um bom pedaço de carne) ou para armazenar por alguns anos em busca de maior complexidade. As armas para envelhecer aqui estão em bom número. Este vinho é fermentado em ovos e ânforas de concreto, depois passou oito meses em fudres de cinco mil litros e mais oito meses em barricas de 500 litros antes de ir para a garrafa.

94 CALCÁREO COLUVIO DE ALTAMIRA
Malbec 2019
$$$ | ALTAMIRA | **14°**

Uma vista amigável e doce do Malbec em Altamira, vem de um terreno de 1,1 hectare em solos aluviais e coluviais, cerca de 1.150 metros de altura no Vale do Uco. A fermentação ocorre em ovos e ânforas de cimento, sem leveduras exógenas, e então o vinho é envelhecido em fudres por oito meses, e mais oito meses em barricas de 500 litros. É um Malbec amigável e suculento com acidez macia e taninos redondos.

Susana Balbo Wines.

PROPRIETÁRIA Susana Balbo
ENÓLOGOS Susana Balbo, José Lovaglio, Edy del Pópolo & Gustavo Bertanga
WEB www.susanabalbowines.com.ar
RECEBE VISITAS Sim

• **PROPRIETÁRIA & ENÓLOGOS**
Ana Lovaglio, Susana Balbo & José Lovaglio

[**SUSANA BALBO** é a primeira mulher a se formar em enologia da Argentina e um dos principais nomes do vinho no país. Depois de anos trabalhando para vinícolas conhecidas, nasceu em 1999 seu próprio projeto, que se tornaria um dos protagonistas do processo de modernização do vinho argentino. Ele se estabeleceu em Luján de Cuyo, de onde vem grande parte de seus vinhos, enquanto outros vêm do Vale do Uco. Na equipe da vinícola estão seus filhos Ana e José Lovaglio (este tem seu próprio projeto, Vaglio Wines), assim como Edgardo del Pópolo, um dos mais renomados enólogos e viticultores argentinos.]

IMPORTADOR: www.cantuimportadora.com.br

96 BENMARCO SIN LÍMITES ORGÁNICO
Malbec 2019
$$$ | VALE DO UCO | **14.5°**

Esta já é a segunda safra de Malbec Orgánico, um Malbec da área de Los Chacayes, cerca de 1.200 metros acima do nível do mar, no Vale do Uco. Sem o uso de enxofre em qualquer momento da vinificação e sem contato com madeira, esta é uma expressão pura da variedade em um lugar onde o Malbec tem muito caráter, relacionado às notas florais, às violetas, e à textura firme e tensa, construída com taninos afiados desses solos aluviais ao pé dos Andes. Um claro reflexo do que Chacayes é.

96 NOSOTROS FRANCIS
Malbec, Syrah, Cabernet Franc 2017
$$$$$ | VALE DO UCO | **14.9°**

Esta mistura de 60% de Malbec, 17% de Cabernet Franc e 23% Cabernet Sauvignon vem da área el Peral, no Vale do Uco, um lugar de especial verdor, com colinas suaves; uma mancha verde no meio do deserto da montanha. O vinhedo tem cerca de 15 anos e dá esse delicioso suco concentrado e frutado, com tons de ervas que tendem a um grande destaque, notas de tomilho no meio de frutas e mais frutas. Ele ainda é muito jovem e impetuoso. Leva alguns anos na garrafa para ganhar em complexidade e ser o companheiro perfeito para queijos maturados.

96 NOSOTROS SINGLE VINEYARD NÓMADE
Malbec 2017
$$$$$ | AGRELO | **14.6°**

Este **Nosotros** vem de um vinhedo plantado em 2001 em alta densidade (oito mil plantas por hectare) na área de Agrelo, em solos de argila. Envelhecido por 16 meses em barricas, 80% madeira nova, e com uvas colhidas no início da estação, faz parte de um novo lote de Malbec que mostra um lado mais nervoso daquele tradicional Agrelo gordo, denso e negro. Aqui há nervo, tensão de taninos e muita suculência em um tinto intenso e amplo.

96 NOSOTROS SOFITA
Malbec, Petit Verdot 2017
$ $ $ $ $ | VALE DO UCO | 14.5°

Esta mistura tem 75% de Malbec e 25% de Petit Verdot, todos os solos ricos em cascalho de Los Chacayes, no Vale do Uco. Essa área geralmente dá vinhos com muita aderência, e aqui tem isso, mas também há a forte presença dos genes tânicos desse Petit Verdot de 25%. Há muitas frutas vermelhas suculentas, notas de ervas, e aquela parede de tanino grossa e severa. Um vinho para o futuro, mas agora ele poderia ir muito bem com costeletas de cordeiro.

96 SUSANA BALBO SIGNATURE
Cabernet Sauvignon 2018
$ $ $ | VALE DO UCO | 14.2°

Ainda não se sabe qual será a verdadeira vocação de Gualtallary em termos de varietais. A aposta segura é Malbec, mas há também quem aposte em Pinot ou Cabernet Sauvignon, como é o caso deste Cabernet delicado, frutado e profundo. Tem notas de ervas e especiarias, no meio de uma camada vermelha e refrescante. A textura é delicada, apesar de seus taninos, firmes e penetrantes. A sensação de frescor continua até o fim. Um Cabernet delicado e sutil, que precisa de três a quatro anos na garrafa para ganhar em complexidade, embora agora seja irresistível em suas frutas e com esse caráter quase etéreo que tem.

95 BENMARCO
Cabernet Franc 2019
$ $ $ | VALE DO UCO | 14°

De Altamira, ao sul do Vale do Uco, tem uma suculência envolvente e refrescante, cheia de vivacidade. A textura é firme, cheia de taninos finos, afiados e abundantes, que nadam em sabores de frutas vermelhas e especiarias, mas também ervas. Tem 11 meses de envelhecimento em carvalho de segundo uso, o que só parece ter trazido maciez à textura e algumas especiarias. O resto é fruta vermelha pura, deliciosa. Outro dos bons Cabernet Franc que hoje saem de Altamira em particular, e do Vale do Uco em geral.

95 BENMARCO SIN LÍMITES VALLE DE PEDERNAL
Malbec 2019
$ $ $ | VALE DO PEDERNAL | 14.5°

O Vale do Pedernal está localizado a cerca de 1.500 metros de altura, na Cordilheira dos Andes, na altura do Vale de San Juan. Os solos são aluviais e coluviais, ricos em cal. E daí vem esse delicioso Malbec em sua expressão frutada, muito ligado ao Malbec da montanha, uma espécie de mini Vale do Uco, com seus aromas florais, suas frutas vermelhas raivosamente frescas e sua tensão na textura.

95 SUSANA BALBO SIGNATURE
Malbec 2017
$ $ $ $ $ | ALTAMIRA | 14.5°

De Finca La Delfina, de propriedade de Balbo em Altamira, este Malbec mostra o caráter expansivo de Altamira, seus taninos penetrantes e afiados em meio a aromas e sabores frutados, frutas vermelhas suculentas acompanhadas de uma acidez nítida que fala muito sobre o clima da montanha, e também ajuda a refrescar tudo em seu caminho. Este é um vinho para o futuro, de modo que ele permanece na adega por pelo menos cinco anos, e depois deve-se abrir para cordeiro cozido.

95 SUSANA BALBO SIGNATURE BRIOSO SINGLE VINEYARD C. Sauvignon, Malbec, C. Franc, P. Verdot 2018

$$$$ | AGRELO | **14.5°**

Como o caráter maduro e expansivo de Agrelo, esta mistura tem 43% Cabernet Sauvignon, 26% Malbec, 17% Cabernet Franc e o resto do Petit Verdot. A fruta parece negra, a textura é amplos, com taninos gordos e sedosos muito típicos dos solos de argila da região. Essa voluptuosidade, no entanto, é muito bem matizada pela acidez que aqui parece firme, suculenta, persistente até o fim.

95 SUSANA BALBO SIGNATURE ROSÉ Malbec, Pinot Noir 2020

$$$ | VALE DO UCO | **12°**

Esta mistura tem 60% de Malbec e 40% Pinot Noir. Malbec foi colhido muito cedo, quase como espumante, enquanto Pinot Noir foi colhido maduro. A cor clara deste rosé deve-se apenas ao breve contato que o suco tem com as peles enquanto as uvas são prensadas. Sem passagem pela madeira, trata-se de um rosé sério, com força tânica e acidez firme, frutas vermelhas ácidas e muita tensão. Um rosé sério, para acompanhar frutos do mar gratinados ou uma paella de frutos do mar.

95 SUSANA BALBO SIGNATURE WHITE BLEND Sémillon, Sauvignon Blanc, Torrontés 2020

$$$ | VALE DO UCO | **12°**

Esta nova safra de White Blend tem 42% de Sémillon, 33% Sauvignon Blanc e 25% Torrontés. E como de costume neste vinho, aqui domina o Torrontés da montanha, com suas notas florais e de ervas, muito mais nervosas e fibrosas do que as mais pesadas e maduras de Salta, seu local de nascimento. Em relação ao ano passado, a proporção de Sémillon aumentou para aumentar a sensação de cremosidade na boca. É um branco suculento, acidez rica e dominado por tons de ervas. Ideal para peixe grelhado.

94 BENMARCO Cabernet Sauvignon 2019

$$ | VALE DO UCO | **14.5°**

Los Árboles é um lugar ao sul de Gualtallary, em Tupungato, ao norte do Vale do Uco. O solo é aluvial, muito pedregoso como um leito de rio. Um lugar muito bom para Cabernet madurar sem problemas, obtendo frutas vermelhas maduras intensas, com leves toques especiados e de ervas, mas sempre com a fruta dominando também na boca, onde se destaca a suculência da variedade. Deliciosamente varietal.

94 BENMARCO Malbec 2019

$$ | VALE DO UCO | **14.5°**

Cem por cento de Los Chacayes, cerca de 1.200 metros de altura no Vale do Uco, este Malbec tem 11 meses em barricas. É um tinto com muitos sabores frutados, com toques especiados e florais. A textura é muito típica dos vinhos da região, com aqueles taninos reativos, muito firmes, acompanhados de acidez fresca que realça as frutas vermelhas, frescor e tensão.

94 BENMARCO EXPRESIVO Malbec, Cabernet Franc 2018

$$$$ | GUALTALLARY | **14.5°**

Esta mistura tem 85% de Malbec e 15% de Cabernet Franc, todos os solos arenosos e calcários de Gualtallary, onde Susana Balbo tem 36 hectares plantados. Com 14 meses de envelhecimento em barricas, 70% de madeira nova, este é um suco fresco de frutas vermelhas e ervas; os taninos formam uma textura amigável e redonda, mas depende da acidez para fornecer frescor. Ele ainda é muito jovem, precisa de cerca de três a quatro anos na garrafa.

94 BENMARCO SIN LÍMITES
Chardonnay 2020
$$$ | GUALTALLARY | **13.9°**

Gualtallary tem muito potencial em variedades tintas. Demonstrou aptidão para Malbec, mas também para Cabernet Franc ou Cabernet Sauvignon. No entanto, há algum consenso de que Chardonnay é a estrela das variedades brancas nessa área acima de 1.300 metros de altura, ao pé dos Andes. Tem notas salinas, acompanhadas de frutas brancas e flores, e uma acidez que marca os contornos da língua em um branco de alta muito nervo e muita fibra.

94 BENMARCO SIN LÍMITES GUALTALLARY
Malbec 2019
$$$ | GUALTALLARY | **14.5°**

Gualtallary é um lugar ao sul do Vale do Uco, a uma altura acima de 1.300 metros. Os solos arenosos e calcários dão taninos finos e afiados, enquanto o clima fresco da montanha molda sabores suculentos e frutados, embora sempre acompanhados de notas de ervas. Neste exemplo há um sotaque no lado de ervas, com as frutas vermelhas ácidas atrás dele, formando uma boca suculenta e sedutora para beber agora com carnes cozidas.

94 SUSANA BALBO SIGNATURE
Malbec 2018
$$$ | VALE DO UCO | **14.5°**

O caráter de Altamira é claramente sentido aqui. Os aromas de frutas vermelhas com um tom floral, com um delicado grão de tanino, embora muito afiado. Tem 13 meses em carvalho, que moldou essa textura, mas sem subtrair frutas, que parecem muito claras. É um Altamira austero, com uma acidez firme, final floral. Um vinho intenso com grande potencial de guarda.

94 SUSANA BALBO SIGNATURE
BARREL FERMENTED Chardonnay 2020
$$$ | VALE DO UCO | **13.9°**

Plantadas em solos compactos de cal, as videiras de onde vem este Chardonnay estão localizadas em Gualtallary, em encostas macias que caem dos Andes ao norte do Vale do Uco e cerca de 1.300 metros acima do nível do mar. O vinho tem uma cremosidade deliciosa, uma textura feita a partir de sabores de frutas brancas maduras matizadas com leves toques salinos que são típicos da área. Um vinho para a guarda.

94 SUSANA BALBO SIGNATURE
BARREL FERMENTED Torrontés 2020
$$$ | VALE DO UCO | **13°**

Este é o Torrontés mais ambicioso de Susana Balbo e tem sido feito desde 2010, embora a versão oficial, sem o excesso de madeira tostada, venha de 2013. Este ano ele tem um sotaque muito forte em notas de ervas. Envelhecido por quatro meses em barricas, o que fornece especiarias em meio a frutas brancas e uma acidez muito montanhosa. Desde o início, esses Torrontés vieram de Altamira, e a altura daquela área no Vale do Uco, dá-lhe um caráter muito mais etéreo, mais ácido e mais ervas.

94 SUSANA BALBO SIGNATURE NARANJO
Torrontés 2019
$$$$ | VALE DO UCO | **13.5°**

Uma cara nova para Torrontés, este laranja é feito com uvas da região de Altamira do Vale do Uco. O contato com suas peles se estende por sete dias, mas como é uma uva rica em fenóis, aqui a influência é sentida em sua textura que imediatamente adquire tensão e uma certa rugosidade, muito bem dosada, no meio de uma acidez nítida e notas de ervas em todos os lugares, um selo do Torrontés de montanha. Um laranja elegante, muito equilibrado e perfeito agora para frutos do mar grelhados. Experimente ostras.

91 CRIOS
Malbec 2019
$$ | VALE DO UCO | **13.8°**

Uma excelente relação preço-qualidade neste tinto, aqui está o protótipo do Malbec suculento, rico em aromas e sabores frutados, com uma pitada de ervas e tons especiados, tudo em um corpo suculento, macio, com taninos extremamente polidos. Esta é uma seleção de vinhedos na área de Tupungato, ao norte do Vale do Uco e ao pé da Cordilheira dos Andes.

91 CRIOS RED BLEND
Malbec, Cabernet Franc, Petit Verdot 2019
$$ | VALE DO UCO | **14.5°**

Com essa mistura de 40% de Malbec,40% de Cabernet Franc e o resto do Petit Verdot, a linha Crios anota um bom ponto a favor de capturar os sabores de ervas e frutas da montanha em um tinto de sabores maduros, mas ao mesmo tempo um pouco selvagem, os tons de ervas frescas, especiarias e frutas vermelhas abundam em um corpo que tem estrutura tânica suficiente para suportar generosas costeletas assadas.

90 CRIOS
Cabernet Sauvignon 2019
$$ | VALE DO UCO | **14.5°**

Um expoente suculento e frutado de Cabernet Sauvignon, tem notas de ervas que são sutilmente entrelaçadas com os aromas de frutas negras maduras em um corpo de taninos firmes, mas não agressivos. É moderado em acidez, com a fruta como o ator principal em um corpo médio que se estende pelo paladar com muito frescor.

90 CRIOS
Torrontés 2020
$$ | ALTAMIRA | **13°**

Como de costume, este Crios oferece excelente relação qualidade-preço em um vinho que foi pioneiro ao mostrar Torrontés para o mundo, especialmente ao mercado norte-americano. Aqui há aromas de flores e especiarias, em um corpo leve, acidez suculenta e muitos sabores frutados. Ideal para o verão. Crios Torrontés este ano vem 100% do Vale do Uco.

90 CRIOS BAJO ALCOHOL
Chenin Blanc 2020
$$ | LUJÁN DE CUYO | **9°**

Uma nova aposta de Susana Balbo, este vinho é naturalmente muito baixo em álcool (perto nove graus) graças às colheitas muito precoces que começaram por volta da primeira semana de fevereiro, ou seja, cerca de um mês antes do habitual. O resultado é um Chenin muito frutado e ao mesmo tempo delicado, com um corpo leve, acidez suculenta e que se bebe perigosamente fácil, melhor se têm um ceviche à mão. Companheiro ideal para o seu restaurante japonês favorito.

90 CRIOS ROSÉ
Malbec 2020
$$ | ARGENTINA CAFAYATE | 13.5°

Um delicioso suco de cerejas ácidas, é o que parece este rosé simples e refrescante feito de Malbec de Cafayate, no norte da Argentina, e Altamira, no Vale do Uco, Mendoza. Os sabores são vibrantes, o corpo é leve e crocante em um rosé ideal para beber por garrafas no feriado.

Terra Camiare.

PROPRIETÁRIO Família Mizzau
ENÓLOGO Gabriel Campana
WEB www.terracamiare.com
RECEBE VISITAS Sim

· **ENÓLOGO** Gabriel Campana

[**A VINÍCOLA** Terra Camiare está localizada em Colonia Caroya, cerca de 60 quilômetros ao norte da cidade de Córdoba. É uma vinícola grande, cerca de 500 mil litros, mas que só produz cerca de 200 mil garrafas. O resto é vendido a terceiros. Os proprietários são a família Mizzau, que também tem 18 hectares em Caroya e outros nove em Quilino, mais ao norte, perto do Lago Salinas Grandes.]

94 SOCAVONES SÉMILLON VINTAGE
Sémillon 2018
$$$ | CÓRDOBA | 13.3°

Este Sémillon vem dos vinhedos que a família Mizzau tem em Quilino, perto do Lago Salinas Grandes. São vinhas muito jovens, com cerca de seis anos de idade. É envelhecido por 12 meses em barricas, e o resultado é um vinho de grande cremosidade e voluptuosidade, cheio de frutas brancas, delicioso e doce. Depois de um tempo nas taças, as notas clássicas de mel da variedade também aparecem. Um vinho que tem um longo caminho a percorrer na garrafa, seja paciente e abra uma em três a quatro anos. Este vinho só vai ganhar em complexidade.

93 SOCAVONES GRAN QUILINO SINGLE VINEYARD
Cabernet Franc, Malbec, Tannat 2018
$$ | CÓRDOBA | 14°

Essa mistura vem da área de Quilino, uma das mais tradicionais de Córdoba. O vinhedo tem cerca de seis anos e a mistura final inclui 40% de Cabernet Franc, 30% Tannat e 30% Malbec. Todas as três variedades são colhidas ao mesmo tempo e cofermentadas e, em seguida, a mistura é envelhecida em barricas por um ano. Aqui você pode sentir a força do Tannat, com seus taninos firmes e musculosos, os sabores suculentos de Cabernet Franc e Malbec, que deixam uma doçura suave em um vinho muito jovem. Leva cerca de dois anos na garrafa para ganhar equilíbrio.

93 SOCAVONES WHITE BLEND
Chardonnay, Viognier, Sémillon 2018
$$ | CÓRDOBA | **13.5°**

Esta é uma mistura de 60% Chardonnay, 20% Viognier e 20% de Sémillon. Chardonnay se origina em um vinhedo de 23 anos na área de Caroya, em um clima de montanha temperado, enquanto Viognier e Sémillon vêm do norte de Córdoba, em um clima semi-deserto, com solos arenosos. Neste branco predominam os aromas e sabores de frutas maduras, brancas e suculentas, quase doces, em um corpo que se sente cremoso e voluptuoso. As notas láticas emergem com um tempo na taça, oferecendo complexidade.

92 SOCAVONES OVUM
Malbec 2018
$$ | CÓRDOBA | **13.3°**

Trata-se de uma mistura de 90% de Malbec e o resto da Ancellotta, e também uma mistura de terroirs, com 60% do norte de Córdoba, Quilino e o resto do nordeste, em Cruz del Eje. O vinho é envelhecido em ovos de cimento por um ano e engarrafado sem filtro. Tem muitas frutas vermelhas maduras, uma textura adorável em sua maciez e sabores frutados em todos os lugares; um tinto que se bebe muito facilmente.

Terrazas de los Andes.

PROPRIETÁRIO Terrazas de los Andes

ENÓLOGO Gonzalo Carrasco

WEB www.terrazasdelosandes.com.ar

RECEBE VISITAS Sim

• **ENÓLOGO** Gonzalo Carrasco

[**TERRAZAS DE LOS ANDES** nasceu em 1996, da mão de Chandon Argentina, que após 30 anos em Mendoza decide empreender também com uma vinícola dedicada a vinhos não espumantes. O selo aqui, como o nome sugere, está na altura. Terrazas possui 550 hectares de vinhedos espalhados por setores conhecidos por sua altitude e prestígio, como Las Compuertas, em Luján de Cuyo, ou Chacayes, no Vale do Uco.]

97 PARCEL N°1E EL ESPINILLO
Malbec 2017
$$$$$ | GUALTALLARY | **12.9°**

Este é um dos vinhedos mais altos do Vale do Uco, e o mais alto de Gualtallary. O clima da montanha lá em cima é muito frio e a maturidade é adiada de duas a três semanas, e mal chega - em um ano quente como 2017 - a 12,9 graus. O vinhedo foi plantado em 2012, em solos ricos em calcário e toda essa situação extrema faz com que o vinho tenha muita personalidade, que entrega notas florais antes das frutadas, herbáceas antes de especiadas. A boca é dominada pela acidez, mas não aquela acidez excessiva e muito afiada de outros vinhos de alta altitude. Aqui a acidez é fresca, animada, acompanhando os sabores frutados como uma música de fundo suave. Este Malbec é tenso em taninos, embora eles não sejam selvagens como - novamente - em áreas montanhosas vizinhas. Esta é a primeira versão de El Espinillo para a linha Parcel.

97 GRAND CHARDONNAY
Chardonnay 2019
$$$ | GUALTALLARY | 13.6°

A base deste vinho é encontrada nos vinhedos que Terrazas plantou em Gualtallary, por volta de meados da década de 1990 (1994) a cerca de 1.200 metros. Este ano, no entanto, 20% das uvas do novo vinhedo de El Espinillo, o mais alto de Gualtallary, entraram na mistura, a mais de 1.600 metros. A combinação de ambos os vinhedos deu um vinho de uma estrutura monolítica, uma mistura de acidez e taninos que é plantada no paladar, segurando os sabores de frutas brancas frescas e ervas. É um vinho denso, mas ao mesmo tempo tremendamente suculento, com nervo e tensão. Agora parece ideal acompanhar peixes gordurosos no forno, mas sem dúvida este branco vai melhorar com o tempo. Pense em dois ou três anos na garrafa, pelo menos.

96 GRAND MALBEC
Malbec 2018
$$$ | MENDOZA | 14.7°

Este **Grand Malbec** é uma mistura de três dos vinhedos mais importantes de Terrazas em Luján e Uco. É cem por cento Malbec, com 25% de Las Compuertas, 30% de Altamira, na propriedade los Castaños, e o resto de Los Chacayes, na propriedade Licán. O vinho é envelhecido por um ano em barricas e o resultado é uma expressão clara de Malbec mendocino, mas nova escola, muito focada em sabores frutados, muito no frescor e nas flores. O paladar é rico em taninos finos e afiados, mas não agressivos, em um delicioso fundo de frutas vermelhas maduras.

96 PARCEL N°10W LOS CEREZOS
Malbec 2017
$$$$$ | LAS COMPUERTAS | 14°

Este **Parcel** vem de uma seleção de vinhedos antigos, plantados cerca de 1.070 metros acima do nível do mar em 1929, parte da herança de antigas videiras que Las Compuertas oferece ao vinho argentino, um verdadeiro tesouro em solos aluviais do rio Mendoza. Las Compuertas, aliás, é uma espécie de transição entre os vinhedos de alto escalão em Uco, e os mais tradicionais em Luján de Cuyo, várias centenas de metros abaixo. Aqui estão as violetas e frutas vermelhas ácidas de Uco, mas também a maciez tânica e a profundidade da maturidade dos vinhos Luján, com clima mais quente. Uma beleza do vinho, com uma ótima expressão frutada e com grande potencial de guardar de garrafas.

96 PARCEL N°12 S LICÁN
Malbec 2017
$$$$$ | LOS CHACAYES | 14.6°

É comum que Los Chacayes se relacione com taninos duros, muito reativos no paladar. Se você experimentar a versão Apelación de Los Chacayes, nesta mesma vinícola, você vai perceber que há aquela textura selvagem que estamos falando. No entanto, nesta seleção de vinhedos de 12 anos, plantados em solos ricos em pedra, a textura parece muito mais controlada. A equipe decidiu extrair muito gentilmente os sabores e taninos dessas uvas em um delicioso vinho, com sabores profundos, grande frescor e equilíbrio. E isso enfatiza a ideia de que Los Chacayes não é apenas um, mas muitos.

94 APELACIÓN DE ORIGEN LOS CHACAYES
Malbec 2018
$$ | MENDOZA | 14.9°

Os Chacayes geralmente dão Malbec como este. A mistura entre a altura (1.200 metros acima do nível do mar) e solos pedregosos cria vinhos monásticos, austeros e monolíticos. Os taninos aqui são selvagens, os aromas frutados e herbáceos ganham destaque, tanto no nariz quanto na boca. É um vinho intenso e suculento, com notas de frutas vermelhas ácidas que se desdobram por todo o paladar, tentando ganhar destaque diante daquela parede de cimento que os taninos construíram. Um vinho monumental, e uma clara expressão de origem.

94 GRAND CABERNET SAUVIGNON
Cabernet Sauvignon 2018
$$$ | MENDOZA | 14.2°

Esta é uma mistura de dois vinhedos, 60% do volume vem de Perdriel, em Luján de Cuyo, e do resto de Altamira, no Vale do Uco, todos vinhedos próprios. Um Cabernet rico em notas terrosas e frutadas, em um corpo de alta concentração, mas ao mesmo tempo taninos redondos, muito polidos. A doçura de Perdriel parece ter o destaque em um Cabernet com sabores profundos, intensos e voluptuosos.

94 PARCEL N°2 W LOS CASTAÑOS
Malbec 2017
$$$$$ | ALTAMIRA | 14.2°

De vinhedos plantados em 1999 em terraços aluviais do rio Tunuyán, esta seleção de fileiras dentro desse vinhedo oferece uma cara muito elegante e macia de Altamira através do Malbec. É generoso em sabores frutados, mas também rico em notas florais que quase competem em importância com as frutas. A textura é macia, com taninos muito delicados e finos, muito arredondados, e leves toques terrosos no final do paladar.

93 APELACIÓN DE ORIGEN LAS COMPUERTAS
Malbec 2018
$$ | MENDOZA | 14.9°

Las Compuertas, às margens do rio Mendoza, é um dos lugares clássicos de Luján de Cuyo e, além disso, dos mais altos (1.067 metros) e, portanto, mais frescos. O estilo desse Malbec daquele lugar vem se transformando à medida que os produtores, entre eles Terrazas, estavam diminuindo na extração e aumentando no frescor. Hoje Las Compuertas mostra Malbec como este, rico em frutas vermelhas, com algumas notas de violetas e taninos firmes; frutas estão no comando.

93 APELACIÓN DE ORIGEN PARAJE ALTAMIRA
Malbec, Cabernet Sauvignon 2018
$$ | MENDOZA | 14.4°

Terrazas possui cerca de 150 hectares de vinhedos em Altamira, iniciados em 1999. Esta é uma seleção de Malbec desses vinhedos, uma espécie de vinho Village, que tenta resumir o caráter dos tintos daquela área, ao sul do Vale do Uco e acima de mil metros de altura. Parece intenso em violetas e frutas vermelhas, tudo expresso muito claramente. É intenso em taninos, mas também é intenso em sabores frutados; um vinho que se sente em equilíbrio.

Terrazas de los Andes.

92 RESERVA
Chardonnay 2019
$$ | V A L E D O U C O | **14.1°**

Um Chardonnay oleoso, com sabores untuosos, rico em notas láticas e tostadas, vem de vinhedos com cerca de 25 anos, plantados acima de 1.200 metros de altura em Gualtallary. Tem sabores maduros, notas defumadas e uma acidez amigável, muito bem colocada, para refrescar essa expressão rica e untuosa de branco da montanha.

92 RESERVA
Sémillon 2019
$$ | M E N D O Z A | **13.4°**

Esta é uma seleção de um vinhedo de cem anos na área tradicional de El Peral, cerca de 1.160 metros acima do nível do Uco. Sem passagem pela madeira, é uma expressão pura de Sémillon: as notas frutadas unidas a toques de mel em um corpo que se sente oleoso, de densidade muito boa, generoso em sabores de frutas brancas e flores, tudo acompanhado dessa firme acidez dos vinhos da montanha. Um excelente exemplo de uma variedade que hoje é resgatada na Argentina.

91 RESERVA
Cabernet Sauvignon 2018
$$ | M E N D O Z A | **14.7°**

Uma deliciosa mistura de notas de ervas, frutas vermelhas maduras e especiarias neste Cabernet de uvas da área de Perdriel, em Luján de Cuyo, e Eugenio Bustos, no Vale do Uco. É firme em taninos, com acidez viva e sabores maduros que convidam você a pensar em ensopados de carne ou costeletas grelhadas.

91 RESERVA
Torrontés 2019
$$ | M E N D O Z A | **14°**

Para este Torrontés, Terrazas usa vinhedos na área de Cafayate na província de Salta. São vinhedos de altura que, neste caso, chegam a 1.600 metros acima do nível do mar. Este é o exemplo clássico de Torrontés do lugar, exuberante em notas florais e frutadas, com um corpo generoso e uma certa doçura nos sabores em um ideal branco para salada de frango tailandês.

90 RESERVA
Cabernet Franc 2018
$$ | M E N D O Z A | **14.3°**

De Los Chacayes, no Vale do Uco, este Cabernet Franc se sente quente, com frutas negras acompanhadas de notas de tabaco que são comuns na variedade. Tem corpo médio, taninos intensos e acidez amigável que destaca a maturidade dos sabores.

90 RESERVA
Malbec 2018
$$ | M E N D O Z A | **14.5°**

Um Malbec de diferentes vinhedos ao longo de Mendoza, de Luján a Uco, esta é uma fotografia de um estilo bastante maduro e focada nos frutos negros da variedade ao crescer em climas mais quentes e mais ensolarados. A boca é rica em sabores maduros e especiarias doces.

OUTRO VINHO SELECIONADO
89 | RESERVA ROSÉ Malbec 2019 | Mendoza | 12.8° | **$$**

The Vines of Mendoza.

CEO Michael Evans
ENÓLOGO Pablo Martorell
WEB www.vinesofmendoza.com
RECEBE VISITAS Não

• **ENÓLOGO** Pablo Martorell

[**FUNDADO EM** 2007 pelo mendocino Pablo Giménez Riili e pelo californiano Michael Evans, The Vines of Mendoza é um projeto único: vende pequenos terrenos de uma propriedade no Vale do Uco para indivíduos que querem produzir seu próprio vinho. A fazenda, que começou em 250 hectares, expandiu-se para 670 hectares, com hoje 217 proprietários de várias partes do mundo, principalmente dos Estados Unidos e do Brasil. Cada proprietário produz pequenas quantidades usando uma vinícola comum. O enólogo é Pablo Martorell. O projeto inclui um resort e o restaurante Siete Fuegos, de Francis Mallmann.]

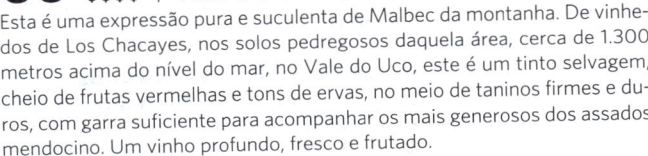

93 LIZ
Malbec 2019
$$$$ | VALE DO UCO | **14.2°**

Esta é uma expressão pura e suculenta de Malbec da montanha. De vinhedos de Los Chacayes, nos solos pedregosos daquela área, cerca de 1.300 metros acima do nível do mar, no Vale do Uco, este é um tinto selvagem, cheio de frutas vermelhas e tons de ervas, no meio de taninos firmes e duros, com garra suficiente para acompanhar os mais generosos dos assados mendocino. Um vinho profundo, fresco e frutado.

OUTROS VINHOS SELECIONADOS

89 | AWI Viognier, Sauvignon Blanc 2019 | Vale do Uco | 14° | **$$$**
89 | DE MOÑO ROJO C. Franc, P. Verdot, Merlot 2019 | Chacayes | 13.9° | **$$**
89 | RA Malbec, Merlot 2019 | Vale do Uco | 14° | **$$$**
88 | GOMEZ KAWALL Cabernet Franc 2019 | Vale do Uco | 14.3° | **$$$**
87 | TIERRA DE DIOSES EL BRAVO Malbec 2019 | Vale do Uco | 14° | **$$$**

The Wine Plan.

PROPRIETÁRIOS Gastón & Bernardo Buchaillot y Cía.
ENÓLOGO Luis Perocco
WEB www.thewineplan.com
RECEBE VISITAS Sim

• **PROPRIETÁRIOS**
Gastón & Bernardo Buchaillot

[**A FAMÍLIA BUCHAILLOT** é de Córdoba e está engajada na agricultura e pecuária. No entanto, em 2014, eles compraram uma fazenda a leste de Mendoza, plantada com Bonarda e Syrah. Esse foi o início de sua atividade no mundo do vinho mendocino. Hoje produzem cerca de três milhões e meio de litros, mas engarrafam apenas 60 mil garrafas sob a marca Wine Plan.]

EUREKA WINES
BLEND 2018

90 EUREKA WINES
Bonarda, Tempranillo, Syrah 2018
$$ | ARGENTINA | **13.8°**

Trata-se de cem por cento Rivadavia, da primeira propriedade que a família Buchaillot comprou quando iniciou seu projeto de vinho em 2014. Esta safra tem 30% de Bonarda, 35% Syrah e 35% Tempranillo, todos de Finca Gran-

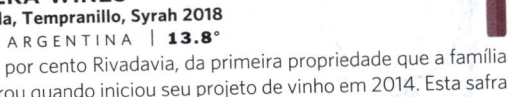

de, cerca de 30 hectares. O vinho mostra o caráter dos vinhos do leste de Mendoza, sua maciez e maturidade, em um tinto muito frutado e simples.

90 EUREKA WINES
Criolla Grande 2019
$ | ARGENTINA | **13.7°**

Feito com uvas de uma latada da região da Rivadavia, no quente leste mendocino, este rosé refrescante e simples é bebido como água. A textura é macia, o corpo muito leve, e seus aromas de frutas vermelhas se sentem no meio de uma acidez que envolve e refresca tudo em seu caminho. Um delicioso rosé para beber na piscina e com pizza. Uma maneira de ver o lado leste mendocino de uma forma muito mais alegre, um olhar diferente que vai muito além da mera região que produz muito vinho sem interesse.

90 EUREKA WINES
Malbec 2018
$$ | ARGENTINA | **13.6°**

Outro Malbec suculento, doce e simples da linha Eureka de Wine Plan. Aqui há frutas vermelhas suculentas com o acento climático quente do leste mendocino, que aqui contribui com notas especiadas doces e frutas confitadas. Na boca os taninos são muito macios e a acidez é suficiente para o vinho manter sua suculência. Vem de um vinhedo de cem anos na área de Medrano.

OUTROS VINHOS SELECIONADOS

89 | MARGUERITE Bonarda 2018 | Argentina | 13.4° | $
89 | MARGUERITE Sémillon 2019 | Argentina | 12.5° | $
89 | VIS A VIS Cabernet Sauvignon, Malbec 2019 | Argentina | 13° | $$
88 | MARGUERITE Torrontés 2019 | Argentina | 13.2° | $

Tinto Negro.

PROPRIETÁRIOS Alejandro Sejanovich & Jeff Mausbach

ENÓLOGO Alejandro Sejanovich

WEB www.tintonegro.com

RECEBE VISITAS Não

· PROPRIETÁRIOS & ENÓLOGO
Alejandro Sejanovich & Jeff Mausbach

[**TINTO NEGRO** é um dos projetos do enólogo Alejandro Sejanovich e do educador de vinhos Jeff Mausbach, que foram colegas na Catena Zapata por quase 15 anos. Este projeto se concentra inteiramente no Malbec e surge da disposição de seus parceiros em explorar em profundidade as possibilidades dessa variedade em diferentes tipos de solos e climas de Mendoza. O catálogo varia de um Malbec genérico, feito com frutas de diferentes áreas de Luján de Cuyo, a tintos muito ambiciosos como Vineyard 1955, de La Consulta.]

IMPORTADOR: www.wine.com.br

95 FINCA LA ESCUELA
Malbec 2018
$$ | ALTAMIRA | **14°**

Finca La Escuela é uma espécie de resumo da diversidade de solos encontrados neste vinhedo de Altamira, no Vale do Uco; diversidade contida em um vinhedo. Aqui há microvinificações de solos de cal, cascalho, pedras e areias, em um Malbec que é suco puro, frescor puro graças às colheitas precoces que deram uvas turgentes e vinhos crocantes. Esta é uma das melhores versões de Finca La Escuela que já experimentamos, a mais vibrante e a que se sente mais fibrosa e tensa.

95 FINCA LA ESCUELA LA PIEDRA
Malbec 2018
$$ | ALTAMIRA | 14°

Esta é uma seleção de parcelas dos setores mais pedregosos da Finca La Escuela em Altamira. Também coincide que nessas áreas pedregosas a riqueza em cal é muito alta. Essas mesmas pedras também refletem e irradiam o calor deste alto deserto, por isso há um efeito duplo neste vinho: os frutos suculentos e doces desse microclima quente, mas ao mesmo tempo taninos firmes que entregam o solo de cal. A mistura de ambos dá um vinho nervoso, onde a acidez inclina a balança para o frescor.

94 1955 VINEYARD
Malbec 2018
$$ | LA CONSULTA | 14°

Trata-se de um vinhedo plantado em 1955 na fronteira entre La Consulta e Altamira, mas em solos que são mais de La Consulta, mais ricos em areias, cal e argilas. As frutas mais negras são sentidas neste vinho; o calor de La Consulta e os solos mais pesados são percebidos no calor dos aromas e na textura redonda, na ampla e voluptuosa estrutura dos solos de argila. Um vinho amplo para carnes especiadas.

94 FINCA LA ESCUELA LA GRAVA
Malbec 2018
$$ | ALTAMIRA | 14°

Selecionados a partir de solos ricos em cascalho, com 25% de cachos inteiros na vinificação e 12 meses de barricas, 15% madeira nova, aqui está um Malbec de estrutura firme, sabores suculentos de frutas vermelhas maduras, mas também tons de ervas que ficam ao fundo. Apesar da safra, que foi quente e tem dado alguns vinhos muito suculentos, neste você não percebe essa sensação. É um vinho bastante generoso, mas bem equilibrado.

93 FINCA LA ESCUELA EL LIMO
Malbec 2018
$$ | ALTAMIRA | 14°

Uma combinação suculenta entre sabores de frutas vermelhas maduras, especiarias e uma acidez muito boa. É um vinho que, apesar do calor da safra 2018, oferece vigor e tensão de taninos que formam uma estrutura muito firme, embora não seja de todo agressiva. É um vinho que se sente muito bem equilibrado e no qual você também pode perceber os tons florais oferecidos pelo Malbec ao pé dos Andes, no Vale do Uco.

92 LIMESTONE BLOCK
Malbec 2019
$ | CHACAYES | 14°

Esta é uma seleção de vinhedos da área de Los Chacayes do Vale do Uco, um lugar onde solos pedregosos cobertos de calcário abundam. Neste caso - uma espécie de introdução ao efeito que este tipo de solo tem sobre Malbec - você sente as frutas vermelhas da variedade naquela área andina, juntamente com taninos firmes e tensos em um corpo de médio a leve e sabores frescos e vibrantes.

Tinto Negro.

91 FINCA LA ESCUELA LA ARENA
Malbec 2018
$$ | ALTAMIRA | 14°

Uma seleção de solos arenosos nos vinhedos próprios de Altamira, com 20% de cacho completo e 12 meses de barricas, 15% madeira nova. Um vinho suculento, com sabores doces e suculentos, com ervas e especiarias em meio a taninos macios e amigáveis, sem ângulos, sem arestas. A areia, um solo quente, parece sublinhar uma safra quente como 2018.

90 UCO VALLEY
Malbec 2019
$ | VALE DO UCO | 13°

Uma excelente relação preço-qualidade neste vinho que mostra Malbec em sua forma mais pura. Rico em sabores de frutas vermelhas maduras e algumas ervas, com algumas especiarias em um corpo macio, taninos redondos e amigáveis. Para levar para o churrasco.

Trapiche.

PROPRIETÁRIO Bemberg family
ENÓLOGOS Daniel Pi, Sergio Case & Germán Buk
WEB www.trapiche.com.ar
RECEBE VISITAS Sim

· **ENÓLOGO** Daniel Pi

[**A MENDOCINA**] Trapiche é uma das maiores vinícolas da Argentina e parte do Grupo Peñaflor, também proprietário de Finca Las Moras e El Esteco, entre outras. Nasceu em 1883, ligada a um pequeno vinhedo chamado El Trapiche, na cidade de Godoy Cruz. Foi definitivamente estabelecida em Maipú, onde em 1912 sua vinícola foi construída. Trapiche conta hoje com 1.300 hectares, controla outros três mil e produz cerca de 40 milhões de garrafas, exportando uma parte significativa de sua produção para mais de 80 países. Sua ampla gama de vinhos é feita pelo enólogo Daniel Pi.] **IMPORTADOR:** www.interfood.com

97 TERROIR SERIES EDICIÓN LIMITADA
FINCA LABORDE Cabernet Sauvignon 2017
$$$ | VALE DO UCO | 14.2°

Tudo bem falar sobre Cabernet Sauvignon da Argentina, e esta é uma das razões para isso acontecer. Aqui há tons de ervas, juntamente com frutas vermelhas maduras em um vinho voluptuoso e uma acidez firme e afiada. Esta versão do Cabernet tem um lado suculento, mas ao mesmo tempo tem frutas e acidez, sem notas de mentol. Do outro lado da cordilheira, mentol e eucalipto reinam. Deste lado, é a fruta, e nenhum é melhor do que o outro, eles são apenas o que eles são. Este Terroir Series vem da área de La Consulta, de um vinhedo antigo, plantado em latada. Foi fermentado em lagares de cimento e envelhecido por 18 meses em barricas, mais um ano na garrafa antes de entrar no mercado.

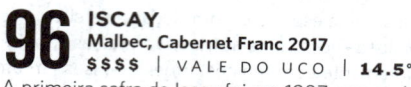

96 ISCAY
Malbec, Cabernet Franc 2017
$$$$ | VALE DO UCO | 14.5°

A primeira safra de Iscay foi em 1997 e naquela época era uma mistura de Merlot e Malbec. Hoje tem 70% de Malbec e o resto do Cabernet Franc, todos de vinhedos em Gualtallary, ao norte do Vale do Uco. Este vinho é intenso, profundo, cheio de notas frutadas, ervas e especiarias. No começo, é tudo fruta negras, mas depois é tudo taninos. E depois, é tudo ervas. Dê--lhe tempo, porque este vinho merece, especialmente para seu potencial de guarda. Aqui há um vinho para um bom tempo na garrafa.

96 TERROIR SERIES EDICIÓN LIMITADA FINCA LAS PIEDRAS Malbec 2018
$$$$ | VALE DO UCO | 14.5°

Este Malbec vem de vinhas de cerca de 12 anos, plantadas em solos pedregosos, nos terraços aluviais do rio Tunuyán. Envelhecido em barricas de 300 litros por 18 meses, é rico em tons vermelhos, maduros e densos. Os taninos se sentem firmes e verticais, mas ao mesmo tempo há tanta maturidade de sabores que esses taninos têm um trabalho enorme em dar solidez e equilíbrio à estrutura. Para não sair da adega por cinco anos.

96 TERROIR SERIES FINCA EL TOMILLO Chardonnay 2019
$$$$ | VALE DO UCO | 14.5°

Trata-se de um Chardonnay plantado em solos calcários por volta de 1998, cerca de 1.300 metros acima do nível do mar, em Gualtallary. O vinho parece elétrico; um branco dominado pelo clima da montanha, mas também pelos solos de cal que lhe dão uma certa austeridade, uma acidez fina e firme que não esconde os sabores, embora diminua sua exuberância. Um branco duro, austero, um pouco monástico. Cerca de cinco mil caixas de 12 garrafas foram feitas deste vinho.

96 TRAPICHE TERROIR SERIES FINCA AMBROSIA Malbec 2018
$$$$ | VALE DO UCO | 14.8°

Em solos arenosos, cascalho e cal, este vinho vem de vinhedos a cerca de 1.300 metros acima do nível do mar, na área de Gualtallary, em direção ao extremo norte do Vale do Uco. Há notas exuberantes de flores e ervas, mas principalmente de frutas vermelhas que se expandem pela boca em sabores vermelhos e suculentos. Estagiado em madeira por um ano, este é um tinto vermelho, suculento, mas com a acidez e taninos da área entregando energia e, acima de tudo, muito frescor. Um tinto para esperar na adega.

96 TRAPICHE TERROIR SERIES FINCA COLETTO Malbec 2018
$$$$ | VALE DO UCO | 14.8°

De El Peral, cerca de 1.200 metros de altura, no Vale do Uco, segundo o enólogo Daniel Pi, este Malbec é o mais fresco e fluido de Terroir Series. Em um solo de areias e cal, é generoso em tons de frutas maduras e toques de ervas. Além disso, há o lado floral da variedade no Vale do Uco, nas alturas da montanha. E a textura é firme, tensa, acidez muito boa, suculenta e ao mesmo tempo com taninos afiados.

95 TRAPICHE TERROIR SERIES FINCA LAS PIEDRAS Chardonnay 2019
$$$$ | VALE DO UCO | 14°

De Los Árboles, em um vinhedo com cerca de 1.300 metros de altura, este é um Chardonnay elétrico, muito nervoso, com uma acidez afiada. Os aromas são frutados, frutas brancas maduras e também ervas em um vinho suculento, textura firme, com uma acidez afiada. Ele foi estagiado em cimento e fudres por nove meses, e essa sensação de contato com as borras lhe dá uma complexidade extra em textura e sabores. Um Chardonnay para beber hoje com corvina grelhada.

94 GRAN MEDALLA
Cabernet Franc 2017
$$$ | VALE DO UCO | 14.7°

Da área de La Consulta, no extremo sul do Vale do Uco, com cerca de 1.200 metros de altura, este Cabernet Franc é estagiado por cerca de 18 meses em madeira (50% nova), e o que oferece é um lado de ervas, fresco, com tons fortes de tabaco que são comuns na variedade. É intenso em tons de frutas vermelhas; é suculento, tem um corpo importante, enche a boca, mas ao mesmo tempo se sente fresco e nervoso.

94 ISCAY
Syrah, Viognier 2018
$$$$ | VALE DO UCO | 14.5°

Para este **Iscay**, o enólogo Daniel Pi recorre ao Syrah (mais algumas gotas de Viognier) da área de Los Árboles de Tunuyán, no Vale do Uco. São vinhedos de cerca de dez anos, plantados em solos pedregosos, com alto teor de cal. O envelhecimento é estendido por 15 meses em barricas de madeira nova, antes do engarrafamento. E o resultado é um vinho suculento e doce, com ênfase na maturidade dos sabores e na maciez das texturas. É amplo e redondo, e a doçura da fruta é projetada até o fim do paladar..

94 TRAPICHE TERROIR SERIES FINCA ORELLANA
Malbec 2018
$$$$ | VALE DO UCO | 14.8°

De La Consulta, e vinhedos de cerca de 60 anos, este Malbec é suculento, voluptuoso, com taninos musculosos, amplos, horizontais. É um tinto que enche o paladar com sabores maduros, cheio de doçura. Taninos são musculosos, sem serem agressivos. Este vinho precisa de tempo na garrafa para ganhar em complexidade, mas agora ele ficaria muito bem com costeletas de cordeiro grelhadas.

93 TRAPICHE LATERAL ÁNFORA
Sémillon 2019
$$ | VALE DO UCO | 13°

Este Sémillon vem da propriedade El Milagro, em El Cepillo, cerca de 1.200 no Vale do Uco. Fermentado com as peles em ânfora e estagiado nesses mesmos vasos por 12 meses, tem uma densidade deliciosa. A maturidade dos sabores lembra frutas brancas doces, mas também mel. A textura é oleosa, com uma acidez amigável, sabores profundos e um fundo especiado que se mistura com toda aquela fruta suculenta. Você deve pensar em abrir este vinho com porco grelhado ou salmão defumado.

92 COSTA & PAMPA
Sauvignon Blanc 2020
$$ | CHAPADMALAL | 13.2°

De um pequeno vinhedo de três hectares, na área de Chapadmalal, em Mar del Plata, trata-se de um Sauvignon marinho, com aromas de ervas e salinos. A boca é generosa na maturidade (tem 13,2 graus de álcool), mas ao mesmo tempo oferece uma acidez rica e nítida que fica entre os sabores das frutas maduras. O vinho tem peso suficiente para miúdos ou, se tem um espírito mais conservador, ceviche.

92 GRAN MEDALLA
Pinot Noir 2019
$$$ | MENDOZA | **14.5°**

Este Pinot vem de Los Árboles, de solos de origem aluvial, com muito cascalho coberto de cal. Estagiado por nove meses em barricas de 300 litros, é um exemplo claro de Pinot de estilo oxidativo, com aromas terrosos e especiarias doces em um corpo de alta energia, alta tensão, acidez firme.

92 TRAPICHE LATERAL
Sémillon 2019
$$ | VALE DO UCO | **14.1°**

Acima de 1.100 metros de altura, na área de El Peral, no Vale do Uco, este Sémillon de videiras antigas plantadas em 1958 tem a densidade da variedade em climas quentes como Mendoza, mas também uma acidez concedida pelo clima da montanha. Os aromas e sabores lembram frutas brancas e mel, esse tipo de doçura e, acima de tudo, esse tipo de densidade. Um suco maduro que se espalha pela boca, pedindo um peixe grelhado ou, muito melhor, truta frita.

91 COSTA & PAMPA
Albariño 2020
$$ | CHAPADMALAL | **12.8°**

Das costas de Mar del Plata, na sub-região Chapadmalal, este Albariño é um dos poucos exemplos da variedade cultivada na América do Sul. E aqui estão suas notas florais e frutas brancas maduras em um corpo denso, textura cremosa e tons especiados. Um vinho para frutos do mar grelhados.

91 COSTA & PAMPA
Chardonnay 2020
$$ | CHAPADMALAL | **13.3°**

Moderada por uma acidez suculenta e quase cítrica, este branca com vista para o Atlântico na região de Chapadmalal oferece um delicioso contraste entre frutas brancas maduras e tons especiados, contra uma acidez intensa e firme, imersa em uma textura cremosa.

91 COSTA & PAMPA BRUT ROSÉ
Pinot Noir, Chardonnay N/V
$$ | CHAPADMALAL | **12.5°**

Da área de Chapadmalal de Buenos Aires, essa mistura de Pinot Noir e Chardonnay foi produzida pelo método tradicional de segunda fermentação na garrafa. O contato com as borras foi prolongado por pouco mais de um ano e o resultado é um vinho focado em sabores e aromas frutados; um suco de fruta borbulhante que refresca o paladar e se bebe como água.

91 PERFILES CALCÁREO
Chardonnay 2019
$$ | VALE DO UCO | **14°**

Este Chardonnay vem de solos ricos em cal na área de Gualtallary, cerca de 1.300 metros acima do nível do mar ao norte do Vale do Uco. Fermentado sem leveduras exógenas, e estagiado em um tanque de aço mais 30% do volume em fudres, este é um Chardonnay untuoso e suculento, mas ao mesmo tempo de uma textura muito firme e uma acidez afiada. Os sabores das frutas maduras se expandem por toda a boca, ocupando todo o paladar. Para tempurá de camarão.

91 PERFILES CALCÁREO
Malbec 2019
$$ | VALE DO UCO | **14.2°**

Esta é uma mistura de solos ao longo do Vale do Uco, onde o cal predomina. E o resultado é um vinho de frutas vermelhas maduras muito ricas, com um toque floral e também de ervas, notas muito comuns em vinhos do Uco, tintos da montanha. O cal, que dá o nome ao vinho, oferece uma textura semelhante a giz; taninos se destacam em meio à doçura dos sabores.

90 COSTA & PAMPA
Pinot Noir 2019
$$ | CHAPADMALAL | **12.7°**

Um Pinot doce e amigável, com uma textura macia e suculenta, com taninos muito redondos e fluidos, sem arestas que interrompem a passagem do vinho pela boca. Um suco de frutas vermelhas, com alguns toques especiados. Um daqueles tintos que servem para a piscina ou para um prato de queijos e frios.

90 COSTA & PAMPA EXTRA BRUT
Chardonnay, Pinot Noir N/V
$$ | CHAPADMALAL | **13°**

De um vinhedo muito próximo ao mar, em Chapadmalal, trata-se de um espumante intenso em acidez, mas ao mesmo tempo rico em frutas vermelhas ácidas. Um vinho para a piscina, e para beber por litros. Pense em camarão refogado ou, melhor, tempurá.

90 PURE ROSÉ
Pinot Noir, Sangiovese, Merlot 2020
$$ | VALE DO UCO | **12.5°**

Um delicioso suco de frutas vermelhas ácidas em um corpo leve e refrescante, com tons perfumados e florais, com suaves toques de ervas. Um desses rosés para você não parar de beber no verão, na piscina e com sushi.

90 TRAPICHE LATERAL
Chenin Blanc 2019
$$ | LUJÁN DE CUYO | **13.6°**

Fermentado em vasos de concreto, tanques de aço e barricas, este Chenin tem um caráter suculento, muito fresco, com algumas notas de frutas brancas maduras e flores em meio a tons especiados. Um bom corpo faz dele um companheiro perfeito para ostras gratinadas no forno.

90 TRAPICHE LATERAL GSM
Garnacha, Syrah, Mourvèdre 2019
$$ | MENDOZA | **15.3°**

Suculenta e madura, com um caráter doce claro que viaja por todo o paladar, esta mistura de 43% Garnacha, 40% Syrah e o resto do Viognier, é um tinto para pensar em pizzas ou hambúrgueres.

OUTROS VINHOS SELECIONADOS
89 | PURE Malbec 2020 | Vale do Uco | 14° | **$$**
88 | TRAPICHE LATERAL Viognier 2019 | Los Árboles | 13.8° | **$$**

Tres14.

PROPRIETÁRIO Família Pi
ENÓLOGO Daniel Pi
WEB www.tres14.com.ar
RECEBE VISITAS Não

· ENÓLOGO Daniel Pi

[**O ENÓLOGO** tem esse projeto familiar onde produz vinhos em pequena escala e de forma artesanal. São dois rótulos, duas leituras diferentes do Malbec do Vale do Uco. Imperfecto vem de Gualtallary, enquanto Tres14 é de Vista Flores. O projeto, o que começou em 2010, com uma produção de apenas duas barricas, atualmente produz cerca de oito mil garrafas.
] **IMPORTADOR:** www.interfood.com

93 IMPERFECTO
Malbec, Cabernet Franc 2017
$$$ | GUALTALLARY | **14.4°**

O vinho mais ambicioso do projeto Tres14 é uma mistura de Cabernet Franc e Malbec dos solos de cascalho e areia de Gualtallary, cerca de 1.300 metros acima do nível do mar, ao norte do Vale do Uco. Antes de ser engarrafada, envelheceu por 22 meses em barricas, e o efeito de uma certa doçura que a madeira geralmente dá aqui se une à doçura da fruta, cachos que foram colhidos no final da estação para dar aquela sensação de voluptuosidade e densidade em um tinto para cordeiro.

92 TRES14
Malbec 2017
$$ | VALE DO UCO | **14°**

O enólogo Daniel Pi seleciona vinhas de um vinhedo antigo na área de Vista Flores, no Vale do Uco, plantadas há cerca de 60 anos pela família Mortarotti. Este tinto é envelhecido por 18 meses em barricas e depois mais dois anos de garrafa, e é um Malbec suculento, maduro e doce no meio de muitas frutas negras. É firme em taninos e acidez, mas também voluptuoso em álcool.

Trivento.

PROPRIETÁRIO Viña Concha y Toro
ENÓLOGO Germán Di Césare
WEB www.trivento.com
RECEBE VISITAS Sim

· ENÓLOGO Germán Di Césare

[**TRIVENTO É** a subsidiária em Mendoza da holding Concha y Toro, a maior vinícola do Chile. Eles desembarcaram na Argentina em 1996, sendo então a primeira empresa de vinhos a cruzar os Andes. A Trivento possui fazendas próprias em diferentes partes de Mendoza, que somam 1.289 hectares. Com elas, além das uvas que compram de terceiros, produzem aproximadamente 30 milhões de garrafas por ano, das quais exportam boa parte. Isso faz dela a terceira maior vinícola em exportações da Argentina, atrás apenas dos grupos Peñaflor e Catena. O portfólio é extenso e em sua parte superior estão a linha de vinhos Golden Reserve e o ícone Eolo, cuja base se origina em um vinhedo de mais de cem anos localizado na margem norte do rio Mendoza.]

96 EOLO
Malbec 2017
$ $ $ $ $ | LUJÁN DE CUYO | **14.5°**

Este **Eolo** tradicionalmente vem de um vinhedo muito antigo em Vistalba, plantado às margens do rio Mendoza em 1912. O envelhecimento dura 16 meses, 40% do volume em barricas e 60% em fudres de madeira usados. Este é um novo estilo em Eolo (sua primeira colheita foi em 2005), longe da extrema concentração e força do passado. Buscando maior equilíbrio, é mais delicado, com taninos menos musculosos, mas mais incisivos e mais afiados. E a fruta é fresca, com acidez marcada e final refrescante, apesar da doçura dos sabores. Um vinho com um corpo grande, mas ao mesmo tempo fibroso, tenso.

96 GAUDEO SINGLE VINEYARD GUALTALLARY
Malbec 2018
$ $ $ | TUPUNGATO | **14.5°**

De vinhedos plantados em 2009, na área de Gualtallary, no extremo norte do Vale do Uco, cerca de 1.300 metros acima do nível do mar, tem todo o encanto do Malbec da área, as notas de ervas, os sabores das cerejas ácidas no meio de tons a violetas. O vinhedo é plantado em uma área de pedras e cal, e isso se reflete na textura tensa, taninos firmes e afiados que não param de picar o paladar, enquanto a acidez é uma espécie de ar fresco que esfria tudo em seu caminho e sublinha o caráter frutado deste vinho. Uma fotografia do pedregoso e calcário Gualtallary, muito diferente do outro Gualtallary de solos arenosos, que fornece vinhos muito mais suaves e gentis. Este vai por outro lado.

95 GAUDEO SINGLE VINEYARD PARAJE ALTAMIRA
Malbec 2018
$ $ $ | ALTAMIRA | **14.5°**

Esta seleção de lotes vem de um vinhedo plantado em 2004, na região de Altamira, em solos ricos em pedras e areias, aluvial, do rio Tunuyán. Estagiado por 18 meses em fudres, tem um lado de ervas refrescante, ligado a frutas negras em um vinho potente, de alto álcool, mas em equilíbrio com a força dos taninos e a acidez muito presente aqui, dando vigor a tudo o que acontece ao seu lado. Muito jovem, leva de quatro a cinco anos na garrafa para exibir todos os seus sabores.

95 GAUDEO SINGLE VINEYARD TUPUNGATO
Cabernet Sauvignon 2019
$ $ $ | TUPUNGATO | **14.5°**

O enólogo Germán Massera obtém este Cabernet Sauvignon de vinhedos na área de Cordón del Plata, a leste de Tupungato, cerca de 1.050 metros acima do nível do mar. O vinho é envelhecido há 16 meses em fudres e o resultado é um vinho de estrutura vertical, com taninos bem definidos e afiados, frutas vermelhas ácidas e ervas em um contexto de nervo, frescor. Um Cabernet Sauvignon de dicionário, em um lugar como Mendoza, onde Cabernet é geralmente um pouco enjoativo e maduro demais.

94 GAUDEO SINGLE VINEYARD LOS SAUCES
Malbec 2018
$ $ $ | TUNUYÁN | **14°**

A 1.100 metros acima do nível do mar, na área de Los Sauces, no Vale do Uco, este Malbec vem de uma seleção massal feita em Vistalba, a partir de um vinhedo plantado em 1912 e ainda em produção, cujo fruta Trivento usa em seu Eolo. Este Malbec tem um lado forte de ervas, com frutas vermelhas atrás dessa camada de notas selvagens de ervas frescas. Colhido no início de março, tem uma deliciosa suculência, com notas de cerejas ácidas em meio às ervas que dão frescor e complexidade; um vinho de montanha.

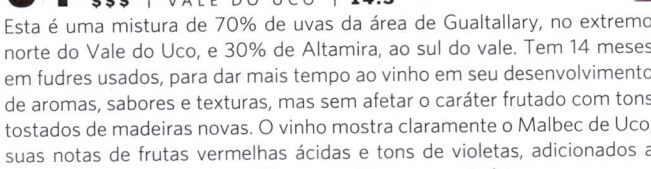

94 GOLDEN BLACK SERIES
Malbec 2018
$$$ | VALE DO UCO | **14.5°**

Esta é uma mistura de 70% de uvas da área de Gualtallary, no extremo norte do Vale do Uco, e 30% de Altamira, ao sul do vale. Tem 14 meses em fudres usados, para dar mais tempo ao vinho em seu desenvolvimento de aromas, sabores e texturas, mas sem afetar o caráter frutado com tons tostados de madeiras novas. O vinho mostra claramente o Malbec de Uco, suas notas de frutas vermelhas ácidas e tons de violetas, adicionados a uma boca suculenta, taninos firmes e acidez pronunciada.

93 GOLDEN BLACK SERIES
Cabernet Franc 2018
$$$ | ALTAMIRA | **14.5°**

Para este Cabernet Franc as uvas vêm de um vinhedo plantado em 2004 nos solos aluviais, ricos em pedras, do rio Tunuyán, em Altamira. Após 16 meses de envelhecimento em fudres de madeira usadas, este tinto mostra um forte sotaque nas notas de ervas, muito típico na variedade. As frutas se sentem maduras e densas na boca, apoiadas por taninos firmes e afiados.

93 GOLDEN BLACK SERIES
Pinot Noir 2020
$$$ | VALE DO UCO | **13°**

Trivento compra as uvas para este Pinot de um vinhedo localizado a cerca de 1.500 metros acima do nível do mar, na área de San Pablo, uma das mais extremas do Vale do Uco. Estagiado 100% em concreto, tem tons de cinza que, aparentemente, são típicos da área, aqueles solos pedregosos e arenosos com traços de cal. O corpo é suculento, tenso, com grande acidez, mas ao mesmo tempo com um volume muito bom graças a taninos firmes e afiados. Um Pinot vertical, fluido, pronto para beber agora com embutidos.

93 GOLDEN BLACK SERIES
Sémillon 2020
$$$ | MENDOZA | **12.5°**

Esta é uma seleção de videiras muito antigas, cerca de cem anos de idade, além de algumas plantas relativamente jovens, a partir dos anos 70. A fermentação ocorre 80% de concreto e o restante em barricas usadas, enquanto a mistura final é envelhecida em concreto e barricas (em proporção semelhante) por cerca de nove meses antes do engarrafamento. É uma expressão suculenta e ao mesmo tempo densa da variedade, com notas doces, frutas brancas maduras em um contexto de textura oleosa, profunda em sabores frutados. Um vinho para abrir em dois ou três anos.

93 GOLDEN RESERVE
Malbec 2018
$$ | LUJÁN DE CUYO | **14°**

Uma expressão clara de Malbec de Luján de Cuyo, aqui você pode sentir as frutas vermelhas maduras e frutas negras ácidas em um tinto robusto e amplo, com uma maturidade marcada, mas ao mesmo tempo com ênfase na acidez e na estrutura tânica que dá equilíbrio. Nascido nos terraços aluviais do rio Mendoza, também tem aquele ar do Malbec tradicional, com tons terrosos e final especiado. Ele ainda é muito jovem. Leva cerca de dois

Trivento.

a três anos, pelo menos, para começar a mostrar tudo o que esconde seu caráter frutado hoje.

92 GOLDEN RESERVE
Cabernet Sauvignon 2018
$$ | VALE DO UCO | 14°

Este Cabernet Sauvignon vem de três vinhedos (60% Tupungato, 30% Los Sauces e 10% Altamira) no Vale do Uco e foi estagiado por 14 meses em fudres. Tem o ar da montanha em suas notas de ervas que se destacam acima da fruta em um nariz encantador, o que convida você a beber. No paladar é mais frutado, mostrando sabores de frutas vermelhas no meio de taninos macios e amigáveis, acompanhados de uma acidez suculenta e vivaz.

91 GOLDEN RESERVE
Chardonnay 2018
$$ | VALE DO UCO | 13.5°

Este Chardonnay é uma mistura de vinhedos em Tupungato e Los Sauces, ambos no Vale do Uco, ao sul de Mendoza e ao pé da Cordilheira dos Andes. O envelhecimento dura 14 meses em fudres de madeira usados. E o resultado é um Chardonnay que, por um lado, tem aromas cremosos e maduros e, por outro, tem um paladar firme e tenso, com muita aderência e acidez nítida. Em suma, um branco perfeito para trutas grelhadas.

91 PRIVATE RESERVE
Malbec 2019
$$ | MENDOZA | 14°

Se a Malbec Reserve de Trivento é um resumo da variedade em Mendoza, este Private é um resumo de Malbec, mas focado nos sopés andinos no Vale do Uco. E aqui predominam as notas de violetas, frutas vermelhas e ervas dos exemplares da variedade no local. A textura é macia, amigável, enquanto o paladar é recheado com sabores frutados. Um exemplo claro de Malbec em Uco.

91 TRIVENTO RESERVE
Malbec 2020
$ | MENDOZA | 13.5°

Esta é uma das razões pelas quais o mundo do vinho se apaixonou por Malbec. Uma mistura de diferentes áreas de Mendoza, incluindo Luján de Cuyo, mas também Vale do Uco, aqui o que predomina é a fruta suculenta e deliciosa da variedade, os aromas florais que lembram violetas, a textura de taninos redondos e cremosos, e os sabores frutados que inundam o paladar com seu charme. Para beber todos os dias por sua simplicidade, mas também para destacar se você está procurando um exemplar claro do Malbec argentino moderno. Dez milhões de litros são feitos desse vinho, um feito pela qualidade que oferece.

OUTRO VINHO SELECIONADO
88 | TRIVENTO RESERVE WHITE MALBEC Malbec 2020 | Mendoza | 12.5° | $

Uqueco Wine.

PROPRIETÁRIO Pablo Martin Prea

ENÓLOGOS Lucas Amoretti, Luis Coita Civit & Fabricio Orlando

WEB www.uquecowine.com.ar

RECEBE VISITAS Não

• **PROPRIETÁRIO & ENÓLOGOS**
Pablo Prea, Lucas Amoretti & Luis Coita Civit

[**PABLO PREA** é empresário da cidade de Buenos Aires, além de visitante regular de Mendoza e admirador de seus vinhos. Em 2016, decidiu levar sua paixão um passo adiante e, junto com a ajuda do enólogo Luis Coita e do enólogo Lucas Amoretti, criaram o Uqueco Wine. Eles têm vinhedos em Los Chacayes e La Carrera, embora sua principal fonte de uvas venha de produtores em San Pablo e Alto Agrelo.]

95 COUERSAIR
Sauvignon Blanc 2020
$$$ | MENDOZA | **12.5°**

De San Pablo hoje vêm alguns dos melhores Sauvignon Blanc da América do Sul, uma área alta ao pé dos Andes, cerca de 1.500 metros acima do nível do mar. Fermentado em ovos de concreto e depois estagiado por 60 dias em aço, este Sauvignon tem uma força brutal; tem a estrutura de um tinto, a mesma sensação tânica, a mesma rugosidade de um Malbec de solos de cal em Uco. A decoração, no entanto, é muito diferente. As frutas são cítricas, as notas de ervas lembram hortelã e arruda. Uma pequena delícia robusta, e um dos melhores brancos deste ano em Descorchados.

93 COUERSAIR
Garnacha 2020
$$$ | MENDOZA | **13°**

Fermentado em aço inoxidável e prensado com cacho completo, este rosé vem da área de Alto Agrelo, ao pé dos Andes, cerca de 1.100 metros acima do nível do mar. A acidez é firme, suculenta, vibrante, e leva esse vinho ao longo do caminho da crocância e frescor, do verão à beira da piscina. Aquelas garrafas que vão embora por litros em dias quentes. Um dos bons rosés da safra na Argentina, aqui está um companheiro perfeito para nigiri de salmão.

91 ARGILE
Pinot Noir 2019
$$$ | CHACAYES | **13.5°**

Um Pinot Noir frutado e simples, pronto para beber agora com embutidos, este tem um monte de frutas vermelhas maduras e um corpo médio, com taninos intensos (daí os embutidos) e acidez firme e afiada. Este tinto vem de Los Chacayes, no Vale Uco. Foi fermentado em ânforas de terracota.

Vaglio Wines.

PROPRIETÁRIO José Lovaglio
ENÓLOGO José Lovaglio
WEB www.vagliowines.com
RECEBE VISITAS Não

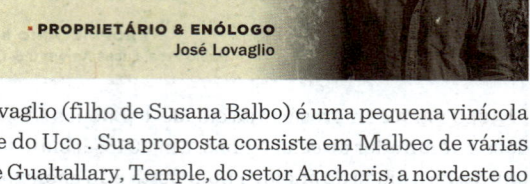

• **PROPRIETÁRIO & ENÓLOGO**
José Lovaglio

[**ESTE PROJETO** do enólogo José Lovaglio (filho de Susana Balbo) é uma pequena vinícola velha e reformada em El Peral, Vale do Uco . Sua proposta consiste em Malbec de várias origens de Mendoza, como Aggie, de Gualtallary, Temple, do setor Anchoris, a nordeste do Vale do Uco, ou Miperal, a única de suas próprias videiras, de um vinhedo muito pequeno plantado em uma encosta.] **IMPORTADOR:** www.cantuimportadora.com.br

94 VAGLIO AGGIE
Malbec 2019
$$ | GUALTALLARY | **14°**

Gualtallary engarrafado. Este Malbec mostra com nitidez especial o caráter frutado, exuberante e suculento dos vinhos daquela área alta, ao norte do Vale do Uco e acima de 1.300 metros ao pé da Cordilheira dos Andes. Aqui as notas aromáticas de cerejas e violetas fazem uma festa, enquanto no paladar o corpo médio se apoia sobre uma acidez crocante e taninos afiados. Um Malbec de Gualtallary feito com o dicionário na mão.

94 VAGLIO BLANCO
Chardonnay, Sémillon 2019
$$$ | EL PERAL | **14°**

Esta é a nova mistura de Vaglio, e consiste em 90% de Chardonnay mais 10% Sémillon, todos os solos arenosos e pedregosos de El Peral, o centro de operações de José Vaglio no Vale do Uco. Este branco é suculento e cheio de acidez que permeia o paladar com seu caráter refrescante. No entanto, o assunto vai um pouco mais longe, com uma textura construída a partir de taninos firmes, prontos para atacar um prato de miúdos ou qualquer preparo que tenha esse tipo de gordura. A propósito, você também pode tentar peixe grelhado.

93 VAGLIO CHANGO
Malbec, Tannat, Cabernet Sauvignon 2019
$$ | ARGENTINA | **14.6°**

Uma mistura de Malbec e Cabernet Sauvignon de vinhedos em Altamira, no Vale do Uco, e Tannat da área de Cafayate no norte da Argentina, esta é a única mistura de tintas no portfólio de Vaglio. O vinho envelhece por 12 meses barricas de segundo e terceiro uso. O tom de violetas de Altamira e frutas vermelhas ácidas são sentidos, mas logo o Tannat e seus aromas e sabores mais maduros sobem ao palco, fornecendo taninos firmes em um vinho que ainda precisa de dois a três anos na garrafa.

91 VAGLIO CHACRA
Malbec 2019
$$ | AGRELO | **14.5°**

Um Malbec de Agrelo com todas as suas letras, este mostra frutas negras, especiarias doces e também alguns toques de ervas. O corpo é generoso em taninos, mas estes não são taninos adstringentes ou rústicos, mas afiados e abundantes, proporcionando estrutura em meio a sabores de frutas negras. Um Malbec muito bom com senso de lugar.

91 VAGLIO TEMPLE
Malbec 2019
$$ | ANCHORIS | 14°

De Anchoris, na denominação Luján de Cuyo, este Malbec mostra o clima ensolarado e quente do lugar com suas notas de frutas negras em um corpo amplo e voluptuoso. Os taninos são afiados em meio à doçura da fruta, oferecendo equilíbrio. Deixe na adega por alguns anos para que ganhe em complexidade.

Vallisto.

PROPRIETÁRIO Francisco Lavaque
ENÓLOGO Francisco Lavaque
WEB www.vallisto.com.ar
RECEBE VISITAS Não

‣ **PROPRIETÁRIO & ENÓLOGO**
Francisco Lavaque

[**DO SOL** e das alturas de Cafayate vem esse projeto de enólogos e amigos Hugh Ryman e Francisco Lavaque. Seu vinhedo está localizado a 1.900 metros de altura, na encosta oeste das colinas de Cafayate, e foi plantado há uma década em solos pedregosos e arenosos. Malbec e Torrontés são as variedades que mais vinificam, e fazem parte de um catálogo que, apesar da juventude da vinícola, já possui vários vinhos. Eles também trabalham a cepa Barbera e a uva Criolla, com a qual produzem um de seus vinhos mais atraentes.] **IMPORTADOR:** www.worldwine.com.br

95 MALBEC
Malbec 2018
$$ | CAFAYATE | 14°

O vinhedo para este Malbec vem de um solo de granito de cerca de 1.900 metros de altura, em Cafayate. Plantado em 2010, e colhido muito cedo, desafia os preconceitos do Malbec da área: vinhos de grande concentração e maturidade, bem acima de 15 graus de álcool. Neste caso, em uma degustação às cegas, poderia perfeitamente passar por um Malbec de clima muito mais frio, com aqueles aromas de frutas vermelhas radiante em acidez e taninos firmes, tudo em um contexto de muito frescor. Isso mostra um lado muito diferente do que geralmente está relacionado com Cafayate. Um olhar que tem cada vez mais produtores por trás disso.

94 FELIX
Sauvignon Blanc 2020
$$$ | CAFAYATE | 10°

Velhas videiras de Sauvignon com cerca de 60 anos, na região de Cafayate, a 1.600 metros de altura, bem perto da vila de Cafayate. Muito expressivo no nariz, cheira a ervas e cítricos, enquanto na boca é leve, com uma acidez enérgica, e sabores muito firmes e afiados. Tem apenas cerca de dez graus de álcool e um corpo ágil, ideal para abrir agora com ostras. Um branco que tem pouco ou nada a ver com o resto dos brancos do norte da Argentina.

94 VIEJAS BLANCAS
Riesling, Ugni Blanc 2020
$$ | CAFAYATE | 10°

Este vem de duas latadas muito antigas, uma de Riesling e uma de Ugni Blanc, ambas de cerca de 70 anos plantadas em solos arenosos na área de Cafayate. Com apenas cerca de dez graus de álcool, essa mistura de 50% de cada variedade tem uma forte presença de acidez, que é o motor do frescor. Os aromas são cítricos, as frutas se sentem ácidas e o corpo, leve, quase frágil. Mas essa acidez é tão impressionante que no final parece ter força. Um branco muito particular, sem relação com o resto dos brancos na área.

93 CRIOLLA
Criolla Chica 2020
$$ | VALES CALCHAQUÍES | 13°

Na pequena vila de Hualfín, no monte de mesmo nome, há um antigo vinhedo estabelecido em 1898, presumivelmente por jesuítas que vieram de Múrcia, em Levante, na Espanha. Isso, de acordo com os depoimentos que Francisco Lavaque, foi o que conseguiu obter dos proprietários do vinhedo. "O padre os trouxe de Múrcia, na batina", acrescenta Lavaque. Com 80% do volume estagiado em tanques de concreto e o resto em barricas usadas, tem um forte componente terroso em seus aromas, mas também muitas frutas vermelhas em meio a toques leves de ervas. O corpo é bastante delicado, mas há alguns desses taninos firmes e rústicos da Prieto (ou Criolla Chica) que sustentam a estrutura suculenta. Além da fruta, tem uma boa parcela de aromas animais. Vinho fascinante.

93 FELIX
Malbec 2019
$$$ | ALTAMIRA | 14°

Um Malbec das alturas de Altamira, no Vale do Uco, de um vinhedo de 20 anos, este é um fiel reflexo do Malbec da região, das notas de flores, taninos firmes e suculentos, acidez firme e tons de flores. Um vinho de rica profundidade, de grande frescor e uma acidez que é mantida o tempo todo até o fim do paladar, refrescando e dando nervo.

93 VALLISTO
Barbera 2019
$$ | CAFAYATE | 13.5°

Acima de 1.900 metros de altura, no barranco de San Luis, em Cafayate, trata-se de um Barbera plantado por Vallisto em 2011 e hoje oferece uma expressão fresca e exuberante da variedade, cheia de tons de frutas que se expandem por toda a boca. Tem energia, acidez vibrante e taninos firmes que fazem tudo parecer muito mais nervoso e fresco. É para o aperitivo. com um prato abundante de embutidos.

93 VALLISTO
Torrontés 2020
$$ | CAFAYATE | 12°

Este Torrontés vem de videiras muito antigas, de videiras plantadas há cerca de 60 anos na área de Cafayate em solos profundos e arenosos. Não é envelhecido em barricas e o que parece perseguir e alcançar é um estilo bastante fresco da variedade, com um caráter cítrico marcado, com notas florais no fundo e frutas brancas frescas em primeiro plano. Para o aperitivo.

Ver Sacrum.

PROPRIETÁRIO Ver Sacrum
ENÓLOGO Eduardo Soler
INSTAGRAM @versacrumwines
RECEBE VISITAS Sim

• **ENÓLOGO** Eduardo Soler

[**PROJETO DO** empresário turístico Eduardo Soler, esta vinícola jovem tem uma das propostas mais originais de Mendoza. Concentra-se em variedades raras na Argentina, como as mediterrâneas Garnacha e Monastrell. E em sua elaboração aposta na acidez, baixa extração, cor fraca, colheitas antecipadas e às vezes a técnica de maceração carbônica (na qual a uva fermenta em seu bago). O resultado é que, dentro do estilo de frescor e tensão dos vinhos, seus tintos estão entre os mais radicais. Seu interesse por esse tipo de vinho nasceu em uma viagem à Espanha em 2010, onde foi cativado por Garnachas da região de Gredos, perto de Madri.] **IMPORTADOR:** www.wines4u.com.br

94 GEISHA DE JADE
Roussanne, Marsanne 2019
$$$ | CHACAYES | **13°**

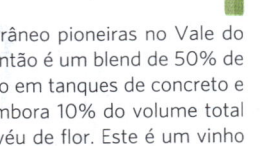

Esta é uma das misturas brancas do Mediterrâneo pioneiras no Vale do Uco. Sua primeira safra foi em 2016 e desde então é um blend de 50% de Roussanne e 50% de Marsanne, cofermentado em tanques de concreto e depois estagiado nesses mesmos tanques, embora 10% do volume total também seja envelhecido em barricas sob o véu de flor. Este é um vinho denso, com muitos sabores frutados e também com toques de flores que lhe dão complexidade. A acidez é firme, a textura apertada.

94 GEISHA DRAGÓN DEL DESIERTO
Viognier, Marsanne, Pedro Ximénez 2020
$$$ | CHACAYES | **13.5°**

Este é o novo branco no portfólio da Ver Sacrum, e é uma cofermentação de 70% Viognier, 20% Marsanne, ambas variedades de Los Chacayes, no Vale do Uco, e 10% de Pedro Ximénez, do leste de Mendoza. Fermentado em concreto e com 20% de envelhecimento em barricas sob o véu de flor (como a Geisha de Jade, o branco clássico da vinícola) mostra um corpo suculento, muita força e uma textura que mistura muito bem a densidade das frutas com a textura selvagem dos taninos. Um branco para beber com miúdos ou para guardar por cinco anos.

94 GLORIA S.
Garnacha 2017
$$$ | CHACAYES | **13°**

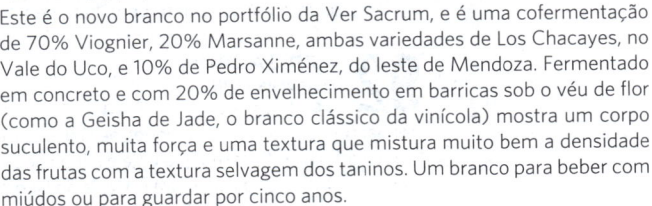

Para este **Gloria S.**, Ver Sacrum lança mão em um vinhedo plantado em 2012 em Los Chacayes, uma seleção massal do primeiro vinhedo que a vinícola usou para seus Garnachas, um vinhedo que não existe mais e foi plantado em socalco em 1947. Após uma maceração semi-carbônica (50% de cacho inteiro), o vinho é envelhecido metade em ânfora e a outra metade em barricas por dois anos. O vinho tem uma suculência rica, muitas frutas vermelhas frescas e vibrantes que são misturadas em um corpo leve, mas ao mesmo tempo têm taninos muito enérgicos. O caráter é bastante fibroso, a fruta vermelha em todos os lugares.

93 LA DAMA DEL ABRIGO ROJO
Nebbiolo 2018
$$$$$ | CHACAYES | 13°

Esperava-se que de Los Chacayes - um lugar que dá tintos de grandes taninos - e de uma variedade de taninos ferozes como Nebbiolo, um pequeno monstro teria nascido. Mas a realidade é que este vinho é bastante civilizado em textura, com taninos pulsantes e afiados, frutas vermelhas e também notas terrosas. Um Nebbiolo que sente a intensidade do sol da montanha, um tinto suculento e fresco para beber no próximo verão.

92 COPIA DE GSM
Garnacha, Monastrell, Syrah 2018
$$ | CHACAYES | 13°

Esta é uma mistura de vinhedo e também um cofermentação. A parcela de onde este tinto vem tem cerca de dez anos e está localizada em Los Chacayes, em um solo muito pedregoso. Foi propositalmente plantado todo misturado com cerca de 70% Garnacha, 15% Monastrell e 15% Syrah. Após a cofermentação, 50% do volume é envelhecido em ovos de concreto e o restante em barricas usadas. O resultado é um suco de fruta vermelha, acidez vibrante e um corpo leve e muito fácil de beber. Um tinto para matar a sede.

92 MÉNAGE CLARETE
Garnacha, Syrah, Marsanne 2019
$ | MENDOZA | 13°

Clarete, uma espécie de degrau superior de rosé, que prevalece lentamente entre os produtores sul-americanos; um estilo mais de acordo com o sol intenso e o calor deste lado do mundo. Esta é uma cofermentação de Garnacha e Marsanne (a Marsanne vem de Los Chacayes e a Garnacha do leste mendocino, de San Martín) mais Syrah que vem de Los Chacayes. O vinho é envelhecido em barricas usadas por cerca de seis meses e o resultado é um delicioso vinho em seu frescor, um suco de frutas vermelhas para adultos onde sabores de frutas, acidez afiada e corpo médio, com taninos muito polidos são combinados muito bem. Para beber por litros.

92 VER SACRUM
Garnacha 2018
$$ | CHACAYES | 13°

Ver Sacrum plantou seus vinhedos de Garnacha em 2011 no complexo eno-imobiliário The Vines, no que hoje é a Indicação Geográfica Los Chacayes, cerca de 1.100 metros de altura no Vale do Uco. Com 25% de cachos inteiros na fermentação, e envelhecido metade em ovos de cimento e os outros 50% em barricas, este tem um suave perfume floral que é misturado com frutas vermelhas e especiarias. A boca é leve, mas ao mesmo tempo com taninos tensos e firmes, matizados por uma doçura agradável de frutas.

92 VER SACRUM
Monastrell 2018
$$ | CHACAYES | 13°

Este Monastrell tem a força da variedade, aqueles taninos rústicos e selvagens que se agarram ao paladar. Mas também há notas de flores e frutas em um vinho perfeito para frios. Este Monastrell vem dos solos pedregosos de Los Chacayes e foi plantado por volta de 2005. Foi estagiado 100% em ovos de cimento, em borras e por seis meses, mais oito meses em garrafa.

90 DOÑA MENCÍA DE LOS ANDES
Mencía 2017
$$$ | CHACAYES | 13°

Esta é a segunda versão deste Mencía, de vinhedos muito jovens plantados em Los Chacayes em 2013. Frutas vermelhas parecem maduras, há muitas notas de especiarias doces em um vinho que mostra um pouco da variedade, mas ainda precisa de trabalho para expressar as uvas claramente.

Vinos ADENTRO.

PROPRIETÁRIO Christian Götz

ENÓLOGO Christian Götz

WEB www.vinosadentro.com

RECEBE VISITAS Não

• **PROPRIETÁRIO & ENÓLOGO**
Christian Götz

[**CHRISTIAN GÖTZ** é suíço e viaja para a Argentina desde a década de 1990, graças ao seu amor pelo montanhismo. Em 2005, e maravilhado com a paisagem montanhosa dos Vales Calchaquíes, ele comprou 30 hectares de terra na área de Cachi Adentro, acima de 2.600 metros de altura. Desses 30 hectares, hoje oito são plantados com vinhedos e com eles este montanhista e entusiasta do vinho produz cerca de 40 mil garrafas.]

93 ADENTRO
Malbec 2017
$$ | VALES CALCHAQUÍES | **14.5°**

Dos oito hectares que a Adentro plantou em Cachi, cerca de seis são Malbec, e o que obtém é concentrado, intenso, cheio de força e caráter. Esta é a visão da vinícola de um terroir muito especial, um terroir inexplorado onde não há vinhedos vizinhos nas proximidades; um lugar isolado onde o suíço Christian Götz fez seu pequeno mundo de tintos suculentos e rústicos.

93 GRAN NEVADO
Torrontés 2019
$$$ | VALES CALCHAQUÍES | 13.5°

Esta é uma produção muito pequena de apenas cerca de 450 garrafas de uma seleção de Torrontés de vinhas de baixo rendimento, fermentados em barricas e envelhecidos neles por cerca de seis meses. O vinho mostra muita estrutura, um corpo importante, quase tânico, que poderia acompanhar perfeitamente algumas costeletas de porco grelhadas. Os aromas e sabores da barrica parecem muito bem integrados em um branco essencialmente frutado.

92 ADENTRO
Torrontés 2019
$$ | VALES CALCHAQUÍES | 13.5°

Vinos Adentro possui 1,25 hectares de Torrontés, plantados em 2008, e com eles obtém este Torrontés perfumado e suculento com forte sotaque no lado floral, quase Moscatel, da uva. É leve e fresco na boca, o tipo de branco que pode ser aberto para aperitivo.

91 ADENTRO
Merlot 2018
$$ | V A L E S   C A L C H A Q U Í E S | **14.7°**

Acima de 2.600 metros de altura, e vinhedos plantados em 2007, este é um Merlot concentrado e maduro, com tons de frutas negras e especiarias doces no meio de um corpo generoso, rico em taninos que se agarram à língua firmemente. Para cordeiro com alecrim.

OUTRO VINHO SELECIONADO
89 | ADENTRO ROSADO Malbec 2019 | Vales Calchaquíes | 13.5° | **$$**

Vinos de Potrero.

PROPRIETÁRIO Belén Soler
ENÓLOGO Bernardo Bossi Bonilla
WEB www.vinosdepotrero.com
RECEBE VISITAS Não

• **ENÓLOGO** Bernardo Bossi Bonilla

[**ESTA É** a vinícola do futebolista Nicolas Burdisso e sua família. Burdisso, ex-defensor central do Boca Juniors, da seleção argentina, e por 15 anos jogador em clubes importantes da liga italiana, empreendeu este projeto com sua esposa, Belén Soler Valle, comprando em 2010 uma propriedade em Gualtallary, uma das áreas de maior altitude e prestígio no Vale do Uco. Bernardo Bossi, com experiência nas vinícolas Catena Zapata, Casarena e Los Toneles, é o enólogo.]

95 GRAN POTRERO
Malbec 2016
$$ | V A L E   D O   U C O | **14.5°**

Esta é uma seleção de parcelas plantadas em um leito de rio antigo, com solos especialmente pedregosos no projeto Tupungato Winelands. Este vinhedo foi plantado por volta de 2010, e agora dá uma fruta densa, muito concentrada, embora sem perder o espírito dos vinhos de Gualtallary, as frutas exuberantes, vermelhas e os aromas de violetas que são misturados com notas de ervas. A textura dos taninos é nítida, semelhante à sensação de giz. Um vinho para a guarda.

93 POTRERO
Chardonnay 2020
$$ | V A L E   D O   U C O | **13°**

Este 100% Chardonnay vem de seus próprios vinhedos na área de Gualtallary, acima de 1.300 metros de altura, ao norte do Vale do Uco, tem 20% de seu volume envelhecido por seis meses em barricas. O caráter fresco da montanha é sentido aqui, com sua acidez fresca e vibrante e com os aromas de ervas se exibindo claramente. Um vinho de corpo muito bom, com muita suculência e vivacidade; para comer com peixe grelhado.

93 POTRERO RESERVA
Cabernet Franc 2019
$$ | V A L E   D O   U C O | **14.3°**

Este Cabernet Franc foi plantado em 2015, nos solos pedregosos e calcários de Gualtallary, ao norte do Vale do Uco. É um vinho vibrante, suculento e delicioso em seu frescor, nervoso em seus taninos que se desdobram pela boca apoiando uma estrutura que, embora pareça leve, é tensa, fibrosa. Esta é a primeira versão deste Reserva, e você pode incluí-lo perfeitamente na lista de desejos de Cabernet Franc deste ano no Vale do Uco, um lugar onde esta variedade parece se sentir muito confortável.

93 POTRERO RESERVA
Malbec 2019
$$ | VALE DO UCO | **14.5°**

Este Malbec vem de solos pedregosos e calcários e vinhedos plantados em 2011 na área de Gualtallary do Vale do Uco, cerca de 1.350 metros acima do nível do mar. O envelhecimento já é de um ano em barricas novas e usadas e o efeito da madeira ainda é sentido, com seus toques tostados. Então não abra essa garrafa ainda, espere um ano e você verá a fruta vermelha emergir em um vinho nervoso e fresco.

92 POTRERO
Malbec 2020
$$ | VALE DO UCO | **14.5°**

Um Malbec cheio de frutas vermelhas, delicioso em seu frescor, generoso em notas de flores e ervas em um tinto que reflete muito bem a exuberância do Malbec de Gualtallary, cerca de 1.350 metros acima do nível do mar. Com malolática parcialmente feita, aqui o ácido málico é sentido e contribui para essa sensação de crocância.

Vinyes Ocults.

PROPRIETÁRIO Tomás Stahringer
ENÓLOGO Tomás Stahringer
WEB www.vinyesocults.com
RECEBE VISITAS Não

• **ENÓLOGO** Tomás Stahringer

[**ESTE É** o empreendimento pessoal de Tomás Stahringer, o enólogo do Bodega Polo. Começou em 2007 como uma vinícola de garagem, com 400 litros feitos em sua casa. Ele teve sucesso entre seus primeiros compradores e isso o encorajou. Hoje tem vinhedos próprios, sete hectares em Tunuyán, Vale do Uco. As videiras são cercadas por árvores, escondidas, daí o nome do projeto (vinyes ocults significa vinhedos escondidos em catalão).]
IMPORTADOR: www.bocaabocavinhos.com.br

95 GRAN MALBEC
Malbec 2017
$$$$ | VALE DO UCO | **13.7°**

Dos sete hectares que Vinyes Ocults possui em Tunuyán, nos solos pedregosos do leito do rio Las Tunas, um é selecionado para este Malbec. É um lote de rendimentos muito baixos, plantados há cerca de 14 anos naqueles solos arenosos com fundo de pedra. Daí vem esse tinto que representa muito fielmente o estilo que a vinícola conseguiu alcançar nas últimas duas ou três safras; esse estilo de tintos elétricos, cheio de vitalidade e energia, dominado por uma acidez acentuada que destaca os sabores de frutas vermelhas refrescantes, taninos verticais e tensos. Um vinho delicioso e, acima de tudo, um excelente exemplo do caminho que o novo Malbec tomou na Argentina.

94 VINYES OCULTS
Malbec 2019
$ $ | VALE DO UCO | **14°**

Este é o vinhedo que Vinyes Ocults tem em Tunuyán, plantado há cerca de 12 anos nos terraços do rio Las Tunas. Envelhecido em barricas de madeira velha por cerca de oito meses, este é um Malbec brilhante em seus sabores de frutas vermelhas, em sua acidez, em seus taninos firmes e afados, tensos, cheios de vivacidade. Esta é a definição de um vinho crocante, refrescante e suculento, sem maiores ambições do que ser um bom companheiro para a grelha, as linguiças e os cortes de carne que vêm depois.

94 VINYES OCULTS BLEND DE TINTAS
Malbec, Cabernet Franc, Cabernet Sauvignon, Merlot 2019
$ $ | VALE DO UCO | **13.8°**

Esta mistura consiste em 50% Malbec, 20% Cabernet Franc, 20% Cabernet Sauvignon, e o resto de Merlot. O estilo é o mesmo, o suco de frutas vermelhas ácidas que nas duas últimas safras está definindo o estilo da casa. Os taninos são afiados, verticais, duros, com frutas vermelhas e negras, algumas especiarias e flores em um tinto para beber sem parar.

93 VINYES OCULTS
Viognier 2020
$ $ | LOS CHACAYES | **13.7°**

De um vinhedo de 20 anos na área de Los Chacayes no Vale do Uco, este é um dos poucos Viogniers de altura ao pé dos Andes. Este tem um lado cítrico incomum na variedade. Pode ser o clima da montanha e a influência da cordilheira, mas o fato é que, além das notas florais clássicas, este tem uma acidez cítrica e sabores de cal. Segundo Tomás Stahringer, essa nota se deve ao local, mas também porque os cachos estão sempre protegidos do sol, impedindo que os raios queimem a pele e percam acidez.

93 VINYES OCULTS MACERACIÓN CARBÓNICA
Malbec 2020
$ $ | VALE DO UCO | **13.8°**

Feito com o método de maceração carbônica, popularizado no Novo Mundo graças aos tintos de Beaujolais, este é um exemplo muito bom do estilo. Um Malbec suculento, fresco, tenso, rico em acidez e macio em taninos; um Malbec de nova escola, sem pensar na doçura da variedade ou na intensidade da boca. É leve, ideal para beber por litros, um vinho amigável apesar do rótulo. Vem de vinhedos de mais de vinte anos plantados na área de La Consulta, no Vale do Uco.

Viña Las Perdices.

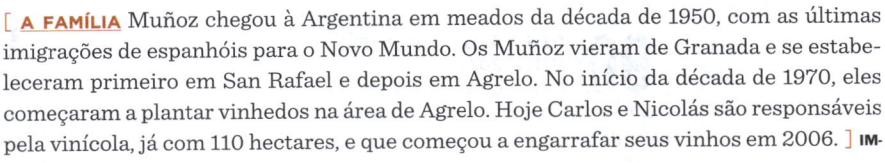

PROPRIETÁRIO Juan Carlos Muñoz
ENÓLOGO Juan Carlos Muñoz & Fernando Losilla
WEB www.lasperdices.com
RECEBE VISITAS Sim • **ENÓLOGO** Juan Carlos Muñoz

[**A FAMÍLIA** Muñoz chegou à Argentina em meados da década de 1950, com as últimas imigrações de espanhóis para o Novo Mundo. Os Muñoz vieram de Granada e se estabeleceram primeiro em San Rafael e depois em Agrelo. No início da década de 1970, eles começaram a plantar vinhedos na área de Agrelo. Hoje Carlos e Nicolás são responsáveis pela vinícola, já com 110 hectares, e que começou a engarrafar seus vinhos em 2006.] **IMPORTADOR:** www.wine.com.br

92 EXPLORACIÓN ROSÉ
Malbec 2020
$$ | A G R E L O | 12.5°

Este é cem por cento Malbec dos vinhedos de Las Perdices, na área de Agrelo, em Luján de Cuyo. Com cachos prensados diretamente, e com a cor obtida apenas pelo breve contato do suco com as peles nessa prensagem, este vinho, no entanto, tem uma boa concentração de sabores e muito frescor em um rosé que funciona para quem a sede no verão, mas também tem a densidade necessária para acompanhar ensopados de peixe e frutos do mar.

92 PARTRIDGE SELECCIÓN DE BARRICAS
Malbec, Petit Verdot, Ancellotta 2018
$$ | A G R E L O | 14.7°

Cem por cento Agrelo, e com uma base de 60% de Malbec, mais Petit Verdot e Ancellotta em percentuais semelhantes, oferece uma excelente relação preço-qualidade, em um vinho muito bom, cheio de frutas negras ácidas e muita tensão. Envelhecido por 12 meses em barricas, aqui estão certos toques tostados de carvalho, mas a verdade é que ele se sente muito integrado em uma camada de frutas suculenta, muito suculenta, sem ser exaustiva.

91 ALA COLORADA
Tannat 2018
$$ | A G R E L O | 14.5°

Para a linha Ala Colorada, Las Perdices seleciona variedades não totalmente comuns, plantadas em seu vinhedo de Agrelo. Dos cem hectares plantados, cinco são Tannat e uma seleção deles vale para este tinto, que se sente completamente domesticado, com forte influência de madeira. A textura é lisa e os sabores são doces.

91 LAS PERDICES EXPLORACIÓN
Malbec 2018
$$ | G U A L T A L L A R Y | 14.5°

Um olhar doce e maduro para o Malbec de Gualtallary, este vem de um vinhedo cerca de 1.250 metros acima do nível do mar, no Vale do Uco. 70% do vinho foi envelhecido em barricas e isso é imediatamente sentido nas notas de madeira tostada. Atrás, no entanto, há frutas densas e maduras. Um vinho suculento para ensopados.

90 LAS PERDICES
Albariño 2020
$$ | AGRELO | 13.5°

Uma pequena excentricidade, este Albariño plantado em Agrelo em 2008, sem envelhecer em barricas, tem o caráter que imprime o calor e o sol daquela área de Luján de Cuyo, Mendoza. Parece maduro, suculento e doce, mas ao mesmo tempo com acidez muito boa que acalma e dá frescor. Para um caldo de frutos do mar.

90 PARTRIDGE FLYING
Malbec 2020
$ | AGRELO | 13°

Um rosé crocante, suculento e refrescante, cheio de sabores de frutas vermelhas ácidas no meio de um corpo leve, com taninos muito macios e textura leve. O rosé ideal para acompanhar as férias de verão e beber por litros à beira da piscina.

90 PARTRIDGE RESERVA
Cabernet Sauvignon 2018
$ | AGRELO | 14.5°

Um Cabernet denso e maduro, com ervas, mas acima de todos os tons frutados, aqui está uma boa trama de taninos, mas acima deles está a maturidade de um tinto que enche a boca.

OUTROS VINHOS SELECIONADOS
89 | LAS PERDICES EXTRA BRUT Chardonnay, Pinot Noir N/V | Agrelo | 12.5° | $
88 | CHAC CHAC Cabernet Franc 2019 | Vale do Uco | 14° | $
88 | LAS PERDICES BRUT Pinot Noir N/V | Agrelo | 12.5° | $
87 | CHAC CHAC Malbec 2019 | Vale do Uco | 14° | $
87 | PARTRIDGE FLYING Malbec 2019 | Agrelo | 14° | $

Viña Los Chocos.

PROPRIETÁRIO Rodrigo I. Reina
ENÓLOGO Germán Massera
WEB www.loschocos.com
RECEBE VISITAS Não

• **PROPRIETÁRIO** Rodrigo I. Reina

[**LOS CHOCOS** é o projeto de Rodrigo Reina, que se une por um forte vínculo com o mundo do vinho. Seus avós e pais eram viticultores históricos no Vale do Uco, fornecendo uvas para muitos enólogos da região por anos. E, junto com seu pai, Reina fez parte da criação da vinícola Andeluna no início de 2000, embora anos depois eles venderam sua participação. O enólogo é Germán Massera, também conhecido por sua vinícola Escala Humana.]

97 ESTEREO
Cabernet Franc 2018
$$$$$ | GUALTALLARY | 13.9°

Cabernet Franc é a variedade estrela de Los Chocos, e a principal fonte de uvas é uma parcela no leito do rio, um solo rico em cal e cascalho que foi plantado em 2009. Com um ano e meio em barricas, este tem o lado intenso em notas de ervas e tabaco da variedade, mas também notas terrosas que lhe dão complexidade e caráter. A boca é dirigida por uma acidez vibrante, muitos sabores frutados e, acima de tudo, taninos finos e afiados; pequenas agulhas que servem como uma estrutura. Um Cabernet Franc para pensar sobre a guarda e hoje um dos melhores expoentes da variedade na Argentina. 800 garrafas foram feitas deste Estereo. Tente pegar algumas.

96 PARCELA 79
Malbec, Cabernet Franc 2017
$$$$ | GUALTALLARY | **14°**

O lote 79 foi plantado em 2009 e é o coração do projeto Los Chocos em Gualtallary. A mistura é composta por 75% de Malbec e 25% de Cabernet Franc, ambas as variedades são colhidas ao mesmo tempo e cofermentadas para serem estagiadas por um ano e meio em barricas. Com uma porcentagem significativa de engaço - pelo menos 30% que foi adicionado na fermentação - aqui você sente uma firme aderência dos taninos, mas, acima de tudo, muitas frutas frescas e crocantes, acompanhadas de sabores suculentos. Ainda é um tinto muito jovem, mas é irresistível não abrir com um bife grelhado.

95 VERTEBRADO
Cabernet Franc 2019
$$$ | GUALTALLARY | **12.7°**

Vertebrado vem de solos de córregos, em um solo rico em pedras e em cal plantado por volta de 2009. As produções são muito baixas, mas de muita boa concentração, que é transmitida em um vinho de grande força tânica. Neste Cabernet Franc predominam as notas de ervas e tabaco, enquanto os aromas das frutas ficam em segundo plano. Na boca acontece a mesma coisa, com as ervas na frente e os sabores suculentos e frutados que dão água na boca. Um ano de envelhecimento nas barricas deu notas de especiarias doces em meio a taninos firmes e acidez de vinho de montanha, vindo de um vinhedo ao pé dos Andes, a 1.550 metros de altura em Gualtallary.

94 VERTEBRADO
Malbec 2018
$$$ | GUALTALLARY | **13.5°**

Para **Vertebrado** é feita uma seleção de um terreno de um hectare de solos muito calcários e rochosos, um antigo leito de córrego. As produções neste vinhedo são muito baixas, entregando vinhos de grande concentração como este Malbec que mostra muitas frutas vermelhas em um corpo intenso, mas que em nenhum momento perde o frescor. A acidez é responsável por oferecer equilíbrio. As frutas são exuberantes e há algumas leves notas de especiarias e tostadas (o vinho foi envelhecido por um ano em barricas de 500 litros), mas não conseguem superar a exuberância das frutas.

93 ELÉCTRICO
Malbec 2018
$$$ | GUALTALLARY | **14.5°**

Este é o novo vinho de Los Chocos, um Malbec de uma seleção de parcelas em solos arenosos com cerca de 1.550 metros de altura na área de Gualtallary, ao norte do Vale do Uco. Não tem intervenção na madeira, uma vez que o envelhecimento é feito em vasos de concreto, a fim de mostrar a fruta de Gualtallary em um vinho de montanha. Aqui os aromas de ervas e florais são misturados com notas de frutas vermelhas e negras ácidas. O vinho tem muita aderência, com muitos sabores frutados que dão água na boca.

Viña Los Chocos.

90 PARCELA 5
Pinot Noir 2018
$$$$ | GUALTALLARY | **12.9°**

Toques terrosos e muitas frutas maduras em um Pinot com uma textura amigável, com acidez suculenta e leves toques de ervas em meio a uma sensação de maturidade agradável. Este tinto vem de vinhedos de dez anos de idade localizados cerca de 1.550 metros acima do nível do mar.

Viñalba.

PROPRIETÁRIO Bodegas Fabre S.A.

ENÓLOGO Hervé J. Fabre

WEB www.vinalba.com

RECEBE VISITAS Não

· PROPRIETÁRIOS
Hervé J. Fabre & Diane J. Fabre

[**HERVÉ JOYAUX** nasceu em Bordeaux, mas desde a primeira metade dos anos 90 tornou--se uma figura-chave no renascimento do vinho argentino, graças à sua vinícola Fabre Montmayou, localizada em Vistalba, uma das áreas de maior altitude de Luján de Cuyo. Mas se Fabre se concentra em vinhedos antigos naquele clássico lugar mendocino, Viñalba - seu segundo projeto na Argentina - é orientado para o Vale do Uco, e especificamente para a área de Gualtallary, ao pé dos Andes, vinhedos que têm mais de 1.500 metros de altura. Estas são parras muito mais jovens do que o centenário Fabre Montmayou em Vistalba, mas já oferecem um forte senso de lugar nesses vinhos da montanha.]

IMPORTADOR: www.vinhoeponto.com.br

97 DIANE
Malbec, Cabernet Franc 2018
$$$ | VALE DO UCO | **14.5°**

Para este **Diane**, a cuvée mais ambiciosa de Viñalba em Gualtallary, eles selecionam vinhedos plantados em solos especialmente ricos em cal. "Quando você experimenta a uva desses lugares, ela se sente nítida e ácida. Não perde acidez", diz o enólogo Juan Bruzzone. E esse sentimento é semelhante ao sentido quando você bebe esse Diane, 85% Malbec e 15% de Cabernet Franc de cerca de 15 anos, nas colinas do Jaboncillo; uma série de pequenas colinas que são projetadas a partir dos Andes. A sensação de tensão deste vinho na boca é nítida, os taninos são reativos, muito afiados; sabor delicioso, frutas vermelhas exuberantes. Um vinho que fala claramente de um canto nos Andes onde Malbec (e Cabernet Franc) sofrem mutação.

95 GRAN RESERVA (GRAN RESERVADO)
Malbec 2018
$$ | VALE DO UCO | **14.5°**

Para este Malbec se usam vinhedos plantados por volta de 2011 em um pequeno vale entre montanhas, no meio da propriedade de Viñalba em Gualtallary, acima de 1.400 metros de altura. São solos com muito conteúdo calcário, em uma área conhecida como Monasterio, uma das fontes dos melhores Malbec que hoje são produzidos na Argentina. Neste exemplo, os aromas herbáceos do lugar se sentem fortes, mas também as notas de frutas e florais. A textura dos taninos é o resultado direto dos vinhas plantados em cal; textura de giz, tensa, de ranhuras. Um exemplo claro do tipo de vinhos obtidos daquele canto do Vale do Uco.

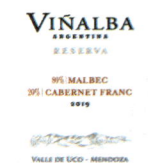

92 80% MALBEC 20% CABERNET FRANC RESERVA
Malbec, Cabernet Franc 2019
$ | V A L E D O U C O | **14.5°**

Esta mistura vem dos primeiros vinhedos que Viñalba plantou nesta área extrema do Vale do Uco, nas colinas de Jaboncillo, em Gualtallary, e cerca de 1.400 metros acima do nível do mar. Aqui as frutas vermelhas e as notas de ervas de Malbec são confundidas com as notas de tabaco do Franc em um tinto suculento, que enche o paladar com suas frutas vermelhas e taninos firmes, ideais para bife grelhado.

92 RESERVA
Malbec 2019
$ | V A L E D O U C O | **14.5°**

Este **Reserva** é o Malbec básico de Viñalba e a porta de entrada para os vinhedos da vinícola nas alturas de Gualtallary, nas colinas de Jaboncillo, uma série de encostas ricas em solos de cal. Este tem a exuberância dos vinhos locais, os aromas selvagens das ervas e a força das notas frutadas em um Malbec suculento, pronto agora para beber com o assado.

90 RESERVA
Malbec, Touriga Nacional 2019
$ | V A L E D O U C O | **14.5°**

Com 80% de Malbec e o resto do Touriga Nacional, ambos plantados acima de 1.400 metros de altura, em Gualtallary, ao norte do Vale do Uco. Este é frutado, suculento, taninos com aderência suficiente para pensar em assados, mas ao mesmo tempo com frescor de frutas suficiente para abrir a garrafa com um prato de frios enquanto assiste futebol.

OUTRO VINHO SELECIONADO
87 | ROSÉ Malbec 2020 | Vale do Uco | 12.5° | $

Voce Wines.

PROPRIETÁRIO Enrique Padilla
ENÓLOGO Fernando Barberá
INSTAGRAM @vocewines
RECEBE VISITAS Não

• **ENÓLOGO** Fernando Barberá

[**ENRIQUE PADILLA** é um consumidor de vinhos de Buenos Aires. Em 2018 conheceu o enólogo Fernando Barberá (da vinícola Finca 1948) e imediatamente nasceu a ideia de fazer vinhos. Ele produz hoje cerca de 30.000 garrafas de diferentes vinhedos no Vale do Uco.]

91 VOCE
Malbec 2018
$ | V A L E D O U C O | **13.5°**

Los Chacayes, graças ao seu clima de montanha e solos muito pedregosos, geralmente dá vinhos selvagens em sua textura, tintos de taninos firmes e, ao mesmo tempo, de muitas frutas e flores. Esta é uma excelente porta de entrada para o mundo dos tintos de Los Chacayes. Tem a força tânica, a intensidade dessa textura que, embora mostre alguma rusticidade, o que tem mais é a força frutada. Este é um delicioso suco de frutas vermelhas com nuances florais, algumas notas de ervas e acidez afiada. Tudo no lugar para ser um dos bons tintos "piscineiros" hoje na Argentina, e uma excelente relação qualidade-preço.

90 VOCE
Chardonnay 2018
$ | VALE DO UCO | 13.6°

Este Chardonnay vem de um vinhedo de cerca de 1.100 metros de altura, na área de agua Amarga, em Tupungato. É um vinhedo de cerca de 45 anos, plantado nos solos aluviais do rio Las Tunas. Sem envelhecer em barricas, este é um Chardonnay puro em sua expressão frutada, fresco e crocante em acidez, com uma textura firme e agora pronto para frutos do mar crus, macerado em limão.

Xumek.

PROPRIETÁRIO Ezequiel Eskenazi Storey
ENÓLOGO Daniel Ekkert
WEB www.xumek.com.ar
RECEBE VISITAS Sim

• **PROPRIETÁRIO**
Ezequiel Eskenazi Storey

[**XUMEK** é o projeto do empresário Ezequiel Eskenazi, na região do Vale do Zonda, em San Juan. Lá plantou cerca de 150 hectares, alguns deles, como La Ciénaga, cerca de 1.500 metros acima do nível do mar. O enólogo é Daniel Ekkert.]

94 ABISMO FINCA LA CIÉNAGA
Malbec 2018
$$$ | ZONDA | 14.1°

Abismo vem de um terreno dentro do vinhedo La Ciénaga, 1.480 metros acima do nível do mar. É o mais antigo, plantado em 2011 com material clonal de Malbec. 60% do vinho foi envelhecido em barricas e o resto em tanques de aço. Ao contrário dos outros tintos da casa, a fruta alta é sentida aqui com um caráter tenso, frutas vermelhas maduras, mas especiadas e herbáceo ao mesmo tempo. Na boca você pode ver a presença de solos calcários, proporcionando uma textura de taninos tensos, pulsantes e afiados. Um vinho que, sem dúvida, crescerá ao longo dos anos na garrafa.

91 XUMEK
Chardonnay 2020
$$ | ZONDA | 14°

Este Chardonnay vem do vinhedo de Santa Sylvia, plantado cerca de 840 metros de altura, no Vale de Zonda. É um branco muito perfumado, com aromas e sabores de frutas brancas maduras no meio de um corpo suculento, onde o álcool tem um papel importante, mas também a densidade de sabores frutados. Este vinho fermenta em aço e não é envelhecido em barricas.

OUTROS VINHOS SELECIONADOS
89 | XUMEK Malbec 2019 | Zonda | 14.5° | $$
89 | XUMEK Syrah 2019 | Zonda | 14° | $$

Zorzal Wines.

PROPRIETÁRIOS Investidores canadenses, irmãos Michelini & Grupo Belén
ENÓLOGO Juan Pablo Michelini
WEB www.zorzalwines.com
RECEBE VISITAS Sim

• **ENÓLOGO** Juan Pablo Michelini

[**ZORZAL ESTÁ** localizado na área de Gualtallary, com 1.350 metros de altura, e é uma das vinícolas emblemáticas deste lugar ao norte do Vale do Uco. Juan Pablo Michelini é o enólogo residente e seu braço direito é a enóloga Noelia Juni, enquanto a viticultura está a cargo do engenheiro agrônomo Rafael Ruiz. Zorzal que compra uvas de diferentes produtores de Gualtallary (principalmente em Tupungato Winelands) e produz cerca de 400 mil garrafas por ano. Michelini divide a propriedade da empresa com investidores canadenses e, desde 2011, com os chilenos do Grupo Belén (Viña Morandé), encarregados de comercializar seus vinhos no exterior.] **IMPORTADOR:** www.grandcru.com.br

97 EGGO TINTO DE TIZA
Malbec 2018
$$ | G U A L T A L L A R Y | **14.5°**

Este **Eggo** vem do Lote 57 em Tupungato Winelands em Gualtallary. Foi plantado em 2009 em solos ricos em pedras cobertas de calcário e também, em algumas partes, em cal compactado. De acordo com Juan Pablo Michelini, este vinhedo dá ervas, notas selvagens, mas acima de tudo se reflete na textura. E que textura ele tem. Os taninos se agarram firmemente ao paladar, com aquela sensação de giz típica desses solos ricos em calcário. O resto são frutas vermelhas, tons de ervas e florais, e uma acidez com tanta aresta quanto aqueles taninos. Uma das melhores versões deste Eggo, um vinho que desde 2012 vem mostrando pureza frutada em vinhos que são envelhecidos apenas em ovos de cimento.

97 PIANTAO
Cabernet Franc, Malbec, Merlot 2016
$$$$ | T U P U N G A T O | **13.5°**

Um vinho que marcou uma era no vinho argentino, é produzido desde a safra de 2011 e foi um dos primeiros a colocar na mesa o tema do potencial do Cabernet Franc do Vale do Uco, tema que não é mais discutido hoje por ser uma realidade. Esta nova safra tem 80% de Cabernet Franc mais 15% Malbec e o resto do Merlot, todos de vinhedos ricos em cascalho e cal de Gualtallary. A safra de 2016 é um tema a parte: fria e chuvosa, obrigando os produtores a colher muito mais cedo do que o habitual, obtendo vinhos mais frescos, de frutas mais vermelhas. Foi uma safra difícil, mas tem dado vinhos excepcionais para a guarda como este caso, onde ervas de Cabernet Franc são misturadas com sabores frutados. A boca é nervosa, com acidez penetrante e taninos com a textura do giz. Um tinto excepcional, para uma colheita excepcional.

96 EGGO BLANC DE CAL
Sauvignon Blanc 2019
$$ | G U A L T A L L A R Y | **11.5°**

Esta é uma seleção de um terreno em Tupungato Winelands, plantado por volta de 2009 em Gualtallary, tudo em solos ricos em calcário naquela área do Vale do Uco, acima de 1.300 metros de altura. Com um longo trabalho de borras finas e também fermentado com suas peles, este Sauvignon transcende o caráter varietal para entrar em uma visão de um grande branco de Gualtallary. Aqui estão notas salinas, tons minerais e uma profundidade de sabores no paladar que fala da qualidade da fruta que é obtida desses vinhedos. A textura é tensa, dura, e o final deixa uma sensação salina, muito semelhante à deixada por um Jerez Fino, embora não tenha havido envelhecimento aqui sob véu de flor, apenas nove meses de ovo de concreto antes de ir para a garrafa.

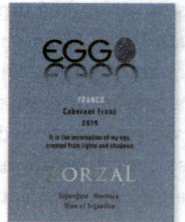

96 EGGO FRANCO
Cabernet Franc 2019
$ $ | G U A L T A L L A R Y | **14°**

A linha Eggo é baseada em seleções de parcelas dos melhores vinhedos que Zorzal tem disponível em Gualtallary. Neste caso, é o Lote 81, que foi plantado em 2009 em solos ricos em pedras e cal. O vinho não envelhece em madeira, apenas em ovos de concreto por nove meses. Aqui a força do solo calcário é fortemente percebida, mostrando taninos afiados e musculosos, em meio a muitos sabores de ervas, tabaco e hortelã; a boca é puro suco de cerejas ácidas. Um Franc dos melhores hoje na Argentina.

94 FIELD BLEND
Cabernet Sauvignon, Malbec 2018
$ $ $ | T U P U N G A T O | **13°**

Este é um vinho pioneiro na ideia de cofermentação na Argentina. Tudo vem da mesma parcela, com 70% de Cabernet Sauvignon e 30% Malbec. O vinho é envelhecido em barricas antigas por 20 meses e tem um estilo muito mais intenso e maduro do que o resto do portfólio da Zorzal, algo que é acentuado em um ano quente como 2018. As frutas negras, notas especiadas e taninos musculosos de um Cabernet-Malbec para cordeiro.

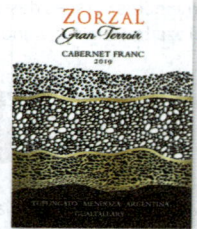

94 GRAN TERROIR
Cabernet Franc 2019
$ $ | T U P U N G A T O | **14°**

Vem de seus próprios vinhedos na área de Monasterio, no Vale Gualtallary, mas em um setor rico em areias e pedras cobertas de calcário. As videiras são muito jovens, plantadas em 2016, e esta é a segunda versão que é engarrafada. É um vinho rico em notas de ervas, mas ao mesmo tempo muito frutado. O nariz é generoso em ervas e aromas de cerejas. A boca é pulsante, muito típica de vinhos que vêm de solos de cal, e a acidez da montanha em um ano fresco faz seu trabalho, refrescando tudo. Um Franc para abrir agora com frios.

94 GRAN TERROIR
Malbec 2019
$ $ | T U P U N G A T O | **14°**

Esta é uma mistura de dois vinhedos em Gualtallary "Albo" no meio daquela área de Tupungato, todos os solos arenosos e pedregosos com grande teor de cal, acima de 1.300 metros de altura. O vinho é envelhecido por um ano em barricas e o que é obtido - em uma colheita brilhante como 2019 - é uma mistura muito boa entre frutas vermelhas maduras, acidez vibrante e taninos finos e abundantes. Um equilíbrio suculento, que fala muito sobre as ervas e sabores de cerejas de Gualtallary, mas também da textura um tanto selvagem e tensa de seus vinhos nascidos em cal. Um Malbec de montanha, por definição.

94 GRAN TERROIR
Pinot Noir 2019
$$ | T U P U N G A T O | **13.5°**

El Peral é a origem deste pinot, um vinhedo de mais de 70 anos que dá um suco de fruta que, em Zorzal, toma-se muito cuidado na vinícola para que não perca esse frescor. Com uma vinificação muito cuidadosa com oxigênio e uma extração que tenta obter aqueles taninos firmes do Pinot de verdade, aqui está aquela estrutura, que poderia ser definida como fibrosa. Não é um corpo grande, mas é um corpo duro e musculoso, assim como o contexto de um corredor de maratona. O resto aqui é fruta suculenta, muito vermelha, e também notas terrosas que são mostradas em todo o paladar, juntamente com uma acidez vibrante.

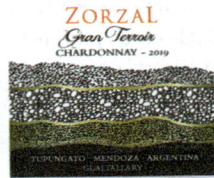

93 GRAN TERROIR
Chardonnay 2019
$$ | G U A L T A L L A R Y | **13°**

Esta é a primeira vez que há um branco na linha Gran Terroir e eles estreiam com um Chardonnay de solos de areia, pedra e cal na área de Gualtallary "Albo", em direção ao meio da denominação. Este tem um ano em barricas de 500 litros, novas, e que é sentido nas fortes notas especiadas que oferece, em uma camada de frutas brancas maduras. A boca é tensa, marcada pela acidez e uma textura dura, muito nervosa. Um branco para o futuro ou para abrir agora com ouriços.

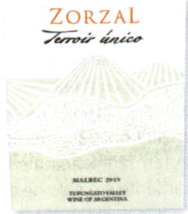

92 TERROIR ÚNICO
Malbec 2019
$ | G U A L T A L L A R Y | **13.5°**

O enólogo Juan Pablo Michelini considera a safra 2019 uma das melhores com as quais já trabalhou. E você sente na pureza do fruto a grande expressão de Malbec da montanha, rico em ervas e violetas. Este vinho vem de diferentes produtores ao longo de Gualtallary, e a ideia por trás deste vinho é justamente mostrar a área através de um vinho. E o que ele exibe é uma foto muito boa de Gualtallary, especialmente em seus taninos afiados de cal e o frescor de um tinto que nasce ao pé dos Andes.

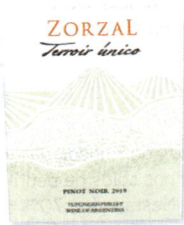

91 TERROIR ÚNICO
Pinot Noir 2019
$ | G U A L T A L L A R Y | **12°**

Trata-se de uma seleção de diferentes produtores na área de Gualtallary, acima de 1.300 metros de altura, no Vale do Uco. Consistentemente, este Terroir Único oferece excelente relação qualidade-preço. Esta safra não é exceção em um vinho que entrega em quantidades semelhantes frutas vermelhas e notas terrosas em um vinho de taninos intensos, acidez suculenta para beber por litros no verão.

Zuccardi Valle de Uco.

PROPRIETÁRIO Família Zuccardi
ENÓLOGO Sebastián Zuccardi
WEB www.zuccardiwines.com
RECEBE VISITAS Sim

▸ **ENÓLOGO** Sebastián Zuccardi

[**ZUCCARDI É** uma das principais vinícolas da história recente do vinho argentino. Foi fundada por Alberto Zuccardi na década de 1960, expandida por seu filho José Zuccardi na década de 1990 e nos últimos anos é o enólogo Sebastián Zuccardi, a terceira geração da família, que a está levando para novos territórios. Em 2008 criou uma área de pesquisa dedicada ao estudo de solos e outras variáveis que afetam o vinho, e desde então privilegia a expressão máxima dos vinhedos, com mínima intervenção na vinícola, se livrando do uso de barricas novas, por exemplo. Zuccardi possui cerca de mil hectares de vinhedos, espalhados por diferentes fazendas no Vale do Uco.] **IMPORTADOR:** www.grandcru.com.br

99 FINCA PIEDRA INFINITA SUPERCAL
Malbec 2018
$$$$$ | ALTAMIRA | **14°**

Supercal é uma seleção de pequenos setores do vinhedo Piedra Infinita, os 52 hectares plantados ao redor da vinícola Zuccardi, com cerca de 1.100 metros de altura, em Altamira, ao sul do Vale do Uco. É principalmente uma seleção de solos ricos em cascalho e cal que a equipe da vinícola seleciona e colhe manualmente, e depois fermenta em cachos completos em lagares de concreto. O enólogo Sebastián Zuccardi tem o cuidado de esmagar os cachos para que não haja maceração carbônica, que, em sua opinião, oferece aromas mais relacionados à vinícola do que ao local. A fermentação na presença de engaços adiciona taninos ao vinho, mas certamente é o solo de cal que dá personalidade à textura deste Supercal, um Malbec austero, intenso em acidez e em taninos afiados que simulam a sensação de giz. É generoso em sabores refrescantes e suculentos; cerejas puras embrulhadas em ervas e tons florais. Um dos melhores vinhos que provamos na Argentina.

98 FINCA PIEDRA INFINITA
Malbec 2018
$$$$$ | ALTAMIRA | **14°**

Piedra Infinita é uma seleção de quatro parcelas dentro do vinhedo de Piedra Infinita que a família Zuccardi plantou em 2012, nos solos de pedra e cal nesta parte de Altamira, ao sul de Vale do Uco. Nesta safra, 70% do vinho foi estagiado em concreto e o resto em madeira, mas o que aparece é a forte presença dos taninos, textura como giz que se expande pela boca até que lhe dê um caráter tão seco quanto austero. E, novamente, nessa personalidade austera, taninos que parecem serem feitos de cimento contribuem significativamente. E todas essas frutas parecem apenas uma decoração, todas essas flores fazem parte do design em um vinho que parece ser feito de pedras.

97 ALUVIONAL PARAJE ALTAMIRA
Malbec 2018
$$$$$ | ALTAMIRA | **14°**

Esta seleção vem do vinhedo de Piedra Infinita que a família Zuccardi plantou em 2012 ao sul de Altamira, no Vale do Uco, em solos de pedra e areia em terraços aluviais do rio Tunuyán. Estagiado por um ano e pouco em concreto e barricas, este Malbec mostra as frutas vermelhas maduras e notas das flores de Altamira, mas também a estrutura de taninos que se sente austera, dura, com muitos anos para se desenvolver em garrafa. Um vinho amplo, tenso e de muita energia com um delicioso final floral.

97 FINCA CANAL UCO
Malbec 2018
$$$$$ | A L T A M I R A | **14°**

Finca Canal Uco é um vinhedo plantado em 2007, em solos aluviais e arenosos de Altamira, no Vale do Uco com cerca de 1.100 metros de altura. Fermentado em lagares de concreto e depois estagiado em cimento e madeira por pouco mais de um ano, este tem o caráter clássico de Altamira. Quando se descreve o Malbec da área, é provável que você seja informado de taninos amigáveis, firmes, mas elegantes, emoldurados em uma acidez vital e crocante. Este vai por outro lado. Tem essa acidez, e é generoso em frutas vermelhas e tons florais, mas os taninos são severos, afiados, muito profundos e muito bons para se desenvolver na garrafa. Um Altamira firme, afiado e selvagem.

97 FINCA PIEDRA INFINITA GRAVASCAL
Malbec 2018
$$$$$ | A L T A M I R A | **14°**

A Finca Piedra Infinita, que circunda a paisagem austera e bem integrada da vinícola Zuccardi em Altamira, possui 52 hectares de vinhedos, que foram divididos em mais de 40 parcelas de acordo com as características de seus solos. Este Gravascal, uma das duas cuvées top de Zuccardi (a outra é Supercal) vem de um solo rico em cascalho banhado a cal. O vinho é fermentado em lagares de concreto com leveduras indígenas e depois envelhecido em barricas usadas de 500 litros. Este ano, uma safra considerada quente em Mendoza, este Gravascal se sente com a mesma austeridade de sempre. Os aromas florais e herbáceos, com frutas vermelhas frescas ao fundo. A boca é marcada por uma acidez tensa e por aqueles taninos de cal que se sentem afiados e profundos. Sabores frutados dominam o paladar, dando uma sensação de suculência e ao mesmo tempo frescor. Um vinho essencial na história recente da Argentina.

97 FÓSIL
Chardonnay 2019
$$$$$ | S A N P A B L O | **13.5°**

Zuccardi plantou o vinhedo de San Pablo em 2012 pensando, entre outras coisas, que este lugar fresco, bem próximo dos Andes, com cerca de 1.400 metros de altura, poderia dar um grande branco do Vale do Uco. É isso que está no projeto Fósil desde sua primeira colheita em 2016. E este ano, graças a um intenso trabalho na seleção do solo, o mais calcário da propriedade em San Pablo, eles provavelmente conseguiram fazer o melhor branco de Zuccardi desde que provamos seus vinhos, o que é dizer bastante. Esse é ao mesmo tempo suculento, voluptuoso, mas com ossos duros, taninos que se juntam à acidez para criar uma estrutura firme, suportes de aço no meio de toda aquela festa de sabores de frutas maduras.

97 ZUCCARDI ALUVIONAL LOS CHACAYES
Malbec 2018
$$$$$ | L O S C H A C A Y E S | **14.5°**

O nariz deste vinho é adorável. Como ditado pelos melhores exemplos de Los Chacayes, no Vale do Uco, oferece flores em todos os lugares. Há frutas, mas principalmente flores que encantam. A boca tem os taninos da área, áspero, selvagem, picando a língua com sua aresta. Os sabores são profundos, intensos, cheios de tons de cerejas vermelhas maduras em um corpo médio, acidez suculenta. Zuccardi compra as uvas para este vinho de um vinhedo a cerca de 1.100 metros acima do nível do mar, em solos de pedra e areia.

96 CONCRETO
Malbec 2019
$$$ | A L T A M I R A | **14°**

Da Finca Piedra Infinita, em Altamira, um vinhedo plantado em solos de cascalho e cal, esta é a expressão de Zuccardi de Malbec da região; a visão de variedade da montanha, sem nada que intervenha. Fermentado em concreto, com cachos completos, mas sem fermentação malolática, e envelhecido em concreto por dez meses, este é um vinho puro em sua expressão frutada, delicioso. Esta já é a sexta versão do primeiro dos vinhos da vinícola Piedra Infinita dos Zuccardi em Altamira, e uma espécie de declaração de princípios sobre como eles veem o Malbec naquele lugar do Vale do Uco.

96 POLÍGONOS DEL VALLE DE UCO
PARAJE ALTAMIRA Malbec 2019
$$$ | A L T A M I R A | **14°**

Altamira, em termos de textura, pode ser muitas coisas. E pode ser um austero monolítico, severo em seus taninos como este Polígonos que vem de Piedra Infinita, um vinhedo que circunda a vinícola Zuccardi em Altamira, plantado em 2006. O solo, rico em calcário coberto por cal, parece dar a este vinho esse tipo de textura austera, com muita aderência, algo selvagem mesmo. Um caráter que seria muito difícil de beber se não fosse por causa da quantidade de deliciosas frutas vermelhas e ervas que este vinho tem. Um dos olhares mais limpos de Altamira.

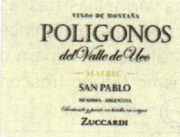

96 POLÍGONOS DEL VALLE DE UCO SAN PABLO
Malbec 2019
$$$ | S A N P A B L O | **14°**

Zuccardi plantou este vinhedo de San Pablo, cerca de 1.400 metros acima do nível do mar, em 2012, e é o vinhedo mais alto que eles têm no Vale do Uco. Este Polígonos é produzido desde 2014, primeiro com uvas compradas de terceiros, e desde 2016, daquele vinhedo em altura. Esse tem os aromas característicos do vinho da montanha, o sotaque nas ervas, em frutas vermelhas. A boca está tensa, taninos que falam de solos de cal. É um vinho tinto intenso, enérgico, com grande vitalidade e texturas verticais.

96 TITO ZUCCARDI
Malbec, Cabernet Franc 2018
$$$ | A L T A M I R A | **14°**

Na evolução de Tito, desde sua safra de 2011 até esta em 2019, as mudanças parecem radicais. E essa versão tem ido muito longe na ideia de suculência, de sabores frutados em um tinto para beber por garrafas, não por taças. Trata-se de uma cofermentação de 85% de Malbec e 15% de Cabernet Franc, todos de vinhedos de solos de cascalho e cal em Altamira, cerca de 1.100 metros acima do nível do mar no Vale do Uco. Uma exibição de frutas vermelhas, uma amostra de frescor em um vinho que se bebe muito bem hoje, mas que tem - apesar das aparências - uma vida longa.

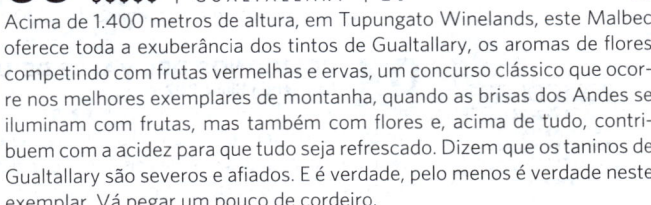

96 ZUCCARDI ALUVIONAL GUALTALLARY
Malbec 2018
$$$$$ | GUALTALLARY | **14°**

Acima de 1.400 metros de altura, em Tupungato Winelands, este Malbec oferece toda a exuberância dos tintos de Gualtallary, os aromas de flores competindo com frutas vermelhas e ervas, um concurso clássico que ocorre nos melhores exemplares de montanha, quando as brisas dos Andes se iluminam com frutas, mas também com flores e, acima de tudo, contribuem com a acidez para que tudo seja refrescado. Dizem que os taninos de Gualtallary são severos e afiados. E é verdade, pelo menos é verdade neste exemplar. Vá pegar um pouco de cordeiro.

95 POLÍGONOS DEL VALLE DE UCO TUPUNGATO
Sémillon 2020
$$$ | TUPUNGATO | **13°**

El Peral e seus antigos vinhedos são uma fonte muito boa de Sémillon em Mendoza. Esse vem de uma latada de 1974, de solos de cascalho com um pouco de cal. Os cachos são pressionados diretamente e o vinho envelhece por dez meses em barricas de 500 litros. Hoje na Argentina há muitas interpretações de Sémillon, algumas muito radicais, outras muito diretas, como é o caso deste Polígonos, que mostra o lado frutado, o caráter doce e o frescor da variedade. É intenso na acidez, mas ao mesmo tempo tem uma textura oleosa e expansiva, que enche o paladar com sabores de frutas frescas. Para armazenar por vários anos em garrafa.

95 ZUCCARDI EMMA
Bonarda 2019
$$$ | VALE DO UCO | **13.5°**

Em homenagem à matriarca do clã Zuccardi, que morreu em 2020, este Bonarda veio inicialmente da área quente do leste mendocino. Em 2010, os vinhedos de Altamira começaram a entrar em produção e, desde então, o Vale do Uco começou a comandar na mistura. Este ano, 60% vêm de Altamira, de vinhedos de cerca de 1.100 metros, e do restante de San Pablo, a 1.400 metros, já muito ao pé dos Andes. A fruta da Bonarda em Uco é muito diferente do leste. A doçura das amoras não é mais tão evidente; tons florais, acidez muito mais nítida e taninos mais nítidos começam a aparecer aqui. Este Bonarda especialmente parece muito mais nítido e mais nervoso, muito mais tenso. E talvez, com maior potencial de guarda.

95 ZUCCARDI FINCA LOS MEMBRILLOS
Cabernet Sauvignon 2018
$$$$$ | ALTAMIRA | **14°**

Finca Los Membrillos está localizada em Altamira e foi plantada por volta do final dos anos 90, em solos calcários, cerca de 1.100 metros de altura. Estagiou cem por cento em barricas de 500 litros (e cofermentado com 10% de Malbec, também de Los Membrillos) este tem o lado de ervas da variedade, mas também as frutas vermelhas untuosas da uva sob o sol intenso de Uco. Os taninos são firmes, afiados, e no final as frutas e ervas competem por destaque. Um tinto para uma costela grelhada.

94 POLÍGONOS DEL VALLE DE UCO GUALTALLARY Malbec 2019
$$$ | GUALTALLARY | **14°**

Gualtallary é uma das áreas ricas em cal do Vale do Uco, e que tem um forte impacto sobre o tipo de textura de seus vinhos. Neste caso, eles se sentem como giz, cercados por uma forte presença de frutas vermelhas e

Zuccardi Valle de Uco.

violetas que aparecem em todos os lugares. Fermentado em concreto e estagiado ali por cerca de dez meses, este é um exemplo fiel da área, da vitalidade dos vinhos de altura, acima de 1.300 metros.

94 POLÍGONOS DEL VALLE DE UCO TUPUNGATO
Sauvignon Blanc 2020
$$$ | TUPUNGATO | 12.5°

Este Sauvignon vem da área de La Carrera, no extremo norte do Vale do Uco, e de algumas das maiores alturas são registradas em Mendoza, muitas vezes acima de 1.500 metros. É um clima de montanha, com brisas andinas que imprimem sua marca neste vinho de um forte componente de ervas, mas ao mesmo tempo também com sabores cítricos. A boca tem uma excelente estrutura, taninos firmes e acidez afiada em um corpo generoso, que se expande pela boca. É o vinho perfeito para um ceviche de ostras.

94 ZUCCARDI Q
Malbec 2019
$$ | VALE DO UCO | 14°

Uma mistura de 70% dos vinhedos em Altamira e o resto de Los Chacayes, este é um suco de fruta puro, crocante em sua expressão da variedade, em notas de flores e ervas. A boca é tensa, com muita textura, taninos finos e afiados. 30% do vinho é envelhecido em barricas e o resto em concreto, o que parece fortalecer a fruta, a exuberância dos sabores, intensidade e acidez. Um Malbec que é como uma fotografia da cepa nos tempos modernos, já longe de sobrematurez e excesso de madeira.

93 POLÍGONOS DEL VALLE DE UCO SAN PABLO
Verdejo 2020
$$$ | SAN PABLO | 13°

Nos solos aluviais dos terraços do rio Las Tunas, este Verdejo vem de vinhedos que a família Zuccardi plantou em 2012 em San Pablo. Tanto a fermentação quanto o envelhecimento (durante dez meses) foram feitos em vasos de concreto. O vinho tem as notas florais e sabores de frutas brancas da variedade, mas também os detalhes das amêndoas em um branco de corpo médio, acidez intensa, muito refrescante.

93 THE AMPHORA PROJECT
Malbec 2019
$$$$$ | ALTAMIRA | 13.5°

Fermentado e estagiado em uma ânfora de 3.150 litros, esta é uma seleção de Malbec do vinhedo Piedra Infinita que oferece uma encantadora gama de frutas vermelhas. Tem uma acidez intensa, tons de ervas, mas acima de tudo frutas em todos os lugares. É um vinho fácil de beber, quase como para a piscina, mas ao mesmo tempo um para chorizo.

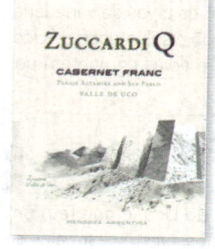

93 ZUCCARDI Q
Cabernet Franc 2019
$$ | VALE DO UCO | 14°

Trata-se de uma seleção de vinhedos em Altamira e San Pablo, com alturas entre 1.100 e 1.400 metros. Estagiado em fudres por cerca de seis meses, é um vinho de deliciosa clareza de frutas. A altura de San Pablo parece ter uma forte influência sobre este vinho, sublinhando o frescor, dando-lhe força e energia, enquanto os aromas de ervas e tabaco do Franc aparecem no meio deste festival de frutas, desta compota de sabores suculentos.

93

ZUCCARDI Q
Chardonnay 2019
$$ | T U P U N G A T O | **13.5°**

Este Chardonnay vem de Gualtallary e El Peral, ambas áreas no departamento de Tupungato, ao norte do Vale do Uco. Os cachos são prensados diretamente, enquanto a fermentação é feita metade em concreto e metade em madeira (barricas de 500 litros), onde também é envelhecido por cerca de seis meses. O vinho tem muita energia em frutas brancas, muitos sabores suculentos e uma acidez deliciosa, intensa, cheia de aresta. É um Chardonnay para miúdos.

92

POLÍGONOS DEL VALLE DE UCO
PARAJE ALTAMIRA Cabernet Franc 2019
$$$ | A L T A M I R A | **14°**

Dos solos aluviais nos terraços do rio Tunuyán, em Altamira, este é um Cabernet Franc de aromas de ervas, tons frutados e uma textura com taninos afiados e amigáveis, que se expandem através da boca proporcionando tensão. Envelhecido em barricas por dez meses, há notas especiadas de madeira aqui, mas acima de tudo é um vinho frutado.

92

POLÍGONOS DEL VALLE DE UCO SAN PABLO
Cabernet Franc 2019
$$$ | S A N P A B L O | **13.5°**

Este **Polígonos** vem de seus vinhedos próprios, plantados pela família Zuccardi em 2012 em San Pablo, acima de 1.400 metros de altura, ao pé dos Andes. Possui frutas vermelhas deliciosas e maduras, que se expandem através do paladar em um vinho macio e suculento com ricos aromas de ervas e um final de acidez suculenta.

PEQUENAS
AVENTURAS

A cena de vinhos na **América do Sul** se diversificou e por todos os lados aparecem **novos projetos,** muitas vezes pequenos, de poucas caixas. **Aqui estão alguns.**

13 Cles.

[**MARILYN GARCÍA** é enóloga e tem esse projeto pessoal que começou na garagem de seus pais em Mendoza, onde ela fez cerca de quatro mil quilos de uvas até que o projeto cresceu e ela teve que emigrar. Hoje produz cerca de sete mil garrafas, com Malbec de uvas próprias em Ugarteche, e o resto das frutas compradas no Vale do Uco e no leste de Mendocino.] @**13cles**

91 RESERVA
Bonarda 2019
$$ | R I V A D A V I A | **14°**

Marilyn García obtém este Bonarda de vinhedos de 70 anos na área de Rivadavia, a leste de Mendoza, uma área generosa nesta variedade. Estagiado por um ano em barricas, preserva seu lado frutado e suculento, como um suco generoso de amoras maduras em uma textura muito voluptuosa, com taninos doces em um vinho expansivo, que enche a boca com sabores.

91 RESERVA
Cabernet Franc 2019
$$ | C H A C A Y E S | **13.7°**

Para a linha Reserva, este Cabernet Franc vem de um vinhedo de cerca de dez anos em Los Chacayes, nos solos aluviais ricos em pedras daquela área no Vale do Uco. Aqui há um ano de envelhecimento em barricas usadas, que dão os tons de especiarias doces. Em primeiro plano, no entanto, estão as notas de ervas e frutas vermelhas maduras da variedade, em um tinto generoso em madurez, amigável em textura e muito fácil de beber.

90 CABERNET FRANC JOVEN
Cabernet Franc 2020
$ | A R G E N T I N A | **14°**

Este é um vinho muito varietal, no melhor sentido do termo. Aqui está uma expressão cristalina da uva, com tons de ervas, frutas vermelhas, em um corpo médio, taninos intensos, mas muito bem disfarçados no meio de uma generosa camada frutada. Um vinho para beber por litros, no verão.

90 MALBEC JOVEN
Malbec 2020
$ | A R G E N T I N A | **14°**

Feito de uvas próprias na área de Ugarteche, este é um Malbec sem madeira e com uma expressão pura de Malbec suculento, frutas vermelhas maduras, especiarias, ervas e taninos redondos, que fazem o vinho se sentir muito fluido, sem arestas. Passa e bebe fácil, especialmente com empanadas de carne.

Almacén de la Quebrada.

[**ATRÁS DE ALMACÉN DE LA QUEBRADA** está a equipe de Estância Los Cardones de Cafayate: Alejandro Sejanovich e Jeff Mausbach mais Fernando Saavedra. O projeto busca vinhedos altos, além da base de Los Cardones em Cafayate, pequenos vinhedos que este ano deram para dois vinhos que, no total, não somam mais de três mil garrafas.]

jcrotta@manosnegras.com.ar

95 CACHI
Malbec 2018
$$$ | S A L T A | **14°**

Cachi é outro dos pequenos vales escondidos no meio dos Andes, em Salta. Com cerca de 2.400 metros de altura, aqui as uvas foram colhidas muito cedo para equilibrar a cascata de frutas negras que implica a forte irradiação desses vinhedos de altura. O resultado é um vinho delicado, com aromas profundos de frutas vermelhas, mas também notas terrosas em meio a uma acidez suculenta e vibrante. O paladar está cheio de ervas e cerejas. Um vinho cheio de caráter, ainda em estado selvagem. Espere por ele por alguns anos.

94 PUCARÁ
Malbec 2018
$$$ | S A L T A | **14°**

Pucará é cem por cento Malbec que vem de um vinhedo plantado há cerca de dez anos a 2.400 metros de altura, ao norte de Cafayate, no meio das montanhas. Sabores de frutas negras em um vinho de alta densidade, tons especiados e ervas. Se sente filho da grande intensidade luminosa dos vinhedos do norte da Argentina e seu corpo é voluptuoso, de grande concentração. Um vinho selvagem que mostra outra área para descobrir nos Vales Calchaquíes, uma caixa de surpresas.

Arca Yaco.

[**A FAMÍLIA ETCHART** tem uma longa tradição de produção de vinho em Salta. Por quase 70 anos eles possuíram Bodegas Etchart, uma das maiores vinícolas, em volume, da Argentina. A empresa foi vendida em 1996 para o grupo Pernod Ricard, e Matías Etchart, como uma forma de continuar a tradição familiar, comprou a propriedade Arca Yaco. Em 2010 começou a plantar vinhedos lá e dar estrutura ao seu projeto.] **me@amaryvivir.com**

96 AMAR Y VIVIR
Malbec 2018
$$$$$ | V A L E S C A L C H A Q U Í E S | **13.7°**

Este é o Malbec mais importante de Arca Yaco, de vinhedos plantados em 2013 a cerca de 2.100 metros de altura e cerca de 38 quilômetros a noroeste de Cafayate, no norte da Argentina. Os solos são calcários e banham-se com águas de encostas em uma imponente paisagem de montanhas e deserto. O vinho tem 10% de Cabernet Sauvignon do mesmo vinhedo e é envelhecido por 15 meses em barricas (70% madeira nova) de 500 litros. Este Amar y Vivir tem a pureza frutada dos tintos da área, a exuberância que projeta o sol nos cachos e a acidez que dá a altura na montanha. As frutas são de negras ácidas, os taninos firmes e musculosos, mas este não é outro tinto super-monstruoso do norte; é muito equilibrado e oferece muito frescor.

93 IMAGÍNATE
Malbec 2019
$$$ | V A L E S C A L C H A Q U Í E S | **14.5°**

Imagínate é uma seleção de lotes cerca de 2.100 metros acima do nível do mar e 38 quilômetros a noroeste de Cafayate. É cem por cento Malbec sem passagem pela madeira e isso mostra claramente a força da fruta que o sol e a altura da área moldam nos vinhos. Este é uma pequena festa de madurez, frutas negras e ervas em um corpo intenso, com taninos selvagens.

92 AMAR Y VIVIR
Cabernet Sauvignon 2018
$$$$$ | VALES CALCHAQUÍES | **13.8°**

Arca Yaco possui quatro hectares em produção, principalmente Malbec e Cabernet Sauvignon. Este Cabernet vem de vinhas plantadas em 2013 que, como todo o vinhedo, estão localizadas a cerca de 2.100 metros acima do nível do mar. Este é um tinto corpulento que não vai decepcionar os amantes de Cabernet intenso e muscular. Tem ervas e notas frutadas em meio a uma acidez suculenta.

BBPC.

[**BBPC** é o projeto de Bernardo Bossi, um experiente enólogo uruguaio que trabalha em Mendoza há cerca de 20 anos, e Martín Pérez Cambet, outro viticultor experiente, mas desta vez do lado comercial. A vinícola produz pouco mais de 30 mil garrafas, com frutas de diferentes vinhedos em Mendoza.] **FB: Bernardo.Bossi.Bonilla**

95 EL GORDO BERNARDO
Malbec, Tannat 2018
$$$ | VALE DO UCO | **14°**

Esta é uma seleção de vinhedos no Vale do Uco. Malbec tem 85% da mistura total, enquanto o resto é Tannat da área de Agua Amarga. Estagiado por pouco mais de um ano em barricas, tudo madeira usada, este é delicioso tinto em sua expressão frutada; generoso, exuberante em tons de frutas vermelhas e negras e notas de ervas. A boca é firme, talvez graças à força do Tannat, mas a potência do Malbec em solos de cascalho como Altamira também está aqui. Muita profundidade, mas com muito corpo para deixar por pelo menos três anos na garrafa.

94 HASTA LA VENDIMIA SIEMPRE!
Chardonnay 2018
$$$ | AGRELO | **14°**

Cerca de seis mil garrafas são produzidas deste vinho, todas com frutas da região de Agrelo. Depois de um ano em barricas, este Chardonnay é mostrado com muita concentração, com notas tostadas marcadas da barrica, mas ao mesmo tempo com uma forte presença de frutas brancas maduras em um corpo intenso, de grande concentração, de grande acidez. Muito disso em uma espécie de turbilhão de sensações que precisa de garrafa para equilibrar. Para uma guarda longa.

90 BIRI BIRI
Malbec 2020
$ | MENDOZA | **13°**

Uma fonte de frutas vermelhas, bem maduras e suculentas, nesta doce e amigável expressão de Malbec da área de Tupungato, ao norte do Vale do Uco. É generoso, amplo, suculento; para beber agora com o assado.

Chacho Asensio, Viñador en San Rafael.

[**CHACHO ASENSIO** é viticultor da região de San Rafael, e este projeto, que é engarrafado desde a safra 2019, tem como objetivo resgatar o patrimônio de vinhedos antigos e variedades Criollas na região. José Asensio, filho de Chacho, juntamente com Rubén Arroyo, são responsáveis pela vinificação. Hoje eles produzem cerca de quatro mil garrafas.] @ chacho.asensio

92 CHACHO
Cereza 2020
$$ | SAN RAFAEL | **13°**

Esta é uma seleção de Cereza de uma latada muito antiga onde, além disso, existem outras variedades como Criolla Grande ou Moscatel. Esta cepa é fermentada com 20% de cacho inteiro, e o resultado é um vinho delicado, muito frutado, com um corpo leve, taninos muito macios e leves toques de ervas. Este é para beber por litros no verão, à beira da piscina e, se preferir, ao lado de um prato de sushi ou tempurá de camarão. Um vinho para matar a sede de uma variedade pouco explorada na América do Sul.

92 CHACHO
Pedro Ximénez, Moscatel Blanco, Sémillon 2020
$$ | SAN RAFAEL | **12.5°**

Esta é uma cofermentação das três variedades, todas de vinhedos antigos em Colonia López, no distrito de Villa Atuel. Fermentado com suas peles, o resultado é um vinho rico em aromas herbáceos, tons especiados e ervas, especialmente ervas que se sobrepõem à fruta em um vinho de grande frescor e vitalidade, pronto agora para frutos do mar gratinados.

91 CHACHO ROSADO
Moscatel Rosado 2020
$$ | SAN RAFAEL | **13°**

Este rosé vem de uma latada de cerca de 50 anos, no distrito de Villa Atuel, em San Rafael. Foi colhido no início da estação, para evitar o excesso de exuberância aromática da variedade, que muitas vezes acaba por ser um pouco enjoativa. Neste caso, essas notas florais e doces foram substituídas por um caráter muito mais herbáceo. O sotaque está na acidez, que aqui dá uma rica sensação de frescor.

Cielo Arriba.

[**CIELO ARRIBA** é um projeto conjunto entre Alejandro Sejanovich e Jeff Mausbach (Tinto Negro, Manos Negras, Teho) e a família Nievas de Jujuy no norte da Argentina. As uvas são obtidas de vinhedos típicos das Neves no Vale de Huichaira, cerca de 2.700 metros acima do nível do mar, na Cordilheira dos Andes. São dois hectares que, na primeira safra, deram 1.200 garrafas.] FB: Huichaira Vineyard | IMPORTADOR: www.tdpwines.com.br

96 HUICHAIRA
Malbec, Syrah, Cabernet Franc 2018
$$$ | JUJUY | **14°**

Apesar de vir do norte da Argentina, Huichaira é um vale muito frio. E deve ser por causa da altura, acima de 2.700 metros acima do nível do mar. Lá a família Nievas tem dois hectares plantados em 2014, principalmente com Malbec, mas também com Cabernet Franc e Syrah, todos colhidos ao mesmo tempo e cofermentados. É um vinho de grande acidez e sabores deliciosamente tintos, refrescantes e vívidos. A influência da montanha parece dar-lhe essa sensação de frescor, de brisas andinas, de ervas que se sobrepõem ao fruto. Um vinho de caráter, para pensar em uma nova área que se abre no horizonte do vinho argentino.

Cimarrón Wines.

[**LUCCA STRADELLA** faz parte da quarta geração da família Bianchi, um sobrenome ilustre no vinho argentino. Engenheiro agrônomo com estudos de enologia em Davis, este é seu pequeno projeto baseado em vinhedos de alto nível na área de Gualtallary, ao norte do Vale do Uco.] **@cimarronwines**

91 LA CONTIENDA
Malbec 2018
$$ | G U A L T A L L A R Y | **15°**

De um vinhedo na área de Gualtallary, cerca de 1.200 metros acima do nível do mar, no extremo norte do Vale do Uco, este é um Malbec que ainda está em sua infância. Os aromas da madeira onde ele foi estagiado rivalizam com os sabores frutados e sempre generosos que nascem daqueles vinhedos de areias e cal ao pé dos Andes. A acidez é firme, o final levemente herbáceo e floral. Seja paciente por pelo menos dois anos antes de abrir esta garrafa.

Cuatro Gatos Locos.

[**CUATRO GATOS LOCOS** é o projeto de Mariana Salas e Juan Pelizzatti, cerca de 20 hectares em Gualtallary que começou a ser plantado em 2009. E com eles engarrafam desde 2017. Na enologia está Gabriel Bloise, enólogo de Chakana, e na viticultura, também de Chakana, Facundo Bonamaizon.] **www.cuatrogatoslocos.com.ar** | **IMPORTADOR:** www.worldwine.com.br

94 CUATRO GATOS LOCOS
Malbec 2018
$$ | G U A L T A L L A R Y | **14.4°**

Para o primeiro vinho dos Cuatro Gatos Locos são selecionados vinhedos da propriedade da família Pelizzatti em Gualtallary, cerca de 1.360 metros acima do nível do mar, ao norte do Vale do Uco. Com solos de calcário muito altos, aqui a sensação tânica, semelhante à textura do giz, é sentida muito claramente. É uma textura afiada que adere ao paladar, cercada por sabores suculentos e uma acidez firme, muito Malbec daquela área montanhosa. Um vinho para esperar na garrafa, embora delicioso agora com carnes recheadas.

92 MIAU
Malbec 2019
$$ | G U A L T A L L A R Y | **14.5°**

Este é o vinho de entrada do Cuatro Gatos Locos e é cem por cento Malbec da área de Gualtallary, um lugar de altura, acima de 1.300 metros de altura, no Vale do Uco. Tem a suculência e voluptuosidade do Malbec de Gualtallary, os sabores exuberantes de frutas vermelhas e violetas no meio de um corpo amigável, taninos suculentos e redondos. Um vinho para carne grelhada, combinação perfeita.

Entrometido Wines.

[**FRANCISCO FRAGUAS** e Conrado Gibbs são amigos e colegas de vinho e têm esse projeto de cerca de dez mil garrafas, todas frutas da área de La Consulta, no Vale do Uco.] @entrometidowines

92 **ENTROMETIDO COLECCIÓN**
Malbec, Cabernet Franc 2019
$$$ | MENDOZA | 14°

Este **Colección 2019** vem em 90% de uma propriedade localizada em San Carlos, Vale do Uco, plantada em 2008; o resto vem de um vinhedo de cerca de 55 anos na área de Medrano, no leste quente de Mendoza. 90% da mistura é Malbec e o resto do Cabernet Franc em um estilo de maturidade acentuada, e também bastante extração. Os sabores lembram frutas negras, enquanto na boca o vinho se sente suculento e poderoso. Dê-lhe um par de anos na garrafa para ganhar equilíbrio e complexidade. A produção final chegou a 2.800 garrafas.

Finca La Bonita.

[**A FAMÍLIA** Cutillo comprou Finca La Bonita em 2016. É um vinhedo de oito hectares de Malbec plantado no final da última década na parte mais alta de Los Chacayes, cerca de 1.300 metros. O engenheiro agrônomo Marcelo Canatella e o enólogo Matías Michelini, juntamente com Sebastián Bisole, ajudam nesse pequeno projeto.] **FB: Finca La Bonita**

96 **TOGO PEQUEÑAS EDICIONES**
Malbec 2020
$$$ | ARGENTINA | 14.5°

Cerca de 1.300 metros acima do nível do mar, em Los Chacayes, esta é uma pequena partida de apenas cerca de 300 garrafas, provenientes de vinhedos plantados em solos calcários. Este é um vinho exuberante em muitos aspectos: em seus aromas, lembrando frutas vermelhas e ervas, e flores; na boca, onde é um suco de frutas vermelhas e radiante, e em textura, onde mostra as garras típicas do Malbec de Chacayes . Você pode abrir este vinho agora com bife grelhado ou esperar de três a quatro anos para que ele ganhe em complexidade.

95 **TOGO PEQUEÑAS EDICIONES**
Syrah 2020
$$$ | LOS CHACAYES | 13.5°

Dos oito hectares que a família Cutillo plantou em Los Chacayes, um é Syrah, e com ele eles fazem este vinho que tem muito de selvagem, mas ao mesmo tempo grande parte da variedade em um clima de montanha. Aqui há ervas e também aromas animais no meio de muitas frutas vermelhas maduras que falam de um ano quente como foi 2020. Depois de envelhecer por 9 meses em barricas, tudo de carvalho usado, este tinto também tem algumas notas tostadas e um corpo médio, com taninos muito macios e suculentos.

94 **FINCA LA BONITA**
Malbec 2018
$$$$ | ARGENTINA | 14.5°

Esta é mais uma das pequenas produções da Finca La Bonita, a partir de seu vinhedo de oito hectares plantado no Vale do Uco, na área de Los Chacayes, cerca de 1.300 metros acima do nível do mar. Esta é uma seleção de vinhas que dá para encher seis barricas de 225 litros cada e é um suco concentrado de sabores de cerejas negras e violetas. Tem os taninos tensos e duros do lugar, e também a acidez da montanha interpondo-se o caráter quente da safra de 2018. Coloque este tinto de lado, na cava, e espere de dois a três anos.

93 TOGO PEQUEÑAS EDICIONES FIELD BLEND
C. Franc, C. Sauvignon, Malbec, P. Verdot, Bonarda 2020
$$$ | ARGENTINA | 13.5°

Cem por cento vinificado com cacho completo em barricas (em uma barrica, de onde saíram cerca de 300 garrafas), e envelhecido em carvalho de vários usos por um ano, esta mistura mantém a força do lugar, com seus taninos firmes e afiados, mas também os sabores untuosos e voluptuosos de uma safra quente como foi 2020. Tem ervas e notas florais, sabores de frutas doces e maduras. Um vinho suculento para embutidos.

92 TOGO
Malbec 2020
$$ | ARGENTINA | 14°

Este é o vinho de entrada da Finca La Bonita, o projeto da família Cutillo em Los Chacayes, cerca de 1.300 metros acima do nível do mar, no Vale do Uco. Este Malbec oferece generosas frutas maduras e suculentas, com taninos afiados, mas também moderado por um ano quente que imprime aqui suas notas doces e voluptuosas.

Finca Los Dragones.

[**ANDRÉS BISCAISAQUE** é alpinista e há mais de duas décadas visitou o Vale de Calingasta, nas alturas de San Juan, para praticar esse esporte. Amigo de Pancho Bugallo, também montanhista e sócio da vinícola Cara Sur, Biscaisaque estava animado com a ideia de fazer seus próprios vinhos e começou em 2014. Hoje ele e sua família têm cinco hectares e enquanto espera sua primeira produção, ele sempre compra uvas no Vale do Calingasta.] @
los.dragones.vinos

94 LOS DRAGONES TINTO DE CORTE
Malbec, Bonarda 2019
$$$ | VALE DE CALINGASTA | 14.5°

Essa mistura de 50% de Bonarda e 50% de Malbec vem de dois setores do Vale de Calingasta. Malbec vem de um vinhedo muito jovem, com cerca de dez anos, em Sorocayense, enquanto a Bonarda nasce de uma velha latada de 80 anos em Paraje Hilario. Segundo Andrés Biscaisaque, ele gosta do efeito da Bonarda das videiras antigas, pois de certa forma acalma sua exuberância, proporcionando taninos firmes que cortam a "gordura" em um vinho que é suculento de qualquer maneira, rico em frutas e com uma acidez firme que revela um tinto de montanha.

92 ALFIL CLARET
Torrontés, Bonarda, Criolla Chica 2020
$$$ | VALE DE CALINGASTA | 13°

São 95% de Torrontés mais 5% Bonarda e Criolla, todos cofermentadas como clarete, com uma cor mais intensa do que um rosé normal e muito mais do que aqueles que hoje estão na moda com tons de pele de cebola. Aqui está um delicioso perfume de flores e frutas vermelhas no meio de um corpo que, embora leve, tem taninos muito reativos, firmes e afiados no meio de uma acidez que refresca. Um vinho delicioso para matar sua sede.

92 ALFIL TINTO
Bonarda, Barbera, Torrontés 2019
$$$ | VALE DE CALINGASTA | 13.5°

Este Bonarda (mais algo de Barbera e 5% Torrontés) vem de um antigo vinhedo de cerca de 80 anos na área de Paraje Hilario, no Vale de Calingasta. É cofermentado com cacho inteiro e tem nove meses de envelhecimento em ovos de concreto. O vinho tem uma rusticidade adorável, taninos selvagens que coexistem com frutas vermelhas maduras, muitas notas de ervas e uma acidez suculenta, algo incomum em Bonarda, mas às vezes visto em vinhedos de alta altitude. Neste caso, o vinhedo fica a cerca de 1.550 metros.

Francisco Puga y Familia.

[**FRANCISCO PUGA** é um renomado enólogo do norte da Argentina. Desde 2001 vive em Cafayate, e desde 2016 trabalha em El Porvenir, uma das vinícolas mais importantes da região. Nesse mesmo ano, também começou com esse projeto pessoal, baseado em diferentes vinhedos da região. Produz cerca de 20.000 garrafas por ano.] @ **pacopuga1**

94 L'AMITIÉ GRAND VIN
Malbec, Cabernet Franc, Merlot 2019
$$$ | VALES CALCHAQUÍES | 14.1°

Um tinto baseado em 45% de Malbec da área de Los Zazos de Tucumán, com solos de rocha e cal de um lugar fresco, além de 30% de Malbec de Río Seco, uma área mais quente em Cafayate. Eles complementam a mistura com 17% Cabernet Franc e 8% Merlot. Trata-se de um vinho fluido, de muitas frutas vermelhas, suculentas, maduras, em um corpo de taninos tensos, de boa profundidade, com acidez fresca, que ajuda a destacar os sabores herbáceos. Um tinto para esperar pelo menos alguns anos.

94 PACO PUGA CONTEMPORÁNEO
Cabernet Franc, Malbec, Merlot 2019
$$$$ | VALES CALCHAQUÍES | 14.3°

Paco Puga acredita que o Cabernet Franc deve ser uma das grandes variedades de Salta, nas alturas da Cordilheira dos Andes. E tenta provar isso nesta mistura que inclui 52% de Franc, dos solos arenosos nos arredores da vila de Cafayate, além de 36% de Malbec da área de Altu Palka, em Molinos, nada menos que 2.600 metros de altura. O resto é Merlot em um tinto que mostra como no norte da Argentina também pode existir a ideia de frescor, suculência e tensão. Aqui há frutas vermelhas maduras, taninos afiados e acidez fresca, também profundidade de sabores e notas de ervas frescas.

Inculto.

[**INCULTO É** o projeto do enólogo Matías Michelini e do produtor de Cafayate Francisco Lavaque, e se concentra em vinhedos de lugares especiais, muitos radicais por sua localização, seus solos ou sua idade; todos no norte da Argentina, todos de vinhedos extremos em altura e com um olhar fresco para os tintos e brancos da área, geralmente concentrados e muito maduros.]

95 ALGARROBO
Malbec 2019
$$$$$ | CAFAYATE | 12°

Este vinho é uma seleção de cerca de mil plantas sob a sombra de uma árvore velha, plantada no meio do vinhedo e cerca de 1.900 metros acima do nível do mar, na Quebrada de San Luis, em Cafayate. Envelhecido por 15 meses em barricas, este vinho especial - desafiando o sol local intenso - oferece um delicioso lado de ervas, juntamente com frutas vermelhas intensas e profundas. A boca é tensa, dominada por uma acidez que explode no paladar com sua aresta e energia. Um círculo de vinhedos, sob a sombra de uma árvore centenária, que deu um vinho de 12 graus de álcool, mas que vai muito além de um número, para mostrar uma face renovada do norte da Argentina.

94 ABRAZO
Malbec 2019
$$$$$ | CAFAYATE | 12°

Plantado em solos de granito no meio da montanha, com cerca de 1.900 metros de altura, este vinho tem o nome do vinhedo, plantado por Inculto em torno de um cacto de tronco único que é dividido em três para simular um abraço. Mas além da metáfora, este vinho segue o estilo da casa, com colheitas precoces, uma extração muito delicada e tons de ervas em um contexto de muito frescor, alto nervo, taninos firmes e uma acidez que só é adequada para paladares aventureiros.

94 PUNTO DE FUGA
Tannat 2019
$$$$$ | CAFAYATE | 14°

Este tinto vem de um velho vinhedo de Tannat, plantado em uma encosta voltada para oeste no Vale de Cafayate. São plantas de cem anos, em solos arenosos, sob um sol intenso que forma e, de certa forma, acalma o Tannat e seus taninos selvagens e robustos. Tem acidez (outra qualidade muito típica de Tannat) e textura rústica em um tinto que parece selvagem, que precisa de muitos anos de garrafa para se acalmar. Seja paciente porque este Tannat é um dos melhores.

93 INCULTO
Criolla Chica 2019
$$$$$ | VALES CALCHAQUÍES | 13°

Esta é uma seleção de videiras de um antigo vinhedo de Criolla na área de Hualfin, cerca de 2.600 metros de altura. De acordo com as informações que Inculto coletou, é um material que os jesuítas trouxeram da Espanha no final do século XIX. O envelhecimento é em barricas usadas e foi prorrogado por um ano. Este Criolla é um vinho cheio de aromas terrosos, mas também com notas de ervas no meio de uma textura rústica, que fala dos taninos da variedade. Pense na guarda quando comprar este vinho. Ou pense em morcillas e chorizo.

92 CULTO PAYOGASTA
Sauvignon Blanc 2019
$$$$$ | VALES CALCHAQUÍES | 10°

Acima de 2.600 metros de altura, em Payogasta, uma vila a quatro horas e meia de Cafayate, entre as montanhas. Com 15 meses de carvalho, talvez para mudar o lado de ervas do caráter, ele tem um corpo forte, apesar de seu baixo teor em álcool. A acidez aqui faz todo o trabalho, mantendo o frescor, mas também agindo como uma espécie de estrutura onde todos esses sabores e aromas de ervas e cítricos descansam calmamente. Um vinho para ostras.

La Igriega.

[**MARCELO GOLDBERG** e seu filho Nicholas não eram profissionalmente relacionados ao vinho até que, em uma viagem ao Vale do Uco, eles foram cativados por uma propriedade em Altamira. Isso foi em 2006 e, desde então, eles têm se dedicado a produzir uvas para terceiros e também para engarrafar seus próprios vinhos sob a marca Igriega, todos vindos daquela propriedade por que se apaixonaram e hoje tem cerca de 25 hectares. O enólogo é Felipe Stahlschmidt.] **www.laigriegawines.com**

92 SUPERIOR
Malbec 2018
$ $ $ | A L T A M I R A | **14.5°**

Esta é uma seleção de fileiras dentro do vinhedo de 25 hectares que Igriega tem em Altamira, plantado em 2006. Estes são os solos menos férteis que dão menos cachos por planta. A fermentação ocorre em barricas abertas; metade do vinho é então envelhecida em barricas novas e a outra em usadas, por 16 meses. Trata-se de um Malbec puramente frutado, sem características indicando 50% da madeira nova. Tudo é fruta madura e doce, no meio de um corpo de média intensidade e taninos muito macios, muito polidos.

91 LA IGRIEGA
Cabernet Franc 2019
$ $ | A L T A M I R A | **14°**

Este Cabernet Franc vem de videiras enxertadas em 2015 em videiras de Malbec. Corresponde à primeira produção como uma variedade dessas vinhas e oferece uma expressão clara da variedade com aromas de frutas vermelhas, notas terrosas e, sobretudo, aromas herbáceos. A boca tem taninos firmes, muito reativos, e os sabores são suculentos e muito frutados.

91 LA IGRIEGA BLEND
Malbec, Cabernet Sauvignon, Cabernet Franc, Petit Verdot 2019
$ $ | A L T A M I R A | **14°**

Esta mistura tem 70% de Malbec, mais 10% de todas as outras variedades. Tudo é cofermentado em lagares de concreto e depois envelhecido por nove meses em barricas de madeira usadas. Malbec tem um forte destaque aqui, trazendo sabores de frutas vermelhas e tons de violetas. A boca é suculenta, com uma maturidade agradável e uma doçura suave.

91 LA IGRIEGA ROSÉ
Malbec 2020
$ $ | A L T A M I R A | **13.5°**

Este rosé vem de cachos diretamente prensados, todos de Malbec de vinhedos de quase 15 anos de idade. A cor é intensa, quase mais do que rosa, parece um "claret", e os aromas e sabores são frutados. Frutas vermelhas suculentas mostradas em um corpo macio, muito fresco, ideal para a piscina no verão.

OUTRO VINHO SELECIONADO
89 | LA IGRIEGA Malbec 2019 | Altamira | 14° | **$ $**

Las Estelas.

[**ESTELA PERINETTI**] é uma enóloga mendocina de longa data, sempre junto com o grupo de vinícolas Catena. Hoje, já fora do grupo, lançou com esse projeto pessoal, baseado em um vinhedo da família plantado na área de El Peral, no Vale do Uco.] www.lasestelas.com

95 ESTELA PERINETTI GRAND VIN
Cabernet Sauvignon, Malbec 2018
$$$$ | TUPUNGATO | **14°**

Este é o vinho mais ambicioso de Las Estelas e é uma mistura de Cabernet Sauvignon em 55% e o resto do Malbec. Estela Perinetti acredita no potencial do Cabernet em El Peral, um lugar de altura, mas de uma paisagem diferente do habitual naquele deserto de Tupungato; mais verde, com a sensação de maior frescor. E é disso que Cabernet gosta. O que provamos em Descorchados pelo menos corrobora essa teoria e este novo exemplar também. Aqui está um vinho generoso em sabores frutados que é anunciado no nariz - um nariz perfumado e exuberante - e mostrado na boca com uma deliciosa suculência, sutilmente acompanhado de toques de ervas. Uma foto de lugar e um vinho tão equilibrado e frutado como encantador.

94 LAS ESTELAS
Pinot Noir 2019
$$$ | TUNUYÁN | **13.5°**

San Pablo é uma das áreas mais extremas do Vale do Uco, localizada a uma altura de cerca de 1.400 metros. Este Pinot vem de vinhas plantadas há cerca de 15 anos, em solos arenosos e de cal no meio das montanhas e ao pé dos Andes. Envelhecido em 160 e 220 litros de barricas por 11 meses, de madeira usada, o vinho possui uma complexa camada de aromas, com notas de terra, especiarias, ervas e frutas vermelhas. A boca é marcada por taninos tensos, afiados e uma sensação suculenta, generosa em frutas vermelhas, mas também acompanhada de ervas e notas terrosas. Um Pinot muito de montanha, muito do Vale do Uco.

93 LAS ESTELAS
Malbec 2018
$$$ | TUPUNGATO | **13.7°**

Cerca de 1.250 metros de altura, na área de El Peral, em solos arenosos e pedregosos, este Malbec tem cerca de 25 anos e se sente focado nos frutos vermelhos, maduros e suculentos do lugar, uma espécie de pequeno oásis verde no meio do deserto que é Tupungato. A textura parece construída com taninos firmes, mas não agressivos, com força suficiente para sustentar a densidade de sabores frutados. Um Malbec expressivo e generoso pronto agora para beber com um assado.

Matías Morcos.

[**MATÍAS MORCOS**] é um jovem produtor do leste de Mendoza. Sua família produz uvas para vinhos a granel, e o desafio de Morcos era provar que com elas é possível fazer vinhos de maior ambição. Seu trabalho se concentra em uvas locais, como Bonarda, Moscatel e Criolla, que são a base de seus vinhos e a base da viticultura oriental. Para sua linha Don Argentino, as uvas vêm do Vale do Uco..] www.familiamorcos.com.ar

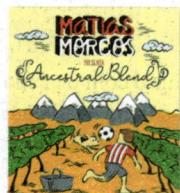

92 ANCESTRAL BLEND
Moscatel Rosado, Criolla Chica, Pedro Ximénez 2020
$ $ | M E N D O Z A | **13.3°**

Este *blend* **Ancestral** vem de um vinhedo muito antigo onde as três variedades são misturadas, como era séculos atrás, quando não havia a diferenciação varietal dos vinhedos modernos. A colheita acontece ao mesmo tempo e então o vinho é vinificado com as peles, como tinto. O resultado é um vinho onde o Moscatel e Pedro Ximénez tendem a dominar com seus aromas florais e sabores e frutas doces. Mas o vinho, felizmente, tem acidez suficiente para alcançar o equilíbrio.

92 MOSCATEL ROSADO
Moscatel Rosado 2020
$ $ | M E N D O Z A | **13.3°**

Em um ano quente, a cor era poderosa neste vinhedo de quase cem anos de Moscatel. Daí o tom intenso desse tipo de vinho laranja que é vinificado com suas peles e depois armazenado em cimento por seis meses antes do engarrafamento. Encantadoramente floral e doce, este tem um corpo leve e acidez muito boa em um vinho que é tomado como água e cumpre muito bem seu papel de refrescar. Para a piscina.

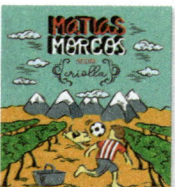

91 CRIOLLA
Criolla Chica 2020
$ $ | M E N D O Z A | **13.3°**

Um ano de grande calor no já quente leste mendocino deu a este Criolla uma densidade especial, e também sabores maduros e doces que se expandem através da boca em meio a uma textura de taninos firmes e um pouco selvagens. É um vinho rústico, como se espera dos feitos com essa variedade, a primeiro que os conquistadores espanhóis trouxeram para o Novo Mundo.

90 BONARDA
Bonarda 2020
$ $ | M E N D O Z A | **13.4°**

Concentrada e mostrando os aromas clássicos do suco de amora doce, esta Bonarda também tem o plus de seus taninos, que se sentem firmes e tensos no meio de uma acidez que luta para trazer frescor no meio da madurez de um ano muito quente no cone sul.

Notti Magiche (Vinos Sin Cassette).

[**NOTTI MAGICHE** é o projeto do enólogo Bernardo Bossi com Martín Perez Cambet, Adrian Glickman, Benjamin Gonzalez e Alan Berry, uma mistura de pessoas envolvidas no vinho e outras como meros consumidores. Atualmente produzem cerca de 12 mil garrafas em dois vinhos.] @ **nottimagichewines**

91 FIGURA DE LA CANCHA
Malbec 2019
$ $ | V A L E D O U C O | **14°**

Este é um Malbec adorável, um exemplo muito bom da variedade no Vale do Uco: generoso em frutas vermelhas maduras e tons de violetas, mas também com um corpo pródigo em dulçor, com alguns toques florais e taninos firmes, tensos, que acompanham uma acidez aguda. É um vinho exuberante, pronto agora para beber com assado.

Pasaje Nobrega.

[NATALIA MENVIELLE-LABOURDET e Christian Mallia são um casal de Buenos Aires que há muito tempo buscava fazer vinhos em Mendoza. Em 2017, encontraram três hectares de vinhedos de cerca de 25 anos destinados a serem vendidos em lotes para projetos imobiliários. Eles decidiram comprá-los para começar a fazer vinhos, e a colheita de estreia foi em 2018 com duas barricas de 225 litros.] www.pasajenobrega.com.ar

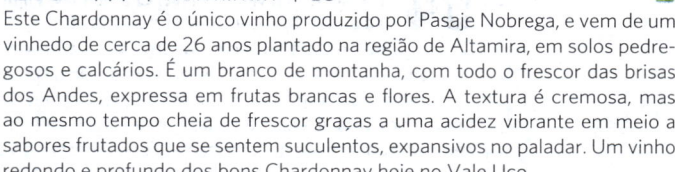

95 PASAJE NOBREGA CHARDONNAY DE LAS CENIZAS Chardonnay 2019
$$$ | ALTAMIRA | 13°

Este Chardonnay é o único vinho produzido por Pasaje Nobrega, e vem de um vinhedo de cerca de 26 anos plantado na região de Altamira, em solos pedregosos e calcários. É um branco de montanha, com todo o frescor das brisas dos Andes, expressa em frutas brancas e flores. A textura é cremosa, mas ao mesmo tempo cheia de frescor graças a uma acidez vibrante em meio a sabores frutados que se sentem suculentos, expansivos no paladar. Um vinho redondo e profundo dos bons Chardonnay hoje no Vale Uco.

Paucho.

[MARIANO STABIELI e sua esposa, Mariela Villar, não tinham relação com vinho até conhecerem o Vale do Uco e se afeiçoaram pela paisagem. Tanto que decidiram comprar um hectare de Malbec e metade de Cabernet Franc na área de Los Chacayes, naquele vale; hoje eles produzem cerca de mil garrafas.] www.pauchowines.com.ar

94 PAUCHO Cabernet Franc 2019
$$ | LOS CHACAYES | 14.1°

De vinhedos de cerca de dez anos, plantados nos solos pedregosos de Los Chacayes, cerca de 1.300 metros acima do nível do mar, no Vale do Uco, ao pé dos Andes. O vinho envelhece por 18 meses em barricas usadas, e com 100% de maceração carbônica; aqui está todo o lado monástico e severo de Los Chacayes, as frutas vermelhas e o lado clássico das flores da área. Há ervas neste vinho, mas também tons de tabaco em um tinto de muito peso e muita densidade.

93 RED BLEND Cabernet Franc, Malbec 2019
$$ | ARGENTINA | 13.7°

Trata-se de uma mistura de 80% de Cabernet Franc e 20% de Malbec, envelhecida em barricas usadas por cerca de 18 meses. Tem a energia de Los Chacayes, a força dos taninos, o quão afiados eles são no meio de uma acidez suculenta, e as frutas e flores que são distribuídas por todo o paladar em um vinho severo e austero, com o caráter monástico de Los Chacayes. Um vinho para beber agora com embutidos ou para deixar na adega por muitos anos.

Pielihueso.

[**PIELIHUESO É** a vinícola familiar do engenheiro agrônomo Alejandro Bartolomé que, em 2017 e aos 64 anos, decidiu transformar o curso em sua vida profissional e pessoal e se dedicar, junto com seus filhos, ao vinho. Hoje eles têm dois vinhedos próprios, o primeiro é sua base e consiste em 13 hectares na área de Los Sauces, e o outro, dois hectares, está localizado em Los Chacayes, no Vale do Uco. Atualmente, produzem dez mil garrafas.]
www.vinospielihueso.com

94 PIELIHUESO BLANCO
Torrontés, Sauvignon Blanc, Chardonnay, Pinot Gris 2019
$$$ | LOS CHACAYES | 12.8°

Uma mistura de cepas brancas em um vinho nada comum, este vem dos solos ricos em pedra de Los Chacayes, no Vale do Uco, cerca de 1.300 metros acima do nível do mar. Sem filtro, este é um pequeno selvagem de ervas e aromas frutados, com uma acidez marcada, com aresta, e com um corpo leve, mas muito nervoso, com uma textura crocante. Tudo é frescor e vibra neste branco.

94 PIELIHUESO NARANJO
Torrontés, Chardonnay, Sauvignon Blanc, Pinot Gris 2019
$$$ | LOS CHACAYES | 13.5°

Outro dos vinhos laranja que devem ser listados nos melhores da América do Sul, este vem dos solos pedregosos de Los Chacayes, cerca de 1.300 metros acima do nível do mar, no Vale do Uco. Uma laranja de montanha, com 120 dias de maceração, possui aromas de cítricos, laranjas confitadas e também ervas no meio de um corpo médio, com textura firme e acidez vibrante. Para ouriços.

93 TINTO DE LOS SAUCES
Malbec, Cabernet Sauvignon 2019
$$$ | VALE DO UCO | 13.5°

Este é um vermelho para aliviar a sede no verão, cheio de frutas vermelhas e notas de ervas, mas acima de tudo uma acidez suculenta que faz tudo parecer muito mais fácil de beber, que a garrafa será terminada mais cedo. Este é um vinho de vinhedos de dez anos de idade na área de Los Sauces do Vale do Uco e é feito com mínima intervenção e não filtrado antes do engarrafamento. Apesar de um pouco caro, é o vinho mais sofisticado que você pode ter para acompanhar pizzas de pepperoni.

Río del Medio.

[**A FAMÍLIA** é a segunda geração de imigrantes italianos na Argentina. Depois de trabalhar a vida toda na indústria automotiva, Carlos Testa decidiu mudar sua vida e dedicá-la ao vinho. Hoje, ele e sua família têm três hectares plantados em 2011, perto de Los Realtes, em Calamuchita. A primeira colheita com essas uvas foi em 2016. Hoje eles produzem cerca de oito mil garrafas.] www.bodegariodelmedio.com.ar

92 MALABAR
Sauvignon Blanc 2020
$ | CÓRDOBA | 13°

Da área de Calamuchita ao pé das Sierras Grandes, em Córdoba, e em solos de granito e calcário de quase mil metros de altura, este é um Sauvignon de textura suculenta, redonda e cremosa; tons de ervas e frutas brancas maduras, unidos por uma acidez firme, mas bem equilibrada. Com apenas 13 graus de álcool, parece fresco, ideal para abrir agora com frutos do mar gratinados ou peixes gordurosos cozidos. Uma pequena surpresa dos vinhedos plantados em 2011.

92 TIZUN
Malbec 2018
$ | CÓRDOBA | **13.8°**

Para este Malbec é utilizada uma seleção dos vinhedos mais antigos da propriedade dos Testa em Calamuchita, plantada por volta de 2011. A colheita é manual, a fermentação é feita em aço e o envelhecimento é em barricas, a maioria de madeira usada. O vinho se sente muito frutado, rico em tons de frutas negras e especiarias em um fundo de taninos macios e suculentos; mas acima de tudo tem uma acidez firme e acentuada, que aqui faz todo o trabalho de refrescar e oferecer tensão e nervos. Um vinho para cordeiro.

Sátrapa.

[**SÁTRAPA** é o projeto de Francisco e Santiago Llorente e Marcelo Licanic. Começaram a fabricar vinho em 2017, com frutas compradas em diferentes áreas de Mendoza, principalmente Agrelo, Barrancas e Vista Flores. Eles produzem cerca de 25 mil garrafas por ano.] **www.satrapa.com.ar**

91 SÁTRAPA AGRELO
Malbec 2020
$$ | AGRELO | **14.4°**

Uma abordagem rica e suculenta de Malbec de Agrelo, aqui está uma expressão suculenta desta cepa, rica em sabores de frutas vermelhas ácidas e algumas notas florais e de ervas. A boca é macia, leve, generosa em sabores de frutas e com uma deliciosa acidez que dá vivacidade a todo o conjunto. Um tinto simples, direto em sua expressão frutada, e ao mesmo tempo um exemplar muito bom de Malbec de Agrelo, uma área tradicional e histórica no vinho argentino.

91 SÁTRAPA VISTA FLORES
Malbec 2020
$$ | VISTA FLORES | **14.9°**

Um Malbec simples, com frutas vermelhas muito frescas e vivazes, um tinto direto em sua expressão frutada, com alguns toques de violetas em meio a muitos aromas e sabores de frutas vermelhas. Um vinho delicioso, fácil de beber e com uma excelente relação preço-qualidade, uma maneira nem um pouco cara de entrar no mundo do Malbec do Vale do Uco, desta vez de Vista Flores, cerca de 1.200 metros acima do nível do mar e ao pé dos Andes.

OUTRO VINHO SELECIONADO
89 | SÁTRAPA BARRANCAS Cabernet Sauvignon 2020 | Barrancas | 14.7° | **$**

Tordos.

[**ESTE É O** projeto de três sócios, Máximo Lichtschein, Diego Goico e Francisco Puga, um grupo de amigos que em 2016 começou a produzir vinhos em diferentes áreas dos Vales Calchaquíes. Francisco Puga, renomado enólogo do norte da Argentina, é responsável pela produção das quase dez mil garrafas que a Tordos produz anualmente.] **@tordoswines**

93 **TORDOS BLANC DE BLANC**
Riesling, Chenin Blanc 2019
$$$ | C A F A Y A T E | **12.1°**

Este vinhedo vem de videiras muito antigas, 70 anos, na área de Tolombón, cerca de 16 quilômetros ao sul de Cafayate, em solos pedregosos que olham para o leste, colados à montanha. Colhida em janeiro, muito no início da temporada, esta mistura de 60% de Riesling mais o resto do Chenin Blanc mostra uma acidez firme, que marca o caminho das notas frutadas. É nervoso, de corpo médio, de textura fina e ao mesmo tempo firme. Para frutos do mar grelhados.

92 **RENEGRIDO**
Malbec, Cabernet Franc 2020
$$ | C A F A Y A T E | **14.1°**

Esta é uma mistura de dois vinhedos. 60% corresponde ao Malbec e vem de solos pedregosos na área de Tolombón e os outros 40% Cabernet Franc, de solos arenosos na vila de Cafayate. É um delicioso suco de frutas negras com uma textura amigável, taninos muito polidos e sabores maduros e doces.

91 **TORDOS MICROVINIFICACIONES**
Cabernet Franc 2020
$$$ | C A F A Y A T E | **14.2°**

Cem por cento Cabernet Franc de um vinhedo de cerca de 20 anos de idade, plantado nos arredores da vila de Cafayate, em solos arenosos. Fermentado em ovos de concreto e envelhecido por um ano em barricas de 500 litros, tem ênfase nas notas de ervas da variedade, juntamente com toques especiados e frutados em um corpo médio, com taninos muito amigáveis.

Un Lugar en Los Andes.

[**WALTER SCIBILIA** é um pecuarista no Vale do Uco, especificamente na área de San Pablo, onde possui mais de dez mil hectares que se estendem até a fronteira com o Chile. Lá tem gado e também um hectare de vinhedos, plantado em 2003 a cerca de 1.700 metros de altura. Em 2017, ele e Sebastián Zuccardi, da vinícola Zuccardi, em Altamira, decidiram fazer vinhos juntos. No momento, é uma produção mínima que não ultrapassa mil garrafas entre Pinot Noir e Malbec em um dos lugares mais extremos e remotos que existem em Mendoza.] **@estanciasanpablo.ar**

SEM PONTUA- ÇÃO **UN LUGAR EN LOS ANDES**
Pinot Noir 2018
$$$$$ | S A N   P A B L O | **13°**

Esta é a segunda safra de Un Lugar en Los Andes Pinot Noir e, como a primeira ou, talvez até mais evidente, são os aromas de ervas emanando deste tinto. Tem cheiro de frutas vermelhas, refrescantes, mas acima de tudo as ervas que se sente ao caminhar pelo local, um mini vinhedo de menos de 0,3 hectare no meio das montanhas, cerca de 1.700 metros de altura, na área de San Pablo, no Vale do Uco. A textura é firme, os taninos se sentem fortes, falam claramente do pinot, e a acidez é a da montanha, do clima frio. Um vinho de grande caráter que, infelizmente, é produzido em quantidades minúsculas. Desta versão se fez apenas cerca de 300 garrafas.

94 UN LUGAR EN LOS ANDES
Malbec 2018
$$$$$ | SAN PABLO | 14°

De vinhedos muito acima na cordilheira, cerca de 1.700 metros acima do nível do mar, em San Pablo, no Vale do Uco, este Malbec é fermentado em roll fermentors (barricas de 900 litros instalados em um chassi que lhes permite girar) e, em seguida, também envelhecido em barricas por 14 meses. E tem a marca do lugar, o floral e, sobretudo, aromas herbáceos, em meio a notas de especiarias e muitos sabores de frutas vermelhas. Na boca, apesar de ter taninos tensos e firmes, parece delicado e fino, com uma acidez aguda que lhe dá energia. Um Malbec que expressa muito bem aquele lugar remoto no meio dos Andes.

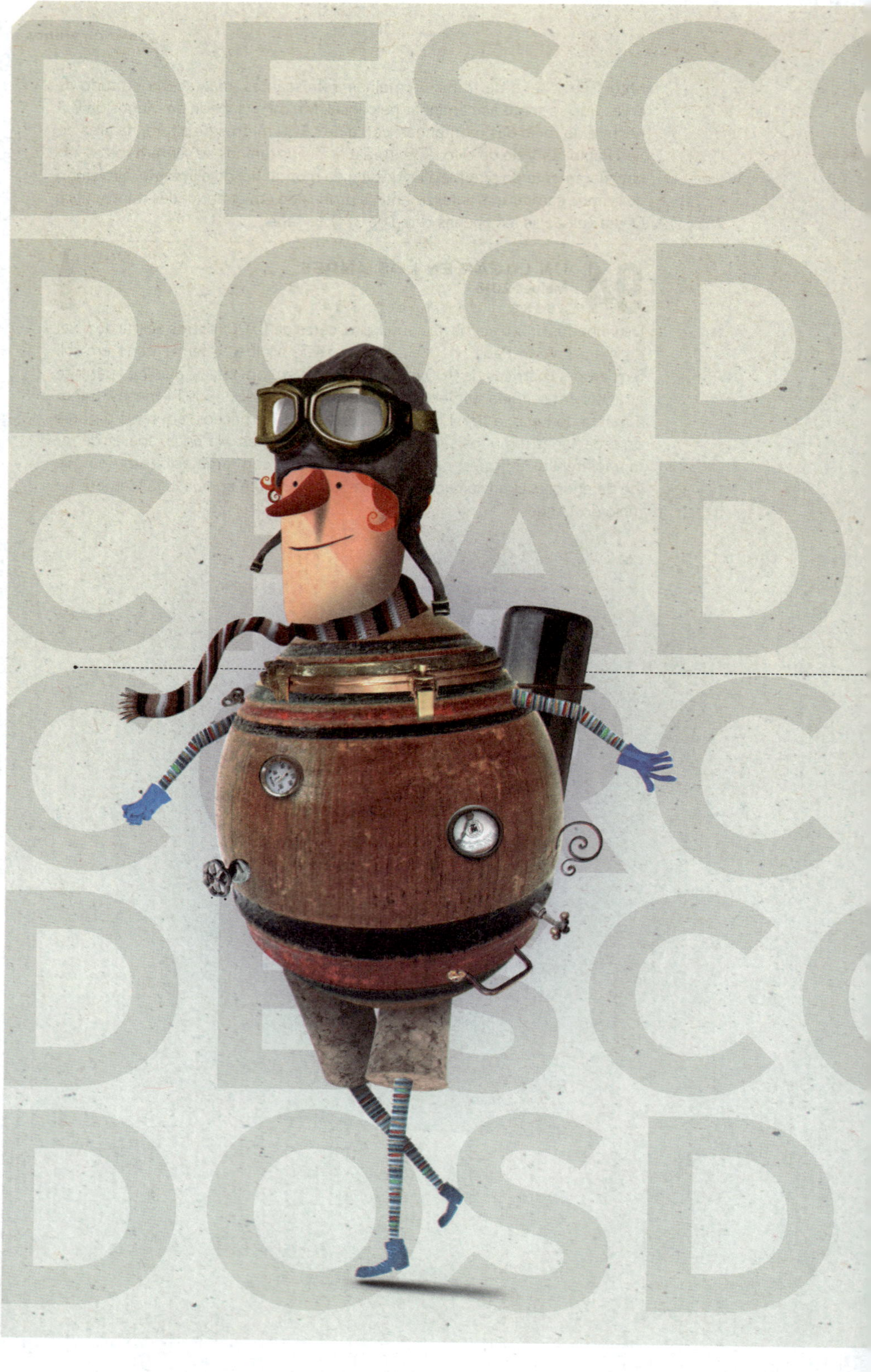

BRASIL
2021

INFORME
DESCORCHADOS BRASIL 2021

Sair para o mundo.

QUANDO EM 2014 DECIDIMOS incluir os vinhos brasileiros em nosso guia Descorchados, a primeira coisa que pensamos foi no desenvolvimento incipiente de vinhos espumantes. E isso pareceu um bom ponto de partida para nós.

O tempo que passou nos permitiu testemunhar, na primeira fila, a grande evolução que os espumantes brasileiros tiveram. E isso em todos os estilos, desde os Moscatel Espumante simples que - se me permitem - são as melhores borbulhas meio doces que se podem obter no mercado sul-americano, além de serem concorrentes sérios dos melhores moscatos no contexto mundial.

Aliás, estamos entusiasmados com o avanço dos Moscatel Espumante, mas também nos surpreendem o nível dos seus estilos mais clássicos, incluindo os de método tradicional de segunda fermentação em garrafa, que hoje mostram alguns dos exemplos mais complexos e elegantes da América Latina. Deem uma olhada no trabalho que, por exemplo, Estrelas do Brasil ou Geisse têm feito, ambas mostrando uma consistência em seu catálogo que não víamos antes. Atenção também com o trabalho da Casa Valduga ou de Adolfo Lona, dois dos líderes indiscutíveis entre os espumantes sul-americanos. Eles e outros nomes estão na vanguarda e seus vinhos são uma expressão clara dos avanços desse estilo no Brasil.

No entanto, e como já dissemos em outras edições da Descorchados, a inclusão de vinhos tranquilos no guia (desde a edição de 2017) não nos

Vale dos Vinhedos

deu o mesmo prazer. E eu gostaria de parar por um segundo aqui, mudar o tom desse texto e passar da análise a uma opinião. Acho que o assunto e a situação justificam essa mudança de tom.

Provar vinhos tranquilos no Brasil hoje é semelhante a fazer isso na Argentina ou no Chile, mas há 20 anos. E sim, é verdade, existe a questão do clima. Enquanto, por exemplo, em Mendoza –que é um deserto– a falta de chuvas nos meses de colheita permite uma ótima sanidade das uvas, na Serra Gaúcha, por exemplo, chove cerca de 1.600 mm por ano e 120 mm por mês, no momento do amadurecimento das uvas. "Agosto é o mês mais seco, com 110 milímetros de chuva", conta o produtor Alejandro Cardozo. Essa quantidade de água seria considerada uma inundação em Mendoza.

Deve-se acrescentar também que as temperaturas na região não são tão altas, nunca atingindo os trinta e poucos graus como no Vale Central do Chile. É por isso que os tintos e os brancos do sul do Brasil são geralmente de teor alcoólico bastante baixo, produto de temperaturas que não ultrapassam os 26 graus durante os meses de maturação. Com tudo isso em mente, voltemos à ideia de que degustar vinhos tranquilos hoje no Brasil é como fazê-lo há vinte anos na Argentina ou no Chile, quando o cenário local de cada um deles pecava por uma certa ingenuidade e, acima de tudo, permanecia isolado do que estava acontecendo no mundo. Muito mais focado no mercado local, mas acima de tudo, sem demandas, satisfeitos de alguma forma por um trabalho que não recebia críticas, que não era questionado.

GILMAR GOMES

Vale dos Vinhedos

Vinhedos de Pinto Bandeira da família Geisse

Correndo o risco de parecer excessivamente crítico, a experiência de degustar tintos e brancos brasileiros - principalmente tintos - pode ser um tanto decepcionante, se comparada ao nível médio apresentado por outros países produtores latino-americanos. Em primeiro lugar, a dificuldade do clima é sentida neles. É sentida a dificuldade de obtenção de frutas saudáveis, o que resulta na pouca clareza varietal de seus vinhos. Para remediar uma má matéria-prima, é preciso recorrer a produtos enológicos, e isso se sente muito na hora de procurar a fruta, a expressão varietal.

Depois, há o fato da extração excessiva. No Brasil, aparentemente, ainda existe a ideia de que quanto mais carregado, mais denso e tânico, maior será a qualidade do vinho resultante. E o que eles obtêm na maioria das vezes são tintos desequilibrados, muitas vezes na acidez e quase sempre nos taninos.

A madeira também é um ponto importante. Os vinhos mais ambiciosos do cenário brasileiro abusam da extração, mas também da madeira. E muitas vezes de forma ingênua, como se quisessem deixar claro para o consumidor que gastaram um bom dinheiro com barricas e que precisam que elas sejam percebidas, que não haja dúvidas. E sim, é verdade, ainda alguns gerentes comerciais e até vinicultores e donos de vinícolas acham que a madeira é um argumento para qualidade e que as pessoas gostam dela, uma ideia muito da última década.

E, finalmente, o ponto de maturação. É claro que em condições chuvosas, a ideia de antecipar a colheita ou atrasá-la, muitas vezes não depende do produtor, mas dos caprichos da natureza. Tem sido comum para nós nesses anos degustando no Brasil encontrar, às vezes, vinhos muito maduros, com fruta cansada ou, no outro extremo, vinhos verdes, sem fruta para sustentá-los, sem o frescor das frutas vermelhas. De todos os problemas que vejo no vinho tranquilo brasileiro, esse me parece o mais complicado.

Antes de passar para as boas notícias, alguns números. Esse ano provamos 396 vinhos tranquilos, o que foi um recorde. No entanto, apenas 46 deles foram selecionados para aparecer no livro. Em termos percentuais, este é o pior desempenho que tivemos no Descorchados 2021, entre os quatro países cujos vinhos foram provados.

Talvez por não corresponder a nada do que foi dito anteriormente ou, talvez, porque prova que é possível obter fruta sã e fresca, é que escolhemos o **Clarete 2020** da Era Dos Ventos, um blend de diferentes castas tintas que vem de vinhedos em Bento Gonçalves, como o Melhor Tinto do ano em Descorchados. Esta pequena homenagem aos claretes espanhóis (vinhos leves para matar a sede) é um tinto simples, suculento, que não pretende muito mais do que alegrar um churrasco, mas que ao mesmo tempo demonstra o talento de um produtor como Luís Henrique Zanini, a quem já premiamos muitas vezes em Descorchados. E não se trata de quem tem um olho em terra de cegos ser rei, mas do fato de que é difícil encontrar tintos equilibrados, agradáveis e refrescantes no cenário brasileiro.

Algo semelhante acontece com o melhor branco desse ano, o **Revolução White Alvarinho 2020** da vinícola Guahyba Estate Wines, bem próxima a Porto Alegre. Trata-se de um projeto novo, orientado pelo incansável Alejandro Cardozo, com um punhado de vinhedos às margens do rio Guaíba, a meia hora do centro da cidade. É um novo terroir que estreia com esse delicioso e suculento branco, um claro exemplo da casta e também de que sim é possível obter algum carácter ligado à cepa.

Enquanto trabalhávamos na edição brasileira dos novos Descorchados, tive que responder a muitos produtores que, preocupados, pediam explicações para a ausência de seus vinhos no guia. E a minha resposta, com mais ou menos detalhes, sempre teve como motivos os elencados e discutidos anteriormente.

Essa situação não é nova para o guia. Há anos que mantemos contato direto com produtores e, em mais de 20 anos, vimos como os seus vinhos evoluem - segundo nosso ponto de vista - para melhor. Com alguma coisa contribuímos, mas acho que a chave fundamental para essa evolução foi colocar a cabeça para fora e ver o mundo. E isso é algo que não temos observado no Brasil.

Quando, há mais de uma década, os produtores argentinos começaram a degustar tintos e brancos elaborados fora de Mendoza, muito além dos da Califórnia ou de Bordeaux, imediatamente um mundo se abriu para eles e essa visão foi fortemente sentida em seu trabalho. Houve um antes e depois daquelas viagens, daquelas provas na Borgonha, em Barolo, na Bairrada, na Galícia, no Jura, em Jerez. Os novos sabores e a troca com produtores de outras latitudes mudaram o vinho argentino e o mesmo aconteceu no Chile. Essas viagens, essas degustações, afinal, transformaram o vinho sul-americano.

É hora, então, dos produtores brasileiros ousarem e tentarem. No momento é difícil viajar, mas eles têm a sorte de ser o principal país importador de vinhos da América do Sul e a oferta é mundial. Não há pretexto. Um pouco mais de mundo implicaria mudanças significativas, até mesmo radicais. ❧

VENCEDORES

O melhor **tinto** & o melhor **branco**

De todos os vinhos que provamos ano a ano, este par é nosso favorito. Sem dúvida, a maior honra que uma garrafa pode alcançar em *Descorchados*.

Enólogo & **Vinícola revelação** do ano

O prêmio Enólogo do ano leva quem mais nos entusiasmou pela qualidade de seus vinhos; os prêmios **Enólogo e Vinícola revelação** vão para aqueles que, com seu trabalho, transformam o vinho na América do Sul.

Vinhos **revelação** do **ano**

Esta é a novidade, o vinho que se destaca do resto, o que busca caminhos diferentes. Esse tipo de vinhos sempre tem um lugar em *Descorchados*.

Os melhores em cada **cepa** ou **estilo**

Seguindo o estilo varietal dos vinhos no Novo Mundo, estes rankings apelam aos melhores dentro de sua cepa. Mas atenção, porque também se incluem rankings por estilos de vinhos: **doces, espumantes, rosés.**

Os melhores por **vale**

Em *Descorchados* nos interessa o sentido de lugar dos vinhos, sua origem. Por isso aqui destacamos os melhores segundo o vale onde foram produzidos.

Superpreço

Um tema sempre recorrente é a boa relação preço-qualidade. Neste par de rankings vocês encontrarão as melhores ofertas provadas no ano. **Imprescindível.**

94

ESTRELAS DO BRASIL
Nature Rosé
Método Tradicional *N/V*
FARIA LEMOS

94

GEISSE
Cave Geisse Leveduras
Autoctones Nature *2014*
PINTO BANDEIRA

93

ADEGA REFINARIA
Otto Sur Lie Nature
2016
SERRA GAÚCHA

93

ADOLFO LONA
Orus Pas Dosé
Nature *2014*
GARIBALDI

TOP 10

VINHOS 2021

93

CASA VALDUGA
Sur Lie Nature Rosé *N/V*
VALE DOS VINHEDOS

93

ERA DOS VENTOS
Clarete *2020*
BENTO GONÇALVES

93

ESTRELAS DO BRASIL
Nature
Método Tradicional *N/V*
SERRA GAÚCHA

93

GEISSE
Cave Geisse Rosé
Extra Brut *2017*
PINTO BANDEIRA

93

LUIZ ARGENTA
Cave Terracota
2017
FLORES DA CUNHA

93

PIZZATO
Nature *2017*
VALE DOS VINHEDOS

94

MELHOR ESPUMANTE.

ESTRELAS DO BRASIL
Nature Rosé Método Tradicional *Pinot Noir N/V*
FARIA LEMOS

Este espumante nature rosé é feito cem por cento com Pinot Noir de vinhedos plantados em solos de basalto na área de Nova Prata. Tudo da vindima de 2017 estagiou três anos sobre as borras segundo o método tradicional de segunda fermentação em garrafa. Além disso, 10% do vinho base foi envelhecido em barricas antes da toma da espuma. O resultado é um rosé delicado, mas firme, com uma estrutura tensa e sabores frutados em todos os lados. A acidez faz a sua parte, acentuando o frescor enquanto as bolhas se sentem crocantes e abundantes.

Os melhores espumantes do ano

93 | **ADEGA REFINARIA** Otto Sur Lie Nature Chardonnay 2016 | Serra Gaúcha
93 | **ADOLFO LONA** Orus Pas Dosé Nature Chardonnay, P. Noir, Merlot 2014 | Garibaldi
93 | **ADOLFO LONA** Nature Pas Dosé Método Tradicional N/V | Garibaldi
93 | **CASA VALDUGA** Sur Lie Nature Rosé Chardonnay, P. Noir N/V Vale dos Vinhedos
93 | **CASA VALDUGA** 130 Blanc de Blanc Chardonnay N/V Vale dos Vinhedos
93 | **CASA VALDUGA** Sur Lie Nature Chardonnay, P. Noir N/V Vale dos Vinhedos
93 | **ESTRELAS DO BRASIL** Nature Método Tradicional N/V | Serra Gaúcha
93 | **GEISSE** Cave Geisse Blanc de Blanc Brut Chardonnay 2018 Pinto Bandeira
93 | **GEISSE** Cave Geisse Rosé Extra Brut P. Noir 2017 | Pinto Bandeira
93 | **GEISSE** Victoria Geisse Gran Reserva Extra Brut Vintage 2018 Pinto Bandeira
93 | **GEISSE** Cave Geisse Nature Chardonnay, P. Noir 2019 | Pinto Bandeira
93 | **LUIZ ARGENTA** Cave Terracota Sauvignon Blanc, Riesling, Trebbiano 2017 | Flores da Cunha
93 | **PIZZATO** Nature Chardonnay, P. Noir 2017 | Vale dos Vinhedos

ESTRELAS DO BRASIL

NATURE ROSÉ
PROCESSO TRADICIONAL

94

[DIVIDIDO]

MELHOR ESPUMANTE.

GEISSE
Cave Geisse Leveduras Autoctones Nature *2014*
PINTO BANDEIRA

Este novo vinho de Geisse, de novo não tem muito, pelo menos no que diz respeito ao vinho em si. Em contato com as borras por no mínimo 72 meses, foi fermentado com leveduras indígenas e sem adição de enxofre; evitou-se a intervenção no processo de elaboração de um vinho da forma mais natural possível, mas sempre sob o método de segunda fermentação em garrafa ou "tradicional". O resultado é um estilo vinoso, marcado pelos aromas de oxidação e pelas notas de frutos secos que se misturam com frutas maduras e notas de especiarias num vinho profundo e encorpado, mas ao mesmo tempo de grande suavidade e sutileza. Um dos melhores que já provamos em Geisse. ❧

Os melhores **espumantes** do ano

93 | **ADEGA REFINARIA** Otto Sur Lie Nature Chardonnay 2016 | Serra Gaúcha

93 | **ADOLFO LONA** Orus Pas Dosé Nature Chardonnay, P. Noir, Merlot 2014 | Garibaldi

93 | **ADOLFO LONA** Nature Pas Dosé Método Tradicional N/V | Garibaldi

93 | **CASA VALDUGA** Sur Lie Nature Rosé Chardonnay, P. Noir N/V Vale dos Vinhedos

93 | **CASA VALDUGA** 130 Blanc de Blanc Chardonnay N/V Vale dos Vinhedos

93 | **CASA VALDUGA** Sur Lie Nature Chardonnay, P. Noir N/V Vale dos Vinhedos

93 | **ESTRELAS DO BRASIL** Nature Método Tradicional N/V | Serra Gaúcha

93 | **GEISSE** Cave Geisse Blanc de Blanc Brut Chardonnay 2018 Pinto Bandeira

93 | **GEISSE** Cave Geisse Rosé Extra Brut P. Noir 2017 | Pinto Bandeira

93 | **GEISSE** Victoria Geisse Gran Reserva Extra Brut Vintage 2018 Pinto Bandeira

93 | **GEISSE** Cave Geisse Nature Chardonnay, P. Noir 2019 | Pinto Bandeira

93 | **LUIZ ARGENTA** Cave Terracota Sauvignon Blanc, Riesling, Trebbiano 2017 | Flores da Cunha

93 | **PIZZATO** Nature Chardonnay, P. Noir 2017 | Vale dos Vinhedos

93 MELHOR TINTO.

ERA DOS VENTOS
Clarete *2020*
BENTO GONÇALVES

Uma pequena homenagem de Era dos Ventos ao estilo clarete espanhol, esse vinho feito de uvas brancas e tintas (aqui há quatro tipos de tintas e dois de brancas) com grau de álcool muito baixo (11,8 tem este clarete) e pensado para beber e matar a sede. E a homenagem vai muito bem. É um tinto claro, quase um rosé corpulento, generoso nos sabores de fruta, ligeiramente adstringente na textura e com uma acidez crocante e suculenta. Deveriam comprar este vinho em caixas para bebê-lo fresco todos os dias. E sim, o melhor tinto brasileiro em Descorchados este ano é este, um vinho simples, sem grandiloquências, mas com frescor e clareza frutada, algo que hoje não é fácil encontrar no cenário brasileiro. 🍷

Os melhores tintos do ano

92 | LUIZ ARGENTA Cave Uvas Desidratadas Merlot 2017 | Altos Montes
92 | LUIZ ARGENTA Cave Cuvée Merlot, Cabernet Franc, Petit Verdot 2017 | Altos Montes
92 | NEGROPONTE Vigna Urubu Pitanga Pinot Noir 2020 | Campos de Cima da Serra
91 | LUIZ ARGENTA Cave Corte Merlot, Ancellotta, Marselan 2017 | Altos Montes
91 | VINHEDOS CAPOANI Gamay Nouveau Gamay 2020 | Vale dos Vinhedos
90 | AUDACE WINE Sol de Maio Tannat 2020 | Bento Gonçalves
90 | LUIZ ARGENTA Cave Cabernet Franc 2017 | Altos Montes
90 | THERA Thera Malbec 2018 | Serra Catarinense

92 MELHOR BRANCO.

GUAHYBA ESTATE WINES
Revolução White *Alvarinho 2020*
PORTO ALEGRE

Junto ao rio Guaíba, a sudoeste de Porto Alegre, os vinhedos de Alvarinho da Guahyba Wines Estates foram plantados em meados desta década, nos solos argilo-calcários da região. O vinho envelhece 5% em barricas novas, sendo o restante envelhecido em aço; o resultado tem muito da variedade: aromas de pêssegos maduros em meio a um corpo suculento e amigável, com aquela textura cremosa que acaricia o paladar. É profundo em sabores maduros, mas ao mesmo tempo tem uma acidez muito boa que consegue equilibrar. Uma agradável e fresca surpresa de uma área pouco explorada no vinho brasileiro.

Os melhores brancos do ano

91 | **CASA VALDUGA** Terroir Sauvignon Blanc 2020 | Campanha Gaúcha
91 | **ERA DOS VENTOS** Era dos Ventos Moscato Moscato Branco 2020
Bento Gonçalves
91 | **LUIZ ARGENTA** Cave Chardonnay 2020 | Altos Montes
91 | **MIOLO WINE GROUP** Cuvée Giuseppe Chardonnay 2019
Vale dos Vinhedos
91 | **PIZZATO** PP Sémillon 2019 | Vale dos Vinhedos
90 | **GUASPARI** Vale da Pedra Branco S. Blanc, Viognier, Chardonnay 2019
Espírito Santo do Pinhal
90 | **GUASPARI** Vista do Bosque Viognier 2018 | Espírito Santo do Pinhal
90 | **GUATAMBU** Luar do Pampa Sauvignon Blanc 2020
Campanha Gaúcha

92

MELHOR ROSADO.

LUIZ ARGENTA
L.A. Jovem Rosé *Pinot Noir, Petite Sirah 2020*
FLORES DA CUNHA

Esta mistura incomum de Pinot Noir e Petite Sirah vem de vinhedos a cerca de 885 metros acima do nível do mar, na região de Altos Montes, onde Luiz Argenta cultiva suas uvas desde o final da década de 1990. Os cachos são prensados diretamente para um rosé refrescante, suculento, com acidez firme e tensa e notas florais sutis. Este rosé é daqueles que não se param de beber, principalmente se for verão, e melhor se houver uma boa seleção de sashimis e nigiris na mesa. Perigosamente fácil de beber.

Os melhores rosados do ano

88 | **AURORA** Reserva Rosé Merlot 2019 | Serra Gaúcha
87 | **THERA** Thera Rosé Cabernet Franc, Merlot, Syrah 2020
Serra Catarinense
87 | **VINHEDOS CAPOANI** Rosé Gamay,Merlot,P. Noir 2020
Vale dos Vinhedos
86 | **CASA VALDUGA** Arte Blend Rosé Malbec, Gewürztraminer 2020
Serra do Sudeste
86 | **MIOLO WINE GROUP** Miolo Seleção Rosé Cabernet Sauvignon,
Tempranillo 2020 | Campanha Gaúcha

VINÍCOLA DO ANO.

GEISSE

Mario Geisse é um dos enólogos-chave na história moderna do vinho chileno, e teve papel semelhante no Brasil, onde chegou por volta de 1976 para assumir a subsidiária da Moët & Chandon naquele país. Três anos depois, junto com seus filhos, fundou a Família Geisse, a vinícola que tem sido um elemento fundamental na renovação do cenário dos espumantes brasileiros, principalmente no que diz respeito ao método tradicional de segunda fermentação em garrafa, sistema que Geisse alcançou níveis incomuns na América do Sul. Com vinhedos em Pinto Bandeira, uma das áreas mais altas do sul do Brasil, seus cuvées hoje mostram consistência, qualidade e caráter. Os seus vinhos têm um estilo clássico, concentrados nos sabores e texturas proporcionados pelo envelhecimento com as borras. No entanto, também há espaço para experimentar, como na seu novo Cave Geisse Leveduras Autoctones Nature, um branco delicioso, intenso e profundo que foi feito com a mínima intervenção possível. Se você quer conhecer o desenvolvimento moderno dos espumantes no Brasil, o melhor conselho é começar pelos vinhos da Geisse. 🍷

Mario Geisse

ENÓLOGO DO ANO.

ALEJANDRO CARDOZO

Alejandro Cardozo é uma fonte de energia no cenário vinícola brasileiro. Enólogo incansável, veio ao país do Uruguai em 2002, contratado pelo grupo Piagentini, onde trabalhou até 2015. Mas Cardozo é um profissional inquieto e já em 2006, junto com Irineo Dall'Agnol, criou a Estrelas do Brasil, local onde pôde experimentar novas técnicas e estilos naquela que é hoje uma das vinícolas líderes na produção de espumantes brasileiros. Este ano, em Descorchados escolhemos o Método Tradicional Nature Rosé, cem por cento Pinot Noir da Estrelas, como um dos dois melhores vinhos espumantes do Brasil. Mas o trabalho de Cardozo não para por aí. Em 2016 fundou a Companhia Brasileira de Vinificações, onde presta serviços enológicos a todo um grupo de projetos como Audace Wines, Red Wines, Cave di Posa ou Guahyba, que elegemos este ano como Vinícola Revelação do Brasil em Descorchados. Um trabalho sério, enérgico e criativo deste que, para nós, é o enólogo do ano no Brasil. 🍷

Alejandro Cardozo

VINÍCOLA REVELAÇÃO.

GHAYBA ESTATE WINES

Em Descorchados interessamo-nos por novas vozes e ainda mais se essas vozes falam de lugares que não conhecemos ou que apenas começam a aparecer no mapa do vinho sul-americano. É o caso de Luís Wulff e seu projeto a oeste de Porto Alegre, próximo ao rio Guaíba. Luís não tem ancestrais dedicados ao vinho. É apenas um amador que, em 2015, quis dar um passo à frente com sua paixão, plantando cerca de dois hectares de vinhas nos solos argilosos e calcários daquela zona, onde são pioneiros. Aconselhado pelo enólogo Alejandro Cardozo, este ano chamou a nossa atenção a sua Revolução White 2020, um Alvarinho cem por cento com um carácter maduro e envolvente, mas ao mesmo tempo com uma acidez firme que oferece equilíbrio; equilíbrio que não é comum para brancos no Brasil. Fique atento a esta vinícola e às margens da lagoa do rio Guaíba. 🍷

Luís Wulff, proprietário da vinícola Guahyba perto de Porto Alegre.

93

VINHO REVELAÇÃO.

ADEGA REFINARIA
Otto Sur Lie Nature *Chardonnay 2016*
SERRA GAÚCHA

Este Chardonnay vem da região de Cotiporã, na Serra Gaúcha, de vinhedos com cerca de dez anos plantados em solos de origem vulcânica. Feito com o método tradicional de segunda fermentação em garrafa, este tem 56 meses de contato com as borras. E finalmente foi engarrafado em abril de 2016. O resultado oferece um grande volume, muitos sabores de frutas brancas ácidas e também especiarias em meio a bolhas macias e abundantes. A acidez é de uma aresta pronunciada que oferece textura tensa e também muito frescor.

93 VINHO REVELAÇÃO.

ADOLFO LONA
Orus Pas Dosé Nature
Chardonnay, Pinot Noir, Merlot 2014
GARIBALDI

Um fiel exemplo do estilo da casa, este Orus é, acima de tudo, complexidade, sabores terrosos, frutas secas, especiarias doces. O vinho base estagiou durante dois anos e depois passa um ano a envelhecer nas borras, e mais um ano em garrafa antes de ser lançado no mercado. É suculento, profundo, com bolhas abundantes, enchendo a boca com a sua cremosidade e ao mesmo tempo acentuando os sabores exuberantes de frutas maduras. Apresenta algo licoroso no final da boca e as especiarias doces permanecem no palato depois de ingerido. Devem experimentar este vinho. ❧

93

VINHO REVELAÇÃO.

LUIZ ARGENTA
Cave Terracota
Sauvignon Blanc, Riesling, Trebbiano 2017
FLORES DA CUNHA

O enólogo Edgar Scortegagna trabalhou neste blend de Sauvignon Blanc, Riesling e Trebbiano por oito meses com suas peles em um ovo de terracota. Só então a mistura foi prensada, o vinho foi separado das partes sólidas e voltou ao ovo para continuar o envelhecimento por mais três anos. O resultado é um vinho ao estilo "laranja", mas muito mais sutil que o habitual, com uma textura - sobretudo - muito mais amigável, sem amargor, sem arestas; tudo é sutileza neste vinho, os aromas florais fundem-se com os sabores das frutas vermelhas e brancas. Dê um tempo na garrafa. Este acabou de nascer. 🍷

92

VINHO REVELAÇÃO.

BELLA QUINTA
Livre Sur Lie Nature *Chardonnay N/V*
SERRA GAÚCHA

A base deste vinho é um Chardonnay com oito meses em barricas. Após mais seis meses de envelhecimento em suas borras, foi engarrafado para se juntar à já grande comunidade de espumantes "sur lie" do cenário brasileiro. Tem uma suculência deliciosa, cheia de sabores cítricos a laranja em um corpo intenso, borbulhas rústicas e agudas e uma acidez que refresca tudo em seu caminho. Um vinho mais próximo dos laranjas do que dos rosés ou dos brancos, de grande intensidade. Pense em ouriços.

92

VINHO REVELAÇÃO.

GUAHYBA ESTATE WINES
Revolução White *Alvarinho 2020*
PORTO ALEGRE

Junto ao rio Guaíba, a sudoeste de Porto Alegre, os vinhedos de Alvarinho da Guahyba Wines Estates foram plantados em meados desta década, nos solos argilo-calcários da região. O vinho envelhece 5% em barricas novas, sendo o restante envelhecido em aço; o resultado tem muito da variedade: aromas de pêssegos maduros em meio a um corpo suculento e amigável, com aquela textura cremosa que acaricia o paladar. É profundo em sabores maduros, mas ao mesmo tempo tem uma acidez muito boa que consegue equilibrar. Uma agradável e fresca surpresa de uma área pouco explorada no vinho brasileiro. 🍷

92
VINHO REVELAÇÃO.

NEGROPONTE VIGNA
Urubu Pitanga *Pinot Noir 2020*
CAMPOS DE CIMA DA SERRA

Não há Pinot muito bom no Brasil e, para ser sincero, Pinot bom na América do Sul (e no mundo) não é abundante. Coloque esse Urubu Pitanga em sua lista de imperdíveis. Elaborado com dois clones de Pinot Noir, um italiano e outro francês, não contém madeira e mostra a força e a tensão da variedade, o que não é pouca coisa. Aqui estão os taninos, a tensão. E há também a fruta vermelha suculenta, a acidez vibrante de um Pinot simples, mas que empolga a nível do potencial. Se Negroponte pode, deve haver outros que também podem. 🍷

91

VINHO REVELAÇÃO.

CASA VALDUGA
Terroir *Sauvignon Blanc 2020*
CAMPANHA GAÚCHA

Do sul do Brasil, quase na fronteira com o Uruguai, este é um Sauvignon crocante em sua expressão varietal: os aromas de ervas combinados com notas de frutas cítricas brancas. Na boca é potente, com muita estrutura, com uma acidez forte e firme que se projeta até o final, refrescando tudo. Sem passar pela madeira, esta é uma das expressões mais claras do Sauvignon Blanc no Brasil e que é apreciada, principalmente em um país onde abundam os brancos recheados com madeira ou muito maduros. Esse vai na direção contrária. 🍒

91 VINHO REVELAÇÃO.

CAVE DI POZZA
Nativitá Nature Rosé *Pinot Noir 2017*
CAXIAS DO SUL

As borbulhas deste Nativitá, cremosas e abundantes, sustentam a acidez firme e pungente, montando todo um contexto de frescor em meio a tons de frutas vermelhas e flores. É Pinot Noir cem por cento, feito segundo o método tradicional de segunda fermentação em garrafa e, neste caso, com 36 meses de envelhecimento nas suas borras. É fresco, é vibrante, tem pegada. Opte pelo gravlax ou algo que tenha esse tipo de untuosidade para contrastar com a nitidez das bolhas e a crocância da acidez. 🍷

91

VINHO REVELAÇÃO.

GUATAMBU
Veste Amarela *Chardonnay 2020*
CAMPANHA GAÚCHA

Um novo laranja no panorama vinícola brasileiro, este vem da zona ensolarada de Dom Pedrito, na Campanha Gaúcha. O vinho fica em contato com as peles, no frio, por oito meses. E o resultado é um laranja muito delicado, com sabores doces e cítricos em meio a uma acidez vibrante e uma textura quase delicada, ao contrário de outros exemplos do estilo que costumam ser definidos por sua aspereza. Aqui está um vinho para nigiri de ouriço do mar ou para acompanhar tempurá de camarão.

91 VINHO REVELAÇÃO.

PENZO
Penzo Farfalla *Lorena 2020*
SERRA GAÚCHA

Feito com o método ancestral de uma única fermentação em garrafa, esse "pet nat" é cem por cento da uva Lorena, uma híbrida criado no Brasil. A maturação dura um ano na garrafa e o vinho tem um lado rústico encantador, com bolhas ricas e agudas, acidez intensa, frutas e ervas que enchem a boca. Para pensar em risoto de frutos do mar ou ouriço do mar. 🍷

91

VINHO REVELAÇÃO.

VINHEDOS CAPOANI
Gamay Nouveau *Gamay 2020*
VALE DOS VINHEDOS

Uma deliciosa prova de que é possível obter frutas vermelhas frescas no Rio Grande do Sul. Esse Gamay cem por cento foi plantado há 12 anos em solos argilosos do Vale dos Vinhedos. Possui apenas 11,5 graus de álcool e nenhum traço de aromas ou sabores vegetais. Pelo contrário, este é um delicioso suco de frutas vermelhas ácidas que nadam num corpo leve, com uma acidez vibrante. Se fosse você comprava uma caixa desse tinto para levar nas férias ou simplesmente para servir bem gelado e matar a sede no verão. Muitos mais vinhos como este são necessários no Brasil. E sim, eles podem ser feitos. Essa é a prova.

90

VINHO REVELAÇÃO.

CASA PERINI
Método Tradicional Brut *Chardonnay, Pinot Noir N/V*
VALE TRENTINO

Do lado mais cítrico do estilo, este tem aquela acidez do suco de limão que o convida a beber com facilidade. Com 80% Chardonnay e 20% Pinot Noir, e 36 meses nas suas borras, este envelhecimento prolongado não afetou o caráter e a expressão da fruta, que aqui se sente ágil, viva. As bolhas são abundantes e nítidas e o corpo é leve, sublinhando a ideia de que este vinho, embora muito equilibrado e com alguma complexidade, é, acima de tudo, um espumante para o aperitivo. ⌇

[DIVIDIDO]

93 MELHOR ESPUMANTE BRUT.

CASA VALDUGA
130 Blanc de Blanc *Chardonnay N/V*
VALE DOS VINHEDOS

A borbulha é uma seda, um creme neste espumante de 36 meses de envelhecimento com as suas borras na garrafa. Cem por cento Chardonnay, tem um lado frutado muito acentuado, mas também leves notas de oxidação, especiarias e frutas secas. O corpo, por mais macio que pareça, é suculento e envolvente; a acidez é firme. Este é o tipo de vinho que vale a pena esperar, pelo menos, dois ou três anos. Só vai ganhar em complexidade.

Os melhores espumantes brut do ano

92 | **CASA VALDUGA** 130 Brut Rosé Chardonnay, P. Noir N/V
Vale dos Vinhedos

92 | **CASA VALDUGA** Arte Tradicional Brut Rosé Chardonnay, P. Noir 2019
Vale dos Vinhedos

92 | **GEISSE** Cave Geisse Blanc de Noir Brut P. Noir 2018 | Pinto Bandeira

92 | **GEISSE** Cave Geisse Brut Chardonnay, P. Noir 2019 | Pinto Bandeira

92 | **LUIZ ARGENTA** Cave 48 Meses Brut Chardonnay 2015 | Flores da Cunha

92 | **MIOLO WINE GROUP** Miolo Millésime Brut P. Noir, Chardonnay 2017
Vale dos Vinhedos

91 | **ADOLFO LONA** Brut Método Tradicional Chardonnay, P. Noir N/V
Garibaldi

91 | **CASA VALDUGA** 130 Blanc de Noir P. Noir N/V | Vale dos Vinhedos

91 | **CASA VALDUGA** Arte Tradicional Brut Chardonnay, P. Noir 2019
Vale dos Vinhedos

91 | **CASA VALDUGA** Premium Brut Rosé Chardonnay, P. Noir N/V
Vale dos Vinhedos

91 | **CHANDON** Brasil Chandon Excellence Magnum - Safra 2009 - Lote 2
2009 | Serra Gaúcha

91 | **ESTRELAS DO BRASIL** Brut Método Tradicional N/V | Nova Prata

91 | **GARBO ENOLOGIA CRIATIVA** Evoluto Brut Sur Lie Rosé Chardonnay,
P. Noir N/V | Serra Gaúcha

91 | **GEISSE** Cave Amadeu Brut Chardonnay, P. Noir 2020 | Pinto Bandeira

91 | **GEISSE** Cave Amadeu Brut Rosé P. Noir 2020 | Pinto Bandeira

91 | **GEISSE** Cave Geisse Brut Rosé P. Noir 2019 | Pinto Bandeira

91 | **PENZO** Penzo Farfalla Lorena 2020 | Serra Gaúcha

91 | **PIZZATO** Brut Chardonnay, P. Noir 2018 | Vale dos Vinhedos

91 | **PONTO NERO** Icon Brut Chardonnay N/V | Serra Gaúcha

[DIVIDIDO]

93 MELHOR ESPUMANTE BRUT.

GEISSE
Cave Geisse Blanc de Blanc Brut *Chardonnay 2018*
PINTO BANDEIRA

A visão de Geisse do estilo blanc de blancs é leve, sutil. Aqui estão alguns vinhedos com 25 anos de propriedade da família Geisse, no alto de Pinto Bandeira, na Serra Gaúcha, um terroir que produz vinhos delicados e de grande acidez. Há muitos sabores de frutas brancas e flores aqui, iluminados por uma acidez viva e nítida. O corpo é delicado, espalhando-se sobre uma camada de bolhas abundantes e afiadas. Este é o tipo de vinho que precisam trazer para a mesa e comer com frutos do mar crus. Um pequeno deleite de harmonia e sutileza. 🍷

Os melhores **espumantes brut** do ano

92 | **CASA VALDUGA** 130 Brut Rosé Chardonnay, P. Noir N/V
Vale dos Vinhedos
92 | **CASA VALDUGA** Arte Tradicional Brut Rosé Chardonnay, P. Noir 2019
Vale dos Vinhedos
92 | **GEISSE** Cave Geisse Blanc de Noir Brut P. Noir 2018 | Pinto Bandeira
92 | **GEISSE** Cave Geisse Brut Chardonnay, P. Noir 2019 | Pinto Bandeira
92 | **LUIZ ARGENTA** Cave 48 Meses Brut Chardonnay 2015 | Flores da Cunha
92 | **MIOLO WINE GROUP** Miolo Millésime Brut P. Noir, Chardonnay 2017
Vale dos Vinhedos
91 | **ADOLFO LONA** Brut Método Tradicional Chardonnay, P. Noir N/V
Garibaldi
91 | **CASA VALDUGA** 130 Blanc de Noir P. Noir N/V | Vale dos Vinhedos
91 | **CASA VALDUGA** Arte Tradicional Brut Chardonnay, P. Noir 2019
Vale dos Vinhedos
91 | **CASA VALDUGA** Premium Brut Rosé Chardonnay, P. Noir N/V
Vale dos Vinhedos
91 | **CHANDON** Brasil Chandon Excellence Magnum - Safra 2009 - Lote 2
2009 | Serra Gaúcha
91 | **ESTRELAS DO BRASIL** Brut Método Tradicional N/V | Nova Prata
91 | **GARBO ENOLOGIA CRIATIVA** Evoluto Brut Sur Lie Rosé Chardonnay,
P. Noir N/V | Serra Gaúcha
91 | **GEISSE** Cave Amadeu Brut Chardonnay, P. Noir 2020 | Pinto Bandeira
91 | **GEISSE** Cave Amadeu Brut Rosé P. Noir 2020 | Pinto Bandeira
91 | **GEISSE** Cave Geisse Brut Rosé P. Noir 2019 | Pinto Bandeira
91 | **PENZO** Penzo Farfalla Lorena 2020 | Serra Gaúcha
91 | **PIZZATO** Brut Chardonnay, P. Noir 2018 | Vale dos Vinhedos
91 | **PONTO NERO** Icon Brut Chardonnay N/V | Serra Gaúcha

[DIVIDIDO]

93

MELHOR ESPUMANTE EXTRA BRUT.

GEISSE
Cave Geisse Rosé Extra Brut *Pinot Noir 2017*
PINTO BANDEIRA

Este Geisse extra brut tem um vinho base que foi fermentado e depois guardado em barricas durante seis meses. Depois, e seguindo o método tradicional de segunda fermentação em garrafa, manteve-se em contato com as borras durante três anos antes de descansar em garrafa até agora. O vinho mostra grande poder de fruta acompanhado de bolhas cremosas que enchem a boca causando uma agradável sensação de suculência. Um vinho para comer, talvez salmão grelhado ou frios.

Os melhores espumantes extra brut do ano

92 | **ESTRELAS DO BRASIL** Extra Brut Rosé Método Tradicional P. Noir N/V
Nova Prata

92 | **GEISSE** Victoria Geisse Reserva Extra Brut Vintage Chardonnay,
P. Noir 2019 | Pinto Bandeira

91 | **AURORA** Aurora Pinto Bandeira Método Tradicional Extra Brut N/V
Serra Gaúcha

91 | **GEISSE** Victoria Geisse Extra Brut Vintage Chardonnay, P. Noir 2020
Pinto Bandeira

91 | **GEISSE** Victoria Geisse Extra Brut Rosé Vintage P. Noir 2020
Pinto Bandeira

91 | **MAXIMO BOSCHI** Biografia Extra Brut Chardonnay, P. Noir 2014
Vale dos Vinhedos

90 | **CASA VALDUGA** Premium Extra Brut Chardonnay, P. Noir N/V
Vale dos Vinhedos

90 | **LUIZ PORTO** Luiz Porto Extra Brut P. Noir, Chardonnay N/V
Minas Gerais

[DIVIDIDO]

93 MELHOR ESPUMANTE EXTRA BRUT.

GEISSE

Victoria Geisse Gran Reserva Extra Brut Vintage
Chardonnay, Pinot Noir 2018
PINTO BANDEIRA

Neste blend, o mais ambicioso da linha Victoria Geisse, encontra-se 75% Chardonnay e o resto Pinot Noir, ambos provenientes de vinhas com cerca de 12 anos da zona de Pinto Bandeira. O contato com as borras é o mais longo da linha, estendendo-se por três anos antes do dégorgement. E o resultado é um vinho de rica complexidade, com sabores de frutas secas e especiarias, com toques florais. As bolhas são macias e abundantes, com acentuada acidez e doçura no fundo, permitindo que prevaleça o frescor. ⤙

Os melhores espumantes extra brut do ano

92 | **ESTRELAS DO BRASIL** Extra Brut Rosé Método Tradicional P. Noir N/V
Nova Prata

92 | **GEISSE** Victoria Geisse Reserva Extra Brut Vintage Chardonnay,
P. Noir 2019 | Pinto Bandeira

91 | **AURORA** Aurora Pinto Bandeira Método Tradicional Extra Brut N/V
Serra Gaúcha

91 | **GEISSE** Victoria Geisse Extra Brut Vintage Chardonnay, P. Noir 2020
Pinto Bandeira

91 | **GEISSE** Victoria Geisse Extra Brut Rosé Vintage P. Noir 2020
Pinto Bandeira

91 | **MAXIMO BOSCHI** Biografia Extra Brut Chardonnay, P. Noir 2014
Vale dos Vinhedos

90 | **CASA VALDUGA** Premium Extra Brut Chardonnay, P. Noir N/V
Vale dos Vinhedos

90 | **LUIZ PORTO** Luiz Porto Extra Brut P. Noir, Chardonnay N/V
Minas Gerais

94 MELHOR ESPUMANTE NATURE.

ESTRELAS DO BRASIL

Nature Rosé Método Tradicional *Pinot Noir N/V*
FARIA LEMOS

Este espumante nature rosé é feito cem por cento com Pinot Noir de vinhedos plantados em solos de basalto na área de Nova Prata. Tudo da vindima de 2017 estagiou três anos sobre as borras segundo o método tradicional de segunda fermentação em garrafa. Além disso, 10% do vinho base foi envelhecido em barricas antes da toma da espuma. O resultado é um rosé delicado, mas firme, com uma estrutura tensa e sabores frutados em todos os lados. A acidez faz a sua parte, acentuando o frescor enquanto as bolhas se sentem crocantes e abundantes. 🐛

Os melhores espumantes nature do ano

93 | **ADEGA REFINARIA** Otto Sur Lie Nature Chardonnay 2016 | Serra Gaúcha
93 | **ADOLFO LONA** Orus Pas Dosé Nature Chardonnay, P. Noir, Merlot 2014 | Garibaldi
93 | **ADOLFO LONA** Nature Pas Dosé Método Tradicional Chardonnay, P. Noir, Merlot N/V | Garibaldi
93 | **CASA VALDUGA** Sur Lie Nature Rosé Chardonnay, P. Noir N/V Vale dos Vinhedos
93 | **CASA VALDUGA** Sur Lie Nature Chardonnay, P. Noir N/V Vale dos Vinhedos
93 | **ESTRELAS DO BRASIL** Nature Método Tradicional N/V | Serra Gaúcha
93 | **GEISSE** Cave Geisse Nature Chardonnay, P. Noir 2019 | Pinto Bandeira
93 | **PIZZATO** Nature Chardonnay, P. Noir 2017 | Vale dos Vinhedos
92 | **ADOLFO LONA** Sur Lie Nature Chardonnay, P. Noir N/V | Garibaldi
92 | **AURORA** Gioia Nature Sur Lie Chardonnay, P. Noir, Riesling Itálico N/V Serra Gaúcha
92 | **BELLA QUINTA** Livre Sur Lie Nature Chardonnay N/V | Serra Gaúcha
92 | **CASA PERINI** Nature Método Tradicional Chardonnay, P. Noir N/V Serra Gaúcha
92 | **GEISSE** Cave Amadeu Rústico Nature Chardonnay, P. Noir 2018 Pinto Bandeira
92 | **HERMANN** Lírica Crua Chardonnay, P. Noir, Gouveio N/V Pinheiro Machado
92 | **LUIZ ARGENTA** Cave Blanc de Noir 36 Meses Nature P. Noir 2016 Altos Montes
92 | **PIZZATO** Vertigo Nature Chardonnay, P. Noir 2018 | Vale dos Vinhedos
92 | **RED WINES LUXURY** Nature Rosé Método Tradicional 2018 Caxias do Sul

[DIVIDIDO]

94 MELHOR ESPUMANTE NATURE.

GEISSE
Cave Geisse Leveduras Autoctones Nature *2014*
PINTO BANDEIRA

Este novo vinho de Geisse, de novo não tem muito, pelo menos no que diz respeito ao vinho em si. Em contato com as borras por no mínimo 72 meses, foi fermentado com leveduras indígenas e sem adição de enxofre; evitou-se a intervenção no processo de elaboração de um vinho da forma mais natural possível, mas sempre sob o método de segunda fermentação em garrafa ou "tradicional". O resultado é um estilo vinoso, marcado pelos aromas de oxidação e pelas notas de frutos secos que se misturam com frutas maduras e notas de especiarias num vinho profundo e encorpado, mas ao mesmo tempo de grande suavidade e sutileza. Um dos melhores que já provamos em Geisse. ☞

Os melhores **espumantes nature** do ano

93 | **ADEGA REFINARIA** Otto Sur Lie Nature Chardonnay 2016 | Serra Gaúcha
93 | **ADOLFO LONA** Orus Pas Dosé Nature Chardonnay, P. Noir, Merlot 2014 | Garibaldi
93 | **ADOLFO LONA** Nature Pas Dosé Método Tradicional Chardonnay, P. Noir, Merlot N/V | Garibaldi
93 | **CASA VALDUGA** Sur Lie Nature Rosé Chardonnay, P. Noir N/V Vale dos Vinhedos
93 | **CASA VALDUGA** Sur Lie Nature Chardonnay, P. Noir N/V Vale dos Vinhedos
93 | **ESTRELAS DO BRASIL** Nature Método Tradicional N/V | Serra Gaúcha
93 | **GEISSE** Cave Geisse Nature Chardonnay, P. Noir 2019 | Pinto Bandeira
93 | **PIZZATO** Nature Chardonnay, P. Noir 2017 | Vale dos Vinhedos
92 | **ADOLFO LONA** Sur Lie Nature Chardonnay, P. Noir N/V | Garibaldi
92 | **AURORA** Gioia Nature Sur Lie Chardonnay, P. Noir, Riesling Itálico N/V Serra Gaúcha
92 | **BELLA QUINTA** Livre Sur Lie Nature Chardonnay N/V | Serra Gaúcha
92 | **CASA PERINI** Nature Método Tradicional Chardonnay, P. Noir N/V Serra Gaúcha
92 | **GEISSE** Cave Amadeu Rústico Nature Chardonnay, P. Noir 2018 Pinto Bandeira
92 | **HERMANN** Lírica Crua Chardonnay, P. Noir, Gouveio N/V Pinheiro Machado
92 | **LUIZ ARGENTA** Cave Blanc de Noir 36 Meses Nature P. Noir 2016 Altos Montes
92 | **PIZZATO** Vertigo Nature Chardonnay,P. Noir 2018 | Vale dos Vinhedos
92 | **RED WINES LUXURY** Nature Rosé Método Tradicional 2018 Caxias do Sul

[DIVIDIDO]

91 MELHOR ESPUMANTE MÉTODO CHARMAT.

CHANDON BRASIL
Chandon Excellence Magnum Lote 2 *2009*
SERRA GAÚCHA

Este é o novo vinho top da Chandon, um vinho espumante feito pelo método charmat de segunda fermentação em tanques de aço e que, neste caso, tem nada menos que uma década em garrafa. Obviamente, os sabores são complexos, indo além da fruta para as notas de frutas secas, especiarias doces e notas oxidativas. O vinho não perdeu a acidez e as bolhas são suaves e amáveis. Para peixe defumado. ❧

Os melhores espumantes método charmat do ano

90 | **PONTO NERO** Cult Brut Chardonnay, Pinot Noir, Riesling N/V Serra Gaúcha

90 | **VISTAMONTES** Brut Rosé Malbec N/V | Serra Gaúcha

89 | **AURORA** Procedências Blanc de Blanc Brut Chardonnay N/V Serra Gaúcha

89 | **MIOLO WINE GROUP** Miolo Cuvée Brut Rosé Pinot Noir, Chardonnay 2019 | Vale dos Vinhedos

89 | **PONTO NERO** Enjoy Brut Sauvignon Blanc N/V | Serra Gaúcha

91

MELHOR ESPUMANTE MÉTODO CHARMAT.

PONTO NERO
Icon Brut *Chardonnay N/V*
SERRA GAÚCHA

O mais ambicioso dos vinhos Ponto Nero estagiou 40 meses sobre as suas borras, sempre com a segunda fermentação ou método charmat de "toma de espuma" em cubas de aço. O resultado é um vinho espumante que apresenta um toque seco, com baixíssimo nível de doçura e com predominância da acidez, oferecendo muito frescor e suculência. É tenso, com uma borbulha muito acentuada e uma agradável camada de sabores frutados. Para o aperitivo ou para o ceviche. 🍷

Os melhores espumantes método charmat do ano

90 | **PONTO NERO** Cult Brut Chardonnay, Pinot Noir, Riesling N/V
Serra Gaúcha

90 | **VISTAMONTES** Brut Rosé Malbec N/V | Serra Gaúcha

89 | **AURORA** Procedências Blanc de Blanc Brut Chardonnay N/V
Serra Gaúcha

89 | **MIOLO WINE GROUP** Miolo Cuvée Brut Rosé Pinot Noir, Chardonnay
2019 | Vale dos Vinhedos

89 | **PONTO NERO** Enjoy Brut Sauvignon Blanc N/V | Serra Gaúcha

[DIVIDIDO]

94

MELHOR ESPUMANTE MÉTODO TRADICIONAL.

ESTRELAS DO BRASIL
Nature Rosé Método Tradicional *Pinot Noir N/V*
FARIA LEMOS

Este espumante nature rosé é feito cem por cento com Pinot Noir de vinhedos plantados em solos de basalto na área de Nova Prata. Tudo da vindima de 2017 estagiou três anos sobre as borras segundo o método tradicional de segunda fermentação em garrafa. Além disso, 10% do vinho base foi envelhecido em barricas antes da toma da espuma. O resultado é um rosé delicado, mas firme, com uma estrutura tensa e sabores frutados em todos os lados. A acidez faz a sua parte, acentuando o frescor enquanto as bolhas se sentem crocantes e abundantes.

Os melhores espumantes método tradicional do ano

93 | **ADEGA REFINARIA** Otto Sur Lie Nature Chardonnay 2016 | Serra Gaúcha

93 | **ADOLFO LONA** Orus Pas Dosé Nature Chardonnay, Pinot Noir, Merlot 2014 | Garibaldi

93 | **ADOLFO LONA** Nature Pas Dosé Método Tradicional Chardonnay, Pinot Noir, Merlot N/V | Garibaldi

93 | **CASA VALDUGA** Sur Lie Nature Rosé Chardonnay, Pinot Noir N/V Vale dos Vinhedos

93 | **CASA VALDUGA** 130 Blanc de Blanc Chardonnay N/V Vale dos Vinhedos

93 | **CASA VALDUGA** Sur Lie Nature Chardonnay, Pinot Noir N/V Vale dos Vinhedos

93 | **ESTRELAS DO BRASIL** Nature Método Tradicional N/V | Serra Gaúcha

93 | **GEISSE** Cave Geisse Blanc de Blanc Brut Chardonnay 2018 Pinto Bandeira

93 | **GEISSE** Cave Geisse Rosé Extra Brut Pinot Noir 2017 | Pinto Bandeira

93 | **GEISSE** Victoria Geisse Gran Reserva Extra Brut Vintage 2018 Pinto Bandeira

93 | **GEISSE** Cave Geisse Nature Chardonnay, Pinot Noir 2019 Pinto Bandeira

93 | **PIZZATO** Nature Chardonnay, Pinot Noir 2017 | Vale dos Vinhedos

[DIVIDIDO]

94 MELHOR ESPUMANTE MÉTODO TRADICIONAL.

GEISSE
Cave Geisse Leveduras Autoctones Nature
Chardonnay, Pinot Noir 2014
PINTO BANDEIRA

Este novo vinho de Geisse, de novo não tem muito, pelo menos no que diz respeito ao vinho em si. Em contato com as borras por no mínimo 72 meses, foi fermentado com leveduras indígenas e sem adição de enxofre; evitou-se a intervenção no processo de elaboração de um vinho da forma mais natural possível, mas sempre sob o método de segunda fermentação em garrafa ou "tradicional". O resultado é um estilo vinoso, marcado pelos aromas de oxidação e pelas notas de frutos secos que se misturam com frutas maduras e notas de especiarias num vinho profundo e encorpado, mas ao mesmo tempo de grande suavidade e sutileza. Um dos melhores que já provamos em Geisse. 🍷

Os melhores espumantes método tradicional do ano

93 | **ADEGA REFINARIA** Otto Sur Lie Nature Chardonnay 2016 | Serra Gaúcha

93 | **ADOLFO LONA** Orus Pas Dosé Nature Chardonnay, Pinot Noir, Merlot 2014 | Garibaldi

93 | **ADOLFO LONA** Nature Pas Dosé Método Tradicional Chardonnay, Pinot Noir, Merlot N/V | Garibaldi

93 | **CASA VALDUGA** Sur Lie Nature Rosé Chardonnay, Pinot Noir N/V Vale dos Vinhedos

93 | **CASA VALDUGA** 130 Blanc de Blanc Chardonnay N/V Vale dos Vinhedos

93 | **CASA VALDUGA** Sur Lie Nature Chardonnay, Pinot Noir N/V Vale dos Vinhedos

93 | **ESTRELAS DO BRASIL** Nature Método Tradicional N/V | Serra Gaúcha

93 | **GEISSE** Cave Geisse Blanc de Blanc Brut Chardonnay 2018 Pinto Bandeira

93 | **GEISSE** Cave Geisse Rosé Extra Brut Pinot Noir 2017 | Pinto Bandeira

93 | **GEISSE** Victoria Geisse Gran Reserva Extra Brut Vintage 2018 Pinto Bandeira

93 | **GEISSE** Cave Geisse Nature Chardonnay, Pinot Noir 2019 Pinto Bandeira

93 | **PIZZATO** Nature Chardonnay, Pinot Noir 2017 | Vale dos Vinhedos

91 MELHOR MOSCATEL ESPUMANTE.

CASA PEDRUCCI
Pedrucci Moscatel Espumante
Moscato, Malvasía 2020
GARIBALDI

Excelente amostra de estilo, este Moscatel tem tudo o que precisa: os aromas exuberantes da casta, as notas de flores e especiarias, as frutas brancas, a doçura que aqui se sente fortemente, mas ao mesmo tempo - e muito importante - moderado por uma acidez cuja tarefa é refrescar tudo no seu caminho (apesar dos mais de 60 gramas de açúcar neste vinho). Tudo isto, aliado a um teor alcoólico muito baixo - mal ultrapassando os sete graus -, torna este vinho o mais próximo de um suco. Um Moscatel brasileiro de dicionário.

Os melhores Moscatéis espumantes do ano

90 | **BELLA QUINTA** Gávia Moscatel Branco N/V | Serra Gaúcha
90 | **BELLA QUINTA** Gávia Moscatel Espumante Moscatel Branco N/V | Serra Gaúcha
90 | **CASA PERINI** Moscatel Espumante Moscato N/V | Vale Trentino
90 | **CASA VALDUGA** Naturelle Moscatel Espumante Moscato N/V | Vale dos Vinhedos
90 | **CASA VALDUGA** Naturelle Moscatel Rosé Espumante Moscato, Malvasia 2020 | Vale dos Vinhedos
90 | **PONTO NERO** Live Celebration Moscatel Rosé Espumante N/V | Serra Gaúcha
90 | **VALLONTANO** Vallontano Moscatel Espumante Moscato N/V | Vale dos Vinhedos
89 | **ESTRELAS DO BRASIL** Moscatel Espumante Moscato Branco 2020 | Nova Prata
88 | **CASA PERINI** Casa Perini Aquarela Moscatel Espumante N/V | Vale Trentino
88 | **PONTO NERO** Live Celebration Moscatel Espumante Moscato N/V | Serra Gaúcha
88 | **SALTON** Salton Moscatel Moscato N/V | Serra Gaúcha
88 | **YOO** Moscatel Espumante Moscato Branco 2020 | Nova Prata

91 MELHOR MOSCATEL ESPUMANTE.

CASA VALDUGA
Premium Moscatel Espumante *Moscato Giallo N/V*
VALE DOS VINHEDOS

Uma delícia de Moscatel, aqui se tem a doce sensação dos mais de 60 gramas de açúcar residual que determinam o estilo no Brasil, mas também uma acidez suculenta e penetrante e um corpo macio, generoso em borbulhas cremosas. Pense neste vinho quando estiver na frente de uma sobremesa, uma torta de limão, uma travessa de frutas. Ou apenas beba gelado à beira da piscina ou nas férias na praia. ❧

Os melhores Moscatéis espumantes do ano

90 | **BELLA QUINTA** Gávia Moscatel Branco N/V | Serra Gaúcha

90 | **BELLA QUINTA** Gávia Moscatel Espumante Moscatel Branco N/V
Serra Gaúcha

90 | **CASA PERINI** Moscatel Espumante Moscato N/V | Vale Trentino

90 | **CASA VALDUGA** Naturelle Moscatel Espumante Moscato N/V
Vale dos Vinhedos

90 | **CASA VALDUGA** Naturelle Moscatel Rosé Espumante Moscato,
Malvasia 2020 | Vale dos Vinhedos

90 | **PONTO NERO** Live Celebration Moscatel Rosé Espumante N/V
Serra Gaúcha

90 | **VALLONTANO** Vallontano Moscatel Espumante Moscato N/V
Vale dos Vinhedos

89 | **ESTRELAS DO BRASIL** Moscatel Espumante Moscato Branco 2020
Nova Prata

88 | **CASA PERINI** Casa Perini Aquarela Moscatel Espumante N/V
Vale Trentino

88 | **PONTO NERO** Live Celebration Moscatel Espumante Moscato N/V
Serra Gaúcha

88 | **SALTON** Salton Moscatel Moscato N/V | Serra Gaúcha

88 | **YOO** Moscatel Espumante Moscato Branco 2020 | Nova Prata

93

MELHOR BENTO GONÇALVES.

ERA DOS VENTOS
2020
BENTO GONÇALVES

Uma pequena homenagem de Era dos Ventos ao estilo clarete espanhol, esse vinho feito de uvas brancas e tintas (aqui há quatro tipos de tintas e dois de brancas) com grau de álcool muito baixo (11,8 tem este clarete) e pensado para beber e matar a sede. E a homenagem vai muito bem. É um tinto claro, quase um rosé corpulento, generoso nos sabores de fruta, ligeiramente adstringente na textura e com uma acidez crocante e suculenta. Deveriam comprar este vinho em caixas para bebê-lo fresco todos os dias. E sim, o melhor tinto brasileiro em Descorchados este ano é este, um vinho simples, sem grandiloquências, mas com frescor e clareza frutada, algo que hoje não é fácil encontrar no cenário brasileiro. 🍷

Os melhores de Bento Gonçalves do ano

91 | **ERA DOS VENTOS** Era dos Ventos Moscato Moscato Branco 2020
Bento Gonçalves

91 | **ERA DOS VENTOS** Era dos Ventos Nature Peverella 2013
Bento Gonçalves

91 | **ERA DOS VENTOS** Trebbiano On The Rock Trebbiano 2020
Bento Gonçalves

90 | **AUDACE WINE** Sol de Maio Tannat 2020 | Bento Gonçalves

90 | **VISTAMONTES** Brut Rosé Malbec N/V | Serra Gaúcha

89 | **AUDACE WINE** Mérula Merlot 2020 | Bento Gonçalves

89 | **VISTAMONTES** Brut Chardonnay N/V | Serra Gaúcha

88 | **ADOLFO LONA** Brut Rosé Charmat Chardonnay, P. Noir N/V
Bento Gonçalves

88 | **AUDACE WINE** Irradia Brut Rosé P. Noir, Sangiovese 2020
Bento Gonçalves

87 | **AUDACE WINE** Contos Galegos Alvarinho 2020 | Bento Gonçalves

86 | **AUDACE WINE** Compagno Blanc de Blancs Brut Chardonnay 2020
Bento Gonçalves

91

MELHOR CAMPANHA GAÚCHA.

CASA VALDUGA
Terroir *Sauvignon Blanc 2020*
CAMPANHA GAÚCHA

Do sul do Brasil, quase na fronteira com o Uruguai, este é um Sauvignon crocante em sua expressão varietal: os aromas de ervas combinados com notas de frutas cítricas brancas. Na boca é potente, com muita estrutura, com uma acidez forte e firme que se projeta até o final, refrescando tudo. Sem passar pela madeira, esta é uma das expressões mais claras do Sauvignon Blanc no Brasil e que é apreciada, principalmente em um país onde abundam os brancos recheados com madeira ou muito maduros. Esse vai na direção contrária. ☙

Os melhores da Campanha Gaúcha do ano

90 | **GUATAMBU** Luar do Pampa Sauvignon Blanc 2020
Campanha Gaúcha

89 | **CAMPOS DE CIMA** Aprochego Chardonnay, Viognier N/V
Campanha Gaúcha

89 | **GUATAMBU** Rastros do Pampa Tannat 2020 | Campanha Gaúcha

88 | **GUATAMBU** Blanc de Blancs Nature Chardonnay 2020
Campanha Gaúcha

88 | **MIOLO WINE GROUP** Seival by Miolo Brut P. Noir, Chardonnay N/V
Campanha Gaúcha

88 | **MIOLO WINE GROUP** Seival by Miolo Brut Rosé P. Noir, Pinot Gris N/V
Campanha Gaúcha

87 | **GUATAMBU** Rastros do Pampa Cabernet Sauvignon 2020
Campanha Gaúcha

86 | **MIOLO WINE GROUP** Miolo Seleção Rosé Cabernet Sauvignon, Tempranillo 2020 | Campanha Gaúcha

91

MELHOR CAMPANHA GAÚCHA.

GUATAMBU
Veste Amarela *Chardonnay 2020*
CAMPANHA GAÚCHA

Um novo laranja no panorama vinícola brasileiro, este vem da zona ensolarada de Dom Pedrito, na Campanha Gaúcha. O vinho fica em contato com as peles, no frio, por oito meses. E o resultado é um laranja muito delicado, com sabores doces e cítricos em meio a uma acidez vibrante e uma textura quase delicada, ao contrário de outros exemplos do estilo que costumam ser definidos por sua aspereza. Aqui está um vinho para nigiri de ouriço do mar ou para acompanhar tempurá de camarão.

Os melhores da Campanha Gaúcha do ano

90 | **GUATAMBU** Luar do Pampa Sauvignon Blanc 2020
Campanha Gaúcha

89 | **CAMPOS DE CIMA** Aprochego Chardonnay, Viognier N/V
Campanha Gaúcha

89 | **GUATAMBU** Rastros do Pampa Tannat 2020 | Campanha Gaúcha

88 | **GUATAMBU** Blanc de Blancs Nature Chardonnay 2020
Campanha Gaúcha

88 | **MIOLO WINE GROUP** Seival by Miolo Brut P. Noir, Chardonnay N/V
Campanha Gaúcha

88 | **MIOLO WINE GROUP** Seival by Miolo Brut Rosé P. Noir, Pinot Gris N/V
Campanha Gaúcha

87 | **GUATAMBU** Rastros do Pampa Cabernet Sauvignon 2020
Campanha Gaúcha

86 | **MIOLO WINE GROUP** Miolo Seleção Rosé Cabernet Sauvignon,
Tempranillo 2020 | Campanha Gaúcha

94 MELHOR PINTO BANDEIRA.

GEISSE
Cave Geisse Leveduras Autoctones Nature
Chardonnay, Pinot Noir 2014
PINTO BANDEIRA

Este novo vinho de Geisse, de novo não tem muito, pelo menos no que diz respeito ao vinho em si. Em contato com as borras por no mínimo 72 meses, foi fermentado com leveduras indígenas e sem adição de enxofre; evitou-se a intervenção no processo de elaboração de um vinho da forma mais natural possível, mas sempre sob o método de segunda fermentação em garrafa ou "tradicional". O resultado é um estilo vinoso, marcado pelos aromas de oxidação e pelas notas de frutos secos que se misturam com frutas maduras e notas de especiarias num vinho profundo e encorpado, mas ao mesmo tempo de grande suavidade e sutileza. Um dos melhores que já provamos em Geisse. 🍷

Os melhores de Pinto Bandeira do ano

93 | **GEISSE** Cave Geisse Blanc de Blanc Brut Chardonnay 2018
Pinto Bandeira
93 | **GEISSE** Cave Geisse Rosé Extra Brut P. Noir 2017 | Pinto Bandeira
93 | **GEISSE** Victoria Geisse Gran Reserva Extra Brut Vintage 2018
Pinto Bandeira
93 | **GEISSE** Cave Geisse Nature Chardonnay, P. Noir 2019 | Pinto Bandeira
92 | **AURORA** Gioia Nature Sur Lie Chardonnay, P. Noir, Riesling Itálico N/V
Serra Gaúcha
92 | **GEISSE** Cave Geisse Blanc de Noir Brut P. Noir 2018 | Pinto Bandeira
92 | **GEISSE** Cave Geisse Brut Chardonnay, P. Noir 2019 | Pinto Bandeira
92 | **GEISSE** Victoria Geisse Reserva Extra Brut Vintage Chardonnay,
P. Noir 2019 | Pinto Bandeira
92 | **GEISSE** Cave Amadeu Rústico Nature Chardonnay, P. Noir 2018
Pinto Bandeira
91 | **AURORA** Aurora Pinto Bandeira Método Tradicional Extra Brut N/V
Serra Gaúcha
91 | **GARBO ENOLOGIA CRIATIVA** Evoluto Brut Sur Lie Rosé Chardonnay,
P. Noir N/V | Serra Gaúcha
91 | **GEISSE** Cave Amadeu Brut Chardonnay, P. Noir 2020 | Pinto Bandeira
91 | **GEISSE** Cave Amadeu Brut Rosé P. Noir 2020 | Pinto Bandeira
91 | **GEISSE** Cave Geisse Brut Rosé P. Noir 2019 | Pinto Bandeira
91 | **GEISSE** Victoria Geisse Extra Brut Vintage Chardonnay, P. Noir 2020
Pinto Bandeira
91 | **GEISSE** Victoria Geisse Extra Brut Rosé Vintage P. Noir 2020
Pinto Bandeira
90 | **GARBO ENOLOGIA CRIATIVA** Colaborativo Brut 40 meses Chardonnay,
P. Noir N/V | Serra Gaúcha

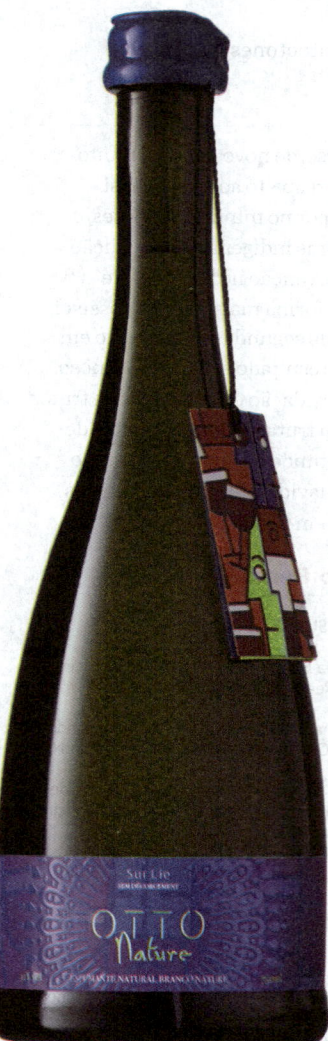

93

MELHOR SERRA GAÚCHA.

[DIVIDIDO]

ADEGA REFINARIA
Otto Sur Lie Nature *Chardonnay 2016*
SERRA GAÚCHA

Este Chardonnay vem da região de Cotiporã, na Serra Gaúcha, de vinhedos com cerca de dez anos plantados em solos de origem vulcânica. Feito com o método tradicional de segunda fermentação em garrafa, este tem 56 meses de contato com as borras. E finalmente foi engarrafado em abril de 2016. O resultado oferece um grande volume, muitos sabores de frutas brancas ácidas e também especiarias em meio a bolhas macias e abundantes. A acidez é de uma aresta pronunciada que oferece textura tensa e também muito frescor.

Os melhores da Serra Gaúcha do ano

91 | CHANDON Brasil Chandon Excellence Magnum Lote 2 2009
Serra Gaúcha

91 | BERKANO PREMIUM WINES Vittra Nature Rosé P. Noir N/V
Serra Gaúcha

91 | PENZO Penzo Farfalla Lorena 2020 | Serra Gaúcha

91 | SALTON Salton Gerações Azir Antonio Salton Chardonnay, P. Noir, Riesling N/V | Serra Gaúcha

89 | AURORA Procedências Blanc de Blanc Brut Chardonnay N/V
Serra Gaúcha

89 | PIZZATO Fausto Brut Rosé P. Noir, Chardonnay N/V
Dr. Fausto de Castro

89 | PIZZATO Fausto Tannat 2019 | Dr. Fausto de Castro

88 | AMITIÉ ESPUMANTES Cuvée Brut Rosé Chardonnay, P. Noir N/V
Serra Gaúcha

88 | AURORA Reserva Rosé Merlot 2019 | Serra Gaúcha

88 | PIZZATO Fausto Brut Chardonnay, P. Noir N/V | Dr. Fausto de Castro

88 | SALTON Salton Moscatel Moscato N/V | Serra Gaúcha

87 | CASA VALDUGA Arte Blend Branco Chardonnay, Moscato 2020
Serra Gaúcha

93

MELHOR SERRA GAÚCHA.

ESTRELAS DO BRASIL
Nature Método Tradicional
Chardonnay, Riesling, Viognier, Trebbiano N/V
SERRA GAÚCHA

É o espumante mais ambicioso de Estrelas do Brasil e provém de vinhas das zonas de Faria Lemos e Nova Prata, ambas na Serra Gaúcha. Elaborado pelo método tradicional de segunda fermentação em garrafa e com 36 meses de contato com as borras, a base deste vinho é 90% da safra de 2017 mais 10% da safra de 2016, esta última envelhecida durante um ano antes da toma de espuma. O vinho é suculento e potente, com sabores maduros que fazem se sentir doce, embora o vinho seja rigorosamente seco. As bolhas são redondas e cremosas; os sabores, muito longos.

Os melhores da Serra Gaúcha do ano

91 | CHANDON Brasil Chandon Excellence Magnum Lote 2 2009
Serra Gaúcha

91 | BERKANO PREMIUM WINES Vittra Nature Rosé P. Noir N/V
Serra Gaúcha

91 | PENZO Penzo Farfalla Lorena 2020 | Serra Gaúcha

91 | SALTON Salton Gerações Azir Antonio Salton Chardonnay, P. Noir,
Riesling N/V | Serra Gaúcha

89 | AURORA Procedências Blanc de Blanc Brut Chardonnay N/V
Serra Gaúcha

89 | PIZZATO Fausto Brut Rosé P. Noir, Chardonnay N/V
Dr. Fausto de Castro

89 | PIZZATO Fausto Tannat 2019 | Dr. Fausto de Castro

88 | AMITIÉ ESPUMANTES Cuvée Brut Rosé Chardonnay, P. Noir N/V
Serra Gaúcha

88 | AURORA Reserva Rosé Merlot 2019 | Serra Gaúcha

88 | PIZZATO Fausto Brut Chardonnay, P. Noir N/V | Dr. Fausto de Castro

88 | SALTON Salton Moscatel Moscato N/V | Serra Gaúcha

87 | CASA VALDUGA Arte Blend Branco Chardonnay, Moscato 2020
Serra Gaúcha

[DIVIDIDO]

93 MELHOR VALE DOS VINHEDOS.

CASA VALDUGA
Sur Lie Nature Rosé *Chardonnay, P. Noir N/V*
VALE DOS VINHEDOS

Este é o par de Sur Lie Branco, um rosé que segue um caminho semelhante. Depois de 30 meses sobre as borras, o vinho chega ao mercado, sem dégorgement, ou seja, sem ter sido separado das borras. O aspecto é turvo, os aromas deliciosamente frutados. Em comparação com Sur Lie Branco, parece ter menos influência dos aromas de padaria das borras e focar mais no frescor frutado. A acidez é tensa e vibrante em um vinho perfeito para frutos do mar grelhados. 🍷

Os melhores do Vale Dos Vinhedos do ano

93 | **CASA VALDUGA** 130 Blanc de Blanc Chardonnay N/V
Vale dos Vinhedos

93 | **CASA VALDUGA** Sur Lie Nature Chardonnay, P. Noir N/V
Vale dos Vinhedos

92 | **CASA VALDUGA** 130 Brut Rosé Chardonnay, P. Noir N/V
Vale dos Vinhedos

92 | **CASA VALDUGA** Arte Tradicional Brut Rosé Chardonnay, P. Noir 2019
Vale dos Vinhedos

92 | **MIOLO WINE GROUP** Miolo Millésime Brut P. Noir, Chardonnay 2017
Vale dos Vinhedos

92 | **PIZZATO** Vertigo Nature Chardonnay, P. Noir 2018 | Vale dos Vinhedos

91 | **CASA VALDUGA** Premium Espumante Demi Sec Chardonnay,
P. Noir N/V | Vale dos Vinhedos

91 | **CASA VALDUGA** 130 Blanc de Noir P. Noir N/V | Vale dos Vinhedos

91 | **CASA VALDUGA** Arte Tradicional Brut Chardonnay, P. Noir 2019
Vale dos Vinhedos

91 | **CASA VALDUGA** Premium Brut Rosé Chardonnay, P. Noir N/V
Vale dos Vinhedos

91 | **CASA VALDUGA** Premium Moscatel Espumante Moscato Giallo N/V
Vale dos Vinhedos

91 | **MAXIMO BOSCHI** Biografia Extra Brut Chardonnay, P. Noir 2014
Vale dos Vinhedos

91 | **MIOLO WINE GROUP** Cuvée Giuseppe Chardonnay 2019
Vale dos Vinhedos

91 | **PIZZATO** PP Sémillon 2019 | Vale dos Vinhedos

91 | **PIZZATO** Brut Chardonnay, P. Noir 2018 | Vale dos Vinhedos

91 | **PONTO NERO** Icon Brut Chardonnay N/V | Serra Gaúcha

91 | **VINHEDOS CAPOANI** Gamay Nouveau Gamay 2020 | Vale dos Vinhedos

93 MELHOR VALE DOS VINHEDOS.

PIZZATO
Nature *Chardonnay, P. Noir 2017*
VALE DOS VINHEDOS

Pizzato é uma das fontes mais confiáveis de espumantes da América do Sul, e esse é um bom exemplo, dos vinhedos da região de Santa Lucia, no Vale dos Vinhedos, plantados a partir de 1996 (alguns deles são jovens, 2008) em solos argilosos. O vinho tem 36 meses sobre as borras e hoje mostra uma deliciosa mistura de aromas de envelhecimento e também de aromas de fruta. Um branco que ficaria delicioso sem bolhas, como um vinho tranquilo, mas que aqui mostra um lado nervoso e tenso, cheio de aderência com aquela espuma afiada, rica em texturas. Uma das melhores versões deste Nature Pizzato que provamos aqui em Descorchados. ❧

Os melhores do Vale Dos Vinhedos do ano

93 | **CASA VALDUGA** 130 Blanc de Blanc Chardonnay N/V
Vale dos Vinhedos
93 | **CASA VALDUGA** Sur Lie Nature Chardonnay, P. Noir N/V
Vale dos Vinhedos
92 | **CASA VALDUGA** 130 Brut Rosé Chardonnay, P. Noir N/V
Vale dos Vinhedos
92 | **CASA VALDUGA** Arte Tradicional Brut Rosé Chardonnay, P. Noir 2019
Vale dos Vinhedos
92 | **MIOLO WINE GROUP** Miolo Millésime Brut P. Noir, Chardonnay 2017
Vale dos Vinhedos
92 | **PIZZATO** Vertigo Nature Chardonnay, P. Noir 2018 | Vale dos Vinhedos
91 | **CASA VALDUGA** Premium Espumante Demi Sec Chardonnay,
P. Noir N/V | Vale dos Vinhedos
91 | **CASA VALDUGA** 130 Blanc de Noir P. Noir N/V | Vale dos Vinhedos
91 | **CASA VALDUGA** Arte Tradicional Brut Chardonnay, P. Noir 2019
Vale dos Vinhedos
91 | **CASA VALDUGA** Premium Brut Rosé Chardonnay, P. Noir N/V
Vale dos Vinhedos
91 | **CASA VALDUGA** Premium Moscatel Espumante Moscato Giallo N/V
Vale dos Vinhedos
91 | **MAXIMO BOSCHI** Biografia Extra Brut Chardonnay, P. Noir 2014
Vale dos Vinhedos
91 | **MIOLO WINE GROUP** Cuvée Giuseppe Chardonnay 2019
Vale dos Vinhedos
91 | **PIZZATO** PP Sémillon 2019 | Vale dos Vinhedos
91 | **PIZZATO** Brut Chardonnay,P. Noir 2018 | Vale dos Vinhedos
91 | **PONTO NERO** Icon Brut Chardonnay N/V | Serra Gaúcha
91 | **VINHEDOS CAPOANI** Gamay Nouveau Gamay 2020 | Vale dos Vinhedos

PROVA DE VINHOS

As pontuações

80 ⇸ 85
Vinhos simples
para todos os dias.

86 ⇸ 90
Apostas mais complexas,
mas também adequadas para
beber no dia a dia.

91 ⇸ 95
Vinhos excelentes
que, independente
do preço, devem
ser provados.

96 ⇸ 100
Existe a perfeição?
Provavelmente não, mas
neste grupo há vinhos
que se aproximam bastante.

As castas

tinto   **branco**   **rosado**   **laranja**   **doce**   **espumante**

Equivalências estimadas de preços

$ ··········> **Muito baixo**

$ $ ··········> **Baixo**

$ $ $ ··········> **Médio**

$ $ $ $ ··········> **Médio alto**

$ $ $ $ $ ··········> **Alto**

Adolfo Lona.

PROPRIETÁRIO Adolfo Lona
ENÓLOGO Adolfo Lona
WEB www.adolfolona.com.br
RECEBE VISITAS Sim

▪ **PROPRIETÁRIO & ENÓLOGO**
Adolfo Lona

[**O ENÓLOGO** argentino Aldofo Lona se estabeleceu em Garibaldi em meados da década de 1970 para assumir o controle da gigante Martini & Rossi. Graças a essa experiência, e à possibilidade que lhe deu conhecer as uvas e vinhas da região, em 2004 decidiu lançar o seu próprio projeto, em seu nome e sempre com uvas da zona de Garibaldi.]

93 **NATURE PAS DOSÉ MÉTODO TRADICIONAL**
Chardonnay, Pinot Noir, Merlot N/V
$$$$$ | GARIBALDI | 12.6°

Embora tenha 18 meses de envelhecimento com as borras, um período bastante curto para os padrões dos melhores espumantes do Brasil, este "pas dosé" ou seja, sem dosagem, já possui uma grande complexidade feita a partir de aromas de frutas secas, com notas doces de especiarias e borras, que se misturam com frutas maduras. As bolhas, como é habitual na casa, são sutis, dando sensação de leveza, mas ao mesmo tempo a acidez firme adiciona tensão. Um clássico da casa, e um dos melhores espumantes do Brasil.

93 **ORUS PAS DOSÉ NATURE**
Chardonnay, Pinot Noir, Merlot 2014
$$$$$ | GARIBALDI | 12.6°

Um fiel exemplo do estilo da casa, este Orus é, acima de tudo, complexidade, sabores terrosos, frutas secas, especiarias doces. O vinho base estagiou durante dois anos e depois passa um ano a envelhecer nas borras, e mais um ano em garrafa antes de ser lançado no mercado. É suculento, profundo, com bolhas abundantes, enchendo a boca com a sua cremosidade e ao mesmo tempo acentuando os sabores exuberantes de frutas maduras. Apresenta algo licoroso no final da boca e as especiarias doces permanecem no palato depois de ingerido. Devem experimentar este vinho.

92 **SUR LIE NATURE**
Chardonnay, Pinot Noir N/V
$$$$$ | GARIBALDI | 12.7°

Dentro da tendência dos vinhos sobre as borras, ou seja, engarrafados sem separar as borras do vinho naquele processo conhecido como "dégorgement", este de Lona é um dos mais equilibrados e, talvez, menos rústico, detalhe que costuma definir o estilo no Brasil. Aqui as borbulhas são agradáveis, a influência das borras é sentida, mas não compromete os sabores frutados e as notas oxidativas típicas da casa. Um sofisticado Sur Lie, mas ao mesmo tempo muito fresco.

91 **BRUT MÉTODO TRADICIONAL**
Chardonnay, Pinot Noir N/V
$$$$ | GARIBALDI | 12.5°

Essa é uma amostra do estilo da casa, aquele estilo que vai para o lado vínico, oxidativo, coberto de bolhas macias como o creme. E aquela aci-

dez firme, mas sempre em segundo plano, nos bastidores. Este suculento, maduro e exuberante brut envelhece 12 meses nas suas borras e depois 8 meses em garrafa antes de ser lançado no mercado. Se você quer conhecer o estilo de Adolfo Lona, um estilo velha escola, opte por este brut.

OUTRO VINHO SELECIONADO
··· 88 | BRUT ROSÉ CHARMAT Chardonnay, Pinot Noir N/V | Bento Gonçalves 12.2° | $$$

Audace Wine.

PROPRIETÁRIOS Pedro Pires & Tássia Vidal

ENÓLOGO Alejandro Cardozo

WEB www.audacewine.com

RECEBE VISITAS Não

· **ENÓLOGO** Alejandro Cardozo

[**AUDACE É** o projeto do casal Pedro Pires e Tássia Vidal, todos de vinhedos de Bento Gonçalves, no Rio Grande do Sul. A vinícola começou em 2016, comprando uvas de terceiros durante a maturação de suas vinhas jovens. Hoje, a maior parte de sua matéria-prima vem de seus próprios vinhedos. O enólogo é o uruguaio Alejandro Cardoso.]

90 SOL DE MAIO
Tannat 2020
$$$$ | BENTO GONÇALVES | 13.5°

Uma visão muito simples e suculenta do Tannat, este não aposta no lado mais concentrado e tânico da variedade. Vai com o novo ar da uva, procurando apenas fruta e frescor num vinho com menos extração e, portanto, com um corpo mais macio e leve. Apesar de ter passado sete meses em barricas novas, aqui o que predomina é a fruta vermelha num vinho para beber fresco, juntamente com o assado.

OUTROS VINHOS SELECIONADOS
89 | MÉRULA Merlot 2020 | Bento Gonçalves | 13.5° | $$$$
88 | IRRADIA BRUT ROSÉ Pinot Noir, Sangiovese 2020 | Bento Gonçalves | 12° $$$$
87 | CONTOS GALEGOS Alvarinho 2020 | Bento Gonçalves | 14.9° | $$$$$
86 | COMPAGNO BLANC DE BLANCS BRUT Chardonnay 2020 | Bento Gonçalves 12° | $$$$

Aurora.

PROPRIETÁRIO Vinícola Aurora
ENÓLOGO Flávio Zilio
WEB www.vinicolaaurora.com.br
RECEBE VISITAS Sim

▪ **ENÓLOGO** Flávio Zilio

[**AURORA É** uma cooperativa de produtores do sul do Brasil nascida em 1931, quando 16 famílias dedicadas à viticultura decidiram se unir. Hoje tem 1.100 associados, abrange mais de 2.800 hectares de vinhedos e é um dos maiores produtores do país. Sua sede fica em Bento Gonçalves, na Serra Gaúcha.]

92 GIOIA NATURE SUR LIE
Chardonnay, Pinot Noir, Riesling Itálico N/V
$$$$ | SERRA GAÚCHA | **13°**

Os vinhos engarrafados com suas borras, sem o processo de dégorgement, já são uma categoria inteira entre os espumantes brasileiros. E a isto junta-se aquele grupo que procura algo mais selvagem, sem a habitual limpidez, mas com as texturas e sabores que o fermento em suspensão implica: as notas fortes de frutos secos, de padaria. O vinho é suculento, de grande profundidade e com bolhas cremosas.

91 AURORA PINTO BANDEIRA MÉTODO TRADICIONAL
EXTRA BRUT Chardonnay, Pinot Noir, Riesling Itálico N/V
$$$$ | SERRA GAÚCHA | **13°**

Para esta cuvée, Aurora seleciona Chardonnay, Pinot Noir e Riesling Itálico de vinhedos da região de Pinto Bandeira, local com 730 metros de altura, na Serra Gaúcha. Após 24 meses de contato com as borras, este é um vinho espumante de sabores profundos e delicados, com notas de frutos secos e especiarias. A bolha é firme e a acidez, amigável.

OUTROS VINHOS SELECIONADOS

89 | PROCEDÊNCIAS BLANC DE BLANC BRUT Chardonnay N/V | Serra Gaúcha 12.5° | **$$**

88 | RESERVA ROSÉ Merlot 2019 | Serra Gaúcha | 12° | **$$**

86 | AURORA COLHEITA TARDIA Moscato, Malvasia 2019 | Serra Gaúcha 12.5° | **$**

84 | AURORA MOSCATEL ESPUMANTE Moscato Branco, Moscato Giallo N/V Serra Gaúcha | 7.5° | **$**

84 | CONDE DE FOUCAULD BRUT ROSÉ Merlot, Pinot Noir N/V | Serra Gaúcha 11.7° | **$**

Bella Quinta.

PROPRIETÁRIOS Bruna Reviglio de Góes & Gustavo de Camargo Borges
ENÓLOGO Ivan Tissato
WEB www.bellaquinta.com.br
RECEBE VISITAS Sim

* **PROPRIETÁRIOS** Bruna Reviglio de Góes
& Gustavo de Camargo Borges

[**BRUNA REVIGLIO DE GÓES** e Gustavo de Camargo Borges são os responsáveis por este projeto vitivinícola na região de São Roque, a oeste da cidade de São Paulo. A ideia deste casal é produzir vinhos com uma intervenção mínima e com métodos artesanais. Os antepassados de ambas as famílias estão ligados ao vinho desde os anos 30 do século passado, mas apenas a partir de 2005 é que o engarrafam com a sua própria marca.]

92 LIVRE SUR LIE NATURE
Chardonnay N/V
$$$$ | SERRA GAÚCHA | 12.5°

A base deste vinho é um Chardonnay com oito meses em barricas. Após mais seis meses de envelhecimento em suas borras, foi engarrafado para se juntar à já grande comunidade de espumantes "sur lie" do cenário brasileiro. Tem uma suculência deliciosa, cheia de sabores cítricos a laranja em um corpo intenso, borbulhas rústicas e agudas e uma acidez que refresca tudo em seu caminho. Um vinho mais próximo dos laranjas do que dos rosés ou dos brancos, de grande intensidade. Pense em ouriços.

90 GÁVIA
Moscatel Branco N/V
$$$ | SERRA GAÚCHA | 7.5°

Excelente exemplo de Moscatel espumante semidoce, este tem uma acidez que é responsável por ordenar toda a doçura (mais de 70 gramas de açúcar residual), oferecendo frescor. O vinho é suculento, leve, fácil de beber e seria muito bom para acompanhar a sobremesa ou talvez o aperitivo, desde que seja um dia quente e o vinho esteja gelado.

Casa Pedrucci.

PROPRIETÁRIO Gilberto Pedrucci
ENÓLOGO Gilberto Pedrucci
WEB www.casapedrucci.com.br
RECEBE VISITAS Sim

• **PROPRIETÁRIO & ENÓLOGO**
Gilberto Pedrucci

[**DEPOIS DE RESTAURAR** uma construção de pedra centenária localizada no coração de Garibaldi, na Serra Gaúcha, o enólogo Gilberto Pedrucci lançou seus primeiros vinhos no mercado em 2002, principalmente espumantes. Foi assim que Pedrucci concretizou o desejo de um projeto próprio, após uma longa trajetória enológica no cenário brasileiro, que o consolidou como um dos mais reconhecidos em seu país.]

91 PEDRUCCI MOSCATEL ESPUMANTE
Moscato, Malvasia 2020
$$$ | G A R I B A L D I | **7.5°**

Excelente amostra de estilo, este Moscatel tem tudo o que precisa: os aromas exuberantes da casta, as notas de flores e especiarias, as frutas brancas, a doçura que aqui se sente fortemente, mas ao mesmo tempo - e muito importante - moderado por uma acidez cuja tarefa é refrescar tudo no seu caminho (apesar dos mais de 60 gramas de açúcar neste vinho). Tudo isto, aliado a um teor alcoólico muito baixo - mal ultrapassando os sete graus -, torna este vinho o mais próximo de um suco. Um Moscatel brasileiro de dicionário.

90 MILLÉSIME
Chardonnay, Pinot Noir, Riesling Itálico 2018
$$$$$ | G A R I B A L D I | **12.8°**

Um delicioso Millésime na sua simplicidade. Após 30 meses nas suas borras, este blend de Chardonnay, Pinot e Riesling (Itálico) mantém o seu lado muito frutado, oferecendo flores e frutas brancas sobre uma acidez cítrica e bolhas agudas. Um vinho perfeito para servir de aperitivo com frutos do mar crus.

OUTROS VINHOS SELECIONADOS

89 | FATTO A MANO SUR LIE NATURE ROSÉ Pinot Noir, Merlot 2020 | Garibaldi 12.5° | **$$$**

88 | PEDRUCCI BRUT ROSÉ Pinot Noir, Merlot, Gamay 2019 | Garibaldi | 12.5° **$$$**

Casa Perini.

PROPRIETÁRIO Benildo Perini
ENÓLOGO Leandro Santini
WEB www.casaperini.com.br
RECEBE VISITAS Sim

• **PROPRIETÁRIO** Benildo Perini

[**CASA PERINI** nasceu em 1970, quando Benildo Perini decidiu expandir o negócio da família iniciado em 1929 pelo pai, João Perini, filho de imigrantes italianos que passou a produzir no porão de sua casa para festas em Farroupilha, na Serra Gaúcha . A vinícola começou com a marca Jota Pe, e em 1996 lançou seus primeiros espumantes com a marca Casa Perini, que se destacaram principalmente pelos Moscatéis. Além dos vinhos espumantes, eles possuem uma linha de vinhos tranquilos chamada Argo. A produção anual da Casa Perini é de cerca de 16 milhões de litros.]

92 NATURE MÉTODO TRADICIONAL
Chardonnay, Pinot Noir N/V
$$$$$ | SERRA GAÚCHA | **12.5°**

Este espumante está em contato com as suas borras há 56 meses pelo método tradicional de segunda fermentação em garrafa. O vinho base é feito com 60% de Chardonnay e 40% de Pinot Noir, todos de vinhedos próprios na região do Vale Trentino, em Farroupilha, terra de muito bons brancos e espumantes frescos. Aqui pode sentir aquele frescor, sobretudo nos sabores e aromas da fruta e na acidez, que é tensa e acompanha o vinho até ao final da boca. Pense neste nature para ceviche de corvina .

90 MÉTODO TRADICIONAL BRUT
Chardonnay, Pinot Noir N/V
$$$$ | VALE TRENTINO | **12°**

Do lado mais cítrico do estilo, este tem aquela acidez do suco de limão que o convida a beber com facilidade. Com 80% Chardonnay e 20% Pinot Noir, e 36 meses nas suas borras, este envelhecimento prolongado não afetou o caráter e a expressão da fruta, que aqui se sente ágil, viva. As bolhas são abundantes e nítidas e o corpo é leve, sublinhando a ideia de que este vinho, embora muito equilibrado e com alguma complexidade, é, acima de tudo, um espumante para o aperitivo.

90 MOSCATEL ESPUMANTE
Moscato N/V
$$ | VALE TRENTINO | **7.5°**

Embora a doçura deva ser superior a 70 gramas de açúcar, a acidez é tão penetrante e vibrante que atinge certo equilíbrio em meio a toda aquela doce sensação. O corpo é leve, muito fácil de beber, e todos aqueles aromas inebriantes e sedutores de Moscatel são o que animam a festa. Um espumante para beber aos litros junto com a sobremesa.

OUTROS VINHOS SELECIONADOS

88 | CASA PERINI AQUARELA MOSCATEL ESPUMANTE Moscatel Rosado, Moscato N/V | Vale Trentino | 7.5° | **$$**

86 | BRUT ROSÉ Chardonnay, Gamay, Pinot Noir N/V | Vale Trentino | 11.8° | **$$**

85 | BRUT Chardonnay, Riesling N/V | Vale Trentino | 12° | **$$**

Casa Valduga.

PROPRIETÁRIOS Juarez, João & Erielso Valduga
ENÓLOGO João Valduga
WEB www.casavalduga.com.br
RECEBE VISITAS Sim

· **PROPRIETÁRIO & ENÓLOGO**
João Valduga

[**OS VALDUGA** vieram do norte da Itália para o Vale dos Vinhedos em 1875, e foram das primeiras famílias a desenvolver a viticultura ali. Em 1982 começaram a engarrafar os seus próprios vinhos, com um portfólio de vinhos tranquilos e espumantes. Hoje o catálogo da Casa Valduga destaca-se por vários espumantes ambiciosos, que podem passar vários anos envelhecendo antes de serem comercializados. Fazem os seus vinhos principalmente com os 200 hectares que possuem no Vale dos Vinhedos, mas também com vinhas que possuem na Serra do Sudeste e na Campanha. A produção total da vinícola é de dois milhões de garrafas, das quais 55% são espumantes.]

93 130 BLANC DE BLANC
Chardonnay N/V
$$$$$ | VALE DOS VINHEDOS | **12°**

A borbulha é uma seda, um creme neste espumante de 36 meses de envelhecimento com as suas borras na garrafa. Cem por cento Chardonnay, tem um lado frutado muito acentuado, mas também leves notas de oxidação, especiarias e frutas secas. O corpo, por mais macio que pareça, é suculento e envolvente; a acidez é firme. Este é o tipo de vinho que vale a pena esperar, pelo menos, dois ou três anos. Só vai ganhar em complexidade.

93 SUR LIE NATURE
Chardonnay, Pinot Noir N/V
$$$$ | VALE DOS VINHEDOS | **12°**

O estilo de Sur Lie já tem vários exemplos no Brasil, país que até recentemente via a turbidez como um problema e não como um atributo. Este é libertado após 30 meses de contato com as suas borras, muitas delas ainda na garrafa, e a sua presença é sentida na textura, macia e suculenta, mas também nos sabores que vão além da fruta para entrar nas notas de padarias e frutas secas. Um dos melhores exemplos do estilo na América do Sul, e uma delícia para beber agora com embutidos.

93 SUR LIE NATURE ROSÉ
Chardonnay, Pinot Noir N/V
$$$$ | VALE DOS VINHEDOS | **12°**

Este é o par de Sur Lie Branco, um rosé que segue um caminho semelhante. Depois de 30 meses sobre as borras, o vinho chega ao mercado, sem dégorgement, ou seja, sem ter sido separado das borras. O aspecto é turvo, os aromas deliciosamente frutados. Em comparação com Sur Lie Branco, parece ter menos influência dos aromas de padaria das borras e focar mais no frescor frutado. A acidez é tensa e vibrante em um vinho perfeito para frutos do mar grelhados.

92 130 BRUT ROSÉ
Chardonnay, Pinot Noir N/V
$$$$$ | VALE DOS VINHEDOS | **11.5°**

Com 36 meses nas borras, este espumante vem de vinhas com cerca de 15 anos de Chardonnay e Pinot Noir na zona do Vale dos Vinhedos. Elaborado segundo o método tradicional, apresenta uma deliciosa complexidade que combina sabores de fruta e notas de padaria e especiarias. O corpo é generoso, com bolhas abundantes e cremosas, acidez vibrante, levemente cítrica, que proporciona frescor e tensão. Um dos melhores espumantes rosés do Brasil, você pode abrir esta garrafa agora ou deixá-la na adega por vários anos.

92 ARTE TRADICIONAL BRUT ROSÉ
Chardonnay, Pinot Noir 2019
$$$ | VALE DOS VINHEDOS | **11.5°**

O rosé mais simples da casa, mas com muito boa qualidade. Aqui estão frutas vermelhas crocantes, tons florais e uma bolha deliciosa e fresca, perfeita para salmão grelhado ou embutidos. Este está em contato com as borras há um ano, foi feito pelo método tradicional de segunda fermentação em garrafa ou tradicional e apresenta uma excelente relação qualidade-preço. Beba por litros na praia.

91 130 BLANC DE NOIR
Pinot Noir N/V
$$$$$ | VALE DOS VINHEDOS | **12.5°**

Elaborado com o método tradicional de segunda fermentação em garrafa, este Pinot Noir cem por cento envelhece 36 meses com as suas borras e tem bolhas muito suaves e amigáveis, aliadas a sabores maduros, especiados e ligeiramente oxidados. É um vinho encorpado, com acidez moderada, amplo na boca, profundo.

91 ARTE TRADICIONAL BRUT
Chardonnay, Pinot Noir 2019
$$$ | VALE DOS VINHEDOS | **11.5°**

Essa é a linha de entrada dos espumantes da Valduga e o nível já pode ser visto. Neste método tradicional com 12 meses de envelhecimento nas borras, a acidez cítrica domina tudo e refresca os sabores, proporcionando uma sensação suculenta e alegre. Existem sabores de frutas brancas, enquanto o corpo é bastante leve, mas muito equilibrado e também de certa profundidade.

91 PREMIUM BRUT ROSÉ
Chardonnay, Pinot Noir N/V
$$$$ | VALE DOS VINHEDOS | **11.5°**

Após 25 meses de envelhecimento sobre as borras, este método tradicional rosé não perdeu a sua sensação frutada, fonte de deliciosas e refrescantes frutas vermelhas que se desdobram na boca suportadas por bolhas finas e abundantes. Tem corpo médio, forte o suficiente para atum assado, mas também ficaria muito bem com embutidos.

91 PREMIUM ESPUMANTE DEMI SEC
Chardonnay, Pinot Noir N/V
$$$$ | VALE DOS VINHEDOS | **11.5°**

Não é comum o mercado sul-americano apresentar demi sec neste nível. Para começar, é raro que haja demi sec com o método tradicional de segunda fermentação na garrafa e com menos de 25 meses de envelhecimento nas borras. Feito assim, o resultado está longe de ser tão doce quanto os vinhos espumantes desse estilo costumam ser. Há doçura, mas também acidez e uma sensação de frescor suculento, acompanhada por uma textura cremosa. Leve este vinho para a sua próxima incursão na gastronomia tailandesa.

91   PREMIUM MOSCATEL ESPUMANTE
Moscato Giallo N/V
$$$$ | V A L E D O S V I N H E D O S | **7.5°**

Uma delícia de Moscatel, aqui se tem a doce sensação dos mais de 60 gramas de açúcar residual que determinam o estilo no Brasil, mas também uma acidez suculenta e penetrante e um corpo macio, generoso em borbulhas cremosas. Pense neste vinho quando estiver na frente de uma sobremesa, uma torta de limão, uma travessa de frutas. Ou apenas beba gelado à beira da piscina ou nas férias na praia.

91   TERROIR
Sauvignon Blanc 2020
$$$$ | C A M P A N H A G A Ú C H A | **12.5°**

Do sul do Brasil, quase na fronteira com o Uruguai, este é um Sauvignon crocante em sua expressão varietal: os aromas de ervas combinados com notas de frutas cítricas brancas. Na boca é potente, com muita estrutura, com uma acidez forte e firme que se projeta até o final, refrescando tudo. Sem passar pela madeira, esta é uma das expressões mais claras do Sauvignon Blanc no Brasil e que é apreciada, principalmente em um país onde abundam os brancos recheados com madeira ou muito maduros. Esse vai na direção contrária.

90   NATURELLE MOSCATEL ESPUMANTE
Moscato N/V
$$$ | V A L E D O S V I N H E D O S | **7.5°**

Um exemplo claro de Moscatel estilo Asti do Brasil, este vem do Vale dos Vinhedos, na Serra Gaúcha e é puras flores e frutas brancas no meio de uma doçura, muito moderada pela acidez que aqui permite o equilíbrio do vinho. Este é um dos espumantes para beber em garrafa, bem gelado, no verão.

90   NATURELLE MOSCATEL ROSÉ ESPUMANTE
Moscato, Malvasia 2020
$$$ | V A L E D O S V I N H E D O S | **10°**

O Moscatel Rosé atinge níveis tão simples quanto charmosos neste exemplar de vinhedos de cerca de 15 anos do Vale dos Vinhedos, na Serra Gaúcha, a oeste de Porto Alegre, nas montanhas. Com apenas dez graus de álcool, mas ao mesmo tempo uma suculenta sensação de doçura e uma acidez feroz, é perfeito para beber ao litros no verão. Compre uma caixa.

90   PREMIUM EXTRA BRUT
Chardonnay, Pinot Noir N/V
$$$$ | V A L E D O S V I N H E D O S | **11.5°**

Para esta linha Premium, Valduga utiliza uma seleção de vinhas com média de 15 anos. Todos os vinhos são elaborados de acordo com o método tradicional e envelhecidos durante dois anos em barricas. Este extra brut tem uma carga muito frutada, com tons especiados. A bolha é nítida e parece encher o paladar. A acidez vibra num vinho suculento, agora pronto para acompanhar peixes grelhados.

OUTROS VINHOS SELECIONADOS

89 | ARTE TRADICIONAL ELEGANCE Chardonnay, Pinot Noir 2018
Vale dos Vinhedos | 11.5° | **$$$**

89 | PREMIUM BRUT Chardonnay, Pinot Noir N/V | Vale dos Vinhedos | 11.5° | **$$$$**

87 | ARTE BLEND BRANCO Chardonnay, Moscato 2020 | Serra Gaúcha | 11° | **$$**

86 | ARTE BLEND ROSÉ Malbec, Gewürztraminer 2020 | Serra do Sudeste | 11.5° | **$$**

Cave di Pozza.

PROPRIETÁRIO Carlos Corso Pozza
ENÓLOGO Alejandro Cardozo
WEB www.cavedipozza.com.br
RECEBE VISITAS Não

• **ENÓLOGO** Alejandro Cardozo

[**A FAMÍLIA** Pozza vem da região de Trento, no norte da Itália e, apelando para sua longa tradição vitivinícola, em 2018 decidiu começar a produzir vinhos com o nome de família. A opção, até agora, tem sido apenas os espumantes vindos de vinhedos de Caxias do Sul, na Serra Gaúcha.]

91 **NATIVITÁ NATURE**
Chardonnay, Riesling Itálico, Viognier 2017
$$$$ | C A X I A S D O S U L | **12°**

Depois de 36 meses em suas borras, esta mistura de Chardonnay mais Riesling Itálico e algo de Viognier tem uma bolha muito macia e é abundante, mas também tem uma aresta afiada, o que lhe dá uma certa verticalidade. Além disso, a acidez aplaca todos o tipo de dulçor, acentuando seu lado austero e tornando-o muito refrescante. Para ter em mente quando há ostras.

91 **NATIVITÁ NATURE ROSÉ**
Pinot Noir 2017
$$$$$ | C A X I A S D O S U L | **12°**

As borbulhas deste Nativitá, cremosas e abundantes, sustentam a acidez firme e pungente, montando todo um contexto de frescor em meio a tons de frutas vermelhas e flores. É Pinot Noir cem por cento, feito segundo o método tradicional de segunda fermentação em garrafa e, neste caso, com 36 meses de envelhecimento nas suas borras. É fresco, é vibrante, tem pegada. Opte pelo gravlax ou algo que tenha esse tipo de untuosidade para contrastar com a nitidez das bolhas e a crocância da acidez.

OUTROS VINHOS SELECIONADOS
87 | CAVE DI POZZA MOSCATEL ESPUMANTE Moscato Giallo 2020
Caxias do Sul | 7.5° | **$$**
86 | CAVE DI POZZA BRUT Chardonnay, Riesling Itálico 2020 | Caxias do Sul | 11.5° | **$**

Chandon Brasil.

PROPRIETÁRIO Moët Hennessy do Brasil
ENÓLOGO Philippe Mével
WEB www.chandon.com.br
RECEBE VISITAS Sim

• **ENÓLOGO** Philippe Mével

[**CHANDON SE** estabeleceu em Garibaldi, no Rio Grande do Sul, em 1973. A subsidiária da Moët et Chandon da França, com vinícolas também na Califórnia, Argentina e até na China, tem se concentrado no Brasil apenas em vinhos produzidos pelo método charmat de segunda fermentação em tanques de aço.]

91 CHANDON EXCELLENCE MAGNUM - SAFRA 2009 - LOTE 2 Pinot Noir, Chardonnay 2009
$$$$$ | SERRA GAÚCHA | 12.5°

Este é o novo vinho top da Chandon, um vinho espumante feito pelo método charmat de segunda fermentação em tanques de aço e que, neste caso, tem nada menos que uma década em garrafa. Obviamente, os sabores são complexos, indo além da fruta para as notas de frutas secas, especiarias doces e notas oxidativas. O vinho não perdeu a acidez e as bolhas são suaves e amáveis. Para peixe defumado.

Era dos Ventos.

PROPRIETÁRIO Luís Henrique Zanini

ENÓLOGO Luís Henrique Zanini

WEB www.eradosventos.com.br

RECEBE VISITAS Não

▸ **PROPRIETÁRIO & ENÓLOGO**
Luís Henrique Zanini

[**LUÍS HENRIQUE ZANINI** e seus dois sócios, Pedro Hermeto, dono de restaurante no Rio de Janeiro, e Álvaro Escher, também enólogo, iniciaram este projeto em 2007 com o objetivo de resgatar vinhas velhas e cepas velhas que chegaram com os imigrantes italianos ao sul do Brasil, no final do século XIX. A filosofia da Era dos Ventos é abordar a vinificação com intervenção mínima, utilizando apenas uvas, todas fermentadas em lagares abertos de madeira (exceto On the Rock, que é feito em lagares de pedra) e com leveduras nativas. A produção é de cerca de oito mil garrafas, principalmente de vinhedos próprios em diferentes áreas da Serra Gaúcha, que somam cerca de 13 hectares no total.]

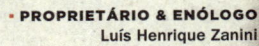

93 CLARETE 2020
$$$$$ | BENTO GONÇALVES | 11.8°

Uma pequena homenagem de Era dos Ventos ao estilo clarete espanhol, esse vinho feito de uvas brancas e tintas (aqui há quatro tipos de tintas e dois de brancas) com grau de álcool muito baixo (11,8 tem este clarete) e pensado para beber e matar a sede. E a homenagem vai muito bem. É um tinto claro, quase um rosé corpulento, generoso nos sabores de fruta, ligeiramente adstringente na textura e com uma acidez crocante e suculenta. Deveriam comprar este vinho em caixas para bebê-lo fresco todos os dias. E sim, o melhor tinto brasileiro em Descorchados este ano é este, um vinho simples, sem grandiloquências, mas com frescor e clareza frutada, algo que hoje não é fácil encontrar no cenário brasileiro.

91 ERA DOS VENTOS MOSCATO Moscato Branco 2020
$$$$$ | BENTO GONÇALVES | 11.4°

Da região dos Caminhos de Pedra, na Serra Gaúcha, e de um vinhedo Moscatel Branco com mais de 60 anos, este vinho não tem muito a ver com o exuberante Moscatel que costumamos degustar do Brasil. Em vez disso, é austero, com aromas florais suaves. A boca é de estrutura muito firme e tensa. 30% das uvas são inteiras e tudo é fermentado em potes de madeira abertos para posteriormente estabilizar em tanques de aço e daí para a garrafa. Um vinho muito peculiar, que combinaria muito bem com um risoto de cogumelos.

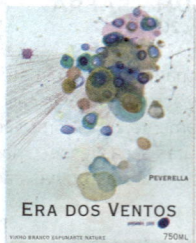

91 ERA DOS VENTOS NATURE
Peverella 2013

$$$$$ | BENTO GONÇALVES | 12°

Esta é uma seleção de vinhedos muito antigos de Peverella nos Caminhos de Pedra, na Serra Gaúcha. 30% do vinho base provém de uvas passas da colheita de 2013 envelhecidas durante quatro anos em carvalho e o resto provém da colheita de 2017. Após 36 meses de envelhecimento nas suas borras, este lote apresenta uma acidez rigorosamente firme, tons de frutas brancas e especiarias doces com corpo firme, muito intenso. Um vinho com muito caráter. Pense em moluscos como ouriços do mar.

91 TREBBIANO ON THE ROCK
Trebbiano 2020

$$$$$ | BENTO GONÇALVES | 11.9°

Um vinho austero, com poucos sabores, mas ao mesmo tempo com muita textura e força. Taninos firmes, acidez envolvente em meio a leves notas de frutas maduras. O vinho é uma seleção de Trebbiano de vinhas muito velhas da zona dos Caminhos de Pedra, na Serra Gaúcha e é fermentado em lagar de pedra, construído especialmente para este vinho. É muito jovem; demora cerca de três a quatro anos para oferecer mais charme.

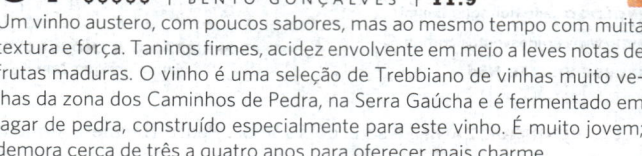

Estrelas do Brasil.

PROPRIETÁRIOS Irineo Dall'Agnol & Alejandro Cardozo

ENÓLOGOS Irineo Dall'Agnol & Alejandro Cardozo

WEB www.estrelasdobrasil.com.br

RECEBE VISITAS Sim

· PROPRIETÁRIOS & ENÓLOGOS
Irineo Dall Agnol & Alejandro Cardozo

[**DE FRENTE** para as imponentes montanhas da Serra Gaúcha, a Estrelas do Brasil produz alguns dos espumantes mais originais do país. Foi fundada em 2005 na cidade de Bento Gonçalves pelo brasileiro Irineo Dall'Agnol e pelo uruguaio Alejandro Cardozo. Cardozo é também um dos produtores de espumantes mais influentes do país, assessorando inúmeras vinícolas no Brasil e outras no Uruguai, Chile e Peru.]

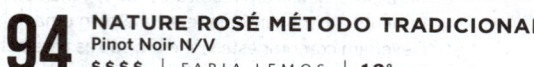

94 NATURE ROSÉ MÉTODO TRADICIONAL
Pinot Noir N/V

$$$$ | FARIA LEMOS | 12°

Este espumante nature rosé é feito cem por cento com Pinot Noir de vinhedos plantados em solos de basalto na área de Nova Prata. Tudo da vindima de 2017 estagiou três anos sobre as borras segundo o método tradicional de segunda fermentação em garrafa. Além disso, 10% do vinho base foi envelhecido em barricas antes da toma da espuma. O resultado é uma rosé delicado, mas firme, com uma estrutura tensa e sabores frutados em todos os lados. A acidez faz a sua parte, acentuando o frescor enquanto as bolhas se sentem crocantes e abundantes.

93 NATURE MÉTODO TRADICIONAL
Chardonnay, Riesling, Viognier, Trebbiano N/V

$$$$$ | SERRA GAÚCHA | 12°

É o espumante mais ambicioso de Estrelas do Brasil e provém de vinhas das zonas de Faria Lemos e Nova Prata, ambas na Serra Gaúcha. Elaborado pelo método tradicional de segunda fermentação em garrafa e com 36 meses de contato com as borras, a base deste vinho é 90% da safra de 2017 mais 10% da safra de 2016, esta última envelhecida durante um ano antes da toma de espuma. O vinho é suculento e potente, com sabores maduros que fazem se sentir doce, embora o vinho seja rigorosamente seco. As bolhas são redondas e cremosas; os sabores, muito longos.

92 EXTRA BRUT ROSÉ MÉTODO TRADICIONAL
Pinot Noir N/V
$$$$ | NOVA PRATA | **12°**

Um delicioso suco de frutas vermelhas, ácidas e refrescantes. Este é um vinho espumante elaborado com o método tradicional de segunda fermentação em garrafa, e com Pinot Noir cem por cento. O envelhecimento durou três anos com suas borras, mas isso não afetou o caráter da fruta que parece vivaz e crocante aqui. Para acompanhar a entrada de rosbife ou salmão grelhado.

91 BRUT MÉTODO TRADICIONAL
Chardonnay, Viognier, Riesling, Trebbiano N/V
$$$$ | NOVA PRATA | **12°**

A partir da colheita de 2017, este lote é feito com o método tradicional de segunda fermentação em garrafa e, neste caso, 36 meses de envelhecimento com as borras mais 20% do vinho base com envelhecimento em barricas. Possui uma camada generosa de sabores frutados, mas há mais: notas de frutos secos, padaria e ervas em meio a um corpo generoso, formado por bolhas afiadas e uma acidez viva e crocante.

90 ANCESTRAL SUR LIE
Trebbiano N/V
$$$$ | NOVA PRATA | **11°**

Feito com o método ancestral de uma única fermentação em garrafa, este Trebbiano cem por cento, ainda nas borras, é um pouco selvagem com sabores a frutas brancas e ervas, no meio de uma camada de bolhas crocantes. É rico em acidez, generoso em sabores e muito bom corpo para pensar em ostras.

OUTROS VINHOS SELECIONADOS

89 | MOSCATEL ESPUMANTE Moscato Branco 2020 | Nova Prata | 7.5° | **$$**

88 | BRUT Chardonnay, Viognier N/V | Nova Prata | 11° | **$$**

Geisse.

PROPRIETÁRIO Mario Geisse

ENÓLOGOS Mario Geisse & Carlos Abarzua

WEB www.familiageisse.com.br

RECEBE VISITAS Sim

· **ENÓLOGO** Carlos Abarzua

[**EM 1979,** o enólogo chileno Mario Geisse, que viera ao Brasil como diretor técnico da Moët & Chandon, deu início a esse projeto de espumante familiar apostando em Pinto Bandeira, uma das áreas mais altas de Bento Gonçalves, plantando principalmente Chardonnay e Pinot. . Com o passar dos anos - e com os bons resultados - sua vinícola se consolidou como uma das mais conceituadas produtoras de espumantes do Brasil. De seu extenso catálogo, destaca-se a linha Cave Geisse, que inclui seus espumantes de primeira linha, que passam por longos períodos de envelhecimento.] **DISTRIBUIDORES:** BR: www.familiageisse.com.br www.grandcru.com.br

94 CAVE GEISSE LEVEDURAS AUTÓCTONES NATURE Chardonnay, Pinot Noir 2014
$$$$$ | PINTO BANDEIRA | 12°

Este novo vinho de Geisse, de novo não tem muito, pelo menos no que diz respeito ao vinho em si. Em contato com as borras por no mínimo 72 meses, foi fermentado com leveduras indígenas e sem adição de enxofre; evitou-se a intervenção no processo de elaboração de um vinho da forma mais natural possível, mas sempre sob o método de segunda fermentação em garrafa ou "tradicional". O resultado é um estilo vinoso, marcado pelos aromas de oxidação e pelas notas de frutos secos que se misturam com frutas maduras e notas de especiarias num vinho profundo e encorpado, mas ao mesmo tempo de grande suavidade e sutileza. Um dos melhores que já provamos em Geisse.

93 CAVE GEISSE BLANC DE BLANC BRUT Chardonnay 2018
$$$$$ | PINTO BANDEIRA | 12°

A visão de Geisse do estilo blanc de blancs é leve, sutil. Aqui estão alguns vinhedos com 25 anos de propriedade da família Geisse, no alto de Pinto Bandeira, na Serra Gaúcha, um terroir que produz vinhos delicados e de grande acidez. Há muitos sabores de frutas brancas e flores aqui, iluminados por uma acidez viva e nítida. O corpo é delicado, espalhando-se sobre uma camada de bolhas abundantes e afiadas. Este é o tipo de vinho que precisam trazer para a mesa e comer com frutos do mar crus. Um pequeno deleite de harmonia e sutileza.

93 CAVE GEISSE NATURE Chardonnay, Pinot Noir 2019
$$$$ | PINTO BANDEIRA | 12°

Este Nature é um blend de 70% Chardonnay e 30% Pinot Noir, todos provenientes de vinhas com 15 anos de Pinto Bandeira, onde a família Geisse tem todas as suas vinhas. Elaborado pelo método tradicional de segunda fermentação em garrafa, e com dois anos de contato com as borras, este vinho define-se pelo frescor dos seus sabores, mas também pela nitidez e crocância da sua textura. É firme, suculento, firme, rico em frutas brancas e tons de ervas. E as bolhas, flutuando no meio com sua textura afiada.

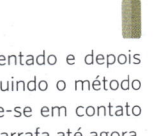

93 CAVE GEISSE ROSÉ EXTRA BRUT
Pinot Noir 2017
$$$$$ | P I N T O   B A N D E I R A | **12°**

Este Geisse extra brut tem um vinho base que foi fermentado e depois guardado em barricas durante seis meses. Depois, e seguindo o método tradicional de segunda fermentação em garrafa, manteve-se em contato com as borras durante três anos antes de descansar em garrafa até agora. O vinho mostra grande poder de fruta acompanhado de bolhas cremosas que enchem a boca causando uma agradável sensação de suculência. Um vinho para comer, talvez salmão grelhado ou frios.

93 VICTORIA GEISSE GRAN RESERVA EXTRA BRUT
VINTAGE Chardonnay, Pinot Noir 2018
$$$$$ | P I N T O   B A N D E I R A | **12°**

Neste blend, o mais ambicioso da linha Victoria Geisse, encontra-se 75% Chardonnay e o resto Pinot Noir, ambos provenientes de vinhas com cerca de 12 anos da zona de Pinto Bandeira. O contato com as borras é o mais longo da linha, estendendo-se por três anos antes do dégorgement. E o resultado é um vinho de rica complexidade, com sabores de frutas secas e especiarias, com toques florais. As bolhas são macias e abundantes, com acentuada acidez e doçura no fundo, permitindo que prevaleça o frescor.

92 CAVE AMADEU RÚSTICO NATURE
Chardonnay, Pinot Noir 2018
$$$$ | P I N T O   B A N D E I R A | **12°**

A base deste vinho são as vinhas Chardonnay e Pinot Noir, plantadas nos solos basálticos de Pinto Bandeira. Sem dégorgement, o que significa sem separar o vinho das suas borras, e tudo da safra 2018, ou seja, com dois anos em contato com aquelas borras, este é um vinho espumante dominado pela acidez suculenta e crocante e por bolhas macias e abundantes. Apesar da presença das borras, aqui a fruta é quem comanda pelo seu frescor. Para beber por litros nas férias, à beira da piscina.

92 CAVE GEISSE BLANC DE NOIR BRUT
Pinot Noir 2018
$$$$$ | P I N T O   B A N D E I R A | **12°**

Um Pinot robusto, com acidez firme e bolhas poderosas que se movem pela boca com uma certa rusticidade, algo pouco comum no mundo, bastante sutil e cremoso dos vinhos Geisse. Trata-se de Pinot Noir cem por cento de vinhas com 25 anos na zona de Pinto Bandeira, com 36 meses de contato com as borras; enche a boca de sabor, mas também de uma sensação de maturidade suculenta, com ligeiras notas de dulçor no meio daquele corpo imponente.

92 CAVE GEISSE BRUT
Chardonnay, Pinot Noir 2019
$$$$ | P I N T O   B A N D E I R A | **12°**

Uma expressão frutada límpida, refrescante e nervosa neste blend de 70% Chardonnay e 30% Pinot Noir de vinhas com cerca de 20 anos em Pinto Bandeira. Com um contato com as suas borras que já dura dois anos, é pura fruta branca e flores em meio a leves toques de padaria e especiarias. Na boca, a acidez domina, com os seus toques cítricos, enquanto as bolhas fazem uma pequena festa com a sua textura quase crocante. Um excelente exemplo de estilo e um dos melhores brut do Brasil hoje.

92 VICTORIA GEISSE RESERVA EXTRA BRUT VINTAGE Chardonnay, Pinot Noir 2019
$$$$ | PINTO BANDEIRA | **12°**

Para a linha Victoria Reserva, a vinícola Geisse utiliza basicamente a mesma fruta do Victoria normal, também o mesmo método tradicional de segunda fermentação na garrafa, mas ao invés de um ano de contato com as borras antes do dégorgement, aqui são dois. Dá para sentir isso nos sabores e, principalmente, nas texturas. Aqui os aromas e sabores de padaria se misturam com a forte presença da fruta, enquanto as bolhas são macias, suculentas e amigáveis, acompanhadas por uma acidez firme e pungente.

91 CAVE AMADEU BRUT Chardonnay, Pinot Noir 2020
$$$ | PINTO BANDEIRA | **12°**

A linha Cave Amadeu da Geisse oferece vinhos deliciosos e frescos, mas sempre feitos com o método tradicional de segunda fermentação em garrafa. Neste caso, o vinho está em contato com as suas borras há 12 meses, um tempo relativamente curto que permite que os sabores da fruta se manifestem claramente num vinho repleto de sabores a frutas brancas num corpo de médio a leve, com toques florais. A bolha é rica e cremosa.

91 CAVE AMADEU BRUT ROSÉ Pinot Noir 2020
$$$ | PINTO BANDEIRA | **12°**

Para este brut rosé, Geisse adquire as suas uvas Pinot Noir da zona de Pinto Bandeira, a partir de vinhas com cerca de 15 anos. O vinho fica em contato com suas borras por um ano e o resultado é um espumante fresco, cremoso, rico em tons de frutas vermelhas ácidas e flores. Vivo e fácil de beber, mas ao mesmo tempo com um excelente equilíbrio entre acidez e dulçor.

91 CAVE GEISSE BRUT ROSÉ Pinot Noir 2019
$$$$ | PINTO BANDEIRA | **12°**

Uma seleção de vinhas Pinot Noir é a base deste rosé elaborado com o método tradicional de segunda fermentação em garrafa e com dois anos de envelhecimento nas suas borras. Tem muitas frutas vermelhas, tons especiados e algumas flores, mas sobretudo frutas vermelhas ácidas no meio de um corpo suave e leve, bolhas abundantes e acidez cintilante.

91 VICTORIA GEISSE EXTRA BRUT ROSÉ VINTAGE Pinot Noir 2020
$$$$ | PINTO BANDEIRA | **12°**

Um rosé repleto de sabores de fruta, suculento, com uma espuma cremosa e abundante e uma acidez que refresca tudo no seu caminho, este espumante é cem por cento Pinot Noir proveniente de vinhas com cerca de 12 anos. Com um ano de contato com as borras, corresponde ao estilo simples e direto da linha Victoria, vinhos para beber cedo e desfrutar de seu frescor.

91 VICTORIA GEISSE EXTRA BRUT VINTAGE Chardonnay, Pinot Noir 2020
$$$$ | PINTO BANDEIRA | **12°**

Com 75% de Chardonnay e o resto de Pinot Noir, todos de vinhas jovens, com cerca de 12 anos na zona de Pinto Bandeira, este tem 12 meses de contato com as borras no método tradicional de segunda fermentação em garrafa. É um vinho frutado, límpido na acidez e límpido em revelar a expressão frutada do Chardonnay, com suas frutas brancas e toques florais que aqui dominam sobre as frutas vermelhas do Pinot. É fresco, crocante, pronto para beber agora.

Guaspari.

PROPRIETÁRIO Guaspari
ENÓLOGO Gustavo Gonzalez
WEB www.vinicolaguaspari.com.br
RECEBE VISITAS Sim

• **ENÓLOGO** Gustavo Gonzalez

[**LOCALIZADA NO** interior do Estado de São Paulo, a Guaspari foi fundada em 2006 e atualmente possui cerca de 50 hectares de vinhedos. É fruto do espírito empreendedor da família de mesmo nome que, em pouco mais de 15 anos, transformou uma antiga fazenda de café em Espírito Santo do Pinhal em uma vinícola. O projeto, para evitar as chuvas intensas do quente verão brasileiro, aproveita a transferência da safra para o inverno por meio do sistema de poda invertida. A vinícola produz vinhos brancos, rosés e tintos.]

DISTRIBUIDOR: BR: www.loja.vinicolaguaspari.com.br

90 VALE DA PEDRA BRANCO
Sauvignon Blanc, Viognier, Chardonnay 2019
$$$$ | ESPÍRITO SANTO DO PINHAL | **13°**

Vale da Pedra é baseado em Sauvignon Blanc de solos argilosos e arenosos na área de Espírito Santo do Pinhal, cerca de duas horas ao norte de São Paulo de carro. Sem envelhecimento em madeira, fermentado em aço e envelhecido nas suas borras durante seis meses, trata-se de um branco com muito bom corpo, como acontece frequentemente com os brancos da casa. A acidez está presente em sabores maduros e suculentos em um vinho doce.

90 VISTA DO BOSQUE
Viognier 2018
$$$$ | ESPÍRITO SANTO DO PINHAL | **14°**

Um bom Viognier, com muita densidade, com a textura suculenta e cremosa da casta, mas também com uma importante quota de notas amadeiradas que, de certa forma, distorcem a expressão varietal. Provém de vinhas muito jovens, com cerca de sete anos, e envelheceu em barricas de carvalho de diversos formatos durante 11 meses antes de ir para a garrafa.

Guatambu.

PROPRIETÁRIO Valter José Potter
ENÓLOGOS Gabriela Potter & Alejandro Cardozo
WEB www.guatambuvinhos.com.br
RECEBE VISITAS Sim

• **PROPRIETÁRIO** Valter José Potter

[**NO MUNICÍPIO** de Dom Pedrito, na Campanha Gaúcha, fica Guatambu, uma antiga propriedade agrícola conhecida entre outras coisas pela pecuária. Em 2003, como forma de diversificar suas atividades, plantaram seus primeiros vinhedos, com plantas trazidas da França e da Itália. Desde o início, Gabriela Hermann Potter, que parte da terceira geração da família proprietária de Guatambu, é a encarregada de fazer os vinhos, e em 2011 Alejandro Cardozo, um dos mais prestigiados produtores de espumantes, entrou na cena do projeto. Embora o ponto forte desta vinícola, localizada na fronteira com o Uruguai, sejam os vinhos tranquilos, nos últimos anos vem ampliando sua oferta de vinhos espumantes graças ao trabalho de Cardozo.]

Guatambu.

91 VESTE AMARELA
Chardonnay 2020

$ | CAMPANHA GAÚCHA | 13°

Um novo laranja no panorama vinícola brasileiro, este vem da zona ensolarada de Dom Pedrito, na Campanha Gaúcha. O vinho fica em contato com as peles, no frio, por oito meses. E o resultado é um laranja muito delicado, com sabores doces e cítricos em meio a uma acidez vibrante e uma textura quase delicada, ao contrário de outros exemplos do estilo que costumam ser definidos por sua aspereza. Aqui está um vinho para nigiri de ouriço do mar ou para acompanhar tempurá de camarão.

90 LUAR DO PAMPA
Sauvignon Blanc 2020

$$$ | CAMPANHA GAÚCHA | 13°

Uma expressão herbácea e refrescante do Sauvignon Blanc das vinhas ensolaradas de Guatambu, em Dom Pedrito, na Campanha Gaúcha. Com um grau de álcool que confere textura e sabores que trazem frescor e tensão, é dominado por uma acidez vibrante e aromas a ervas frescas. Ideal para aperitivo.

OUTROS VINHOS SELECIONADOS
89 | RASTROS DO PAMPA TANNAT Tannat 2020 | Campanha Gaúcha | 14° | $$$
88 | BLANC DE BLANCS NATURE Chardonnay 2020 | Campanha Gaúcha | 12.5° | $$$$
87 | RASTROS DO PAMPA C. Sauvignon 2020 | Campanha Gaúcha | 14° | $$$

Hermann.

PROPRIETÁRIO Adolar Leo Hermann
ENÓLOGO Átila Zavarizze
WEB www.vinicolahermann.com.br
RECEBE VISITAS Não

• **PROPRIETÁRIO** Adolar Leo Hermann

[**HERMANN ESTÁ** na região de Pinheiro Machado, na Serra do Sudeste. Lá, Adolar Hermann e seu filho Edson (proprietários da Decanter, conhecida importadora de vinhos) compraram em 2009 uma vinha que hoje totaliza 21 hectares, com a qual produzem vinhos tranquilos e espumantes. O consultor enológico é o português Anselmo Mendes, um dos mais célebres produtores de vinho branco da Europa, especialmente pelo seu trabalho com os Alvarinhos de Monção e Melgaço na região dos Vinhos Verdes (Portugal).] **DISTRIBUIDOR:** BR: www.decanter.com.br

92 LÍRICA CRUA
Chardonnay, Pinot Noir, Gouveio N/V

$$$$$ | PINHEIRO MACHADO | 11.8°

Um dos pioneiros neste estilo Sur Lie, Lirica Crua mostra o melhor desta ideia de engarrafar o vinho espumante ainda nas borras, ou seja, antes do que se denomina "dégorgement". Portanto, o aspecto é turvo, mas os sabores - neste caso - são profundos, principalmente pelo fato deste vinho estar em contato com as borras desde setembro de 2013. A acidez é vibrante, os sabores são a frutas brancas maduras e especiarias, e bolhas, abundantes. Um dos melhores expoentes do estilo no Brasil.

OUTROS VINHOS SELECIONADOS
89 | LÍRICA BRUT ROSÉ Chardonnay, Pinot Noir N/V | Pinheiro Machado | 12° | $$$$$
88 | LÍRICA BRUT Chardonnay, Pinot Noir, Gouveio N/V | Pinheiro Machado | 12° | $$$$$

Luiz Argenta.

PROPRIETÁRIO Deunir Luis Argenta
ENÓLOGO Edegar Scortegagna
WEB www.luizargenta.com.br
RECEBE VISITAS Sim

▪ **PROPRIETÁRIO** Deunir Luis Argenta

[**ESTE PROJETO** em Flores da Cunha, a histórica zona produtora do Brasil, foi fundado em 1999 pelos irmãos Deunir e Itacir Argenta, que compraram uma propriedade e batizaram o empreendimento em homenagem ao pai, Luiz Argenta. Um marco em sua breve história foi a inauguração em 2009 de sua moderna vinícola, uma das mais vistosas do Brasil. A inauguração coincidiu com uma nova etapa na empresa, de plantação de novas vinhas. Hoje eles têm 55 hectares plantados com os quais produzem anualmente cerca de 180 mil garrafas. Atualmente o projeto é liderado por Deunir com sua filha, Daiane Argenta.]

93 CAVE TERRACOTA
Sauvignon Blanc, Riesling, Trebbiano 2017
$$$$$ | FLORES DA CUNHA | 12.5°

O enólogo Edgar Scortegagna trabalhou neste blend de Sauvignon Blanc, Riesling e Trebbiano por oito meses com suas peles em um ovo de terracota. Só então a mistura foi prensada, o vinho foi separado das partes sólidas e voltou ao ovo para continuar o envelhecimento por mais três anos. O resultado é um vinho ao estilo "laranja", mas muito mais sutil que o habitual, com uma textura - sobretudo - muito mais amigável, sem amargor, sem arestas; tudo é sutileza neste vinho, os aromas florais fundem-se com os sabores das frutas vermelhas e brancas. Dê um tempo na garrafa. Este acabou de nascer.

92 CAVE 48 MESES BRUT
Chardonnay 2015
$$$$$ | FLORES DA CUNHA | 12.5°

Na região dos Altos Montes encontram-se alguns dos vinhedos mais altos da Serra Gaúcha, chegando a quase 900 metros, o que é muito alto no contexto do vinho brasileiro. Este espumante provém das vinhas próprias de Luiz Argenta em Altos Montes e é cem por cento Chardonnay com 48 meses de envelhecimento nas suas borras sob o método de segunda fermentação em garrafa. É frutado, suculento, rico em notas de especiarias, frutas secas, frutas brancas e flores, tudo numa espécie de colchão de bolhas macias e cremosas.

92 CAVE BLANC DE NOIR 36 MESES NATURE
Pinot Noir 2016
$$$$$ | ALTOS MONTES | 12.5°

Após três anos de envelhecimento com as borras, segundo o método tradicional de segunda fermentação em garrafa, este Pinot Noir cem por cento da zona de Altos Montes, todos da safra 2016, apresenta uma forte carga de aromas florais e frutados, com corpo médio, mas com grande tensão, com muita pegada. É refrescante e ao mesmo tempo profundo, com bolhas finas e abundantes.

92 CAVE CUVÉE
Merlot, Cabernet Franc, Petit Verdot 2017
$$$$$ | ALTOS MONTES | 13.7°

Este **Cuvée** é inspirado nos ripassos do norte da Itália, vinhos refermentados em peles de Merlot desidratadas. Após 18 meses em barricas, a presença da madeira é importante, mas também a concentração de fruta

e acidez que este vinho mostra. É amplo, de grande força, de tensão de tanino e de grande verticalidade. Um tinto para guardar por pelo menos três a quatro anos. Só vai ganhar em complexidade..

92 CAVE UVAS DESIDRATADAS
Merlot 2017
$$$$$ | ALTOS MONTES | **16.2°**

Em uma espécie de homenagem ao vinho Amarone do norte da Itália, ele vem de uvas Merlot dos vinhedos de alta altitude de Luiz Argenta na região de Altos Montes, a mais de 850 metros acima do nível do mar. As uvas são desidratadas durante um mês e meio antes de serem vinificadas. O envelhecimento dura 36 meses em barricas. E o resultado é um vinho jovem, um tinto para guardar. É preciso integrar todos os seus aromas, que agora são doces e muito suculentos. O tempo vai equilibrar tudo. Intensidade de corpo, acidez e taninos aqui têm de sobra.

92 L.A. JOVEM ROSÉ
Pinot Noir, Petite Sirah 2020
$$$$$ | FLORES DA CUNHA | **12°**

Esta mistura incomum de Pinot Noir e Petite Sirah vem de vinhedos a cerca de 885 metros acima do nível do mar, na região de Altos Montes, onde Luiz Argenta cultiva suas uvas desde o final da década de 1990. Os cachos são prensados diretamente para um rosé refrescante, suculento, com acidez firme e tensa e notas florais sutis. Este rosé é daqueles que não se param de beber, principalmente se for verão, e melhor se houver uma boa seleção de sashimis e nigiris na mesa. Perigosamente fácil de beber.

91 CAVE
Chardonnay 2020
$$$$$ | ALTOS MONTES | **13.5°**

No momento, o que impera é a madeira desse Chardonnay dos Altos Montes, o mais alto da Serra Gaúcha, com quase 900 metros. Ficou em barricas por oito meses e esse efeito é sentido, mas também a força da fruta que está por trás, sustentando tudo. Este branco precisa de tempo na garrafa, pelo menos alguns anos, para se desenvolver. Paciência aqui, porque o que está atrás daquela cortina grossa de tostado vale bem a pena.

91 CAVE CORTE
Merlot, Ancellotta, Marselan 2017
$$$$$ | ALTOS MONTES | **13.8°**

O estilo dos tintos, sobretudo o mais ambicioso de Luiz Argenta, tende a ser suculento e, dentro do que permite o clima de altitude de Altos Montes, também maduros e um tanto adocicados. Neste corte, o carácter amplo e maduro é o que predomina, com notas de caramelo e frutas negras num tinto para cordeiro.

90 CAVE
Cabernet Franc 2017
$$$$$ | ALTOS MONTES | **13.5°**

De estilo maduro e suculento, com tons especiados mas, sobretudo, com frutas vermelhas e negras muito maduras e doces, este é um bom exemplo de estilo. Provém de vinhas com quase 900 metros de altura na zona de Altos Montes e envelheceu um ano em barricas, o que lhe confere notas especiadas. Um ótimo vinho para cordeiro.

OUTRO VINHO SELECIONADO
88 | CLÁSSICO Pinot Noir 2020 | Altos Montes | 12.5° | **$$$$**

Luiz Porto.

PROPRIETÁRIO Luiz Roberto Monteiro Porto Junior

ENÓLOGO Marcos Vian

WEB www.luizportovinhosfinos.com.br

RECEBE VISITAS Sim

• **PROPRIETÁRIO**
Luiz Roberto Monteiro Porto Junior

[**NO INÍCIO** de 2000, e como forma de diversificar sua produção frente à crise do café, Luiz Porto se aventurou pelo mundo do vinho no Sul de Minas. A vinícola começou a operar por volta de 2012, produzindo vinhos tintos e espumantes.]

90 LUIZ PORTO EXTRA BRUT
Pinot Noir, Chardonnay N/V
$$$$$ | MINAS GERAIS | 12°

Num estilo bastante vinoso, este espumante da região de Cordislândia, em Minas Gerais, e feito pelo método tradicional de segunda fermentação em garrafa, oferece aromas a frutos secos, especiarias doces e frutas maduras. O corpo é macio, embora com uma acidez muito boa que compete e gera equilíbrio com a maturidade oxidativa da fruta.

OUTRO VINHO SELECIONADO

89 | LUIZ PORTO BRUT Pinot Noir, Chardonnay N/V | Minas Gerais | 12° | $$$$

Maximo Boschi.

PROPRIETÁRIO Renato Antônio Savaris

ENÓLOGO Daniel Dalla Valle

WEB www.maximoboschi.com.br

RECEBE VISITAS Sim

• **PROPRIETÁRIO**
Renato Antônio Savaris

[**MAXIMO BOSCHI** é o projeto dos enólogos brasileiros Renato Savaris (ex-Maison Forestier e ex-Casa Valduga) e Daniel Dalla Valle (Casa Valduga). Eles produzem cerca de 30 mil garrafas anualmente (70% são espumantes) e sua filosofia é explorar o potencial de envelhecimento dos vinhos brasileiros, dando aos seus rótulos vários anos de envelhecimento. Um exemplo extremo são os tintos que foram lançados até 16 anos após a colheita. Por sua vez, os seus espumantes também podem passar vários anos em contato com as suas borras antes de serem engarrafados.]

91 BIOGRAFIA EXTRA BRUT
Chardonnay, Pinot Noir 2014
$$$$$ | VALE DOS VINHEDOS | 12.5°

Após 36 meses nas suas borras, pelo método tradicional de segunda fermentação em garrafa, surge uma deliciosa mistura de aromas de fruta e envelhecimento, ligeiros toques oxidativos e tons a especiarias e ervas. O corpo é médio, com bolhas muito suaves e uma acidez amigável que realça os sabores a fruta madura.

Miolo Wine Group.

PROPRIETÁRIO Miolo
ENÓLOGO Adriano Miolo
WEB www.miolo.com.br
RECEBE VISITAS Sim

• **ENÓLOGO** Adriano Miolo

[**A FAMÍLIA** Miolo chegou de Pádua, Itália, ao Vale dos Vinhedos em 1897, onde continuou sua atividade, a viticultura. No entanto, só em 1990 é que produziram os seus próprios vinhos, primeiro a granel e depois engarrafados. Seu primeiro rótulo foi Miolo Reserva 1992, com o qual foram feitas oito mil garrafas. Hoje a produção total da vinícola chega a dez milhões de garrafas. E os seus vinhos vêm não só da zona de Bento Gonçalves (onde está localizada a vinícola), mas também de Campo de Cima da Serra, da Campanha e do Vale do São Francisco, ocupando 1.200 hectares de vinhas. Apesar de fazer espumantes (40% de sua produção), a força da Miolo são os tintos, um dos melhores do cenário brasileiro.]

DISTRIBUIDOR: BR: www.miolo.com.br

92 MIOLO MILLÉSIME BRUT
Pinot Noir, Chardonnay 2017
$$$$$ | VALE DOS VINHEDOS | **12°**

Esta é a linha mais ambiciosa da Miolo (até ousarem na categoria Nature, claro) e com ela envelheceram sobre as borras durante 18 meses, o que não diminui o caráter frutado, suculento e refrescante deste vinho, mas acrescenta notas de fermento que adicionam complexidade. O corpo é médio, generoso em bolhas de textura amigável, algumas especiarias e flores ao fundo. Para o aperitivo.

91 CUVÉE GIUSEPPE
Chardonnay 2019
$$$$ | VALE DOS VINHEDOS | **13.5°**

De vinhas próprias na zona do Vale dos Vinhedos, este Chardonnay estagiou um ano em barricas e apresenta um lado claro da casta, mas no seu lado maduro e suculento. Aqui encontram-se aromas a frutas brancas e algum caramelo num corpo onde a cremosidade da textura contrasta com a acidez, que é vibrante. É um vinho amplo e que provavelmente irá se beneficiar com a guarda em garrafa.

90 MIOLO CUVÉE BRUT
Pinot Noir, Chardonnay 2019
$$$$ | VALE DOS VINHEDOS | **12°**

Um vinho simples e suculento, marcado pela acidez e pelos sabores a citrinos e flores. As bolhas são persistentes e nítidas, o corpo é leve. Um espumante fácil de beber e que representa o primeiro passo no mundo dos vinhos elaborados com o método tradicional da Miolo. Boa maneira de começar.

90 MIOLO MILLÉSIME BRUT ROSÉ
Pinot Noir 2019
$$$$$ | VALE DOS VINHEDOS | **12.5°**

Cem por cento Pinot dos solos argilosos do Vale dos Vinhedos, este tem muitas frutas vermelhas submersas em bolhas finas e persistentes. Estagiou durante 18 meses com as suas leveduras, o que lhe confere notas de padaria, mas o que aqui predomina é o sabor frutado, fresco e simples, de caráter muito bebível.

OUTROS VINHOS SELECIONADOS

89 | MIOLO CUVÉE BRUT ROSÉ Pinot Noir, Chardonnay 2019 | Vale dos Vinhedos
12° | **$$$$$**

88 | SEIVAL BY MIOLO BRUT ROSÉ Pinot Noir, Pinot Gris N/V | Campanha Gaúcha
12° | **$$**

88 | SEIVAL BY MIOLO BRUT Pinot Noir, Chardonnay N/V | Campanha Gaúcha
12° | **$$**

86 | MIOLO SELEÇÃO ROSÉ C. Sauvignon, Tempranillo 2020 | Campanha Gaúcha | 12° | **$$**

86 | TERRANOVA BLANC DE BLANCS BRUT Chenin Blanc, Sauvignon Blanc,
Verdejo N/V | Vale do São Francisco | 12° | **$$$**

Penzo.

PROPRIETÁRIO Flávio Luis Penzo

ENÓLOGO Flávio Luis Penzo

INSTAGRAM @Vinhos.penzo

RECEBE VISITAS Sim

• **ENÓLOGO** Flávio Luis Penzo

[**FLAVIO PENZO** é enólogo, mas seu trabalho tem se concentrado na viticultura, principalmente na área de viveiros. Desde 2015 engarrafa seus próprios vinhos, principalmente com uvas adquiridas de diversos vinhedos do sul do Brasil. Produz apenas cerca de 600 garrafas.]

DISTRIBUIDOR: BR: www.sanabria.vinhos.nacionais

91 PENZO FARFALLA
Lorena 2020
$$$$$ | SERRA GAÚCHA | **11.5°**

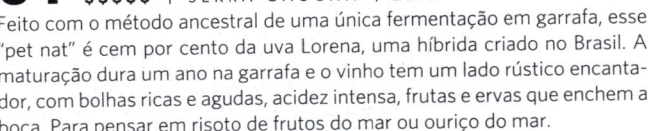

Feito com o método ancestral de uma única fermentação em garrafa, esse "pet nat" é cem por cento da uva Lorena, uma híbrida criado no Brasil. A maturação dura um ano na garrafa e o vinho tem um lado rústico encantador, com bolhas ricas e agudas, acidez intensa, frutas e ervas que enchem a boca. Para pensar em risoto de frutos do mar ou ouriço do mar.

Pizzato.

PROPRIETÁRIO Família Plinio Pizzato

ENÓLOGO Flávio Pizzato

WEB www.pizzato.net

RECEBE VISITAS Sim

• **PROPRIETÁRIO** Flávio Pizzato

[**A FAMÍLIA** Pizzato, de origem italiana, produz vinhos no Vale dos Vinhedos há várias gerações, mas desde 1999 engarrafa com a sua própria marca. A sua vinícola fica em Santa Lucía (Bento Gonçalves), uma zona de encostas e natureza selvagem onde têm 26 hectares, com algumas vinhas plantadas desde 1986. Daí nascem os seus vinhos e espumantes da marca Pizzato, enquanto os da marca Fausto, com rótulos mais acessíveis, saem de 19 hectares localizada a 50 quilômetros a noroeste da vinícola, no município de Dois Lajeados, com condições climáticas semelhantes, porém com terreno mais plano. Anualmente a vinícola produz cerca de 230 mil garrafas, das quais 40% são espumantes, todos feitos com o método tradicional de segunda fermentação em garrafa. A Pizzato produz alguns dos melhores espumantes do Brasil, alguns muito originais, como o Vertigo Nature, que não passa pelo processo de dégorgement.]

93 NATURE
Chardonnay, Pinot Noir 2017
$$$$ | VALE DOS VINHEDOS | 12°

Pizzato é uma das fontes mais confiáveis de espumantes da América do Sul, e esse é um bom exemplo, dos vinhedos da região de Santa Lucia, no Vale dos Vinhedos, plantados a partir de 1996 (alguns deles são jovens, 2008) em solos argilosos. O vinho tem 36 meses sobre as borras e hoje mostra uma deliciosa mistura de aromas de envelhecimento e também de aromas de fruta. Um branco que ficaria delicioso sem bolhas, como um vinho tranquilo, mas que aqui mostra um lado nervoso e tenso, cheio de aderência com aquela espuma afiada, rica em texturas. Uma das melhores versões deste Nature Pizzato que provamos aqui em Descorchados.

92 VERTIGO NATURE
Chardonnay, Pinot Noir 2018
$$$$ | VALE DOS VINHEDOS | 12°

Vertigo é um dos pioneiros do estilo Sur Lie no Brasil e continua sendo o paradigma dessa forma de lidar com o espumante, engarrafando-o enquanto está em contato com suas borras, antes do processo normal de dégorgement, que é quando essas borras são separadas e o vinho tem uma aparência cristalina. As borras aqui cumprem uma função dupla. Por um lado, proporcionam uma textura cremosa e também acrescentam sabores e aromas de levedura a um vinho que, embora venha de uma safra quente como 2018, mantém o frescor e a tensão.

91 BRUT
Chardonnay, Pinot Noir 2018
$$$ | VALE DOS VINHEDOS | 12°

Proveniente de vinhas da zona de Santa Lucía, no Vale dos Vinhedos, tem 24 meses de contato com as borras segundo o método tradicional de segunda fermentação em garrafa. Marcado por uma acidez vibrante e crocante, que se situa no meio de cerca de oito gramas de açúcar residual, é refrescante, vivo, ideal para beber como aperitivo.

91 PP
Sémillon 2019
$$$$ | VALE DOS VINHEDOS | 12.5°

Embora a madeira desempenhe um papel preponderante nesta Sémillon, devemos também levar em consideração a força a fruta, que aqui se faz sentir em forma de frutas e flores brancas, pulsando ao fundo. A textura é macia, cremosa e existe uma acidez muito boa a pensar que este vinho tem pelo menos cinco anos de projeção na garrafa. PP Sémillon 2019 envelhece dez meses em barricas e provém de vinhas plantadas em 2012 na zona de Santa Lucía, no Vale dos Vinhedos.

90 BRUT ROSÉ
Pinot Noir, Chardonnay 2019
$$$ | VALE DOS VINHEDOS | 12°

Um rosé simples e refrescante, com toques especiados e florais, um corpo leve, com bolhas muito suaves e ao mesmo tempo aderência. O tipo de rosé que você bebe por caixas nas férias. Foi feito com o método tradicional de segunda fermentação em garrafa e estagiou durante 15 meses com as borras.

OUTROS VINHOS SELECIONADOS

89 | FAUSTO Tannat 2019 | Dr. Fausto de Castro | 13° | $$$$
89 | FAUSTO BRUT ROSÉ Pinot Noir, Chardonnay N/V | Dr. Fausto de Castro
12° | $$$
89 | RESERVA Cabernet Sauvignon 2017 | Vale dos Vinhedos | 13.5° | $$$$$
88 | FAUSTO BRUT Chardonnay, Pinot Noir N/V | Dr. Fausto de Castro | 12°
$$$
87 | FAUSTO Merlot 2019 | Dr. Fausto de Castro | 13° | $$$
87 | MERLOT DE MERLOTS Merlot 2018 | Vale dos Vinhedos | 13.5° | $$$$$

Ponto Nero.

PROPRIETÁRIOS João, Juarez & Erielso Valduga
ENÓLOGO Daniel Dalla Valle
WEB www.pontonero.com.br
RECEBE VISITAS Sim

· **ENÓLOGO** Daniel Dalla Valle

[**PONTO NERO** é o projeto da família Valduga (renomados produtores de vinho da Serra Gaúcha) no Vale dos Vinhedos. Iniciou a produção em 2008 e se dedicou cem por cento aos vinhos elaborados pelo método charmat de segunda fermentação em tanques de aço, estilo em que é uma das líderes no mercado brasileiro.]

91 ICON BRUT
Chardonnay N/V
$$$$$ | SERRA GAÚCHA | 12°

O mais ambicioso dos vinhos Ponto Nero estagiou 40 meses sobre as suas borras, sempre com a segunda fermentação ou método charmat de "toma de espuma" em cubas de aço. O resultado é um vinho espumante que apresenta um toque seco, com baixíssimo nível de doçura e com predominância da acidez, oferecendo muito frescor e suculência. É tenso, com uma borbulha muito acentuada e uma agradável camada de sabores frutados. Para o aperitivo ou para o ceviche.

90 CULT BRUT
Chardonnay, Pinot Noir, Riesling N/V
$$$ | SERRA GAÚCHA | 11.5°

Este espumante foi feito pelo método charmat de segunda fermentação em cubas de aço, mas é o que se denomina um charmat "longo", ou seja, com um envelhecimento prolongado do vinho nas suas borras, neste caso, seis meses. O resultado é um vinho muito frutado e leve, mas também com uma certa complexidade de sabores. Muito bem feito pelo seu estilo e pelo seu preço.

90 LIVE CELEBRATION MOSCATEL ROSÉ
ESPUMANTE Moscatel Branco, Moscatel de Hamburgo N/V
$$ | SERRA GAÚCHA | 7.5°

Uma das melhores versões do Moscatel Rosé no mercado brasileiro hoje, tem apenas 7,5 graus de álcool, mas uma acidez poderosa e uma doçura pronunciada que dão sensação de equilíbrio. E essa é a chave: boa acidez para que os sabores sejam refrescantes e o vinho não enjoe. Sirva fresco para a sobremesa.

OUTROS VINHOS SELECIONADOS

89 | ENJOY BRUT Sauvignon Blanc N/V | Serra Gaúcha | 12° | **$$$$**

88 | LIVE CELEBRATION BRUT ROSÉ Chardonnay, Glera, Merlot, Riesling Itálico, Pinot Noir N/V | Serra Gaúcha | 10.5° | **$$$**

88 | LIVE CELEBRATION MOSCATEL ESPUMANTE Moscato N/V | Serra Gaúcha 7.5° | **$$**

86 | LIVE CELEBRATION GLERA Glera N/V | Serra Gaúcha | 10° | **$$$**

Red Wines Luxury.

PROPRIETÁRIO Everton Correia

ENÓLOGO Alejandro Cardozo

WEB www.redwines.com.br

RECEBE VISITAS Não

• **PROPRIETÁRIO** Everton Correia

[APESAR do nome, a Red Wines Luxury obtém seus melhores vinhos graças aos espumantes, todos da região de Caxias do Sul. Na enologia está o assessor Alejandro Cardozo, um dos enólogos mais inovadores do cenário brasileiro.]

92 NATURE ROSÉ MÉTODO TRADICIONAL
Pinot Noir, Chardonnay 2018
$$$$$ | CAXIAS DO SUL | **12°**

Uma deliciosa sensação de frutas vermelhas neste espumante. Flores também, mas sobretudo frutas vermelhas ácidas que se desenvolvem num corpo marcado pela acidez e pelas bolhas agudas. Um espumante para rosbife ou carpaccio, este tem 24 meses de contato com as borras segundo o método tradicional de segunda fermentação em garrafa.

91 NATURE MÉTODO TRADICIONAL
Pinot Noir 2018
$$$$$ | CAXIAS DO SUL | **12°**

Feito com o método tradicional de segunda fermentação em garrafa e com dois anos de envelhecimento nas suas borras, este Pinot Noir cem por cento proveniente de vinhas plantadas em Caxias do Sul, tem uma estrutura firme, construída a partir da acidez e das bolhas tensas e verticais que são plantadas na língua, picando com sua textura crocante. Para ostras.

OUTRO VINHO SELECIONADO

87 | BRUT Riesling, Trebbiano, Glera N/V | Caxias do Sul | 12° | **$$**

Salton.

PROPRIETÁRIO Família Salton
ENÓLOGO Gregório Salton
WEB www.salton.com.br
RECEBE VISITAS Sim

• **ENÓLOGO** Gregório Salton

[**SALTON, UMA** das maiores e mais tradicionais vinícolas do Brasil, foi fundada em 1910, mas foi com Angelo Salton, apenas no final dos anos 1990, que ele se concentrou na produção de vinhos espumantes e de qualidade. Além de ser a maior produtora de espumantes do Brasil, possui uma ampla gama de rótulos feitos com uvas de todas as principais regiões produtoras do Rio Grande do Sul, incluindo Serra Gaúcha, Campos de Cima da Serra, Serra do Sudeste e Campanha Gaúcha.]

91 SALTON GERAÇÕES AZIR ANTONIO SALTON
Chardonnay, Pinot Noir, Riesling N/V
$$$$$ | SERRA GAÚCHA | **11.5°**

O mais ambicioso dos espumantes Salton corresponde a uma seleção de uvas de diferentes vinhedos da Serra Gaúcha. Feito pelo método tradicional de segunda fermentação em garrafa e com 28 meses de envelhecimento nas suas borras, aqui ainda se podem sentir vestígios de fruta fresca, mas o que predomina é o lado oxidativo e os seus tons de frutas secas, mel e especiarias doces. As bolhas são suaves, a acidez é suculenta.

OUTROS VINHOS SELECIONADOS

88 | SALTON MOSCATEL Moscato N/V | Serra Gaúcha | 7.5° | **$$**
87 | SALTON OURO BRUT ROSÉ Pinot Noir, Chardonnay N/V | Serra Gaúcha 11.5° | **$$$**
85 | SALTON OURO BRUT Chardonnay, P. Noir, Riesling N/V | Serra Gaúcha | 12° | **$$$**
85 | SALTON OURO EXTRA-BRUT Chardonnay, Pinot Noir, Riesling N/V Serra Gaúcha | 12° | **$$$**

Thera.

PROPRIETÁRIO João Paulo Freitas
ENÓLOGO Átila Zavarize
WEB www.vinicolathera.com.br
RECEBE VISITAS Sim

• **ENÓLOGO** Átila Zavarize

[**MANOEL DILOR DE FREITAS** foi o pioneiro no plantio de vinhedos de altitude na Serra Catarinense, acima de mil metros. As primeiras vinhas datam de 2002, enquanto a Vinícola Thera passou a engarrafar os seus próprios vinhos uma década depois. Hoje o projeto cobre dez hectares e produz cerca de 40 mil garrafas por ano.]

90 THERA
Malbec 2018
$$$$$ | SERRA CATARINENSE | **13°**

Trata-se de um blend à base de Malbec (80%) mais 20% Merlot, todos provenientes de vinhedos com quase mil metros de altura na região de Bom Retiro na Serra Catarinense. Após 12 meses em barricas, o vinho tem uma certa nota de especiarias e de madeira tostada, mas o que aqui predomina é a fruta negra madura que proporciona uma sensação envolvente em meio a um corpo generoso, taninos firmes e acidez equilibrada.

OUTROS VINHOS SELECIONADOS

88 | PIENO Sangiovese, Montepulciano 2018 | Serra Catarinense | 13° | **$$$$$**
87 | THERA ROSÉ Cabernet Franc, Merlot, Syrah 2020 | Serra Catarinense 12.5° | **$$$$$**

Vallontano.

PROPRIETÁRIOS Luís Henrique Zanini, Talise Valduga Zanini & Ana Paula Valduga

ENÓLOGO Luís Henrique Zanini

WEB www.vallontano.com.br

RECEBE VISITAS Não

· PROPRIETÁRIO & ENÓLOGO
Luís Henrique Zanini

[O ENÓLOGO Luís Henrique Zanini iniciou este projeto em 1999, no Vale dos Vinhedos, após ter trabalhado no Domaine de Montille, na Borgonha, França, onde era fascinado pelo respeito ao terroir e pela mínima intervenção, filosofia aqui se propôs a seguir. Contando vinhos tranquilos e espumantes, a Vallontano produz cerca de 60 mil garrafas anualmente.]

❧

90 VALLONTANO MOSCATEL ESPUMANTE
Moscato N/V
$$$$ | VALE DOS VINHEDOS | **7.5°**
Uma excelente abordagem a um estilo de Moscatel doce ao mesmo tempo comercial e também fiel a uma forma de ver os Moscatéis que já é tradicional no Brasil. Aqui se cumpre a máxima do equilíbrio entre acidez e açúcar residual, sendo a acidez comanda no meio de, no mínimo, 60 gramas de açúcar. Este é para beber bem fresco, no verão.

OUTRO VINHO SELECIONADO

87 | VALLONTANO BRUT ROSÉ Chardonnay, Pinot Noir, Riesling N/V Vale dos Vinhedos | 12° | **$$$$**

Vinhedos Capoani.

PROPRIETÁRIOS Wilian, Renan & Noemir Capoani

ENÓLOGO Marcos Vian

WEB www.vinhedoscapoani.com.br

RECEBE VISITAS Não

· ENÓLOGO Marcos Vian

[PROVENIENTES DE Scandolara Ravara, província de Cremona, na Itália, a família Capoani chegou a Bento Gonçalves, no Vale dos Vinhedos, no final do século 19 e se estabeleceu na Linha da Leopoldina. Pioneiro na região, Volmir Luís Capoani plantou as primeiras vinhas Chardonnay em 1973. Naquela época, seu filho Noemir sonhava em montar sua própria vinícola, mas incentivado pela família, dedicou-se à indústria moveleira. Somente em 2009, após décadas de sucesso - eles são donos da Ditalia Móveis, uma das maiores indústrias brasileiras do setor - e após a morte de Volmir, Noemir e seus filhos, Wilian e Renan, assumem a gestão dos vinhedos. Em 2010 passaram a engarrafar com rótulos próprios, os Vinhedos Capoani. Dentro da linha de vinhos, merecem destaque o Chardonnay, um rosé Gamay e um brut 100% Pinot Noir rosé.]

91 GAMAY NOUVEAU
Gamay 2020
$$$ | VALE DOS VINHEDOS | **11.5°**

Uma deliciosa prova de que é possível obter frutas vermelhas frescas no Rio Grande do Sul. Esse Gamay cem por cento foi plantado há 12 anos em solos argilosos do Vale dos Vinhedos. Possui apenas 11,5 graus de álcool e nenhum traço de aromas ou sabores vegetais. Pelo contrário, este é um delicioso suco de frutas vermelhas ácidas que nadam num corpo leve, com uma acidez vibrante. Se fosse você comprava uma caixa desse tinto para levar nas férias ou simplesmente para servir bem gelado e matar a sede no verão. Muitos mais vinhos como este são necessários no Brasil. E sim, eles podem ser feitos. Essa é a prova.

OUTROS VINHOS SELECIONADOS

87 | CAPOANI Pinot Noir 2020 | Vale dos Vinhedos | 13° | **$$$$**

87 | ROSÉ Gamay, Merlot, Pinot Noir 2020 | Vale dos Vinhedos | 11° | **$$$**

Vistamontes.

PROPRIETÁRIOS Geyce Marta Salton & Anderson De Césaro

ENÓLOGOS Geyce Marta Salton & Anderson De Césaro

WEB www.vistamontes.com.br

RECEBE VISITAS Sim

• **ENÓLOGOS**
Geyce Marta Salton & Anderson De Césaro

[**GEYCE MARTA SALTON** e Anderson De Césaro, ambos enólogos, fundaram a Vistamontes em 2009. Até 2018, o projeto se concentrava apenas na preparação de suco de uva. Em 2019, eles começaram a produzir vinhos, lançando quatro rótulos. Atualmente, produzem cerca de mil garrafas.]

90 BRUT ROSÉ
Malbec N/V
$$ | SERRA GAÚCHA | **11.5°**

Este Malbec cem por cento foi feito com o método charmat de segunda fermentação em tanques de aço e tem a qualidade de ter capturado a fruta do Malbec de forma clara. Não é o melhor espumante do Brasil, mas é um dos mais frutados e deliciosos de se beber, principalmente quando se pensa em férias na praia. Um vinho equivalente a um suco de fruta para adultos, que poderia ir muito bem com uma bandeja de sushi e sashimi.

OUTRO VINHO SELECIONADO

89 | BRUT Chardonnay N/V | Serra Gaúcha | 11.5° | **$$**

YOO.

PROPRIETÁRIO Jamur Bettoni
ENÓLOGO Alejandro Cardozo
WEB www.yoowines.com.br
RECEBE VISITAS Sim

• **ENÓLOGO** Alejandro Cardozo

[**YOO WINES** é o projeto do enólogo uruguaio Alejandro Cardozo, especialmente desenvolvido para o famoso restaurante japonês Umai Yoo, em Caxias do Sul.]

92 NATURE EDICION ESPECIAL MÉTODO TRADICIONAL Chardonnay, Pinot Noir, Riesling Itálico N/V
$$$$ | CAXIAS DO SUL | **12°**

Este é o mais ambicioso dos vinhos de Yoo, elaborado pelo enólogo uruguaio Alejandro Cardozo. Elaborado com o método tradicional de segunda fermentação em garrafa - e, após 48 meses nas borras -, é um vinho macio, amigável, bolha abundante, com sabores que vão desde notas de frutas secas a ervas. Um vinho de muito boa concentração, redondo se preferir. Ideal agora com peixes gordos assados.

90 BRUT ROSÉ EDIÇÃO ESPECIAL MÉTODO TRADICIONAL Pinot Noir N/V
$$$$ | CAXIAS DO SUL | **12°**

As bolhas parecem aumentar a sensação frutada neste espumante, feito cem por cento Pinot Noir com o método tradicional de segunda fermentação na garrafa e 48 meses nas suas borras. Tem a doçura certa para ser fácil de beber, mas ao mesmo tempo uma acidez crocante para refrescar.

OUTROS VINHOS SELECIONADOS

88 | MOSCATEL ESPUMANTE Moscato Branco 2020 | Nova Prata | 7.5° | **$$**
86 | BRUT Chardonnay, Riesling, Trebbiano N/V | Serra Gaúcha | 11.5° | **$$**

PEQUENAS
AVENTURAS

A cena de vinhos na **América do Sul** se diversificou e por todos os lados aparecem **novos projetos,** muitas vezes pequenos, de poucas caixas. **Aqui estão alguns.**

Adega Refinaria.

[**ADEGA REFINARIA,** localizada em Bento Gonçalves, é uma loja especializada em vinhos nacionais e importados, incluindo Otto Nature, um espumante de marca própria, 100% Chardonnay, lançado em dezembro de 2019. Acompanha a tendência dos produtores brasileiros de promover os vinhos " sur lie ", ou seja, espumantes que ainda não foram separados de suas borras.] @adegarefinaria

93 OTTO SUR LIE NATURE
Chardonnay 2016

$$$$$ | SERRA GAÚCHA | 12°

Este Chardonnay vem da região de Cotiporã, na Serra Gaúcha, de vinhedos com cerca de dez anos plantados em solos de origem vulcânica. Feito com o método tradicional de segunda fermentação em garrafa, este tem 56 meses de contato com as borras. E finalmente foi engarrafado em abril de 2016. O resultado oferece um grande volume, muitos sabores de frutas brancas ácidas e também especiarias em meio a bolhas macias e abundantes. A acidez é de uma aresta pronunciada que oferece textura tensa e também muito frescor.

Berkano Premium Wines.

[**BERKANO É** uma pequena vinícola especializada em remessas limitadas de vinhos, todos feitos com uvas compradas de terceiros, principalmente na área que inclui as cidades de Garibaldi, Bento Gonçalves e Flores da Cunha. Inaugurada em 2020, suas edições limitadas não ultrapassam mil garrafas cada.] www.berkano.com.br

91 VITTRA NATURE ROSÉ
Pinot Noir N/V

$$$$$ | SERRA GAÚCHA | 12°

Elaborado com Pinot Noir da Serra Gaúcha, e sob o método tradicional de segunda fermentação em garrafa, este tem dois anos de envelhecimento sobre suas borras. É nature, portanto muito seco, deixando transparecer os sabores frutados e ácidos em meio a bolhas firmes e pungentes. Pense em peixe grelhado ou empanado ao abrir esta garrafa.

Garbo Enologia Criativa.

[**GARBO É** obra de três enólogos brasileiros, Andrei Bellé, Guilherme Caio e Jhonatan Marini que, em 2015, começaram a fazer seus próprios vinhos paralelamente às suas responsabilidades profissionais. Por enquanto, eles se concentram em espumantes oriundos de vinhedos da região de Pinto Bandeira, uma das mais conceituadas fontes de produção de espumantes no sul do Brasil.] www.garboenologiacriativa.com.br

91 EVOLUTO BRUT SUR LIE ROSÉ
Chardonnay, Pinot Noir N/V

$$$$ | SERRA GAÚCHA | 12°

O estilo deste vinho é, mais do que frutado, terroso; a textura é macia, os aromas e sabores são suculentos, mas existe uma acidez firme e forte a interceptar qualquer excesso de maturação. As bolhas são delicadas e cremosas num espumante com um caráter especial. É originário da região de Pinto Bandeira, na Serra Gaúcha, e estagiou dois anos sobre suas borras com o método tradicional de segunda fermentação em garrafa.

90 COLABORATIVO BRUT 40 MESES
Chardonnay, Pinot Noir N/V
$$$$ | SERRA GAÚCHA | 12°

De vinhas das zonas de altitude de Pinto Bandeira, na Serra Gaúcha, e feitas com o método tradicional de segunda fermentação em garrafa e 40 meses de envelhecimento com as borras, esta tem um estilo bastante oxidativo ou, se preferir, "vínico". Mais do que frutas frescas, os aromas lembram frutas secas e especiarias doces. Na boca é amável, com bolhas redondas e sabores maduros.

Guahyba Estate Wines.

[**É** o projeto de Luís Wulff que, a partir de 2015, tenta descobrir o caráter dos vinhos de uma região ainda não explorada pelo vinho brasileiro, o terroir de Guaíba a cerca de 30 minutos do centro de Porto Alegre e próximo ao rio do mesmo nome. Em solos argilosos e calcários, e com material genético importado da Europa, esta é uma das vinícolas que deve ser observada.] **www.guahyba.com.br**

92 REVOLUÇÃO WHITE
Alvarinho 2020
$$$$$ | PORTO ALEGRE | 13.2°

Junto ao rio Guaíba, a sudoeste de Porto Alegre, os vinhedos de Alvarinho da Guahyba Wines Estates foram plantados em meados desta década, nos solos argilo-calcários da região. O vinho envelhece 5% em barricas novas, sendo o restante envelhecido em aço; o resultado tem muito da variedade: aromas de pêssegos maduros em meio a um corpo suculento e amigável, com aquela textura cremosa que acaricia o paladar. É profundo em sabores maduros, mas ao mesmo tempo tem uma acidez muito boa que consegue equilibrar. Uma agradável e fresca surpresa de uma área pouco explorada no vinho brasileiro.

Negroponte Vigna.

[**JAMES MARTINI** é acupunturista e fisioterapeuta, mas em 2012 decidiu mudar de vida e produzir vinhos. Enquanto seus vinhedos amadurecem na zona marítima de Capão da Canoa, ele compra uvas em diferentes áreas do sul do Brasil.] **@ jamescarl.negroponte**

92 URUBU PITANGA
Pinot Noir 2020
$$$$$ | CAMPOS DE CIMA DA SERRA | 12°

Não há Pinot muito bom no Brasil e, para ser sincero, Pinot bom na América do Sul (e no mundo) não é abundante. Coloque esse Urubu Pitanga em sua lista de imperdíveis. Elaborado com dois clones de Pinot Noir, um italiano e outro francês, não contém madeira e mostra a força e a tensão da variedade, o que não é pouca coisa. Aqui estão os taninos, a tensão. E há também a fruta vermelha suculenta, a acidez vibrante de um Pinot simples, mas que empolga a nível do potencial. Se Negroponte pode, deve haver outros que também podem.

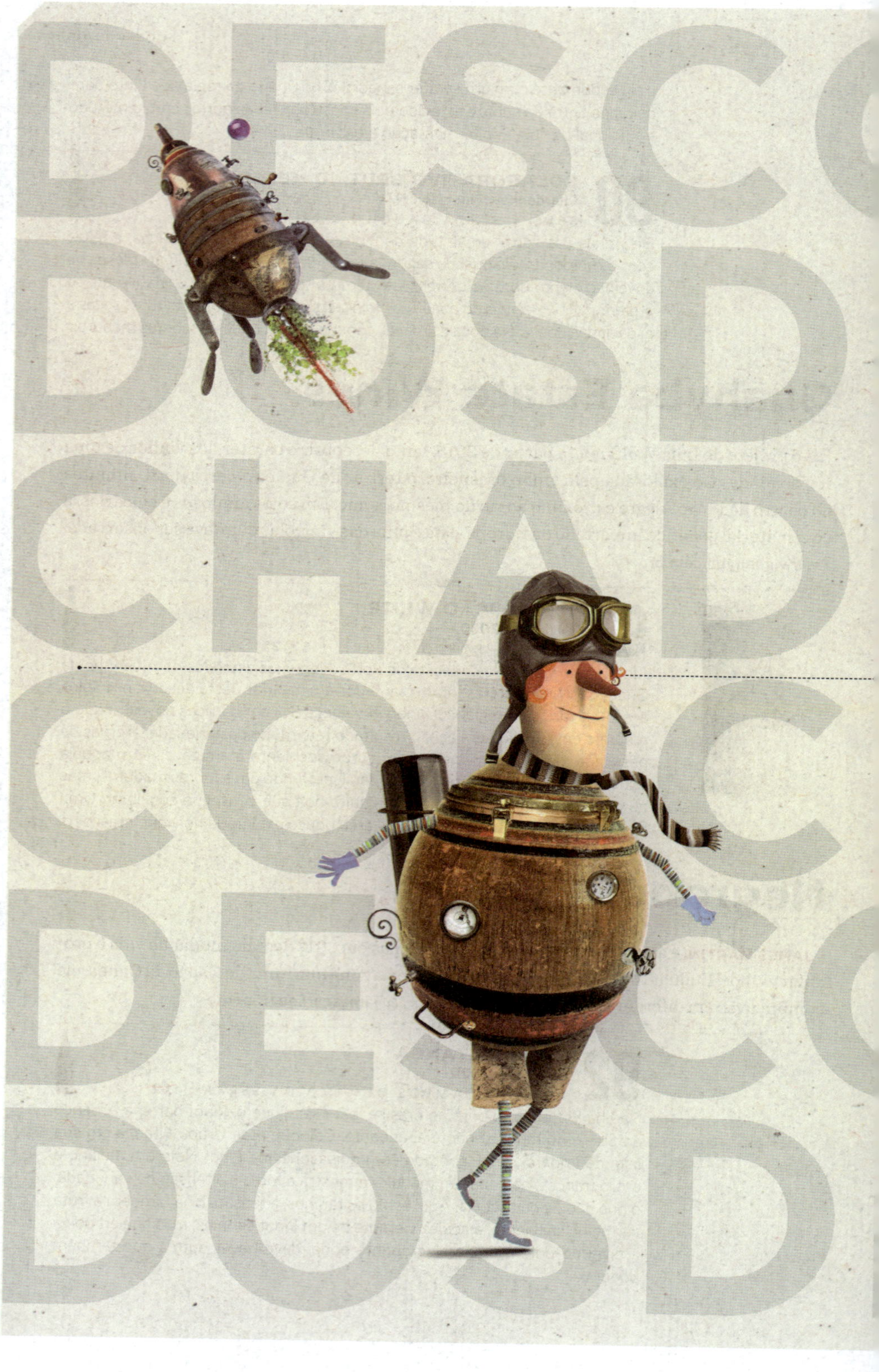

CHILE
2021

INFORME DESCORCHADOS CHILE 2021

Um lugar no sul.

O CACIQUE GUILLERMO CURÍN está sentado à mesa. A cerimônia de oração pela nova colheita de **Tayu** acaba de terminar, o Pinot Noir da Viña San Pedro, cujas uvas crescem na comunidade Mapuche de Buchahueico, no vale de Malleco. Ajoelhados no solo argiloso, agradecem à terra pelos frutos daquela colheita e pedem também pelas vindimas que virão, para um futuro próximo em que a Mãe Terra abençoe os cachos de uvas tintas que irão brotar.

Sentado ali, Curín, um homem atarracado, baixo, mas com mãos grossas e braços firmes que mostram a pressão do sangue nas veias, quer se lembrar do passado, das histórias que seus avós e pais de seus avós lhe contaram. A forma como, enganados, aquelas terras lhes foram tiradas. Os "winkas", os ladrões, os usurpadores, termos que ainda se refere aos chilenos que, há poucas décadas, lhes roubaram aquele lugar no mundo. "Organizaram uma grande festa, embebedaram-nos, enquanto colocavam cercas nas nossas terras", diz ele, olhando para as palmas das mãos, lembrando-se de uma data nebulosa de cem anos atrás, quando tudo mudou para eles.

Esta história se repetiu centenas de vezes nas comunidades Mapuche do sul do Chile, por isso parece compreensível que qualquer tentativa de aproximar os dois mundos hoje –após mais de meio milênio de conflitos– não seja tão dócil como, por exemplo, teria preferido a enóloga Viviana Navarrete, responsável pela enologia de Tayu. "Eles aprendem rápido. Eles estão muito conectados à terra. Isso não foi o mais difícil. O mais difícil foi estabelecer laços de confiança

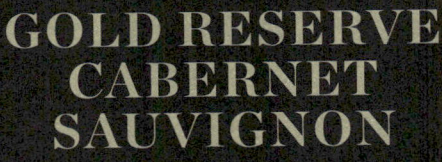

Comunidade Mapuche de Buchahueico

entre eles e nós", afirma Navarrete.

Os Mapuches, acrescenta Navarrete, têm uma ligação especial com a agricultura. E embora nunca tivessem trabalhado com vinhedos, desde o início compreenderam o trabalho na vinha, por isso não havia muito o que lhes explicar. No entanto, algo que eles não entendiam era a técnica de desbaste, a ideia de jogar as uvas no chão para que as que ficassem na videira dessem sabores mais concentrados.

Conversamos sobre esse assunto com o cacique Curín, e ele volta a olhar para as palmas das mãos, a pele seca por trabalhar no campo. Era um assunto delicado. Foi discutido na comunidade e, depois de vários encontros, acabaram por aceitar um fato que, na viticultura moderna, já é algo aceito pelo menos desde os anos 1970. Embora se olharmos de forma distante não passe de jogar frutas ou, talvez na lógica Mapuche, jogando fora, como lixo, o que a Mãe Terra lhes deu.

Tayu é um dos dois melhores Pinot Noir que degustamos esse ano em Descorchados. A pureza da fruta fala daquela boa qualidade da uva que os Mapuche conseguiram obter de seus vinhedos, mas também fala de uma novidade. Com certeza algo novo para esse povo nativo em cuja cultura nunca houve o cultivo da videira ou a transformação do suco da uva em vinho. Mas, também é uma novidade no cenário chileno. Malleco, até pouco tempo, não tinha uma relação estreita com a viticultura. Foi apenas em meados dos anos 1990 que se começaram a plantar vinhedos com o objetivo de transformar aquele local numa nova aposta.

100

Pontos
James Suckling

Conheça
o vinho perfeito

Don Melchor 2018

Para entender por que Don Melchor recebeu a pontuação perfeita, basta sentir seu aroma único, que equilibra flores, groselha negra, framboesa e pêssego, ou observar como seu corpo é amplo e refinado ao mesmo tempo. Ao apreciar, você sentirá taninos delicados, a beleza do terroir de Puente Alto e um final prolongado, que explica por que ele é um dos melhores Cabernet Sauvignon do mundo.

VIÑA DON MELCHOR

Felipe de Solminihac

"Como agrônomo, áreas como a Borgonha ou o Loire sempre me chamaram a atenção pelos vinhos brancos; zonas mais frias do que Bordeaux, onde estudei. Eu conhecia a área de Malleco de uma propriedade dos meus sogros. Naqueles anos conversei com eles para começar o plantio e plantamos cinco hectares de Chardonnay", conta Felipe de Solminihac, sócio da vinícola Aquitania. Em 2000, lançou o primeiro Malleco branco do mercado, na região de Traiguén. Chamava-se **Sol de Sol** e um ano depois, na edição de 2001 de Descorchados, foi eleito como o melhor branco do ano. Hoje a Aquitania tem 22 hectares de vinhedos em Traiguén e com eles produz toda uma linha de vinhos com Chardonnay, mas também Pinot Noir e Sauvignon Blanc.

Malleco está localizado a pouco mais de 600 quilômetros ao sul de Santiago. Meio protegido da influência costeira pela serra de Nahuelbuta, em Traiguén –por latitude– é mais frio. E embora as temperaturas no verão sejam geralmente altas, duram apenas algumas semanas, permitindo que o amadurecimento final das uvas aconteça em um clima mais fresco.

"Os solos - diz o geólogo Eder González - são o resultado de uma mistura de origens e texturas que podem corresponder, dependendo da localização, a solos glaciais, argilosos e de cores avermelhadas - produto da oxidação de minerais de ferro com abundantes fragmentos de rocha - ou solos vulcânicos, com rochas abundantes e fissuras vulcânicas geradas pela decomposição de fragmentos vulcânicos".

A combinação de solos e desse clima dá aos vinhos de Malleco sabores especiais, muito mais frescos do que em outras áreas do Chile. Não falta acidez e, face a abundância de chuvas, a viticultura pode dispensar a irrigação mecanizada ou por inundação.

Toda essa combinação de fatores, mais os excelentes resultados do trabalho pioneiro de Solminihac, levaram outros produtores a se interessarem pela área. Depois de Aquitânia, em meados dos anos 2000, William Fèvre chegou lá para fazer vinhos para sua linha **Quino**. E, por trás deles, toda uma pequena comunidade que hoje coloca Malleco como uma das mais novas e importantes regiões do vinho chileno.

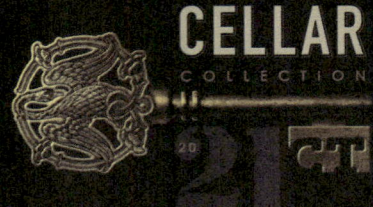

Vinhos Finos e Raros Cuidadosamente Produzidos nos Teroirs mais Extaordinários do Novo Mundo.

Carmín de Peumo	Gravas	Amelia	Terrunyo
CARMENERE 2018	SYRAH 2017	CHARDONNAY 2018	CARMENERE 2018
98 pts	95 pts	97 pts	94 pts
CARMENERE 2017	SYRAH 2016	CHARDONNAY 2017	CARMENERE 2017
95 pts	95 pts	94 pts	94 pts

Um dos novos membros desta pequena, mas próspera comunidade é Francisco Baettig que, juntamente com o seu sócio Carlos de Carlos, começou a fazer vinhos a partir da safra 2017. O local é um vinhedo plantado em 2013, propriedade de De Carlos, de Baettig e de seu primo, Gastón Schuwirth, e que nas mãos desse enólogo (também a cargo dos vinhos Errázuriz, Seña e Viñedo Chadwick) foi uma das melhores estreias de que nos recordamos em Descorchados. Possuem duas linhas, ambas com Pinot e Chardonnay. A primeiro se chama **Vino de Viñedo Los Parientes** e é uma síntese desse terroir de solos vulcânicos e clima fresco. A mais ambiciosa é a **Selección de Parcelas Los Primos** e mostra todo o potencial do local num Chardonnay e num Pinot (ambos da safra 2018), que estão entre os melhores que provamos esse ano.

Para Baettig, vários fatores conferem personalidade aos vinhos locais. Solos que retêm muito bem a acidez e verões quentes, mas curtos. "Devido à latitude, os raios solares caem de forma mais oblíqua, menos agressiva, permitindo que os sabores sejam mais frescos", completa.

Até o momento, o que se constata é que a Chardonnay e a Pinot Noir são as duas variedades que têm dado os melhores resultados no local. A Sauvignon Blanc também. Todas elas, porém, têm em comum uma fruta suculenta e refrescante, que oferece uma alternativa a outras zonas de clima frio do Chile, muitas delas fortemente influenciadas pelas brisas geladas do Pacífico. "Com o envelhecimento das vinhas, acho que vamos obter mais peso e profundidade dos frutos, que é o que nos falta hoje", diz Baettig sobre essa nova porta que se se abre no vinho chileno, uma que mostra esses terroirs, mas também a possibilidade de integração, através do vinho, com uma cultura historicamente renegada como a Mapuche.

Os melhores vinhos de Malleco em Descorchados 2021

98 | **SAN PEDRO** Tayu 1865 Pinot Noir 2019 | Malleco
97 | **BAETTIG** Selección de Parcelas Los Primos Chardonnay 2018 | Traiguén
96 | **AQUITANIA** Sol de Sol Chardonnay 2018 | Malleco
96 | **AQUITANIA** Sol de Sol Sauvignon Blanc 2019 | Malleco
94 | **BAETTIG** Vino de Viñedo Los Parientes Chardonnay 2019 | Traiguén
94 | **BAETTIG** Vino de Viñedo Los Parientes Pinot Noir 2019 | Traiguén
94 | **COUSIÑO MACUL** Gota de Luna Sauvignon Blanc 2019 | Malleco
94 | **DE MARTINO** Single Vineyard Tres Volcanes Chardonnay 2019 | Malleco
94 | **KÜTRALKURA** Kütralkura Chardonnay 2019 | Malleco
94 | **P.S. GARCÍA** P.S. García Pinot Noir 2018 | Malleco
94 | **WILLIAM FÈVRE CHILE** Little Quino Sauvignon Blanc 2020 | Malleco
93 | **AQUITANIA** Aquitania Chardonnay 2018 | Malleco
93 | **KOFKECHE** Kofkeche 2019 Chardonnay 2019 | Malleco
93 | **VICAP** Nahuelbuta Pinot Noir 2020 | Malleco
93 | **WILLIAM FÈVRE CHILE** Little Quino Pinot Noir 2020 | Malleco
93 | **WILLIAM FÈVRE CHILE** Quino Blanc Nature Chardonnay 2018 | Malleco

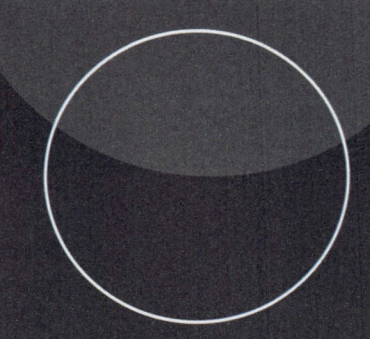

Ao longo de mais de 20 anos de história, Inner Group tornou-se referência no Brasil nos mercados de **vinho, gastronomia, aviação** e **tênis**. Há 5 anos, ampliamos nosso alcance para América Latina e Flórida.

Nosso ecossistema de comunicação impacta mais de 1 milhão de pessoas por mês com conteúdo de internet, redes sociais, revistas, livros, guias, eventos, clubes de assinatura e e-commerce.

 www.innergroup.us/pt   company/innergroup   +55 (11) 3876-8200

Pinot, a nova estrela.

DURANTE AS TRÊS ÚLTIMAS EDIÇÕES de *Descorchados*, e talvez mais claramente nas duas últimas, o Pinot Noir chileno tornou-se uma revelação. Antes disso, os bons exemplares da variedade eram escassos, quase exceções no meio de Pinots que pouco ou nada tinham a ver com a variedade, em termos de identidade da cepa, ou eram de qualidade muito baixa.

O que mais encontrávamos nesses anos sombrios, anos que poderiam abranger perfeitamente desde o início desse guia, por volta de 1999, eram Pinots que se pareciam com Syrah, tratados na vinha ou na vinícola como Cabernet Sauvignon. Nos melhores exemplares, que cresciam em climas frios (Casablanca, especialmente, e depois Leyda e algum Limarí depois) e mostravam algum frescor, mas também terminavam sendo extremamente maduros ou concentrados ou superextraídos.

Extremamente maduros, pensamos, por medo dos taninos firmes da variedade. Temendo aquela textura, os cachos ficavam pendurados mais do que o necessário nas vinhas até, claro, a maciez chegar, mas com o preço alto demais por ter perdido todo o frescor dos sabores.

E muito concentrados, certamente. Longas macerações em busca de cor e de concentração porque, pensamos, buscavam algum tipo de semelhança com outras variedades comuns no Chile, como as de cores intensas Carménère ou Cabernet.

Por muito tempo, nossa posição foi culpar o trabalho na vinícola por essa falta de caráter varietal. E pode ter sido assim, mas havia também o fato da má qualidade do material vegetal que existia no Chile. Aqui é bom fazer uma revisão rápida desse tópico.

Até meados da década de 1980, o que existia de Pinot no Chile era o chamado de "clone Valdivieso" que, presumimos, foi importado pela vinícola Valdivieso, especializada em vinhos espumantes até a década de 1990. Esse clone, cuja proveniência não conseguimos rastrear, teve o problema de sua madurez pouco uniforme. E quando amadurecia mais ou menos em boa forma, a produtividade era alta demais para se pensar em qualidade.

Por volta da primeira metade da década de 1980, entrou em cena o clone Concha y Toro, uma seleção massal de materiais coletados na Califórnia, e especialmente no Oregon, e que foi popularizada no Chile pela vinícola Cono Sur (parte do grupo Concha y Toro), quando estavam começando a se posicionar, com bastante sucesso, como especialistas em Pinot na América do Sul. Essa importação significou um avanço substancial na qualidade do Pinot chileno em meados dos anos 1990. Mas, ainda havia muito a ser feito.

Segundo Jorge Villagrán, gerente geral da Guillaume Chile, um viveiro que tem sido fundamental na melhora do material vegetal no Chile, o clone Concha y Toro tinha o problema de ser muito produtivo, mas mesmo assim vinícolas como a Cono Sur conseguiram obter qualidade, e a prova disso é Ocio, seu Pinot mais ambicioso, que é produzido desde 2003.

A BTT te convida para desfrutar sem
preocupações a nossa linha de vinhos
Des Com Pli Ca Dos.
E agora Reconhecidos com altas pontuações
na Descorchados 2021!

DESCOMPLICADOS
CABERNET
SAUVIGNON

DESCOMPLICADOS
BARBERA

DESCOMPLICADOS
SYRAH

Para descobrir mais contate-nos a través do agarrido@bodegastt.cl
ou scorrea@bodegastt.cl

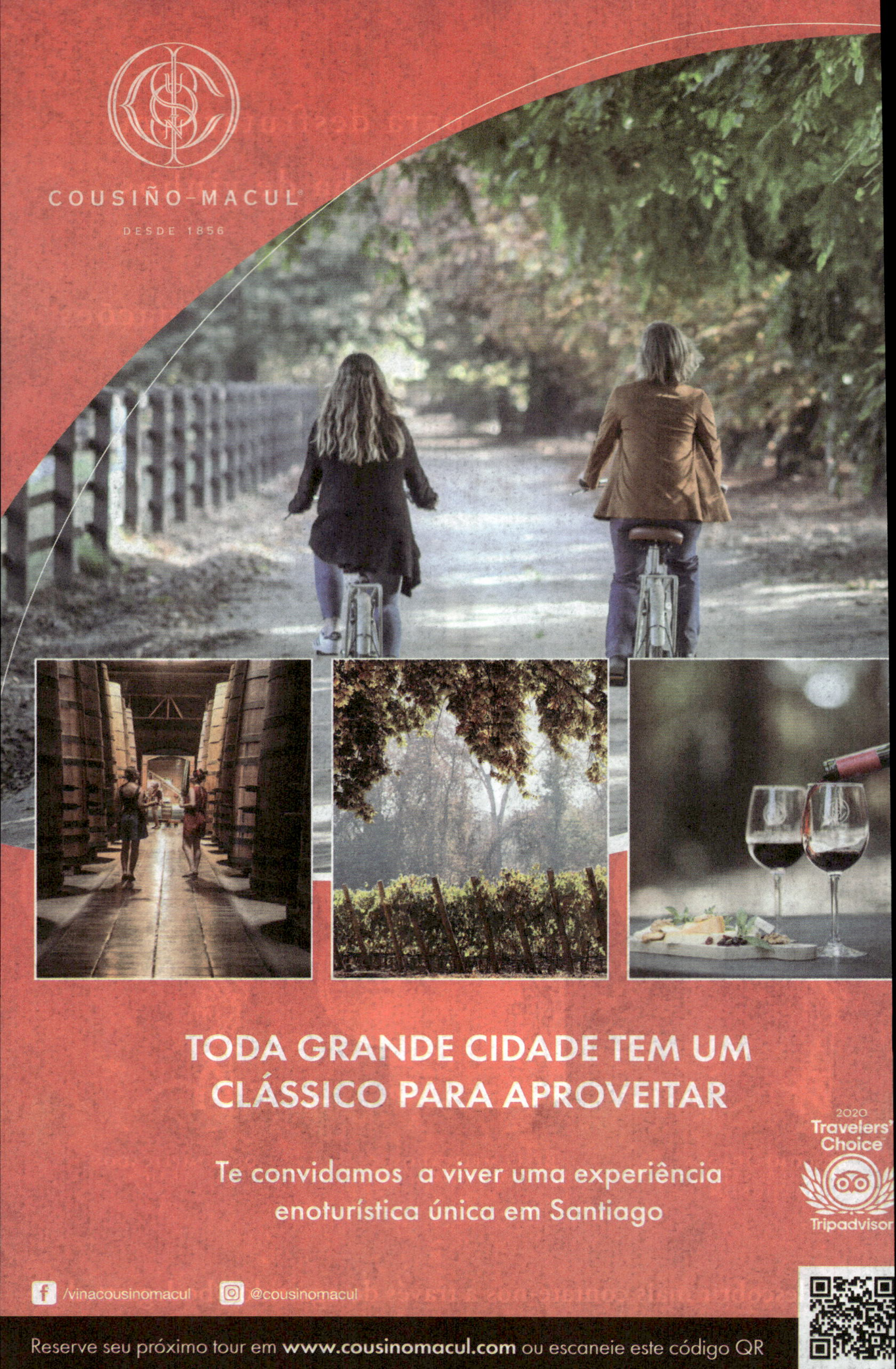

COUSIÑO-MACUL

DESDE 1856

TODA GRANDE CIDADE TEM UM CLÁSSICO PARA APROVEITAR

Te convidamos a viver uma experiência enoturística única em Santiago

2020
Travelers'
Choice

Tripadvisor

Pinot Noir no vinhedo de Aquitania em Traiguén

Durante esses anos, tivemos muitas conversas e degustações com produtores que buscavam melhorar a qualidade do Pinot chileno e em todas elas se repetiram as reclamações contra o material existente. Vamos fazer um breve parêntese aqui para falar sobre a importância que a Pinot começou a ter no Chile em meados da década passada.

Naquela época, o foco dos produtores mais avançados do Chile tinha mudado da admiração irrestrita pelos vinhos de Bordeaux. Aos poucos, foi surgindo a sombra da Borgonha, a sua forma de se focar no vinhedo, o mundo particular da Pinot e os desafios para fazer um bom exemplar da variedade. Então, as viagens deixaram de ter como destino Médoc ou, na falta disso, Napa Valley, para se desviarem para a Côte d'Or. Aos poucos, das adegas dos enólogos chilenos saíram os Cabernet e começaram a entrar os Pinot. E houve um momento, para nós, radical.

Foi uma degustação na vinícola Casas del Bosque, comandada pelo enólogo Rodrigo Soto, e que teve como tema a Pinot Noir, com diversos exemplos de todo o mundo. Além do que foi provado naquela degustação, o reflexo que ficou no ambiente foi que, para fazer um bom Pinot era preciso parar de pensar a enologia como trabalho de perfumistas e se concentrar na estrutura, na forma como a Pinot deve se manifestar no palato. Não era obra de perfumistas, a obsessão pelos aromas teve que ser deixada de lado, para se pensar na Pinot como um desafio para os arquitetos.

A analogia, aliás, não é nossa. Pertence ao enólogo Pablo Morandé, presente naquela prova e que nessa altura já trabalhava os seus Pinot (sobretudo em seus espumantes), que eram fortes e severos, austeros e monolíticos como uma igreja românica. Decantar aqueles espumantes para despi-los, para os deixar sem borbulhas, foi para nós uma revelação do que deveria ser o verdadeiro Pinot. Trabalhar a boca e não apenas o nariz, passou a ser a palavra de ordem.

Por volta desses anos, lembra Villagrán, os primeiros Pinot de clones franceses davam os primeiros resultados. Essa terceira onda clonal que chegava ao Chile seria o passo necessário para esta revolução. Esse material,

Héctor Rojas

menos produtivo, mas de qualidade muito superior, começou a se espalhar pelas novas vinhas de Leyda, Casablanca e Limarí, também em Malleco. E foram essas vinhas as responsáveis por aqueles primeiros exemplares de frutas vermelhas, com taninos pulsantes. Os melhores exemplos, entretanto, não estariam nos segmentos de preços mais altos, mas nos mais básicos, onde com pouquíssimos elementos, sem tantas expectativas ou ambições de fazer o melhor Borgonha do mundo, aqueles simples e diretos Pinot mostravam a fruta fresca, vermelha e crocante da variedade. Um primeiro grande passo em vinícolas como Viña Leyda, Morandé, Veramonte ou a própria Cono Sur; tintos suculentos, que marcaram mais uma das grandes lições aprendidas nesses anos: antes de correr, é preciso aprender a andar.

Toda essa história chega ao clímax quando, no Descorchados 2020, tivemos a ideia um tanto excêntrica de escolher o **Talinay Pai 2018** como o melhor tinto do Chile. Para quem nos acompanhou em nossas mais de duas décadas de vida degustando vinhos sul-americanos e, principalmente, chilenos, sabe que a Cabernet Sauvignon é a variedade que costuma se repetir como a melhor do ano. No entanto, nesse ano enlouquecemos com a profundidade, a complexidade e, sobretudo, com a estrutura desse vinho nascido nos solos calcários da vinha Talinay, muito perto do mar e nas encostas suaves da serra da Costa, no vale do rio Limarí.

Para nós, esse foi o ponto da virada na breve, mas muito intensa história do Pinot chileno. Pela primeira vez houve um produtor que conseguiu concretizar a ideia de um Pinot firme, de estrutura monolítica, nascido naquele solo tão especial, calcário como poucos no Chile. Havia uma equipe atrás dele que havia entendido isso de ser arquiteto para lidar com a Pinot, independentemente de os taninos estarem um pouco mais ásperos que o normal, algo ainda melhor que aquela acidez acentuada.

Tendo começado a resolver a questão da Pinot na vinícola, a questão que nos colocamos foi sobre o material com que este Pai foi elaborado. A resposta foi dada por Héctor Rojas, gerente dos vinhedos de

Tabalí. "Seleções em massa de Vosne-Romanée e Gevrey-Chambertin da Borgonha, compradas do viveiro Guillaume no Chile e plantadas apenas em 2012 nos solos calcários de Talinay, em Limarí".

Portanto, para encerrar esta história, e também a de outros grandes Pinot chilenos presentes esse ano no Descorchados (ver lista abaixo), devemos voltar àqueles primeiros clones franceses dos anos 1990 e a essas seleções de massais que chegaram ao Chile em meados dos anos 2000. Jorge Villagrán tem a palavra novamente. "A DOC Borgonha contratou Guillaume Francia para fazer um trabalho para melhorar o material da planta de Pinot na área. E, para isso, pediram a vários produtores seleções massais que Guillaume começou a reproduzir. Dessas seleções, eles escolheram a melhor que veio de recursos como Vosne-Romanée e Gevrey-Chambertin. E essas foram as seleções que importamos para o Chile".

A seleção de Gevrey, conhecida comercialmente no Chile desde 2001 com o nome GA02, e a de Vosne, com o nome GA04, a partir de 2004, foram as que começaram a se espalhar no país com os resultados que, uma década depois, estamos vendo. Esta evolução do material genético, no entanto, não teria rendido os resultados que testemunhamos se não fosse pelos enólogos, que também começaram a compreender a Pinot de uma forma diferente. As viagens, as degustações, as referências tiveram muito a ver com isso. Uma variedade que deixou de ser o patinho feio da viticultura chilena a uma promessa de futuro.

Os melhores **pinot noir chilenos** em Descorchados 2021

98 | **ERRÁZURIZ** Las Pizarras Pinot Noir 2019 | Aconcágua Costa
98 | **SAN PEDRO** Tayu 1865 Pinot Noir 2019 | Malleco
97 | **BAETTIG** Selección de Parcelas Los Primos Pinot Noir 2018 | Traiguén
97 | **TABALÍ** Talinay Pai Pinot Noir 2019 | Limarí
96 | **CONCHA Y TORO** Amelia Pinot Noir 2019 | Limarí
96 | **KINGSTON** CJ's Barrel Pinot Noir 2019 | Casablanca
96 | **TABALÍ** Talinay Pinot Noir 2018 | Limarí
96 | **VENTISQUERO** Tara Red Wine 1 Pinot Noir 2019 | Atacama
96 | **VENTISQUERO** Herú Pinot Noir 2019 | Casablanca
95 | **CASA SILVA** Casa Silva Lago Ranco Pinot Noir 2019 | Osorno
95 | **CONCHA Y TORO** Marques de Casa Concha Pinot Noir 2019 | Limarí
95 | **COTEAUX DE TRUMAO** Coteaux de Trumao Pinot Noir 2019 | Valle del Bueno
95 | **ERRÁZURIZ** Aconcagua Costa Pinot Noir 2019 | Aconcagua Costa
95 | **KINGSTON** 8D Pinot Noir 2018 | Casablanca
95 | **P.S. GARCÍA** P.S. García Pinot Noir 2018 | Limarí
95 | **UNDURRAGA** Trama Pinot Noir 2018 | Leyda

As lições do Vigno.

FAZER VINHOS ENVOLVE SEMPRE DECISÕES ESTILÍSTICAS ou, se preferirem, estéticas. E sim, parece bombástico, mas é a realidade. Quando decido colocar barrica em meu vinho tinto ou escolher uma parcela de um lugar fresco ou escolher essa ou aquela uva. Todas estas decisões são estéticas, todas terão uma forte influência no resultado, na forma como o meu vinho engarrafado vai "ficar", nos sabores que ele terá.

Dentre todas as decisões estilísticas, talvez a que mais sofreu mudanças nos últimos anos seja a data da colheita. É claro que é uma decisão importante, quase para ser escrita em maiúsculas. Colho em fevereiro para obter frutas vermelhas ácidas, frescor, mas perco corpo, peso. Colho em maio e ganho álcool e talvez corpo, mas perco tensão e sabores refrescantes. E bem, tudo o que pode ser entre essas duas datas.

Nos últimos anos, digamos nos últimos cinco, no mundo - e principalmente no Novo Mundo - assistimos a uma febre de colher as uvas mais cedo, de adiantar a colheita em busca de maior crocância, mais frutas vermelhas, menos álcool, melhor acidez. E isso, como dissemos, foi uma decisão estética. Porém, além disso, também significou que muitas vezes o lugar, o sentido do lugar, começou a ser visto com mais clareza. Por que isso?

Uma das principais críticas que fazemos no Descorchados aos produtores que gostam de colher mais tarde, não é a sua preferência por aqueles vinhos grandes, cheios e alcoólicos. Afinal, todo mundo bebe ou produz o que gosta. O problema é quando se trata de conectar essa decisão estilística com o sentido do lugar.

Como acontece ao contrário (com quem colhe muito cedo e tudo cheira e tem gosto de verde), nas colheitas tardias a primeira coisa que se perde é a origem. Tudo cheira e tem gosto de frutas maduras demais. E uma vez que o sentido de lugar é perdido, o caráter varietal também desaparece e não importa se é Syrah ou Cabernet Sauvignon. Daí para a padronização, há apenas uma etapa.

No caso da Carignan, antes que Vigno (Viñadores del Carignan) se estabelecesse como um grupo, já havia uma certa imagem de como o vinho feito com essa cepa deveria ser: altamente concentrado, raivosamente tânico, frutas negras, especiarias, um tinto que precisava de longos estágios em madeira para ser "domesticado". E era colhido muito tarde, o que era comum naquela época, lá pelos idos de 2010, quando foi criado Vigno e também nos primeiros anos desse grupo.

Todos os anos em Descorchados provamos as novas safras de Vigno e, claro, as primeiras, embora muito boas, mostrava um Maule genérico, o Maule de secano, de vinhas velhas, um lugar que - a julgar pela uniformidade dos seus vinhos - não apresentava muita diversidade de climas ou de solos, apesar da influência do mar, apesar da topografia.

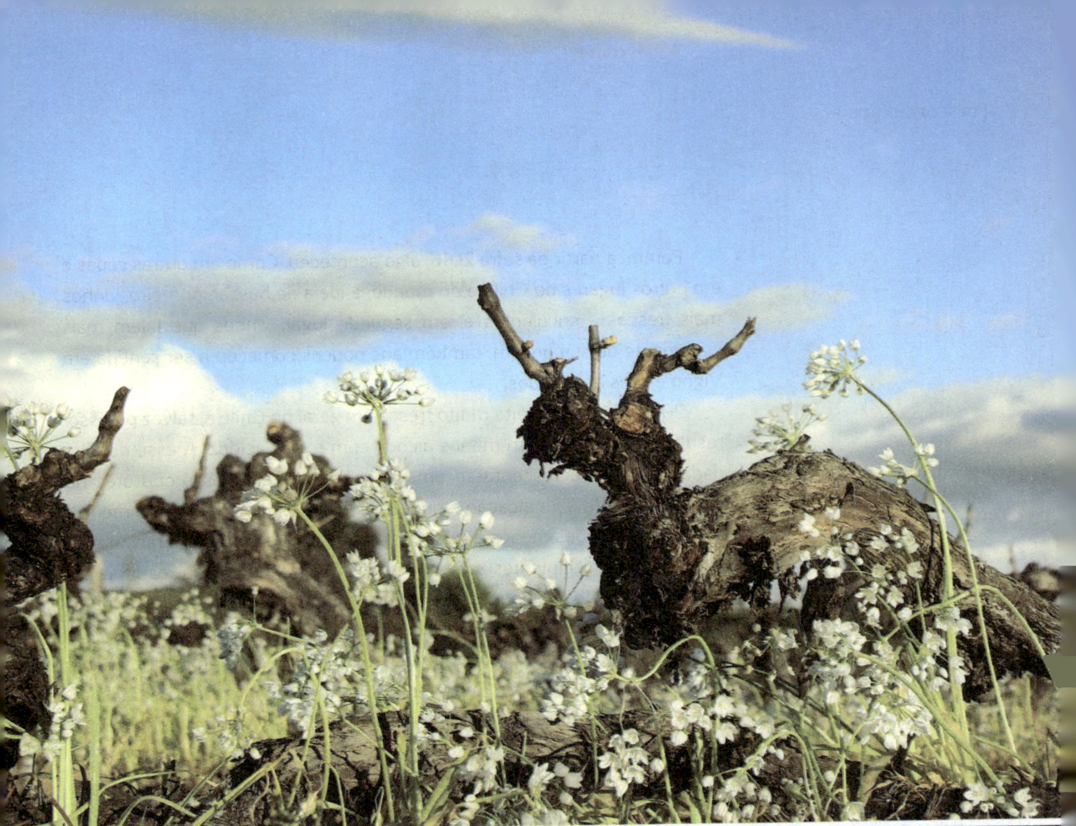

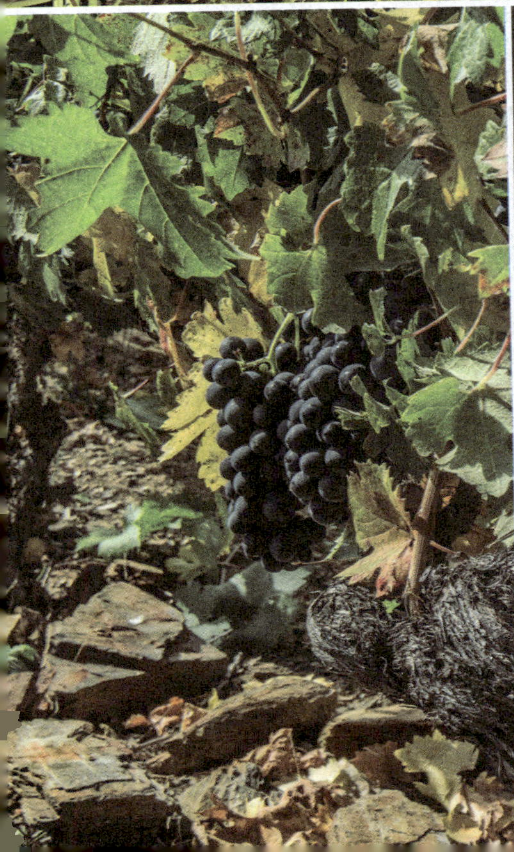

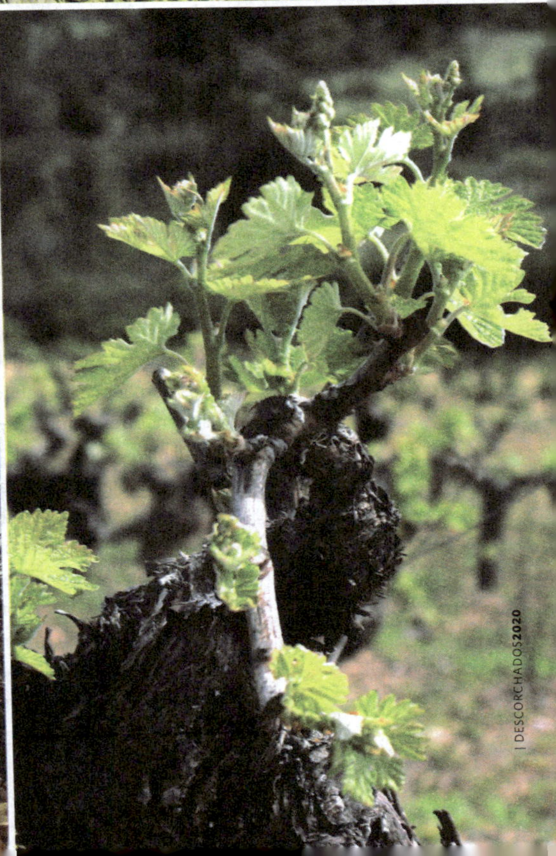

Porém, a partir da safra 2016, algo aconteceu. Como em outras cepas e em outros lugares do Chile e do mundo, a ideia de buscar, primeiro, vinhos mais frescos e suculentos e, em segundo lugar, vinhos que falem mais claramente de sua origem, também aos poucos começou a ser sentida em Vigno e seus associados.

2016 foi uma colheita muito fresca em geral no Chile e, talvez por isso, resultou em vinhos com menos álcool, com maior acidez. A esse detalhe nada pequeno, acrescenta-se uma nova abordagem dos produtores no que diz respeito à vinificação e que poderia ser resumida, mais ou menos, assim: macerações menos agressivas, menos uso ou uso mais racional de madeira nova, recipientes maiores como foudres. Tudo isso resultou em vinhos menos doces e pesados, algo que foi repetido em uma safra muito quente como a de 2017 e que nessa nova de 2018 já é uma realidade. Pela primeira vez, a Carignan não é apenas uma uva que produz vinhos ricos, mas - muito, muito mais importante - uma uva capaz de mostrar algo mais do que um território extenso e diverso como o Maule sem irrigação, o tradicional Maule de secano.

Pela primeira vez, o grupo Vigno decidiu também apresentar os seus vinhos a Descorchados em três grupos, de acordo com a zona do Maule de onde vêm as uvas de cada um. Assim, por exemplo, foi possível perceber o quão diferente é o caráter da uva quando vem de Caliboro, no interior do vale e longe do mar, ou quando vem de Truquilemu, uma região mais a oeste, muito mais próxima ao Pacífico e que recebe as brisas com maior liberdade já que lá a cordilheira da Costa é mais baixa.

"Truquilemu fica a cerca de 38 quilômetros da costa. Mas, os morros da cordilheira têm 400 metros de altura, não mais. E isso é baixo se comparado a Cauquenes, a uma distância semelhante do mar, mas com morros mais altos que o protegem das brisas frescas ", diz Edgard Carter, da vinícola Carter Mollenhauer, integrante da Vigno e responsável por alguns dos mais frescos e mais delicados exemplares da cepa no Chile.

Segundo Derek Mossman, que também produz Cariñena na zona, os solos também são muito diferentes, mais próximos dos habitualmente vistos noutras zonas vitivinícolas da cordilheira da Costa, como Leyda ou Guarilihue. "Os solos de Truqui são de granitos e, mais abaixo, granitos decompostos com fissuras, que permitem que as raízes bebam mais profundamente. Acho que esses dois fatores fazem com que o vinho seja tenso, linear e ao mesmo tempo com extraordinária fruta fresca", diz Mossman.

Em contraste, o estilo dos vinhos que uma vinícola como Odfjell obtém no sul de Cauquenes é totalmente diferente. Essa é uma zona mais quente, mas onde os solos também são diferentes. "Os solos são de argilas verme-lhas, como se estivéssemos em Roland Garros. E lá venta muito. Essas são condições muito extremas, mas as vinhas velhas de Carignan as suportam muito bem", diz Arnaud Hereu, enólogo da Odfjell, sobre o seu Vigno 2018,

um tinto amplo, voluptuoso e maduro, como costumam ser os vinhos de solos argilosos em climas quentes.

Essas diferenças não eram tão perceptíveis anteriormente. No entanto, graças a colheitas mais adiantadas, mas também a uma vinificação muito menos extrativa e mais amável, os detalhes que diferenciam uma zona da outra se destacam com muito mais clareza. E isso é uma boa notícia. Não há um Vigno agora, mas muitos.

Os melhores Vigno em Descorchados 2021

96 | **CARTER MOLLENHAUER** Vigno Carignan 2018 | Maule
95 | **LAPOSTOLLE** Vigno Cariñena 2018 | Maule
94 | **BOUCHON** Vigno Carignan 2018 | Maule Secano Interior
94 | **EMILIANA** Vigno Cariñena 2018 | Maule
94 | **GARAGE WINE CO.** Vigno Cariñena 2018 | Maule
94 | **MORANDÉ** Vigno Carignan 2018 | Maule
94 | **P.S. GARCÍA** Vigno Carignan 2016 | Maule
94 | **UNDURRAGA** Vigno Carignan 2018 | Maule
94 | **VALDIVIESO** Vigno Carignan 2018 | Maule
93 | **MIGUEL TORRES** Vigno Carignan 2017 | Maule
92 | **CASAS PATRONALES** Vigno Carignan 2018 | Maule
92 | **GILLMORE** Vigno Cariñena 2018 | Maule
91 | **ODFJELL** Vigno Cariñena 2018 | Cauquenes

Rosés levados a sério.

JULIO BOUCHON, SÓCIO DA VINÍCOLA LONGAVÍ, antecipa isso. No próximo ano pretendem lançar um rosé que já está em barricas e será engarrafado após quatro anos de envelhecimento. Sim, ao que parece, uma espécie de homenagem ao clássico Tondônia de López de Heredia, em Rioja. Embora também seja um aceno à seriedade com que alguns produtores estão levando o estilo no Chile. Vamos lembrar um pouco da história.

Até menos de dez anos atrás, o estilo rosé era mais uma piada chilena. Com poucas exceções (Miguel Torres e sua tradição catalã era uma delas), a maioria dos rosés locais eram uma espécie de subproduto de outros vinhos ou, com razão, e como se costuma dizer no Chile, "o que a onda jogou fora". Rosés feitos com matéria-prima de qualidade duvidosa e, para suprir essa carência, muito açúcar residual. Um desastre.

No entanto, à medida que a moda do rosé começou a surgir em todo o mundo, os produtores locais - com o seu já apurado sentido para os negócios - viram uma oportunidade e começaram a focar em fazer vinhos melhores. A ideia de que o rosé tinha que ter uma cor muito clara, ao estilo "provençal", coincidiu com isso, então todos foram nessa direção. Mas, claro, a cor não é tudo, e aconteceu com o rosé o que acontecera uma década antes com o Sauvignon Blanc: tudo perfume, tudo cor, mas nenhuma substância.

Nas duas últimas versões de Descorchados, vimos como mudou essa questão e como os produtores veem o rosé como uma forma de expressar uma ideia ou um lugar ao invés de apenas mostrar uma arma comercial para vender muitos litros. E é assim que existem muitos rosés claros, mas vários deles com boca muito boa, com uma boa concentração de sabores que falam, acreditamos, dos rosés que são idealizados desde o vinhedo e que, mais tarde, na vinícola, são tratados como vinhos de primeira classe.

Outra novidade que vimos nestas duas últimas edições, embora mais fortemente nessa última, é a onda dos claretes rosés, uma referência ao histórico estilo espanhol dos vinhos ligeiros, quase tintos rosados, que as pessoas do campo bebem para matar a sede. Vinícolas como Garage Wine Co., Erasmo ou Herrera Alvarado se aventuram nessa nova cor, completamente alheia à moda provençal, mas que aos poucos começa a se impor - também como moda, claro - no mundo do vinho.

Os melhores Rosés em Descorchados 2021

94 | **LONGAVÍ** Glup Rosado Garnacha, Monastrell, País 2019 | Maule
93 | **CALYPTRA** Vivendo Reserva Rosé 2019 | Cachapoal Andes
93 | **GARAGE WINE CO.** Old Vine Pale Lot 93 Cariñena, Mataró 2019 | Empedrado
93 | **RIVERAS DEL CHILLÁN** Extinto 2020 | Itata
93 | **ROBERTO HENRÍQUEZ** Rosado Super Estrella Moscatel Rosado 2020 | Itata
93 | **VALDIVIESO** Éclat Curiosity Grenache, Syrah 2020 | Sagrada Familia
93 | **VIK** La Piu Belle Rosé C. Sauvignon, C. Franc, Syrah 2020 | Cachapoal
93 | **VIÑEDOS HERRERA ALVARADO** Rojo Loco Rosado 2019 | Marga Marga
92 | **CASA SILVA** Casa Silva Cool Coast Rosé Syrah 2020 | Colchagua
92 | **ERASMO** Erasmo Rosé Mourvèdre 2019 | Maule Secano Interior
92 | **GARCÉS SILVA** Boya Rosé Pinot Noir 2020 | Leyda
92 | **LA CAUSA** La Causa Cinsault Rosé Cinsault 2020 | Itata
92 | **LAS NIÑAS** Amante Rosé Mourvèdre 2019 | Apalta
92 | **LOS BOLDOS** Specialty Series Rosé Touriga Nacional 2020 | Cachapoal Andes
92 | **MONTES** Cherub Rosé Syrah, Grenache 2020 | Colchagua

OS TERROIRS
DO CHILE

Por: **Eder González Alegría**, geólogo, e **Patricio Tapia**.

Chegou-se a um ponto no desenvolvimento do **vinho chileno** em que a ideia de falar de vales, de grandes porções de **território** que, muitas vezes, escondem realidades **muito diferentes**, tanto climáticas como geológicas, já não é tão acertada, ou seja, **sabores diferentes coexistindo** sob mesma denominação. Pensando nisso, preparamos uma lista de alguns dos **terroirs** mais importantes do **Chile** e algumas de suas principais características. E sim, ainda estamos generalizando, **mas cada vez menos.**

LIMARÍ COSTA

[O LUGAR] **Esta faixa de terra** costeira está localizada a oeste da cidade de Ovalle, em uma área caracterizada por uma extensa planície de mais de dois quilômetros de largura, formada por antigos depósitos aluviais em socalcos que variam em direção a sedimentos aluviais mais modernos, nas áreas mais próximas do atual canal do rio Limarí. Os solos deste setor são rochosos, de origem aluvial, com espessos fragmentos arredondados e uma matriz de areia e silte, podendo apresentar variações locais para uma matriz com características calcárias devido ao transporte e precipitação de carbonato de cálcio pelas camadas subterrâneas. Continuando a oeste, a apenas 12 quilômetros da costa, o vale é interrompido por uma alta cordilheira conhecida como Altos de Talinay, em cuja encosta oriental surgem depósitos marinhos do período Cretáceo e outros depósitos de granulação fina que dão origem aos solos calcários. Esses solos coexistem lateralmente com solos do tipo "maicillo" (solos com baixo teor de argila e com presença de rocha tipo granito), gerados a partir das rochas graníticas do setor. O ar marinho canalizado pelo vale controla as temperaturas máximas, que não ultrapassam os 25°C no verão.

[OS SABORES] **A fresca influência** do mar, como é óbvio, é o principal fator que determina os sabores dos vinhos da costa de Limarí. A fruta é fresca, o teor de acidez é alto e os álcoois são moderados. No entanto, a presença de solos calcários - quer como minerais transportados das montanhas pelo rio e pelas águas subterrâneas ou como sedimentos marinhos no caso de Talinay -, oferece uma maior salinidade e austeridade aos vinhos locais que muito poucos outros tintos e brancos do Chile apresentam. Os Pinot Noir são o melhor exemplo, embora os Sauvignon Blanc e os Chardonnay também tenham muito a dizer em vinhos que, às vezes, parecem ser feitos de pedras ao invés de frutas. ❧

■ **PRINCIPAIS PRODUTORES**
(Em ordem alfabética)
Concha y Toro, Cono Sur, Sutil, Tabalí

ELQUI CORDILHEIRA (ALCOHUAZ)

[**O LUGAR**] **Alcohuaz está** localizado no interior do vale do Elqui, no meio da Cordilheira dos Andes, onde são comuns as nevascas de inverno. A geologia do setor é dominada por altas montanhas e ravinas profundas localizadas entre 1.600 e 2.200 metros de altitude. Correspondem a um corpo maciço intrusivo muito antigo, formado por rochas graníticas de diferentes composições, que fizeram parte das primeiras elevações da Cordilheira dos Andes durante o Paleozoico, há mais de 250 milhões de anos. Assim, os solos variam de acordo com a morfologia do setor e dois tipos principais podem ser observados. Em áreas íngremes, com grandes declives, os solos são rasos, ricos em quartzo e com baixos volumes de argila, derivados da decomposição das rochas graníticas do setor. Em áreas mais abertas ou com declives mais suaves, é possível reconhecer solos associados a depósitos coluviais locais em decorrência da queda de materiais das encostas dos riachos dando lugar a solos mais profundos, com rochas de diferentes tamanhos e de volumes maiores de argila, o que permite uma maior retenção de água.

[**OS SABORES**] **Quando se fala** de vinhos de montanha, uma das melhores e mais precisas referências é o trabalho de Viñedos de Alcohuaz, no alto da Cordilheira dos Andes, no vale do Elqui. A insolação é forte acima dos mil metros, pelo que não é difícil encontrar frutos maduros e voluptuosos, mas também faz frio, o que torna a acidez uma questão a se levar em consideração. Mas, junto com isso, devemos considerar o trabalho de Marcelo Retamal, sócio e enólogo de Viñedos de Alcohuaz, que gosta de colheitas precoces e do frescor em seus vinhos. Temperos, ervas, texturas firmes e acidez pungente são a marca registrada desse recanto andino de Elqui. ❧

■ **PRINCIPAL PRODUTOR**
Viñedos de Alcohuaz

ACONCÁGUA COSTA

[**O LUGAR**]   **A menos de** 20 quilômetros do Oceano Pacífico, os vinhedos deste setor estão localizados preferencialmente em encostas e colinas suaves onde rochas intrusivas, vulcânicas e metamórficas dos períodos Jurássico e Cretáceo (100-200 milhões de anos) emergem. Estes últimos correspondem geologicamente a ardósias, originárias de antigas rochas vulcânicas ou sedimentares de granulação fina, que por meio de processos geológicos intensos mudam sua estrutura cristalina original para a clássica estrutura de laje que conhecemos. Os solos deste setor dependerão do estado de metamorfismo ou decomposição de sua rocha-mãe, observando-se assim solos rochosos, incluindo aqueles derivados de ardósia, e solos mais finos com silte e argilas associados à decomposição de rochas vulcânicas e intrusivas das colinas que, não sendo muito altas, permitem a livre circulação das brisas frias que vêm do mar.

[**OS SABORES**]   **Como em toda** a zona costeira e vitivinícola chilena, a influência fria do Oceano Pacífico é um dos principais fatores quando se pensa no estilo dos vinhos vem dali. No caso de Aconcágua Costa, essa influência fresca é ressaltada também pelo fator dos solos de ardósia ou de "lajes", algo não muito comum no Chile e que aqui adiciona uma complexidade extra, agregando sabores minerais, próximos ao iodo. Parece estranho, mas quando vem acompanhado de frutas vermelhas suculentas e frescas graças ao Oceano Pacífico, o resultado não é apenas saboroso, mas - acima de tudo - com muito caráter. ❧

■ **PRINCIPAIS PRODUTORES**
(Em ordem alfabética)
Arboleda, Errázuriz

CASABLANCA COSTA

[**O LUGAR**] **Casablanca está** localizada entre Santiago e o porto de Valparaíso, em uma área de pequenas bacias rodeadas por colinas e montanhas, dominadas por rochas de granito formadas há mais de 150 milhões de anos no período jurássico. Os solos do setor estão intimamente relacionados com a morfologia do vale, dando origem a três tipos principais. Nas áreas mais altas, mais quentes e menos expostas a geadas, podem-se observar solos graníticos rasos, do tipo maicillo (solos com baixo teor de argila e com presença de rocha tipo granito), derivados da decomposição das rochas graníticas do setor. Em direção às encostas predominam os solos de origem coluvial, de matriz argilosa e bem consolidada, gerados a partir da erosão e queda de rochas dos morros adjacentes. Finalmente, as áreas mais baixas do vale apresentam solos de origem mista, com características aluviais e coluviais. Estes permitem uma boa permeabilidade e a correta retenção da água, o que é muito importante se pensarmos que, dada a ausência de rios ou cursos de água importantes, o clima é semiárido mediterrâneo.

▪ PRINCIPAIS PRODUTORES
(Em ordem alfabética)
Casas del Bosque, Cono Sur, Emiliana, Kingston, La Recova, Loma Larga, Mancura, Matetic, Montsecano, Morandé, Quintay, Terranoble, Veramonte, Villard, Viña Casablanca, Viñamar, William Cole

[**OS SABORES**] **Queríamos fazer** uma revisão aqui da parte oeste do vale, que normalmente é conhecida como "Bajo Casablanca" e que é a área mais próxima do mar, portanto, a mais fresca. Aí o Pacífico faz a sua magia, aportando frescor e acidez aos sabores, enquanto os solos graníticos em algumas partes oferecem texturas mais pungentes e os de argila, maior volume. É uma área de Sauvignon Blanc, mas também de muito bons Chardonnay e Pinot Noir, assim como Syrah e alguns (muito poucos) Malbec e Cabernet Franc. ☙

Cordillera de la Costa

Océano Pacífico

Lo Abarca

San Antonio

Leyda

Melipilla

Santiago

LEYDA

[O LUGAR] **Localizado na** Cordilheira da Costa, a 15 quilômetros da cidade de San Antonio, em um setor de colinas suaves e ravinas rasas, com locais que variam de 200 a 400 metros acima do nível do mar. Os picos e áreas elevadas do setor correspondem a rochas vulcânicas da Era Mesozoica, formadas há mais de 150 milhões de anos e cuja decomposição deu lugar a solos rasos graníticos e vulcânicos. Já nas zonas médias do vale, é reconhecida uma morfologia plana e em socalcos com solos de areia, argila e rochas arredondadas de diferentes tamanhos e onde também é possível encontrar solos calcários com texturas fósseis (conchas) e de giz. Em ambos os casos, os solos foram formados a partir da decomposição de antigos socalcos e fundos marinhos abandonados no continente após o lento recuo do litoral, há dez milhões de anos. A proximidade com o Oceano Pacífico, somada ao encaixotamento do rio Maipo, permite a entrada livre das brumas matinais e da brisa do mar, o que torna Leyda reconhecidamente um vale de clima frio durante grande parte do ano.

[OS SABORES] **Embora em** termos políticos Leyda e a área ocidental de Casablanca Ocidental sejam locais distintos em termos de topografia, solos e, sobretudo, de influência marinha, são muito semelhantes. Também aqui o Oceano Pacífico marca a sua influência fria no estilo dos sabores e na acidez, tornando os vinhos muito mais frescos e vivos. Os Sauvignon Blanc de Leyda representam um dos melhores exemplos da variedade no Chile, mas os Pinot Noir também têm mostrado muitos avanços. Alguns dos Pinot dessa zona mostram atualmente o melhor desta uva no país. ☙

■ **PRINCIPAIS PRODUTORES**
(Em ordem alfabética)
Garcés Silva (Amayna), Kalfu, Leyda, Luis Felipe Edwards, Montgras, Undurraga, Ventisquero, Ventolera

QUEBRADA DE MACUL

[**O LUGAR**]   **A Quebrada de Macul** está localizada nos subúrbios de Santiago, em um setor de encostas suaves no sopé dos Andes, a menos de 900 metros de altura. Os solos desse setor são de origem coluvial, produto de sucessivos eventos de remoção de massa durante os períodos de chuvas extremos ocorridos desde a segunda metade do Quaternário, ou seja, durante os últimos dois milhões de anos. Esses eventos deram origem a grandes aluviões de lama, capazes de arrastar e transportar montanha abaixo tanto rochas vulcânicas das formações geológicas andinas quanto depósitos glaciais das áreas superiores da cordilheira. Este material foi depositado no sopé dos Andes e no vale principal, formando solos geralmente descritos como rochosos e profundos e de matriz argilosa -especialmente nas partes mais altas do setor-, enquanto argilas e siltes dominam as áreas mais baixas.

[**OS SABORES**]   **A fresca influência** das brisas andinas tem um papel fundamental nessa tradicional região de Maipo Alto. Os vinhos de Quebrada, em especial os Cabernet Sauvignon –a uva pela qual essa zona é conhecida–, têm notas herbáceas e mentoladas, um detalhe característico. As texturas dos Cabernet em Macul são suaves, quase delicadas, talvez devido ao tipo de solos, com mais sedimentos e argilas e menos seixos rolados como nos solos aluviais de outras áreas do Maipo andino. Cabernets clássicos, entre os mais tradicionais que se podem beber no Novo Mundo. ❧

■ **PRINCIPAIS PRODUTORES**
(Em ordem alfabética)
Aquitania, Clos Quebrada de Macul, Cousiño Macul

Cordillera de los Andes

Puente Alto

Río Maipo

PUENTE ALTO

[**O LUGAR**] **Puente Alto** está localizado nos subúrbios de Santiago, em uma extensa bacia de deposição de sedimentos glaciais e fluviais da Cordilheira dos Andes, que foram transportados pelo rio Maipo e seus afluentes em um processo que está ativo desde o início do período quaternário, há dois milhões de anos. Desta forma, as rochas e sedimentos transportados pelo rio acumularam-se nas margens do canal principal, formando terraços aluviais que foram posteriormente abandonados à medida que o rio encontrava o seu fluxo de equilíbrio. Esse processo deu origem e forma a cinco terraços, que são mais bem preservados dependendo do local de onde são observados. Em particular, a área de Puente Alto corresponderia a terrenos associados ao terceiro terraço do rio, que dá origem principalmente a solos pedregosos, rochosos e profundos, com argilas e silte na sua fração mais fina, e boa permeabilidade. Isto possibilita que as vinhas se fixem num clima onde a proximidade da cordilheira também se traduz em brisas frescas e elevada amplitude térmica durante os meses de maturação.

[**OS SABORES**] **Puente Alto,** ao lado de Macul, são duas das mais tradicionais do Chile para o Cabernet Sauvignon, o clássico Cabernet de Maipo Andes, com suas notas mentoladas, seus toques herbáceos e terrosos em uma textura macia, com taninos polidos. Esse é o protótipo desses tintos andinos, a terra da Cabernet que, às vezes, também deixa espaço para a Cabernet Franc, a Merlot e a Petit Verdot. ☙

■ **PRINCIPAIS
PRODUTORES**
(*Em ordem alfabética*)
**Concha y Toro,
Don Melchor,
Viñedo Chadwick**

PIRQUE

[**O LUGAR**] **Ao sul do rio Maipo,** Pirque é um setor particular do vale que é circundado por cadeias montanhosas de origem vulcânica e sedimentar, formadas durante o período Eoceno-Oligoceno, ou seja, entre 30 e 40 milhões de anos atrás. Este setor particular da denominação Maipo Andes se destaca por uma extensa planície aluvial correspondente ao terceiro terraço do rio Maipo. Este terraço é complementado por uma forte influência aluvial associada ao rio Clarillo. Desta forma, os solos são aluviais compostos por cascalhos e sedimentos finos, especialmente nas áreas planas e centrais do setor, enquanto, nas zonas de fronteira, junto às serras, os sedimentos aluviais são recobertos por depósitos mais jovens no sopé, que aparecem como solos rochosos com fragmentos angulares e maior teor de argilas. O clima é fortemente influenciado pelo microclima associado à Reserva Nacional de Río Clarillo, que regula as altas temperaturas do setor.

[**OS SABORES**] **Quando se fala** de alguns dos melhores Cabernet Sauvignon chilenos, a região de Pirque deve estar sempre na lista. Encaixado entre colinas, é uma espécie de mundo à parte no contexto de Maipo Andes. E não só pelo seu aparente isolamento geográfico, mas porque os sabores que daí se obtêm costumam ser muito diferentes do restante de seus vizinhos. Cabernets focados nos sabores de frutas, sem as notas mentoladas de Macul ou do vizinho Puente Alto, mais frescos e sutis que Alto Jahuel, cruzando a montanha a oeste. O Cabernet aqui é a expressão pura da casta, fortemente influenciada pelas brisas frescas da montanha e nos vinhedos que chegam por vezes aos 1.000 metros, as alturas mais altas do Maipo.

■ **PRINCIPAIS PRODUTORES**
(Em ordem alfabética)
Concha y Toro, Domaine de la Piedra Sagrada, El Principal, Haras de Pirque, Marty, Santa Ema, William Fèvre

ALTO JAHUEL

[**O LUGAR**] **Localizado ao sul** de Santiago, em um setor suavemente inclinado que se eleva sobre uma extensão montanhosa, vulcânica e sedimentar, que se destaca na cordilheira dos Andes. Dessa faixa, os sedimentos são transportados para o sopé da montanha, gerando depósitos coluviais que cobrem parcialmente o extenso terraço aluvial da margem sul do rio Maipo. Os solos correspondem, desta forma, a solos aluviais dominados por cascalhos, fragmentos arredondados e uma matriz de areia e argila nas áreas mais planas e largas do vale. À medida que se sobe no sopé, a concentração de rochas aumenta, apresentando fragmentos angulares e um maior volume de areias, argilas e siltes, com horizontes bem definidos. Finalmente, em direção às áreas mais altas ou mais íngremes, o solo torna-se mais escasso, com maior volume de rochas angulares. A sua localização envolta na geografia da cordilheira torna esse setor ligeiramente mais quente do que aqueles mais próximos do rio Maipo.

[**OS SABORES**] **Os aromas e sabores** do Alto Jahuel tendem a ser mais generosos e maduros que os de outras áreas do chamado Maipo Andino. Uma zona aninhada entre montanhas oferece notas de frutas negras e de especiarias e, dependendo da variedade, uma acidez bastante amigável, embora sempre suculenta. O Cabernet, como em todo Maipo Andes, é o rei do lugar, mostrando algumas das notas herbáceas de seus vizinhos do norte, mas com maior destaque nos sabores frutados. No passado, este era um lugar onde os taninos pareciam firmes, mas uma nova geração de vinicultores agora consegue texturas muito mais delicadas. Além do Cabernet Sauvignon, Petit Verdot, Cabernet Franc e Petite Sirah são muito bons na área. ☙

■ **PRINCIPAIS PRODUTORES**
(Em ordem alfabética)
Carmen, Santa Rita

CACHAPOAL ANDES

[**O LUGAR**] **Setor localizado** na parte alta do rio Cachapoal, em uma área da cordilheira dos Andes dominada pelo rio e pelas montanhas, a uma altitude que varia de 400 a 800 metros. Geologicamente, esse setor da cordilheira é composto por rochas vulcânicas como a Andesita, que aparece em grandes áreas rochosas com diferentes graus de decomposição e fez parte dos primeiros eventos vulcânicos que moldaram a cordilheira dos Andes no período Eoceno-Oligoceno (20-40 milhões de anos atrás). A morfologia do setor permite a presença de diferentes tipos de solos, os quais derivam de diferentes fenômenos geológicos. Assim, nas margens do leito principal do rio, foram preservados antigos socalcos de diferentes níveis, dando origem a solos rochosos aluviais com matriz de areia e de argila, que formam horizontes muito bem definidos. Por outro lado, nas zonas elevadas no sopé de morros e montanhas, existem solos com características essencialmente coluviais, com diferentes proporções de areia, silte e argila, e em cujas margens também se encontram solos rochosos associados à decomposição da rocha mãe.

[**OS SABORES**] O **Alto Cachapoal** ou Cachapoal Andes é uma das áreas mais respeitadas da viticultura chilena, mas ao mesmo tempo uma das menos conhecidas ou, talvez, injustamente ignorada à sombra de Maipo Andes. Entre as duas áreas, a cordilheira dos Andes é o ponto comum, mas quando se vai aos sabores de seus vinhos, principalmente o Cabernet Sauvignon, descobre-se que em Cachapoal Andes os sabores das frutas são muito mais generosos, mais exuberantes e não há mais aquele lado herbáceo ou de mentol, que geralmente diferencia áreas como Puente Alto ou Macul. Além disso, e por ser mais quente, aqui crescem muito bem cepas como a Carménère, uma variedade que raramente amadurece plenamente no Maipo andino. 🐌

■ **PRINCIPAIS PRODUTORES**
(Em ordem alfabética)
Calyptra, Casas del Toqui, Lagar de Codegua, Los Boldos, Pino Azul, San Pedro, Santa Carolina, Torreón de Paredes, Trabún, Tipaume, Valle Secreto

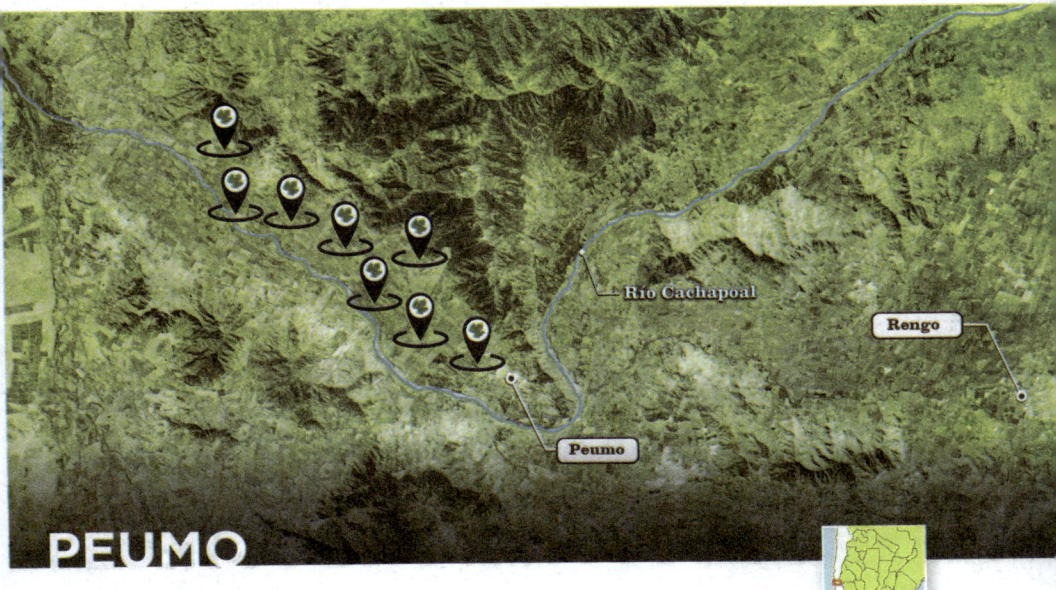

PEUMO

[**O LUGAR**] **Peumo está** localizado no coração do Vale do Cacha-poal, onde o rio serpenteia entre segmentos fragmentados da cordilheira da Costa, resquícios de antigos vulcões que dominaram a área durante o período Cretáceo Superior, 85 milhões de anos atrás. E entre os quais extensas planícies aluviais e coluviais complementam a paisagem. A zona onde se concentram as vinhas mais destacadas situa-se numa área plana da margem norte do rio, com uma exposição a sul e ao pé de uma faixa montanhosa, que delimita as vinhas ao norte. Os solos são aluviais profun-dos, com cascalho e sedimentos ricos em areia e argila –especialmente nas áreas centrais do vale–, que variam para solos coluviais, menos rochosos e com bom equilíbrio de silte, areia e argila à medida que se vai em direção ao sopé da montanha. A orientação sul do setor, somada à proximidade com o rio e ao grande corpo d'água que é o Lago Rapel, permitem moderar as altas temperaturas diurnas, favorecendo um amadurecimento lento.

[**OS SABORES**] **Peumo é conhecido** pela qualidade de seu Carménè-re. E tem todas as condições para obter bons resultados com essa cepa, a começar pelo clima quente, que permite à tardia Carménère amadurecer sem problemas. Depois, há os solos ricos em argila que retêm água e per-mitem que esta videira, geralmente sedenta, beba sem problemas. E, por fim, o material que ali foi plantado e que há décadas vem se adaptando a essas condições. Os melhores exemplos de Carménère se encontram nas encostas mais frescas ao sul, onde se conseguem vinhos suculentos, intensos em notas frutadas, com taninos suaves e ricos toques de ervas.

■ **PRINCIPAIS PRODUTORES**
(Em ordem alfabética)
**Concha y Toro,
San Francisco
de las Quiscas**

Cordillera de la Costa

Océano
Pacífico

Pumanque

Paredones

Lolol

COLCHAGUA COSTA

PRINCIPAIS PRODUTORES
(Em ordem alfabética)
Bisquertt (Marchigüe),
Calcu (Marchigüe),
Casa Silva (Lolol),
Clos Santa Ana
(Marchigüe), **Dagaz**
(Pumanque), **Estampa**
(Paredones), **Hacienda
Araucano** (Lolol),
Montes (Marchigüe),
Polkura (Marchigüe),
Santa Cruz (Lolol),
Santa Rita (Pumanque),
Viñedos Marchigüe
(Marchigüe)

[**O LUGAR**] **Localizado nos** arredores da cidade de Santa Cruz, no coração da Cordilheira da Costa, a zona costeira de Colchagua é um setor que se destaca por suas amplas planícies associadas a depósitos aluviais do rio Tinguiririca . Essas planícies são circundadas por cordilheiras fragmentadas, de altura média, relíquias de uma antiga cordilheira vulcânica que dominou a região durante o período Cretáceo, há 85 milhões de anos. Os vinhedos do setor se encontram em solos profundos de origem aluvial, especialmente nas áreas centrais do vale, com sedimentos ricos em silte e argila, além de fragmentos vulcânicos arredondados de lugares tão distantes como a cordilheira dos Andes. À medida que as vinhas se aproximam e sobem nas encostas, podem ocorrer variações locais para solos coluviais ou uma mistura de ambos. A baixa altura da cordilheira em direção a oeste desse setor permite uma influência marinha moderada, regulando as temperaturas.

[**OS SABORES**] **Colchagua Costa** é uma denominação bastante ampla, que abrange lugares muito diferentes em termos de estilo de vinho. Marchigüe, por exemplo, é uma terra de vinhos tintos e ali, nesses solos de granito, crescem muito bons Cabernet e Syrah, ambos com taninos firmes e pungentes. Em Lolol, a sudoeste do vale, o clima quente, com alguma influência costeira, permite aos tintos (é também uma terra de tintos) oferecerem muita generosidade de fruta e também texturas mais suaves graças aos solos ricos em argila da área. Paredones é um mundo à parte e tem mais a ver com uma paisagem costeira de colinas como Leyda ou a parte ocidental de Casablanca. Fortemente influenciado pela brisa do mar, aqui é o lugar para o frescor da Sauvignon Blanc e também o lado mais frutado e vibrante da Pinot Noir. 🖎

APALTA

[**O LUGAR**] **Corresponde a** um pequeno setor do vale do Colchagua, de pouco mais de dois mil hectares, localizado a menos de dez quilômetros a nordeste da cidade de Santa Cruz. Os vinhedos deste setor localizam-se no sopé de uma pequena cordilheira, constituída por rochas graníticas do período Cretáceo Inferior, com cerca de 120 milhões de anos. Essas montanhas formam uma espécie de ferradura, com geometrias semicirculares limitando a área ao norte e definindo encostas e áreas semi-planas que se estendem ao sul até o rio Tinguiririca. Os solos derivam da decomposição das rochas graníticas da cordilheira, especialmente nas áreas mais altas onde se encontram os solos do tipo maicillo (solos com baixo teor de argila e com presença de rocha tipo granito). Nas áreas médias e baixas, os solos podem variar localmente para coluviais, como resultado da queda de materiais das encostas dos morros, dando lugar a solos mais profundos e argilosos. A marcada exposição ao sul, dada pela geometria das colinas, somada às brisas marinhas impulsionadas pelo rio Tinguiririca, gera um microclima que permite menor exposição à radiação e uma maior oscilação térmica entre o dia e a noite.

[**OS SABORES**] **Apalta é,** dentro de Colchagua, uma das áreas mais famosas, principalmente porque ali se estabeleceram importantes vinícolas que vieram dar vida a uma área que estava perdida no meio da serra. Em primeiro lugar, foi o Carménère, com um estilo robusto e super maduro, que depois foi moldado em direção a sabores mais frescos e mais leves. Depois foi a vez das variedades mediterrânicas, onde Apalta encontrou um nicho mais do que importante, especialmente no que diz respeito à Garnacha, Monastrell, algo de Cariñena e, acima de tudo, de Syrah. O sol local e o calor entre essas colinas parecem lhes fazer muito bem. ✦

■ **PRINCIPAIS PRODUTORES**
(Em ordem alfabética)
Carmen, Clos Apalta, Kuriman, Lapostolle, Las Niñas, Montes, Ramirana, Santa Rita, Ventisquero, Veramonte, Yali

Rengo

Cordillera de los Andes

San Fernando

COLCHAGUA ANDES

[**O LUGAR**] **A região andina** de Colchagua está localizada a leste da cidade de San Fernando, no coração do vale Central, e corresponde a uma extensa planície em socalcos, associada ao rio Tinguiririca. É formada pelo acúmulo de sedimentos glaciais, aluviais e coluviais, oriundos tanto da cordilheira da Costa quanto da cordilheira dos Andes. Os solos deste setor apresentam, portanto, características principalmente aluviais e coluviais, pois são formados a partir do transporte e erosão de rochas intrusivas e vulcânicas, como granitos, andesitos e basaltos. Além disso, nas áreas mais próximas aos Andes, existem pequenos morros insulares formados por rochas vulcânicas que dão origem ao microterroir, fruto da alteração das rochas andesítico-basálticas, diferenciando o local de outros setores do vale Central e onde, acrescido da proximidade com a cordilheira dos Andes, permite a interação com as massas de ar frio que dela descem, regulando as temperaturas do setor.

[**OS SABORES**] **Poderíamos dizer** que a zona andina de Colchagua é uma descoberta recente. A Casa Silva começou a plantar ali, em Los Lingues, no final dos anos 1990. Hoje o local é um pequeno vilarejo onde a riqueza dos solos e a influência das brisas andinas atrasam consideravelmente o amadurecimento das uvas em relação ao mai quente Colchagua Central. A diferença, muita vezes, é de duas semanas mais tarde, o que significa sabores mais frescos e um caráter mais vibrante. Existem exemplos notáveis de Carménère desse lugar, ricos em notas herbáceas e frutadas, mas também se tornou um dos epicentros da explosão de variedades mediterrâneas no Chile. Um caso à parte é a vinícola Sierras de Bellavista, no alto das montanhas, com mais de mil metros de altura, cujos Riesling e Pinot correspondem diretamente aos vinhos de clima frio. ❧

■ **PRINCIPAIS PRODUTORES**
(Em ordem alfabética)
Casa Silva, Koyle, Terranoble, Siegel, Sierras de Bellavista

Cordillera de la Costa
Rio Maule
San Javier
Caliboro
Linares
Cauquenes
Parral

SECANO INTERIOR (MAULE)

[**O LUGAR**] **Este setor** da região do Maule corresponde a uma zona de transição entre o flanco oriental da Cordilheira da Costa e a depressão central. É caracterizada por uma morfologia ondulante, dominada por cumes montanhosos com declives suaves e baixa elevação, esculpidos em rochas de granito do Batólito Costeiro, de 300 milhões de anos. Isso corresponde às áreas mais profundas de uma antiga cordilheira vulcânica, que dominou o setor nos tempos antigos. A erosão e a decomposição das rochas graníticas da base dão origem direta e indiretamente aos diferentes tipos de solos observados no setor. Esses, dependendo da morfologia e do grau de decomposição das rochas que os compõem, oferecem principalmente dois tipos de solo: maicillo produzido pela decomposição da rocha-mãe, e solos coluviais, produto do transporte e acumulação de rochas e dos sedimentos de encostas e colinas circundantes. A morfologia ondulante da área gera setores baixos e fechados que são vulneráveis às geadas durante o período de floração e outros mais altos e com melhor circulação de ar.

[**OS SABORES**] **O secano interior do Maule** é uma das áreas com maior tradição vitivinícola do Chile. Com uma rica herança de vinhas velhas, essa é a terra das videiras selvagens de Carignan e de País. A primeira produz vinhos com sabores intensos, ricos em acidez e em taninos, e a segunda, vinhos deliciosamente rústicos, de corpos leves, mas de texturas firmes. Também existem variedades francesas na zona, como a Cabernet Sauvignon ou a Cabernet Franc, que se distinguem pela intensidade dos seus sabores e, normalmente, pela ausência de notas herbáceas, que habitualmente se associam a essas uvas. O sol e o calor intenso do local podem ser as causadoras desse fato. ⌁

■ **PRINCIPAIS PRODUTORES**
(Em ordem alfabética)
**Erasmo, Garage Wine Co.,
González Bastías,
La Prometida,
Luis Felipe Edwards,
Morandé, Odfjell,
San Pedro, Undurraga**

SECANO COSTEIRO (MAULE)

[**O LUGAR**] **Nas colinas** da Cordilheira da Costa, a região do secano costeiro do Maule é caracterizada por uma morfologia ondulante dominada por colinas suaves e baixa altitude, esculpida em antigas rochas de granito do Batólito Costeiro (300 milhões de anos atrás) , e especificamente nas rochas metamórficas do Carbonífero Inicial –ainda mais antigas que as anteriores–, e entre as quais se destacam rochas como xistos e ardósias. Desta forma, os solos do setor teriam sido gerados a partir de diferentes graus de erosão e de decomposição das rochas graníticas e metamórficas da base, dando origem principalmente a solos graníticos do tipo maicillo ou solos de ardósia em áreas próximas a costa, que pode dar espaço ao desenvolvimento de solos transportados como aluvião e colúvio. A proximidade com o mar é evidente neste setor, sendo possível até observar o oceano de suas colinas, o que permite uma melhor circulação das brisas marítimas e restringe os riscos de geadas nas fases iniciais do desenvolvimento da vinha.

[**OS SABORES**] **O secano costeiro** do Maule deve ser um dos segredos mais bem guardados da viticultura chilena. Com um generoso patrimônio de vinhas muito velhas, sobretudo de País e de Carignan, e também graças à influência do mar, aqui se obtêm vinhos deliciosos e frescos. A País é perfumada e frutada, tensa em acidez; a Carignan, floral e quase delicada, embora sempre com aqueles taninos firmes e suculentos. ❧

■ **PRINCIPAIS PRODUTORES**
(Em ordem alfabética)
**Bouchon,
Carter Mollenhauer,
De Martino,
Garage Wine Co.,
Louis Antoine Luyt**

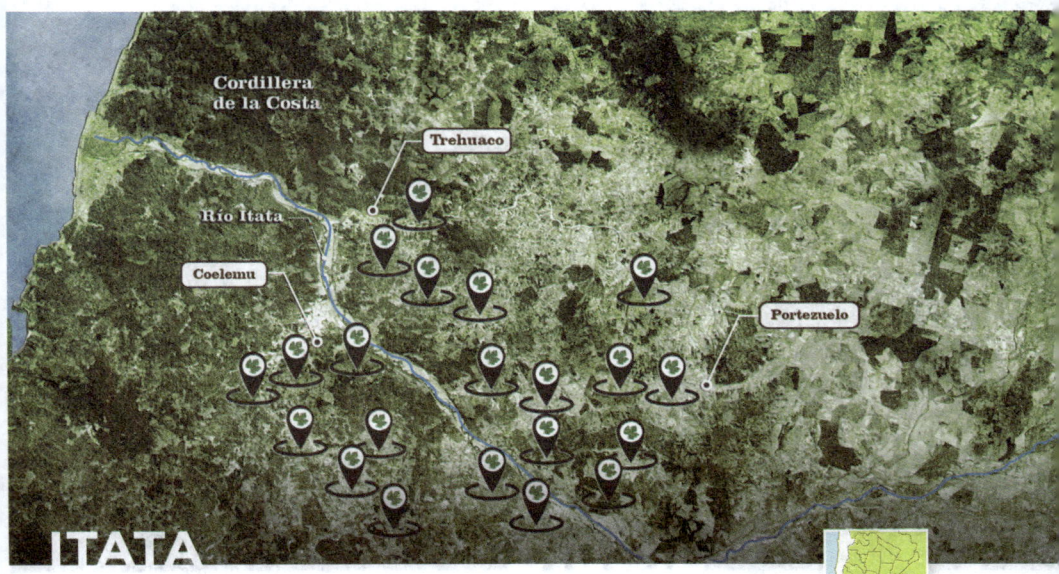

ITATA

[**O LUGAR**] **Setor localizado** ao norte da região do Biobío em uma área de colinas suaves, interrompidas pelos canais dos rios Itata e Ñuble. As vinhas do setor localizam-se preferencialmente em solos graníticos, que derivam da erosão e decomposição de antigas rochas graníticas que fazem parte do grande Batólito da costa. Caracterizam-se por serem solos profundos, com alto grau de decomposição, com o desenvolvimento de siltes e argilas de cor avermelhada, além de abundantes cristais de quartzo, resquícios do processo de decomposição da rocha mãe. Eventos intrusivos graníticos mais jovens aparecem como pequenas colinas insulares com a mesma composição granítica, mas - ao contrário dos solos do Batólito - eles geram solos mais rasos com menos volume de argila. Além disso, nas margens e áreas próximas aos rios da zona, é possível encontrar solos de areia preta, produto da erosão e transporte de rochas vulcânicas basálticas da Cordilheira dos Andes.

[**OS SABORES**] **É difícil** generalizar a cerca dos sabores de Itata, pois depende muito da proximidade da vinha com o mar ou da fertilidade do solo onde estão plantadas. Porém, há algo que os une e é o frescor de uma região que poderia ser chamada de primeiro vale costeiro do Chile, e cujo patrimônio de vinhas velhas da perfumada Moscatel, mas também da País leve e delicada, é um dos mais importantes do Chile. Itata, porém, é a terra da Cinsault, uva que produz vinhos irresistíveis de frutas frescas, tintos para matar a sede. ✛

■ **PRINCIPAIS PRODUTORES**
(Em ordem alfabética)
**A los Viñateros Bravos,
Carter Mollenhauer,
De Martino,
La Fábula,
Pedro Parra,
P.S. García,
Rogue Vines**

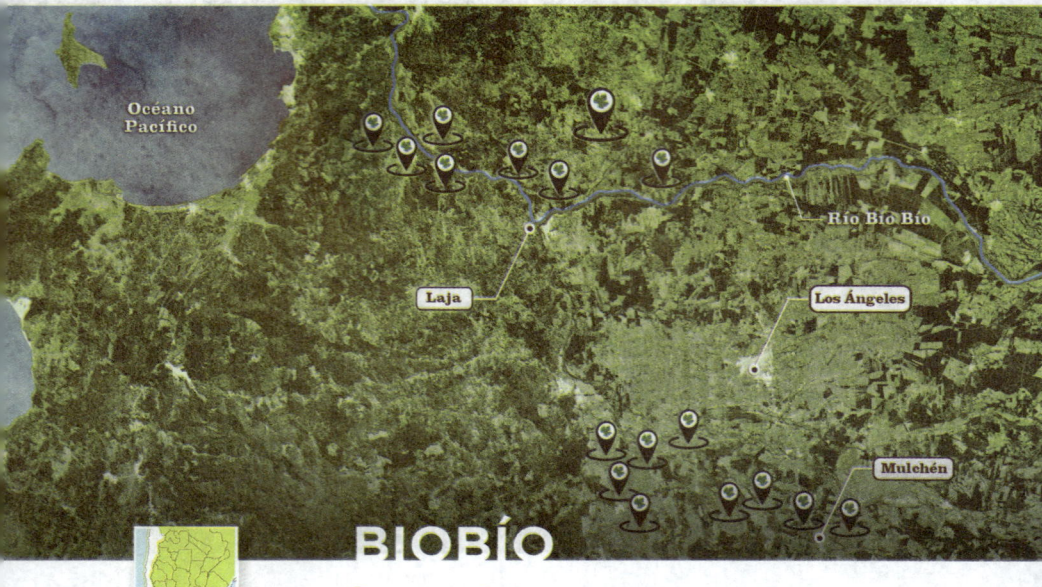

BIOBÍO

[O LUGAR] Localizado na bacia do rio Biobío, cobre uma área entre a cordilheira Nahuelbuta e o vale Central. A cordilheira desse setor é formada por antigas rochas graníticas do grande Batólito Costeiro, que também é responsável pela formação de rochas xistosas metamórficas. A altitude desta formação diminui em direção a leste, dando lugar gradualmente a uma morfologia de colinas suaves. O intemperismo e a decomposição dessas unidades dão lugar à formação de solos do tipo maicillo, no caso dos granitos, e de solos argilosos ricos em silte e argila, no caso da Planície Central. Além disso, o transporte e a sedimentação modernos, associados ao rio Biobío, deram lugar à formação de terraços aluviais compostos principalmente por areias pretas vulcânicas transportadas da cordilheira dos Andes e depositadas nos granitos das margens do rio. A viticultura, principalmente de secano, é favorecida pelo clima chuvoso da região, permitindo a recuperação das camadas subterrâneas, o que permite suportar as altas temperaturas do verão.

[OS SABORES] Logo ao sul do rio Biobío começa-se a perceber pequenas manchas de vinhas velhas, principalmente de País, oferecendo tintos delicados e perfumados, enquanto mais ao sul, em direção a Mulchén e Negrete, novas vinhas de Chardonnay, Sauvignon e Pinot Noir dão conta do clima fresco e chuvoso da região, com seus sabores refrescantes e nervosos. ❧

■ **PRINCIPAIS PRODUTORES**
(Em ordem alfabética)
Bodega Volcanes de Chile, Concha y Toro, Cono Sur, Longaví, Porta, Tinto de Rulo

MALLECO

[O LUGAR] **Malleco está** localizado no coração da Araucanía, em uma área dominada por extensas planícies geradas a partir da sobreposição de depósitos, tanto glaciais como vulcânicos. Nesta área da Planície Central, os aluviões e colúvios mais setentrionais dão lugar a depósitos de origem vulcânica, rochas e cinzas, com intercalações sedimentares de origem Flúvio-Glacial. Estas cobrem grande parte da margem ocidental da cordilheira andina e parte da zona central. Os solos gerados a partir desses depósitos são uma mistura de origens e texturas que podem corresponder, dependendo da localidade, a solos glaciais, avermelhados argilosos - produto da oxidação de minerais como o ferro, com abundantes fragmentos de rochas vulcânicas - ou solos vulcânicos, com abundantes rochas e brechas vulcânicas geradas a partir da decomposição de fragmentos vulcânicos. As chuvas intensas no inverno e as temperaturas amenas no verão permitem uma maturação lenta, proporcionando frescor e características únicas aos vinhos desse setor emergente do sul do Chile.

[OS SABORES] **Desde que** começaram a aparecer os primeiros vinhos de Malleco, por volta da safra 2000, essa área mostrou que pode oferecer muito caráter e que seus sabores nada têm a ver com o resto do país. Até agora, e com apenas 20 anos de história vitícola (o que é apenas um suspiro na linha de tempo do vinho), pode-se dizer que a Chardonnay e a Pinot Noir são as variedades que oferecem os melhores resultados nesse clima chuvoso, de calor moderado no verão e com aqueles solos vulcânicos que dão profundidade de sabores, aliados ao frescor de um clima temperado como esse. Malleco ainda é um ponto de interrogação, mas sem dúvida é a área que mais se falou nos últimos cinco anos no Chile. ✒

■ **PRINCIPAIS PRODUTORES**
(Em ordem alfabética)
Aquitania, Kofkeche, Kütralkura, San Pedro, Vicap, Viña Aynco, William Fèvre

OSORNO

[**O LUGAR**] **Setor localizado** no extremo sul do vale Central onde se destacam rios, lagos e extensas planícies com pequenas colinas, modeladas pelo avanço e recuo das grandes massas de gelo que dominaram a região durante a última grande idade do gelo, evento que começou há 600 mil anos, durante o Pleistoceno. Esse fenômeno não só permitiu polir e modelar a antiga paisagem vulcânica, mas também expor enormes depósitos glaciais, típicos do derretimento de grandes massas de gelo. Desta forma, os solos de Osorno e seus arredores são frutos tanto da decomposição desses antigos fragmentos vulcânicos e glaciais, quanto da sua interação com eventos geológicos modernos (erupções vulcânicas e fenômenos aluviais), gerando uma diversidade de solos que variam de vulcânicos, como o trumao, a solos arenosos e de cascalho associados a fenômenos aluviais. A proximidade das vinhas com grandes massas de água - rios e lagos - permite uma proteção natural contra as baixas temperaturas que dominam a região.

[**OS SABORES**] **Osorno é a** comunidade vinícola e a produtora de vinho mais meridional do Chile. As vinhas foram plantadas recentemente, há menos de duas décadas, e hoje é um pequeno grupo de pioneiros que tenta obter vinho nesta zona chuvosa e fria. Os álcoois dos vinhos são baixos, a acidez frequentemente é alta e os sabores de frutas são refrescantes. Até agora, os melhores resultados foram obtidos com a Pinot Noir, a Chardonnay e também a Sauvignon Blanc. ✍

■ **PRINCIPAIS PRODUTORES**
(*Em ordem alfabética*)
**Casa Silva,
Coteaux de Trumao,
Trapi del Bueno**

InVina
LOS COLORES DEL MAULE

Venha descubrir o Valle del Maule com Invina!

Des coR Cha dOS 2021 · 94 PUNTOS

VINO REVELACIÓN

Des coR Cha dOS 2021 · 93 PUNTOS

Des coR Cha dOS 2021 · 92 PUNTOS

Des coR Cha dOS 2021 · 90 PUNTOS

Des coR Cha dOS 2021 · 90 PUNTOS

invina.net

OJOS VERDES ICONO RED BLEND

CUARTEL A4 ICONO CARMÉNÈRE

LUMA CHEQUÉN GRAN RESERVA CARMÉNÈRE

LUMA CHEQUÉN GRAN RESERVA CABERNET SAUVIGNON

LUMA CHEQUÉN GRAN RESERVA RED BLEND

VENCEDORES

O melhor **tinto** & o melhor **branco**

De todos os vinhos que provamos ano a ano, este par é nosso favorito. Sem dúvida, a maior honra que uma garrafa pode alcançar em *Descorchados*.

Enólogo & **Vinícola revelação** do ano

O prêmio Enólogo do ano leva quem mais nos entusiasmou pela qualidade de seus vinhos; os prêmios **Enólogo e Vinícola revelação** vão para aqueles que, com seu trabalho, transformam o vinho na América do Sul.

Vinhos **revelação** do **ano**

Esta é a novidade, o vinho que se destaca do resto, o que busca caminhos diferentes. Esse tipo de vinhos sempre tem um lugar em *Descorchados*.

Os melhores em cada **cepa** ou **estilo**

Seguindo o estilo varietal dos vinhos no Novo Mundo, estes rankings apelam aos melhores dentro de sua cepa. Mas atenção, porque também se incluem rankings por estilos de vinhos: **doces, espumantes, rosés.**

Os melhores por **vale**

Em *Descorchados* nos interessa o sentido de lugar dos vinhos, sua origem. Por isso aqui destacamos os melhores segundo o vale onde foram produzidos.

Superpreço

Um tema sempre recorrente é a boa relação preço-qualidade. Neste par de rankings vocês encontrarão as melhores ofertas provadas no ano. **Imprescindível.**

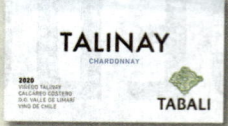

98
ERRÁZURIZ
Las Pizarras
Chardonnay 2019 ACONCAGUA
COSTA

98
TABALÍ
Talinay
Chardonnay 2020
LIMARÍ

97
BAETTIG
Selección de Parcelas Los Primos
Chardonnay 2018
TRAIGUÉN

TOP
10

97
CONCHA Y TORO
Terrunyo
Sauvignon Blanc 2020
CASABLANCA

96
KINGSTON
CJ's Barrel
Sauvignon Blanc 2019
CASABLANCA

BRANCOS
2021

96
MATETIC VINEYARDS
EQ Limited Edition
Sauvignon Blanc 2020
SAN ANTONIO

96
MONTES
Outer Limits
Sauvignon Blanc 2020
ACONCAGUA COSTA

96
ROBERTO HENRÍQUEZ
Molino del Ciego
Sémillon 2020
ITATA

96
VENTISQUERO
Tara White Wine 1
Chardonnay 2019
ATACAMA

96
VENTOLERA
Private Cuvée
Sauvignon Blanc 2018
LEYDA

99

CARMEN
Gold
Cabernet Sauvignon 2018
MAIPO

99

VIÑEDO CHADWICK
Viñedo Chadwick
Cabernet Sauvignon 2018
PUENTE ALTO

98

ALMAVIVA
Almaviva 2018
PUENTE ALTO

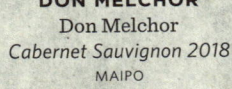

98

CONCHA Y TORO
Carmín de Peumo
Carménère 2018
PEUMO

TOP
10

TINTOS 2021

98

DON MELCHOR
Don Melchor
Cabernet Sauvignon 2018
MAIPO

98

ERRÁZURIZ
Las Pizarras
Pinot Noir 2019
ACONCAGUA COSTA

98

SAN PEDRO
Tayu 1865
Pinot Noir 2019
MALLECO

98

SANTA RITA
Floresta
Carménère 2019
APALTA

98

SANTA RITA
Casa Real Reserva Especial
Cabernet Sauvignon 2018
MAIPO

97

SANTA CAROLINA
Luis Pereira
Cabernet Sauvignon 2018
CHILE

99

MELHOR TINTO.

CARMEN

Gold Cabernet Sauvignon 2018
MAIPO

Gold Reserve é o vinho mais ambicioso de Carmen e é produzido desde a safra de 1993, sempre com a base de Cabernet Sauvignon da vinha Carneros, plantada em 1957. No entanto, essa vinha tem vindo a reduzir significativamente a sua produção devido a doenças que atacam as suas raízes, então novos plantios entraram no mix, mas sempre na mesma área, ao norte da propriedade de Carmen, em solos aluviais de Alto Maipo, em Alto Jahuel. Nesta nova versão há 91% Cabernet Sauvignon e o resto Cabernet Franc, e esta é uma grande mudança em termos de estilo. O que antes era um tinto concentrado e tânico, nesta safra tornou-se um Cabernet muito mais delicado, mais frutado e floral até. A enóloga Emily Faulconer reconhece que duas das principais razões para essa mudança foram as colheitas antecipadas em busca de frutas mais tintas e extrações muito mais macias, de forma que o tanino não se tornasse o ator principal. A mudança de estilo é importante e, para nós, mostra a melhor cara que já tivemos neste clássico moderno chileno em suas quase três décadas de história.

Os melhores tintos do ano

98 | **ALMAVIVA** Almaviva 2018 | Puente Alto
98 | **CONCHA Y TORO** Carmín de Peumo Carménère 2018 | Peumo
98 | **DON MELCHOR** Don Melchor Cabernet Sauvignon 2018 | Maipo
98 | **ERRÁZURIZ** Las Pizarras Pinot Noir 2019 | Aconcágua Costa
98 | **SAN PEDRO** Tayu 1865 Pinot Noir 2019 | Malleco
98 | **SANTA RITA** Floresta Carménère 2019 | Apalta
98 | **SANTA RITA** Casa Real Reserva Especial Cabernet Sauvignon 2018 | Maipo
97 | **ANDES PLATEAU** Andes Plateau 700 2018 | Maipo
97 | **ANTIYAL** Antiyal 2018 | Maipo
97 | **ANTIYAL** Antiyal Viñedo El Escorial Carménère 2018 | Maipo
97 | **BAETTIG** Selección de Parcelas Los Primos Pinot Noir 2018 | Traiguén
97 | **CLOS QUEBRADA DE MACUL** Domus Aurea C. Sauvignon 2017 | Maipo Alto
97 | **CONCHA Y TORO** Terrunyo Cabernet Sauvignon 2018 | Pirque
97 | **DOMAINE DE LA PIEDRA SAGRADA** Cuvée Cabernet Sauvignon 2018 Maipo Andes
97 | **EL PRINCIPAL** El Principal Andetelmo 2017 | Maipo Andes
97 | **ERRÁZURIZ** Don Maximiano Founder's Reserve 2018 | Aconcágua
97 | **KOYLE** Auma 2016 | Colchagua Andes
97 | **LABERINTO** Trumao de Laberinto 2018 | Maule
97 | **MORANDÉ** House of Morandé 2018 | Maipo
97 | **SAN PEDRO** Cabo de Hornos Cabernet Sauvignon 2018 | Cachapoal Andes
97 | **SANTA CAROLINA** Luis Pereira Cabernet Sauvignon 2018 | Chile
97 | **SANTA EMA** Rivalta 2017 | Maipo
97 | **SEÑA** SEÑA 2018 | Aconcágua
97 | **TABALÍ** Talinay PAI Pinot Noir 2019 | Limarí
97 | **VENTISQUERO** Enclave Cabernet Sauvignon 2017 | Maipo Andes
97 | **VIÑEDOS DE ALCOHUAZ** Cuesta Chica Garnacha 2019 | Elqui
97 | **VIU MANENT** Viu 1 Malbec 2018 | Colchagua

99

MELHOR TINTO.

VIÑEDO CHADWICK

Viñedo Chadwick *Cabernet Sauvignon 2018*
PUENTE ALTO

A primeira edição deste Viñedo Chadwick foi em 1999 e, desde então, tem sido baseada em Cabernet Sauvignon, com um pouco de Petit Verdot. Provém dos solos aluviais do vinhedo Tocornal, mesma fonte de grandes vinhos chilenos, como Almaviva ou Don Melchor. Desde a safra de 2014, este vinho tem mudado, passando para territórios mais frescos, com menos madeira e menos álcool. A safra 2016 foi uma espécie de "sair do armário", um ano frio foi o álibi perfeito para mostrar esta nova cara. Este 2018 segue o caminho já traçado, a delicadeza de um vinho focado nos frutos vermelhos e os ligeiros toques herbáceos de Maipo Alto. Mas o assunto não para por aí. Deixe o vinho na taça por alguns minutos e você verá como as notas terrosas, clássicas da região, emergem com força, adicionando complexidade. A boca é tensa, iluminada por uma acidez vibrante, enquanto os sabores de frutas vermelhas dominam. Um vinho que vai durar uma década na garrafa, talvez mais.

Os melhores **tintos** do ano

98 | **ALMAVIVA** Almaviva 2018 | Puente Alto
98 | **CONCHA Y TORO** Carmín de Peumo Carménère 2018 | Peumo
98 | **DON MELCHOR** Don Melchor Cabernet Sauvignon 2018 | Maipo
98 | **ERRÁZURIZ** Las Pizarras Pinot Noir 2019 | Aconcágua Costa
98 | **SAN PEDRO** Tayu 1865 Pinot Noir 2019 | Malleco
98 | **SANTA RITA** Floresta Carménère 2019 | Apalta
98 | **SANTA RITA** Casa Real Reserva Especial Cabernet Sauvignon 2018 | Maipo
97 | **ANDES PLATEAU** Andes Plateau 700 2018 | Maipo
97 | **ANTIYAL** Antiyal 2018 | Maipo
97 | **ANTIYAL** Antiyal Viñedo El Escorial Carménère 2018 | Maipo
97 | **BAETTIG** Selección de Parcelas Los Primos Pinot Noir 2018 | Traiguén
97 | **CLOS QUEBRADA DE MACUL** Domus Aurea Cabernet Sauvignon 2017 Maipo Alto
97 | **CONCHA Y TORO** Terrunyo Cabernet Sauvignon 2018 | Pirque
97 | **DOMAINE DE LA PIEDRA SAGRADA** Cuvée Cabernet Sauvignon 2018 Maipo Andes
97 | **EL PRINCIPAL** El Principal Andetelmo 2017 | Maipo Andes
97 | **ERRÁZURIZ** Don Maximiano Founder's Reserve 2018 | Aconcágua
97 | **KOYLE** Auma 2016 | Colchagua Andes
97 | **LABERINTO** Trumao de Laberinto 2018 | Maule
97 | **MORANDÉ** House of Morandé 2018 | Maipo
97 | **SAN PEDRO** Cabo de Hornos Cabernet Sauvignon 2018 | Cachapoal Andes
97 | **SANTA CAROLINA** Luis Pereira Cabernet Sauvignon 2018 | Chile
97 | **SANTA EMA** Rivalta 2017 | Maipo
97 | **SEÑA** SEÑA 2018 | Aconcágua
97 | **TABALÍ** Talinay PAI Pinot Noir 2019 | Limarí
97 | **VENTISQUERO** Enclave Cabernet Sauvignon 2017 | Maipo Andes
97 | **VIÑEDOS DE ALCOHUAZ** Cuesta Chica Garnacha 2019 | Elqui
97 | **VIU MANENT** Viu 1 Malbec 2018 | Colchagua

98

MELHOR BRANCO.

ERRÁZURIZ

Las Pizarras *Chardonnay 2019*
ACONCAGUA COSTA

Desde sua primeira safra em 2014, este Las Pizarras estabeleceu um padrão nos novos Chardonnays que vêm da costa chilena. De três parcelas ricas em solos de ardósia na região do Aconcágua Costa, a cerca de 12 quilômetros do mar, aqui há cem por cento de envelhecimento em barricas, embora apenas 20% sejam madeiras novas e 25% malolática para preservar a acidez em um ano quente. O resultado é uma acidez cítrica, mas ao mesmo tempo com os toques salgados do vinho costeiro. A textura na boca é exuberante em sua sedosidade, os sabores frutados se misturam ao sal e o final é longo. Mantenha esta garrafa bem guardada pelos próximos cinco anos. 🍷

Os melhores brancos do ano

97 | **BAETTIG** Selección de Parcelas Los Primos Chardonnay 2018 Traiguén
97 | **CONCHA Y TORO** Terrunyo *Sauvignon Blanc 2020* | Casablanca
96 | **AQUITANIA** Sol de Sol Chardonnay 2018 | Malleco
96 | **AQUITANIA** Sol de Sol Sauvignon Blanc 2019 | Malleco
96 | **CONCHA Y TORO** Amelia Chardonnay 2019 | Limarí
96 | **KINGSTON** CJ's Barrel Sauvignon Blanc 2019 | Casablanca
96 | **LABERINTO** Trumao de Laberinto Sauvignon Blanc 2019 | Maule
96 | **MATETIC VINEYARDS** EQ Limited Edition Sauvignon Blanc 2020 San Antonio
96 | **MONTES** Outer Limits Sauvignon Blanc 2020 | Aconcagua Costa
96 | **ROBERTO HENRÍQUEZ** Molino del Ciego Sémillon 2020 | Itata
96 | **TABALÍ** Talinay Sauvignon Blanc 2020 | Limarí
96 | **VENTISQUERO** Tara White Wine 1 Chardonnay 2019 | Atacama
96 | **VENTISQUERO** Tara White Wine 2 Edición 4 Solera Viognier N/V Atacama
96 | **VENTOLERA** Private Cuvée Sauvignon Blanc 2018 | Leyda

98

MELHOR BRANCO.

TABALÍ
Talinay *Chardonnay 2020*
LIMARÍ

Cem por cento dos vinhedos ricos em solos calcários, no vinhedo Talinay, localizado nas colinas costeiras de Limarí, a cerca de 12 quilômetros do Pacífico. Embora este vinho seja reconhecido como Chardonnay, a verdade é que para além das características varietais, o que se sente fortemente aqui é a influência do lugar nas suas notas salinas, na agudeza da sua textura, na forma vertical com que se move através do palato, como se ocupasse apenas o centro da boca. Estagiou cerca de dez meses em barricas usadas, onde as suas borras estiveram em contato permanente durante seis meses, o que resultou na textura, que apesar da sua acidez acentuada, apresenta um toque suave e redondo. Consistentemente este é um dos melhores Chardonnays da América do Sul. 🍇

Os melhores **brancos** do ano

97 | **BAETTIG** Selección de Parcelas Los Primos Chardonnay 2018 Traiguén
97 | **CONCHA Y TORO** Terrunyo Sauvignon Blanc 2020 | Casablanca
96 | **AQUITANIA** Sol de Sol Chardonnay 2018 | Malleco
96 | **AQUITANIA** Sol de Sol Sauvignon Blanc 2019 | Malleco
96 | **CONCHA Y TORO** Amelia Chardonnay 2019 | Limarí
96 | **KINGSTON** CJ's Barrel Sauvignon Blanc 2019 | Casablanca
96 | **LABERINTO** Trumao de Laberinto Sauvignon Blanc 2019 | Maule
96 | **MATETIC VINEYARDS** EQ Limited Edition Sauvignon Blanc 2020 San Antonio
96 | **MONTES** Outer Limits Sauvignon Blanc 2020 | Aconcagua Costa
96 | **ROBERTO HENRÍQUEZ** Molino del Ciego Sémillon 2020 | Itata
96 | **TABALÍ** Talinay Sauvignon Blanc 2020 | Limarí
96 | **VENTISQUERO** Tara White Wine 1 Chardonnay 2019 | Atacama
96 | **VENTISQUERO** Tara White Wine 2 Edición 4 Solera Viognier N/V Atacama
96 | **VENTOLERA** Private Cuvée Sauvignon Blanc 2018 | Leyda

ENÓLOGO DO ANO.

FRANCISCO BAETTIG
ERRÁZURIZ

Quando Francisco Baettig assumiu os vinhos de Errázuriz em 2003, a cena chilena era muito diferente de hoje. Esta safra tremendamente quente –uma estreia difícil– coincidiu com vinhos que buscaram superextração e maturidade extrema, tintos que não se envergonharam de barricas 200% novas no envelhecimento. Era moda. Mas, como outros colegas de sua geração, a viagens fizeram muito bem a Baettig, abriram sua cabeça. E com todas essas viagens e os vinhos que estavam em seu registro pessoal, aos poucos começou uma revolução dentro de Errázuriz que transformou completamente o portfólio desta tradicional vinícola chilena. Hoje a fruta e a expressão do lugar imperam em vinhos como Las Pizarras Pinot Noir e Chardonnay ou na excelente Vinha Chadwick que, na sua colheita de 2018, escolhemos como tinto do ano. As últimas novidades deste enólogo vêm agora do sul, de seu próprio vinhedo e da sua própria marca. Malleco hoje produz grandes vinhos e a vinícola Baettig é um membro vital dessa pequena, mas enérgica comunidade de produtores.

ENÓLOGO REVELAÇÃO DO ANO.

AMAEL ORREGO
KINGSTON

A zona de Las Dichas é uma das mais próximas do mar no Vale de Casablanca, uma paisagem de colinas na cordilheira da Costa e com a forte influência fria do Oceano Pacífico como principal ingrediente do seu terroir. Um dos principais protagonistas é Kingston, com uma merecida reputação como terceiro produtor de uvas, mas que também possui uma vinícola própria. Desde 2015, Amael Orrego é o responsável pela elaboração dos vinhos da casa, e em cinco anos conseguiu extrair toda o frescor que esta influência traz consigo. O trabalho de Orrego é especialmente importante com a variedade Pinot Noir, hoje estrela do portfólio Kingston com quatro versões, todas excelentes, desde o básico Tobiano - uma espécie de resumo dos vinhedos de Kingston em Las Dichas -, até 8D, o novo vinhedo singular da vinícola que aproveita o vilipendiado "clone Valdivieso" – um dos primeiros materiais da casta a chegar ao Chile – que, nas mãos de Orrego, oferece um vinho cheio de nuances e texturas. Um enólogo muito jovem, com um longo caminho pela frente, mas que já faz vinhos deliciosos em um lugar privilegiado do litoral chileno. 🍷

VINÍCOLA REVELAÇÃO.

BAETTIG

Muita coisa está acontecendo no sul, especialmente no Vale do Malleco, no sopé da cordilheira Nahuelbuta e a cerca de 600 quilômetros ao sul de Santiago. A pioneira aí foi a Aquitânia, que começou a plantar vinhas por volta de 1993. E demorou quase duas décadas até que uma nova geração de produtores se interessasse pelo local, entre eles Francisco Baettig que, com o seu sócio Carlos de Carlos, começou a fazer vinhos lá da safra de 2017. O local é uma vinha plantada em 2013, propriedade de De Carlos, Baettig e seu primo Gastón Schuwirth, e nas mãos deste enólogo (também responsável pelos vinhos de Errázuriz, Seña e Viñedo Chadwick) foi uma das melhores estreias que podemos recordar em Descorchados. Possui duas linhas, ambas com Pinot e Chardonnay. O primeiro se chama Vino de Viñedo Los Parientes e é um resumo desse terroir de solos vulcânicos e clima ameno. O mais ambicioso é o Selección de Parcelas Los Primos e mostra todo o potencial do local num Chardonnay e num Pinot (ambos da safra 2018) que estão entre os melhores que provamos este ano. Um novo projeto, com uma estreia mais do que auspiciosa, e de uma área que representa o futuro do vinho no Chile. 🍷

EXCEPCIONAL
PREÇO-QUALIDADE.

ALTACIMA

A vinícola AltaCima produz vinhos desde 2001, quando o proeminente enólogo Klaus Schröder e sua esposa, Katharina Hanke, começaram a colher as uvas de seu vinhedo na área de Sagrada Família, no Vale do Lontué. Em Descorchados temos acompanhado de perto o trabalho silencioso, desprovido das luzes artificiais de ambos, e sempre admiramos o seu profundo respeito pelos sabores das frutas daquela localidade de Curicó. Vinhos honestos, sem maquiagem e que sempre optaram pelo frescor, mesmo nos tempos mais sombrios, quando o estilo que sempre cultivaram não era visto com os melhores olhos; tempos em que os vinhos AltaCima estavam em contraste dramático com aqueles tintos pesados, maduros demais e banhados em carvalho que eram a tendência há dez, quinze anos. Mas a vinícola não deu o braço a torcer e nesta última edição de Descorchados - e com safras muito diferentes, como 2020, 2019 e 2018 - os vinhos AltaCima continuam a brilhar como sempre: tintos suculentos, refrescantes, tensos que se obtêm a preços quase sem concorrência no cenário chileno. Se você não tinha essa vinícola em seu radar, é hora de dar uma olhada. ☙

95 MELHOR LARANJA.

VINÍCOLA ATACALCO
Cárabe de Itata *Sémillon, Moscatel de Alejandría 2019*
ITATA

Este blend tem por base Sémillon, mais ou menos 90%, mais 10% Moscatel, tudo misturado numa vinha velha plantada em meados do século passado, em Cerro Verde, um dos locais mais procurados de Itata para os vinhos brancos, especialmente Sémillon. Com cinco meses de contato com as suas peles, e com 10% do vinho 2020 e os efeitos tânicos dessa maceração, tem notas de mel que vão surgindo aos poucos, embora provavelmente ainda demore alguns anos para aquele caráter, muito típico do Sémillon, parecer com mais força. Este é outro vinho para guardar; taninos e acidez têm de sobra. 🍂

Os melhores laranjas do ano

94 | **LAPOSTOLLE WINES** Collection Sémillon, Torontel 2019 | Apalta

94 | **MATURANA WINERY** Naranjo Torontel 2020 | Maule Secano Interior

94 | **ROGUE VINE** Jamón Jamón Moscatel de Alejandría 2019 | Itata

94 | **VILLARD** JCV Ramato Pinot Grigio 2019 | Casablanca

94 | **VINÍCOLA ATACALCO** Cárabe de Casablanca Pinot Gris 2019 Casablanca

93 | **A LOS VIÑATEROS BRAVOS** Piel de Arcilla Moscatel de Alejandría 2020 Itata

93 | **L'ENTREMETTEUSE** Four 2019 | Colchagua

93 | **LONGAVÍ** Glup Naranjo Moscatel de Alejandría 2019 | Itata

93 | **LUIS FELIPE EDWARDS** Macerao Naranjo - Orange Moscatel de Alejandría 2020 | Itata

93 | **MORANDÉ** Bestiario Marsanne, Roussanne, Viognier 2020 | Maule

93 | **SIEGEL FAMILY WINES** Siegel Naranjo Viognier 2019 | Colchagua

93 | **TERRANOBLE** Disidente Naranjo 2020 | Casablanca

92 | **GONZÁLEZ BASTÍAS** Naranjo 2019 | Maule Secano Interior

92 | **VICAP** We Tripantü 2020 | Malleco

90 | **LA CAUSA** La Causa Moscatel Naranjo Moscatel de Alejandría 2019 Itata

94 MELHOR ROSADO.

LONGAVÍ
Glup Rosado *Garnacha, Monastrell, País 2019*
MAULE

Longaví quer levar os rosés a sério, por isso dá especial ênfase aos vinhos que nascem da vinha e não da vinícola. Enquanto esperamos por um rosé que já está em barricas há quatro anos, surge este novo Glup, um rosé à base de Grenache (60%) e Monastrell (30%) enxertado em vinhas de País, mais a mesma uva País de um vinhedo de cem anos. Este rosé concentra-se na boca, mais do que nos exuberantes aromas no nariz típicos do estilo. Aqui há uma estrutura de taninos, sabores deliciosamente frutados e tons herbáceos, em meio a uma acidez intensa e suculenta. Um rosé sério, para acompanhar com gratinado de marisco. 🦐

Os melhores rosados do ano

93 | **CALYPTRA** Vivendo Reserva Rosé 2019 | Cachapoal Andes
93 | **GARAGE WINE CO.** Old Vine Pale Lot 93 Cariñena, Mataro 2019 | Empedrado
93 | **MUJER ANDINA** Wines Levita Rosé Extra Brut Syrah 2017 | Maipo
93 | **OC WINES** Inicio Blanc de Noir Pinot Noir N/V | Casablanca
93 | **RIVERAS DEL CHILLÁN** Extinto 2020 | Itata
93 | **ROBERTO HENRÍQUEZ** Rosado Super Estrella Moscatel Rosado 2020 | Itata
93 | **VALDIVIESO** Éclat Curiosity Grenache, Syrah 2020 | Sagrada Familia
93 | **VIK** La Piu Belle Rosé C. Sauvignon, C. Franc, Syrah 2020 | Cachapoal
93 | **VIÑEDOS HERRERA ALVARADO** Rojo Loco Rosado 2019 | Marga Marga
92 | **CASA SILVA** Casa Silva Cool Coast Rosé Syrah 2020 | Colchagua
92 | **ERASMO** Erasmo Rosé Mourvèdre 2019 | Maule Secano Interior
92 | **GARCÉS SILVA** Boya Rosé Pinot Noir 2020 | Leyda
92 | **LA CAUSA** La Causa Cinsault Rosé Cinsault 2020 | Itata
92 | **LAS NIÑAS** Amante Rosé Mourvèdre 2019 | Apalta
92 | **LOS BOLDOS** Specialty Series Rosé Touriga Nacional 2020 | Cachapoal Andes
92 | **MONTES** Cherub Rosé Syrah, Grenache 2020 | Colchagua

[DIVIDIDO]

91 MELHOR ESPUMANTE CHARMAT.

MONTGRAS
Amaral Brut *Chardonnay, Sauvignon Blanc 2019*
LEYDA

Este **Amaral** é 70% Chardonnay e 30% Sauvignon, tudo proveniente dos próprios vinhedos de MontGras, no Vale de Leyda. São feitas cerca de 40 mil garrafas deste espumante, produzido pelo método charmat de segunda fermentação em tanques de aço e, como os melhores exemplos deste método, centra-se na fruta, nos sabores refrescantes dos citrinos e numa acidez acentuada. Um vinho para beber com frutos do mar crus e uma excelente relação qualidade-preço.

Os melhores espumantes charmat do ano

91 | **PUNTÍ FERRER** Puntí Ferrer Brut País N/V | Maule
90 | **CONO SUR** Sparkling Brut Chardonnay 2020 | Biobío
90 | **CONO SUR** Sparkling Brut Rosé Pinot Noir 2020 | Biobío
90 | **LUIS FELIPE EDWARDS** VADO de Nilahue Brut N/V | Colchagua Costa
90 | **LUIS FELIPE EDWARDS** VADO Brut Rosé Pinot Noir, Chardonnay N/V Leyda
90 | **MUJER ANDINA WINES** Ai! Brut Chardonnay, Pinot Noir 2019 | Biobío
90 | **UNDURRAGA** Undurraga Brut Royal Pinot Noir, Chardonnay N/V Leyda
90 | **UNDURRAGA** Undurraga Extra Brut Chardonnay, Riesling, Sauvignon Blanc N/V | Leyda
90 | **VIÑA DEL PEDREGAL** G7 Brut Chardonnay, Pinot Noir N/V Casablanca
90 | **VIÑAMAR** Rosé Pinot Noir 2020 | Casablanca
89 | **VALDIVIESO** Valdivieso Limited Brut Rosé N/V | Casablanca
89 | **VIÑAMAR** Brut Unique Chardonnay, Pinot Noir, Riesling 2020 Casablanca
88 | **VALDIVIESO** Valdivieso Limited Brut Chardonnay, Pinot Noir N/V Casablanca
87 | **VALDIVIESO** Valdivieso Brut Chardonnay, Pinot Noir N/V Valle Central

91 MELHOR ESPUMANTE CHARMAT.

VIÑAMAR

Extra Brut *Chardonnay, Pinot Noir, Pinot Gris 2020*
CASABLANCA

Um dos bons charmat do mercado, é produzido com o segundo método de fermentação em cubas de aço e com o mínimo de contato com as borras. Para dar alguma complexidade, acrescenta-se uma porcentagem (12% neste caso) da safra anterior. O vinho continua a ser um suculento banquete de borbulhas, sabores cítricos e acidez vibrante, aqueles espumantes que se bebem por garrafa. 🌶

Os melhores espumantes charmat do ano

91 | **PUNTÍ FERRER** Puntí Ferrer Brut País N/V | Maule
90 | **CONO SUR** Sparkling Brut Chardonnay 2020 | Biobío
90 | **CONO SUR** Sparkling Brut Rosé Pinot Noir 2020 | Biobío
90 | **LUIS FELIPE EDWARDS** VADO de Nilahue Brut N/V | Colchagua Costa
90 | **LUIS FELIPE EDWARDS** VADO Brut Rosé Pinot Noir, Chardonnay N/V | Leyda
90 | **MUJER ANDINA WINES** Ai! Brut Chardonnay, Pinot Noir 2019 | Biobío
90 | **UNDURRAGA** Undurraga Brut Royal Pinot Noir, Chardonnay N/V | Leyda
90 | **UNDURRAGA** Undurraga Extra Brut Chardonnay, Riesling, Sauvignon Blanc N/V | Leyda
90 | **VIÑA DEL PEDREGAL** G7 Brut Chardonnay, Pinot Noir N/V | Casablanca
90 | **VIÑAMAR** Rosé Pinot Noir 2020 | Casablanca
89 | **VALDIVIESO** Valdivieso Limited Brut Rosé N/V | Casablanca
89 | **VIÑAMAR** Brut Unique Chardonnay, Pinot Noir, Riesling 2020 | Casablanca
88 | **VALDIVIESO** Valdivieso Limited Brut Chardonnay, Pinot Noir N/V | Casablanca
87 | **VALDIVIESO** Valdivieso Brut Chardonnay, Pinot Noir N/V | Valle Central

95

MELHOR ESPUMANTE.

MORANDÉ
Brut Nature *Chardonnay, Pinot Noir N/V*
CASABLANCA

Com uma média de três anos de contato com as borras (e alguns vinhos de 2012, ano do lote original feito pelo enólogo Pablo Morandé), este Brut Nature é feito com o método tradicional de segunda fermentação em garrafa. É 60% Chardonnay e 40% Pinot Noir, tudo da vinha Belén, em Casablanca. Sempre o temos escolhido como um dos melhores vinhos espumantes da América do Sul e essa nova versão segue lá. O estilo vinoso, as borbulhas suaves e cremosas, os aromas ligeiramente oxidativos e um corpo imponente que fala da excelente base do vinho por trás dessas borbulhas. Em Descorchados gostamos de decantar este vinho, eliminar as bolhas da equação e revelar o que está por trás delas. E o que há neste ano é um branco chocante em profundidade e complexidade. Faça o teste. 🍷

Os melhores espumantes do ano

94 | **AQUITANIA** Sol de Sol Brut Nature Chardonnay, P. Noir 2018 | Malleco
94 | **CASA SILVA** Fervor del Lago Ranco Extra Brut 2015 | Osorno
94 | **MATETIC VINEYARDS** Matetic Coastal Brut Chardonnay, Pinot Noir N/V | San Antonio
94 | **OC WINES** Inicio Rosé Pinot Noir N/V | Casablanca
94 | **TABALÍ** Tatie Chardonnay, Pinot Noir N/V | Limarí
93 | **LEYDA** Leyda Extra Brut Chardonnay 2018 | Leyda
93 | **MIGUEL TORRES** Cordillera de los Andes Brut Pinot Noir 2018 | Curicó
93 | **MUJER ANDINA WINES** Levita Rosé Extra Brut Syrah 2017 | Maipo
93 | **OC WINES** Inicio Blanc de Noir Pinot Noir N/V | Casablanca
93 | **TRAPI DEL BUENO** Brut Nature 2018 | Osorno
93 | **UNDURRAGA** Titillum Original Chardonnay, Pinot Noir N/V | Leyda
93 | **UNDURRAGA** Titillum Blanc de Blancs Chardonnay N/V | Leyda
93 | **VALDIVIESO** Caballo Loco Blanc de Noir Pinot Noir N/V | Biobío
93 | **VALDIVIESO** Blanc de Blancs Chardonnay N/V | Biobío
93 | **VIÑAMAR** Método Tradicional Extra Brut 2018 | Casablanca
93 | **WILLIAM FÈVRE CHILE** Quino Blanc Nature Chardonnay 2018 | Malleco
92 | **CASAS DEL BOSQUE** BO Chardonnay, Pinot Noir N/V | Casablanca
92 | **CASAS DEL TOQUI** Court Rollan Extra Brut Blanc de Blancs 2018 | Cachapoal
92 | **MIGUEL TORRES** Las Mulas Sparkling País 2018 | Curicó
92 | **MORANDÉ** Brut K.O. País, Chardonnay, Pinot Noir N/V | Secano Interior
92 | **OC WINES** Inicio Extra Brut Chardonnay N/V | Casablanca
92 | **SIEGEL FAMILY WINES** Siegel Chardonnay, Pinot Noir N/V | Itata
92 | **UNDURRAGA** Supreme Extra Brut Chardonnay, Pinot Noir N/V | Leyda
92 | **VALDIVIESO** Caballo Loco Brut Nature Chardonnay, Pinot Noir N/V | Biobío
91 | **CASA SILVA** Fervor Brut Chardonnay, Pinot Noir N/V | Colchagua
91 | **EMILIANA** Emiliana Organic Sparkling Wine Chardonnay, Pinot Noir N/V | Casablanca
91 | **LA DESPENSA** Boutique Cold Shower Wines Mission: Impaissible The Fizz 2019 | Colchagua
91 | **LOS BOLDOS** Château Los Boldos Brut Nature Chardonnay 2018 | Cachapoal Andes
91 | **SANTA CRUZ** Kultrun Carménère N/V | Colchagua Costa
91 | **VALDIVIESO** Extra Brut Chardonnay, Pinot Noir N/V | Biobío

97

VINHO REVELAÇÃO.

DOMAINE DE LA PIEDRA SAGRADA

Piedra Sagrada Cuvée Domaine de la Piedra Sagrada

Cabernet Sauvignon 2018

MAIPO ANDES

Este Cabernet Sauvignon cem por cento provém de uma seleção de três lotes de propriedade da família Pérez em Pirque, no Alto Maipo. O vinho estagiou 14 meses em barricas, das quais 65% em madeira nova. O que sai delas é a expressão pura da variedade dos solos de Pirque. A altura da Cordilheira dos Andes aqui se expressa em notas herbáceas, terrosas, ricas em frutas vermelhas que se movem pela boca com uma força e ao mesmo tempo com uma delicadeza muito especial. A madeira ainda está acima, mas é questão de tempo. E os taninos são meio selvagens, mas nada que o tempo não consiga remediar. Um vinho de longa duração em garrafa que já expressa a sua origem com muita clareza. 🍷

96

VINHO REVELAÇÃO.

CASAS DEL TOQUI

Leyenda del Toqui
Cabernet Sauvignon, Cabernet Franc, Carménère,
Petit Verdot, Malbec, Syrah 2015
CACHAPOAL ANDES

Leyenda é o blend mais ambicioso da casa. Estreou em 1999 e na época era a melhor seleção de Cabernet Sauvignon plantada na propriedade Casas del Toqui, no sopé dos Andes, em 1943. Esta nova safra tem 75% de Cabernet mais algumas seleções de barricas de outras uvas que qualificaram para este nível. E é uma representação suculenta, profunda e frutada dos tintos do Alto Cachapoal; a textura é firme e ao mesmo tempo elegante e nítida. Os frutos desdobram-se graciosamente na boca, sustentando os sabores e deixando uma suave sensação de frescor. Um vinho para guardar durante uma década.. ❧

96 VINHO REVELAÇÃO.

LABERINTO

Trumao de Laberinto *Sauvignon Blanc 2019*
MAULE

Trumao é o novo Sauvignon de Laberinto, uma seleção dos melhores vinhedos da variedade, plantados em solos vulcânicos e na parte mais fria da propriedade, onde só recebe o sol da tarde. Além disso, o vinho é envelhecido em barricas de madeira de lenga, nativa da região de Chiloé, no sul do Chile, como forma de buscar matérias-primas alternativas ao carvalho e, sobretudo, às madeiras nativas chilenas. A influência da lenga no vinho aparece muito sutil, com notas de avelãs e nozes, enquanto por trás está toda a deliciosa fruta do Sauvignon de Laberinto, a força da sua acidez, os sabores cítricos. Um vinho com muita personalidade. 🍷

96 VINHO REVELAÇÃO.

UNDURRAGA

T.H. Maipo Alto *Cabernet Sauvignon 2018*
MAIPO ALTO

Pirque, no início do sopé da Cordilheira dos Andes, tende a ter um caráter frutado, temperado com as notas típicas do Cabernet andino - aquelas notas vistas em outras áreas montanhosas e que lembram mentol - e também oferece notas terrosas. Tudo isso se mistura aqui em um corpo de taninos sedosos e polidos que parecem uma espécie de rinque de patinação por onde escorregam as frutas. Esta é uma fotografia HD de Pirque, uma área que hoje produz alguns dos mais característicos Cabernet Sauvignon sul-americanos.

95

VINHO REVELAÇÃO.

ANDES PLATEAU

Cota 500 *Cabernet Sauvignon 2019*
MAULE

O vinhedo que dá origem a este vinho encontra-se no caminho da lagoa do Maule, no vale do Maule, e aos pés da Cordilheira dos Andes. Foi plantada há cerca de 15 anos em solos pedregosos de origem coluvial, das encostas da serra, mas também rica em argilas, sendo o vinhedo em geral influenciado pelas brisas dos Andes. Colhido no início da estação - no início de março - apresenta forte presença de notas herbáceas em meio a deliciosas frutas vermelhos puras. O corpo é médio, com taninos muito delicados e finos, num vinho linear e muito elegante; uma espécie de irmão mais novo dos grandes tintos de Macul, no Alto Maipo. Sem os toques mentolados dos clássicos, mas com aquela delicadeza. Uma descoberta.

95

VINHO REVELAÇÃO.

BARON PHILIPPE DE ROTHSCHILD

Baronesa P.

Cabernet Sauvignon, Cabernet Franc, Carménère, Petit Verdot, Syrah
2018

MAIPO ANDES

Este é o novo vinho de Baron, o mais ambicioso em seus 20 anos de história no Chile, em que nunca haviam incluído vinhos dessa faixa de preço em seu catálogo. O Baronesa P. – em homenagem à Baronesa Philippine de Rothschild, a alma do grupo de Bordeaux –, é uma seleção de vinhedos e, ao mesmo tempo, barricas, a maioria delas vinhedos próprios na zona de Buin. Envelhecido por 14 meses em barricas, é um blend de 76% Cabernet Sauvignon, 7% Carménère (de Marchigüe, em Colchagua), 5% Petit Verdot, 5% Cabernet Franc o restante de Syrah. O vinho ainda é muito jovem, a madeira aparece muito na frente, mas depois a fruta fica vermelha, intensa, profunda. É fácil imaginar como aquela fruta conseguirá absorver a madeira em um ou dois anos de garrafa. A textura é redonda, muito amigável, como todos os vinhos da casa, mas aqui essa profundidade é adicionada para dar charme.. ❧

95

VINHO REVELAÇÃO.

CALCU

Fotem *Cabernet Sauvignon 2018*
COLCHAGUA

Os solos graníticos de Marchigüe tendem a produzir vinhos extremamente tânicos e embora não tenhamos nada contra isso (nada que uma boa refeição ou armazenamento não possa remediar), neste caso nos surpreendemos que um Cabernet, uma variedade rica em taninos, mostre tamanha suavidade em sua textura. Segundo o enólogo Rodrigo Romero, o segredo está na qualidade da uva que é colhida precocemente, com cascas mais firmes que, na fermentação, não entregam taninos com tanta facilidade. Isso, somado a uma extração delicada, fazem deste Cabernet uma seda repleta de frutas vermelhas, com tons especiados e herbáceos, oferecendo uma deliciosa clareza varietal. Elegante e sutil, este é um Cabernet sofisticado como poucos em Colchagua. 🍷

95 VINHO REVELAÇÃO.

CLOS DE LUZ
Jaya Carménère 2019
RAPEL

Esta é uma seleção de plantas Carménère, de vinhas velhas em suaves encostas de granito com uma elevada proporção de argilas. Um solo que retém bem a água, algo de que sempre gosta a Carménère sedenta. Aqui há uma boa dose de notas herbáceas, muito típicas da casta, que servem de condimento à espessa e abundante camada de frutas vermelhas, espalhando-se generosamente pela boca. O envelhecimento é de 12 meses em barricas usadas, o que confere ao vinho maciez, mas sem prejudicar o seu caráter varietal. Um Carménère a ter em conta no seio desta nova geração de castas que estão a mostrar um rosto muito mais fresco da uva.

95 VINHO REVELAÇÃO.

LA RECOVA
Avid *Sauvignon Blanc 2018*
CASABLANCA

Protegido entre colinas e muito perto do Pacífico - cerca de 11 quilômetros -, o estilo do Sauvignon da casa é justamente o que este 2018 mostra: um vinho suculento, cremoso, de estilo maduro, que cobre todo o paladar com seus sabores de frutas brancas maduras e frutas tropicais. O proprietário David Giacomini gosta de colheitas tardias para seu Sauvignon, e neste lugar essa ideia toma forma de uma forma deliciosa. O contraste entre os frutos maduros e exuberantes dessas colheitas tardias, e a acidez que dá aquele lugar frio em Casablanca, criam um branco muito singular, único no cenário chileno. Cerca de oito mil garrafas foram produzidas a partir deste Avid.

95

VINHO REVELAÇÃO.

MARTY
SER Single Vineyard *Merlot 2017*
MAIPO

Normalmente em Pirque você encontra alguns dos Cabernet mais elegantes e frescos do Chile, tintos com generosas notas frutadas e toques mentolados que os caracterizam. Este Merlot, de vinhas com 15 anos, apresenta essas mesmas características, o que pode falar da força do terroir. Aqui encontram-se frutas vermelhas maduras, toques de ervas e notas mentoladas em corpo médio, taninos bem polidos e uma acidez firme, vibrante mesmo em um ano quente como 2017. Mais do que a variedade, aqui o lugar se destaca com uma clareza inusitada. 🍷

95 VINHO REVELAÇÃO.

MONTES

Montes Special Cuvée *Chardonnay 2016*
ACONCAGUA COSTA

Preste atenção na estrutura deste vinho, na sua força, na acidez que mostra entre aquela textura férrea, tensa, vertical, como se agarrasse na boca e não quisesse largar. A madeira se sente (envelheceu um ano em barricas, 20% nova) e a malolática foi de cerca de 15%, o que lhe deu alguns toques láticos que lhe conferem complexidade. Prevalece a fruta branca madura, os aromas e sabores são exuberantes, mas o que importa aqui é a estrutura, a austeridade dessa acidez e desses taninos. Este vinho provém de vinhas plantadas em solos graníticos na zona de Zapallar, no Aconcágua Costa, a cerca de 12 quilômetros do mar. 🍷

95 VINHO REVELAÇÃO.

P.S. GARCÍA

P.S. García *Pinot Noir 2018*
LIMARÍ

Dos solos calcários de Talinay, o vinhedo com colinas onduladas perto do mar em Limarí, este Pinot envelhece 18 meses em barricas usadas. Aqui o que se sente é o solo, a presença da cal transformada em notas minerais, deixando de lado os sabores de fruta (que existem, mas são secundários). A cal está em primeiro plano, sobretudo na boca, onde a textura fala de giz, tensão e força em meio a uma acidez suculenta que dá um certo lado acessível e amigável a um tinto austero e monolítico. Um dos bons Pinot da atualidade no Chile. ⚓

95 VINHO REVELAÇÃO.

POLKURA
Secano *Syrah 2018*
MARCHIGÜE

Esta é já a sexta versão de Secano, um vinho proveniente de solos não irrigados, plantado na parte superior (em arbustos) nas zonas planas da propriedade. Aí as vinhas podem beber das chuvas do ano anterior, a mesma água que escorre no morro mas fica retida nesses solos argilosos. A vinha foi plantada em 2009 e nesta nova safra tem 85% Syrah, 10% Grenache e 5% Carignan, e o envelhecimento dura cerca de 18 meses em barricas usadas. Este é um dos nossos favoritos em Descorchados e não tem muito a ver com o estilo de vinho amplo e gordo da casa. Este parece muito mais vertical, mais tenso, menos suculento, mas muito mais profundo. Além disso, possui sabores e aromas incomuns em vinhos, digamos, "modernos". Mais do que fruta, aqui estão notas terrosas e herbáceas num vinho com uma personalidade tremenda. 🍷

95
VINHO REVELAÇÃO.

SANTA RITA
Floresta *Cabernet Sauvignon 2019*
MAIPO

Floresta é uma seleção de vinhedos plantados nas áreas montanhosas de Alto Jahuel, a leste da propriedade de Santa Rita naquela área do Alto Maipo. São vinhas plantadas desde 1993 em solos coluviais e rochosos que, segundo o enólogo Sebastián Labbé, costumam dar Cabernet com grande força tânica, pois a extração que fazem é muito suave. Mesmo assim, essa força é sentida aqui, com taninos ainda muito jovens. Os frutos são vermelhos, radiantes e ao fundo há leves toques de ervas. Este Cabernet precisa de dois a três anos na garrafa para atingir um pouco mais de complexidade. 🍷

95 VINHO REVELAÇÃO.

TABALÍ

Vetas Blancas *Cabernet Franc 2019*

LIMARÍ

Com as notas clássicas da casta - os toques de ervas, tabaco e menta -, acompanhadas por muitas frutas vermelhas maduras num vinho de grande caráter varietal, suculento, fresco e fácil de beber. Este tinto provém das vinhas plantadas em 2010 em El Espinal, nas margens do rio Limarí, em solos ricos em calcário. Tem a doçura da fruta nascida sob o sol do norte do Chile, mas também os ossos duros, a fibra que a cal dá. Um vinho que se deve levar em consideração ao se falar da variedade na América do Sul, uma uva com que a Argentina tem muito mais a dizer no momento, principalmente nos solos calcários do Vale do Uco, no sopé dos Andes, em Mendoza.

95

VINHO REVELAÇÃO.

VIU MANENT
Single Vineyard San Carlos *Malbec 2018*
COLCHAGUA

Viu Manent possui um rico patrimônio de vinhas velhas de Malbec com mais de cem anos, plantadas nos solos profundos e férteis de seu vinhedo San Carlos, junto à vinícola, em Colchagua. Da melhor seleção dessas vinhas, obtém dois vinhos. O primeiro é o Viu 1, que é o mais ambicioso da casa, e depois este Single Vineyard que oferece uma sensação semelhante de vinhas velhas, desse equilíbrio, mas um pouco menos complexo. Mas o que não tem em complexidade, tem em frutas que aqui são suculentas, profundas, com taninos firmes mas amigáveis. A acidez é moderada, mas intensa o suficiente para alcançar o frescor em meio a essas frutas vermelhas maduras. Uma excelente abordagem à casta, num estilo que pode ser equivalente ao que se faz nos vinhos da "primeira zona" de Mendoza, ao norte do rio Mendoza, em zonas como Agrelo ou Vistalba. ❧

94 VINHO REVELAÇÃO.

AQUITANIA
Paul Bruno *Cabernet Sauvignon 2016*
MAIPO

Este é um clássico do portfólio da Aquitânia e foi produzido desde o início da vinícola até a safra de 2000, quando o foco mudou para os Cabernets Aquitania e Lazuli. Mas este 2016 volta ao mercado, e é um retorno como nos velhos tempos. Aqui se resume o estilo dos vinhos da casa: a elegância dos taninos, a delicadeza e a pureza da fruta, e todas as ervas e mentas e tons terrosos que se somam aos sabores da fruta num tinto que, mais do que evidenciar a casta , oferece uma fotografia nítida dos tintos de Macul. Este Cabernet vem de uma seleção de vinhas e barricas e pode ser considerado um deuxième vin após o top Lazuli. É envelhecido um ano em barricas usadas.

94 VINHO REVELAÇÃO.

ARBOLEDA

Arboleda *Pinot Noir 2019*
ACONCAGUA COSTA

Cem por cento de vinhedos a 12 quilômetros do mar, no Vale de Aconcágua e em solos de ardósia, é uma expressão pura e refrescante da variedade das costas chilenas. Fermentado em aço com leveduras indígenas e envelhecido em barricas usadas durante 11 meses, aqui existe uma sensação frutada envolvente, de fruta doce mas ao mesmo tempo moderada por uma acidez penetrante, firme e forte. A textura tem taninos presentes, mas o que predomina é a redondeza, a sensação de plenitude, e a boca é cheia de sabor. Um vinho delicioso para acompanhar peixes azuis grelhados. Experimente, se possível, com sardinhas.

94 VINHO REVELAÇÃO.

ARESTI
Trisquel Series *Merlot 2018*
CURICÓ

Para este Merlot, as uvas provêm de uma vinha de grande altitude, cerca de 1.250 metros acima do nível do mar, às margens do Rio Mataquito, em plena Cordilheira dos Andes. Em solos de origem vulcânica, em clima de montanha, com grande oscilação térmica entre o dia e a noite, e com a influência fria das brisas andinas, este Merlot parece absorver tudo isto, transformando-o em deliciosas frutas vermelhas, cheias de nervos e tensão. A suculenta acidez na boca parece acentuar a força dos taninos, detalhe que nem sempre é levado em consideração quando se fala da casta que, em certos climas ou em certos tipos de solos, pode ter taninos cortantes. Aqui você tem que pensar em carnes grelhadas. 🍷

94

VINHO REVELAÇÃO.

CALYPTRA
Marginado *Syrah 2020*
CACHAPOAL ANDES

Dos 49 hectares que Calyptra plantou a quase mil metros acima do nível do mar, no coração da Cordilheira dos Andes, pouco mais de três hectares são de Syrah, variedade à qual não haviam prestado muita atenção até que o enólogo Emiliano Domínguez decidiu fazer uma varietal. Para fazer isso, ele separou uma seleção daquele quartel de Syrah. Com 20% de maceração carbônica e envelhecimento durante cerca de 8 meses em ânforas de barro novas, este é um verdadeiro ar fresco no Calyptra, o primeiro vinho com qualquer ambição a ser lançado tão jovem. E vale a pena. É um vinho cheio de frutas vermelhas, de frescor radiante, adornado com algumas especiarias e ervas aromáticas, muito próprias daquele clima de montanha. A textura é firme, com taninos suculentos, acompanhados por muitos sabores vibrantes de frutas vermelhas. Um vinho para não parar de beber. 🍷

94 VINHO REVELAÇÃO.

CASA SILVA
Casa Silva S7 Single Block *Carménère 2018*
LOS LINGUES

Este é o novo Carménère da Casa Silva e é uma seleção de 4,8 hectares de um vinhedo plantado por volta de 1997 em Los Lingues, no sopé da Cordilheira dos Andes. É um solo rico em argila, que dá cachos de maturidade muito uniforme. No S7 destacam-se aromas a ervas em primeiro plano, mas também tons frutados que emergem com força. Na boca é medianamente encorpado e, como é habitual nos tintos da casa, apresenta taninos muito polidos e simpáticos. Não há arestas aqui. A acidez é suculenta, deixando um final de boca macio e fresco. Sem se afastar do Carménère que produz, a Casa Silva deu muito bom exemplo, acentuando o frescor da casta. 🍷

94 VINHO REVELAÇÃO.

CASALIBRE
De Otro Planeta *Cabernet Franc 2019*
MAIPO

Um Cabernet Franc de enciclopédia, este provém de vinhas da zona de Melipilla, plantadas em solos graníticos por volta de 1997. O vinho é fermentado com grãos inteiros em ânforas de barro de 700 litros, recipientes que têm a qualidade de serem porosos; ou seja, o vinho respira, e isso tem muitos efeitos, mas segundo o enólogo Luca Hodgkinson, um dos principais é que suaviza os taninos, fazendo com que o vinho pareça "pronto" muito rapidamente. Sem enxofre em nenhum momento da vinificação, aqui o que temos são frutas, aromas a tabaco e ervas, numa textura cremosa que se projeta até o final do paladar sem arestas. Um daqueles vinhos para beber e não parar.

94 VINHO REVELAÇÃO.

CASAS DEL BOSQUE
Pequeñas Producciones *Pinot Noir 2019*
CASABLANCA

Para este Pequeñas Producciones, a equipe da Casas del Bosque seleciona vinhas plantadas por volta de 2013, em solos vermelhos e graníticos nas encostas voltadas para o norte. O envelhecimento em barricas dura seis meses, com 20% de madeira nova. Além disso, a colheita é pelo menos um mês adiantada, o que resulta num vinho com muito mais nervo, com frutas mais vermelhas e refrescantes e, sobretudo, taninos firmes e acidez, que dão uma saborosa sensação de verticalidade. Esta é uma nova etapa do Pinot em Casablanca. Você tem que seguir esse caminho. 🍷

94 VINHO REVELAÇÃO.

COUSIÑO MACUL
Claret *Cabernet Sauvignon 2020*
MAIPO

É provável que o que Cousiño Macul fez nos anos 70 ou 80 fosse muito semelhante a este vinho. A colheita precoce do Cabernet Sauvignon deu-lhes pouco mais de 12 graus de álcool e, apesar de ser cem por cento maceração carbônica, a expressão da variedade é deliciosa, fresca, viva, cheia de nuances herbáceas. Um Cabernet que é uma fotografia dos tintos de Macul, com toda a sua elegância e frescor, com aquela tensão da acidez, mas ao mesmo tempo com aqueles taninos polidos que marcam algumas das suas safras de maior sucesso. Um pouco de nostalgia num vinho que parece suco de fruta, mas é muito mais do que isso. ➻

94 **VINHO REVELAÇÃO.**

DBLANC
DB
Cabernet Franc, Syrah, Petit Verdot,
Cabernet Sauvignon 2019
MAIPO

DB é uma mistura de 50% de Cabernet Franc, 25% de Syrah, 15% de Petit Verdot e o restante de Cabernet Sauvignon de vinhedos plantados há dez anos em solos franco-argilosos na área de Talagante, no que poderia ser o centro do Vale do Maipo . Não envelhecido em madeira e guardado apenas oito meses em tanques de aço, este tinto brilha pelas suas frutas vermelhas, juntamente com notas terrosas e animais que lhe dão caráter. Na boca é forte, com taninos que atacam o paladar como cascos. É intenso, mas sempre fresco. Pode-se mantê-lo por alguns anos na adega ou beber agora com costeletas de cordeiro. 🍖

94 VINHO REVELAÇÃO.

DE MARTINO
Legado *Pinot Noir 2020*
LIMARÍ

De Martino compra as uvas para este vinho da vinha Talinay, propriedade da vinícola Tabalí, no Vale do Limarí. Esta vinha tornou-se famosa pelas suas plantas de Pinot, plantadas em solos calcários que produzem vinhos de grande mineralidade, com taninos firmes e tensos. Neste caso, estes dois atributos somam-se aos sabores frutados que energizam o paladar, que brilham com o seu frescor, mas que também se sentem acompanhados por notas herbáceas e salinas também típicas daquela zona. Uma das melhores relações preço-qualidade em Pinot hoje no Chile, e também um tinto com um ótimo senso de lugar.

94 VINHO REVELAÇÃO.

ESTAMPA
Inspiración Mezcla Italiana
Greco di Tufo, Vermentino, Fiano di Avellino 2020
COLCHAGUA COSTA

Estampa possui uma série de variedades italianas plantadas nos vinhedos de Colchagua. Neste caso, são Fiano, Vermentino e Greco, provenientes de vinhas jovens plantadas nos solos graníticos de Paredones, na Cordilheira da Costa em Colchagua. O blend tem 47% Fiano, 41% Vermentino e o resto Greco, e a primeira coisa que chama a atenção é a exuberância nos aromas, o agudo das notas de frutas que se expandem na boca com seus sabores generosos e refrescantes. É um branco encorpado e cremoso com uma acidez suculenta. 🍷

94

VINHO REVELAÇÃO.

KOYLE

Cerro Basalto *Garnacha 2018*
COLCHAGUA ANDES

Koyle possui 1,6 hectare de Garnacha plantado em solos ricos em basalto, em uma das partes mais altas da propriedade, a pouco mais de 500 metros acima do nível do mar. Fermentado em foudres abertos e envelhecido durante 18 meses em ovos de concreto (60% do volume total) e em barricas, tem uma estrutura potente, construída a partir de taninos firmes, vivos e robustos. A fruta é vermelha madura e, embora tenha faltado um pouco mais de nervo nesses aromas e sabores, a estrutura monolítica compensa a falta. Um Garnacha para beber daqui a alguns anos. Precisa de tempo em garrafa para ganhar complexidade. ↝

94

VINHO REVELAÇÃO.

KÜTRALKURA

Kütralkura *Chardonnay 2019*
MALLECO

A família Chahin possui três hectares de vinhas na área de Angol, em solos argilosos. Um deles é Chardonnay, e com ela se faz esse branco, 30% fermentado em barricas novas de carvalho e o restante em aço. Essa mesma proporção permanece nesses tanques por cerca de dez meses, com suas borras, antes de ser engarrafada. O resultado é um vinho que, talvez por influência das argilas, é cremoso, amplo e enche o paladar com os seus sabores a frutas maduras e especiarias. Porém, e talvez devido ao clima bastante fresco de Malleco - cerca de 750 quilômetros ao sul de Santiago - a acidez é forte, penetrante, deliciosamente contrastando com aquela volúpia. Um exemplo claro dos Chardonnays da região, um lugar hoje em ascensão na cena chilena.

94 VINHO REVELAÇÃO.

LAGAR DE CODEGUA

Codegua *Garnacha 2020*
CACHAPOAL

Este Garnacha vem de um pequeno quartel plantado há cerca de dez anos em um solo de muitas pedras e baixa fertilidade. A ideia é colher cedo para obter um vinho leve e refrescante, um vinho de verão, segundo o enólogo Benjamín Leiva. Pouco mais de mil garrafas foram feitas com ele e você deve obter pelo menos uma. É um suco de fruta vermelha delicioso e crocante que passa pela boca como água, mas cheio de sabor. O vinho tem uma aderência muito boa graças à adição do engaço no meio da fermentação. Um dos bons exemplos hoje da variedade no Chile. ❧

94 VINHO REVELAÇÃO.

LAPOSTOLLE WINES

Collection *Grenache, Syrah, Monastrell 2019*

APALTA

Plantado em 2005 numa língua de solos graníticos –uma encosta voltada para a orientação sul mais fria–, o vinhedo de onde provém esta Grenache (70% da mistura) é uma espécie de quintal em Apalta, do outro lado da colina onde são produzidos os famosos tintos Cuvée Alexandre e Clos Apalta. Mas neste recanto existe uma realidade diferente, castas mediterrânicas que, sob o intenso sol de Colchagua, dão deliciosos vinhos com fresco e frutas vermelhas. Neste Garnacha é possível constatar esta qualidade, mas também aqueles taninos graníticos agudos que aderem ao palato com pequenas garras. Um vinho radiante de fruta, de caráter ousado, tenso e fácil de beber, especialmente com um prato de embutidos. O resto da mistura é 15% Syrah e 15% Monastrell. 🍷

94 VINHO REVELAÇÃO.

LONGAVÍ
Glup Rosado *Garnacha, Monastrell, País 2019*
MAULE

Longaví quer levar os rosés a sério, por isso dá especial ênfase aos vinhos que nascem da vinha e não da vinícola. Enquanto esperamos por um rosé que já está em barricas há quatro anos, surge este novo Glup, um rosé à base de Grenache (60%) e Monastrell (30%) enxertado em vinhas de País, mais a mesma uva País de um vinhedo de cem anos. Este rosé concentra-se na boca, mais do que nos exuberantes aromas no nariz típicos do estilo. Aqui há uma estrutura de taninos, sabores deliciosamente frutados e tons herbáceos, em meio a uma acidez intensa e suculenta. Um rosé sério, para acompanhar com gratinado de marisco. 🍖

94 VINHO REVELAÇÃO.

MARIO GEISSE
El Sueño Gran Reserva *Carménère 2017*
COLCHAGUA

A pesar de 18 meses de envelhecimento em barricas, um ano muito quente e numa espécie de mudança estilística, este Carménère de Mario Geisse não se parece muito com o que este enólogo vinha fazendo até a safra anterior. Um caráter muito mais frutado, refrescante e ousado, com acidez marcada, taninos firmes e tensos, e uma sensação de frutas vermelhas crocantes que perduram até ao final. Uma bela guinada no volante. Este vinho tinto provém de vinhas com 8 anos plantadas nos solos graníticos de Marchigüe, a oeste do Vale de Colchagua.

94 VINHO REVELAÇÃO.

MASINTÍN
Masintín *Cariñena 2019*
MAULE

Truquilemu é uma das áreas mais próximas do mar e, portanto, mais fria no Vale do Maule. E aí, o Carignan tem uma identidade especial relacionada ao frescor da fruta vermelha, com uma acidez nervosa e forte, e muitas vezes com taninos duros, mas nada que um chouriço não possa remediar. Este Cariñena do enólogo Diego Urra é um exemplo perfeito de lugar; um tinto vivo, cheio de acidez e frutas vermelhas deliciosamente frescas, emolduradas por taninos ferozes e pungentes. Um novo mundo em Cariñena e uma das boas notícias que o vinho chileno oferece ao mundo. ❧

94 VINHO REVELAÇÃO.

MATETIC VINEYARDS

Matetic Coastal Brut *Chardonnay, Pinot Noir N/V*

SAN ANTONIO

Com 50% Pinot Noir e 50% Chardonnay, feito pelo método tradicional de segunda fermentação em garrafa e com seis gramas de açúcar residual, este é um vinho espumante focado nos sabores da fruta, no lado mais fresco do estilo. A borbulha é macia e delicada, talvez resultado de quatro anos sobre suas borras. Também é surpreendente o grau de frutas frescas que possui levando em conta esse longo envelhecimento. Um vinho adorável, para acompanhar a sobremesa ou, talvez, um peixe assado. 🌶

94

VINHO REVELAÇÃO.

MATURANA WINERY
Lucas *Cabernet Sauvignon 2017*
COLCHAGUA

A base deste Cabernet provém de uma vinha plantada por volta de 1940, na zona de Angostura. O resto vem de Marchigüe, em direção ao oeste do vale, mais 10% de Petit Verdot, também daquele lugar. Os cachos são fermentados com leveduras nativas e depois o envelhecimento dura quatorze meses em barricas usadas. Apesar de vir de um ano muito quente, o mais quente da década, este vinho apresenta um nervo e uma tensão construídos a partir de taninos firmes e vivos, e uma acidez que se projeta no palato, refrescando os sabores das frutas vermelhas maduras. Uma importante contribuição para a diversidade de Cabernet Sauvignon no Chile.

94 VINHO REVELAÇÃO.

MIGUEL TORRES
Tenaz (Viticultor José Miguel Castillo)
Cinsault 2019
ITATA

Este faz parte da nova linha de vinhos Miguel Torres, focada em destacar o trabalho de pequenos produtores do interior do Chile, neste caso José Miguel Castillo, da região de Huaro, na comuna de Guarilihue, a cerca de 22 quilômetros do mar, no Vale do Itata. Influenciado por aquela zona bastante fresca do vale, sente-se nervoso, com muito boa tensão e as clássicas frutas da casta, deliciosas frutas vermelhas que fazem deste vinho uma espécie de suco para adultos, fácil de beber, mas ao mesmo tempo com tensão de taninos e sabores secos, nada daquela doçura que às vezes atrapalha a bebibilidade da variedade.

94 VINHO REVELAÇÃO.

PANDOLFI PRICE
Los Patricios *Chardonnay 2016*
ITATA

Um bom desenvolvimento na garrafa tem esse Chardonnay. Estagiou 22 meses em barricas, as notas tostadas da madeira transformaram-se em aromas a caramelo, enquanto as frutas são profundas e suculentas, como se fossem uma compota. A textura tem um lado cremoso que envolve o paladar, e a acidez de um ano fresco como 2016 permanece firme e acentuada até o final. É um branco complexo, com sabores que se transformam à medida que o vinho ganha ar na taça. Abra espaço na sua adega porque aqui está um branco com dois ou três anos de vida, e provavelmente mais. Este Chardonnay vem do vinhedo original que estava na propriedade de Larqui quando os Pandolfi o comprou em 2002. Desde 1995 é administrado em regime não irrigado. 🍷

94 VINHO REVELAÇÃO.

PINO AZUL | EL ENCANTO
Encanto *Cabernet Sauvignon 2019*
CACHAPOAL ANDES

Para este Cabernet, o enólogo Cristián Azócar seleciona vinhas Cabernet Sauvignon plantadas a cerca de 700 metros de altura na região de Cachapoal Alto, no sopé da Cordilheira dos Andes. É uma encosta com solos especialmente pedregosos que deram neste verdadeiro suco de Cabernet, frutas vermelhas intensas acompanhadas de tons mentolados e uma rede de taninos que suportam muito bem essa camada frutada. A acidez também se mistura muito bem no meio. Um vinho que mostra claramente o potencial dos vinhos daquela zona, um lugar privilegiado para os tintos do Vale Central. 🍷

94

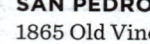

VINHO REVELAÇÃO.

SAN PEDRO

1865 Old Vines *Cabernet Sauvignon 2018*
CURICÓ

Na cidade de Molina, San Pedro possui um dos vinhedos mais extensos da América do Sul, com nada menos que 2.400 hectares que se estendem ao redor da vinícola. A partir de uma seleção de vinhas velhas daquele vinhedo, obteve-se originalmente o top de San Pedro, Cabo de Hornos, que a partir de 2004 passou a ser produzido com outras vinhas, mais ao norte em Cachapoal. Este Old Vines é uma espécie de homenagem a essa vinha com mais de 70 anos e é uma excelente homenagem num vinho delicado, com aromas herbáceos e frutados, com taninos muito suaves e redondos, e um sabor suave a fruta madura e doce que escorre por todo o palato graciosamente, como se flutuasse. Um Cabernet sutil, do tipo que nunca é demais. 🍷

94

VINHO REVELAÇÃO.

SANTA EMA
Amplus *Marselan 2018*
MAIPO ALTO

Dos 90 hectares que Santa Ema plantou nas encostas do Pirque, no início do sopé dos Andes no Alto Maipo, apenas 1,6 hectare são desse cruzamento entre Cabernet Sauvignon e Garnacha, popular no Uruguai e no Brasil, mas dificilmente tem sido explorado no Chile. Neste exemplo está a rusticidade da videira, mas também os seus sabores vermelhos maduros e uma acidez que é firme e forte. São novos sabores no cenário chileno, mas com o toque talvez herbáceo que as alturas de Pirque dão. 🌶

94

VINHO REVELAÇÃO.

SUCESOR WINES
Sucesor Blue

Carignan, Cabernet Sauvignon, Cabernet Franc 2019
MAULE

A base deste Blue é 60% Carignan proveniente de vinhas com cerca de 70 anos no vinhedo Peumal, com solos ricos em granitos, detalhe que se faz sentir sobretudo nos taninos deste tinto, que agarram fortemente o paladar. Mas o seu maior atributo não está nessa textura, mas nos seus deliciosos sabores de frutas vermelhas ácidas que se movem pela boca causando uma sensação muito agradável de suculência. A acidez cumpre o seu papel, realçando o frescor num vinho ideal para embutidos.

94 VINHO REVELAÇÃO.

SUTIL
Limited Release *Cabernet Sauvignon 2019*
MAIPO ANDES

Da região do Catemito, no Vale do Maipo, no sopé da Cordilheira dos Andes, este Cabernet – como todos os tintos da linha Limited Release – tem como foco os sabores vivos das frutas vermelhas. Colhido no início da temporada e com muito menos barrica do que no passado, este vinho revela-se um suco de cereja vermelha em meio a taninos firmes e finos, e uma acidez que realça tudo no seu percurso, enchendo a boca de frescor e revelando ligeiro herbáceo e toques mentolados, como uma homenagem ao Cabernet tradicional do lugar. Alto Maipo em um novo caminho. 🖎

94

VINHO REVELAÇÃO.

TIPAUME
Grez

Carménère, Cabernet Sauvignon, Merlot, Malbec, Viognier 2018
ALTO CACHAPOAL

Este vinho é a síntese do trabalho de Yves Pouzet e sua família no vinhedo que circunda sua casa no Vale do Cachapoal. Colhido em abril, este vinho fermenta e é guardado cerca de oito meses com suas peles em pequenas ânforas de barro de 150 litros e é engarrafado em abril do ano seguinte. De todas as versões de Tipaume que experimentamos, esta parece de longe a mais bem-sucedida, a mais precisa em sua maneira de exibir a fruta local. E aqui o que há são frutas frescas, vermelhas, crocantes, maduras na medida certa. A textura é amigável, os taninos bem domados, as notas herbáceas de fundo, a acidez suculenta. Um vinho para matar a sede, mas também para acompanhar embutidos e queijos. ❧

94 VINHO REVELAÇÃO.

TRASLAGUA
Cygnus Quintetto
Chardonnay, Chenin Blanc, Sémillon,
Sauvignon Blanc, Petit Manseng 2018
MAULE

Este branco vem da mesma vinha plantada em 2014 na zona do Guaico, no sopé da serra de Curicó. É apenas um hectare com este verdadeiro jardim de castas que, no vinho, se traduz em 40% Chenin Blanc, mais Sémillon, Chardonnay, Sauvignon blanc e Petit Manseng mais ou menos em quantidades semelhantes. O vinho estagia 20 meses em barricas, com as suas borras, o que explica algumas coisas importantes: primeiro, o aroma tostado que aqui se faz sentir e, depois, a densidade e cremosidade da sua textura, que o torna um branco de inverno, suculento, cheio de sabores de frutas maduras e especiarias doces; desses vinhos para pensar em costeletas de porco defumadas.

94

VINHO REVELAÇÃO.

VIÑA CAMINOMAR

Vaho *Malbec, Syrah, Cabernet Franc, Petit Verdot 2018*
COLCHAGUA

Vaho é um vinho tinto feito com uvas compradas na região de Lolol, a oeste do Vale de Colchagua. A mistura é 40% Malbec, 20% Syrah, 20% Cabernet Franc e 20% Petit Verdot. Devido ao frio da adega onde os barris estagiaram, não ocorreu a fermentação malolática, por isso neste vinho a acidez málica - que não foi atacada por bactérias láticas - faz com que o Malbec tenha um aspecto acentuado e crocante, e com um brilho intenso com suas frutas vermelhas e tons violetas. Este não é apenas um tinto muito rico, mas também uma boa contribuição para a diversidade dos tintos de Colchagua. 🍷

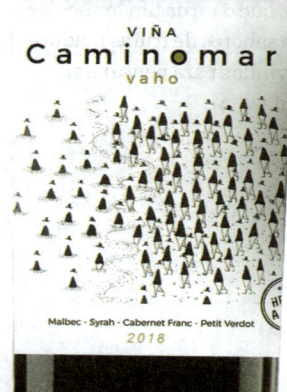

94

VINHO REVELAÇÃO.

VIÑA LA FÁBULA DE GUARILIHUE

La Fábula *Cinsault 2019*
ITATA

Com tons refrescantes de frutas vermelhas, a tensão está em toda parte aqui. Na boca é leve, mas a sensação dos taninos é aguçada, conferindo corpo e estrutura a um fundo de frutas deliciosas que se conectam muito bem com o caráter da Cinsault de Guarilihue, comuna litorânea do Vale do Itata, onde Fábula possui um hectare de vinhas velhas desta variedade. Aqui está um Cinsault na sua expressão mais vibrante e fresca, um tinto para beber por garrafas no verão, uma das qualidades mais importantes desta casta. ☙

93 VINHO REVELAÇÃO.

AGRÍCOLA EL BAGUAL

Javier Rousseau *Cariñena 2018*
MAULE

Esta é a primeira vez que a família Solar engarrafa uvas Carignan, enxertadas em vinhas antigas na região de Caliboro, às margens do rio Perquilauquén. Envelhecido por 12 meses em barricas usadas e por um ano em garrafa, este tinto mostra o lado selvagem da Carignan. Cheira a frutas vermelhas e flores, e na boca os seus taninos são tensos, agarram-se ao palato como se fossem unhas. É intenso nos sabores, mas nunca doce ou muito menos cansativo. Deixe na adega alguns meses e depois abra para os embutidos.

93 VINHO REVELAÇÃO.

CASA SILVA
1912 Vines *Sauvignon Gris 2020*
COLCHAGUA

O Sauvignon Gris não é uma variedade comum no Chile, embora tenha sido até a década de 1980, quando lentamente começou a ser substituída pela mais moderno Sauvignon blanc ou Chardonnay. No entanto, existe um legado de vinhas velhas em todo o Vale Central, e a Casa Silva tem junto à sua vinícola em Colchagua uma vinha velha plantada em 1912 com esta casta. Daí faz esse delicioso branco, um dos favoritos de Descorchados. Este ano tem uma aderência especial (talvez devido aos rendimentos mais baixos daquele ano, 30% menos que no ano anterior), um frescor intenso que é suportado por uma acidez penetrante e suculenta. Os aromas frutados se misturam com as notas de especiarias e o final é acompanhado por aquela acidez festiva. Convite uma segunda taça. ⌇

93 VINHO REVELAÇÃO.

COOPERATIVA LONCOMILLA
Asoleado *País 2018*
SECANO INTERIOR

A técnica secular de "asoleado" consiste em deixar os cachos expostos ao sol, para que concentrem o açúcar e percam água, intensificando os sabores. Desde 1953 existe uma denominação "asoleado" no Maule, mas a técnica vem de muitos anos antes, sem dúvida herdada das tradições espanholas. Este exemplar vem de vinhas muito antigas, e os cachos são deixados ao ar livre durante um mês antes de serem prensados e fermentados. O resultado é um vinho que ainda retém as notas terrosas e frutadas da casta, mas mostra uma elevada concentração e cremosidade na boca, repleto de sabores caramelizados e achocolatados. Para a sobremesa. 🍷

93 VINHO REVELAÇÃO.

ERASMO
Huaso Erasmo *País 2020*
MAULE SECANO INTERIOR

Este é o vinho novo de Erasmo, proveniente de um vinhedo muito antigo de 150 anos da região de Caliboro, na margem norte do rio Perquilauquén. "É o novo pipeño, o vinho jovem para beber no ano", diz César Opazo, responsável pela produção da Erasmo, sobre este suco de fruta vermelha suculento, fácil de beber e de textura requintada. O vinho é fermentado em aço, com leveduras nativas e macerações muito curtas. Um olhar delicioso para o vinho camponês que sempre se bebeu do Maule ao sul do Chile; um tinto para beber por litro. 🍷

93 VINHO REVELAÇÃO.

FATTO A MANO
Fatto a Mano *Cariñena 2019*
ITATA

A ideia da Fatto a Mano é fazer vinhos simples, para matar a sede, e feitos com o mínimo de intervenção e o mínimo de elementos, ou seja, uvas e nada mais. Essa ideia se materializa perfeitamente neste Cariñena de vinhas de 60 anos plantadas nas encostas graníticas de Guarilihue, na zona costeira do Vale do Itata. O que aqui prevalece é aquela influência fresca num vinho tinto de fruta vermelha, com um corpo delicado, mas ao mesmo tempo uma intensidade de taninos que parecem agulhas no paladar. Dos Cariñena atuais que refrescam antes de encher a boca. ❧

93 VINHO REVELAÇÃO.

HACIENDA ARAUCANO
Humo Blanco Edición Limitada Sin Sulfitos
Carménère 2020
LOLOL

Este **Sin Sulfitos** é uma experiência do enólogo Diego Vergara para produzir um Carménère da forma mais natural possível, o que neste caso significa apenas com uvas. Os sulfitos são agentes de higiene adicionados em diferentes fases da produção do vinho. Neste caso, optou-se por colher as uvas muito cedo na época para que um baixo pH (ou elevada acidez natural) proteja o vinho de possíveis ataques de bactérias. E o que parece beneficiar é a fruta deste tinto, a clareza dos sabores das frutas negras e os deliciosos toques especiados que se unem a notas de chocolate na boca. É um vinho exuberante, macio, cremoso e muito fácil de beber. ⤻

93 VINHO REVELAÇÃO.

HARAS DE PIRQUE
Hussonet *Cabernet Sauvignon 2018*
MAIPO ANDES

Este Cabernet Sauvignon vem dos vinhedos de Pirque, plantados em 1990 nesta região do Alto Maipo, nas montanhas que precedem a Cordilheira dos Andes. Aqui há um forte senso de lugar. Aromas de ervas e frutados se misturam com toques terrosos e especiados. A textura é firme, com taninos bem polidos, mas ao mesmo tempo tensos, perfurando o paladar com elegância, como agulhas muito finas. O resto vai ser dado pelo tempo neste vinho que agora se sente muito jovem, mas que já mostra um grande sentido de lugar. 🍷

93 VINHO REVELAÇÃO.

INVINA
Cuartel 4 A *Carménère 2018*
MAULE

Um vinho extremamente frutado, mas ao mesmo tempo com um toque de notas cárnicas que sem dúvida lhe conferem uma carga de caráter importante, provém de vinhas plantadas em 1999, na zona do Batuco, nas encostas da Cordilheira da Costa no Vale do Maule. É uma zona não irrigada e a vinha é administrada com a pouca água que os solos argilosos conseguem reter. O resultado é um tinto suculento, com muitos sabores de fruta, mas ao mesmo tempo com notas de carne (que soa excêntrica, sabemos) que podem vir do seu envelhecimento em barricas durante 14 meses, tudo em madeira usada. Fácil de beber, anote-o como um espécime peculiar na fauna cada vez mais diversificada do Carménère chileno. ◗

93 VINHO REVELAÇÃO.

JAVIERA ORTÚZAR WINES
Intuición *Syrah 2019*
CACHAPOAL

Elaborado cem por cento com o método de maceração carbônica, técnica que aumenta o lado frutado e a suavidade dos vinhos, este Syrah cem por cento da região de Almahue, no Vale do Cachapoal, é um delicioso suco de fruta negra, com uma acidez que não abandona o vinho ao longo de sua passagem pela boca e uma textura tão macia que parece creme. Um daqueles tintos para refrescar e matar a sede que se bebe bem quanto mais jovens são.

93 VINHO REVELAÇÃO.

KINGSTON
Tobiano *Pinot Noir 2019*
CASABLANCA

Este é o Pinot básico no extenso catálogo de Pinot que Kingston obtém de seus vinhedos em Las Dichas, a oeste do Vale de Casablanca. É um misto de vinhas jovens, plantadas entre 2004 e 2007, em colinas de solos graníticos e argilosos, muito comuns na Cordilheira da Costa. E para ser básico, é um Pinot delicioso, cheio de vitalidade, generoso em frutas vermelhas ácidas e com uma textura que, embora leve, agarra muito bem no paladar. Muitos mais Pinot como estes são necessários no Chile: simples, sem grandes ambições, mas com muito sabor e frescor. 🍷

93 VINHO REVELAÇÃO.

LA PROMETIDA
Revoltosa *Barbera 2019*
CAUQUENES

Um delicioso suco de cereja, esta Barbera vem de vinhedos de 15 anos, plantados em solos de argila vermelha. A variedade tem uma genética pródiga em acidez e também em frutas vermelhas, e aqui isso se percebe com muita clareza. Colhido no início da temporada, e com uma maceração suave que deu um caráter sutil e leve à estrutura, o resultado é um vinho para matar a sede e desfrutar no verão.

93 VINHO REVELAÇÃO.

LA VIÑA DEL SEÑOR

Espíritu Ambar *Garnacha, Monastrell N/V*

MAIPO

A base deste vinho é Grenache e um pouco de Monastrell, feito no estilo oxidativo dos Porto Tawny, com adição de álcool para interromper a fermentação. O vinho tem estado, em média, dois anos e meio em barricas, e é um blend de diferentes safras que se mesclam a cada ano para ser engarrafado. Nesta "saca", o vinho é frutado e doce (tem 90 gramas de açúcar), com ligeiros toques salgados, mas principalmente nozes e especiarias de uma textura intensa, amigável e com grande profundidade. Este é o tipo de vinho atemporal para se conservar por décadas. Eles não morrem. Espíritu Ambar é um vinho elaborado por La Viña del Señor e o viticultor de Ventisquero e sócio de Viñateros de Raíz, Sergio Hormazábal. ᕙ

93

VINHO REVELAÇÃO.

LUIS FELIPE EDWARDS
Marea *Syrah 2018*
LEYDA

Os Syrahs de clima frio do Chile são uma categoria bem estabelecida, e alguns dos melhores vêm dos solos graníticos, nas colinas da Cordilheira da Costa, em lugares como Leyda. As vinhas deste Syrah localizam-se a cerca de oito quilômetros do mar e essa influência é sentida nos aromas e sabores, proporcionando tons cárnicos em meio às frutas e uma acidez intensa e suculenta, que torna muito fácil beber este tinto. Um tinto refrescante, com muito boa tensão, que hoje seria um ótimo companheiro para frios ou queijos maduros, mas que também pode evoluir mais dois a três anos em garrafa. 🖤

93

VINHO REVELAÇÃO.

MUJER ANDINA WINES
Levita Rosé Extra Brut *Syrah 2017*
MAIPO

Para **Levita**, o espumante mais ambicioso da Mujer Andina, a enóloga Andrea Jure compra uvas Syrah orgânicas na área de Isla de Maipo, no centro do Vale do Maipo. Produzido pelo método tradicional ou champenoise, de segunda fermentação em garrafa, e estagiado sobre suas borras durante 30 meses, é um vinho radiante em frutas vermelhas, suculento, intenso e com uma ligeira doçura (tem 4,5 gramas de açúcar por litro) que lhe dá mais bebibilidade. A borbulha é suave, muito pulsante, sublinhando o caráter fresco e vibrante. Um rosé para beber no verão, junto com salmão grelhado ou ceviche de atum. 🍷

93

VINHO REVELAÇÃO.

OC WINES

Inicio Blanc de Noir *Pinot Noir N/V*
CASABLANCA

Imagine um suco de morango com bolhas e isso lhe dará uma ideia muito clara do que é este espumante. Elaborado com o método tradicional de segunda fermentação em garrafa, e envelhecido 27 meses sobre as suas borras, este blanc de Noirs (um branco feito de uvas tintas) é cem por cento Pinot Noir de Casablanca. E é um prazer bebê-lo, desde o início com seus aromas de frutas vermelhas ácidas. Na boca é uma cascata de bolhas e sabores frutados, com acidez crocante e textura pulsante. Um daqueles vinhos para beber por litros no verão. Compre uma caixa. 🐟

93

VINHO REVELAÇÃO.

ORÍGENES WINES

Orígenes *Cabernet Franc 2018*
MAULE

É verdade que este Franc é rústico e que, ademais, possui algumas notas animais relacionadas ao brett, contaminação que, em guias como Descorchados, é mais bem-vinda do que censurada. Mas as notas frutadas e herbáceas que emergem em meio a tudo isso o tornam encantador. Há uma tensão de acidez, uma textura que se agarra à boca para pedir linguiças e um final fresco e à base de ervas para pensar na próxima taça. Um Cabernet Franc camponês, intimamente relacionado com os tintos que se produzem em Caliboro, no coração do Maule, a partir de vinhas não irrigadas.

93 VINHO REVELAÇÃO.

PÉREZ CRUZ
Limited Edition *Carménère 2019*
MAIPO ANDES

Este Carménère provém de vinhas plantadas entre 1994 e 2009 nos solos aluviais e coluviais da família Pérez Cruz na zona de Huelquén, no sopé dos Andes, no Alto Maipo. Embora a safra 2019 seja considerada quente, isso não se faz sentir neste Carménère. Pelo contrário, notas frescas de frutas vermelhas combinadas com tons de ervas que sublinham esse frescor. Na boca, apresenta um corpo leve, com taninos suculentos, finos e vivos. Este Carménère pode perfeitamente ser incluído nessa nova camada de exemplares da variedade, um grupo que aponta para o lado mais fresco da variedade.

93

VINHO REVELAÇÃO.

RIVERAS DEL CHILLÁN

Extinto
Corinto, Moscatel Rosado, Moscatel Blanco, País,
Malbec 2020
ITATA

Esta mistura particular de castas brancas e tintas provém de vinhas muito velhas de um vinhedo único na área de Huape que, como muitas vinhas velhas, são todas misturadas, tintas e brancas. A composição final é 25% Corinto, 25% Moscatel rosado, 25% Moscatel de Alexandria e, a seguir, partes iguais das tintas Malbec e País, todas cofermentadas em ovos de concreto, em contato com suas peles. O resultado é um rosé com muito carácter, com toques terrosos da casta País, mas também com uma forte carga de aromas e sabores florais e de frutas vermelhas numa textura suculenta e intensa. Uma espécie de "clarete" para celebrar as tardes de verão.

93 VINHO REVELAÇÃO.

TAGUA TAGUA
Descomplicados *Barbera 2020*
MAULE SECANO COSTEIRO

Tagua Tagua possui um pequeno vinhedo de um hectare de Barbera na região de Cauquenes, no árido do Vale do Maule. Foi plantada em meados dos anos 90 e hoje dá um vinho delicioso em sua simplicidade. Os aromas são exuberantes, frutados e de boca leve, com taninos muito finos e uma acidez que refresca tudo em seu caminho. Na vinícola, a enologia é muito simples: não tem barricas. Depois da fermentação, com pouquíssima extração, este vinho que mata a sede vai direto para a garrafa. Compre uma caixa para este verão. 🍷

93

VINHO REVELAÇÃO.

VALDIVIESO
Éclat Curiosity *Grenache, Syrah 2020*
SAGRADA FAMILIA

Cerca de 85% deste vinho é Garnacha de vinhas muito jovens, plantadas na zona da Sagrada Família, no Vale do Curicó. A vinha ainda não dá a concentração nem a cor para os vinhos tintos, por isso o enólogo Brett Jackson prefere usá-la para este rosé. Com os cachos prensados diretamente e macerados com as peles por apenas algumas horas (duração da prensagem), daí a cor pálida. Os aromas são sutis em frutas vermelhas ácidas, enquanto na boca é refrescante desde o início, com notas de cereja num vinho leve, mas ao mesmo tempo com acidez rígida. Além de Grenache, aqui também há Syrah e algumas gotas de Pinot gris no blend final. ❧

93

VINHO REVELAÇÃO.

VIK
La Piu Belle Rosé
Cabernet Sauvignon, Cabernet Franc, Syrah 2020
CACHAPOAL

Este rosé provém de uma seleção de vinhas situadas no setor mais fresco da propriedade, o mais ocidental, e que recebe alguma influência do Pacífico. As uvas são prensadas diretamente e a cor é obtida a partir do mínimo contato que o suco tem enquanto está na prensa. Depois de fermentado, envelhece um mês e um pouco mais em barricas usadas. O resultado é um vinho de dupla finalidade: por um lado, é um rosé de verão, para matar a sede, mas também tem muitos sabores e corpo para levá-lo ao seu restaurante tailandês preferido. Esta é uma mistura de 85% de Cabernet Sauvignon, 10% de Cabernet Franc e 5% de Syrah.

93 VINHO REVELAÇÃO.

VIÑA CASTELLÓN
Redentor *Carménère 2019*
ITATA

Víctor Castellón plantou, ele mesmo, este vinhedo em 1996, na região de Ránquil, no Vale do Itata. Naquele ano, o que ele pensou comprar era Merlot, mas logo descobriu o que era então uma variedade obscura de Bordeaux. Este, no entanto, é um Carménère atípico. Desde a cor, muito menos intensa que os exemplares mais ao norte, à boca, que parece leve, quase etérea, que pouco ou nada tem a ver com o Carménère moderno. O resto são notas de frutas vermelhas, florais e muito pouco daquelas notas herbáceas que geralmente estão associadas a esta variedade. Um tinto surpreendente na sua personalidade.

93 VINHO REVELAÇÃO.

VIÑA CHOAPA
Cordilleramar Salinas de Huentelauquén
P. Ximénez, M. de Alejandría, M. de Áustria 2019
CHOAPA

A foz do Rio Choapa tem sido historicamente relacionada à produção de pisco, feito com uvas da família Muscat. A viticultura associada à produção de vinhos é recente, embora se utilize com frequência a mesma matéria-prima, como neste lote, onde Pedro Ximénez foi obtida de vinhas velhas da zona de Panguesillo, a cerca de 630 metros acima do nível do mar, e tanto os Moscatel de Áustria quanto o d Alexandria foram obtidos na região de Batuco, um pouco mais alta nos Andes, a 1.100 metros. O resultado é delicioso. As flores são claramente exibidas no nariz e no palato. É fresco e cremoso ao mesmo tempo, além de ser muito fácil de beber graças à sua acidez penetrante. Uma pequena descoberta de um vale que acaba de despertar na cena vitivinícola chilena.

93

VINHO REVELAÇÃO.

VIÑAMAR
Método Tradicional Extra Brut
Chardonnay, Pinot Noir, Garganega 2018
CASABLANCA

Francesca Perazzo assumiu Viñamar desde 2017 e este é o primeiro Método Tradicional do qual ela é cem por cento responsável, e a estreia é auspiciosa. Elaborado com 57% Pinot, 18% Riesling e o restante Garganega, uma variedade nada comum na cena chilena. Sobre as borras por 30 meses, ele tem um estilo bastante maduro, com notas de frutas brancas doces em meio a um corpo generoso nos sabores e também generoso nas bolhas que inundam o paladar com sua sensação pulsante e firme. Já a acidez contrasta com a maturidade dos sabores, oferecendo um frescor crocante.

93

VINHO REVELAÇÃO.

WILLIAM FÈVRE CHILE
Quino Blanc Nature
Chardonnay 2018
MALLECO

A madurecido em suas borras por 18 meses, e feito de acordo com o método tradicional de segunda fermentação em garrafa, este espumante vem do Vale do Malleco, em direção ao sul do Chile, uma comunidade crescente de produtores que está demonstrando o potencial da região . Aqui está uma suculenta abundância de refrescantes frutas brancas, acompanhada por uma acidez acentuada e bolhas suaves e cremosas. Por enquanto mostra apenas o seu lado mais frutado e simples, mas este vinho necessita de dois a três anos na garrafa para ganhar complexidade.

92

VINHO REVELAÇÃO.

ALTACIMA
4090 *Merlot 2019*
LONTUÉ

Este **4090** vem de vinhedos plantados em 1998 na área da Sagrada Família e de um material que poderia ter vindo da França, embora Klaus Schröder não tenha certeza. Uma teoria da conspiração, sem nenhuma prova concreta, pode ser que este Merlot esteja relacionado com aqueles que a família Cousiño trouxe para o Chile em meados do século XIX e que possuem as características reais da variedade, os aromas e sabores das frutas vermelhas e, acima de tudo, a férrea carga tânica que se vê claramente aqui. Plantado em solos com boa retenção de água, este Merlot nunca tem sede, o que pode explicar aquela tensão de taninos e aquela fruta vermelha fresca num local quente como Sagrada Família. De uma forma ou de outra, esse é uma tremenda relação preço-qualidade. 🍷

92

VINHO REVELAÇÃO.

BOUCHON

J. Bouchon Block Series *Sémillon 2019*

MAULE SECANO INTERIOR

Bouchon obtém este Sémillon de uma vinha plantada em solos graníticos e argilosos, muito típica da Cordilheira da Costa, na zona de Batuco, a cerca de 30 quilômetros do mar, no Vale do Maule. É um Sémillon tímido no nariz, mas com grande presença na boca. É amplo, com uma textura firme que talvez precise de peixes grelhados para se acalmar e um final levemente floral que adiciona complexidade. Os sabores das frutas são generosas e aquela nota de mel, típica da casta, também se manifesta. Hoje você bebe muito bem, mas daqui a alguns anos estará muito melhor. Um branco para a guarda, sem dúvida. 🍷

92
VINHO REVELAÇÃO.

LOS BOLDOS
Specialty Series *Touriga Nacional 2019*
CACHAPOAL ANDES

E sta é a primeira colheita das vinhas que Los Boldos plantou com Touriga Nacional em 2015. A vinificação foi tradicional, sem remontagens, apenas pisa para obter maior maciez numa casta que costuma ter taninos duros, muitas vezes selvagens. Aqui a expressão da touriga está mais próxima de um vinho que mata a sede, daqueles tintos suculentos e carregados de fruta que se bebe fresco no verão, com embutidos. Não havia vinhos como este no catálogo de Los Boldos, então parece uma boa soma para adicionar diversidade. ⤙

92

VINHO REVELAÇÃO.

MAITIA

Aupa Pipeño *Carignan, País 2020*
SECANO INTERIOR

Este **Aupa** é o vinho carro-chefe da Maitia, um pipeño que se faz desde a safra de 2014 e que agora, para além da sua tradicional garrafa de 1 litro (que se bebe muito, muito rapidamente) vem numa lata de 250 ml, formato ideal para beber na hora do almoço. Este é um vinho para todos os dias, mas também é um tinto delicioso, fresco, cheio de frutas vermelhas por todos os lados, com uma textura suficientemente firme para o levar ao churrasco. Um verdadeiro vinho de sede composto 80% de País de vinhas velhas plantadas em 1870 e 20% de Carignan de vinhas dos anos 1960, todas de vinhas sem irrigação no Vale do Maule. 🍷

92 VINHO REVELAÇÃO.

MIGUEL TORRES
Las Mulas Sparkling *País 2018*
CURICÓ

Este espumante é cem por cento País do Vale do Curicó, onde Miguel Torres compra de 14 pequenos produtores desta casta do interior do Chile. Feito pelo método tradicional de segunda fermentação em garrafa, e com 17 meses de contato com as suas borras, é um espumante cheio de frescor, bolhas finas e abundantes e um lado terroso que lhe confere caráter. É ideal para um aperitivo ou para acompanhar uma sopa de frutos do mar, com uma relação qualidade-preço dos melhores do estilo na América do Sul.

92

VINHO REVELAÇÃO.

MORANDÉ

Brut K.O. *País, Chardonnay, Pinot Noir N/V*
SECANO INTERIOR

A ideia por trás de K.O. é que se trata de um espumante jovem, com muito pouco envelhecimento sobre as borras (pouco mais de seis meses, em média) para que chegue ao mercado mais cedo e seja consumido mais tarde, apesar de ser um método tradicional, isto é , com segunda fermentação em garrafa. Tem 80% País, vinhas velhas no Vale do Maule, além de Chardonnay e Pinot Noir de Casablanca. É perfumado, generoso em frutas vermelhas e flores, e com uma boca onde as bolhas são macias e domina o frescor frutado. Um espumante para o verão.

92

VINHO REVELAÇÃO.

MORETTA WINES
Ceniciento *Cabernet Sauvignon 2019*
MAULE

Este Cabernet vem de vinhedos de cerca de 20 anos na zona de Cauquenes e mostra claramente a força da fruta da casta naquela zona com muito sol e calor. Colhido no início da estação, mostra frutas vermelhas por toda parte em uma face incomum para Cabernet; um rosto muito mais fresco e divertido, sem se levar muito a sério, aproveitando todas as frutas vermelhas que esta variedade pode apresentar. Um pequeno achado para mentes inquietas. E a um preço muito conveniente. Mais olhares como este são necessários. ✍

92 VINHO REVELAÇÃO.

RUCAHUE
Cayetano Gran Reserva *Cabernet Franc 2017*
ITATA

Este Cabernet Franc vem de uma encosta com solo de granito, com uma exposição fria direção ao sul, ao sol da tarde mais agradável. O vinhedo foi plantado em 1998 como parte de um projeto da Fundación Chile que tinha como objetivo fazer experiências com variedades de Bordeaux no clima mais fresco do Vale do Itata. Este Franc é radiante, cheio de frutas vermelhas, sem muitos detalhes herbáceos, como a variedade costuma oferecer, mas é generoso nos sabores de frutas. Um vinho com muito caráter, como que para pensar em Itata de uma forma diferente, mas no entanto complementar à tradição de Itata, com todas as suas vinhas velhas de País, Cinsault e Moscatel. 🍷

91

VINHO REVELAÇÃO.

ERRÁZURIZ
Estate Reserva *Carménère 2018*
ACONCAGUA

Uma excelente relação qualidade-preço neste Carménère de vinhas do Vale do Aconcágua. As notas de pimenta e ervas, típicas da casta, se misturam aqui com uma generosa camada de frutas vermelhas, suculentas e frescas. A textura é suave, com taninos que mal se fazem sentir em meio aos sabores frutados. 70% do vinho envelheceu em barricas usadas durante sete meses, o que talvez tenha contribuído para aquela sensação de redondez. Um Carménère muito varietal para acompanhar embutidos ou queijos curados. 🖎

91 VINHO REVELAÇÃO.

PUNTÍ FERRER

Puntí Ferrer Brut *País N/V*

MAULE

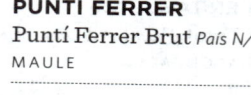

Estelado de Miguel Torres foi um dos vinhos que abriu caminho para a País transformada em espumante. Mas, estranhamente, muitos não seguiram esse exemplo de sucesso. Um dos que o fazem é Puntí Ferrer com este espumante feito pelo método Charmat de segunda fermentação em cubas de aço. As uvas vêm de vinhas com mais de cem anos na zona não irrigada de Cauquenes e produzem um delicioso suco com bolhas suaves e sabores de frutas vermelhas. 🌶

91 **VINHO REVELAÇÃO.**

SANTA CRUZ
Kultrun *Carménère N/V*
COLCHAGUA COSTA

Faz falta no mercado espumantes brut mais ambiciosos, mas ao mesmo tempo não deixem de mostrar o lado mais gentil do estilo. Este Carménère cem por cento (uma variedade nada habitual em espumantes) vem preencher esse vazio com um vinho focado na fruta. Elaborado com o método tradicional de segunda fermentação em garrafa e com um ano de contato com as borras, aqui predominam os aromas e sabores de frutas vermelhas em meio a borbulhas cremosas e redondas. Os quatro gramas de açúcar residual aumentam sua bebibilidade. 🌶

91

VINHO REVELAÇÃO.

TORREÓN DE PAREDES

Andes Collection *Cabernet Sauvignon 2019*
ALTO CACHAPOAL

Uma das melhores relações preço-qualidade do mercado chileno, este Cabernet é puro, sem disfarces, sem nada para atrapalhar a fruta da variedade. Na boca também é concentrado, com taninos muito bons. Tudo é fresco, da fruta à acidez, e os sabores são mais longos que o habitual nesta faixa de preço. Uma excelente amostra da qualidade dos Cabernets de Alto Cachapoal, onde esta uva tem uma longa tradição de qualidade e caráter graças à influência dos Andes. 🍷

90

VINHO REVELAÇÃO.

CONCHA Y TORO
Casillero del Diablo *Malbec 2020*
VALLE CENTRAL

Um verdadeiro feito enológico, produz-se produz nada menos que 2,6 milhões de garrafas deste Malbec, um lago de Malbec que, a este preço e sob uma marca global, oferece uma das melhores relações preço-qualidade do mercado. É um suco fresco e delicioso de frutas vermelhas maduras, acompanhado de ligeiras notas de violetas num corpo suave e fácil. Não se pode pedir mais por esse preço. ☙

90 VINHO REVELAÇÃO.

LA PLAYA WINES
La Playa Reserva *Merlot 2019*
COLCHAGUA COSTA

Uma das melhores relações preço-qualidade no mercado de tintos hoje, mostra o lado mais frutado e nervoso do Merlot, suas notas de cerejas ácidas, ervas. E na boca o seu corpo é leve, mas ao mesmo tempo repleto de taninos pungentes que marcam uma camada de sabores de fruta deliciosamente refrescantes. Este Merlot provém de vinhas muito jovens, plantadas em 2012 na zona de Ucuquer, em Litueche, em direção à costa de Colchagua. ❧

95

MELHOR BLEND BRANCO.

COUSIÑO MACUL

Finis Terrae *Chardonnay, Riesling, Viognier 2018*
MAIPO

Este **Finis Terrae** é baseado em Chardonnay (58% da mistura) e Riesling (28%) dos vinhedos de Cousiño em Buin, em Maipo, todos plantados em 1996. Os 14% de Viognier extras vêm de uvas compradas no início do sopé andino do vale do Maule. O envelhecimento durou oito meses em barricas antes de ser engarrafado, o que a princípio se faz sentir nos aromas de carvalho tostado, mas logo se dissolve e começa a surgir a fruta branca madura, junto com ervas e especiarias. Existe também um delicioso contraponto entre a sua textura voluptuosa e uma acidez que parece acentuada. Escolha uma corvina assada. 🍷

Os melhores blend brancos do ano

94 | **ESTAMPA** Inspiración Mezcla Italiana Greco di Tufo, Vermentino, Fiano di Avellino 2020 | Colchagua Costa

94 | **HACIENDA ARAUCANO** Clos de Lolol White Blend Sauvignon Blanc, Chardonnay 2019 | Lolol

94 | **INSTINTO** Alvino Riesling, Chardonnay 2018 | Leyda

94 | **LABERINTO** Vistalago de Laberinto Chardonnay, Sémillon, Riesling 2020 Maule

94 | **ROGUE VINE** Grand Itata Blanco Moscatel de Alejandría, Riesling, Sémillon 2019 | Itata

94 | **TRASLAGUA** Cygnus Quintetto Chardonnay, Chenin Blanc, Sémillon, Sauvignon Blanc, Petit Manseng 2018 | Maule

93 | **EMILIANA** Organic Vineyards Signos de Origen La Vinilla Chardonnay, Roussanne 2019 | Casablanca

93 | **GONZÁLEZ BASTÍAS** González Bastías Sémillon, Torontel 2019 Maule Secano Interior

93 | **ROBERTO HENRÍQUEZ** Rivera del Notro Mezcla Blanca Corinto, Moscatel de Alejandría, Sémillon 2020 | Itata

93 | **VIÑA CHOAPA** Cordilleramar Salinas de Huentelauquén Pedro Ximénez, Moscatel de Alejandría, Moscatel de Áustria 2019 | Choapa

93 | **VIÑA MARDONES** WEÑE Sémillon, Chasselas, Moscatel de Alejandría 2019 | Secano Interior Coelemu

93 | **VIU MANENT** Secreto Sauvignon Blanc 2020 | Casablanca

98

MELHOR BLEND TINTO.

ALMAVIVA
Almaviva *2018*
PUENTE ALTO

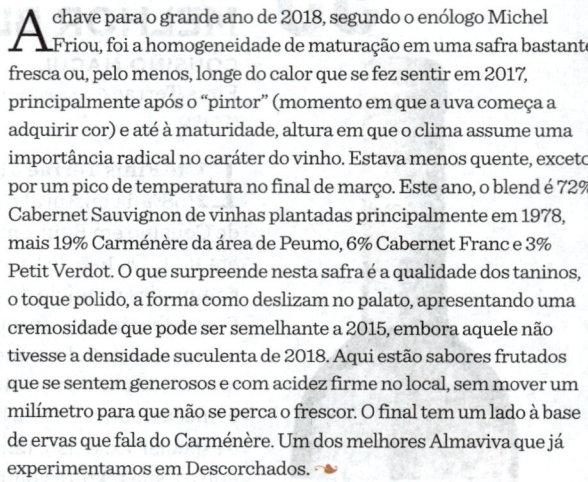

A chave para o grande ano de 2018, segundo o enólogo Michel Friou, foi a homogeneidade de maturação em uma safra bastante fresca ou, pelo menos, longe do calor que se fez sentir em 2017, principalmente após o "pintor" (momento em que a uva começa a adquirir cor) e até à maturidade, altura em que o clima assume uma importância radical no caráter do vinho. Estava menos quente, exceto por um pico de temperatura no final de março. Este ano, o blend é 72% Cabernet Sauvignon de vinhas plantadas principalmente em 1978, mais 19% Carménère da área de Peumo, 6% Cabernet Franc e 3% Petit Verdot. O que surpreende nesta safra é a qualidade dos taninos, o toque polido, a forma como deslizam no palato, apresentando uma cremosidade que pode ser semelhante a 2015, embora aquele não tivesse a densidade suculenta de 2018. Aqui estão sabores frutados que se sentem generosos e com acidez firme no local, sem mover um milímetro para que não se perca o frescor. O final tem um lado à base de ervas que fala do Carménère. Um dos melhores Almaviva que já experimentamos em Descorchados.

Os melhores blend tintos do ano

97 | **ANDES PLATEAU** 700 C. Sauvignon, Syrah, C. Franc, Merlot 2018 | Maipo
97 | **ANTIYAL** Antiyal Carménère, C. Sauvignon, Syrah 2018 | Maipo
97 | **EL PRINCIPAL** Andetelmo C. Sauvignon, C. Franc, Syrah 2017 | Maipo Andes
97 | **ERRÁZURIZ** Don Maximiano Founder's Reserve C. Sauvignon, Malbec, Carménère, P. Verdot, C. Franc 2018 | Aconcagua
97 | **KOYLE** Auma C. Sauvignon, Carménère, P. Verdot, Merlot, Malbec, C. Franc 2016 | Colchagua Andes
97 | **LABERINTO** Trumao de Laberinto C. Franc, Merlot, C. Sauvignon 2018 | Maule
97 | **MORANDÉ** House of Morandé C. Sauvignon, C. Franc, Carignan 2018 | Maipo
97 | **SANTA EMA** Rivalta C. Sauvignon, Carménère, Carignan, Syrah 2017 | Maipo
97 | **SEÑA** Seña C. Sauvignon, Malbec, Carménère, C. Franc, P. Verdot 2018 | Aconcagua
96 | **ARESTI** Código 380 C. Sauvignon, Malbec, C. Franc 2014 | Curicó
96 | **CALYPTRA** Inédito Limited Edition Syrah, C. Sauvignon, Merlot 2016 Cachapoal Andes
96 | **CARMEN** Delanz Alto Jahuel C. Sauvignon, C. Franc, P. Verdot, Petite Sirah 2019 | Maipo
96 | **CASA SILVA** Altura Carménère, C. Sauvignon, P. Verdot 2012 | Colchagua
96 | **CASAS DEL TOQUI** Leyenda del Toqui C. Sauvignon, C. Franc, Carménère, P. Verdot, Malbec, Syrah 2015 | Cachapoal Andes
96 | **CLOS QUEBRADA DE MACUL** Peñalolen Azul C. Sauvignon, P. Verdot, C. Franc 2016 | Maipo
96 | **COUSIÑO MACUL** Lota C. Sauvignon, Merlot 2014 | Maipo
96 | **ERRÁZURIZ** La Cumbre Syrah, Viognier 2018 | Aconcagua
96 | **HARAS DE PIRQUE** Albis Cabernet Sauvignon, Carménère 2018 | Maipo
96 | **KOYLE** Cerro Basalto Mourvèdre, Grenache, Carignan, Syrah 2018 Colchagua Andes
96 | **MONTES** Montes Alpha M C. Sauvignon, C. Franc, Merlot, P. Verdot 2018 Colchagua
96 | **SAN PEDRO** Altair C. Sauvignon, C. Franc, Carménère, Syrah 2018 Cachapoal Andes
96 | **TORREÓN DE PAREDES** Don Amado C. Sauvignon, Merlot, Syrah 2017 Alto Cachapoal
96 | **TRABUN** Trabun Orchestra Cot, C. Sauvignon, Syrah 2018 | Cachapoal Andes
96 | **VALDIVIESO** Caballo Loco Grand Cru Maipo C. Franc, C. Sauvignon 2017 | Maipo
96 | **VERAMONTE** Neyen, Espíritu de Apalta Carménère, C. Sauvignon 2016 | Apalta
96 | **VIK** VIK C. Sauvignon, C. Franc 2015 | Cachapoal
96 | **VIÑEDOS DE ALCOHUAZ** RHU Syrah, Petite Sirah, Garnacha 2016 | Elqui

95

[**DIVIDIDO**]

MELHOR CABERNET FRANC.

TABALÍ

Vetas Blancas *Cabernet Franc 2019*
LIMARÍ

Com as notas clássicas da casta - os toques de ervas, tabaco e menta -, acompanhadas por muitas frutas vermelhas maduras num vinho de grande caráter varietal, suculento, fresco e fácil de beber. Este tinto provém das vinhas plantadas em 2010 em El Espinal, nas margens do rio Limarí, em solos ricos em calcário. Tem a doçura da fruta nascida sob o sol do norte do Chile, mas também os ossos duros, a fibra que a cal dá. Um vinho que se deve levar em consideração ao se falar da variedade na América do Sul, uma com que a Argentina tem muito mais a dizer no momento, principalmente nos solos calcários do Vale do Uco, no sopé dos Andes, em Mendoza. 🍷

Os melhores Cabernet Franc do ano

94 | **CASA BAUZÁ** Veraz C. Franc 2017 | Maipo Alto
94 | **CASALIBRE** De Otro Planeta C. Franc 2019 | Maipo
94 | **MAQUIS** Franco C. Franc 2017 | Colchagua
94 | **SANTA RITA** Floresta C. Franc 2019 | Colchagua
94 | **VALLE SECRETO** Private C. Franc 2018 | Cachapoal
93 | **LAS VELETAS** Las Veletas cuartel #5 C. Franc 2018 | Maule
93 | **MAQUIS** Gran Reserva C. Franc 2018 | Colchagua
93 | **MORANDÉ** El Padre C. Franc 2018 | Maipo
93 | **ORÍGENES WINES** Orígenes C. Franc 2018 | Maule
92 | **LOMA LARGA** Loma Larga C. Franc 2019 | Casablanca
92 | **MAGYAR** Magyar C. Franc 2019 | Curicó
92 | **RUCAHUE** Cayetano Gran Reserva C. Franc 2017 | Itata
91 | **CALCU** Gran Reserva C. Franc 2018 | Marchigüe
91 | **KINAST FAMILY WINES** Viento Austral Gran Reserva C. Franc 2018 Lontué
91 | **LA JUNTA** Gran Reserva C. Franc 2018 | Curicó
91 | **LUIS FELIPE EDWARDS** 360º Series C. Franc 2019 | Colchagua Costa
91 | **SAN FRANCISCO DE LAS QUISCAS** Serendipia C. Franc 2018 | Peumo

[DIVIDIDO]

95 MELHOR CABERNET FRANC.

VALDIVIESO
Single Vineyard *Cabernet Franc 2017*
SAGRADA FAMILIA

O vinhedo La Rosa é uma das joias de Valdivieso. Plantado na área de Sagrada Família em 1920, possui uma pequena coleção de vinhedos que produzem deliciosos vinhos, o mais brilhante entre eles é o Cabernet Franc, um clássico de Curicó. Aqui podem sentir-se as notas herbáceas típicas da casta, assim como os toques de tabaco misturados com frutas vermelhas maduras. Na boca é suculento, elegante nos taninos e fresco na acidez, mas ao mesmo tempo com uma agradável doçura de fruta. Um vinho para guardar de dois a três anos ou para beber agora com guisado de cordeiro. ❧

Os melhores Cabernet Franc do ano

94 | **CASA BAUZÁ** Veraz C. Franc 2017 | Maipo Alto
94 | **CASALIBRE** De Otro Planeta C. Franc 2019 | Maipo
94 | **MAQUIS** Franco C. Franc 2017 | Colchagua
94 | **SANTA RITA** Floresta C. Franc 2019 | Colchagua
94 | **VALLE SECRETO** Private C. Franc 2018 | Cachapoal
93 | **LAS VELETAS** Las Veletas cuartel #5 C. Franc 2018 | Maule
93 | **MAQUIS** Gran Reserva C. Franc 2018 | Colchagua
93 | **MORANDÉ** El Padre C. Franc 2018 | Maipo
93 | **ORÍGENES WINES** Orígenes C. Franc 2018 | Maule
92 | **LOMA LARGA** Loma Larga C. Franc 2019 | Casablanca
92 | **MAGYAR** Magyar C. Franc 2019 | Curicó
92 | **RUCAHUE** Cayetano Gran Reserva C. Franc 2017 | Itata
91 | **CALCU** Gran Reserva C. Franc 2018 | Marchigüe
91 | **KINAST FAMILY WINES** Viento Austral Gran Reserva C. Franc 2018 Lontué
91 | **LA JUNTA** Gran Reserva C. Franc 2018 | Curicó
91 | **LUIS FELIPE EDWARDS** 360º Series C. Franc 2019 | Colchagua Costa
91 | **SAN FRANCISCO DE LAS QUISCAS** Serendipia C. Franc 2018 | Peumo

[DIVIDIDO]

99 MELHOR CABERNET SAUVIGNON.

CARMEN

Gold *Cabernet Sauvignon 2018*
MAIPO

Gold **Reserve** é o vinho mais ambicioso de Carmen e é produzido desde a safra de 1993, sempre com a base de Cabernet Sauvignon da vinha Carneros, plantada em 1957. No entanto, essa vinha tem vindo a reduzir significativamente a sua produção devido a doenças que atacam as suas raízes, então novos plantios entraram no mix, mas sempre na mesma área, ao norte da propriedade de Carmen, em solos aluviais de Alto Maipo, em Alto Jahuel. Nesta nova versão há 91% Cabernet Sauvignon e o resto Cabernet Franc, e esta é uma grande mudança em termos de estilo. O que antes era um tinto concentrado e tânico, nesta safra tornou-se um Cabernet muito mais delicado, mais frutado e floral até. A enóloga Emily Faulconer reconhece que duas das principais razões para essa mudança foram as colheitas antecipadas em busca de frutas mais tintas e extrações muito mais macias, de forma que o tanino não se tornasse o ator principal. A mudança de estilo é importante e, para nós, mostra a melhor cara que já tivemos neste clássico moderno chileno em suas quase três décadas de história.

Os melhores Cabernet Sauvignon do ano

98 | **DON MELCHOR** Don Melchor C. Sauvignon 2018 | Maipo
98 | **SANTA RITA** Casa Real Reserva Especial C. Sauvignon 2018 | Maipo
97 | **CLOS QUEBRADA DE MACUL** Domus Aurea C. Sauvignon 2017 | Maipo Alto
97 | **CONCHA Y TORO** Terrunyo C. Sauvignon 2018 | Pirque
97 | **DOMAINE DE LA PIEDRA SAGRADA** Piedra Sagrada Cuvée Domaine de la Piedra Sagrada C. Sauvignon 2018 | Maipo Andes
97 | **SAN PEDRO** Cabo de Hornos C. Sauvignon 2018 | Cachapoal Andes
97 | **SANTA CAROLINA** Luis Pereira C. Sauvignon 2018 | Chile
97 | **VENTISQUERO** Enclave C. Sauvignon 2017 | Maipo Andes
96 | **CALCU** Futa C. Sauvignon 2017 | Colchagua
96 | **DOMAINE DE LA PIEDRA SAGRADA** Piedra Sagrada Cuvée 2014 Maipo Andes
96 | **DOMAINE DE LA PIEDRA** Sagrada Cuvée Prestige Don Arturo Pérez Rojas 2015 | Maipo Andes
96 | **GANDOLINI** Las 3 Marías Vineyards C. Sauvignon 2015 | Maipo Andes
96 | **LAGAR DE CODEGUA** Tudor C. Sauvignon 2019 | Cachapoal
96 | **LOS BOLDOS** Château Los Boldos Grand Clos C. Sauvignon 2018 Cachapoal Andes
96 | **TABALÍ** DOM C. Sauvignon 2017 | Maipo Costa
96 | **UNDURRAGA** T.H. Maipo Alto C. Sauvignon 2018 | Maipo Alto

99 MELHOR CABERNET SAUVIGNON.

VIÑEDO CHADWICK

Viñedo Chadwick *Cabernet Sauvignon 2018*
PUENTE ALTO

A primeira edição deste Viñedo Chadwick foi em 1999 e, desde então, tem sido baseada em Cabernet Sauvignon, com um pouco de Petit Verdot. Provém dos solos aluviais do vinhedo Tocornal, mesma fonte de grandes vinhos chilenos, como Almaviva ou Don Melchor. Desde a safra de 2014, este vinho tem mudado, passando para territórios mais frescos, com menos madeira e menos álcool. A safra 2016 foi uma espécie de "sair do armário", um ano frio foi o álibi perfeito para mostrar esta nova cara. Este 2018 segue o caminho já traçado, a delicadeza de um vinho focado nos frutos vermelhos e os ligeiros toques herbáceos de Maipo Alto. Mas o assunto não para por aí. Deixe o vinho na taça por alguns minutos e você verá como as notas terrosas, clássicas da região, emergem com força, adicionando complexidade. A boca é tensa, iluminada por uma acidez vibrante, enquanto os sabores de frutas vermelhas dominam. Um vinho que vai durar uma década na garrafa, talvez mais.

Os melhores Cabernet Sauvignon do ano

- **98** | **DON MELCHOR** Don Melchor C. Sauvignon 2018 | Maipo
- **98** | **SANTA RITA** Casa Real Reserva Especial C. Sauvignon 2018 | Maipo
- **97** | **CLOS QUEBRADA DE MACUL** Domus Aurea C. Sauvignon 2017 | Maipo Alto
- **97** | **CONCHA Y TORO** Terrunyo C. Sauvignon 2018 | Pirque
- **97** | **DOMAINE DE LA PIEDRA SAGRADA** Piedra Sagrada Cuvée Domaine de la Piedra Sagrada C. Sauvignon 2018 | Maipo Andes
- **97** | **SAN PEDRO** Cabo de Hornos C. Sauvignon 2018 | Cachapoal Andes
- **97** | **SANTA CAROLINA** Luis Pereira C. Sauvignon 2018 | Chile
- **97** | **VENTISQUERO** Enclave C. Sauvignon 2017 | Maipo Andes
- **96** | **CALCU** Futa C. Sauvignon 2017 | Colchagua
- **96** | **DOMAINE DE LA PIEDRA SAGRADA** Piedra Sagrada Cuvée 2014 Maipo Andes
- **96** | **DOMAINE DE LA PIEDRA** Sagrada Cuvée Prestige Don Arturo Pérez Rojas 2015 | Maipo Andes
- **96** | **GANDOLINI** Las 3 Marías Vineyards C. Sauvignon 2015 | Maipo Andes
- **96** | **LAGAR DE CODEGUA** Tudor C. Sauvignon 2019 | Cachapoal
- **96** | **LOS BOLDOS** Château Los Boldos Grand Clos C. Sauvignon 2018 Cachapoal Andes
- **96** | **TABALÍ** DOM C. Sauvignon 2017 | Maipo Costa
- **96** | **UNDURRAGA** T.H. Maipo Alto C. Sauvignon 2018 | Maipo Alto

96 MELHOR CARIÑENA.

CARTER MOLLENHAUER

Vigno *Cariñena 2018*
MAULE

Truquilemu é uma zona do Maule em direção à costa, rica em vinhedos de País e também em vinhas velhas de Carignan de onde Carter Mollenhauer obtém este tinto muito local, muito fiel à sua origem. A influência costeira (o mar fica a 38 km) marca um vinho de frutas vermelhas frescas, acidez pronunciada, taninos finos e vivos, e 12 graus de álcool, um número muito baixo para os padrões do Carignan chileno. É muito fácil de beber, mas atenção, este vinho precisa de algum tempo na garrafa para que toda aquela fruta, que agora irradia frescor, ganhe complexidade. 🍷

Os melhores Cariñenas do ano

95 | **A LOS VIÑATEROS BRAVOS** Hombre en Llamas Cariñena 2020 | Itata
95 | **DE MARTINO** Vigno Cariñena 2019 | Maule
95 | **GARAGE WINE CO.** Cru Truquilemu Cariñena 2018 | Empedrado
95 | **LAPOSTOLLE WINES** Vigno Cariñena 2018 | Maule
94 | **BOUCHON** Vigno Cariñena 2018 | Maule Secano Interior
94 | **EMILIANA** Vigno Cariñena 2018 | Maule
94 | **GARAGE WINE CO.** Vigno Cariñena 2018 | Maule
94 | **LAS VELETAS** Las Veletas Cuartel #13 Cariñena 2018 | Maule
94 | **LONGAVÍ** Glup Cariñena 2018 | Maule
94 | **LUIS FELIPE EDWARDS** LFE100 CIEN Cariñena 2015 | Cauquenes
94 | **MASINTÍN** Masintín Cariñena 2019 | Maule
94 | **MORANDÉ** Vigno Cariñena 2018 | Maule
94 | **MORETTA WINES** Carigno del Maule Cariñena 2018 | Maule
94 | **ODFJELL** Orzada Cariñena 2019 | Maule
94 | **P.S. GARCÍA** VIGNO Cariñena 2016 | Maule
94 | **ROGUE VINE** Insolente Single Vineyard Cariñena 2018 | Itata
94 | **UNDURRAGA** T.H. Cariñena 2018 | Maule
94 | **UNDURRAGA** Vigno Cariñena 2018 | Maule
94 | **VALDIVIESO** Vigno Cariñena 2018 | Maule

98

[DIVIDIDO]

MELHOR CARMÉNÈRE.

CONCHA Y TORO
Carmín de Peumo *Carménère 2018*
PEUMO

Carmín estreou com a safra de 2003 e desde então tem sido uma seleção do quartel 32, um setor da vinha em Peumo, às margens do rio Rapel, de cujos 28 hectares apenas 7 são efetivamente aproveitados, que rendem normalmente cerca de 18 mil litros em média. São vinhedos plantados em 1983, em solos argilosos e rochosos nas colinas que ladeiam o rio Cachapoal, a caminho do Lago Rapel. Esta safra, que foi fresca, é sentida nas notas de ervas e nas frutas vermelhas que enchem o nariz. Na boca é generoso em frutas vermelhas maduras, e novamente nos tons herbáceos que ao mesmo tempo renovam e acrescentam complexidade. A textura é suave, mas deixa espaço para uma camada de taninos muito finos e vivos para adicionar tensão, enquanto as frutas e ervas continuam sua festa privada. Achamos que é a melhor versão do Carmín que já experimentamos, muito longe dos primeiros Carmín, que eram grandes em maturidade e extração, e estavam longe desse equilíbrio e elegância. O Carménère no mais alto nível.

Os melhores **Carménère** do ano

97 | **ANTIYAL** Antiyal Viñedo El Escorial Carménère 2018 | Maipo
96 | **CASA SILVA** Microterroir de Los Lingues Carménère 2014 | Los Lingues
96 | **CLOS DE LUZ** Luz Carménère 2018 | Rapel
96 | **ERRÁZURIZ** KAI Carménère 2018 | Aconcagua
96 | **KOYLE** Cerro Basalto Cuartel G2 Carménère 2018 | Colchagua Andes
96 | **SANTA RITA** Pewën de Apalta Carménère 2019 | Apalta
95 | **CALITERRA** Pétreo Carménère 2018 | Colchagua
95 | **CLOS DE LUZ** Jaya Carménère 2019 | Rapel
95 | **MAQUIS** Viola Carménère 2017 | Colchagua
95 | **MONTES** Purple Angel Carménère 2018 | Colchagua
95 | **TARAPACÁ** Gran Reserva Etiqueta Negra Carménère 2018 | Maipo
95 | **VIU MANENT** El Incidente Carménère 2018 | Colchagua
94 | **CASA SILVA** Casa Silva S7 Single Block Carménère 2018 | Los Lingues
94 | **CLOS DE LUZ** Massal 1945 Carménère 2019 | Cachapoal
94 | **CONCHA Y TORO** Marques de Casa Concha Carménère 2019 | Cachapoal
94 | **MARIO GEISSE** El Sueño Gran Reserva Carménère 2017 | Colchagua
94 | **MARTY** SER Single Vineyard Carménère 2018 | Cachapoal
94 | **MIGUEL TORRES** Cordillera de los Andes Carménère 2018 | Cachapoal
94 | **MORANDÉ** Edición Limitada Criollo del Maipo Carménère 2018 | Maipo
94 | **ODFJELL** Orzada Carménère 2019 | Maule
94 | **SAN PEDRO** Tierras Moradas Carménère 2018 | Maule
94 | **TABALÍ** Micas Carménère 2017 | Peumo
94 | **TERRANOBLE** CA1 Andes Carménère 2018 | Colchagua Andes
94 | **TORREÓN DE PAREDES** Reserva Privada Carménère 2018 | Alto Cachapoal
94 | **UNDURRAGA** T.H. Carménère 2018 | Peumo
94 | **VIÑEDOS VERAMONTE** Primus Orgánico Carménère 2019 | Apalta
94 | **VENTISQUERO** Grey Carménère 2018 | Maipo Costa

98

[DIVIDIDO]

MELHOR CARMÉNÈRE.

SANTA RITA
Floresta Carménère 2019
APALTA

A ideia de um novo Carménère, muito mais fresco, mais focado nas frutas vermelhas e sem medo das notas herbáceas, é algo recente. Desde 2016, uma safra fria e chuvosa onde não havia muitas alternativas para a colheita antecipada, esta nova série de Carménère começa a aparecer cada vez mais. Um dos pioneiros foi este Floresta, que vem de vinhas velhas plantadas há cerca de 80 anos no Vale de Apalta, em Colchagua. Nesta nova versão, a ideia de frescor traduz-se em frutas vermelhas, acidez firme, tons herbáceos e especiados e um corpo tenso, moderado pela acidez suculenta que este vinho teve nas suas três últimas safras. Os taninos são firmes, agudos, algo que também não tinha relação com o Carménère. E o final deixa uma sensação suave de ervas, para continuar bebendo. Entre os membros da nova onda do Carménère chileno, este está abrindo o caminho para nós em Descorchados. ☙

Os melhores Carménère do ano

97 | **ANTIYAL** Antiyal Viñedo El Escorial Carménère 2018 | Maipo
96 | **CASA SILVA** Microterroir de Los Lingues Carménère 2014 | Los Lingues
96 | **CLOS DE LUZ** Luz Carménère 2018 | Rapel
96 | **ERRÁZURIZ** KAI Carménère 2018 | Aconcagua
96 | **KOYLE** Cerro Basalto Cuartel G2 Carménère 2018 | Colchagua Andes
96 | **SANTA RITA** Pewën de Apalta Carménère 2019 | Apalta
95 | **CALITERRA** Pétreo Carménère 2018 | Colchagua
95 | **CLOS DE LUZ** Jaya Carménère 2019 | Rapel
95 | **MAQUIS** Viola Carménère 2017 | Colchagua
95 | **MONTES** Purple Angel Carménère 2018 | Colchagua
95 | **TARAPACÁ** Gran Reserva Etiqueta Negra Carménère 2018 | Maipo
95 | **VIU MANENT** El Incidente Carménère 2018 | Colchagua
94 | **CASA SILVA** Casa Silva S7 Single Block Carménère 2018 | Los Lingues
94 | **CLOS DE LUZ** Massal 1945 Carménère 2019 | Cachapoal
94 | **CONCHA Y TORO** Marques de Casa Concha Carménère 2019 | Cachapoal
94 | **MARIO GEISSE** El Sueño Gran Reserva Carménère 2017 | Colchagua
94 | **MARTY** SER Single Vineyard Carménère 2018 | Cachapoal
94 | **MIGUEL TORRES** Cordillera de los Andes Carménère 2018 | Cachapoal
94 | **MORANDÉ** Edición Limitada Criollo del Maipo Carménère 2018 | Maipo
94 | **ODFJELL** Orzada Carménère 2019 | Maule
94 | **SAN PEDRO** Tierras Moradas Carménère 2018 | Maule
94 | **TABALÍ** Micas Carménère 2017 | Peumo
94 | **TERRANOBLE** CA1 Andes Carménère 2018 | Colchagua Andes
94 | **TORREÓN DE PAREDES** Reserva Privada Carménère 2018 | Alto Cachapoal
94 | **UNDURRAGA** T.H. Carménère 2018 | Peumo
94 | **VIÑEDOS VERAMONTE** Primus Orgánico Carménère 2019 | Apalta
94 | **VENTISQUERO** Grey Carménère 2018 | Maipo Costa

98

MELHOR CHARDONNAY.

[DIVIDIDO]

ERRÁZURIZ

Las Pizarras *Chardonnay 2019*

ACONCAGUA COSTA

Desde sua primeira safra em 2014, este Las Pizarras estabeleceu um padrão nos novos Chardonnays que vêm da costa chilena. De três parcelas ricas em solos de ardósia na região do Aconcágua Costa, a cerca de 12 quilômetros do mar, aqui há cem por cento de envelhecimento em barricas, embora apenas 20% sejam madeiras novas e 25% malolática para preservar a acidez em um ano quente. O resultado é uma acidez cítrica, mas ao mesmo tempo com os toques salgados do vinho costeiro. A textura na boca é exuberante em sua sedosidade, os sabores frutados se misturam ao sal e o final é longo. Mantenha esta garrafa bem guardada pelos próximos cinco anos. 🍷

Os melhores Chardonnay do ano

97 | **BAETTIG** Selección de Parcelas Los Primos Chardonnay 2018 | Traiguén
96 | **AQUITANIA** Sol de Sol Chardonnay 2018 | Malleco
96 | **CONCHA Y TORO** Amelia Chardonnay 2019 | Limarí
96 | **VENTISQUERO** Tara White Wine 1 Chardonnay 2019 | Atacama
95 | **CONCHA Y TORO** Marques de Casa Concha Edición Limitada Chardonnay 2019 | Biobío
95 | **KINGSTON** CJ's Barrel Chardonnay 2018 | Casablanca
95 | **MIGUEL TORRES** Cordillera de los Andes Chardonnay 2019 | Limarí
95 | **MONTES** Montes Special Cuvée Chardonnay 2016 | Aconcágua Costa
95 | **WILLIAM FÈVRE CHILE** Chacai Chardonnay 2018 | Maipo Andes
94 | **BAETTIG** Vino de Viñedo Los Parientes Chardonnay 2019 | Traiguén
94 | **CONCHA Y TORO** Marques de Casa Concha Chardonnay 2019 | Limarí
94 | **DE MARTINO** Cellar Collection Quebrada Seca Chardonnay 2009 Limarí
94 | **DE MARTINO** Single Vineyard Tres Volcanes Chardonnay 2019 | Malleco
94 | **ERRÁZURIZ** Aconcágua Costa Chardonnay 2019 | Aconcágua Costa
94 | **KÜTRALKURA** Kütralkura Chardonnay 2019 | Malleco
94 | **LEYDA** Lot 5 Chardonnay 2019 | Leyda
94 | **MATETIC VINEYARDS** EQ Quartz Chardonnay 2018 | San Antonio
94 | **PANDOLFI PRICE** Los Patricios Chardonnay 2016 | Itata
94 | **SANTA EMA** Amplus Chardonnay 2019 | Leyda
94 | **TRAPI DEL BUENO** Handmade Chardonnay 2019 | Osorno
94 | **UNDURRAGA** T.H. Limarí Chardonnay 2018 | Limarí

98

MELHOR CHARDONNAY.

TABALÍ

Talinay *Chardonnay 2020*
LIMARÍ

Cem por cento dos vinhedos ricos em solos calcários, no vinhedo Talinay, localizado nas colinas costeiras de Limarí, a cerca de 12 quilômetros do Pacífico. Embora este vinho seja reconhecido como Chardonnay, a verdade é que para além das características varietais, o que se sente fortemente aqui é a influência do lugar nas suas notas salinas, na agudeza da sua textura, na forma vertical com que se move através do palato, como se ocupasse apenas o centro da boca. Estagiou cerca de dez meses em barricas usadas, onde as suas borras estiveram em contato permanente durante seis meses, o que resultou na textura, que apesar da sua acidez acentuada, apresenta um toque suave e redondo. Consistentemente este é um dos melhores Chardonnays da América do Sul. ✎

Os melhores **Chardonnay** do ano

97 | **BAETTIG** Selección de Parcelas Los Primos Chardonnay 2018 | Traiguén
96 | **AQUITANIA** Sol de Sol Chardonnay 2018 | Malleco
96 | **CONCHA Y TORO** Amelia Chardonnay 2019 | Limarí
96 | **VENTISQUERO** Tara White Wine 1 Chardonnay 2019 | Atacama
95 | **CONCHA Y TORO** Marques de Casa Concha Edición Limitada Chardonnay 2019 | Biobío
95 | **KINGSTON** CJ's Barrel Chardonnay 2018 | Casablanca
95 | **MIGUEL TORRES** Cordillera de los Andes Chardonnay 2019 | Limarí
95 | **MONTES** Montes Special Cuvée Chardonnay 2016 | Aconcagua Costa
95 | **WILLIAM FÈVRE CHILE** Chacai Chardonnay 2018 | Maipo Andes
94 | **BAETTIG** Vino de Viñedo Los Parientes Chardonnay 2019 | Traiguén
94 | **CONCHA Y TORO** Marques de Casa Concha Chardonnay 2019 | Limarí
94 | **DE MARTINO** Cellar Collection Quebrada Seca Chardonnay 2009 Limarí
94 | **DE MARTINO** Single Vineyard Tres Volcanes Chardonnay 2019 | Malleco
94 | **ERRÁZURIZ** Aconcagua Costa Chardonnay 2019 | Aconcagua Costa
94 | **KÜTRALKURA** Kütralkura Chardonnay 2019 | Malleco
94 | **LEYDA** Lot 5 Chardonnay 2019 | Leyda
94 | **MATETIC VINEYARDS** EQ Quartz Chardonnay 2018 | San Antonio
94 | **PANDOLFI PRICE** Los Patricios Chardonnay 2016 | Itata
94 | **SANTA EMA** Amplus Chardonnay 2019 | Leyda
94 | **TRAPI DEL BUENO** Handmade Chardonnay 2019 | Osorno
94 | **UNDURRAGA** T.H. Limarí Chardonnay 2018 | Limarí

95 MELHOR CINSAULT.

PEDRO PARRA
Monk *Cinsault 2018*
ITATA

O segundo Cru de Pedro Parra é também o mais austero, o mais monolítico, o mais intrigante. Em homenagem a Thelonious Monk - "provavelmente o mais talentoso e louco dos compositores de jazz", segundo Parra -, ele provém de solos graníticos, com uma elevada percentagem de quartzo e silício, mas também com uma cota significativa de argilas que, em um ano frio como 2018, tem um efeito de profundidade em vez de volume, como teve no 2017 mais quente, a primeira versão deste Cinsault cem por cento. O nariz é quase inexpressivo, mal oferecendo tons minerais e leves toques florais. A boca, porém, é ampla, profunda; se projeta para o fundo do palato auxiliada por uma acidez acentuada. Não há espaço para doçura aqui. Tudo é austeridade. Testado após um dia de aberto, o vinho não se moveu um milímetro de seu lugar. 🍷

Os melhores Cinsault do ano

94 | **A LOS VIÑATEROS BRAVOS** Las Curvas Cinsault 2020 | Itata
94 | **A LOS VIÑATEROS BRAVOS** Amigo Piedra Cinsault 2020 | Itata
94 | **CARTER MOLLENHAUER** Aurora de Itata Cinsault 2019 | Itata
94 | **MASINTÍN** Masintín Cinsault 2019 | Itata
94 | **MIGUEL TORRES** Tenaz (Viticultor José Miguel Castillo) Cinsault 2019 Itata
94 | **PEDRO PARRA** Trane Cinsault 2018 | Itata
94 | **ROBERTO HENRÍQUEZ** Fundo La Unión Cinsault 2020 | Itata
94 | **VIÑA LA FÁBULA DE GUARILIHUE** La Fábula Cinsault 2019 | Itata
93 | **A LOS VIÑATEROS BRAVOS** Pipeño Tinto Cinsault 2020 | Itata
93 | **DE MARTINO** Viejas Tinajas Cinsault 2020 | Itata
93 | **GARAGE WINE CO.** Portezuelo V. Lot 84 Cinsault 2019 Secano Interior Portezuelo
93 | **GARAGE WINE CO.** Soothsayers Ferment Single Ferment 2019 Secano Interior Coelemu
93 | **LA PROMETIDA** Revoltosa Cinsault 2018 | Itata
93 | **LAPOSTOLLE WINES** Collection Cinsault 2019 | Itata
93 | **PEDRO PARRA** Hub Cinsault 2018 | Itata
93 | **ROGUE VINE** Grand Itata Tinto Cinsault | 2019 Itata
93 | **SUTIL** Limited Release Cinsault 2020 | Itata

97

MELHOR GARNACHA.

VIÑEDOS DE ALCOHUAZ
Cuesta Chica *Garnacha 2019*
ELQUI

Um Garnacha extremo, este vem de vinhedos plantados a 2.100 metros de altitude nos solos graníticos de Elqui, no meio da Cordilheira dos Andes. Fermentado em tanques de concreto, com 60% dos cachos inteiros em uma espécie de semi-maceração carbônica, porém em tanque fechado, que é aberto uma vez ao dia para liberação do gás carbônico. O armazenamento é feito em ovos de concreto por dez meses. O vinho é um suco de fruta, delicioso em seu frescor, com muita suculência e notas herbáceas em meio a uma acidez persistente. O grande ponto aqui é a estrutura que é firme, com um caráter acentuado, que faz de tudo para suportar o peso daquela fruta que está ali, flutuando nesta camada tensa, nesta estrutura firme e sólida. ☙

Os melhores **Garnacha** do ano

95 | **P.S. GARCÍA** P.S. García Garnacha 2018 | Itata
94 | **CLOS DE LUZ** Azuda Garnacha 2019 | Cachapoal
94 | **KOYLE** Cerro Basalto Garnatxa Garnacha 2018 | Colchagua Andes
94 | **LAGAR DE CODEGUA** Codegua Garnacha 2020 | Cachapoal
93 | **GARAGE WINE CO.** Bagual Vineyard Garnacha Lot 99 2018 | Maule
93 | **MATURANA WINERY** Paigar Garnacha 2020 | Maule Secano Interior
92 | **LAS NIÑAS** GeGe Garnacha N/V | Apalta
91 | **LA VIÑA DEL SEÑOR** Laureles Garnacha 2019 | Maipo
90 | **LUIS FELIPE EDWARDS** 360º Series Garnacha 2017 | Colchagua

97

MELHOR MALBEC.

VIU MANENT
Viu 1 *Malbec 2018*
COLCHAGUA

A nova versão do Viu 1, o tinto mais ambicioso da casa, tem uma direção um pouco mais radical do que a que já se via desde a safra 2016. Nesse caso, a pureza da fruta e, acima de tudo, o frescor desses sabores de frutas e aromas que se expandem generosamente. Os suaves taninos da Malbec de solos profundos dão a sensação de um creme, acompanhados por uma acidez suculenta, que realçam o frescor. Mas atenção que também é um tinto profundo, com muita densidade e agradáveis notas de ervas e especiarias. Muito jovem, precisa de três a quatro anos em garrafa. Este novo Viu 1 é 87% Malbec, 9% Cabernet Sauvignon e 4% Petit Verdot. Estagiou em foudres (62% do volume), além de barricas e ovos de concreto.

Os melhores **Malbec** do ano

96 | **CALITERRA** Pétreo Malbec 2018 | Colchagua
96 | **TABALÍ** Talinay Lítico Malbec 2018 | Limarí
96 | **VIU MANENT** Viu 1 Malbec 2017 | Colchagua
95 | **ROGUE VINE** Macho Anciano Malbec 2018 | Itata
95 | **TABALÍ** Roca Madre Malbec 2019 | Limarí
95 | **VIÑEDOS DE ALCOHUAZ** La Era Malbec 2019 | Elqui
95 | **VIU MANENT** Single Vineyard San Carlos Malbec 2018 | Colchagua
94 | **DE MARTINO** Cellar Collection Limávida Malbec 2010 | Maule
94 | **LUIS FELIPE EDWARDS** LFE900 Malbec 2018 | Colchagua
94 | **TINTO DE RULO** Tinto de Rulo Malbec 2019 | Biobío
94 | **VIGNERON** Tinto de La Reina Malbec 2020 | Maipo
93 | **CREMASCHI FURLOTTI** Edición Limitada Malbec 2019 | Maule
93 | **LAGAR DE CODEGUA** Malbec Malbec 2019 | Cachapoal
92 | **BISQUERTT** La Joya Single Vineyard Malbec 2018 | Marchigüe
92 | **CLOS DE LUZ** Massal 1945 Malbec 2019 | Cachapoal
92 | **CONCHA Y TORO** Gran Reserva Serie Riberas Malbec 2019 | Marchigüe
92 | **TABALÍ** Pedregoso Malbec 2019 | Limarí
91 | **CONCHA Y TORO** Marques de Casa Concha Malbec 2019 | Maule
91 | **VALDIVIESO** Single Vineyard Malbec 2019 | Sagrada Familia

95 MELHOR MERLOT.

MARTY
SER Single Vineyard *Merlot 2017*
MAIPO

Normalmente em Pirque você encontra alguns dos Cabernet mais elegantes e frescos do Chile, tintos com generosas notas frutadas e toques mentolados que os caracterizam. Este Merlot, de vinhas com 15 anos, apresenta essas mesmas características, o que pode falar da força do terroir. Aqui encontram-se frutas vermelhas maduras, toques de ervas e notas mentoladas em corpo médio, taninos bem polidos e uma acidez firme, vibrante mesmo em um ano quente como 2017. Mais do que a variedade, aqui o lugar se destaca com uma clareza inusitada.

Os melhores Merlot do ano

94 | **ARESTI** Trisquel Series Merlot 2018 | Curicó
94 | **GILLMORE** Hacedor de Mundos Merlot 2018 | Maule
93 | **LUGAREJO** Lugarejo Merlot 2018 | Colchagua
93 | **OVNI WINES** Encuentro Secano Merlot 2018 | Itata
93 | **TRES PALACIOS** Family Vintage Merlot 2018 | Maipo Costa
93 | **VIÑA CASABLANCA** Nimbus Single Vineyard Merlot 2018 | Casablanca
92 | **ALTACIMA** 4090 Merlot 2019 | Lontué
92 | **CONCHA Y TORO** Marques de Casa Concha Merlot 2018 | Maule
92 | **KINGSTON** Kingston Merlot 2019 | Casablanca
92 | **OVNI WINES** Encuentro Secano Merlot 2017 | Itata
92 | **TARAPACÁ** Gran Reserva Merlot 2019 | Maipo
92 | **TERRANOBLE** Gran Reserva Merlot 2019 | Maule
92 | **VENTISQUERO** Grey Merlot 2018 | Apalta
91 | **MATURANA WINERY** Puente Austral Gran Reserva Merlot 2018 | Maule
91 | **MONTES** Montes Alpha Merlot 2018 | Colchagua
91 | **ODFJELL** Armador Merlot 2019 | Maipo
91 | **REQUINGUA** Toro de Piedra Merlot 2018 | Curicó
91 | **TABALÍ** Pedregoso Merlot 2019 | Limarí
91 | **TORREÓN DE PAREDES** Reserva Merlot 2018 | Alto Cachapoal

95

MELHOR PAÍS.

GONZÁLEZ BASTÍAS
País en Tinaja *País 2019*
MAULE SECANO COSTEIRO

Tinaja é uma seleção de uma vinha cujos solos são ricos em argila e granitos, o que - segundo José Luis Gómez Bastías - confere sabores diferentes, mas acima de tudo, taninos com maior aderência. Os cachos são moídos com o método tradicional do "zarandeo", que consiste em moer as uvas em cestos de "colihue", uma espécie de bambu chileno. O vinho é envelhecido em ânforas de barro centenárias durante seis meses. E o resultado é um tinto delicioso na sua expressão frutada, mas ao mesmo tempo com uma poderosa rede de taninos que aqui se desdobra em torno de suculentos e encantadores sabores de frutas vermelhas. O estilo deste Tinaja mostra que um vinho feito com métodos ancestrais não entra necessariamente em conflito com a boa enologia ou, melhor, com a higiene, um problema recorrente entre muitos produtores artesanais chilenos.

Os melhores **país** do ano

94 | **A LOS VIÑATEROS BRAVOS** La Resistencia País 2020 | Itata
94 | **AGRÍCOLA LA MISIÓN** Pisador País 2020 | Secano Interior Cauquenes
94 | **CARTER MOLLENHAUER** Aurora de Itata País 2020 | Secano Interior Itata
94 | **LABERINTO** Arcillas de Laberinto País 2020 | Maule
94 | **LONGAVI** Glup País 2019 | Biobío
94 | **LOUIS ANTOINE LUYT** Huasa de Pilén Alto País 2019 | Maule
94 | **MIGUEL TORRES** Millapoa País 2019 | Biobío
94 | **ROBERTO HENRÍQUEZ** País Verde País 2020 | Biobío
94 | **ROBERTO HENRÍQUEZ** Tierra de Pumas País 2020 | Biobío
94 | **ROBERTO HENRÍQUEZ** Fundo La Union País 2020 | Itata
93 | **A LOS VIÑATEROS BRAVOS** Granítico País 2020 | Itata
93 | **CARTER MOLLENHAUER** Aurora de Itata País 2019 | Itata
93 | **COOPERATIVA LONCOMILLA** Asoleado País 2018 | Secano Interior
93 | **ERASMO** Huaso Erasmo País 2020 | Maule Secano Interior
93 | **GARAGE WINE CO.** 215 BC Ferment Single Ferment 2019 | Cauquenes
93 | **GONZÁLEZ BASTÍAS** Matorral País 2019 | Maule Secano Interior
93 | **LAS VELETAS** Las Veletas País 2019 | Maule
93 | **LOUIS ANTOINE LUYT** País de Quenehuao País 2019 | Maule
93 | **ROBERTO HENRÍQUEZ** Rivera del Notro País 2020 | Biobío
93 | **ROBERTO HENRÍQUEZ** País Franco País 2020 | Biobío
93 | **ROGUE VINE** País Indestructible País 2019 | Itata
93 | **SANTA CRUZ** Santa Cruz País 2019 | Colchagua Costa

95

MELHOR PAÍS.

ROBERTO HENRÍQUEZ
Santa Cruz de Coya *País 2020*
BIOBÍO

Os quatro pequenos vinhedos que formam a base de Santa Cruz estão empoleirados na cordilheira Nahuelbuta, entre pinheiros, eucaliptos e manchas de árvores nativas. São parcelas de vinhas muito antigas, plantadas em solos argilosos e que têm em comum os solos graníticos que lhes conferem uma textura tensa e rústica. A característica central da Santa Cruz, acreditamos em Descorchados, é a sutileza dos sabores e aromas deste vinho, uma mescla de notas de flores, frutas vermelhas, terra. Tudo em harmonia, enquanto na boca é uma explosão de taninos e um sabor frutado de dar água na boca. Um País que mostra talvez o lado mais complexo e, ao mesmo tempo, mais suculento da variedade. ❧

Os melhores **país** do ano

94 | **A LOS VIÑATEROS BRAVOS** La Resistencia País 2020 | Itata
94 | **AGRÍCOLA LA MISIÓN** Pisador País 2020 | Secano Interior Cauquenes
94 | **CARTER MOLLENHAUER** Aurora de Itata País 2020 | Secano Interior Itata
94 | **LABERINTO** Arcillas de Laberinto País 2020 | Maule
94 | **LONGAVI** Glup País 2019 | Biobío
94 | **LOUIS ANTOINE LUYT** Huasa de Pilén Alto País 2019 | Maule
94 | **MIGUEL TORRES** Millapoa País 2019 | Biobío
94 | **ROBERTO HENRÍQUEZ** País Verde País 2020 | Biobío
94 | **ROBERTO HENRÍQUEZ** Tierra de Pumas País 2020 | Biobío
94 | **ROBERTO HENRÍQUEZ** Fundo La Union País 2020 | Itata
93 | **A LOS VIÑATEROS BRAVOS** Granítico País 2020 | Itata
93 | **CARTER MOLLENHAUER** Aurora de Itata País 2019 | Itata
93 | **COOPERATIVA LONCOMILLA** Asoleado País 2018 | Secano Interior
93 | **ERASMO** Huaso Erasmo País 2020 | Maule Secano Interior
93 | **GARAGE WINE CO.** 215 BC Ferment Single Ferment 2019 | Cauquenes
93 | **GONZÁLEZ BASTÍAS** Matorral País 2019 | Maule Secano Interior
93 | **LAS VELETAS** Las Veletas País 2019 | Maule
93 | **LOUIS ANTOINE LUYT** País de Quenehuao País 2019 | Maule
93 | **ROBERTO HENRÍQUEZ** Rivera del Notro País 2020 | Biobío
93 | **ROBERTO HENRÍQUEZ** País Franco País 2020 | Biobío
93 | **ROGUE VINE** País Indestructible País 2019 | Itata
93 | **SANTA CRUZ** Santa Cruz País 2019 | Colchagua Costa

94

[DIVIDIDO]

MELHOR PETIT VERDOT.

P.S. GARCÍA

P.S. García *Petit Verdot 2018*
ITATA

Enxertada em cepas País nas encostas de San Nicolás, no Vale do Itata, esta é uma fotografia HD de Petit Verdot. Tem a intensidade da casta, os seus taninos ferozes, a acidez pronunciada e os sabores suculentos e firmes de fruta negra que fazem pensar em abrir esta garrafa dentro de cinco anos, pelo menos. Um pequeno selvagem de vinhas não irrigadas que vai ganhando complexidade graças à paciência de quem o esperar. ❧

Os melhores Petit Verdot do ano

93 | **LAURA HARTWIG** Laura Hartwig Selección del Viticultor P. Verdot 2018 | Colchagua

93 | **PÉREZ CRUZ** Chaski P. Verdot 2017 | Maipo Andes

92 | **JAVIERA ORTÚZAR WINES** Intuición P. Verdot 2019 | Colchagua

92 | **KORTA WINES** Beltz Gran Reserva P. Verdot 2018 | Sagrada Familia

92 | **VALLE SECRETO** Origen P. Verdot 2019 | Cachapoal

91 | **SIEGEL FAMILY WINES** Single Vineyard Los Lingues P. Verdot 2018 | Colchagua Andes

91 | **VIÑEDOS PUERTAS** Aguanegra Gran Reserva P. Verdot 2018 | Curicó

90 | **IWINES** iLatina P. Verdot 2019 | Curicó

94

[DIVIDIDO]

MELHOR PETIT VERDOT.

SANTA CRUZ
Reserva Especial *Petit Verdot 2016*
COLCHAGUA COSTA

Esta é a primeira vez que Santa Cruz é cem por cento Petit Verdot, sem a ajuda de outras variedades. E mostra com clareza a casta, uma uva densa, com taninos selvagens e sabores maduros que falam de como as uvas foram vindimadas tardiamente em busca de maior maciez, tarefa difícil no Petit. Este é um vinho para envelhecer. Pelo menos cinco anos. ⤶

Os melhores Petit Verdot do ano

93 | **LAURA HARTWIG** Laura Hartwig Selección del Viticultor P. Verdot 2018 Colchagua

93 | **PÉREZ CRUZ** Chaski P. Verdot 2017 | Maipo Andes

92 | **JAVIERA ORTÚZAR WINES** Intuición P. Verdot 2019 | Colchagua

92 | **KORTA WINES** Beltz Gran Reserva P. Verdot 2018 | Sagrada Familia

92 | **VALLE SECRETO** Origen P. Verdot 2019 | Cachapoal

91 | **SIEGEL FAMILY WINES** Single Vineyard Los Lingues P. Verdot 2018 Colchagua Andes

91 | **VIÑEDOS PUERTAS** Aguanegra Gran Reserva P. Verdot 2018 | Curicó

90 | **IWINES** iLatina P. Verdot 2019 | Curicó

98

[DIVIDIDO]

MELHOR PINOT NOIR.

ERRÁZURIZ
Las Pizarras *Pinot Noir 2019*
ACONCAGUA COSTA

Para selecionar os lotes que vão para este vinho (560 caixas de 12 garrafas), o enólogo Francisco Baettig elegeu 4.5 hectares de solos de ardósia, dos 50 hectares que Errázuriz tem plantados com Pinot Noir em Aconcagua Costa, a 12 quilômetros do oceano Pacífico. É constituído por três parcelas, sendo a mais importante delas com face sul, uma orientação mais fresca que projeta esse frescor nas uvas, especialmente nos anos quentes como 2019. Este vinho tem 15% de cachos inteiros e um envelhecimento em barricas (45% madeira nova) por 13 meses. O resultado é um Pinot superlativo, muito intenso mas ao mesmo tempo muito fresco. A espinha dorsal que os taninos constroem contém todos os sabores frutados no meio da boca, fazendo com que este vinho ofereça uma sensação vertical que sublinha o seu frescor e também sustenta o seu corpo; não transborda, parece atlético, fibroso, com muita coragem. Esta é a sexta versão de Las Pizarras, a mais profunda, a mais complexa e talvez a de maior projeção na garrafa. ❧

Os melhores Pinot Noir do ano

97 | **BAETTIG** Selección de Parcelas Los Primos Pinot Noir 2018 | Traiguén
97 | **TABALÍ** Talinay PAI Pinot Noir 2019 | Limarí
96 | **CONCHA Y TORO** Amelia Pinot Noir 2019 | Limarí
96 | **KINGSTON** CJ's Barrel Pinot Noir 2019 | Casablanca
96 | **TABALÍ** Talinay Pinot Noir 2018 | Limarí
96 | **VENTISQUERO** Tara Red Wine 1 Pinot Noir 2019 | Atacama
96 | **VENTISQUERO** Herú Pinot Noir 2019 | Casablanca
95 | **CASA SILVA** Casa Silva Lago Ranco Pinot Noir 2019 | Osorno
95 | **CONCHA Y TORO** Marques de Casa Concha Pinot Noir 2019 | Limarí
95 | **COTEAUX DE TRUMAO** Coteaux de Trumao Pinot Noir 2019 | Valle del Bueno
95 | **ERRÁZURIZ** Aconcágua Costa Pinot Noir 2019 | Aconcágua Costa
95 | **KINGSTON** 8D Pinot Noir 2018 | Casablanca
95 | **P.S. GARCÍA** P.S. García Pinot Noir 2018 | Limarí
95 | **UNDURRAGA** Trama Pinot Noir 2018 | Leyda

98

MELHOR PINOT NOIR.

SAN PEDRO
Tayu 1865 *Pinot Noir 2019*
MALLECO

E sta já é a segunda versão de Tayu 1865, o vinho que San Pedro faz em colaboração com a comunidade mapuche de Buchahueico na cidade de Purén, no sopé da serra Nahuelbuta, no Vale do Malleco. Os Mapuche nunca cultivaram a vinha nem fermentaram as suas uvas, não faz parte da sua cultura, por isso este projeto que se iniciou em 2015 tem sido uma experiência de sincretismo cultural, um encontro entre duas culturas que deu a este vinho de grande caráter, com notas de especiarias, ervas, frutas negras, notas terrosas, um Pinot que já apresenta muita complexidade no nariz, enquanto na boca é severo nos taninos, suculento nos sabores de fruta, profundo. 🍷

Os melhores **Pinot Noir** do ano

97 | **BAETTIG** Selección de Parcelas Los Primos Pinot Noir 2018 | Traiguén
97 | **TABALÍ** Talinay PAI Pinot Noir 2019 | Limarí
96 | **CONCHA Y TORO** Amelia Pinot Noir 2019 | Limarí
96 | **KINGSTON** CJ's Barrel Pinot Noir 2019 | Casablanca
96 | **TABALÍ** Talinay Pinot Noir 2018 | Limarí
96 | **VENTISQUERO** Tara Red Wine 1 Pinot Noir 2019 | Atacama
96 | **VENTISQUERO** Herú Pinot Noir 2019 | Casablanca
95 | **CASA SILVA** Casa Silva Lago Ranco Pinot Noir 2019 | Osorno
95 | **CONCHA Y TORO** Marques de Casa Concha Pinot Noir 2019 | Limarí
95 | **COTEAUX DE TRUMAO** Coteaux de Trumao Pinot Noir 2019 | Valle del Bueno
95 | **ERRÁZURIZ** Aconcagua Costa Pinot Noir 2019 | Aconcagua Costa
95 | **KINGSTON** 8D Pinot Noir 2018 | Casablanca
95 | **P.S. GARCÍA** P.S. García Pinot Noir 2018 | Limarí
95 | **UNDURRAGA** Trama Pinot Noir 2018 | Leyda

97

MELHOR SAUVIGNON BLANC.

CONCHA Y TORO
Terrunyo *Sauvignon Blanc 2020*
CASABLANCA

Desde 2018, **Terrunyo Sauvignon** é produzido apenas a partir do clone 1, um dos primeiros clones de Sauvignon blanc que chegou ao Chile no início dos anos 90 e que se caracteriza por dar vinhos firmes, com grande acidez e bastante austeros, sem as notas exuberantes de outros clones. Essas características são exacerbadas quando se trata de áreas mais frias como deste Terrunyo, de vinhedos plantados em Las Dichas, a cerca de 15 quilômetros do mar, no Vale de Casablanca. Esta versão tem uma salinidade forte, junto com uma acidez acentuada como poucos em Casablanca e semelhante, talvez, aos exemplos de Sauvignon blanc de Limarí, onde o cal (ausente em Casablanca) modera os sabores. Aqui a influência fria do Pacífico, o clone e a mão de Lorena Mora - a enóloga por trás deste vinho - são responsáveis por esta pequena flecha de acidez e mineralidade.

Os melhores Sauvignon blanc do ano

96 | **AQUITANIA** Sol de Sol S. Blanc 2019 | Malleco
96 | **KINGSTON** CJ's Barrel S. Blanc 2019 | Casablanca
96 | **LABERINTO** Trumao de Laberinto S. Blanc 2019 | Maule
96 | **MATETIC VINEYARDS** EQ Limited Edition S. Blanc 2020 | San Antonio
96 | **MONTES** Outer Limits S. Blanc 2020 | Aconcagua Costa
96 | **TABALÍ** Talinay S. Blanc 2020 | Limarí
96 | **VENTOLERA** Private Cuvée S. Blanc 2018 | Leyda
95 | **CONO SUR** 20 Barrels S. Blanc 2020 | Casablanca
95 | **GARCÉS SILVA** Amayna Cordón Huinca S. Blanc 2020 | Leyda
95 | **LA RECOVA** Avid S. Blanc 2018 | Casablanca
95 | **LABERINTO** Cenizas de Laberinto S. Blanc 2020 | Maule
95 | **LEYDA** Lot 4 S. Blanc 2020 | Leyda
95 | **TRAPI DEL BUENO** Handmade S. Blanc 2020 | Osorno
95 | **UNDURRAGA** T.H. Limarí S. Blanc 2019 | Limarí
95 | **VENTOLERA** Cerro Alegre S. Blanc 2019 | Leyda

96 MELHOR SÉMILLON.

ROBERTO HENRÍQUEZ
Molino del Ciego *Sémillon 2020*
ITATA

Molino del Ciego pode não ser o branco mais ambicioso da vinícola ou aquele que ocupa o topo da pirâmide, mas para nós é o melhor, o mais complexo. Das vinhas com cerca de 90 anos da zona de Coelemu, muito perto do Oceano Pacífico no Vale do Itata, ele tem uma forte presença de notas oxidativas, tantas que no nariz cheira a "Manzanilla Pasada" de Jerez. Nozes, frutos maduros, tudo numa pequena cascata de sabores que se projeta na boca num corpo imponente, de grande volume, com tons oxidativos e ao mesmo tempo floral numa textura suculenta, com muita aderência. Um vinho para deixar na adega e esquecê-lo por uma década, ou beber agora com piures, o poderoso marisco vermelho abundante na costa sul do Chile e que é uma experiência única para os amantes de frutos do mar ricos em iodo. 🍂

Os melhores Sémillon do ano

95 | **BOUCHON** Skin by Bouchon Sémillon 2018 | Maule
95 | **CARMEN** D. O. Quijada Sémillon 2019 | Apalta
95 | **DE MARTINO** Single Vineyard La Blanca Sémillon 2019 | Maipo
95 | **DE MARTINO** D'Oro Sémillon 2011 | Maipo
95 | **MATURANA WINERY** Parellon Sémillon 2020 | Colchagua Costa
94 | **CARTER MOLLENHAUER** Aurora de Itata Sémillon 2019 | Itata
94 | **GARAGE WINE CO.** Isidore V. Sémillon Lot F2 Sémillon 2019 | Sauzal
94 | **ROBERTO HENRÍQUEZ** Fundo La Unión Blanco Sémillon 2020 | Itata
94 | **ROGUE VINE** Super Itata Sémillon 2019 | Itata
93 | **ESCÁNDALO WINES** Escándalo Sémillon 2020 | Colchagua
93 | **L'ENTREMETTEUSE** Rouge-Gorge Sémillon 2019 | Apalta
93 | **RIVERAS DEL CHILLÁN** Escogido Sémillon 2020 | Itata
93 | **VIGNERON** Blanco Chileno, Cuvée Giorgio Sémillon 2019 | Maipo
92 | **BOUCHON** J.Bouchon Block Series Sémillon 2019 | Maule Secano Interior
92 | **SUTIL** Limited Release Sémillon 2020 | Itata
92 | **TRINGARIO** Ludopata Sémillon 2020 | Cachapoal
91 | **CASAS DEL TOQUI** Barrel Series Reserva Sémillon 2020 | Cachapoal Andes

[DIVIDIDO]

96
MELHOR SYRAH.

CONO SUR
20 Barrels *Syrah 2018*
LIMARÍ

Moderado pelas brisas do Oceano Pacífico, que sopram na bacia do rio Limarí, este vinho vem de vinhedos de 16 anos plantados em solos aluviais e calcários, ricos em rochas e com declive de 45 graus, algo incomum no vale. O envelhecimento é feito 75% em barricas e 25% em foudres. O resultado é um Syrah vibrante, repleto de frutas vermelhas, impregnado de uma acidez que intervém por todo o lado, proporcionando frescor e nervo. Há tons de ervas e também azeitonas pretas, típicas do Syrah da região, mas o que abunda aqui é aquela sensação frutada nervosa e vibrante que torna este vinho um tinto irresistível. 🍷

Os melhores Syrah do ano

95 | **GARCÉS SILVA** Amayna Syrah 2018 | Leyda
95 | **MATETIC VINEYARDS** Matetic Syrah 2017 | San Antonio
95 | **POLKURA** Secano Syrah 2018 | Marchigüe
95 | **VENTISQUERO** Pangea Syrah 2017 | Apalta
94 | **ANDES PLATEAU** Cota 500 Syrah 2019 | Cachapoal
94 | **CALYPTRA** Marginado Syrah 2020 | Cachapoal Andes
94 | **CLOS DE LUZ** Azuda Syrah 2019 | Cachapoal
94 | **KALFU** Sumpai Syrah 2019 | Leyda
94 | **KOYLE** Royale Syrah 2018 | Colchagua Andes
94 | **LAGAR DE CODEGUA** Edición Limitada Syrah 2018 | Cachapoal
94 | **LOMA LARGA** Loma Larga Syrah 2019 | Casablanca
94 | **MATETIC VINEYARDS** EQ Cool Climate Syrah 2016 | San Antonio
94 | **MONTES** Montes Folly Syrah 2017 | Apalta
94 | **POLKURA** Syrah Syrah 2018 | Marchigüe
94 | **POLKURA** Block g+i Syrah 2017 | Marchigüe
94 | **POLKURA** Maniac Syrah 2017 | Marchigüe
94 | **SAN PEDRO** Kankana del Elqui Syrah 2018 | Elqui
94 | **TABALÍ** Payén Syrah 2018 | Limarí
94 | **TRABUN** Trabun Soloist Syrah 2015 | Cachapoal Andes
94 | **UNDURRAGA** T.H. Syrah 2018 | Leyda
94 | **VENTISQUERO** Grey Syrah 2018 | Apalta
94 | **VIU MANENT** Single Vineyard El Olivar Syrah 2018 | Colchagua

96 MELHOR SYRAH.

KINGSTON
Bayo Oscuro *Syrah 2019*
CASABLANCA

Fresco e vibrante, com o típico bacon e notas de fruta negra, é um excelente exemplo de Syrah de frio. A tensão da acidez, taninos pungentes em meio a um corpo repleto de especiarias e sabores de frutas negras maduras; um curry feito vinho. Este Syrah vem de vinhedos plantados em 1999 nas encostas de granito e argila de Las Dichas, uma das áreas mais próximas do mar no Vale de Casablanca. Seja paciente com este Syrah, ele precisa de três a quatro anos na garrafa. 🍷

Os melhores Syrah do ano

95 | **GARCÉS SILVA** Amayna Syrah 2018 | Leyda
95 | **MATETIC VINEYARDS** Matetic Syrah 2017 | San Antonio
95 | **POLKURA** Secano Syrah 2018 | Marchigüe
95 | **VENTISQUERO** Pangea Syrah 2017 | Apalta
94 | **ANDES PLATEAU** Cota 500 Syrah 2019 | Cachapoal
94 | **CALYPTRA** Marginado Syrah 2020 | Cachapoal Andes
94 | **CLOS DE LUZ** Azuda Syrah 2019 | Cachapoal
94 | **KALFU** Sumpai Syrah 2019 | Leyda
94 | **KOYLE** Royale Syrah 2018 | Colchagua Andes
94 | **LAGAR DE CODEGUA** Edición Limitada Syrah 2018 | Cachapoal
94 | **LOMA LARGA** Loma Larga Syrah 2019 | Casablanca
94 | **MATETIC VINEYARDS** EQ Cool Climate Syrah 2016 | San Antonio
94 | **MONTES** Montes Folly Syrah 2017 | Apalta
94 | **POLKURA** Syrah Syrah 2018 | Marchigüe
94 | **POLKURA** Block g+i Syrah 2017 | Marchigüe
94 | **POLKURA** Maniac Syrah 2017 | Marchigüe
94 | **SAN PEDRO** Kankana del Elqui Syrah 2018 | Elqui
94 | **TABALÍ** Payén Syrah 2018 | Limarí
94 | **TRABUN** Trabun Soloist Syrah 2015 | Cachapoal Andes
94 | **UNDURRAGA** T.H. Syrah 2018 | Leyda
94 | **VENTISQUERO** Grey Syrah 2018 | Apalta
94 | **VIU MANENT** Single Vineyard El Olivar Syrah 2018 | Colchagua

96

MELHOR SYRAH.

VIÑEDOS DE ALCOHUAZ
Tococo *Syrah 2019*
ELQUI

Para **Tococo**, o Syrah mais ambicioso de Viñedos de Alcohuaz, a fruta é selecionada de um vinhedo plantado em 2009 a cerca de 1.780 metros acima do nível do mar, em um solo de muito granito no meio da Cordilheira dos Andes, no Vale de Elqui. O vinho é fermentado em lagares de pedra, com 70% de cachos inteiros, sendo posteriormente estocado em barricas de 2.500 litros durante dez meses antes de ser engarrafado. Antes da casta, o que este vinho mostra são os aromas e texturas do granito, o lugar antes da uva ao fundo. Possui aromas terrosos, enquanto na boca é uma flecha de acidez, rodeada por notas de terra e frutas vermelhas em meio a taninos que apresentam arestas vivas, pequenas garras que aderem ao palato com força. 🍷

Os melhores Syrah do ano

95 | **GARCÉS SILVA** Amayna Syrah 2018 | Leyda
95 | **MATETIC VINEYARDS** Matetic Syrah 2017 | San Antonio
95 | **POLKURA** Secano Syrah 2018 | Marchigüe
95 | **VENTISQUERO** Pangea Syrah 2017 | Apalta
94 | **ANDES PLATEAU** Cota 500 Syrah 2019 | Cachapoal
94 | **CALYPTRA** Marginado Syrah 2020 | Cachapoal Andes
94 | **CLOS DE LUZ** Azuda Syrah 2019 | Cachapoal
94 | **KALFU** Sumpai Syrah 2019 | Leyda
94 | **KOYLE** Royale Syrah 2018 | Colchagua Andes
94 | **LAGAR DE CODEGUA** Edición Limitada Syrah 2018 | Cachapoal
94 | **LOMA LARGA** Loma Larga Syrah 2019 | Casablanca
94 | **MATETIC VINEYARDS** EQ Cool Climate Syrah 2016 | San Antonio
94 | **MONTES** Montes Folly Syrah 2017 | Apalta
94 | **POLKURA** Syrah Syrah 2018 | Marchigüe
94 | **POLKURA** Block g+i Syrah 2017 | Marchigüe
94 | **POLKURA** Maniac Syrah 2017 | Marchigüe
94 | **SAN PEDRO** Kankana del Elqui Syrah 2018 | Elqui
94 | **TABALÍ** Payén Syrah 2018 | Limarí
94 | **TRABUN** Trabun Soloist Syrah 2015 | Cachapoal Andes
94 | **UNDURRAGA** T.H. Syrah 2018 | Leyda
94 | **VENTISQUERO** Grey Syrah 2018 | Apalta
94 | **VIU MANENT** Single Vineyard El Olivar Syrah 2018 | Colchagua

96

MELHOR VIOGNIER.

VENTISQUERO
Tara White Wine 2 Edición 4 Solera *Viognier N/V*
ATACAMA

Imitando o sistema de soleras e criaderas dos vinhos de Jerez (mas sem véu de flor, neste caso), este branco começou a envelhecer em barricas em 2012 e ano após ano é revitalizado com as safras mais novas. Esta quarta versão tem dos anos de 2012 a 2020, nove safras que correspondem neste ano a 600 garrafas. O vinho perdeu a sua característica varietal (só para constar, é cem por cento Viognier) e tornou-se uma espécie de blend entre citrinos e pedras salgadas, tons clássicos dos brancos da vinha Nicolasa, a cerca de 14 quilômetros do mar, e cujos solos são brancos, salinos. Frutas e sal não parecem uma combinação muito atraente, mas funciona perfeitamente aqui, em um dos brancos mais singulares do cenário sul-americano. 🍇

Os melhores Viognier do ano

94 | **TABALÍ** Barranco Viognier 2020 | Limarí
93 | **MATURANA WINERY** Vox Viognier 2020 | Maule
93 | **SIEGEL FAMILY WINES** Siegel Naranjo Viognier 2019 | Colchagua
92 | **CASA SILVA** Casa Silva Gran Terroir de la Costa Lolol Viognier 2019 Lolol
92 | **JAVIERA ORTÚZAR WINES** Jacinta Viognier 2020 | Colchagua
92 | **TABALÍ** Pedregoso Viognier 2020 | Limarí

98

MELHOR ACONCAGUA.

ERRÁZURIZ

Las Pizarras *Chardonnay 2019*
ACONCAGUA COSTA

Desde sua primeira safra em 2014, este Las Pizarras estabeleceu um padrão nos novos Chardonnays que vêm da costa chilena. De três parcelas ricas em solos de ardósia na região do Aconcágua Costa, a cerca de 12 quilômetros do mar, aqui há cem por cento de envelhecimento em barricas, embora apenas 20% sejam madeiras novas e 25% malolática para preservar a acidez em um ano quente. O resultado é uma acidez cítrica, mas ao mesmo tempo com os toques salgados do vinho costeiro. A textura na boca é exuberante em sua sedosidade, os sabores frutados se misturam ao sal e o final é longo. Mantenha esta garrafa bem guardada pelos próximos cinco anos. 🍷

Os melhores de Aconcagua do ano

96 | **ERRÁZURIZ** KAI Carménère 2018 | Aconcágua
96 | **MONTES** Outer Limits Sauvignon Blanc 2020 | Aconcagua Costa
95 | **ERRÁZURIZ** Aconcagua Costa Pinot Noir 2019 | Aconcagua Costa
95 | **MONTES** Montes Special Cuvée Chardonnay 2016 | Aconcagua Costa
94 | **ARBOLEDA** Arboleda Pinot Noir 2019 | Aconcagua Costa
94 | **ERRÁZURIZ** Aconcagua Costa Chardonnay 2019 | Aconcagua Costa
93 | **ERRÁZURIZ** Aconcagua Alto Cabernet Sauvignon 2018 | Aconcagua
93 | **MONTES** Montes Outer Limits Pinot Noir 2018 | Aconcagua Costa
92 | **ARBOLEDA** Arboleda Chardonnay 2019 | Aconcagua Costa
92 | **ERRÁZURIZ** MAX Chardonnay 2019 | Aconcagua
92 | **MONTES** Outer Limits Syrah 2019 | Aconcagua Costa
92 | **RODEO 2020** Rodeo 2020 Syrah 2018 | Aconcagua Costa
91 | **ERRÁZURIZ** Estate Reserva Carménère 2018 | Aconcagua
90 | **ERRÁZURIZ** Estate Cabernet Sauvignon 2019 | Aconcagua

98

MELHOR ACONCAGUA.

ERRÁZURIZ

Las Pizarras *Pinot Noir 2019*
ACONCAGUA COSTA

Para selecionar os lotes que vão para este vinho (560 caixas de 12 garrafas), o enólogo Francisco Baettig elegeu 4.5 hectares de solos de ardósia, dos 50 hectares que Errázuriz tem plantados com Pinot Noir em Aconcagua Costa, a 12 quilômetros do oceano Pacífico. É constituído por três parcelas, sendo a mais importante delas com face sul, uma orientação mais fresca que projeta esse frescor nas uvas, especialmente nos anos quentes como 2019. Este vinho tem 15% de cachos inteiros e um envelhecimento em barricas (45% madeira nova) por 13 meses. O resultado é um Pinot superlativo, muito intenso ao mesmo tempo muito fresco. A espinha dorsal que os taninos constroem contém todos os sabores frutados no meio da boca, fazendo com que este vinho ofereça uma sensação vertical que sublinha o seu frescor e também sustenta o seu corpo; não transborda, parece atlético, fibroso, com muita coragem. Esta é a sexta versão de Las Pizarras, a mais profunda, a mais complexa e talvez a de maior projeção na garrafa. 🍷

Os melhores de Aconcagua do ano

96 | **ERRÁZURIZ** KAI Carménère 2018 | Aconcágua
96 | **MONTES** Outer Limits Sauvignon Blanc 2020 | Aconcagua Costa
95 | **ERRÁZURIZ** Aconcagua Costa Pinot Noir 2019 | Aconcagua Costa
95 | **MONTES** Montes Special Cuvée Chardonnay 2016 | Aconcagua Costa
94 | **ARBOLEDA** Arboleda Pinot Noir 2019 | Aconcagua Costa
94 | **ERRÁZURIZ** Aconcagua Costa Chardonnay 2019 | Aconcagua Costa
93 | **ERRÁZURIZ** Aconcagua Alto Cabernet Sauvignon 2018 | Aconcagua
93 | **MONTES** Montes Outer Limits Pinot Noir 2018 | Aconcagua Costa
92 | **ARBOLEDA** Arboleda Chardonnay 2019 | Aconcagua Costa
92 | **ERRÁZURIZ** MAX Chardonnay 2019 | Aconcagua
92 | **MONTES** Outer Limits Syrah 2019 | Aconcagua Costa
92 | **RODEO 2020** Rodeo 2020 Syrah 2018 | Aconcagua Costa
91 | **ERRÁZURIZ** Estate Reserva Carménère 2018 | Aconcagua
90 | **ERRÁZURIZ** Estate Cabernet Sauvignon 2019 | Aconcagua

98 MELHOR APALTA.

SANTA RITA
Floresta *Carménère 2019*
APALTA

A ideia de um novo Carménère, muito mais fresco, mais focado nas frutas vermelhas e sem medo das notas herbáceas, é algo recente. Desde 2016, uma safra fria e chuvosa onde não havia muitas alternativas para a colheita antecipada, esta nova série de Carménère começa a aparecer cada vez mais. Um dos pioneiros foi este Floresta, que vem de vinhas velhas plantadas há cerca de 80 anos no Vale de Apalta, em Colchagua. Nesta nova versão, a ideia de frescor traduz-se em frutas vermelhas, acidez firme, tons herbáceos e especiados e um corpo tenso, moderado pela acidez suculenta que este vinho teve nas suas três últimas safras. Os taninos são firmes, agudos, algo que também não tinha relação com o Carménère. E o final deixa uma sensação suave de ervas, para continuar bebendo. Entre os membros da nova onda do Carménère chileno, este está abrindo o caminho para nós em Descorchados. 🌶

Os melhores de Apalta do ano

96 | **MONTES** Montes Alpha M 2018 | Colchagua
96 | **SANTA RITA** Pewën de Apalta Carménère 2019 | Apalta
96 | **VIÑEDOS VERAMONTE** Neyen, Espíritu de Apalta 2016 | Apalta
95 | **CARMEN** D. O. Quijada Sémillon 2019 | Apalta
95 | **CLOS APALTA** Clos Apalta 2017 | Apalta
95 | **LAS NIÑAS** Mítica Syrah, C. Sauvignon, Carménère, Merlot, Mourvèdre 2017 | Apalta
95 | **VALDIVIESO** Caballo Loco Grand Cru Apalta Carménère, C. Sauvignon 2017 | Apalta
95 | **VENTISQUERO** Pangea Syrah 2017 | Apalta
95 | **VENTISQUERO** Vertice Carménère, Syrah 2018 | Colchagua
94 | **CLOS APALTA** Le Petit Clos C. Sauvignon, Merlot, Carménère 2017 | Apalta
94 | **LAPOSTOLLE WINES** Collection Grenache, Syrah, Monastrell 2019 | Apalta
94 | **LAPOSTOLLE WINES** Collection Sémillon, Torontel 2019 | Apalta
94 | **MONTES** Montes Folly Syrah 2017 | Apalta
94 | **RAMIRANA** La Roblería Vineyard C. Sauvignon, Carménère, Petit Verdot 2019 | Apalta
94 | **VENTISQUERO** Grey Syrah 2018 | Apalta
94 | **VENTISQUERO** Obliqua Carménère C. Sauvignon 2017 | Apalta
94 | **VIÑEDOS VERAMONTE** Primus Orgánico Carménère 2019 | Apalta
94 | **YALI** Yali Plus C. Sauvignon, Carménère, Merlot, Syrah 2018 | Colchagua
93 | **KURIMAN** Catalejo C. Sauvignon 2018 | Apalta
93 | **L'ENTREMETTEUSE** Rouge-Gorge Sémillon 2019 | Apalta
93 | **L'ENTREMETTEUSE** E L'Entremetteuse C. Sauvignon, Carménère, Syrah 2018 | Colchagua
93 | **LAPOSTOLLE WINES** Collection Grenache, Syrah, Mourvèdre 2018 | Apalta
93 | **LAS NIÑAS** E Carménère 2019 | Apalta
93 | **LAS NIÑAS** Amante C. Sauvignon, Merlot 2018 | Apalta
93 | **LAS NIÑAS** Amante Syrah, Mourvèdre 2018 | Apalta
93 | **VENTISQUERO** Grey Garnacha, Carignan, Mourvèdre 2020 | Apalta

95

MELHOR BIOBÍO.

CONCHA Y TORO
Marques de Casa Concha Edición Limitada
Chardonnay 2019
BIOBÍO

O vinhedo Quitralman está localizado em solos argilosos nas colinas de Mulchén, ao sul do rio Biobío. Prensado com os seus cachos inteiros e depois envelhecido cerca de um ano em barricas, e sem fermentação malolática, a sensação cremosa e suculenta da textura parece então vir apenas daqueles solos argilosos e também de um ano quente como 2019. Aqui estão as frutas brancas, densidade de sabores e uma acidez firme que sustenta todo esse peso. Um Chardonnay amplo, com muito boa profundidade, um daqueles brancos que parecem destinados a evoluir na garrafa.

Os melhores de Biobío do ano

94 | **LONGAVÍ** Glup País 2019 | Biobío
94 | **MIGUEL TORRES** Millapoa País 2019 | Biobío
94 | **ROBERTO HENRÍQUEZ** País Verde País 2020 | Biobío
94 | **ROBERTO HENRÍQUEZ** Tierra de Pumas País 2020 | Biobío
94 | **TINTO DE RULO** Tinto de Rulo Malbec 2019 | Biobío
93 | **ROBERTO HENRÍQUEZ** Rivera del Notro País 2020 | Biobío
93 | **ROBERTO HENRÍQUEZ** País Franco País 2020 | Biobío
93 | **VALDIVIESO** Caballo Loco Blanc de Noir Pinot Noir N/V | Biobío
93 | **VALDIVIESO** Blanc de Blancs Chardonnay N/V | Biobío
92 | **CONCHA Y TORO** Marques de Casa Concha Edición Limitada Pinot Noir 2019 | Biobío
91 | **BODEGA VOLCANES DE CHILE** Tectonia Pinot Noir 2017 | Biobío
90 | **PORTA** Reserva Sauvignon Blanc 2020 | Biobío
90 | **CONO SUR** Sparkling Brut Chardonnay 2020 | Biobío
90 | **CONO SUR** Sparkling Brut Rosé Pinot Noir 2020 | Biobío

95

MELHOR BIOBÍO.

ROBERTO HENRÍQUEZ
Santa Cruz de Coya *País 2020*
BIOBÍO

Os quatro pequenos vinhedos que formam a base de Santa Cruz estão empoleirados na cordilheira Nahuelbuta, entre pinheiros, eucaliptos e manchas de árvores nativas. São parcelas de vinhas muito antigas, plantadas em solos argilosos e que têm em comum os solos graníticos que lhes conferem uma textura tensa e rústica. A característica central da Santa Cruz, acreditamos em Descorchados, é a sutileza dos sabores e aromas deste vinho, uma mescla de notas de flores, frutas vermelhas, terra. Tudo em harmonia, enquanto na boca é uma explosão de taninos e um sabor frutado de dar água na boca. Um País que mostra talvez o lado mais complexo e, ao mesmo tempo, mais suculento da variedade. 🍷

Os melhores de Biobío do ano

94 | **LONGAVÍ** Glup País 2019 | Biobío
94 | **MIGUEL TORRES** Millapoa País 2019 | Biobío
94 | **ROBERTO HENRÍQUEZ** País Verde País 2020 | Biobío
94 | **ROBERTO HENRÍQUEZ** Tierra de Pumas País 2020 | Biobío
94 | **TINTO DE RULO** Tinto de Rulo Malbec 2019 | Biobío
93 | **ROBERTO HENRÍQUEZ** Rivera del Notro País 2020 | Biobío
93 | **ROBERTO HENRÍQUEZ** País Franco País 2020 | Biobío
93 | **VALDIVIESO** Caballo Loco Blanc de Noir Pinot Noir N/V | Biobío
93 | **VALDIVIESO** Blanc de Blancs Chardonnay N/V | Biobío
92 | **CONCHA Y TORO** Marques de Casa Concha Edición Limitada Pinot Noir 2019 | Biobío
91 | **BODEGA VOLCANES DE CHILE** Tectonia Pinot Noir 2017 | Biobío
90 | **PORTA** Reserva Sauvignon Blanc 2020 | Biobío
90 | **CONO SUR** Sparkling Brut Chardonnay 2020 | Biobío
90 | **CONO SUR** Sparkling Brut Rosé Pinot Noir 2020 | Biobío

97 MELHOR CACHAPOAL ANDES.

SAN PEDRO

Cabo de Hornos *Cabernet Sauvignon 2018*
CACHAPOAL ANDES

Cabo de Hornos é uma seleção de Cabernets plantados desde 1998 nos solos coluviais da propriedade de San Pedro em Cachapoal, ao pé da Cordilheira dos Andes. A safra 2018 é considerada uma das melhores da década no Chile e um de seus atributos é que teve temperaturas amenas que permitiram esperar com tranquilidade o amadurecimento das uvas. Neste Cabernet há uma forte presença de notas herbáceas, acompanhadas por muitas frutas vermelhas maduras que se espalham pela boca com graça, sem exagerar. A textura é firme, marcada por taninos firmes mas não agressivos e uma acidez que o mantém refrescante. Quatro a cinco anos na garrafa representam um longo caminho em termos de complexidade. ❧

Os melhores de Cachapoal Andes do ano

96 | **CALYPTRA** Inédito Limited Edition 2016 | Cachapoal Andes
96 | **CASAS DEL TOQUI** Leyenda del Toqui Cabernet Sauvignon, Cabernet Franc, Carménère, Petit Verdot, Malbec, Syrah 2015 | Cachapoal Andes
96 | **LAGAR DE CODEGUA** Tudor Cabernet Sauvignon 2019 | Cachapoal
96 | **LOS BOLDOS** Château Los Boldos Grand Clos C. Sauvignon 2018 Cachapoal Andes
96 | **SAN PEDRO** Altair 2018 | Cachapoal Andes
96 | **TORREÓN DE PAREDES** Don Amado 2017 | Alto Cachapoal
96 | **TRABUN** Trabun Orchestra Cot, C. Sauvignon, Syrah 2018 | Cachapoal Andes
95 | **CALYPTRA** Assamblage Gran Reserva 2016 | Cachapoal Andes
95 | **LAGAR DE CODEGUA** Aluvión C. Sauvignon, Syrah, P. Verdot, Malbec 2019 | Cachapoal
95 | **SANTA CAROLINA** Dolmen Cabernet Sauvignon 2019 | Alto Cachapoal
94 | **ANDES PLATEAU** Cota 500 Syrah 2019 | Cachapoal
94 | **CALYPTRA** Marginado Syrah 2020 | Cachapoal Andes
94 | **CALYPTRA** Petit Inédito Gran Reserva 2018 | Cachapoal Andes
94 | **CASAS DEL TOQUI** Court Rollan Filius Blend de Blends 2018 | Alto Cachapoal
94 | **CASAS DEL TOQUI** Gran Toqui C. Sauvignon 2018 | Cachapoal Andes
94 | **CASAS DEL TOQUI** Court Rollan Pater C Sauvignon 2018 | Alto Cachapoal
94 | **LAGAR DE CODEGUA** Codegua Garnacha 2020 | Cachapoal
94 | **LAGAR DE CODEGUA** Edición Limitada Syrah 2018 | Cachapoal
94 | **LAGAR DE CODEGUA** Tannat Tannat 2019 | Cachapoal
94 | **LOS BOLDOS** Château Los Boldos Vieilles Vignes C. Sauvignon 2019 Cachapoal Andes
94 | **PINO AZUL / EL ENCANTO** Encanto Blend 2019 | Alto Cachapoal
94 | **PINO AZUL / EL ENCANTO** Encanto C. Sauvignon 2019 | Cachapoal Andes
94 | **SAN PEDRO** Sideral 2018 | Cachapoal Andes
94 | **TIPAUME** Grez 2018 | Alto Cachapoal
94 | **TORREÓN DE PAREDES** Reserva Privada Carménère 2018 | Alto Cachapoal
94 | **TRABUN** Trabun Soloist Syrah 2015 | Cachapoal Andes
94 | **VALLE SECRETO** Private Cabernet Franc 2018 | Cachapoal

95

MELHOR CACHAPOAL ENTRE CORDILHEIRAS.

CLOS DE LUZ
Jaya *Carménère 2019*
RAPEL

Esta é uma seleção de plantas Carménère, de vinhas velhas em suaves encostas de granito com uma elevada proporção de argilas. Um solo que retém bem a água, algo de que sempre gosta a Carménère sedenta. Aqui há uma boa dose de notas herbáceas, muito típicas da casta, que servem de condimento à espessa e abundante camada de frutas vermelhas, espalhando-se generosamente pela boca. O envelhecimento é de 12 meses em barricas usadas, o que confere ao vinho maciez, mas sem prejudicar o seu caráter varietal. Um Carménère a ter em conta no seio desta nova geração de castas que estão a mostrar um rosto muito mais fresco da uva. 🍷

Os melhores de Cachapoal entre cordilheiras do ano

94 | **CHILE DIVINO** El Consentido Cabernet Sauvignon 2017 | Cachapoal
94 | **CLOS DE LUZ** Massal 1945 Carménère 2019 | Cachapoal
94 | **CLOS DE LUZ** Azuda Garnacha 2019 | Cachapoal
94 | **CLOS DE LUZ** Azuda Syrah 2019 | Cachapoal
94 | **MARTY** SER Single Vineyard Carménère 2018 | Cachapoal
93 | **CHILE DIVINO** La Confundida Carménère 2017 | Cachapoal
93 | **CLOS DE LUZ** Massal 1945 Cabernet Sauvignon 2019 | Cachapoal
93 | **JAVIERA ORTÚZAR WINES** Intuición Syrah 2019 | Cachapoal
92 | **CASAS DEL BOSQUE** Gran Reserva Carménère 2019 | Cachapoal
92 | **CASAS DEL TOQUI** Court Rollan Extra Brut Blanc de Blancs 2018 Cachapoal
92 | **CLOS ANDINO** La Cuvée de Peumo Carménère 2018 | Cachapoal
92 | **CLOS DE LUZ** Massal 1945 Malbec 2019 | Cachapoal
92 | **TRINGARIO** Ludopata Sémillon 2020 | Cachapoal
91 | **MARTY** Mariposa Alegre, PIRCA Carménère 2019 | Cachapoal

97

MELHOR CASABLANCA.

CONCHA Y TORO

Terrunyo *Sauvignon Blanc 2020*
CASABLANCA

Desde 2018, **Terrunyo Sauvignon** é produzido apenas a partir do clone 1, um dos primeiros clones de Sauvignon blanc que chegou ao Chile no início dos anos 90 e que se caracteriza por dar vinhos firmes, com grande acidez e bastante austeros, sem as notas exuberantes de outros clones. Essas características são exacerbadas quando se trata de áreas mais frias como deste Terrunyo, de vinhedos plantados em Las Dichas, a cerca de 15 quilômetros do mar, no Vale de Casablanca. Esta versão tem uma salinidade forte, junto com uma acidez acentuada como poucos em Casablanca e semelhante, talvez, aos exemplos de Sauvignon blanc de Limarí, onde o cal (ausente em Casablanca) modera os sabores. Aqui a influência fria do Pacífico, o clone e a mão de Lorena Mora - a enóloga por trás deste vinho - são responsáveis por esta pequena flecha de acidez e mineralidade. 🍂

Os melhores de Casablanca do ano

96 | **KINGSTON** Bayo Oscuro Syrah 2019 | Casablanca
96 | **KINGSTON** CJ's Barrel Pinot Noir 2019 | Casablanca
96 | **KINGSTON** CJ's Barrel Sauvignon Blanc 2019 | Casablanca
96 | **VENTISQUERO** Herú Pinot Noir 2019 | Casablanca
95 | **CONO SUR** 20 Barrels Sauvignon Blanc 2020 | Casablanca
95 | **KINGSTON** CJ's Barrel Chardonnay 2018 | Casablanca
95 | **KINGSTON** 8D Pinot Noir 2018 | Casablanca
95 | **LA RECOVA** Avid Sauvignon Blanc 2018 | Casablanca
94 | **CASAS DEL BOSQUE** Pequeñas Producciones Pinot Noir 2019 | Casablanca
94 | **KINGSTON** Cariblanco Sauvignon Blanc 2020 | Casablanca
94 | **KINGSTON** Alazan Pinot Noir 2019 | Casablanca
94 | **LA RECOVA** Avid Sauvignon Blanc 2017 | Casablanca
94 | **LOMA LARGA** Loma Larga Syrah 2019 | Casablanca
94 | **MATETIC VINEYARDS** EQ Coastal Sauvignon Blanc 2020 | Casablanca
94 | **MATETIC VINEYARDS** EQ Limited Edition Pinot Noir 2018 | Casablanca
94 | **MONTSECANO** Refugio Pinot Noir 2019 | Casablanca
94 | **MORANDÉ** Gran Reserva Sauvignon Blanc 2019 | Casablanca
94 | **OC WINES** Inicio Rosé Pinot Noir N/V | Casablanca
94 | **VILLARD** JCV Ramato Pinot Grigio 2019 | Casablanca
94 | **VINÍCOLA ATACALCO** Cárabe de Casablanca Pinot Gris 2019 | Casablanca
94 | **VIÑA CASABLANCA** Pinot Del Cerro Pinot Noir 2017 | Casablanca
94 | **VIÑEDOS VERAMONTE** Ritual Monster Block Orgánico Pinot Noir 2018 | Casablanca

96

MELHOR COLCHAGUA ANDES.

CASA SILVA
Microterroir de Los Lingues *Carménère 2014*
LOS LINGUES

A do contrário do novo e muito bem-sucedido Carménère S7, que provém de um único vinhedo em Los Lingues, este Microterroir é um conjunto de pequenas parcelas dentro das melhores parcelas da variedade naquele lugar de suaves colinas ao pé dos Andes e que Casa Silva plantou em 1997. Aqui há uma presença muito equilibrada de notas de ervas e frescas, mas também de frutas mais maduras e negras. Na boca é mais pesado que o S7, mas também mais profundo num vinho que parece mais longo e tem taninos mais robustos, embora igualmente polidos, que é a marca registrada da casa.

Os melhores de Colchagua Andes do ano

94 | **CASA SILVA** Casa Silva S7 Single Block Carménère 2018 | Los Lingues
94 | **KOYLE** Cerro Basalto Garnatxa Garnacha 2018 | Colchagua Andes
94 | **KOYLE** Royale Syrah 2018 | Colchagua Andes
94 | **SIERRAS DE BELLAVISTA** Sierras de Bellavista Pinot Noir 2020 Colchagua Andes
94 | **SIERRAS DE BELLAVISTA** Sierras de Bellavista Riesling 2020 Colchagua Andes
94 | **TERRANOBLE** CA1 Andes Carménère 2018 | Colchagua Andes
93 | **CASA SILVA** S38 Single Block Cabernet Sauvignon 2018 | Los Lingues
93 | **KOYLE** Royale Cabernet Sauvignon 2018 | Colchagua Andes
93 | **KOYLE** Royale Carménère 2018 | Colchagua Andes
92 | **CASA SILVA** Gran Terroir de los Andes Los Lingues C. Sauvignon 2019 Los Lingues
92 | **CASA SILVA** Gran Terroir de los Andes Los Lingues Carménère 2019 Los Lingues
92 | **SIEGEL FAMILY WINES** S. Vineyard Los Lingues C. Sauvignon 2018 Colchagua Andes
92 | **SIEGEL FAMILY WINES** Single Vineyard Los Lingues Carménère 2018 Colchagua Andes
91 | **CASA SILVA** Cuvée Colchagua Reserva C. Sauvignon 2019 | Colchagua
91 | **KOYLE** Cuvée Los Lingues Syrah 2018 | Colchagua Andes
91 | **KOYLE** Royale Tempranillo 2016 | Colchagua Andes
91 | **SIEGEL FAMILY WINES** S. Vineyard Los Lingues Petit Verdot 2018 Colchagua Andes
91 | **SIEGEL FAMILY WINES** Siegel Rosé Cinsault 2020 | Colchagua

96

MELHOR COLCHAGUA ANDES.

KOYLE

Cerro Basalto Cuartel G2 *Carménère 2018*
COLCHAGUA ANDES

G2 é a mistura de Koyle à base de Carménère, mas plantada em solos basálticos, graníticos, o que quebra um pouco o paradigma de que Carménère gosta de solos mais profundos e com maior retenção de água. Este é 86% Carménère, e Cabernet Franc, do mesmo vinhedo e solos semelhantes, que também participa da mistura. O resultado, após 18 meses de envelhecimento em barrica, oferece uma abordagem focada nas especiarias e ervas, com um fundo frutado que se projeta ao longo da boca e uma profundidade incomum para a cepa. Um Carménère sobre pedra, no início da montanha. 🍷

Os melhores de Colchagua Andes do ano

94 | **CASA SILVA** Casa Silva S7 Single Block Carménère 2018 | Los Lingues

94 | **KOYLE** Cerro Basalto Garnatxa Garnacha 2018 | Colchagua Andes

94 | **KOYLE** Royale Syrah 2018 | Colchagua Andes

94 | **SIERRAS DE BELLAVISTA** Sierras de Bellavista Pinot Noir 2020 Colchagua Andes

94 | **SIERRAS DE BELLAVISTA** Sierras de Bellavista Riesling 2020 Colchagua Andes

94 | **TERRANOBLE** CA1 Andes Carménère 2018 | Colchagua Andes

93 | **CASA SILVA** S38 Single Block Cabernet Sauvignon 2018 | Los Lingues

93 | **KOYLE** Royale Cabernet Sauvignon 2018 | Colchagua Andes

93 | **KOYLE** Royale Carménère 2018 | Colchagua Andes

92 | **CASA SILVA** Gran Terroir de los Andes Los Lingues C. Sauvignon 2019 Los Lingues

92 | **CASA SILVA** Gran Terroir de los Andes Los Lingues Carménère 2019 Los Lingues

92 | **SIEGEL FAMILY WINES** S. Vineyard Los Lingues C. Sauvignon 2018 Colchagua Andes

92 | **SIEGEL FAMILY WINES** Single Vineyard Los Lingues Carménère 2018 Colchagua Andes

91 | **CASA SILVA** Cuvée Colchagua Reserva C. Sauvignon 2019 | Colchagua

91 | **KOYLE** Cuvée Los Lingues Syrah 2018 | Colchagua Andes

91 | **KOYLE** Royale Tempranillo 2016 | Colchagua Andes

91 | **SIEGEL FAMILY WINES** S. Vineyard Los Lingues Petit Verdot 2018 Colchagua Andes

91 | **SIEGEL FAMILY WINES** Siegel Rosé Cinsault 2020 | Colchagua

96 MELHOR COLCHAGUA COSTA.

CALCU
Futa Cabernet Sauvignon 2017
COLCHAGUA

Os vinhedos de Cabernet Sauvignon de Calcu em Marchigüe estão localizados a cerca de 27 quilômetros do mar, em direção ao oeste do Vale de Colchagua. São solos graníticos que costumam transmitir taninos muito poderosos aos seus vinhos, mas graças às extrações mais suaves de Calcu, este efeito não é sentido, embora a tensão na textura o seja. Este é um Cabernet de dicionário, com os seus aromas a ervas, frutas vermelhas e ligeiros toques mentolados, num corpo firme, acidez penetrante e muitos sabores que enchem a boca. É o Cabernet clássico que pode ser bebido muito bem agora, mas tem grande potencial de envelhecimento. Seja paciente. 🌿

Os melhores de **Colchagua Costa** do ano

95 | **CALCU** Fotem Cabernet Sauvignon 2018 | Colchagua
95 | **MATURANA WINERY** Parellon Sémillon 2020 | Colchagua Costa
95 | **POLKURA** Secano Syrah 2018 | Marchigüe
94 | **CASA SILVA** Cool Coast Sauvignon Gris 2020 | Colchagua
94 | **CLOS SANTA ANA** Velo Pinot Noir 2017 | Colchagua
94 | **ESTAMPA** Inspiración Refosco 2019 | Marchigüe
94 | **ESTAMPA** Inspiración Teroldego 2019 | Marchigüe
94 | **KOYLE** Costa Sauvignon Blanc 2019 | Colchagua Costa
94 | **MARIO GEISSE** El Sueño Gran Reserva Carménère 2017 | Colchagua
94 | **MONTES** Montes Alpha Special Cuvée C. Sauvignon 2018 | Marchigüe
94 | **POLKURA** Syrah Syrah 2018 | Marchigüe
94 | **POLKURA** Block g+i Syrah 2017 | Marchigüe
94 | **POLKURA** Maniac Syrah 2017 | Marchigüe
94 | **SANTA CRUZ** Reserva Especial Petit Verdot 2016 | Colchagua Costa
94 | **SANTA RITA** Floresta Cabernet Franc 2019 | Colchagua
93 | **BISQUERTT** La Joya Single Vineyard C. Sauvignon 2018 | Marchigüe
93 | **CASA SILVA** Casa Silva Cool Coast Sauvignon Blanc 2020 | Colchagua
93 | **ESTAMPA** DelViento Sauvignon Blanc 2020 | Colchagua Costa
93 | **HACIENDA ARAUCANO** Humo Blanco E. Limitada Sin Sulfitos Carménère 2020 | Lolol
93 | **KOYLE** Koyle Costa Cuarzo Sauvignon Blanc 2020 | Colchagua Costa
93 | **L'ENTREMETTEUSE** Rouge-Gorge S. Blanc 2019 | Colchagua Costa
93 | **MARIO GEISSE** El Sueño Gran Reserva C. Sauvignon 2017 | Colchagua
93 | **SANTA CRUZ** Santa Cruz País 2019 | Colchagua Costa
93 | **TERRANOBLE** CA2 Costa Carménère 2018 | Colchagua Costa

97

MELHOR COLCHAGUA ENTRE CORDILHEIRAS.

VIU MANENT
Viu 1 *Malbec 2018*
COLCHAGUA

Anova versão do Viu 1, o tinto mais ambicioso da casa, tem uma direção um pouco mais radical do que a que já se via desde a safra 2016. Nesse caso, a pureza da fruta e, acima de tudo, o frescor desses sabores de frutas e aromas que se expandem generosamente. Os suaves taninos da Malbec de solos profundos dão a sensação de um creme, acompanhados por uma acidez suculenta, que realçam o frescor. Mas atenção que também é um tinto profundo, com muita densidade e agradáveis notas de ervas e especiarias. Muito jovem, precisa de três a quatro anos em garrafa. Este novo Viu 1 é 87% Malbec, 9% Cabernet Sauvignon e 4% Petit Verdot. Estagiou em foudres (62% do volume), além de barricas e ovos de concreto. 🍷

Os melhores de Colchagua entre cordilheiras do ano

96 | **CALITERRA** Pétreo Malbec 2018 | Colchagua
96 | **VIU MANENT** Viu 1 Malbec 2017 | Colchagua
95 | **CALITERRA** Pétreo Carménère 2018 | Colchagua
95 | **LUIS FELIPE EDWARDS** Pater Cabernet Sauvignon 2015 | Colchagua
95 | **MAQUIS** Viola Carménère 2017 | Colchagua
95 | **VIU MANENT** El Incidente Carménère 2018 | Colchagua
95 | **VIU MANENT** Single Vineyard San Carlos Malbec 2018 | Colchagua
94 | **LUIS FELIPE EDWARDS** LFE900 Malbec 2018 | Colchagua
94 | **MAQUIS** Franco Cabernet Franc 2017 | Colchagua
94 | **MATURANA WINERY** Lucas Cabernet Sauvignon 2017 | Colchagua
94 | **VIU MANENT** Single Vineyard El Olivar Syrah 2018 | Colchagua
93 | **CASA SILVA** 1912 Vines Sauvignon Gris 2020 | Colchagua
93 | **EMILIANA ORGANIC VINEYARDS** Signos de Origen Los Robles Carménère 2018 | Colchagua
93 | **ESCÁNDALO WINES** Escándalo Sémillon 2020 | Colchagua
93 | **ESCÁNDALO WINES** Escándalo Cariñena 2019 | Colchagua
93 | **LAURA HARTWIG** Selección del Viticultor Petit Verdot 2018 | Colchagua
93 | **LAURA HARTWIG** Selección del Viticultor C. Sauvignon 2018 | Colchagua
93 | **LUGAREJO** Lugarejo Merlot 2018 | Colchagua
93 | **MAQUIS** Gran Reserva Cabernet Franc 2018 | Colchagua
93 | **SIEGEL FAMILY WINES** Siegel Naranjo Viognier 2019 | Colchagua
93 | **SUTIL** Limited Release Carménère 2019 | Colchagua
93 | **VIU MANENT** Single Vineyard La Capilla C. Sauvignon 2018 | Colchagua
93 | **VIU MANENT** Single Vineyard Loma Blanca Carménère 2018 | Colchagua

95

MELHOR CURICÓ.

VALDIVIESO
Single Vineyard *Cabernet Franc 2017*
SAGRADA FAMILIA

O vinhedo La Rosa é uma das joias de Valdivieso. Plantado na área de Sagrada Família em 1920, possui uma pequena coleção de vinhedos que produzem deliciosos vinhos, o mais brilhante entre eles é o Cabernet Franc, um clássico de Curicó. Aqui podem sentir-se as notas herbáceas típicas da casta, assim como os toques de tabaco misturados com frutas vermelhas maduras. Na boca é suculento, elegante nos taninos e fresco na acidez, mas ao mesmo tempo com uma agradável doçura de fruta. Um vinho para guardar de dois a três anos ou para beber agora com guisado de cordeiro. 🍷

Os melhores de Curicó do ano

94 | **ARESTI** Trisquel Series Merlot 2018 | Curicó
94 | **ARESTI** Family Collection 2017 | Curicó
94 | **KORTA WINES** Reserva de Familia 2016 | Sagrada Familia
94 | **SAN PEDRO** 1865 Old Vines Cabernet Sauvignon 2018 | Curicó
94 | **VALDIVIESO** Caballo Loco Grand Cru Sagrada Familia 2017 | Sagrada Familia
93 | **ALTACIMA** 6330 Ensamblaje K 2018 | Lontué
93 | **ALTACIMA** 6330 Late Harvest Gewürztraminer 2019 | Lontué
93 | **ARESTI** Trisquel Gran Reserva Cabernet Sauvignon, Syrah, Petit Verdot 2019 | Curicó
93 | **LA JUNTA** Escalera Carménère, Syrah, Cabernet Sauvignon, Petit Verdot 2014 | Curicó
93 | **MIGUEL TORRES** Cordillera de los Andes Brut Pinot Noir 2018 | Curicó
93 | **VALDIVIESO** Éclat Curiosity Grenache, Syrah 2020 | Sagrada Familia
93 | **VIÑEDOS PUERTAS** Obsesión Premium Blend 2015 | Curicó
93 | **VIÑEDOS PUERTAS** Toro de Casta Premium Blend 2016 | Curicó
92 | **ALTACIMA** 4090 Merlot 2019 | Lontué
92 | **ALTACIMA** 4090 Carménère 2019 | Lontué
92 | **ECHEVERRÍA** Family Reserva Cabernet Sauvignon 2018 | Curicó
92 | **KORTA WINES** Beltz Gran Reserva Petit Verdot 2018 | Sagrada Familia
92 | **LA JUNTA** Calicata Syrah 2018 | Curicó
92 | **MAGYAR** Magyar Cabernet Franc 2019 | Curicó
92 | **MAGYAR** Kunko Mezcla Campo Coferm Cabernet Franc, Malbec, Carménère 2019 | Curicó
92 | **MIGUEL TORRES** Las Mulas Sparkling País 2018 | Curicó

97

MELHOR ELQUI.

VIÑEDOS DE ALCOHUAZ
Cuesta Chica *Garnacha 2019*
ELQUI

Um Garnacha extremo, este vem de vinhedos plantados a 2.100 metros de altitude nos solos graníticos de Elqui, no meio da Cordilheira dos Andes. Fermentado em tanques de concreto, com 60% dos cachos inteiros em uma espécie de semi-maceração carbônica, porém em tanque fechado, que é aberto uma vez ao dia para liberação do gás carbônico. O armazenamento é feito em ovos de concreto por dez meses. O vinho é um suco de fruta, delicioso em seu frescor, com muita suculência e notas herbáceas em meio a uma acidez persistente. O grande ponto aqui é a estrutura que é firme, com um caráter acentuado, que faz de tudo para suportar o peso daquela fruta que está ali, flutuando nesta camada tensa, nesta estrutura firme e sólida. 🐘

Os melhores de Elqui do ano

96 | **VIÑEDOS DE ALCOHUAZ** Tococo Syrah 2019 | Elqui
95 | **VIÑEDOS DE ALCOHUAZ** La Era Malbec 2019 | Elqui
94 | **SAN PEDRO** Kankana del Elqui Syrah 2018 | Elqui
93 | **SAN PEDRO** 1865 Selected Vineyards Pinot Noir 2019 | Elqui
93 | **SAN PEDRO** 1865 Selected Collection Desert Syrah 2018 | Elqui
92 | **SAN PEDRO** 1865 Selected Vineyards Chardonnay 2018 | Elqui
90 | **SAN PEDRO** Castillo de Molina Sauvignon Blanc 2020 | Elqui

96

MELHOR ITATA.

ROBERTO HENRÍQUEZ
Molino del Ciego Sémillon 2020
ITATA

Molino del Ciego pode não ser o branco mais ambicioso da vinícola ou aquele que ocupa o topo da pirâmide, mas para nós é o melhor, o mais complexo. Das vinhas com cerca de 90 anos da zona de Coelemu, muito perto do Oceano Pacífico no Vale do Itata, ele tem uma forte presença de notas oxidativas, tantas que no nariz cheira a "Manzanilla Pasada" de Jerez. Nozes, frutos maduros, tudo numa pequena cascata de sabores que se projeta na boca num corpo imponente, de grande volume, com tons oxidativos e ao mesmo tempo floral numa textura suculenta, com muita aderência. Um vinho para deixar na adega e esquecê-lo por uma década, ou beber agora com piures, o poderoso marisco vermelho abundante na costa sul do Chile e que é uma experiência única para os amantes de frutos do mar ricos em iodo.

Os melhores de Itata do ano

95 | **A LOS VIÑATEROS BRAVOS** Hombre en Llamas Cariñena 2020 | Itata
95 | **P.S. GARCÍA** P.S. García Garnacha 2018 | Itata
95 | **PEDRO PARRA** Monk Cinsault 2018 | Itata
95 | **ROBERTO HENRÍQUEZ** Super Estrella Moscatel de Alejandría 2020 | Itata
95 | **ROGUE VINE** Macho Anciano Malbec 2018 | Itata
94 | **A LOS VIÑATEROS BRAVOS** Las Curvas Cinsault 2020 | Itata
94 | **A LOS VIÑATEROS BRAVOS** Amigo Piedra Cinsault 2020 | Itata
94 | **A LOS VIÑATEROS BRAVOS** La Resistencia País 2020 | Itata
94 | **CARTER MOLLENHAUER** Aurora de Itata Cinsault 2019 | Itata
94 | **CARTER MOLLENHAUER** Aurora de Itata País 2020 | Secano Interior Itata
94 | **CARTER MOLLENHAUER** Aurora de Itata Sémillon 2019 | Itata
94 | **MASINTÍN** Masintín Cinsault 2019 | Itata
94 | **MIGUEL TORRES** Tenaz (Viticultor José Miguel Castillo) Cinsault 2019 | Itata
94 | **P.S. GARCÍA** P.S. García Petit Verdot 2018 | Itata
94 | **PANDOLFI PRICE** Los Patricios Chardonnay 2016 | Itata
94 | **PEDRO PARRA** Trane Cinsault 2018 | Itata
94 | **ROBERTO HENRÍQUEZ** Fundo La Unión Cinsault 2020 | Itata
94 | **ROBERTO HENRÍQUEZ** Fundo La Union País 2020 | Itata
94 | **ROBERTO HENRÍQUEZ** Fundo La Unión Blanco Sémillon 2020 | Itata
94 | **ROBERTO HENRÍQUEZ** Corinto Super Estrella Corinto 2020 | Itata
94 | **ROGUE VINE** Insolente Single Vineyard Cariñena 2018 | Itata
94 | **ROGUE VINE** Super Itata Sémillon 2019 | Itata
94 | **ROGUE VINE** Jamón Jamón Moscatel de Alejandría 2019 | Itata
94 | **VIGNERON** Blanco de Itata Moscatel de Alejandría 2019 | Itata
94 | **VIÑA LA FÁBULA DE GUARILIHUE** La Fábula Cinsault 2019 | Itata

96

MELHOR LEYDA.

MATETIC VINEYARDS
EQ Limited Edition *Sauvignon Blanc 2020*
SAN ANTONIO

Este é o Sauvignon tradicional da Matetic, uma seleção de vinhas plantadas entre 1998 e 2005 e que vem sendo produzido desde 2001. O envelhecimento ocorre em ovos de cimento, barricas de carvalho e os restantes 20% em barris de aço de 300 litros. A safra de 2020 foi muito baixa em volume, principalmente devido à seca que atingiu quase todo o Chile. E daí resultam vinhos altamente concentrados que aqui se traduzem num grande corpo, rico em sabores salgados, e também numa acidez igualmente concentrada que refresca tudo, ajudando a criar aquela sensação de estrutura sólida e profundidade. Uma excelente versão deste clássico dos brancos costeiros do Chile. ❧

Os melhores de Leyda do ano

95 | **GARCÉS SILVA** Amayna Cordón Huinca Sauvignon Blanc 2020 | Leyda
95 | **GARCÉS SILVA** Amayna Syrah 2018 | Leyda
95 | **LEYDA** Lot 4 Sauvignon Blanc 2020 | Leyda
95 | **MATETIC VINEYARDS** Matetic Syrah 2017 | San Antonio
95 | **UNDURRAGA** Trama Pinot Noir 2018 | Leyda
95 | **VENTOLERA** Cerro Alegre Sauvignon Blanc 2019 | Leyda
94 | **HARAS DE PIRQUE** Albaclara Sauvignon Blanc 2020 | Leyda
94 | **KALFU** Sumpai Syrah 2019 | Leyda
94 | **LEYDA** Lot 5 Chardonnay 2019 | Leyda
94 | **LEYDA** Single Vineyard Las Brisas Pinot Noir 2019 | Leyda
94 | **LEYDA** Single Vineyard Garuma Sauvignon Blanc 2020 | Leyda
94 | **LEYDA** Single Vineyard Kadun Sauvignon Gris 2020 | Leyda
94 | **LEYDA** Lot 21 Pinot Noir 2019 | Leyda
94 | **MARTY** Goutte d'Argent Sauvignon Blanc 2020 | Leyda
94 | **MATETIC VINEYARDS** EQ Quartz Chardonnay 2018 | San Antonio
94 | **MATETIC VINEYARDS** EQ Cool Climate Syrah 2016 | San Antonio
94 | **SANTA EMA** Amplus Chardonnay 2019 | Leyda
94 | **UNDURRAGA** T.H. Syrah 2018 | Leyda
94 | **UNDURRAGA** T.H. Leyda Sauvignon Blanc 2019 | Leyda

96

MELHOR LEYDA.

VENTOLERA
Private Cuvée *Sauvignon Blanc 2018*
LEYDA

Esta é uma seleção de parcelas de Sauvignon blanc plantadas entre 2002 e 2005 nos solos de granito das colinas costeiras do Vale do Leyda, em San Antonio. O enólogo Stefano Gandolini quis ver como a casta evolui com as suas borras, e por muito tempo. Neste caso, está há dois anos em barricas de aço de 225 litros, sempre em contato com as borras ou restos de levedura morta que lhe conferem uma força e intensidade brutais. Não existe no mercado um Sauvignon branco como este, com esta intensidade salgada, com esta força de fruta e com esta profundidade penetrante que se insere no palato, enchendo-o de frescor e sabor. Se não fosse pela cor, você pensaria que este é um vinho tinto. Apenas 1.200 garrafas foram feitas deste Sauvignon.

Os melhores de Leyda do ano

95 | **GARCÉS SILVA** Amayna Cordón Huinca Sauvignon Blanc 2020 | Leyda
95 | **GARCÉS SILVA** Amayna Syrah 2018 | Leyda
95 | **LEYDA** Lot 4 Sauvignon Blanc 2020 | Leyda
95 | **MATETIC VINEYARDS** Matetic Syrah 2017 | San Antonio
95 | **UNDURRAGA** Trama Pinot Noir 2018 | Leyda
95 | **VENTOLERA** Cerro Alegre Sauvignon Blanc 2019 | Leyda
94 | **HARAS DE PIRQUE** Albaclara Sauvignon Blanc 2020 | Leyda
94 | **KALFU** Sumpai Syrah 2019 | Leyda
94 | **LEYDA** Lot 5 Chardonnay 2019 | Leyda
94 | **LEYDA** Single Vineyard Las Brisas Pinot Noir 2019 | Leyda
94 | **LEYDA** Single Vineyard Garuma Sauvignon Blanc 2020 | Leyda
94 | **LEYDA** Single Vineyard Kadun Sauvignon Gris 2020 | Leyda
94 | **LEYDA** Lot 21 Pinot Noir 2019 | Leyda
94 | **MARTY** Goutte d'Argent Sauvignon Blanc 2020 | Leyda
94 | **MATETIC VINEYARDS** EQ Quartz Chardonnay 2018 | San Antonio
94 | **MATETIC VINEYARDS** EQ Cool Climate Syrah 2016 | San Antonio
94 | **SANTA EMA** Amplus Chardonnay 2019 | Leyda
94 | **UNDURRAGA** T.H. Syrah 2018 | Leyda
94 | **UNDURRAGA** T.H. Leyda Sauvignon Blanc 2019 | Leyda

98 MELHOR LIMARÍ.

TABALÍ
Talinay *Chardonnay 2020*
LIMARÍ

Cem por cento dos vinhedos ricos em solos calcários, no vinhedo Talinay, localizado nas colinas costeiras de Limarí, a cerca de 12 quilômetros do Pacífico. Embora este vinho seja reconhecido como Chardonnay, a verdade é que para além das características varietais, o que se sente fortemente aqui é a influência do lugar nas suas notas salinas, na agudeza da sua textura, na forma vertical com que se move através do palato, como se ocupasse apenas o centro da boca. Estagiou cerca de dez meses em barricas usadas, onde as suas borras estiveram em contato permanente durante seis meses, o que resultou na textura, que apesar da sua acidez acentuada, apresenta um toque suave e redondo. Consistentemente este é um dos melhores Chardonnays da América do Sul.

Os melhores de Limarí do ano

97 | **TABALÍ** Talinay PAI Pinot Noir 2019 | Limarí
96 | **CONCHA Y TORO** Amelia Chardonnay 2019 | Limarí
96 | **CONCHA Y TORO** Amelia Pinot Noir 2019 | Limarí
96 | **CONO SUR** 20 Barrels Syrah 2018 | Limarí
96 | **TABALÍ** Talinay Lítico Malbec 2018 | Limarí
96 | **TABALÍ** Talinay Pinot Noir 2018 | Limarí
96 | **TABALÍ** Talinay Sauvignon Blanc 2020 | Limarí
95 | **CONCHA Y TORO** Marques de Casa Concha Pinot Noir 2019 | Limarí
95 | **MIGUEL TORRES** Cordillera de los Andes Chardonnay 2019 | Limarí
95 | **P.S. GARCÍA** P.S. García Pinot Noir 2018 | Limarí
95 | **TABALÍ** Vetas Blancas Cabernet Franc 2019 | Limarí
95 | **TABALÍ** Roca Madre Malbec 2019 | Limarí
95 | **UNDURRAGA** T.H. Limarí Sauvignon Blanc 2019 | Limarí
94 | **CONCHA Y TORO** Marques de Casa Concha Chardonnay 2019 | Limarí
94 | **DE MARTINO** Cellar Collection Quebrada Seca Chardonnay 2009 | Limarí
94 | **DE MARTINO** Legado Pinot Noir 2020 | Limarí
94 | **TABALÍ** Payén Syrah 2018 | Limarí
94 | **TABALÍ** Barranco Viognier 2020 | Limarí
94 | **TABALÍ** Vetas Blancas Sauvignon Blanc 2020 | Limarí
94 | **UNDURRAGA** T.H. Limarí Chardonnay 2018 | Limarí

99

MELHOR MAIPO ANDES.

CARMEN

Gold *Cabernet Sauvignon 2018*
MAIPO

Gold Reserve é o vinho mais ambicioso de Carmen e é produzido desde a safra de 1993, sempre com a base de Cabernet Sauvignon da vinha Carneros, plantada em 1957. No entanto, essa vinha tem vindo a reduzir significativamente a sua produção devido a doenças que atacam as suas raízes, então novos plantios entraram no mix, mas sempre na mesma área, ao norte da propriedade de Carmen, em solos aluviais de Alto Maipo, em Alto Jahuel. Nesta nova versão há 91% Cabernet Sauvignon e o resto Cabernet Franc, e esta é uma grande mudança em termos de estilo. O que antes era um tinto concentrado e tânico, nesta safra tornou-se um Cabernet muito mais delicado, mais frutado e floral até. A enóloga Emily Faulconer reconhece que duas das principais razões para essa mudança foram as colheitas antecipadas em busca de frutas mais tintas e extrações muito mais macias, de forma que o tanino não se tornasse o ator principal. A mudança de estilo é importante e, para nós, mostra a melhor cara que já tivemos neste clássico moderno chileno em suas quase três décadas de história. ❧

Os melhores de Maipo Andes do ano

98 | **DON MELCHOR** Don Melchor Cabernet Sauvignon 2018 | Maipo
98 | **SANTA RITA** Casa Real Reserva Especial Cabernet Sauvignon 2018 | Maipo
97 | **ANTIYAL** Antiyal Viñedo El Escorial Carménère 2018 | Maipo
97 | **CLOS QUEBRADA DE MACUL** Domus Aurea C. Sauvignon 2017 | Maipo Alto
97 | **CONCHA Y TORO** Terrunyo Cabernet Sauvignon 2018 | Pirque
97 | **DOMAINE DE LA PIEDRA SAGRADA** Piedra Sagrada Cuvée Domaine de la Piedra Sagrada Cabernet Sauvignon 2018 | Maipo Andes
97 | **VENTISQUERO** Enclave Cabernet Sauvignon 2017 | Maipo Andes
96 | **DOMAINE DE LA PIEDRA SAGRADA** Piedra Sagrada Cuvée Domaine de la Piedra Sagrada Cabernet Sauvignon 2014 | Maipo Andes
96 | **DOMAINE DE LA PIEDRA SAGRADA** Piedra Sagrada Cuvée Prestige Don Arturo Pérez Rojas Cabernet Sauvignon 2015 | Maipo Andes
96 | **GANDOLINI** Las 3 Marías Vineyards C. Sauvignon 2015 | Maipo Andes
96 | **HARAS DE PIRQUE** Albis Cabernet Sauvignon, Carménère 2018 | Maipo
96 | **UNDURRAGA** T.H. Maipo Alto Cabernet Sauvignon 2018 | Maipo Alto
95 | **AQUITANIA** Lazuli Cabernet Sauvignon 2017 | Maipo Andes
95 | **CONCHA Y TORO** Marques de Casa Concha C. Sauvignon 2018 | Maipo
95 | **MARTY** SER Single Vineyard Merlot 2017 | Maipo
95 | **MARTY** SER Single Vineyard Cabernet Sauvignon 2017 | Maipo
95 | **PÉREZ CRUZ** Pircas Cabernet Sauvignon 2017 | Maipo Andes
95 | **SANTA EMA** Amplus Cabernet Sauvignon 2018 | Maipo Alto
95 | **SANTA RITA** Floresta Cabernet Sauvignon 2019 | Maipo
95 | **VIÑEDOS VERAMONTE** Primus Cabernet Sauvignon 2018 | Maipo
95 | **WILLIAM FÈVRE CHILE** Chacai Chardonnay 2018 | Maipo Andes
95 | **WILLIAM FÈVRE CHILE** Chacai Cabernet Sauvignon 2017 | Maipo Andes

99

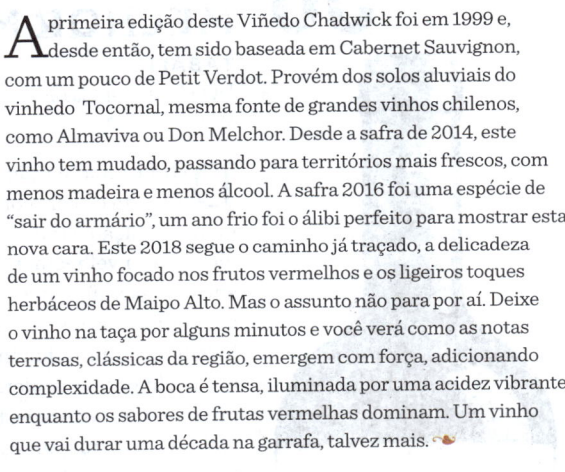

[DIVIDIDO]

MELHOR MAIPO ANDES.

VIÑEDO CHADWICK

Viñedo Chadwick *Cabernet Sauvignon 2018*
PUENTE ALTO

A primeira edição deste Viñedo Chadwick foi em 1999 e, desde então, tem sido baseada em Cabernet Sauvignon, com um pouco de Petit Verdot. Provém dos solos aluviais do vinhedo Tocornal, mesma fonte de grandes vinhos chilenos, como Almaviva ou Don Melchor. Desde a safra de 2014, este vinho tem mudado, passando para territórios mais frescos, com menos madeira e menos álcool. A safra 2016 foi uma espécie de "sair do armário", um ano frio foi o álibi perfeito para mostrar esta nova cara. Este 2018 segue o caminho já traçado, a delicadeza de um vinho focado nos frutos vermelhos e os ligeiros toques herbáceos de Maipo Alto. Mas o assunto não para por aí. Deixe o vinho na taça por alguns minutos e você verá como as notas terrosas, clássicas da região, emergem com força, adicionando complexidade. A boca é tensa, iluminada por uma acidez vibrante, enquanto os sabores de frutas vermelhas dominam. Um vinho que vai durar uma década na garrafa, talvez mais. 🍷

Os melhores de Maipo Andes do ano

98 | **DON MELCHOR** Don Melchor Cabernet Sauvignon 2018 | Maipo
98 | **SANTA RITA** Casa Real Reserva Especial Cabernet Sauvignon 2018 | Maipo
97 | **ANTIYAL** Antiyal Viñedo El Escorial Carménère 2018 | Maipo
97 | **CLOS QUEBRADA DE MACUL** Domus Aurea C. Sauvignon 2017 | Maipo Alto
97 | **CONCHA Y TORO** Terrunyo Cabernet Sauvignon 2018 | Pirque
97 | **DOMAINE DE LA PIEDRA SAGRADA** Piedra Sagrada Cuvée Domaine de la Piedra Sagrada Cabernet Sauvignon 2018 | Maipo Andes
97 | **VENTISQUERO** Enclave Cabernet Sauvignon 2017 | Maipo Andes
96 | **DOMAINE DE LA PIEDRA SAGRADA** Piedra Sagrada Cuvée Domaine de la Piedra Sagrada Cabernet Sauvignon 2014 | Maipo Andes
96 | **DOMAINE DE LA PIEDRA SAGRADA** Piedra Sagrada Cuvée Prestige Don Arturo Pérez Rojas Cabernet Sauvignon 2015 | Maipo Andes
96 | **GANDOLINI** Las 3 Marías Vineyards C. Sauvignon 2015 | Maipo Andes
96 | **HARAS DE PIRQUE** Albis Cabernet Sauvignon, Carménère 2018 | Maipo
96 | **UNDURRAGA** T.H. Maipo Alto Cabernet Sauvignon 2018 | Maipo Alto
95 | **AQUITANIA** Lazuli Cabernet Sauvignon 2017 | Maipo Andes
95 | **CONCHA Y TORO** Marques de Casa Concha C. Sauvignon 2018 | Maipo
95 | **MARTY** SER Single Vineyard Merlot 2017 | Maipo
95 | **MARTY** SER Single Vineyard Cabernet Sauvignon 2017 | Maipo
95 | **PÉREZ CRUZ** Pircas Cabernet Sauvignon 2017 | Maipo Andes
95 | **SANTA EMA** Amplus Cabernet Sauvignon 2018 | Maipo Alto
95 | **SANTA RITA** Floresta Cabernet Sauvignon 2019 | Maipo
95 | **VIÑEDOS VERAMONTE** Primus Cabernet Sauvignon 2018 | Maipo
95 | **WILLIAM FÈVRE CHILE** Chacai Chardonnay 2018 | Maipo Andes
95 | **WILLIAM FÈVRE CHILE** Chacai Cabernet Sauvignon 2017 | Maipo Andes

96 MELHOR MAIPO COSTA.

TABALÍ
DOM *Cabernet Sauvignon 2017*
MAIPO COSTA

DOM é uma seleção de dois hectares de uma encosta de solo coluvial voltada para o sul, em uma exposição fria deste lado do mundo. Com 18 meses de envelhecimento em barricas e quase dois anos em garrafa, o nariz evoluiu para notas mentoladas e terrosas, mas na boca é fruta vermelha pura, juventude impressionante e também delicioso frescor, especialmente considerando que a safra de 2017 foi a mais quente da década. Este é um vinho com taninos polidos, de textura amigável, talvez devido à presença de argilas que contribuem para esta sensação de redondez. Uma grande amostra do potencial do Maipo Costa.

Os melhores de Maipo Costa do ano

94 | **TABALÍ** Talud Cabernet Sauvignon 2019 | Maipo
94 | **VENTISQUERO** Grey Carménère 2018 | Maipo Costa
94 | **VENTISQUERO** Grey Cabernet Sauvignon 2018 | Maipo
93 | **ALTO VUELO** Alto Vuelo Premium Cabernet Sauvignon 2017 | Maipo
93 | **QUINTAY** Winemaker's Experience Cabernet Sauvignon 2017 | Maipo
93 | **TRES PALACIOS** Family Vintage Merlot 2018 | Maipo Costa
93 | **WILLIAM COLE** Bill Limited Edition Cabernet Sauvignon 2017 | Maipo
93 | **YALI** Limited Edition Carménère 2019 | Maipo
92 | **CHOCALÁN** Vitrum Cabernet Sauvignon 2018 | Maipo Costa
92 | **LA VIÑA DEL SEÑOR** Arminda Tempranillo 2019 | Maipo
92 | **LA VIÑA DEL SEÑOR** Gran Tempranillo del Señor Tempranillo 2019 Maipo
92 | **MATETIC VINEYARDS** Corralillo Cabernet Sauvignon 2017 | Maipo
92 | **TRES PALACIOS** Family Vintage Cabernet Sauvignon 2019 Maipo Costa
92 | **TRES PALACIOS** Family Vintage Carménère 2019 | Maipo Costa
92 | **VIÑATEROS DE RAÍZ** Aureo Syrah 2019 | Maipo
91 | **LA VIÑA DEL SEÑOR** Laureles Garnacha 2019 | Maipo
91 | **TABALÍ** Pedregoso Cabernet Sauvignon 2019 | Maipo
91 | **VIÑATEROS DE RAÍZ** Jardinero Touriga Nacional 2019 | Maipo

95 MELHOR MAIPO ENTRE CORDILHEIRAS.

DE MARTINO
Single Vineyard La Blanca *Sémillon 2019*
MAIPO

Plantado em 2009 em solos aluviais dos socalcos do rio Maipo, na Ilha de Maipo, este Sémillon é produzido com um cachos inteiros, prensados diretamente na prensa pneumática e posteriormente fermentado em barricas com leveduras indígenas. O envelhecimento durou sete meses nessas mesmas barricas. O vinho apresenta taninos firmes, criando uma estrutura poderosa, acidez marcada e rodeada de sabores frutados e ligeiras notas de mel. Este é um branco para o futuro, para cerca de dez anos na garrafa, quando começa a mostrar toda a sua complexidade. ☙

Os melhores de Maipo entre cordilheiras do ano

94 | **CASALIBRE** De Otro Planeta Cabernet Franc 2019 | Maipo

94 | **VIGNERON** Tinto de La Reina Malbec 2020 | Maipo

93 | **CONCHA Y TORO** Marques de Casa Concha Syrah 2018 | Buin

93 | **DE MARTINO** Legado Carménère 2019 | Maipo

93 | **MUJER ANDINA WINES** Levita Rosé Extra Brut Syrah 2017 | Maipo

93 | **VIGNERON** Blanco Chileno, Cuvée Giorgio Sémillon 2019 | Maipo

92 | **DE MARTINO** Legado Cabernet Sauvignon 2019 | Maipo

92 | **SANTA CAROLINA** Gran Reserva Cabernet Sauvignon 2018 | Maipo

92 | **TARAPACÁ** Gran Reserva Merlot 2019 | Maipo

91 | **ODFJELL** Armador Cabernet Sauvignon 2019 | Maipo

91 | **TARAPACÁ** Gran Reserva Carménère 2019 | Maipo

95 MELHOR MAIPO ENTRE CORDILHEIRAS.

[**DIVIDIDO**]

DE MARTINO
D'Oro *Sémillon 2011*
MAIPO

Este **D'Oro** provém de uma vinha situada num terraço aluvial do rio Maipo, plantada em 1976. Colhidas muito tardiamente, com uvas atacadas pelo fungo botrytis, estagiam em barricas velhas durante nove anos, período inédito para este estilo no Chile. O resultado é um vinho de forte carácter licoroso, quase mel, com uma textura profunda e densa, cheia de sabores a frutos secos e caldas, tudo marcado numa acidez que se mantém firme desde o momento em que o vinho entra na boca até ao final, causando um equilíbrio necessário. Este vinho pode evoluir durante muitos anos em garrafa, embora agora já apresente uma sedutora complexidade. 🍇

Os melhores de Maipo entre cordilheiras do ano

94 | **CASALIBRE** De Otro Planeta Cabernet Franc 2019 | Maipo
94 | **VIGNERON** Tinto de La Reina Malbec 2020 | Maipo
93 | **CONCHA Y TORO** Marques de Casa Concha Syrah 2018 | Buin
93 | **DE MARTINO** Legado Carménère 2019 | Maipo
93 | **MUJER ANDINA WINES** Levita Rosé Extra Brut Syrah 2017 | Maipo
93 | **VIGNERON** Blanco Chileno, Cuvée Giorgio Sémillon 2019 | Maipo
92 | **DE MARTINO** Legado Cabernet Sauvignon 2019 | Maipo
92 | **SANTA CAROLINA** Gran Reserva Cabernet Sauvignon 2018 | Maipo
92 | **TARAPACÁ** Gran Reserva Merlot 2019 | Maipo
91 | **ODFJELL** Armador Cabernet Sauvignon 2019 | Maipo
91 | **TARAPACÁ** Gran Reserva Carménère 2019 | Maipo

[DIVIDIDO]

95 MELHOR MAIPO ENTRE CORDILHEIRAS.

TARAPACÁ
Gran Reserva Tarapacá Etiqueta Negra
Carménère 2018
MAIPO

Junto ao rio Maipo, num solo rico em granito, e plantado em 1991 na zona da Isla de Maipo, este Carménère sente-se a princípio muito fechado em si mesmo, sem oferecer muitos aromas. Mas tenha paciência e verá como aos poucos - e graças ao oxigênio da taça - ele vai revelando seu lado herbáceo e frutado, as notas de frutas vermelhas em meio a especiarias e ervas frescas. A boca também precisa de paciência. Sentem-se os taninos agudos e afiados desse granito, mas também abundam as frutas vermelhas maduras a chamar a atenção. Uma excelente abordagem ao Carménère, no seu lado mais frutado e suculento. 🌶

Os melhores de Maipo entre cordilheiras do ano

94 | **CASALIBRE** De Otro Planeta Cabernet Franc 2019 | Maipo
94 | **VIGNERON** Tinto de La Reina Malbec 2020 | Maipo
93 | **CONCHA Y TORO** Marques de Casa Concha Syrah 2018 | Buin
93 | **DE MARTINO** Legado Carménère 2019 | Maipo
93 | **MUJER ANDINA WINES** Levita Rosé Extra Brut Syrah 2017 | Maipo
93 | **VIGNERON** Blanco Chileno, Cuvée Giorgio Sémillon 2019 | Maipo
92 | **DE MARTINO** Legado Cabernet Sauvignon 2019 | Maipo
92 | **SANTA CAROLINA** Gran Reserva Cabernet Sauvignon 2018 | Maipo
92 | **TARAPACÁ** Gran Reserva Merlot 2019 | Maipo
91 | **ODFJELL** Armador Cabernet Sauvignon 2019 | Maipo
91 | **TARAPACÁ** Gran Reserva Carménère 2019 | Maipo

98
MELHOR MALLECO.

SAN PEDRO
Tayu 1865 *Pinot Noir 2019*
MALLECO

Esta já é a segunda versão de Tayu 1865, o vinho que San Pedro faz em colaboração com a comunidade mapuche de Buchahueico na cidade de Purén, no sopé da serra Nahuelbuta, no Vale do Malleco. Os Mapuche nunca cultivaram a vinha nem fermentaram as suas uvas, não faz parte da sua cultura, por isso este projeto que se iniciou em 2015 tem sido uma experiência de sincretismo cultural, um encontro entre duas culturas que deu a este vinho de grande caráter, com notas de especiarias, ervas, frutas negras, notas terrosas, um Pinot que já apresenta muita complexidade no nariz, enquanto na boca é severo nos taninos, suculento nos sabores de fruta, profundo. 🍷

Os melhores de **Malleco** do ano

97 | **BAETTIG** Selección de Parcelas Los Primos Chardonnay 2018 | Traiguén

96 | **AQUITANIA** Sol de Sol Chardonnay 2018 | Malleco

96 | **AQUITANIA** Sol de Sol Sauvignon Blanc 2019 | Malleco

94 | **BAETTIG** Vino de Viñedo Los Parientes Chardonnay 2019 | Traiguén

94 | **BAETTIG** Vino de Viñedo Los Parientes Pinot Noir 2019 | Traiguén

94 | **COUSIÑO MACUL** Gota de Luna Sauvignon Blanc 2019 | Malleco

94 | **DE MARTINO** Single Vineyard Tres Volcanes Chardonnay 2019 Malleco

94 | **KÜTRALKURA** Kütralkura Chardonnay 2019 | Malleco

94 | **P.S. GARCÍA** P.S. García Pinot Noir 2018 | Malleco

94 | **WILLIAM FÈVRE CHILE** Little Quino Sauvignon Blanc 2020 | Malleco

93 | **AQUITANIA** Aquitania Chardonnay 2018 | Malleco

93 | **KOFKECHE** Kofkeche 2019 Chardonnay 2019 | Malleco

93 | **VICAP** Nahuelbuta Pinot Noir 2020 | Malleco

93 | **WILLIAM FÈVRE CHILE** Little Quino Pinot Noir 2020 | Malleco

93 | **WILLIAM FÈVRE CHILE** Quino Blanc Nature Chardonnay 2018 Malleco

96

MELHOR MAULE.

[DIVIDIDO]

CARTER MOLLENHAUER

Vigno *Cariñena 2018*
MAULE

Truquilemu é uma zona do Maule em direção à costa, rica em vinhedos de País e também em vinhas velhas de Carignan de onde Carter Mollenhauer obtém este tinto muito local, muito fiel à sua origem. A influência costeira (o mar fica a 38 km) marca um vinho de frutas vermelhas frescas, acidez pronunciada, taninos finos e vivos, e 12 graus de álcool, um número muito baixo para os padrões do Carignan chileno. É muito fácil de beber, mas atenção, este vinho precisa de algum tempo na garrafa para que toda aquela fruta, que agora irradia frescor, ganhe complexidade. ❧

Os melhores de Maule do ano

95 | **ANDES PLATEAU** Cota 500 Cabernet Sauvignon 2019 | Maule
95 | **BOUCHON** Skin by Bouchon Sémillon 2018 | Maule
95 | **DE MARTINO** Vigno Cariñena 2019 | Maule
95 | **ERASMO** Erasmo Late Harvest Torontel 2015 | Maule Secano Interior
95 | **GARAGE WINE CO.** Cru Truquilemu Cariñena 2018 | Empedrado
95 | **GONZÁLEZ BASTÍAS** País en Tinaja País 2019 | Maule Secano Costeiro
95 | **LABERINTO** Cenizas de Laberinto Sauvignon Blanc 2020 | Maule
95 | **LAPOSTOLLE WINES** Vigno Cariñena 2018 | Maule

96

MELHOR MAULE.

LABERINTO
Trumao de Laberinto *Sauvignon Blanc 2019*
MAULE

Trumao é o novo Sauvignon de Laberinto, uma seleção dos melhores vinhedos da variedade, plantados em solos vulcânicos e na parte mais fria da propriedade, onde só recebe o sol da tarde. Além disso, o vinho é envelhecido em barricas de madeira de lenga, nativa da região de Chiloé, no sul do Chile, como forma de buscar matérias-primas alternativas ao carvalho e, sobretudo, às madeiras nativas chilenas. A influência da lenga no vinho aparece muito sutil, com notas de avelãs e nozes, enquanto por trás está toda a deliciosa fruta do Sauvignon de Laberinto, a força da sua acidez, os sabores cítricos. Um vinho com muita personalidade. 🍂

Os melhores de Maule do ano

95 | **ANDES PLATEAU** Cota 500 Cabernet Sauvignon 2019 | Maule
95 | **BOUCHON** Skin by Bouchon Sémillon 2018 | Maule
95 | **DE MARTINO** Vigno Cariñena 2019 | Maule
95 | **ERASMO** Erasmo Late Harvest Torontel 2015 | Maule Secano Interior
95 | **GARAGE WINE CO.** Cru Truquilemu Cariñena 2018 | Empedrado
95 | **GONZÁLEZ BASTÍAS** País en Tinaja País 2019 | Maule Secano Costeiro
95 | **LABERINTO** Cenizas de Laberinto Sauvignon Blanc 2020 | Maule
95 | **LAPOSTOLLE WINES** Vigno Cariñena 2018 | Maule

98 MELHOR PEUMO.

CONCHA Y TORO
Carmín de Peumo *Carménère 2018*
PEUMO

Carmín estreou com a safra de 2003 e desde então tem sido uma seleção do quartel 32, um setor da vinha em Peumo, às margens do rio Rapel, de cujos 28 hectares apenas 7 são efetivamente aproveitados, que rendem normalmente cerca de 18 mil litros em média. São vinhedos plantados em 1983, em solos argilosos e rochosos nas colinas que ladeiam o rio Cachapoal, a caminho do Lago Rapel. Esta safra, que foi fresca, é sentida nas notas de ervas e nas frutas vermelhas que enchem o nariz. Na boca é generoso em frutas vermelhas maduras, e novamente nos tons herbáceos que ao mesmo tempo renovam e acrescentam complexidade. A textura é suave, mas deixa espaço para uma camada de taninos muito finos e vivos para adicionar tensão, enquanto as frutas e ervas continuam sua festa privada. Achamos que é a melhor versão do Carmín que já experimentamos, muito longe dos primeiros Carmín, que eram grandes em maturidade e extração, e estavam longe desse equilíbrio e elegância. O Carménère no mais alto nível. 🍷

Os melhores de Peumo do ano

94 | **CONCHA Y TORO** Marques de Casa Concha Carménère 2019 Cachapoal

94 | **MIGUEL TORRES** Cordillera de los Andes Carménère 2018 Cachapoal

94 | **TABALÍ** Micas Carménère 2017 | Peumo

94 | **UNDURRAGA** T.H. Carménère 2018 | Peumo

93 | **CONO SUR** 20 Barrels Carménère 2018 | Cachapoal

93 | **MONTGRAS** ANTU Carménère 2019 | Peumo

93 | **SAN FRANCISCO DE LAS QUISCAS** Serendipia Petite Sirah 2018 Peumo

93 | **SANTA EMA** Amplus One Carménère 2018 | Peumo

92 | **SAN FRANCISCO DE LAS QUISCAS** Serendipia Carménère 2018 | Peumo

92 | **SANTA CAROLINA** Cuarteles Experimentales Mourvèdre 2020 | Peumo

91 | **SAN FRANCISCO DE LAS QUISCAS** Serendipia Cabernet Franc 2018 Peumo

91

[DIVIDIDO]

SUPERPREÇO BRANCO.

CONCHA Y TORO
Casillero del Diablo Reserva Especial
Sauvignon Blanc 2019
COLCHAGUA

D as margens do rio Rapel, na zona de Ucuquer, e a cerca de 15 quilômetros do mar, este suculento e refrescante Sauvignon tem toques especiados e herbáceos, mas acima de tudo cheira a frutas brancas frescas e vibrantes. Hoje é o companheiro perfeito para ceviche ou tártar de atum. ⌣

Os melhores superpreço brancos do ano

90 | **ALTACIMA** 4090 Gewürztraminer 2020 | Lontué
90 | **CONO SUR** Orgánico Sauvignon Blanc 2020 | San Antonio
90 | **ESPÍRITU DE CHILE** Intrépido Patrimonial Sémillon, Sauvignon Blanc, Moscatel de Alejandría 2020 | Curicó
90 | **LA PLAYA WINES** La Playa Reserva Sauvignon Blanc 2020 Colchagua Costa
90 | **LUIS FELIPE EDWARDS** Reserva Roussanne 2020 | Colchagua Costa
90 | **MANCURA** Guardián Reserva Chardonnay 2019 | Maule
90 | **MONTGRAS** Day One Selected Harvest Sauvignon Blanc 2020 | Leyda
90 | **PORTA** Reserva Sauvignon Blanc 2020 | Biobío
90 | **REQUINGUA** Toro de Piedra Late Harvest Sauvignon Blanc, Sémillon 2019 | Curicó
90 | **SANTA CAROLINA** Carolina Sauvignon Blanc 2020 | Leyda
90 | **SANTA EMA** Select Terroir Sauvignon Blanc 2020 | Maipo
90 | **SIEGEL FAMILY WINES** Gran Reserva Sauvignon Blanc 2020 | Leyda
90 | **VIÑA CASABLANCA** Céfiro Cool Reserve Chardonnay 2020 Casablanca
90 | **VIÑA CASABLANCA** Céfiro Cool Reserve Sauvignon Blanc 2020 Casablanca

91

SUPERPREÇO BRANCO.

CONCHA Y TORO
Casillero del Diablo Reserva Especial
Chardonnay 2019
LIMARÍ

Amplo e maduro, mas com um tom salgado que adiciona complexidade, este Chardonnay se move pela boca com gentileza e graça. Os seus sabores a frutas brancas maduras e especiarias tornam-no num prazer de beber, principalmente se tiver camarões grelhados. ⌖

Os melhores superpreço brancos do ano

90 | **ALTACIMA** 4090 Gewürztraminer 2020 | Lontué
90 | **CONO SUR** Orgánico Sauvignon Blanc 2020 | San Antonio
90 | **ESPÍRITU DE CHILE** Intrépido Patrimonial Sémillon, Sauvignon Blanc, Moscatel de Alejandría 2020 | Curicó
90 | **LA PLAYA WINES** La Playa Reserva Sauvignon Blanc 2020 Colchagua Costa
90 | **LUIS FELIPE EDWARDS** Reserva Roussanne 2020 | Colchagua Costa
90 | **MANCURA** Guardián Reserva Chardonnay 2019 | Maule
90 | **MONTGRAS** Day One Selected Harvest Sauvignon Blanc 2020 | Leyda
90 | **PORTA** Reserva Sauvignon Blanc 2020 | Biobío
90 | **REQUINGUA** Toro de Piedra Late Harvest Sauvignon Blanc, Sémillon 2019 | Curicó
90 | **SANTA CAROLINA** Carolina Sauvignon Blanc 2020 | Leyda
90 | **SANTA EMA** Select Terroir Sauvignon Blanc 2020 | Maipo
90 | **SIEGEL FAMILY WINES** Gran Reserva Sauvignon Blanc 2020 | Leyda
90 | **VIÑA CASABLANCA** Céfiro Cool Reserve Chardonnay 2020 Casablanca
90 | **VIÑA CASABLANCA** Céfiro Cool Reserve Sauvignon Blanc 2020 Casablanca

92

SUPERPREÇO TINTO.

ALTACIMA
4090 Carménère 2019
LONTUÉ

Há uma ideia totalmente nova de Carménère no Chile, uma visão distante daqueles super maduros e cheios de madeira que tentavam esconder o lado herbáceo da variedade e que eram populares há 15 anos. Este estilo, aquele que AltaCima usa desde a sua criação há 20 anos, é o que pretendemos fazer com o Carménère hoje: enchê-lo de frutas vermelhas e não importa se há tons vegetais ou não porque, enfim, fazem parte da genética da variedade. Aqui está tudo num Carménère radiante, cheio de luz e frescor.

Os melhores superpreço tintos do ano

92 | **ALTACIMA** 4090 Merlot 2019 | Lontué
91 | **ALTACIMA** 4090 Cabernet Sauvignon 2019 | Lontué
91 | **ALTACIMA** 4090 Syrah 2019 | Lontué
91 | **CONCHA Y TORO** Casillero del Diablo Reserva Especial Syrah 2019 | Limarí
91 | **CONCHA Y TORO** Casillero del Diablo Reserva Especial Cabernet Sauvignon 2019 | Maule
91 | **CONO SUR** Orgánico Gran Reserva Cabernet Sauvignon 2018 Colchagua
91 | **MANCURA** Guardián Reserva Cariñena 2018 | Maule
91 | **TORREÓN DE PAREDES** Andes Collection Cabernet Sauvignon 2019 Alto Cachapoal
91 | **VIÑEDOS MARCHIGÜE** Alto Tierruca Limited Edition Cabernet Sauvignon 2018 | Colchagua
91 | **VIÑEDOS PUERTAS** Aguanegra Gran Reserva Petit Verdot 2018 Curicó

PROVA DE VINHOS

92

[DIVIDIDO]

SUPERPREÇO TINTO.

BOUCHON
País Viejo *País 2020*
MAULE SECANO INTERIOR

Esta é uma das melhores relações qualidade-preço do mercado, e acontece que se trata de um País de vinhas muito antigas plantadas nas zonas secas do Vale do Maule, e também algumas do Biobío. Se você precisa conhecer a variedade País, comece com este exemplar. O nariz é frutado, mas ao mesmo tempo generoso em tons terrosos muito comuns nas uvas. Na boca tem aquela textura áspera, acidez suculenta e muitos sabores frutados que mais uma vez se combinam com notas terrosas de um País de dicionário, a um preço ridículo.

Os melhores superpreço tintos do ano

92 | **ALTACIMA** 4090 Merlot 2019 | Lontué
91 | **ALTACIMA** 4090 Cabernet Sauvignon 2019 | Lontué
91 | **ALTACIMA** 4090 Syrah 2019 | Lontué
91 | **CONCHA Y TORO** Casillero del Diablo Reserva Especial Syrah 2019 Limarí
91 | **CONCHA Y TORO** Casillero del Diablo Reserva Especial Cabernet Sauvignon 2019 | Maule
91 | **CONO SUR** Orgánico Gran Reserva Cabernet Sauvignon 2018 Colchagua
91 | **MANCURA** Guardián Reserva Cariñena 2018 | Maule
91 | **TORREÓN DE PAREDES** Andes Collection Cabernet Sauvignon 2019 Alto Cachapoal
91 | **VIÑEDOS MARCHIGÜE** Alto Tierruca Limited Edition Cabernet Sauvignon 2018 | Colchagua
91 | **VIÑEDOS PUERTAS** Aguanegra Gran Reserva Petit Verdot 2018 Curicó

PROVA DE VINHOS

As pontuações

80 ›› 85
Vinhos simples
para todos os dias.

86 ›› 90
Apostas mais complexas,
mas também adequadas para
beber no dia a dia.

91 ›› 95
Vinhos excelentes
que, independente
do preço, devem
ser provados.

96 ›› 100
Existe a perfeição?
Provavelmente não, mas
neste grupo há vinhos
que se aproximam bastante.

As castas

tinto   **branco**   **rosado**   **laranja**   **doce**   **espumante**

Equivalências estimadas de preços

$ ·············> **Muito baixo**

$ $ ·············> **Baixo**

$ $ $ ·············> **Médio**

$ $ $ $ ·············> **Médio alto**

$ $ $ $ $ ·············> **Alto**

7 colores.

PROPRIETÁRIO Grupo Yarur
ENÓLOGO Rodrigo Moletto
WEB www.7coloreschilewine.cl
RECEBE VISITAS Não

• **ENÓLOGO** Rodrigo Moletto

[**COM O NOME** vindo das sete cores de um pássaro chileno, também conhecido como laranjeiro, a 7 Colores foi criada em 2013 pelo enólogo Diego Swinburn, com 20 anos de experiência na indústria por seu trabalho liderando Lourdes, uma das maiores produtoras de vinho a granel do Chile. Localizada em Isla de Maipo, a vinícola produz rótulos de diferentes faixas para 7 Colores, de diferentes áreas do Chile, incluindo vinhos ambiciosos geralmente de uvas de Alto Maipo. Eles têm cerca de 300 hectares de seus próprios vinhedos e uma produção anual de 180 mil garrafas.] **IMPORTADOR:** BR: www.diebimport.com.br

94 ICON
Cabernet Sauvignon 2014
$$$$$ | MAIPO | **14.5°**

A base deste Ícone, em sua segunda versão, está em um vinhedo Cabernet Sauvignon, plantado por volta do final dos anos 90, na área de Linderos de Maipo Alto. É uma seleção de massal, muito antiga, e que neste vinho se mostra com um caráter muito do lugar. Notas mentoladas e frutas negras maduras abundam, enquanto na boca você sente a madurez, quão tarde as uvas foram colhidas; mas esse atraso não conseguiu esconder o caráter do lugar, que emerge em meio à doçura dos sabores.

91 LIMITED EDITION
Syrah 2017
$$$$ | MAULE | **14°**

Pencahue, no Vale do Maule, é uma área quente que tende a oferecer vinhos de grande expressividade de frutas, de grande maturidade. Estagiado por 12 meses em barricas, este Limited Edition mostra essa personalidade abundante e exuberante. Os aromas e sabores lembram frutas e especiarias negras maduras em um nariz intimamente relacionado com o clima de onde as uvas amadurecem. A boca é ampla, moderada pela sensação quente de álcool neste vinho expansivo.

91 SINGLE VINEYARD RED BLEND Carménère,
Cabernet Sauvignon, Carignan, Merlot, Mourvèdre, País 2017
$$ | MAULE | **14°**

Esta mistura vem da área de Pencahue do Vale do Maule e é um multivarietal que é baseado em Carménère, Carignan, Merlot e Cabernet Sauvignon, todas as quatro totalizando 80% da mistura. Pencahue é uma área quente e a safra de 2017 foi uma das mais quentes dos últimos dez anos, mas isso não parece aqui ou pelo menos não de todo modo. Os aromas e sabores são maduros, untuosos, mas a acidez, firme e tensa, é responsável pelo equilíbrio. Um vinho de espírito comercial, muito bem-sucedido.

90 AOX HIGH ANTIOXIDANT
Cabernet Sauvignon N/V
$ | CHILE | **13.5°**

Um tinto com alta concentração de sabores na boca, o que pode explicar a ideia por trás dele: um vinho rico em polifenóis, que é seu slogan comercial. É uma mistura de vários vales, principalmente Maule e Maipo, e sente-se um Cabernet suculento, com ótimo corpo e sabores maduros. Bom para um domingo de pizza. Muito boa relação preço-qualidade.

A los Viñateros Bravos.

PROPRIETÁRIO Leonardo Erazo
ENÓLOGO Leonardo Erazo
RECEBE VISITAS Não

• **ENÓLOGO** Leonardo Erazo

[**LEONARDO ERAZO** (Rogue Vine) é o homem por trás deste projeto, onde ele tenta preservar a rica herança vinícola do Vale de Itata. Atualmente, obtém as uvas de seus próprios vinhedos, muito antigas e totalizando cerca de sete hectares, todos na área de Guarilihue, em direção às costas de Itata, e lá abarca de Moscatel a Cinsault e também País.]

IMPORTADORES: BR: www.lavinheria.com   www.magnumimportadora.com

95 HOMBRE EN LLAMAS
Carignan 2020
$$$$ | ITATA | **12.5°**

Para o **Hombre en Llamas**, as uvas vêm de um vinhedo localizado no topo de uma colina, com solos pobres e ricos em granito. A encosta é voltada para o nordeste - uma orientação quente - os solos são de granito e a safra 2020 foi uma das mais quentes que é lembrada. Todos esses fatores fariam você pensar que este vinho poderia ser uma bomba de maturidade, mas a genética da cepa e da colheita precoce fizeram deste Carignan uma flecha de acidez na boca. Muita fruta vermelha e também especiarias e ervas em um vinho para beber com generosa comida do campo.

94 AMIGO PIEDRA
Cinsault 2020
$$$$$ | ITATA | **13°**

Para seu "grand cru" **Amigo Piedra**, o produtor Leonardo Erazo obtém as uvas da área de Tinajacura Alto, um pouco acima da metade da encosta onde o solo tem muito pouca argila e mais granito. Plantado em 1995, relativamente jovem pelos padrões da Cinsault em Guarilihue, aqui o solo tem um efeito imediato na textura e estrutura do vinho, construído a partir de taninos agressivos que se agarram ao paladar firmemente. Essa sensação de verticalidade é interrompida pelos sabores de frutas maduras - típicas de um ano muito quente no Chile - que trazem um lado generoso e amplo para este Cinsault, um dos melhores do Chile.

94 LA RESISTENCIA
País 2020
$$$$ | ITATA | **12°**

La Resistencia é um pequeno vinhedo de 0,2 hectare no topo de uma colina. O vinhedo foi criado em 1867 pela família Fuentealba e desde 2016 pertence A Los Viñateros Bravos. Os solos são ricos em granito e que podem ter um forte impacto na estrutura, que é ferrosa, tensa, cheia de taninos suculentos e afiados. As frutas são vermelhas, ácidas, adornadas com toques terrosos em um vinho de grande complexidade aromática. Atenção, além disso, aos sabores salinos que aparecem no final da boca e trazem caráter. Um País como poucos hoje no Chile.

94 LAS CURVAS
Cinsault 2020
$$$$ | ITATA | **12.5°**

Este **Las Curvas** vem de um vinhedo de 0.8 hectare, plantado quase a beira de uma encosta na área de Tinajacura Alto, em solos de argila vermelha, mas com uma base de granito onde as videiras, plantadas por volta de 1938, já foram enraizadas. A encosta é exposta ao norte, uma orientação quente que é claramente sentida na expressão de frutas deste vinho. Os sabores e aromas são vermelhos maduros e na boca o vinho se expande com sua generosidade e maturidade, talvez falando sobre o solo de argila que geralmente oferece essa sensação de amplitude. Um vinho para ensopados de carne de caça.

93 GRANÍTICO
País 2020
$$ | ITATA | **12.5°**

Em Itata existem muitos vinhedos históricos de País, uma das primeiras variedades que foram plantadas na área, há quase 500 anos. Neste caso, é uma pequena parcela que, segundo os cálculos de Leonardo Erazo, deve ter pelo menos 200 anos. Dessas parreiras plantadas em solos de granito nasce este País que se sente austero no nariz, mas delicioso na boca. As frutas vermelhas, os tons terrosos e a base de ervas no meio de taninos ferozes pedem um embutido como acompanhamento. Um País dominado pela acidez fresca que fala do clima frio de Guarilihue, mesmo em um ano quente como 2020.

93 PIEL DE ARCILLA
Moscatel de Alejandría 2020
$$$$ | ITATA | **11.5°**

Piel de Arcilla é um cem por cento Moscatel da região de Guarilihue, plantada bem no meio de uma encosta rica em granito de frente para o mar, distante cerca de 25 quilômetros. Estagiado com suas cascas em tonéis por cerca de dois meses, tem os aromas cítricos e doces de Moscatel quando vinificado com essa técnica; o corpo é forte, a textura é firme e a acidez garante que a doçura nunca ganha destaque.

93 PIPEÑO TINTO
Cinsault 2020
$$ | ITATA | **12°**

Feito cem por cento com Cinsault da área de Guarilihue de solos profundos e mais espessos ao pé da encosta. O vinho é fermentado com suas leveduras indígenas em barricas de raulí e depois envelhecido em concreto por meio ano antes do engarrafamento. Esta abordagem, muito pouco intervencionista, entrega um vinho puro em sua expressão frutada, com toques de ervas. Mas sobretudo exala frutas vermelhas, em uma textura rústica, deliciosamente áspera e ideal para acompanhar alimentos fortes.

92 GRANÍTICO
Cinsault 2020
$$ | ITATA | **12.5°**

Para o **Granítico**, Leonardo Erazo obtém as uvas de um vinhedo no início da encosta, onde a base de granito é coberta com argila. Ele considera este nível "village", apelando para a classificação borgonhesa que designa vinhos genéricos de um determinado apelo. Este Cinsault tem frutas vermelhas muito frescas, com toques de ervas. É generoso na madurez, mas também na acidez, o que dá equilíbrio e impede que a doçura do fruto ganhe destaque. Outro tinto ideal para embutidos.

92 GRANÍTICO BLANCO
Moscatel de Alejandría, Sémillon 2020
$$ | ITATA | **11.5°**

Com 60% de Sémillon e o resto de Moscatel, ambas de vinhedos muito antigos em Itata, neste branco a Sémillon parece dominar com sua textura cremosa e tons de mel, enquanto o lado mais exuberante do Moscatel se sente relegado ao fundo. Esse efeito torna-o não cansativo e fácil de beber, mesmo que seja um branco com bastante corpo e estrutura, ótimo para acompanhar carne de porco assada.

Alchemy Wines.

PROPRIETÁRIOS Alphonse Derose & Eduardo Camerati
ENÓLOGOS Alphonse Derose & Eduardo Camerati
WEB www.alchemywines.cl
RECEBE VISITAS Sim

> **PROPRIETÁRIO & ENÓLOGO**
> Eduardo Camerati

[**O PRODUTOR** de vinho californiano Alphonse Derose e o enólogo chileno Eduardo Camerati fizeram uma parceria em 2011 para produzir vinhos com foco em Carménère, e assim chegaram à área de Almahue, no centro do Vale do Cachapoal, de onde compram uvas hoje. Nos últimos anos, eles também se expandiram para outros vales, como Casablanca e Colchagua, completando cerca de 50 mil garrafas por ano.] **IMPORTADOR:** BR: www.dagirafa.com.br

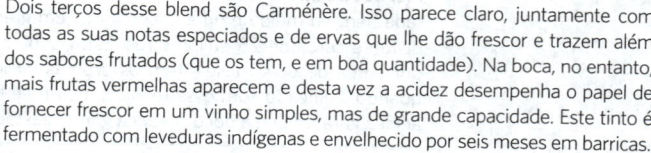

91 **ALCHEMY GRAND CUVÉE**
Carménère, Syrah, Malbec, Cabernet Sauvignon 2017
$$$ | CACHAPOAL | **14.1°**

Dois terços desse blend são Carménère. Isso parece claro, juntamente com todas as suas notas especiados e de ervas que lhe dão frescor e trazem além dos sabores frutados (que os tem, e em boa quantidade). Na boca, no entanto, mais frutas vermelhas aparecem e desta vez a acidez desempenha o papel de fornecer frescor em um vinho simples, mas de grande capacidade. Este tinto é fermentado com leveduras indígenas e envelhecido por seis meses em barricas.

91 **ANGELINA WHITE ANGEL**
Sauvignon Blanc 2019
$$ | CASABLANCA | **13°**

A vinícola compra as uvas para este Sauvignon Blanc na região de Tapihue, no centro do Vale Casablanca. Sem passagem por madeira, reflete claramente as frutas maduras e a textura cremosa de um Sauvignon em um ano quente como foi 2019. Ainda assim, tem uma acidez muito boa, refrescante, que equilibra essa sensação quente, tornando muito fácil beber.

90 **ALCHEMY**
Cabernet Sauvignon 2018
$$$ | MAIPO | **14°**

Da região de Linderos, e de vinhedos de 40 anos, este Cabernet envelheceu em barricas por um ano. A primeira coisa que chama a atenção é a força na boca; taninos intensos se entrepõem entre a fruta e o paladar. Os taninos são intensos, mas ao mesmo tempo tem um bom fundo de frutas vermelhas maduras e especiarias para equilibrar. Esta é a primeira vez que a Alchemy faz um Cabernet com uvas do Vale do Maipo.

90 **ALCHEMY CARMÉNÈRE**
Carménère 2018
$$$$ | CACHAPOAL | **14.1°**

A Alchemy tem um vinhedo de cerca de 20 anos para fazer este Carménère localizado em Almahue, no Vale Cachapoal. O lugar é quente e que se sente no estilo de fruta que mostra; sabores e aromas doces, maduros e expansivos, mas ao mesmo tempo moderados por uma acidez muito firme, muito bem colocada lá para equilibrar.

90 PARRÓNE
Malbec 2017
$$$ | CACHAPOAL | **14°**

Este Malbec vem de um vinhedo plantado há cerca de 30 anos na região de Almahue, um lugar de longa tradição vinícola no Vale de Cachapoal. Fermentado com leveduras indígenas, este vinho é então armazenado por 12 meses em barricas. A influência da madeira é sentida no início, mas muito em breve as frutas e aromas de violetas, tão típicas da variedade, emergem fortemente transformando este tinto em um delicioso e fácil vinho.

OUTROS VINHOS SELECIONADOS
86 | PARRÓNE Cabernet Sauvignon 2018 | Cachapoal | 13.5° | **$$**
86 | PARRÓNE Cabernet Sauvignon, Syrah 2018 | Cachapoal | 14° | **$$**

Almaviva.

PROPRIETÁRIO Baron Philippe de Rothschild S. A. & Viña Concha y Toro S. A.
ENÓLOGO Michel Friou
WEB www.almavivawinery.com
RECEBE VISITAS Não • **ENÓLOGO** Michel Friou

[**ALMAVIVA NASCEU** em 1997 a partir da parceria entre Concha y Toro e a empresa francesa Barão Philippe de Rothschild, dona do Château Mouton Rothschild em Bordeaux. Está localizada na comuna de Puente Alto, nos vinhedos de El Tocornal, um dos setores mais cobiçados de Cabernet Sauvignon do Maipo e também o berço dos vinhos Don Melchor (Concha y Toro) e Viñedo Chadwick (Errázuriz). O vinhedo de Almaviva tem 60 hectares, a maioria Cabernet Sauvignon com videiras com mais de 40 anos. Lá nascem dois vinhos: Almaviva e Epu, segundo vinho da casa. Seus caminhos não bifurcam no vinhedo, mas na vinícola. É na fase final da fermentação, onde o vinho está em tanques de aço e barricas, quando o enólogo Michel Friou escolhe quais vão para cada rótulo. Natural da França, Friou é enólogo de Almaviva desde 2007.]

IMPORTADOR: BR: www.almavivawinery.com

98 ALMAVIVA
Cabernet Sauvignon, Carménère, Cabernet Franc, Petit Verdot 2018
$$$$$ | PUENTE ALTO | **15°**

A chave para o grande ano de 2018, segundo o enólogo Michel Friou, foi a homogeneidade da maturação em uma colheita bastante fresca, ou pelo menos longe dos calores de 2017, especialmente entre a "coloração" (momento em que a uva começa a adquirir cor) até a uva estar madura, quando o clima tem uma importância radical no caráter do vinho. Estava menos quente, exceto por um pico de temperatura no final de março. Este ano o blend é de 72% Cabernet Sauvignon de parreirais plantados principalmente em 1978, mais 19% de Carménère da região de Peumo, 6% de Cabernet Franc e 3% Petit Verdot. O que é surpreendente nesta safra é a qualidade dos taninos, o quão polidos são, a forma como deslizam pelo paladar, mostrando uma cremosidade que pode ser semelhante à de 2015, embora não tenha a densidade suculenta deste 2018. Aqui estão sabores de frutas que se sentem generosos e uma acidez firme em sua posição, sem mover um milímetro para que você não perca o frescor. O final tem um lado à base de ervas que fala do Carménère. Um dos melhores **Almaviva** que já experimentamos no Descorchados.

95 EPU
Cabernet Sauvignon, Carménère, Merlot, Cabernet Franc 2018
$$$$$ | PUENTE ALTO | 15°

Epu é o segundo vinho da casa e corresponde a cerca de 20% da produção dos 79 hectares que Almaviva possui, 65 estão em Puente Alto e 14 em Peumo. Este 2018 produziu cerca de 50 mil garrafas desse blend composto por 81% de Cabernet Sauvignon, 11% Carménère, 6% Merlot e o restante do Cabernet Franc. Depois de um ano em barricas usadas, este tinto tem a impressão do Vale do Maipo, as notas de ervas e frutas vermelhas maduras em um contexto de grande maciez, com taninos tão cremosos que parecem acariciar a boca. Uma grande colheita, onde - segundo o enólogo Michel Friou - até as parreiras mais jovens tiveram um bom desempenho. Este é um **Epu** para guardar na adega.

AltaCima.

PROPRIETÁRIOS Klaus Schröder & Katharina Hanke
ENÓLOGO Klaus Schröder
WEB www.altacima.cl
RECEBE VISITAS Sim

• **ENÓLOGO** Klaus Schröder

[**ALTACIMA** é o projeto de Klaus Schroeder, um enólogo de trajetória importante e que entre 1965 e 1996 faz um tour por algumas das mais importantes vinícolas do Chile: San Pedro, Errázuriz e Santa Rita. Em 2000 construiu sua própria vinícola em Sagrada Família, no coração do Vale do Curicó, onde já tinha 62 hectares de vinhedos plantados em 1974.]

IMPORTADOR: BR: www.wine-co.com.br

93 6330 ENSAMBLAJE K
Petit Verdot, Cabernet Sauvignon, Syrah, Carménère 2018
$$ | LONTUÉ | 12.8°

Este blend K, em homenagem a Katharina Hanke e Klaus Schroeder, os proprietários da AltaCima, tem 35% de Petit Verdot, 31% de Cabernet Sauvignon, 30% Syrah e o resto de Carménère, todos do vinhedo da família em Sagrada Família, no Vale do Curicó. E segue o mesmo estilo da casa: frutas vermelhas, boa acidez e taninos firmes; mas desta vez há uma deliciosa profundidade de sabores. Este é o vinho mais caro da casa, mas ainda oferece uma ótima relação preço-qualidade.

93 6330 LATE HARVEST
Gewürztraminer 2019
$$ | LONTUÉ | 13.4°

Um vinho doce com nada menos que 118 gramas de açúcar residual, mas também com uma acidez firme que equilibra todo o vinho. Essa acidez se move junto com a doçura da fruta, prolongando os sabores e aquela sensação suculenta e caramelizada das frutas que se desdobram aqui. Existem algumas notas leves de botrytis, mas o principal é a sensação frutada, como todos os vinhos da casa.

92 4090
Carménère 2019
$$ | LONTUÉ | 12.8°

Há toda uma nova ideia de Carménère no Chile, uma visão distante desses supermaduros e cheios de madeira que tentou esconder o lado de ervas da variedade e que eram populares há 15 anos. Esse estilo, que a AltaCima usa desde sua criação há 20 anos, é o que agora se pretende fazer com a

Carménère: enchê-lo com frutas vermelhas e isso não importa se há ou não tons vegetais porque, finalmente, eles fazem parte da genética da variedade. Aqui está tudo isso em um Carménère radiante, cheio de luz e frescor.

92

4090
Merlot 2019
$$ | L O N T U É | **13°**

Este **4090** vem de vinhedos plantados em 1998 na região da Sagrada Família, e de um material que poderia ter vindo da França, embora Klaus Schroeder não esteja totalmente certo. Uma teoria da conspiração, sem qualquer evidência concreta, poderia ser que este Merlot está ligado àqueles que a família Cousiño trouxe para o Chile em meados do século XIX e que têm as características reais da variedade, os aromas e sabores das frutas vermelhas e, acima de tudo, a carga tânica que é claramente apreciada aqui. Plantada em solos com boa retenção de água, este Merlot nunca tem sede, e isso pode explicar essa tensão de taninos e as fruta vermelha fresca em um lugar quente como a Sagrada Família. De uma forma ou de outra, esta é uma tremenda relação preço-qualidade.

91

4090
Cabernet Sauvignon 2019
$$ | L O N T U É | **12.5°**

Não é comum encontrar Cabernet Sauvignon com 12,5 graus, especialmente nos tempos modernos, quando tudo é dois graus mais alto. Segundo Klaus Schroeder, os taninos não amadureceram e o álcool potencial também não, o que geralmente ocorre em estações quentes, quando as parreiras param o processo de amadurecimento das uvas. E isso talvez permitiu que a paciência da AltaCima se esgotasse e pegasse as uvas para este pequeno prazer de sabores vermelhos e textura tensa e nervosa. O preço? Você não pode acreditar como é barato.

91

4090
Syrah 2019
$$ | L O N T U É | **13.1°**

Muito fiel ao estilo dos vinhos da casa, esta Syrah de videiras plantadas em 2006 em solos de argila na região da Sagrada Família tem muitas frutas vermelhas, acidez intensa e uma textura firme que se estende pela boca apoiando essa camada de sabores que remetem à frutas vermelhas ácidas. Imbatível a esse preço.

90

4090
Gewürztraminer 2020
$$ | L O N T U É | **13.9°**

A partir de vinhedos plantados em 1993, na região da Sagrada Família, este Gewürz tem uma certa austeridade, longe da exuberância que caracteriza a variedade. Em um ano muito quente, as uvas tiveram que ser colhidas cedo e isso parece ter afetado o corpo, tornando-o um pouco mais leve, embora mantenha seus gostos varietais e sua suculência.

90

6330 ALTO ANDES
Sauvignon Blanc 2019
$$ | L O N T U É | **13.1°**

Da área pré-Cordilheira de Curicó, e de vinhedos plantados em solos aluviais em 2013, há um contraste que funciona muito bem aqui, entre as notas maduras da fruta em um ano quente como 2019 e a firme acidez de um vinho da montanha. Este Sauvignon tem caráter, uma personalidade que pode estar relacionada a outros exemplos dessa variedade feito na região.

OUTRO VINHO SELECIONADO
89 | 4090 Chardonnay 2020 | Lontué | 14.1° | **$$**

Alyan.

PROPRIETÁRIO Andrés Pérez Salinas
ENÓLOGOS Felipe Riveros & Magdalena Ganderats
WEB www.alyanwines.com
RECEBE VISITAS Sim

• **ENÓLOGOS**
Magdalena Ganderats & Felipe Riveros

[**O CASAMENTO** de Alicia Balmaceda e Andrés Pérez tem sido ligado ao mundo do vinho através de laços familiares e em parceria com importantes vinícolas chilenas, como Santa Carolina e Santa Alicia. Após a venda da última vinícola para o grupo de Belém, eles decidiram empreender seu próprio projeto, Viña Alyan que, assim como Santa Alicia, se concentra em vinhedos na região de Pirque, uma das mais conhecidas do Alto Maipo, em direção ao pé dos Andes.]

94 PANACEA
Cabernet Sauvignon, Carménère, Syrah, Cabernet Franc 2015
$$$$ | MAIPO ALTO | 14°

Panacea é o melhor vinho da Alyan e corresponde a uma seleção das melhores uvas de Cabernet Sauvignon, Carménère, Syrah e Cabernet Franc dos vinhedos de Pirque, no Maipo Alto. O blend passa cerca de 22 meses em barricas. Este é um vinho que parece ainda muito jovem. Depois de um dia de garrafa aberta, a madeira está apenas recuando para revelar a grande carga de frutas aqui, as notas de frutas vermelhas maduras, ervas e especiarias. A boca está concentrada, cheia de sabores e taninos ainda jovens. Leva mais alguns anos na adega para chegar à sua plenitude e, depois, mais cinco anos para continuar a mostrar complexidade.

OUTRO VINHO SELECIONADO
88 | GRAN RESERVA ROSÉ Cabernet Sauvignon 2020 | Maipo Alto | 13° | $$

Andes Plateau.

PROPRIETÁRIO Felipe Uribe
ENÓLOGO Felipe Uribe
WEB www.andesplateau.cl
RECEBE VISITAS Não

• **PROPRIETÁRIOS & ENÓLOGOS**
Maite Hojas & Felipe Uribe

[**COMO UM** projeto de vinhos de alta altitude, influenciado pela cordilheira, define-se esta vinícola fundada pelo enólogo Felipe Uribe. Foi iniciada em 2013, com o lançamento do Andes Plateau 700, um vinho tinto que mistura uvas de duas origens: Pirque (Maipo) e Alcohuaz (Elqui). Hoje o pequeno catálogo da Andes Plateau conta com outros dois rótulos, Cota 500 Cabernet Sauvignon e Cota 500 Merlot. Uribe foi durante anos enólogo na vinícola William Fèvre, onde já fazia vinhos marcados pelo caráter da montanha. Andes Plateau é uma sociedade de Felipe Uribe e sua família.] **IMPORTADORES:** BR: www.dominiocassis.com.br www.arydelicatessen.com.br www.massimex.com.br

97 ANDES PLATEAU 700
Cabernet Sauvignon, Syrah, Cabernet Franc, Merlot 2018
$$$$ | MAIPO | 13.6°

A base deste vinho tem 85% de Cabernet Sauvignon da área de Pirque, além de Syrah, Cabernet Franc e Merlot em quantidades semelhantes de um vinhedo no Cajon del Maipo, ambos na área de Alto Maipo, e fortemente influenciado pelas brisas frescas dos Andes. O vinho é armazenado por 16 meses em tonéis de madeira antigos. E é uma expressão pura do Alto Maipo, mas especialmente da clareza de frutas, principalmente vermelhas e ervas de uma região privilegiada como Pirque, da mais alta de Alto Maipo, cerca de 980 metros acima do nível do mar. Tudo aqui é fruta, frescor e, ao mesmo tempo, profundidade de sabores que são impregnados na boca e projetados com força até o fim. Os taninos também são de seda, mas com força suficiente para envelhecer por anos na adega.

95 COTA 500
Cabernet Sauvignon 2019
$$$ | MAULE | **13.6°**

O vinhedo de origem deste vinho está localizado no caminho para a Lagoa Maule, no Vale Maule, e ao pé da cordilheira dos Andes. Foi plantada há cerca de 15 anos em solos pedregosos de origem coluvial, de deslizamentos de terra nas montanhas, mas também rico em argilas, e o vinhedo é geralmente influenciado pelas brisas dos Andes. Colhido muito cedo na estação - no início de março - este tem uma forte presença de notas de ervas em meio a frutas vermelhas puras e deliciosas. O corpo é médio, com taninos muito delicados e finos, em um vinho linear, muito elegante; uma espécie de irmão mais novo dos grandes tintos de Macul, no Alto Maipo. Sem os toques mentolados desses clássicos, mas com esse tipo de delicadeza. Uma descoberta.

94 COTA 500
Syrah 2019
$$$ | CACHAPOAL | **13.8°**

Para este Syrah, Andes Plateau compra uvas na área de Coya, cerca de 900 metros acima do nível do mar, no Alto Cachapoal. A forte influência dos Andes neste vinhedo resulta em notas de ervas mostradas no nariz e também na boca, acompanhadas de frutas vermelhas maduras e negras, e certos toques de carne. A textura é macia, com taninos amigáveis que se expandem por toda a boca. Este vinho foi envelhecido em barricas velhas por pouco menos de um ano.

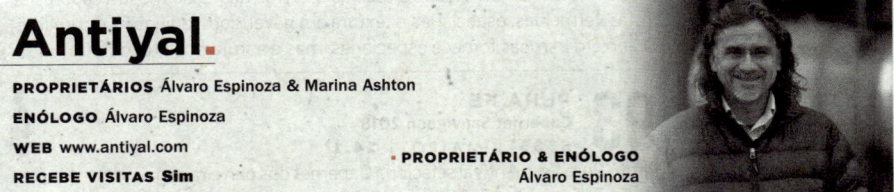

Antiyal.

PROPRIETÁRIOS Álvaro Espinoza & Marina Ashton
ENÓLOGO Álvaro Espinoza
WEB www.antiyal.com
RECEBE VISITAS Sim

• **PROPRIETÁRIO & ENÓLOGO**
Álvaro Espinoza

[**ÁLVARO ESPINOZA** é um dos enólogos mais influentes do Chile. Foi pioneiro em diversas áreas: na viticultura orgânica e biodinâmica, onde é referência na América Latina; na redescoberta do Carménère, rotulando o primeiro (com o sinônimo de Grande Vidure) depois de aparecer nos vinhedos de Viña Carmen; e também para empreender um projeto independente, Antiyal, quando no cenário nacional não havia isso - algo tão comum hoje - de um enólogo fazer seu próprio vinho. Fundada em 1998 em Huelquén, Alto Maipo, onde Espinoza levantou uma pequena vinícola com sua família, Antiyal partiu como apenas um rótulo, um vinho de mesmo nome, uma mistura de tinta da qual em 1998 três mil garrafas foram lançadas. Hoje, a produção total cresceu para 40 mil garrafas em três linhas de vinho.] **IMPORTADOR:** BR: www.elevagebrasil.com

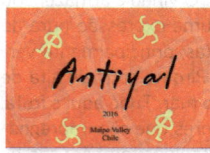

97 ANTIYAL
Carménère, Cabernet Sauvignon, Syrah 2018
$$$$$ | MAIPO | 14.9°

A primeira colheita da Antiyal foi em 1998. Naquele ano foram cerca de três mil garrafas e veio em grande parte da Isla de Maipo, da parcela dos pais de Álvaro Espinoza. Desde a safra de 2010, ela veio 100% do vinhedo da vinícola em El Escorial, no Alto Maipo. São solos pedregosos, ao pé dos Andes, que dão vinhos - em bons anos como 2018 - extremamente generosos em frutas. Este ano a mistura consiste em 40% de Carménère, 40% Cabernet Sauvignon e o resto de Syrah. O vinho tem um ano e meio de barrica e o que sai de lá é uma das melhores colheitas deste clássico chileno moderno. A fruta tem muita concentração, mas ao mesmo tempo muita elegância, especialmente naqueles taninos que se sentem tão sutis, mas ao mesmo tempo tão firmes. Há notas de ervas, todas sublinhadas por uma acidez que proporciona suculência. Este vinho tem uma década pela frente.

97 ANTIYAL VIÑEDO EL ESCORIAL
Carménère 2018
$$$$$ | MAIPO | 14.5°

Este Carménère é uma seleção de vinhedos plantados em 2003 na propriedade da Antiyal em El Escorial, ao pé dos Andes no Alto Maipo. Sem envelhecer em madeira, mas com um ano em ovos de cimento, é uma expressão pura de Carménère da região, intensamente frutada, cheia de frutas vermelhas e especiarias em um vinho que é concentrado, mas muito macio e com taninos firmes ao mesmo tempo. A safra de 2018 em um de seus melhores momentos proporciona grande equilíbrio.

95 KUYEN
Syrah, Cabernet Sauvignon, Carménère, Petit Verdot 2018
$$$$$ | MAIPO | 14.6°

Kuyen é o segundo blend da Antiyal, após o próprio Antiyal. Este ano é principalmente Syrah, com 47%, mais 32% Cabernet Sauvignon, 15% Carménère e o resto de Petit Verdot, todos os seus vinhedos plantados há cerca de 15 anos ao pé dos Andes, no Alto Maipo. Uma colheita brilhante como 2018 fez este vinho brilhar em frutas vermelhas. A Syrah da região mostra sabores de frutas vermelhas, especiarias e textura amigável, com taninos muito polidos. O ano em barricas fornece especiarias, mas é a fruta que predomina.

93 PURA FE
Cabernet Sauvignon 2018
$$$$ | MAIPO | 14.1°

Para o **Pura Fe**, a Antiyal seleciona Cabernet dos parreirais mais jovens da propriedade Espinoza em El Escorial, ao pé dos Andes, no Alto Maipo. São videiras de cerca de sete anos, plantadas nos solos aluviais, muito pedregosos, da região. O vinho é um exemplo típico do lugar, com seus toques de ervas e terrosos, juntamente com taninos firmes embrulhando sabores de frutas vermelhas maduras. É intenso, mas ao mesmo tempo muito frutado e fácil de beber.

93 PURA FE
Garnacha, Syrah 2018
$$$$ | MAIPO | 14.7°

Este blend de 60% Grenache e o resto de Syrah vem dos solos aluviais do Alto Maipo, na altura de El Escorial, ao pé dos Andes. As duas variedades foram cofermentadas e, em seguida, a mistura foi envelhecida em barricas usadas de 400 litros. O resultado é um vinho extremamente frutado, com tons florais e frutados de Grenache em primeiro plano, monopolizando o caráter deste tinto. O corpo é moderadamente intenso, com taninos selvagens pedindo um tartar de carne.

92 PURA FE
Carménère 2018
$$$$ | MAIPO | **14.4°**

De vinhedos jovens, plantados há sete anos nos solos pedregosos de El Escorial, no Alto Maipo, este Carménère tem um aroma terroso agradável, juntamente com ervas e notas frutadas. Os solos de pedra parecem dar rugosidade ao paladar, com taninos firmes e selvagens pedindo comida forte. A acidez refresca, enquanto as notas de ervas e terrosos dominam até o fim.

Aquitania.

PROPRIETÁRIOS Felipe de Solminihac, Bruno Prats & Ghislain de Montgolfier

ENÓLOGOS Felipe de Solminihac, Bruno Prats, Ghislain de Montgolfier & Angela Jara

WEB www.aquitania.cl

RECEBE VISITAS Sim

• PROPRIETÁRIO & ENÓLOGO
Felipe de Solminihac

[**NA QUEBRADA** de Macul, em Santiago, está localizado este vinhedo cujos 18 hectares originais foram cercados por condomínios devido ao crescimento da cidade. Fundada em 1991 pelo francês Bruno Prats, Paul Pontallier e pelo chileno Felipe de Solminihac, que também é seu enólogo, a Aquitania produz neste terroir exclusivo de Alto Maipo principalmente Cabernet Sauvignon, sendo o selo Lázuli seu maior representante. Eles têm, no entanto, outra importante fonte de uvas, cultivadas 650 quilômetros ao sul da vinícola, na área chuvosa de Malleco. Lá, Felipe de Solminihac foi pioneiro na viticultura em uma região onde não havia antecedentes.] **IMPORTADOR:** BR: www.zahil.com.br

96 SOL DE SOL
Chardonnay 2018
$$$$ | MALLECO | **13°**

Sol de Sol vem de vinhedos de cerca de 27 anos na região de Traiguén, no Vale do Malleco; as primeiras videiras que foram plantadas lá, hoje epicentro da atividade vinícola no sul do Chile. Com sua primeira safra em 2000, já se tornou um clássico da cena chilena. A safra 2018 foi muito fria em Malleco e isso é claramente sentido no estilo do vinho, nos sabores de frutas brancas ácidas e nas notas de ervas. A mistura final incluiu 3% de uvas botrytizadas e isso lhe deu uma complexidade especial, um aroma terroso que acompanha frutas e tons de ervas. Tem um bom corpo e essa acidez suculenta e vertical que constrói uma estrutura imponente. Um branco com capacidade de guarda.

96 SOL DE SOL
Sauvignon Blanc 2019
$$$$ | MALLECO | **13°**

Sauvignon Blanc foi a última variedade plantada no vinhedo da Aquitania, na região de Traiguén, no sul do Chile. Este vinho vem desses vinhedos, com cerca de 11 anos, em solos de argila e granito, material clonal - neste caso, é o clone 1, o primeiro a chegar ao Chile no início dos anos 90. Mas se esse clone dá vinhos austeros e severos em acidez, o Malleco parece entregar um estilo completamente diferente. Mesmo em um ano frio como 2019 em

Traiguén, oferece notas de frutas tropicais, prodigas em seus aromas e sabores. Acidez é importante, assim como o corpo. Tudo é generosidade, tudo é exuberância e, além disso, uma leve doçura que é intencional. Felipe de Solminihac deixou quatro gramas de açúcar, tentando equilibrar a severa acidez das uvas. O experimento funciona.

95 LAZULI
Cabernet Sauvignon 2017
$$$$$ | MAIPO ANDES | **14.5°**

Mesmo em um ano muito quente - o mais quente daquela década - o estilo de **Lazuli** permanece, assim como o caráter dos vinhos Macul. **Lazuli** é uma seleção dos vinhedos mais antigos, plantados em 1991, na propriedade da família De Solminihac na área de Macul, ao pé da cordilheira dos Andes no Alto Maipo. O ano talvez seja sentido na concentração do vinho, mais denso do que o habitual, e também no calor do álcool. Mas tudo o mais, os aromas e sabores, são Macul: as notas de frutas vermelhas ácidas, tons terrosos, herbáceos e mentol são um exemplo claro dos Cabernets locais. Deixe esta garrafa por pelo menos cinco anos na adega para que ganhe complexidade.

94 PAUL BRUNO
Cabernet Sauvignon 2016
$$$$ | MAIPO | **13.5°**

Este é um clássico do portfólio da Aquitania e foi produzido desde o início da vinícola até a safra 2000, quando o foco se mudou para sua Cabernet Aquitania e Lazuli. Mas este 2016 volta ao mercado, e é uma volta como nos velhos tempos. Isso resume o estilo dos vinhos da casa: a elegância dos taninos, a iguaria e a pureza frutada e todas as ervas e hortelãs e tons terrosos que adicionam aos sabores frutados em um vinho que, em vez de mostrar a variedade, oferece uma fotografia clara dos tintos de Macul. Este Cabernet vem de uma seleção de vinhedos e barricas e poderia ser considerado como um "deuxième vin" atrás do top Lazuli. Envelheceu por um ano em barricas usadas.

94 SOL DE SOL BRUT NATURE
Chardonnay, Pinot Noir 2018
$$$$ | MALLECO | **13°**

Este cuvée vem dos vinhedos da Aquitania na região de Malleco. Estes são os primeiros vinhedos plantados na área, há 25 anos. Feito com o método tradicional de segunda fermentação na garrafa, e com dois anos sob as leveduras, tem 50% de Chardonnay e 50% Pinot Noir. Este espumante oferece uma visão clara do terroir Malleco, o frescor que é obtido lá, especialmente em uma safra fria como foi 2018. Deliciosamente frutado, com acidez suculenta e bolhas finas e abundantes, este tem corpo e força, mas acima de tudo muitos sabores de frutas brancas e alguns temperos. É um vinho que é facilmente bebido como um aperitivo, mas acima de tudo para acompanhar frutos do mar crus. Poucos são tão bons nessa tarefa como este.

93 AQUITANIA
Chardonnay 2018
$$$ | MALLECO | **13°**

Este é o Chardonnay de entrada ao mundo dos Chardonnays de Malleco da Aquitania, e é uma entrada brilhante. De vinhedos de 28 anos na área de Traiguén, ao lado da cordilheira de Nahuelbuta, e estagiado em aço inoxidável, isso mostra toda a força da variedade sobre aquela área fria do sul do Chile. A textura parece arranhada, os aromas são frutados e ligeiramente minerais, e a boca é preenchida com sabor e acidez suculenta em um vinho de bom corpo e profundidade muito boa.

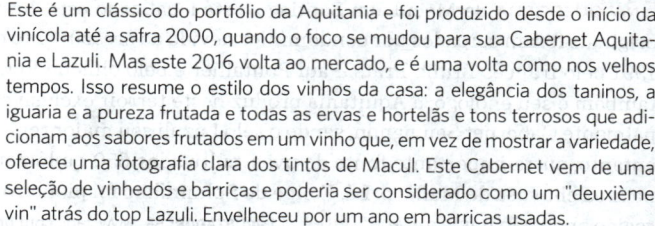

92 AQUITANIA
Cabernet Sauvignon 2018
$$$ | MAIPO | 14°

Esta é um blend de vinhedos, 75% vem dos vinhedos de Macul, ao redor da vinícola Aquitania no Alto Maipo; o resto vem da Ilha Maipo, no centro do vale. Também tem 15% de Syrah de vinhedos do Macul. O ano deu a este vinho um corpo extraordinariamente concentrado, e também mostra as notas típicas de mentol e terrosos que a Cabernet dá naquele lugar. Um vinho clássico da região, em um ano muito bom.

OUTRO VINHO SELECIONADO

89 | AQUITANIA ROSÉ Cabernet Sauvignon, Syrah 2020 | Maipo | 13° | $$

Arboleda.

PROPRIETÁRIO Eduardo Chadwick
ENÓLOGO Francisco Baettig
WEB www.arboledawines.com
RECEBE VISITAS Não

• **ENÓLOGO** Francisco Baettig

[**ARBOLEDA** está localizada em Aconcágua, ao norte de Santiago, e aproveita este vale em toda a sua amplitude. Do vinhedo costeiro de Chilhué, a 12 quilômetros do mar, vêm seu Chardonnay, Sauvignon Blanc, Syrah e Pinot Noir, enquanto Cabernet Sauvignon e Carménère crescem em Las Vertientes, um setor mais quente. Eles têm uma única linha de vinhos de médio porte, cada um deles de uma dessas variedades. A empresa foi fundada em 1999 pelo vinhateiro Eduardo Chadwick e faz parte de seu grupo de vinícolas do grupo Errázuriz (Errázuriz, Caliterra, Seña).] **IMPORTADOR:** BR: www.worldwine.com.br

95 BRISA Syrah, Grenache, Cabernet Sauvignon,
Cabernet Franc, Mourvèdre 2018
$$$$$ | ACONCÁGUA | 13.5°

Este é um verdadeiro suco de frutas vermelhas, algo estranho se pensarmos que, por muito tempo, os melhores vinhos de uma vinícola - por necessidade, para justificar um preço ou quem sabe por quê - deviam ser hiper-concentrados, generosos em suas doses de madeira nova e muito exagerados em sua maturidade. Este vinho, por outro lado, é exatamente o oposto. Faz jus ao seu nome, Brisa: um ar leve e fresco de frutas vermelhas em um corpo médio, com taninos muito polidos e sabores frutados, liderados por uma acidez que vibra e range enquanto viaja pelo paladar. Preste atenção, este é o caminho que os super-ícones chilenos estão tomando. Já não era sem tempo!

94 ARBOLEDA
Pinot Noir 2019
$$$$ | ACONCÁGUA COSTA | 13.5°

Cem por cento dos vinhedos estão a cerca de 12 quilômetros do mar, no Vale de Aconcágua e em solos de ardósia, esta é uma expressão pura e refrescante da variedade nas costas chilenas. Fermentado em aço com leveduras indígenas e envelhecido em barricas usadas por 11 meses, traz uma sensação frutada envolvente, frutas doces, mas ao mesmo tempo moderada por uma acidez penetrante, firme, afiada. A textura tem taninos presentes, mas o que domina é o arredondamento, a sensação de plenitude, e a boca é cheia de sabor. Um delicioso vinho para acompanhar peixe azul grelhado. Experimente, se possível, com sardinhas.

92 ARBOLEDA
Chardonnay 2019
$$$$ | ACONCÁGUA COSTA | **13°**

De vinhedos na área costeira do Aconcágua, a cerca de 12 quilômetros do mar, esta é uma seleção de parcelas plantadas em solos vulcânicos, rico em ardósia. Com 40% passando por fermentação malolática, este Chardonnay tem toques de frutas brancas maduras e certas notas lácteas em um corpo redondo, cremoso e ácido. Muito bom com salmão defumado.

Aresti.

PROPRIETÁRIAS Begoña & Ana María Aresti
ENÓLOGO Jon Usabiaga
WEB www.arestichile.com
RECEBE VISITAS Não

• **ENÓLOGO** Jon Usabiaga

[**ARESTI É** uma das vinhas que mais explora o Vale do Curicó, vinificando uvas da seu vinhedo original, em Molina, mas também de terceiros em outros setores. Terroirs que vão da serra ao mar; de 1.200 metros de altura, à cidade de Hualañé, a 20 quilômetros da costa. A linha do catálogo que melhor mostra essa diversidade de origens é a Trisquel, que responde a uma seleção de diferentes lotes. O seu fundador, Vicente Aresti, criou a empresa em 1951, mas foi apenas em 1999 que começaram a engarrafar os seus próprios vinhos.] **IMPORTADOR:** BR: www.supernossoemcasa.com.br

96 CÓDIGO 380
Cabernet Sauvignon, Malbec, Cabernet Franc 2014
$$$$$ | CURICÓ | **14°**

Esta é uma seleção dos vinhedos La Reserva e Micaela, com solos aluviais e também formados com depósitos arrastados pelas neves da cordilheira. Foi envelhecido em barricas por dois anos. A mistura é composta por 60% Cabernet Sauvignon, 30% Malbec e 10% Cabernet Franc. Apesar dos anos, este vinho é mantido com um espírito jovem, as frutas são vermelhas maduras e os toques de ervas adicionam frescor e cumplicidade no nariz. Na boca tem muita potência, principalmente devido à acidez intensa e penetrante e taninos fortes. Um vinho que ainda terá um longo desenvolvimento na garrafa.

94 FAMILY COLLECTION
Cabernet Sauvignon, Merlot, Petit Verdot, Petite Sirah, Syrah 2017
$$$$ | CURICÓ | **14°**

O blend deste clássico é baseado em 50% Cabernet Sauvignon, e aquela sensação de Cabernet de ano quente (2017 foi uma das safras mais quentes da última década), com suas notas de especiarias doces e frutas negras, é sentida aqui. A boca é firme em taninos, com foco nos sabores de frutas vermelhas e nozes em um corpo médio, de alta tensão, de toques de ervas em um vinho com grande capacidade de guarda.

94 TRISQUEL SERIES
Merlot 2018
$$$ | CURICÓ | **13.5°**

Para este Merlot, as uvas vêm de um vinhedo de altitude, cerca de 1.250 metros acima do nível do mar, às margens do rio Mataquito, no coração da cordilheira dos Andes. Em solos de origem vulcânica, um clima de montanha, com uma importante oscilação térmica entre o dia e a noite, e com a influência fria das brisas andinas, este Merlot parece absorver tudo isso, transformando-o em deliciosas frutas vermelhas, cheias de potência e força. A acidez suculenta na boca parece acentuar a força dos taninos, um detalhe que nem sempre é levado em conta quando se fala da variedade que, em certos climas ou em certos tipos de solos, pode ter taninos excitantes. Aqui você tem que pensar na harmonização com carne grelhada.

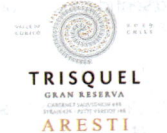

93 TRISQUEL GRAN RESERVA
Cabernet Sauvignon, Syrah, Petit Verdot 2019
$$ | CURICÓ | **13.5°**

Baseado em 44% de Cabernet Sauvignon, 42% de Syrah e o resto do Petit Verdot, todos de seus próprios vinhedos no Vale do Curicó, o envelhecimento deste tinto foi feito por um ano em barricas. O resultado é um vinho muito potente e fresco, com frutas vermelhas e notas de ervas muito na frente, e acidez como uma espécie de mestre de cerimônias preocupado que nada fique sem frescor.

92 TRISQUEL GRAN RESERVA
Sauvignon Blanc 2020
$$ | LEYDA | **13°**

A Aresti compra as uvas para este Sauvignon Blanc nas colinas do Vale da Leyda, sobre a cordilheira da costa, e cerca de dez quilômetros do mar. Este vinho tem um corpo leve, cheio de sabores de frutas brancas ácidas e uma acidez que parece ter sido tirada de um suco de limão. É refrescante do nariz até o último sabor da boca e imediatamente faz você pensar em um ceviche de verão.

OUTROS VINHOS SELECIONADOS
89 | CABINA '56 RESERVA Sauvignon Blanc 2020 | Curicó | 12.5° | $
89 | CABINA '56 RESERVA Cabernet Sauvignon 2019 | Curicó | 13° | $
89 | CABINA '56 RESERVA Carménère 2019 | Curicó | 13° | $

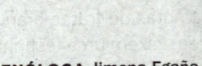

Aromo.

PROPRIETÁRIO Henríquez irmãos
ENÓLOGA Jimena Egaña
WEB www.aromo.cl
RECEBE VISITAS Não

• **ENÓLOGA** Jimena Egaña

[**VINÍCOLA FAMILIAR** profundamente enraizada no Vale do Maule, Aromo nasceu por iniciativa de Don Víctor Henríquez Solar, um produtor que começou de maneira artesanal, e que em 1936 comprou de empresários franceses uma vinícola de 1922, a mesma que continua sendo a base da empresa. Controlada pela terceira geração dos Henríquez, Aromo é hoje um grande e moderno vinhedo, com 320 hectares de vinhedos espalhados entre Trapiche, Ventolera e outros setores do Maule.]

IMPORTADORES: BR: www.infocwb.com.br www.bistek.com.br

91 BARREL SELECTION THE BLEND
Cabernet Sauvignon, Carménère, Petit Verdot 2017
$$$ | MAULE | **14.2°**

Este blend consiste em 80% Cabernet Sauvignon, 15% Carménère e o resto de Petit Verdot, todos de vinhedos no Vale do Maule. O envelhecimento dura 18 meses em barricas, 15% delas de madeira nova. De uma safra muito complicada em termos de calor, aumentado pelos incêndios florestais que atingiram a região, surpreende com suas notas de frutas maduras, mas sem excessos, e por taninos amigáveis, muito doces, em um vinho sem arestas, muito equilibrado.

90 WINEMAKER SELECTION
Marselan, Carménère 2017
$$ | MAULE | **13.8°**

Embora a madeira tenha um papel importante neste vinho - envelhecido por oito meses em barricas, 40% delas feitas de madeira nova - a força da Marselan (60% do corte) é imposta com suas frutas vermelhas e sua firme acidez que lhe dá vida e potência. A Carménère é pouco sentida, exceto por pequenas notas de ervas.

OUTROS VINHOS SELECIONADOS
89 | AROMO WINEMAKER SELECTION C. Sauvignon, Syrah 2017 | Maule | 13.8° | **$$**
89 | DOGMA BRUT ROSÉ Pinot Noir 2019 | Maule | 11.9° | **$$**
87 | AROMO RESERVA PRIVADA Syrah 2019 | Maule | 13.8° | **$**

Aves del Sur.

PROPRIETÁRIO Viña del Pedregal
ENÓLOGA Rosario Domínguez
WEB www.delpedregalwines.com
RECEBE VISITAS Não

• **ENÓLOGA** Rosario Domínguez

[**AVES DEL SUR** faz parte do grupo de vinícolas da família Pedregal, um clã com uma longa tradição no vinho chileno. Seu fundador, o asturiano Carlos del Pedregal, se estabeleceu no Chile em 1825 na área de Loncomilla, que hoje ainda é a base de operações desse grupo familiar histórico.]

92 AVES DEL SUR GRAN RESERVA
Chardonnay 2018
$$$ | CASABLANCA | **14°**

Trata-se de um Chardonnay da velha guarda, com uma forte presença da barrica (um ano de envelhecimento) que domina o nariz, mas deixa espaço para notas de frutas brancas maduras. A textura é cremosa e os sabores lácteos fazem uma festinha e aquela sensação amanteigada que sai o tempo todo. Del Pedregal obtém as uvas para este Chardonnay da área de Las Dichas, um dos setores mais próximos do mar em Casablanca.

90 AVES DEL SUR RESERVA
Cabernet Sauvignon 2017
$$ | LONCOMILLA | **13.5°**

Bom qualidade-preço neste Cabernet Sauvignon do Vale de Loncomilla, em Maule. As frutas vermelhas e especiarias da variedade são claramente sentidas, enquanto os taninos têm uma forte presença na boca, tornando este tinto um Cabernet ideal para assados.

90 AVES DEL SUR GRAN RESERVA
Cabernet Sauvignon 2018
$$$ | MAIPO | **14°**

Este Cabernet vem de diferentes áreas no Maipo, principalmente Alto Maipo. Tem um ano em barricas, metade delas feitas de madeira nova. O vinho mostra muita amplitude e maturidade, uma fruta doce vermelha e alto teor alcoólico, mas ainda mantém um bom equilíbrio. Cobre todos os cantos do paladar com seus aromas exuberantes e sabores. Um ótimo vinho para acompanhar cordeiro.

OUTROS VINHOS SELECIONADOS

86 | AVES DEL SUR RESERVA Chardonnay 2019 | Loncomilla | 13.5° | **$$**
86 | AVES DEL SUR RESERVA Merlot 2018 | Loncomilla | 14.5° | **$$**
85 | AVES DEL SUR RESERVA Syrah 2018 | Loncomilla | 14.5° | **$$**

Baettig.

PROPRIETÁRIO Francisco Baettig & Carlos de Carlos
ENÓLOGO Francisco Baettig
WEB www.vinosbaettig.cl
RECEBE VISITAS Sim

• **PROPRIETÁRIOS**
Carlos de Carlos & Francisco Baettig

[**FRANCISCO BAETTIG** trabalha em Viña Errázuriz desde 2003, e este é seu projeto pessoal, centrado em um único vinhedo na área de Traiguén, plantado em 2013, de cerca de 15 hectares. O vinhedo Los Suizos se estende sobre um solo vulcânico em um vale cerca de 600 quilômetros ao sul de Santiago, e nas encostas orientais da cordilheira de Nahuelbuta. No momento, o projeto contempla o que está naquele vinhedo, que é Chardonnay e Pinot Noir, em três níveis. Vino de Viñedo é a base, então vem uma espécie de premier cru ou Seleção de Parcelas e finalmente um futuro Grand Cru que virá de parcelas especiais.]

97 SELECCIÓN DE PARCELAS LOS PRIMOS
Chardonnay 2018
$$$$$ | T R A I G U É N | **12.5°**

Para este Chardonnay, o enólogo Francisco Baettig utiliza uma seleção de dois lotes da propriedade de Traiguén; alguns vinhedos sem e outros com irrigação (hoje toda a propriedade está sem), e também misturando solos mais e menos férteis. O vinho é prensado por completo e depois envelhecido por um ano em barricas - um quarto delas novas - de 400 litros. 2018 foi uma colheita fria que é sentida no álcool deste vinho, que é baixo, e se junta a uma acidez firme e tensa, transportando os sabores como se fossem rodas muito bem lubrificadas. O vinho é uma faca de verticalidade, firme, com sabores de frutas maduras que contrastam com uma acidez intensa e penetrante. Temos que marcar esta seleção de Los Primos entre os melhores brancos da atualidade no Chile.

97 SELECCIÓN DE PARCELAS LOS PRIMOS
Pinot Noir 2018
$$$$$ | T R A I G U É N | **13°**

Neste Pinot há dois lotes dos cinco totais que estão no vinhedo de Baettig em Traiguén, de diferentes origens clonais, todos de seleções da Borgonha. De parreiras plantadas em 2013 em solos vulcânicos, este vinho tem 18% de fermentação com cachos inteiros e depois envelhece por 15 meses em barricas, 42% delas novas. A influência das barricas é pouco sentida aqui; a fruta vermelha madura predomina, mas também há tons de ervas e especiarias especiados junto com tons terrosos, que parecem ser típicos desses solos vulcânicos. Não é o Pinot frutado que tem se mostrado tão bem para ocorrer em áreas frescas do Chile; mas sim de um lado mais complexo. Há uma vida longa para esses tinto. Espere de dois a três anos para que ela se desenvolva na garrafa, embora agora esteja irresistível, muito diferente de seus parentes costeiros de Casablanca, Limarí ou Leyda. Aqui está outro mundo, que faz parte do universo cada vez mais interessante do Pinot chileno.

94 VINO DE VIÑEDO LOS PARIENTES
Chardonnay 2019
$$$$ | TRAIGUÉN | 13.5°

O Chardonnay de entrada da Baettig é uma espécie de resumo do vinhe-do Los Suizos, uma propriedade de 15,4 hectares plantada em 2014 nos solos vulcânicos de Malleco. Lá eles tem 6,4 hectares de Chardonnay de onde vem este branco. A colheita é à mão, a prensagem é cem por cento direta dos cachos e o envelhecimento dura 11 meses. É um Chardonnay excepcional em todos os seus aspectos. Exuberante, com aromas de frutas maduras, notas salinas e um fundo de especiarias doces. A boca é ampla, rica em texturas redondas e cremosas, suculenta; com uma acidez elétrica e firme, que contrasta marcadamente com essa textura oleosa. Um vinho para guardar por cinco anos. Ele só vai ganhar em complexidade.

94 VINO DE VIÑEDO LOS PARIENTES
Pinot Noir 2019
$$$$ | TRAIGUÉN | 13°

Para **Los Parientes**, a seleção é feita dos nove hectares de Pinot Noir que a vinícola tem nos solos vulcânicos de Malleco, no sul do Chile. Fermentado com suas leveduras indígenas (como todos os vinhos Baettig) e com 7% de cachos inteiros entre uvas moídas, este vinho é armazenado por 11 meses em barricas, 18% delas madeira nova. O nariz deste vinho, como sua contrapartida do mesmo ano em Chardonnay, é exuberante, cheio de notas de frutas vermelhas maduras e flores. Um nariz adorável como poucos Pinots chilenos. Na boca é sedoso, cremoso, e as frutas vermelhas continuam a comandar, mas também há espaço para notas terrosas e taninos firmes, embora muito sutis. Um grande Pinot Noir e a porta de entrada para os tintos da Baettig.

Baron Philippe de Rothschild.

PROPRIETÁRIO Família Rothschild
ENÓLOGOS Emmanuel Riffaud & Gonzalo Castro
WEB www.bphr.com
RECEBE VISITAS Não

• ENÓLOGOS
Emmanuel Riffaud & Gonzalo Castro

[**A EMPRESA** francesa Barão Philippe de Rothschild, dona do Château Mouton Rothschild, em Bordeaux, participa da mais conhecida joint venture chilena, a vinícola Almaviva, fundada em 1999 em conjunto com a Concha y Toro, no prestigiado terroir de Tocornal, em Puente Alto. Nesse mesmo ano, os franceses iniciaram outro empreendimento no Chile em paralelo: a vinícola Barão Philippe de Rothschild, orientada a vinhos um pouco mais acessíveis estabelecidos em Maipo.]

IMPORTADOR: BR: www.worldwine.com.br

95 BARONESA P.
Cabernet Sauvignon, Cabernet Franc, Carménère, Petit Verdot, Syrah 2018
$$$$$ | MAIPO ANDES | 14°

Este é o novo vinho da Baron, o mais ambicioso em seus 20 anos de história no Chile, no qual nunca haviam incluído vinhos deste nível de preço em seu catálogo. Baronesa P. - em homenagem à Baronesa Filipina de Rothschild, a alma do grupo com sede em Bordeaux - é uma seleção de vinhedos e, ao mesmo tempo, barricas, a maioria de seus próprios vinhedos na área de Buin. Envelhecido por 14 meses em barricas, essa mistura tem 76% de Cabernet Sauvignon, Carménère em 7% (de Marchigüe, em Colchagua), 5% Petit Verdot, 5% Cabernet Franc e o resto de Syrah. O vinho ainda é muito jovem, a madeira parece muito na frente, mas atrás dela, a fruta aparece vermelha, intensa, profunda. É fácil imaginar como essa fruta absorverá madeira em um ou dois anos de garrafa. A textura é redonda, muito amigável, como todos os vinhos da casa, mas aqui está adicionando essa profundidade e agregando charme.

93 ESCUDO ROJO GRAN RESERVA
Cabernet Sauvignon, Carménère, Cabernet Franc, Syrah, Petit Verdot 2019
$$$ | VALE CENTRAL | **14°**

Este blend é uma espécie de seleção das melhores origens d Baron no Vale Central, com ênfase no Cabernet Sauvignon de Maipo, dos solos aluviais da área de Buin, que ocupa 43% do vinho. Em seguida vem 39% de Carménère, principalmente de Marchigüe, em Colchagua, mas também de vinhedos antigos do Maule. Ambas as variedades montam um vinho rico em tons de ervas, com frutas vermelhas maduras e uma textura que tem taninos que, embora polidos, sentem e pedem comida forte. Um vinho com um bom corpo, com muita expressão frutada ideal para carnes cozidas.

92 ESCUDO ROJO RESERVA
Carménère 2019
$$ | COLCHAGUA | **14.5°**

Este Carménère é baseado em uvas da área de Marchigüe, a oeste do Vale de Colchagua. O vinho é envelhecido em barricas (10% novas) por oito meses e hoje mostra um lado amigável e maduro que mal mostra as notas de ervas, embora estejam em segundo plano, proporcionando um toque de frescor e complexidade. A boca é redonda, cremosa, com taninos muito macios e cercada por sabores suculentos de frutas vermelhas doces.

92 ESCUDO ROJO RESERVA
Syrah 2019
$$ | MAIPO | **14.5°**

Ao redor da vinícola Baron em Buin, no meio do Vale do Maipo, e proveniente de vinhedos de cerca de 20 anos, este Syrah é consistente com o estilo dos tintos da linha Escudo Rojo. A suculência de sabores frutados, aromas maduros e taninos muito polidos, com o toque a mais aqui da maciez inerente aos climas quentes, o que aumenta a sensação de generosidade e amplitude.

91 ESCUDO ROJO RESERVA
Cabernet Sauvignon 2019
$$ | MAIPO | **14°**

Suculento, com notas muito maduras e tons de caramelo, este é um Cabernet comercial e muito acessível, com taninos polidos, doces e sabores que transbordam a boca com sua voluptuosidade. Vem de vinhedos de cerca de 20 anos na área de Buin, ao redor da vinícola, nos solos aluviais do Maipo.

91 ESCUDO ROJO RESERVA
Sauvignon Blanc 2020
$$ | CASABLANCA | **13.5°**

De Las Dichas, na área mais fria e próxima do mar, no Vale de Casablanca, e vinhedos de cerca de 25 anos, uma idade avançada no contexto daquele lugar, este Sauvignon foi colhido no início da estação para não perder acidez em um ano muito quente em todo o Chile. Aqui estão notas de frutas maduras em meio a tons de ervas. A boca tem uma textura muito boa, macia e redonda, e a acidez faz seu trabalho refrescando os sabores.

90 ESCUDO ROJO RESERVA
Chardonnay 2019
$$ | CASABLANCA | 14°

Las Dichas é uma das áreas mais frescas e próximas do mar no Vale de Casablanca, e suas encostas de granito e argila produzem alguns dos melhores brancos costeiros do Chile. Este Chardonnay vem deste lugar e mostra o frescor da área, mas também a maturidade e arredondamento na textura de um ano quente. Este é um Chardonnay generoso para acompanhar carne de porco defumada.

90 ESCUDO ROJO RESERVA
Pinot Noir 2019
$$ | CASABLANCA | 14°

Este Pinot Noir tem uma ótima relação preço-qualidade com frutas muito maduras, textura muito macia e sabores que se expandem através da boca, ocupando-a completamente. É suculento, acidez muito boa, bom para acompanhar hambúrgueres. Este Pinot vem da área de Las Dichas, nas encostas de granito da região, uma das mais próximas do mar no Vale de Casablanca.

90 MAS ANDES RESERVA
Carménère 2019
$$ | MAULE | 13°

Um bom equilíbrio entre frutas vermelhas maduras, ervas e notas tostadas e achocolatadas neste Carménère simples e muito macio. Como vinho do dia a dia, funciona muito bem. Mas tenha cuidado, que a carga frutada que ele mostra pode ir um pouco mais longe e até mesmo brilhar com um assado.

OUTROS VINHOS SELECIONADOS
89 | MAS ANDES RESERVA Cabernet Sauvignon 2019 | Maule | 13.5° | $$
89 | MAS ANDES RESERVA Chardonnay 2020 | Maule | 14° | $$
88 | MAPU Carménère 2019 | Maule | 13.5° | $
88 | MAPU Garnacha, Carignan, Cinsault 2020 | Maule | 12.5° | $
87 | MAPU Cabernet Sauvignon 2019 | Maule | 13° | $
86 | MAPU Sauvignon Blanc 2020 | Maule | 12.5° | $

Bisquertt.

PROPRIETÁRIO Família Bisquertt
ENÓLOGO Felipe Gutiérrez
WEB www.bisquertt.cl
RECEBE VISITAS Sim

PROPRIETÁRIO Sebastián Bisquertt

[**BISQUERTT** tem interpretado Colchagua de forma diferente nos últimos anos, tornando-se um jogador-chave na renovação deste vale quente. Tudo começou há 50 anos, quando Osvaldo Bisquertt e sua esposa, Soledad Urrutia, plantaram vinhedos na fazenda Rinconada de Peralillo, no setor de Marchigüe. O empreendimento se dedicou exclusivamente à venda de uvas para outros produtores até que, na década de 1980, começou a comercializar seus próprios vinhos. Os últimos anos foram marcados pela segunda geração da família e, no lado enológico, pelo trabalho de Felipe Gutiérrez.] **IMPORTADOR:** BR: www.worldwine.com.br

93 LA JOYA SINGLE VINEYARD
Cabernet Sauvignon 2018
$$$ | M A R C H I G Ü E | **14°**

Para o **Single Vineyard Cabernet** são selecionados vinhedos de um terreno plantado há 20 anos em um setor de solos ricos em granito e com um pouco de argila. Solos clássicos de marchigüe que geralmente dão taninos ferozes, como é o caso deste Cabernet Sauvignon refrescante e frutado; um suco de frutas vermelhas e ervas que se movem pela boca graciosamente, apoiado por aqueles taninos duros e verticais. Este vinho harmoniza muito bem com algumas costeletas de porco.

92 LA JOYA SINGLE VINEYARD
Carménère 2018
$$$ | M A R C H I G Ü E | **14°**

Trata-se de uma seleção de vinhedos de solos mais profundos, com mais argila e cascalho que permitem, segundo o enólogo Felipe Gutiérrez, capturar água, mas ao mesmo tempo, graças a esses cascalhos, deixam algum espaço para oxigênio naquele solo. Os parreirais têm cerca de 20 anos e o fruto que eles dão tem notas de ervas, associadas à variedade, mas também muitas frutas vermelhas no meio de taninos com muita aderência, algo que não necessariamente se relaciona com Carménère, mas que nessa área de Colchagua é comum. Um tinto para acompanhar queijos maduros.

92 LA JOYA SINGLE VINEYARD
Malbec 2018
$$$ | M A R C H I G Ü E | **13.5°**

Uma amostra muito suculenta da Malbec da área de Marchigüe, esta é uma seleção de vinhedos de um parcela de solos graníticos e com camada de argila, um solo não muito fértil que lhe deu uma boa concentração de sabores. Tem sabores de frutas vermelhas ácidas e um vinho que não é particularmente encorpado, mas que tem taninos firmes que lhe dão uma estrutura sólida. Acompanha bem massa ao pesto.

91 LA JOYA GRAN RESERVA
Syrah 2019
$$ | C O L C H A G U A | **13.5°**

O enólogo Felipe Gutiérrez fala de sua preferência pela Syrah, destacando sua versatilidade, sua capacidade de se adaptar a diferentes condições e climas do solo. Neste caso, Marchigüe, a oeste do Vale de Colchagua, um lugar com influência do Pacífico e que se destaca por seus taninos firmes, um tanto selvagens. Aqui está um pouco disso em um vinho que se sente justo, firme, texturizado, com garras e muitas frutas vermelhas frescas à espreita ao redor do paladar.

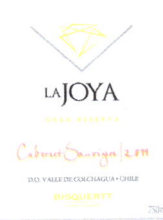

90 LA JOYA GRAN RESERVA
Cabernet Sauvignon 2019
$$ | C O L C H A G U A | **13.5°**

Os tintos da área de Marchigüe, a oeste do Vale de Colchagua, tendem a oferecer uma importante carga tânica, especialmente quando se trata de uvas colhidas um pouco mais cedo em busca de maior frescor, como é o caso desta **La Joya**, de vinhedos plantados há 20 anos. Além dessas frutas e dos taninos afiados, há muitos sabores frutados em um tinto para acompanhar cachorros-quentes.

Bisquertt.

90 LA JOYA GRAN RESERVA
Carménère 2019
$$ | COLCHAGUA | **13.5°**

De vinhedos plantados há cerca de 20 anos na área de Marchigüe, a oeste do Vale de Colchagua, este vinho tem o tanino típico dos tintos da região e também os aromas de ervas que geralmente estão relacionados com a variedade. O resto é um delicioso e simples suco de frutas vermelhas maduras com um final de acidez rica que convida você a continuar bebendo.

OUTROS VINHOS SELECIONADOS

89 | LA JOYA GRAN RESERVA Sauvignon Blanc 2020 | Colchagua | 13° | **$$**
86 | PETIRROJO Sauvignon Blanc 2020 | Colchagua | 13° | **$**

Bodega Portal Andino.

PROPRIETÁRIO Alejandro Hernández
ENÓLOGA Carolina Arnello
RECEBE VISITAS Não

• **PROPRIETÁRIO** Alejandro Hernández

[**EM 1971** nasceu esta vinícola liderada por Alejandro Hernández, uma figura influente na cena local, tendo treinado várias gerações de enólogos como professor na Faculdade de Agronomia da Universidade Católica do Chile por mais de 50 anos.]

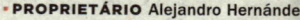

92 SELECCIÓN ESPECIAL ALEJANDRO HERNÁNDEZ
Cabernet Sauvignon, Carménère, Syrah 2017
$$$$ | VALE CENTRAL | **14°**

Para o melhor vinho da Portal Andino, é selecionada a Cabernet Sauvignon de Pirque no Alto Maipo, que contribui com 68% da mistura final. Além disso tem Carménère e Syrah do Maule em percentuais semelhantes. Depois de 15 meses em barricas, este parece ser um vinho bastante delicado e macio, com taninos muito polidos que interagem com uma acidez amigável. Predominam notas de ervas e frutas vermelhas maduras.

90 800 METROS
Cabernet Sauvignon 2018
$$ | MAIPO | **13.5°**

Da região de Pirque, um dos lugares de maior altitude do Vale do Maipo (800 metros, como o próprio nome do vinho diz), este é um Cabernet onde as ervas e notas frutíferas coexistem com toques terrosos e tostados do envelhecimento em barricas. É macio em textura, com uma acidez amigável e suculenta.

OUTROS VINHOS SELECIONADOS

89 | GRAN RESERVA Cabernet Sauvignon 2019 | Maule | 14° | **$$**
89 | GRAN RESERVA Carménère 2019 | Colchagua | 14° | **$$**

Bodega Volcanes de Chile.

PROPRIETÁRIO Grupo Vinos del Pacífico

ENÓLOGA Pilar Díaz

WEB www.volcanesdechile.com

RECEBE VISITAS Não

• **ENÓLOGA** Pilar Díaz

[**PARTE DO** grupo Undurraga, esta vinícola se propõe a explorar o Chile através de seus solos vulcânicos, aproveitando-se do que é um território historicamente influenciado pela atividade de seus numerosos vulcões. Eles produzem vinhos de diversas origens, como Malleco, Maule, Maipo ou Leyda. Alguns terroirs são combinados na mesma garrafa, como é o caso de sua mistura mediterrânea de Grenache, Petite Sirah e Mourvèdre, com frutas de Cachapoal, Maipo e Maule, respectivamente, enquanto outros rótulos buscam o sentido de lugar, como Tectonia Chardonnay, de vinhedos no sul de Malleco.]

94 PARINACOTA
Syrah, Carignan 2018
$$$$ | MAULE | 14°

Parinacota é produzido desde 2009 e sempre a partir dos solos de granito do vinhedo Santa Elena, na área de Loncomilla, no Vale do Maule. São vinhedos sem irrigação, que entregam frutas muito concentradas, e isso é sentido neste blend 70% de Syrah e 30% Carignan, o último de videiras muito antigas. A Syrah traz o lado macio e cremoso, fruta negra madura e doce, enquanto a Carignan fornece taninos firmes e acidez em um tinto que ainda precisa de dois a três anos para obter complexidade.

93 ÍGNEO
Petite Sirah, Petit Verdot 2017
$$$$$ | VALE CENTRAL | 14.5°

Esta já é a quarta versão do **Ígneo** (a primeira foi em 2014) e consiste em 55% de Petite Sirah da Sagrada Família, em Curicó, com partes de Melipilla no Maipo, menos concentrados, mas mais frescos. O resto é Petit Verdot de Almahue, dos solos de argila e granito do Vale de Cachapoal, que traz frutas quentes e muita estrutura. A mistura que resulta de ambas as variedades é um tinto denso, muito profundo, com tons terrosos e de animal e muitas camadas de frutas negras e doces. É um vinho grande e imponente, de guarda.

93 TECTONIA
Grenache, Petite Sirah, Mourvèdre 2018
$$$ | VALE CENTRAL | 14°

Este blend tem 45% de Grenache da área de Almahue do Vale de Cachapoal, 40% de Petite Sirah do Maipo e o resto de Monastrell da região de Cauquenes do Vale do Maule. E o resultado dessa combinação particular de variedades é um delicioso vinho em suas frutas vermelhas, firme em acidez e com taninos que aderem à boca pedindo comida. Um vinho tinto e frutado, pronto agora para acompanhar uma carne grelhada.

92 TECTONIA
Chardonnay 2019
$$$ | MALLECO | 13°

A Volcanes compra as uvas para este Chardonnay em Traiguén, na região de Araucanía, um novo polo para o vinho chileno que hoje tem várias vinícolas produzindo ou comprando uvas na região. É uma área bastante fresca e chuvosa onde variedades como Chardonnay dão resultados muito bons. Neste caso, há um corpo médio, com acidez marcante e frutas brancas maduras cujos sabores são projetados fortemente até o fim do paladar. É macio e cremoso, mas a acidez não a abandona.

91 TECTONIA
Carménère 2018
$$$ | MAULE | **14°**

Um Carménère concentrado e denso que vem de vinhedos plantados em 2007 em solos de granito em Cauquenes, no Vale de Maule. O sol e o calor do lugar trazem sabores de frutas negras e especiarias doces em um corpo poderoso, com taninos firmes. Ótimo para acompanhar embutidos.

91 TECTONIA
Pinot Noir 2017
$$$ | BIOBÍO | **13.5°**

Este Pinot vem de vinhedos da região de Mulchén, Biobío. Os solos com uma superfície de granito e um fundo vulcânico dão uma personalidade especial a este Pinot. Um certo caráter terroso e carnudo muito particular e incomum para a variedade, ligado a taninos ferozes, ásperos, um pouco rústicos, fazem deste vinho uma raridade que vale a pena experimentar.

90 TECTONIA
Cabernet Sauvignon 2018
$$$ | MAIPO | **14°**

Uma cara densa e suculenta da variedade, este vinho tem toques especiados e de ervas no meio de uma espessa camada de sabores frutados, frutas negras maduras que se expandem pela boca com toda a sua densidade e maciez. Este Cabernet vem de vinhedos plantados a cerca de 600 metros de altitude, na região de Los Morros, Alto Maipo.

Bodega y Viñedos De Aguirre.

PROPRIETÁRIO Família De Aguirre

ENÓLOGO Claudio Gonçalves Rey

WEB www.deaguirre.cl

RECEBE VISITAS Não

• **PROPRIETÁRIO** Pedro De Aguirre

[**A FAMÍLIA** De Aguirre iniciou esse projeto em 2005: engarrafar seus próprios vinhos do campo familiar de cerca de 120 hectares na região de Villa Alegre, no Vale do Maule. Das primeiras produções, das quais cerca de 23.000 caixas foram exportadas, agora 1.600.000 caixas são exportadas. Viñedos de Aguirre hoje se alimenta de videiras em Maule, mas também em outros vales.]

90 ANNIE RESERVA
Cabernet Sauvignon 2018
$$ | MAULE | **13°**

Proveniente da região de Villa Alegre, envelhecida em barricas usadas por cerca de oito meses, este Cabernet Sauvignon é muito varietal em sua expressão da uva. Possui notas de ervas, frutas vermelhas ácidas e um corpo médio, com taninos finos e afiados em meio a sabores ricos e frescos. Excelente qualidade-preço.

90 SOL DE CHILE GRAN RESERVA
Cabernet Sauvignon, Carménère 2016
$$ | MAULE | **13.5°**

A Cabernet Sauvignon traz frutas vermelhas, acidez e estrutura firme de taninos, enquanto a Carménère parece entrar com seu lado mais maduro e suculento, além de notas de chocolate e frutas doces neste blend simples, mas muito equilibrado com um ótimo qualidade-preço.

90 SOL DE CHILE PREMIUM
Cabernet Sauvignon 2015
$$ | MAULE | **14°**

Após 18 meses de envelhecimento em barricas, os sabores tostados são claramente sentidos. No entanto, apesar de seus cinco anos de idade, este vinho ainda mostra frutas vermelhas maduras e jovens no meio de um corpo bastante leve, com taninos muito polidos e elegantes. Abra espaço na adega porque este vinho ainda tem vida pela frente.

OUTROS VINHOS SELECIONADOS

88 | SOL DE CHILE GRAN RESERVA Cabernet Sauvignon 2017 | Maule | 13.5° | **$$**
88 | SOL DE CHILE GRAN RESERVA Carménère 2018 | Maule | 13.5° **$$**

Bouchon.

PROPRIETÁRIO Família Bouchon
ENÓLOGO Christian Sepúlveda
WEB www.bouchonfamilywines.com
RECEBE VISITAS Sim

• **ENÓLOGO** Christian Sepúlveda

[**ESTA VINÍCOLA** no Vale do Maule vive um presente atrativo desde que, para complementar seu catálogo de Cabernet, Carménère e outras variedades típicas de Bordeaux, eles também começam a produzir País, Sémillon e Carignan, tornando-se um dos mais ousados em cena. Essas variedades esquecidas têm raízes no Maule e algumas na própria fundação da família, como o País com o qual fazem o País Selvagem, vindo de parras que sobem até três metros em árvores. A vinícola possui quatro propriedades, todas no Maule (Mingre, Las Mercedes, Santa Rosa e Batuco), que somam 200 hectares plantados. Foi fundada na década de 70 por Julio Bouchon e hoje é liderada por seus filhos Julio, Juan e María, arquitetos de várias de suas mudanças recentes.] **IMPORTADOR:** BR: www.worldwine.com.br

95 SKIN BY BOUCHON
Sémillon 2018
$$$ | MAULE | **13.5°**

Para o **Skin**, a Bouchon seleciona parreirais de mais de 80 anos de idade plantados em Batuco, a cerca de 30 quilômetros do mar, no Vale de Maule. O vinho é envelhecido um ano em ânforas de argila com suas sementes e cascas, em uma longa maceração incomum em vinhos deste estilo na América do Sul. "A ideia é que a técnica não esteja acima do lugar", diz o enólogo Christian Sepúlveda, e esse objetivo é cumprido em um vinho muito fiel à variedade: predominam as notas doces e à base de ervas, enquanto a boca é suculenta, com boa acidez e cheia de sabores de frutas maduras. A maceração com as cascas e sementes lhe deu uma estrutura monumental, mas sem perder o frescor.

94 J. BOUCHON GRANITO
Cabernet Sauvignon, Carménère 2017
$$$$ | MAULE SECANO INTERIOR | **13.5°**

Esta é uma seleção de vinhedos de Cabernet e Carménère do vinhedo Bouchon em Mingre, mas apenas aqueles plantados em solos de granito. A mistura final corresponde aos percentuais desses solos na propriedade, que é de 68% Cabernet e 32% de Carménère, proporção que se mantém estável, independentemente das características da safra. Segundo o enólogo Christian Sepúlveda, o granito traz uma estrutura mais vertical aos vinhos, mais nítida, e que se sente nesta nova versão de taninos firmes, cercados por sabores suculentos de frutas vermelhas que desafiam o calor do ano mostrando frescor.

94 VIGNO
Carignan 2018
$$$ | MAULE SECANO INTERIOR | **13.5°**

A vinícola Bouchon obtém o **Vigno** (100% Carignan) de videiras antigas da parte sul de Cauquenes, no extremo sul do Vale de Maule. O envelhecimento dura um ano em tonéis e depois mais um ano na garrafa. Os solos de granito dessa área têm um efeito claro sobre este vinho, fazendo com que os taninos e a textura, se sintam afiados e afiados. Tem muita fruta e também notas florais deliciosas que são percebidas ao fundo. Um vinho forte que precisa de pelo menos mais dois ou três anos na garrafa.

93 MINGRE
Carménère, Cabernet Sauvignon, Syrah, Carignan 2017
$$$$$ | MAULE SECANO INTERIOR | **14°**

A base deste vinho, ao contrário de outros anos (no início era Cabernet), é Carménère, com 40% na mistura final, mais 35% Cabernet Sauvignon, 15% Syrah e o resto de Carignan, todos do vinhedo da família Bouchon em Mingre. A seleção é feita a partir de solos com maior percentual de argila, o que dá a este vinho uma certa voluptuosidade e um arredondamento que o torna muito acessível. Os sabores são frutas vermelhas e negras maduras, mas sem se tornar doce, sem perder o frescor. Um vinho para guardar dois ou três anos na adega.

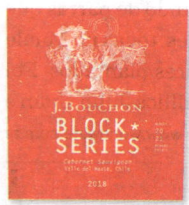

92 J. BOUCHON BLOCK SERIES
Cabernet Sauvignon 2018
$$ | MAULE SECANO INTERIOR | **13.3°**

Uma foto de Cabernet Sauvignon, este vinho traz ervas e notas frutadas, com toques especiados em um corpo firme, com taninos afiados, mas nunca agressivos. A acidez ajuda o fruto a se expressar com maior frescor e clareza em um tinto simples, mas que traz a essência da variedade. O **Block Series** vem de solos de granito e argila, da propriedade da família Bouchon em Mingre, no Vale de Maule e a cerca de 45 quilômetros do mar.

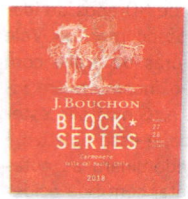

92 J. BOUCHON BLOCK SERIES
Carménère 2018
$$ | MAULE SECANO INTERIOR | **13.5°**

Não é comum encontrar Carménère com esse tipo de acidez tão nítida e vibrante, mas que ao mesmo tempo não se sente atormentada por notas de ervas tão comuns na variedade. A razão pode estar no solo de granito de onde vêm as uvas. É comum que a Carménère ofereça esse tipo de potência nesses solos, os taninos como agulhas afiadas e finas na língua. Um caminho diferente para uma uva que ainda não parece encontrar seu caráter real no Chile.

92 J. BOUCHON BLOCK SERIES
Sémillon 2019
$$ | M A U L E S E C A N O I N T E R I O R | **13.5°**

A Bouchon obtém este Sémillon de um vinhedo plantado em solos de granito e argila, muito típicos da cordilheira da costa, na área de Batuco, a cerca de 30 quilômetros do mar, no Vale de Maule. É um Sémillon tímido no nariz, mas com uma grande presença na boca. Amplo, com uma textura firme que pede um peixe grelhado para se acalmar, e um final ligeiramente floral que lhe dá complexidade. Os sabores frutados são generosos e essa nota de mel, típica da variedade, também é mostrada. Está pronto para beber, mas em alguns anos ele estará muito melhor. Um branco de guarda, sem dúvida.

92 PAÍS VIEJO
País 2020
$$ | M A U L E S E C A N O I N T E R I O R | **12°**

Este é um dos melhores qualidade-preço do mercado e acontece de ser um País de parreiras antigas plantadas nas áreas secas do Vale de Maule, e também alguns em Biobío. Se você precisa conhecer a variedade País, comece com este exemplo. O nariz é frutado, mas ao mesmo tempo generoso em tons terrosos que são muito comuns na uva. A boca tem aquela textura áspera, acidez suculenta e muitos sabores frutados que são novamente combinados com notas terrosas em um País perfeito a um preço ridículo.

91 J. BOUCHON RESERVA ROSÉ
País 2020
$ | M A U L E S E C A N O C O S T E I R O | **12.5°**

A variedade País provou ter muitas faces e uma delas, sem dúvida a mais refrescante, é a que esse rosé representa. As uvas vêm de um vinhedo plantado na área de Mingre, a cerca de 45 quilômetros do Oceano Pacífico, em solos de granito e argila. Esta versão de País é pura fruta e frescor, mas também tem uma textura com boa pegada para pensar em beber com pizza ou paella. Uma excelente abordagem para uma variedade que está no interior chileno há séculos e hoje vive um merecido renascimento.

90 J. BOUCHON RESERVA
Carménère 2019
$ | M A U L E S E C A N O I N T E R I O R | **14°**

Uma interpretação clara da Carménère, aqui há uma ênfase nos frutos vermelhos maduros da cepa, acompanhados de toques de ervas que são típicos da variedade. A textura é muito macia, cremosa e os sabores de frutas fazem desse um vinho fácil de beber. Este Carménère vem de parreiras plantadas há cerca de 30 anos na área de Santa Rosa, a cerca de 50 quilômetros do mar, no Vale do Maule.

OUTROS VINHOS SELECIONADOS
88 | J. BOUCHON RESERVA Cabernet Sauvignon 2019 | Maule Secano Interior | 13.8° | **$**
88 | J. BOUCHON RESERVA Chardonnay 2020 | Maule Secano Costeiro | 13.5° | **$**

Calcu.

PROPRIETÁRIO Família Hurtado Vicuña
ENÓLOGOS Ricardo Rivadeniera & Rodrigo Romero
WEB www.calcu.cl
RECEBE VISITAS Não

• **PROPRIETÁRIO & ENÓLOGOS**
Ricardo Rivadeniera & Rodrigo Romero

[**CALCU PRODUZ** vinhos desde 2008 e é a vinícola irmã de Maquis, ambas em Colchagua e de propriedade da família Hurtado. Calcu baseia sua produção em cem hectares de vinhedos na área de Marchigüe, a cerca de 30 quilômetros do mar, no Vale de Colchagua e, como Maquis, cultiva um estilo bastante frutado e fresco, com uso moderado de madeira.

] **IMPORTADORES:** BR: www.vinhosdomundo.com.br www.olivetto.com.br

96 FUTA
Cabernet Sauvignon 2017
$ $ $ $ $ | COLCHAGUA | **14°**

Os vinhedos de Cabernet Sauvignon de Calcu em Marchigüe estão localizados a cerca de 27 quilômetros do mar, a oeste do Vale de Colchagua. São solos de granito que geralmente levam os vinhos a ter taninos muito poderosos, mas graças às extrações mais suaves de Calcu, esse efeito não é sentido, embora sinta a potência na textura. Este é um Cabernet de dicionário, com seus aromas de ervas, frutas vermelhas e leves toques mentolados em um corpo firme, acidez penetrante e muitos sabores que inundam a boca. É o Cabernet clássico que você pode beber muito bem agora, mas que tem grande potencial de guarda. Seja paciente.

95 FOTEM
Cabernet Sauvignon 2018
$ $ $ $ | COLCHAGUA | **14°**

As colinas de solo granítico em Marchigüe costumam dar vinhos extremamente tânicos, e embora não tenhamos nada contra isso (nada que uma boa refeição ou guarda não possa remediar) estamos surpresos neste caso que um Cabernet, uma variedade rica em taninos, mostre tanta maciez em sua textura. Segundo o enólogo Rodrigo Romero, a chave está na qualidade da uva que é colhida precocemente, com cascas mais firmes que, na fermentação, não entregam os taninos tão facilmente. Isso, aliado a uma extração delicada, faz deste Cabernet uma seda, cheio de frutas vermelhas, tons especiados e de ervas, oferecendo deliciosa clareza varietal. Elegante e sutil, este é um Cabernet sofisticado como poucos outros em Colchagua.

94 WINEMAKER'S SELECTION BLEND
Cabernet Sauvignon, Cabernet Franc, Malbec, Carménère, Petit Verdot 2017
$ $ $ $ | COLCHAGUA | **14°**

A base deste vinho é uma fermentação conjunta de Malbec e Cabernet Franc, plantadas pelo método gobelet nos solos de granito de Marchigüe, a oeste do Vale do Colchagua. Segundo o enólogo Rodrigo Romero, essa dupla vem ganhando importância na mistura, pois oferece notas de flores e ervas que ele gosta. E de fato aqui você sente essas notas no nariz e na boca, acompanhadas, no entanto, por muitos sabores de frutas vermelhas maduras e especiarias. A textura, como um bom vinho de Marchigüe e de solos graníticos, é de taninos tensos e reativos, picando o paladar. O resto da mistura consiste em 26% de Cabernet Sauvignon, 20% Carménère e o resto de Petit Verdot.

91 GRAN RESERVA
Cabernet Franc 2018
\$\$ | M A R C H I G Ü E | **14°**

As notas herbáceas do Cabernet Franc são combinadas aqui com aromas e sabores frutados e notas de madeira. É um bom exemplo da variedade, no lado maduro e intenso, com um corpo generoso que está acima da média dos vinhos neste nível de preço. Este Cabernet Franc é proveniente de vinhedos plantados em 2006 na área de Marchigüe, a oeste do Vale de Colchagua.

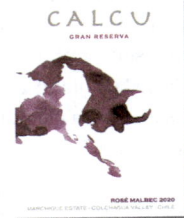

91 GRAN RESERVA ROSÉ
Malbec, Petit Verdot 2020
\$\$ | C O L C H A G U A | **12.5°**

Calcu, assim como sua vinícola irmã, Maquis, ambas em Colchagua, são especialistas em bons rosés. Elas os trabalham a partir do vinhedo, tomando cuidado para que o sol intenso daquele vale não queime o frescor de suas frutas. E em 2020, um ano muito quente, esse talento se reflete em um vinho refrescante, rico em frutas ácidas misturados em um corpo leve, mas ao mesmo tempo com uma estrutura tânica muito boa. É um rosé para a praia, mas que pede uma comida. Experimente frutos do mar gratinados.

90 GRAN RESERVA
Cabernet Sauvignon 2018
\$\$ | C O L C H A G U A | **13.5°**

Um Cabernet simples e direto, com notas de ervas que são misturadas com frutas negras e especiarias de madeira onde foi envelhecido por oito meses antes do engarrafamento. Na boca você pode sentir a doçura da fruta e os toques torrados da barrica. Os taninos são macios, fundidos nos sabores das frutas negras.

90 GRAN RESERVA
Sauvignon Blanc, Sémillon 2020
\$\$ | C O L C H A G U A | **12.5°**

A Sémillon (30% do blend) coloca seu caráter neste vinho, adicionando untuosidade e notas doces, enquanto o Sauvignon - de um clone como o 242, que geralmente oferece brancos mais untuosos - adiciona tons de ervas e frutas brancas. Um Sauvignon concentrado em oferecer um bom corpo e não apenas aromas, pelo menos pelos padrões da variedade e do preço.

OUTROS VINHOS SELECIONADOS
89 | GRAN RESERVA Carménère 2018 | Colchagua | 14° | **\$\$**
89 | GRAN RESERVA Malbec 2018 | Colchagua | 14.5° | **\$\$**

Caliterra.

PROPRIETÁRIO Eduardo Chadwick
ENÓLOGO Rodrigo Zamorano
WEB www.caliterra.cl
RECEBE VISITAS Não

• **ENÓLOGO** Rodrigo Zamorano

[**NASCEU EM** 1992 como uma joint venture entre Eduardo Chadwick e a vinícola califor-niana Robert Mondavi. Mas a empresa terminou em 2004, quando Chadwick adquiriu 100% da empresa e a incorporou ao grupo Errázuriz. Sua sede está localizada em Colcha-gua, no setor Huique, onde possuem quase 300 hectares. Eles fornecem seus vinhos tin-tos, enquanto os brancos vêm de vinhedos que administram em Leyda e Casablanca. Há alguns anos o enólogo é Rodrigo Zamorano, que está trazendo os vinhos Caliterra para um estilo de maior frescor e pureza das frutas.] **IMPORTADOR:** BR: www.vinhoeponto.com.br

96 PÉTREO
Malbec 2018
$$$$ | COLCHAGUA | **12.5°**

Pétreo Malbec vem de uma encosta voltada para o sul, uma orientação fria que permite que as uvas mantenham muito mais acidez e sabores frescos. O solo é rico em granito, pobre em matéria orgânica e fertilidade, o que geralmente dá rendimentos naturalmente muito baixos. O vinho é envelhe-cido por 18 meses, 60% do volume em tonéis de argila espanhóis e o res-tante em barricas usadas de 225 litros. Embora não é todo exuberante no nariz como sugere a Malbec, ele ainda mostra notas de cerejas e violetas, aromas clássicos da casta. É na boca onde a verdadeira festa ocorre. Tani-nos potentes e firmes e com uma generosa e densa camada de sabores de frutas vermelhas. Um banquete de frutas que faz sua boca encher d'água.

95 CENIT Malbec, Syrah, Petit Verdot, Cabernet Franc,
Cabernet Sauvignon 2017
$$$$$ | COLCHAGUA | **13.5°**

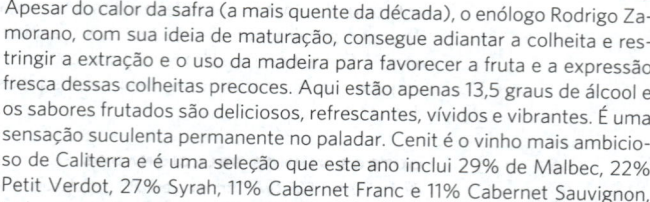

Apesar do calor da safra (a mais quente da década), o enólogo Rodrigo Za-morano, com sua ideia de maturação, consegue adiantar a colheita e res-tringir a extração e o uso da madeira para favorecer a fruta e a expressão fresca dessas colheitas precoces. Aqui estão apenas 13,5 graus de álcool e os sabores frutados são deliciosos, refrescantes, vívidos e vibrantes. É uma sensação suculenta permanente no paladar. Cenit é o vinho mais ambicio-so de Caliterra e é uma seleção que este ano inclui 29% de Malbec, 22% Petit Verdot, 27% Syrah, 11% Cabernet Franc e 11% Cabernet Sauvignon, todas provenientes das colinas do Colchagua.

95 PÉTREO
Carménère 2018
$$$$ | COLCHAGUA | **13°**

A primeira safra do **Pétreo Carménère** foi em 2016, sendo uma das pio-neiras em expor uma face completamente diferente da variedade, sem medo das notas de ervas da Carménère e disposta a colher mais cedo em busca de frescor e frutas vermelhas. Esta nova versão segue esse ca-minho, oferecendo uma gama de frutas e ervas, no meio de um corpo suculento, acidez rica, taninos macios; o tipo de Carménère (e há cada vez mais no Chile) que se bebe rápido, que mata a sede, o que teria sido impensável antes. Pétreo vem de solos ricos em granito voltados para o sul, ou seja, uma orientação mais fria, que ajuda o caráter deste tinto.

94 EDICIÓN LIMITADA A
Malbec, Carménère 2018
$$$$ | COLCHAGUA | 13°

Este blend é 80% Malbec, de solos em encostas voltados para o sul, portanto mais frios. E não há dúvida de que a Malbec comanda, com seus aromas de cerejas e violetas, em um nariz tipicamente varietal. Na boca há um pouco da maciez da Carménère, mas é novamente a Malbec que a estrela, trazendo sabores suculentos com frutas vermelhas e flores. Um tinto delicioso em seu frescor, juntamente com uma profundidade muito boa e acidez potente.

94 EDICIÓN LIMITADA B Cabernet Franc, Petit Verdot,
Malbec, Carménère, Cabernet Sauvignon 2018
$$$$ | COLCHAGUA | 14°

Edición Limitada B é o blend bordalês da Caliterra das colinas graníticas do Colchagua, especialmente uma encosta voltada para o norte (uma exposição quente), onde uma seleção de variedades é feita. Este ano tem 43% de Cabernet Franc, 30% Petit Verdot e 5% Cabernet Sauvignon, mais 14% Malbec e 8% Carménère. O vinho é envelhecido por 12 meses em barricas, além de seis meses, já com as variedades misturadas, descansando em cubas de cimento. Coerente com o novo estilo da casa, ele é refrescante e frutado, com toques de madeira muito ao fundo e a fruta como grande protagonista, tanto na boca quanto no nariz. Acidez intensa e corpo de médio volume são emoldurados por taninos finos e firmes.

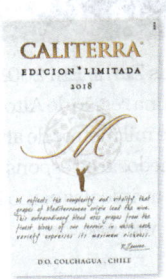

94 EDICIÓN LIMITADA M
Syrah, Carignan, Grenache 2018
$$$$ | CHILE | 13°

A **Edición Limitada M** é a visão mediterrânea da Caliterra e envolve Syrah (48%) e Grenache (12%) do próprio vinhedo da vinícola em Colchagua, mais 40% de Carignan dos vinhedos não irrigados de Sauzal no Vale do Maule. E o resultado é um delicioso e refrescante suco de uvas, com um foco bem definido em frutas vermelhas ácidas e leves toques florais. A tensão na boca repousa sobre taninos afiados e firmes, e sobre a acidez que não sai do vinho até o final, deixando uma sensação agradável, frutada e fresca.

92 TRIBUTO
Syrah 2018
$$ | COLCHAGUA | 13.5°

Para esta Syrah, o enólogo Rodrigo Zamorano faz uma seleção de algumas parcelas ricas em solos graníticos. Tentando evitar a doçura da variedade em um clima quente como o de Colchagua, colhendo cedo em busca de frutas vermelhas e frescor. E consegue-o em um Syrah bastante atípico do vale, se comparado aos exemplos concentrados e maduros de Colchagua. Aqui há potência, acidez rica e frutas vermelhas por toda parte.

91 TRIBUTO
Carménère 2018
$$ | COLCHAGUA | 13.5°

Muito no estilo dos vinhos da casa, este tem um foco importante no fruta vermelha e potência da variedade e também na baixa presença de notas de ervas, que geralmente estão associadas à variedade. Vem de vinhedos plantados em solos "frios" e argilas negras profundas e é envelhecido por um ano em barricas, 11% de madeira nova. Refrescante e suculento, é para beber de garrafas.

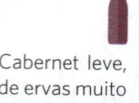

90 **TRIBUTO**
Cabernet Sauvignon 2018
$$ | C O L C H A G U A | **13.5°**

De solos graníticos nas colinas do Colchagua, este é um Cabernet leve, com sabores maduros, mas ao mesmo tempo com um lado de ervas muito marcado proporcionando frescor. A textura é macia, em um vinho que é fácil de beber. Colhido muito cedo na estação, esta é uma expressão suculenta da variedade.

90 **TRIBUTO**
Malbec 2018
$$ | C O L C H A G U A | **13.5°**

Mais do que nas notas de cerejas e violetas, típicas da variedade, este Malbec potente tem sabores e aromas terrosos que se expandem através da boca junto com notas especiados. A boca se torna um pouco mais frutada, graças à acidez que se move através do paladar com potência e frescor.

Calyptra.

PROPRIETÁRIO José Zarhi Troy

ENÓLOGO Emiliano Domínguez

WEB www.calyptra.cl

RECEBE VISITAS Não

• **ENÓLOGO** Emiliano Domínguez

[**CALYPTRA É** a vinícola do renomado cirurgião plástico chileno, José Luis Zarhi. Em 2001 ele começou a engarrafar seus vinhos de uma propriedade que possui em Coya, na região de Alto Cachapoal; um lugar isolado do resto do vale, no meio das montanhas, cerca de mil metros de altura na cordilheira dos Andes. Hoje são donos de cerca de 55 hectares de vinhedos e o responsável pelo projeto é o enólogo mendocino Emiliano Domínguez, que trabalhou em vinícolas como Rutini, Finca Ferrer e a vinícola Contador, em Rioja, Espanha.] **IMPORTADOR:** BR: www.wine.com.br

96 **INÉDITO LIMITED EDITION**
Syrah, Cabernet Sauvignon, Merlot 2016
$$$$$ | C A C H A P O A L A N D E S | **14°**

Inédito estreou com a safra de 2004 e é o vinho mais ambicioso da vinícola, uma seleção dos melhores vinhedos da propriedade de 49 hectares que o cirurgião José Zarhi possui na região de Coya, cerca de mil metros acima do nível do mar, ao pé da cordilheira dos Andes. Este ano, o blend é composto por 60% de Syrah, 25% de Merlot e 15% de Cabernet Sauvignon. Envelheceu por 26 meses em barricas e depois 18 meses em garrafa antes de ir para o mercado. Muito típico dos vinhos da safra 2016, um ano fresco e chuvoso, ele oferece a versão mais delicada e sutil do **Inédito**. Seus aromas são herbáceos, com forte presença de frutas vermelhas que se repetem na boca, causando uma sensação suculenta. Os taninos são delicados, cercados por ervas e uma acidez vibrante. Hoje está no seu melhor momento.

95 ASSEMBLAGE GRAN RESERVA
Merlot, Syrah, Cabernet Sauvignon 2016
$$$$ | C A C H A P O A L   A N D E S | **14.5°**

Este é o blend clássico da casa, um vinho que mostra claramente a identidade do lugar, os aromas herbáceos, as frutas vermelhas intensas em seu frescor e o corpo de taninos polidos, mas muito presentes, sublinhados por uma acidez acentuada. Possui 60% de Merlot que proporciona muitas frutas e essa qualidade de textura, com taninos muito finos. O resto é 35% Syrah e 5% Cabernet Sauvignon. O envelhecimento foi feito em barricas por 26 meses e esse efeito é sentido nas notas especiados que se misturam com esses sabores frutados. Um tinto de guarda.

94 MARGINADO
Syrah 2020
$$$ | C A C H A P O A L   A N D E S | **14.2°**

Dos 49 hectares que a Calyptra plantou quase mil metros acima do nível do mar, no meio da Cordilheira dos Andes, pouco mais de três hectares são Syrah, uma variedade à qual não prestaram muita atenção até que o enólogo Emiliano Domínguez decidiu fazer um varietal. Para fazer isso, ele separou uma seleção daquela parcela de Syrah. Com 20% de maceração carbônica e um envelhecimento de cerca de oito meses em ânforas de argila de primeiro uso, este é um verdadeiro ar fresco para a Calyptra, o primeiro vinho com certa ambição para ser lançado tão jovem. E vale a pena. É um vinho cheio de frutas vermelhas, radiante em frescor, adornado com algumas especiarias e ervas, muito típico desse clima de montanha. A textura é de taninos firmes e suculentos, acompanhados de muitos sabores vibrantes de frutas vermelhas. Impossível parar de beber.

94 PRESTIGE
Cabernet Sauvignon, Syrah, Merlot 2018
$$$ | C A C H A P O A L   A N D E S | **14.9°**

Uma espécie de segundo vinho depois do top Inédito, este Prestige tem 70% Cabernet Sauvignon, 22% Syrah e 8% Merlot, todos provenientes de vinhedos de solos aluviais e coluviais de Calyptra no Alto Cachapoal. 75% do vinho envelheceu em barricas e o resto em inox, e o resultado é muito condizente com o estilo da casa: os aromas herbáceos do vinho de montanha e a abundância de sabores de fruta e frutos vermelhos que te fazem salivar. Muito bom complemento ao catálogo da vinícola e uma excelente relação qualidade-preço.

93 VIVENDO RESERVA ROSÉ
Syrah, Sauvignon Blanc, Pinot Noir 2019
$$$ | C A C H A P O A L   A N D E S | **13°**

Este é um blend de 70% de Syrah, mais partes iguais de Pinot Noir e Sauvignon Blanc, todas colhidas ao mesmo tempo; os cachos prensados diretamente e, em seguida, cofermentado em tanques de aço. É uma maneira peculiar de fazer rosés, mas funciona muito bem aqui. Ele é antes de tudo refrescante, com um corpo leve, textura cremosa que faz você pensar em paella, e tons de ervas em meio a muitos sabores de frutas vermelhas ácidas e vibrantes. Como todas as uvas são colhidas ao mesmo tempo, a Sauvignon e a Pinot (que ficam maduras antes) têm que esperar os 70% de Syrah. Essa expectativa implica que ambas as cepas chegam com alta maturidade, e isso talvez seja sentido na textura que o álcool traz para cá. Mas é apenas na textura, porque a acidez afiada esconde tudo com seu frescor vibrante.

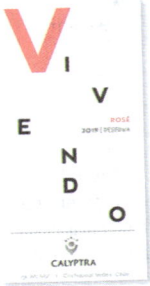

93 MOSAIKO
Sauvignon Blanc 2019
$$$ | CACHAPOAL ANDES | 13°

A quase mil metros de altitude, no Vale de Cachapoal, os vinhedos de Sauvignon foram plantados há 17 anos no meio do pé dos Andes, em solos de origem coluvial. Depois de seis meses de maceração sobre as leveduras em tanques de aço inox, o vinho tem uma cremosidade deliciosa, mas também as notas típicas das leveduras, trazendo detalhes de fermentação para as frutas, muito generosas aqui. A acidez é quem comanda as ações, afiada e com sensação de verticalidade.

92 MOSAIKO
Cabernet Sauvignon 2018
$$ | CACHAPOAL ANDES | 14°

Mosaiko é uma seleção das cinco parcelas de Cabernet Sauvignon que a Calyptra tem em sua propriedade no Alto Cachapoal, a cerca de mil metros acima do nível do mar. A idade dos vinhedos varia entre 11 a 20 anos, e os solos variam de pedregoso a areia. Este vinho é 90% envelhecido em aço e os 10% restantes em barricas, e a primeira coisa que chama a atenção é a excelente qualidade e caráter do Cabernet Sauvignon da montanha, cheio de ervas e frutas vermelhas maduras, além de toques terrosos. Na boca se sente taninos polidos e a acidez faz sua parte para dar-lhe frescor. E tudo isso, por um preço ridiculamente barato, uma das melhores relações preço-qualidade do mercado hoje.

92 VIVENDO RESERVA
Chardonnay 2019
$$$ | CACHAPOAL ANDES | 13.4°

Um Chardonnay dominado pelos aromas de ervas que nos lembram da montanha de onde ela vem - na área do Alto Cachapoal, a quase mil metros de altura - mas também com uma acidez firme e potente que lhe dá um caráter refrescante no meio de sabores frutados que dão água na boca. Este Chardonnay tem seis meses de envelhecimento nas borras e em aço inox, sem passagem pela madeira.

91 VIVENDO RESERVA
Pinot Noir 2018
$$$ | CACHAPOAL ANDES | 14°

Um Pinot de montanha, este vem de vinhedos de dez anos de idade plantados em solos pedregosos e tem, além de frutas vermelhas maduras, um sabor salgado intrigante que lhe dá caráter. O corpo é médio, os taninos fornecem estrutura e a acidez é firme, muito profunda. Pense em um peito de pato cozido quando abrir essa garrafa.

90 VIVENDO RESERVA
Syrah, Merlot, Cabernet Sauvignon 2017
$$$ | CACHAPOAL ANDES | 14.8°

Este blend consiste em 51% Cabernet Sauvignon, 35% Merlot e o resto de Syrah. 80% do vinho é envelhecido em aço inox e o resto em barricas usadas. A safra 2017 foi muito quente e parece bastante no caráter da fruta madura e levemente doce. A boca tem taninos amigáveis e a acidez faz bem o seu trabalho, acalmando o calor do álcool.

Carmen.

PROPRIETÁRIO Grupo Claro
ENÓLOGA Emily Faulconer
WEB www.carmen.com
RECEBE VISITAS Sim

• **ENÓLOGA** Emily Faulconer

[**CRIADA EM** 1850 por Christian Lanz, que a batizou em homenagem à sua esposa, esta vinícola de Alto Maipo é uma das vinícolas históricas do Chile. Em 1987 foi comprada por Santa Rita e, desde então, vários marcos definiram seu curso. Em 1996, o então enólogo da vinícola, Alvaro Espinoza, foi o primeiro a rotular um vinho como Carménère (com o sinônimo de Gran Vidure). Isso aconteceu depois que o ampelógrafo francês Jean-Michel Boursiquot reconheceu a variedade nos vinhedos de Carmen, que no Chile era confundida com Merlot. Carmen também foi pioneira na produção de vinhos orgânicos, com a linha Nativa, agora gerida como um projeto separado. Em 2010, o enólogo Sebastián Labbé entrou na vinícola, e deu um caráter inovador ao portfólio. Após sua partida para Santa Rita, a enóloga Emily Faulconer, ex-Arboleda, está começando uma nova etapa em Carmen.]

99 GOLD
Cabernet Sauvignon 2018
$$$$$ | MAIPO | **13.5°**

Gold Reserve é o vinho mais ambicioso da Carmen e é produzido desde a safra de 1993, sempre com a base de Cabernet Sauvignon do vinhedo Carneros, plantado em 1957. No entanto, este vinhedo vem reduzindo significativamente sua produção devido a doenças que atacam suas raízes, por isso novas plantações entraram no blend, mas sempre da mesma região, ao norte da propriedade Carmen, em solos aluviais do Alto Maipo, no Alto Jahuel. Nesta nova versão há 91% de Cabernet Sauvignon e o resto de Cabernet Franc, e esta é uma grande mudança em termos de estilo. O que costumava ser um tinto concentrado e tânico, nesta safra tornou-se um Cabernet muito mais delicado, ainda mais frutado e floral. A enóloga Emily Faulconer reconhece que duas das principais razões para essa mudança foram as primeiras colheitas em busca de frutas mais avermelhadas e extrações muito mais suaves, para que o tanino não se torne o ator principal. A mudança no estilo é importante. Para nós, mostra a melhor face que já provamos desse clássico moderno chileno em suas quase três décadas de história.

96 DELANZ ALTO JAHUEL
Cabernet Sauvignon, Cabernet Franc, Petit Verdot, Petite Sirah 2019
$$$$ | MAIPO | **13.5°**

Delanz é uma mistura de diferentes parcelas do vinhedo Carmen na área de Alto Jahuel, que é considerada parte do Alto Maipo. O coração vem dos terraços aluviais ao norte da propriedade, onde predomina Cabernet Sauvignon com alguns lotes de Cabernet Franc. Este ano, o blend tem 72% de Cabernet Sauvignon, e isso é sentido na força de taninos e notas de ervas e frutas vermelhas maduras, em um vinho que se caracteriza por duas coisas. A primeira é seu grau zero de doçura, o que o faz sentir austero. E, em segundo lugar, a estrutura sólida de taninos que aqui contribuem para aquela sensação de austeridade, mas ao mesmo tempo faz querer experimentá-lo daqui há dez anos. A acidez é firme, afiada. Uma abordagem diferente dos vinhos da área, geralmente considerada generosa na maturidade. Este toma outro caminho.

95 D.O. QUIJADA
Sémillon 2019
$$$$ | APALTA | 12.5°

Embora em teoria este seja cem por cento Sémillon, no antigo vinhedo de 1958 plantado em Apalta, no Vale de Colchagua, há também outras variedades. A enóloga Emily Faulconer acredita que há pelo menos mais quatro uvas no vinhedo, porém a maior parte da propriedade é de Sémillon, embora um tanto atípica. Preserva a untuosidade da cepa, mas uma colheita muito precoce lhe deu uma acidez firme, o que dá frescor e potência ao vinho desde que entra no paladar. É envelhecido em barricas usadas por cerca de dez meses e depois mais cinco meses em cubas de concreto. Das quatro versões do **Quijada**, esta é definitivamente a mais diferente e, talvez, a melhor.

92 CARMEN GRAN RESERVA
Sauvignon Blanc 2020
$$ | CASABLANCA | 12.5°

Normalmente, o clone 242 da Sauvignon Blanc tende a dar frutas tropicais e vinhos mais exuberantes, especialmente em áreas quentes do Vale de Casablanca, como Tapihue. No entanto, graças às colheitas muito precoces e a uma seleção de vinhedos com uma orientação sul mais fresca, a enóloga Emily Faulconer obteve um branco radiante em acidez, com um corpo leve, de sabores cítricos e suculentos. Embora não tenha nada a ver com as características do clone, este vinho funciona perfeitamente, especialmente com ceviche.

92 GRAN RESERVA
Chardonnay 2020
$$ | LIMARÍ | 13°

Carmen tem vinhedos em Limarí, plantados há cerca de 19 anos em solos de granito e areia. De uma seleção desses vinhedos vem este Chardonnay que não tem passa por fermentação malolática e assim este vinho brilha em uma acidez que quase parece cítrica e domina todos os ângulos, refrescando e trazendo brilho aos aromas minerais. O corpo é leve e essa acidez, juntamente com uma textura quase áspera, ficaria ótima com ouriços ou ostras. Uma das melhores relações preço-qualidade em vinhos brancos atualmente no mercado sul-americano.

90 CARMEN GRAN RESERVA
Syrah 2019
$$ | APALTA | 14°

De vinhedos com cerca de 17 anos em Apalta, uma das áreas mais famosas do Vale de Colchagua, este Syrah mostra frutas negras e tons especiados que dominam o nariz. A boca é bastante austera, com taninos firmes e sabores secos; não há espaço para doçura neste vinho. Experimente com costeletas de cordeiro.

90 GRAN RESERVA
Cabernet Sauvignon 2019
$$ | MAIPO | 13.5°

Uma das bases da linha Gran Reserva da Carmen é este Cabernet, que são produzidas cerca de 30 mil caixas de 12 garrafas. E é um Cabernet suculento, com sabores de frutas vermelhas doces, mas acima de tudo com uma camada de aromas de ervas que proporciona frescor e complexidade. Os taninos são firmes, aderem ao paladar pedindo carne grelhada.

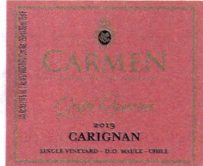

90
GRAN RESERVA
Carignan 2019
$$ | M A U L E | **13.5°**

Este tinto pertence a esta nova geração de Carignans muito mais frescos, mais inclinados a mostrar as frutas vermelhas e acidez que, pela genética, tem a casta. Neste caso, uma camada de frutas vermelhas é adicionada a tons florais em um corpo médio, com taninos afiados e uma acidez pronunciada. Este vinho tinto vem de vinhedos de cerca de 60 anos e não irrigados na região de Melozal, no vale de Maule.

90
GRAN RESERVA
Petite Sirah 2019
$$ | M A I P O | **14°**

Super concentrado e maduro, com tons de especiarias e um lado suculento que se esconde atrás da maturidade dos sabores, este é um vinho grande e exuberante. Os taninos afundam na boca, como agulhas pedindo um guisado suculento de cordeiro. Carmen plantou a Petite Sirah há cerca de 18 anos em sua propriedade de Alto Jahuel, no Vale do Maipo, e esta é uma seleção desses vinhedos originais.

OUTRO VINHO SELECIONADO
89 | GRAN RESERVA FRIDA KAHLO Carménère 2019 | Colchagua | 14° | **$$**

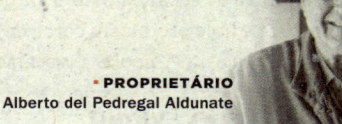

Carta Vieja.

PROPRIETÁRIO Viña del Pedregal
ENÓLOGA Rosario Domínguez
WEB www.delpedregalwines.com
RECEBE VISITAS Não

• **PROPRIETÁRIO**
Alberto del Pedregal Aldunate

[**CARTA VIEJA** é a vinícola mais conhecida do grupo Del Pedregal Wines, um negócio familiar que começou sua saga no Chile com a chegada do asturiano Carlos del Pedregal, que em 1825 se estabeleceu no Vale de Loncomilla, no coração do Maule. Hoje, os vinhedos da família continuam sendo a base para a Carta Vieja.]

92
CARTA VIEJA GRAN RESERVA
Chardonnay 2018
$$$ | C A S A B L A N C A | **14°**

Trata-se de um Chardonnay da velha guarda, com uma forte presença da barrica (um ano de envelhecimento) que domina o nariz, mas deixa espaço para notas de frutas brancas maduras. A textura é cremosa, os sabores lácteos fazem uma festinha, é aquela sensação amanteigada o tempo todo. Del Pedregal obtém as uvas para este Chardonnay da região de Las Dichas, um dos setores mais próximos do mar em Casablanca.

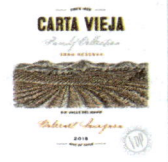

90
CARTA VIEJA GRAN RESERVA
Cabernet Sauvignon 2018
$$$ | M A I P O | **14°**

Este Cabernet vem de diferentes áreas no Vale do Maipo, principalmente do Alto Maipo. Tem um ano em barricas, metade delas feitas de madeira nova. O vinho mostra muita amplitude e maturidade, uma fruta doce vermelha e álcool alto, mas ainda mantém um bom equilíbrio. Cobre todos os

cantos do paladar com seus sabores exuberantes. Um vinho para acompanhar com cordeiro.

90 CARTA VIEJA RESERVA
Cabernet Sauvignon 2017
$$ | LONCOMILLA | **13.5°**

Uma boa relação preço-qualidade neste Cabernet Sauvignon do Vale de Loncomilla, em Maule. As frutas vermelhas e especiarias da variedade são claramente sentidas, enquanto os taninos têm uma forte presença na boca, tornando este tinto um Cabernet ideal para acompanhar assados.

OUTROS VINHOS SELECIONADOS

86 | CARTA VIEJA RESERVA Chardonnay 2019 | Loncomilla | 13.5° | **$$**
86 | CARTA VIEJA RESERVA Merlot 2018 | Loncomilla | 14.5° | **$$**
85 | CARTA VIEJA RESERVA Syrah 2018 | Loncomilla | 14.5° | **$$**

Carter Mollenhauer.

PROPRIETÁRIOS Edgard Carter & Karine Mollenhauer

ENÓLOGO Edgard Carter

WEB www.cmwines.cl

RECEBE VISITAS Não

• **PROPRIETÁRIO & ENÓLOGO**
Edgard Carter

[**KARINE MOLLENHAUER** e Edgard Carter são enólogos e têm este projeto com pequenos produtores de viticultura de secano do interior do Maule e Itata. Os primeiros engarrafamentos foram em 2014 e hoje produzem cerca de 25 mil garrafas. O casal mora em Talca e se dedica cem por cento a esta vinícola.] **IMPORTADOR:** BR: www.liberwines.com.br

96 VIGNO
Carignan 2018
$$$$ | MAULE | **12°**

Truquilemu é uma área do Maule em direção à costa, rica em vinhedos da casta País e também em antigas videiras de Carignan de onde Carter Mollenhauer obtém este tinto muito fiel à sua origem. A influência costeira (o mar fica a 38 km) coloca sua assinatura em um vinho de frutas vermelhas frescas, de uma acidez pronunciada, taninos finos e afiados, e com 12 graus de álcool, um número muito baixo para os padrões da Carignan chilena. Parece muito fácil de beber, mas olha, esse vinho precisa de um tempo de garrafa para toda aquela fruta, que agora irradia frescor, ganhar complexidade.

94 AURORA DE ITATA
Cinsault 2019
$$$ | ITATA | **12.4°**

Da área de Guarilihue Alto, de vinhedos muito antigos de cerca de 70 anos, com orientação fresca para o sudoeste e solos granítico. E essa orientação deu a este vinho um caráter delicioso, refrescante e frutado. Colhido cedo, há uma certa energia na acidez que lhe dá muita força. Os taninos são rígidos, firmes e de rusticidade agradável. Um Cinsault que fala de uma face sempre frutada e fresca da variedade, embora ao mesmo tempo a textura firme que às vezes pode alcançar, especialmente em áreas frescas e com colheitas precoces.

94 AURORA DE ITATA
Sémillon 2019
$$$ | ITATA | **11.1°**

Carter Mollenhauer seleciona vinhedos muito antigos, plantados por volta de 1900, a cerca de 19 quilômetros do Pacífico, no Vale de Itata. O vinho fica em ânforas por nove meses com suas cascas, o que certamente adicionou textura e uma certa potência de taninos que lhe dá caráter. Os aromas são minerais sem frutas, e a sensação de acidez elétrica se move por toda a boca com muita energia. E os sabores são profundos, eles se estendem pela boca até o fim, deixando uma suave sensação de mel. Uma dos melhores Semillóns de um vinhedo histórico em Itata.

94 PACHAGUA
País 2020
$$$ | SECANO INTERIOR ITATA | **12°**

O vinhedo de Pachagua está localizado a cerca de 26 quilômetros do mar, mas apesar disso, as colinas da cordilheira da Costa interrompem parcialmente essa influência fresca. É um lugar quente, mas ao mesmo tempo os solos ricos em granito dão aos vinhos uma certa verticalidade, alguma rigidez tensa e, especialmente na casta País, taninos rústicos. Colhidas um mês antes para preservar o frescor em um ano muito quente, aqui as frutas vermelhas se sentem claramente, trazendo tons de cerejas e flores. Um vinho suculento, com uma textura potente, para harmonizar com todos os embutidos que chegarem à sua mesa.

93 AURORA DE ITATA
País 2019
$$$ | ITATA | **12.5°**

Pachagua está localizada ao norte do rio Itata, a cerca de 26 quilômetros do Oceano Pacífico, mas ainda é uma área quente, com solos de granito nas encostas do vale. Este vinho traz uma deliciosa fruta vermelha, fresca (talvez porque só recebe sol direto pela manhã), que é mostrado muito claramente no nariz e também na boca, onde também há detalhes terrosos que lhe dão complexidade relacionados com a variedade. Os taninos são firmes e adoravelmente rústicos. Um ótimo vinho para acompanhar embutidos.

92 CIÉNAGA DE NAME
Carignan 2018
$$$ | CAUQUENES | **13°**

De Cauquenes, a cerca de 32 quilômetros do mar, no Vale do Maule, este Carignan tem a característica dessa região quente. Apesar da acidez geneticamente nítida da variedade, há frutas negras maduras aqui em um contexto de voluptuosidade. É um daqueles tipos de tintos que pedem cordeiro para combinar com seu poder.

Casa Bauzá.

PROPRIETÁRIO Rodrigo Bauzá
ENÓLOGA Natalia Poblete
WEB www.casabauza.cl
RECEBE VISITAS Não

▪ **PROPRIETÁRIO & ENÓLOGA**
Rodrigo Bauzá & Natalia Poblete

[**BAUZÁ NO** Chile é sinônimo de pisco, já que a empresa de mesmo nome da família é uma das mais importantes do setor. Mas desde 2011 eles também produzem vinho, não de Limarí, como a pisquera, mas de Maipo, em um vinhedo plantado pela família em 1998 em Til Til, ao norte do vale, na fronteira com Aconcágua. Lá eles têm cem hectares de videiras cuja maior parte da produção é vendida a terceiros. Eles mantêm uma fração que lhes permite fazer cerca de 24 mil garrafas por ano.]

94 ATREVIDO Cabernet Sauvignon, Petit Verdot, Syrah, Carménère, Carignan, Cabernet Franc 2018
$$$$ | MAIPO | **13.5°**

Bauzá possui 57 hectares na região de Til Til no Vale de Maipo, que começou a ser plantada por volta do final da década de 1990. Todas as variedades participantes desse "multiblend", exceto a Carignan, vêm daquele vinhedo sob o sol intenso de uma área conhecida como "Maipo Norte". Em termos percentuais, aqui estão 28% de Cabernet Sauvignon, 21% de Petit Verdot, 20% de Syrah, 16% de Carménère, 11% de Carignan e o resto de Cabernet Franc. O que se destaca aqui é a textura, que parece amigável, sedosa, cremosa. E os sabores são maduros, generosos em frutas vermelhas doces. Um vinho equilibrado e charmoso, sem arestas que interrompem seu caminho através do paladar.

94 VERAZ
Cabernet Franc 2017
$$$$$ | MAIPO ALTO | **13.7°**

Esta é a primeira vez que a Bauzá faz um varietal de Cabernet Franc com as uvas compradas na área do Alto Jahuel, no Alto Maipo, ao pé dos Andes. Em uma colheita quente, a enóloga Natalia Poblete decidiu colher as uvas mais cedo para não perder o frescor e, por outro lado, alongar as macerações para não perder sabores. Foram 2.500 litros no total, envelhecidos em cubas de cimento por dois anos. O resultado é um Cabernet Franc com notas doces, aromas de frutas vermelhas maduras, mas não ao limite. Os toques de ervas acompanham a complexidade, enquanto na boca os taninos são muito polidos, muito macios, e refrescante acidez. Uma primeira tentativa muito boa com uma variedade que ainda é incomum no Chile, pelo menos como vinho varietal.

Casa Donoso.

PROPRIETÁRIO Jorge Selume
ENÓLOGO Felipe Ortiz
WEB www.donosogroup.com
RECEBE VISITAS Sim

• **PROPRIETÁRIO** Jorge Selume

[**CASA DONOSO** nasceu em 1989, no Vale do Maule, fundada por empresários franceses. Sua base fica no Fundo La Oriental, próximo à cidade de Talca, no coração do vale, onde têm vinhas de até 80 anos. É o principal vinhedo do Grupo Donoso, uma empresa com diversos projetos de vinho no Maule, como vinhos San V, Successor e Palmira. Em 2011, o Grupo Donoso foi comprado pelo empresário e economista Jorge Selume.]

94 1810
Cabernet Sauvignon, Carménère 2018
$$$$ | MAULE | 13.5°

1810 é uma das marcas clássicas da Casa Donoso, sempre feito com o vinhedo La Oriental, de videiras de cerca de 40 anos plantadas em solos de argila profunda. O envelhecimento é feito por 18 meses em barricas, 15% delas madeira nova. O blend tem metade Cabernet Sauvignon e metade Carménère. Mais do que frutado, aqui se sente toques terrosos, com mineral especiado antes das notas frutadas, embora na boca haja muitas frutas e tons de ervas que dão a este vinho um toque mais acessível. Tem personalidade, no entanto, e também textura e acidez para suportar uma longa guarda em garrafa.

94 D
Cabernet Sauvignon, Carménère, Malbec, Cabernet Franc 2016
$$$$$ | MAULE | 14°

Para **D** da Casa Donoso, a seleção se concentra nas videiras mais antigas do vinhedo da vinícola em La Oriental, Vale do Maule. Estes são vinhedos de cerca de 70 anos de Cabernet (40%) e Carménère (30%), plantada em solos de argila. Depois de dois anos em barricas, 25% de madeira nova, este tinto oferece a versão mais concentrada e corpulenta dos tintos de La Oriental. Notas de frutas vermelhas maduras e ervas são predominantes, mas também detalhes terrosos em uma textura onde os taninos são fortemente sentidos. É um vinho jovem que precisa de três a quatro anos de garrafa.

94 PERLA NEGRA
Cabernet Sauvignon, Carménère, Malbec, Cabernet Franc 2016
$$$$$ | MAULE | 14°

Perla Negra vem dos vinhedos da Casa Donoso, em Casas de la Vaquería, propriedade com solos ricos em granito, um detalhe que a difere da propriedade La Oriental, rica em argila. O vinho tem 50% Cabernet Sauvignon, 20% Malbec, 20% Carménère e o resto de Cabernet Franc, todas provenientes de parreirais com cerca de 50 anos. O efeito do granito é sentido na textura. Aqui os taninos são selvagens, disparando alarmes de saliva no paladar. Os sabores frutados são maduros, com frutas negras, e também há detalhes especiados e à base de ervas. Ótimo para ser acompanhado com cordeiro.

93 BICENTENARIO GRAN RESERVA
Sauvignon Blanc 2020
$$ | MAULE | 13.5°

Este Sauvignon vem de solos de origem vulcânica, de vinhedos plantados há cerca de 25 anos nos arredores do Lago Colbún, em direção ao sopé

Casa Donoso.

dos Andes, no Vale de Maule. Sem passar por barricas, esta é uma versão fresca e suculenta de Sauvignon Blanc. Tem uma textura tensa, com uma acidez que ganha muito destaque à medida que o vinho progride na boca; os sabores são cítricos e herbáceos.

91 CLOS CENTENAIRE
Cabernet Sauvignon, Carménère, Malbec, Cabernet Franc 2018
$ $ $ | MAULE | 13.5°

Este blend tem 40% Cabernet Sauvignon, 30% Carménère, 20% Malbec e 10% de Cabernet Franc, todos plantados nos solos de argila de La Oriental, o tradicional vinhedo da Casa Donoso no Vale do Maule. O vinho parece jovem, especialmente por causa de sua textura que se apega ao paladar com taninos firmes e poderosos. A fruta é negra e bem madura, mas acompanhada por uma acidez alta. Vinho de guarda.

90 BICENTENARIO GRAN RESERVA
Cabernet Sauvignon 2019
$ $ | MAULE | 13.5°

Este Cabernet tem uma relação preço-qualidade muito boa. As frutas são negras e suculentas e o vinho tem um corpo potente, com taninos firmes e um tanto rústicos. Abra essa garrafa com macarrão ao molho à bolonhesa ou pense em hambúrgueres.

OUTROS VINHOS SELECIONADOS
89 | BICENTENARIO Malbec 2019 | Maule | 13° | **$$**
89 | BICENTENARIO GRAN RESERVA Carménère 2019 | Maule | 13.5° | **$$**
88 | EVOLUCIÓN RESERVA Cabernet Sauvignon 2019 | Maule | 13° | **$**
88 | EVOLUCIÓN RESERVA Carménère 2019 | Maule | 13.5° | **$**
88 | EVOLUCIÓN RESERVA Sauvignon Blanc 2020 | Maule | 13° | **$**

Casa Silva.

PROPRIETÁRIO Mario Pablo Silva
ENÓLOGO Mario Geisse
WEB www.casasilva.cl
RECEBE VISITAS Sim

• ENÓLOGO Mario Geisse

[**CASA SILVA** é uma das vinícolas emblemáticas de Colchagua, uma das quais mais contribuiu para o prestígio da área. Nasceu em 1997 no setor de Angostura, e ao longo dos anos também desenvolveu outras origens dentro do vale: Lolol, na parte oriental, Los Lingues, em direção à cordilheira, e ultimamente Paredones, em direção ao litoral, onde têm sido pioneiros. Seus vinhos têm encontrado progressivamente um estilo de maior força de fruta, frescor e menos presença de madeira. O enólogo Mario Geisse tem contribuído para isso com medidas como adiantar as colheitas ou fazer extrações mais suaves na vinícola. O catálogo da Casa Silva é generoso em linhas e variedades. Destaca-se especialmente por abranger totalmente o quente Vale de Colchagua, desde os tintos crescendo ao pé dos Andes, até os brancos nascidos perto do mar. A exceção é o projeto que eles têm no sul, a 900 quilômetros de Santiago, no Lago Ranco. São 11 hectares que desafiam o clima chuvoso e dão um Sauvignon Blanc que está entre os mais originais do país.] **IMPORTADOR:** BR: www.vinhosdomundo.com.br

96 ALTURA
Carménère, Cabernet Sauvignon, Petit Verdot 2012
$$$$$ | C O L C H A G U A | **14.5°**

O primeiro **Altura** foi em 1999 e veio dos antigos vinhedos de Cabernet Sauvignon na região de Angostura. Desde 2002 é um blend de vinhedos da região de Los Lingues, em direção ao pé dos Andes, e de onde a Casa Silva retira seus melhores tintos à base de Cabernet Sauvignon e Carménère. Neste ano, o blend tem 40% de Carménère, 40% Cabernet e o resto de Petit Verdot em um vinho monumental, amplo, de costas largas, mas ao mesmo tempo uma textura que é a marca registrada da casa: aqueles taninos macios, redondos, mas ao mesmo tempo muito firmes e sólidos. Um vinho de grande concentração. **Altura** tem um ano de barricas e sete anos de garrafa antes de ir para o mercado, algo incomum entre os "ícones" do Chile.

96 MICROTERROIR DE LOS LINGUES
Carménère 2014
$$$$$ | L O S L I N G U E S | **14.5°**

Ao contrário do novo e muito bem feito **Carménère S7** que vem de um único vinhedo em Los Lingues, este **Microterroir** é um conjunto de pequenas parcelas dentro dos melhores vinhedos da variedade na região de colinas macias ao pé dos Andes onde a Casa Silva plantou seus parreirais em 1997. Aqui há uma presença muito equilibrada de ervas e notas frescas, mas também mais maduras e frutas negras. A boca é mais pesada que o **S7**, mas também mais profunda em um vinho que se sente mais longo e com taninos mais robustos, mas igualmente polido, que é a marca registrada da casa.

95 CASA SILVA LAGO RANCO
Pinot Noir 2019
$$$$ | O S O R N O | **13°**

Estas videiras de Pinot foram plantadas em 2005, nas encostas de solos vulcânicos ao largo do Lago Ranco, na cidade de Futrono, cerca de 900 quilômetros ao sul de Santiago. As primeiras safras (a primeira foi em 2011) não renderam os melhores resultados neste lugar extremo, com o frio e a chuva chegando a 1.800 milímetros por ano. No entanto, a partir de 2018, e mais ainda nesta nova safra 2019, este Pinot começa a mostrar todo o potencial da área. Aqui há aromas intensamente frutados e florais, mas também tons terrosos e esfumaçados que, mais do que apenas da barrica, são provenientes dos solos vulcânicos onde gradualmente os parreirais tomam suas raízes. Muita atenção com os Pinot de Osorno.

94 CASA SILVA S7 SINGLE BLOCK
Carménère 2018
$$$$ | L O S L I N G U E S | **14°**

Este é o novo Carménère da Casa Silva e é uma seleção de 4,8 hectares de um vinhedo plantado por volta de 1997 em Los Lingues, ao pé dos Andes. É um solo rico em argila, que dá cachos de maturidade muito uniforme. Em **S7** há aromas à base de plantas em primeiro plano, mas também tons frutados que emergem fortemente. A boca é de corpo médio e, como é habitual nos tintos da casa, tem taninos muito polidos e amigáveis. Não há arestas aqui. A acidez é suculenta, deixando uma retorno fresco e macio no final de boca. Sem se desviar dos Carménères que produz, a Casa Silva produziu um vinho muito bom, acentuando o frescor da variedade.

94 COOL COAST
Sauvignon Gris 2020
$$$ | COLCHAGUA | 14°

A Casa Silva plantou este Sauvignon Gris com material massal de um vinhedo antigo de 1912 que a vinícola tem em Angostura, no interior de Colchagua. E enquanto os vinhos nascidos naquela região são deliciosos e profundos, no caso deste Sauvignon Gris mais costeiro - plantado em solos de granito e argila em 2005 - essa profundidade e textura oleosa que parecem ser típicas da cepa, é adicionada uma acidez que range no paladar enquanto o vinho desliza como creme. Os aromas são especiados e o final tem toques suaves de ervas.

94 FERVOR DEL LAGO RANCO EXTRA BRUT
Chardonnay, Pinot Noir 2015
$$$$ | OSORNO | 12.5°

Este espumante vem da parte sul do Chile, a cerca de 900 quilômetros de Santiago, na área chuvosa e fresca de Osorno, considerada a nova fronteira sul do vinho chileno. Tem 50% de Chardonnay e outros 50% de Pinot Noir, todos de vinhedos plantados em solos vulcânicos na margem do Lago Ranco. Feitas com o método tradicional de segunda fermentação na garrafa, com três anos de contato com as leveduras e seis gramas de açúcar residual, as bolhas se sentem tensas e firmes, acompanhadas de uma acidez penetrante e fresca. Sabores de frutas brancas enchem a boca em um vinho de grande corpo e profundidade.

94 LAGO RANCO
Sauvignon Blanc 2019
$$$$ | OSORNO | 11.5°

Localizado a cerca de 900 quilômetros ao sul de Santiago, às margens do Lago Ranco, este vinhedo de Sauvignon foi plantado em 2006 e hoje faz parte de uma pequena comunidade de produtores que tentam colocar Osorno como a nova fronteira sul do vinho chileno. E eles estão indo muito bem. Este Sauvignon tem uma profundidade de sabores frutados, um frescor penetrante e crocante. É longo em sabores, mas acima de tudo poderoso no frescor. Uma nova prova de que um dos possíveis futuros do vinho chileno está na Patagônia.

93 1912 VINES
Sauvignon Gris 2020
$$$ | COLCHAGUA | 13.5°

O Sauvignon Gris não é uma variedade comum no Chile, embora tenha sido até os anos 80, quando lentamente começou a ser substituído pelo Sauvignon Blanc mais elegante ou Chardonnay. No entanto, há um legado de videiras antigas no Vale Central, e a Casa Silva tem ao lado de sua vinícola em Colchagua um vinhedo antigo plantado em 1912 com esta uva. De lá vem este delicioso branco, um dos favoritos do Descorchados. Este ano tem uma aderência especial (talvez devido aos rendimentos mais baixos desta safra, 30% menos do que no ano anterior), um frescor intenso que repousa em uma acidez penetrante e suculenta. Os aromas frutados são confundidos com as notas especiados e o final é acompanhado por essa acidez festiva. Convida a uma segunda taça.

93 CASA SILVA COOL COAST
Sauvignon Blanc 2020
$$$ | COLCHAGUA | 13.5°

Os vinhedos da Casa Silva em Paredones estão localizados a apenas seis quilômetros do mar, na área mais costeira do Vale de Colchagua. Lá, em solos de granito e argila, e com a forte presença de brisas do Pacífico, este

Sauvignon parece se sentir à vontade. Este vinho é suculento em acidez, rico em frutas brancas maduras, mas ao mesmo tempo refrescado por tons de ervas que lhe dão complexidade e vivacidade. A textura na boca é macia, o final tem toques de ervas.

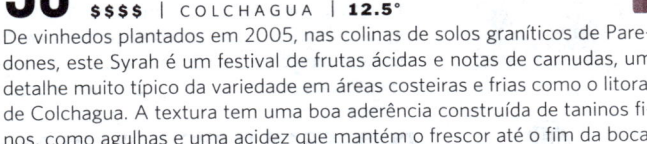

93 CASA SILVA COOL COAST
Syrah 2018
$$$$ | COLCHAGUA | 12.5°

De vinhedos plantados em 2005, nas colinas de solos graníticos de Paredones, este Syrah é um festival de frutas ácidas e notas de carnudas, um detalhe muito típico da variedade em áreas costeiras e frias como o litoral de Colchagua. A textura tem uma boa aderência construída de taninos finos, como agulhas e uma acidez que mantém o frescor até o fim da boca. Um bom exemplo de Syrah da área marítima do Chile.

93 QUINTA GENERACIÓN RED BLEND
Cabernet Sauvignon, Carménère, Syrah, Petit Verdot 2017
$$$$ | COLCHAGUA | 14°

Este ano este blend tem 45% Cabernet Sauvignon da área de Los Lingues, 45% Carménère e 5% Petit Verdot, ambos também daquela área ao pé dos Andes, e o resto de Syrah de Lolol, a oeste de Colchagua. O vinho envelhece por 12 meses em barricas e o resultado vai pelo caminho do estilo da Casa Silva: muitos sabores frutados, notas especiados de madeira e texturas macias, amigáveis, sem arestas. Este tinto tem um final herbáceo que apoia o frescor.

93 S38 SINGLE BLOCK
Cabernet Sauvignon 2018
$$$$ | LOS LINGUES | 14°

O lote S38 tem aproximadamente quatro hectares de solos ricos em argila. Lá, a maturidade dos cachos é muito uniforme e essa tem sido uma das habilidades pelas quais a Casa Silva escolheu esse lote para a produção deste único vinhedo. Aqui está um domínio claro de notas frutadas maduras, combinadas com toques especiados e herbáceos. Na boca - atípica para a variedade - os taninos se sentem sedosos e amplos, deslizando sem dificuldade.

92 CASA SILVA COOL COAST ROSÉ
Syrah 2020
$$$ | COLCHAGUA | 12°

Há toda uma nova geração de rosés no Chile que são projetados desde o vinhedo, gerenciando as videiras para controlar o vigor e a insolação dos cachos. Neste caso, é cem por cento Syrah, cujos cachos são colhidos no início da temporada e, em seguida, prensados. A cor pálida vem daquele breve contato do suco com as cascas na prensa. A boca tem aquele lado salino de alguns vinhos de Paredones, a cerca de seis quilômetros do mar, em Colchagua, um detalhe que faz pensar que a brisa do mar tem algo a ver com tudo isso. O resto são as notas de frutas vermelhas ácidas, como um suco de cerejas em um rosé adorável.

92 CASA SILVA GRAN TERROIR DE LA COSTA LOLOL **Viognier 2019**
$$$ | LOLOL | 14°

Para o Viognier, a Casa Silva recorreu aos vinhedos plantados por volta de 1997. As uvas são suavemente prensadas para evitar a amargura da variedade e, em seguida, 25% da mistura é envelhecida em barricas por cerca de seis meses. O vinho tem uma certa austeridade que não está relacionada ao Viognier chileno, geralmente muito mais exuberante em aromas. Frescor, textura firme e acidez bem marcada são privilegiadas aqui.

92 DOÑA DOMINGA GRAN RESERVA DE LOS ANDES Cabernet Sauvignon 2019
$$ | C O L C H A G U A | **14°**

Dos vinhedos da Casa Silva em Los Lingues, este tem um lado especiado muito acentuado, junto com notas de ervas, mas acima de tudo frutas negras maduras. É um Cabernet potente, muito intenso em acidez e ao mesmo tempo com taninos muito domados. Ele se move pela boca graciosamente, carregando sua carga de frutas por todo o paladar.

92 GRAN TERROIR DE LOS ANDES LOS LINGUES Cabernet Sauvignon 2019
$$$ | L O S L I N G U E S | **14°**

Este Cabernet é uma imagem panorâmica de toda o Cabernet que a Casa Silva plantou em Los Lingues, cerca de 60 hectares no total. E como de costume neste terroir andino, os aromas herbáceos prevalecem, trazendo frescor para os sabores e aromas de frutas vermelhas maduras. É macio e equilibrado na boca, com toques especiados, mas acima de tudo um monte de frutas vermelhas suculentas.

92 GRAN TERROIR DE LOS ANDES LOS LINGUES Carménère 2019
$$$ | L O S L I N G U E S | **14°**

Trata-se de uma seleção dos 45 hectares de Carménère que a Casa Silva plantou próximo ao pé dos Andes em 1997 e que eles conhecem como Los Lingues 1. Ao fundo, é uma espécie de introdução à variedade naquela área onde a vinícola assumiu um grande compromisso com a casta. E é uma boa introdução. Este tinto traz aromas de ervas e frutas em proporção semelhante, enquanto a boca é muito macia, com acidez suculenta e tons especiados.

92 LAGO RANCO Riesling 2019
$$$$ | O S O R N O | **11.5°**

Riesling é uma das variedades que melhor se adaptou às condições chuvosas e frias do Lago Ranco, na Patagônia chilena, com produções consistentes e bom volume de cachos. Esta nova versão tem notas salinas acompanhadas por muitos sabores de frutas brancas maduras. O corpo é volumoso, e a acidez crocante do tempo frio acompanha o tempo todo.

91 CUVÉE COLCHAGUA RESERVA Cabernet Sauvignon 2019
$$ | C O L C H A G U A | **13.5°**

Em um estilo afiado, aqui a acidez e os taninos desempenham um papel muito importante, construindo uma estrutura linear onde sabores e aromas frutados e herbáceos se apoiam. De corpo médio, este é o Cabernet que pede um bife e batatas fritas. Baseado nos vinhedos da Casa Silva, em Los Lingues, a leste de Colchagua, no que é considerado Alto Colchagua. Além disso, também contribui para o blend algumas uvas provenientes de Lolol, próximo ao litoral do vale.

91 CUVÉE COLCHAGUA RESERVA Syrah 2019
$$ | C O L C H A G U A | **14°**

Este Syrah foca nos sabores de frutas vermelhas ácidas que abundam aqui e dão uma agradável sensação de frescor em um vinho que tem um álcool médio a alto, mas que se sente muito bem integrado. Feito para acompanhar costeletas de cordeiro. Este Syrah vem principalmente de Lolol, e 30%, de um novo vinhedo da Casa Silva, na região do Rio Alto, com cerca de 750 metros de altitude, próximo ao pé dos Andes em Colchagua.

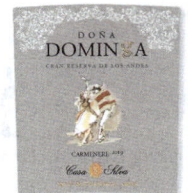

91 DOÑA DOMINGA GRAN RESERVA DE LOS ANDES Carménère 2019
$$ | C O L C H A G U A | **14°**

Superespeciado, tem toques vegetais e ervas, com toques de pimenta ou o que eles podem pensar nessa direção. O corpo é médio, com uma acidez muito bem colocada que refresca os sabores frutados e acentua a firme sensação dos taninos. Um Carménère muito característico de Colchagua e seu clima quente.

91 FERVOR BRUT
Chardonnay, Pinot Noir N/V
$$$$ | C O L C H A G U A | **12.5°**

Com 50% de Chardonnay e outros 50% de Pinot Noir, todos provenientes de vinhedos em colinas graníticas da área costeira de Paredones, este espumante é produzido através do método de segunda fermentação em garrafa ou "tradicional". Aqui a borbulha é muito macia e a acidez muito pronunciada. Tem dez gramas de açúcar residual, e isso ajuda essa sensação de maciez. Ideal para refrescar no verão.

91 GRAN TERROIR DE LA COSTA LOLOL
Syrah 2019
$$$ | L O L O L | **14.5°**

Dos vinhedos da Casa Silva em Lolol, a oeste do Vale de Colchagua, aqui está um Syrah suculento, com taninos muito finos e macios, mas acima de tudo com frutas vermelhas maduras que inundam a boca. Além disso, especiarias, notas carnudas e uma acidez que, no final da boca, deixa uma sensação muito refrescante.

91 PARRAS VIEJAS 1912
Romano 2019
$$$$ | C O L C H A G U A | **13.5°**

Romano ou César Noir é uma variedade recentemente descoberta entre antigos vinhedos chilenos. Na Casa Silva corresponde a vinhedos plantados em 1912 no vinhedo de Angostura, ao norte do Vale de Colchagua. Mario Geisse, enólogo da vinícola, diz que aprendeu a domar o tanino da Romano e que, para alcançar a maciez, as extrações tem que ser mais suaves e o vinho ficar em guarda por pelo menos um ano antes de ir para o mercado. O vinho é intensamente especiado, com toques terrosos, em um corpo de alta acidez e com taninos ligeiramente ásperos que pedem uma carne grelhada.

90 CASA SILVA 5 CEPAS RESERVA
Carménère, Cabernet Sauvignon, Syrah, Pinot Noir, Petit Verdot 2019
$$ | C O L C H A G U A | **14°**

Uma caminhada varietal por Colchagua e duas de suas áreas mais importantes: Lolol, a oeste com alguma influência marinha e Los Lingues, a leste, influenciada pelas montanhas. A mistura funciona em termos de equilíbrio, mostrando muitos sabores frutados e também herbáceos, em um corpo leve, de acidez nítida.

90 COOL COAST
Chardonnay 2019
$$$ | COLCHAGUA | **13.5°**

Moderado pelas brisas frescas do mar, este Chardonnay tem o caráter dos brancos costeiros de Paredones, no Vale de Colchagua. Este Chardonnay tem um lado untuoso, com notas especiados e frutadas, mas também com toques salinos. O corpo é generoso e o final é refrescado com uma acidez nítida.

90 CUVÉE COLCHAGUA RESERVA
Carménère 2019
$$ | COLCHAGUA | **13°**

Leve e muito herbáceo, este é um exemplo clássico exemplo da casta em clima quente. O corpo tem taninos muito definidos e macios, enquanto os aromas de ervas e especiados, típicos da variedade, são misturados com os tons de frutas vermelhas doces em um tinto simples e direto, mas muito equilibrado.

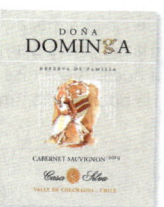

90 CUVÉE COLCHAGUA RESERVA
Sauvignon Blanc 2020
$$ | COLCHAGUA | **13.5°**

Este Sauvignon vem de uma mistura de vinhedos das áreas de Lolol, a oeste de Colchagua, e Los Lingues, em direção ao pé dos Andes, e mostra uma face particularmente refrescante da variedade, algo incomum sob o calor intenso do vale. Aqui há notas de ervas, toques especiados e muitas frutas brancas em um corpo leve e acidez intensa e penetrante. Ideal para aperitivo.

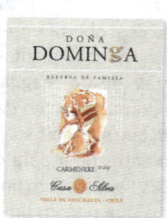

90 DOÑA DOMINGA RESERVA DE FAMILIA
Cabernet Sauvignon 2019
$$ | COLCHAGUA | **13°**

Um Cabernet nítido em sua expressão da variedade, este vinho do Colchagua é rico em notas especiadas e ervas, com tons de defumação, mas acima de tudo toques frutados. Os sabores de frutas vermelhas maduras se complementam muito bem com taninos potentes e acidez vibrante em um vinho que é filho do sol do Colchagua, mas ainda consegue se sentir equilibrado e fresco.

90 DOÑA DOMINGA RESERVA DE FAMILIA
Carménère 2019
$$ | COLCHAGUA | **13.5°**

Este Carménère vem de diferentes setores de Colchagua, principalmente da parte ocidental do vale, em Lolol, e de Los Lingues, próximo ao pé dos Andes. E é uma maneira muito boa de resumir as características da variedade no vale. O sol intenso amadurecendo os sabores, mas ao mesmo tempo a boa acidez que esses dois lugares (um com influência marinha e outro influenciado pelas montanhas) oferecem e que também adiciona notas de ervas. Na boca é leve, com taninos muito finos e notas ricas de frutas vermelhas maduras.

OUTROS VINHOS SELECIONADOS

89 | CUVÉE COLCHAGUA RESERVA Chardonnay 2020 | Colchagua | 14° | **$$**

88 | DOÑA DOMINGA 4 CEPAS RESERVA Syrah, Cabernet Sauvignon, Carménère, Merlot 2019 | Colchagua | 14° | **$$**

87 | CASA SILVA COLECCIÓN Cabernet Sauvignon 2019 | Colchagua | 13° | **$$**

87 | CASA SILVA COLECCIÓN Carménère 2019 | Colchagua | 13° | **$$**

87 | DOÑA DOMINGA RESERVA BLACK LABEL Cabernet Sauvignon 2019 Colchagua | 13° | **$$**

87 | DOÑA DOMINGA RESERVA BLACK LABEL Carménère 2019 | Colchagua 13° | **$$**

Casas del Bosque.

PROPRIETÁRIO Família Cúneo
ENÓLOGO Meinard Jan Bloem
WEB www.casasdelbosque.cl
RECEBE VISITAS Sim

• **ENÓLOGO** Meinard Jan Bloem

[**CASAS DEL BOSQUE** está localizada no setor de Las Dichas, onde seus vinhedos em colinas são refrescados pelas brisas frias do Pacífico. Foi fundada em 1993 pelo empresário chileno de ascendência italiana Juan Cúneo Solari, que manteve até hoje o caráter familiar da empresa. Com base no Sauvignon Blanc, a Casas del Bosque foi desenvolvendo um portfólio de vinhos confiáveis e fiéis ao potencial de sua origem. Eles também desenvolveram a parte turística, tornando-se um ponto de atração em Casablanca. Seu catálogo é baseado nesse vale, mas é complementado por uvas de Rapel ou Maipo quando se trata de variedades que precisam de mais calor, como Carménère e Cabernet Sauvignon. A vinícola possui 206 hectares de vinhedos. O enólogo é Meinard Jan Bloem.] **IMPORTADOR:** BR: www.domno.com.br

95 LA TRAMPA
Syrah, Malbec, Pinot Noir 2018
$$$$$ | C A S A B L A N C A | **14°**

Esta é a primeira edição do **La Trampa**, uma espécie de resumo das variedades tintas que a Casas del Bosque tem em sua propriedade de Las Dichas, uma das áreas mais próximas e frescas de Casablanca. É uma seleção de vinhas de uma encosta voltada para o norte e que tem cerca de 15 hectares no total, plantadas principalmente com Syrah. Essa maioria também se traduz na mistura contendo 80% de Syrah, 15% de Malbec e o resto de Pinot Noir. Depois de 18 meses na madeira, esta é a nova visão do tinto de clima frio de Casablanca, uma visão muito mais fresca, de frutas vermelhas antes dos superpotentes frutos negros do passado. Aqui há potência, acidez suculenta e um corpo médio de taninos muito delineados em um tinto que revela de onde vem e a forte influência que o Pacífico tem no lugar.

94 PEQUEÑAS PRODUCCIONES
Pinot Noir 2019
$$$$ | C A S A B L A N C A | **13.5°**

Para este **Pequeñas Producciones**, a equipe da Casas del Bosque selecionou vinhas plantadas por volta de 2013, em solos vermelhos e graníticos em encostas voltadas para o norte. O armazenamento em barrica dura seis meses, com 20% de madeira nova. Além disso, a colheita foi adiantada em pelo menos um mês, o que resulta em um vinho muito mais potente, frutas mais avermelhadas e refrescantes e, sobretudo, taninos firmes e acidez, que dão uma sensação saborosa de verticalidade. Este é um novo passo com para o Pinot em Casablanca. Temos que segui-lo.

93 BOTANIC SERIES LA CANTERA
Sauvignon Blanc 2020
$$ | C A S A B L A N C A | **13.5°**

Mais do que frutado, esta nova versão de Sauvignon da **Botanic Series** é herbáceo. Notas de ervas frescas são tomadas no nariz e na boca em um vinho que tem uma densidade muito boa na boca, mas ao mesmo tempo uma acidez penetrante e crocante. Apesar de 2020 ter sido quente, este branco brilha em frescor. Este Sauvignon vem dos solos graníticos de Las Dichas, uma das áreas mais próximas do mar no Vale de Casablanca.

92 BO
Chardonnay, Pinot Noir N/V
$$$$ | CASABLANCA | **13.5°**

O blend deste ano tem 60% de Chardonnay e o resto de Pinot Noir, todos de vinhedos Casas del Bosque na área de Las Dichas, uma das mais próximas do mar no Vale de Casablanca. Produzido de acordo com o método tradicional de segunda fermentação na garrafa, passa 18 meses em contato com as leveduras. O vinho ainda é muito fresco, de acordo com o estilo desta marca. Frutas brancas ácidas predominam em um vinho de espuma macia, acidez refrescante e final herbáceo.

92 BOTANIC SERIES
Riesling 2020
$$ | CHILE | **12.5°**

A região de Las Dichas é uma das áreas mais próximas ao mar, no Vale de Casablanca, e essa forte influência marinha é sentida no frescor dos vinhos da Casas del Bosque. Neste Riesling há aromas maduros de frutas brancas, mas também uma acidez feroz e afiada, que é projetada através da boca refrescando tudo em seu caminho. A textura é cremosa, fazendo uma oposição rica e suculenta a essa acidez tão presente. Este Riesling vem de solos arenosos e suas parreiras foram enxertadas sobre um Merlot que nunca poderia oferecer qualidade lá.

92 GRAN RESERVA
Carménère 2019
$$ | CACHAPOAL | **14°**

A base deste vinho vem da área de Almahue, no coração do Vale de Cachapoal, uma área quente, com solos de argila e areia que parecem favorecer a maturidade da tardia Carménère. Aqui optamos por buscar o frescor, com colheitas precoces que revelaram o fruto intenso que a Carménère da área oferece. Aqui, além disso, há notas de ervas, mas sem destaque, apenas proporcionando complexidade e sensação de frescor em um vinho de corpo médio, com textura suficiente para acompanhar carne de porco assada.

92 LATE HARVEST
Riesling 2019
$$$ | CASABLANCA | **12°**

Um dos poucos Riesling de colheita tardia do Chile (e um dos poucos vinhos doces chilenos que realmente valem a pena) este colheita tardia tem 30% de suas uvas atacadas pelo fungo botrytis, que concentra acidez e sabores e dá aquelas notas terrosas clássicas que se sentem no fundo. Em primeiro plano, há fruta branca madura caramelizada no meio de uma camada de acidez que aqui equilibra os 120 gramas de açúcar que este branco tem por litro. Ótimo para acompanhar queijos azuis.

92 PEQUEÑAS PRODUCCIONES
Chardonnay 2019
$$$ | CASABLANCA | **13°**

Trata-se de uma seleção de vinhedos plantados por volta de 2005 em solos arenosos na parte mais plana e baixa da propriedade ondulada das Casas del Bosque na área de Las Dichas, a oeste do Vale de Casablanca. O que predomina aqui é a acidez que é sentida desde o início, mostrando o lugar fresco onde o vinhedo está localizado, exatamente onde as brisas frias do Pacífico penetram. A textura é, no entanto, cremosa, excedendo a acidez e fazendo pensar em salmão defumado para acompanhar.

91 GRAN RESERVA
Pinot Noir 2019
$$$ | C A S A B L A N C A | **13.5°**

Aos poucos, a Casas del Bosque encontra o frescor do Pinot Noir, com aquele lado tenso e crocante que tão bem mostra essa variedade nas costas do Chile. Aqui há uma seleção de vinhedos plantados por volta de 2010 em solos arenosos na área de Las Dichas, um dos lugares mais próximos do mar (e, portanto, mais frio) do Vale de Casablanca. As frutas são vermelhas e maduras, há toques florais e na boca a acidez domina, oferecendo frescor, mas também projetando esses mesmos sabores refrescantes até o final do paladar. Pronto para beber agora.

91 GRAN RESERVA
Syrah 2018
$$$ | C A S A B L A N C A | **14.1°**

Produto de diferentes setores dentro do vinhedo das Casas del Bosque, na região de Las Dichas, no Vale de Casablanca, tem as notas clássicas da Syrah de clima frio; os toques de defumado e especiarias, a camada de frutas negras maduras, mas que são equilibradas com uma acidez vinda das brisas frias do Pacífico. Um vinho para acompanhar com guisado de cordeiro.

90 BOTANIC SERIES ROSÉ
Pinot Noir 2020
$$ | C A S A B L A N C A | **13°**

Um rosé para refrescar no verão, este 100% Pinot Noir vem de vinhedos plantados em 2007 nas colinas de solos graníticos da cordilheira da Costa em Las Dichas, uma das áreas mais próximas do mar no Vale de Casablanca. Apresenta um corpo muito leve, acidez firme e suculenta, e sabores de frutas vermelhas. Ideal para acompanhar ceviche de salmão.

90 GRAN RESERVA
Chardonnay 2019
$$ | C A S A B L A N C A | **13.5°**

Apesar de vir de uma safra quente como 2019, este vinho consegue mostrar frutas brancas ácidas e refrescantes. Graças a uma colheita precoce, a acidez e esses sabores potentes e tensos dominam a boca, com um fundo muito sutil de tons tostados. Este Chardonnay é uma mistura de vinhedos plantados entre 1998 e 2003 na área de Las Dichas, a oeste de Casablanca.

90 RESERVA
Chardonnay 2019
$$ | C A S A B L A N C A | **13.5°**

Uma excelente relação preço-qualidade neste Chardonnay, onde a variedade é claramente sentida com seus aromas de frutas maduras emolduradas em uma acidez firme, que é mantida até o fim. Além disso, a textura é cremosa em um corpo leve, o que o torna um bom vinho para aperitivo, mas também para pensar em peixe grelhado para acompanhar.

90 RESERVA
Pinot Noir 2019
$$ | C A S A B L A N C A | **13°**

Embora muito progresso tenha sido feito no Chile com Pinot Noir, bons exemplos ainda estão faltando a preços moderados. Este é um deles. A variedade é claramente sentida aqui, mostrando suas frutas vermelhas refrescantes junto com especiarias e ervas. O corpo é leve, com uma acidez muito boa e textura macia. Para começar a aprender sobre Pinot, este é um bom começo.

OUTRO VINHO SELECIONADO
89 | RESERVA Sauvignon Blanc 2020 | Casablanca | 13° | $$

Casas del Toqui.

PROPRIETÁRIO Família Court
ENÓLOGO Carlos Olivares
WEB www.casasdeltoqui.cl
RECEBE VISITAS Não

• **ENÓLOGO** Carlos Olivares

[**EM 1994** o Château Larose Trintaudon, de Bordeaux, fez parceria com a família Granela, produtores em Alto Cachapoal, para criar Casas del Toqui. A vinícola se destacou pela pureza de seu Cabernet Sauvignon e foi importante em valorizar o então subestimado setor andino do Vale do Cachapoal. Em 2010, vieram as mudanças: foi comprada pela família Court, que em parte continuou seu legado, mas também impôs seu selo. Suas linhas de vinho mais importantes são Gran Reserva, Gran Toqui e os premium do catálogo, Código del Toqui e Leyenda del Toqui, ambos misturas tintas.] **IMPORTADOR:** BR: www.wine.com.br

96 **LEYENDA DEL TOQUI** Cabernet Sauvignon, Cabernet Franc, Carménère, Petit Verdot, Malbec, Syrah 2015
$$$$$ | CACHAPOAL ANDES | 14°

Leyenda é o blend mais ambicioso da casa. Estreou em 1999 e naquela época foi a melhor seleção de Cabernet Sauvignon plantada na propriedade da Casas del Toqui, aos pés dos Andes, em 1943. Esta nova safra tem 75% de Cabernet mais algumas seleções de barricas de outras uvas que se qualificaram para este nível. E é uma representação suculenta, profunda e frutífera dos tintos de Alto Cachapoal; a textura é firme e ao mesmo tempo elegante e afiada. As frutas se desdobram graciosamente na boca, apoiando os sabores e deixando uma sensação suave de frescor. Um vinho para guardar por uma década.

94 **COURT ROLLAN FILIUS BLEND DE BLENDS**
Cabernet Sauvignon, Carménère, Syrah 2018
$$$$ | ALTO CACHAPOAL | 14°

Para este blend de 80% Cabernet Sauvignon, 15% Carménère e o resto de Syrah, a Casas del Toqui utiliza a seleção de seus vinhedos plantados em solos aluviais e coluviais na área de Totihue, próximo ao pé dos Andes, no Alto Cachapoal. Depois de envelhecer em barricas por 16 meses (40% delas de madeira nova) o vinho tem o caráter da montanha, os aromas de ervas e as frutas vermelhas e negras no meio de taninos que se sentem firmes e afiados. A fruta prevalece, mas há mais camadas de sabores que a guarda na garrafa tratará de revelar.

94 **COURT ROLLAN PATER**
Cabernet Sauvignon 2018
$$$$ | ALTO CACHAPOAL | 14°

Esta é uma seleção de vinhedos jovens pertencentes a Casas del Toqui em Alto Cachapoal. E é um pequeno olhar para o Cabernet da área andina de Cachapoal: seus tons de ervas, sua textura deliciosa, taninos elegan-tes, muito finos e suculentos se apoiam em frutas vermelhas maduras e doces expandindo-se através do paladar e enchendo-o de suculência. É um vinho para beber agora, mas também para apreciá-lo com quatro a cinco anos de garrafa.

94 GRAN TOQUI
Cabernet Sauvignon 2018
$$$ | C A C H A P O A L   A N D E S | **14°**

Esta é uma seleção dos vinhedos históricos das Casas del Toqui na área de Alto Cachapoal, vinhedos plantados em 1943 nos solos aluviais da proprie-dade. Esta é uma versão amigável e precisa do Cabernet da região, com suas frutas maduras e notas de ervas, mas sobretudo com aqueles taninos polidos, elegantes e ao mesmo tempo firmes que são sentidos no paladar, apoiando os sabores frutados. Um tinto com muito típico de sua região. Pense em armazená-lo por pelo menos três a quatro anos.

92 COASTAL MIST TERROIR SELECTION
Sauvignon Blanc 2020
$$ | C O L C H A G U A   C O S T A | **13.5°**

A região de Paredones é a mais costeira do Vale de Casablanca e de lá, a partir dessas encostas de granito e argila que recebem forte influência fria do Pacífico, se obtém este Sauvignon muito bom, como é o caso deste **Coastal Mist**. Generoso em aromas de ervas e acidez, este branco refresca e, com seu corpo leve e sabores frutados, pede um ceviche.

92 COURT ROLLAN EXTRA BRUT
BLANC DE BLANCS Chardonnay 2018
$$$ | C A C H A P O A L | **12.5°**

Feito pelo método tradicional de segunda fermentação na garrafa, este cem por cento Chardonnay vem de vinhedos plantados em 2005 no pé andino de Alto Cachapoal. As bolhas são macias, abundantes, e os aromas se concentram em frutas e ervas, enquanto a boca é cremosa, com acidez pronunciada. Um vinho para harmonizar com ostras.

92 COURT ROLLAN GENUS
Cabernet Sauvignon, Syrah 2018
$$$ | A L T O   C A C H A P O A L | **14°**

Para este blend, a equipe da Casas del Toqui utiliza uma seleção de seus vinhedos de Cabernet e Syrah jovens, o primeiro plantado em 2012 e o segundo em 2000. A mistura passa cerca de 16 meses em barricas e o que sai deles é um tinto potente, com acidez muito boa, frutas vermelhas e os leves toques especiados e herbáceos da Cabernet na frente, comandando a festa. Um vinho muito frutado para beber já acompanhado de ensopados.

92 COURT ROLLAN GENUS
Carménère, Syrah 2018
$$$ | A L T O   C A C H A P O A L | **14°**

Baseado em Carménère este vinho vem de vinhedos plantados por volta do início de 2000 nos solos coluviais e aluviais de Totihue, ao pé dos Andes, no Alto Cachapoal. As frutas vermelhas e as notas de ervas da Carménère são claramente mostradas, enquanto na boca as especiarias da Syrah apa-recem em um vinho de corpo médio cuja acidez e taninos permanecem potentes, refrescantes.

92 COURT ROLLAN GENUS
Chardonnay, Sémillon 2019
$$$ | ALTO CACHAPOAL | **13°**

Esta é um blend incomum de Chardonnay (82%) de parreiras plantadas em 2005 e Sémillon (18%) de vinhedos antigos plantados em 1943, ambos nos passos dos Andes, no Alto Cachapoal. E a ideia acaba muito bem, com um branco que combina as frutas brancas maduras da Chardonnay com as notas de mel dessas velhas videiras de Sémillon. É generoso em sabores, amplo no paladar, com toques especiados e de ervas, mas acima de tudo aquela fruta generosa que enche a boca. Um branco que está muito bem agora, mas continuará a evoluir em garrafa.

92 GRAN TOQUI
Syrah 2018
$$$ | CACHAPOAL ANDES | **14°**

Casas del Toqui planta vinhedos de Syrah desde 2000, em solos coluviais na área d Alto Cachapoal, próximo ao pé dos Andes. Com uma seleção dessas videiras produz esse Syrah que se sente generoso em frutas vermelhas maduras, mas ao mesmo tempo com uma acidez suculenta, potente, que dá vida e refresca.

91 BARREL SERIES RESERVA
Sémillon 2020
$$ | CACHAPOAL ANDES | **13°**

Casas del Toqui foi a primeira das vinícolas modernas do Chile a mostrar A Sémillon, uma variedade que hoje é objeto de um resgate muito valioso. E vem produzindo-o há duas décadas, com vinhedos plantados em 1943 em próximo ao pé da cordilheira dos Andes, no Alto Cachapoal. O vinho é muito jovem, com toques de mel e ervas, e com a textura clássica da Sémillon, aquela textura amigável e untuosa, embora com um final que se apega ao paladar e fala de seu potencial de guarda. Deixe este vinho na adega por pelo menos cinco anos. Do total, 40% do vinho foi fermentado e passou por maceração em contato com suas cascas por dois meses.

91 TERROIR SELECTION GRAN RESERVA
Syrah 2019
$$ | ALTO CACHAPOAL | **13.5°**

Este Syrah vem de vinhedos plantados em 2000, em solos coluviais ao pé dos Andes, no Alto Cachapoal. Aqui há frutas vermelhas maduras e especiarias em um corpo médio, com taninos extremamente redondos e polidos, oferecendo uma suculência difícil de resistir. A madeira (30% do vinho foi estagiado em barricas usadas por três meses) parece muito integrada, dando lugar à fruta.

90 COURT ROLLAN MATER
Carménère 2018
$$$$ | ALTO CACHAPOAL | **14°**

Um Carménère quente, com sabores maduros e uma textura muito macia, este vinho vem de vinhedos plantados em 2002 em solos de pedra e argila na área de Alto Cachapoal. De corpo médio, os taninos são sedosos e o final lembra à ervas, um detalhe muito típico da variedade.

OUTROS VINHOS SELECIONADOS

89 | BARREL SERIES RESERVA Cabernet Sauvignon 2019 | Cachapoal Andes 13.5° | **$$**

88 | BARREL SERIES RESERVA Carménère 2019 | Cachapoal Andes | 13.5° | **$$**

Casas Patronales.

PROPRIETÁRIO Pablo Castro
ENÓLOGO Alejandro Sánchez
WEB www.casaspatronales.com
RECEBE VISITAS Não

· **ENÓLOGO** Alejandro Sánchez

[**CASAS PATRONALES** pertence às famílias Castro, Murúa e Silva, todas da cidade de Talca. A vinícola está localizada em San Clemente e tem capacidade para cerca de dez milhões de litros. Atualmente eles têm três campos, um em San Clemente, um em Pencahue e o último em Cauquenes, todos no Vale do Maule, e somam cerca de mil hectares com os quais produzem cerca de seis milhões de garrafas.] **IMPORTADOR:** BR: www.tafdistribuidora.com.br

94 ÑEQUE
Cabernet Sauvignon 2017
$$$$$ | MAULE | 14°

Ñeque é a seleção de vinhedos de Cabernet Sauvignon que a Casas Patronales plantou há 30 anos nos solos graníticos de Cauquenes, no Vale do Maule. O vinho envelheceu por dois anos em barricas, um quarto delas feitas de madeira nova. Este é um vinho forte, com taninos fortes e afiados, mas também um pouco rústico; eles precisam de mais tempo em garrafa para se acalmar. As frutas estão maduras, mas com toques de uma acidez suculenta e firme. Um vinho para abrir espaço na adega. Pense em pelo menos quatro anos de guarda.

92 MIXTURA
Cabernet Sauvignon, Malbec, Cabernet Franc 2017
$$$$ | MAULE | 14°

Mixtura este ano tem 60% Cabernet Sauvignon, 25% Malbec e 15% Cabernet Franc, todos de seus próprios vinhedos em Cauquenes. E o selo dos vinhos dessa área é claramente sentido aqui, especialmente em seus sabores vermelhos intensos e naqueles taninos firmes, um tanto rústicos, que pedem um cordeiro para suavizar. A Malbec desempenha um papel importante aqui, acalmando o clima e oferecendo notas florais neste tinto que ainda pode ficar alguns anos na garrafa.

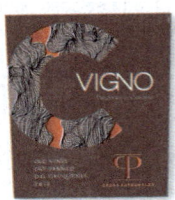

92 VIGNO
Carignan 2018
$ | MAULE | 14°

Um Carignan chileno à moda antiga, embora sem a madeira que costumava acompanhar os primeiros exemplos da variedade, este tem uma fruta deliciosa e exuberante, cheia de tons especiados e frutas negras maduras. Os taninos são firmes, expandindo-se através da boca proporcionando corpo e potência, enquanto a acidez desempenha um papel central aqui, ajudando que a maturidade não transborde. Este é um garoto que precisa de muito tempo de garrafa, comece guardando um par desses para os próximos quatro anos.

91 GRAN RESERVA
Cabernet Sauvignon 2018
$$ | MAULE | 14°

Os Cabernets de Cauquenes costumam produzir vinhos com uma certa rusticidade, mas ao mesmo tempo com muitas frutas frescas. Este vai nessa direção. De vinhas jovens, com cerca de oito anos, plantadas em solos graníticos e argilosos, este vinho apresenta uma forte camada de taninos,

Casas Patronales.

que adere ao paladar com as suas garras. No topo dessa sensação, porém, há notas de frutas vermelhas por toda parte. Um vinho frutado, delicioso, muito bem feito e com um preço muito bom.

91 GRAN RESERVA
Carménère 2018
$$ | MAULE | **14°**

Um vinho comercial muito bom, digno de dicionário. Aqui tem uma boa quantidade de notas amadeiradas (envelheceu em barrica durante um ano) e o resto é muita fruta madura, mas com a quota de maturidade perfeita que lhe confere sedosidade e um lado suculento que não cansa. Muito equilibrado, este Carménère provém de vinhas de 30 anos e outras de 8 anos da zona de Cauquenes.

91 GRAN RESERVA
Syrah 2018
$$ | MAULE | **14.5°**

Este Syrah vem de vinhedos de 12 anos na área de Cauquenes, no Vale do Maule. É envelhecido um ano em barricas de carvalho. Aqui está a dose certa de sabores de madeira tostada acompanhadas de muitas frutas vermelhas maduras num vinho equilibrado e polido, sem arestas; nada parece sobrar. Focado em frutas, é um vinho para harmonizar com massas e molho à bolonhesa.

90 GRAN RESERVA
Merlot 2018
$$ | MAULE | **14°**

Este tinto vem de vinhas com 20 anos de idade da região de San Clemente. No início, a madeira onde ficou armazenada durante um ano parece forte, mas à medida que o vinho vai sendo oxigenado, as frutas começam a surgir. Na boca, as frutas negras, maduras e exuberantes dão um pequeno festim, ajudados por taninos que ficam firmes, vivos. Pense neste Merlot com pizza.

90 MAUCHO
Carignan 2019
$$ | MAULE | **14°**

Casas Patronales obtém uvas das suas próprias vinhas na zona de Cauquenes para este Carignan fresco e simples feito de vinhas muito velhas, com mais de 80 anos. É um Carignan simples, muito focado na casta, com aquela acidez tensa e forte que está na genética da uva e que aqui se mostra sem timidez e refresca todos os sabores frutados. Para acompanhar com chouriço.

OUTROS VINHOS SELECIONADOS
89 | GRAN RESERVA Chardonnay 2019 | Leyda | 14° | **$$**
86 | MAUCHO Malbec 2019 | Maule | 14° | **$$**

Chilcas.

PROPRIETÁRIO Via Wines
ENÓLOGO Pablo Barros Spröhnle
WEB www.chilcaswines.com
RECEBE VISITAS Sim

• **ENÓLOGO** Pablo Barros Spröhnle

[**ESTA VINÍCOLA** do grupo Via Wines tem seu centro de operações no Maule, embora tenha desenvolvido vinhedos em toda a área central. Além do que tem em São Rafael, seu local de origem, possui vinhedos em Curicó, Colchagua e Casablanca. Essa diversidade é vista em linhas como Single Vineyard, onde visam encontrar as origens certas para cada cepa. No catálogo, nesta linha estão seus vinhos ícones: Red One, uma mistura tinta do Maule, e Las Almas, uma Carménère de Lolol, na parte mais fresca do Vale de Colchagua.]

91 LAS ALMAS
Carménère 2018
$ $ $ $ $ | COLCHAGUA COSTA | **14°**

Chilcas possui vinhedos na região de Lolol, a cerca de 50 quilômetros do mar, a oeste do Vale de Colchagua. De lá eles selecionam vinhas para este **Las Almas**, que é 97% Carménère e o resto de Cabernet Sauvignon. O envelhecimento é longo, cerca de dois anos em barricas, e o resultado é um Carménère maduro, muito concentrado, com toques especiados e sem os traços das notas herbáceas que habitualmente se associam à casta. Um tinto de inverno.

90 RED ONE Merlot, Cabernet Sauvignon, Cabernet Franc,
Carménère, Malbec, Petit Verdot 2018
$ $ $ $ | MAULE | **14°**

Do vinhedo San Rafael, localizado no início do Vale do Maule, este é um blend de 30% Merlot, 25% Cabernet Franc, 18% Cabernet Sauvignon (da região de Cauquenes), 15% Carménère, 8% Malbec e o resto de Petit Verdot. É envelhecido durante um ano em barricas e esta estadia é sentida nos aromas tostados e especiados do vinho. O resto são frutas quentes e doces em um vinho de corpo médio com acidez pungente.

Chocalán.

PROPRIETÁRIO Aida Toro
ENÓLOGO Fernando Espina
WEB www.chocalanwines.com
RECEBE VISITAS Sim

• **ENÓLOGO** Fernando Espina

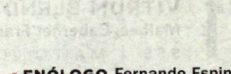

[**CHOCALÁN** está localizada em Maipo Costa e nasceu em 2003, quando a família Toro, dedicada há 60 anos à fabricação de garrafas de vinho, decide começar com um vinhedo na localidade de Chocalán, perto da cidade de Melipilla. Lá têm suas vinícolas e vinhedos onde cultivam principalmente variedades tintas. Mais tarde, eles se expandem para o Vale de San Antonio, com um campo no setor Malvilla, a apenas quatro quilômetros do mar, e onde crescem as cepas brancas e Pinot Noir.] **IMPORTADOR:** BR: www.domno.com.br

94 ALEXIA
Cabernet Franc, Merlot, Cabernet Sauvignon, Petit Verdot 2017
$ $ $ $ $ | M A I P O   C O S T A | **14°**

A primeira versão de **Alexia** foi em 2011 e desde então tem uma base de Cabernet Franc, plantada em solos de granito em Chocalán, no chamado Maipo Costa. Este ano é 75% Cabernet Franc e dá para sentir o tempo todo, desde o nariz levemente herbáceo, com notas de tabaco, até a boca cheia de frutas vermelhas e especiarias. A sensação tátil fala de taninos firmes que aderem fortemente ao paladar e uma acidez que refresca e dura até o final.

92 GRAN RESERVA ORIGEN
Sauvignon Blanc 2020
$ $ | S A N   A N T O N I O | **13.5°**

Em um ano complicado por secas e calor, os rendimentos foram muito baixos e a vindima (devido às altas temperaturas) foi muito mais cedo do que o habitual naquela região muito fria, junto ao mar em San Antonio. São muitos aromas a ervas e frutos brancos maduros num branco com uma boca muito cremosa, com notas de especiarias e acidez muito persistente. Para acompanhar com ceviche de frutos do mar.

92 VITRUM
Cabernet Sauvignon 2018
$ $ $ | M A I P O   C O S T A | **14.5°**

Esta seleção de Cabernet provém de um setor particularmente pedregoso da vinha Chocalán na Costa do Maipo, a cerca de 35 quilômetros do mar. Neste solo de baixíssima fertilidade, as vinhas apresentam uma concentração de sabores muito boa e isto traduz-se num vinho tinto com muito bons taninos que agarram a boca e não a libertam mais. Os sabores são maduros e amplos, mas a acidez também desempenha um papel importante, trazendo frescor ao final. Um Cabernet para pensar em mais um ou dois anos de envelhecimento em garrafa.

91 GRAN RESERVA ORIGEN
Chardonnay 2019
$ $ | S A N   A N T O N I O | **13.5°**

Embora venha de um dos setores mais frios da região central, a cerca de quatro quilômetros do mar, em Malvilla, no Vale de San Antonio, este Chardonnay é quente e suculento, com notas tostadas da madeira e na boca tons de caramelo . A acidez, entretanto, denuncia a origem com sua sensação aguda e penetrante.

91 VITRUM BLEND Cabernet Sauvignon, Syrah, Carménère,
Malbec, Cabernet Franc, Petit Verdot 2018
$ $ $ | M A I P O   C O S T A | **14.5°**

Este blend, cem por cento proveniente das vinhas de Chocalán, em Maipo, tem como base 40% Cabernet Sauvignon e 35% Syrah, e ambas as castas se destacam. Enquanto o Cabernet acrescenta um pouco de tempero e taninos firmes, o Syrah traz toda a sua gordura, sua amplitude de sabores doces de frutas negras em um vinho suculento e expansivo para degustar com guisados de carne.

90 ORIGEN GRAN RESERVA
Carménère 2018
$ $ | M A I P O   C O S T A | **14°**

Um Carménère com a quantidade certa de aromas herbáceas e vegetais, acompanhados por sabores de fruta marcados; Frutas negras doces num vinho de textura muito macia, com taninos cremosos. Um vinho comercial, mas sem abusar da madeira nem da maturidade.

Chono Wines.

PROPRIETÁRIO Família Sutil
ENÓLOGO Camilo Viani
WEB www.chonowines.com
RECEBE VISITAS Não

• **ENÓLOGO** Camilo Viani

[**PARTE DE** Top Wine Group (La Playa, Sutil), Chonos é uma busca por diferentes vinhedos em diferentes áreas do Chile, de Limarí ao norte até Itata, no sul. Possui apenas uma linha de vinhos, os Single Vineyards, e atualmente produz cerca de oito mil caixas de doze garrafas.]

IMPORTADORES: BR: www.wine.com   www.twimportadora.com

93 — CHONO SINGLE VINEYARD
Cabernet Sauvignon 2017
$$$ | MAIPO ANDES | 13.5°

Os Cabernets Maipo Alto ou "Andes" têm uma reputação merecida pelo seu caráter, relacionado com as notas de ervas, toques mentolados e a textura macia de seus taninos. Neste caso, o lado herbáceo, os toques mentolados, mais alguns detalhes terrosos (também relacionados à cepa naquele local) estão muito presentes; no entanto, a textura é muito mais selvagem, mais áspera, mais rústica. Um vinho tinto com grande personalidade, para acompanhar um curry de cordeiro.

93 — CHONO SINGLE VINEYARD
Syrah 2018
$$$ | LIMARÍ | 14°

Junto à pequena localidade de Tabalí, no Vale do Limarí, a cerca de 23 quilômetros do mar, este vinho tinto provém de uma encosta que desce sobre o rio Limarí, com solos muito pedregosos e calcários. E é uma versão clara do Syrah da região, com seus sabores salgados, seus frutos pretos e toques de azeitona e grafite. Parece extravagante, mas é assim que cheira o Syrah de Limarí e este aqui tem tudo isso, além de uma textura firme e muito pungente que pede cordeiro assado. Um vinho cheio de personalidade que só vai crescer com o tempo na garrafa.

93 — CHONO SINGLE VINEYARD RED BLEND
Carignan, Cabernet Franc, Syrah 2017
$$$ | CAUQUENES | 13.5°

Este blend de 40% Carignan, 30% Syrah e 30% Cabernet Franc, todos de um único vinhedo, de propriedade da Chono na área de Cauquenes, no Vale do Maule. Envelhecido em cubas de cimento por 18 meses, é um exemplo clássico dos vinhos da região, com preponderância da Carignan com as suas notas florais e a sua acidez firme e pungente, tendo como fundo as notas herbáceas da Cabernet Franc. Um vinho forte, rústico, mas com muita personalidade.

92 — CHONO SINGLE VINEYARD
Chardonnay 2019
$$$ | ITATA | 14°

Este Chardonnay se origina ao longo do rio Larqui, em um vinhedo no início do Vale de Itata, sem irrigação. As vinhas foram plantadas em 1992 e a Chono compra uvas desde 2017 da família Pandolfi, vitivinicultores de renome na região. Este branco tem o carácter tenso e profundo dos melhores Chardonnays da área, o lado salino que confere complexidade e a acidez revelando o lado mais fresco e nervoso da casta. Este é um branco com um corpo muito bom, pense em abri-lo daqui a alguns anos com salmão fumado.

91 CHONO SINGLE VINEYARD
Pinot Noir 2019
$$$ | CASABLANCA | **13°**

Um Pinot saboroso, com tons frutados, maduro, mas não ao extremo de cansar. A acidez ajuda muito nessa tarefa, proporcionando tensão e uma sensação de frescor que se projeta para o final do paladar. Dos tintos para beber de garrafa sem perceber. Este Pinot Noir é originário da região de Tapihue, no centro do vale do litoral de Casablanca, e foi envelhecido por um ano em barricas usadas.

90 CHONO SINGLE VINEYARD
Carménère 2018
$$$ | COLCHAGUA | **14°**

Um Carménère de dicionário, este aqui tem notas herbáceas, doces, frutas vermelhas bem maduras num corpo leve, com taninos suaves. O toque tostado da madeira acrescenta complexidade a um vinho que já está pronto para ser bebido com ensopado de carne. Este Carménère vem das planícies ensolaradas de Peralillo, no coração do Vale de Colchagua.

90 CHONO SINGLE VINEYARD
Sauvignon Blanc 2020
$$$ | COLCHAGUA COSTA | **13.5°**

As uvas para este Sauvignon vêm de Ucuquer, próximo à foz do rio Rapel na região de Colchagua Costa. Este é um fiel representante de um ano quente que moldou os sabores e a textura da fruta. Aqui estão frutas maduras e um corpo redondo e cremoso para beber com frutos do mar gratinados.

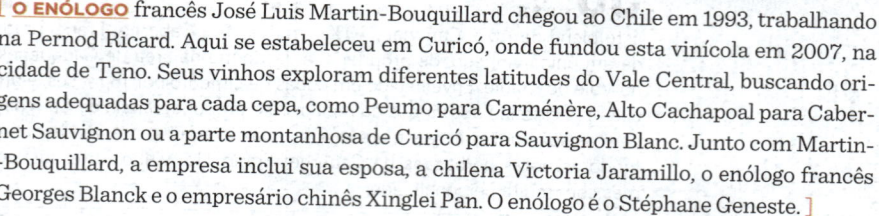

Clos Andino.

PROPRIETÁRIO José Luis Martin-Bouquillard
ENÓLOGO Stéphane Geneste
WEB www.closandino.cl
RECEBE VISITAS Não

• **PROPRIETÁRIO**
José Luis Martin-Bouquillard

[**O ENÓLOGO** francês José Luis Martin-Bouquillard chegou ao Chile em 1993, trabalhando na Pernod Ricard. Aqui se estabeleceu em Curicó, onde fundou esta vinícola em 2007, na cidade de Teno. Seus vinhos exploram diferentes latitudes do Vale Central, buscando origens adequadas para cada cepa, como Peumo para Carménère, Alto Cachapoal para Cabernet Sauvignon ou a parte montanhosa de Curicó para Sauvignon Blanc. Junto com Martin-Bouquillard, a empresa inclui sua esposa, a chilena Victoria Jaramillo, o enólogo francês Georges Blanck e o empresário chinês Xinglei Pan. O enólogo é o Stéphane Geneste.]

94 LE GRAND ASSEMBLAGE
Cabernet Sauvignon, Carménère, Tempranillo 2019
$$$$ | CACHAPOAL | **13.5°**

O vinho mais ambicioso do Clos Andino é o Cabernet Sauvignon da região andina de Cachapoal, em Requínoa; Carménère, que também vem de Cachapoal, mas desta vez dos vales centrais, em Peumo, e finalmente a

Tempranillo de vinhedos de cerca de 30 anos no Vale do Maule. O vinho estagia durante um ano em barricas e o que sai é um tinto com aromas defumados, especiados e herbáceo. Na boca é potente nos taninos e na acidez, rodeado por sabores de frutas negras e especiarias. Precisa de tempo em garrafa. Considere mantê-lo por dois a três anos.

92 LA CUVÉE DE PEUMO
Carménère 2018
$$$$ | CACHAPOAL | 13.5°

Com os aromas e sabores clássicos do calor de Peumo, no Vale de Cachapoal, este tinto apresenta aromas especiados e de frutas vermelhas doces. Na boca é macio, com taninos muito polidos e sabores frutados, suculentos e um final defumado que lhe confere uma certa complexidade. Metade deste vinho estagia 12 meses em barricas antes de ser engarrafado e passar mais um ano antes do seu lançamento ao mercado.

90 CLOSINO SELECCIÓN
Carménère 2018
$$ | CACHAPOAL | 13.5°

Um Carménère com agradáveis aromas a ervas, mas sobretudo a frutas vermelhas maduras e especiarias doces, o corpo é macio, com acidez moderada e taninos bem polidos que combinam muito bem com tostadas com terrine. Este Carménère vem de vinhedos plantados em Peumo, uma das áreas mais procuradas no Chile para esta variedade.

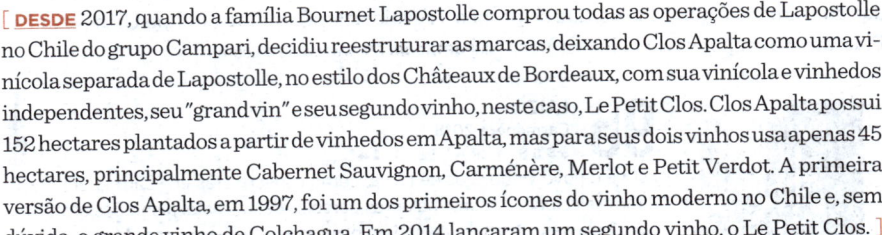

Clos Apalta.

PROPRIETÁRIO Domaines Bournet Lapostolle
ENÓLOGO Jacques Begarie
WEB www.closapalta.com
RECEBE VISITAS Sim

· **PROPRIETÁRIO** Charles de Bournet

[**DESDE** 2017, quando a família Bournet Lapostolle comprou todas as operações de Lapostolle no Chile do grupo Campari, decidiu reestruturar as marcas, deixando Clos Apalta como uma vinícola separada de Lapostolle, no estilo dos Châteaux de Bordeaux, com sua vinícola e vinhedos independentes, seu "grand vin" e seu segundo vinho, neste caso, Le Petit Clos. Clos Apalta possui 152 hectares plantados a partir de vinhedos em Apalta, mas para seus dois vinhos usa apenas 45 hectares, principalmente Cabernet Sauvignon, Carménère, Merlot e Petit Verdot. A primeira versão de Clos Apalta, em 1997, foi um dos primeiros ícones do vinho moderno no Chile e, sem dúvida, o grande vinho de Colchagua. Em 2014 lançaram um segundo vinho, o Le Petit Clos.]

IMPORTADOR: BR: www.mistral.com.br

95 CLOS APALTA
Carménère, Cabernet Sauvignon, Merlot, Petit Verdot 2017
$$$$$ | APALTA | 14.5°

O ano de 2017 teve uma safra muito quente no Vale Central do Chile que se adequou ao estilo dos vinhos da casa. Principalmente para o clássico **Clos Apalta** que, com esta safra, comemora seus 20 anos de vida, sempre sob o comando do consultor de Pomerol, Michel Rolland. A essência do estilo não mudou e sempre se baseou nas vinhas velhas de Carménère de Apalta. Este ano é 48% Carménère, 26% Cabernet Sauvignon, 25% Merlot e 1% Petit Verdot. Mas por falar no estilo, talvez já não tenha o espírito tremendo dos primeiros anos ou a extração intensa de então. No entanto, a sensação de untuosidade e opulência é quase a mesma, principalmente numa safra quente como a de 2017. Um vinho que enche a boca com os seus sabores a fruta negra, as suas especiarias, a sua madeira. Se você gosta desse estilo, esta é seu vinho.

94 LE PETIT CLOS
Cabernet Sauvignon, Merlot, Carménère 2017
$$$$$ | APALTA | 14.5°

Petit Clos é o segundo vinho da casa e tem por base Cabernet Sauvignon de vinhas muito velhas, plantadas em solos graníticos, nos anos 1930 e 1950. Não é, no entanto, um descarte do primeiro vinho, Clos Apalta, mas sim uma interpretação diferente de Apalta como uma zona. Clos Apalta é baseado em Carménère, enquanto este Petit tem 69% Cabernet, 16% Carménère, 9% Cabernet Franc, 5% Merlot e o resto de Petit Verdot. Apesar de tudo o que precede, o estilo opulento e maduro dos vinhos da casa mantêm-se, não com a intensidade de outrora, mas com uma abundância que derrama sabores de fruta negra e madura num corpo tânico, que necessita de pelo menos cinco anos de garrafa para evoluir.

Clos de Luz.

PROPRIETÁRIO Gabriel Edwards
ENÓLOGO Felipe Uribe
WEB www.closdeluz.com
RECEBE VISITAS Sim

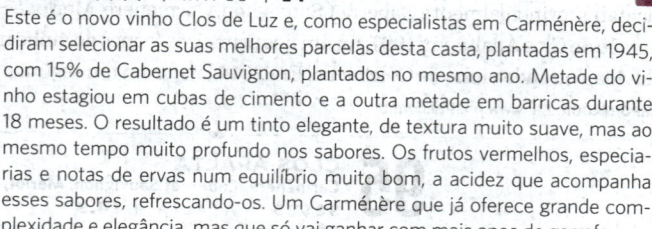

• **PROPRIETÁRIO & ENÓLOGO**
Gabriel Edwards & Felipe Uribe

[**O ECONOMISTA**] Gabriel Edwards criou este projeto aproveitando um campo familiar e um vinhedo principalmente de Carménère plantado em 1945 na área de Almahue do Vale do Cachapoal. A data não é irrelevante, já que não são conhecidas as videiras mais antigas dessa variedade no Chile. Nem sua origem é menos, Almahue, um subvale que tem décadas de tradição e que Clos de Luz se propôs a revalorizar. O enólogo Felipe Uribe (Andes Plateau) é o responsável pelos vinhos.] **IMPORTADOR:** BR: www.wine-co.com.br

96 LUZ
Carménère 2018
$$$$ | RAPEL | 14°

Este é o novo vinho Clos de Luz e, como especialistas em Carménère, decidiram selecionar as suas melhores parcelas desta casta, plantadas em 1945, com 15% de Cabernet Sauvignon, plantados no mesmo ano. Metade do vinho estagiou em cubas de cimento e a outra metade em barricas durante 18 meses. O resultado é um tinto elegante, de textura muito suave, mas ao mesmo tempo muito profundo nos sabores. Os frutos vermelhos, especiarias e notas de ervas num equilíbrio muito bom, a acidez que acompanha esses sabores, refrescando-os. Um Carménère que já oferece grande complexidade e elegância, mas que só vai ganhar com mais anos de garrafa.

95 JAYA
Carménère 2019
$$$ | RAPEL | 14°

Esta é uma seleção de plantas da Carménère, de vinhas velhas em encostas de granito lisas com uma elevada proporção de argila. Um solo que retém bem a água, algo que agrada sempre a Carménère sedenta. Aqui está uma boa dose de notas herbáceas, muito características da casta, que servem de condimento à espessa e abundante camada de frutas vermelhas que se espalha pela boca com generosidade. O envelhecimento é de 12 meses em barricas usadas, o que confere ao vinho maciez, mas sem prejudicar o seu caráter varietal. Um Carménère a ter em conta no seio desta nova geração de castas que estão mostrando uma face muito mais fresca da uva.

94 AZUDA
Garnacha 2019
$$$$ | CACHAPOAL | 13.9°

As frutas para este vinho vêm de uma pequena parcela de 0,6 hectare plantada há cerca de 15 anos. Cultivado em ânforas de argila por um ano, possui uma força de boca muito incomum para a variedade; Taninos rústicos e selvagens que podem provir do solo rico em granito onde as vinhas estão plantadas. Esses taninos precedem uma deliciosa camada de frutas vermelhas e uma acidez que sustenta esse lado frutado. Um vinho para guardar alguns anos na garrafa ou para beber agora com refeições fortes.

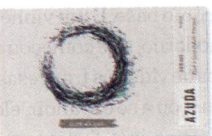

94 AZUDA
Syrah 2019
$$$$ | CACHAPOAL | 14°

A versão Garnacha do **Azuda**, e este Syrah, vêm de encostas ricas em granito. Mas enquanto na Garnacha este solo faz com que a textura fique tensa e selvagem em taninos, aqui ela se projeta como uma textura polida, muito agradável na boca, pouco reativa com a saliva no paladar. O resto é uma fruta suculenta que se move pela boca, causando uma deliciosa sensação. Um suco de amora que hoje está no seu melhor, apesar da juventude.

94 MASSAL 1945
Carménère 2019
$$$$ | CACHAPOAL | 13.5°

De vinhas plantadas em 1945 nos solos graníticos e argilosos de Almahue, no coração do Vale de Cachapoal, e com 12 meses de envelhecimento em madeira, a metade tonéis, esta safra tem aquela suculência que tem estado consistente neste vinho desde a sua primeira colheita em 2015. Os aromas de ervas são muito claros, mas também há uma suculência sedutora que se manifesta em sabores vibrantes e suculentos de frutas vermelhas. Ele está jovem, ainda precisa de dois ou três anos na garrafa para ganhar complexidade.

93 MASSAL 1945
Cabernet Sauvignon 2019
$$$$ | CACHAPOAL | 13.5°

A linha 1945 presta homenagem ao antigo vinhedo da família Edwards na área de Almahue, no Vale de Cachapoal. De lá eles pegam este Cabernet Sauvignon que tem o lado doce da fruta vermelha em dias ensolarados como aquela região. Além disso, apresenta uma textura agradável, com taninos polidos, o que o torna fácil de beber, embora seja um tinto com grande potencial de envelhecimento. Acidez e estrutura tânica têm de sobra.

92 MASSAL 1945
Malbec 2019
$ $ $ $ | CACHAPOAL | **13.5°**

Não há muitos vinhedos antigos de Malbec no Chile, mas existem, e parte dessa herança está nos vinhedos da família Edwards em Almahue, no Vale de Cachapoal. Com 12 meses de envelhecimento em barricas, este tem acento nos sabores florais e frutados da casta, mas também nas notas terrosas e especiados. Um Malbec para acompanhar carnes grelhadas.

Clos Quebrada de Macul.

PROPRIETÁRIOS Ricardo Peña & Isabel Lezaeta

ENÓLOGO Jean-Pascal Lacaze

WEB www.domusaurea.cl

RECEBE VISITAS Não

· **ENÓLOGO** Jean-Pascal Lacaze

[**POR VOLTA DE 1970,** a família Peña plantou o primeiro quartel de Domus, todo com Cabernet Sauvignon. E nos três anos seguintes eles completaram o que hoje é o atual vinhedo histórico da vinícola, totalizando 16 hectares, sempre com Cabernet Sauvignon como base. É um vinhedo de cerca de 650 metros em uma área tradicional do vinho chileno moderno, que começou a nascer por volta de meados do século XIX com as primeiras importações de videiras francesas. Se você tivesse que procurar o marco zero onde o Cabernet chileno começou a se expandir, ele deveria estar neste lugar, ou muito perto, no vinhedo Cousiño Macul. Hoje na área, fortemente afetada pela pressão imobiliária, eles têm Cousiño Macul, Aquitania e Clos Quebrada de Macul que, desde 1996, vem engarrafando seus tintos à base de Cabernet Sauvignon, expressões puras de Maipo Alto.] **IMPORTADORES:** BR: www.zahil.com.br www.evino.com.br

97 DOMUS AUREA
Cabernet Sauvignon 2017
$ $ $ $ $ | MAIPO ALTO | **14.5°**

Domus é o primeiro vinho da casa e, consistentemente, um dos grandes exemplos do terroir Macul, nos subúrbios da cidade de Santiago e no sopé da Cordilheira dos Andes, em Maipo Alto. A base é Cabernet Sauvignon, de vinhas plantadas por volta de 1970 em solos mistos, delgados, ricos em pedras angulares e mais bem considerados como coluviais. A vindima de 2017 foi quente, mas como é habitual neste terroir, o impacto não foi tão grande no carácter do vinho. Sente-se mais frutas maduras e, talvez, com menor preponderância dos aromas mentolados e terrosos tão típicos do lugar, mas na boca este vinho apresenta a potência habitual, taninos firmes e finos que se apoiam em sabores concentrados, e uma acidez acentuada. É um vinho de guarda. Normalmente, safras quentes de **Domus**, como esta, só começam a apresentar complexidade por volta do quinto ano de engarrafamento, e a partir daí evoluem facilmente por uma década inteira. Tenha paciência.

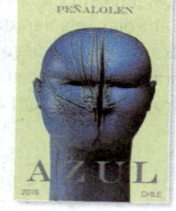

96 PEÑALOLEN AZUL
Cabernet Sauvignon, Petit Verdot, Cabernet Franc 2016
$ $ $ $ $ | MAIPO | **14.9°**

Trata-se de um blend que se baseia em Cabernet Sauvignon, com porções menores de Cabernet Franc e Petit Verdot, números que mais ou menos correspondem ao que é plantado na vinha, dominada pelo Cabernet Sauvignon. A mistura em 2016 é 70% Cabernet Sauvignon, 18% Cabernet Franc e o restante de Petit Verdot. E é um ano fresco e úmido, que já produz vinhos mais frescos. Neste caso, as notas mentoladas fazem uma festinha, acompanhadas de notas de ervas e frutas vermelhas maduras ao fundo. Na boca é potente, com taninos firmes acompanhados por uma acidez firme e refrescante. Este vinho tem muitos anos pela frente e, em uma década, se tornará um exemplo clássico do Cabernet de Macul, um lugar fundamental para entender o Cabernet chileno. **Azul** vem de Las Pircas, um vinhedo plantado em 2007 a 900 metros de altitude, na zona de Peñalolén. É um vinhedo de cinco hectares em solos puros de pedra, no sopé da Cordilheira dos Andes.

95 STELLA AUREA
Cabernet Sauvignon, Cabernet Franc, Merlot, Petit Verdot 2017
$$$$$ | MAIPO | **14.9°**

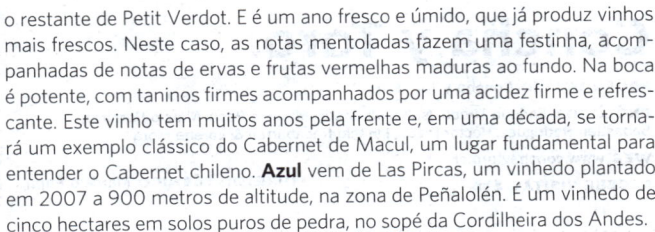

Stella vem das mesmas vinhas Domus, em Macul, mas neste caso é uma seleção de barricas. O enólogo Jean Pascal Lacaze afirma que, ao invés de falar de um segundo vinho, prefere falar de um vinho de estilo diferente, talvez mais delicado que o Domus. Este ano, o blend é 90% Cabernet Sauvignon, 7% Petit Verdot e o restante de Merlot. A ideia de um vinho mais delicado é muito mais evidente este ano no **Stella**. As frutas doces de uma colheita quente fundem-se num corpo tenso nos taninos, mas taninos muito finos, muito delineados. A acidez é suave, mas forte o suficiente para refrescar. E o resto são aqueles deliciosos aromas a ervas, mentas e toques terrosos tão típicos do lugar. Um clássico.

94 ALBA DE DOMUS
Cabernet Sauvignon, Cabernet Franc, Petit Verdot, Merlot 2017
$$$$$ | MAIPO | **14.9°**

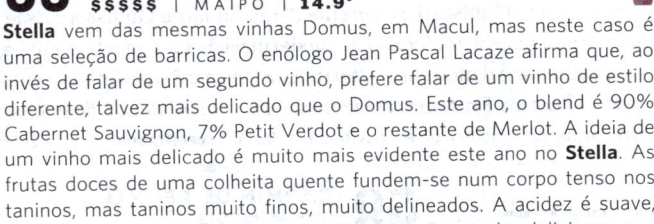

Alba é o vinho de entrada no mundo da Macul. Provém de uma vinha plantada em 1970 a cerca de 570 metros de altitude, 100 metros mais baixa que a vinha principal de onde se obtém o **Domus**. Os solos desta vinha também são mais férteis, o que dá vinhos menos concentrados em geral. Este ano, o blend é 71% Cabernet Sauvignon, 6% Cabernet Franc, 12% Merlot e o restante de Petit Verdot. Apesar de ter sido um ano quente, as frutas maduras ou caramelizadas dessas colheitas não se fazem sentir aqui. Tem notas de ervas na frente, acompanhadas de toques terrosos em um nariz muito característico da região. Na boca sentem-se taninos finos e muito suaves, rodeados por muitas frutas vermelhas e ervas. Este é um excelente ano para o **Alba** e uma boa forma de compreender o terroir Macul.

Concha y Toro.

PROPRIETÁRIO Concha y Toro S.A.

ENÓLOGOS Enrique Tirado, Isabel Mitarakis, Marcelo Papa, Marcio Ramírez, Sebastián Rodríguez, Héctor Urzúa, Ignacio Recabarren & Lorena Mora

WEB www.conchaytoro.cl

RECEBE VISITAS Sim

• **DIRETOR TÉCNICO** Marcelo Papa

[**A MAIOR** vinícola do Chile e da América Latina possui mais de nove mil hectares de vinhedos nas principais áreas do país, de Limarí a Maule. Fundada em 1883 pelo político e empresário Melchor Concha y Toro, a empresa iniciou um século depois uma revolução interna com a família Guilisasti e o gerente geral, Eduardo Guilisasti. Esse processo, que os levou a liderar a indústria, foi focado na modernização da vinícola e, em particular, na expansão de seus vinhedos e dando com os terroirs certos para suas linhas muito diferentes, que hoje vão desde a enorme Fronteira até ícones como Don Melchor, do enólogo Enrique Tirado. Como diretor técnico do grupo está Marcelo Papa.] **IMPORTADOR:** BR: www.conchaytoro.com

98 CARMÍN DE PEUMO
Carménère 2018
$ $ $ $ $ | P E U M O | **14.1°**

Carmín estreou com a vindima de 2003 e desde então tem sido uma seleção do lote 32, um setor da vinha de Peumo, às margens do rio Rapel, dos 28 hectares são efetivamente aproveitados sete que costumam render cerca de 18 mil litros em média. São vinhedos plantados em 1983, em solos argilosos e rochosos das colinas que ladeiam o rio Cachapoal, a caminho do Lago Rapel. Este ano, que foi fresco, é sentido nas notas herbáceas e nas frutas vermelhas que enchem o nariz. Na boca é generoso nas frutas vermelhas maduras, e novamente nos tons herbáceos que ao mesmo tempo renovam e acrescentam complexidade. A textura é suave, mas deixa espaço para uma camada de taninos muito finos e agudos para adicionar tensão, enquanto as frutas e ervas continuam seu banquete privado. Achamos que é a melhor versão do **Carmín** que experimentamos, muito longe do primeiro **Carmín**, que era ótimo em maturidade e extração, mas estava longe desse equilíbrio e elegância. A Carménère ao mais alto nível.

97 TERRUNYO
Cabernet Sauvignon 2018
$ $ $ $ | P I R Q U E | **15°**

Pirque, na região do Maipo Alto, no início do sopé da Cordilheira dos Andes, é uma das melhores fontes de Cabernet Sauvignon chileno. Frutas vermelhas, notas de ervas e tons de terra estão por toda parte em um vinho que é um reflexo do lugar. Intenso nos sabores, com ligeiros toques terrosos e mentolados na boca com taninos finos, suculentos e amigáveis. Um vinho tinto para envelhecer, merece pelo menos cinco anos na garrafa para começar a ganhar complexidade. Provém de vinhas plantadas em 1987 em Pirque Viejo, na margem sul do rio Maipo, e envelheceu cerca de 17 meses em barricas, com 50% de madeira nova.

97 TERRUNYO
Sauvignon Blanc 2020
$ $ $ $ | C A S A B L A N C A | **13.1°**

Desde 2018, **Terrunyo Sauvignon** é produzido apenas a partir do clone 1, um dos primeiros clones de Sauvignon Blanc que chegou ao Chile no início dos anos 90 e que se caracteriza por dar vinhos firmes, com grande acidez e bastante austeros, sem as notas exuberantes de outros clones. Essas características são exacerbadas quando se trata de áreas mais frias como este Terrunyo, de vinhedos plantados em Las Dichas, a cerca de 15 quilômetros do mar, no Vale de Casablanca. Esta versão tem uma salinidade forte, junto com uma acidez acentuada como poucos em Casablanca e semelhante, talvez, aos exemplos de Sauvignon Blanc de Limarí, onde o limão (ausente em Casablanca) modera os sabores. Aqui a influência fria do Pacífico, o clone e a mão de Lorena Mora - a enóloga por trás deste vinho - são responsáveis por esta pequena flecha de acidez e mineralidade.

96 AMELIA
Chardonnay 2019
$ $ $ $ | L I M A R Í | **13.8°**

O lote 9 da vinha Quebrada Seca tem uma área de 2,5 hectares e está localizado a cerca de 22 quilômetros do mar. O solo é rico em calcário, com uma matriz argilosa típica da região, a serra litorânea de Limarí, onde nascem alguns dos melhores Chardonnays da América do Sul hoje. Esta nova versão de **Amelia** oferece todo um conjunto de sabores herbáceos e especiados, mas principalmente frutados e salinos, que se projetam fortemente na boca. O corpo, graças à argila, mas também ao sol intenso do local, sente-se voluptuoso e suculento nos sabores de fruta, mas com aquela acidez calcária que se projeta até ao fim. Um dos Chardonnays com mais caráter hoje na cena chilena.

96 AMELIA
Pinot Noir 2019
$ $ $ $ | L I M A R Í | **14.1°**

O vinhedo Quebrada Seca está localizado a cerca de 22 quilômetros do mar, na serra costeira de Limarí. Esta seleção para **Amelia** provém dos lotes cinco e seis, caracterizados pelos seus solos argilosos, mas ricos em cal, algo fundamental para compreender o que se poderia chamar de "arquitetura" deste vinho; a forma como o cal do solo molda os taninos, tornando-os verticais, firmes e vivos, e também como a acidez se junta a essa estrutura, sublinhando a ideia de verticalidade do vinho que prende o paladar com a sua textura e pede uma comida forte. Essa mesma acidez, porém, é responsável por refrescar os sabores na boca, dando força às notas de frutas vermelhas em meio a notas salgadas que, talvez, também venham desse cal ou da influência das brisas do Oceano Pacífico. Em todo caso, o efeito é o de um vinho austero, linear, sem concessões à doçura da fruta. Um grande passo no desenvolvimento de **Amelia** e a melhor versão que provamos no • ••••••••••.

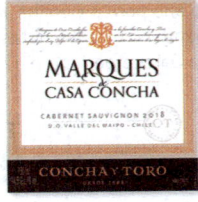

95 MARQUES DE CASA CONCHA
Cabernet Sauvignon 2018
$ $ $ | M A I P O | **14.6°**

Cerca de 125 mil caixas de vinhos são produzidos a partir da linha Marques, dos quais pouco mais da metade é Cabernet Sauvignon. Este ano a origem é dois terços dos vinhedos de Puente Alto e um terço do Pirque, áreas clássicas do Alto Maipo, no sopé da Cordilheira dos Andes, no vale do rio Maipo. Moderado pelos sabores típicos da casta daquela parte do Chile, este vinho apresenta uma camada de notas terrosas e herbáceas, acompanhadas, ou melhor, temperadas com tons mentolados. Na boca tem os taninos amáveis e polidos dos melhores vinhos do Maipo, e a acidez é firme, potente e sempre proporcionando frescor.

95 MARQUES DE CASA CONCHA
Pinot Noir 2019
$$$ | LIMARÍ | **14°**

Este **Marques** é cem por cento Pinot Noir de um blend de vinhedos, um é San Julián, a cerca de 30 quilômetros do mar, e o outro é Quebrada Seca, a cerca de 22 quilômetros em linha reta até o Oceano Pacífico. Os solos de ambas as regiões são ricos em cal e argila, mas é a tensão provocada pela cal que predomina neste vinho, a sensação de verticalidade que se manifesta desde o início no palato; taninos firmes e vivos, acidez severa. O resto são frutas deliciosamente frescas e alguns toques salgados que acrescentam complexidade.

95 MARQUES DE CASA CONCHA
EDICIÓN LIMITADA Chardonnay 2019
$$$ | BIOBÍO | **13.4°**

O vinhedo Quitralman está localizada em solos argilosos nas colinas de Mulchén, ao sul do rio Biobío. Prensado com os seus cachos inteiros e depois envelhecido cerca de um ano em barricas, e sem fermentação malolática, a sensação cremosa e suculenta da textura parece vir apenas daqueles solos argilosos e também de um ano quente como 2019. Aqui estão frutas brancas, densidade de sabores e uma acidez firme que sustenta todo esse peso. Um Chardonnay amplo, de muito boa profundidade, um daqueles brancos que parecem destinados a evoluir na garrafa.

95 MARQUES DE CASA CONCHA ETIQUETA NEGRA
Cabernet Sauvignon, Cabernet Franc, Petit Verdot 2018
$$$$ | PUENTE ALTO | **14.7°**

Para o **Etiqueta Negra**, o enólogo Marcelo Papa selecionou vinhedos apenas da região de Puente Alto, nos terraços do rio Maipo. Este ano, o blend é 72% Cabernet Sauvignon, 20% Cabernet Franc e o restante de Petit Verdot. "A ideia", diz Papa, "é mostrar o terroir de Puente Alto através das variedades que acreditamos serem as melhores do local". O blend funciona muito bem, mesclando notas de frutas vermelhas e mentol com toques de ervas. Na boca é suculento, amplo, mas ao mesmo tempo com acidez aguda e taninos finos. Este é um vinho para guardar. Pense em pelo menos três anos antes de abri-lo.

94 MARQUES DE CASA CONCHA
Carménère 2019
$$$ | CACHAPOAL | **14°**

Cem por cento Carménère da zona de Peumo, nos vinhedos que ladeiam o rio Cachapoal, este vinho responde ao calor da colheita com as suas frutas vermelhas maduras e especiarias doces. A boca sente-se concentrada, suculenta, voluptuosa, muito típica do Peumo naquele ano para a Concha y Toro e o seu Carménère da região. Tanto no nariz quanto no paladar, notas herbáceas que trazem frescor a um tinto que agora parece perfeito para acompanhar um curry de cordeiro.

94 MARQUES DE CASA CONCHA
Chardonnay 2019
$$$ | LIMARÍ | **14.2°**

Com solos argilosos e calcários a cerca de 22 quilômetros do mar, no vinhedo Quebrada Seca, no Vale do Limarí, este é um exemplo típico de Chardonnay da região, com as suas notas salinas que se espalham pelo palato e aquele corpo redondo, suculento, que vem dos solos argilosos daquela área costeira. Existem especiarias, algumas ervas, mas principalmente sabores de frutas brancas maduras e tons de especiarias em um Chardonnay para acompanhar salmão grelhado.

94 TERRUNYO
Malbec 2017
$$$$$ | ALTAMIRA | **14.5°**

Dos solos calcários de Altamira, na vinha El Indio, este Malbec tem o carácter austero, com taninos potentes da Malbec naquela zona do Vale do Uco, ao pé da Cordilheira dos Andes e a 1.200 metros de altitude. Criado em tanques e cubas de concreto, possui notas de violetas, especiarias e frutas pretas e vermelhas, tudo em um nariz exuberante. Na boca apresenta textura firme, taninos vivos e uma acidez suculenta. Um exemplo clássico moderno de Malbec das terras altas andinas de Mendoza.

93 GRAN RESERVA SERIE RIBERAS
BLACK EDITION Cabernet Sauvignon 2018
$$ | MAIPO | **13.5°**

Na primeira esplanada do rio Maipo, na zona da Quinta de Maipo, e no início dos pés andinos, este é um exemplo clássico do Cabernet local, com os seus aromas mentolados, herbáceos e terrosos, e com a boca cheia de fruta, frutas vermelhas maduras e mais ervas e mentol. Os taninos são vivos, finos e abundantes, revelando uma sólida estrutura de onde se expressam os sabores da fruta. Um vinho com muito sentido local, um Maipo Alto de dicionário.

93 MARQUES DE CASA CONCHA
Syrah 2018
$$$ | BUIN | **14.8°**

Os vinhedos deste vinho estão localizados nos terraços aluviais ao sul do rio Maipo. Fermentado em tanques abertos e envelhecido em barricas tonéis durante cerca de 14 meses, este Syrah tem um enfoque especial na textura. É suave, cremoso, mas ao mesmo tempo tem uma acidez muito boa que adiciona potência. Os sabores são de frutas vermelhas maduras e suculentas que enchem a boca com a sua doçura suave.

92 GRAN RESERVA SERIE RIBERAS
Cabernet Sauvignon 2019
$$ | MARCHIGÜE | **13.5°**

O vinhedo Palo Santo, a oeste de Colchagua, na região de Marchigüe, é a base deste Cabernet Sauvignon. O envelhecimento é feito 30% em tonéis e o resto em barricas durante cerca de um ano. Tem o carácter do Cabernet daquela região, as frutas vermelhas maduras invadem o palato, os taninos firmes e a acidez bem marcada. É um dos Cabernet Sauvignons com melhor preço-qualidade do mercado, e também um dos mais frutados e expressivos nessa faixa de preço.

92 GRAN RESERVA SERIE RIBERAS
Malbec 2019
$$ | MARCHIGÜE | **13.5°**

Das margens do rio Tinguiririca, na região de Marchigüe, em direção ao oeste do Vale do Colchagua, este Malbec tem os aromas de violetas e cerejas pretas muito típicos da variedade. A textura é amigável, algo pouco comum naquela zona que costuma produzir vinhos com texturas selvagens. Aqui se sente um creme, enquanto a boca se enche de sabores de frutas vermelhas maduras e flores. Uma boa abordagem a uma variedade que ainda não definiu sua personalidade no Vale de Colchagua; uma abordagem muito frutada.

92 GRAN RESERVA SERIE RIBERAS
Syrah 2019
$$ | MAULE | **14°**

Na margem sul do rio Loncomilla, em solos graníticos e argilosos nas colinas da cordilheira da Costa, este vinho oferece deliciosas e refrescantes frutas vermelhas, mas ao mesmo tempo taninos e acidez fortes. Isto sugere que pode ter um bom estágio de pelo menos alguns anos em garrafa, sem perder o frescor e a fruta. Um vinho com uma relação qualidade-preço extraordinária.

92 MARQUES DE CASA CONCHA
Merlot 2018
$$$ | MAULE | **14°**

Nos terraços aluviais do rio Maule, este Merlot da região de San Clemente oferece um caráter frutado e suculento, o que não é muito comum na videira do Chile, uma uva que ficou em dívida depois de ser confundida com a Carménère e ser rebaixada ao fundo depois que essa confusão foi revelada em 1994. Mas a Merlot renasce no Chile, e este Marquês é uma boa prova, com seus frutos vermelhos maduros e sua textura deliciosamente macia, rodeada de sabores frutados.

92 MARQUES DE CASA CONCHA
EDICIÓN LIMITADA Pinot Noir 2019
$$$ | BIOBÍO | **14.6°**

Solos ricos em argila tendem a produzir vinhos volumosos, tintos e brancos amplos. Este vem desses solos argilosos da serra de Mulchén, no vale do rio Biobío, e essa influência se faz sentir na, digamos, arquitetura deste Marquês, na forma como os taninos dão lugar à onda de cremosidade imposta pelas frutas maduras. Pronto agora para ser acompanhado por atum grelhado.

91 CASILLERO DEL DIABLO RESERVA ESPECIAL
Cabernet Sauvignon 2019
$$ | MAULE | **13.5°**

Embora a madeira tenda a predominar no nariz, os sabores de fruta são os protagonistas deste Cabernet com um carácter varietal rico e suculento. É intenso nos aromas de frutas e especiarias e com taninos suficientes na boca para mostrar bem a genética da casta e, ainda, para acompanhar um churrasco dominical.

91 CASILLERO DEL DIABLO RESERVA ESPECIAL
Chardonnay 2019
$$ | LIMARÍ | **13.5°**

Amplo e maduro, mas com um tom salino que adiciona complexidade, este Chardonnay se move pela boca com gentileza e graça. Os seus sabores a frutos brancos maduros e especiarias tornam-no num prazer de beber, principalmente se tiver camarões grelhados.

91 CASILLERO DEL DIABLO RESERVA ESPECIAL
Sauvignon Blanc 2019
$$ | COLCHAGUA | **13°**

Das margens do rio Rapel, na região de Ucuquer, e a cerca de 15 quilômetros do mar, este Sauvignon suculento e refrescante tem toques especiados e herbáceos, mas acima de tudo cheira a frutas brancas frescas e vibrantes. Hoje é o companheiro perfeito para ceviche ou tartar de atum.

91 CASILLERO DEL DIABLO RESERVA ESPECIAL
Syrah 2019
$$ | L I M A R Í | **13.5°**

Uma forte presença de especiarias neste Syrah de Limarí, ao norte do Chile. No nariz cheira a especiarias exóticas, erva-doce e mentol, e na boca é uma delícia de frutas vermelhas maduras de textura macia como creme, com taninos sedosos e acidez firme, características típicas da Syrah daquele local. E isso não é nada em um vinho desse preço. Fiel a suas origens por um valor imbatível.

91 GRAN RESERVA SERIE RIBERAS
Chardonnay 2019
$$ | L I T U E C H E | **14.6°**

Na margem sul do rio Rapel, na costa de Colchagua, este Chardonnay costeiro (a cerca de 15 quilômetros do mar) foca na maturidade dos sabores mas, acima de tudo, na textura da boca, que parece um creme, uma manteiga derretendo no palato. Um vinho amplo, com sabores de frutas tropicais e acidez firme para que não se torne cansativo.

91 GRAN RESERVA SERIE RIBERAS
Sauvignon Blanc 2020
$$ | L I T U E C H E | **12°**

A cerca de 15 quilômetros do mar e na margem sul do rio Rapel, este é um Sauvignon crocante e fácil de beber, com toques de ervas e frutas brancas ácidas. O corpo é leve, marcado por uma deliciosa e refrescante acidez que anima tudo em seu caminho. Um bom exemplo da variedade da costa de Colchagua e perfeita para abrir no verão com frutos do mar crus.

91 MARQUES DE CASA CONCHA
Malbec 2019
$$$ | M A U L E | **14°**

Do lado maduro e suculento da casta, com taninos muito suaves, quase como se alguém os tivesse polido, este Malbec apresenta-se equilibrado. Notas de frutas negras mandam, mas também há espaço para ervas doces e especiarias. A acidez acompanha o vinho até ao final, deixando uma rica sensação herbácea e frutada.

91 MARQUES DE CASA CONCHA ROSÉ
Cinsault 2020
$$$ | I T A T A | **12.5°**

Para este Cinsault de vinhas velhas do Vale de Itata, os cachos são prensados diretamente e a sua cor pálida é obtida a partir das horas em que o mosto está em contato com as cascas. O resto são notas florais, muita fruta vermelha ácida e um corpo bastante denso para o que se espera deste estilo no Chile. Este é 90% Cinsault, mais um pouco de Garnacha e Chasselas ou Corinto, como esta variedade branca é conhecida em Itata.

90 CASILLERO DEL DIABLO
Cabernet Sauvignon 2019
$ | V A L E C E N T R A L | **13.5°**

Marcelo Papa, diretor técnico da Concha y Toro, afirma que sua principal ambição com a linha **Casillero del Diablo** é oferecer características varietais. E isso, que parece boas intenções, num contexto de 5,5 milhões de caixas de 12 garrafas (um mar de vinhos) não é fácil. São cerca de 2,3 milhões de caixas deste Cabernet, metade deste mar, e o que se consegue é uma amostra muito fiel da variedade; as notas de ervas e especiarias, as ligeiros notas de cassis e a fruta suculenta na boca. Uma relação qualidade-preço extraordinária.

90 CASILLERO DEL DIABLO
Malbec 2020
$ | VALE CENTRAL | 13.5°

Verdadeiro feito enológico, este Malbec produz nada menos que 2,6 milhões de garrafas, um lago de Malbec que, a este preço e sob uma marca global, oferece uma das melhores relações qualidade-preço do mercado. É um suco fresco e delicioso de frutas vermelhas maduras, acompanhado por leves notas de violetas em um corpo macio e fácil. Você não pode pedir mais por esse preço.

90 CASILLERO DEL DIABLO
Pinot Noir 2020
$ | CHILE | 13.5°

Este Pinot vem da costa de Colchagua, em Ucuquer; de Limarí, ao norte, e de vinhedos, em Casablanca, todos nas colinas da costa chilena. Este é um suco de frutas vermelhas maduras, ligeiramente adocicado, com toques especiados, mas principalmente focado em frutas e mais frutas que se expandem de dar água na boca. Deste vinho se faz não menos que 1,5 milhão de garrafas, um pequeno feito para o Pinot sul americano, por esse volume e por esse preço. E, claro, é o vinho para matar a sede mais barato que você pode encontrar.

90 CASILLERO DEL DIABLO RESERVA ESPECIAL
Carménère 2019
$$ | MAULE | 13.5°

Outro suco de Carménère da marca Casillero, ele tem notas herbáceas e frutadas em muito boa harmonia. A boca é sedosa e novamente as ervas e frutas aparecem em proporções semelhantes, deixando a sensação de equilíbrio. Para acompanhar um curry de vegetais.

90 CASILLERO DEL DIABLO RESERVA PRIVADA
Carménère 2019
$$ | RAPEL | 13°

De solos aluviais junto ao rio Cachapoal, este Carménère tem notas suculentas e doces de frutas maduras que se movem graciosamente pela boca, com uma certa cremosidade.

90 GRAN RESERVA SERIE RIBERAS
Carménère 2019
$$ | PEUMO | 13.5°

Peumo é a principal fonte de Carménère da Concha y Toro, vinhedos plantados nas margens do rio Cachapoal, em solos aluviais, embora às vezes também ricos em argila ou areia. Esta versão é especialmente quente, com notas de frutas negras e leves toques de ervas em meio a um corpo cheio, maduro e amplo.

90 TRIO
Cabernet Sauvignon, Cabernet Franc, Syrah 2019
$$ | MAULE | 13.5°

Embora os oito meses de envelhecimento em barricas sejam sentidos, principalmente nos sabores de chocolate após a fruta, este vinho é 88% Cabernet Sauvignon, metade da área de San Clemente e a outra metade de Cauquenes, áreas clássicas e quentes do Vale do Maule. E aqui você pode sentir o caráter frutado e a textura firme da Cabernet Sauvignon desses lugares, um tinto frutado e potente para levar ao churrasco. Uma relação qualidade-preço extraordinária.

90 TRIO
Merlot, Carménère, Syrah 2019
$$ | MAULE | **13.5°**

Frutado e direto, este tinto de base de Merlot da zona de San Clemente, no Vale do Maule, tem um paladar vigoroso, rico em taninos firmes e uma acidez refrescante que consegue irradiar aquele frescor nos sabores da fruta. Um vinho simples, mas muito equilibrado, para acompanhar carnes grelhadas.

OUTROS VINHOS SELECIONADOS

89 | CASILLERO DEL DIABLO Chardonnay 2020 | Chile | 13.5° | **$**
89 | TRIO Chardonnay, Pinot Grigio, Pinot Blanco 2019 | Rapel | 13.5° | **$$**
88 | CASILLERO DEL DIABLO Sauvignon Blanc 2020 | Vale Central | 13° | **$**
88 | CASILLERO DEL DIABLO ROSÉ Cinsault, Syrah, Carménère, Garnacha, Moscatel de Alejandría 2020 | Chile | 12° **$**
87 | CASILLERO DEL DIABLO Merlot 2019 | Vale Central | 13.5° | **$**

Cono Sur.

PROPRIETÁRIO Concha y Toro
ENÓLOGO Matías Ríos
WEB www.conosur.com
RECEBE VISITAS Sim

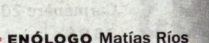

• **ENÓLOGO** Matías Ríos

[**NASCIDA EM** 1993 como uma pequena subsidiária da Concha y Toro, esta vinícola é hoje uma das grandes do cenário nacional. Seus mais de 1.700 hectares variam de Limarí a Biobío, e sua produção anual ultrapassa 2,7 milhões de caixas. Cono Sur é reconhecida por várias coisas. Pelos vinhos frutados e confiáveis de sua linha varietal La Bicicleta, que além das cepas típicas tem Gewürztraminer, Riesling e outras geralmente ausentes em linhas de entrada. Fio uma das primeiras no Chile a apostar no Pinot Noir, que representa um quinto de sua produção e está em todos os níveis de seu portfólio. E por produzir vinhos ambiciosos com senso de origem, como os de sua linha de 20 Barrels, como seu ícone Pinot Noir, Ocio, ou como Silencio, um Cabernet Sauvignon que logo ganhou um lugar entre os melhores do país.]

IMPORTADOR: BR: www.lapastina.com.br

96 20 BARRELS
Syrah 2018
$$$$ | LIMARÍ | **14°**

Moderado pelas brisas do oceano Pacífico, que correm pela bacia do rio Limarí, proveniente de vinhedos de 16 anos plantados em solos aluviais e calcários, ricos em rochas e com declive de cerca de 45 graus, algo incomum no Vale . O envelhecimento é feito 75% em barricas e 25% em tonéis. O resultado é um Syrah vibrante, repleto de frutas vermelhas, impregnado de uma acidez que intervém em todos os lugares, proporcionando frescor e potência. Há tons de ervas e também azeitonas pretas, típicas do Syrah da região, mas o que abunda aqui é aquela sensação frutada nervosa e vibrante que torna este vinho um tinto irresistível.

95 20 BARRELS
Sauvignon Blanc 2020
$$$ | CASABLANCA | 12.5°

El Centinela é o vinhedo mais próximo do mar, no Vale de Casablanca. A cerca de sete quilômetros de distância, foi plantada nas encostas graníticas da cordilheira da Costa, de frente para o oceano Pacífico e sua brisa fresca, que se revelou um lugar ideal para a Sauvignon Blanc. Este 2020 é um branco potente, tenso, com muitos aromas herbáceos e frutas brancas em um vinho que se destaca na boca pela sua acidez firme e viva e pela sua textura intensa e untuosa. Um daqueles brancos que precisam de tempo de garrafa para ganhar ainda mais complexidade.

94 20 BARRELS
Cabernet Sauvignon 2018
$$$$ | MAIPO | 14°

Este novo **20 Barrels Cabernet** vem de diferentes vinhedos do Maipo Alto, mas com uma espinha dorsal (mais de 70% do blend) de vinhedos em solos aluviais em Pirque, uma das áreas onde a Cabernet se expressa melhor no Chile. E se expressa de uma forma muito frutada como neste caso. Os aromas e sabores dos frutos vermelhos maduros, os suaves toques de especiarias e, sobretudo, os toques de mentol e terra tão típicos dos Cabernets andinos desta zona do Vale do Maipo. A textura é firme, embora elegante, e com uma acidez que se projeta no paladar. Um vinho ainda jovem que necessita de pelo menos três a quatro anos na garrafa.

93 20 BARRELS
Carménère 2018
$$$$ | CACHAPOAL | 14°

Um Carménère expansivo, quase monumental, que vem de vinhedos plantados por volta dos anos 1980 na área de Peumo, nas encostas ensolaradas que dão para o rio Cachapoal. Após 16 meses em barricas, apresenta notas de madeira tostada, mas acima de tudo, uma fruta madura e suculenta que se espalha pela boca como um creme espesso. A acidez faz um bom trabalho dando equilíbrio.

93 20 BARRELS
Chardonnay 2019
$$$ | CASABLANCA | 13.5°

Este Chardonnay é uma seleção de parcelas do vinhedo El Centinela, na parte mais ocidental do Vale de Casablanca, a cerca de sete quilômetros do Oceano Pacífico. O envelhecimento dura oito meses, 80% em barricas e os outros 20% em ovos de concreto. Existe um contraste muito importante entre a sensação cremosa dos sabores, as frutas maduras, as notas salinas e a acidez forte e viva. Um Chardonnay grande, amplo e profundo.

93 OCIO
Pinot Noir 2018
$$$$$ | CASABLANCA | 14.5°

Esta nova versão de **Ocio**, o Pinot mais ambicioso do Cone Sul, provém 85% da vinha El Triángulo, na parte mais quente de Casablanca, e outra do Vale do Leyda. Um vinho amplo, de grande maturação, com notas especiados e florais, mas sobretudo com frutas negras maduras que enchem a boca. Um estilo que este vinho segue desde a sua safra 2003.

92 SINGLE VINEYARD BLOCK 25 LA PALMA
Syrah 2019
$ $ | S A N   A N T O N I O | **14.5°**

Campo Lindo é um dos vinhedos da Cono Sur e está localizado no Vale de Leyda. Com vinhas de 2005, esta é uma seleção do Lote 25, na parte mais quente e oriental desta zona costeira. Este vinho está repleto de sabores de frutas negras maduras, uma textura ainda um pouco selvagem e um fundo floral que lhe confere complexidade e violetas que acentuam a sua maturidade. Um vinho que ainda necessita de mais dois anos em garrafa para ganhar complexidade e equilíbrio.

91 ORGÁNICO GRAN RESERVA
Cabernet Sauvignon 2018
$ $ | C O L C H A G U A | **13.5°**

2018 foi um ano muito bom, uma vindima que deu origem a vinhos equilibrados e frescos como este Cabernet de vinhas plantadas em solos argilosos do Colchagua. Amadurecido em barricas durante pouco mais de um ano, irradia fruta e especiarias, embora depois de algum tempo as notas herbáceas predominem no copo. A boca é suculenta, como todos os exemplares de Cabernet do Colchagua, mas também possui uma tensão de taninos e acidez que proporcionam equilíbrio. Aqui têm uma excelente relação qualidade-preço.

91 SINGLE VINEYARD BLOCK 28 LA RINCONADA
Carménère 2019
$ $ | C A C H A P O A L | **14°**

O estilo de Carménère da Cono Sur está bem resumido neste **Single Vineyard**; os aromas especiados, a fruta negra muito madura, a concentração na boca, a força num vinho voluptuoso. Este vinho é perfeito para ser bebido agora com ragu de cordeiro.

90 ORGÁNICO
Cabernet Sauvignon, Carménère, Syrah 2019
$ $ | C H I L E | **13.5°**

Delicioso e equilibrado na sua maturidade voluptuosa, este é um blend que vem de uma seleção de vinhas distintas nas zonas de Chimbarongo e Peralillo, no Colchagua, assim como Cauquenes e Maipo. Metade do vinho estagia em barricas velhas e a outra metade em inox durante um ano, em média. O resultado é um tinto amplo, suculento, generoso nos sabores de fruta madura. Um estilo de comercial muito bem executado.

90 ORGÁNICO
Sauvignon Blanc 2020
$ $ | S A N   A N T O N I O | **12.5°**

Este blend de 85% de Leyda, na costa de San Antonio, e os outros 15% do sul, no Vale do Biobío, tem coragem e uma sensação suculenta que o torna muito fácil de beber. A textura é macia, marcada por uma acidez firme que nunca sai do vinho do início ao fim da boca, e o corpo é leve, ideal para acompanhar um aperitivo.

90 RESERVA ESPECIAL
Carménère 2019
$ $ | C A C H A P O A L | **13.5°**

Muito boa expressão da Carménère expansivo e maduro, para além de uma ótima relação qualidade-preço, apresenta notas herbáceas em um corpo voluptuoso, de frutas negras maduras e taninos suaves. Abra este vinho com pizza de calabresa.

90 RESERVA ESPECIAL
Syrah 2019
$ $ | LIMARÍ | 14°

Outro dos tintos com ótima relação qualidade-preço da linha **Reserva Especial**, este Syrah de Limarí tem os aromas e sabores das azeitonas típicas daquela região do norte do Chile. A textura é voluptuosa, redonda, e os sabores de frutas negras maduras preenchem o paladar.

90 SINGLE VINEYARD BLOCK 21 VIENTO MAR
Pinot Noir 2019
$ $ | SAN ANTONIO | 14°

Proveniente das encostas do vinhedo Campo Lindo, das parreiras plantadas em 2005 no Vale de Leyda, trata-se de um Pinot Noir denso, com frutas maduras e doces e uma textura muito suave e cremosa. Um Pinot amplo que enche a boca de sabor.

90 SPARKLING BRUT
Chardonnay 2020
$ $ | BIOBÍO | 12.5°

Com quatro meses de envelhecimento nas suas borras segundo o método Charmat de segunda fermentação em tanques de aço. Da zona fria de Biobío, no sul do Chile, este espumante mostra uma acidez deliciosa e refrescante que dá vida e até realça as bolhas, deixando-as vivas e firmes. O resto são sabores ricos de frutas brancas em um dos vinhos espumantes de melhor preço e qualidade do mercado.

90 SPARKLING BRUT ROSÉ
Pinot Noir 2020
$ $ | BIOBÍO | 12.5°

Este rosé é produzido segundo o método charmat de segunda fermentação em tanques de aço e é 95% Pinot Noir e o resto de Chardonnay, ambas variedades da região de Biobío, no sul do Chile. E é um suco de frutas vermelhas ácidas, com bolhas abundantes e notas especiadas. Um vinho espumante simples, direto na sua expressão e com grande capacidade para refrescar as tardes de verão. Beba acompanhado de camarão grelhado.

OUTROS VINHOS SELECIONADOS
89 | BICICLETA Sauvignon Blanc 2020 | Chile | 12.5° | $
89 | ORGÁNICO Chardonnay 2020 | Chile | 13.5° | $$
89 | RESERVA ESPECIAL Chardonnay 2020 | Casablanca | 13.5° | $$
89 | RESERVA ESPECIAL Merlot 2019 | Colchagua | 13.5° | $$
89 | RESERVA ESPECIAL Pinot Noir 2019 | San Antonio | 14° | $$
88 | BICICLETA Chardonnay 2020 | Chile | 13° | $
88 | BICICLETA Gewürztraminer 2020 | Chile | 12.5° | $
88 | BICICLETA Viognier 2020 | Chile | 13.5° | $
88 | ORGÁNICO Malbec 2019 | Colchagua | 13.5° | $$
88 | ORGÁNICO Pinot Noir 2019 | Chile | 14° | $$
87 | BICICLETA Carménère 2019 | Chile | 13.5° | $
87 | BICICLETA Malbec 2019 | Chile | 13.5° | $
87 | BICICLETA Pinot Noir 2019 | Chile | 13.5° | $

Cooperativa Loncomilla.

PROPRIETÁRIO Cooperativa
ENÓLOGA Carolina Bustamante
WEB www.Loncomilla.cl
RECEBE VISITAS Sim

• **ENÓLOGA** Carolina Bustamante

[**A COOPERATIVA** Loncomilla é uma das poucas cooperativas que permanecem ativas no Chile. Formada em 1959, hoje conta com 112 membros que, juntos, contribuem com cerca de 850 hectares de vinhedos, mais da metade deles localizados em solos de secanos, uma tradição ancestral no Vale do Maule.]

93 ASOLEADO
País 2018
$$ | S E C A N O   I N T E R I O R | **14°**

A técnica secular conhecida no Chile como "asoleado" consiste em deixar os cachos expostos ao sol, para que concentrem o açúcar e percam água, intensificando os sabores. Desde 1953 existe um nome "asoleado" no Maule, mas a técnica vem de muitos anos antes, sem dúvida herdada das tradições espanholas. Este exemplar vem de vinhas muito antigas, e os cachos são deixados ao ar livre durante um mês antes de serem prensados e fermentados. O resultado é um vinho que ainda retém as notas terrosas e frutadas da casta, mas mostra uma elevada concentração e cremosidade na boca, repleto de sabores caramelizados e achocolatados. Ótimo para a sobremesa.

90 PAÍS MÁGICO LATE HARVEST
País 2018
$ | S E C A N O   I N T E R I O R | **14°**

Ao contrário do outro vinho da Loncomilla, feito de uvas do campo no estilo doce (o **Asoleado**), neste caso os cachos não são cortados para serem deixados a céu aberto, mas ficam pendurados na videira até que comece a desidratação e o consequente aumento de açúcar nos bagos. É interessante conhecer a outra face da País, desta vez oferecendo uma doçura equilibrada com a acidez num vinho cremoso, muito simples e com uma excelente relação qualidade-preço.

OUTROS VINHOS SELECIONADOS

88 | KIMCHE RESERVA Carménère 2018 | Maule | 13.5° | **$**
88 | OVO Blanca Ovoide 2019 | Loncomilla | 11.5° | **$$**
86 | KIMCHE RESERVA Carignan 2018 | Maule | 13° | **$**
86 | KIMCHE SYRAH RESERVA Syrah 2018 | Maule | 13° | **$**

Coteaux de Trumao.

PROPRIETÁRIOS Christian & Olivier Porte

ENÓLOGO Quentin Javoy

WEB www.coteauxdetrumao.cl

RECEBE VISITAS Sim

• **PROPRIETÁRIOS**
Christian & Olivier Porte

[**OS IRMÃOS** Porte são franceses radicados no sul do Chile, às margens do rio Bueno, em Osorno. Seu negócio é madeira, mas eles gostam de vinho, então em 2000 decidiram plantar algumas parras de Pinot, para beber e agradar seus amigos. Hoje eles produzem cerca de três mil garrafas.]

95 COTEAUX DE TRUMAO
Pinot Noir 2019

$$$ | VALLE DEL BUENO | **12.4°**

Coteaux de Trumao vem das encostas de solos vulcânicos que deságuam no rio Bueno, em Osorno, uma nova região que hoje é a comunidade mais meridional do vinho chileno, cerca de 900 quilômetros ao sul de Santiago. O vinhedo foi plantado em 2002 e este Pinot provém de uma seleção desses vinhedos. Feito com intervenção mínima, exibe frutas deliciosas e crocantes. É muito Pinot, mas também tem características locais: aromas terrosos, defumados e ervas. Este ano, adicionalmente, ocorreram duas mudanças importantes ao nível da enologia. Em primeiro lugar, foram mudadas as pipas e, em segundo lugar, foi sulfitado no engarrafamento, eliminando um problema bacteriano que fez com que este vinho, especialmente em 2018, não tivesse a mesma nitidez ou harmonia no paladar. Hoje esse problema foi corrigido e o vinho brilha mais do que nunca.

Cousiño Macul.

PROPRIETÁRIO Família Cousiño

ENÓLOGA Rosario Palma

WEB www.cousinomacul.cl

RECEBE VISITAS Sim

• **ENÓLOGA** Rosario Palma

[**COUSIÑO MACUL** é uma das vinícolas históricas do Chile e a única fundada no século XIX que permanece nas mãos da família original. Em Macul, Alto Maipo, Luis Cousiño e sua esposa, Isidora Goyenechea, plantaram em 1860 as primeiras parras trazidas da França. Este vinhedo chegou a 300 hectares, mas dada a pressão imobiliária dos últimos anos, a família reduziu-o para 90 hectares, desenvolvendo um campo e uma nova vinícola mais ao sul, na cidade de Buin, sempre em Alto Maipo. A propriedade de Macul, com a vinícola construída em 1870, foi reservada principalmente para os vinhos de maior hierarquia do catálogo.] **IMPORTADOR:** BR: www.norimport.com.br

96 LOTA
Cabernet Sauvignon, Merlot 2014

$$$$$ | MAIPO | **14°**

Lota é o vinho mais ambicioso de Cousiño Macul, um blend de 78% Cabernet Sauvignon das vinhas mais antigas de Macul, plantado em 1932. O resto é Merlot, também de Macul, mas de vinhas de 1980. Este Lote tem o estilo

maduro e untuoso o estilo que o caracteriza, mas também o forte sentido de lugar que surge depois dessa maturidade e volúpia. Aqui estão notas de eucalipto, menta, frutas negras, especiarias e aquele lado terroso tão típico dos vinhos da região. Na boca é amplo, mas com taninos polidos que projetam e sustentam os sabores até o final. Ele ainda está jovem. Dê cerca de quatro a cinco anos para amadurecer e oferecer ainda mais complexidade.

95 FINIS TERRAE
Chardonnay, Riesling, Viognier 2018
$$$$ | MAIPO | **13.6°**

Este **Finis Terrae** é baseado em Chardonnay (58% do blend) e Riesling (28%) dos vinhedos da Cousiño em Buin, no Maipo, todos plantados em 1996. Os 14% extras de Viognier vêm de uvas compradas no início do pé dos Andes no Vale de Maule. O envelhecimento durou oito meses em barricas antes do engarrafamento, sendo inicialmente sentido nos seus aromas de carvalho tostado, mas logo se dissolve e começa a surgir a fruta branca madura, juntamente com ervas e especiarias. Existe também um delicioso contraponto entre a sua textura voluptuosa e uma acidez que parece acentuada. Opte por acompanhar com um robalo assado.

94 ANTIGUAS RESERVAS
Cabernet Sauvignon 2018
$$ | MAIPO | **13.9°**

A primeira versão do **Antiguas Reservas Cabernet** foi em 1927, e naquela época provinha cem por cento de vinhas plantadas na propriedade da família Cousiño em Macul. A pressão habitacional na área fez com que muitos vinhedos fossem arrancados e, desde o início dos anos 90, a família Cousiño plantava na região de Buin, também em Maipo, para estocar uvas para seus vinhos. Neste caso, tem 70% de uvas Buin mais 30% de vinhas Macul, e para nós da • ••••••••••é uma das melhores versões da década. Tem todo o carácter herbáceo e mentolado dos vinhos do Alto Maipo, aliado a uma textura firme que prende o paladar, acompanhada por uma acidez deliciosa, suculenta, muito potente e acentuada. Guarde algumas dessas garrafas porque é uma das melhores opções para Cabernet Sauvignon no mercado chileno.

94 CLARET
Cabernet Sauvignon 2020
$$ | MAIPO | **12.2°**

É provável que o que a Cousiño Macul fez nos anos 70 ou 80 fosse muito semelhante a este vinho. A colheita precoce do Cabernet Sauvignon deu-lhes pouco mais de 12 graus de álcool e, apesar de ser cem por cento maceração carbônica, a expressão da variedade é deliciosa, fresca, viva, cheia de nuances herbáceos. Um Cabernet que é uma fotografia dos tintos de Macul, com toda a sua elegância e frescor, com aquela tensão da acidez, mas ao mesmo tempo com aqueles taninos polidos que marcam algumas das suas safras de maior sucesso no passado. Um pouco de nostalgia num vinho que parece um suco de fruta, mas é muito mais do que isso.

94 GOTA DE LUNA
Sauvignon Blanc 2019
$$ | MALLECO | **13°**

Cousiño Macul compra as uvas para este **Gota de Luna** na área de Malleco, cerca de 700 quilômetros ao sul de sua vinícola Macul, um lugar hoje em ascensão para vinhos brancos. O clima fresco faz-se sentir neste Sauvignon, a acidez fresca e tensa, os aromas de ervas. A boca, porém, tem força, uma densidade quase untuosa construída a partir de sabores frutados e herbáceos. Uma delícia para tomar agora com aperitivos a base de frutos do mar.

94 W [DOUBLE U:]
Cabernet Sauvignon 2017
$$$ | MAIPO | 14.2°

A Família Cousiño começou a plantar os vinhedos em Buin por volta de 1997, devido à perspectiva de pressão imobiliária sobre os vinhedos Macul. Este **W** é uma seleção dos melhores lotes de Cabernet Sauvignon de Buin, pensando - diz Rosario Palma, enólogo de Cousiño - que os Cabernets da região são mais suculentos e maduros. Neste tinto, sente-se uma maturidade muito maior num ano quente, um dos mais quentes da década. Porém, por trás dessa volúpia, taninos polidos e uma boa acidez escondem-se para proporcionar equilíbrio.

92 CHIVILINGO
Petit Verdot, Merlot, Cabernet Franc, Cabernet Sauvignon 2018
$$ | MAIPO | 14°

Para este novo **Chivilingo**, a ideia era interpretar o vinhedo Buin, plantado nos anos 90, mas sem colocar o Cabernet Sauvignon (bandeira da vinícola) como ator principal. Esta primeira versão é 40% Petit Verdot, 26% Merlot, 17% Cabernet Franc e o resto Cabernet Sauvignon. É um vinho muito diferente dos tintos do portfólio da vinícola, pelo menos dos obtidos em Buin. Há um destaque no lado frutado aqui, uma bandeja de frutas vermelhas suculentas que rolam pela boca ao lado de uma textura quase cremosa. A amigável acidez cumpre o seu papel de proporcionar equilíbrio e frescor num tinto ideal para acompanhar assados.

90 ANTIGUAS RESERVAS
Chardonnay 2019
$$ | MAIPO | 13.5°

Com base dos vinhedos de Buin (85% do blend), mais 15% dos vinhedos Macul, plantados em 1992, este é um clássico entre os brancos chilenos, com sua primeira colheita em 1969. Esta nova versão tem 50% do volume envelhecido em barricas e o restante em inox, é a fruta e o frescor que prevalecem num branco suculento, leve e muito fácil de beber.

Cremaschi Furlotti.

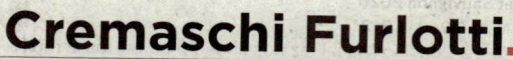

PROPRIETÁRIO Pablo Cremaschi Furlotti
ENÓLOGO Gonzalo Pérez Abarzúa
WEB www.cf.cl
RECEBE VISITAS Sim

• **ENÓLOGO** Gonzalo Pérez Abarzúa

[**CREMASCHI FURLOTTI** é uma vinícola familiar no Vale do Maule, em San Javier. Tem suas raízes em uma família de enólogos que chegaram da Itália a Mendoza na segunda metade do século XIX. Na Argentina, eles criaram a vinícola Furlotti, enquanto no Chile uma linha familiar fundou Cremaschi Furlotti. Em seu vinhedo chamado El Peñasco e plantado em 1975, eles têm diferentes variedades, com o Carménère sendo a que mais se destaca. A vinícola é presidida por Pablo Cremaschi Furlotti, a terceira geração da família. Possui 400 hectares e uma produção anual de cerca de 3,6 milhões de garrafas.]

94 EDICIÓN LIMITADA DE FAMILIA
Cabernet Sauvignon, Carménère, Syrah 2018
$$$ | LONCOMILLA | 13.5°

O blend do **Edición Limitada de Familia** deste ano tem 60% de Cabernet Sauvignon, mais 20% de Carménère e 20% de Syrah, todos de nossos próprios vinhedos plantados há 15 anos nos solos aluviais de Loncomilla. Ao contrário de outros anos, esta safra deste clássico da Cremaschi tem muito destaque na fruta, oferecendo sabores de frutas vermelhas maduras num contexto de grande estrutura (outra mudança importante) onde os taninos desempenham um papel de protagonista, perfurando o paladar. Um excelente vinho e a melhor versão deste rótulo que provamos no • •••••••••••.

93 EDICIÓN LIMITADA
Carignan 2017
$$$ | LONCOMILLA | 13.5°

Num ano quente como 2019, este Carignan oferece notas doces de frutas maduras junto com especiarias, mas a qualidade da Carignan - sua acidez - permanece inalterada, então a boca fica tensa, com os taninos da uva muito presentes. Este vinho provém da região de Huerta del Maule, de vinhas muito velhas, com cerca de 60 anos, não irrigadas.

93 EDICIÓN LIMITADA
Malbec 2019
$$$ | MAULE | 14°

Cremaschi usa uvas da área de Melozal, no Maule de vinhedos não irrigados, para este Malbec. O envelhecimento dura 18 meses em madeira, a maior parte usada. O enólogo Gonzalo Pérez sente que a passagem pela madeira arredonda os taninos e isso é um ponto importante neste vinho. Os taninos polidos são claramente sentidos, ao lado de frutas vermelhas e toques violáceos num vinho delicioso hoje, mas que vai evoluir bem.

92 SINGLE VINEYARD
Syrah 2018
$$ | LONCOMILLA | 13°

Dos tintos desta linha na safra 2018, este é o que está mais comprometido com os sabores da fruta do que com a influência da madeira. Embora os dois caminhos estejam corretos, este Syrah parece muito mais revigorante e talvez menos sério do que seus colegas. Frutas negras e notas animais se misturam com especiarias para um nariz delicioso. Na boca é suculento com taninos muito polidos.

91 SINGLE VINEYARD
Cabernet Sauvignon 2018
$$ | LONCOMILLA | 13.5°

Num estilo delicado, focado na suavidade da textura e não na força do corpo, aqui há uma rica acidez que realça os sabores das especiarias e dos frutas negras. Passou em barricas por um ano e dá para sentir, mas a madeira não é o protagonista, mas um a mais.

91 SINGLE VINEYARD
Chardonnay 2019
$$ | LONCOMILLA | 13.5°

Uma grande mudança de estilo neste ano com o Chardonnay **Single Vineyard**. Onde antes a madeira desempenhava um papel importante, marcando os sabores com os seus toques tostados, hoje é a fruta que impera. E onde antes havia corpo e sabores bastante expansivos, hoje você sente muito mais tensão e a acidez desempenha um papel mais importante. Boa mudança, uma transformação refrescante.

90 SINGLE VINEYARD
Carménère 2018
$$ | LONCOMILLA | **13.5°**

Um Carménère do lado especiado e herbáceo da casta, aqui se sente a riqueza dos aromas vegetais que se somam às notas tostadas da barrica, onde estagiou 12 meses. Na boca é bastante leve ou, se preferir, delicado. A madeira desempenha um papel importante, mas a fruta madura também tem algo a dizer. Um vinho muito equilibrado.

OUTROS VINHOS SELECIONADOS
88 | RESERVA Carménère 2019 | Loncomilla | 13.5° | **$**
87 | RESERVA Cabernet Sauvignon 2019 | Loncomilla | 13.5° | **$**
87 | RESERVA Sauvignon Blanc 2020 | Loncomilla | 12.5° | **$**
84 | LA GOTA Cabernet Sauvignon, Carménère, Cabernet Franc 2019 | Loncomilla 13.5° | **$**

De Martino**.**

PROPRIETÁRIO Família De Martino
ENÓLOGO Marcelo Retamal
WEB www.demartino.cl
RECEBE VISITAS Sim

• PROPRIETÁRIOS
Sebastián & Marco De Martino

[**EMBORA TENHA** 80 anos de história, De Martino é uma vinícola fundamental para entender o presente dos vinhos chilenos. Entre as razões estão a realização de uma grande exploração de terroirs em todo o país, uma busca que tem iniciado movimentos, como o renascimento do Vale do Itata, e particularmente a ter tomado em 2011 a decisão de dispensar todas as padronizações na elaboração: madeira nova, sobremadurez, leveduras, enzimas. Um caminho que muitas vinícolas seguiram. Esta história recente de De Martino, uma vinícola onde a terceira e quarta geração de uma família que veio da Itália para o Chile, está intimamente ligada ao trabalho de seu enólogo chefe, Marcelo Retamal, um dos profissionais mais ousados e influentes do cenário local.]

IMPORTADOR: BR: www.decante.com.br

95 D'ORO
Sémillon 2011
$$$$$ | MAIPO | **12°**

Este **D'Oro** provém de um vinhedo situado em uma esplanada aluvial do rio Maipo, plantada em 1976. Colhida muito tardiamente, com uvas atacadas pelo fungo botrytis, estagiou em barricas velhas durante nove anos, um período sem precedentes para este estilo no Chile. O resultado é um vinho de forte carácter licoroso, quase mel, com uma textura profunda e densa, cheio de sabores de frutos secos e xaropes, tudo enquadrado em uma acidez que se mantém firme desde o momento em que o vinho entra na boca até o final, causando um ótimo equilíbrio. Este vinho pode evoluir muitos anos em garrafa, embora agora já apresente um complexo sedutor.

95 SINGLE VINEYARD LA BLANCA
Sémillon 2019
$$$$ | MAIPO | 13°

Plantada em 2009 em solos aluviais do Rio Maipo, na Isla de Maipo, esta Sémillon é produzida com cacho completo, prensada diretamente na prensa pneumática e posteriormente fermentada em barricas com leveduras indígenas. O envelhecimento durou sete meses nessas mesmas barricas. O vinho apresenta taninos firmes, criando uma estrutura poderosa, acidez marcada e envolvida por sabores de fruta e ligeiras notas de mel. Este é um branco para o futuro, para uns dez anos na garrafa, quando começará a mostrar toda a sua complexidade.

94 CELLAR COLLECTION LIMÁVIDA
Malbec 2010
$$$$$ | MAULE | 14°

Por volta de 2011, a De Martino deu início a uma mudança radical na forma de tratar a enologia e a viticultura, procurando mais carácter e frescor, eliminando grande parte das suas barricas novas e antecipando colheitas, para resumir. Este **Limávida 2010**, que remonta ao Legado Malbec da vindima de 2000, ainda guarda reminiscências do estilo do passado, com uma grande concentração e uma rede de taninos que é responsável por refrescar os sabores e dar uma sensação de juventude. Este vinho provém de uma vinha de 2,3 hectares, plantada em 1945 principalmente com Malbec e faz parte de uma nova linha da De Martino que visa resgatar vinhos do passado, diretamente da adega pessoal da família.

94 CELLAR COLLECTION QUEBRADA SECA
Chardonnay 2009
$$$$$ | LIMARÍ | 14°

O vinhedo Quebrada Seca já não existe. Devido à seca que atingiu o norte do Chile, esse vinhedo finalmente morreu no meio do deserto de Limarí. Mas há testemunhos do que já foi um dos grandes lugares para Chardonnay do país, como este 2009, que hoje é impecável em sua estrutura, vertical e muito reto. Sem envelhecer em barricas, na sua juventude a acidez era um feixe de laser, mas agora parece muito mais integrada em meio a sabores melados, quase licorosos, ideal hoje com ouriços do mar ou um pedaço de queijo azul.

94 LEGADO
Pinot Noir 2020
$$$ | LIMARÍ | 13.5°

De Martino compra as uvas para este vinho da vinha Talinay, propriedade da vinícola Tabalí, no Vale do Limarí. Este vinhedo tornou-se conhecido pelas suas Pinots plantadas em solos de calcário que produzem vinhos de grande mineralidade, com taninos firmes e tensos. Neste caso, estes dois atributos somam-se aos sabores frutados que energizam o paladar, que brilham com o seu frescor, mas que também se sentem acompanhados por notas herbáceas e salinas também típicas daquela região. Uma das melhores relações preço-qualidade em Pinot hoje no Chile, e também um tinto com um grande sentido de lugar.

94
SINGLE VINEYARD TRES VOLCANES
Chardonnay 2019
$$$$ | MALLECO | **13°**

Malleco é o novo polo da Chardonnay no Chile, rivalizando em caráter e qualidade com os exemplares de Limarí. Debaixo de solos vulcânicos, e em clima chuvoso, este Chardonnay oferece uma boca ampla, enchendo o paladar com seus sabores salgados e frutas maduras. A acidez faz seu próprio show, um show agudo e potente. Este vinho estagiou pouco mais de um ano em cubas de 2.500 litros.

93
CELLAR COLLECTION LA AGUADA
Carignan 2010
$$$$$ | MAULE | **14°**

Uma nova linha busca resgatar safras antigas da coleção particular da família De Martino em sua vinícola na Isla de Maipo. Este Carignan foi produzido quando a vinícola tinha um conceito muito diferente do atual, de colheitas posteriores e um uso mais extenso de barricas. Tudo o que se sente aqui, neste tinto denso e corpulento com sabores de frutas vermelhas secas e especiarias doces, em meio à acidez genética da casta, que ainda não envelheceu. Deste **La Aguada** ainda existem três mil garrafas.

93
LEGADO
Carménère 2019
$$ | MAIPO | **13.5°**

Plantado entre 1992 e 1998, em solos de cascalho e argila, este Carménère cem por cento da área da Isla de Maipo, no meio do Vale do Maipo, tem todas os frutas vermelhas suculentas, frescas e crocantes daquela nova onda de Carménère que tem vem crescendo no Chile nos últimos dois ou três anos e que não tem medo de mostrar as notas herbáceas da variedade. Aqui encontram-se muitos sabores frutados, muito frescor e potência em uma Carménère para beber algo mais fresco como charcutaria.

93
VIEJAS TINAJAS CINSAULT
Cinsault 2020
$$$$ | ITATA | **13°**

Este é o primeiro ano que o **Viejas Tinajas** vem dos vinhedos próprios da De Martino, na região de Guarilihue, às margens do Vale de Itata, a cerca de 22 quilômetros do Pacífico. São vinhas muito velhas, plantadas em solos graníticos que tendem a dar à Cinsault uma certa potência e agarrar os taninos, o que aqui acontece: textura firme, com taninos finos que se desdobram pela boca como pequenas agulhas. Os sabores são frescos, suculentos, cheios de notas frutadas para desfrutar no verão. Este vinho é envelhecido em ânforas de argila e depois decantado para tanques de aço antes de ser engarrafado.

92
LEGADO
Cabernet Sauvignon 2019
$$ | MAIPO | **13.9°**

De vinhedos plantados em 1992 na região da Isla de Maipo, no Vale do Maipo, este é um Cabernet focado nas notas herbáceas e frutadas, com acidez marcada e taninos firmes, embora bem equilibrados com sabores de frutas vermelhas. Que se sentem bem presentes no paladar . É ideal para um churrasco de domingo.

90 OLD VINE SERIES LAS OLVIDADAS
País, San Francisco 2019
$$$$$ | ITATA | 13°

Com 80% País e 20% da variedade São Francisco, que aparentemente seria a Negramoll das Canárias, todas de vinhedos próprios na região de Guarilihue, no Vale de Itata, este vinho tem um aroma terroso que se desdobra no boca com sabores frutados e especiados. A textura é bem a País, com taninos rústicos que pedem uma suculenta culinária caipira.

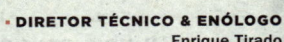

Don Melchor.

PROPRIETÁRIO Concha y Toro
ENÓLOGO Enrique Tirado
WEB www.donmelchor.com
RECEBE VISITAS Sim

· DIRETOR TÉCNICO & ENÓLOGO
Enrique Tirado

[**DON MELCHOR** é um vinho clássico da história moderna do vinho no Chile. Com sua primeira safra em 1987, sempre veio dos históricos do vinhedos - o vinhedo El Tocornal - plantados por volta do início dos anos 70 em Puente Alto, ao pé dos Andes e nos solos aluviais do rio Maipo. Desde 1997, o enólogo chefe de Don Melchor é o enólogo Enrique Tirado. Dos 127 hectares (90% Cabernet Sauvignon) são produzidos cerca de 13 mil caixas de 12 garrafas.]

98 DON MELCHOR
Cabernet Sauvignon 2018
$$$$$ | MAIPO | 14.5°

Para muitos produtores chilenos, 2018 foi um dos melhores anos da década. E o enólogo Enrique Tirado concorda. Uma colheita mais fresca do que o muito quente 2017, com chuvas próximas do normal (cerca de 340 milímetros) e temperaturas com menos picos de calor, pode resumir-se a um ano ideal para a maturidade deste clássico do Maipo. Este ano, o blend é baseado –como de costume– na Cabernet Sauvignon, com 91%, mais 5% Cabernet Franc, 3% Merlot e o restante de Petit Verdot, todas provenientes de solos aluviais da antiga fazenda Tocornal, no início do pé dos Andes no Maipo Alto. Consistente com as expectativas, este Don Melchor 2018 é um dos melhores que já provamos no • •••••••••••, senão o melhor. Tem a camada de maturidade que Tirado impôs ao vinho desde que assumiu este ícone em 1997. Mas também tem a potência de um ano mais fresco, expressa na acidez, aliás, para além dos taninos firmes que aderem ao paladar. É rico em frutas vermelhas maduras, embora também tenha notas de ervas e menta. Na boca, tudo isso mais o clássico tom terroso dos Cabernets do Alto Maipo. E os sabores são longos, conferindo a este Melchor uma deliciosa profundidade. Excelente amostra de local, muito sentido de origem.

Echeverría.

PROPRIETÁRIO Família Echeverría
ENÓLOGO Roberto Ignacio Echeverría
WEB www.echewine.com
RECEBE VISITAS Sim

• **ENÓLOGO** Roberto Ignacio Echeverría

[**LOCALIZADA NO** Vale do Curicó, Echeverría é uma vinícola familiar fundada em 1992. Nasceu por iniciativa do economista Roberto Echeverría, que se propôs a levar a outro patamar o negócio de vinhos em que trabalhou por décadas em sua família, na cidade de Molina, onde hoje tem cerca de 80 hectares de vinhedos. A origem de seus vinhos nem sempre é Molina; também compram uvas de áreas como Casablanca, Colchagua ou Alto Maipo.] **IMPORTADOR:**
BR: www.mrman.com.br

94 FOUNDER'S SELECTION
Cabernet Sauvignon 2015
$$$$$ | MAIPO | **14.5°**

Desde 2003, a Echeverría compra uvas na região de Alto Jahuel, no Alto Maipo. Com elas fazem a **Limited Edition** desde o mesmo ano, e no ano seguinte lançam este cem por cento Cabernet Sauvignon que ocupa o topo da pirâmide entre os Cabernets na vinícola. Este é um vinho para guarda. Já passaram dois anos em barricas novas e mais dois em garrafas, e ainda precisa de mais na adega para atingir a complexidade. Hoje, embora apresente taninos muito macios, a madeira tende a dominar. Atrás dela, uma camada de frutas vermelhas maduras e especiarias aguardando sua vez. Compre algumas garrafas e espere.

93 LIMITED EDITION
Cabernet Sauvignon 2016
$$$$ | MAIPO | **14°**

A primeira versão da **Limited Edition** foi feita em 2003 e, pela primeira vez, com uvas de fora de Curicó, neste caso do Maipo, na zona de Alto Jahuel, e mostra muito bem o estilo dos vinhos Alto Maipo, próximo ao pé dos Andes. Aqui abundam notas de ervas e especiarias, tons terrosos na boca com taninos muito suaves e finos. Outro tinto da velha escola, cujo carácter fresco se acentua graças a um ano muito frio como o de 2016. Ele tem 85% Cabernet, 10% Syrah e 5% Carménère e envelheceu quase dois anos em barricas novas.

92 FAMILY RESERVA
Cabernet Sauvignon 2018
$$$ | CURICÓ | **14°**

Este é o tinto clássico da Echeverría. As uvas provêm da sua vinha em Molina, plantada em 1978, e de um setor especialmente rico em cascalho e com menor proporção de argila, abundante naquele local. O vinho passa cerca de 18 meses em barricas, metade delas novas. É um Cabernet fiel ao estilo dos tradicionais tintos da casa, com destaque para frutas secas e notas de ervas. Na boca privilegia a fruta e os taninos muito suaves e suculentos num tinto da velha escola, que não muda desde o seu início.

92 SIGNATURA 1
Syrah 2014
$$$$$ | MAIPO | **14.8°**

Este estilo de Syrah está quase extinto, mas é bom que ainda exista. Este vinho vem da região de Alto Jahuel, no Alto Maipo, e oferece o lado mais amplo e untuoso da variedade. Com 14,8 graus de álcool, a textura fica redonda, enchendo o paladar de sabores doces. Especiarias, frutas vermelhas maduras e ervas em um grande Syrah.

90 GCM COAST
Garnacha, Mourvèdre, Carignan, Syrah 2018
$$$ | COLCHAGUA COSTA | 14°

Este é um blend de 50% Garnacha, 35% Mourvèdre, 10% Carignan e o resto de Syrah, e vem da região de Litueche, próximo à costa do Vale do Colchagua. Fruta madura, sabores doces e taninos firmes são sentidos em um tinto que é bom para acompanhar com carnes defumadas.

90 GRAN RESERVA
Cabernet Sauvignon 2018
$$ | CURICÓ | 13.5°

Um tinto da velha escola, este vinho vai mais para o lado das frutas secas e especiarias, do que frutas frescas. Na boca apresenta-se leve, mas os taninos são muito firmes, sustentando os sabores e também a acidez, que aqui desempenha um papel fundamental, refrescando todo aquele caráter bastante quente. Muito bom em seu estilo.

OUTROS VINHOS SELECIONADOS
87 | GRAN RESERVA Carménère 2018 | Curicó | 13.5° | $$
87 | GRAN RESERVA Syrah 2018 | Colchagua | 14° | $$

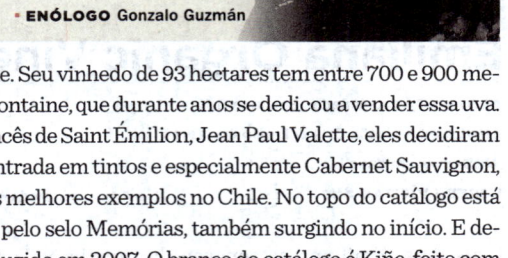

El Principal.

PROPRIETÁRIO Família Said Handal
ENÓLOGO Gonzalo Guzmán
WEB www.elprincipal.cl
RECEBE VISITAS Sim

• **ENÓLOGO** Gonzalo Guzmán

[**EL PRINCIPAL** nasceu em 1998 em Pirque. Seu vinhedo de 93 hectares tem entre 700 e 900 metros de altura e foi plantado pela família Fontaine, que durante anos se dedicou a vender essa uva. Naquele 1998, auxiliado pelo enólogo francês de Saint Émilion, Jean Paul Valette, eles decidiram engarrafar sob sua própria marca, concentrada em tintos e especialmente Cabernet Sauvignon, uma uva que em Pirque dá alguns de seus melhores exemplos no Chile. No topo do catálogo está El Principal, lançado em 1999. É seguido pelo selo Memórias, também surgindo no início. E depois há o Calicanto mais acessível, introduzido em 2007. O branco do catálogo é Kiñe, feito com a variedade Verdejo, inédito no Chile (no mercado desde 2014). A vinícola El Principal é atualmente propriedade da família chilena Handal.] **IMPORTADOR:** BR: www.decanter.com.br

97 EL PRINCIPAL ANDETELMO
Cabernet Sauvignon, Cabernet Franc, Syrah 2017
$$$$$ | MAIPO ANDES | 14.5°

Este ano, El Principal Andetelmo tem apenas 70% Cabernet Sauvignon (o normal é 85-90 por cento) de vinhedos plantados em 1993 em solos aluviais na região de Pirque. Esta decisão foi tomada tentando diminuir o efeito de um ano muito quente, onde o Cabernet se torna muito plano e untuoso. O resto é 18% Cabernet Franc e 12% Syrah, tentando manter um perfil mais semelhante ao que mostra este vinho na fria colheita de 2016, ano que o enólogo Gonzalo Guzmán aprecia especialmente por seu frescor e linearidade. O Cabernet Franc tem taninos firmes, mas o Syrah - plantado num local frio, voltado ao sul - tem muita coragem e taninos agudos, que também traz aqui. O resultado é um excelente tinto, que mal mostra o caráter quente do ano, cheio de frutas vermelhas, suculento até o final. E também com excelente potencial de envelhecimento em garrafa.

94 MEMORIAS Cabernet Sauvignon, Cabernet Franc, Petit Verdot, Syrah, Carménère 2017
$$$$$ | MAIPO ANDES | 14.5°

Memorias é o segundo vinho da El Principal e provém de vinhas plantadas em solos aluviais e coluviais de Pirque. O blend é feito a partir de vinhas plantadas entre 1993 e 2006 e nesta safra o blend final tem 38% Cabernet Sauvignon, 19% Cabernet Franc, 15% Syrah, 16% Petit Verdot e o resto de Carménère. Num ano quente, o enólogo Gonzalo Guzmán privilegia a estrutura tânica e a acidez de castas como a Petit Verdot e a Cabernet Franc para que o vinho não seja tão amplo e o efeito seja conseguido num vinho determinado pelos seus taninos fortes e pungentes. Os sabores são frescos, com destaque para as notas de ervas e tabaco da Cabernet Franc. Um tinto de guarda.

93 KIÑE
Verdejo 2019
$$$$ | MAIPO | 14°

Plantado em 2010, com vinhas que o enólogo Gonzalo Guzmán importou da Espanha, este é o único Verdejo que é produzido no Chile, pelo menos comercialmente. Esta é já a sétima versão deste vinho, e parece a mais tensa, a mais vertical. Ao contrário de outros anos, a vindima foi mais precoce e 20% do vinho foi amadurecido em ovos de cimento. A estrutura é construída a partir de taninos firmes e agudos, acompanhados por aromas e sabores de nozes e especiarias. Um vinho para acompanhar costeletas de porco grelhadas.

Emiliana Organic Vineyards.

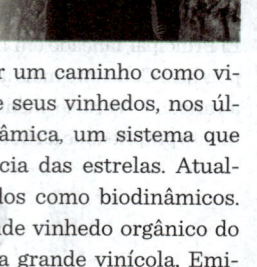

PROPRIETÁRIO Viñedos Emiliana S.A.

ENÓLOGOS Noelia Orts & Emilio Contreras

WEB www.emiliana.bio

RECEBE VISITAS Sim

• **ENÓLOGA** Noelia Orts

[**EM 1986,** Emiliana se separou da Concha y Toro para iniciar um caminho como vinícola independente. Depois de apostar no cultivo orgânico de seus vinhedos, nos últimos anos foi além, abraçando também a agricultura biodinâmica, um sistema que propõe o equilíbrio biológico dos solos e considera a influência das estrelas. Atualmente, dos seus 857 hectares de vinhedos, 700 são certificados como biodinâmicos. O grande impulsionador da conversão de Emiliana para o grande vinhedo orgânico do Chile foi o empresário José Guilisasti (1957-2014). Como uma grande vinícola, Emiliana possui vinhedos em alguns dos vales mais importantes da área central, incluindo Maipo, Cachapoal, Colchagua e Casablanca. Neste último, possui uma de suas vinícolas e seu centro de visitantes. Seu extenso catálogo de vinhos é composto por três linhas (Adobe, Novas e Signos de Origem), além de Coyam e o ícone da casa, Gê.]

IMPORTADOR: BR: www.lapastina.com

95

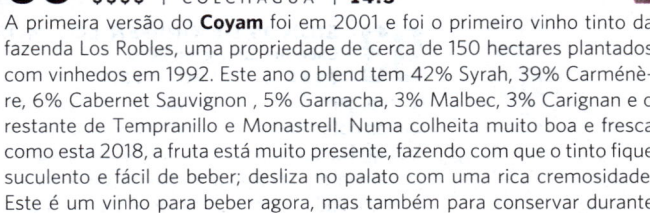

COYAM Syrah, Carménère, Cabernet Sauvignon, Garnacha, Malbec, Carignan, Tempranillo, Mourvèdre 2018
$$$$ | COLCHAGUA | **14.5°**

A primeira versão do **Coyam** foi em 2001 e foi o primeiro vinho tinto da fazenda Los Robles, uma propriedade de cerca de 150 hectares plantados com vinhedos em 1992. Este ano o blend tem 42% Syrah, 39% Carménère, 6% Cabernet Sauvignon , 5% Garnacha, 3% Malbec, 3% Carignan e o restante de Tempranillo e Monastrell. Numa colheita muito boa e fresca como esta 2018, a fruta está muito presente, fazendo com que o tinto fique suculento e fácil de beber; desliza no palato com uma rica cremosidade. Este é um vinho para beber agora, mas também para conservar durante vários anos.

95

GÊ
Syrah, Carménère, Cabernet Sauvignon 2017
$$$$$ | COLCHAGUA | **14.5°**

A primeira versão do **Gê** foi em 2003, sendo o primeiro vinho certificado como biodinâmico na América do Sul. Cem por cento proveniente dos vinhedos da fazenda Los Robles, no Vale do Colchagua, este ano têm 53% Syrah, 36% Carménère e o restante de Cabernet Sauvignon. Envelheceu nove meses em barricas e depois mais sete meses em ovos para que as frutas varietais da região sejam mais nítidos, segundo a enóloga Noelia Orts. Este é um tinto para guarda. Agora há frutos por todo o lado e uma textura firme, o que denota o grau de concentração das vinhas. Paciência com esse tinto.

94

VIGNO
Cariñena 2018
$$$ | MAULE | **14°**

Tudo o que você precisa saber sobre Cariñena está nesta taça. Os aromas levemente florais, as notas de especiarias e aquela carga frutada que, na boca, é uma pequena explosão de sabores. Este exemplo, cem por cento da casta e cem por cento de vinhedos sem irrigação e muito velhos da zona de Melozal, é robusto, com uma concentração muito boa, mas com muito frescor. Um vinho que se pode beber agora ou em dez anos.

93

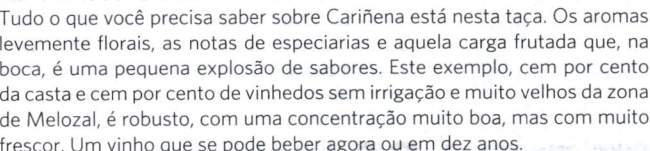

SIGNOS DE ORIGEN LA VINILLA
Chardonnay, Roussanne 2019
$$$ | CASABLANCA | **13.7°**

Com 96% Chardonnay e o resto de Roussanne, este vinho vem de dois setores nas encostas de La Vinilla, em Casablanca. São solos graníticos, muito típicos do litoral, mas também com percentagens de argila. As vinhas foram plantadas em 2014. O armazenamento foi feito em tonéis e ovos de cimento, principalmente, por um período de oito meses antes do engarrafamento. O resultado é um vinho de grande cremosidade na boca, repleto de sabores amplos e envolventes. Frutas maduras e especiarias dominam um vinho que pede um porco defumado.

93

SIGNOS DE ORIGEN LA QUEBRADA
Syrah 2018
$$$$ | CASABLANCA | **14°**

Este Syrah de vinhas plantadas em 2002 provém das zonas mais altas das encostas de La Vinilla, onde o solo apresenta granito menos decomposto. Produzido em tonéis, ovos e barricas, possui uma textura macia e amigável, enquanto os sabores frutados fazem um deleite no paladar. É intenso, mas ao mesmo tempo fresco e não parece ter arestas. Tudo desliza pela boca sem interrupções.

93 SIGNOS DE ORIGEN LOS MORROS
Cabernet Sauvignon 2018
$$$$ | MAIPO | **13.8°**

Na margem sul do rio Maipo, com vinhas plantadas em 1992, este tinto tem as notas herbáceas e frutadas dos Cabernets Maipo, aquele lado terroso que se combina com frutas vermelhas e negras. A textura é surpreendentemente suave para a localização e variedade; é cremoso, cobrindo todo o paladar com seus sabores. Deixe este vinho na adega alguns anos para que ganhe complexidade.

93 SIGNOS DE ORIGEN LOS ROBLES
Carménère 2018
$$$$ | COLCHAGUA | **14.3°**

A Fazenda Los Robles é a base dos melhores tintos da Emiliana. Plantada em 1992, hoje é cem por cento biodinâmica e as plantas para este Carménère vêm daquele vinhedo original, no meio do Vale de Colchagua. Num ano fresco como 2018, este **Signos** brilha nas notas herbáceas e frutadas, num corpo macio e suave, com taninos polidos. Produzido em ovos e tonéis por cerca de nove meses, ele é frutado e claro na expressão da variedade.

92 NOVAS GRAN RESERVA
Cabernet Sauvignon 2018
$$ | MAIPO | **14°**

A safra 2018 parece ser uma das melhores da década. As suas temperaturas amenas têm produzido vinhos equilibrados e cheio de frutas frescas, como é o caso deste Cabernet delicado e frutado. Os aromas de frutas vermelhas se misturam com as ervas. Um corpo leve, mas ao mesmo tempo potente, o torna um excelente candidato para acompanhar assados. Este Cabernet provém de vinhas plantadas em 1992 em solos aluviais do tradicional Vale do Maipo, na zona dos Linderos.

92 SALVAJE
Syrah, Roussanne 2019
$$ | CASABLANCA | **13.8°**

Esta já é a terceira edição do **Salvaje**, o blend de 95% Syrah e 5% Roussanne que vem de La Vinilla, de encostas de granitos plantados em 2015. Fermentado naturalmente, sem leveduras exógenas, sem enxofre e engarrafado muito cedo, este é um tinto com sabores animais em vez de frutas, algo típico de Syrah. Além disso, oferece tons especiados e uma textura muito macia, que envolve o paladar. Este tipo de vinho, denominado "natural" devido ao seu baixo nível de intervenção na adega, tem um nicho cada vez mais importante no mercado e é natural para uma grande adega como a Emiliana experimentá-los.

92 SIGNOS DE ORIGEN EL RINCÓN
Pinot Noir 2019
$$$$ | CASABLANCA | **13.5°**

De vinhas biodinâmicas plantadas em 2001 em solos argilosos e arenosos em La Vinilla, no meio do Vale de Casablanca, este Pinot envelheceu durante um ano em tonéis e ovos de cimento, embora nos últimos cinco meses toda a mistura tenha sido trasfegada para os ovos, permitindo que a variedade apareça mais claramente na garrafa. Um ano quente lhe dá um toque de fruta plena e madura, mas no geral é muito suculento e frutado; refresca desde o início e a textura parece muito macia, quase aveludada.

91 EMILIANA ORGANIC SPARKLING WINE
Chardonnay, Pinot Noir N/V
$$ | C A S A B L A N C A | **12.3°**

Proveniente cem por cento das encostas da serra La Vinilla, em pleno vale de Casablanca, e em solos graníticos e argilosos, é 80% Chardonnay e 20% Pinot Noir, feito pelo método tradicional de segunda fermentação em garrafa e com seis meses de contato com as borras. O vinho mostra um lado suculento, muito amigável, principalmente nas suas bolhas, macio e cremoso. Tem dez gramas de açúcar, o que acrescenta dulçor.

90 NOVAS GRAN RESERVA
Carménère 2018
$$ | C O L C H A G U A | **14.5°**

Notas de ervas e especiarias parecem adicionar frescor a este Carménère. Os sabores de fruta negra são maduros e untuosos, embora o vinho tenha um corpo médio que o torna fácil de beber. Vinho quente que o torna ideal para acompanhar embutidos. A mistura final conta com 10% de Cabernet para dar suporte a estrutura.

OUTROS VINHOS SELECIONADOS
89 | NOVAS GRAN RESERVA Chardonnay 2019 | Casablanca | 14.7° | $$
89 | NOVAS GRAN RESERVA Pinot Noir 2019 | Casablanca | 13.9° | $$

Encierra.

PROPRIETÁRIA María Ignacia Eyzaguirre
ENÓLOGOS María Ignacia Eyzaguirre & Didier Debono
WEB www.encierra.cl
RECEBE VISITAS Sim

· PROPRIETÁRIA & ENÓLOGA
María Ignacia Eyzaguirre

[MARÍA IGNACIA EYZAGUIRRE tem um vinhedo na região de Peralillo, no Vale de Colchagua, plantado por seu pai. São 180 hectares, dos quais 75% são Cabernet Sauvignon e o resto Syrah, Carménère, Petit Verdot e Monastrell. A família Eyzaguirre, por volta do início da década de 1980, era parceira de Lafite com Los Vascos no Chile.] **IMPORTADOR:** BR: www.vinhosdomundo.com.br

93 POREL
Carménère, Syrah, Petit Verdot 2016
$$$$$ | C O L C H A G U A | **15°**

Coerente com o estilo dos vinhos da Encierra, o top do seu portfólio é um vinho de grande maturidade e álcool, o que gera uma sensação voluptuosa, repleta de sabores de frutas negras. Com base de Carménère, aqui a maturidade impediu que se percebessem os aromas herbáceos que distinguem a casta e, em vez disso, há uma camada de frutas negras que se distribuem no palato, cobrindo todos os cantos. A presença de álcool traz uma sensação de calor. Esta safra necessita de pelo menos três anos em garrafa para ganhar complexidade, mas para os amantes de vinhos bem maduros e com grandes taninos, esta será uma tentação.

91 ENCIERRA Cabernet Sauvignon, Carménère, Syrah, Petit Verdot, Mourvèdre 2017
$$$$ | COLCHAGUA | **14.9°**

A vindima de 2017 foi uma das mais quentes da década, o que resultou em vinhos de grande poder alcoólico e maturação de sabor, como é o caso deste blend de vinhas Cabernet com 40 anos da zona de Peralillo. O nariz já avisa o que vai acontecer, mostrando especiarias doces e frutas negras, enquanto na boca a sensação quente do álcool é a principal protagonista, sobre uma espessa camada de sabores frutados, suculentos e voluptuosos. Um tinto amplo e envolvente.

91 ENCIERRA Carménère 2018
$$$$ | COLCHAGUA | **15°**

Exemplo típico de Carménère das encostas graníticas de Peralillo, no vale de Colchagua, provém de um vinhedo de 14 anos. O envelhecimento em madeira dura 18 meses, todo em barricas usadas. No nariz, é generoso nos aromas especiados e frutados, ricos em maturação, enquanto no palato a maturação do local é sentida nas notas licorizadas e nos tons de frutas negras.

Erasmo.

PROPRIETÁRIO Francesco Marone Cinzano
ENÓLOGO Augusto Reyes C.
WEB www.erasmo.bio
RECEBE VISITAS Sim

• **PROPRIETÁRIO** Francesco Marone Cinzano

[**O CONDE** Francesco Marone Cinzano vem de uma família italiana que está no vinho há séculos e é dona da vinícola Col d'Orcia, na cidade toscana de Montalcino. Em 1995 optou por produzir vinhos no Chile, e o fez não em um vale tradicional, mas no seco Maule. Lá, em uma pequena comunidade chamada Caliboro, ele comprou uma adega de adobe centenária e plantou material que ele mesmo trouxe da França. Sua marca mais emblemática é Erasmo.] **IMPORTADOR:** BR: www.francosuissa.com.br

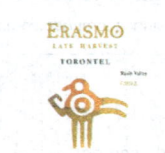

95 ERASMO LATE HARVEST Torontel 2015
$$$$ | MAULE SECANO INTERIOR | **12.5°**

Embora o Chile não produza bons vinhos de colheita tardia, há exemplos muito bons, e este é um deles. Da casta Torontel e vinhedos com cerca de 80 anos - sem irrigação na zona de Caliboro - as uvas para este vinho, uma vez colhidas, ficam penduradas durante dois meses numa técnica conhecida na Itália como appassimento. Ali, os cachos se desidratam e concentram sua doçura graças ao clima seco do Maule. O resultado é um delicioso licor, rico em tons de frutas cristalizadas e de textura cremosa e untuosa. Ele desliza pela boca como creme de chantili. Este vinho é intemporal e, embora o possa beber hoje, irá evoluir na garrafa durante décadas.

95 ERASMO RESERVA DE CALIBORO Cabernet Sauvignon, Cabernet Franc, Merlot, Syrah 2015
$$$ | MAULE SECANO INTERIOR | **14.4°**

Este é o vinho emblemático da vinícola e é produzido com os vinhedos que o Conde Marone Cinzano plantou em meados dos anos 90 nas margens do rio Perquilauquén, no fundo do Maule. Com 65% de Cabernet Sauvignon, 20% de Cabernet Franc, 11% de Merlot e o restante de Syrah, o vinho estagiou em barricas por pouco mais de um ano antes de ser engarrafado no inverno de 2017. O estilo da casa em um momento luminoso. O blend mostra frutas vermelhas e negras, também especiarias, e o corpo é generoso, mas muito bem definido por uma acidez firme e refrescante. Este vinho é para guarda.

93 ERASMO
Barbera, Garnacha 2019
$$ | MAULE | **14.3°**

Parece lógico que as colinas de areia fofa de Caliboro, nas terras áridas de Maule, sejam o local apropriado para vinhas que gostam do sol, como Garnacha e Barbera. Nesse blend inusitado de ambas, é a Barbera (66% do blend) que prevalece com suas frutas vermelhas ácidas e sua textura firme e concentrada fornecendo estrutura, enquanto a Grenache agrega fluidez e uma doçura suave. Este vinho pode passar por um tinto para matar a sede no verão, mas também ficaria muito bem com cordeiro.

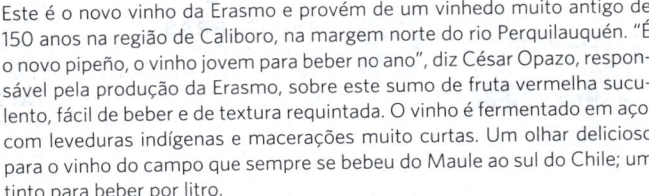

93 HUASO ERASMO
País 2020
$$ | MAULE SECANO INTERIOR | **13.5°**

Este é o novo vinho da Erasmo e provém de um vinhedo muito antigo de 150 anos na região de Caliboro, na margem norte do rio Perquilauquén. "É o novo pipeño, o vinho jovem para beber no ano", diz César Opazo, responsável pela produção da Erasmo, sobre este sumo de fruta vermelha suculento, fácil de beber e de textura requintada. O vinho é fermentado em aço, com leveduras indígenas e macerações muito curtas. Um olhar delicioso para o vinho do campo que sempre se bebeu do Maule ao sul do Chile; um tinto para beber por litro.

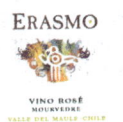

92 ERASMO ROSÉ
Mourvèdre 2019
$$ | MAULE SECANO INTERIOR | **13°**

Enquanto a moda diz que o rosé deve ter uma cor quase etérea e um corpo leve e quase imperceptível na boca, a Erasmo vai na direção oposta com este Monastrell rosé cem por cento de vinhas sem irrigação e plantadas em solos arenosos da região de Caliboro. A cor é intensa, tal como a boca, repleta de sabores de fruta madura, acompanhada por uma acidez firme que nunca abandona a sua tarefa de refrescar. César Opazo, responsável pela adega da Erasmo em Caliboro, define este vinho como "cerveja para os camponeses". E é assim que me sinto.

Errázuriz.

PROPRIETÁRIO Eduardo Chadwick
ENÓLOGO Francisco Baettig
WEB www.errazuriz.com
RECEBE VISITAS Sim

• **PROPRIETÁRIO** Eduardo Chadwick

[O NOME desta vinícola é inseparável do Vale do Aconcágua, seu local de origem. Em 1870 o empresário Maximiano Errázuriz plantou lá, na cidade de Panquehue, 90 quilômetros ao norte de Santiago, os primeiros vinhedos da empresa, desafiando as convenções de uma época em que a lógica era plantar na região de Maipo. A aposta de Errázuriz então expandiu a fronteira norte da viticultura moderna nascente do Chile e é atualmente a vinícola mais importante dentro de um pequeno grupo de produtores de Aconcágua. Depois de mais de um século focado na parte central do vale - com marcos como o lançamento na década de 80 do Don Maximiano Founder's Reserve, o primeiro ícone da era moderna do vinho chileno -, Errázuriz nos últimos anos cresceu em direção à costa, desenvolvendo vinhedos onde o clima é mais frio, como os plantados em 2005 no setor Manzanares , a 15 quilômetros do mar.
] **IMPORTADOR:** BR: www.grandcru.com.br

98 LAS PIZARRAS
Chardonnay 2019
$$$$$ | ACONCÁGUA COSTA | **13°**

Desde sua primeira safra em 2014, este **Las Pizarras** estabeleceu um padrão nos novos Chardonnays que vêm da costa chilena. De três parcelas ricas em solos de ardósia na região do Aconcágua Costa, a cerca de 12 quilômetros do mar, ele passa cem por cento em envelhecimento em barricas, embora apenas 20% sejam madeiras novas e 25% fazem a malolática para preservar a acidez em um ano quente. O resultado é uma acidez cítrica, mas ao mesmo tempo com aqueles toques salgados do vinho costeiro. A textura na boca é exuberante em sua sedosidade, os sabores da fruta se misturam ao sal e o final é longo. Mantenha este vinho bem armazenado pelos próximos cinco anos.

98 LAS PIZARRAS
Pinot Noir 2019
$$$$$ | ACONCÁGUA COSTA | **13.5°**

Para selecionar os lotes que vão para este vinho (560 caixas de 12 garrafas), o enólogo Francisco Baettig escolheu 4,5 hectares de solos de ardósia, dos 50 hectares que a Errázuriz plantou com Pinot Noir no Aconcágua Costa, a cerca de 12 quilômetros do oceano Pacífico. É constituído por três parcelas, sendo a mais importante delas voltada ao sul, uma orientação mais fresca que projeta esse frescor nas uvas, especialmente nos anos quentes como 2019. Este vinho usa 15% do cacho todo e tem um envelhecimento em barricas (45 % de madeira nova) por 13 meses. O resultado é um Pinot superlativo, muito intenso, mas ao mesmo tempo muito fresco. A espinha dorsal que os taninos constroem contém todos os sabores frutados no meio do paladar, fazendo com que este vinho ofereça uma sensação vertical que sublinha o seu frescor e também sustenta o seu corpo; não transborda, parece atlético, fibroso, com muita coragem. Esta é a sexta versão de Las Pizarras, a mais profunda, a mais complexa e, talvez, a de maior projeção na garrafa.

97 DON MAXIMIANO FOUNDER'S RESERVE
Cabernet Sauvignon, Malbec, Carménère, Petit Verdot, Cabernet Franc 2018
$$$$$ | ACONCÁGUA | 13.5°

O enólogo Francisco Baettig bebeu este vinho em 2004, mas foi apenas em 2015 que um novo estilo (consistente com a nova forma de pensar da Baettig sobre os seus vinhos) começou a aparecer. Foi um trabalho lento, para recuperar o estilo antigo deste vinho (marca que existe desde 1930), muito mais focado na fruta e no frescor, reduzindo a utilização de barricas novas e antecipando as colheitas. E em um ano perfeito como 2018, esse trabalho se cristaliza neste novo Don Max que se baseia em 70% de Cabernet Sauvignon da propriedade Errázuriz em Aconcágua, plantada em 1978. E aquele Cabernet, rico em notas balsâmicas, se faz sentir aqui transformado em hortelã e ervas, mas também em frutas vermelhas suculentas e refrescantes. Um teor alcoólico muito baixo (13,5) confere-lhe uma certa leveza, uma sensação de corpo médio. Mas não se engane, este é um vinho de guarda, com acidez e taninos suficientes para evoluir com elegância ao longo da próxima década.

96 KAI
Carménère 2018
$$$$$ | ACONCÁGUA | 14°

A primeira versão do **Kai** foi em 2005 e o objetivo sempre foi ter a melhor seleção de Carménère disponível nos vinhedos próprios da Errázuriz no Vale do Aconcágua. A vinha escolhida foi Max V e alguns Max II, ambos plantados em meados dos anos 90. A expressão herbácea e especiado; da Carménère é claramente sentida, mas sempre acompanhada por uma deliciosa e fresca camada de frutas. Há energia neste vinho, uma expressão varietal muito clara, mas também muito potencial de envelhecimento. Uma versão muito boa de um dos melhores Carménère do Chile, que se renovou radicalmente nas últimas três safras, acentuando a fruta vermelha e o frescor, sem abusar da extração ou do amadurecimento.

96 LA CUMBRE
Syrah, Viognier 2018
$$$$$ | ACONCÁGUA | 14°

La Cumbre é uma seleção dos vinhedos mais antigos da Syrah que a Errázuriz começou a plantar em sua propriedade no Aconcágua, na primeira metade dos anos 90, quando pouco ou nada se sabia sobre a Syrah no Chile. Desde 2016, o enólogo Francisco Baettig tem mudado o estilo deste vinho, ganhando frescor, reduzindo as extrações e a influência da madeira. E este parece ser o ano em que a mudança é mais evidente, as frutas aparecem de frente, ganhando todo o destaque com grau zero de timidez, em meio a uma rede de taninos firmes, mas ao mesmo tempo muito finos. Um vinho que precisa de vários anos na garrafa para começar a mostrar complexidade. E para isso, para evoluir na garrafa, não precisa ter um grande corpo ou uma grande concentração, apenas aquela fruta, aquela acidez e aquela estrutura tânica fina.

95 ACONCAGUA COSTA
Pinot Noir 2019
$$$$ | ACONCÁGUA COSTA | 13.5°

Para os mais ambiciosos Pinot e Chardonnays de Errázuriz, eles se voltam para seus vinhedos de 15 anos plantados na região de Manzanares, a 12 quilômetros da costa do Aconcágua. Em solos ricos em ardósia, os frutos do Pinot tendem a produzir vinhos um pouco mais verticais, menos exuberantes e, como é o caso aqui, com uma rede de taninos firmes, muito presentes na boca, algo comum para a casta quando está austera. A estrutura é vertical, uma espécie de imã de taninos e acidez que atrai tudo para o centro da boca e projeta para o fundo da boca. Um Pinot delicioso hoje, mas que ganhará complexidade em três a quatro anos.

94 ACONCAGUA COSTA
Chardonnay 2019
$$$$ | A C O N C Á G U A   C O S T A | **13°**

O mosto desse Chardonnay é obtido a partir de cachos prensados diretamente e depois vai para barricas usadas onde permanece por 11 meses antes de ser engarrafado. A sensação costeira neste Chardonnay é importante. O mar, a cerca de 12 quilômetros da vinha, impõe as suas notas salinas entre os sabores das frutas brancas e das flores. É denso, com um corpo muito bom, mas ao mesmo tempo com uma acidez intensa que marca os contornos da língua com uma sensação cítrica suave. Hoje já mostra complexidade, mas espere alguns anos para que ganhe ainda mais em camadas de sabores e novos aromas.

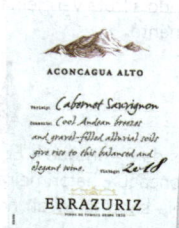

94 VILLA DON MAXIMIANO Cabernet Sauvignon, Syrah, Malbec, Cabernet Franc, Grenache, Mourvèdre 2018
$$$$$ | A C O N C Á G U A | **14°**

Villa é o segundo vinho da **Don Maximiano** e provém de uma seleção de solos onde as produções são um pouco superiores e originam vinhos de menor concentração. A grande diferença desde 2017 é que tem 70% de variedades de Bordeaux com destaque para Cabernet e Cabernet Franc, mas também 30% de variedades tintas mediterrâneas para diferenciá-lo de seu "irmão mais velho". Um tinto suculento, muito fresco e generoso nas frutas vermelhas, nas notas herbáceas. A textura é aderente, taninos agudos que aderem ao paladar e um final refrescante, delicioso e à base de ervas.

93 ACONCAGUA ALTO
Cabernet Sauvignon 2018
$$$$ | A C O N C Á G U A | **13.5°**

Os vinhedos para este **Aconcagua Alto** vêm das parcelas Max que circundam a vinícola Errázuriz no Aconcágua. Estagiou 14 meses em barricas, é generoso nas frutas vermelhas, nos tons especiados e sobretudo herbáceos, num vinho que se sente opulento, mas ao mesmo tempo com taninos muito polidos e muito finos, que contribuem para aquela sensação de redondo. Um Cabernet frutado, antes de mais nada; pronto para beber agora acompanhando um rosbife.

92 MAX
Chardonnay 2019
$$$ | A C O N C Á G U A | **13.5°**

Esta é um blend dos vinhedos Casablanca e Aconcágua, todos influenciados pelo mar. Com dez meses de envelhecimento em barricas (20% madeira nova) e 35% do vinho com fermentação malolática, aqui surge um corpo impressionante, com muita profundidade de sabores e, sobretudo, notas de frutas brancas maduras com toques tostados . É uma sensação densa, cremosa, pesada.

92 MAX VIII Syrah, Malbec, Cabernet Sauvignon, Carménère, Grenache, Mourvèdre 2018
$$$$ | A C O N C Á G U A | **14°**

Esta é uma seleção dos vinhedos chamados Max que circundam a vinícola Errázuriz no Aconcágua, uma espécie de resumo do interior do vale desde áreas quentes, como San Felipe, até áreas mais frescas, como Llay Llay. Este multivarietal baseia-se em 43% de Syrah, e aquela sensação de Syrah redondo, com um clima quente, dá uma sensação muito presente, proporcionando taninos muito polidos, mas também sabores generosos de frutas negras maduras.

91 ESTATE RESERVA
Carménère 2018
$$ | ACONCÁGUA | 13.5°

Uma excelente relação qualidade-preço neste Carménère de vinhedos do Vale do Aconcágua. As notas de pimenta e ervas, típicas da casta, se misturam aqui com uma generosa camada de frutas vermelhas, suculentas e frescas. A textura é suave, com taninos que dificilmente se fazem sentir em meio aos sabores frutados. 70% do vinho envelheceu em barricas usadas durante sete meses, o que talvez tenha contribuído para aquela sensação de redondo. Um Carménère muito varietal para acompanhar embutidos ou queijos curados.

90 ESTATE
Cabernet Sauvignon 2019
$$ | ACONCÁGUA | 13.5°

Um Cabernet frutado, com toques herbáceos, mas principalmente sabores de frutas silvestres azuis e frutas vermelhas maduras em uma grande cepa, excepcionalmente concentrado para vinhos deste preço. A textura dos taninos tem aderência suficiente para ser um bom convite ao assado, e há algo leve com notas de madeira que acrescentam complexidade mas se destacam. Errázuriz obtém este Cabernet Sauvignon dos vinhedos de Aconcágua e do Vale do Maipo.

Escándalo Wines.

PROPRIETÁRIO Mauricio Veloso Estuardo

ENÓLOGO Mauricio Veloso Estuardo

WEB www.escandalowines.cl

RECEBE VISITAS Sim

· PROPRIETÁRIO & ENÓLOGO
Mauricio Veloso Estuardo

[**MAURICIO VELOSO**] é enólogo e iniciou esse projeto em 2013 com uvas do Vale do Itata, depois mudou-se para o Vale do Colchagua, onde hoje faz Sémillon e Carignan de videiras antigas na região de La Patagua, em Santa Cruz, no meio do vale. Produz cerca de 25 mil garrafas.] **IMPORTADOR:** BR: www.europaimportadora.com.br www.santiagovinhos.com.br

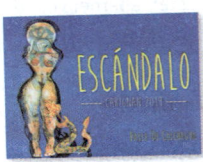

93 ESCÁNDALO
Carignan 2019
$$$ | COLCHAGUA | 13.5°

Este Carignan foi enxertado em 2000 em vinhas com 70 anos de idade, na região de La Patagua, em Santa Cruz, Colchagua. O vinho é fermentado em aço e, após uma estabilização natural, segue para a garrafa. Um delicioso Carignan em seu frescor, mas também em sua profundidade. É um vinho de intenso caráter frutado e herbáceo, acompanhado por tons especiados, que brilham no frescor e também na rusticidade. Um daqueles tintos de que se precisa para acompanhar carnes temperadas.

93 ESCÁNDALO
Sémillon 2020
$$ | COLCHAGUA | 13.5°

Este vinho vem de vinhedos de Sémillon de 70 anos, misturadas com cerca de 10% de Sauvignonasse, uma variedade que durante anos foi confundida no Chile com um parente maior da Sauvignon Blanc. Neste caso, porém, é o lado melado e a maturidade oleosa da Sémillon que comandam, embora haja certas notas herbáceas que falam dessa variedade escura e perdida. O vinho é intenso na boca, concentrado, com muitas camadas e uma rica acidez que lhe confere frescor e equilibra aquela sensação untuosa na boca.

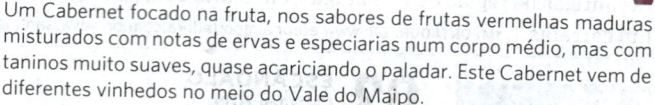

Espíritu de Chile.

PROPRIETÁRIAS Begoña & Ana María Aresti

ENÓLOGO Juan Ignacio Montt

WEB www.espiritudechile.com

RECEBE VISITAS Não

· **ENÓLOGO** Juan Ignacio Montt

[**A FAMÍLIA** desenvolveu esta segunda marca, Espíritu de Chile, há alguns anos. Hoje, juntamente com a vinícola Aresti, fazem parte da ACW (sigla para Aresti Chile Wine), empresa que possui 350 hectares de vinhedos na área central, espalhadas em quatro fazendas. Enquanto Aresti se concentra quase exclusivamente no Vale do Curicó, onde esse negócio familiar surgiu em 1951, os vinhos de Espíritu de Chile também vêm de vales como Maule, Maipo e Leyda.] **IMPORTADOR:** BR: www.diamondwines.com.br

93 EXPLORADOR
Sauvignon Blanc 2020
$$ | LEYDA | 13°

A colheita de 2020 foi morna em todo o Chile, e isso é especialmente sentido no Sauvignon Blanc do litoral, onde os aromas perderam seus tons herbáceos característicos para ganhar em frutas maduras, quase tropicais. A influência do Pacífico faz-se sentir de qualquer forma (está a 12 quilômetros) numa acidez firme que contrasta com a cremosidade e maturidade dos sabores. Um Sauvignon encorpado, o companheiro ideal para ceviche de camarão ou ostra.

90 EXPLORADOR
Cabernet Sauvignon 2019
$$ | MAIPO | 14°

Um Cabernet focado na fruta, nos sabores de frutas vermelhas maduras misturados com notas de ervas e especiarias num corpo médio, mas com taninos muito suaves, quase acariciando o paladar. Este Cabernet vem de diferentes vinhedos no meio do Vale do Maipo.

90 INTRÉPIDO PATRIMONIAL
Sémillon, Sauvignon Blanc, Moscatel de Alejandría 2020
$$ | CURICÓ | 13°

Este blend de 60% Sémillon, 30% Sauvignon Blanc e o resto de Moscatel de Alexandria tem uma deliciosa suavidade e doçura, mas doçura da maturação da fruta, não do açúcar. Os aromas frutados se misturam com notas de mel, e na boca é um creme que se espalha no palato, oferecendo uma sensação agradável, ideal para combinar com gratinados de frutos do mar ou massas com molhos à base de creme.

Estampa.

PROPRIETÁRIO Miguel González
ENÓLOGA Johana Pereira
WEB www.estampa.com
RECEBE VISITAS Sim

• **ENÓLOGA** Johana Pereira

[**ESTAMPA** vem explorando progressivamente a diversidade do Vale de Colchagua. A empresa nasceu em 2003 em Palmilla, no meio do vale, onde tem sua vinícola e primeiros vinhedos. Em 2004, desenvolveram um campo em Marchigüe, na parte oeste de Colchagua. E em 2009 eles chegam em Paredones, a apenas oito quilômetros do mar. Esta expansão permitiu que eles usassem solos mais adequados para cada variedade e desenvolvessem novas linhas, como Del Viento, tintos e brancos de clima frio de Paredones. A enóloga é Johana Pereira e o consultor, o prestigiado enólogo italiano Attilio Pagli.]

IMPORTADORES: BR: www.angeloni.com.br www.comercialzaffari.com.br

94 INSPIRACIÓN
Refosco 2019
$$$$ | MARCHIGÜE | 13.5°

O Refosco é uma variedade do nordeste da Itália, no Friuli, e lá, como em Marchigüe, para o oeste de Colchagua, tem uma carga tânica selvagem; uma fera na boca que deixa a sua marca graças aos taninos firmes e muito, muito presentes, que sustentam uma espessa camada de frutas vermelhas maduras que lhe conferem uma suculência deliciosa. Este vinho precisa de pelo menos cinco anos na garrafa para se acalmar, mas se abrir agora opte por acompanhar com um curry de cordeiro. Este vinho estagiou durante um ano em barricas de segundo uso.

94 INSPIRACIÓN
Teroldego 2019
$$$$ | MARCHIGÜE | 14°

Pelos padrões da Teroldego, uma variedade muito tânica, esta é suave, embora se comparada a qualquer Carménère ou Merlot do mercado, seja uma variedade selvagem solta na selva. Os aromas são intensos nas notas de fumo e frutas negras maduras, enquanto na boca os taninos agarram o paladar com as suas unhas afiadas. É um vinho que ainda necessita de muito tempo na garrafa para adquirir complexidade. Dê dois a três anos para começar. Esse Teroldego foi plantado na região de Marchigüe, a oeste de Colchagua, e envelheceu em barricas por um ano.

94 INSPIRACIÓN MEZCLA ITALIANA
Greco di Tufo, Vermentino, Fiano di Avellino 2020
$$$ | COLCHAGUA COSTA | 13°

A Estampa possui uma série de variedades italianas plantadas em seus vinhedos de Colchagua. Neste caso, é a Fiano, a Vermentino e a Greco, que provêm de vinhas jovens plantadas nos solos graníticos de Paredones, na Cordilheira da Costa em Colchagua. O blend tem 47% Fiano, 41% Vermentino e o resto de Greco, e a primeira coisa que chama a atenção é a exuberância nos aromas, o agudo das notas de fruta que se expandem na boca com os seus sabores generosos e refrescantes. É um branco cremoso encorpado com uma acidez suculenta.

93 DELVIENTO
Sauvignon Blanc 2020
$$$ | COLCHAGUA COSTA | 13.5°

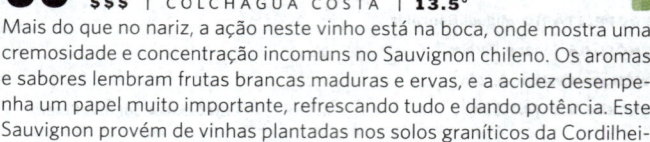

Mais do que no nariz, a ação neste vinho está na boca, onde mostra uma cremosidade e concentração incomuns no Sauvignon chileno. Os aromas e sabores lembram frutas brancas maduras e ervas, e a acidez desempenha um papel muito importante, refrescando tudo e dando potência. Este Sauvignon provém de vinhas plantadas nos solos graníticos da Cordilheira da Costa, na zona de Paredones, próximos à costa.

93 GOLD
Cabernet Sauvignon, Syrah, Carménère, Petit Verdot 2018
$$$ | MARCHIGÜE | 14°

Baseado em Cabernet Sauvignon (60%) mais 20% de Syrah, 15% de Carménère e o resto do Petit Verdot, esse blend tem forte presença do Cabernet de Marchigüe, que pouco tem a ver com seus congêneres do interior do Vale. Os granitos do solo da região conferem-lhe uma estrutura firme, oferecendo uma certa verticalidade longe das suas contrapartes mais untuosas. O resto são aromas de ervas, tons especiados e muita fruta vermelha madura num vinho para guarda.

93 INSPIRACIÓN
Aglianico 2019
$$$$ | MARCHIGÜE | 13.5°

Segundo o consultor italiano da Estampa, Attilio Pagli, o Aglianico é uma das variedades com maior potencial no Chile, principalmente sob o sol de Colchagua. É uma casta com maturação tardia, mas ao mesmo tempo com uma acidez forte, pelo que pode oferecer frutas maduras, mas ao mesmo tempo frescor de acidez. Nesse caso, uma acidez pungente comanda os sabores e dá vida às notas doces de frutas vermelhas.

93 INSPIRACIÓN
Montepulciano 2019
$$$$ | MARCHIGÜE | 13°

A Montepulciano é outra integrante da coleção de variedades italianas que a Estampa começou a plantar em 2004 em Colchagua. Este Montepulciano é difícil de reconhecer. Não existe aquele lado verde em muitos exemplares italianos e, acima de tudo, não possui os taninos ardentes que costumam ser associados à uva. A acidez, porém, está aqui para refrescar tudo e dar ainda mais vida à fruta num vinho potente. Ele vem dos solos de granito de Marchigüe e foi envelhecido em barricas de segundo uso por um ano.

92 INSPIRACIÓN MEZCLA BLANCA Vermentino,
Greco di Tufo, Fiano di Avellino, Pinot Grigio, Traminer 2020
$$$ | COLCHAGUA | 13.5°

Uma mistura inusitada de cepas de vários lugares da Itália - e muito experimentalmente (foram feitas apenas 300 garrafas) -, esse branco fermentado em aço, sem passar por madeira, tem uma textura cremosa e ampla. Consistente com um ano muito quente como o de 2020, este vinho cheira a fruta madura e é quente e amigável na boca. As uvas para este blend vêm da região de Palmilla, no centro do Vale de Colchagua.

91 GOLD
Carménère, Cabernet Franc, Cabernet Sauvignon, Petit Verdot 2018
$$$$ | MARCHIGÜE | **14.5°**

Este **Gold** é um blend de 85% Carménère, 8% Cabernet Franc, 5% Cabernet Sauvignon e o resto de Petit Verdot, todos provenientes dos vinhedos Marchigüe plantados em 2004. A presença de Carménère é fortemente sentida, um Carménère maduro que mantém seu sabor herbáceo, embora tenha sido colhido tarde. É um vinho suculento, de grande maturidade, para pensar em refeições igualmente potentes.

91 GRAN RESERVA
Cabernet Sauvignon, Malbec, Syrah 2018
$$ | MARCHIGÜE | **14°**

Maduro e doce, este vinho tinto à base de Cabernet Sauvignon vem da região de Marchigüe, de vinhedos plantados em 2004 nos solos de granito daquele lugar. Neste caso, porém, a maturidade da fruta é tal que parece envolver os taninos geralmente duros e rígidos daquele setor de Colchagua. Um vinho amplo para acompanhar queijos maduros.

91 GRAN RESERVA
Carménère, Syrah, Cabernet Sauvignon 2018
$$ | MARCHIGÜE | **14°**

Baseado no Carménère, de vinhedos plantados em 2004 na região de Marchigüe, a oeste do Vale do Colchagua, este blend é maduro e cheio, com notas doces de frutas negras e uma textura que ainda precisa de um ano na garrafa para amolecer. É um tinto corpulento, cheio de sabor. Pense em acompanhar com frios.

90 DELVIENTO ROSÉ
Syrah 2020
$$$ | COLCHAGUA COSTA | **12.5°**

Cem por cento Syrah plantado nos solos graníticos de Paredones, na costa de Colchagua, este rosé apresenta intensos aromas frutados que se fundem numa vibrante acidez. A textura, porém, é cremosa, com muitos sabores de frutas e um final refrescante.

90 INSPIRACIÓN
Sangiovese 2019
$$$$ | MARCHIGÜE | **14.5°**

Os taninos da Sangiovese ficam muito domados neste vinho tinto de vinhas plantadas em 2004 na zona de Marchigüe, a oeste de Colchagua. É generoso nos frutas vermelhas e, graças a uma acidez muito rica, consegue também refrescar. Vinificado e guardado em ânforas durante um ano, é um vinho para massas ao molho à bolonhesa.

90 RESERVA ESPECIAL
Malbec 2019
$ | COLCHAGUA | **14.5°**

Suculento e maduro, este tinto envolve todo o paladar com seus sabores quentes e amigáveis. Tem um corpo muito bom, suficiente para acompanhar carnes grelhadas ou cozidas, mas também uma acidez muito boa que consegue dar uma sensação de equilíbrio. Este é um tinto de inverno.

OUTROS VINHOS SELECIONADOS

89 | DELVIENTO Pinot Noir 2019 | Colchagua Costa | 13.5° | **$$$$**
89 | INSPIRACIÓN Riesling 2019 | Colchagua Costa | 12.5° | **$$$$**
89 | RESERVA Cabernet Sauvignon, Petit Verdot 2019 | Colchagua | 14° | **$$**
89 | RESERVA Carménère, Malbec 2019 | Colchagua | 14° | **$$**

Flaherty Wines.

PROPRIETÁRIO Edward Flaherty
ENÓLOGO Edward Flaherty
WEB www.flahertywines.com
RECEBE VISITAS Sim

• **PROPRIETÁRIO & ENÓLOGO**
Edward Flaherty

[**O ENÓLOGO** Ed Flaherty e sua esposa, Jennifer Hoover, têm esse projeto desde 2004. "Começou com quatro barricas, duas de Syrah e duas de Cabernet", diz Jennifer. Hoje ambos se dedicam cem por cento a Flaherty Wines e produzem 50 mil garrafas por ano de seus vinhedos em Aconcágua, onde tudo começou (Flaherty foi durante anos enólogo da Errázuriz, cuja sede está localizada naquele vale), e também em Cauquenes, uma das áreas mais tradicionais e históricas do Vale do Maule.] **IMPORTADOR:** BR: www.vinhododragao.com.br

93 FLAHERTY CAUQUENES
Tempranillo, Petite Sirah, País 2017
$$$ | C A U Q U E N E S | **14.5°**

Esta mistura completamente incomum de 52% Tempranillo, 39% Petite Sirah e 9% País vem de vinhedos sem irrigação no Vale do Maule. Amadurecido por 18 meses em barricas e em tonéis, tem todo o caráter selvagem dos vinhos da região. Os aromas lembram flores, ervas e frutas negras, enquanto na boca os taninos fazem uma festa selvagem na língua, picando-a e vibrando. Os sabores frutados transbordam o paladar em um tinto para beber agora com cordeiro, mas também para esperar quatro a cinco anos.

92 FLAHERTY ACONCAGUA
Syrah, Cabernet Sauvignon, Petit Verdot, Tempranillo 2018
$$$ | A C O N C Á G U A | **14.5°**

Esta é uma seleção de quatro variedades, plantadas em três vinhedos em diferentes áreas do Vale do Aconcágua, e é uma espécie de resumo deste vale quente, uma hora ao norte da cidade de Santiago. Conservado em barricas por 16 meses, está pronto para beber. De textura muito suave, cheio de sabores de frutas vermelhas maduras e especiarias, o vinho desliza pela boca com graça e sem arestas. Um daqueles vinhos de que perfeitos para acompanhar ensopados.

Gandolini.

PROPRIETÁRIOS Stefano Gandolini & Fernando Izquierdo
ENÓLOGO Stefano Gandolini
WEB www.gandoliniwines.com
RECEBE VISITAS Não

• **ENÓLOGO** Stefano Gandolini

[**NA REGIÃO** de Buin de Alto Maipo, o enólogo e sócio da Ventolera, Stefano Gandolini, tem esse projeto pessoal, um Cabernet Sauvignon 100% com apenas três safras no mercado. Sua origem remonta a 2001, quando comprou um campo em Buin, onde plantou parras em alta densidade. Para o projeto, Gandolini estudou minuciosamente o solo e também o carvalho das barricas onde o vinho é envelhecido por dois anos, procurando um tipo de madeira que afetasse o mínimo possível a sensação do lugar. Gandolini possui 70 hectares de vinhedos plantados em 2001, 2003 e 2005. O enólogo batizou o vinho de Las 3 Marías Vineyards, em homenagem ao nome compartilhado por sua avó, mãe e esposa.] **IMPORTADOR:** BR: www.wine-co.com.br

96 LAS 3 MARÍAS VINEYARDS
Cabernet Sauvignon 2015
$$$$$ | MAIPO ANDES | **14.5°**

Stefano Gandolini, enólogo e sócio da Viña Ventolera, vem construindo este projeto desde 2001, quando convenceu seu pai a comprar um imóvel na área de Buin que ele plantou com Cabernet Sauvignon de alta densidade (cerca de sete mil plantas por hectare, quase o dobro do normal no Chile) nos solos aluviais do rio Maipo, na área do Alto Maipo. O vinho estagiou 31 meses em barricas, todas em madeira nova. Este ano, uma vindima bastante quente, tem estampado notas de frutas vermelhas maduras e voluptuosas e frutas negras, com destaque para o calor do álcool, mas também com taninos firmes e severos que cuidam do vinho para que não perca seu equilíbrio. Não abra esta garrafa por pelo menos cinco anos.

Garage Wine Co.

PROPRIETÁRIOS Derek Mossman, Pilar Miranda & Álvaro Peña

ENÓLOGOS Derek Mossman, Pilar Miranda & Álvaro Peña

WEB www.garagewineco.cl

RECEBE VISITAS Sim

· **PROPRIETÁRIOS & ENÓLOGOS**
Derek Mossman, Pilar Miranda & Álvaro Peña

[**O QUE** começou em 2001 como um projeto entre amigos, de algumas garrafas para consumo próprio, hoje é um empreendimento suntuoso, de uma produção que se aproxima a 70 mil garrafas por ano. Mantém, no entanto, o espírito original com o qual os enólogos Derek Mossman, Pilar Miranda e Alvaro Peña criaram a Garage Wine Co.: fazer vinhos experimentais e artesanais, como eles os definem. Eles trabalham com pequenos produtores do Maule e, em menor grau, Maipo, fazendo com suas uvas pequenos tiragens de rótulos que, em geral, adotam o nome do vinhedo de origem. Entre suas especialidades está o trabalho com a Carignan, uma variedade que ocupa um papel de liderança em alguns de seus melhores vinhos.]

95 CRU TRUQUILEMU CARIÑENA
Cariñena 2018
$$$$$ | EMPEDRADO | **12.7°**

A Garage Wine seleciona vinhas de uma pequena vinha de 2,5 hectares plantada em solos de granito, cerca de 75 anos atrás na área de Truquilemu. A maior parte é Carignan, embora haja Syrah e Monastrell enxertados em vinhas antigas. O que estas vinhas dão é um suco de cerejas vermelhas, ácidas e vibrantes, um Carignan que representa claramente o caminho que esta uva percorreu no Chile, desde que era uma massa de cimento –com frutos maduros e extra concentrados– até agora, que tem torna-se um tinto para acompanhar comida e refrescar. Este é um dos melhores exemplos desse novo estilo.

95 TRUQUILEMU V. LOT 97
Cariñena, Monastrell 2018
$$$$ | EMPEDRADO | **13°**

Lot 97 é basicamente um Carignan com 5% de Monastrell, todos de vinhas plantadas na área de Truquilemu, em D. O. Empedrado, próximo à costa do Maule. Aquela influência fria do mar está muito presente aqui, marcando ainda mais a acidez já firme, mas sobretudo o lado tinto e refrescante dos sabores da fruta. É uma sensação potente, crocante, com taninos firmes e um final à base de ervas que acentua ainda mais aquele frescor. Hoje está delicioso e perfeito com charcutaria, mas com certeza tem um grande futuro pela frente e a questão é: como será este vinho daqui a dez anos? Taninos, acidez e sabores frutados há para que a resposta seja positiva.

94 BAGUAL VINEYARD CGM LOT 96
Cariñena, Garnacha, Monastrell 2018
$$$$ | MAULE | 13.5°

O vinhedo Bagual está localizado às margens do rio Perquilauquén, em solos aluviais da região de San Javier, no vale do Maule. São solos graníticos, e isso pode ser visto neste vinho de 40% Carignan, 40% Garnacha e 20% Monastrell, todos enxertados em vinhas velhas. O frescor da fruta é forte neste vinho, a sensação de potência que confere a acidez ao Carignan aqui desempenha um papel fundamental. Um tinto para guarda, mas delicioso agora com um prato de charcutaria.

94 ISIDORE V. SÉMILLON LOT F2
Sémillon 2019
$$$$ | SAUZAL | 12.9°

Garage compra as uvas para esta Sémillon num pequeno vinhedo de um hectare na zona de Sauzal, no interior do vale do Maule. É uma vinha antiga, com cerca de 65 anos, época em que esta casta era popular nas mesas da capital chilena. Hoje o Sémillon vive um importante renascimento, e nesse grupo de produtores que tenta devolver a fama à uva, podemos incluir Garage com este delicioso branco, herbáceo e ao mesmo tempo rico em notas de mel. A textura é densa, com taninos firmes, produto do contato com as suas cascas durante quase um ano, o que lhe confere uma estrutura imponente e monolítica, mas sem amargor, problema frequente nos vinhos deste estilo.

94 SAUZAL VINEYARD LOT 95
Garnacha, Cariñena, Monastrell 2018
$$$$ | EMPEDRADO | 14°

Este blend tem 50% Grenache mais 40% Carignan e o resto Monastrell, todos de vinhedos plantados na área de Sauzal, quase na fronteira com Truquilemu, na parte mais costeira desta área no Vale do Maule. E é um suco delicioso com tons florais e frutas vermelhas puras em meio a taninos ferozes e selvagens, cheio de juventude e vitalidade. Os sabores são profundos, a fruta não cede, mas expande-se à medida que o vinho avança na boca. Um tinto para esperar cinco anos na garrafa ou beber agora com embutidos.

94 VIGNO
Cariñena 2018
$$$$ | MAULE | 12.7°

A Garage Wine Co. obtém as uvas para o **Vigno** de um antigo vinhedo Carignan plantado por volta da década de 1940 na região costeira de Truquilemu, no Vale do Maule. Envelhecido em barricas velhas durante cerca de 18 meses, é um exemplo fiel daquela região influenciada pela brisa do mar. Aqui a potência da acidez, uma estrutura determinada por taninos vivos, e por um corpo bastante leve, mas ao mesmo tempo repleto de deliciosos sabores de fruta que o tornam inevitável continuar a beber. Com porco defumado, este fica perfeito.

93 215 BC FERMENT SINGLE FERMENT SERIES
País 2019
$$$ | SECANO INTERIOR CAUQUENES | 13°

Este País vem de duas vinhas, uma em Truquilemu, numa das zonas mais frescas de Maule, e a outra em Sauzal, um pouco mais para o interior e mais quente. O mix funciona em um País com muita fruta e frescor. E, além disso, uma textura muito dócil. Os taninos rústicos e ardentes da variedade são sentidos aqui no final. Todo o caminho anterior é suave e refrescante.

93 BAGUAL VINEYARD GARNACHA LOT 99
Garnacha 2018
$$$$ | MAULE | 14.5°

Enxertada em vinhas muito antigas (mais de um século e meio), esta Grenache provém de vinhedos de solos graníticos nas margens do rio Perquilauquén, no Vale do Maule. Amadurecido por dois invernos em barricas usadas, traz um Grenache leve, focado nos sabores de frutas, mas ao mesmo tempo com uma acidez linear e suculenta. Tem notas florais, mas também tons terrosos num tinto para beber fresco no verão.

93 OLD VINE PALE LOT 93
Cariñena, Mataro 2019
$$$ | EMPEDRADO | 12.5°

Da zona de Truquilemu, localidade costeira do Vale do Maule, este rosé tem o aspecto de um clarete, aquele rosa intenso, quase como um vermelho pálido. O blend é composto por 95% de Carignan e o restante de Monastrell. Uma parte fermenta sem as cascas e a outra é uma sangria (daí a cor intensa); depois envelhece por um inverno em barricas velhas. É um rosé atípico, de cor profunda (muito contra a tendência dos rosés claros) e frutas vermelhas maduras intensas no nariz e na boca. A textura é suave, cremosa e acidez firme, mas ao mesmo tempo suculenta. Um vinho perfeito para paella.

93 PORTEZUELO V. CINSAULT LOT 84
Cinsault 2019
$$$$ | SECANO INTERIOR PORTEZUELO | 13°

Dos dois Cinsault que agora possui a Garage, este vem da região de Portezuelo, local mais quente cuja colheita é pouco mais de uma semana antes do outro Cinsault da casa que vem de Guarilihue, próximo ao litoral de Itata. E essa situação climática se percebe aqui com frutas mais maduras e doces que sua "prima". Este vinho tem peso, mas mantém aquela suculenta acidez dos tintos Garage e aqui transforma-se numa sensação acentuada e tensa. Este Cinsault foi plantado há cerca de 50 anos em solos de granito e argila.

93 SOOTHSAYERS FERMENT SINGLE FERMENT SERIES Cinsault 2019
$$$ | SECANO INTERIOR COELEMU | 13°

Este Cinsault provém de vinhedos plantados há 60 anos nos solos graníticos de Guarilihue, a zona mais costeira do Vale do Itata. Daí obtêm-se normalmente vinhos tensos e frescos, como neste caso, onde as frutas vermelhas e as notas florais de Cinsault se misturam numa acidez e num corpo suculento e médio, com uma textura firme e viva. Um vinho ao mesmo tempo frutado e mineral, carregado de tons terrosos no final da boca.

93 TRUQUILEMU VINEYARD LOT 84
Syrah 2018
$$$$ | EMPEDRADO | 12.5°

Truquilemu, próximo à costa do Maule, no D.O. Empedrado, é um dos locais mais próximos do mar e, portanto, o mais frio do vale. Isto é fortemente sentido neste Syrah muito atípico nas suas notas especiados e herbáceas, nas notas de carne e na boca de taninos firmes e agudos. Parece muito jovem, mas também é irresistível não pensar em beber agora com costeletas de porco ao molho barbecue ou algo com aquele tipo de doçura que contrabalança aquela acidez crocante.

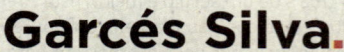

Garcés Silva.

PROPRIETÁRIO Família Garcés Silva
ENÓLOGO Diego Rivera
WEB www.vgs.cl
RECEBE VISITAS Não

**• DIRETOR TÉCNICO & OPERAÇÕES
& ENÓLOGO** Ignacio Casali & Diego Rivera

[**AMAYNA FOI** uma das primeiras vinícolas a apostar em Leyda, por volta de 1999, quando a viticultura não havia se desenvolvido e não havia como prever que essa área fria e costeira se tornaria uma das denominações mais prestigiadas do Chile. De propriedade da família Garcés Silva, Amayna - cujo nome se refere à diminuição da intensidade do vento: amainar - se distinguiu desde o início de outros produtores de Leyda com vinhos mais maduros e brancos envelhecidos em madeira, como o Sauvignon Blanc Barrel Fermented, dos mais únicos do cenário nacional. O estilo da vinícola foi desenhado pelo enólogo suíço Jean-Michel Novelle, que continua sendo um consultor. Desde 2015 o enólogo é Diego Rivera.]

IMPORTADOR: BR: www.mistral.com.br

95 AMAYNA
Syrah 2018
$$$$ | LEYDA | 14.5°

Uma excelente aproximação aos Syrahs costeiros de clima frio no Chile, aqui antes daquela exuberância da videira em frente ao mar, antes daqueles aromas de carne e aquelas cascatas de frutas negras ácidas, o que se obtém é algo mais austero; os aromas são terrosos e a fruta é vermelha madura, com algumas especiarias. Mas é na boca que está o grande diferencial. É tenso, com taninos firmes como garras e acidez severa. Este Syrah é para guarda, embora agora seja uma boa alternativa com um curry de cordeiro.

95 AMAYNA CORDÓN HUINCA
Sauvignon Blanc 2020
$$$$ | LEYDA | 14°

Este **Cordón Huinca** provém de vinhas jovens, plantadas numa colina em 2012. A cerca de 12 quilômetros do mar, apresenta solos graníticos expostos, com baixíssima fertilidade. Debruçada sobre o oceano, a vinha recebe a fresca influência das brisas marítimas que lhe conferem um toque salgado. A característica central, porém, é aquela acidez firme e muito linear, contrastando com os sabores de frutas maduras e especiarias. Um dos vinhos com mais personalidade de Leyda, este Sauvignon precisa de alguns anos na garrafa para ganhar ainda mais complexidade.

93 AMAYNA
Chardonnay 2018
$$$ | LEYDA | 14°

Este **Amayna** provém dos vinhedos mais antigos da propriedade, plantados em 2000 nas colinas de granito da Cordilheira da Costa, no Vale do Leyda. Fermentado e envelhecido em tonéis durante 14 meses, apresenta um lado suculento e voluptuoso da casta. Aqui surgem notas de especiarias, mas principalmente sabores de fruta madura acompanhados por uma rica acidez e ligeiras notas salgadas. Um Chardonnay corpulento e ao mesmo tempo com uma acidez muito forte e refrescante, intimamente ligada à influência fresca que o mar oferece.

93 AMAYNA
Sauvignon Blanc 2020
$$$ | LEYDA | 14°

A base deste vinho são as primeiras vinhas que Amayna plantou em Leyda, em 2000. Numa safra quente, a vindima avançou alguns dias para garantir frescor, num vinho que hoje se sente com um fundo de fruta delicioso, matizado por ervas aromáticas e com uma textura muito cremosa e macia. Um vinho um pouco mais tenso e linear do que o estilo usual da casa, mas ainda assim um exemplo muito bom da região, distante cerca de 12 quilômetros do frio Oceano Pacífico.

93 AMAYNA GARDEN BLEND
Garnacha, Syrah, Petit Verdot, Cabernet Sauvignon 2017
$$$$$ | LEYDA | 14°

Trata-se de uma mistura de quatro pequenos vinhedos localizados em diferentes setores do cerro Cordón Huinca. Consiste em apenas quatro fileiras de um jardim de variedades que Garcés Silva plantou para ver a adaptabilidade das diferentes variedades ao clima frio de Leyda. A mistura deste ano inclui 40% Grenache, 30% Syrah, 20% Petit Verdot e o restante Cabernet Sauvignon. O vinho é fruta antes de mais nada, com notas de frutas negras em meio a um corpo de grande intensidade e carga tânica, mas ao mesmo tempo fruta suculenta e sabores de ervas. Um tinto robusto para acompanhar com cordeiro.

92 AMAYNA
Pinot Noir 2018
$$$$ | LEYDA | 14°

A textura firme, quase rústica, deste Pinot é a sua característica mais importante, uma textura que prende a boca com os seus taninos jovens e selvagens. Os sabores e aromas são bastante terrosos, embora também se percebam sabores de frutas vermelhas maduras. Um vinho amplo, mas ao mesmo tempo com uma acidez intensa, que está intimamente ligada à influência fria do Oceano Pacífico. Um Pinot que precisa de algum tempo na garrafa para acalmar aquela textura, ou um prato de charcutaria.

92 BOYA ROSÉ
Pinot Noir 2020
$$ | LEYDA | 12.5°

Cem por cento Pinot Noir de vinhas com dez anos plantadas em solos rochosos nas encostas suaves da cordilheira da Costa, no Vale do Leyda. Os cachos foram prensados diretamente e a cor se deve às breves horas que o mosto ficou em contato com as cascas na prensa. Fermentado em aço, e sobre as borras ou restos de leveduras mortas por três meses, aqui está um ponto forte incomum nos rosés chilenos desse preço. A estrutura é firme, quase tânica, com uma acidez acentuada e muitos sabores ácidos de frutas vermelhas que o tornam um suco delicioso. Ideal para matar a sede no verão.

91 BOYA
Sauvignon Blanc 2020
$ $ | L E Y D A | **12.5°**

Boya é o Sauvignon básico de Garcés Silva e é constituído por vinhas com cerca de 13 anos em solos graníticos e argilosos nas colinas suaves da serra da Costa, no Vale do Leyda. Este é um exemplo clássico de Sauvignon do vale; os aromas de ervas, a forte intensidade no nariz, o corpo leve, mas marcado por uma acidez firme e acentuada. Uma fotografia nítida de um local fortemente influenciado pela brisa do mar.

90 BOYA
Chardonnay 2019
$ $ | L E Y D A | **12.5°**

Entre os sabores maduros levemente adocicados que este branco mostra, sente-se uma acidez firme que fala da influência fria do Oceano Pacífico, distante cerca de 12 quilômetros em linha reta. Tem sabores suculentos de fruta branca e alguma especiaria num corpo muito suave. Pense em um gravlax para acompanhar.

Gillmore.

PROPRIETÁRIOS Francisco & Daniella Gillmore
ENÓLOGO Andrés Sánchez
WEB www.gillmore.cl
RECEBE VISITAS Sim

· PROPRIETÁRIA & ENÓLOGO
Daniella Gillmore & Andrés Sánchez

[GILLMORE É uma das vinícolas mais representativas do Vale do Maule e, em particular, da viticultura de secano que é praticada nas colinas da cordilheira da Costa. Lá eles têm 50 hectares no setor Loncomilla. Seu fundador é Francisco Gillmore, que comprou a propriedade em 1989, e desde 2001 é liderado por sua filha Daniella Gillmore e seu genro, o enólogo Andrés Sánchez. Desde então, o casal tem orientado os vinhos para melhorar seu frescor e senso de lugar. Lá eles têm variedades como Cabernet Sauvignon, Cabernet Franc e Merlot, que foram enxertadas em vinhedos há mais de cem anos.]

94 HACEDOR DE MUNDOS
Merlot 2018
$ $ $ | M A U L E | **14°**

Este Merlot vem de uma seleção massal que foi enxertada em vinhas de País no vinhedo Gillmore, em Tabontinaja. Segundo o enólogo Andrés Sánchez, os cachos são pequenos e produzem vinhos altamente concentrados, mas também resistem bem ao calor e à seca do Maule. É um vinho muito jovem, com uma estrutura sólida, construído a partir de taninos fortes. Os sabores frutados perduram no paladar até ao final, deixando uma sensação agradável. Deixe esta garrafa na adega por pelo menos cinco anos.

94 LA COLLEZIONE DEL MAULE
Primitivo, Sagrantino, Montepulciano, Dolcetto, Cesanecse 2018
$ $ $ | M A U L E | **13.4°**

Estas cinco variedades (20% de cada no lote) provêm de vinhedos plantados em 2013 em Tabontinaja, perto da adega Gillmore em Maule. É um material que Gillmore importou por volta de 2010 para encontrar alternativas ao sol intenso e aos solos vulcânicos do local. Neste caso, o quinteto de castas oferece um vinho frutado, uma pequena explosão de flores e frutas no nariz, enquanto no palato apresenta taninos firmes e vivos, aliados a uma acidez que marca claramente os contornos da língua. Diferentes sabores que mostram uma nova cara do Maule.

93 AGLIANICO DEL MAULE
Aglianico 2018
$$$ | MAULE | **14.4°**

O material para este Aglianico foi importado pela Gillmore por volta de 2010 para montar uma curta série de vinhos que mostram o Vale do Maule de uma forma diferente daquela estabelecida por uvas como a País ou a Cariñena. Neste caso, é um Aglianico bastante manso, sem a força e a acidez que oferece na Campânia, no sul da Itália. Notas de frutas vermelhas, muitas notas florais num corpo médio, taninos vivos e firmes aliados a uma acidez suculenta que mantém a potência.

92 VIGNO
Cariñena 2018
$$$ | MAULE | **14.4°**

O estilo de Carignan da Gillmore sempre se destacou pela concentração e maturidade e, nesses tempos, esse estilo sofreu mutações, mas sem alterar sua essência. Este tinto com 60 anos, plantado em solos graníticos (e envelhecido durante 18 meses em pipas e barricas) tem frutos suculentos e maduros, mas ao mesmo tempo uma acidez vibrante e suculenta. O seu corpo é bastante médio, com taninos agradáveis, embora presentes. Como toda Cariñena que se gaba disso, precisa de pelo menos três anos na garrafa para mostrar o que tem de melhor.

91 MARIPOSA RED BLEND
Cabernet Franc, Merlot, Syrah 2018
$$$ | MAULE | **14°**

De vinhas enxertadas na casta País, este blend de 60% Merlot, 30% Syrah e o resto de Cabernet Franc, é o vinho de entrada da Gillmore e é o mais simples e fácil do catálogo (junto com o País do Maule), com seus vinhos maduros notas de fruta e taninos dóceis, que se movem suavemente pela boca. Para ser servido fresco com hambúrgueres.

91 PAÍS DEL MAULE
País 2019
$$ | MAULE | **12.5°**

A Gillmore obtém este País de vinhas velhas de seus próprios vinhedos em Tabontinaja. Macerado muito brevemente, a ideia aqui era obter um vinho simples e fácil de beber. E conseguiu com um tinto rico em frutas vermelhas e com uma textura muito suave, sem os taninos selvagens que geralmente estão associados à casta, uma interpretação amigável e simples da casta.

González Bastías.

PROPRIETÁRIOS José Luis Gómez Bastías & Daniela Lorenzo
ENÓLOGO José Luis Gómez Bastías & Daniela Lorenzo
WEB www.vinosgonzalezbastias.com
RECEBE VISITAS Sim

· **PROPRIETÁRIOS & ENÓLOGOS**
Daniela Lorenzo & José Luis Gómez Bastías

[**JOSÉ LUIS GÓMEZ BASTÍAS** é a quinta geração de viticultores no Maule Costeiro e, como sempre foi feito em sua família, sua abordagem à vinificação é totalmente artesanal, não intervencionista, utilizando as mesmas técnicas ancestrais de seus antepassados. O vinhedo está localizado às margens do rio Maule, a cerca de 44 quilômetros do mar. Lá eles plantaram quatro hectares, principalmente de País, além de algo de Moscatel Negro e Rosado, todos de vinhedos muito antigos que, segundo José Luis, já têm mais de 200 anos desde que foram estabelecidos por sua família naqueles solos aluviais no interior seco do Vale do Maule, uma terra rica em tradições e cultura em torno do vinho.] **IMPORTADOR:** BR: www.vinhomix.com.br

VIÑA GONZÁLEZ BASTÍAS

95 PAÍS EN TINAJA
País 2019
$$$ | M A U L E   S E C A N O   C O S T E I R O | **13°**

Tinaja é uma seleção de um vinhedo cujos solos são ricos em argila e granito, que –segundo José Luis Gómez Bastías– conferem sabores diferentes mas, sobretudo, taninos com maior aderência. Os cachos são moídos com o método tradicional do "zarandeo", que consiste em moer as uvas em cestos de "colihue", uma espécie de bambu chileno. O vinho é envelhecido em ânforas de argila centenárias durante seis meses. E o resultado é um tinto delicioso na sua expressão frutada, mas ao mesmo tempo com uma poderosa rede de taninos que se desdobra aqui em torno de suculentos e encantadores sabores de frutas vermelhas. O estilo deste Tinaja mostra que um vinho feito com métodos ancestrais não entra necessariamente em conflito com a boa enologia ou, melhor, com a higiene, um problema recorrente entre muitos produtores artesanais chilenos.

93 GONZÁLEZ BASTÍAS
Sémillon, Torontel 2019
$$$ | M A U L E   S E C A N O   I N T E R I O R | **12.3°**

Trata-se de uma mistura de 60% de Torontel e 40% de Sémillon, macerados com suas películas por seis dias e envelhecidos sem elas em tonéis por seis meses. Torontel é geralmente uma variedade exuberante em aromas e sabores e também pode ser cansativa; No entanto, a Sémillon - uma uva muito mais austera - parece acalmar esse ímpeto ao criar um branco muito mais moderado, rico em notas florais, mas também com espaço para notas menos exuberantes como mel e frutas brancas. Na boca é redonda e cremosa. Um vinho para acompanhar peixe defumado.

93 MATORRAL
País 2019
$$$ | M A U L E   S E C A N O   I N T E R I O R | **13°**

Matorral é uma mistura de diferentes setores do vinhedo González Bastías, além de uvas que compram de moradores desse setor na costa do Maule. São vinhas muito velhas, com cerca de 200 anos, que são moídas com a tradicional "peneira" e fermentadas em tonéis abertos de cimento e tonéis de raulí. O envelhecimento é de cerca de seis meses em tonéis de madeira com 80 anos. O resultado é um País quase delicado, com taninos muito firmes e ásperos, agulhas na boca. A fruta é vermelha intensa, com tons florais num vinho refrescante e suculento. Uma mudança importante neste tinto, que nas últimas safras mudou significativamente, e tudo graças às safras anteriores que lhe deram brilho.

92 NARANJO
Moscatel Rosado, Torontel, País 2019
$$$ | M A U L E S E C A N O I N T E R I O R | **12.3°**

Este blend é uma espécie de síntese dos vinhos brancos da vinha González Bastías, mais o mosto da País, que envelhece cerca de 60 dias (as vinhas brancas com as cascas) em cubas de cimento. O vinho é então armazenado em tonéis de raulí por seis meses para ser engarrafado no início da primavera. O nariz tem todo o perfume de uvas Moscatel, flores e frutas brancas. Na boca tem muita suavidade, sabores frutados e cítricos, e um final fresco e saboroso.

Hacienda Araucano.

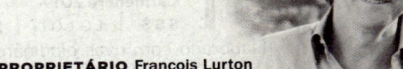

PROPRIETÁRIO François Lurton
ENÓLOGO Diego Vergara
WEB www.haciendaaraucano.cl
RECEBE VISITAS Sim

• **PROPRIETÁRIO** François Lurton

[**O ENÓLOGO**] François Lurton - com vinícolas na Argentina, Espanha e França, e membro de uma família de Bordeaux que está no ramo do vinho há várias gerações - tem esse projeto em Lolol, na parte oeste do Vale de Colchagua, a 40 quilômetros do Pacífico. Ele começou por volta de 2000 com seu irmão Jacques Lurton, com quem chegou ao Chile nos anos 90 para aconselhar a vinícola San Pedro, mas agora ele está sozinho. Possui um vinhedo de 28 hectares, com variedades como Carménère, Pinot Noir e Syrah, gerido de forma biodinâmica, como o sistema que propõe o equilíbrio biológico dos solos e considera a influência das estrelas é conhecido.] **IMPORTADOR:** BR: www.supernosso.com.br

94 CLOS DE LOLOL WHITE BLEND
Sauvignon Blanc, Chardonnay 2019
$$$$ | L O L O L | **14°**

Como forma de resumir o caráter dos vinhos e dos vinhedos de Lurton em Lolol, um total de 28 hectares administrados biodinamicamente, a vinícola possui dois vinhos da marca Clos de Lolol. Este branco é um blend de 90% de Sauvignon Blanc e o restante de Chardonnay, envelhecido por cerca de onze meses em barricas, metade delas novas. O resultado é um vinho delicioso, com tons salgados e toques florais, muito ao estilo dos vinhos Graves do sul de Bordeaux, embora com o toque de fruta madura do clima quente de Lolol. A boca é profunda, com sabores densos. Mantenha-o por pelo menos quatro a cinco anos em guarda.

93 HUMO BLANCO EDICIÓN LIMITADA
SIN SULFITOS Carménère 2020
$$$ | L O L O L | **13.5°**

Este **Sin Sulfito**s é uma experiência do enólogo Diego Vergara para produzir um Carménère da forma mais natural possível, o que neste caso significa apenas com uvas. Os sulfitos são agentes de higiene que são adicionados em diferentes fases da produção do vinho. Neste caso, optou-se por colher as uvas muito cedo na época para que um baixo pH (ou elevada acidez natural) proteja o vinho de possíveis ataques bacterianos. E o que parece beneficiar é a fruta deste vinho tinto, a clareza dos sabores da fruta negra e os deliciosos toques especiados que unem notas de chocolate na boca. É um vinho exuberante, macio, cremoso e muito fácil de beber.

92 CLOS DE LOLOL RED BLEND (ORGÁNICO - BIODINÁMICO)
C. Franc, Carménère, Syrah, C. Sauvignon, Malbec 2018
$$$$ | LOLOL | **14°**

Como forma de resumir o caráter dos vinhos e dos vinhedos de Lurton em Lolol - um total de 28 hectares administrados biodinamicamente - a vinícola possui dois vinhos da marca Clos de Lolol. A versão deste ano é 36% Carménère, 25% Syrah, 25% Cabernet Franc, 10% Cabernet Sauvignon e percentagens semelhantes de Malbec e Petit Verdot. É exuberante em frutas negras maduras, mas não ao extremo de ser exaustivo. A textura é macia, mas com carga de tanino suficiente para construir uma estrutura firme que resiste ao peso desses densos sabores de frutas. Outro vinho para esperar pelo menos três anos.

91 HUMO BLANCO EDICIÓN LIMITADA
Carménère 2019
$$$ | LOLOL | **13.5°**

Elaborado com uvas biodinâmicas do vinhedo Lurtons em Lolol, a oeste do Vale do Colchagua, este Carménère é fermentado com leveduras indígenas e envelhece cerca de dez meses em barricas. O resultado é um vinho muito suculento. A madeira oferece notas tostadas que aparecem em equilíbrio com a forte presença da fruta. A textura é macia, e a acidez, amigável.

91 HUMO BLANCO EDICIÓN LIMITADA
Sauvignon Blanc 2020
$$$ | LOLOL | **13.5°**

Este cem por cento Sauvignon Blanc vem de uvas cultivadas sob os preceitos do biodinamismo no vinhedo Lurton na área de Lolol, cerca de 30 quilômetros do mar, em Colchagua. As brumas da manhã permitem produzir brancos frescos como este, com tons herbáceos, mas também com muito bom corpo, embora com muita acidez.

90 ARAUCANO RESERVA
Cabernet Sauvignon 2018
$$ | COLCHAGUA | **13.5°**

Este Cabernet está localizado nas áreas de Peralillo, Apalta e Lolol, em diferentes partes do Vale de Colchagua, e é o Cabernet de entrada da Lurton. É um tinto muito frutado, com excelente acidez e um nível de doçura bastante baixo, o que acentua a refrescância dos sabores. Outro tinto simples e acessível, mas muito bem feito.

90 ARAUCANO RESERVA
Carménère 2019
$$ | COLCHAGUA | **13.5°**

Este tinto é composto por diferentes vinhedos de diferentes setores do Vale de Colchagua e é a porta de entrada da Lurton para o Carménère, variedade à qual eles deram especial atenção. Aqui está uma boa amostra da uva, com os seus toques herbáceos, mas sobretudo frutado num corpo macio, com uma boa concentração de sabores. Um Carménère simples

90 ARAUCANO RESERVA (RESERVA LURTON)
Chardonnay 2020
$$ | COLCHAGUA | **13.5°**

Com nítida influência da barrica - mas também com 13% de Sauvignon Blanc e 2% Viognier–, este "Chardonnay" é floral e herbáceo. A madeira é o componente principal, mas o equilíbrio das notas frutadas e florais, sobretudo na boca, onde se sente uma acidez suculenta, e as notas da Viognier, apesar da sua baixa percentagem no lote, ganham destaque.

90 HUMO BLANCO GRAND CUVÉE
Pinot Noir 2019
$$$$ | LOLOL | **14.5°**

Um Pinot ainda muito jovem, a madeira está em primeiro plano, deixando para trás as notas de frutas vermelhas maduras que formam uma espessa camada à espera de destaque. Na boca é também jovem, com uma textura firme construída a partir de taninos selvagens. A dica é decantar antes de servir.

OUTRO VINHO SELECIONADO

88 | HUMO BLANCO EDICIÓN LIMITADA Pinot Noir 2019 | Lolol | 13.5° | **$$$**

Haras de Pirque.

PROPRIETÁRIO Antinori Chile SPA

ENÓLOGA Cecilia Guzmán

WEB www.harasdepirque.com

RECEBE VISITAS Sim

• **ENÓLOGA** Cecilia Guzmán

[**A CADEIRA DE MONTANHAS** de Pirque, em Alto Maipo, abriga esta vinícola que costumava ser da família Matte, mas que hoje pertence inteiramente aos italianos de Antinori, da prestigiosa vinícola toscana e uma família cuja ligação com o vinho remonta ao século XIV. Haras de Pirque nasceu em 2000, contando com Cecilia Guzmán como enóloga desde o início. A empresa possui lá cem hectares de vinhedos e uma vinícola conhecida por sua arquitetura particular, que simula uma ferradura. Seu vinho distinto é Albis, uma mistura Cabernet Sauvignon-Carménère nascida dos melhores quartéis do vinhedo.]

ALBIS

96 ALBIS
Cabernet Sauvignon, Carménère 2018
$$$$$ | MAIPO | **13.5°**

Já provamos este vinho para a versão 2020 do Descorchados. Naquela primeira prova, a mudança para um estilo mais tenso e fresco pareceu-nos importante, privilegiando as frutas vermelhas. Um ano depois, essa sensação continua, embora agora com um pouco mais de complexidade, embora com o mesmo estilo potente que o vinho exibiu na juventude. Em todo caso, ainda é um tinto muito jovem. Dê pelo menos mais cinco anos. **Albis** teve a sua primeira versão em 2001 e sempre foi, com percentagens diferentes, uma mistura de Cabernet Sauvignon e Carménère. Este ano o blend tem 60% de Cabernet Sauvignon dos primeiros vinhedos que o Haras de Pirque plantou em 1991, nas áreas planas em frente à vinícola, mais 40% de Carménère de vinhedos nas colinas.

94 ALBACLARA
Sauvignon Blanc 2020
$ $ | LEYDA | **13°**

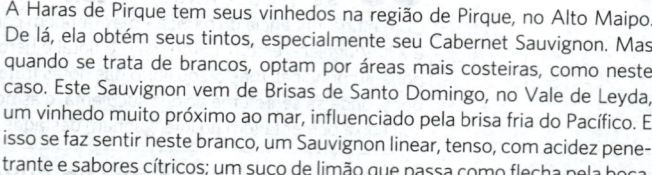

A Haras de Pirque tem seus vinhedos na região de Pirque, no Alto Maipo. De lá, ela obtém seus tintos, especialmente seu Cabernet Sauvignon. Mas quando se trata de brancos, optam por áreas mais costeiras, como neste caso. Este Sauvignon vem de Brisas de Santo Domingo, no Vale de Leyda, um vinhedo muito próximo ao mar, influenciado pela brisa fria do Pacífico. E isso se faz sentir neste branco, um Sauvignon linear, tenso, com acidez penetrante e sabores cítricos; um suco de limão que passa como flecha pela boca.

93 HUSSONET
Cabernet Sauvignon 2018
$ $ $ | MAIPO ANDES | **14°**

Este Cabernet Sauvignon vem dos vinhedos de Pirque, plantados em 1990 nesta região do Alto Maipo, nas montanhas que precedem a Cordilheira dos Andes. Aqui está um forte sentido de lugar. Aromas fitoterápicos e frutados se misturam a toques terrosos e especiados. A textura é firme, com taninos bem polidos, mas ao mesmo tempo ampla, perfurando o paladar com elegância, como agulhas muito finas. O resto vai ser dado pelo tempo neste vinho que agora se sente muito jovem, mas que já mostra um grande sentido de lugar.

91 HARAS DE PIRQUE
Chardonnay 2020
$ $ | CASABLANCA | **13.5°**

Para este Chardonnay, o Haras de Pirque compra uvas no litoral do Vale de Casablanca, a oeste da cidade de Santiago. E esta safra mostra o calor do ano num vinho amplo, de grande maturidade, com tons doces e uma textura cremosa, bem como detalhes suaves de especiarias e madeira tostada.

91 RESERVA DE PROPIEDAD
Cabernet Franc, Cabernet Sauvignon, Carménère 2018
$ $ | MAIPO ANDES | **14°**

Este blend tem 60% de Cabernet Sauvignon, 15% de Cabernet Franc e o restante de Carménère, todos da vinha Pirque, em Alto Maipo. Este é o tinto básico do Haras de Pirque e é uma ótima maneira de conhecer o catálogo da vinícola. Os aromas herbáceos da Cabernet desta parte do Alto Maipo, uma região ao pé da Cordilheira dos Andes, são claramente sentidos neste **Reserva de Propiedad**. E a isso se somam as notas frutadas, os sabores suculentos de um vinho que, como porta de entrada, funciona muito bem.

Hugo Casanova.

PROPRIETÁRIO Hugo Casanova Moller
ENÓLOGA Mónica Madariaga Peñaloza
WEB www.hugocasanova.cl
RECEBE VISITAS Não

· PROPRIETÁRIOS
Hugo A. Casanova & Hugo E. Casanova

[**A FAMÍLIA** se estabeleceu no Chile no final do século XIX, quando o imigrante italiano Eliseo Casanova comprou terras no Vale de Itata. Seu filho Aldo mudaria a base de operações do vinhedo nascente em direção ao Vale do Maule, um lugar que até hoje é identificado com os vinhos desta casa de Talca, embora também obtenham frutos dos vales de Colchagua e Curicó.]

IMPORTADOR: BR: www.hbexonline.com.br

91 ### NANCUL FAMILY RESERVE
Cabernet Sauvignon, Syrah 2016
$$ | M A U L E | **13.5°**

Depois das notas de barrica - onde estagiou durante um ano - é possível sentir a pureza dos sabores da fruta neste blend de Cabernet e Syrah proveniente de vinhas plantadas no início dos anos 70 em Curicó. Os solos argilosos, em vez de oferecer um corpo largo e rechonchudo, mostram frutas frescas; um caráter primaveril que também pode estar relacionado com o frio da safra. De qualquer forma, este vinho é fácil de beber, mas ao mesmo tempo elegante e equilibrado.

91 ### NANCUL ORIGIN 2016
Cabernet Sauvignon, Malbec, Syrah 2016
$$$ | M A U L E | **14°**

Existe um certo frescor frutado por trás da madeira onde este vinho estagiou durante um ano; as notas de frutas frescas emergindo no meio de um corpo leve, muito bem equilibrado, com taninos elegantes e suaves. É fresco, talvez graças à safra de 2016 que foi uma das mais frescas da década. Um tinto com tudo no lugar.

OUTROS VINHOS SELECIONADOS

88 | RESERVE COLLECTION Cabernet Sauvignon 2018 | Maule | 13.5° | **$**
87 | RESERVE COLLECTION Malbec 2018 | Curicó | 14° | **$**

Indómita.

PROPRIETÁRIO Changyu Pioneer Wine Company
ENÓLOGO Diego Covarrubias
WEB www.indomita.cl
RECEBE VISITAS Sim

· ENÓLOGO Diego Covarrubias

[**INDÓMITA** é um dos vinhedos mais conhecidos de Casablanca, em parte porque, vindo de Santiago, é um dos primeiros do vale. É também um dos mais visíveis, devido à localização em altura, em uma colina, da vinícola. Lá em Casablanca eles têm 150 hectares de vinhedos e em Maipo têm outros 350, especificamente no setor Longovilo. Sua oferta de vinhos começa com a linha Gran Reserva, continua com a linha Duette e fecha com o Cabernet Zardoz, o top da vinícola. A Indómita pertence à Changyu Pioneer Wine Company, também dona das vinícolas Porta, Agustinos e Santa Alicia.] **IMPORTADOR:** BR: www.barrinhas.com.br

94 ZARDOZ ULTRA PREMIUM
Cabernet Sauvignon 2018
$$$$ | MAIPO | 14.2°

Um exemplo claro de Cabernet Alto Maipo, vem da tradicional zona de Mariscal, no início do sopé dos Andes. Apresenta tons de ervas e frutas vermelhas maduras, além de alguns toques terrosos. Na boca, a rede de taninos move-se com energia e elegância ao mesmo tempo, sem causar sensação de aspereza, mas sim de potência. A generosa camada de frutas vermelhas faz o resto neste excelente tinto com muito sentido de lugar.

92 DUETTE PREMIUM
Cabernet Sauvignon, Carménère 2018
$$$ | MAIPO | 14.8°

A região de Maipo Costa, a oeste do Vale do Maipo, tem muito bons exemplares de Cabernet Sauvignon e Carménère, tintos que tendem a ter frescor e muitos frutas vermelhas, talvez devido à influência do oceano Pacífico. É este o caso, um vinho com uma rica paleta de aromas onde coexistem tons especiados, florais e frutados. Na boca é medianamente encorpado, com taninos muito polidos que dão uma agradável sensação de cremosidade, enquanto as frutas se espalham por todo o lado.

90 DUETTE
Pinot Noir 2019
$$$ | CASABLANCA | 14.1°

A madeira em que foi cultivada por dez meses desempenha um papel importante neste Pinot. O resto são frutas vermelhas maduras que se desdobram generosamente, sobretudo na boca, onde mostra as suas melhores características de Pinot de um clima fresco como Casablanca. A textura firme, com taninos vibrantes, pede hambúrgueres.

90 GRAN RESERVA
Cabernet Sauvignon 2019
$$ | MAIPO | 13.9°

De solos de granito e argila na área de Longovilo, na chamada Maipo Costa, este tinto envelheceu um ano em barricas usadas e é uma excelente expressão do Cabernet Sauvignon. Possui tons especiados e herbáceos, mas acima de tudo frutado. Na boca, os taninos desempenham um papel muito importante, construindo uma estrutura firme e tensa. A acidez revela sabores frutados. Pelo preço, excelente.

90 GRAN RESERVA
Carignan 2019
$$ | MAULE | 13.9°

De uma vinha com 60 anos de idade e sem irrigação do Vale do Maule, aqui está outra excelente relação qualidade-preço da linha Gran Reserva da Indómita. Fiel à variedade, apresenta notas de flores e frutas vermelhas maduras num corpo que, embora pareça médio a leve, tem taninos da Carignan, silvestres e indomados, ideais para beber com chouriço.

OUTRO VINHO SELECIONADO
88 | GRAN RESERVA Carménère 2019 | Maipo Costa | 14.2° | $$

Invina.

PROPRIETÁRIO Alex Huber
ENÓLOGO Camilo Díaz
WEB www.invina.net
RECEBE VISITAS Sim

• **PROPRIETÁRIO** Alex Huber

[**A FAMÍLIA** Huber, dos Estados Unidos, decidiu investir em vinho no Chile e, em 1999, começou a comprar vinhedos no Vale do Maule. Dois anos depois, Alex Huber se estabeleceu no Chile para comandar as operações que hoje se concentram no Maule e cujos vinhos buscam mostrar a diversidade deste lugar. A marca Invina começou em 2007 e em 2012 a família inaugurou sua vinícola, onde processam uvas de cinco vinhedos da região. Atualmente, eles produzem cerca de dois milhões de garrafas.]

94 OJOS VERDES
Cabernet Franc, Syrah, Carménère, Tempranillo 2018
$$$$ | MAULE | **13.9°**

Este blend das colinas da Cordilheira da Costa, na região de Batuco, no Vale do Maule, é composto por 60% de Cabernet Franc, 20% de Syrah, 10% de Carménère e 10% de Tempranillo. Estagiou 18 meses em barricas (metade madeira nova) e delas saiu uma versão suculenta e ligeiramente herbácea do Maule. Na boca estão repletos de sabores de frutas vermelhas maduras e especiarias, acompanhados por notas herbáceas, quase mentoladas, em meio a taninos firmes e vivos. Um tinto equilibrado e frutado, agora pronto para um curry de cordeiro.

93 CUARTEL 4 A
Carménère 2018
$$$$ | MAULE | **14°**

Um vinho extremamente frutado, mas ao mesmo tempo com um toque de notas carnudas que sem dúvida lhe conferem uma carga de caráter importante, provém de vinhas plantadas em 1999, na zona do Batuco, nas encostas da serra da Costa do Maule. É uma zona seca e a vinha se administra com a pouca água que os solos argilosos conseguem reter. O resultado é um tinto suculento, com muitos sabores de fruta, mas ao mesmo tempo com notas de carne (que soa excêntrica, sabemos) que podem vir do seu envelhecimento em barricas durante 14 meses, tudo em madeira usada. Fácil de beber, note-o como um espécime peculiar na fauna cada vez mais diversificada do Carménère chileno.

92 LUMA CHEQUEN GRAN RESERVA
Carménère 2019
$$ | MAULE | **14°**

Esta versão muito peculiar da Carménère provém de duas vinhas, uma na zona do Batuco, plantada em 1999, e a outra na zona de Las Tizas, de vinhas mais jovens, de 2006 e 2008, todas no Vale do Maule. O vinho estagia em barricas durante um ano e, depois desse período, parece não ter perdido nada de suas frutas vermelhas frescas. O nariz é uma cesta de frutas, refrescante e vermelha, enquanto a boca é amigável, frutada e crocante. Não há traços nas notas de ervas que caracterizem a variedade. Como um bônus adicional, existem tons de animais que adicionam complexidade e muita personalidade.

90 LUMA CHEQUEN GRAN RESERVA
Cabernet Sauvignon 2019
$$ | MAULE | 14°

De vinhedos plantados em 2006, no Vale do Maule, mostra um lado suculento e maduro da casta. Há notas de frutas vermelhas doces e algumas ervas, enquanto na boca é voluptuoso, cheio de uma sensação suculenta e frutada. Os taninos pedem carne grelhada para harmonizar.

90 LUMA CHEQUEN GRAN RESERVA RED BLEND
Cabernet Sauvignon, Syrah, Petit Verdot 2019
$$ | MAULE | 14°

Com ligeiros toques adocicados e uma textura que ainda precisa de algum tempo na garrafa -ou um bom grelhado-, este blend de duas vinhas do Vale do Maule mostra a intensidade da fruta de um clima quente, os aromas e sabores de frutas maduras, a lado de especiarias doces e algumas notas tostadas da barrica onde estagiou durante um ano.

Jabber Wines.

PROPRIETÁRIOS Iñigo Undurraga & Kim Crawford
ENÓLOGO Kim Crawford
WEB www.jabberwines.com
RECEBE VISITAS Não

· PROPRIETÁRIOS
Iñigo Undurraga & Kim Crawford

[**KIM CRAWFORD** é um renomado produtor de vinhos na Nova Zelândia. Seus vinhedos estão localizados na famosa região de Marlborough, onde Sauvignon Blanc é a variedade predominante. Esta uva é a especialidade de Crawford e também de seu novo projeto em Casablanca, juntamente com o produtor chileno Iñigo Undurraga, dono de vinhedos por todo o vale. Aproveitando os diferentes solos e distâncias do Oceano Pacífico, Jabber só produz, por enquanto, Sauvignon nesta nova aventura.]

90 JABBER SANTA ROSA BLOCK
Sauvignon Blanc 2019
$$ | CASABLANCA | 13°

Este **Santa Rosa** provém de uma vinha plantada por volta de 2012, em solos graníticos, na serra da serra da Costa e a cerca de 18 quilômetros do mar em linha reta. Após maceração com as cascas durante cerca de 6 horas, as uvas fermentaram em cubas de aço. São notas de ervas e frutas brancas maduras, em meio a um corpo médio, com muita cremosidade. Pense em ostras salteadas na manteiga para acompanhar.

OUTROS VINHOS SELECIONADOS

89 | JABBER LO OVALLE BLOCK Sauvignon Blanc 2019 | Casablanca | 13° | $$
89 | JABBER THE BLEND Sauvignon Blanc 2020 | Casablanca | 14° | $$
89 | TAPIHUE BLOCK LOS ESPINOS Sauvignon Blanc 2019 | Casablanca | 13° | $$

Javiera Ortúzar Wines.

PROPRIETÁRIA Javiera Ortúzar
ENÓLOGA Javiera Ortúzar
WEB www.javieraortuzar.cl
RECEBE VISITAS Sim

• **PROPRIETÁRIA & ENÓLOGA**
Javiera Ortúzar

[**JAVIERA ORTÚZAR** estudou agronomia na Universidade de Talca e, em seguida, enologia na Universidade da Califórnia. Em 2015, retornou ao Chile para iniciar este projeto que tem como foco os vales de Colchagua e Cachapoal. Javiera não tem vinhedos, mas os aluga a partir daí recebe uma produção que começou com 900 garrafas e hoje já ultrapassa as 20 mil.]

IMPORTADOR: BR: www.santiagovinhos.com.br

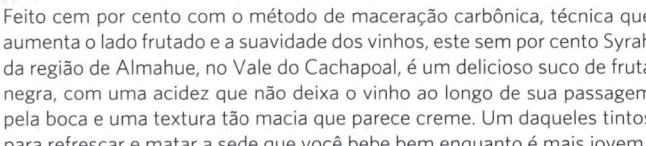

93 INTUICIÓN
Syrah 2019
$ $ $ | C A C H A P O A L | **13.4°**

Feito cem por cento com o método de maceração carbônica, técnica que aumenta o lado frutado e a suavidade dos vinhos, este sem por cento Syrah da região de Almahue, no Vale do Cachapoal, é um delicioso suco de fruta negra, com uma acidez que não deixa o vinho ao longo de sua passagem pela boca e uma textura tão macia que parece creme. Um daqueles tintos para refrescar e matar a sede que você bebe bem enquanto é mais jovem.

92 INTUICIÓN
Petit Verdot 2019
$ $ $ | C O L C H A G U A | **14.1°**

Este Petit Verdot vem de um vinhedo enxertado em Sémillon, um vinhedo antigo de 1958 na região de La Patagua, no centro do Vale de Colchagua. Fermentado com leveduras indígenas e envelhecido por 14 meses em barricas usadas, é um exemplo clássico da variedade sob o sol de Colchagua. Exuberante em frutas vermelhas, com uma acidez acentuada e taninos firmes e selvagens, aqui é necessário esperar dois a três anos em garrafa.

92 JACINTA
Sémillon, Sauvignon Vert 2019
$ $ | C O L C H A G U A | **13.4°**

Jacinta provém de um vinhedo muito antigo na região de La Patagua, no Vale de Colchagua, onde a Sémillon se mistura com a Sauvignon Vert ou Sauvignonasse, variedade que em algum momento foi confundida no Chile com Sauvignon Blanc. Javiera Ortúzar estima que na vinha há cerca de 60% de Sémillon e o resto de Vert. Fermentado com leveduras autóctones, sem adição de enxofre, com mínima intervenção enológica, este vinho apresenta-se selvagem nos aromas. No nariz, combinam-se notas de frutas doces e melosas, mais as ervas da Sauvignon Vert em um vinho com muita cremosidade e acidez suculenta.

92 JACINTA
Viognier 2020
$ $ | C O L C H A G U A | **13.5°**

No nariz, este vinho pode não se encaixar muito bem nos moldes do típico Viognier, aquele exuberante Viognier floral, cujos aromas encantam. Este vinho é um pouco tímido, mas o que não tem em aromas, tem em sabores e texturas. Após cerca de quatro dias de maceração com as cascas, a textura fica ampla e com muito boa aderência, enquanto a acidez se faz sentir ao fundo, refrescando os sabores de frutas brancas e flores.

Kalfu.

PROPRIETÁRIO Gonzalo Vial
ENÓLOGO Alejandro Galaz
WEB www.kalfuwines.com
RECEBE VISITAS Sim

• **ENÓLOGO** Alejandro Galaz

[**KALFU É** um projeto da Ventisquero dedicado exclusivamente a vinhos nascidos perto da costa. No momento, cobre terroirs perto do Pacífico nos vales de Huasco, Atacama, Leyda e Colchagua. Seu catálogo é composto por duas linhas, parte com Kuda e continua com a Sumpai, de maior patente. O enólogo é Alejandro Galaz, também responsável pelo projeto Ramirana e parte da equipe da linha Tara, da Ventisquero.] **IMPORTADOR:** BR: www.cantuimportadora.com.br

94 SUMPAI
Sauvignon Blanc 2020
$$$ | HUASCO-ATACAMA | **12.5°**

O vinhedo Nicolasa foi plantado em 2010, em solo branco e salino, a 19 quilômetros do mar, no Vale do Huasco. E mesmo sendo o início do Deserto do Atacama, este é um clima frio, fortemente moderado pela influência fria das brisas do Oceano Pacífico. A salinidade do solo está muito presente neste vinho, desde os aromas aos sabores; presença que supera inclusive o clone aqui utilizado, 242 (metade do lote final), matéria que costuma dar origem a vinhos com aromas tropicais mais suculentos. Mas este não é o caso. Tudo o que você sente é um vinho que parece não ter sido feito de uvas, mas de pedras.

94 SUMPAI
Syrah 2019
$$$ | LEYDA | **13°**

Com vinhedos que crescem a cerca de sete quilômetros do mar, na foz do Rio Maipo, no Vale do Leyda, este é um Syrah de dicionário de clima frio, com os seus aromas de frutas vermelhas misturadas com notas de carne que são clássicas da Syrah do Costa chilena. Na boca é suculento, rico em frutas vermelhas, mas desta vez também generoso em notas de especiarias e ligeiras notas de ervas. A textura é lisa, redonda e a acidez acentuada.

91 KUDA
Sauvignon Blanc 2020
$$ | LEYDA | **12.5°**

Junto ao rio Maipo, no Vale do Leyda, este Sauvignon Blanc tem o espírito dos vinhos costeiros da região, os aromas herbáceas e os frutos brancos ácidos em meio a um corpo leve, uma acidez muito viva e um final limpo e frutado. Um branco para a hora do aperitivo.

91 SUMPAI
Pinot Noir 2019
$$$ | LEYDA | **13.5°**

Focado nos aromas e sabores frutados, este Pinot proveniente dos terraços aluviais do rio Maipo, no Vale do Leyda, tem um espírito da variedade refrescante, simples e direto. Tem sabores de frutas vermelhas maduras, enquanto a textura é bem Pinot, com aquela tensão suculenta e ao mesmo tempo acentuada. A acidez também contribui para um vinho de grande frescor e fácil de beber.

90 KUDA
Chardonnay 2019
$ $ | L E Y D A | 13°

De solos aluviais junto ao rio Maipo, no Vale do Leyda, este Chardonnay é envelhecido em aço para resgatar o fruto da forma mais clara possível, sem interferência da barrica. E o que se obtém é um branco simples, suculento, com uma textura muito boa e macia, e com muito frescor nos sabores das frutas.

Kinast Family Wines.

PROPRIETÁRIO Carlos Kinast Casanova

ENÓLOGO Alfonso Duarte

WEB www.kinastfamilywines.cl

RECEBE VISITAS Não

· **PROPRIETÁRIO**
Carlos Kinast Casanova

[**EM 2016** começa esta vinícola de Carlos Kinast, ligado à indústria vinícola, primeiro como executivo e depois como sócio de diversas empresas do setor (além de genro de Aurelio Montes). Após vender suas ações, empreendeu este projeto no Vale do Lontué, em direção ao litoral do Vale do Curicó. Lá, na pequena vila de Peteroa, parte da comuna de Sagrada Família, Kinast possui a vinícola e cerca de cem hectares de vinhedos, com os quais produz 800 mil garrafas anualmente. Vendido principalmente (99%) no mercado externo. O enólogo é Alfonso Duarte.]

92 KINAST ART PREMIUM Cabernet Sauvignon, Cabernet Franc, Carménère, Petit Verdot, Syrah 2016
$ $ $ $ $ | C O L C H A G U A | 14.5°

Este blend do Vale do Colchagua vem de vinhedos com idade média de 40 anos. O vinho estagia em barricas durante dois anos e a influência da madeira é evidente, mas apresenta também uma boa camada de sabores de fruta madura e muito boa acidez. Na boca é generoso na maturidade, embora haja espaço para notas herbáceas e taninos suaves, embora bem definidos. Ainda tem potencial de envelhecimento. Dois ou três anos na garrafa o tornam mais complexo.

91 VIENTO AUSTRAL GRAN RESERVA
Cabernet Franc 2018
$ $ | L O N T U É | 14°

Depois dos aromas da madeira, este Cabernet Franc, proveniente de vinhedos com cerca de 25 anos, tem as clássicas notas de ervas e tabaco da casta. De textura macia, mas ao mesmo tempo com uma acidez penetrante que é responsável por refrescar os sabores maduros e doces que generosamente se expõem. No final, a acidez parece fundir-se com a fruta, deixando uma agradável sensação de querer outro gole.

90 VIENTO AUSTRAL GRAN RESERVA
Cabernet Sauvignon 2018
$ $ | L O N T U É | 14°

Ligeiros toques de ervas são bem-vindos ao nariz neste vinho, generoso em aromas de frutas vermelhas maduras. Na boca é firme e encorpado, graças aos sabores frutados, mas principalmente a uma textura que passa a ser firme e os taninos que perfuram o paladar. Este é um excelente Cabernet para abrir com o seu churrasco de domingo.

90 VIENTO AUSTRAL GRAN RESERVA
Carménère 2018
$$ | LONTUÉ | **14°**

No lado maduro da variedade, mostra frutas vermelhas doces em meio a leves toques de ervas. A madeira (é envelhecido por um ano) é perceptível nos tons especiados, mas não é um vinho com excesso de madeira, antes a madeira está integrada, principalmente na boca, onde os taninos suaves se juntam com aqueles tons especiados e muita fruta.

OUTROS VINHOS SELECIONADOS
88 | CKC EDITION Carménère 2018 | Lontué | 14° | $$
88 | K BARREL Cabernet Sauvignon 2019 | Lontué | 14° | $$
88 | K BARREL Syrah 2019 | Lontué | 14° | $$

Kingston.

PROPRIETÁRIO Família Kingston
ENÓLOGO Amael Orrego
WEB www.kingstonvineyards.com
RECEBE VISITAS Sim

• **ENÓLOGO** Amael Orrego

[**ESTA VINÍCOLA** no setor de fresco de Las Dichas de Casablanca é um projeto de pequena escala. A maioria de suas uvas, que nascem de 140 hectares de vinhedos, são vendidas a terceiros. Eles mantêm uma seleção que lhes permite produzir cerca de 50 mil garrafas por ano. Nasceu em 1998 por iniciativa de Courtney Kingston, que propôs transformar o campo familiar centenário, dedicado à pecuária e à agricultura, em um vinhedo que tiraria vantagem das colinas de Casablanca. Eles foram inspirados por produtores californianos e foram um dos primeiros no vale a apostar em Pinot Noir e Syrah. A equipe enológica é composta por Amael Orrego e pelo consultor Byron Kosuge da Califórnia.]

96 BAYO OSCURO
Syrah 2019
$$$$ | CASABLANCA | **13.5°**

Fresco e vibrante, com a nota típica de bacon e notas de fruta negra, é um excelente exemplo de Syrah de frio. A tensão da acidez, taninos agudos em meio a um corpo repleto de especiarias e sabores de frutas negras maduras; um curry feito de vinho. Este Syrah vem de vinhedos plantados em 1999 nas encostas de granito e argila de Las Dichas, uma das áreas mais próximas do mar no Vale de Casablanca. Seja paciente com esse Syrah, ele precisa de três a quatro anos de garrafa.

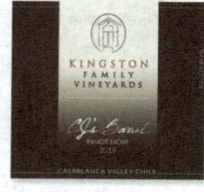

96 CJ'S BARREL
Pinot Noir 2019
$$$$$ | CASABLANCA | **12.5°**

CJ este ano é um blend de diferentes clones e seleções massais que a Kingston fez em seu vinhedo ou importou diretamente da Califórnia, todos plantados em uma encosta íngreme e em solos de granito no topo da propriedade. A orientação permite que recebam diretamente a brisa do mar, pois é um local muito fresco. E o vinho reflete isso com as suas notas de frutas vermelhas muito frescas e com uma acidez que perdura no paladar como se fosse uma corrente eléctrica. Sentem-se na boca os detalhes terrosos, mas sobretudo a fruta vermelha crocante e a profundidade daqueles sabores que tudo inundam, embora nunca ao nível do enjoativo. E a textura é firme, ampla.

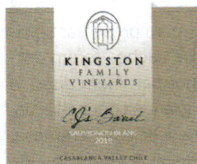

96 CJ'S BARREL
Sauvignon Blanc 2019
$$$$ | CASABLANCA | 13.6°

CJ é uma seleção de quatro vinhedos de velhas vinhas da Kingston em Casablanca, plantadas em 1999. É no início de uma encosta, onde o solo é menos fértil e mais rico em granitos. 80% do vinho é amadurecido em ovos de concreto e os outros 20% em aço e madeira usada. Apesar de vir de um ano quente, não existem aqui vestígios de maturidade excessiva. Tudo é fresco, elétrico, cheio de frutas brancas e cítricas que se movem pela boca criando uma sensação de agradável suculência. A acidez desempenha um papel muito importante, marcando as bordas da língua, criando tensão. Ele tem um bom corpo, boa concentração. E pode ser bebido muito bem agora, mas com certeza vai ganhar complexidade com dois a três anos na garrafa.

95 8D
Pinot Noir 2018
$$$$$ | CASABLANCA | 12.5°

O novo Kingston Single Vineyard provém de vinhas em um terreno de quase dois hectares, plantado em 1999 com o "clone Valdivieso", uma seleção massal pioneira da variedade no Chile. A seleção centra-se em algumas fileiras (pouco mais de 900 garrafas produzidas) em solos ricos em granito e pobres em argila, que podem influenciar a textura acentuada e firme aqui sentida. A sensação pegajosa do vinho continua com os sabores ácidos de frutas vermelhas e ervas. Também se percebem toques terrosos, que parecem ser típicos de Valdivieso. O vinho estagiou cerca de oito meses em tonéis e daí parecem vir algumas notas de resina que interferem na fruta deste complexo e ao mesmo tempo refrescante Pinot.

95 CJ'S BARREL
Chardonnay 2018
$$$$ | CASABLANCA | 12°

CJ é proveniente de parcelas plantadas em 1998, clonais, em solos graníticos e argilosos da região de Las Dichas, um dos pontos mais bacanas do Vale de Casablanca. 85% dos cachos são prensados diretamente e o restante do volume é fermentado com as cascas. O envelhecimento dura 14 meses, em uma mistura de madeira, aço e ovos de concreto. A acidez é firme e elétrica, os sabores são maduros e suculentos, enquanto a textura é muito aderente, como se fosse especiado. Ele ainda é muito jovem. Levará dois a três anos para ganhar complexidade.

94 ALAZÁN
Pinot Noir 2019
$$$$ | CASABLANCA | 12.5°

Alazán é uma seleção dos vinhedos mais antigos de Kingston, plantados em 1998. É o clone Valdivieso, que na verdade é uma seleção massal de um dos materiais mais conhecidos da variedade, antes dos clones que chegaram em massa ao Chile no início de 2000. O "Valdivieso" não tem uma reputação muito boa, especialmente porque se diz que sofre de muitas doenças. Tentando revitalizar essa reputação, Kingston fez este pequeno doce de Pinot, com seus sabores de frutas negras e sua densidade na boca, sua cremosidade e profundidade, suas notas terrosas. Uma excelente visão sobre o pioneirismo do Pinot chileno.

94 CARIBLANCO
Sauvignon Blanc 2020
$$$ | C A S A B L A N C A | **13°**

A safra de 2020 foi uma das mais quentes da década e, para preservar a acidez e o frescor, teve que ser antecipada. Nesse caso, os cachos foram cortados no início de março, algumas semanas antes do normal. Além disso, o volume de uvas foi menor e isso deu origem a vinhos de grande concentração, o que é uma boa notícia. Este Sauvignon tem uma textura deliciosa e cremosa, cheia de sabores cítricos maduros e leves toques de ervas. A acidez é sentida desde o início, aumentando a sensação de frescor num branco que vem das zonas mais frias de Casablanca, perto da localidade de Las Dichas.

93 LUCERO
Syrah 2019
$$$$ | C A S A B L A N C A | **13.5°**

Lucero é uma espécie de fotografia panorâmica, uma definição de dicionário do clima frio da Syrah de Casablanca. Aqui as notas de bacon e frutas negras se misturam com os sabores herbáceos em um corpo que apresenta uma acidez firme e suculenta, textura ampla, com taninos bem polidos e um final de ervas e frutas que convida a um segundo copo. Este Syrah provém de vinhas plantadas em 1999, nos solos graníticos e argilosos de Las Dichas, uma das zonas mais próximas do mar em Casablanca.

93 SABINO
Chardonnay 2019
$$$$ | C A S A B L A N C A | **12°**

Uma versão austera de Sabino, um Chardonnay de vinhedos plantados em 1998 em Las Dichas, uma das áreas mais frescas do Vale de Casablanca, a cerca de 15 quilômetros do mar. Colhido precocemente, não tem muitos aromas, mas tem uma acidez severa que atravessa o paladar com energia quase elétrica. Possui um bom corpo, e os sabores são cítricos e refrescantes.

93 TOBIANO
Pinot Noir 2019
$$$$ | C A S A B L A N C A | **12°**

Este é o Pinot básico no extenso catálogo de Pinots que a Kingston obtém de seus vinhedos em Las Dichas, a oeste do Vale de Casablanca. É uma mistura de vinhas jovens, plantadas entre 2004 e 2007, em colinas com solos graníticos e argilosos, muito comuns na Cordilheira da Costa. E para ser o básico, é um Pinot delicioso, cheio de vitalidade, generoso em frutas vermelhas ácidas e uma textura que, embora leve, pega muito bem no paladar. Muitos mais Pinot como estes são necessários no Chile: simples, sem grandes ambições, mas com muito sabor e frescor.

92 KINGSTON
Merlot 2019
$$$$ | C A S A B L A N C A | **13°**

Em solos ricos em argila e quartzo, e de vinhas plantadas em 1998 - já adultas no contexto de Casablanca -, aqui estão notas de ervas e frutas vermelhas maduras, mas também uma acidez tremenda que refresca tudo no seu caminho e transforma os maduros sabores em algo muito mais vibrante, mais firme no palato. Trata-se de um trabalho em andamento com uma variedade que, em Casablanca e em muitas outras regiões da América do Sul, está à sombra do Pinot Noir ou do Cabernet. Em Las Dichas, colhida talvez mais cedo, com um pouco mais de arestas para sublinhar a estrutura e aderência no palato, esta uva pode surpreender. Este Merlot (o único no catálogo Kingston que na verdade não tem um nome chique) pode ser uma porta de entrada.

Korta Wines.

PROPRIETÁRIA Consuelo Korta
ENÓLOGO Ricardo Pérez Cruz
WEB www.korta.cl
RECEBE VISITAS Sim

• **PROPRIETÁRIA** Consuelo Korta

[**A FAMÍLIA** chegou ao Chile no início do século XX a partir do País Basco, e inicialmente dedicou-se a curtir couro, um comércio que praticavam na Espanha. No entanto, em 1997 decidiram expandir seus interesses e começaram a plantar vinhedos em Santa Ana de Peteroa, em Sagrada Família, Vale do Curicó. Hoje a base de seus tintos é daquele lugar, enquanto seus brancos vêm de Zapallar, em direção à pré-cordilheira de Curicó. No total, são 180 hectares plantados.] **IMPORTADOR:** BR: www.vinhoeponto.com.br

94 RESERVA DE FAMILIA
Petit Verdot, Cabernet Franc, Carménère, Syrah 2016
$$$$ | SAGRADA FAMILIA | **14.5°**

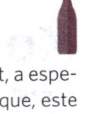

O blend da **Reserva de Familia** é baseado em 50% de Petit Verdot, a especialidade da casa. É uma seleção das melhores barricas da adega que, este ano, somaram cerca de 130. O envelhecimento durou um ano, mais dois de garrafa. Tudo aqui fica equilibrado: as notas tostadas da madeira, a presença de especiarias e ervas, e a acidez e estrutura tânica da Petit Verdot, que é protagonista e serve de base para que os sabores se expressem com maior frescor. É, no entanto, um vinho de guarda.

92 BELTZ GRAN RESERVA
Petit Verdot 2018
$$ | SAGRADA FAMILIA | **14°**

Dos 180 hectares que a Korta plantou na Sagrada Família, Vale do Curicó, cerca de 15 são Petit Verdot, uma porcentagem bastante alta para as vinícolas chilenas normais. Eles, de fato, consideram-se especialistas na variedade e acreditam que a manejaram ao estilo amável e maduro da casa. Este Beltz dá a impressão de ser um Petit completamente domesticado, mostrando a intensa acidez da variedade, mas emoldurado por taninos suaves e redondos, o que é raro. O resto são frutas vermelhas maduras e notas de ervas que o tornam muito fácil de beber, principalmente com uma cozinha potente.

91 BARREL SELECTION GRAN RESERVA
Cabernet Sauvignon 2018
$$ | SAGRADA FAMILIA | **14°**

Envelhecido em barricas durante um ano, e proveniente dos solos quentes da Sagrada Família, no Vale do Curicó, este Cabernet Sauvignon consegue entregar uma certa potência. Isto deve-se, em grande parte, à textura dos seus taninos com boa aderência e acidez, que se planta na boca e se expande até ao final, refrescando os sabores de frutas vermelhas maduras e especiarias doces. Um bom tinto para acompanhar churrasco.

91 BELTZ GRAN RESERVA
Cariñena 2018
$$$ | SAGRADA FAMILIA | **14°**

A Carignan costuma ser associada ao Maule e aos vinhedos sem irrigação, mas também é plantada em outras regiões um pouco mais ao norte, como Curicó. Este Beltz provém de uma vinha plantada em 2005 na Sagrada

Família e apresenta um lado diferente da casta, talvez menos rústico do que os seus homólogos do Maule. Possui notas florais e muitos sabores de frutas vermelhas, enquadrados por uma acidez mais agradável que a típica firmeza da Carignan; isto é mais amigável, devido ao fato de que os vinhedos estão localizados naquela área quente.

90 BARREL SELECTION GRAN RESERVA
Syrah 2018
$$ | SAGRADA FAMILIA | **14°**

Moderado pelo intenso sol da Sagrada Família, este Syrah tem um forte acento nas notas especiadas, nas notas de frutas vermelhas maduras. A textura tem potência, taninos firmes que se fazem sentir a meio das frutas maduras e notas de madeira tostada (este vinho envelhece em barricas durante um ano).

OUTRO VINHO SELECIONADO
89 | BARREL SELECTION GRAN RESERVA Carménère 2018 | Sagrada Familia | 14° | **$$**

Koyle.

PROPRIETÁRIO Família Undurraga
ENÓLOGO Cristóbal Undurraga
WEB www.koyle.cl
RECEBE VISITAS Sim

ENÓLOGO Cristóbal Undurraga

[**OS UNDURRAGA** são uma das mais tradicionais famílias de vinhos do Chile. Depois de vender a famosa vinícola Undurraga há mais de uma década, eles plantaram 80 hectares no setor Los Lingues, no final da montanha do Vale de Colchagua. Foi assim que Koyle nasceu. Seguindo a viticultura orgânica e biodinâmica, eles produziram apenas tintos em seus primeiros anos, mas com o tempo eles estenderam seu catálogo também para brancos, vinificando uvas de Paredones, na área costeira de Colchagua. E seguindo uma tendência ascendente entre as vinícolas locais, ultimamente eles também produzem vinhos no Vale de Itata, com variedades Cinsault e Moscatel. Koyle é comandada desde o início pelo enólogo Cristóbal Undurraga.]

IMPORTADOR: BR: www.grandcru.com.br

97 AUMA Cabernet Sauvignon, Carménère, Petit Verdot, Merlot, Malbec, Cabernet Franc 2016
$$$$$ | COLCHAGUA ANDES | **13.5°**

A safra de 2016 foi difícil, chuvosa e fria, o que causou graves problemas de saúde nas vinhas, principalmente para quem colheu depois das fortes chuvas de meados de abril. Mas não foi o caso do Auma, um vinho cujo conceito se baseia na seleção das melhores parcelas da fazenda Koyle, no início do sopé dos Andes, em Los Lingues. São pequenas parcelas de solos rochosos, onde cerca de 70% da mistura final é composta por Cabernet Sauvignon e Carménère. As variedades são envelhecidas por dois anos em barricas e depois colocadas juntas por mais nove meses em ovos de cimento, após o que são engarrafadas. Aqui se sente o frescor das uvas vindimadas cedo, para antecipar as chuvas, mas também porque aquelas parcelas amadurecem cedo, o que foi fundamental na vindima. Tem potência, tem tensão, muitos sabores de especiarias e frutas que se espalham pela boca mostrando toda a sua profundidade. Um tinto para guardar por pelo menos cinco anos.

96 CERRO BASALTO
Mourvèdre, Grenache, Carignan, Syrah 2018
$$$$$ | COLCHAGUA ANDES | **14.5°**

Esta é uma seleção de vinhedos de um terraço de ricos solos de basalto, localizado ao norte da propriedade Los Lingues de Koyle, no início do sopé dos Andes no Vale de Colchagua. A mistura deste ano é 38% Monastrell, 35% Garnacha, 24% Carignan e 3% Syrah. A influência do solo reflete na tensão dos taninos, a força com que se aderem à boca aqueles taninos que vêm de solos muito pétreos. O resto são as deliciosas frutas vermelhas que se espalham pelo paladar com suas notas crocantes e frescas. Vinho ainda jovem, mas irresistível para acompanhar frios.

96 CERRO BASALTO CUARTEL G2
Carménère 2018
$$$$$ | COLCHAGUA ANDES | **14°**

G2 é um blend de Koyle à base de Carménère, mas plantado em solos basálticos, graníticos, que quebra um pouco o paradigma de que a Carménère gosta de solos mais profundos e com maior retenção de água. Trata-se de 86% Carménère, e Cabernet Franc, do mesmo vinhedo e solos semelhantes, também participa da mistura. O resultado, após 18 meses de envelhecimento em barricas, oferece uma abordagem à uva focada nas especiarias e ervas, com um fundo frutado que se projeta ao longo da boca e uma profundidade invulgar na vinha. Um Carménère em uma rocha, no início da montanha.

94 CERRO BASALTO GARNATXA
Grenache 2018
$$$$$ | COLCHAGUA ANDES | **14.5°**

Koyle possui 1,6 hectare de Garnacha plantados em solos ricos em basalto, em uma das partes mais altas da propriedade, a pouco mais de 500 metros acima do nível do mar. Fermentado em tonéis abertos e envelhecido durante 18 meses em ovos de concreto (60% do volume total) e em barricas, tem uma estrutura potente, construída a partir de taninos firmes, vivos e robustos. A fruta é vermelha madura e, embora tenha faltado um pouco mais de potência nesses aromas e sabores, a estrutura monolítica compensa a falta. Um Garnacha para beber daqui a alguns anos. Precisa de guarda para ganhar complexidade.

94 COSTA
Sauvignon Blanc 2019
$$$ | COLCHAGUA COSTA | **13.5°**

As colinas de granito de Paredones, na Cordilheira da Costa, no Vale de Colchagua, produzem alguns dos Sauvignon mais frescos e crocantes produzidos no Chile. E este é um bom exemplo daquela sensação fresca e cristalina transmitida pela brisa do mar, a uns dez quilômetros de distância. Criado em tanques de aço e ovos de cimento, onde passa um ano em contato com suas borras, o nariz deste branco exuberante em aromas de frutas tropicais e ervas, enquanto na boca o que domina é a acidez cítrica, característica daquela região, junto com uma salinidade saborosa.

94 ROYALE
Syrah 2018

$$$ | COLCHAGUA ANDES | **14.5°**

A Syrah se adaptou muito bem às colinas de Los Lingues, na região andina do Vale de Colchagua. Os pisos de granito dão-lhe energia e tensão, como é o caso deste Royale, proveniente de vinhas biodinâmicas, plantadas em 2007. Apresenta um enfoque delicioso de frutas vermelhas maduras com notas de especiarias e ervas. Na boca tem aqueles taninos firmes, aquela fruta generosa de um ano excepcional como 2018, e o final com suaves toques herbáceas. Ideal para acompanhar um para curry de cordeiro.

93 KOYLE COSTA CUARZO
Sauvignon Blanc 2020

$$ | COLCHAGUA COSTA | **13°**

A dez quilômetros do Oceano Pacífico, na zona dos Paredones, em direção à costa de Colchagua, e com vinhas plantadas em granitos e quartzo, tem todo o caráter de um Sauvignon costeiro; as notas de ervas e os tons de frutas brancas, enquadrados numa acidez quase cítrica. 90% deste vinho foi fermentado em tanques de aço e os restantes 10% em ovos de cimento.

93 ROYALE
Cabernet Sauvignon 2018

$$$ | COLCHAGUA ANDES | **14.5°**

A brisa da montanha, em Los Lingues, no sopé da Cordilheira dos Andes, tende a favorecer a Cabernet Sauvignon, que aqui adquire notas herbáceas, embora sempre com um fundo de frutas vermelhas maduras e suculentas. Provém de solos ricos em granito e que conferem uma textura ampla, com taninos firmes e angulosos. E o resto é fruta, mas também pode ser paciência. Este Cabernet precisa de alguns anos para ganhar complexidade.

93 ROYALE
Carménère 2018

$$$ | COLCHAGUA ANDES | **14.5°**

Para **Royale**, Cristóbal Undurraga seleciona os seus próprios vinhedos em Los Lingues, plantados em solos rasos e graníticos, o que confere aos seus vinhos uma certa verticalidade, taninos firmes que agarram fortemente o paladar. Graças a uma colheita muito boa no Chile em geral, este Carménère mostra também uma maturidade suculenta de seus sabores, com toques de ervas que dão sabor a essa fruta.

91 CUVÉE LOS LINGUES
Syrah 2018

$$ | COLCHAGUA ANDES | **14°**

Um suco Syrah, este vinho é generoso em notas de especiarias e ervas, embora as sabores de frutas negras ocupem o centro das atenções. À medida que o vinho vai sendo oxigenado no copo, as frutas ficam cada vez mais vermelhas e frescas, num tinto simples, mas muito acessível e fiel à sua variedade. Este Syrah vem do sopé das encostas Los Lingues, próximo ao leste do Vale de Colchagua.

91 FLOR DE LABERINTO
Grenache, Mourvèdre 2020

$$ | COLCHAGUA ANDES | **13°**

Este é um rosé à base de Grenache de uma bela vinha em forma de flor, a flor Koyle. Quando atravessado, entretanto, também funciona como um labirinto. Os cachos são prensados diretamente, colhidos muito cedo na época,

para oferecer aquela frescor e acidez que lhe dão vida. É rico em sabores vermelhos, frutas ácidas e com leves toques de ervas. O corpo parece leve, ágil, pronto para bebê-lo nas férias.

91 ROYALE
Tempranillo 2016
$$$ | COLCHAGUA ANDES | 14.5°

Os taninos firmes e um tanto selvagens da casta ficam muito nítidos neste Tempranillo de vinhas plantadas em 2007, em solos graníticos de Los Lingues, no início do sopé da Cordilheira dos Andes. É brilhante na acidez, com toques herbáceas que costumam aparecer nos vinhos da adega, mas também generoso nas especiarias. Um vinho para pensar em costeletas de cordeiro grelhadas.

90 CUVÉE LOS LINGUES
Cabernet Sauvignon 2018
$$ | COLCHAGUA ANDES | 14°

A linha **Cuvée** baseia-se em vinhedos com cerca de 20 anos nas áreas mais baixas e férteis da propriedade Los Lingues de Koyle. Estagiou 14 meses em barricas, aqui estão notas tostadas da madeira, mas com muita fruta por baixo, que dá um toque fresco e suculento. Depois de algum tempo no copo, esses aromas desaparecem para dar lugar a ervas e especiarias. Um tinto ideal para acompanhar um prato de queijos e charcutaria.

90 CUVÉE LOS LINGUES
Carménère 2018
$$ | COLCHAGUA ANDES | 14°

Este é o Carménère base da Koyle e vem dos solos mais profundos e produtivos da propriedade em Colchagua. É um Carménère fresco e vivo, com toques de ervas e notas de especiarias, mas sobretudo frutas vermelhas maduras de corpo médio, com taninos suaves mas agudos. Um vinho simples e direto, mas ao mesmo tempo muito fiel à casta, o que, a estes níveis de preços, para nós da Descorchados é muito importante.

L'Entremetteuse.

PROPRIETÁRIA Laurence Real
ENÓLOGA Laurence Real
WEB www.lentremetteuseandco.com
RECEBE VISITAS Sim

· PROPRIETÁRIA & ENÓLOGA
Laurence Real

[**LAURENCE REAL** trabalhou em vinícola como Aquitania, Santa Rita e, por 17 anos, na vinícola Las Niñas, em Apalta. Em 2016, no entanto, ela decidiu fazer vinhos por conta própria, sem pressão de chefes ou menos comerciais. Para isso, recorreu aos produtores do Vale de Colchagua, onde vive com sua família. Hoje eles produzem cerca de 12 mil garrafas.]

93 E L'ENTREMETTEUSE
Cabernet Sauvignon, Carménère, Syrah 2018
$$$$ | COLCHAGUA | 14.5°

Esta mistura é composta por 44% de Cabernet Sauvignon, 37% de Carménère e o restante de Syrah, todos de solos graníticos da região de Apalta, no Vale do Colchagua. Este vinho tem um grande acento no amadurecimento das uvas, nos sabores dos frutas negras, na elevada concentração num grande vinho, mas ao mesmo tempo uma textura muito polida, taninos sedosos que dão aquela sensação envolvente e madura. Um vinho que agora se bebe muito bem, mas que com o tempo vai ganhando complexidade.

93 FOUR SKINS
Marsanne, Roussanne, Sémillon, Viognier 2019
$$ | COLCHAGUA | **13°**

Vinho muito peculiar, é o produto da cofermentação entre Marsanne, Roussanne e Viognier da zona de Lolol, enquanto a Sémillon - de Apalta - fermenta-se à parte. As quatro variedades (25% de cada) permanecem com suas cascas por dois meses e meio. Por fim, tudo é envelhecido em barricas durante seis meses antes de ser engarrafado. O resultado é um vinho laranja mais fácil de beber e compreender do que a maioria dos representantes do estilo. Os aromas frutados roubam a cena e na boca é refrescante, suculento, cheio de frutas brancas maduras e notas de especiarias em meio a uma textura suave e muito fácil.

93 ROUGE-GORGE
Sauvignon Blanc 2019
$$$$ | COLCHAGUA COSTA | **13.5°**

De Paredones, na zona mais costeira de Colchagua, e de vinhas com cerca de 15 anos, esta peculiar versão do Sauvignon Blanc foi fermentada em ânforas de argila, uma com cachos inteiros e outra com grãos inteiros. A mistura dessas duas técnicas deu um vinho fortemente herbáceo, com tons de frutas brancas maduras. O mais importante está na boca. Tem uma textura sedosa e envolvente; preenche o paladar com seus sabores e cremosidade. Um branco para acompanhar com ouriços.

93 ROUGE-GORGE
Sémillon 2019
$$$$ | APALTA | **13.5°**

Este Sémillon provém de vinhas muito antigas plantadas em solos graníticos da zona de Apalta, no Vale de Colchagua, local onde existe um rico patrimônio de vinhas velhas, especialmente Sémillon. O vinho fermenta em ovos de cimento e depois envelhece em barricas cerca de cinco meses antes de ser engarrafado. Rica em notas de frutas brancas maduras e também mel, este é um Sémillon varietal clássico. A textura é oleosa, a acidez amigável e o final deixa uma deliciosa sensação de mel.

90 PET NAT ROSÉ
Syrah 2020
$$ | COLCHAGUA | **14°**

Com 17 gramas de açúcar residual, este é um **Pet Nat** delicioso e simples, um daqueles vinhos para servir gelado no verão, na varanda, ao lado de um prato de queijos e charcutaria. A fruta vermelha move-se por todo o lado, entre borbulhas suaves e acidez nervosa. Um rosé para matar a sede.

La Causa.

PROPRIETÁRIO Família Torres
ENÓLOGO Cristián Carrasco
WEB www.lacausadelitata.cl
RECEBE VISITAS Sim

• **ENÓLOGO** Cristián Carrasco

[**REVALORIZAR** vinhedos antigos no Vale do Itata é a proposta deste projeto da vinícola Miguel Torres. As variedades País, Cinsault e Moscatel, enraizadas nas profundezas do vale e associadas à vida camponesa, foram até recentemente subestimadas pela cena local. Miguel Torres foi um dos protagonistas do resgate de uma delas, a uva País, com o espumante Estelado, então essa série de vinhos de alguma forma aprofunda esse caminho. O enólogo de La Causa é Cristián Carrasco, que iniciou precisamente em 2008 o projeto Estelado.]

IMPORTADOR: BR: www.vivavinho.com.br

93 LA CAUSA BLEND
Cinsault, País, Carignan 2019
$$$ | ITATA | **13.5°**

Este blend é baseado em 70% Cinsault, 20% País e o restante de Cariñena, todas de diferentes vinhedos e áreas do Vale do Itata. Mostra uma fruta vermelha muito deliciosa e crocante. Há alguns sabores de Cinsault aqui, sabores vibrantes e suculentos, mas também leves notas de notas terrosas do campo, e a acidez e cor da Carignan. Um vinho para pensar em atum grelhado ou em costeletas de porco assadas. Ou simplesmente para beber com um prato de queijos e charcutaria.

92 LA CAUSA CINSAULT ROSÉ
Cinsault 2020
$$ | ITATA | **13.5°**

Um rosé delicioso, vibrante, com uma força na acidez que tudo refresca e ao mesmo tempo com muitos sabores frutados, frutas vermelhas que dão água na boca e o tornam um rosé ideal para o verão. Este vem da região de Guarilihue, próximo ao litoral do Vale do Itata e é feito de 60% de cachos prensados diretamente, e a outra parte de sangria da Cinsault que vão para outros tintos.

92 LA CAUSA PAÍS
País 2020
$$ | ITATA | **13.5°**

Das vinhas com mais de 80 anos na zona de Guarilihue, até à costa do Vale do Itata, este é um vinho delicioso e suculento, com notas de frutas vermelhas e uma acidez que move tudo no seu caminho, refrescando e dando potencia. É muito bebível e muito fácil de combinar com a cozinha, especialmente com a potente gastronomia de Itata, e especialmente com embutidos. Um vinho para curtir o verão e o churrasco ao ar livre.

91 LA CAUSA CINSAULT
Cinsault 2019
$$ | ITATA | **13°**

La Causa compra uvas do setor Guarilihue em Itata para este Cinsault, um vinho tinto que é generoso em frutas vermelhas ditadas pela casta, mas além de uma acidez muito rica em meio a uma textura muito macia. Estagiou em barricas usadas durante 12 meses e isso deu-lhe uma oxidação que se traduz em tons terrosos que acompanham os frutos e conferem a este tinto alguma complexidade para o verão.

90 LA CAUSA MOSCATEL NARANJO
Moscatel de Alejandría 2019
$$ | ITATA | 13.5°

Com sete meses de contato com suas peles, este vinho com uvas de Trehuaco, no Vale do Itata, é o clássico estilo Moscatel "laranja" que já tem vários membros em sua comunidade. Aqui estão notas de frutas cítricas maduras, confitadas e especiadas em um corpo grande, com taninos firmes que pedem comida e uma acidez que refresca tudo em seu caminho.

La Junta.

PROPRIETÁRIO Rodrigo Valenzuela
ENÓLOGO Ricardo Pérez Cruz
WEB www.lajuntawines.com
RECEBE VISITAS Sim
• **ENÓLOGO ASSESSOR** Antonio Vásquez

[**PROPRIEDADE DE** Rodrigo Valenzuela, que também é gerente geral, este projeto está localizado no Vale do Curicó. Nasceu em 2009 e eles trabalham com vários produtores que cobrem aproximadamente 60 hectares de vinhedos. O único vinho em seu catálogo que não nasce em Curicó é o Pinot Noir, para o qual recorrem ao mais fresco Vale do Itata. Eles têm uma produção anual de cerca de 500 mil garrafas a cargo do enólogo Ricardo Pérez Cruz.]

IMPORTADORES: BR: www.obahortifruti.com.br www.angeloni.com.br

93 ESCALERA
Carménère, Syrah, Cabernet Sauvignon, Petit Verdot 2014
$$$$$ | CURICÓ | 14.5°

Escalera é o tinto mais ambicioso de La Junta e é baseado em Carménère (35%) e quantidades mais semelhantes das outras variedades, todas plantadas no Vale do Curicó. Não é comum uma vinícola chilena esperar tanto tempo para lançar um vinho e, neste caso, a espera valeu a pena. Os sabores das quatro uvas parecem muito bem integrados, assim como a madeira, que proporciona sabores tostados e especiados. A textura é construída a partir de taninos de grãos muito finos, suportando deliciosos sabores de frutas vermelhas maduras. Este vinho está agora no seu melhor.

92 CALICATA
Syrah 2018
$$$ | CURICÓ | 14°

Atrás de uma cortina de aromas e sabores de madeira (foi estagiado em carvalho por um ano) você pode ver claramente uma camada de frutas vermelhas suculentas e frescas, acompanhadas por um corpo médio, taninos macios e prontos agora para acompanhar o ensopado. Este Calicata vem de um vinhedo plantado em solos aluviais, ao lado do Rio Mataquito, no Vale do Curicó.

91 GRAN RESERVA
Cabernet Franc 2018
$$$ | CURICÓ | 14°

Com as notas de tabaco e ervas típicas da variedade, este Cabernet Franc do Vale do Curicó tem 80% de seu volume envelhecido em barricas, o que é percebido em seus toques especiados. Mas frutas e caráter varietal governam aqui. O corpo é tenso, com uma acidez firme e taninos focados em seu trabalho de dar estrutura vertical. Uma boa descoberta para uma uva que ainda não foi explorada no Chile.

90 **LA JUNTA**
Carignan 2018
$$$ | CURICÓ | 14°

A firme acidez do Carignan é claramente encontrada neste exemplar de Curicó, uma fonte incomum para a cepa no Chile. Os sabores são dominados por especiarias e frutas vermelhas maduras, em um fundo ligeiramente herbáceo. Um vinho de taninos muito bons e firmes para acompanhar embutidos.

OUTROS VINHOS SELECIONADOS

88 | MOMENTOS RESERVE Viognier, Sauvignon Blanc 2020 | Curicó | 13° | **$$**
87 | MOMENTOS RESERVE Carménère 2019 | Curicó | 13.5° | **$$**
87 | MOMENTOS RESERVE Syrah, Carménère 2019 | Curicó | 13.5° | **$$**

La Playa Wines.

PROPRIETÁRIO Sutil & Cabernet Corp
ENÓLOGA Dominique Bugueño
WEB www.laplayawines.cl
RECEBE VISITAS Sim

• **ENÓLOGA** Dominique Bugueño

[**PARTE DE** Top Wine Group (Sutil, Chono) La Playa recebe a maioria de seus vinhos do Vale de Colchagua, mas também de Limarí, Cauquenes e Curicó. No total, eles têm cerca de 300 hectares próprios, além de uvas que compram de terceiros com os quais produzem cerca de 110 mil caixas de 12 garrafas. Dominique Bugueño é a enóloga e o diretor do grupo também é o enólogo Camilo Viani.] **IMPORTADOR:** BR: www.twimportadora.com

90 **LA PLAYA RESERVA**
Merlot 2019
$$ | COLCHAGUA COSTA | 13°

Uma das melhores relações preço-qualidade do mercado em tintos atualmente, mostra o lado mais frutado e nervoso do Merlot, suas notas de cerejas ácidas, ervas. E na boca, seu corpo é leve, mas ao mesmo tempo cheio de taninos afiados que emolduram uma camada de sabores de frutas deliciosamente refrescantes. Este Merlot vem de vinhedos muito jovens, plantados em 2012 na área de Ucuquer, em Litueche, em direção ao litoral de Colchagua.

90 **LA PLAYA RESERVA**
Sauvignon Blanc 2020
$$ | COLCHAGUA COSTA | 13°

Embora o nariz seja exuberante, rico em notas de ervas e frutas ácidas, o que importa neste Sauvignon é a boca, onde a cremosidade é juntada a uma acidez vibrante, como gotas de limão no creme de leite. O resto são notas cítricas e de ervas em um branco para ostras. Este vinho vem de vinhedos na área de Litueche, perto da foz do rio Rapel, no Vale de Colchagua.

OUTROS VINHOS SELECIONADOS

89 | LA PLAYA RESERVA Cabernet Sauvignon 2018 | Cauquenes | 13.5° | **$$**
88 | ESTATE SERIES Sauvignon Blanc 2020 | Curicó | 13° | **$**
88 | LA PLAYA ESTATE SERIES ROSÉ Cabernet Sauvignon, Garnacha 2020
        Colchagua | 12.5° | **$**
88 | LA PLAYA RESERVA Carménère 2018 | Colchagua | 13.5° | **$$**

La Prometida.

PROPRIETÁRIO Yang Yang & Cristóbal Barrios
ENÓLOGO Sven Bruchfeld
WEB www.laprometida.cl
RECEBE VISITAS Não

• PROPRIETÁRIOS
Yang Yang & Cristóbal Barrios

[**YANG YANG** e Cristóbal Barrios são o casal dono de La Prometida, um projeto que se concentra na área de Cauquenes, no Vale do Maule. Lá eles têm 30 hectares de secano, dos quais obtém uma produção anual de cerca de 30 mil garrafas. Responsável por seus vinhos está o experiente enólogo Felipe Uribe (Andes Plateau).]

93 REVOLTOSA
Barbera 2019
$ $ | CAUQUENES | 13°

Um delicioso suco de cereja, este Barbera vem de vinhedos de 15 anos, plantados em solos de argila vermelha. A variedade tem uma genética pródiga em acidez e também em frutas vermelhas, e aqui isso é muito claramente percebido. Colhido no início da estação, e com uma suave maceração que deu um caráter sutil e leve à estrutura, o resultado é um vinho para matar a sede e desfrutar no verão.

93 REVOLTOSA
Cinsault 2018
$ $ | ITATA | 13°

De vinhedos muito antigos em Portezuelo, nas colinas de solos de granito de Itata, este Cinsault tem uma nota terrosa bem marcada, acompanhando frutas vermelhas e tons especiados. Tem algum caráter de variedade País em sua cor e nessas notas de terra, que é natural em vinhedos tão antigos quanto os do vale, mas que não leva crédito por este vinho delicado, com sabores suaves e tons de ervas.

92 REVOLTOSA
País 2019
$ $ | ITATA | 13.5°

Os vinhedos de País de Itata, como no Maule, podem muitas vezes ter cem anos ou mais. Neste caso, são 120 anos, e o vinhedo está localizado nas colinas de granito da área de Huape. É brevemente envelhecido em barricas por cerca de seis meses e o que sai de lá é um País bastante incomum, muito rico em frutas vermelhas, com uma leve doçura e taninos firmes e afiados. Isso, mais do que o País, liga-o a Cinsault. A questão é que, nesses vinhedos antigos, sempre houve misturas de variedades, o que, por sinal, aumenta o charme e, por sinal, a diversidade de sabores. Um vinho para matar a sede e melhor se você tiver morcillas à mão.

Laberinto.

PROPRIETÁRIOS Rafael Tirado & Heidi Andresen
ENÓLOGO Rafael Tirado
WEB www.laberintowines.com
RECEBE VISITAS Sim

• **ENÓLOGO** Rafael Tirado

[**LABERINTO É** a vinícola que o enólogo Rafael Tirado tem no Lago Colbún, na serra de Maule, em parceria com seu sogro. Começou nos anos 90 como uma coisa pequena, com poucas parcelas plantadas na casa de verão para consumo familiar. Isso gradualmente cresceu para se tornar um vinhedo estabelecido com vinhos que estão entre os de maior personalidade no Chile. Lá, com 600 metros de altura, entre a pré-cordilheira e o lago, em um clima relativamente frio, tem um vinhedo de 18 hectares plantado na forma de um labirinto circular, uma forma que Tirado encontrou para que cada planta não crescesse em condições idênticas. Embora no catálogo todos os vinhos se destaquem por sua personalidade, a estrela indiscutível de Labirinto é Sauvignon Blanc.] **IMPORTADOR:**
BR: www.magnumimportadora.com

97 TRUMAO DE LABERINTO
Cabernet Franc, Merlot, Cabernet Sauvignon 2018
$$$$$ | MAULE | **13.5°**

O novo tinto do Laberinto é uma mistura de 63% de Cabernet Franc, 25% Merlot e 12% Cabernet Sauvignon, todos plantados em solos vulcânicos, cerca de 30 anos atrás, às margens do Lago Colbún, no início dos sopés andinos do Vale do Maule. Fermentado com leveduras indígenas em tanques de concreto, envelhece por 14 meses em barricas. O vinho tem muita presença na boca, uma espessa camada de frutas vermelhas maduras, ervas e especiarias, mas também aquele sabor intrigante entre a terra e as cinzas que é sentido nos vinhos da casa, especialmente nos tintos. Os taninos são firmes, sólidos, afiados, e a acidez tem sua própria festa, saltando por todo o paladar. Um tinto para a guarda.

96 TRUMAO DE LABERINTO
Sauvignon Blanc 2019
$$$$$ | MAULE | **12.5°**

Trumao é o novo Sauvignon de Laberinto, uma seleção dos melhores de seus vinhedos da variedade, plantados em solos vulcânicos e na parte mais fria da propriedade, onde só recebe o sol da tarde. Além disso, o vinho é envelhecido em barricas de madeira de lenga, nativas da região de Chiloé, ao sul do Chile, como forma de procurar matérias-primas alternativas ao carvalho e, sobretudo, à madeira nativa chilena. A influência da lenga no vinho parece muito sutil, com toques de avelãs e nozes, enquanto atrás dele está toda a deliciosa fruta de Sauvignon de Laberinto, a força de sua acidez, os sabores cítricos. Um vinho de muita personalidade.

95 CENIZAS DE LABERINTO
Sauvignon Blanc 2020
$$$$ | MAULE | **12.5°**

Este é o clássico Sauvignon Blanc de Laberinto, dos solos vulcânicos plantados há 30 anos na área mais fresca da propriedade, cerca de 600 metros acima do nível do mar em Alto Maule, um lugar muito pouco explorado para o vinho chileno. O frio no vinhedo é muito presente, transformado em uma acidez muito persistente e penetrante que lhe dá suculência, em um corpo poderoso, com muita textura na boca, com muita consistência no paladar. Este é o branco perfeito para beber com ostras.

94 ARCILLAS DE LABERINTO
País 2020
$$$$ | MAULE | **12.8°**

Este País vem de vinhedos de cerca de 30 anos, plantados na propriedade de Laberinto em Alto Maule, na área mais alta e pedregosa, solos de matéria orgânica muito baixa onde a País parece se sentir à vontade. Segundo Rafael Tirado, as vinhas não mostraram sinais de desconforto. O vinho tem uma fruta deliciosa, com toques especiados e muito suculentos; o corpo tem taninos firmes, mas acima de tudo afiados, apoiando a estrutura, dando a sensação de verticalidade. Com um baixo nível de álcool, de 12,8%, a acidez mantém tudo vivo, oferecendo um tinto vibrante e fácil de beber.

94 CENIZAS DE LABERINTO
Pinot Noir 2018
$$$$ | MAULE | **13°**

Plantada há cerca de 30 anos em solos vulcânicos às margens do Lago Colbún, no Vale do Maule. A fermentação é realizada com leveduras indígenas e, em seguida, o vinho é envelhecido por cerca de 12 meses em barricas antigas. Pode ser sugestão, mas a sensação de sabores terrosos, como cinzas naquele solo vulcânico, está muito presente neste vinho, dando-lhe um caráter muito particular. Há também sabores frutados e a acidez usual dos vinhos locais, no início do sopé da Cordilheira dos Andes.

94 VISTALAGO DE LABERINTO
Chardonnay, Sémillon, Riesling 2020
$$$ | MAULE | **12.8°**

A mistura deste ano do Vistalago tem 58% de Chardonnay, 30% Sémillon e o resto do Riesling, todos dos vinhedos do Laberinto cerca de 600 metros acima do nível do mar, ao pé dos Andes, no Maule. Os vinhedos também são voltados para o lago, recebendo a nova influência dessa grande massa de água que é o Colbún. Vinificado em tanques de concreto, e envelhecido em barricas usadas por cerca de oito meses, este tem uma deliciosa força ácida, que se junta a sabores de frutas brancas e leves toques de mel. O corpo é redondo, com textura oleosa, com toques de ervas que acentuam sua sensação refrescante.

94 VISTALAGO DE LABERINTO
Merlot, Cabernet Franc, Syrah 2018
$$$ | MAULE | **13.5°**

Vistalago é uma mistura que se baseia em 85% de Merlot de vinhedos voltados para o Lago Colbún, em solos vulcânicos, com um pouco de argila; um solo que tem boa retenção de água, algo de que o sempre sedento Merlot gosta. Neste caso, há frutas vermelhas maduras e muitas notas de ervas e especiarias em um corpo que se sente robusto, de muito boa concentração, mas ao mesmo tempo de acidez penetrante e afiada, algo característico dos vinhos daquele lugar, às margens do Lago Colbún, na área pré-cordilheira do Vale do Maule.

Lagar de Codegua.

PROPRIETÁRIO René Piantini
ENÓLOGO Benjamín Leiva
WEB www.lagardecodegua.cl
RECEBE VISITAS Sim

• **GERENTE COMERCIAL
& ENÓLOGO VITICULTOR**
Daniela Rojas & Benjamín Leiva

[**PERTO DA** cidade de Codegua, com 560 metros de altura, em Alto Cachapoal, fica esta vinícola que produz vinhos desde 2001. Todos são feitos com suas próprias uvas do vinhedo de 60 hectares que plantaram lá, em um platô de solo pedregoso. Eles começaram com foco em Cabernet Sauvignon e Syrah e ao longo do tempo expandiram-se para outras variedades tintas: Grenache, Monastrell, tannat, Petit Verdot, Carménère e Malbec. Os enólogos são Daniela Rojas e Benjamin Leiva, na empresa desde 2008 e 2016, respectivamente.]

96 TUDOR
Cabernet Sauvignon 2019
$$$$ | CACHAPOAL | **14°**

Para este novo Cabernet de Codegua, a equipe da vinícola seleciona vinhas de um pequeno setor de um hectare com solos muito pedregosos. Segundo o enólogo Benjamin Leiva, esse setor da parcela três oferece sabores muito mais complexos, próximos às frutas azuis. O vinho é envelhecido em demi muid (barricas de 600 litros) por um ano antes do engarrafamento. E o produto dessas barricas são duas mil garrafas de um vinho de grande profundidade. Há aqueles sabores de frutas azuis de que Leiva fala, mas também há tons de ervas, frutas vermelhas... o que leva a pensar em um vinho de grande complexidade e caráter. O corpo se sente imponente, embora os taninos sejam polidos o suficiente para não se destacarem. Em vez disso, eles se sentem integrados, como parte de uma estrutura que dará a este vinho muito mais anos na garrafa. Quando se fala sobre o potencial do Cabernet Sauvignon em Alto Cachapoal, ao pé dos Andes, deve-se considerar este vinho.

95 ALUVIÓN
Cabernet Sauvignon, Syrah, Petit Verdot, Malbec 2019
$$$ | CACHAPOAL | **14°**

Aluvión é uma seleção dos melhores lotes da propriedade da Codegua em Alto Cachapoal. Este ano, a mistura contém 50% Cabernet Sauvignon, 20% Syrah, 15% Petit Verdot e 15% Malbec (uma variedade que pela primeira vez entra neste vinho, substituindo Carménère). Segundo o enólogo Benjamin Leiva, isso porque eles optaram pelo maior frescor e notas florais do Malbec de lá, nos solos aluviais do lugar. O resultado é um vinho imponente em tamanho, com muita profundidade de frutas negras maduras e envolventes. Um tinto de textura firme, projetado para guarda. Espere pelo menos três anos.

94 CODEGUA
Grenache 2020
$$$ | CACHAPOAL | **13°**

Este Garnacha vem de um pequeno quartel plantado há cerca de dez anos em um solo de muitas pedras e baixa fertilidade. A ideia é colhê-lo cedo para conseguir um vinho leve e refrescante, um vinho de verão, segundo o enólogo Benjamin Leiva. Um pouco mais de mil garrafas foram feitas e você tem que obter pelo menos uma; é um delicioso suco crocante de frutas vermelhas que passa pela boca como água, mas cheio de sabor. O vinho tem uma aderência muito boa graças à adição de engaços no meio da fermentação. Um dos bons exemplares da variedade no Chile.

94 EDICIÓN LIMITADA
Syrah 2018
$$$ | CACHAPOAL | 14°

Para este **Edición Limitada**, o enólogo Benjamin Leiva seleciona cachos de Syrah de um terreno plantado há 21 anos nos solos pedregosos da propriedade de Alto Cachapoal de Codegua ao pé dos Andes. Graças às colheitas precoces e ao uso de engaços no processo de fermentação, este vinho se sente muito fresco e também com uma estrutura de tanino muito boa cobrindo o paladar com essa sensação afiada. É rico em sabores frutados, juntamente com notas especiadas em um tinto muito adequado para a guarda.

94 TANNAT
Tannat 2019
$$$ | CACHAPOAL | 13.8°

Tannat é geralmente uma variedade com muita carga de tanino, produzindo alguns vinhos que são difíceis de beber quando jovens. No entanto, graças às colheitas antecipadas e macerações menos agressivas, hoje há um mundo totalmente novo no Uruguai, mas também em lugares como o Chile. Codegua segue o protocolo de macerações menos invasivas para extrair apenas o que é necessário, e então uma guarda em barrica por um ano para dar a sensação de taninos domesticados. Aqui está uma cascata de frutas vermelhas e taninos ferozes, mas nada que costeletas de cordeiro não possam acalmar. O vinho é deliciosamente frutado e refrescante e, sim, tem uma textura firme. Aqui em Descorchados gostamos disso.

93 CODEGUA
Mourvèdre 2019
$$$ | CACHAPOAL | 14°

O quartel de Santa Adriana foi plantado com variedades mediterrâneas por volta de 2005. Está localizado ao lado de um córrego e os solos aluviais têm muitas pedras. Este solo pedregoso e pouco fértil dá vinhos de grande sabor, como é o caso deste cem por cento de Monastrell ou Mourvèdre que tem todos os frutos vermelhos e generosos da variedade, e também a carga de taninos ferozes associados a esta uva mediterrânea. Mas também aqui há um frescor que percorre todo o vinho, do nariz ao fim do paladar, tornando muito fácil beber, principalmente há queijos ou frios.

93 GSM
Mourvèdre, Syrah, Grenache 2019
$$$ | CACHAPOAL | 14°

Neste GSM a mistura é 34% Grenache, 33% Mourvèdre e o resto de Syrah, as primeiras de 15 anos e a última de vinhedos plantados em 1998. Como as outras variedades mediterrâneas do catálogo da Codegua, essas uvas também são colhidas muito cedo para suportar o frescor dos vinhos em uma área que, embora seja na parte andina de Cachapoal, é um lugar quente e cujos solos muito pedregosos apressam o amadurecimento da fruta. O efeito é alcançado em um vinho com uma carga pesada de taninos, mas ao mesmo tempo tem sabores de frutas vermelhas crocantes e uma acidez vibrante. Ele precisa de comidas contundentes para combinar com sua potência.

93 MALBEC
Malbec 2019
$$$ | CACHAPOAL | 13.5°

Com poucos aromas verdes ou pirazinas, o Malbec possui uma grande janela de colheita, podendo adiantar a safra dos cachos sem que isso signifique verdor no vinho. É disso que o Lagar de Codegua aproveitou neste tinto, que se sente cheio de aromas e sabores de frutas vermelhas crocantes, em meio a taninos firmes e uma acidez afiada que acentua esse caráter refrescante. Um olhar de verão para uma variedade que pode passar de tintos maduros e suculentos para exemplos como este. Para pensar em torradas com terrine.

92 LAGAR DE CODEGUA
Cabernet Sauvignon 2019
$$ | CACHAPOAL | 13.8°

Por um preço muito conveniente, este Cabernet oferece uma visão muito clara da variedade, especialmente quando se trata da área de Alto Cachapoal, ao pé dos Andes. Aqui está um forte componente de ervas, mas também tons de frutas vermelhas maduras em um corpo de muito boa concentração, com taninos ainda jovens que duram alguns anos em garrafa. Este vinho vem de vinhedos plantados por volta de 1998, em solos aluviais, ricos em pedras.

Lapostolle Wines.

PROPRIETÁRIO Domaines Bournet Lapostolle

ENÓLOGA Andrea León

WEB www.lapostollewines.com

RECEBE VISITAS Não

· ENÓLOGA Andrea León

[**A FAMÍLIA** francesa Marnier Lapostolle (a mesma do licor Grand Marnier) abriu esta vinícola em Colchagua em 1994, e desde então tem sido aconselhada por Michel Rolland, famoso consultor do Pomerol. O estilo de vinhos concentrados e voluptuosos promovidos por Rolland lhe trouxe muitos sucessos internacionais. O selo Rolland ainda está presente nos vinhos da vinícola localizada no bem cotado setor da Apalta, mas há algum tempo tem um contraponto no catálogo: a linha Collection. É uma linha onde a enóloga da casa, Andrea León, se aventurou em outras direções, com vinhos caracterizados por sua força de frutas e que não são apenas nascidos em Colchagua, mas também em lugares como Elqui, Maule ou Itata.]

IMPORTADOR: BR: www.mistral.com.br

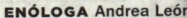

95 VIGNO
Cariñena 2018
$$$$ | MAULE | 13.3°

Empedrado está localizado na área costeira do Maule e geralmente entrega alguns dos vinhos mais delicados e leves do vale. É o caso deste Vigno, feito pela enóloga Andrea León para Lapostolle. Vem de um vinhedo de cerca de 60 anos, em solos não irrigados, plantados em granitos decompostos. O envelhecimento é de cerca de 11 meses em barricas antigas, o que evita interferência na rica e suculenta expressão de Carignan de clima fresco que é sentida aqui. Frutas e mais frutas, taninos firmes e afiados, e algumas notas florais que lhe dão um plus de complexidade.

94 COLLECTION
Grenache, Syrah, Monastrell 2019
$$$$ | APALTA | 14.5°

Plantado em 2005 em uma língua de solos de granito - uma encosta voltada para a orientação sul mais fresca - o vinhedo de onde vem este Grenache (70% da mistura) é uma espécie de quintal de Apalta, do outro lado da colina onde são produzidos os famosos tintos Cuvée Alexandre e Clos Apalta. Mas neste canto você vive uma realidade diferente, variedades mediterrâneas que, sob o sol intenso de Colchagua, dão vinhos deliciosos em frescor e em frutas vermelhas. Neste Grenache você pode ver essa qualidade, e também aqueles taninos de granito afiados que aderem ao paladar com garras pequenas. Um vinho radiante em frutas, de caráter nervoso, tenso e fácil de beber, especialmente com um prato de frios. O resto da mistura é 15% Syrah e 15% Monastrell.

94 COLLECTION
Sémillon, Torontel 2019
$$$$ | APALTA | 13.5°

Este **Collection** é 70% Sémillon e 30% de Torontel, todas misturadas em um antigo vinhedo de Apalta, na área de San José de Apalta, a parte mais antiga do vale, ao lado do rio Tinguiririca. A maior parte do vinho foi fermentada com suas peles e depois estagiada em ovos de cimento. A face austera da Sémillon domina aqui, embora as flores e aromas frutados fiquem ao fundo, oferecendo um lado mais exuberante. Na boca está aquele lado da Sémillon ao lado de uma acidez suculenta e afiada, que prevê uma guarda longa em garrafa. E a textura parece áspera, muito firme. Este vinho é para dez anos.

93 COLLECTION
Grenache, Syrah, Mourvèdre 2018
$$$$ | APALTA | 14.5°

Este **GSM** vem de uma encosta bastante estreita de vinhedos, que são projetados a partir de uma montanha de Apalta em direção à orientação sul mais fria no Vale de Colchagua. Foi plantada com Syrah em 2005, mas enxertado com outras variedades mediterrâneas que, neste caso, somam 50% Grenache, 41% Syrah e o resto do mourvèdre, além de um toque de Viognier. O vinho parece deliciosamente rústico, com taninos firmes e tensos, e frutas vermelhas maduras, exuberantes e suculentas que transbordam daquela coluna tânica. Um vinho frutado e enérgico que pode muito bem ser bebido agora, especialmente com carne de caça.

93 COLLECTION CINSAULT
Cinsault 2019
$$$$ | ITATA | 14.5°

Das encostas do morro Verde, em Itata, este Cinsault foi cultivado em vinhedos não irrigados, plantados em solos graníticos em 1960. Passou por barricas usadas por cerca de quatro meses, e o resultado é um vinho muito potente no paladar, mas também muito suculento, com frutas vermelhas vibrantes e frescas. Quando pensamos em Cinsault, pensamos em vinhos leves, macios e frutados. Este exemplar adiciona a um novo estilo que busca ir mais longe com a variedade, para dar-lhe mais seriedade.

92 APALTA
Cabernet Sauvignon, Carménère, Syrah 2018
$$$ | A P A L T A | **14°**

Esta é uma fotografia muito boa da área de Apalta, através das lentes de Lapostolle e seus vinhos suculentos, com ênfase em notas de frutas maduras negras e vermelhas. É uma seleção de quartéis, principalmente vinhedos a partir de 2005, e consiste em 75% Cabernet Sauvignon, 10% Carménère e 15% Syrah, e passa pouco mais de um ano em barricas usadas. O resultado é um rico exemplar de estilo de casa, sem os exageros na maturidade ou extração do passado, mas ainda com esse caráter amplo e voluptuoso. Para a enóloga Andrea León, esta é uma porta de entrada para o mundo de Apalta, cujo ponto mais alto é a famosa mistura de Clos Apalta.

91 LE ROSÉ
Grenache, Mourvèdre, Cinsault, Syrah 2020
$$ | A P A L T A | **12.5°**

Um rosé que é pensado desde o vinhedo, protegendo os cachos do sol para que eles não percam seu frescor e colhendo cedo, para capturar a acidez. Os cachos são pressionados diretamente e depois vinificados como brancos, sem suas peles para evitar cor. O resultado é um rosé delicado, rico em sabores de frutas brancas e vermelhas, em um corpo leve, com uma acidez afiada que ajuda a sublinhar os sabores frescos. A mistura tem 50% de Cinsault, 26% Syrah, 18% Grenache e o resto de Monastrell. .

90 GRAND SELECTION
Carménère 2018
$$ | C O L C H A G U A | **14°**

Em um estilo opulento, com sabores maduros, mas sem exageros, este Carménère de Colchagua tem um caráter comercial, com texturas muito macias e redondas, e leves toques de ervas junto com muitos sabores frutados, apoiados por uma acidez que refresca. Este Carménère vem de vinhedos em Colchagua, principalmente de videiras jovens plantadas em Apalta.

Las Niñas.

PROPRIETÁRIO Família Bournazeau-Florensa, Cayard & Dauré
ENÓLOGO Eugenio Lira
WEB www.vinalasninas.com
RECEBE VISITAS Sim

• **ENÓLOGO** Eugenio Lira

[LAS NIÑAS foi fundada por volta do final da década de 1990 em Apalta, uma das regiões mais conhecidas do Vale de Colchagua. Nasceu da sociedade entre os franceses Bernard Dauré, Jean Pierre Cayard e Claude Florensa. Hoje a empresa possui 200 hectares de vinhedos e uma vinícola famosa por seu design, obra do arquiteto chileno Mathias Klotz. Responsável pelos vinhos é o enólogo Eugenio Lira.] **IMPORTADOR:** BR: www.sommelier4u.com.br

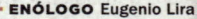

95 MÍTICA
Syrah, Cabernet Sauvignon, Carménère, Merlot, Mourvèdre 2017
$$$$ | A P A L T A | **13.8°**

Esta é uma mistura das cinco variedades tintas que Las Niñas plantou em sua propriedade de Apalta, no Vale de Colchagua. Em termos percentuais, este ano a mistura é composta por 50% Syrah, 30% Cabernet Sauvignon, 10% Carménère, 5% Merlot, 5% mourvèdre e 21 meses em barricas. Devido ao calor do ano, em Las Niñas eles decidiram adiantar a colheita e isso resultou em frutas incomumente frescas para o ano. Os taninos se sentem polidos e a acidez é persistente até o fim da boca. Um vinho suculento, vigoroso e tenso.

93 AMANTE
Cabernet Sauvignon, Merlot 2018
$$$ | APALTA | **13.5°**

Trata-se de uma mistura de 60% de Cabernet Sauvignon e 40% de Merlot, com 18 meses de envelhecimento em barricas e todos de vinhedos de cerca de 20 anos nos solos graníticos de Apalta, no Vale de Colchagua. Aqui estão notas de ervas, tons de frutas vermelhas em um corpo de taninos importantes, picando a língua, junto com uma acidez que parece protagonista. Para a guarda.

93 AMANTE
Syrah, Mourvèdre 2018
$$$ | APALTA | **13.5°**

Esta mistura de 70% de Syrah e 30% mourvèdre parece ser dominada por taninos selvagens e indomáveis da mourvèdre, que tomam conta da boca e não a liberam, como garras. O resto é madurez, fruta vermelha exuberante, em um tinto que precisa de alguns anos na garrafa para alcançar complexidade e harmonia. Se você optar por abri-lo agora, escolha embutidos.

93 E
Carménère 2019
$$$ | APALTA | **14°**

Esta já é a segunda versão de E, um Carménère em estilo fresco e frutado, na outra ponta do tradicional Carménère, então mais maduro e concentrado. Este ano tem um pouco mais de cachos inteiros em fermentação, 25% no total. E sem madeira, o que traz para esse lado suculento, simples e direto. Esse novo caminho de variedade já tem muitos membros e este é um dos melhores.

92 AMANTE ROSÉ
Mourvèdre 2019
$$$ | APALTA | **13.5°**

Metade deste vinho vem de cachos diretamente pressionados e depois vinificados como brancos. E a outra metade é a sangria de um tinto, ou seja, o suco que é extraído em uvas semi-fermentadas, neste caso, um dia após o início da fermentação. Esse componente, segundo o enólogo Eugenio Lira, dá corpo e cor ao resultado final. E esse resultado é um vinho intenso em sabores florais e frutados, com notas de nozes provenientes da fermentação do vinho na acácia, uma madeira que costuma dar esse tipo de notas. Um rosé muito original que se afasta das (um pouco atrasadas) modas de rosés ligeiros e leves. Isso é mais que um claret.

92 GEGE
Garnacha N/V
$$$ | APALTA | **13.5°**

Este Grenache é o novo vinho de Las Niñas, em homenagem a um dos donos da vinícola, Germain ou "Gege", uma mulher que, devido à sua vitalidade, parecia muito mais jovem do que era. Uma senhora sem idade, como esse tinto que não tem safra, mas é uma mistura de duas, 2018 e 2019. E é uma Garnacha de grande força, com uma acidez muito marcante apoiando os taninos e fazendo os sabores na boca se sentirem firmes e crocantes. Um vinho grande e imponente para curry de cordeiro.

91 SIN FILTRO
Mourvèdre 2019
$$$ | A P A L T A | **13°**

Plantado há cerca de 15 anos nas encostas graníticas de Apalta, este mourvèdre tem muitas das características da variedade, os tons de frutas vermelhas maduras, a acidez intensa e, sobretudo, a estrutura imponente e selvagem dos taninos que são o ator principal nessa variedade e também neste vinho. Para cordeiro.

90 SIN FILTRO
Chardonnay 2019
$$$ | A P A L T A | **13°**

De vinhedos plantados há cerca de 15 anos nos solos aluviais ao lado do rio Tinguiririca, em Apalta, este é um Chardonnay de sabores muito maduros e notas confitadas em um corpo redondo, de grande maturidade e sabores intensos de nozes, talvez porque uma parte do vinho (15%) foi fermentado e estagiado em madeira de acácia, que geralmente oferece esse lado quase austero. Este Chardonnay é para carne de porco defumada.

Las Pitras.

PROPRIETÁRIO Juan Balbontín
ENÓLOGA Ingrid Rojas
WEB www.laspitras.cl
RECEBE VISITAS Sim

• **PROPRIETÁRIO** Juan Balbontín

[**A HISTÓRIA** de Las Pitras começa em 1934, como um projeto da família Balbontín, focado em vinhos a granel, algo que ainda continua, mas complementado por mais de 30 anos com suas próprias garrafas, todas de seus vinhedos localizados na margem sul do rio Mataquito, no Vale do Curicó. Hoje eles produzem cerca de 30 mil garrafas.]

90 RAÍCES PREMIUM
Cabernet Sauvignon 2017
$$ | C U R I C Ó | **14°**

Este **Raíces** tem 98% de Cabernet Sauvignon, todos de vinhedos plantados na margem sul do rio Mataquito, no Vale do Curicó. Envelhecido em barricas (30% de madeira nova) por dois anos, aqui a influência do carvalho é sentida desde o início, superando os sabores frutados e ganhando destaque. No entanto, você tem que dar a ele o benefício da dúvida. A força frutada por trás promete que, no futuro, de dois a três anos, essa madeira recuará em favor da fruta. Paciência neste caso.

OUTROS VINHOS SELECIONADOS
89 | RAÍCES Cabernet Sauvignon, Carménère 2017 | Curicó | 13.8° | **$**
89 | RAÍCES Sauvignon Blanc 2020 | Curicó | 13° | **$**
88 | RAÍCES Carménère 2017 | Curicó | 14° | **$**

Las Veletas.

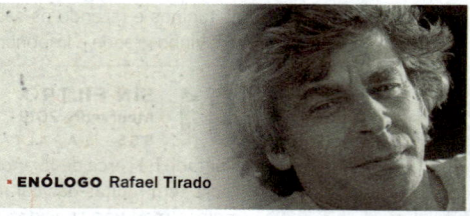

PROPRIETÁRIO Raúl Dell'Oro

ENÓLOGO Rafael Tirado

WEB www.lasveletas.cl

RECEBE VISITAS Não

▸ **ENÓLOGO** Rafael Tirado

[**MISTURA TINTAS** do secano costeiro maulino. Essa é a proposta de Las Veletas, projeto nascido em 2010 da parceria entre Rafael Tirado (o mesmo da Laberinto) e o produtor Raúl Dell'Oro. Este último trabalhava há anos em um campo tradicional em Alquihue, comuna de San Javier, no extremo sudoeste do Maule, recuperando antigas videiras de País e Carignan, e adicionando cepas bordalesas e variedades mediterrâneas. A vinícola começou como um projeto familiar, livre para experimentar para encontrar os resultados esperados, e hoje continua mantendo uma escala relativamente pequena, com uma produção anual de 35 mil garrafas. São 150 hectares de vinhedos, com alguns quartéis de até 80 anos.] **IMPORTADOR:** BR: www.monvin.bR

94 **LAS VELETAS**
Grenache, Carignan, Mourvèdre 2019
$$$ | MAULE | **13.5°**

Esta mistura consiste em 50% Grenache, 45% Carignan e o resto de Monastrell, todos dos solos de granito de Las Veletas, em Alquihue, no coração do Maule. O granito aqui tem um efeito muito leve na textura dos taninos, que se sentem robustos e afiados, enquanto os sabores são frutas e flores vermelhas, e o Carignan impõe sua acidez. Um clássico do Mediterrâneo.

94 **LAS VELETAS CUARTEL #13**
Carignan 2018
$$$ | MAULE | **14°**

Esta é uma seleção de Carignans muito velhas, cerca de 80 anos, plantadas em solos de granito no Vale de Loncomilla, no coração do Vale do Maule. O vinho mostra toda a sua força varietal, com frutas vermelhas maduras e flores em meio a ervas e especiarias. A boca é poderosa, com sabores profundos e taninos firmes e penetrantes, como de costume nesses solos graníticos. Um vinho para armazenar na adega por dez anos ou para abrir com cordeiro grelhado.

93 **LAS VELETAS**
País 2019
$$ | MAULE | **13.5°**

Um País para beber com a facilidade de um suco de framboesa, este vem de vinhedos de cerca de 150 anos em solos de granito no Maule. O vinho é fermentado com suas leveduras indígenas e tem 15% de Carignan do mesmo vinhedo, embora de plantas mais jovens, cerca de 80 anos de idade. O resultado é frutado, suculento, perfeito para beber com um prato de queijos e frios, e melhor se você servir gelado.

93 **LAS VELETAS CUARTEL #5**
Cabernet Franc 2018
$$$ | MAULE | **14°**

Este Cabernet Franc vem de um quartel de 0,77 hectare plantado em 2003 em encostas de solos graníticos no Vale de Loncomilla, solos muito pobres em um terreno de um hectare onde o granito vem à superfície. Em um ano de clima moderado como 2018, os aromas especiados e herbáceos da variedade vêm à tona, juntamente com uma camada de sabores de frutas maduras em um contexto de muito corpo, taninos firmes, mas ideais para acalmar com rosbife. Um vinho jovem que precisa de três a quatro anos na garrafa.

92 LAS VELETAS
Cabernet Franc, Cabernet Sauvignon 2018
$$$ | MAULE | 13.5°

Plantada em encostas de granito, esta é uma mistura de 73% de Cabernet Franc e o resto do Cabernet Sauvignon, com sabores de frutas doces e notas especiadas e herbáceas. É intenso na boca, com taninos firmes que devem muito a esses solos de granito e que, após 12 meses de envelhecimento em barricas antigas, não conseguiram suavizar tudo. Para a guarda.

92 LAS VELETAS
Petit Verdot, Cabernet Franc 2018
$$$ | MAULE | 13.5°

Composto por 50% de Petit Verdot e 50% de Cabernet Franc, este tinto tem uma estrutura de tanino que fala dos solos de granito do vinhedo. Esses taninos constroem uma textura penetrante e severa, um pouco rústica, mas cercada por frutas vermelhas maduras e uma acidez que lhe devolve o frescor quando se acreditava que o assunto estava se tornando uma massa de maturidade e rusticidade. Outro vinho para a guarda.

Laura Hartwig.

PROPRIETÁRIO Família Hartwig
ENÓLOGO Renato Czischke
WEB www.laurahartwig.cl
RECEBE VISITAS Sim

• **ENÓLOGO** Renato Czischke

[**LAURA HARTWIG** foi fundada em 1994, embora o vínculo da família com o vinho date de vários anos atrás, quando o engenheiro Alejandro Hartwig, seu fundador, retornou ao Chile após uma década trabalhando no Canadá. A ascensão do vinho na América do Norte e o interesse global pelos vinhos do Novo Mundo o levaram a cultivar videiras em Santa Cruz, no coração do Vale de Colchagua. Depois de anos vendendo para terceiros, eles decidem engarrafar seus próprios vinhos.]

IMPORTADOR: BR: www.dagirafa.com.br

95 LAURA
Cabernet Sauvignon, Malbec, Petit Verdot, Cabernet Franc 2017
$$$$$ | COLCHAGUA | 14°

Laura é o melhor vinho de Laura Hartwig. Começou com apenas duas barricas, e esta nova versão consiste em cerca de dez barricas. A mistura tem uma base de 50% Cabernet Sauvignon, tudo do vinhedo Nogales, plantado em 1980 na propriedade de Santa Cruz. Além disso, tem 30% de Cabernet Franc, 10% Petit Verdot e 10% Malbec. A safra de 2017 foi uma das mais quentes da década e, embora no resto do portfólio da vinícola tenha sentido esse efeito, neste Laura o calor e a maturidade parecem atenuados, especialmente porque cepas tânicas como Cabernet Sauvignon, mas especialmente Petit Verdot, fazem seu trabalho muito bem proporcionando tensão com taninos muito afiados e poderosos. De qualquer forma, este é um vinho de guarda. Não abra por uns cinco anos.

94 EDICIÓN DE FAMILIA
Cabernet Sauvignon, Malbec, Petit Verdot, Cabernet Franc 2018
$$$$ | COLCHAGUA | **14°**

A base deste **Edición de Familia** é o Cabernet Sauvignon do vinhedo Nogales, a base do melhor Cabernet da propriedade, plantado em 1980. Além dos 44% de Cabernet, tem 38% de Cabernet Franc, 12% Petit Verdot e o resto do Malbec. É envelhecido em barricas por 20 meses e o que sai de lá é uma espécie de exemplar muito bem-sucedido do estilo suave, amigável e equilibrado de Hartwig. Tudo parece no lugar, com a acidez certa para dar nervo, mas ao mesmo tempo com aquelas frutas doces oferecidas pelo clima quente de Colchagua.

93 SELECCIÓN DEL VITICULTOR
Cabernet Sauvignon 2018
$$$ | COLCHAGUA | **14°**

A **Selección del Viticultor** vem de vinhedos antigos de propriedade de Hartwig, plantados em Santa Cruz em 1980. O vinho passou um ano em barricas e depois mais nove meses em ovos de cimento. Este Cabernet tem o selo dos vinhos da casa, maciez e equilíbrio, juntamente com frutas doces e maduras típicas de uma área quente como Colchagua. Em um excelente ano, com temperaturas moderadas, este Cabernet também parece ter taninos mais nervosos, mais afiados e mais nítidos que mantêm a tensão em um fiel representante dos Cabernets do vale.

93 SELECCIÓN DEL VITICULTOR
Petit Verdot 2018
$$$ | COLCHAGUA | **14°**

Alejandro Hartwig plantou esses vinhedos em 2006, quando pouco se ouvia falar dessa variedade. A primeira versão foi em 2010, e desde então essa uva foi adaptada ao estilo macio e equilibrado da vinícola. Nesta última edição, o Petit se sente domado, com os taninos da variedade calmos, sem aquele lado selvagem que vem da genética da cepa. No entanto, as notas de frutas negras e exuberância na boca são mantidas. Este é um vinho para a adega.

90 LALUCA
Malbec 2020
$$ | COLCHAGUA | **13.5°**

Um Malbec para beber no verão e aplacar o calor, este tem notas frutadas em todos os lugares; um suco de frutas simples, com taninos muito polidos e leves que suportam um corpo igualmente leve. Pense em pizza quando abrir essa garrafa. Este Malbec vem de vinhedos plantados em 1996, na região de Santa Cruz, no coração do Vale do Colchagua.

90 SINGLE VINEYARD
Cabernet Sauvignon 2018
$$ | COLCHAGUA | **13.5°**

Esta é uma seleção de vinhedos do Quartel de Nogal, plantado em 1980, o mais antigo da propriedade Hartwig em Santa Cruz. E é um exemplo muito bom da variedade sob o sol de Colchagua e para esta faixa de preço. A textura é firme, os sabores são maduros e frutas doces, e os especiarias dão-lhe uma certa complexidade.

OUTROS VINHOS SELECIONADOS
89 | SINGLE VINEYARD Carménère 2018 | Colchagua | 13.5° | **$$**
87 | LALUCA Merlot 2019 | Colchagua | 13.5° | **$$**

Leyda.

PROPRIETÁRIO VSPT
ENÓLOGA Viviana Navarrete
WEB www.Leyda.cl
RECEBE VISITAS Não

• **ENÓLOGA** Viviana Navarrete

[**NO FINAL** da década de 1990, quando Leyda era uma área seca costeira tradicionalmente ligada ao gado e trigo, esta vinícola foi uma das primeiras a apostar na viticultura por lá. Como aconteceu com aqueles que se aventuraram anos atrás em Casablanca, a aposta valeu a pena: Leyda está agora entre as denominações mais prestigiadas do Chile, e a vinícola, entre as mais destacadas da viticultura costeira. A família fundadora (Fernández) vendeu-a em 2007 para o grupo de San Pedro, embora o vinhedo tenha mantido seu caráter original. Apesar de gerenciar vinhedos em Colchagua e Maipo para alguns tintos, seu centro continua sendo seu local de origem. Ao primeiro vinhedo que desenvolveram lá, El Maitén, a sete quilômetros da costa, foi adicionado um novo, El Granito, distante apenas quatro quilômetros e às margens do rio Maipo.] **IMPORTADOR:** BR: www.dagirafa.com.br

95 LOT 4
Sauvignon Blanc 2020
$$$$ | L E Y D A | **13°**

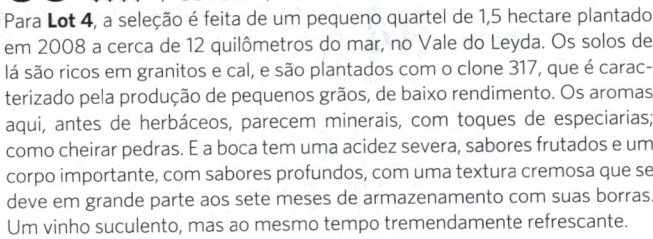

Para **Lot 4**, a seleção é feita de um pequeno quartel de 1,5 hectare plantado em 2008 a cerca de 12 quilômetros do mar, no Vale do Leyda. Os solos de lá são ricos em granitos e cal, e são plantados com o clone 317, que é caracterizado pela produção de pequenos grãos, de baixo rendimento. Os aromas aqui, antes de herbáceos, parecem minerais, com toques de especiarias; como cheirar pedras. E a boca tem uma acidez severa, sabores frutados e um corpo importante, com sabores profundos, com uma textura cremosa que se deve em grande parte aos sete meses de armazenamento com suas borras. Um vinho suculento, mas ao mesmo tempo tremendamente refrescante.

94 LOT 21
Pinot Noir 2019
$$$$ | L E Y D A | **13.5°**

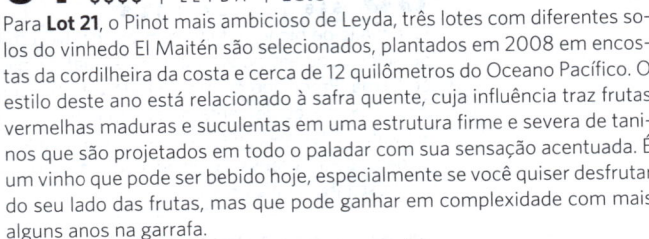

Para **Lot 21**, o Pinot mais ambicioso de Leyda, três lotes com diferentes solos do vinhedo El Maitén são selecionados, plantados em 2008 em encostas da cordilheira da costa e cerca de 12 quilômetros do Oceano Pacífico. O estilo deste ano está relacionado à safra quente, cuja influência traz frutas vermelhas maduras e suculentas em uma estrutura firme e severa de taninos que são projetados em todo o paladar com sua sensação acentuada. É um vinho que pode ser bebido hoje, especialmente se você quiser desfrutar do seu lado das frutas, mas que pode ganhar em complexidade com mais alguns anos na garrafa.

94 LOT 5
Chardonnay 2019
$$$ | L E Y D A | **13.5°**

O vinhedo El Granito começou a ser plantado por volta de 2010 e está localizado na foz do rio Maipo, bem perto do mar, no Vale da Leyda. É um solo rico em granitos, que pode explicar em parte a estrutura linear deste Chardonnay, a forma refrescante com que é instalado no meio do paladar e de lá é projetado até o fim, pedindo um salmão grelhado. Um branco com corpo, poderoso e ao mesmo tempo muito refrescante.

94 SINGLE VINEYARD KADUN
Sauvignon Gris 2020
$$ | LEYDA | **14°**

Esta versão deve ser a mais herbácea e vibrante dos Sauvignons gris que já experimentamos em Leyda. Os aromas lembram pimenta verde, ervas, e na boca, a acidez é nítida e também cítrica, em um corpo linear, de grande peso, mas que só ocupa o centro do paladar com seus sabores de ervas. Vem de videiras plantadas em 2010 no vinhedo El Granito, localizado na foz do rio Maipo, no Vale do Leyda, e 20% envelhece em barricas novas de 400 litros, enquanto os outros 80% são armazenados em tanques de aço.

94 SINGLE VINEYARD GARUMA
Sauvignon Blanc 2020
$$ | LEYDA | **13.5°**

Garuma é uma seleção de terrenos do vinhedo El Maitén, localizado a cerca de 12 quilômetros do mar, no Vale da Leyda. São vinhas plantadas por volta de 2008 em uma nova orientação, voltada para o sul, em solos de granito e argila. Com 10% do vinho envelhecido em barrica "para suportar textura e complexidade aromática", diz a enóloga Viviana Navarrete, este é 85% do clone 1, que se caracteriza por sua acidez acentuada que aqui parece cítrica, firme, cercada por sabores minerais e frutados, em um corpo poderoso, abrangendo todo o paladar. Um Sauvignon clássico das costas chilenas.

94 SINGLE VINEYARD LAS BRISAS
Pinot Noir 2019
$$ | LEYDA | **13.5°**

Las Brisas é uma seleção de vinhedos de solos de granito no Vale da Leyda, nas colinas da cordilheira da costa. E o estilo deste vinho sempre foi um pouco para o lado de ervas e frutas muito vermelhas. Este ano, apesar de ser uma safra quente, este Pinot mantém seu caráter marcado por frutas vermelhas e tons de ervas, em um corpo nervoso, acidez muito boa e taninos muito bons que se agarram ao paladar firmemente, exigindo algo como um confit pato.

93 LEYDA EXTRA BRUT
Chardonnay 2018
$$$ | LEYDA | **12.5°**

Este blanc de blancs é feito cem por cento com Chardonnay de vinhedos de solos ricos em pedra a cerca de quatro quilômetros do mar, no Vale de Leyda. Produzido com o método tradicional de segunda fermentação, possui 18 meses de contato com suas borras. Seu lado frutado, cítrico e vibrante é charmoso, e as bolhas se sentem afiadas e firmes, assim como a acidez, que dá a sensação de um corpo muito bom. Um espumante frutado e refrescante, para ostras.

93 SINGLE VINEYARD CANELO
Syrah 2019
$$ | LEYDA | **13.5°**

Uma festa de frutas vermelhas maduras e ervas neste Syrah exuberante do vinhedo El Maitén, nas colinas de granito da cordilheira da costa, no Vale de Leyda, e a cerca de dois quilômetros do mar. É voluptuoso, mas não cansativo. Tem acidez suficiente para refrescar esses sabores maduros e também uma estrutura tânica que pode sustentar esse peso sem problemas. Se estavam procurando por um Syrah para cordeiro assado, encontraram.

93 — SINGLE VINEYARD CAHUIL
Pinot Noir 2019
$$ | LEYDA | **13.5°**

Cahuil é o outro Pinot dos vinhedos de Leyda e tem sido caracterizado, ao contrário de Las Brisas, por ser mais maduro. Se você comparar os dois, isso ainda faz sentido. Esta safra de Cahuil mostra uma grande profundidade de fruta, com toques de especiarias doces e frutas vermelhas maduras em um contexto de taninos amplos, que envolvem o paladar com sua voluptuosidade. Este Pinot é uma seleção de parcelas do vinhedo El Maitén, plantadas 200 metros acima das encostas de granito e cal da cordilheira da costa.

92 — SINGLE VINEYARD FALARIS HILL
Chardonnay 2019
$$ | LEYDA | **13.5°**

Muito perto do mar, nos terraços aluviais na foz do rio Maipo, no Vale de Leyda, tem um corpo poderoso, com sabores de frutas brancas maduras que contrastam com uma acidez de grande firmeza, de grande intensidade. Os aromas parecem especiados e frutados, e a extremidade da boca é ligeiramente herbácea.

91 — RESERVA
Pinot Noir 2020
$$ | LEYDA | **13°**

Por pelo menos quatro safras este Reserva tornou-se um dos melhores Pinot de relação qualidade-preço no mercado na América do Sul. E é pela fidelidade que sustenta em relação à variedade, mas também por suas frutas vermelhas refrescantes e sua suculência, que é tudo que se pode pedir de um Pinot a este nível de preço. Reserva vem de uma seleção de vinhedos de Leyda nas colinas da cordilheira da costa, entre 12 e quatro quilômetros do Oceano Pacífico.

91 — RESERVA
Sauvignon Blanc 2020
$$ | LEYDA | **13°**

Um resumo dos vinhedos de Sauvignon de Leyda, nas colinas da cordilheira da costa no Vale de Leyda, bem perto do mar, este é um delicioso branco, muito fresco, com uma acidez cítrica que lhe dá uma suculência generosa. Puro frescor para um vinho ideal com ceviche ou apenas para desfrutar como aperitivo, e uma das boas relações de qualidade-preço para Sauvignon no mercado.

91 — RESERVA
Syrah 2019
$$ | LEYDA | **13°**

Um exemplo típico de Syrah em clima frio, e ao mesmo tempo uma excelente relação preço-qualidade, esta Syrah vem do vinhedo El Maitén, com videiras plantadas em 2008 a cerca de 12 quilômetros do mar, nas colinas da cordilheira da costa. Tem um lado frutado muito marcante, e as notas de ervas no fundo dão-lhe frescor. A boca é suculenta, rica em acidez e frutas vermelhas maduras que tomam conta do paladar e fazem uma festa. Um vinho perfeito para pizza de anchova, a um preço ridículo.

Loma Larga.

PROPRIETÁRIO Felipe Díaz Santelices
ENÓLOGA Tamara de Baeremaecker
WEB www.lomalarga.cl
RECEBE VISITAS Sim

• **PROPRIETÁRIO** Felipe Díaz Santelices

[**EMBORA** Casablanca esteja associada aos brancos, Loma Larga, que também os faz, destaca-se por se concentrar nos tintos. Syrah, Pinot Noir, Cabernet Franc e Malbec estão entre as especialidades desta vinícola localizada na área de Camino al Tranque Lo Ovalle, um lugar relativamente fresco devido à sua distância de 26 quilômetros do mar. "Tintos de clima frio" é o conceito que eles próprios sublinham como seu selo. Em Lo Ovalle eles têm 148 hectares de vinhedos plantados em 1999, quando este projeto criado pela família Diaz começou. Desde 2016, a enóloga é Tamara de Baeremaecker.] **IMPORTADOR:** BR: www.winemais.com.br

95 LOMA LARGA RAPSODIA
Syrah, Cabernet Franc, Malbec 2019
$$$$ | C A S A B L A N C A | **14.5°**

A primeira safra de **Rapsodia** foi em 2008 e desde então tem sido uma espécie de seleção dos melhores lotes da propriedade que a família Diaz tem na parte ocidental de Casablanca. Sua base sempre foi a Syrah (a variedade que oferece o melhor resultado no local), e este ano tem 60%, mais 20% de Cabernet Franc e 20% de Malbec. O vinho é envelhecido por 20 meses em barricas. Ele ainda é muito jovem, com textura firme e taninos que precisam de tempo na garrafa para se acalmar, mas ao mesmo tempo com uma camada de frutas vermelhas maduras e especiarias que se move através da boca como uma maré de sabor. Urso. Aqui há vinho por pelo menos mais cinco anos.

94 LOMA LARGA
Syrah 2019
$$$$ | C A S A B L A N C A | **14.5°**

Loma Larga tem produzido tintos de clima frio desde a primeira metade da década passada, e Syrah foi seu primeiro emblema. E o caráter do tempo frio é claramente sentido aqui. As notas carnudas, quase bacon cru (soa estranho, mas é assim que a Syrah cheira em climas frescos), roubam a cena ao lado de muitas frutas negras maduras e uma textura suculenta muito típica do estilo da casa. Este Syrah vem de vinhedos plantados em 2001, nos solos de granito nas colinas de frente para o Pacífico, em Casablanca.

92 LOMA LARGA
Cabernet Franc 2019
$$$$ | C A S A B L A N C A | **14.5°**

De vinhedos plantados em 2001, este Cabernet Franc tem esse lado especiado muito típico da variedade, mas também é fiel ao estilo da casa: vinhos suculentos e maduros, colhidos tarde sob a brisa fresca do Pacífico. Aqui está um corpo cremoso, de tons de frutas azuis, especiarias e ervas. Envelheceu por 12 meses em barricas e lhe deu toques tostados. Um vinho muito jovem, deixe na garrafa por dois anos.

92 LOMA LARGA
Chardonnay 2019
$$ | C A S A B L A N C A | 13.5°

Muito no estilo do Chardonnay clássico de Casablanca, com seus tons de frutas maduras e corpo suculento, 30% deste branco foi envelhecido em barricas e o resto em aço, mas o trabalho com as borras tem sido intenso e que se sente nessa cremosidade, nessa maturidade. Um vinho para pensar em salmão defumado ou carne de porco assada, uma comida de porte para um branco com muita personalidade.

90 LOMA LARGA
Malbec 2019
$$$$ | C A S A B L A N C A | 14°

Não é muito comum que o Malbec esteja na costa do Chile, e esta é uma dessas exceções. Colhido em um ponto alto de maturidade, parece suculento, grande, cremoso. Vem de vinhedos plantados em 2001, em solos graníticos, o que é sentido na textura firme, fazendo esforços para sustentar todo esse peso das frutas.

90 LOMAS DEL VALLE
Pinot Noir 2020
$$ | C A S A B L A N C A | 13.5°

Focado em frutas maduras, exuberantes em sua doçura, e também com uma textura firme, quase rústica por causa da forma como seus taninos arranham o paladar, aqui está um Pinot suculento, frutado e simples. Este é para magret de pato. Lomas del Valle é a linha de entrada de Loma Larga e este Pinot vem de seus próprios vinhedos, plantados em 2001, nas colinas graníticas a oeste do Vale de Casablanca.

90 LOMAS DEL VALLE
Sauvignon Blanc 2020
$$ | C A S A B L A N C A | 13°

Lomas del Valle é a linha de entrada da Loma Larga e mostra o lado varietal e frutado de seus vinhos. Neste caso, estes são vinhedos próprios de Sauvignon, plantados em solos de granito na parte ocidental do Vale de Casablanca. Um ano quente oferece uma visão madura e suculenta de Sauvignon. Os sabores parecem cítricos confitados em um contexto de acidez amigável e uma textura cremosa.

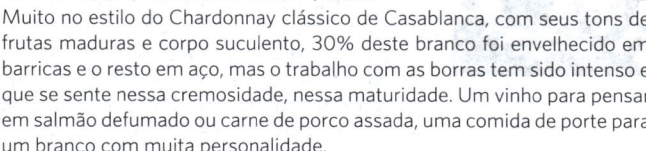

Longaví.

PROPRIETÁRIO Julio Bouchon
ENÓLOGO David Nieuwoudt
WEB www.longaviwines.cl
RECEBE VISITAS Não

· **ENÓLOGO & PROPRIETÁRIO**
David Nieuwoudt & Julio Bouchon

[JULIO BOUCHON HIJO, da vinícola J. Bouchon, tem desde 2012 este projeto em parceria com seu amigo David Nieuwoudt, enólogo sul-africano e proprietário da Cederberg, uma das vinícolas mais proeminentes da África do Sul. Eles começaram com vinhos do campo de Bouchon em Mingre, um setor relativamente próximo ao litoral, e depois se concentraram em videiras antigas de Maule, Itata e Biobío.]

94 GLUP
Carignan 2018
$ $ | MAULE | **14°**

Para este **Glup**, Longaví seleciona frutas de um vinhedo de 60 anos na região de Curimaqui, ao sul de Cauquenes, na fronteira entre Maule e Itata, sempre não irrigado. É fermentado com leveduras indígenas e estagiado por dois meses em barricas usadas. O resultado é um Carignan de nova escola, muito mais fresco e generoso em frutas vermelhas do que os exemplos do passado (antes de 2016, onde o ponto de ruptura parece ocorrer), onde a madeira e a maturidade dominavam. Aqui há muito nervo, acidez vibrante e sabores de frutas vermelhas em todos os lugares.

94 GLUP ROSADO
Garnacha, Monastrell, País 2019
$ $ | MAULE | **13°**

Longaví quer levar rosés a sério, por isso dá ênfase especial aos vinhos nascidos do vinhedo e não na vinícola. Enquanto esperamos por um rosé que está em barricas há quatro anos, há esse novo Glup, um rosé baseado em Garnacha (60%) Monastrell (30%) enxertado em videiras de País, mais a mesma uva País de um vinhedo de cem anos de idade. Este rosé está concentrado na boca, mais do que os aromas exuberantes no nariz típicos do estilo. Aqui há estrutura de taninos, sabores deliciosamente frutados e tons de ervas, em meio a uma acidez suculenta e intensa. Um rosé sério, para beber com frutos do mar gratinados.

94 GLUP
País 2019
$ $ | BIOBÍO | **12.5°**

Longaví obtém este País a partir de videiras muito antigas, plantadas nos solos de granito da margem sul do rio Biobío. Tem 10 meses de estágio em fudres e barricas. A fruta de Biobío, sob um clima frio, tende a oferecer um País bastante delicado, com frutas muito vermelhas, muito suculentas e refrescantes. Em texturas, eles geralmente são mais macios do que os de Maule. Aqui estão essas frutas e também aqueles sabores etéreos, mas a forma como os taninos reagem na boca é muito diferente. Há força, há um lado selvagem que é mostrado em uma textura firme, áspera, que pede comida ou, talvez, uma guarda de um par de anos, o que não é comum no País.

93 GLUP
Chenin Blanc 2019
$ $ | MAULE | **12.5°**

Esta é a primeira colheita dessas videiras de Chenin enxertadas em videiras de País de cem anos em um vinhedo na área de Huerta de Maule. Fermentado com leveduras indígenas e com um mês e meio de contato com suas peles em ânforas e tonéis de aço, é um branco encorpado, cheio de tons de frutas brancas maduras e, acima de tudo, especiarias. É firme em acidez e untuoso em textura. O final é longo e generoso em notas de ervas. .

93 GLUP NARANJO
Moscatel de Alejandría 2019
$ $ | ITATA | **13°**

Um laranja com todos os detalhes do estilo, este vem de um vinhedo de cerca de 60 anos no Vale de Itata. Foi estagiado com suas peles por seis meses em tanques de concreto e depois mais seis meses em barricas antigas antes de ser engarrafado. A cor é intensa, assim como os aromas. Tem cheiro de frutas confitadas, ervas e especiarias, e a boca mostra um lado selvagem, com taninos firmes, muita força. Este é um laranja de guarda.

92 GLUP
Cinsault 2019
$$ | ITATA | **13°**

De solos de granito no Vale de Itata, na área costeira de Pinihue, este Cinsault tem uma carga incomum de taninos, algo raro em uma variedade que geralmente é suculenta e amigável. Aqui não. A parede de tanino protege uma camada de sabores deliciosos de frutas, juntamente com uma acidez que é responsável pela manutenção do frescor. Este vinho tem duas semanas de maceração e, em seguida, um envelhecimento de seis meses em fudres.

Los Boldos.

PROPRIETÁRIO Sogrape
ENÓLOGO Víctor Arce
WEB www.vinalosboldos.cl
RECEBE VISITAS Não

▪ **ENÓLOGO** Víctor Arce

[**FOI FUNDADA** pela empresa alsaciana Massenez em 1991 como Chateau Los Boldos, um conceito comum na França para vinícolas que produzem vinhos do vinhedo dentro de sua propriedade. Em 2009 foi comprada pelo grupo português Sogrape, dono de vinícolas na Argentina, Espanha, Nova Zelândia e Portugal. Localizada em Requínoa, Alto Cachapoal, Los Boldos possui hoje 180 hectares, com os quais produz cerca de 1,5 milhão de garrafas por ano. Seu fortes são tintos como Cabernet Sauvignon e Carménère, embora também produzam brancos, todos de seus próprios vinhedos em Alto Cachapoal. O enólogo é Víctor Arce e o consultor é o experiente Juan Carlos Faúndez.] **IMPORTADOR:** BR: www.zahil.com.br

96 CHÂTEAU LOS BOLDOS GRAND CLOS
Cabernet Sauvignon 2018
$$$$ | CACHAPOAL ANDES | **14°**

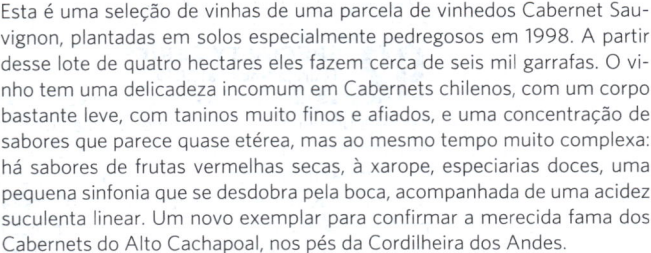

Esta é uma seleção de vinhas de uma parcela de vinhedos Cabernet Sauvignon, plantadas em solos especialmente pedregosos em 1998. A partir desse lote de quatro hectares eles fazem cerca de seis mil garrafas. O vinho tem uma delicadeza incomum em Cabernets chilenos, com um corpo bastante leve, com taninos muito finos e afiados, e uma concentração de sabores que parece quase etérea, mas ao mesmo tempo muito complexa: há sabores de frutas vermelhas secas, à xarope, especiarias doces, uma pequena sinfonia que se desdobra pela boca, acompanhada de uma acidez suculenta linear. Um novo exemplar para confirmar a merecida fama dos Cabernets do Alto Cachapoal, nos pés da Cordilheira dos Andes.

94 CHÂTEAU LOS BOLDOS VIEILLES VIGNES
Cabernet Sauvignon 2019
$$$ | CACHAPOAL ANDES | **14°**

Os Cabernets de Alto Cachapoal têm uma reputação merecida na cena chilena, especialmente por sua generosa expressão frutada, suas notas de frutas vermelhas maduras e aquele lado especiado diante das notas tradicionais de mentol de seus irmãos nos sopés andinos de Alto Maipo. Aqui são vinhedos plantados em 1998, em solos aluviais, muito pedregosos, que parecem ir bem com Cabernet. Há aromas de frutas vermelhas, mas também especiarias doces em um corpo de taninos muito finos, e novamente as frutas vermelhas se transformaram em sabores raivosamente frescos em um Cabernet delicioso e, acima de tudo, com muita sensação de lugar.

93 CHÂTEAU LOS BOLDOS VIEILLES VIGNES
Carménère 2019
$$$ | CACHAPOAL ANDES | **14.5°**

Esta é a primeira colheita de um vinhedo que foi enxertado em 2016 em videiras de Cabernet Sauvignon plantadas em 1998, mas nunca atendeu às expectativas da vinícola. Com o Carménère, o assunto parece estar indo muito melhor. Este exemplo tem um nariz cheio de ervas e aromas es-peciados, e as frutas quase não são sentidas. É na boca onde os sabores de frutas vermelhas maduras aparecem fortemente, em uma textura de tanino macio como creme. Um Carménère amigável, profundo em sabores, fresco e vivo. Seu tempo é agora, especialmente com carne ensopada.

93 CHÂTEAU LOS BOLDOS VIEILLES VIGNES
Syrah 2019
$$$ | CACHAPOAL ANDES | **14.5°**

Para este **Viellies Vignes** de Los Boldos, selecionam-se vinhedos planta-dos em 1998 em solos aluviais, ricos em pedras, do Vale de Cachapoal. Envelhecido por 12 meses em barricas, a influência da madeira ainda é sen-tida, mas é um tinto jovem e a generosa carga de frutas absorverá essas notas tostadas. Tem um bom corpo, taninos afiados e acidez tensa para pensar em morcillas.

92 CHÂTEAU LOS BOLDOS VIEILLES VIGNES
Cabernet Sauvignon, Syrah 2019
$$$ | CACHAPOAL ANDES | **14°**

Este é basicamente um Cabernet Sauvignon (80% da mistura) de vinhe-dos plantados em 1998, nos terraços aluviais de Alto Cachapoal, mais 20% de Syrah de vinhedos plantados dois anos depois, em solos um pouco mais férteis e menos pedregosos, mas na mesma propriedade de Los Boldos. A mistura funciona muito bem, com o Cabernet e suas notas frutadas e especiadas na frente, mas também o Syrah suportando em texturas mais suaves. Um vinho para cordeiro.

92 SPECIALTY SERIES
Touriga Nacional 2019
$$ | CACHAPOAL ANDES | **13.5°**

Esta é a primeira safra dos vinhedos que Los Boldos plantou com Touriga Nacional em 2015. A vinificação era tradicional, sem bombear, apenas pi-sando para maior maciez em uma variedade que geralmente tem taninos duros, muitas vezes selvagens. Aqui a expressão da Touriga é mais próxi-ma de um vinho para saciar a sede, um daqueles tintos suculentos e cheios de frutas que se pode beber fresco no verão, com frios. No catálogo de Los Boldos não havia vinhos como este, então soa como uma boa adição para dar-lhe diversidade.

92 SPECIALTY SERIES ROSÉ
Touriga Nacional 2020
$$$ | CACHAPOAL ANDES | **12.5°**

Parte dessa nova linha de vinhos de Los Boldos, este rosé vem de vinhedos enxertados com Touriga Nacional no Cabernet Sauvignon em um total de 2,5 hectares. Os cachos foram pressionados diretamente e a cor vem das horas que esse processo durou, enquanto o suco estava em contato com as peles. O resultado é uma cor pálida, aromas florais e frutas vermelhas ácidas em um corpo médio a claro, com sabores delicados e uma acidez tensa, uma aresta penetrante. Outro rosé para deixar anotado na já crescente comunidade de rosés chilenos muito bons.

91 CHÂTEAU LOS BOLDOS BRUT NATURE
Chardonnay 2018
$$$ | C A C H A P O A L A N D E S | **13°**

Produzido com o método de segunda fermentação na garrafa ou "tradicional", este cem por cento Chardonnay tem nove meses de contato com as borras, e é um espumante muito fresco, mais focado em sabores de frutas do que nas notas de leveduras de seu envelhecimento. As bolhas são afiadas em um vinho para refrescar, especialmente por sua acidez vibrante e baixo açúcar residual, perto de dois gramas por litro.

91 CHÂTEAU LOS BOLDOS GRANDE RÉSERVE
Cabernet Sauvignon 2019
$$ | C A C H A P O A L A N D E S | **14°**

Esta é uma seleção de vinhedos plantados em 1998 nos solos aluviais do rio Cachapoal e mostra uma cara precisa de Cabernet Sauvignon naquela área, bem na fronteira do que é conhecido como Cachapoal Andino, o segredo mais bem guardado do Cabernet no Chile. Aqui há frutas vermelhas maduras, ervas e especiarias, juntamente com uma acidez firme que emoldura taninos amigáveis e redondos. Um tinto simples, mas ao mesmo tempo muito focado em mostrar a variedade naquele lugar. E a relação preço-qualidade é excepcional.

90 CHÂTEAU LOS BOLDOS GRANDE RÉSERVE
Carménère 2019
$$ | C A C H A P O A L A N D E S | **14°**

Um Carménère muito comercial, no sentido de seus sabores maduros e doces e sua textura macia. Um tinto fácil de entender, simples, mas ainda mostra a faceta de ervas da variedade e a acidez amigável que a caracteriza em climas quentes e em solos pedregosos como é o caso aqui. Para ensopados de carne.

90 CHÂTEAU LOS BOLDOS GRANDE RÉSERVE
Merlot 2019
$$ | C A C H A P O A L A N D E S | **14°**

Plantada em solos aluviais do rio Cachapoal, este Merlot de muito bom valor oferece frutas vermelhas maduras em um corpo macio e generoso em sabores frutados e herbáceo. Este é um dos poucos bons Merlot no Chile a esse preço, e você deve considerá-lo, especialmente se você pediu pizza ou hambúrgueres. Um tinto simples como este é o melhor companheiro.

OUTROS VINHOS SELECIONADOS

88 | CHÂTEAU LOS BOLDOS GRANDE RÉSERVE Chardonnay 2020
Cachapoal Andes | 13.5° | **$$**

88 | CHÂTEAU LOS BOLDOS GRANDE RÉSERVE Sauvignon Blanc 2020
Cachapoal Andes | 13° | **$$**

Los Vascos.

PROPRIETÁRIO Domaines Barons de Rothschild (Lafite)
ENÓLOGO Max Correa
WEB www.lafite.com
RECEBE VISITAS Sim

• **ENÓLOGO** Max Correa

[**LOS VASCOS** pertence à famosa vinícola francesa Chateau Lafite. Foi criada em 1988, antes de outras empresas francesas investirem no Chile, em parceria com o produtor chileno Jorge Eyzaguirre, que tinha vinhas de mais de 70 anos em Peralillo, Vale de Colchagua. Los Bascos desenvolveu lá um extenso vinhedo, uma única parcela de cerca de 700 hectares. Seu catálogo tem quatro partes. Começa com uma linha jovem, com brancos do Vale de Casablanca. Continua com a linha Reserva, exclusivamente de Cabernet Sauvignon. Continua com a linha Gran Reserva, que inclui um Carménère e uma mistura à base de Cabernet Sauvignon. E acima está o Le Dix de Los Vascos, o top da casa, um Cabernet criado para o décimo aniversário da vinícola e nascido de videiras antigas.] **IMPORTADOR:** BR: PNR

91 CROMAS GRAN RESERVA
Cabernet Sauvignon, Syrah, Carménère 2018
$$$ | COLCHAGUA | **14.5°**

Trata-se de uma seleção de vinhedos de cerca de 40 anos na propriedade de Los Vascos na região de Peralillo, no coração do Vale do Colchagua. Estagiado por um ano em barricas, um terço de madeira nova, você pode sentir o calor da área nos aromas e sabores de frutas maduras; a textura tem taninos firmes, envoltos em uma acidez amigável e um corpo médio, suculento e levemente herbáceo.

91 CROMAS GRAN RESERVA
Carménère 2019
$$$ | COLCHAGUA | **14.5°**

Para este **Cromas**, Los Vascos utiliza vinhedos de 20 anos na região de Peralillo, ao redor de sua vinícola no Vale de Colchagua. Metade do vinho é envelhecido em tanques de aço, e a outra metade em barricas por um ano. O resultado é um Carménère amigável, frutas vermelhas maduras e doces, com toques de chocolate e taninos macios e polidos. O corpo é médio, com notas de ervas macias em um tinto que é fácil de beber e que também mostra muito bem a variedade..

90 LOS VASCOS ROSÉ
Syrah, Cabernet Sauvignon, Mourvèdre 2020
$$ | COLCHAGUA | **13.5°**

Esta mistura rosé tem todos os ingredientes para refrescar as tardes de verão: sabores generosos de frutas vermelhas frescas, um corpo leve e uma acidez que se move pela boca, oferecendo uma sensação crocante. Pense em uma salada niçoise.

OUTRO VINHO SELECIONADO
89 | LOS VASCOS Sauvignon Blanc 2020 | Colchagua | 13° | **$$**

Louis-Antoine Luyt.

PROPRIETÁRIO Louis-Antoine Luyt
ENÓLOGO Louis-Antoine Luyt
WEB www.louisantoineluyt.cl
RECEBE VISITAS Não

· **PROPRIETÁRIO & ENÓLOGO**
Louis-Antoine Luyt

[**LOUIS-ANTOINE LUYT** é responsável por iniciar o ressurgimento da variedade País no Chile, até recentemente menosprezada no cenário chileno. A uva - que chegou à América do Sul com os conquistadores espanhóis no século XVI e é conhecida como Missión nos Estados Unidos e Criolla Chica na Argentina - ficou em segundo plano quando a era moderna da vinificação do continente floresceu com a chegada de variedades francesas, em meados do século XIX. No entanto, para Luyt, parecia que as antigas videiras de País deixadas no sul eram uma herança que valia a pena recuperar. Ele então começou a fazer vinhos no Maule que ganhavam elogios, especialmente no exterior, no nicho de vinhos naturais. Mas isso não foi suficiente para Luyt. Ele continuou a reivindicar outras variedades com raízes profundas no sul, juntamente com técnicas tradicionais de vinificação do interior chileno. Hoje se concentra em um tipo de vinho que coloca as duas facetas em jogo: o pipeño.]

94 HUASA DE PILÉN ALTO
País 2019
$$ | MAULE | **12.2°**

Este País vem de um vinhedo antigo (de acordo com Louis-Antoine Luyt, deve ter mais de 200 anos) na área de Pilén Alto, um lugar escondido no Vale do Maule; um vinhedo cercado por florestas que dá este delicioso suco de País. Vinificado de forma semelhante aos pipeños, fermentados com suas peles, tem, no entanto, uma guarda mais longo em "o que você tem à mão", diz Luyt, e que inclui principalmente garrafões e ânforas de barro. O resultado é um autêntico tinto camponês, com muitas frutas e tons terrosos e com uma estrutura tanina severa e austera, capaz de suportar com grande dignidade qualquer corte de carne que sai da grelha. Uma excelente versão de Pilén Alto e um dos melhores exemplos da cepa no Chile.

93 PAÍS DE QUENEHUAO
País 2019
$$ | MAULE | **13°**

O francês Louis-Antoine Luyt produz vinhos no Chile desde meados de 2000. E seu interesse sempre se voltou para uma intervenção enológica mínima e, acima de tudo, para resgatar a grande herança das videiras antigas do sul. De lá para redescobrir a variedade País, foi apenas um passo. Em 2007 ele lançou sua Uva Huasa, a primeira tentativa de resgate desta uva ancestral. Dois anos depois - usando videiras antigas do vinhedo de Luis Gardeweg na costa de Maule, e em colaboração com Marcel Lapierre, o famoso produtor de Beaujolais, ele lançou o El País de Quenehuao, um tinto feito com a técnica de maceração carbônica. Esta nova safra mostra um Quenehuao suculento e generoso em frutas maduras, com toques especiados, herbáceos e também terrosos, e a estrutura tânica da variedade, domesticada pela maceração carbônica. Um suco para beber por litro.

Luis Felipe Edwards.

PROPRIETÁRIO Luis Felipe Edwards Sr. & Senhora

ENÓLOGO Nicolás Bizzarri

WEB www.lfewines.com

RECEBE VISITAS Não

• **ENÓLOGO** Nicolás Bizzarri

[**FUNDADA EM** Colchagua em 1976, esta vinícola familiar tem sido caracterizada pelo seu crescimento constante e o grande sucesso comercial nos mercados externos. Outro atributo é o compromisso com a viticultura em áreas mais frias. Uma delas plantada nas colinas que têm ao lado de seu tradicional campo em Puquillay, videiras que desafiam a gravidade e estão localizadas a até 900 metros de altura, alta o suficiente para ser Colchagua. No Vale da Leyda, eles têm 150 hectares plantados a oito quilômetros do mar, e mais 140 hectares em desenvolvimento a dois quilômetros da costa. O trabalho enológico é liderado por Nicolas Bizzarri e é aconselhado por Matt Thomson da Nova Zelândia e Philippe Melka, um enólogo franco-americano de Napa Valley.]

95 DOÑA BERNARDA
Cabernet Sauvignon, Syrah, Merlot 2016
$$$$$ | COLCHAGUA | **14.5°**

Este é um clássico no catálogo da LFE e tem sido produzido desde a safra de 2004 graças a uma seleção de vinhedos no alto das colinas de Puquillay. Este ano a mistura é composta de 63% Cabernet Sauvignon, 27% Syrah e o resto do Merlot. Após 18 meses em barricas, o vinho mostra as características de uma safra muito fria e chuvosa, que não tem sido especialmente generosa em vinhos grandes, mas que oferece casos excepcionais. Aqui há muitas frutas vermelhas, nuances pelos aromas de madeira do envelhecimento, mas também ervas e frutas negras em um corpo de taninos muito presentes e com uma acidez suculenta. Para a guarda.

95 PATER
Cabernet Sauvignon 2015
$$$$$ | COLCHAGUA | **14.5°**

Este é o mais ambicioso dos vinhos LFE e vem de vinhedos cem por cento Cabernet Sauvignon de dois setores de altura, cerca de 600 metros e com exposição mais fresca, e em solos de granito nas colinas de Puquillay. Estes são vinhedos de 2005, quando o plantio em colinas em Colchagua era incomum. O vinho dessas videiras é especialmente delicado para a cepa. A extração moderada tem sido privilegiada, o que explica a textura muito macia dos taninos. O nariz tem um conteúdo importante de aromas do barril, onde ficou envelhecido por dois anos, mas a fruta é muito fresca e é temperada por ervas e tons especiados em um vinho que já mostra complexidade apesar de sua juventude.

94 LFE100 CIEN
Carignan 2015
$$$$$ | CAUQUENES | **14.5°**

Este Carignan vem de um vinhedo muito antigo localizado na área de Cauquenes, no meio da área não irrigada do Vale do Maule. O vinhedo tem cerca de cinco hectares, e esta é uma seleção das videiras mais antigas. Consistente com o novo estilo da variedade no Chile, este tem um foco na fruta e essa fruta é vermelha e muito fresca, flutuando em um corpo de taninos macios, o que acentua esse lado leve e muito bebível. Apesar de seu pouco peso, ele tem uma excelente acidez que prevê um bom futuro na garrafa.

94 LFE900
Malbec 2018
$$$$$ | COLCHAGUA | 14.5°

Do vinhedo La Loma, com cerca de 900 metros de altura, este Malbec consiste em uma seleção de 40 pequenos quartéis da variedade. Apesar de sua juventude, ele já tem taninos muito redondos e tudo se sente em equilíbrio, embora talvez a madeira tenha algum destaque, especialmente na boca. No nariz, são violetas puras e frutas vermelhas, algo muito típico da variedade. Não é um vinho grande ou amplo, mas sim linear e médio, ideal para beber ou guardar.

93 360º SERIES MOUNTAIN RED BLEND
Syrah, Cabernet Sauvignon, Carménère, Tempranillo 2016
$$$$ | COLCHAGUA | 14.5°

Trata-se de uma mistura de 55% de Syrah, 30% Cabernet Sauvignon, 10% Carménère e o resto do tempranillo, todos os vinhedos entre 600 e 900 metros de altura na área de Puquillay, no Vale de Colchagua. Em um ano difícil, muito frio, como foi em 2016, essa mistura mostra um lado mais fresco em seus tons frutados e também uma menor concentração na boca. Os sabores parecem afiados e as notas de ervas e terrosas predominam. A textura é macia, embora Cabernet seja responsável por colocar taninos que dão aderência e projetam o vinho até o fim com graça e equilíbrio.

93 LFE900 SINGLE VINEYARD
Syrah, Cabernet Sauvignon, Carignan 2016
$$$$$ | COLCHAGUA | 14.5°

Dos vinhedos de LFE mais altos das colinas de Puquillay, no Vale de Colchagua, esta mistura tem 63% de Syrah, 35% Cabernet Sauvignon e o resto do Carignan que vem da área de Cauquenes, no Vale do Maule. A interação da madeira com a fruta é muito bem-feita aqui, oferecendo um vinho frutado, onde os generosos aromas e sabores da Syrah estão em primeiro plano. A textura é sedosa, cremosa, marcada por uma acidez muito vibrante que prevê uma boa guarda em garrafa.

93 MACERAO ORANGE - NARANJO
Moscatel de Alejandría 2020
$$ | ITATA | 13°

Macerado por 65 dias em suas peles, este Moscatel é uma boa maneira de entrar no mundo dos vinhos laranja, ou seja, brancos fermentados e estagiados com suas peles para que, delas, obtenham uma cor mais intensa. Este é um vinho muito equilibrado, e que em sua segunda versão parece ser mais macio, menos tânico do que em sua primeira safra. Tem aromas de chá e especiarias, e o final é floral. Um ponto importante é o preço: não há laranjas dessa qualidade a este preço no mercado.

93 MAREA
Syrah 2018
$$$ | LEYDA | 13.5°

Syrahs de clima frio no Chile são uma categoria estabelecida, e alguns dos melhores vêm de solos de granito, nas colinas da cordilheira da costa, em lugares como Leyda. Os vinhedos para este Syrah estão localizados a cerca de oito quilômetros do mar e essa influência é sentida nos aromas e sabores, proporcionando tons de carne no meio das frutas e uma acidez

intensa e suculenta, o que torna muito fácil beber esse tinto.

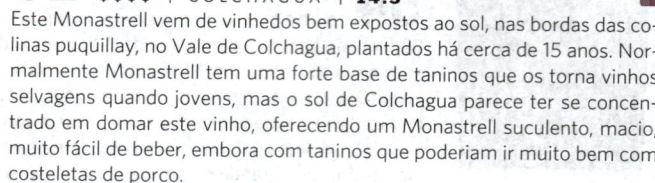

92 360º SERIES
Monastrell 2018
$$$$ | COLCHAGUA | 14.5°

Este Monastrell vem de vinhedos bem expostos ao sol, nas bordas das colinas puquillay, no Vale de Colchagua, plantados há cerca de 15 anos. Normalmente Monastrell tem uma forte base de taninos que os torna vinhos selvagens quando jovens, mas o sol de Colchagua parece ter se concentrado em domar este vinho, oferecendo um Monastrell suculento, macio, muito fácil de beber, embora com taninos que poderiam ir muito bem com costeletas de porco.

92 360º SERIES
Roussanne, Marsanne 2019
$$$ | COLCHAGUA COSTA | 14°

De vinhedos em Pumanque, a oeste do Vale de Colchagua, e em uma área mais próxima da fresca influência do mar - distante cerca de 27 quilômetros -, esta é uma mistura de 50% de roussanne e 50% de marsanne plantada em solos de granitos cerca de sete anos atrás. O blend funciona muito bem, com as especiarias de ambas as variedades fazendo festa em um corpo cremoso, com notas doces e ao mesmo tempo acidez muito boa. Para frutos do mar grelhados.

92 MAREA
Sauvignon Blanc 2020
$$$ | LEYDA | 13.5°

O ano de 2020 foi quente em todo o centro do Chile, e também nesta área costeira de Leyda, de frente para o Pacífico no Vale de San Antonio. As brisas do mar ajudaram a esfriar um pouco a atmosfera e talvez seja por isso que este branco se sente fresco e brilhante como normalmente essa variedade é naquele lugar. Aqui há ervas, frutas brancas e uma acidez que dá força a um corpo leve e muito fácil de beber.

91 360º SERIES
Cabernet Franc 2019
$$$$ | COLCHAGUA COSTA | 14°

Um Cabernet Franc marcado por tons de ervas e também notas de tabaco misturado com aromas e sabores frutados. Ele se sente elegante, com taninos muito polidos e notas de ervas refrescando o paladar. Este 360 vem dos solos de granito de Pumanque, a oeste de Colchagua, e a cerca de 27 quilômetros do Oceano Pacífico, uma forte influência para os vinhedos da LFE na área.

91 360º SERIES
Cinsault 2019
$$$$ | ITATA | 13.5°

Metade deste vinho foi feito com maceração carbônica, a técnica dos vinhos de Beaujolais, e que deu uma fruta extra para este Cinsault de Ránquil, uma área quente do Vale do Itata, que dá Cinsault muito expressivo e frutado. Este é um vinho para beber por garrafas, muito fresco e para acompanhar frios.

91 360º SERIES
Tempranillo 2017
$$$$ | COLCHAGUA | **15°**

LFE tem um hectare de tempranillo, plantado a cerca de 600 metros de altura, nas colinas de Puquillay e toda aquela uva vai para este vinho que oferece o caráter terroso e ao mesmo tempo floral da variedade, acompanhado de taninos firmes, que precisam de tempo ou um bom pedaço de carne para se acalmar. Um tinto muito fiel à sua cepa.

91 GRAN RESERVA
Cabernet Sauvignon 2019
$$ | COLCHAGUA | **14.5°**

Este tinto vem de uma seleção de vinhedos nas áreas de pumanque e Lolol, ambos localizados a oeste de Colchagua, no que é considerado Colchagua Costa. É um Cabernet crocante, com generosos tons de ervas e muitas frutas que alimentam uma estrutura firme, de taninos musculares.

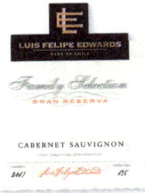

90 360º SERIES
Grenache 2017
$$$$ | COLCHAGUA | **14.5°**

Embora o calor da colheita seja sentido nos sabores doces e untuosos deste vinho, a textura é tão macia que é bebido muito facilmente, também graças à acidez que está lá, atrapalhando os sabores maduros. Este Grenache vem de solos de granito nas colinas de Puquillay, no Vale de Colchagua.

90 360º SERIES
Sangiovese 2019
$$$$ | COLCHAGUA | **15°**

Embora sangiovese tenda a ter taninos muito duros que precisam de tempo para amadurecer, neste exemplar de Colchagua, na área de Peralillo, isso não se sente, mostrando uma cara muito sedosa da variedade, um caráter muito suculento para acompanhar um pedaço de pizza.

90 GRAN RESERVA
Carménère 2019
$$ | COLCHAGUA | **14.5°**

Uma versão delicada e especiada da cepa, este Carménère tem um corpo médio de taninos muito macios, acompanhado de notas de ervas e muitos sabores de frutas vermelhas maduras. Tudo parece em um equilíbrio suculento, mas sempre com o caráter herbáceo e especiado da variedade como protagonista.

90 GRAN RESERVA
Chardonnay 2020
$$ | LEYDA | **14°**

Um Chardonnay untuoso, com frutas muito maduras e até mesmo com alguns toques caramelizados. Este é um branco amplo, generoso em maturidade devido a um ano quente que nos dá esse estilo indicado para salmão grelhado.

90 GRAN RESERVA
Malbec 2019
$$ | COLCHAGUA | **13.5°**

Um Malbec floral, frutas vermelhas ricas e um corpo amigável, com taninos macios que deslizam pelo paladar. Este Malbec vem da área de Lolol, no oeste de Colchagua, e mostra uma cara fresca e viva da variedade. Um exemplar simples para beber com filé au poivre.

90 GRAN RESERVA
Sauvignon Blanc 2020
$$ | LEYDA | **13.5°**

Este Sauvignon fala do ano, uma safra quente no litoral que tem dado vinhos mais untuosos, como é o caso desta Gran Reserva, de vinhedos plantados nos solos de granito e argila de Leyda. Tem notas de ervas e muitas frutas brancas maduras em um branco para o aperitivo.

90 GRAN RESERVA
Syrah 2019
$$ | COLCHAGUA | **14°**

Uma amostra clara de Syrah, neste tinto de tons esfumaçados, carne e também especiado e frutado. A boca é ampla, com taninos redondos e macios. Os sabores das frutas maduras parecem generosos e envolventes. Procure por cordeiro.

90 MAREA
Pinot Noir 2019
$$$ | LEYDA | **14°**

Um Pinot leve e refrescante, focado nos sabores frutados da cepa, e na acidez que vibra no paladar e refresca tudo em seu caminho. Para aprender sobre a variedade, este é um exemplar muito bom a um preço justo. Este Marea vem dos vinhedos da LFE em San Juan, no Vale de Leyda.

90 RESERVA
Cabernet Sauvignon 2019
$$ | COLCHAGUA | **14°**

Cabernets que crescem sob o sol intenso de Colchagua tendem a ter um lado maduro e amigável e texturas bastante macias, juntamente com sabores frutados ricos. Este é um bom exemplar desse caráter. Um Cabernet macio e suculento, fácil de beber e, ao mesmo tempo, fiel à uva. E a um preço muito bom.

90 RESERVA
Roussanne 2020
$$ | COLCHAGUA COSTA | **13.5°**

Um roussanne untuoso, cremoso e de ampla textura que enche o paladar com seus sabores de frutas brancas maduras e especiarias doces. Um branco perfeito para frutos do mar gratinados ou peixes gordurosos cozidos, e uma variedade nada de comum na cena chilena. Vale a pena tentar.

90 VADO BRUT ROSÉ
Pinot Noir, Chardonnay N/V
$$ | LEYDA | **12.5°**

Frutado antes de tudo, este 85% Pinot Noir e 15% Chardonnay é um suco com bolhas macias e amigáveis, um espumante para beber como aperitivo e desfrutar de seus sabores no verão.

90 VADO DE NILAHUE BRUT
Chardonnay, Pinot Noir N/V
$$ | COLCHAGUA COSTA | **12.5°**

Feito com o método charmat de segunda fermentação em tanques de aço, e com uma maceração curta com as borras de cerca de 45 dias (um "charmat curto"), este é um vinho que é bebido muito fácil, especialmente graças a uma borbulha cremosa e frutas brancas ácidas que proporcionam frescor. A mistura tem 85% de Chardonnay da área de Pumanque no oeste de Colchagua e 15% Pinot Noir de Leyda, na costa de San Antonio.

OUTROS VINHOS SELECIONADOS

89 | CLASSIC Syrah 2020 | Vale Central | 13.5° | $
89 | CLASSIC ROSÉ Cabernet Sauvignon, Merlot 2020 | Vale Central | 12.5° $
89 | GRAN RESERVA Pinot Noir 2019 | Leyda | 13.5° | $$
89 | RESERVA Carménère 2019 | Colchagua | 14° | $$
89 | RESERVA Malbec 2019 | Colchagua | 13.5° | $$
89 | RESERVA Pinot Noir 2019 | Leyda | 13.5° | $$
89 | RESERVA Sauvignon Blanc 2020 | Leyda | 13° | $$
88 | CLASSIC Cabernet Sauvignon 2020 | Vale Central | 13.5° | $
88 | CLASSIC Carménère 2020 | Vale Central | 13.5° | $
88 | CLASSIC RED BLEND Cabernet Sauvignon, Carménère, Syrah 2020
      Vale Central | 13.5° | $
88 | RESERVA Chardonnay 2020 | Colchagua Costa | 13.5° | $$
88 | RESERVA Syrah 2019 | Colchagua | 14° | $$
87 | CLASSIC Pinot Grigio 2020 | Vale Central | 13° | $
87 | CLASSIC Pinot Noir 2020 | Vale Central | 13.5° | $
87 | CLASSIC Sauvignon Blanc 2020 | Vale Central | 12° | $
86 | CLASSIC Merlot 2020 | Vale Central | 13.5° $
86 | RESERVA Merlot 2019 | Colchagua | 14° | $$

Maitia.

PROPRIETÁRIO David Marcel
ENÓLOGO David Marcel
WEB www.maitia.cl
RECEBE VISITAS Sim

• **ENÓLOGO** David Marcel

[**MAITIA,** de propriedade do enólogo do País Basco francês, David Marcel, invadiu a cena local em 2013 com a Aupa, um pipeño feito de uvas País e Carignan do secano maulino que imediatamente ganhou um lugar no contexto do ressurgimento no Chile desse estilo de vinhos leves, tradicional do interior chileno. À sua leitura de pipeño, então ele adicionaria outro vinho feito 100% com Carignan. A produção total de Maitia atinge atualmente 80 mil garrafas por ano, que são vendidas em sua maioria (95%) no exterior.]

92 AUPA PIPEÑO
Carignan, País 2020
$$ | SECANO INTERIOR | **13.3°**

Este **Aupa** é o vinho emblema de Maitia, um pipeño que vem sendo feito desde a safra de 2014 e que agora, além de sua tradicional garrafa de litro (que é bebida muito, muito rápido) vem em uma lata de 250 ml, um formato ideal para beber na hora do almoço. Este é um vinho o dia a dia, mas também é um delicioso tinto, fresco, cheio de frutas vermelhas em todos os lugares, com textura firme o suficiente para levar para o churrasco. Um verdadeiro vinho de sede consistindo de 80% País de vinhas antigas plantadas em 1870 e 20% de Carignan de vinhedos de 1960, todas as videiras não irrigadas no Vale do Maule.

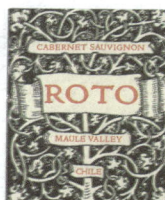

92 ROTO
Cabernet Sauvignon 2020
$$ | MAULE | 13.3°

O Cabernet Sauvignon do Maule em geral - e de áreas ensolaradas e solos de granito, como Loncomilla, em particular - é geralmente rico em frutas vermelhas e com taninos firmes e um tanto rústicos. Nas mãos de David Marcel, este é um Cabernet mais leve, com as mesmas deliciosas e refrescantes frutas vermelhas do vale, mas com taninos um pouco mais macios do que o habitual, o que o torna ainda mais bebível.

92 WEON
Carignan 2020
$$ | MAULE | 13.3°

Para **Weon**, o enólogo David Marcel seleciona cachos de um vinhedo de três hectares na área de Loncomilla do Vale do Maule. É um vinhedo plantado em 1960 nos solos de granito da área. O que Marcel traduz em vinho dessas uvas é um delicioso Carignan no frescor, com toques florais no meio de uma acidez que marca os contornos da língua com sua sensação aguda que intensifica o frescor deste vinho para o chorizo.

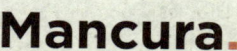

Mancura.

PROPRIETÁRIO Família Yarur
ENÓLOGO Jorge Martínez
WEB www.mancurawines.cl
RECEBE VISITAS Sim

• **ENÓLOGO** Jorge Martínez

[**PARTE DAS** vinícolas do Grupo Belén (Morandé, Vistamar), a Mancura se destaca por seus vinhos de boa relação preço-qualidade. Seu catálogo não se limita a uma determinada região, mas busca refletir a diversidade de terroirs e vales do país. Entre suas marcas estão a linha de reserva chamada Guardián e a grande reserva, Leyenda de Los Andes. O enólogo responsável é Jorge Martínez e a produção anual da vinícola é de cerca de 1,2 milhão de garrafas.] **IMPORTADOR:** BR: www.grandcru.com.br

93 LEYENDA DE LOS ANDES
Syrah, Cabernet Franc, Merlot 2018
$$ | CASABLANCA | 14°

Leyenda é a cuvée de clima frio de Mancura e vem de diferentes áreas do Vale de Casablanca. Este ano, a mistura tem 84% de Syrah, 10% de Cabernet Franc e o resto é Merlot. As uvas foram colhidas mais cedo do que o normal, pelo menos uma semana, e isso é sentido principalmente na acidez e sabores frutados, vermelhos e vibrantes, apesar da forte carga de madeira que tem, tendo sido envelhecido em barricas por um ano. Dê-lhe um pouco mais de garrafa para integrar a madeira. Frutas têm bastante.

93 VUELO MÁGICO
Cabernet Sauvignon 2015
$$$$$ | MAIPO | 14.5°

Um Cabernet profundo, tons quase de licor, mostrando a maturidade com que as uvas foram colhidas e uma forte presença de madeira. Na boca ele mostra taninos muito sedosos, uma acidez penetrante e tons especiados doces que proporcionam complexidade, embora hoje você sinta um vinho muito jovem. Em mais três anos de garrafa você começará a mostrar seus atributos. Vem de dois vinhedos na área de Alto Maipo, em solos aluviais.

91 GUARDIÁN RESERVA
Carignan 2018
$ | M A U L E | **14°**

Uma relação preço-qualidade das melhores da variedade no Chile - se não a melhor - vem de vinhedos enxertados em vinhas antigas de diferentes variedades plantadas na área de Santa Elena, no Vale do Maule. Por um preço muito baixo, você pode entrar no mundo da Carignan maulina, suas frutas vermelhas, seus aromas especiados e florais e, acima de tudo, a acidez e sabores suculentos de um vinho que é bebido muito rapidamente.

90 GUARDIÁN RESERVA
Chardonnay 2019
$ | M A U L E | **13°**

Não é comum encontrar um bom Chardonnay no Vale do Maule, muito menos a este preço. Neste caso, as uvas foram colhidas cedo para garantir o frescor, e na tentativa seu lado varietal não foi perdido. São frutas suculentas e ricas e maduras, sem madeira que interfere com essa expressão frutada. Para peixe grelhado.

90 MITO GRAN RESERVA
Carménère 2017
$$ | M A U L E | **13.5°**

Um Carménère de um clima ensolarado como Pencahue, no Vale do Maule, e uma safra muito quente, este tem aquele caráter maduro e voluptuoso, com notas especiadas doces. É um vinho grande, opulento e com taninos muito sedosos. Um tinto de inverno.

OUTRO VINHO SELECIONADO
88 | GUARDIÁN RESERVA Merlot 2019 | Maule | 13° | **$**

Maquis.

PROPRIETÁRIO Família Hurtado Vicuña
ENÓLOGOS Ricardo Rivadeneira & Rodrigo Romero
WEB www.maquis.cl
RECEBE VISITAS Sim

• **PROPRIETÁRIO & ENÓLOGOS**
Ricardo Rivadeneira & Rodrigo Romero

[**MAQUIS ESTÁ** localizada em Colchagua e cultiva um estilo diferente de vinhos do que a maioria das vinícolas naquele vale quente. Assim como em Calcu, sua vinícola irmã, os vinhos de Maquis são tintos de maior frescor e tensão, em parte graças à localização de seu vinhedo, cercado pelos rios Chimbarongo e Tinguiririca, o que ajuda a moderar o clima. Seu catálogo tem três partes: uma linha gran reserva, a mistura tinta baseada em Carménère Lien e o ícone Franco, um Cabernet Franc. Pertence à família Hurtado Vicuña e foi iniciada por José María Hurtado, que comprou esta propriedade em 1916.]

MAQUIS
Viola

2017

Colchagua Valley
Chile

95 VIOLA
Carménère 2017
$$$$$ | C O L C H A G U A | **14°**

À beira do estuário Chimbarongo, os vinhos que Maquis seleciona para este Viola são material massal antigo plantado em um solo rico em argilas, mas misturado com cascalho, do terraço do rio. Devido às ondas de calor sentidas naquela safra, a equipe de Maquis decidiu adiantar a colheita para evitar que o calor cozinhasse os frutos. Além disso, ajudou nessa expressão fresca e frutada a diminuição da tosta das barricas, enquanto extrações mais suaves permitiram que os taninos se sentissem amigáveis e delicados em um vinho delicioso, sutil, mas ao mesmo tempo muito profundo.

MAQUIS
franco

Colchagua Valley - Chile   2017

94 FRANCO
Cabernet Franc 2017
$$$$$ | COLCHAGUA | 14°

Franco vem de uma seleção de vinhedos plantados em pé franco (sem enxertos) em 1999, nos solos de argila de Maquis às margens do rio Tinguiririca. É envelhecido em barricas por dois anos e depois um ano na garrafa antes de ir ao mercado. Esta safra tem uma forte presença de aromas de ervas, tabaco e especiarias com um fundo que lembra frutas vermelhas maduras. O corpo é médio, com uma textura de taninos muito polidos e acidez suculenta. Um vinho para guardar cerca de quatro a cinco anos e, assim, ganhar em complexidade.

MAQUIS
lien

Colchagua Valley - Chile   2017

94 LIEN
Cabernet Sauvignon, Cabernet Franc, Carménère 2017
$$$$ | COLCHAGUA | 14°

Lien este ano é uma mistura de 49% Cabernet Sauvignon, 40% de Cabernet Franc e 11% Carménère, todos de propriedade da Maquis no Vale de Colchagua, entre os rios Chimbarongo e Tinguiririca. É envelhecido por 18 meses em barricas. Um ano muito quente no Vale Central do Chile não parece ter tido grandes consequências para este vinho. A fruta sim parece madura e suculenta, mas a tensão dos taninos faz com que o vinho pareça ter uma boa estrutura para suportar esses sabores. O vinho é corpulento, mas com muito boa acidez e ainda com um longo potencial de armazenamento. Atenção com o final defumado e ervas, muito Cabernet Franc. Em um estilo opulento e de alta densidade, este é um dos bons exemplares no Chile.

MAQUIS
cabernet
franc

Colchagua Valley - Chile   2018

93 GRAN RESERVA
Cabernet Franc 2018
$$$ | COLCHAGUA | 14°

Maquis é uma das fontes mais confiáveis de Cabernet Franc no Chile. Embora seja necessário notar que o estilo que eles lidam é mais - e mantendo as distâncias - bordalês do que Loire. Há uma maior intensidade de sabores frutados, maior maturidade sob um clima como o de Colchagua, onde o sol é generoso. Este ano, este Franc oferece uma versão um pouco mais delicada do que o habitual, misturando tons de ervas e frutas em um corpo de taninos robustos, muito bem fundidos em uma acidez vibrante. Este tinto é para a guarda por três a quatro anos.

92 GRAN RESERVA
Cabernet Sauvignon 2018
$$$ | COLCHAGUA | 14°

Um Cabernet para esperar, aqui as notas de madeira ainda interferem com os sabores frutados, adicionando um pouco de doçura. A estrutura de tanino parece firme, em um tinto que pode se desenvolver na garrafa por pelo menos os próximos cinco anos. Este Cabernet vem dos solos de argila que Maquis tem em Colchagua, entre o rio Tinguiririca e do estuário do Chimbarongo, e foi envelhecido em barricas por um ano.

91 GRAN RESERVA
Carménère 2018
$$$ | COLCHAGUA | 14°

Um ano considerado fresco em Colchagua oferece uma Carménère que brilha em seus tons de ervas e terrosos. A boca é firme, com uma acidez acentuada que suporta os sabores das frutas negras e vermelhas, juntamente com toques especiados que podem vir da madeira, onde foi estagiado por cerca de um ano. Vem dos solos de argila de Maquis, ao lado do estuário Chimbarongo.

91 GRAN RESERVA ROSÉ
Malbec, Cabernet Franc 2020
$$$ | COLCHAGUA | 12.5°

Maquis tem uma fama merecida por seus rosés feitos a partir do vinhedo, tomando o cuidado de proteger o fruto do sol intenso do Vale de Colchagua. Mesmo em anos muito quentes, como foi em 2020, a acidez e o frescor da fruta são mantidos, oferecendo um vinho delicado em sua estrutura e muito refrescante em seus sabores. Um rosé ideal para beber no verão, junto com frutos do mar, essa mistura de 35% de Cabernet Franc e 65% de Malbec vem das margens do estuário Chimbarongo, e 30% foi envelhecida em barricas usadas por cerca de cinco meses; o resto, em aço inoxidável.

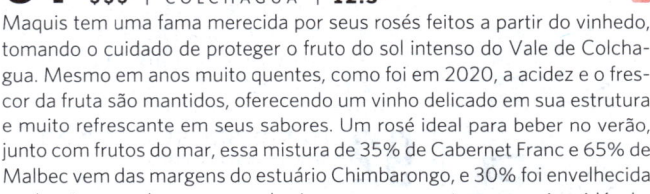

Mario Geisse.

PROPRIETÁRIO Mario Geisse
ENÓLOGO Ranier de Souza Velho
WEB www.vinicolageisse.com.br
RECEBE VISITAS Sim

• PROPRIETÁRIO Mario Geisse

[**MARIO GEISSE** é um dos lendários enólogos do Chile e também do Brasil. No Chile, ele é responsável pelos vinhos da vinícola Casa Silva desde sua criação, enquanto no Brasil trabalhou em Chandon e, desde meados da década de 1990, tem seu próprio projeto, Cave Geisse, que faz alguns dos melhores espumantes do país. Este é o seu projeto pessoal no Chile que, por enquanto, produz cerca de cem mil garrafas, todas com uvas do Vale de Colchagua.] **IMPORTADOR:** BR: www.familiageisse.com.br

94 MARIO GEISSE GRAN RESERVA
Carménère 2017
$$ | COLCHAGUA | 14°

Apesar dos 18 meses de envelhecimento em barricas, de um ano muito quente e em uma espécie de mudança estilística, este Carménère de Mario Geisse não se parece muito com o que este enólogo vinha fazendo até a safra anterior. Um caráter muito mais frutado, refrescante e nervoso, com uma acidez marcada, taninos firmes e tensos, e uma sensação de frutas vermelhas crocantes que é mantida até o fim. Uma volta no timão. Este tinto vem de vinhedos de oito anos de idade plantados nos solos de granito de Marchigüe, a oeste do Vale de Colchagua.

94 MARIO GEISSE 9 NOTABLES
Carménère, Cabernet Sauvignon, Petit Verdot 2017
$$$$ | COLCHAGUA | 14°

Esta é uma seleção das melhores parcelas do vinhedo de Marchigüe, a principal fonte dos tintos da vinícola. A mistura tem 50% Carménère, 40% Cabernet Sauvignon e 10% Petit Verdot. O nome Notables 9 refe-

re-se à seleção final das nove melhores barricas, que foram estagiadas por nove meses antes de serem engarrafadas. Os toques defumados e minerais são misturados com frutas maduras em um vinho que parece expansivo, com sabores voluptuosos e notas de ervas que tomam conta do paladar. Este precisa de um pouco mais de garrafa para ganhar em complexidade.

93 MARIO GEISSE GRAN RESERVA
Cabernet Sauvignon 2017
$$ | COLCHAGUA | 14°

Uma interpretação muito boa da área de Marchigüe, esta tem os taninos firmes, com muita aderência, da área, mas também os frutos vermelhos nervosos e frescos de alguns expoentes modernos do lugar; uma mistura que termina aqui deliciosa e faz você pensar em carnes grelhadas ou queijos maduros. Ele também oferece alguns toques de ervas em meio a uma acidez muito fresca.

92 MARIO GEISSE COSTERO
Sauvignon Blanc 2020
$$ | COLCHAGUA | 13.5°

Para a linha **Costero**, o enólogo Mario Geisse utiliza vinhedos de cerca de dez anos, plantados nos solos graníticos da cordilheira da Costa, em Paredones, a cerca de 12 quilômetros do Oceano Pacífico. Um Sauvignon muito típico da região, generoso em notas de ervas, este ano quente também traz uma densa camada de aromas e sabores de frutas brancas e maduras e tropicais. Um Sauvignon de corpo médio, textura cremosa e acidez firme, para acompanhar os ensopados de peixe.

91 MARIO GEISSE RESERVA
Cabernet Sauvignon 2018
$$ | COLCHAGUA | 14°

Os tintos de Marchigüe em geral, e Cabernet Sauvignon em particular, tendem a oferecer um lado selvagem, com muita intensidade tânica e, neste caso, esse caráter se sente presente, mas muito bem acompanhado de frutas vermelhas maduras e alguns toques de ervas. Parece suculento e essa estrutura severa imediatamente faz você pensar em cordeiro ou porco grelhado. Uma das boas relações preço-qualidade em Cabernet Sauvignon no mercado chileno.

90 MARIO GEISSE RESERVA
Carménère 2018
$$ | COLCHAGUA | 14°

Uma versão frutada e muito fácil de beber, este Carménère mostra leves toques de tons de ervas, e acima de tudo muitos sabores de frutas vermelhas frescas em meio a uma textura macia e amigável, e uma acidez que refresca e acentua o caráter fresco. Para empanadas de carne.

90 MARIO GEISSE RESERVA BLEND
Cabernet Sauvignon, Carménère 2018
$$ | COLCHAGUA | 14°

Esta mistura de 60% Cabernet Sauvignon e 40% Carménère vem de videiras muito jovens, seis anos de idade, plantadas nos solos de granito de Marchigüe, a oeste do Vale de Colchagua, e tem os taninos firmes e um tanto selvagens que os tintos da área costumam mostrar. As frutas são maduras e vermelhas, unidas por uma acidez tensa que lhes dá frescor. Pelo preço, este blend oferece excelente qualidade.

Marty.

PROPRIETÁRIO Pascal Marty
ENÓLOGOS Álvaro Reyes & Camila Ruz
WEB www.vinamarty.cl
RECEBE VISITAS Sim

• **ENÓLOGO & PROPRIETÁRIO**
Álvaro Reyes & Pascal Marty

[**O FRANCÊS** Pascal Marty tem um histórico importante no país. Em 1997 desenvolveu o projeto do vinho Almaviva, a famosa joint venture entre o Barão Philippe de Rothschild e a Concha y Toro. Depois de seis anos lá como enólogo, ele chegou a Cousiño Macul para projetar seu ícone, Lota, que o liga até hoje com a vinícola. E ao mesmo tempo ele começou sua própria aventura. Marty tem 250 hectares de vinhedos para este projeto, de terroirs em diferentes partes da área central que pertencem a seus parceiros. A exceção são dois hectares que Pascal plantou em sua casa, em Pirque. Daí nasce seu ícone, Clos de Fa, uma mistura tinta à base de Cabernet Sauvignon, como um bom filho de Alto Maipo.] **IMPORTA-DOR:** BR: www.delmaipo.com.br

---

95 SER SINGLE VINEYARD
Cabernet Sauvignon 2017
$ $ $ $ $ | MAIPO | **14.5°**

Os vinhos de Pirque, na área mais alta de Alto Maipo, tendem a ter uma clareza de frutas muito distinta. E as frutas geralmente estão associadas com notas de mentol. Neste caso, um exemplar do dicionário de Pirque, aqueles aromas frutados e mentolados, juntamente com os hints de ervas, se destacam em um nariz delicioso. A boca é suculenta, coberta com uma acidez vibrante e rica em notas de mentol em uma textura sedosa muito do lugar. Uma foto clara de uma das áreas mais importantes para Cabernet Sauvignon no Chile.

95 SER SINGLE VINEYARD
Merlot 2017
$ $ $ $ $ | MAIPO | **14.5°**

Normalmente em Pirque você pode encontrar alguns dos Cabernet mais elegantes e frescos do Chile, tintos com notas frutadas generosas e toques de mentol que são característicos deles. Este Merlot, de vinhedos de 15 anos, mostra essas mesmas características, que podem falar da força do terroir. Aqui há frutas vermelhas maduras, toques de ervas e notas de mentol em um corpo médio, com taninos muito polidos e uma acidez firme e vibrante mesmo em um ano quente como 2017. Mais do que variedade, o lugar se destaca aqui com clareza incomum.

94 GOUTTE D'ARGENT
Sauvignon Blanc 2020
$ $ $ | LEYDA | **13.5°**

Como membro da Sociedade de Produtores de Saque do Japão, o francês Pascal Marty tem o direito de usar leveduras usadas na fermentação de arroz, a base daquela bebida tradicional japonesa. São leveduras, explica Marty, acostumadas a trabalhar em temperaturas muito baixas, as das montanhas daquele país, por isso são bons aliados para usar em Sauvignon e, segundo ele, preservar melhor os aromas. Esta é a segunda versão de Goutte que experimentamos em Descorchados e ainda segue sendo de grande caráter, com toques terrosos e frutas maduras e a acidez de um vinho que vem da costa de Leyda, nos solos graníticos e muito perto do mar,

a cerca de dez quilômetros dessa influência fresca. A textura é cremosa e o final tem uma nota de ervas agradável.

94 KALAK
Carménère, Cabernet Sauvignon, Syrah, Cabernet Franc 2018
$$$$ | VALE CENTRAL | 14.5°

Esta blend de Marty é baseado em frutas do Vale de Cachapoal, mais Colchagua, e consiste em 38% de Carménère, 35% Cabernet Sauvignon, 24% Syrah e o resto do Cabernet Franc. O Cabernet de vinhas antigas (plantadas em 1952) na região de La Patagua, em Colchagua, tem uma forte presença aqui com seus sabores de frutas maduras e envolventes, enquanto a Carménère de Millahue e Almahue (dois lugares clássicos para variedade no Chile) oferece tons de ervas, mas sobretudo frutas vermelhas e especiarias generosas. Um vinho para abrir espaço na adega.

94 SER SINGLE VINEYARD
Carménère 2018
$$$$$ | CACHAPOAL | 14.5°

Para **SER Carménère**, a vinícola Marty seleciona uvas de suas duas fontes mais importantes para a variedade: Almahue e Millahue, ambos lugares de clima quente que dão Carménère focados em frutas e especiarias, sem o lado de ervas geralmente associado à cepa. E este vinho mostra muito claramente. Frutas vermelhas maduras estão em primeiro plano, mas também há muitas especiarias, muitos tons exóticos, quase como se fosse uma espécie de curry... ou algo assim. A textura é muito macia e a sensação frutada acompanha até o fim. Esta é a primeira vez que a linha SER inclui Carménère.

92 GOUTTE D'ARGENT
Chardonnay 2020
$$$ | LEYDA | 13.5°

Este Chardonnay vem dos solos de granito e argila do Vale de Leyda, a cerca de dez quilômetros do mar, sobre a cordilheira da Costa. As uvas são fermentadas com leveduras de saquê, graças ao enólogo Pascal Marty, como membro dos produtores de saquê do Japão, tem o direito de usá-las. O vinho mostra um nariz bastante tímido, mas a boca é suculenta e ampla, com muitas frutas maduras e um final fresco, levemente herbáceo.

92 MARIPOSA ALEGRE, PIRCA
Cabernet Sauvignon 2019
$$ | COLCHAGUA | 14.5°

Este Cabernet vem de um vinhedo plantado em 1950, na região de La Patagua, a caminho da cidade de Santa Cruz, no coração do Vale do Colchagua. É um lugar quente, assim como a safra, mas esse efeito não é tão perceptível aqui, talvez por causa das raízes profundas das videiras antigas que conseguem alcançar a água em tempos difíceis. As frutas parecem maduras, mas adornadas com ervas e especiarias proporcionando frescor, enquanto na boca os sabores são profundos e repousam sobre uma acidez firme que não sai do vinho até o fim do paladar.

91 CORAZÓN DEL INDIO (IDÉNTICO) (ARMONÍA) (W)
Carménère, Cabernet Sauvignon, Syrah, Cabernet Franc 2019
$$$ | VALE CENTRAL | 14.5°

A mistura deste ano é de 40% de Carménère, 35% Cabernet Sauvignon, 20% Syrah e o resto do Cabernet Franc, todos de vinhedos nos vales de Colchagua e Cachapoal, na área de Rapel. O vinho é envelhecido por um ano em barricas usadas, e o que sai delas é um tinto com uma influência importante nos sabores de madeira, mas ao mesmo tempo com uma grossa camada de frutas vermelhas maduras e especiarias, juntamente com notas de ervas. A textura ainda parece selvagem em um vinho que precisa de tempo de garrafa ou um bom pedaço de carne grelhada.

91 MARIPOSA ALEGRE, PIRCA
Carménère 2019
$$ | CACHAPOAL | **14.5°**

Do coração do Vale do Cachapoal, nas áreas de Millahue e Almahue, lugares famosos por seu Carménère de clima quente, rico em frutas maduras, esta Mariposa é um vinho generoso em sabores frutados com alguns toques especiados e herbáceos, em um corpo com taninos firmes, mas não agressivos. Um vinho equilibrado.

91 MARIPOSA ALEGRE, PIRCA
Chardonnay 2020
$$ | LEYDA | **13.5°**

Estagiado por cinco meses em barricas - e de vinhedos a cerca de 14 quilômetros do mar em Leyda, no Vale de San Antonio - este Chardonnay suculento tem notas de frutas brancas maduras e especiarias. O corpo é macio, com uma acidez amigável, e seus sabores profundos se estendem até o fim do paladar. Ideal ao lado de ostras.

90 PACHA, ILAIA
Carménère 2019
$ | VALE CENTRAL | **14.5°**

De vinhedos no Vale do Cachapoal e Curicó, essa excelente relação preço-qualidade tem todos os ingredientes da cepa. Primeiro, as notas de ervas que fazem parte da genética da uva, depois as frutas vermelhas e a textura macia, de taninos moldados pela maturidade de um ano quente. Um exemplo de clareza varietal de Carménère a um preço mais do que justo.

OUTROS VINHOS SELECIONADOS
88 | PACHA, ILAIA Chardonnay 2020 | Leyda | 13.5° | $
88 | PACHA, ILAIA Sauvignon Blanc 2020 | Leyda | 13° | $
86 | PACHA, ILAIA Cabernet Sauvignon 2019 | Vale Central | 14.5° | $

Matetic Vineyards.

PROPRIETÁRIO Família Matetic
ENÓLOGO Julio Bastías & Emmanuel Campana
WEB www.matetic.com
RECEBE VISITAS Sim
• **PROPRIETÁRIO** Jorge Matetic

[**EM EL ROSARIO,** um minivale localizado entre colinas no Vale de San Antonio, Matetic plantou em 1999 diferentes variedades experimentalmente, buscando saber quais desafiariam o frio e amadurecer. Entre as que conseguiram isso estava a Syrah, e a primeira que eles produziram foi um marco na viticultura chilena: provou que a variedade se adaptou a climas frescos e abriu as portas para muitas outras vinícolas que mais tarde fizeram o mesmo, em diferentes áreas. Hoje a Matetic possui 160 hectares de várias variedades, além de outros dois campos em Casablanca: um em São Tomás e outro em Valle Hermoso, este último a oito quilômetros do mar.]

IMPORTADOR: BR: www.grandcru.com.br

96 EQ LIMITED EDITION
Sauvignon Blanc 2020
$ $ $ | S A N A N T O N I O | **13.5°**

Este é o tradicional Sauvignon de Matetic, uma seleção de vinhedos plantados entre 1998 e 2005 e é produzido desde 2001. É envelhecido em ovos de cimento, barricas de carvalho e 20% permanecendo em barricas de aço de 300 litros. A safra 2020 tem sido muito baixa em volume, principalmente devido à seca que atingiu quase todo o Chile. E isso resultou em vinhos muito concentrados que aqui se traduzem em um grande corpo, rico em sabores salinos, e também uma acidez igualmente concentrada que refresca tudo, ajudando a criar essa sensação de estrutura sólida e profundidade. Uma excelente versão deste clássico dos brancos costeiros no Chile.

95 MATETIC
Syrah 2017
$ $ $ $ $ | S A N A N T O N I O | **14.5°**

A quente safra de 2017, a mais quente da década, deixou sua marca neste Syrah, uma seleção de vinhedos antigos plantados em 1998 na propriedade da família Matetic no Vale de San Antonio, a cerca de 20 quilômetros do mar. Parece maduro e suculento, com o nariz espalhando aromas de licor e enchendo a boca com aquela doçura envolvente de Syrah em anos quentes. Um vinho grande, mas também de taninos muito polidos e cremosos que aumentam a sensação de voluptuosidade.

94 EQ COASTAL
Sauvignon Blanc 2020
$ $ $ | C A S A B L A N C A | **13.5°**

2020 foi uma safra pequena em termos de volume. Devido à seca, os rendimentos por vinha foram baixos e isso resultou em vinhos de alta concentração. No caso deste Coastal, a partir de vinhedos a cerca de oito quilômetros do mar em Valle Hermoso, chama a atenção para a boca, que se sente cheia, imponente e generosa em sabores frutados, mas - e graças a essa proximidade com o mar - potente em acidez. Um Coastal que geralmente é bastante perfumado e com corpo leve, este ano tem muitos músculos.

94 EQ COOL CLIMATE
Syrah 2016
$ $ $ $ | S A N A N T O N I O | **14°**

O ano de 2016 foi complexo, especialmente por causa das fortes chuvas que caíram na Páscoa. E é difícil encontrar vinhos que evoluíram de uma boa maneira em um ano em que, no entanto, há poucos, mas excepcionais tintos. Aqui está uma amostra do muito bom desenvolvimento das garrafas. O Syrah de clima frio, com suas notas carnudas e frutas vermelhas maduras, é visto aqui em uma expressão brilhante, cheia de frescor e profundidade. É um tinto com textura redonda, com uma acidez afiada e sabores profundos. EQ é um clássico na cena moderna no Chile. Sua colheita em 2001 foi o primeiro Syrah de clima frio no Chile.

94 EQ LIMITED EDITION
Pinot Noir 2018
$ $ $ $ $ | C A S A B L A N C A | **14°**

Esta é uma seleção especial de vinhedos plantados em solos de granito no vinhedo de Valle Hermoso, a cerca de oito quilômetros do mar, no Vale de Casablanca. O processo de vinificação é realizado com 80% de cacho inteiro, a fim de dar-lhe mais frutas, frescor e aderência na boca, e isso se sente neste EQ, um Pinot de aromas florais e frutados sedutores. Na boca, os taninos são ferozes, aderindo ao paladar fortemente. A acidez faz sua parte, oferecendo frescor em meio a sabores de frutas vermelhas e um toque terroso claro que dá complexidade.

94 EQ QUARTZ
Chardonnay 2018
$$$ | S A N A N T O N I O | **13.5°**

Quartz vem de uma seleção de vinhedos de Rosário, propriedade de Matetic no Vale de San Antonio, de frente para o Oceano Pacífico. O vinho é fermentado e envelhecido em barricas por 11 meses, e isso é sentido no início nos sabores tostados e notas especiadas. No entanto, logo na taça as frutas concentradas começam a emergir em um branco de grande intensidade e, acima de tudo, de grande cremosidade, um creme na boca com sabores de frutas tropicais. Um Chardonnay da velha escola, delicioso agora com queijos frescos. .

94 MATETIC COASTAL BRUT
Chardonnay, Pinot Noir N/V
$$$$ | S A N A N T O N I O | **12.5°**

Com 50% de Pinot Noir e 50% Chardonnay, feito com o método tradicional de segunda fermentação na garrafa e com seis gramas de açúcar residual, este é um espumante focado em sabores de frutas, no lado mais fresco do estilo. A borbulha é macia e delicada, produto talvez dos quatro anos em suas borras. Também é surpreendente quanta fruta fresca tem levando em conta esse envelhecimento longo. Um vinho adorável, para acompanhar a sobremesa ou, talvez, um peixe cozido.

93 CORRALILLO
Syrah 2017
$$$ | S A N A N T O N I O | **14.5°**

2017 foi um ano quente em todo o Chile, talvez o mais quente da década. E isso, que tem causado sérios problemas nas variedades brancas costeiras, em tintos parece ser muito bom, especialmente nessas variedades acostumadas ao sol, como a Syrah mediterrânea, que aqui mostra um lado salgado radiante, cheio de notas de carne e especiarias. A textura parece crocante, graças a uma acidez firme e taninos que se agarram como se fossem unhas pequenas. Este é para cordeiro.

92 CORRALILLO
Cabernet Sauvignon 2017
$$$ | M A I P O C O S T A | **14°**

Cabernets da área de Maipo Costa, às margens do rio Maipo, são geralmente ofuscados por seus vizinhos andinos no mesmo vale. No entanto, deve-se prestar atenção a eles, especialmente por causa da grande potência das frutas que eles oferecem. Neste caso, a Matetic compra uvas de um produtor a cerca de 45 quilômetros do mar e cujos vinhedos estão em solos aluviais e coluviais. Há notas de frutas vermelhas maduras e leves toques especiados e mentolados em um corpo feito de taninos polidos e acidez fina e profunda.

92 CORRALILLO
Chardonnay 2019
$$ | S A N A N T O N I O | **13.5°**

Excelente relação qualidade-preço neste vinho. Um Chardonnay costeiro, do vinhedo El Rosario, no norte do Vale de San Antonio, focado em sabores frutados, frutas maduras, envolvendo seus sabores tropicais. Há certos toques especiados de madeira (70% do vinho foi envelhecido por um ano em barricas usadas), mas aqui há principalmente frutas exuberantes em um branco que seria perfeito com um salmão grelhado.

92 CORRALILLO WINEMAKER'S BLEND
Syrah, Malbec, Cabernet Franc 2017
$$$ | SAN ANTONIO | 14.5°

Esta mistura é baseada em Syrah do Vale de San Antonio, com 50%, e porcentagens semelhantes de Cabernet Franc e Malbec, todos a partir desta área costeira de onde Matetic recebe a maioria de seus vinhos. Rica em notas especiadas e de ervas, aqui a presença do Cabernet Franc é sentida fortemente, trazendo frescor para um vinho generoso em frutas maduras e tons terrosos.

92 EQ GRANITE
Pinot Noir 2017
$$$$ | CASABLANCA | 14°

Esta é uma seleção de vinhedos Pinot Noir plantados em Valle Hermoso, o vinhedo mais costeiro de Matetic a cerca de oito quilômetros do mar, no Vale de Casablanca. A fruta parece madura e untuosa, talvez fruto de um ano muito quente como 2017. A madeira também é a protagonista - o vinho foi envelhecido por um ano em barricas de diferentes tamanhos -, com seus toques especiados e tostados. Na boca, parece expansivo e suculento, com uma textura muito macia e redonda.

91 CORRALILLO
Sauvignon Blanc 2020
$$ | SAN ANTONIO | 14°

Esta é uma seleção de vinhedos de granito, na propriedade de Matetic em El Rosário, na fronteira norte do Vale de San Antonio. A ideia é que seja uma primeira abordagem ao estilo da casa em um branco muito fresco e frutado. E isso é alcançado aqui, com uma suculência rica em um corpo importante, com acidez intensa e tons de ervas, mas acima de tudo, frutas tropicais.

91 CORRALILLO LATE HARVEST
Sauvignon Blanc, Riesling, Gewürztraminer 2019
$$ | ACONCÁGUA | 11.5°

Baseado em uvas Riesling em 40%, mais outros 40% Sauvignon Blanc, este vinho tem muitas frutas licorizadas e um corpo sedoso, acompanhado de tons terrosos típicos da botrytis que são percebidas aqui ligeiramente. A acidez é responsável pelo equilíbrio com sua sensação afiada e suculenta.

90 CORRALILLO
Pinot Noir 2019
$$$ | SAN ANTONIO | 14°

Um Pinot focado em frutas vermelhas maduras, este vem de Valle Hermoso, em uma das áreas mais costeiras do Vale de Casablanca. Tem uma textura amigável e cremosa, e se move pela boca com seus sabores suculentos de morango. Um Pinot Noir para servir fresco com um filé de atum grelhado.

Maturana Winery.

PROPRIETÁRIO Família Maturana

ENÓLOGO José Ignacio Maturana

WEB www.maturana-wines.cl

RECEBE VISITAS Sim

• ENÓLOGO & PROPRIETÁRIOS
José Ignacio & Sebastian Maturana

[**A VINÍCOLA** liderada por José Ignacio Maturana e seu pai, Javier Maturana, está sediada em Marchigüe, no Vale de Colchagua. Lá eles fazem seu tinto estrela, MW, baseado em Carménère. Mas eles também produzem vinhos de outras áreas, muito particulares e que dão personalidade ao seu pequeno catálogo de rótulos. De videiras antigas de Loncomilla, no secano costeiro do Maule, vem o particular Naranjo, um Torontel que é estagiado com suas peles, daí sua cor. Outra origem marcante é Paredones, no litoral de Colchagua, onde um produtor com videiras de 1928 fornece Sémillon, uma variedade branca cada vez mais prevalente no ambiente local. Os vinhos dessa vinícola jovem (nasceu em 2011) são feitos por José Ignacio Maturana, que foi por anos enólogo da vinícola Casa Silva.] **IMPORTADOR:** BR: www.anbordu.com

---

95 PARELLON
Sémillon 2020
$$$$ | COLCHAGUA COSTA | **13°**

Embora muitas vezes se pense que Paredones foi descoberto há pouco mais de uma década, a verdade é que nesta área há uma longa tradição vinícola e, como amostra, os vinhedos deste Sémillon foram plantados em 1928, a cerca de dez quilômetros do mar, nas encostas graníticas da Cordilheira da Costa. 20% desse vinho foi fermentado e estagiado por cinco meses com suas peles e o resto passou pelo mesmo processo durante o mesmo tempo, mas sem a presença das peles. O vinho tem uma carga de frutas impressionante, cheia de sabores doces e caramelizados, mas toda essa sensação doce é na verdade apenas a maturidade das frutas; o vinho é seco - severo inclusive - na boca, e sua sensação tânica faz você pensar em ouriços.

94 LUCAS
Cabernet Sauvignon 2017
$$$$ | COLCHAGUA | **14°**

A base deste Cabernet vem de um vinhedo plantado por volta de 1940, na área de Angostura. O resto vem de Marchigüe, a oeste do vale, mais 10% de Petit Verdot, também daquele lugar. Os cachos são fermentados com leveduras indígenas e depois envelhecidos por 14 meses em barricas usadas. Apesar de vir de um ano muito quente, o mais quente da década, este tem nervo e tensão construídos a partir de taninos firmes e afiados, e uma acidez que é projetada em todo o paladar, refrescando os sabores de frutas vermelhas maduras. Uma importante contribuição para a diversidade do Cabernet Sauvignon no Chile.

94 NARANJO
Torontel 2020
$$$$ | MAULE SECANO INTERIOR | **13.5°**

Para este laranja, o enólogo José Ignacio Maturana compra torontel de um antigo vinhedo de cerca de 90 anos na região de Caliboro, no Vale do Maule. O vinho é fermentado com suas peles e, em seguida, permanece com elas por cerca de oito meses em ovos de concreto. Dos laranjas disponíveis no mercado, este é talvez o mais equilibrado, o mais bebível, embora ainda seja extremo. A textura dos taninos é sentida devido a essa maceração prolongada, mas não há amargor ou arestas. Parece frutado e suculento e, acima de tudo, muito fresco e floral.

93 NEGRA
San Francisco 2020
$$$$ | MAULE SECANO INTERIOR | 13°

Embora ainda não haja evidências genéticas, a uva de São Francisco pode ser a Negramoll das Ilhas Canárias, uma uva que no Chile tem sido misturada com a País (o Listán Prieto dessas mesmas ilhas) há séculos no campo. A falta de chuvas - uma grande seca que afetou muitas áreas do país - é mais claramente refletida em vinhos secos como este; a concentração de sabores tem sido ótima, e o que na safra 2019 foi um vinho leve, quase frágil, hoje oferece maior força na boca, taninos firmes e muitos sabores de frutas vermelhas maduras. Para frios.

93 PA-TEL
País, Moscatel Negro, Sémillon, Riesling 2020
$$$$ | COLCHAGUA COSTA | 12°

Maturana dedicou-se à procura de vinhedos antigos na região de Paredones, em direção às costas de Colchagua, área que se acredita ser recente, mas que tem uma longa história na viticultura. Este Pa-Tel tem 85% de País, 8% Sémillon, 5% de Riesling e o resto de Moscatel, todos misturados em um vinhedo plantado em 1910. As variedades são colhidas ao mesmo tempo e, em seguida, cofermentadas para resultar neste vinho frutado, muito fácil de beber, refrescante, suculento; um desses vinhos para matar sua sede no verão. Sirva fresco.

93 PAIGAR
Garnacha 2020
$$$$ | MAULE SECANO INTERIOR | 14°

Este Garnacha foi enxertado em vinhedos com mais de 120 anos, localizado em direção à área costeira do Vale do Maule. O vinho é fermentado em tanques de aço e depois envelhecido em tonéis de pedra por dez meses. Este tinto tem um forte foco em frutas, sabores de frutas vermelhas maduras em um corpo suculento, texturas macias e boa acidez para neutralizar a doçura dos sabores. Para servir mais fresco do que o habitual, com carnes defumadas.

93 VOX
Viognier 2020
$$$$ | MAULE | 14°

Um olhar muito particular para o Viognier, 25% do vinho é fermentado com suas peles e, em seguida, permanece com elas por cinco meses. Não tem muito mais intervenção do que isso, além de uma ligeira adição de enxofre antes do engarrafamento. Os aromas florais da variedade são sentidos em meio a notas de frutas maduras, quase caramelo. A textura é cremosa, os sabores são profundos e o corpo amplo, voluptuoso.

92 UNIQUE TERROIR PUENTE AUSTRAL
Cabernet Sauvignon 2016
$$$$ | COLCHAGUA | 14°

Este **Unique** é baseado em 85% Cabernet Sauvignon da área de Marchigüe, a oeste do Vale de Colchagua, mais 10% Carménère de Peralillo, em direção ao centro do mesmo vale e finalmente 5% de Carignan de videira antiga no Vale do Maule. Esta safra tem um forte sotaque no lado de ervas, como se a Carménère tivesse roubado a cena com seus tons de especiarias e hortelã. Na boca o Cabernet domina, com seus sabores de frutas negras que enchem a boca no meio de taninos firmes, afiados, mas ao mesmo tempo amigáveis.

91 GRAN RESERVA PUENTE AUSTRAL
Cabernet Sauvignon 2017
$$ | C O L C H A G U A | **14°**

Muito em sintonia com o estilo de Puente Austral, este também é um vinho de espírito comercial, mas focado em sabores frutados em vez de doçura ou madeira, armas usuais em vinhos de grande consumo. Oferece sabores de frutas vermelhas maduras, tons de ervas e especiarias, em um corpo amigável, com taninos muito polidos e maturidade suculenta.

91 PUENTE AUSTRAL GRAN RESERVA
Merlot 2018
$$ | M A U L E | **14°**

De vinhedos de cerca de 25 anos na área de San Clemente, no Vale do Maule, este é um Merlot amplo, textura cremosa, acidez muito boa, frutas vermelhas maduras e notas especiadas que lhe dão um plus de complexidade. O vinho enche a boca e seria um ótimo companheiro para carnes temperadas.

Miguel Torres.

PROPRIETÁRIO Família Torres
ENÓLOGO Eduardo Jordán
WEB www.migueltorres.cl
RECEBE VISITAS Sim

• **ENÓLOGO** Eduardo Jordán

[MIGUEL TORRES] é a subsidiária chilena da Bodegas Torres, uma vinícola tradicional da Catalunha. Eles são considerados os grandes modernizadores do vinho chileno porque quando chegaram para se instalar no Vale do Curicó, no final dos anos 1970, trouxeram tecnologia que não era utilizada aqui, como tanques de aço inoxidável com temperatura controlada ou as primeiras barricas de carvalho, o que a longo prazo levou as vinícolas locais a se atualizarem. Os vinhos Miguel Torres estão bem enraizados em Curicó, embora também tenham explorado outras regiões do Chile. Além de oferecer as variedades típicas francesas, na última década desenvolveram vinhos com cepas típicas do interior chileno, como é o caso do emblemático espumante Estelado, que eles fazem com a cepa País, o primeiro do gênero.] **IMPORTADOR:** BR: www.qualimpor.com.br

95 CORDILLERA DE LOS ANDES
Chardonnay 2019
$$$ | L I M A R Í | **13.5°**

As uvas para este Chardonnay foram compradas do vinhedo Tabalí em Limarí, de dois de seus vinhedos, o primeiro no vinhedo Espinal, em solos aluviais e calcários, e o segundo em Talinay, com solos de cal muito mais ricos. A proporção de ambos é de 50% cada, mas o que prevalece é a acidez e tensão do Chardonnay de Talinay, influenciado por solos de cal e brisas do Pacífico. As frutas são ácidas e a sensação salina é persistente em toda a boca. Um branco com muito frescor e personalidade ligados à sua origem.

94 CORDILLERA DE LOS ANDES
Cabernet Sauvignon 2018
$$$ | MAIPO | 14°

Uma mistura de vinhedos de Alto Maipo, onde 30% é da área de Pirque e 70% de Alto Jahuel, dois terroirs renomados no Maipo Andino. O envelhecimento em madeira se estende por um ano, com 20% de barricas novas na mistura. O resultado é um vinho com muita noção de lugar, os aromas especiados e herbáceos, com sotaque no mentol, são misturados com frutas vermelhas maduras. O corpo é médio, com taninos muito delicados e frescor delicioso. Taninos elegantes e polidos, este é um vinho ideal para conhecer os Cabernets de Alto Maipo, no início dos sopés da cordilheira dos Andes.

94 CORDILLERA DE LOS ANDES
Carménère 2018
$$$ | CACHAPOAL | 14°

De Peumo, uma das áreas tradicionais para Carménère no Chile, mostra a influência do clima quente do lugar em suas frutas vermelhas maduras e notas especiadas doces. Estagiado por 12 meses em barricas, com 3% delas madeira nova, o lado frutado predomina na boca antes das ervas ou especiarias, em um vinho de taninos firmes, mas muito finos. O sentimento geral é fresco. Um Carménère para carnes cozidas.

94 CORDILLERA DE LOS ANDES
Sauvignon Blanc 2019
$$$ | OSORNO | 11.5°

Na margem norte do rio Bueno, em uma área de fortes chuvas na comunidade produtora mais ao sul do Chile, cerca de 930 quilômetros ao sul da capital Santiago. O fator climático influencia diretamente a personalidade deste vinho, oferecendo uma espécie de suco de limão feito vinho, com aromas e sabores cítricos em todos os lugares e a força da acidez que parece afiada, penetrante, no meio de um corpo médio, de cremosidade muito boa. Para ceviche de frutos do mar, este vinho seria perfeito.

94 ESCALERAS DE EMPEDRADO
Pinot Noir 2014
$$$$$ | EMPEDRADO | 13.5°

Empedrado é um vinhedo único, localizado em direção à costa do Vale do Maule, em solos de ardósia ou "piedra laja", como é conhecido localmente. Estagiado por nove meses em barricas, e depois de um armazenamento incomum de garrafas de quase sete anos (o preço do vinho pode ser uma razão), este Pinot mostra uma evolução no nariz que passa pelas notas frutadas para entrar em tons terrosos, de frutos secos. A boca tem uma estrutura intensa de taninos, firmes, sem que essa evolução se sinta em nada, não menos na acidez que brilha e vibra aqui, refrescando tudo em seu caminho.

94 MILLAPOA
País 2019
$$$$ | BIOBÍO | 12.7°

Este **Millapoa** vem de vinhedos próprios, plantados há mais de cem anos em solos de origem vulcânica, na margem sul do rio Biobío. Fermentado em lagares de raulí e depois estagiado em ovos de concreto, tem o lado terroso da variedade, mas também o lado frutado muito marcado. Essas frutas se sentem mais claramente no nariz, com uma camada de sabores

de frutas vermelhas que dá água da boca, juntamente com uma estrutura tânica que fala do País e sua rusticidade. Um tinto de grande caráter intimamente relacionado com os vinhos camponeses da área.

94 TENAZ (VITICULTOR JOSÉ MIGUEL CASTILLO)
Cinsault 2019
$$$ | ITATA | 13°

Este faz parte da nova linha de vinhos de Miguel Torres, focada em destacar o trabalho de pequenos produtores do interior chileno, no caso José Miguel Castillo, da região de Huaro, na comuna de Guarilihue, a cerca de 22 quilômetros do mar, no Vale de Itata. Influenciado por essa área bastante fresca, sente-se nervoso, com tensão muito boa e as frutas clássicas da variedade, deliciosas frutas vermelhas que fazem deste vinho uma espécie de suco para adultos: fácil de beber, mas ao mesmo tempo com tensão de taninos e sabores secos; sem essa doçura que às vezes afeta a capacidade da variedade.

93 CORDILLERA DE LOS ANDES BRUT
Pinot Noir 2018
$$$ | CURICÓ | 12°

Miguel Torres obtém essas uvas de seus vinhedos no Rio Claro, no início do sopé andino no Vale do Curicó. É produzido com o método tradicional de segunda fermentação na garrafa, com 17 meses de contato com suas borras. Cem por cento Pinot Noir e com cerca de três gramas de açúcar residual (poderia ser um extra brut, de acordo com a lei chilena) e uma acidez afiada e crocante, este é o espumante clássico que se precisa para acompanhar ostras. Elétrico, refrescante, com bolhas afiadas e muitas frutas cítricas; um vinho ideal para o verão.

93 VIGNO CARIGNAN
Carignan 2017
$$$ | MAULE | 14.5°

Este **Vigno** é uma mistura de vinhedos antigos das áreas de Huerta de Maule e Melozal, ambas no que é conhecido como o "secano" Vale do Maule. Tem 18 meses de envelhecimento em barricas de carvalho antigo, mas apesar do tempo na madeira, mantém seu lado frutado muito bem, como é a norma hoje neste grupo de Vigno. Aqui há notas de frutas negras e vermelhas e muitas especiarias em um vinho de corpo intenso, mas ao mesmo tempo uma acidez crocante que coloca tudo em equilíbrio. Outro para não parar de beber, especialmente ao lado de embutidos.

92 LAS MULAS SPARKLING
País 2018
$$ | CURICÓ | 12°

Este espumante é cem por cento País no Vale do Curicó, onde Miguel Torres compra de 14 pequenos produtores essa variedade do interior chileno. Feito com o método tradicional de segunda fermentação na garrafa, e com 17 meses de contato com suas borras, é um espumante cheio de frescor, bolhas finas e abundantes e um lado terroso que lhe dá caráter. É ideal como aperitivo ou para acompanhar uma sopa de frutos do mar, com uma relação preço-qualidade do melhor no estilo na América do Sul.

🍷

Misiones de Rengo.

PROPRIETÁRIO VSPT
ENÓLOGA Viviana Magnere
WEB www.misionesderengo.cl
RECEBE VISITAS Não

• **ENÓLOGA** Viviana Magnere

[**MISIONES DE RENGO** é uma das vinícolas de maior sucesso comercial no mercado interno. 85% de sua produção permanece no Chile, o contrário de quase todas as vinícolas, que exportam a maior parte. E sua produção total não é menor: mais de nove milhões de garrafas por ano. Hoje parte do grupo San Pedro Tarapacá - um dos maiores do Chile -, a origem de Misiones de Rengo remonta a 2000, quando Tarapacá reformula uma vinícola que havia originalmente montado para vinhos a granel, graças aos seus grandes resultados. A vinícola sempre esteve alinhada com as tendências do mercado, o que fez com que seus vinhos moderassem o uso da madeira na última vez e buscassem mais frescor. Está localizada na cidade de Rengo, no Vale do Cachapoal, embora eles usem uvas de toda a área central.]

IMPORTADORES: BR: www.divvino.com.br www.angeloni.com.br www.carrefour.com.br

90 CUVÉE GRAN RESERVA
Cabernet Sauvignon 2019
$$ | C O L C H A G U A | **14°**

Os aromas de ervas e frutas vermelhas se impõem tanto no nariz quanto na boca neste Cabernet com um foco muito bom em seu lado varietal. Essas ervas, algumas frutas negras (mas principalmente vermelhas) e pequenas notas de mentol, em um corpo de taninos firmes e afiados o tornam um aliado muito bom para o churrasco domingo.

90 CUVÉE GRAN RESERVA
Carménère 2019
$$ | M A I P O | **14°**

Este Carménère vem de vinhedos plantados na área de Marchigüe, a oeste do Vale de Colchagua. E é um exemplo da variedade onde notas de frutas maduras, chocolate e especiarias abundam em um corpo de taninos que se sentem, sem serem agressivos, e muitos sabores maduros acompanhados de uma acidez que consegue equilibrar. Pelo seu preço, é um tinto comercial, mas bem feito.

90 CUVÉE GRAN RESERVA
Sauvignon Blanc 2020
$$ | L E Y D A | **13°**

Das colinas de granito de Leyda, e de dois vinhedos que estão entre quatro e 22 quilômetros de distância do mar, este Sauvignon tem uma densidade muito boa, acompanhado de aromas de ervas e frutas brancas maduras que se expandem através da boca proporcionando uma agradável sensação de frescor. Pegue um prato de camarão.

OUTROS VINHOS SELECIONADOS

88 | RESERVA Sauvignon Blanc 2020 | Casablanca | 12.5° | $
86 | RESERVA Cabernet Sauvignon 2019 | Vale Central | 13.5° | $

Montes.

PROPRIETÁRIO Aurelio Montes Baseden
ENÓLOGO Aurelio Montes del Campo
WEB www.monteswines.com
RECEBE VISITAS Sim

• ENÓLOGO
Aurelio Montes del Campo

[**MONTES REPRESENTA** uma história de sucesso particular no Chile. A empresa fundada por Aurelio Montes foi pioneira na década de 90 a orientar seus vinhos ao exterior, despertando nesse mercado o interesse por novas vinícolas chilenas e conseguindo ser muito bem sucedida comercialmente. Hoje, o que foi uma vinícola boutique, é uma empresa bastante grande: tem 740 hectares e produz cerca de oito milhões de garrafas anualmente. É também uma vinícola emblemática no Vale de Colchagua e nas áreas de Marchigüe e Apalta, onde está localizado seu centro de operações. Montes toda a sua vida defendeu um estilo clássico, de amadurecimento de frutas, concentração e presença de madeira, evidente em seus tintos mais emblemáticos, como os da linha Montes Alpha, ou seus vinhos icônicos. Mas esse estilo tem há alguns anos um contraponto no interior do catálogo: a linha Outer Limits, vinhos onde maiores liberdades são dadas. Em Outer Limits eles exploram, por exemplo, outro terroir que Montes desenvolveu, Zapallar, na costa do Vale de Aconcágua, e onde eles cultivam Sauvignon Blanc.] **IMPORTADOR:** BR: www.mistral.com.br

96 MONTES ALPHA M
Cabernet Sauvignon, Cabernet Franc, Merlot, Petit Verdot 2018
$$$$$ | COLCHAGUA | **14.5°**

Montes Alpha M foi um dos primeiros vinhos ícones a serem apresentados no Chile. A safra inaugural foi em 1996 e desde então manteve sua origem nos vinhedos das encostas de Apalta, plantados em solos coluviais e aluviais no sopé, por volta de meados da década de 1990. O estilo Cabernet do M não mudou muito, embora nos últimos três ou quatro anos a barrica nova tenha diminuído para 80%, e nos meses, de 20 para 14. Isso resultou na expressão frutada deste M; frutas maduras e exuberantes, presas aos taninos suculentos e amplos de Apalta. Neste M você sente essa amplitude e essa generosidade. Dê-lhe tempo de garrafa.

96 OUTER LIMITS
Sauvignon Blanc 2020
$$$ | ACONCÁGUA COSTA | **13.5°**

Zapallar está localizada na área de Aconcágua Costa, a cerca de dez quilômetros do mar. É uma área muito fria, fortemente moderada pelas brisas do Pacífico, e que sente neste vinho que é salino antes de tudo. Tem muito corpo, talvez devido a um ano com seca severa (mal choveu 60 mm) e rendimentos muito baixos que deram essa deliciosa e firme concentração. Um vinho de grande caráter de frutas, mas ao mesmo tempo de um caráter mineral marcado mostrado aqui nesses toques salinos. E é exuberante no nariz, embora na boca tem essa austeridade tremenda; um vinho monumental em estrutura, profundo em sabores. Um branco para a guarda.

95 MONTES SPECIAL CUVÉE
Chardonnay 2016
$$ | ACONCÁGUA COSTA | **13.5°**

Preste atenção à estrutura deste vinho, sua força, a acidez que ele mostra entre aquela textura férrea, tensa e vertical, como se estivesse agarrada à

boca e não querendo soltar. A madeira é sentida (foi envelhecido por um ano em barricas, 20% novas) e a malolática foi de cerca de 15%, o que lhe deu certos toques láticos que dão complexidade. As frutas brancas maduras prevalecem, os aromas e sabores são exuberantes, mas o que importa aqui é a estrutura, a austeridade dessa acidez e aqueles taninos. Este vinho vem de vinhedos plantados em solos de granito na área de Zapallar de Aconcágua Costa, a cerca de 12 quilômetros do mar.

95 PURPLE ANGEL
Carménère 2018
$ $ $ $ $ | COLCHAGUA | **14.5°**

Este é o Carménère mais ambicioso da casa e consiste em 46% da Marchigüe, que fornece a estrutura tânica, e 46% de Apalta, que proporciona a amplitude e suculência. Além disso, tem 8% de Petit Verdot para ajudar com taninos e acidez. A maturidade deste vinho parece muito presente, e as encostas de Apalta são percebidas aqui com sua exuberância. Há notas defumadas e também ervas, presas a frutas negras em um corpo grande, com uma acidez afiada. Outro vinho para guarda.

94 MONTES ALPHA SPECIAL CUVÉE
Cabernet Sauvignon 2018
$ $ $ $ $ | MARCHIGÜE | **14.5°**

Os solos de Marchigüe, a oeste de Colchagua, são pedregosos, com argilas, mas principalmente ricos em pedras quebradas que parecem ter uma forte influência na textura dos tintos na área. Taninos firmes e afiados, para alguns até rústicos. Neste Cabernet (mais 10% Syrah e 5% Carménère) você sente aquela estrutura tânica claramente, presa ao paladar em um tinto generoso em frutas negras maduras e exuberantes. Um vinho para esperar.

94 MONTES FOLLY
Syrah 2017
$ $ $ $ $ | APALTA | **15.5°**

Folly é um dos vinhos mais generosos do mercado, dos mais amplos, dos mais quentes e corpulentos. É cem por cento Syrah de parcelas de granito na área de Apalta do Vale de Colchagua. Essas encostas, com solos muito finos, dão uvas extremamente concentradas, e isso aparece neste tinto: a força com que ataca o nariz e seus aromas de frutas negras super duras. E depois a boca, recheada com sabores frutados e especiados. Um vinho para cordeiro.

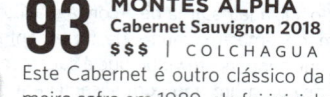

93 MONTES ALPHA
Cabernet Sauvignon 2018
$ $ $ | COLCHAGUA | **14.5°**

Este Cabernet é outro clássico da cena moderna no Chile. Com sua primeira safra em 1989, ele foi inicialmente de Curicó, depois mudou-se para Colchagua por volta de 1998. Hoje é uma mistura que vem em 60% da área de Marchigüe e o resto de Apalta; 90% é Cabernet Sauvignon mais 10% Merlot de Marchigüe. E os taninos, tensão e força são muito daquela área a oeste de Colchagua. A textura, um pouco rústica, pede comida. E os sabores são frutas negras no meio de uma acidez rica e um final de madeira que dá complexidade, mas sem esconder a fruta.

93 MONTES OUTER LIMITS
Pinot Noir 2018
$$$$ | A C O N C Á G U A C O S T A | **14°**

Um Pinot generoso em sabores frutados, muito fresco, muito vivo. Isso, mais do que vinho, parece um delicioso e refrescante suco de morango, que desliza pela boca sem arestas, embora o faça com taninos firmes que pedem um pouco de carne de caça. A partir de uvas plantadas em Zapallar, a cerca de dez quilômetros do mar, essa proximidade com a costa é sentida na salinidade que oferece. Um vinho de frutas deliciosas, mas que ainda precisa ser mais trabalhado na boca para estar entre os melhores do Chile. Há matéria-prima.

92 CHERUB ROSÉ
Syrah, Grenache 2020
$$ | C O L C H A G U A | **13.5°**

Houve um tempo em que o rosé chileno era uma espécie de subproduto de qualquer tinto, feito na vinícola e não no vinhedo. Mas os tempos mudam e hoje há uma comunidade crescente de rosés que é projetada a partir do vinhedo, colhendo as uvas no início da estação e, em seguida, vinificando- -as especificamente para o estilo. Neste caso, são uvas que amadurecem na área de Marchigüe, a oeste do Vale do Colchagua. Os cachos são prensados diretamente e esse é o único contato que eles têm com as peles que lhes dão a cor. O resultado é um rosé delicioso, com sabores profundos e maduros, mas cuja acidez permite que o vinho se sinta refrescante. Um rosé para o verão, mas mais do que beber na piscina, é para pensar em paella de frutos do mar.

92 MONTES ALPHA
Chardonnay 2018
$$$ | C A S A B L A N C A | **14°**

Este é um dos Chardonnays clássicos do Chile, especialmente dos últimos 20 anos. E seu estilo, embora tenha sofrido uma mutação, mantém esse lado amanteigado, caramelizado e suculento. A maturidade da fruta certamente parece muito mais fresca do que no passado, quando este vinho foi colhido tarde para alcançar essas texturas cremosas e essa doçura. A malolática também foi reduzida, de 50% para 10% nas safras recentes, o que resultou em um tom muito mais radiante e tenso. Este vinho mudou, mas o estilo foi mantido.

92 OUTER LIMITS
Syrah 2019
$$$$ | A C O N C Á G U A C O S T A | **14.5°**

Na área de Catapilco, a cerca de 12 quilômetros do mar na área de Aconcágua Costa, Montes se concentrou em brancos e Pinot Noir, mas também deixou espaço para a Syrah que usa exclusivamente em sua linha Outer Limits. E este exemplo é um clássico Syrah do clima frio chileno, com seus tons de carne defumada e muitas frutas negras doces no meio de um corpo que é, ao mesmo tempo, redondo em taninos e afiado em acidez.

92 OUTER LIMITS CGM
Carignan, Grenache, Mourvèdre 2018
$$$$ | C O L C H A G U A | **14.5°**

Esta é a mistura mediterrânea que Montes obtém das encostas de granito de Apalta, em Colchagua. E este ano é composto por 65% de Carignan, 25% de Monastrell e o resto de Grenache. A força do Carignan é sentida neste vinho, taninos firmes, a acidez afiada que faz parte da genética da uva. Aqui, além disso, há muitas frutas vermelhas maduras em um vinho projetado para embutidos.

91 LIMITED SELECTION
Sauvignon Blanc 2020
$ $ | L E Y D A | **13.5°**

As uvas para este Sauvignon vêm de Leyda, nas colinas da cordilheira da costa, no Vale de San Antonio. E a influência fria do Oceano Pacífico é sentida fortemente neste branco. Notas de ervas predominam, dando-lhe uma deliciosa sensação de frescor. A boca é leve, mas tem uma acidez forte e afiada que suporta sabores frutados. Uma bola relação qualidade-preço.

91 MONTES ALPHA
Merlot 2018
$ $ $ | C O L C H A G U A | **14.5°**

Este Merlot vem dos vinhedos de Marchigüe, de vinhedos plantados por volta do início de 2000. 25% do vinho tem madeira nova e isso é sentido nos toques especiados e tostados, juntamente com a densa fruta negra deste Merlot corpulento, com taninos firmes para carne grelhada. Além disso, o vinho tem 15% de Cabernet Franc, o que parece ter dado um toque fresco e herbáceo à mistura.

91 MONTES ALPHA
Syrah 2018
$ $ $ | C O L C H A G U A | **14.5°**

Esta é uma seleção de videiras de Syrah plantadas nas encostas de granito de Apalta, em Colchagua. Uma grande safra como 2018 oferece aqui um vinho equilibrado, com as notas clássicas de frutas negras, uma sensação quente que é comum sob o clima ensolarado da região. Mas também tem taninos firmes e uma excelente acidez que ajuda a obter um equilíbrio.

MontGras.

PROPRIETÁRIO Família Gras
ENÓLOGO Santiago Margozzini
WEB www.montgras.cl
RECEBE VISITAS Sim

• **ENÓLOGO** Santiago Margozzini

[**MONTGRAS FOI** fundada em 1993 pelos irmãos Hernán e Eduardo Gras com Christian Hartwig. Foi estabelecida em Colchagua, que continua sendo seu centro de operações. Hoje são uma grande empresa no contexto chileno, com quase 600 hectares nos vales de Colchagua, Maipo e Leyda. Seu portfólio também é extenso, com diferentes marcas. MontGras é a original, com vinhos principalmente de Colchagua e linhas como Quatro, Antu ou a premium Ninquén. Intriga é uma marca exclusiva de vinhos de Alto Maipo, de propriedade do setor Linderos. Consiste em dois Cabernet Sauvignon, Intriga e o ícone Intriga Maxima. E finalmente há Amaral, branco de Leyda, o mais novo dos vales que MontGras explorou.]

IMPORTADOR: BR: www.bruck.com.br

95 INTRIGA
Cabernet Sauvignon, Petit Verdot, Cabernet Franc 2017
$ $ $ $ | M A I P O | **14.5°**

MontGras comprou o campo de Linderos, um vinhedo plantado por volta de 1960 em Alto Maipo em 2005. Eles gostaram da qualidade do Cabernet que havia, uma fruta que compravam desde 1998. A primeira safra foi em

2006, e esse novo Intriga ainda mostra um grande senso de lugar, mesmo em uma das safras mais quentes da década como foi 2017. Com uvas colhidas muito cedo, aqui foi possível preservar as notas de mentol e ervas típicas de Cabernet na área, mas também - e especialmente - os taninos finos e afiados que dão elegância a esses tintos de Linderos.

94 ANTU
Cabernet Sauvignon 2019
$$$ | M A I P O | **14°**

Da área de Linderos do Alto Maipo, plantada em solos aluviais, este Cabernet é uma expressão clara do lugar. As notas de mentol e os hints de ervas emergem da taça fortemente, enquanto na boca são mostrados aqueles taninos de Maipo alto, afiados, mas finos, gentilmente picando a língua. As frutas são maduras e um pouco doces, e isso é uma espécie de concessão no estilo dos vinhos da casa. No entanto, esse estilo comercial macio e redondo de MontGras não conseguiu tirar a sensação de lugar deste Cabernet. Ainda é um exemplo muito bom da variedade em Alto Maipo.

93 AMARAL
Syrah 2019
$$ | L E Y D A | **14°**

Um clássico Syrah com clima frio, este vinho tinto vem de muito perto do mar e também às margens do rio Maipo, no Vale do Leyda. Estagiado em fudres por um ano, aqui estão frutas vermelhas crocantes ao lado de notas carnudas, perto do bacon, algo que soa extravagante, mas é comum na variedade, especialmente em climas frios. A textura é redonda, com uma acidez suculenta.

93 ANTU
Carménère 2019
$$$ | P E U M O | **14°**

De vinhedos plantados em 1998 em Peumo, uma das áreas mais clássicas do Chile para Carménère, este é adorável em suas notas de chocolate, que são projetadas na boca acompanhadas de sabores de frutas negras ácidas. A textura é lisa, sedosa, sem arestas. O calor da safra é percebido no calor do álcool, mas há acidez suficiente para equilibrar. Trata-se de um vinho comercial no melhor sentido de definição: não abusa da maturidade, doçura ou madeira.

92 AMARAL
Sauvignon Blanc 2020
$$ | L E Y D A | **13°**

Uma fotografia do Sauvignon de Leyda, este vem de vinhedos de 15 anos de solos de granito e também pedregosos, aluviais, que são os mais ligados ao rio Maipo. Colhido muito cedo na estação - para garantir acidez e frescor em um ano muito quente como 2020 - o corpo é leve, mas a tensão que a acidez dá predomina em um vinho para ostras.

92 ANTU
Cabernet Sauvignon, Carménère 2019
$$$ | C O L C H A G U A | **14°**

Esta mistura de 70% Cabernet Sauvignon e 30% Carménère vem do morro Ninquén, plantado no final dos anos 90 no centro de Colchagua. De um ano quente, aqui você pode sentir o calor da safra transformado em sabores doces e maduros em frutas vermelhas, enquanto na boca ele se move graciosamente, sem tropeços e com taninos leves que picam suavemente. Para ensopado de carne.

92 ANTU
Grenache, Syrah, Cariñena 2019
$$$ | CHILE | **14°**

Plantada nos solos vulcânicos da colina Ninquén, no centro do Vale de Colchagua, é baseada em Grenache, com 50%, mais Carignan e Syrah em partes iguais. Grenache é envelhecido em fudres, enquanto as outras duas cepas vão para barricas velhas, tudo por cerca de dez meses antes de ser engarrafado. Este Antu é uma expressão clara das variedades mediterrâneas sob o clima quente de Colchagua. Notas suculentas de frutas vermelhas maduras em um corpo sedoso, com carga tânica precisa para carne defumada.

91 AMARAL
Pinot Noir 2019
$$ | LEYDA | **13°**

Esta é uma seleção de vinhedos plantados muito perto do mar, mas ao mesmo tempo nos terraços aluviais do rio Maipo, plantados em meados da década passada. Tem a maturidade de uma safra quente, mas ao mesmo tempo tons terrosos no meio dessas frutas maduras. Os taninos têm uma aresta e se sentem no paladar. Um Pinot para pato.

91 AMARAL BRUT
Chardonnay, Sauvignon Blanc 2019
$$ | LEYDA | **12.5°**

Este **Amaral** tem 70% de Chardonnay e 30% de Sauvignon, todos os vinhedos próprios da MontGras no Vale da Leyda. Deste espumante, produzido com o método charmat de segunda fermentação em tanques de aço, são feitos cerca de 40 mil garrafas e, como os melhores exemplos desse método, foca nas frutas, nos sabores refrescantes das frutas cítricas e na acidez acentuada. Um vinho para beber com frutos do mar crus e boa relação qualidade-preço.

90 AMARAL
Chardonnay 2020
$$ | LEYDA | **14°**

Plantada em solos de granito, com 16% da mistura com guarda em barricas por cerca de três meses, este branco se sente maduro e suculento, mas ao mesmo tempo com uma boa acidez para pensar em frutos do mar gratinados.

90 DAY ONE SELECTED HARVEST
Carménère 2019
$$ | COLCHAGUA | **14°**

Por um preço muito conveniente, este Carménère oferece todas as características da cepa, mas sob o sol de Colchagua. Aqui estão as notas de ervas, mas acima de tudo muitas frutas maduras em um corpo leve, com taninos polidos e macios que deslizam pelo paladar sem tropeçar. O final deixa uma sensação de ervas muito frescas em um tinto para pensar em empanadas de carne.

90 DAY ONE SELECTED HARVEST
Sauvignon Blanc 2020
$$ | LEYDA | **13°**

Um Sauvignon fresco e suculento de vinhedos próprios em Leyda, no litoral do Vale de San Antonio. Este branco simples e direto tem notas de ervas e uma acidez que convida você a continuar bebendo. Pense em ceviches, frutos do mar crus ou tudo o que você quer no verão, especialmente quando se trata de férias. Este vinho de verão será um grande companheiro.

90 QUATRO
Cabernet Sauvignon, Syrah, Carménère, Malbec 2019
$$ | C O L C H A G U A | **14°**

Quatro é um dos vinhos clássicos do catálogo de MontGras. É produzido desde a safra de 1998 e nesta safra é baseado em Cabernet Sauvignon, com 45%, mais 25% de Syrah, 20% de Carménère e o restante do Malbec, todos de vinhedos no Vale de Colchagua (exceto 15% de Cabernet vindo de Maipo). E segue a tradição do vinho fácil de beber, com aromas maduros e sabores que se expandem pela boca deixando uma doçura suave.

OUTROS VINHOS SELECIONADOS

89 | DAY ONE SELECTED HARVEST GRAN RESERVA Cabernet Sauvignon 2019 Maipo | 14° | **$$**

88 | EARLY HARVEST ROSÉ Grenache, Carignan 2020 | Colchagua | 12.5° | **$$**

88 | DAY ONE SELECTED HARVEST GRAN RESERVA Chardonnay 2020 | Leyda 14° | **$$**

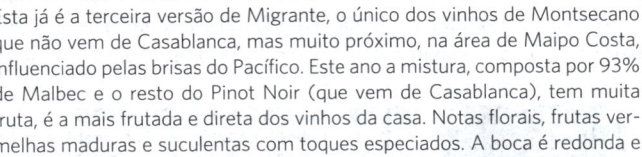

Montsecano.

PROPRIETÁRIO Julio Donoso, André Ostertag, Álvaro Yáñez & Javier de la Fuente

ENÓLOGO André Ostertag

WEB www.montsecano.com

RECEBE VISITAS Sim

• **ENÓLOGO** André Ostertag

[**DESDE 2005**, o renomado fotógrafo chileno Julio Donoso fez uma mudança radical em sua vida. Mudou-se das passarelas e revistas de moda para o campo, para a área de Las Dichas, a oeste de Casablanca, onde plantou seis hectares de Pinot Noir com um grupo de amigos-parceiros. Juntos, eles relembraram a ideia do Pinot Noir chileno, mostrando desde 2008 uma visão da variedade muito mais pura e fiel do que as que foram então produzidas no Chile. De vinhedos biodinâmicos, Montsecano é agora um novo clássico na cena local.]

IMPORTADOR: BR: www.lacharbonnade.com.br

94 MIGRANTE
Malbec, Pinot Noir 2019
$$ | M A I P O | **13°**

Esta já é a terceira versão de Migrante, o único dos vinhos de Montsecano que não vem de Casablanca, mas muito próximo, na área de Maipo Costa, influenciado pelas brisas do Pacífico. Este ano a mistura, composta por 93% de Malbec e o resto do Pinot Noir (que vem de Casablanca), tem muita fruta, é a mais frutada e direta dos vinhos da casa. Notas florais, frutas vermelhas maduras e suculentas com toques especiados. A boca é redonda e voluptuosa, com álcool trazendo calor. Um vinho para queijos defumados.

94 REFUGIO
Pinot Noir 2019
$$ | C A S A B L A N C A | **13.8°**

Refugio é o Pinot de entrada de Montsecano e é a maior cuvée do catálogo, em volume. Vem de três hectares em Casablanca e cerca de dez mil garrafas são feitas. Uma visão quase etérea de Pinot, aqui você pode sentir a mão do consultor enológico de Montsecano, o borgonhês Dominique Derain, que gosta deste estilo focado em frutas e na expressão da variedade oferecendo seu rosto crocante.

Montsecano.

Ele mostrou em Las Nubles e também mostra neste delicioso suco de fruta.

93 LALEONIE
Chardonnay 2019
$ $ | C A S A B L A N C A | **13°**

Laleonie vem de vinhedos plantados em 2006, em Casablanca. É um pequeno terreno de 0,4 hectare, uma encosta íngreme que olha para a exposição fria ao sul. Macerado sem os engaços e em ovos de cimento por dez dias, e fermentado com leveduras indígenas (como todos os vinhos da casa), tem uma textura deliciosa e cremosa, cheia de frutas brancas maduras. A acidez ajuda a refrescar o todo, mas é a sensação redonda e suculenta, que predomina em um estilo de branco para comer com camarão.

92 LAS NUBES
Pinot Noir 2020
$ $ | C A S A B L A N C A | **13°**

O francês Dominique Derain, além de sua vinícola em Saint-Aubin, Borgonha, aconselha Julio Donoso em Montsecano, no Vale de Casablanca. E no que resta do tempo livre para este alegre e talentoso borgonhês, ele dedica-o a Las Nubes, um Pinot Noir cem por cento cultivado organicamente pelo produtor Sergio Vergara no Vale de Casablanca. A melhor maneira de descrevê-lo é que este é um delicioso suco de fruta vermelha, macio, refrescante. Você não consegue parar de beber.

Morandé.

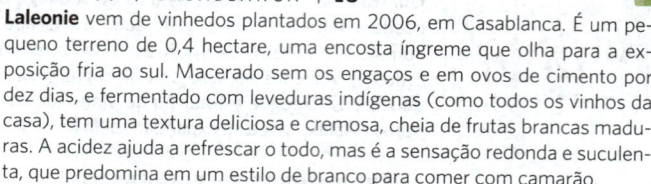

PROPRIETÁRIO Família Yarur
ENÓLOGOS Ricardo Baettig & Pablo Morandé
WEB www.morande.cl
RECEBE VISITAS Sim

• **ENÓLOGO** Ricardo Baettig

[**MORANDÉ É** uma das grandes vinícolas do Chile e a principal dentro do Grupo Belén, uma holding que inclui Vistamar, Mancura, Fray León e a argentina Zorzal. O que nasceu em 1996 como um sonho do enólogo Pablo Morandé de ter um vinhedo e um restaurante, hoje é uma empresa grande, com cerca de mil hectares e uma produção que ultrapassa sete milhões de garrafas por ano. Desde 2011 o enólogo é Ricardo Baettig, enquanto seu fundador - que em 2000 vendeu a vinícola para Empresas Juan Yarur - continua sendo responsável pela confecção de espumantes, entre os melhores do país.] **IMPORTADOR:** BR: www.grandcru.com.br

97 HOUSE OF MORANDÉ
Cabernet Sauvignon, Cabernet Franc, Carignan 2018
$ $ $ $ $ | M A I P O | **13.5°**

House of Morandé é produzido desde 1997, sempre baseado no Cabernet Sauvignon do Vale do Maipo, mas com outros ingredientes entre os quais Carignan que nunca faltou, uma variedade para a qual seu criador, Pablo Morandé, sente um entusiasmo especial. Esta nova edição tem 79% Cabernet Sauvignon, 14% Cabernet Franc e o resto de Carignan (as duas primeiras variedades de Maipo e a última na área de Loncomilla, no Vale do Maule). Uma virada importante no estilo deste vinho, que já tínhamos visto em 2017, mas que nesta safra mais fria aparece muito mais. A Cabernet foi colhida no final de fevereiro, uma data inédita e, portanto, baixo álcool, textura tensa e frutas vermelhas aparecendo em todos os lugares.

95 BRUT NATURE
Chardonnay, Pinot Noir N/V
$$$$ | CASABLANCA | **13°**

Com uma média de três anos de contato com as borras (e alguns vinhos de 2012, ano da mistura original feita pelo enólogo Pablo Morandé), este Brut Nature é feito com o método tradicional de segunda fermentação na garrafa. É 60% Chardonnay e 40% Pinot Noir, todos do vinhedo de Belén, em Casablanca. Consistentemente escolhido como um dos melhores espumantes da América do Sul e esta nova versão permanece nesse lugar. O estilo vinoso, as bolhas macias e cremosas, os aromas ligeiramente oxidativos e um corpo imponente que fala do excelente vinho base por trás dessas bolhas. Em Descorchados gostamos de decantar este vinho, remover as bolhas da equação e revelar o que está por trás delas. E o que está neste ano é um branco marcante em profundidade e complexidade. Faça o teste.

94 EDICIÓN LIMITADA CRIOLLO DEL MAIPO
Carménère 2018
$$ | MAIPO | **14°**

Este **Edición Limitada** é uma seleção de um lote de Carménère, plantado em solos arenosos e pedras ao pé das colinas de Chena, no Vale do Maipo. E compartilha com Gran Reserva 2019 a ideia de um Carménère vital, herbáceo e também refrescante, longe dos exemplares doces e muito difíceis do passado. Aqui há tensão de taninos, muita sensação de suculência e um final especiado e de ervas. O vinho é envelhecido em barricas por cerca de 16 meses, mas não há vestígios de madeira aqui, mas sim um arredondamento que lhe deu esse envelhecimento, uma sensação de equilíbrio no meio desse frescor.

94 GRAN RESERVA
Sauvignon Blanc 2019
$$ | CASABLANCA | **13.5°**

Este cem por cento de Sauvignon vem principalmente da área mais costeira de Casablanca, mais 25% de Paredones, na área costeira de Colchagua. Fermentado em fudres e ovos, e estagiado lá também por cerca de oito meses, tem um lado salino bem marcado que une os sabores frutados e ligeiramente herbáceos. A boca é sedosa e deixa uma sensação de untuosidade, construída a partir de frutas brancas maduras e acidez fina. Para sopa de molusco.

94 MEDITERRÁNEO
Grenache, Syrah, Carignan, Marsanne, Roussanne 2018
$$$$ | MAULE | **14.5°**

Mediterráneo vem de vinhedos na área de Loncomilla, no Vale do Maule. Alguns deles, como Grenache (60% de blend), são de videiras enxertadas em vinhedos antigos de Sauvignon Vert ou País, e outros, como Carignan (15%), são videiras antigas. Além disso, tem roussanne e marsanne de uma área vizinha, Melozal, outro dos principais lugares para conhecer no Maule. A acidez desempenha um papel de liderança, moldando a estrutura para fazê-la se sentir linear, vertical. Os sabores de frutas vermelhas tornam-no irresistível. Para beber mais do que uma taça, mas com frios.

Morandé.

94 VIGNO
Carignan 2018
$$$$ | MAULE | **14.5°**

Antes de surgir Vigno, o grupo de produtores que posicionou a uva Carignan entre as mais destacadas do Chile, Morandé já havia lançado tintos varietais feitos com a cepa. Claro, em um estilo muito diferente desta nova versão de Vigno. Este é um suco de frutas vermelhas e frescas, com a acidez usual da variedade, mas decorado com sabores de frutas vermelhas radiantes em um corpo bastante leve (detalhe que aumenta sua bebibilidade) e taninos firmes. Este é 87% Carignan e o resto de Syrah, todos de vinhedos na área melozal, um dos lugares favoritos desta uva no Vale do Maule, antigas videiras não irrigadas que aqui, colhidas no início da estação, deram um vinho radiante.

93 BESTIARIO
Marsanne, Roussanne, Viognier 2020
$$$ | MAULE | **13°**

Macerado com suas peles por seis meses, com pisa diária, este é um vinho intenso na boca, com seus taninos bem presentes e os sabores frutados e especiados generosamente distribuídos por toda a boca. É um branco com moral tinta, com a estrutura de um tinto, com tais taninos, mas frutas diferentes; uma fantasia diferente. Esta é uma mistura de 45% de marsanne e 45% de roussanne de videiras no Vale do Maule, mais 10% Viognier do Vale de Casablanca. Vá pegar miúdos ou um sanduíche de língua.

93 EL PADRE
Cabernet Franc 2018
$$$$ | MAIPO | **13.5°**

Este Franc foi colhido muito no início da temporada, por volta da primeira semana de março, de vinhedos ao pé das colinas de Chena, no Vale do Maipo. A safra fresca, e para muitos das melhores da década, deu-lhe um ar refrescante e suculento, com foco na acidez, mas também sublinhando as frutas vermelhas que fazem uma pequena festa aqui. Foi envelhecido em barricas por 11 meses, com 10% dessa madeira nova, mas não há nada aqui que fale sobre tostados ou carvalho. É tudo fruta, fresco e vibrante.

93 GRAN RESERVA
Carménère 2019
$$ | MAIPO | **14°**

A boca deste Carménère parece cremosa e, ao mesmo tempo, muito frutada, com toques de ervas típicos da variedade, mas sobretudo com aquela fruta vermelha madura que inunda o paladar com sua generosa camada de cerejas suculentas em um estilo cada vez mais frequente para a variedade no Chile; uma faceta muito mais fresca e sem medo de mostrar o lado de ervas da cepa. Ele vem de vinhedos no Vale do Maipo, gerenciados organicamente. É principalmente envelhecido em fudres e um pouco de barricas por 16 meses.

93 GRAN RESERVA
Pinot Noir 2019
$$ | CASABLANCA | **13.5°**

Perfumado como poucos Pinot Noir de Casablanca, aqui você pode sentir as frutas vermelhas e notas florais da cepa muito em primeiro plano. Atrás desse nariz, há um corpo onde sabores frutados mais uma vez dominam, juntamente com taninos firmes, extraordinariamente afiados para este vinho no passado. Um Pinot Noir de vinhedos plantados em 2010 nas colinas

graníticas da cordilheira da costa, a oeste do Vale de Casablanca.

92 ATERCIOPELADO
País, Malbec 2020
$$$ | MAULE | **14°**

Com 80% de País de vinhedos não irrigados na área de Melozal, e 20% de Malbec de pencahue, também de vinhedos não irrigados, e ambos de videiras muito antigas no Vale do Maule, este tem o estilo de vinhos que matam a sede. Frutas puras e vermelhas, o País é brilhante em acidez, luz, ágil na boca. E o Malbec traz um pouco de doçura e profundidade.

92 BRUT K.O.
País, Chardonnay, Pinot Noir N/V
$$ | SECANO INTERIOR | **12.5°**

A ideia trás de **K.O.** é que ele é um espumante jovem, com muito pouco envelhecimento sobre borras (pouco mais de seis meses, em média) para que chegue ao mercado rápido e depois seja bebido, mesmo sendo um método tradicional, ou seja, com segunda fermentação na garrafa. Tem 80% de País, vinhedos antigos no Vale do Maule, mais Chardonnay e Pinot Noir de Casablanca. É perfumado, generoso em frutas vermelhas e flores, e com uma boca onde bolhas se sentem macias e o frescor de frutas domina. Para o verão.

92 CREOLE
Cinsault, País 2020
$$$ | ITATA | **12.5°**

Creole é uma mistura de 70% de Cinsault mais 30% de País, tudo das colinas de granito e argila das áreas costeiras de Itata. Cheio de frutas vermelhas refrescantes, algo muito típico de Cinsault, mas também com detalhes terrosos que geralmente aparecem na variedade País, este é um tinto leve, mas ao mesmo tempo com bons taninos, para quem tem sede ou para acompanhar um assado.

92 DESPECHADO
Pinot Noir 2020
$$$ | CASABLANCA | **13°**

Este já é um clássico da linha de vinhos aventureiros de Morandé. Um Pinot Noir de estilo simples e direto, com muitas frutas e sabores suculentos, marcado por uma acidez crocante; perfeito para matar sua sede enquanto come frios. Metade do vinho é feito com uvas desengaçadas, e a outra, cacho inteiro, em uma espécie de semi-maceração carbônica que dá uma fruta extra para um tinto para beber por garrafas no verão.

92 EL GRAN PETIT
Petite Sirah, Petit Verdot 2019
$$$$ | CACHAPOAL | **14.5°**

El Gran Petit é uma mistura de 55% de Petit Sirah e 45% de Petit Verdot, tudo de vinhedos em La Moralina, na área de Alto Cachapoal, ao pé dos Andes. E é uma cofermentação de ambas as variedades, e depois estagiada em ovos de cimento e em barricas novas por 11 meses antes de ir para a garrafa. Como é a genética de ambas as uvas, aqui está uma grande força de taninos e uma grande força na acidez, o que faz deste Gran Petit um selvagem, cheio de sabores de frutas e ervas negras, e uma textura que precisa de cordeiro para se acalmar.

92 GRAN RESERVA
Cabernet Sauvignon 2019
$$ | MAIPO | **14°**

Dos vinhedos ao pé da colina de Chena, no Vale do Maipo, plantados em argila e solos argilosos, este Cabernet mostra notas de ervas e especiarias, predominando o lado frutado, os sabores de frutas negras ácidas que dão frescor e nervo na boca. A textura dos taninos, apesar da juventude, parece bastante polida, sem arestas. Um tinto ideal para bife de chorizo.

92 GRAN RESERVA
Chardonnay 2018
$$ | CASABLANCA | **13°**

A base dos brancos de Morandé está localizada a oeste de Casablanca, no vinhedo de Belén, nos solos de granito e argila da cordilheira da Costa. O vinho é fermentado e envelhecido em uma mistura de fudres, barricas e ovos de concreto, e depois envelhecido lá por cerca de dez meses. A safra foi um pouco mais fresca do que o habitual e é por isso que, quando comparado a 2017, este vinho é muito mais fresco e, acima de tudo, com uma acidez crocante e quase cítrica, suculenta que lhe dá vibração e o torna muito bebível.

91 TIRAZIŠ
Syrah 2019
$$$$ | CASABLANCA | **14°**

Do vinhedo de Belén a oeste do Vale de Casablanca, este Syrah corpulento e maduro tem aromas de ervas e florais, em uma boca onde as frutas negras maduras reinam, transbordando o paladar com calor e cremosidade.

90 ESTATE RESERVE
Carménère 2019
$$ | MAIPO | **13.5°**

Outra das boas relações preço-qualidade de Morandé, este Carménère vem do vinhedo El Romeral, no Vale do Maipo. Estagiado por um ano em barricas usadas, mostra uma medida justa de ervas, especiarias e notas frutadas que caracterizam a variedade, pelo menos em seu estado mais simples e puro. A textura tem aderência, uma acidez muito boa e um final herbáceo que refresca e convida uma nova taça.

90 MALMAU
Malbec 2019
$$$$ | MAULE | **14.5°**

Pencahue, no Maule, é uma área quente com uma rica herança de videiras muito antigas de País, mas também de outras cepas como o Malbec francês, do qual aqui há um vinhedo de 60 anos. Morandé seleciona vinhas daquele vinhedo para este Malmau, um Malbec que mostra claramente os sabores suculentos e maduros desse clima quente, embora aqui no meio de uma acidez que consegue refrescar a boca.

OUTROS VINHOS SELECIONADOS

89 | ESTATE RESERVE Pinot Noir 2019 | Casablanca | 13.5° | $$
89 | PIONERO RESERVA Cabernet Sauvignon 2019 | Maule | 13.5° | $
89 | PIONERO RESERVA País 2019 | Maule | 13° | $
88 | ESTATE RESERVE Gewürztraminer 2020 | Casablanca | 13° | $$
88 | PIONERO RESERVA Pinot Noir 2020 | Casablanca | 12.5° | $
88 | PIONERO RESERVA Pinot Noir 2019 | Casablanca | 12.5° | $

Nobel Chile.

PROPRIETÁRIOS Yang Yang & Cristóbal Barrios

ENÓLOGO Yang Yang, Cristóbal Barrios & Sven Bruchfeld

WEB www.nobelchile.com

RECEBE VISITAS Não

• PROPRIETÁRIOS & ENÓLOGOS
Cristóbal Barrios & Yang Yang

[**NOBEL COMEÇOU** em 2015 sob o comando de Cristóbal Barrios e sua esposa, Yang Yang (La Prometida), além do enólogo Sven Bruchfeld, no início orientado para o mercado asiático. A fruta para seus vinhos vem da área de Almahue do Vale do Cachapoal. Sua produção é de cerca de 40 mil garrafas distribuídas em quatro rótulos.]

92 ZAINO FAMILY RESERVE
Cabernet Sauvignon 2018
$$$ | RAPEL | **14.5°**

O fruto suculento e profundo de Cabernet de Almahue, uma área quente no meio do Vale do Cachapoal, é claramente sentido aqui. As uvas para este tinto vêm de um vinhedo de cerca de 50 anos, bastante antigo para os padrões chilenos, e foi envelhecido por 14 meses em barricas, 40% delas madeira nova. Frutado, com toques de madeira, mas não excessivos, e tons especiados, este vinho é fácil de beber, graças em parte a uma acidez que refresca todos os seus sabores frutados. Um tinto para empanadas de carne.

91 ZAINO FAMILY RESERVE
Carménère 2018
$$$ | RAPEL | **14.5°**

Este Carménère vem da área de Almahue, e de vinhas de cerca de 50 anos. O vinho envelhece por 14 meses em barricas, 40% de madeira nova. O sol local é sentido neste vinho, moldando seus sabores doces e sua textura muito macia e cremosa. Um vinho comercial, mas muito bem feito.

OUTROS VINHOS SELECIONADOS

87 | SONETO GRAN RESERVA Cabernet Sauvignon 2018 | Rapel | 14° | **$$**
87 | SONETO GRAN RESERVA Carménère 2018 | Rapel | 14° | **$$**

Odfjell.

PROPRIETÁRIO Família Odfjell
ENÓLOGO Arnaud Hereu & Francisca Palacios
WEB www.odfjellvineyards.cl
RECEBE VISITAS Sim

· **ENÓLOGOS** Arnaud Hereu
& Francisca Palacios

[**A FAMÍLIA** norueguesa Odfjell está envolvida no transporte marítimo e tem uma empresa marítima centenária com sede na cidade de Bergen. Na década de 1980, quando Dan Odfjell era seu presidente e estava no Chile a negócios, comprou um campo em Padre Hurtado (Vale do Maipo) com a ideia de produzir vinhos. Eles começaram a comercializar em 1998, pelas mãos do enólogo Arnaud Hereu, presente até hoje. Eles desenvolveram um vinhedo de 85 hectares lá em Padre Hurtado, e ao longo dos anos adicionaram outros em setores como Molina (Curicó), Cauquenes e Loncomilla (Maule). Em Loncomilla, eles cultivam Carignan, sendo uma das primeiras vinícolas que promoveu o renascimento dessa variedade. Suas linhas de vinho mais conhecidas são Armador e Orzada. A empresa, agora liderada pelos filhos de Odfjell, Laurence e Dan, produz cerca de um milhão de garrafas por ano.] **IMPORTADOR:** BR: www.worldwine.com.br

95 ALIARA
Carignan, Malbec, Syrah, Cabernet Sauvignon 2015
$$$$$ | VALE CENTRAL | **14.5°**

Aliara vem de três origens diferentes, que são as principais fontes de uvas para a vinícola. Este ano tem 46% de Carignan de Cauquenes, no Maule, 33% de Malbec da região de Lontué, no Vale do Curicó, e o resto da Syrah (17%) e Cabernet (4%) dos vinhedos ao redor da vinícola em Padre Hurtado, no Vale do Maipo. O envelhecimento é feito por 18 meses em barricas, 40% delas madeira nova. Aqui você pode perceber fortemente a presença de Carignan, mas um Carignan que se sente maduro e suculento, embora sem perder sua acidez aguda, algo típico da variedade. O corpo é generoso, com taninos firmes em um vinho que ainda precisa de dois a três anos na garrafa.

94 ORZADA
Carignan 2019
$$$ | MAULE | **14.5°**

Um exemplar clássico de Cariñena maulina, esse mostra uma seleção da variedade em antigos vinhedos não irrigados do quente Maule. Sem estágio em barricas, apenas em um tanque de aço, e fermentado com leveduras indígenas, ele é generoso em aromas florais e frutados. A boca é marcada por essa acidez afiada tão característica da variedade, enquanto os sabores de frutas vermelhas fazem uma pequena festa.

94 ORZADA
Carménère 2019
$$$ | MAULE | **14.5°**

O estilo da linha Orzada teve mudanças radicais nos últimos anos, especialmente em termos do tempo de colheita e do uso da madeira. O que costumava ser pesado, vinhos de alta madeira agora se tornou algo muito mais fresco, mais crocante. Por exemplo, desde 2016 este Carménère não é mais estagiado em madeira, mas em esferas de aço inoxidável e cimento, enquanto a data de colheita foi adiantada em pelo menos um mês e meio, resultando em frutas mais vermelhas e refrescantes. Com uma boa parte das notas de ervas, que se fundem com a fruta vermelha, este Carménère é uma delícia de sabores e profundidade.

93 CAPÍTULO
Carignan, Malbec, Cabernet Sauvignon, Syrah 2019
$$ | VALE CENTRAL | **14°**

Este é o resumo de todos os vales onde Odfjell compra uvas ou tem seus próprios vinhedos. 31% são Carignan do Maule, 27% são Malbec de Curicó, e 23% Cabernet Sauvignon e 19% Syrah, ambos de vinhedos em Maipo. A Carignan domina nesta mistura, com suas notas de flores e frutas vermelhas, mas sobretudo na forma como a acidez é projetada pela boca até o fim, proporcionando frescor em seu caminho, fazendo com que as frutas se sintam mais vermelhas e vibrantes. Talvez a versão mais crocante e fresca que lembramos de ter provado em Descorchados.

92 ARMADOR
Carménère 2019
$$ | VALE CENTRAL | **13°**

Esta é uma mistura de vinhedos nos vales de Maule e Maipo. Sem envelhecer na madeira e colhido no início da estação, oferece uma ótima expressão frutada, muitas frutas vermelhas maduras e também ervas. A boca é muito macia, quase cremosa, com acidez fina e notas de ervas acompanhando o vinho até o fim, proporcionando frescor e também alguma complexidade.

91 ARMADOR
Cabernet Sauvignon 2019
$$ | MAIPO | **14°**

Este Cabernet Sauvignon vem de vinhedos orgânicos e biodinâmicos plantados na área de Padre Hurtado do Vale do Maipo. Sem estágio em barricas, e produzido desde 1999, este é um Cabernet delicioso em sua expressão frutada. É uma amostra clara da variedade, em seu lado maduro e untuoso. Especiarias e frutas vermelhas maduras, em um corpo cremoso e suculento.

91 ARMADOR
Merlot 2019
$$ | MAIPO | **14°**

De vinhedos orgânicos e biodinâmicos da região do Padre Hurtado, no Vale do Maipo, este cem por cento de Merlot não tem passagem por madeira, a fim de preservar a clareza da expressão frutada, que é alcançada aqui. É um Merlot frutado e fresco, com uma textura muito macia, taninos maduros e domados, no meio de uma rica acidez que cuida de refrescar tudo em sua passagem.

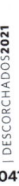

Oveja Negra.

PROPRIETÁRIO Via Wines

ENÓLOGO Pablo Barros Spröhnle

WEB www.viawines.com

RECEBE VISITAS Sim

• **ENÓLOGO** Pablo Barros Spröhnle

[**PARTE DO** grupo VIA Wines (o mesmo da vinícola Chilcas), Oveja Negra se concentra no Vale do Maule e suas antigas videiras. Seus vinhos nascem principalmente do vinhedo de San Rafael, o tradicional terroir da VIA Wines, relativamente perto da cordilheira dos Andes. A estrela do catálogo é Lost Barrel, uma mistura tinta baseada em Carignan, uma das variedades emblemáticas da viticultura do Maule tradicional.]

92   THE LOST BARREL
Carignan, Cabernet Franc, Petit Verdot 2018
$$$$ | MAULE | **14.5°**

Esta mistura ocupa o auge da pirâmide no catálogo de Oveja Negra e é baseada em 61% de Carignan de vinhedos não irrigados de Cauquenes, mais 22% de Cabernet Franc e 17% Petit Verdot. A mistura é envelhecida em barricas entre 10 e 12 meses, o que influencia com suas notas tostadas no conjunto. No entanto, a acidez e as notas frutadas e florais do Carignan são responsáveis por dar vida a esse vinho, oferecendo frescor e tensão.

OUTRO VINHO SELECIONADO

89 | GRAN RESERVA Cabernet Franc, Carménère 2019 | Maule | 13.5° | **$$**

P.S. García.

PROPRIETÁRIOS Felipe García, Patricio Mendoza & Sergio Mendoza

ENÓLOGO Felipe García

WEB www.psgarcia.cl

RECEBE VISITAS Não

• **PROPRIETÁRIOS & ENÓLOGO**
Patricio Mendoza & Felipe García

[**FUNDADA EM** 2006 como García + Schwaderer, então com uma produção de apenas 6.500 garrafas, este foi um dos primeiros pequenos projetos do cenário nacional, juntamente com a Garage Wines, Polkura e vários outros, também companheiros de trajeto no MOVI (Movimento dos Vinhedos Independentes). Hoje com uma produção de 80 mil garrafas, este projeto, rebatizado de P.S. García, conta com um portfólio de dez vinhos, alguns bem conhecidos entre os consumidores mais inquietos da cena, como a mistura tinta à base de Carignan Facundo ou o Sauvignon Blanc Marina, que vem de Las Dichas, uma das áreas mais frias de Casablanca. O enólogo Felipe García e a família Mendoza são os atuais proprietários.]

95   P.S. GARCÍA
Grenache 2018
$$$ | ITATA | **15°**

Grenache é geralmente muito suscetível aos solos onde cresce, além do clima e dos fatores vinícolas, é claro. Neste caso, P.S. García obtém essas uvas de um vinhedo enxertado em videiras de País centenárias em solos ricos em granito, e isso faz uma grande diferença. Os aromas são muito

Grenache, cheios de frutas e flores, um aroma de vinho para matar a sede. No entanto, onde o assunto fica sério está na boca. Aqui este Grenache se sente tenso, com uma estrutura vertical que se apega ao paladar e uma acidez suculenta, mas ao mesmo tempo afiada. Uma excelente amostra varietal, na melhor face da uva.

95 P.S. GARCÍA
Pinot Noir 2018
$$$ | LIMARÍ | **14°**

Dos solos calcários de Talinay, o vinhedo de colinas rochosas perto do mar em Limarí, este Pinot é envelhecido por 18 meses em barricas usadas. Aqui o que aparece é o solo, a presença da cal transformada em notas minerais, deixando de lado os sabores frutados (que existem, mas são secundários). A cal está em primeiro plano, especialmente na boca, onde a textura fala de giz, tensão e força no meio de uma acidez suculenta que dá um certo lado acessível e amigável a um tinto austero e monolítico. Um dos bons Pinot hoje no Chile.

94 BRAVADO
Carignan, Syrah, Grenache, Mourvèdre, Petit Verdot 2018
$$$ | ITATA | **14.5°**

A primeira safra de Bravado foi em 2013 e sempre foi uma safra mediterrânea, uma mistura das variedades plantadas no vinhedo Piedra Lisa, videiras enxertadas em plantas do País velho de 120 anos. Este ano 40% é Syrah, 36% Carignan, 12% Grenache, e as demais partes similares de Petit Verdot e Monastrell. O vinho tem a rusticidade dos taninos dos vinhos mediterrâneos, a textura firme e selvagem que pede comida potente e os sabores de frutas e especiarias negras que envolvem o paladar em um vinho que ainda precisa de três a quatro anos de garrafa.

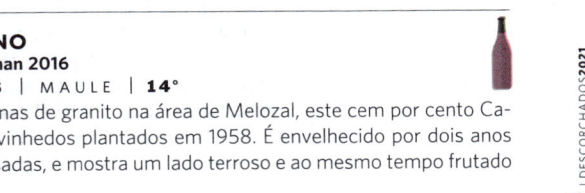

94 P.S. GARCÍA
Petit Verdot 2018
$$$ | ITATA | **14.5°**

Enxertado sobre cepas País nas encostas de San Nicolás, no Vale de Itata, esta é uma fotografia HD de Petit Verdot. Tem a intensidade da variedade, seus taninos ferozes, a acidez pronunciada e os sabores de frutas negras suculentas e firmes que fazem você pensar nesta garrafa para abri-la em cinco anos, pelo menos. Um pequeno selvagem de vinhedos não irrigados que ganhará em complexidade graças à paciência daqueles que esperam por isso.

94 P.S. GARCÍA
Pinot Noir 2018
$$$ | MALLECO | **13.5°**

P.S. García compra uvas em Malleco, de vinhedos em argilas e granitos nesta área que agora está em ascensão na cena, especialmente por seu Chardonnay nos brancos e Pinot Noir em tintos. É um lugar bastante fresco, com muitas chuvas, e que parece influenciar o caráter do vinho, oferecendo um Pinot mais terroso do que frutado, com uma estrutura firme, tensa e marcada pela acidez que parece afiada. O final é um pouco doce, como uma espécie de piscadela para continuar bebendo.

94 VIGNO
Carignan 2016
$$$$ | MAULE | **14°**

Das suaves colinas de granito na área de Melozal, este cem por cento Carignan vem de vinhedos plantados em 1958. É envelhecido por dois anos em madeiras usadas, e mostra um lado terroso e ao mesmo tempo frutado da cepa. A textura é firme, como indicada pelo DNA da variedade, mas ao mesmo tempo uma certa doçura o torna muito acessível. A acidez é firme, tensa, em um vinho que é facilmente bebido agora, mas também pode ser armazenado por pelo menos mais cinco anos na garrafa.

93 P.S. GARCÍA
Mourvèdre 2018
$ $ $ | ITATA | **14.5°**

Este Monastrell ou mourvèdre vem de vinhedos enxertados em 2011 em videiras de País centenárias na área de San Nicolás, no Vale de Itata. Estagiado por dois anos em barricas antigas, tem uma deliciosa força de frutas, intensa em suas notas de frutas negras e especiarias. A textura é firme, com taninos ainda selvagens, ligados a uma acidez que marca claramente os contornos da língua. É um vinho muito jovem, precisa de pelo menos alguns anos na garrafa para alcançar a complexidade.

92 P.S. GARCÍA
Pinot Noir 2018
$ $ $ | CASABLANCA | **14°**

Para esta Casablanca, P.S. García compra uvas na área de Las Dichas, na área mais ocidental do Vale de Casablanca, em encostas de granito e argila. Estagiado por 18 meses em barricas, tem todas as frutas da região, aqueles aromas e sabores de frutas vermelhas suculentas e essa acidez de sua proximidade com o mar. A textura é macia, cremosa. Um exemplo perfeito de Pinot de Las Dichas.

Pandolfi Price.

PROPRIETÁRIO Família Pandolfi Price
ENÓLOGO François Massoc
WEB www.pandolfiprice.cl
RECEBE VISITAS Sim

• PROPRIETÁRIOS
Enzo Pandolfi Burzio & Gillian Price Saffery

[**A FAMÍLIA PANDOLFI** chegou ao mundo do vinho em 2002, quando comprou a propriedade de 25 hectares de vinhedos de Chardonnay na área de Larqui no Vale do Itata. Os Pandolfi continuaram a plantar videiras até que cerca de 50 hectares hoje. O primeiro engarrafamento sob a marca Los Patricios foi em 2008. Hoje eles produzem cerca de 30 mil garrafas.]

IMPORTADOR: BR: www.winebrands.com.br

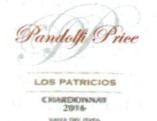

94 LOS PATRICIOS
Chardonnay 2016
$ $ $ $ | ITATA | **14.5°**

Um desenvolvimento muito bom na garrafa tem esse Chardonnay. Envelhecido por 22 meses em barricas, as notas tostadas da madeira foram transformadas em aromas caramelizados, enquanto as frutas se sentem profundas e suculentas, como se fosse uma compota. A textura tem um lado cremoso que envolve o paladar, e a acidez de um ano fresco como 2016 permanece firme e afiada até o fim. É um branco complexo, com sabores que se transformam à medida que o vinho ganha oxigênio na taça. Abra espaço em sua adega porque aqui está um branco com mais dois ou três anos de vida, e provavelmente mais. Este Chardonnay vem do vinhedo original na propriedade de Larqui, quando os Pandolfi o compraram em 2002. Desde 1995 tem sido manuseado de forma não irrigada.

93 LOS PATRICIOS
Pinot Noir 2017
$$$$ | ITATA | **14.5°**

As uvas para Los Patricios Pinot vêm da margem norte do rio Larqui, de vinhedos plantados entre 2001 e 2013 com material clonal da França. O vinho é envelhecido em madeira por 22 meses. Deve-se ressaltar também que 2017 não foi apenas um ano muito quente, mas também a área vinícola do sul do Chile foi severamente afetada pelos incêndios e muitos vinhos tiveram cheiro de fumaça no meio das frutas. É o que acontece com Larkun Pinot 2017, e em muito menor grau com este Los Patricios que, embora exponha essas notas defumadas, também tem muitas notas frutadas e terrosas no meio de um corpo firme, com taninos muito tensos e afiados. Um Pinot complexo e que hoje está em um momento muito bom para abrir a garrafa.

91 LARKÜN
Riesling 2018
$$ | ITATA | **12°**

Dos pouco mais de 50 hectares de vinhedos que a família Pandolfi tem em Larqui, apenas meio hectare é de Riesling, e é o que mais tarde amadurece. Este tem um estilo muito varietal, com os aromas clássicos de especiarias e maçã verde da uva, e o corpo é fino, acidez muito boa, com frescor de sobra para a culinária chinesa. A partir deste meio hectare, a vinícola obtém quatro mil garrafas.

91 LARKÜN
Sauvignon Blanc 2018
$$ | ITATA | **13.5°**

Mais do que o nariz, onde a ação está realmente neste branco é na boca. Lá este Sauvignon de vinhas jovens - plantado em 2012 nos solos vulcânicos às margens do rio Larqui em Itata - mostra força, tensão de acidez e um corpo que se expande por todo o paladar. A acidez faz sua parte, fornecendo frescor e suculência a um branco para frutos do mar crus.

90 LARKÜN
Chardonnay 2018
$$ | ITATA | **13.5°**

Um Chardonnay muito direto em sua expressão da variedade, aqui há aromas de frutas brancas presas às ervas, em um corpo que é bastante leve, com acidez muito amigável e textura macia e redonda. Este Chardonnay tem um ano de guarda sobre borras em tanques de aço.

90 LARKÜN
Syrah 2016
$$ | ITATA | **14.5°**

Uma Syrah de estilo muito varietal, ele tem uma deliciosa carga de frutas, fresca, marcada por uma acidez que tem muita aresta e tensão. De vinhedos plantados em 2011 e 2013, e com 24 meses de envelhecimento sobre borras em tonéis de aço, este é um tinto refrescante cheio de sabores frutados. Além de Syrah, tem 15% de Cabernet Sauvignon que parece ajudar aquela sensação aguda de taninos.

OUTRO VINHO SELECIONADO
88 | LARKÜN Pinot Noir 2017 | Itata | 14.5° | **$$**

Pedro Parra.

PROPRIETÁRIO Pedro Parra
ENÓLOGO Pedro Parra
WEB www.pedroparrachile.com
RECEBE VISITAS Não

• **ENÓLOGO** Pedro Parra

[**PEDRO PARRA** é um dos poucos especialistas em solo a se destacar no mundo do vinho e agora é um importante consultor, com clientes em algumas das denominações mais famosas do planeta. Parra nasceu em Concepción, sul do Chile, e este projeto é um retorno às suas raízes. A vinícola é baseada em vinhedos antigos de Itata, onde obtém vinhos com forte caráter local.]

95 MONK
Cinsault 2018
$$$$$ | ITATA | 13.5°

O segundo dos Crus de Pedro Parra também é o mais austero, o mais monolítico, o mais intrigante. Em homenagem a Thelonious Monk - "provavelmente o mais talentoso e louco dos compositores de jazz", segundo Parra - ele vem de solos de granito, com uma alta porcentagem de quartzo e silício, mas também com uma parcela significativa de argilas que, em um ano frio como 2018, têm um efeito de maior profundidade do que a gordura, como foi no ano 2017 mais quente, a primeira versão deste 100% Cinsault. O nariz é quase sem expressão, oferecendo apenas tons minerais e leves toques florais. A boca, no entanto, é ampla, profunda; é projetada para o fundo do paladar auxiliada por uma acidez acentuada. Não há espaço para doçura aqui. É tudo austeridade. Testado após um dia de abertura, o vinho não se moveu um milímetro de seu lugar.

94 TRANE
Cinsault 2018
$$$$$ | ITATA | 13.5°

Nosso favorito entre os Crus de Pedro Parra vem de um pequeno vinhedo plantado há quase 70 anos nas encostas graníticas de Guarilihue, no litoral do Vale do Itata. Aqui o tributo é a John Coltrane, e embora comparar música com vinhos seja algo que é sempre revestido de subjetividade, é provável que - como fã de Coltrane - concorde com a reflexão de Parra: "elegante e pontiagudo", como a música de Trane. Dos três Crus, este é sem dúvida o mais vertical em sua estrutura e aquele que tem uma acidez mais pronunciada, um detalhe que ajuda essa sensação afiada, sem espaço para nada além dessa acidez e aqueles taninos firmes e afiados. E também tem uma boa parcela de sabores frutados, frutas vermelhas ácidas que ajudam a experiência de beber além das texturas. Deixamos este vinho um dia inteiro aberto e essa sensação de aresta aumentou, sublinhando a verticalidade. É, talvez, um dos melhores Cinsault do mercado hoje.

93 HUB
Cinsault 2018
$$$$$ | ITATA | 13°

Em homenagem ao trompetista de jazz Freddie Hubbard, este Cinsault vem de um vinhedo no topo das colinas de guarilihue, com solos muito finos e ricos em ferro que, segundo Pedro Parra, oferecem uma certa redução mineral aos aromas. É certamente dominado por aromas terrosos ao invés de frutados, vivendo juntos em um corpo amplo, com uma doçura suave, mas ao mesmo tempo taninos firmes e tensos. É o mais amplos dos três Crus de Parra em Guarilihue neste 2018, o mais generoso em maturidade.

92 IMAGINADOR
Cinsault 2018
$$$$ | ITATA | 12.5°

Antes de chegar ao cume da pirâmide de Cinsault de Pedro Parra, devemos escalar este degrau, um Cinsault cem por cento de vinhedos diferentes na área costeira de Guarilihue, uma espécie de aldeia que busca mostrar o caráter da tensão naquele lugar fortemente influenciado pelo Pacífico. E ele alcança neste vinho de frutas em primeiro lugar, mas também com certos toques terrosos que serão vistos mais claramente em seus vinhos Cru. A tensão dos taninos aqui é importante, deixando uma marca clara no paladar. Um Cinsault, digamos, sério.

91 VINISTA
País 2018
$$$$ | ITATA | 13°

Vinista é uma mistura de diferentes vinhedos antigos, especialmente as áreas de Guarilihue e Portezuelo, no Vale do Rio Itata. Estagiado por cerca de nove meses em tanques de concreto e fudres, mostra uma face muito amigável e domesticada da variedade País. Embora os taninos sejam sentidos, frutas doces e amigáveis predominam em um vinho que é refrescante e muito fácil de beber.

90 PENCOPOLITANO
Cinsault, País 2018
$$$$ | ITATA | 13.5°

Esta mistura de Cinsault e País vem da área de Guarilihue, em direção à costa de Itata. Os aromas são florais e frutados em proporção semelhante, mostrando uma deliciosa face do Cinsault da área. A boca é amigável e suculenta em um vinho muito fácil de beber.

Peralillo Wines.

PROPRIETÁRIA Paola Díaz
ENÓLOGA Carmen Merino
WEB www.peralillowines.cl
RECEBE VISITAS Não

• **PROPRIETÁRIA** Paola Díaz

[**A FAMÍLIA** Hoppe veio da Alemanha e, como muitas outras famílias de imigrantes daquele país, estabeleceu-se no sul do Chile. No início, eles se dedicaram à produção de frutas, mas depois decidiram diversificar suas atividades entrando no mundo do vinho, comprando um campo na região de Peralillo, no Vale de Colchagua. Hoje eles se mudaram um pouco mais para o norte, para o Vale do Cachapoal, onde também têm vinhedos e a vinícola.]

92 2 VALLES GRAN RESERVA
Carignan, Malbec, Syrah 2018
$$ | MAULE | 14°

Esta mistura peculiar de Carignan, Malbec e Syrah, tem as duas primeiras cepas de vinhedos não irrigados muito antigos, tem uma força importante. A boca é repleta de sabores de frutas maduras e também notas florais, enquanto os taninos estão muito presentes, como base de onde essas frutas são expressas. Tem um ano em barricas, o que é percebido em certos toques de madeira tostada, embora a fruta domine em um tinto selvagem.

90 CARNADA GRAN RESERVA
Cabernet Sauvignon, Carménère, Petit Verdot, Cabernet Franc 2018
$$ | COLCHAGUA | **13.5°**

Esta mistura tem 45% Cabernet Sauvignon, 30% Carménère, 15% Petit Verdot e o resto do Cabernet Franc, todos de vinhedos de cerca de 12 anos na área de Peralillo, a oeste do Vale de Colchagua. Com 12 meses de contato com madeira, este tem um espírito fácil e comercial. Tons tostados, muitos sabores frutados e textura macia e polida, em um corpo médio.

90 H SUR RESERVE 60/40
Cabernet Sauvignon, Carménère 2015
$$ | COLCHAGUA | **14°**

Com 60% de Cabernet Sauvignon e o resto de Carménère, este tinto de vinhedos de 12 anos, plantados no Vale de Colchagua, entrega aromas de ervas frescas que, na boca, são transformadas em notas especiadas e frutadas. O corpo é médio, com taninos firmes associados a uma acidez acentuada que ajuda na sensação geral de frescor.

OUTROS VINHOS SELECIONADOS
89 | LA TOSCA RESERVE Carménère 2018 | Colchagua | 14° | **$**
87 | LA TOSCA RESERVE Cabernet Sauvignon 2018 | Colchagua | 14° | **$**

Pérez Cruz.

PROPRIETÁRIO Família Pérez Cruz
ENÓLOGO Germán Lyon
WEB www.perezcruz.com
RECEBE VISITAS Sim

• **ENÓLOGO** Germán Lyon

[**ESTA VINÍCOLA** no prestigiado setor de Alto Maipo nasceu em 2002. Localizado na cidade de Huelquén, Pérez Cruz possui 240 hectares de vinhedos, a maioria (70%) Cabernet Sauvignon e outras variedades tintas bordalesas, com exceção de Grenache. Embora Cabernet seja a estrela do catálogo, presente desde sua linha de entrada até o ambicioso Pircas de Liguai, eles também alcançam resultados muito bons com outras variedades. Alguns de seus melhores vinhos são baseados em Petit Verdot (Quelen, Chaski) ou Syrah (Liguai). Desde o início o enólogo da vinícola tem sido Germán Lyon.] **IMPORTADOR:** BR: www.santaluzia.com.br

95 PIRCAS
Cabernet Sauvignon 2017
$$$$$ | MAIPO ANDES | **14.5°**

A safra de 2017 foi um ano muito quente em todo o Vale Central do Chile (e em todas as áreas vinícolas do país, em geral) e que se sente no calor da fruta em seus tintos. Se falarmos de Cabernet, como este Pircas, a sensação quente - nos melhores casos - se sente matizada pela estrutura tânica que aqui sente uma base sólida onde frutas vermelhas maduras são claramente mostradas. Aqui há concentração, densidade de sabores suculentos e ricos em notas de ervas que lhe dão complexidade e um pouco de ar refrescante. Um vinho para a adega.

95 QUELEN
Petit Verdot, Carménère, Cot 2015
$$$$$ | MAIPO ANDES | **14.5°**

Nesta mistura muito peculiar de variedades predomina o Petit Verdot, com 45%, mais 30% Carménère e 25% Malbec ou Cot, como eles chamam a variedade em Pérez Cruz. A seleção corresponde aos melhores setores de solos aluviais e coluviais da propriedade em Huelquén, aos pés dos Andes, no Alto Maipo, e o resultado é um vinho que interpreta fielmente os tintos locais. Embora em anos quentes como 2017 o senso de origem tenda a nublar diante da maturidade e do álcool, aqui a acidez e os taninos da Petit Verdot fazem bem a sua parte, mantendo o equilíbrio em meio a frutas vermelhas doces e maduras. Um vinho muito encorpado para abrir agora com cordeiro.

94 LIMITED EDITION
Cabernet Sauvignon 2018
$$$ | MAIPO ANDES | **14°**

De acordo com os números de Pérez Cruz, 2018 foi um ano fresco em Huelquén, em Alto Maipo, e é por isso que eles foram capazes de colher frutas frescas para tintos de muito boa expressão varietal, como este Limited Cabernet, que se origina em vinhedos plantados entre 1994 e 1998 em solos de origem aluvial. A sensação de lugar é clara aqui, com aromas de ervas e mentolados, toques mais terrosos; muito macio e, ao mesmo tempo, taninos afiados em uma boca de corpo médio. Uma fotografia clara dos Cabernets de Alto Maipo.

93 CHASKI
Petit Verdot 2017
$$$$ | MAIPO ANDES | **14°**

Este Petit vem de vinhedos plantados em 2003 em solos aluviais de Huelquén, no Alto Maipo. Envelhece por 16 meses em barricas e o vinho, como todos os tintos da casa, tem uma forte influência do lugar que muitas vezes excede o caráter varietal. Neste caso, há a acidez e taninos firmes de Petit Verdot, mas também as notas de mentol e terrosas dos vinhos de Alto Maipo. Parece fresco, apesar do ano quente. Para guardar.

93 LIGUAI
Syrah, Cabernet Sauvignon, Carménère 2017
$$$$$ | MAIPO ANDES | **14°**

Este ano Liguai tem 46% de Syrah, 30% Cabernet e 24% de Carménère, todos de vinhedos pertencentes a Pérez Cruz na área de Huelquén. A fruta se sente quente e suculenta, o que é normal em um ano quente e, acima de tudo, com uma variedade como a Syrah que se torna ainda mais envolvente e expansiva. Tem bons taninos que ajudam a equilibrar, mas ainda é um vinho grande e suculento.

93 LIMITED EDITION
Carménère 2019
$$$ | MAIPO ANDES | **14°**

Este Carménère vem de vinhedos plantados entre 1994 e 2009 nos solos aluviais e coluviais da propriedade da família Pérez Cruz na área de Huelquén, ao pé dos Andes, em Alto Maipo. Embora a safra de 2019 seja considerada quente, neste Carménère isso não aparece. Pelo contrário, há notas frescas de frutas vermelhas ligadas a tons de ervas que sublinham esse frescor. Na boca, tem um corpo leve, com taninos suculentos, finos e

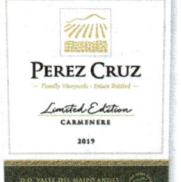

afiados. Este Carménère pode perfeitamente ser incluído nessa nova linha de exemplares da cepa, um grupo que aponta para o lado mais fresco da variedade.

92 LIMITED EDITION
Cot 2019
$$$ | MAIPO ANDES | 14°

Os tintos de Pérez Cruz, ao pé dos Andes em Huelquén, têm um forte senso de lugar, mesmo às vezes além do caráter varietal, e esse é o caso deste Cot (Malbec) que, em vez de notas de violetas, tem tons de mentol e ervas, algo muito típico dos vinhos de Alto Maipo. A textura é macia, com taninos cremosos em um corpo médio, generoso em sabores de frutas vermelhas maduras.

91 GRAN RESERVA
Cabernet Sauvignon 2018
$$ | MAIPO ANDES | 13.5°

Este é um exemplo muito claro de Cabernet em Maipo Alto, com seus aromas de ervas, notas terrosas e taninos finos e afiados, e os sabores de frutas negras ácidas que lhe dão um caráter suculento e fresco. Esta é o Cabernet de entrada de Pérez Cruz e vem de diferentes parcelas plantadas entre 1994 e 2009 nos solos aluviais e coluviais da propriedade da vinícola em Huelquén, em Alto Maipo.

91 LIMITED EDITION
Syrah 2019
$$$ | MAIPO ANDES | 14°

Um Syrah intimamente relacionado com os exemplares da variedade em Alto Maipo, em vez de oferecer notas generosas de frutas maduras, ele vai para o lado das especiarias e ervas, talvez graças à influência das brisas dos Andes. Na boca tem taninos firmes e tensos, enquanto o final tem uma doçura agradável de frutas.

90 LIMITED EDITION
Cabernet Franc 2018
$$$ | MAIPO | 14.5°

No lado maduro da variedade e com os toques habituais de mentol e terrosos de todos os tintos de Pérez Cruz na área de Huelquén, em Alto Maipo, este se sente macio, frutas negras doces e taninos muito macios e amigáveis. A influência deste lugar ao pé dos Andes, novamente transcende o caráter varietal para nos mostrar o terroir antes da uva.

90 ROSÉ LINGAL
Grenache, Mourvèdre 2020
$$ | MAIPO ANDES | 12.6°

Este rosé é projetado a partir do vinhedo, quando os cachos Grenache e Monastrell são colhidos no início da estação para preservar os aromas e frescor. Eles são então prensados diretamente para obter um suco que é ligeiramente manchado com as peles. Esta já é a terceira versão do Lingal e segue um caminho semelhante às safras anteriores: focado em frutas vermelhas ácidas, um corpo muito leve e com uma acidez nítida. Um rosé de verão, simples e muito fácil de beber.

Pewen Wines.

PROPRIETÁRIO Claudio Sánchez
ENÓLOGO Claudio Sánchez
WEB www.pewenwines.cl
RECEBE VISITAS Não

• **PROPRIETÁRIO & ENÓLOGO** Claudio Sánchez

[**FUNDADA NA** década de 1990, no Vale do Curicó, a Pewen possui atualmente instalações para produzir mais de dois milhões de litros de vinho e, embora a base de seus vinhedos seja em Curicó, eles também obtêm uvas do Vale do Maule e do Vale do Colchagua.] **IMPORTADORES:** BR: www.evino.com.br www.epa.com.br

---

91 REIMIRO ICON
Cabernet Sauvignon 2017
$$$ | CURICÓ | **14°**

Se você não é fã de madeira, você terá que ser paciente com este Cabernet. Se você conseguir romper uma cortina densa de tons tostados, vai descobrir uma camada suculenta de sabores frutados, vívidos e frescos, no meio de taninos muito polidos e elegantes. Um vinho que pode precisar de dois a três anos na garrafa para sua força de frutas absorver toda aquela madeira. Este tinto vem de videiras em pérgola ou latada plantadas por volta de 1998 em Sagrada Familia de Curicó.

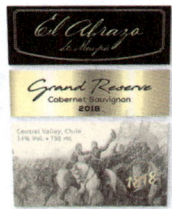

90 EL ABRAZO DE MAIPÚ GRAN RESERVA
Cabernet Sauvignon 2018
$$ | CURICÓ | **14°**

Este Cabernet vem de videiras em latada ou pérgolas, plantadas na área de Sagrada Família, em Curicó. É um clima quente que teve um impacto significativo no caráter deste tinto, moldando a fruta a tons doces, mas sem perder sua acidez, firme até o fim da boca. Um vinho de boa estrutura tânica, boa concentração e espírito comercial.

90 YENÚ GRAN RESERVA
Cabernet Sauvignon 2018
$$ | VALE CENTRAL | **14°**

Notas de ervas dominam esse Cabernet de vinhas de cerca de 20 anos plantados na área da Sagrada Família, Vale de Curicó. Por trás dessas notas há frutas vermelhas maduras em um corpo que, embora médio, tem taninos firmes, muito típicos da variedade. Este vinho é envelhecido em barricas por cerca de dez meses, um quarto delas de madeira nova.

OUTRO VINHO SELECIONADO
89 | COVACHA PREMIER RESERVE Carménère 2019 | Sagrada Familia | 14° | **$$**

Pino Azul | El Encanto.

PROPRIETÁRIOS Pedro Pablo Valenzuela & Cristián Azócar

ENÓLOGO Cristián Azócar

WEB www.vinoelencanto.cl

RECEBE VISITAS Sim

• **ENÓLOGO** Cristián Azócar

[**PINO AZUL | EL ENCANTO** possui 40 hectares de vinhedos, principalmente tintos, no Alto Cachapoal e grande parte de sua produção é vendida a terceiros. No entanto, desde 2011 o empresário Pedro Pablo Valenzuela e o enólogo Cristián Azócar, parceiros neste projeto, decidiram começar a engarrafar seus próprios vinhos graças a uma seleção desses vinhedos. O que começou com apenas alguns milhares de garrafas, hoje passa das três mil caixas, e também foram adicionadas uvas de um campo que Valenzuela tem em Cauquenes e de onde conseguem País.]

94 ENCANTO
Cabernet Sauvignon 2019
$$$ | CACHAPOAL ANDES | **14°**

Para este Cabernet, o enólogo Cristián Azócar seleciona Cabernet Sauvignon de vinhas plantadas a cerca de 700 metros de altura na área de Cachapoal Alto, ao pé da cordilheira dos Andes. É uma encosta de solos especialmente pedregosos que deram este verdadeiro suco de Cabernet, frutas vermelhas intensas acompanhadas de tons de mentol e uma rede de taninos que suporta muito bem essa camada de frutas. A acidez também é muito bem misturada. Um vinho que mostra claramente o potencial dos vinhos daquela área, um lugar privilegiado para os tintos no Vale Central.

94 ENCANTO BLEND
Carménère, Syrah, Cabernet Sauvignon, Petit Verdot 2019
$$$ | ALTO CACHAPOAL | **14.4°**

Encanto é baseado em vinhas de Carménère de cerca de 15 anos que aqui compõem 52% da mistura. O restante é 22% Cabernet Sauvignon, 22% Syrah e 4% Petit Verdot, todos de videiras de cerca de 15 anos, plantadas em encostas de argila na área de Alto Cachapoal, ao pé dos Andes. O vinho é envelhecido por um ano em barricas (5% novas) e o que sai delas é um tinto em que a Carménère se destaca, tanto no herbáceo quanto nos aromas frutados no nariz e nos sabores na boca, acompanhados de taninos macios, muito suculentos. Parece jovem ainda, mas irresistível o suficiente para acompanhar queijos maduros.

90 ENCANTO
País 2020
$$ | CAUQUENES | **13°**

Este País vem de videiras próprias plantadas em 1948, na área de Cauquenes, no Vale do Maule. Brevemente envelhecido em barricas velhas por dois meses, aqui está uma camada de frutas vermelhas que dão lugar a uma estrutura de tanino rústico firme. Pense em chorizos ou uma terrine para acompanhar este pequeno selvagem.

OUTRO VINHO SELECIONADO
89 | ENCANTO PINOT Pinot Noir 2020 | Alto Cachapoal | 12° | **$$**

Polkura.

PROPRIETÁRIO Sven Bruchfeld
ENÓLOGO Sven Bruchfeld
WEB www.polkura.cl
RECEBE VISITAS Não

▪ **PROPRIETÁRIO & ENÓLOGO** Sven Bruchfeld

[**LOCALIZADA NO** Vale de Colchagua, Polkura é o empreendimento do enólogo Sven Bruchfeld em parceria com seu amigo Gonzalo Muñoz. Começou como um pequeno projeto em 2004, quando Bruchfeld era um enólogo em MontGras, e cresceu para uma vinícola feita. Hoje a Polkura produz cerca de cem mil garrafas, a maioria delas de Marchigüe, onde possuem 25 hectares de vinhedos.] **IMPORTADOR:** BR: www.premiumwines.com.br

95 SECANO
Syrah 2018
$ $ $ $ | MARCHIGÜE | **15°**

Esta já é a sexta versão de Secano, um vinho que vem de solos não irrigados, plantado em cabeça (em arbustos) nas áreas planas da propriedade. Lá as vinhas podem beber das chuvas do ano anterior, a mesma água que escorre do morro, mas que nesses solos de argila é retido. O vinhedo foi plantado em 2009 e nesta nova safra tem 85% de Syrah, 10% Grenache e 5% Carignan, e o envelhecimento dura cerca de 18 meses em barricas usadas. Este é um dos nossos favoritos em Descorchados e tem pouco a ver com o estilo amplos, dos vinhos gordos, da casa. Este parece muito mais vertical, mais estrito, menos suculento, mas muito mais profundo. Além disso, tem sabores e aromas incomuns em vinhos, digamos, "modernos". Mais do que frutas, aqui estão notas terrosas e ervas em um vinho de tremenda personalidade.

94 BLOCK G+I
Syrah 2017
$ $ $ $ | MARCHIGÜE | **14.5°**

G+I é uma seleção de dois vinhedos com orientação fresca ao sul. Este ano, além disso, a mistura tem 2% de Viognier e é envelhecida em barricas (25% novas) por dois anos. 2017 foi um dos anos mais quentes da década, e isso se sente aqui no tipo de sabores que mostra, frutas maduras e suculentas em meio a taninos muito firmes e robustos, típicos dessa safra quente. O vinho é amplo, com tons especiados doces e também toques de ervas. Necessita de três a quatro anos para ganhar em complexidade; paciência aqui.

94 MANIAC
Syrah 2017
$ $ $ $ $ | MARCHIGÜE | **14.5°**

Maniac é uma seleção de vinhas das duas parcelas em que G+I se origina, ambas de exposição fresca ao sul. A seleção corresponde a solos com maior presença de argilas vermelhas que, segundo Sven Bruchfeld, dão maior aderência à boca. Esta seleção deu para encher apenas 3 barricas do que é hoje o melhor vinho de Polkura e do qual cerca de 800 garrafas foram produzidas. Maniac representa muito bem o estilo da casa, aqueles Syrahs amplos, envolventes e suculentos que enchem a boca com sua maturidade e seus sabores de frutas negras doces, acompanhadas aqui por uma acidez muito boa. Essa acidez faz com o vinho se projete até o fim da boca, oferecendo um tinto profundo antes de tudo.

94 SYRAH
Syrah 2018
$$$ | MARCHIGÜE | **14.5°**

Para este **Syrah**, Polkura seleciona vinhedos de Syrah (mais 2% tempranillo) plantados por volta de 2003 nas colinas de Marchigüe. Os solos são de granito e com exposições diferentes. Dos 25 hectares que a vinícola plantou na área, 15 são Syrah; e esta é uma espécie de resumo do estilo de Syrah em Polkura, um tinto amplos, sabores suculentos e texturas macias e cremosas. Esta versão de 2018 também oferece uma acidez suculenta no meio de toda essa festa de sabores.

93 GSM+T
Grenache, Syrah, Mourvèdre, Tempranillo 2018
$$$$ | MARCHIGÜE | **14.5°**

Embora o nome indique uma ordem de variedades neste vinho, na verdade a mistura é variável de acordo com as características da safra. Este ano há 50% tempranillo, 25% Grenache, 20% Syrah e o resto de Monastrell. Tudo envelhece por um ano e meio em barricas usadas e vem de vinhedos plantados nas colinas graníticas de Marchigüe, a oeste do Vale de Colchagua. Os taninos firmes e afiados do tempranillo estão muito presentes, criando uma estrutura sólida onde as notas florais e frutadas das outras variedades se apoiam, especialmente Grenache, que parece fornecer exuberância aromática. Um vinho para cordeiro.

91 RANDOM
Cabernet Sauvignon, Merlot, Cabernet Franc, Petit Verdot 2018
$$ | MARCHIGÜE | **14.5°**

Como o nome sugere, esta é sim uma mistura aleatória, dependendo - neste caso - do que está disponível no vinhedo Polkura em Marchigüe todos os anos. Sem passagem pela madeira, e vinhedos nas áreas planas, esta versão de Random é suculenta, cheia de sabores de frutas vermelhas e especiarias, e com uma boca leve e muito amigável em taninos. A mistura tem 45% Cabernet Sauvignon, 35% Merlot, 18,5% Cabernet Franc e 1,5% Petit Verdot.

90 LOTE D
Syrah 2018
$$ | MARCHIGÜE | **14.5°**

De vinhedos plantados em 2003, nos pisos de granito da área de Marchigüe, a oeste de Colchagua, este é um vinho simples e frutado. Sua exposição ao norte quente imprime uma maturidade e doçura nos sabores que lhe dão opulência.

Porta.

PROPRIETÁRIO Changyu Pioneer Wine Company
ENÓLOGO Eduardo Gajardo
WEB www.vinaporta.cl
RECEBE VISITAS Não

• **ENÓLOGO** Eduardo Gajardo

[**FUNDADA EM** 1989, sua atual proprietária é a empresa chinesa Changyu Pioneer Wine Company, dona das vinícolas Agustinos, Indómita e Santa Alicia. A vinícola concentra seu trabalho em dois vales, em Maipo e especialmente no sul e chuvoso Biobío. De Biobío, onde foram uma das primeiras vinícolas modernas a explorá-lo, vêm seus vinhos de variedades que trabalham em clima frio, como Pinot Noir, Chardonnay e Sauvignon Blanc. E maipo é usado para alguns de seus Cabernet Sauvignon e Carménère. Porta tem um total de mil hectares de vinhedos.]

90 RESERVA
Sauvignon Blanc 2020
$ | BIOBÍO | 13°

Este **Porta Reserva** oferece consistentemente uma relação preço-qualidade muito boa com este Sauvignon do sul do Chile, cerca de 500 quilômetros ao sul de Santiago, no Vale do Biobío. É crocante em sabores de frutas brancas, refrescante em acidez, uma acidez afiada e cítrica que se move por toda a boca fazendo salivar.

OUTRO VINHO SELECIONADO
87 | GRAN RESERVA Carménère 2018 | Maipo | 14.1° | $$

Puntí Ferrer.

PROPRIETÁRIO Antonio Punti
ENÓLOGO David Funes
WEB www.puntiferrer.cl
RECEBE VISITAS Sim

• **PROPRIETÁRIO** Antonio Punti Ferrer

[**ANTONIO PUNTÍ** e sua esposa, Soledad Andrea Lagos, têm uma vinícola no Vale do Rapel. Eles obtêm uvas das áreas deste vale, Colchagua e Cachapoal, mas também compram uvas em diferentes setores do chile vinícola. Hoje eles produzem cerca de 400 mil caixas de 12 garrafas, um tamanho significativo na cena chilena.]**IMPORTADORES:** BR: www.lacharbonnade.com.br
www.optimusimportadora.com.br

93 CONFORME
Cabernet Sauvignon 2018
$$$$ | RAPEL | 14°

Este **Conforme** é o vinho mais ambicioso de Punti Ferrer. Vem de um vinhedo de Cabernet Sauvignon plantado na área de Pelequén, ao sul do Vale do Cachapoal. A fruta aqui parece quente, mas ao mesmo tempo muito equilibrada por uma acidez que dura até o fim do paladar. Após um envelhecimento médio de cerca de 16 meses, o efeito da madeira em seus aromas e sabores tostados ainda é sentido, mas é a fruta que manda em um vinho para guarda. Seja muito paciente aqui.

Puntí Ferrer.

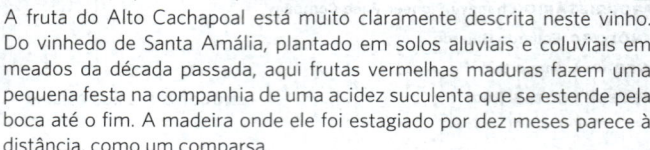

92 GRAN RESERVA
Cabernet Sauvignon 2018
$$ | RAPEL | **13.5°**

A fruta do Alto Cachapoal está muito claramente descrita neste vinho. Do vinhedo de Santa Amália, plantado em solos aluviais e coluviais em meados da década passada, aqui frutas vermelhas maduras fazem uma pequena festa na companhia de uma acidez suculenta que se estende pela boca até o fim. A madeira onde ele foi estagiado por dez meses parece à distância, como um comparsa.

91 GRAN RESERVA
Carménère 2018
$$ | RAPEL | **13.5°**

A influência da madeira é forte neste Carménère. As notas tostadas e defumadas de carvalho sentem-se sobre a fruta, em um tinto comercial, mas muito bem feito; taninos macios, acidez equilibrada. Atenção, porém, com a forma como a madeira é removida depois de um tempo, deixando a fruta aparecer livremente em um vinho que se sente cheio de frutas vermelhas refrescantes. Tenham paciência. Vale a pena esperar.

91 PUNTÍ FERRER BRUT
País N/V
$$ | MAULE | **12.5°**

Estelado de Miguel Torres foi um dos vinhos que abriu caminho para a País transformada em espumante. Mas, estranhamente, poucos seguiram esse exemplo bem sucedido. Um dos que fazem é Punti Ferrer com este espumante feita com o método charmat de segunda fermentação em tanques de aço. As uvas vêm de vinhedos com mais de cem anos na área não irrigada de Cauquenes e produzem um delicioso suco de bolhas macias e sabores de frutas vermelhas.

91 WINEMAKER'S SECRET BARRELS GARAGE BLEND
Petit Verdot, Cabernet Sauvignon, Malbec, Carménère N/V
$$$ | CACHAPOAL | **14°**

Esta é uma mistura ao gosto do enólogo David Funes, uma mistura de diferentes vinhedos na área de Cachapoal, mas também de diferentes cepas e diferentes tipos de madeira, que influenciam mais em seus aromas - como o carvalho americano - e mais sutilmente - como o carvalho francês - também em diferentes níveis de tosta. O resultado é uma pequena bomba de frutas vermelhas maduras com tons especiados e tostados em um vinho que desliza pela boca com a textura suculenta do creme.

90 GRAN RESERVA
Malbec 2018
$$ | RAPEL | **13.5°**

Este Malbec tem equilíbrio em todos os seus componentes. A madeira desempenhando um papel coadjuvante para frutas vermelhas maduras, o peso da fruta acompanhada de uma acidez suculenta que refresca tudo em seu caminho, e a textura é muito macia, desliza suavemente através do paladar. Um vinho de estilo comercial, mas muito bem desenhado.

90 RESERVA
Cabernet Sauvignon 2018
$$ | RAPEL | **13.5°**

Uma excelente relação preço-qualidade neste Cabernet Sauvignon de solos pedregosos na área Cachapoal. Intenso em frutas vermelhas maduras, com toques de ervas e detalhes tostados macios da madeira, aqui o fruto do vale é claramente mostrado.

OUTRO VINHO SELECIONADO

89 | RESERVA Carménère 2018 | Rapel | 13.5° | **$$**

Quintay.

PROPRIETÁRIO WC Investment
ENÓLOGA Ximena Klein
WEB www.quintay.com
RECEBE VISITAS Sim

• **ENÓLOGA** Ximena Klein

[**QUINTAY NASCEU** com a ideia de mostrar o caráter do Sauvignon Blanc em Casablanca, a variedade emblemática do vale. Aos poucos, porém, essa ideia passou a abranger outras cepas. E também expandiram suas fronteiras para a área vizinha de El Pangue, um terroir mais quente, perto de Curacaví, no que é conhecido como Maipo Costa. A linha de base do catálogo é Clava, cujos vinhos vêm de diferentes origens dentro de Casablanca. É seguida pela linha Q, feita de vinhedos específicos. Acima está a Winemaker's Experience, a partir de pequenos lotes de seleções de barricas. E no topo do portfólio está o Tapihue tinto, o ícone da casa.] **IMPORTADOR:** BR: www.twimportadora.com.br

94 TAPIHUE
Syrah, Petite Sirah, Malbec 2017
$$$$$ | MAIPO | **15°**

Este é o cuvée mais ambicioso da vinícola e é baseado em 36% de Syrah, além de quantidades similares de Malbec e Petite Sirah, tudo dos vinhedos de El Pangue, ao norte de Casablanca, nas encostas da cordilheira da costa, em Maipo Costa. Tem 26 meses em barricas, mas essa influência é pouco sentida, deixando os sabores frutados e herbáceos de tinto de clima frio se mostrar claramente. Na boca o álcool de uma safra quente é perceptível, mas a acidez aqui mantém um equilíbrio muito bom. Ainda é um vinho jovem. Ele precisa de três a quatro anos de guarda.

94 WINEMAKER'S EXPERIENCE
Cabernet Sauvignon, Malbec, Syrah, Petite Sirah 2017
$$$ | MAIPO | **14.9°**

Esta mistura de 26% Cabernet Sauvignon, 26% Malbec, 26% Syrah e o resto de Petite Sirah vem da área de El Pangue, ao norte de Casablanca, mas em uma área considerada Maipo Costa, apesar de estar localizada na mesma cadeia de montanhas que compõem o Vale de Casablanca. Naquele lugar influenciado pelas brisas do mar, as variedades tintas têm algo de clima frio, um ar de crocante e frescor, e isso se sente aqui com os aromas de carne e de ervas e uma acidez firme que acentua a textura selvagem. É um vinho para esperar. Deixe na adega por alguns anos, talvez três.

93 WINEMAKER'S EXPERIENCE
Cabernet Sauvignon 2017
$ $ $ | M A I P O | **14.5°**

Da área de El Pangue, ao norte de Casablanca, e nas encostas da cordilheira da costa, este Cabernet mostra uma face ampla e suculenta da variedade. É generoso na maturidade, mas como a maioria dos tintos da casa, também é rico em acidez e taninos que afirmam o grande peso da fruta sem problemas, como se esse peso não existisse. Um vinho para a guarda. Preciso de pelo menos dois anos para ganhar em complexidade.

92 Q GRAN RESERVA
Syrah 2019
$ $ | C A S A B L A N C A | **14.5°**

Com uma acidez deliciosa e crocante, este Syrah tem um equilíbrio muito bem pensado entre essa acidez e um álcool também muito alto. O resultado parece fresco, apesar de seu caráter volumoso e frutas maduras; você bebe fácil. Este Syrah vem do meio de Casablanca, com solos arenosos na área de Mina del Agua, plantados em encostas voltadas para noroeste, de frente para o sol da tarde.

90 Q GRAN RESERVA
Cabernet Sauvignon 2019
$ $ | M A I P O | **13.4°**

Olhe para a relação preço-qualidade deste Cabernet. Tem uma expressão clara da variedade, mas sem abusar da maturidade ou madeira. Pelo contrário, a fruta se sente brilhante, os sabores maduros e suculentos, o corpo armado de taninos firmes que suportam sabores de frutas maduras negras e vermelhas. Uma pechincha.

90 Q GRAN RESERVA
Malbec 2019
$ $ | M A I P O | **14.9°**

Apesar do alto grau de álcool (14,9), este Malbec consegue ter equilíbrio. Os frutos parecem doces, as notas de violetas, típicas da variedade, são mostradas no nariz e paladar, proporcionando complexidade e algum frescor. A textura, como esperado com esse nível de maturidade, é cremosa e ampla.

OUTROS VINHOS SELECIONADOS
89 | CLAVA RESERVA Malbec 2019 | Maipo | 14° | **$$**
89 | CLAVA RESERVA Sauvignon Blanc 2020 | Casablanca | 13° | **$$**
89 | CLAVA RESERVA Syrah 2019 | Casablanca | 14° | **$$**
88 | CLAVA RESERVA Pinot Noir 2020 | Casablanca | 13.5° | **$$**
88 | Q GRAN RESERVA Sauvignon Blanc 2020 | Casablanca | 13.5° | **$$**

Ramirana.

PROPRIETÁRIO Gonzalo Vial
ENÓLOGO Alejandro Galaz
WEB www.ramirana.com
RECEBE VISITAS Sim

• **ENÓLOGO** Alejandro Galaz

[**RAMIRANA É** uma das vinícolas satélite de Ventisquero. Está sediada em Trinidad, um vinhedo que está localizado a cerca de 35 quilômetros do mar, na área de Maipo Costa, e começou a ser plantado em 1998. Embora Trinidad corresponda a 90% das uvas que a vinícola usa para seus vinhos, ela também obtém frutas de outros vinhedos do grupo, como Apalta e Leyda. Responsável por este projeto é o enólogo Alejandro Galaz.] **IMPORTADOR:** BR: www.cantuimportadora.com.br

95 TRINIDAD VINEYARD
Syrah, Cabernet Sauvignon, Carménère 2018
$$$$ | MAIPO | 14°

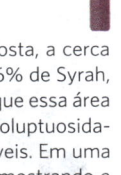

Trinidad vem do vinhedo de Trinidad, na região de Maipo Costa, a cerca de 35 quilômetros do Oceano Pacífico, e é uma mistura de 66% de Syrah, 25% Cabernet Sauvignon e 9% Carménère. O tipo de vinhos que essa área dá, refrescados pelas brisas do mar, tende a ser tintos de rica voluptuosidade; um caráter que torna seus vinhos muito bebíveis e acessíveis. Em uma safra bastante fresca como 2018, esse caráter é sublinhado, mostrando o lado de ervas e carne da Syrah, com um delicioso fundo de frutas vermelhas maduras e suculentas. A textura é amigável, com uma acidez suculenta que proporciona bebibilidade.

94 LA ROBLERÍA VINEYARD
Cabernet Sauvignon, Carménère, Petit Verdot 2019
$$$$ | APALTA | 14°

A nova edição do La Roblería é baseada no Cabernet Sauvignon, com 68% de um vinhedo de altura (cerca de 400 metros acima do nível do mar) em solos ricos em granito na área de Apalta do Vale de Colchagua. O resto é 27% Carménère e 5% Petit Verdot, todos do mesmo lote em Apalta. O vinhedo tem uma nova orientação, com o sol se escondendo cedo naquela encosta, sentindo-se no caráter de ervas e frutas vermelhas ácidas neste vinho. A tensão dos taninos predomina na boca, mostrando arestas e força, enquanto os aromas herbáceos ainda estão presentes acompanhados de muito sabor frutado. Este vinho leva alguns anos na garrafa para ganhar em complexidade.

93 GRAN RESERVA
Syrah, Carménère 2019
$$ | MAIPO | 13.5°

Trinidad é o vinhedo que Ramirana compartilha com Ventisquero na região de Maipo Costa; e a partir daí recebe ambas as variedades para esta mistura de 63% de Syrah e o resto de Carménère, tudo com essa fruta vermelha refrescante muito típica daquele vinhedo; uma sensação refrescante e suculenta que viaja até o fim, apoiada, por sinal, por uma acidez amigável, mas com energia suficiente para sublinhar essa fruta. Pelo preço, este vinho é um dos imbatíveis na cena chilena.

Requingua.

PROPRIETÁRIO Família Achurra
ENÓLOGO Benoit Fitte
WEB www.survalles.com
RECEBE VISITAS Não

• **ENÓLOGO** Benoit Fitte

[**VINÍCOLA DO** setor Sagrada Família, no Vale do Curicó, a Requingua começou a engarrafar seus vinhos em 2000 e desde então se destaca por sua consistência e vinhos equilibrados. Alguns de seus melhores rótulos são Cabernet Sauvignon, uma variedade que se dá bem com este vale. A melhor expressão de Cabernet da vinícola é encontrada em um de seus principais tintos, Potro de Piedra. Vem de uma latada de mais de 50 anos, onde as plantas Cabernet Sauvignon estão entrelaçadas com outras plantas de Cabernet Franc. O vinhedo possui mais de mil hectares, contando não só os de Curicó, mas também outras propriedades em Colchagua e Maule. O enólogo é o francês Benoit Fitte, desde 2001 nesta vinícola.] **IMPORTADOR:** BR: www.orionvinhos.com.br

95 LAKU
Cabernet Franc, Cabernet Sauvignon, Carignan, Syrah 2014
$$$$$ | CHILE | **14°**

Laku é uma mistura das dez primeiras barricas da safar de Requingua. E essa seleção é feita pelos funcionários da vinícola, proprietários e gerentes incluídos. Este ano, a mistura resultou em 78% Cabernet Sauvignon de Sagrada Família, 12% Syrah do Maule, 8% Petit Verdot de Sagrada Família e o resto Carignan do Maule. Uma vez escolhidos as dez barricas, o vinho é misturado e vai para barricas usadas por mais três anos. O resultado dessa forma particular de conceber o vinho top da vinícola é um tinto que já parece equilibrado e pronto para beber, com notas de madeira, mas também muitos toques frutados e especiados que na boca ganham destaque, em uma estrutura macia e firme.

92 TORO DE PIEDRA
Cabernet Sauvignon 2018
$$ | COLCHAGUA | **13.5°**

Este é um clássico no mercado chileno, um Cabernet Sauvignon que existe há quase duas décadas. No início dos vinhedos em Maule, desde 2001 vem de vinhedos na área de Lolol, a oeste do Vale de Colchagua. A mudança se concentrou na fruta local, no suculento Cabernet de Lolol e também em seus taninos cremosos e amigáveis. As notas de especiarias e tostadas da barrica são sentidas ao fundo, como música suave. Um vinho comercial, muito bem-sucedido.

92 TORO DE PIEDRA
Carignan 2018
$$ | MAULE | **13.5°**

Melozal é uma das áreas mais famosas do Carignan. O sol, os solos de granito e, acima de tudo, a herança das videiras antigas, fazem com que a variedade lá dê vinhos muito bons. Este Toro de Piedra vem de vinha um pouco mais jovens, 45 anos, plantadas em granitos e argilas. Esta última característica pode ser a culpada pela textura sentida aqui, uma sensação cremosa e ampla que cobre todo o paladar. Os sabores são frescos, vívidos, com toques florais, mas acima de tudo com aqueles taninos firmes e afiados, prontos para um prato de frios.

91 TORO DE PIEDRA
Carménère 2018
$$ | MAULE | **13.5°**

Em direção à costa de Maule, em Huaquén, este clássico Carménère plantado em cascalho e argilas tem leves toques de ervas, especiados, mas acima de tudo madeira e frutas se sentem em equilíbrio, deixando clara a variedade em questão. Na boca é firme em taninos, com toques especiados e de ervas, no meio de uma acidez que se sente suculenta e convida você a continuar bebendo.

91 TORO DE PIEDRA
Merlot 2018
$$ | CURICÓ | **14°**

De vinhedos plantados em 2002 na região da Sagrada Família, este Merlot tem o estilo clássico da Toro de Piedra, marca que está no mercado há duas décadas. Aqui estão notas de frutas maduras combinadas com tons de madeira (foi envelhecido por um ano em barricas) e especiarias em um corpo firme, com taninos afiados e acidez suculenta. Um vinho de estilo comercial, muito bem-sucedido.

90 TORO DE PIEDRA
Chardonnay 2018
$$ | MAULE | **13.5°**

Solos vulcânicos, perto do Lago Colbún, em direção à cordilheira dos Andes, no Vale do Maule. Fermentado e envelhecido em barricas, aqui a presença de madeira com seus aromas e sua sensação gordurosa faz este vinho se sentir amplo, suculento, maduro. Os sabores lembram frutas brancas doces e a textura é como creme.

90 TORO DE PIEDRA
Petit Verdot, Cabernet Sauvignon 2018
$$ | CURICÓ | **13.5°**

Este vinho vem de vinhedos em solos aluviais, na área da Sagrada Família, e a mistura consiste em 98% de Petit Verdot e 2% Cabernet Sauvignon. Com 12 meses em barricas, 30% delas de madeira nova, neste tinto você pode sentir a influência desse carvalho tostado, mas também a luta que exerce o poderoso Petit Verdot, e sua acidez e seus intensos sabores vermelhos. Ainda muito jovem, dê-lhe alguns anos na garrafa para ganhar em complexidade.

90 TORO DE PIEDRA
Syrah, Cabernet Sauvignon 2018
$$ | CURICÓ | **13.5°**

Com 55% de Syrah mais 45% Cabernet Sauvignon, e com um ano de barricas de madeira usadas, este é um exemplo suculento e simples da área da Sagrada Família de Curicó. Tem notas tostadas de madeira e muitos sabores de frutas vermelhas maduras e especiarias na boca. Um tinto bem encorpado para o churrasco.

90 TORO DE PIEDRA LATE HARVEST
Sauvignon Blanc, Sémillon 2019
$ | CURICÓ | **14°**

Com 90% de Sauvignon Blanc e o resto de Sémillon, todos de uma latada de 40 anos na área da Sagrada Família, oferece uma relação imbatível qualidade-preço. 10% do volume total foi envelhecido em barricas e o resto em aço, e o sotaque é sentido em frutas brancas caramelizadas, tons especiados doces e textura, que é um creme na boca.

Riveras del Chillán.

PROPRIETÁRIO Gonzalo Chandía Tolosa
ENÓLOGO Gonzalo Chandía Tolosa
WEB www.riverasdelchillan.cl
RECEBE VISITAS Sim

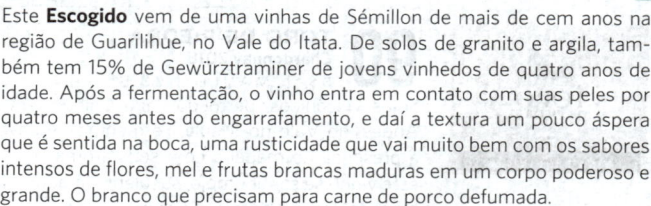

PROPRIETÁRIO & ENÓLOGO
Gonzalo Chandía Tolosa

[**RIVERAS DEL CHILLÁN** está localizada na nova região de Ñuble e é o projeto da família Chandía, que começou com Jorge Chandía e um distribuidor de vinhos - onde ele também fez o seu próprio - no centro de Chillán. Graças a este distribuidor, Chandía começou a comprar vinhedos, um deles Santa Patrícia, a cerca de 20 quilômetros de Chillán, que hoje é a base dos rótulos desta vinícola.]

93 ESCOGIDO
Sémillon 2020
$$$ | ITATA | **14°**

Este **Escogido** vem de uma vinhas de Sémillon de mais de cem anos na região de Guarilihue, no Vale do Itata. De solos de granito e argila, também tem 15% de Gewürztraminer de jovens vinhedos de quatro anos de idade. Após a fermentação, o vinho entra em contato com suas peles por quatro meses antes do engarrafamento, e daí a textura um pouco áspera que é sentida na boca, uma rusticidade que vai muito bem com os sabores intensos de flores, mel e frutas brancas maduras em um corpo poderoso e grande. O branco que precisam para carne de porco defumada.

93 EXTINTO
Corinto, Moscatel Rosado, Moscatel Blanco, País, Malbec 2020
$$$ | ITATA | **13°**

Esta mistura particular de variedades brancas e tintas vem de videiras antigas de um único vinhedo na área de Huape que, como muitos vinhedos antigos, são todos misturados, tintas e brancas. A composição final é 25% de Corinto, 25% de Moscatel Rosado, 25% de Moscatel de Alexandria, e depois partes iguais Malbec e País, todas cofermentadas em ovos de concreto, em contato com suas peles. O resultado é um rosé de grande caráter, com toques terrosos da variedade País, mas também com uma forte carga de aromas e sabores florais e frutas vermelhas em uma textura suculenta e intensa. Uma espécie de "clarete" para celebrar as tardes de verão.

91 RIVERAS
Syrah 2018
$$ | ITATA | **14°**

Um tinto rústico e selvagem - como todos os tintos da casa - vem de vinhedos de cerca de 20 anos plantados em solos de argila na área de Huape, a cerca de 20 quilômetros da cidade de Chillán, no Vale de Itata. Estagiado por 15 meses em barricas usadas, aqui há uma concentração feroz de sabores maduros, frutas negras e especiarias doces por todo o paladar. Os taninos se sentem selvagens e a acidez consegue equilibrar tudo.

90 XTRA
Merlot 2017
$$$ | ITATA | **14°**

Um Merlot concentrado e maduro, com tons de frutas negras e especiarias doces. A boca tem taninos ferozes e muitos sabores suculentos, no entanto, há também uma acidez afiada e poderosa para neutralizar a força rústica deste tinto. Para curry de cordeiro.

Roberto Henríquez.

PROPRIETÁRIO Roberto Henríquez

ENÓLOGO Roberto Henríquez

WEB www.robertohenriquez.com

RECEBE VISITAS Sim

· **PROPRIETÁRIO & ENÓLOGO**
Roberto Henríquez

[**A VINÍCOLA** do enólogo Roberto Henríquez começou na safra de 2015 e rapidamente conquistou um lugar entre as mais atraentes do sul. Isso graças aos grandes resultados obtidos com sua proposta de resgatar a viticultura mais tradicional e camponesa. Henríquez se concentra nos vales de Biobío e Itata. Do primeiro obtém a cepa País, que ele chama de sua principal motivação e cuja vontade de resgatá-la foi espalhada por Louis-Antoine Luyt, que ele conheceu ao retornar ao Chile depois de anos trabalhando em vinícolas no Canadá, África do Sul e França. Para a País, Roberto Henríquez tem parcelas de até 200 anos, como é o caso das plantadas na cidade de Nacimiento. O Vale do Itata vem para produzir seus vinhos brancos, especialmente na localidade fresca de Coelemu, com foco nas variedades Moscatel, Corinto (Chasselas) e Sémillon.] **IMPORTADOR:** BR: www.vinhosbons.com.br

96 MOLINO DEL CIEGO
Sémillon 2020
$$$ | ITATA | **12°**

Molino del Ciego pode não ser o banco mais ambicioso da vinícola ou aquele que ocupa a ponta da pirâmide, mas para nós é o melhor, o mais complexo. De videiras de cerca de 90 anos na área de Coelemu, muito perto do Oceano Pacífico no Vale de Itata, tem uma forte presença de notas oxidativas, tantas que no nariz cheira a "Manzanilla Pasada" de Jerez. Frutos secos, frutas maduras, tudo em uma pequena cascata de sabores que é projetada na boca em um corpo imponente, de alto volume, de tons oxidativos e ao mesmo tempo floral em uma textura suculenta, com muita aderência. Um vinho para deixar na adega e esquecê-lo por uma década, ou bebê-lo agora com piures, os poderosos frutos do mar abundantes nas costas do sul do Chile e que é uma experiência única para os amantes de produtos marinhos ricos em iodo.

95 SANTA CRUZ DE COYA
País 2020
$$$ | BIOBÍO | **11°**

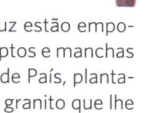

Os quatro pequenos vinhedos que são a base de Santa Cruz estão empoleirados pela cordilheira Nahuelbuta, entre pinheiros, eucaliptos e manchas de árvores nativas. São parcelas de videiras muito antigas de País, plantadas em solos de argila e que têm em comum seus solos de granito que lhe dão uma textura tensa e rústica. A característica central de Santa Cruz, acreditamos em Descorchados, é a sutileza dos sabores e aromas deste vinho, uma mistura de notas de flores, frutas vermelhas, terra. Tudo em harmonia, enquanto a boca é uma explosão de taninos e saboroso gosto de frutas que dão água na boca. Um País que mostra talvez o lado mais complexo e, ao mesmo tempo, mais suculento da variedade.

95 SUPER ESTRELLA
Moscatel de Alejandría 2020
$ $ $ $ | I T A T A | **11.5°**

Em solos de alto teor de granito, nas encostas de Itata, é fermentado com intervenção mínima e envelhecido por nove meses em recipientes de concreto. A primeira coisa que chama a atenção aqui é a potência na boca, a forma como a acidez é complementada por taninos para criar uma estrutura sólida e austera, com toques florais macios, frutas brancas maduras, profundas em seus sabores. Um vinho que precisa ser armazenado por pelo menos dois a três anos para que sua evolução comece. E de lá, para o futuro.

94 CORINTO SUPER ESTRELLA
Corinto 2020
$ $ $ $ | I T A T A | **12°**

Corinto ou Chasellas é uma variedade que chegou em Itata em algum momento indeterminado, e geralmente é misturado em vinhedos de Moscatel. É uma cepa bastante neutra em aromas, mas de muita tensão na boca, de muita austeridade, e este é um exemplo muito bom. É vertical, dominado por uma acidez afiada, cheia de sabores cítricos em meio a detalhes terrosos. Dê-lhe tempo na garrafa para ganhar profundidade. Ele pode evoluir por dez anos na adega. E talvez mais.

94 FUNDO LA UNIÓN
Cinsault 2020
$ $ $ | I T A T A | **11°**

Este é o único tinto da variedade Cinsault que Roberto Henríquez inclui em seu catálogo e para isso ele recorreu a videiras muito antigas da área de Itata, a cerca de oito quilômetros do mar, em Coelemu. Aqui estão todos os detalhes que fazem do Cinsault uma variedade adorável. Tem frutas vermelhas e frescas por toda parte, a textura do granito no Cinsault: firme, tenso, rústico. E os toques florais que lhe dão complexidade. Foi fermentado em concreto e depois estagiado no mesmo recipiente por cerca de 14 meses. Henríquez acredita que este vinho vai evoluir muito bem, então eles estão pensando em vendê-lo apenas em garrafas de 1,5 litro.

94 FUNDO LA UNIÓN
País 2020
$ $ $ | I T A T A | **12°**

Fundo La Unión País é o único País que Roberto Henríquez faz fora de Biobío. A razão é um fundo com muita história, mas também localizado a cerca de oito quilômetros do mar. Isso o torna um lugar muito fresco, e há uma conexão com o que Henríquez faz mais ao sul, em um estilo semelhante de sutileza, de elegância dentro da rusticidade da tensão. Aqui estão frutas vermelhas ácidas, ervas e flores, taninos firmes e afiados, acidez suculenta.

94 FUNDO LA UNIÓN BLANCO
Sémillon 2020
$ $ $ | I T A T A | **12°**

A cerca de oito quilômetros do mar, em Coelemu, no Vale de Itata, o vinhedo de Sémillon que dá vida a este La Unión tem cem anos e oferece um caráter oxidativo e de iodo que quase lembra a Manzanilla de Jerez.

Na boca, no entanto, não tem nada a ver com isso. Ele tem uma força tânica imponente, juntamente com frutas brancas e notas terrosas que lhe dão todo o caráter dos brancos de Itata, especialmente aqueles que foram fermentados com suas peles. Este é para a guarda ou para abrir agora com moluscos crus, com algumas gotas de limão.

94 PAÍS VERDE
País 2020
$$$ | BIOBÍO | 11°

De um vinhedo de 200 anos, na margem sul do rio Biobío, e plantado em solos de basalto, este País tem todas as características da variedade naquela parte do sul do Chile. O clima fresco impõe aromas de ervas e florais, bem como toques sutis de frutas vermelhas ácidas. A boca tem a textura característica da variedade, seus taninos rústicos, a forma como eles aderem ao paladar. E os sabores de frutas suculentas e frescas em um vinho projetado para chorizo. Este vinho foi fermentado em lagares com suas leveduras do vinhedo e, em seguida, armazenado em uma mistura de tanques de aço e concreto.

94 TIERRA DE PUMAS
País 2020
$$$ | BIOBÍO | 11°

No catálogo de Roberto Henríquez há um extremo de frescor e tensão no País que é o País Verde e, do outro lado, há a Tierra de Pumas, das encostas de granito e argila do novo vinhedo da propriedade na margem sul do Biobío. Ladeado por florestas e montanhas, este local muito peculiar dá esse vinho de grande personalidade, especialmente voluptuoso pelos padrões de variedade naquela área fria do sul, que geralmente dá tintos mais sutis e frescos. Aqui há frutas vermelhas maduras, amplitude, maturidade em um delicioso vinho.

93 PAÍS FRANCO
País 2020
$$$ | BIOBÍO | 11°

País Franco vem de um vinhedo muito arenoso, às margens do rio Biobío, com apenas um hectare, com cerca de seis mil plantas que dão essa pequena delícia de rusticidade e frutas vermelhas selvagens. Um País como se espera que sejam os País naquela área fria do sul do Chile, com o nervo desse frio, a acidez que se destaca entre todos os sabores e é projetada para o fim do paladar. Fermentação e envelhecimento também são em concreto. Para levar ao seu restaurante indiano favorito. Precisa de especiarias para brilhar ainda mais.

93 RIVERA DEL NOTRO
País 2020
$$$ | BIOBÍO | 11°

Este é um dos clássicos do catálogo de Roberto Henríquez, e ele o obtém de antigas videiras de País de mais de 200 anos na margem sul do Biobío, em solos aluviais nas alturas de Nacimiento. A fermentação é feita em tanques de aço e depois armazenado em vasos de concreto. Este é outro exemplo claro da País no Biobío, com sua cor suave, notas de frutas vermelhas ácidas e notas terrosas sutis. A boca tem taninos ferozes, com garras, mas ao mesmo tempo uma acidez suculenta e refrescante que faz deste um vinho ideal para acompanhar o assado.

93 RIVERA DEL NOTRO MEZCLA BLANCA
Corinto, Moscatel de Alejandría, Sémillon 2020
$$$ | ITATA | **12°**

Com percentuais semelhantes de Sémillon, Corinto e Moscatel, tudo de vinhedos muito antigos sobre as colinas de granito no Vale de Itata. As três variedades são vinificadas separadamente, com suas peles, envelhecidas em concreto e depois misturadas antes do engarrafamento. Este ano, tem um lado de ervas ou quase vegetal marcado que, segundo Roberto Henríquez, tem a ver com o Sémillon, que vem de um vinhedo muito produtivo e que alguns anos produz muitas folhas em detrimento da insolação dos cachos. No entanto, depois desse lado de ervas, há muitas frutas em um vinho para frutos do mar crus.

93 ROSADO SUPER ESTRELLA
Moscatel Rosado 2020
$$$$ | ITATA | **12°**

Embora venha de um vinhedo que é oficialmente considerado um Moscatel, de acordo com Roberto Henríquez aqui existem outras variedades, então mais do que uma variedade, é uma mistura no vinhedo; uma vinha velha com mais de 90 anos. Fermentado com suas peles, foi mantido em barricas velhas e hoje tem um delicioso nariz floral e frutado. É como cheirar um suco de uva. Na boca há acidez fresca e vibrante, e os taninos são firmes, pedindo ouriços.

92 SUPER ESTRELLA
Torontel 2020
$$$$ | ITATA | **12°**

As notas laranjas inundam o nariz deste branco, com cor quase laranja. Exuberante no nariz, na boca parece muito mais austero, com uma acidez firme e uma textura áspera, produto da maceração com as peles que dura três semanas. Brancos para carnes defumadas, este vem da área de Coelemu, em direção à costa do Vale de Itata, de frente para o Oceano Pacífico.

Rogue Vine.

PROPRIETÁRIOS Leo Erazo & Justin Decker
ENÓLOGO Leo Erazo
WEB www.roguevine.com
RECEBE VISITAS Sim

• **PROPRIETÁRIOS** Justin Decker & Leo Erazo

[**O ENÓLOGO** Leonardo Erazo e o americano Justin Decker se dedicam a resgatar vinhedos antigos e fazer seus vinhos da forma mais natural e artesanal possível no Vale do Itata. E os resultados são impressionantes. Colocando as mãos no Moscatel, Cinsault e Carignan, seus vinhos são nítidos e expressivos, aproveitando a profundidade dos sabores dados por essas videiras antigas. Erazo é hoje um dos personagens-chave se você quiser entender os vinhos de Itata.]

IMPORTADOR: BR: www.lavinheria.com

95 MACHO ANCIANO
Malbec 2018
$$$$ | ITATA | **12.5°**

Outra das variedades raras no Vale de Itata é Malbec, mas ocasionalmente aparece na forma de pequenos e muito velhos vinhedos, perdidos em alguma encosta. No caso desse Anciano, é menos de um hectare de Malbec, plantado em 1920 na área de Batuco. Aqui estão certas qualidades que o identificam como Malbec, como notas de violetas, frutas vermelhas, textura bastante macia. No entanto, tem uma acidez acentuada, que é projetada até o fim da boca, transformando a estrutura, fazendo com que o vinho pareça ainda mais frutado.

94 GRAND ITATA BLANCO
Moscatel de Alejandría, Riesling, Sémillon 2019
$$ | ITATA | **12.5°**

No início, este vinho veio de dois vinhedos. O primeiro, Moscatel e um pouco de Sémillon, e o outro, Riesling, ambos muito antigos e localizados na área de Guarilihue, no setor costeiro de Itata. Com esta safra foram adicionados mais percentuais de Sémillon, o que, segundo Leo Erazo, o tornou mais amplo e removeu um pouco de gordura. Anteriormente, havia apenas 20% de Sémillon na mistura. Hoje essa porcentagem subiu para 40% e é sentida nos aromas doces e textura oleosa dessa variedade, enquanto o Moscatel e seus aromas florais se sentem mais contidos. Esta é, portanto, uma versão mais contida e austera.

94 INSOLENTE SINGLE VINEYARD
Carignan 2018
$$$$ | ITATA | **13.5°**

Carignan não é uma variedade associada à Itata, que geralmente é mais fria que Maule, onde esta uva reina no Chile. No entanto, Itata não é um vale de clima homogêneo e áreas mais quentes longe da influência do mar, como o caso das Ñipas, onde a mediterrânea Carignan pode amadurecer. Este tinto tem força e concentração em seus sabores frutados e garra em seus taninos. Parece potente e também muito jovem. A acidez é brutal, dando-lhe um caráter quase crocante. Dê-lhe tempo na adega.

94 JAMÓN JAMÓN
Moscatel de Alejandría 2019
$$ | ITATA | **12°**

Este laranja é produzido com antigas videiras de Moscatel com mais de 50 anos, plantadas na área de Guarilihue, a cerca de 25 quilômetros do Oceano Pacífico, no Vale de Itata. A maceração com as peles dura cinco meses, o que, sem dúvida, influencia na textura firme, construída a partir de taninos afiados. Os aromas florais do Moscatel são transformados na boca e parecem mais salgados, menos exuberantes e mais austeros. Para ficar na adega o tempo que quiser.

94 SUPER ITATA SÉMILLON
Sémillon 2019
$$$ | ITATA | **12°**

Para o enólogo Leonardo Erazo, a Sémillon é uma das variedades mais bem-sucedidas nas colinas de solo de granito no Vale de Itata. Para este exemplar, ele recebe uvas de videiras antigas da variedade, na área de Caravanchel. Como todas os Sémillon nascidos em tais solos, este tem uma textura vertical afiada, com taninos que grudam na boca. A acidez também desempenha um papel importante, acentuando o frescor e trazendo para essa sensação linear. Outro branco para a guarda.

94 SUPER ITATA TINTO
Syrah, Carignan, Malbec 2018
$$$ | ITATA | **13.5°**

A mistura deste ano da Super Itata tem 40% de Malbec mais percentuais similares de Carignan e Syrah. Cada uma das videiras vem de três vinhedos

DESCORCHADOS **2021**

em diferentes áreas de Itata. Esta é uma mistura rara de cepas que não são relevantes em número no vale, e isso é precisamente o que Rogue Vines tinha em mente com este tinto; algo diferente do Cinsault usual e País na área. E é diferente. Tem muita força, tanto na concentração de frutas quanto em taninos. É expansivo, ele se move através do paladar com todos os seus sabores, inundando-o. E a acidez é vertical e afiada. Ainda jovem, dê-lhe alguns anos na garrafa.

93 GRAND ITATA TINTO
Cinsault 2019
$ $ | I T A T A | **12.5°**

O Cinsault da comuna costeira de Guarilihue tende a mostrar o lado mais vertical e afiado da variedade, mas também o mais fresco, o mais frutado. A proximidade com o mar tem muito a ver com isso, mas também os solos de granito. Neste exemplo - de vinhedos com mais de 50 anos - o Cinsault oferece notas nítidas de frutas vermelhas ácidas cercadas por uma acidez crocante. Há também aromas florais e tudo parece refrescante neste claro exemplar da variedade no Vale do Itata.

93 PAÍS INDESTRUCTIBLE
País 2019
$ $ | I T A T A | **12°**

A área de Guarilihue é a comuna mais costeira do Vale de Itata, a cerca de 25 quilômetros do mar. Produzido sem leveduras exógenas, e com 50% menos do suco usado para o Rosé País, este é um tinto firme, com taninos muito marcados e ao mesmo tempo com muito sabor de frutas vermelhas. A acidez comanda, rivalizando em força com essa textura em um vinho que precisa de chorizo.

93 SUPER ITATA RIESLING
Riesling 2019
$ $ $ | I T A T A | **12°**

Rogue Vines recebe este branco de um vinhedo antigo onde a maioria dele é Riesling plantado cerca de 60 anos atrás, mas de acordo com os estudos da vinícola, há também Chardonnay na mistura. O fato é que seria difícil caracterizar este vinho como uma expressão varietal de Riesling; em vez disso, nos parece um vinho costeiro muito bom, com os aromas salgados e frutas frescas da influência do Pacífico, que lá em Guarilihue está localizado a cerca de 25 quilômetros em linha reta. A boca é ampla, mas atravessada por uma acidez com garras.

91 PAÍS INDESTRUCTIBLE ROSADO
País 2019
$ $ | I T A T A | **12.5°**

De dois vinhedos no Vale do Itata, ambos de videiras antigas de País plantadas em solos de granito, este rosé vem de uma maceração curta com as peles e o resultado é um vinho fresco, com sabores intensos de frutas vermelhas em meio a tons especiados. A textura é muito macia e a acidez, suculenta, em um vinho para beber agora com pizza.

Root: 1.

PROPRIETÁRIO Gonzalo Vial
ENÓLOGO Felipe Tosso
WEB www.root1wine.com
RECEBE VISITAS Sim

• **ENÓLOGO** Felipe Tosso

[**PARTE DO** grupo Ventisquero (Ventisquero, Kalfu, Ramirana, Yali), Root: 1 é um projeto que defende o conceito de vinhedos não enxertados – uma prática muito comum na viticultura contemporânea, mas aqui apostam em videiras plantadas do zero, que são originais em suas raízes, a partir daí o nome do projeto. Os vinhos nascem de diferentes vinhedos que o grupo tem na área central e se destacam por seu caráter frutado e preços acessíveis. Desde 2009, o enólogo Felipe Tosso é o responsável por fazê-los.] **IMPORTADOR:** BR: www.wine.com.br

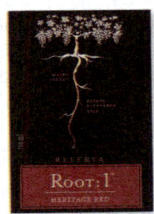

90 HERITAGE BLEND
Cabernet Sauvignon, Carménère, Petit Verdot, Syrah 2019
$ | MAIPO | 12.5°

Um tinto à base de Cabernet Sauvignon da região de Maipo Costa, ele se concentra em sabores de frutas vermelhas maduras que monopolizam a boca, deixando uma sensação suculenta. Existem algumas notas tostadas de madeira, mas o principal são os sabores frutados, a sensação fresca e de ervas. Esta mistura tem 50% Cabernet Sauvignon, 30% Carménère, 13% Syrah e o resto do Petit Verdot, todos do vinhedo de Trinidad, propriedade de Root em Maipo Costa.

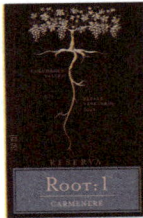

90 ROOT: 1
Carménère 2019
$ | COLCHAGUA | 13°

Da região de Peralillo, no Vale de Colchagua, este Carménère (mais 15% Syrah) oferece uma relação boa entre qualidade-preço. Com tons ligeiramente herbáceos, algo típico da variedade, o que predomina aqui são os aromas e sabores de frutas vermelhas maduras que se expandem pela boca, auxiliados por uma estrutura de tanino macio, mas forte o suficiente para dar-lhe corpo e energia.

Rucahue.

PROPRIETÁRIO Família Esturillo
ENÓLOGO Rodrigo Baeza
WEB www.rucahue.cl
RECEBE VISITAS Não

• **GERENTE GERAL** Mauricio Zaror

[**RUCAHUE** pertence à família Esturillo, que em 1982 comprou um campo de cerca de 800 hectares na área de San Javier, no Vale do Maule, e lá começaram a plantar vinhedos. Este campo agora se destina a produzir vinhos a granel, enquanto o fundo Larki, no Vale do Itata, é destinado a vinhos engarrafados que tenham o nome do projeto impresso no rótulo. Hoje eles têm 274 hectares de vinhedos.]

Rucahue.

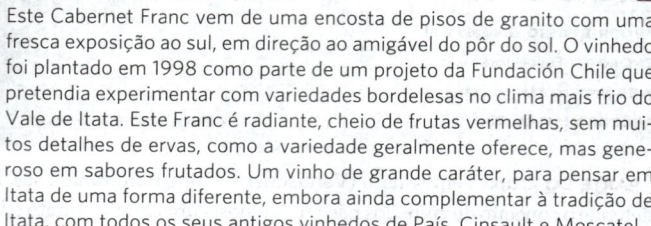

92 **CAYETANO GRAN RESERVA**
Cabernet Franc 2017
$$ | ITATA | **14.6°**

Este Cabernet Franc vem de uma encosta de pisos de granito com uma fresca exposição ao sul, em direção ao amigável do pôr do sol. O vinhedo foi plantado em 1998 como parte de um projeto da Fundación Chile que pretendia experimentar com variedades bordelesas no clima mais frio do Vale de Itata. Este Franc é radiante, cheio de frutas vermelhas, sem muitos detalhes de ervas, como a variedade geralmente oferece, mas generoso em sabores frutados. Um vinho de grande caráter, para pensar em Itata de uma forma diferente, embora ainda complementar à tradição de Itata, com todos os seus antigos vinhedos de País, Cinsault e Moscatel.

92 **LARKI**
Cabernet Franc, Cabernet Sauvignon 2018
$$$$ | ITATA | **14.8°**

O Cabernet Franc de Rucahue tem uma deliciosa generosidade de frutas vermelhas, e isso é claramente expresso aqui. Há 60% de Franc nessa mistura (o resto é Cabernet Sauvignon) e essa fruta é mostrada com pequenos toques de ervas que dão complexidade, mas nunca têm destaque. O armazenamento de barricas de um ano, juntamente com uma suave extração na vinificação, deu-lhe uma textura muito amigável e cremosa. Um vinho para pensar em uma nova maneira de ver o Vale de Itata.

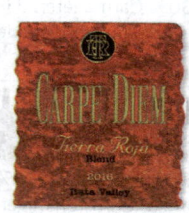

91 **TIERRA ROJA**
Cabernet Franc, Cabernet Sauvignon, Syrah 2017
$$$ | ITATA | **14.7°**

Esta mistura tradicional da casa tem 50% de Cabernet Franc, 25% Cabernet Sauvignon e 25% Syrah, tudo de vinhedos plantados no final dos anos 90 na propriedade da família Esturillo em Larqui. Este vinho tem um ano em barricas, 90% usadas, e um pouco disso é sentido nos aromas especiados que estão em segundo plano. Em primeiro plano, é a fruta, especialmente a fruta vermelha do Cabernet Franc, que predomina em um vinho suculento, muito fácil de beber.

OUTRO VINHO SELECIONADO
86 | RESERVA Cabernet Sauvignon 2018 | Itata | 13.2° | **$$**

San Pedro.

PROPRIETÁRIO VSPT
ENÓLOGOS Matías Cruzat & Gabriel Mustakis
WEB www.sanpedro.cl
RECEBE VISITAS Sim

• **ENÓLOGOS**
Matías Cruzat & Gabriel Mustakis

[**SUA PRODUÇÃO** anual de mais de 140 milhões de garrafas serve para dimensionar a magnitude de San Pedro, entre as vinícolas mais importantes do Chile e também das mais antigos (nascida em 1865). Esse número considera todo o espectro de vinhos que San Pedro produz, desde rótulos econômicos até vinhos ícones. Nos últimos anos, e em consonância com algumas mudanças na indústria, eles se expandiram para além dos vales da área central (seu centro de operações fica em Molina, Curicó), atingindo o Vale do Elqui, ao norte, e Itata, ao sul.] **IMPORTADORES:** BR: www.interfood.com www.grandcru.com.br

98 TAYU 1865
Pinot Noir 2019
$$$$ | MALLECO | **12.5°**

Esta já é a segunda versão de Tayu 1865, o vinho que San Pedro faz em colaboração com a comunidade mapuche de Buchahueico, na cidade de Purén, ao pé da serra de Nahuelbuta, no Vale do Malleco. Os mapuches nunca cultivaram a videira ou fermentaram suas uvas, não faz parte de sua cultura, então este projeto - que começou em 2015 - tem sido uma experiência de sincretismo cultural, um encontro entre duas culturas que deu a este vinho de grande caráter, com notas de especiarias, ervas, frutas negras, notas terrosas. Tayu é um Pinot que já exibe muita complexidade no nariz, enquanto na boca é severo em taninos, suculento em sabores frutados, profundos.

97 CABO DE HORNOS
Cabernet Sauvignon 2018
$$$$$ | CACHAPOAL ANDES | **14.6°**

Cabo de Hornos é uma seleção de Cabernet plantados a partir de 1998 nos solos coluviais da propriedade de San Pedro em Cachapoal, em direção ao pé dos Andes. A safra de 2018 é considerada uma das melhores da década no Chile, e um de seus atributos é que suas temperaturas moderadas permitiram esperar silenciosamente pela maturidade das uvas. Neste Cabernet há uma forte presença de notas de ervas, acompanhadas por muitas frutas vermelhas maduras que se espalham pela boca graciosamente, sem ser avassalador. A textura é tensa, marcada por taninos firmes, mas não agressivos, e uma acidez que é responsável por continuar a se refrescar. Quatro a cinco anos na garrafa lhe darão muita complexidade.

96 ALTAÏR
Cabernet Sauvignon, Cabernet Franc, Carménère, Syrah 2018
$$$$$ | CACHAPOAL ANDES | **14.1°**

Altaïr é uma seleção de lotes da propriedade de San Pedro, no Alto Cachapoal, em direção ao pé dos Andes, especialmente os vinhedos plantados em encostas. Historicamente, este tinto foi baseado em Cabernet Sauvignon e este ano a mistura inclui 95% da variedade. O lado de ervas comanda, proporcionando uma deliciosa sensação de vinho da montanha, juntamente com frutas vermelhas maduras e especiarias doces. A boca parece tensa, marcada por taninos firmes, e o resto são frutas e uma estrutura que, apesar desses taninos, se sente leve e ágil na boca.

94 1865 OLD VINES
Cabernet Sauvignon 2018
\$\$\$ | C U R I C Ó | **14°**

Na cidade de Molina, San Pedro possui um dos maiores vinhedos da América do Sul, com nada menos que 2.400 hectares que se estendem ao redor da vinícola. A partir de uma seleção de vinhas antigas daquele vinhedo foi originalmente obtido o top de San Pedro, Cabo de Hornos, que a partir de 2004 começou a ser produzido com outras videiras, mais ao norte, em Cachapoal. Este Old Vines é uma espécie de homenagem a esse vinhedo de mais de 70 anos, e é um excelente tributo em um vinho delicado, com ervas e aromas frutados, com taninos muito redondos, e um sabor macio de frutas maduras e doces que percorre todo o paladar graciosamente, como se flutuasse. Um Cabernet sutil, daqueles que nunca estão demais.

94 KANKANA DEL ELQUI
Syrah 2018
\$\$\$\$\$ | E L Q U I | **14.3°**

Este **Kankana** tem uma personalidade exuberante e avassaladora. Daqueles vinhos que são adorados ou odiados, sem pontos intermediários. O nariz está cheio de notas de azeitonas, frutas negras maduras e ervas. A boca é suculenta, a maturidade enche a boca, como um pedaço de chocolate. Segundo o enólogo Gabriel Mustakis, adiantar a colheita para conseguir um vinho de maior frescor não é uma solução, pois já experimentaram e as uvas nem sequer ficaram completamente tingidas, ou seja, eram verdes. Aparentemente é o lugar, um vinhedo em solos de argila e perto do mar (22 quilômetros), que determina a personalidade expansiva deste tinto.

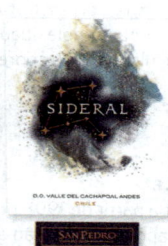

94 SIDERAL Cabernet Sauvignon, Syrah, Petit Verdot, Cabernet Franc, Carménère 2018
\$\$\$\$ | C A C H A P O A L   A N D E S | **14.3°**

A área de Alto Cachapoal tem uma longa história de Cabernet Sauvignon. No início dos sopés andinos, e influenciado pelas brisas frescas que descem da cadeia de montanhas, este é um lugar de tintos herbáceos e frutas vermelhas maduras. Este é o caso dessa mistura, que este ano tem 72% de Cabernet Sauvignon (mais 18% de Syrah, e percentuais similares de Petit Verdot e Carménère) e mostra um acento marcado de ervas, com fundo de frutas vermelhas e negras. A textura tem taninos amigáveis, mas firmes, que suportam facilmente o peso dessa madurez.

94 TIERRAS MORADAS
Carménère 2018
\$\$\$\$\$ | M A U L E | **14.7°**

O Carménère mais ambicioso de San Pedro vem uma seleção de vinhas plantadas em solos de origem coluvial, ricos em argilas, na região de Pencahue, um lugar quente no Vale do Maule. E esse calor é sentido neste vinho, que mostra uma importante gama de frutas negras e vermelhas de maturidade doce, uma maturidade voluptuosa e envolvente, que captura o paladar. Pequenos toques de ervas são sentidos ao fundo, juntamente com notas quentes de álcool. Tierras Moradas envelhece por 19 meses em barricas, 35% feitas de madeira nova.

93 1865 SELECTED COLLECTION DESERT
Syrah 2018
\$\$\$ | E L Q U I | **14.5°**

De vinhedos localizados a cerca de 22 quilômetros do mar, tem todo o caráter dos Syrahs de Elqui. As notas de frutas negras maduras tempera-

das por tons de ervas e aquele caráter forte de azeitonas que é sentido do nariz para a boca. Um Syrah com muito senso de lugar, aquela personalidade exuberante e volumosa, que chama toda a atenção, assim que a gente aproxima o nariz da taça.

93 1865 SELECTED VINEYARDS
Pinot Noir 2019
$$$ | E L Q U I | 13.5°

Um Pinot focado em sabores, oferece uma ampla paleta que vai de frutas vermelhas a frutas negras, temperadas por notas de ervas, em meio a taninos firmes apoiando essa camada de frutas refrescante. Um Pinot bem feito, de grande caráter varietal, ao qual é adicionado aquele tom salino de todos os vinhos que nascem em Elqui.

93 1865 SELECTED VINEYARDS
Sauvignon Blanc 2020
$$$ | L E Y D A | 13.5°

Do vinhedo Las Gaviotas, nas encostas graníticas suaves que dão vista para o Pacífico, no Vale de San Antonio, e a cerca de quatro quilômetros do mar, este Sauvignon tem um estilo particular, talvez longe do de muitos de seus vizinhos. Seus aromas são sutis, o corpo é bastante leve, e a acidez se integra perfeitamente com os sabores de ervas que se oferece em todos os lugares. 80% do vinho foi fermentado em tanques e o resto em fudres e ovos de concreto.

93 1865 SELECTED VINEYARDS
Carménère 2019
$$$ | M A U L E | 14.5°

Na área de Pencahue, o sol e solos profundos permitem obter muitos quilos de uvas maduras, embora também haja áreas de solos mais pedregosos que geralmente dão melhor qualidade. Este 1865 vem de tais solos, uma seleção de vinhedos de cerca de 20 anos que dão um delicioso suco de frutas vermelhas maduras com notas de ervas ricas. O corpo tem taninos firmes, mas bem equilibrados, contra uma camada de sabores frutados que enchem a boca. O calor de Pencahue aqui é muito moderado.

93 1865 SELECTED VINEYARDS
Cabernet Sauvignon 2019
$$$ | M A I P O | 14°

Plantado nos terraços aluviais do rio Maipo, as vinhas de Alto Maipo tendem a dar alguns dos Cabernets mais característicos do Chile. Neste caso, a sensação de lugar é percebida desde o nariz, com seus aromas mentolados, mas sobretudo ervas e frutados, até a boca, onde os taninos são sedosos e a fruta é especialmente madura e suculenta, efeito de uma safra quente como 2019. Um vinho perfeito para carnes ensopadas.

92 1865 SELECTED VINEYARDS
Chardonnay 2018
$$$ | E L Q U I | 13.5°

Um Chardonnay muito frutado e salino ao mesmo tempo, oferece notas de frutas brancas em uma textura agradável e cremosa, com acidez penetrante e afiada, e aquele delicioso final salino, que é quase uma marca registrada dos solos aluviais de Elqui e também de Limarí. Este vinho vem do vinhedo Las Riojas, a cerca de 22 quilômetros do mar, a principal fonte de brancos e tintos de San Pedro no norte.

92 1865 SELECTED VINEYARDS
Malbec 2018
$ $ $ $ $ | VALE DE UCO | **14°**

A base deste vinho está nos solos pedregosos e calcários de Altamira, e também em La Consulta, áreas conhecidas do Vale do Uco, ao sul da cidade de Mendoza e aos pés da Cordilheira dos Andes. E é um Malbec típico daquele lugar: os aromas a violetas e cerejas pretas muito na frente, a textura firme mas ao mesmo tempo fundida numa camada de deliciosos e envolventes sabores de fruta. A acidez do vinho de montanha e as notas de ervas sentem-se no final. Um bom desenho da paisagem de Mendoza.

91 CASTILLO DE MOLINA TRIBUTO
Carménère 2018
$ $ | COLCHAGUA | **14.5°**

Este **Tributo** vem de diferentes vinhedos em Colchagua, principalmente de áreas a oeste, em Marchigüe e Lolol. É envelhecido em madeira (20% barricas novas) por 12 meses, e o impacto da madeira é sentido, embora haja também uma boa quantidade de aromas e sabores de frutas para lidar e equilibrar. A textura é muito macia, os sabores são maduros e as notas de ervas são percebidas no final, proporcionando frescor.

90 CASTILLO DE MOLINA
Carménère 2019
$ $ | MAULE | **14.5°**

Pencahue, no Vale do Maule, é uma área quente, onde o Carménère (de maturidade tardia) pode chegar calmamente ao seu ponto. Neste caso, as frutas vermelhas se sentem plenamente, mas também há uma boa parte de notas de especiarias e ervas que são típicas da variedade, embora muitas vezes estejam escondidas. É um vinho de corpo médio, com taninos muito amigáveis e tons de chocolate. Muito bom para costeletas grelhadas.

90 CASTILLO DE MOLINA
Sauvignon Blanc 2020
$ $ | ELQUI | **12.5°**

As uvas para este Sauvignon Blanc vêm de Elqui, de um vinhedo a cerca de 20 quilômetros do mar, em solos ricos em pedra. Fermentado em aço, este mostra um lado particularmente cremoso e maduro para o padrão dos Sauvignons da área. Aqui estão notas de frutas brancas maduras no meio de um corpo leve e acidez macia.

90 CASTILLO DE MOLINA ROSÉ
Pinot Noir 2019
$ $ | LEYDA | **13°**

Esta é uma seleção de vinhedos em colinas de granito na cordilheira da costa, no Vale Leyda. Os cachos são pressionados diretamente e a cor é obtida a partir daquele momento em que o suco está em contato com as peles, e depois fermentado como branco em tanques de aço. Este é um suco de cerejas frescas, com um corpo leve, acidez firme que refresca tudo em sua passagem. Um rosé perfeito para o verão.

OUTRO VINHO SELECIONADO

89 | CASTILLO DE MOLINA CS Cabernet Sauvignon 2019 | Rapel | 14° | **$ $**

Santa Alicia.

PROPRIETÁRIO Changyu Pioneer Wine Company
ENÓLOGO Mauricio Garrido
WEB www.santa-alicia.cl
RECEBE VISITAS Sim

• **ENÓLOGO** Mauricio Garrido

[**O GRUPO** Changyu Pioneer Wine Company possui subsidiárias em Biobío (Porta, Agustinos) e Casablanca (Indómita). Santa Alicia é sua vinícola em Maipo, com 430 hectares em diferentes pontos do vale. O vinhedo mais importante em termos de qualidade é o que eles têm em Pirque, 600 metros de altura. É composto por 120 hectares e daí nascem seus dois melhores vinhos, o Carménère Anke e a mistura à base de Cabernet Millantú, no topo de seu portfólio. A produção anual da vinícola é de 5,4 milhões de garrafas.]

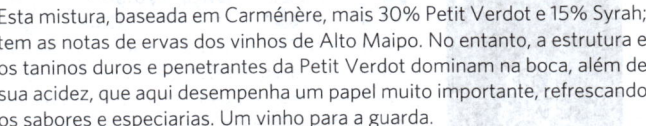

91 ANKE
Carménère, Petit Verdot, Syrah 2018
$$$ | M A I P O | **14.1°**

Esta mistura, baseada em Carménère, mais 30% Petit Verdot e 15% Syrah; tem as notas de ervas dos vinhos de Alto Maipo. No entanto, a estrutura e os taninos duros e penetrantes da Petit Verdot dominam na boca, além de sua acidez, que aqui desempenha um papel muito importante, refrescando os sabores e especiarias. Um vinho para a guarda.

90 GRAN RESERVA
Cabernet Sauvignon 2018
$$$ | C H I L E | **14.2°**

Em um estilo bastante austero, esta mistura de vinhedos de Maipo tem uma forte ênfase em especiarias e frutas vermelhas maduras. Embora o corpo seja leve, a textura dos taninos parece pequenas agulhas no meio do paladar, cercadas por sabores de frutas secas e ervas em um bom exemplo de Cabernet do Vale do Maipo.

OUTROS VINHOS SELECIONADOS
89 | GRAN RESERVA Merlot 2018 | Maipo | 14.1° | **$$$**
88 | GRAN RESERVA Carménère 2018 | Maipo | 14.1° | **$$$**
88 | GRAN RESERVA Chardonnay 2019 | Maipo | 13.7° | **$$$**
86 | RESERVA Carménère 2019 | Maipo | 13.5° | **$$**

Santa Carolina.

PROPRIETÁRIO Santiago Larraín
ENÓLOGO Andrés Caballero
WEB www.santacarolina.cl
RECEBE VISITAS Sim

• **ENÓLOGO** Andrés Caballero

[**FUNDADA POR** Luis Pereira em 1875, Santa Carolina é uma das maiores e mais históricas vinícolas do Chile. E parte dessa história ainda pode ser vista na tradicional vinícola da rua Rodrigo de Araya, uma vez parte da zona rural de Santiago, hoje cercada pela cidade. A última colheita que foi feita lá foi em 1970. Desde então, e principalmente desde que foi adquirida pela família Larraín, em 1974, Santa Carolina passou por um processo de modernização que se acelerou ao longo da última década, especialmente com a chegada do enólogo Andrés Caballero.]

IMPORTADOR: BR: www.casaflora.com.br

97 LUIS PEREIRA
Cabernet Sauvignon 2018
$$$$$ | CHILE | **12.8°**

A última versão de Luis Pereira foi em 2014. Nas três seguintes safras não pôde ser feita por razões climáticas, então a reestreia deste vinho vem com essa safra de 2018, um dos melhores anos da década no Chile, se não o melhor. Já é a quarta versão, o estudo de Santa Carolina em busca de vinhos de escola antiga no Chile. Vem de vinhas de cerca de 60 anos em San Clemente e também em Maipo, na região de Mariscal e algo de Isla de Maipo, todos Cabernet Sauvignon. Colheitas muito precoces dão um vinho de pouco mais de 12 graus que é então envelhecido por dois anos em fudres e barricas usadas. Este ano o vinho tem muita aderência na boca, taninos como garras, cercados por frutas vermelhas maduras e notas de ervas já presentes no nariz, mas que no paladar aparecem junto com tons de mentol. Um desses vinhos para pensar em guarda que, neste caso, pode se estender por uma década sem problemas.

95 CUARTELES EXPERIMENTALES
Cabernet Sauvignon 2019
$$$ | CHILE | **11.5°**

A área de San Rosendo, na margem norte do rio Biobío, tornou-se conhecida na América do Sul por ter uma herança mundialmente única de antigas videiras Malbec. Dizem que esses vinhedos têm 140 anos, entre as primeiras videiras a virem para essas terras da França. Entre esses vinhedos antigos há também alguns Cabernet Sauvignon, embora não tão velho, mas com mais de 80 anos. Santa Carolina selecionou esse material para fazer este Cabernet na linha Cuarteles Experimentales, cerca de 1.200 garrafas que só são vendidas na vinícola de Santiago. É preciso provar, especialmente por causa de seu caráter, que pouco ou nada tem a ver com seus parentes do Vale do Maipo, o tradicional Cabernet chileno. Este tem ervas, notas florais e frutadas, tudo em um nariz delicioso. A boca não fica para trás, com seus sabores intensamente frutados, muitas cerejas ácidas em um corpo intenso em taninos, intenso em acidez, com uma rusticidade adorável. Um vinho delicioso e excêntrico.

95 DOLMEN
Cabernet Sauvignon 2019
$$$$$ | ALTO CACHAPOAL | **13°**

Da garrafa borgonhesa - e não o clássico "Bordeaux" dos ombros elevados - aos seus sabores e texturas, este é um Cabernet disruptivo, deixando de lado seus benchmarks completamente. Cem por cento Cabernet, vem de solos de ardósia na área de Alto Cachapoal, em direção ao pé dos Andes, em Totihue. Em uma safra quente, a equipe de Santa Carolina decidiu colher as uvas cedo para não perder a consistência em estilo e, com 13 graus de álcool final, eles conseguiram. Além disso, o envelhecimento é cem por cento em fudres para não interferir com aromas tostados da barrica nos sabores frutados. Como você pode imaginar, é um vinho delicioso em seus sabores frutados, com uma textura macia, redonda, e acidez bem marcada, deixando espaço para tons de ervas que levemente são mostrados. Um Cabernet suculento, para costeletas grelhadas suculentas.

94 VSC Petite Sirah, Petit Verdot, Cabernet Sauvignon,
Carménère, Malbec 2017
$$$$$ | CACHAPOAL | **14°**

A mistura deste ano de VSC tem 40% de Petit Sirah, 30% Petit Verdot, 15% Cabernet Sauvignon, 10% Carménère e o resto do Malbec. A presença de duas variedades poderosas e tânicas, como as duas primeiras, tem uma forte influência aqui, mostrando suas garras de tanino, sua concentração em frutas negras e a densidade de vinhos ambiciosos da Santa Carolina, que buscam um público ávido pela maturidade e corpo. Este atende muito bem a essas expectativas. Um golpe de frutas, no queixo.

93 CUARTELES EXPERIMENTALES
Moscatel Blanco 2020
$$$ | CHILE | **12.5°**

Santa Carolina começou comprando cachos de Malbec antigo na área de San Rosendo, na margem norte do rio Biobío, um lugar que tem uma verdadeira herança sul-americana com a cepa. No entanto, entre essas videiras antigas havia também Moscatel, e com esse material eles fazem este branco. Os aromas são clássicos da variedade, notas florais e frutadas, enquanto na boca é fresco, com grande acidez e com a textura um tanto rústica de um branco que está em contato com suas peles há três meses. Para ouriços.

93 CUARTELES EXPERIMENTALES CHARDONNAY
MACERACIÓN CARBÓNICA Chardonnay 2020
$$$ | ITATA | **13.5°**

A maceração carbônica (fermentação de cachos inteiros) é geralmente usada para aumentar o caráter frutado em tintos, mas é raro em brancos, muito menos Chardonnay. Este experimento funciona, embora em um nível muito estranho. Se você gosta de excentricidades, você vai gostar do nariz com aromas de ervas e vegetais. A boca é redonda, volumosa, cremosa em textura, juntamente com uma sensação quente pelo álcool.

93 EDICIÓN ESPECIAL
Cabernet Sauvignon 2019
$$$$ | MAIPO | **14°**

Este novo Cabernet de Santa Carolina ocupa um nicho de preço em seu catálogo que estava vago. E usa-o com um Cabernet à base de uvas da área de Mariscal, em Alto Maipo; vinhedos plantados em solos aluviais que são clássicos da área. Com uvas colhidas um pouco mais tarde em relação ao seus Cabernet top

-Dolmen e Luis Pereira-, este se sente um pouco mais doce, mais suculento e amigável, embora com textura selvagem. Sem dúvida um vinho mais adaptado ao consumidor que busca mais peso e concentração para seu dinheiro.

93 RESERVA DE FAMILIA
Cabernet Sauvignon 2018
$$$ | MAIPO | 13.5°

Baseado em vinhedos na área de Mariscal, este é um exemplo muito bom de vinho do Alto Maipo, no início do sopé dos Andes. Aqui estão notas de especiarias e ervas, com toques de mentol e aromas terrosos. O corpo tem taninos afiados e finos e a ideia de acidez fresca e notas terrosas de Alto Maipo reaparecem aqui fortemente. Por esse preço, este vinho tem muito senso de lugar.

92 CUARTELES EXPERIMENTALES
Mourvèdre 2020
$$$ | PEUMO | 14°

Aos poucos, o Monastrell ou mourvèdre está ganhando espaço na cena vinícola chilena, especialmente em áreas quentes e ensolaradas, como a maior parte do Vale Central do Chile. Neste caso, vem de Peumo e mostra uma cara refrescante e frutada da variedade. A textura ainda tem o caráter da variedade; aqueles taninos firmes, um pouco rústicos, decorados aqui com frutas vermelhas crocantes.

92 GRAN RESERVA
Cabernet Sauvignon 2018
$$ | MAIPO | 14°

De diferentes vinhedos no Vale do Maipo, com sotaque no Alto Maipo, esta é uma versão que fica no meio do caminho entre um Cabernet frutado e simples e um Cabernet com mais senso de lugar, conectado com as notas de ervas e mentol de Alto Maipo. A mistura de personalidades funciona em um vinho com um corpo muito bom, taninos finos e afiados e acidez rica. A relação preço-qualidade é excelente.

92 RESERVA DE FAMILIA
Carménère 2018
$$$ | RAPEL | 14.5°

Para esta Reserva de Familia, a base do Carménère fica na área de Peumo, no centro do Vale do Cachapoal, um local quente e solos de argila onde a variedade se sente confortável. A isso é adicionado 20% de Los Lingues, em direção à área andina de Colchagua, para - segundo o enólogo Alejandro Wedeles - dar algum nervo aos sabores maduros e expansivos de Peumo. A mistura funciona em um vinho grande, com sabores suculentos e doces, em meio a tons de frutas negras que acentuam esse caráter de calor. Um vinho de muito peso, para beber em alguns anos.

92 RESERVA DE FAMILIA
Chardonnay 2019
$$$ | ITATA | 14°

Desde a safra de 2017, este vinho vem cem por cento do Vale do Itata (anteriormente vinha do norte, do Vale do Limarí), o que subtraiu a salinidade dos vinhos do norte, mas adicionou notas frutadas; uma grande mudança de estilo. Agora parece mais acessível, e isso também está relacionado ao grau de maturidade das uvas, que mostra uma versão suculenta de Chardonnay, com uma leve doçura. 70% do vinho foi envelhecido em fudres e os outros 30% em barricas, e esses tons tostados adicionam complexidade.

91 GRAN RESERVA
Carménère 2018
$$ | RAPEL | **14.5°**

Uma das melhores relações preço-qualidade em Carménère no Chile, esta vem de Los Lingues, na área andina de Colchagua, e Peumo, em direção ao centro do Vale do Cachapoal, dois lugares clássicos para variedade no Vale Central do Chile. Aqui você tem tudo o que precisa saber sobre Carménère chileno, notas de ervas, especiarias; e sabores frutados e levemente achocolatados.

90 CAROLINA
Sauvignon Blanc 2020
$$ | LEYDA | **13.3°**

Uma boa relação preço-qualidade, este vinho vem de vinhedos plantados na área de Leyda, no Vale de San Antonio, em colinas de granito e argilas. Aqui estão notas de ervas, muitos sabores frutados e uma acidez crocante que pede peixe cru, macerado com limão. Este vinho não só oferece caráter varietal - o mínimo que pode ser exigido pelo preço - mas também caráter do lugar, o que já é bastante.

90 GRAN RESERVA
Chardonnay 2019
$$ | ITATA | **13.5°**

De vinhedos no Vale do Itata, e com 80% de envelhecimento em barricas e o resto em fudres, este Chardonnay se move entre os aromas tostados macios e a carga de frutas, o que lhe dá um caráter muito compreensível. Não há arestas, a textura é cremosa, as notas láticas são leves e agradáveis e o que domina são as frutas brancas maduras em um branco para sopa de molusco..

OUTROS VINHOS SELECIONADOS
89 | CAROLINA Pinot Noir 2020 | Leyda | 12.9° | **$$**
88 | CAROLINA ASSEMBLAGE Malbec, Cabernet Sauvignon 2018 | Chile | 14.5° | **$$**

Santa Cruz.

PROPRIETÁRIO Família Cardoen
ENÓLOGO Guillermo Cárdenas
WEB www.vinasantacruz.cl
RECEBE VISITAS Sim

• PROPRIETÁRIO
Emilio Cardoen

[**EMBORA LEVE** o nome da cidade de Santa Cruz, esta vinícola e seus vinhedos estão localizados na cidade vizinha de Lolol, no coração do Vale de Colchagua. Pertence à família Cardoen, empresários de trajetória no vale, com importantes investimentos turísticos, incluindo o Hotel Santa Cruz, o Museu de Colchagua, o Museu do Vinho e a própria vinícola. Santa Cruz começou engarrafando seus vinhos em 2005, sempre feitos com uvas próprias, cultivadas nos 160 hectares que possuem ao redor da vinícola.] **IMPORTADOR:** BR: www.lacharbonnade.com.br

95 TUPU
Cabernet Sauvignon, Petit Verdot, Malbec, Syrah 2017
$$$$ | COLCHAGUA COSTA | **14°**

Tupu teve uma mudança radical de estilo. Até a safra de 2016 era um vinho muito concentrado e poderoso - ainda que equilibrado - e este ano optou

por extrações muito mais leves e colheitas antecipadas, tudo em busca de mais frutas e frescor. Além disso, o uso de madeira também foi reduzido, tanto em barricas novas quanto em tempo de envelhecimento. O resultado é um Tupu muito diferente, muito mais nervoso em acidez e frescor, com menos corpo, mas também com maior profundidade.

94 MAKE MAKE
Tempranillo, Garnacha, Mourvèdre 2018
$$$$ | COLCHAGUA COSTA | **14.5°**

Make Make nasceu na safra de 2015 para mostrar uma face mediterrânea dos vinhedos de Santa Cruz em Lolol, daí a mistura tempranillo (53%), Grenache (30%) e Monastrell (17%), todas as cepas que se adaptam muito bem ao sol intenso de Lolol, no Vale de Colchagua. A presença do tempranillo, especialmente na textura, é claramente sentida, no meio de uma cachoeira de deliciosas frutas vermelhas maduras. Um vinho sem muito a ver com o resto do catálogo da vinícola; um tinto muito fácil de beber, mas ao mesmo tempo com várias camadas de texturas e sabores que lhe dão complexidade. Muito rico agora, embora também seria interessante ver como ele evolui em garrafa.

94 RESERVA ESPECIAL
Petit Verdot 2016
$$$$$ | COLCHAGUA COSTA | **14.5°**

Esta é a primeira vez que este Santa Cruz é cem por cento Petit Verdot, sem a ajuda de outras cepas. E mostra claramente a variedade, uma uva densa, com taninos selvagens e sabores maduros que falam de quão tarde as uvas foram colhidas em busca de uma maciez maior, tarefa difícil no Petit. Isto é um vinho de guarda. Pelo menos cerca de cinco anos.

93 GRAN CHAMÁN BLEND
Cabernet Sauvignon, Merlot, Malbec, Syrah 2019
$$$ | COLCHAGUA COSTA | **14.5°**

Esta é o novo blend de Santa Cruz e é uma seleção de vinhedos de sua propriedade na área de Lolol, a oeste do Vale de Colchagua, no que é considerado parte do litoral de Colchagua. A primeira versão tem 30% de Cabernet Sauvignon, 30% Merlot, mais 20% de Malbec e 20% Syrah, e tem uma pegada muito boa na boca, taninos afiados que suportam sabores de frutas frescas. Foi envelhecido por nove meses em barricas, 10% delas feitas de madeira nova, o que lhe deu notas especiadas e complexidade.

93 SANTA CRUZ PAÍS
País 2019
$$$ | COLCHAGUA COSTA | **12°**

Esta é a segunda versão deste País, de vinhedos plantados em 1929 na área de San Pedro de Alcántara, a cerca de 25 quilômetros do mar, na área de Lolol. Foi envelhecido por oito meses em barricas de madeira usadas e tem 10% Cabernet Sauvignon para dar-lhe mais estrutura. Segundo o enólogo Guillermo Cárdenas, o País de San Pedro de Alcántara tem muito frescor e tensão, mas carece de cor e taninos. Apesar da interferência do Cabernet, este é um delicioso tinto para beber no verão e matar a sede. Tem uma generosa camada de sabores frutados e também uma acidez suculenta que o torna muito bebível.

92 CHAMÁN GRAN RESERVA
Carménère 2019
$$ | COLCHAGUA COSTA | **14°**

Para este Carménère, Santa Cruz seleciona uvas do setor El Peral, de videiras plantadas em 1997 e 1998, em solos predominantes em argila. É envelhecido em barricas por oito meses, e esse envelhecimento adicionou notas especiadas, mas sem tocar nos sabores frutados; suas notas de frutas vermelhas são sentidas, especialmente, no paladar. Há também toques de ervas, que são típicos da variedade, e especiarias. Um Carménère muito bem-sucedido, um exemplo muito bom da variedade.

91 KULTRUN
Carménère N/V
$$$ | COLCHAGUA COSTA | **12°**

É preciso espumantes brut um pouco mais ambiciosos no mercado, mas ao mesmo tempo eles não param de mostrar o lado mais gentil do estilo. Este cem por cento Carménère (variedade não usual em espumante) vem para preencher esse vazio com um vinho focado em frutas. Feito com o método tradicional de segunda fermentação na garrafa e com um ano de contato com as borras, aqui predominam os aromas e sabores das frutas vermelhas no meio de borbulhas cremosas e redondas. Os quatro gramas de açúcar residual contribuem para sua bebibilidade.

90 CHAMÁN RESERVA
Carménère, Cabernet Sauvignon 2019
$$ | COLCHAGUA COSTA | **14°**

Com 60% de Carménère o resto do Cabernet Sauvignon, todos de vinhedos plantados na área de Lolol, a oeste do Vale de Colchagua. Uma relação preço-qualidade muito boa, este vinho mostra todas as frutas vermelhas de um tinto para beber por litros, e também tem uma garra, adere ao paladar com taninos firmes e afiados.

OUTROS VINHOS SELECIONADOS
89 | CHAMÁN RESERVA Cabernet Sauvignon 2019 | Colchagua Costa | 14° | **$$**
89 | CHAMÁN RESERVA ROSÉ Malbec 2020 | Colchagua Costa | 13° | **$$**
88 | CHAMÁN RESERVA Sauvignon Blanc 2019 | Colchagua | 13° | **$$**

Santa Ema.

PROPRIETÁRIO Felix Pavone
ENÓLOGO Andrés Sanhueza
WEB www.santaema.cl
RECEBE VISITAS **Sim**

ENÓLOGO Andrés Sanhueza

[**ESTA VINÍCOLA** no setor de Isla de Maipo nasceu em 1959, embora seus proprietários, a família Pavone, nativa da Itália, estejam envolvidos no cultivo de videiras e na venda de uvas para outros produtores desde 1931. Hoje eles têm mais de 200 hectares, incluindo os que possuem no setor da vinícola e outros em Pirque, Alto Maipo, um vinhedo mais novo, berço dos principais vinhos da casa, como Catalina e Amplus. A esses dois terroirs é adicionada a última aventura de Santa Ema no litoral do Vale da Leyda, de onde eles fazem, entre outros, seu espumante extra brut. No entanto, os vinhos que os tornaram mais conhecidos entre os consumidores são os de sua linha Gran Reserva (antiga Reserva), mais de um terço da produção total da vinícola, de 3,6 milhões de garrafas. O Merlot dessa linha é um dos mais famosos best-sellers do Chile.]

97 RIVALTA
Cabernet Sauvignon, Carménère, Carignan, Syrah 2017
$ $ $ $ $ | MAIPO | 14°

Rivalta é o vinho mais ambicioso de Santa Ema e é feito apenas em anos onde a qualidade da uva permite. Toda essa matéria-prima vem das encostas de Pirque, em direção ao pé dos Andes, no Alto Maipo. A mistura deste ano é baseada em Cabernet Sauvignon, 82%, mais 9% Carménère, 5% Carignan e 4% Syrah. O grande senso de lugar da Cabernet Sauvignon nessa área se manifesta aqui com total clareza: os aromas mentolados, especiarias e ervas, toques terrosos e frutas vermelhas roubam a cena na boca. Um vinho cheio de caráter, com uma estrutura tânica sólida, firme, com taninos afiados e uma acidez que marca os contornos da língua com seu frescor. Para nós de Descorchados, este é o melhor Rivalta desde sua primeira safra em 2003.

95 AMPLUS
Cabernet Sauvignon 2018
$ $ $ $ | MAIPO ALTO | 14°

Santa Ema possui vinhedos nas encostas de Pirque, no início dos sopés andinos no Maipo Alto, e de lá faz uma seleção para este Cabernet que, em uma safra fresca e saudável como 2018, mostra todo o frescor e caráter da variedade naquela área andina. Os aromas de hortelã e ervas dominam, também as notas terrosas e frutas vermelhas maduras em um corpo de grande textura, de muitos taninos afiados que intervêm no meio de uma deliciosa camada de frutas. A acidez desempenha seu papel, trazendo frescor. Um vinho cheio de senso de origem.

95 CATALINA
Cabernet Sauvignon, Carménère, Cabernet Franc 2017
$ $ $ $ $ | MAIPO ALTO | 14°

Trata-se de uma seleção de variedades e vinhedos pertencentes a Santa Ema em Pirque, entre 700 e 1.000 metros acima do nível do mar, em Alto Maipo. A mistura é composta por 72% Cabernet Sauvignon, 20% Carménère e o resto do Cabernet Franc. O envelhecimento dura 14 meses em barricas, nos dez primeiros, as variedades são envelhecidas separadamente. Catalina este ano tem uma forte influência do Cabernet e o caráter desta uva nesta área de Maipo Alto, as notas de mentol e toques terrosos. A textura amigável e elegante em um vinho que ainda tem por vários anos em garrafa.

94 AMPLUS
Chardonnay 2019
$ $ $ | LEYDA | 13.5°

A maceração longa com suas borras ou restos de leveduras mortas tem sido a chave neste vinho. Cerca de dez meses em barricas deram-lhe uma deliciosa densidade e textura. O resto são as frutas brancas maduras oferecidas pelo Vale de Leyda, juntamente com a acidez que faz parte dos genes dos brancos e tintos que nascem naquelas colinas perto do mar, na Cordilheira da Costa. Tente guardar algumas garrafas desse Chardonnay por alguns anos. Certeza que ganhará em complexidade.

94 AMPLUS
Marselan 2018
$ $ $ $ | MAIPO ALTO | 14.6°

Dos 90 hectares que Santa Ema plantou nas encostas de Pirque, no início dos sopés andinos em Alto Maipo, apenas 1,6 hectare é desse cruzamento entre Cabernet Sauvignon e Grenache, popular no Uruguai e no Brasil, mas que mal foi explorado no Chile. Neste exemplar está a rusticidade da cepa, mas também seus sabores vermelhos maduros e acidez firme e afiada. São novos sabores na cena chilena, mas com o toque talvez de ervas que as alturas de Pirque dão.

93 AMPLUS
Carignan 2018
$$$$ | MAULE | **14°**

Para este Carignan Santa Ema viaja para o Maule, para Melozal, uma área de vinhedos não irrigados muito antigos em solos de argila e com um fundo de granito. Esta é uma interpretação muito boa da variedade naquele lugar, ao sul do rio Loncomilla; notas florais, frutas vermelhas maduras e, acima de tudo, um sotaque na acidez clássica do Carignan. Os taninos, no entanto, são muito polidos e tornam este vinho muito fácil de beber.

93 AMPLUS ONE
Carménère 2018
$$$$ | PEUMO | **14°**

Membro da nova onda de Carménère, este tem notas de ervas e sabores frescos de frutas vermelhas em um contexto de muito frescor e acidez suculenta, algo raro em Peumo, um lugar quente onde esta variedade amadurece suavemente a graus muito altos de álcool. Mas a decisão aqui foi colher a fruta antes, e o resultado é este exemplar suculento da cepa, pronto para ser bebido agora com embutidos. Além de Carménère, tem 10% de Syrah e 5% de Carignan.

93 GRAN RESERVA
Sauvignon Blanc 2020
$$ | LEYDA | **13.5°**

Para este Sauvignon Blanc, Santa Ema compra uvas no Vale da Leyda, de frente para o Oceano Pacífico e nas colinas da Cordilheira da Costa no centro do Chile. Em um ano quente, aos sabores de ervas e frutas é adicionada uma textura muito cremosa que se move através do paladar com graça e suculência. Acidez tem sua festa privada de notas cítricas e muito nervo. Um branco perfeito para ceviche.

91 GRAN RESERVA
Chardonnay 2019
$$ | LEYDA | **13°**

Um estilo velha escola de Chardonnay, este vem das encostas graníticas da cordilheira da costa, no Vale da Leyda. Após oito meses de barricas (metade da mistura), o vinho mostra as notas tostadas desse envelhecimento e também os aromas especiados, juntamente com frutas brancas maduras e uma textura amigável, de grande cremosidade.

90 GRAN RESERVA
Malbec 2019
$$ | MAIPO | **13.5°**

Rico em aromas frutados e violeta, uma nota característica da variedade, este Malbec de Maipo é um tinto suculento, com taninos muito polidos e tons de ervas. Um vinho muito fácil de beber, muito frutado e firme em acidez para levar para o churrasco.

90 GRAN RESERVA
Pinot Noir 2019
$$ | LEYDA | 13.5°

Frutas vermelhas maduras neste Pinot simples e leve de notas defumadas pela madeira, mas acima de tudo sabores frutados em um vinho que desliza pela boca com taninos polidos e acompanhados por acidez muito boa. Um tinto para um prato de queijos e frios no verão.

90 SELECT TERROIR
Sauvignon Blanc 2020
$$ | MAIPO | 13°

Este Sauvignon vem da Isla de Maipo, e embora isso esteja muito longe da influência fria do Pacífico, aqui está uma variedade de sabores deliciosos com frutas brancas maduras em uma textura muito amigável, cremosa e fácil de beber. A relação preço-qualidade é excelente.

OUTRO VINHO SELECIONADO
89 | SELECT TERROIR Chardonnay 2020 | Maipo | 13° | $$

Santa Rita.

PROPRIETÁRIO Grupo Claro
ENÓLOGO Sebastián Labbé
WEB www.santarita.com
RECEBE VISITAS Sim

• **ENÓLOGO** Sebastián Labbé

[**FUNDADA EM** 1880 em Alto Jahuel, ao pé da cordilheira, Santa Rita é uma das vinícolas clássicas do Chile e a maior em termos de produção. É também a vinícola mãe do Grupo Santa Rita, um grupo de várias subsidiárias: Carmen, Nativa, Terra Andina e a argentina Doña Paula, cada uma administrada de forma independente. A partir de sua localização privilegiada em Alto Maipo, produz alguns dos melhores Cabernet Sauvignon do país, sendo o Casa Real Reserva Especial, um tinto histórico no cenário nacional e nascido de parras plantadas nos anos 70. Algumas das linhas mais conhecidas do extenso portfólio de Santa Rita são Medalla Real, Casa Real, a premium Floresta e os rótulos top Pewan e Triple C.]

98 CASA REAL RESERVA ESPECIAL
Cabernet Sauvignon 2018
$$$$$ | MAIPO | 14°

Casa Real Reserva Especial é uma mistura dos vinhedos mais antigos que Santa Rita plantou nos terraços aluviais de sua propriedade no Alto Jahuel, em Alto Maipo. Carneros, plantado por volta do início da década de 1970, e Población, plantado por volta do início da década de 1980, ambos de pouca produção. Envelhecido por 18 meses em barricas, 70% de madeira nova, este é um clássico na cena chilena. Desde a safra de 2017, no entanto, sofreu grandes mudanças, tanto nas datas (mais avançadas) da colheita quanto na extração (agora mais macia), o que resultou em uma leve mudança de estilo em relação às frutas mais vermelhas e corpos mais delicados. Neste ano de 2018, a força dos taninos está contida, polida, cercada por uma camada de frutas vermelhas e notas de ervas típicas da área. Este vinho ainda precisa de cinco anos para começar a mostrar seu verdadeiro potencial.

98 FLORESTA
Carménère 2019
$$$$ | A P A L T A | **13.2°**

A ideia de um novo Carménère, muito mais fresco, mais focado em frutas vermelhas e sem medo de notas de ervas, é algo recente. Desde 2016, uma colheita fria e chuvosa onde não havia alternativas senão colher cedo, essa nova camada de Carménère começou a aparecer cada vez mais. Um dos pioneiros foi este Floresta, de videiras antigas plantadas há cerca de 80 anos no Vale do Apalta, em Colchagua. Nesta nova versão, a ideia de frescor se traduz em frutas vermelhas, acidez firme, ervas e tons especiados, e um corpo tenso, moderado por essa acidez suculenta que este vinho teve em suas últimas três safras. Os taninos são firmes, afiados, algo que também não era relacionado com o Carménère. E o final deixa uma sensação de ervas macias, para continuar bebendo. Entre os membros da nova onda chilena Carménère, para nós em Descorchados esse está na dianteira.

96 PEWĔN DE APALTA
Carménère 2019
$$$$$ | A P A L T A | **14°**

Santa Rita compra as uvas para este Pewan da família Quijada no Vale de Apalta, de vinhedos antigos de 80 anos em solos de granito. É envelhecido em barricas por cerca de 16 meses, com 30% de madeira nova. Este Pewan segue o curso da safra passada, quando demonstrou um lado muito mais frutado e refrescante, sem medo de mostrar sua cara de ervas. A textura é tensa, a acidez é firme e os aromas especiados se misturam muito bem com as frutas vermelhas em um vinho que precisa de pelo menos três a quatro anos na garrafa para alcançar a complexidade e maior equilíbrio.

95 FLORESTA
Cabernet Sauvignon 2019
$$$$ | M A I P O | **14°**

Floresta é uma seleção de vinhedos plantados nas colinas do Alto Jahuel, a leste da propriedade de Santa Rita naquela área de Alto Maipo. Estes são vinhedos plantados desde 1993 em solos coluviais e rochosos que, segundo o enólogo Sebastián Labbé, geralmente dão Cabernet de grande força tânica, portanto a extração que eles fazem é muito macia. Ainda assim, aqui você sente essa força, com taninos ainda muito jovens. As frutas são vermelhas, radiantes, e ao fundo você sente leves toques de ervas. Este Cabernet precisa de dois a três anos na garrafa para alcançar um pouco mais de complexidade.

94 BOUGAINVILLE
Petite Sirah 2018
$$$$$ | M A I P O | **14.5°**

De vinhedos de 40 anos, nos solos aluviais de Alto Jahuel, no Alto Maipo, este 100% Petite Sirah foi envelhecido por 16 meses em madeira, 40% dela nova. E aqui você pode sentir a forte presença varietal em um vinho de grande concentração, de grande acidez e força em taninos que se move através da boca, embalando tudo com sua voluptuosidade.

94 CASA REAL ESCUDO DE FAMILIA
Cabernet Sauvignon 2018
$$$ | MAIPO | 14°

Casa Real Escudo de Familia vem de uma seleção de vinhedos nos terraços aluviais de Santa Rita, na região do Alto Jahuel, vinhedos de cerca de 30 anos, cem por cento Cabernet Sauvignon. Envelhece por cerca de 14 meses em barricas, 20% delas madeira nova, e esse envelhecimento, sem influenciar os aromas, suavizou a textura, trazendo elegância em taninos. O resto são os sabores de frutas vermelhas maduras e notas de ervas em um vinho muito do lugar, muito daquela área de Alto Maipo, onde o calor molda as frutas, proporcionando uma doçura sedutora.

94 FLORESTA
Cabernet Franc 2019
$$$$ | COLCHAGUA | 13.8°

Pumanque está localizado na área costeira ocidental de Colchagua; lá Santa Rita tem cerca de 450 hectares e uma das apostas mais importantes é o Cabernet Franc, com 20% do total de vinhedos. Fermentado em aço e concreto e envelhecido em barricas por cerca de 14 meses, este vinho tem toques de ervas, característicos da variedade, e também muitas frutas vermelhas e tons especiados. O corpo é nervoso, com uma acidez aguda e um final fresco, cheio de notas de ervas. Um trabalho em andamento que já mostra potencial.

93 MEDALLA REAL GRAN RESERVA
Sauvignon Blanc 2020
$$ | LEYDA | 12.8°

Com uvas das colinas suaves de Leyda, na Cordilheira da Costa, e vinhedos de cerca de 20 anos, este é um Sauvignon clássico da região, com suas notas de ervas e acidez cítrica. Em um ano de calor intenso, a colheita teve que ser adiantada algumas semanas, resultando em um corpo mais leve, o que ressalta a ideia de vinho refrescante e suculento.

93 TRIPLE C
Cabernet Franc, Cabernet Sauvignon, Carménère 2017
$$$$ | MAIPO | 14.2°

Triple C estreou com a colheita de 1997, e naquele ano foi um pequeno monstro de concentração. Com o tempo, isso se acalmou e hoje esse vinho é muito mais gentil e controlado na extração. Este ano tem 55% de Cabernet Franc e 35% Cabernet Sauvignon, ambos da região de Alto Jahuel, enquanto o resto do Carménère vem da área de Apalta. Uma colheita quente dá a este vinho uma doçura e maturidade agradáveis, e os taninos se sentem amigáveis, suculentos, opulentos, em um tinto cuja voluptuosidade enche a boca.

92 MEDALLA REAL GRAN RESERVA
Cabernet Sauvignon 2018
$$ | MAIPO | 14.2°

Este Cabernet é uma mistura de diferentes parcelas da propriedade de Santa Rita em Alto Jahuel, no início dos sopés andinos de Alto Maipo. E é uma expressão muito boa dessa área, um lugar um pouco mais quente nesta faixa de Maipo e oferecendo muitas frutas vermelhas maduras e especiarias doces. Aqui há isso, mas também notas de ervas que são projetadas no meio de frutas vermelhas e notas de frutos secos. A textura é firme, intimamente relacionada com a variedade.

92 MEDALLA REAL GRAN RESERVA
Chardonnay 2020
\$\$ | L I M A R Í | **13.5°**

Em um estilo cremoso e amplo, com toques salinos que geralmente aparecem em vinhedos plantados nos solos calcários de Limarí, este tem oito meses de envelhecimento em barricas usadas. Tem sabores de frutas maduras e também especiarias doces, matizadas por uma acidez tensa que dá uma sensação muito suculenta. Abra esta garrafa com um prato de ostras grelhadas.

90 MEDALLA REAL GRAN RESERVA
Carménère 2019
\$\$ | C O L C H A G U A | **14.3°**

Embora a madeira seja sentida na frente (foi envelhecido por um ano em barricas, 10% novas), as frutas vermelhas e as notas de ervas fazem sua própria festa atrás dessa cortina de aromas tostados. Na boca é muito mais perceptível esse o lado frutado e varietal, com ênfase acentuada em aromas de ervas e uma textura afiada, embora fina. Pronto para pizza.

90 MEDALLA REAL RESERVA
Cabernet Sauvignon 2019
\$ | M A I P O | **13.5°**

Esta grande relação preço-qualidade é baseada no Cabernet Sauvignon de Alto Jahuel, em Alto Maipo, com 85% da mistura final, mais 15% de Apalta, no Vale de Colchagua. Oferece muita concentração, frutas vermelhas e negras maduras, e um lado de ervas que é percebido muito presente e que (um pouco estranho a este nível de preço) mostra um certo senso de lugar ligado aos Cabernets andinos. Uma surpresa a um preço ridículo, especialmente pensando que deste vinho são feitos dois milhões de litros, um lago de Cabernet.

90 MEDALLA REAL RESERVA
Carménère 2019
\$ | C A C H A P O A L | **13.5°**

Uma excelente relação preço-qualidade e, além disso, uma boa ideia de vinho comercial, mas sem trair a variedade, vem de vinhedos no Vale do Cachapoal e mostra a Carménère em seu lado untuoso e voluptuoso, com tons de chocolate e cerejas maduras em uma textura que se agarra ao paladar. 60% do vinho foi estagiado em aço com aduelas de carvalho por oito meses, e isso aparece nos aromas de madeira tostada. Deste vinho foi feito um milhão de litros, impressionante pela qualidade que oferece.

OUTRO VINHO SELECIONADO

🍾 | MEDALLA REAL RESERVA Sauvignon Blanc 2020 | Casablanca | 12.5° | **\$**

Seña.

PROPRIETÁRIO Eduardo Chadwick
ENÓLOGO Francisco Baettig
WEB www.sena.cl
RECEBE VISITAS Não

• **PROPRIETÁRIO** Eduardo Chadwick

[**SEÑA É** um dos vinhos ícones de Errázuriz. Começou na safra de 1995 como uma parceria entre Eduardo Chadwick, seu presidente, e o famoso produtor californiano Robert Mondavi. Várias mudanças ocorreram em sua primeira década. A propriedade passou 100% nas mãos de Errázuriz, o vinho começou a se concentrar em uvas do vinhedo de Ocoa (antes era de Panquehue) e adotar a viticultura biodinâmica, que considera o equilíbrio do solo e a influência das estrelas. O enólogo dessa mistura de tinta é Francisco Baettig, que nos últimos anos a orientou para um perfil de maior frescor. A produção anual da Seña é de cerca de 60 mil garrafas.] **IMPORTADOR:** BR: www.sena.cl

97 **SEÑA** Cabernet Sauvignon, Malbec, Carmènère, Cabernet Franc, Petit Verdot 2018
$$$$$ | ACONCÁGUA | 14°

Seña é produzido desde a colheita de 1995, e em 2003 eles começaram a usar uvas do vinhedo Seña, plantado em 1999. Hoje, 75% dessa mistura vem daquele vinhedo biodinamicamente gerenciado, e os 25% restantes do vinhedo Las Vertientes, ambos às margens do rio Aconcágua. Segundo o enólogo Francisco Baettig, 2018 foi um grande ano, especialmente porque o inverno estava chuvoso, permitindo que a água estivesse disponível em meio à seca de uma década que durou até 2020, no Vale Central. Não foi uma época muito quente, e que se expressa no estilo do fruto deste Seña, os aromas e sabores das frutas vermelhas são frescos, mas também de muita profundidade. A acidez é firme e suporta essa sensação crocante de taninos muito polidos e finos. Seña tem sido orientado para maior elegância e menos maturidade desde 2016, e com esta safra está no seu melhor. A mistura deste ano é 55% Cabernet Sauvignon, 18% Malbec, 15% Carmènère, 7% Cabernet Franc e o resto é Petit Verdot.

Siegel.

PROPRIETÁRIO Alberto Siegel D.
ENÓLOGA Fabiola Calderón
WEB www.siegelvinos.com
RECEBE VISITAS Sim

• **PROPRIETÁRIO** Alberto Siegel

[**SIEGEL FOI** fundada em 1998 pelo viticultor Alberto Siegel, um renomado produtor de uvas que eventualmente decidiu fazer seus próprios vinhos como um projeto familiar. Hoje eles têm cerca de 700 hectares de vinhedos em lugares conhecidos em Colchagua, como Los Lingues, Peralillo e Palmilla. A enóloga Fabiana Calderón e o consultor Didier Debono (de Bordeaux) lideram a equipe de vinhos.] **IMPORTADOR:** BR: www.uainegroup.com.br

93 SIEGEL NARANJO
Viognier 2019
$$ | COLCHAGUA | 14°

Com uvas da área de Peralillo, cem por cento Viognier, este laranja tem um contato de 30 dias com suas borras e peles. Como uvas colhidas no final da estação, a cor das cascas assadas ao sol levou muito pouco tempo para tingir este vinho. Os aromas são frutas brancas em conserva, um pouco mais doces do que o habitual, enquanto na boca a textura é selvagem, com taninos muito presentes deixando um espaço muito claro para a acidez, que se sente e ajuda a dar equilíbrio. Um grande vinho para ouriços.

93 UNIQUE SELECTION
Cabernet Sauvignon, Carménère, Syrah 2017
$$$ | COLCHAGUA | 14.5°

Unique é uma seleção de parcelas dos vinhedos de Siegel em Los Lingues, em direção aos pés dos Andes, em Colchagua. Este ano, a blend tem 45% de Cabernet Sauvignon, 35% de Carménère e o resto de Syrah. O vinho passa 14 meses em barricas. O calor do ano é percebido neste vinho. Frutas vermelhas parecem doces, muito típicas de um ano quente como 2017, uma das mais quentes da década. Os taninos ainda se sentem ferozes, selvagens. Dê esse tempo de vinho na adega. Ele precisa disso.

92 SIEGEL
Chardonnay, Pinot Noir N/V
$$$$ | ITATA | 12.5°

Esta espumante do Vale de Itata tem 95% de Chardonnay e 5% Pinot Noir. É feito com o método tradicional de segunda fermentação na garrafa e com 26 meses de envelhecimento com as borras. Com borbulhas muito macias e um nível muito baixo de doçura (tem pouco menos de três gramas por litro), ele se sente refrescante, direto em sua expressão frutada e com uma acidez suculenta que permanece firme até o fim. Outra forma de ver o tradicional e histórico Vale de Itata.

92 SINGLE VINEYARD LOS LINGUES
Cabernet Sauvignon 2018
$$$ | COLCHAGUA ANDES | 14.5°

A área de Los Lingues, em direção à encosta dos Andes, em Colchagua, mostrou uma nova face dos vinhos daquele vale. Eles se sentem mais frescos e mais nervosos, embora sem abandonar a generosidade dos tintos que crescem sob o sol intenso do Vale Central do Chile. Este Cabernet tem um pouco disso. Sua textura é firme, muito da variedade, com uma acidez marcada e fresca, mas os aromas e sabores parecem maduros e voluptuosos. Essa dicotomia funciona.

92 SINGLE VINEYARD LOS LINGUES
Carménère 2018
$$$ | COLCHAGUA ANDES | 14°

Este Carménère é uma seleção de parcelas onde há uma proporção equilibrada de argilas e pedras nas encostas de Los Lingues, na área andina de Colchagua. Envelhecido em barricas por cerca de oito meses, aqui tem sido respeitado o caráter de ervas da cepa, temperado com especiarias e frutas vermelhas e tons terrosos, todos muito típicos da variedade. A boca é densa, mas ao mesmo tempo muito macia, moderada pela acidez que se fixa nas bordas do paladar com firmeza. Para guisado de cordeiro.

Siegel.

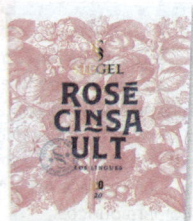

91 SIEGEL ROSÉ
Cinsault 2020
$$ | COLCHAGUA | 14°

Siegel plantou Cinsault cerca de cinco anos atrás nas colinas de Los Lingues, um lugar incomum já que esta cepa está relacionada no Chile ao Vale de Itata. Neste caso, são uvas colhidas muito cedo na estação para preservar sabores frutados e acidez. Depois de um breve contato entre o mosto e as peles (é feito, na verdade, prensagem direta e que é todo o contato que tem), o vinho é engarrafado e não muito mais que isso. O resultado é suculento, delicioso em suas frutas frescas e refrescante em sua acidez. Para beber por garrafas.

91 SINGLE VINEYARD LOS LINGUES
Petit Verdot 2018
$$$ | COLCHAGUA ANDES | 14.5°

O Petit Verdot, em sua versão andina de Los Lingues, no Alto Colchagua, oferece uma camada de taninos densos, quase impenetráveis. Os aromas estão maduros e os sabores das frutas negras monopolizam a boca. Sua passagem por oito meses em barricas lhe deu notas especiadas e tostadas leves, mas ainda precisa de mais tempo para ganhar em complexidade. Paciência aqui.

90 1234 RESERVA RED BLEND
Cabernet Franc, Carménère, Petit Verdot, Syrah 2019
$$ | COLCHAGUA | 13.5°

Esta já é a quinta versão dessa mistura que, como receita, sempre carrega 50% de Syrah, 30% Carménère, 10% Petit Verdot e 10% Cabernet Franc. Com uma boa parcela de madeira - e também uma boa parcela de maturidade - este é um bom vinho comercial, apelando para gostos variados. E, além disso, com uma excelente relação entre seu preço e sua qualidade.

90 GRAN RESERVA
Cabernet Sauvignon 2019
$$ | COLCHAGUA | 14°

Ao pé dos Andes, no leste da Colchagua, a área de Los Lingues é um lugar um pouco mais frio do que o resto do vale, e de lá se obtém um Cabernet mais pulsante e vibrante como este. É um tinto simples, mas ao mesmo tempo um bom exemplo do lado especiado e delicado da cepa. Suculento, leve, muito equilibrado. Um bom parceiro para carnes assadas.

90 GRAN RESERVA
Carménère 2019
$$ | COLCHAGUA | 14°

Uma versão de Carménère muito fiel à variedade, aqui estão tons de ervas e especiarias que são protagonistas. Os sabores e aromas frutados estão em segundo plano, como atores secundários, proporcionando complexidade. É leve no corpo, quase delicado, mas ao mesmo tempo muito fresco. Siegel obtém este tinto da área de Los Lingues, em direção ao pé dos Andes, no Vale de Colchagua.

90 GRAN RESERVA
Sauvignon Blanc 2020
$$ | LEYDA | 14°

Embora o álcool sinta um pouco de elevado, este vinho tem carga de frutas suficiente para fazer disso apenas um detalhe. Mais do que no nariz, é no paladar que este branco se destaca com seus sabores generosos de frutas maduras e pimenta. É amplo e com uma acidez que é responsável por oferecer equilíbrio.

OUTROS VINHOS SELECIONADOS
88 | GRAN RESERVA Pinot Noir 2019 | Leyda | 13° | $$
88 | GRAN RESERVA Viognier 2020 | Colchagua | 14.5° | $$
87 | HANDPICKED RESERVA Carménère 2019 | Colchagua | 13.5° | $
86 | HANDPICKED RESERVA Sauvignon Blanc 2020 | Curicó | 13° | $
86 | HANDPICKED RESERVA Cabernet Sauvignon 2019 | Colchagua | 13.5° | $

Sierras de Bellavista.

PROPRIETÁRIO Família Ergas Slachevsky
ENÓLOGO Gianfranco Gamelli
WEB www.vinasierrasdebellavista.com
RECEBE VISITAS Não

• **ENÓLOGO** Gianfranco Gamelli

[**CERCA DE** 1.100 metros de altura, entre florestas e montanhas, naquela exuberante paisagem dos Andes, onde os imigrantes italianos se estabeleceram em meados do século passado, hoje há a ideia - ainda muito incipiente - de que a área não só serve para tranquilas férias de verão, mas também pode abrir um novo caminho no vinho de Colchagua, mesmo que este lugar não tenha muito a ver com esse vale. Lá Jacques Ergas decidiu abrir esta nova fronteira. Hoje tem 4,5 hectares plantados, dos quais apenas 1,5 está dando frutos. E pouco. No total, eles produzem cinco mil garrafas hoje.]

94 **SIERRAS DE BELLAVISTA**
Pinot Noir 2020
$$$$ | COLCHAGUA ANDES | **14.2°**

Dos 4,5 hectares de vinhedos plantados que a família Ergas possui nas Sierras de Bellavista, na serra de Colchagua, um terço é Pinot Noir. Este ano, a vinícola decidiu evitar o envelhecimento em barrica para optar apenas por ovos de concreto, e isso significou uma grande mudança na expressão deste vinho, que agora mostra muito mais claramente seu status de Pinot Noir de clima frio. É frutado, refrescante, floral, levemente herbáceo e com um paladar cheio de sabores e texturas, construído a partir de taninos firmes e muito finos. Um Pinot a considerar quando se fala sobre a evolução da uva na América do Sul.

94 **SIERRAS DE BELLAVISTA**
Riesling 2020
$$$$ | COLCHAGUA ANDES | **13.5°**

Esta é uma versão diferente deste Riesling, um branco muito peculiar na cena chilena que vem de Colchagua, mas de um Colchagua desconhecido, nas montanhas, cerca de 1.100 metros. Em um ano quente, a insolação dessa altura deu-lhe um caráter licoroso, maduro, envolvente. Na boca essa sensação se repete, desta vez acompanhada de uma textura cremosa que é consequência direta de um álcool extraordinariamente alto para a área. Um rosto diferente de um branco que devem provar.

Sucesor Wines.

PROPRIETÁRIO Jorge Selume

ENÓLOGO Felipe Ortiz

WEB www.sucesorwines.com

RECEBE VISITAS Sim

• **ENÓLOGO** Felipe Ortiz

[**SUCESOR É** parte do Grupo Donoso, uma vinícola com vários projetos no Vale do Maule, como Casa Donoso e San V. Estes são seus vinhos mais inovadores, onde o enólogo Felipe Ortiz tem liberdade para desenvolver linhas que estão longe do caráter clássico que têm outros da empresa. Aqui, por exemplo, vinificam a cepa Romano (ou César Noir), uma casta esquecida que aos poucos começa a ser resgatada. Eles souberam que estava entre seus vinhedos graças a Jean Michel Boursiquot, o mesmo ampelógrafo francês que descobriu o Carménère no Chile.] **IMPORTADOR:** BR: www.uainegroup.com.br

94 SUCESOR BLUE
Carignan, Cabernet Sauvignon, Cabernet Franc 2019
$$$$ | MAULE | 13.5°

A base deste Blue é 60% de Carignan de videiras de cerca de 70 anos no vinhedo Peumal, com solos ricos em granito, um detalhe que é sentido especialmente nos taninos deste tinto, que se agarram ao paladar com força. Mas seu maior atributo não está nessa textura, mas sim em seus deliciosos sabores de frutas vermelhas ácidas que se movem por toda a boca causando uma sensação muito agradável de suculência. A acidez faz seu trabalho, destacando o frescor em um vinho ideal para embutidos.

94 SUCESOR ROMANO
César Noir 2020
$$$$ | MAULE | 13.5°

Um pequeno selvagem, esta nova versão de Romano é talvez a mais frutada e refrescante de todas que Successor lançou ao mercado desde sua primeira safra em 2015. Aqui há frutas vermelhas, suculentas e vibrantes, em um corpo de taninos firmes que estão embutidos no paladar pedindo carne grelhada. Ligue o fogo para beber o mais rápido possível para aproveitar o rosto jovem e frutado. Romano é uma antiga variedade de Chablis, ao norte da Borgonha, redescoberta pela Casa Donoso em seus vinhedos de La Oriental, no Vale de Maule. É apenas meio hectare de videiras de cerca de 80 anos.

93 SUCESOR RED
Carménère, Malbec 2018
$$$$ | MAULE | 13.5°

Com 80% de Carménère e 20% de Malbec, ambas as variedades plantadas há cerca de 50 anos no vinhedo Casas de Vaquería em solos ricos em granito. Frutas vermelhas maduras e ervas sentem-se fortemente neste vinho, bem como o efeito de sólos de granito em taninos, que picam o paladar com suas garras afiadas. Um tinto que se bebe hoje muito bem com carnes cozidas.

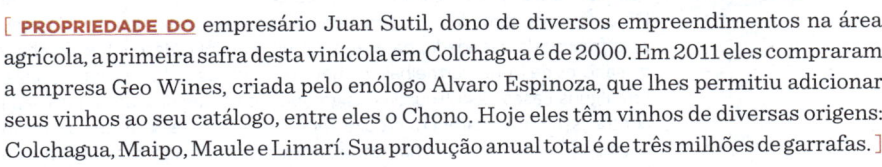

Sutil.

PROPRIETÁRIO Juan Sutil Servoin
ENÓLOGO Camilo Viani Barbagelata
WEB www.sutil.cl
RECEBE VISITAS Sim

• **ENÓLOGO** Camilo Viani Barbagelata

[**PROPRIEDADE DO** empresário Juan Sutil, dono de diversos empreendimentos na área agrícola, a primeira safra desta vinícola em Colchagua é de 2000. Em 2011 eles compraram a empresa Geo Wines, criada pelo enólogo Alvaro Espinoza, que lhes permitiu adicionar seus vinhos ao seu catálogo, entre eles o Chono. Hoje eles têm vinhos de diversas origens: Colchagua, Maipo, Maule e Limarí. Sua produção anual total é de três milhões de garrafas.]

IMPORTADOR: BR: www.twimportadora.com

94 ACRUX RED BLEND Cabernet Sauvignon, Cabernet Franc, Malbec, Carménère, Merlot, Petit Verdot 2017
$$$$ | COLCHAGUA | **14°**

Acrux é o blend tradicional de Sutil e vem sendo produzido desde a safra de 2001, sempre com a ideia de fazer um vinho de variedades bordelesas em Colchagua. Este ano a mistura tem 35% Cabernet Sauvignon, 23% Cabernet Franc, 17% Malbec, 11% Carménère, 8% Merlot e o restante do Petit Verdot. A safra 2017 foi muito quente e parte desse calor está aqui, transformado em sabores maduros e doces. No entanto, a estrutura, feita de taninos severos e uma acidez firme, alcança um equilíbrio que transforma essa massa em um vinho muito mais fresco e suculento. De qualquer forma, é tinto para a guarda.

94 LIMITED RELEASE Cabernet Sauvignon 2019
$$$ | MAIPO ANDES | **13.5°**

Da área de Catemito no Vale do Maipo ao pé da Cordilheira dos Andes, este Cabernet - como todos os membros tintos da linha de Limited Release - tem um foco nos sabores brilhantes das frutas vermelhas. Colhido no início da estação e com muito menos barrica do que no passado, este vinho se revela como um suco de cereja vermelha em meio a taninos firmes e finos, e uma acidez que destaca tudo em sua esteira, enchendo a boca com frescor e mostrando leves toques de ervas e mentolados, como um aceno aos tradicionais Cabernets do lugar. Alto Maipo em um novo caminho.

93 GRAND RESERVE Cabernet Sauvignon 2019
$$ | CAUQUENES | **13.5°**

As notas de frutas vermelhas maduras aqui são misturadas com tons de ervas e, acima de tudo, toques animais que - embora soe um pouco estranho - lhe dão complexidade. A boca é rústica, com taninos selvagens e muita força frutada, como costumam ser os Cabernets de Cauquenes, que estão no lado oposto da sofisticação e elegância de Maipo Alto, mas são igualmente charmosos.

93 GRAND RESERVE Carignan 2020
$$ | CAUQUENES | **13.5°**

Duas variedades mediterrâneas em um vinho fresco e suculento, cheio de frutas vermelhas e notas especiadas. Ainda assim tenham cuidado, porque na boca não é só fruta, mas também uma boa dose de taninos que falam sobre a rusticidade do Carignan e uma textura que pede comidas pontes do campo. Esta mistura tem 80% de Carignan e o resto de Grenache, ambos plantados em 2012 em solos aluvionais ao lado do rio Cauquenes. Ele estagiou em barricas velhas por um ano.

93 LIMITED RELEASE
Carménère 2019
$$$ | COLCHAGUA | **13.5°**

Há uma nova camada de Carménère chileno que definitivamente optou pelo frescor da variedade, para mostrar um caminho desconhecido cheio de sabores de frutas vermelhas. A chave tem sido as colheitas antecipadas. Em alguns casos, isso trouxe consigo notas de ervas pronunciadas (nada contra isso), mas também trouxe muito frescor, e este é um delicioso exemplo dessa rota. Aqui há nervos, acidez pronunciada, taninos firmes e leves toques de ervas no meio de um festival de frutas vermelhas.

93 LIMITED RELEASE
Chardonnay 2019
$$$ | ITATA | **13.5°**

Os aromas de especiarias e frutas brancas predominam neste Chardonnay fresco. Há tons de ervas, mas principalmente há aqui texturas macias, acidez muito boa que emerge por toda a boca e sabores deliciosos de frutas que são projetadas até o fim em um vinho perfeito agora com empanadas fritas de queijo de cabra. Este Chardonnay vem dos vinhedos ao lado do rio Larqui, com solos profundos e vulcânicos, plantados sem irrigação desde 1992.

93 LIMITED RELEASE
Cinsault 2020
$$$ | ITATA | **12.5°**

Este Cinsault frutado e suculento vem das encostas de Guarilihue, no Vale do Itata. Quando a variedade é plantada em solos de granito, o primeiro efeito é que os rendimentos descem. O segundo é que os taninos ficam mais nítidos, dando-lhe uma sensação de verticalidade que geralmente não está associada à variedade. Aqui há muito frescor, tensão de acidez, deliciosas camadas de cerejas ácidas e um final levemente à base de ervas. Um Cinsault que está perfeitamente entre os mais fáceis de beber hoje no mercado, mas ao mesmo tempo com estrutura suficiente para morcillas.

92 GRAND RESERVE
Carménère 2019
$$ | COLCHAGUA | **13.5°**

Parte da nova onda de Carménère chileno, nesse se privilegia o frescor da fruta, a tensão na acidez e textura, antes do lado suculento e maduro da cepa. Para obter esse tipo de frescor, no entanto, você tem que pagar um preço, e esse preço são as notas de ervas, parte da genética da variedade, e que aqui fornecem um frescor agradável. Pegue algumas costeletas de porco grelhadas. Este Carménère vem de vinhedos de cerca de 25 anos plantados ao lado do rio Tinguiririca, na região de Peralillo, no meio do Vale de Colchagua.

92 GRAND RESERVE
Sauvignon Blanc 2020
$$ | COLCHAGUA COSTA | **13°**

Este branco vem de vinhedos plantados em 2012 a cerca de 19 quilômetros do mar na área de litueche, no Vale de Colchagua, ao lado da foz do Rio Rapel. É um Sauvignon fresco e amigável, com suaves toques de ervas e uma acidez cítrica. O corpo é leve, com sabores ricos de frutas brancas ácidas, e é ideal para beber com frutos do mar crus.

92 LIMITED RELEASE
Sémillon 2020
$$$ | ITATA | **13°**

Este Sémillon vem de videiras muito antigas nas encostas graníticas de Guarilihue. Os aromas de mel e frutas brancas maduras são misturados aqui em um corpo de estrutura firme, apoiado por uma acidez que marca muito bem os contornos da língua com sua aresta. Quando o vinho é oxigenado na taça, ele ganha em aromas de ervas. Um branco para pensar em abrir em dois ou três anos.

92 LIMITED RELEASE
Syrah 2019
$$$ | LIMARÍ | **13°**

A partir de clones plantados em 2008 nos solos aluviais de Limarí, na margem sul do rio Limarí, este Syrah colhido no início da temporada tem as clássicas notas de cinzas concedidas pelo local (não há explicação que saibamos para isso), juntamente com frutas vermelhas maduras e ervas. Estagiado em fudres e barricas velhas por um ano, há alguns dos tons especiados de carvalho, mas acima de tudo frutas suculentas e pronto agora para beber.

90 GRAND RESERVE
Chardonnay 2020
$$ | LIMARÍ | **13.5°**

Este Chardonnay vem do Vale do Limarí, de um vinhedo a cerca de 23 quilômetros do mar. E tem os detalhes dos Chardonnays dessa área, o lado salino, as frutas brancas maduras e a textura severa dos solos com uma boa porcentagem de cal. O resto são frutas e leves toques de ervas em um Chardonnay para crustáceos.

90 LIMITED RELEASE
Chasselas 2020
$$$ | ITATA | **12°**

Não está muito claro por que há uma certa abundância de Chasselas entre os antigos vinhedos de Moscatel no Vale de Itata, mas o fato é que há décadas foi plantada ali e continua a dar um branco austero, com bom corpo e, dependendo do lugar, também de acidez muito boa. Neste caso, há um pouco disso em um Chasselas suculento e cremoso para carne de centoia com maionese.

Tabalí.

PROPRIETÁRIO Sucesión Guillermo Luksic Craig
ENÓLOGO Felipe Müller East
WEB www.tabali.com
RECEBE VISITAS Sim

• ENÓLOGO Felipe Müller East

[**PIONEIRA NO** Vale do Limarí, esta vinícola começa a deslumbrar especialmente a partir de 2006, quando se monta a dupla formada por Felipe Müller (enologia) e Héctor Rojas (viticultura), que tem sido capaz de explorar a melhor descoberta do vale, o vinhedo Talinay, plantado em solos generosos em carbonato de cálcio, a oito quilômetros do mar. Lá Tabalí optou por variedades como Sauvignon Blanc, Chardonnay e Pinot Noir, que são particularmente mostradas na linha de vinhos chamada Talinay. Com o tempo, eles também desenvolveram um vinhedo do outro lado do vale, na cordilheira do Rio Hurtado, a 1.600 metros de altura, onde o solo é vulcânico. Lá a variedade Malbec é a que lhes deu os melhores resultados. Prova disso é o seu Malbec top, Roca Madre.] **IMPORTADOR:** BR: www.worldwine.com.br

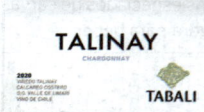

98 TALINAY
Chardonnay 2020
$$$$ | LIMARÍ | 13.5°

Cem por cento dos vinhedos ricos em solos de cal, no vinhedo talinay, localizado nas colinas costeiras de Limarí, a cerca de 12 quilômetros do Pacífico. Embora este vinho seja reconhecido como Chardonnay, a verdade é que vai além das características varietais, o que há aqui fortemente é a influência do lugar em suas notas salinas, na nitidez de sua textura, na forma vertical em que se move através do paladar, como se ocupasse apenas o centro da boca. É envelhecido por cerca de dez meses em barricas usadas, onde durante seis meses suas borras foram colocadas em contato constante, o que resultou na textura, que apesar dessa acidez acentuada, parece macia e redonda. Consistentemente, este é um dos melhores Chardonnay da América do Sul.

97 TALINAY PAI
Pinot Noir 2019
$$$$$ | LIMARÍ | 12.3°

Os vinhedos para este Pinot vêm de uma encosta voltada para o norte, plantada apenas em 2012, com seleções de massais da Borgonha, especialmente Vosne-Romanée e Gevrey-Chambertin, duas das comunas mais famosas da Borgonha para Pinot Noir. E esse detalhe não é pequeno. Uma das grandes dificuldades do Pinot no Chile tem sido a má qualidade do material que existia antes da chegada dos clones, no início de 2000. Essa nova geração e, acima de tudo, a entrada dessas seleções massais da Borgonha, mudaram toda a paisagem e hoje o Chile está produzindo o melhor Pinot da América do Sul e, acreditamos, pode se tornar um grande produtor da variedade no Novo Mundo. Mas vamos voltar para a encosta. Em teoria, essa encosta - com solos calcários - tem uma orientação norte, que é uma orientação quente, mas a chave é o vento firme, as brisas frescas do mar mudando o paradigma e dando ao aroma e ao sabor uma tensão especial. Aqui as frutas parecem muito profundas, enquanto na frente estão a sensação terrosa, os aromas e sabores salgados, a forte presença mineral. E a textura, onde a cal coloca sua parte, criando taninos firmes, com uma aderência maciça.

96 DOM
Cabernet Sauvignon 2017
$$$$$ | MAIPO COSTA | 14°

Dom é uma seleção de dois hectares de uma encosta de solos coluviais voltados para o sul, em uma exposição fria deste lado do mundo. Com 18 meses de envelhecimento em barricas e quase dois anos de garrafa, o nariz evoluiu para notas mentoladas e terrosas, porém, na boca é fruta vermelha pura, de uma juventude impressionante e também de um frescor delicioso, especialmente pensando que a safra de 2017 foi a mais quente da década. Trata-se de um vinho polido em taninos, com textura amigável, talvez por causa da presença de argilas que contribuem para essa sensação de arredondamento. Um grande exemplo do potencial de Maipo Costa.

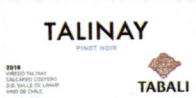

96 TALINAY
Pinot Noir 2018
$$$$ | LIMARÍ | 12.5°

À medida que você avança pelo catálogo de Pinot de Tabalí, e especialmente quando os vinhedos saem das margens do rio Limarí e entram nas colinas costeiras e fortemente calcárias de Talinay, os vinhos perdem caráter frutado ou pelo menos permanecem em segundo plano em favor das notas terrosas e salinas típicas da influência marinha e dos solos de calcário. Este Talinay vem de duas encostas de vinhedos, ambas ricas em cal, uma plantada com clone 777 - dos primeiros clones que chegaram ao Chile -, e a outra com clones que chegaram a partir de 2010, seleções massais feitas na Borgonha, especialmente de Vosne-Romanée e Gevrey-Chambertin, duas das mais famosas comunas de lá. Essas seleções de hoje dão o melhor Pinot do Chile. Este Talinay tem 30% deles na mistura final e se sente terroso em aromas e salino em sabores, mas também com sabores frutados, frutas vermelhas maduras que são percebidas no fundo, como comparsa. A tensão dos taninos fala da força do lugar, da garra da cal na boca.

96 TALINAY
Sauvignon Blanc 2020
$$$$ | LIMARÍ | 13°

Talinay Sauvignon é uma seleção de vinhedos ricos em cal pertencentes a Tabalí a cerca de 12 quilômetros do mar, nas colinas costeiras do Vale do Limarí. Lá, o mar e o solo têm uma influência muito poderosa, proporcionando uma salinidade difícil de encontrar em outros Sauvignons sul-americanos. Mais do que frutas, parece que é feito de calcário, uma sensação que fica por toda a boca em um corpo generoso, amplo e poderoso. Uma grande personalidade que poderia ir muito bem com atum defumado no estilo mojama ou com camarões daqueles que aparecem no leito do rio Limarí; camarões com sabores terrosos e uma grande personalidade como este Sauvignon.

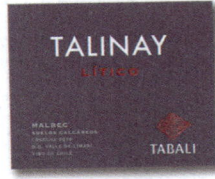

96 TALINAY LÍTICO
Malbec 2018
$$$$$ | LIMARÍ | 14°

Para este Malbec, Tabalí fez uma seleção de vinhedos de Malbec enxertados em videiras de Sauvignon Blanc, de solos ricos em cal no vinhedo talinay, a cerca de 12 quilômetros do mar, nas encostas costeiras de Limarí. Aqui há uma forte influência do solo nos tons aromáticos, e também nos sabores. É frutado, mas tem um monte de caráter terroso, algo que todos os tintos daquele vinhedo oferecem. A textura é firme, com taninos afiados e acidez afiada em um vinho com um longo caminho a percorrer. Dê-lhe alguns anos na garrafa, pelo menos três, para que todos esses sabores se fundam. Embora hoje possa ser uma companhia muito boa com frios ou ossobuco.

95 ROCA MADRE
Malbec 2019
$$$$$ | LIMARÍ | **14°**

Com 1.600 metros de altura, na Cordilheira dos Andes, na altura do Vale do Limarí, a vinícola Tabalí começou a plantar por volta de 2011. Em solos de origem vulcânica, Malbec tem sido até agora a cepa que melhor se adaptou a essa altura, talvez ao lado do Viognier. Neste exemplar você pode sentir a influência do sol, irradiando sobre as uvas no meio das montanhas. Malbec tem a carga de frutas usual, mas há também um sotaque nas notas florais, nos tons de violetas que se repetem na boca em meio a taninos firmes e acidez suculenta. Para a guarda.

95 VETAS BLANCAS
Cabernet Franc 2019
$$$ | LIMARÍ | **14°**

Com as notas clássicas da variedade - aqueles toques de ervas, tabaco e hortelã -, acompanhadas por muitas frutas vermelhas maduras em um vinho de grande caráter varietal, suculento, fresco e fácil de beber. Este tinto vem dos vinhedos plantados em 2010 em El Espinal, às margens do rio Limarí, em solos ricos em cal. Tem a doçura da fruta nascida sob o sol do norte do Chile, mas também os ossos duros, a fibra que dá a cal. Um vinho para ter em mente quando se fala sobre a variedade na América do Sul, uma uva onde a Argentina tem muito mais a dizer no momento, especialmente nos solos de cal do Vale do Uco, ao pé dos Andes, em Mendoza.

94 MICAS
Carménère 2017
$$$ | PEUMO | **14°**

A área de Peumo tem uma fama merecida com Carménère. Seu clima quente permite que essa uva, de maturidade tardia, atinja sua expressão máxima sem problemas. O vinhedo do qual Tabalí obtém essas uvas foi plantado em 1947, e hoje ele dá um delicioso suco de fruta, concentrado e firme em acidez e taninos. Se na primeira versão -2015- este Micas parecia voluptuoso e amplo, este vai mais para o lado da tensão e fibra, mais em sintonia - finalmente - com o estilo dos tintos da casa.

94 PAYEN
Syrah 2018
$$$$$ | LIMARÍ | **14°**

Desde 2016, esta Syrah é cem por cento dos vinhedos ricos em calcário de Talinay, nas colinas costeiras de Limarí, a cerca de 12 quilômetros do mar. Lá o Syrah assume um tom diferente. A influência fria e os solos de cal dão muito mais nervos e tensão a uma variedade que geralmente é doce e generosa sob o sol intenso de Limarí. Aqui que se sente conteúdo, entregando aromas de frutas negras maduras e toques especiados e carnudos, em uma textura redonda e amigável, mas com carga tânica suficiente para pensar em cordeiro.

94 TATIÉ
Chardonnay, Pinot Noir N/V
$$$$ | LIMARÍ | **13°**

Tatié é o produto da associação entre a casa de Champagne Thiénot e Tabalí, e esta já é a segunda versão de uma mistura de Chardonnay e Pinot feita de acordo com o método tradicional de segunda fermentação na garrafa e com 34 meses de contato com as borras. As uvas vêm cem por cento do vinhedo Talinay, nas colinas calcárias da costa de Limarí, a cerca de 12 quilômetros do Oceano Pacífico. E essa tensão e salinidade do lugar são claramente sentidas aqui, em um espumante muito fresco, suculento, vívido, acidez afiada e quase cítrica. Tem um corpo muito bom, mas também borbulhas macias e cremosas que servem de base para a expressão frutada.

94 TALUD
Cabernet Sauvignon 2019
$$$ | M A I P O | **14°**

O ramo Maipo de Tabalí está localizado na região de Maipo Costa, a cerca de 50 quilômetros do mar. É um vinhedo em uma encosta de exposição fresca ao sul, plantado em 1999. Este é um bom exemplo dos Cabernets locais, o foco nas frutas, a delicadeza dos taninos, a textura redonda. Envelhecido por um ano em barricas usadas, a madeira dificilmente traz especiarias, embora imaginemos que também nessa maciez tem a ver o tempo em barricas. Um pequeno prazer para ficar de olho nesta área de Maipo, não totalmente reconhecida.

94 BARRANCO
Viognier 2020
$$$$ | L I M A R Í | **13.5°**

Com cerca de 1.600 metros de altura, na área de Rio Hurtado, nas alturas dos Andes, este Viognier é uma espécie de bicho raro, tanto pelos padrões de um branco quanto para os da variedade no Chile, geralmente associada a vinhos muito perfumados e um tanto doces. Neste caso, o nariz é bastante austero, embora tenha essas notas clássicas de flores e frutas maduras; a boca é firme em acidez, com um nível muito baixo de doçura, o que o torna muito mais bebível. E a textura é redonda, ampla, refrescante.

94 VETAS BLANCAS
Sauvignon Blanc 2020
$$$ | L I M A R Í | **12.5°**

Comparado ao Pedregoso, que é uma flecha de acidez e fluidez, este é certamente um passo à frente na complexidade dos aromas, mas acima de tudo texturas. Cem por cento do vinhedo Talinay, rico em solos de cal, mostra muita tensão de acidez e toques salinos que são projetados em todo o paladar, até o fim. Sem passagem por madeira - apenas fermentado em aço e estagiado brevemente em tanques -, aqui os sabores primários de Sauvignon, sob o clima marinho do lugar e muito influenciado pelo cal do solo, parecem afiados. Um corpo explosivo e imponente.

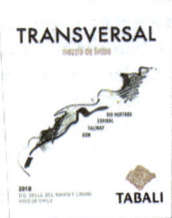

93 TRANSVERSAL
Cabernet Sauvignon, Syrah, Cabernet Franc, Malbec 2018
$$$$ | C H I L E | **14°**

Esta é a mistura dos vinhedos mais importantes de Tabalí, no Chile, principalmente de vinhedos do rio Hurtado (50% Malbec), nas alturas de Limarí, cerca de 1.600 metros acima do nível do mar, e de Dom (30% Cabernet Sauvignon) em Maipo Costa. Também tem 10% de talinay Cabernet Franc e 10% espinal Syrah, ambos vinhedos de Limarí. O Malbec de Rio Hurtado é sentido com sua forte presença de frutas e violetas, mas também a estrutura macia e muito polida do Cabernet traz sua parcela de elegância neste vinho que parece muito equilibrado, apesar de sua juventude. Dê-lhe tempo de garrafa. Ele precisa de pelo menos alguns anos.

93 VETAS BLANCAS
Chardonnay 2019
$$$ | LIMARÍ | 13°

Este Chardonnay corresponde a uma mistura de vinhedos, com a base em El Espinal, mas também com 40% dos vinhedos ricos em cal de talinay, em direção ao litoral do Vale do Limarí. O vinho é fermentado em aço, mas envelhecido por cerca de dez meses em barricas usadas. A tensão e o lado salino do vinhedo talinay começam a se sentir neste vinho, afirmando a acidez, mas também trazendo complexidade aos sabores frutados em um branco bem encorpado, muito profundo.

93 VETAS BLANCAS
Malbec, Cabernet Franc 2018
$$$ | LIMARÍ | 14°

Frutas doces são misturadas aqui com ervas e toques especiados, numa mistura de 60% de Malbec e 40% de Cabernet Franc, ambos plantados há dez anos nos solos aluviais, ricos em cal, às margens do rio Limarí, no vinhedo Espinal. Um vinho fácil de beber, com tons de violetas da Malbec, juntamente com uma boa dose de sabores de ervas e tabaco da Cabernet Franc. Vá pegar um prato de queijos maduros.

92 PEDREGOSO
Malbec 2019
$$ | LIMARÍ | 14°

Plantado em solos aluviais, rico em cal, na margem norte do rio Limarí, este Malbec tem muito a ver com suas contrapartes na área de Uco, nas alturas de Mendoza. E tem a ver com sua textura firme, que se agarra à boca com uma sensação de giz, algo relacionado ao solo de cal. Aqui, além disso, há aromas de violetas e frutas vermelhas maduras em um vinho que faz salivar, e que hoje iria muito bem com um bom assado, no próximo domingo.

92 PEDREGOSO
Sauvignon Blanc 2020
$$ | LIMARÍ | 13.5°

Este cem por cento Sauvignon Blanc vem dos vinhedos ricos em calcário de Talinay, em direção à costa do Vale do Limarí. Plantadas entre 2006 e 2008, essas vinhas oferecem um suco delicioso, cítrico, tremendamente refrescante recheado com uma acidez crocante. Este é o tipo de branco que se precisa quando se está na frente de um prato cheio de ostras.

92 PEDREGOSO
Viognier 2020
$$ | LIMARÍ | 13.5°

Um Viognier austero, moderado, com toques de frutas e flores, mas sem a exuberância que caracteriza a variedade em um clima ensolarado generoso como o de Limarí. A boca tem acidez muito boa e os sabores frutados ainda não estão incomodando, mantendo um equilíbrio suculento e amigável. Este branco é para ser levado ao seu restaurante chinês favorito.

92 VETAS BLANCAS
Pinot Noir 2019
$$$ | LIMARÍ | 13°

Notas terrosas se fundem aqui com os sabores de frutas vermelhas maduras deste Pinot, uma mistura de vinhedos onde 70% são uvas do vinhedo Espinal, às margens do rio Limarí, e os 30% restantes dos solos ricos em cal de Talinay, a cerca de 12 quilômetros da costa, nas encostas costeiras do vale. A boca tem boa aderência e acidez vibrante que se intromete nos sabores das frutas maduras; um vinho delicioso como um sinal do potencial da área para a variedade.

91 PEDREGOSO
Cabernet Sauvignon 2019
$$ | MAIPO | **14°**

Um Cabernet frutado, rico em sabores de frutas vermelhas em uma textura que tem tensão, firme, mas ao mesmo tempo taninos amigáveis, e um fundo de frutas que lhe dá consistência. Um vinho para beber com o assado e excelente relação preço-qualidade. Este Cabernet vem da área de Maipo Costa, a cerca de 30 quilômetros do mar, a oeste do Vale do Maipo, um lugar que está gradualmente mostrando seu potencial.

91 PEDREGOSO
Chardonnay 2020
$$ | LIMARÍ | **12.5°**

Do vinhedo El Espinal, plantado em solos arenosos e de cal às margens do rio Limarí, possui frutas maduras e suculentas, mas ao mesmo tempo uma acidez firme que fala das colheitas antecipadas de suas uvas em um clima quente, mas moldado pela influência do Pacífico. A textura é cremosa, mas essa acidez faz da tensão o ator principal. Não é envelhecido em madeira, apenas aço para preservar essa fruta, "uma foto do Chardonnay do vale", diz Felipe Müller, enólogo da vinícola.

91 PEDREGOSO
Merlot 2019
$$ | LIMARÍ | **14°**

Este Merlot é baseado em vinhedos de Espinal, uma propriedade de Tabalí de solos ricos em cal, localizados a cerca de 24 quilômetros do mar, no Vale do Limarí. Estagiado por dez meses em barricas de madeira usadas, tem uma pegada na boca muito típica da variedade, especialmente quando cresce em pisos de cal. Há aresta nesses taninos e, atrás deles, sabor de frutas vermelhas maduras e especiarias. Um vinho delicioso com uma ótima relação preço-qualidade.

91 VETAS BLANCAS
Syrah 2018
$$$ | LIMARÍ | **14°**

Um Syrah delicioso e fácil de beber. Com taninos amigáveis e suculentos e notas de especiarias, este vem cem por cento dos vinhedos de El Espinal, às margens do rio Limarí. Este é um tinto amplo, com taninos muito polidos e frutas negras maduras que enchem a boca com sua doçura e sedosidade.

90 PEDREGOSO
Carménère 2019
$$ | CACHAPOAL | **14°**

Uma mistura de vinhedos de Cachapoal, incluindo as áreas de Almahue e Peumo, lugares quentes onde a Carménère pode amadurecer suavemente. Aqui há uma boa parcela de acidez e notas de ervas que são típicas da variedade, juntamente com muitos sabores de frutas vermelhas em um vinho simples, direto, muito saboroso.

90 **PEDREGOSO**
Pinot Noir 2020
$ $ | LIMARÍ | **12.5°**

Fresco e vibrante, cheio de frutas vermelhas ácidas e tons especiados, este rosé é o companheiro ideal para uma paella no feriado. Tem corpo suficiente, textura suficiente e sabores frutados de sobra.

90 **PEDREGOSO**
Pinot Noir 2019
$ $ | LIMARÍ | **13°**

O catálogo de Tabalí inclui uma das mais sólidas coleções de Pinot Noir da América Latina, e a porta de entrada é este Pedregoso, dos vinhedos plantados em areias e cal de El Espinal, no Vale do Limarí. Aqui estão notas terrosas que encontrarão mais evidências em vinhos mais altos no portfólio. Mas, por enquanto, há apenas esse toque no meio de um monte de frutas vermelhas e tons de ervas. Um Pinot simples e suculento para matar a sede.

90 **PEDREGOSO**
Syrah 2019
$ $ | LIMARÍ | **14°**

Mostrando o lado mais gentil e doce da variedade no contexto de Limarí, este tem uma textura deliciosa, suculenta, amigável e cremosa. Os sabores são suculentos e as notas de ervas abundam em um tinto carnudo, que engloba o paladar com toda a sua exuberância.

Tagua Tagua.

PROPRIETÁRIO Santiago, Francisco & José Tomás Correa Lisoni
ENÓLOGO José Tomás Correa Lisoni
WEB www.bodegastt.cl
RECEBE VISITAS Não

▸ **PROPRIETÁRIOS** José Tomas, Francisco & Santiago Correa Lisoni

[**TAGUA TAGUA** é o projeto da família Correa, no povoado de São Vicente de Tagua, em Peumo. De lá eles recebem boa parte de seus vinhos, mas também de Cauquenes, San Fernando e Pencahue, todos no Vale Central. No total, eles têm cerca de 350 hectares plantados. Tomás Correa é o responsável por fazer os vinhos e Felipe Uribe (Andes Plateau) é o consultor.
] **IMPORTADOR:** BR: www.dominiocassis.com.br

94 **DESCOMPLICADOS**
Cabernet Sauvignon 2018
$ $ $ $ | MAULE | **14°**

Uma versão Cabernet pura de Cauquenes, cheia de sabores suculentos de frutas negras e ervas. Uma verdadeira festa aromática. Na boca é a mesma coisa: muitos sabores a enchem. No entanto, quando se trata de taninos, aqui eles são mais domados e macios do que o normal nos Cabernets da área, geralmente muito mais rústicos do que este tinto cremoso. Tomás Correa, enólogo da vinícola, explica isso devido à extração cuidadosa quando as uvas estão fermentando. Descomplicado Cabernet vem de um vinhedo em um sistema de pérgola plantado há cerca de 35 anos na área de Cauquenes, ao sul do Vale do Maule.

93 DESCOMPLICADOS
Barbera 2020
$$$ | MAULE SECANO COSTEIRO | **14°**

Tagua Tagua possui um pequeno vinhedo de um hectare de Barbera na área de Cauquenes, no Vale do Maule. Foi plantado por volta de meados da década de 1990 e hoje dá um delicioso vinho em sua simplicidade. Os aromas são exuberantes, frutados, e a boca é leve, com taninos muito finos e uma acidez que refresca tudo em sua passagem. Na vinícola, a enologia é muito simples: não tem barricas. Após a fermentação, com muito pouca extração, este vinho para aplacar a sede vai direto para a garrafa. Compre uma caixa para este verão.

91 DESCOMPLICADOS
Syrah 2018
$$$$ | MAULE SECANO COSTEIRO | **14.5°**

A linha **Descomplicados** oferece vinhos exuberantes em sabores e aromas frutados e esse não é exceção. Um Syrah de Cauquenes, de cerca de 35 anos, que fornece aromas de frutas e especiarias negras. Graças a extrações muito delicadas durante a fermentação, a textura aqui é cremosa, muito macia e amigável. O ano do envelhecimento em barricas apenas adiciona algumas especiarias, mas não intervém no caráter frutado.

Tarapacá.

PROPRIETÁRIO VSPT
ENÓLOGO Sebastián Ruiz
WEB www.tarapaca.cl
RECEBE VISITAS Sim

• **ENÓLOGO** Sebastián Ruiz

[**FUNDADA EM** 1874, Tarapacá é uma das vinícolas mais tradicionais do Chile. A mudança mais importante de sua história recente aconteceu em 2008: sua fusão com outra vinícola histórica, San Pedro. A empresa resultou em um dos maiores grupos de vinhos do país (VSPT Wine Group). Tarapacá está localizada e concentra sua produção na Isla de Maipo, no fundo El Rosário, de mais de 600 hectares de vinhedos, a maioria Cabernet Sauvignon. Possui também um vinhedo de 130 hectares em Casablanca e outro de 120 hectares compartilhados com a vinícola Leyda, também parte do grupo. No catálogo, embora os vinhos de sua marca Gran Tarapacá se destaquem, a linha que o segue para cima, Gran Reserva, é a que concentra seus melhores vinhos. O enólogo é Sebastián Ruiz desde 2014.] **IMPORTA-**
DORES: BR: www.epice.com.br www.angeloni.com.br

95 GRAN RESERVA ETIQUETA AZUL
Cabernet Sauvignon, Cabernet Franc, Petit Verdot, Syrah 2018
$$$$$ | MAIPO | **14°**

Este vinho começou por chamar-se Millenium na safra 2000. Depois se chamou Tarapakay, para depois ser Zavala e finalmente na safra de 2013, Etiqueta Azul. Este ano tem 78% de Cabernet Sauvignon, 10% de Cabernet Franc, 7% Petit Verdot e o resto de Syrah, todos de solos ricos em granito em encostas e os mais antigos da propriedade da Isla de Maipo, plantado em 1990. A presença de especiarias e ervas do Cabernet são sentidas fortemente aqui, neste tinto amplo, de frutas vermelhas maduras, com taninos firmes, mas ao mesmo tempo polidos no meio de tal espetáculo de sabores suculentos. Deixe algumas garrafas na adega para abrir nos próximos cinco anos.

95 GRAN RESERVA TARAPACÁ ETIQUETA NEGRA
Carménère 2018
$$$$ | MAIPO | **14°**

Ao lado do rio Maipo, em um solo rico em granito, plantado em 1991 na área de Isla de Maipo, este Carménère se sente muito fechado em si mesmo no início, sem oferecer muitos aromas. Mas seja paciente e você verá o quão pouco a pouco - e graças ao oxigênio na taça - ele revela seu lado de ervas e frutas, as notas de frutas vermelhas no meio de especiarias e ervas frescas. A boca também precisa de paciência. Os taninos afiados desse granito se sentem, mas também há um monte de frutas vermelhas maduras chamando a atenção. Uma excelente abordagem para a Carménère em seu lado mais frutado e suculento.

94 GRAN RESERVA 145 AÑOS
Cabernet Sauvignon, Cabernet Franc, Syrah 2019
$$$ | MAIPO | **14°**

Esta edição especial para celebrar a fundação da vinícola é uma seleção de 64% Cabernet Sauvignon, 20% Cabernet Franc e 16% Syrah, todos de vinhedos em encostas de granito pertencentes a Tarapacá em Isla de Maipo, plantados em 1990. Aqui há uma tensão entre taninos firmes, muito reativos no paladar, e uma sensação de sabores suculentos de frutas que envolve e enche a boca. Ainda é um tinto muito jovem e com muitos anos em garrafa, mas que agora é muito sedutor com algumas fatias de salame.

92 GRAN RESERVA
Chardonnay 2020
$$ | LEYDA | **13.5°**

Um clássico moderno entre os Chardonnays chilenos, este branco mantém essa cremosidade do passado, mas agora o fator da proximidade do mar lhe deu uma tensão de acidez que antes, quando vinha do Vale do Maipo, não exibia. Os sabores têm frutas brancas frutadas e maduras que são graciosamente mostradas no paladar, sem enjoar, acompanhadas dessa acidez costeira, hoje parte da nova face de um vinho que é feito desde o início dos anos 90.

92 GRAN RESERVA
Merlot 2019
$$ | MAIPO | **13.5°**

Uma sensação doce e madura neste Merlot amigável e muito frutado de Isla de Maipo, no meio do Vale do Maipo, de solos ricos em argilas e sob um clima quente. O efeito da argila, expandindo o volume, é sentido fortemente aqui, em um tinto redondo, amplo e suculento. É firme em acidez e tem taninos presentes, embora não agressivos. Um Merlot para pensar em queijos maduros.

92 GRAN RESERVA
Sauvignon Blanc 2020
$$ | LEYDA | **13.5°**

Esta é uma seleção de vinhedos de Tarapacá no Vale da Leyda, em encostas de granito da cordilheira da costa. A colheita precoce, em anos quentes, parece ser a chave aqui para este Sauvignon que parece fresco, com tons de ervas muito típicos do vale, juntamente com frutas maduras que são mostradas na boca proporcionando uma rica suculência. O vinho parece cremoso, amplo e de acidez cítrica equilibrando essa sedosidade.

91 GRAN RESERVA
Carménère 2019
$$ | MAIPO | **14°**

Os aromas tostados lutam pela proeminência com sabores intensamente frutados e toques de ervas neste Carménère de solo rico em argila da Isla de Maipo, no Vale do Maipo. Na boca, a batalha é definitivamente vencida por sabores frutados, notas suculentas de frutas vermelhas em meio a detalhes de ervas e uma textura muito amigável, taninos sedosos.

OUTROS VINHOS SELECIONADOS

88 | RESERVA Cabernet Sauvignon 2019 | Maipo | 13.5° | **$**
88 | RESERVA Carménère 2020 | Vale Central | 13.5° | **$**
88 | RESERVA Sauvignon Blanc 2020 | Casablanca | 12.5° | **$**

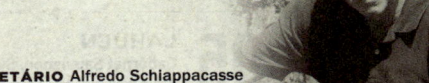

TerraMater.

PROPRIETÁRIO Alfredo Schiappacasse
ENÓLOGO Paula Cifuentes
WEB www.terramater.cl
RECEBE VISITAS Sim

• **PROPRIETÁRIO** Alfredo Schiappacasse

[**AS IRMÃS CANEPA** (Gilda, Edda e Antonieta) fundaram a TerraMater em 1996, retomando uma tradição que existia na família desde 1930. Hoje elas têm cerca de 600 hectares de vinhedos espalhados entre os vales de Maipo, Maule e Curicó. A maioria de seus vinhedos, assim como a vinícola, estão localizados em Isla de Maipo, na parte média do Vale do Maipo. Lá têm vinhas de Cabernet Sauvignon de até 40 anos de idade e algumas variedades incomuns no Chile, como sangiovese ou zinfandel.]

92 ALTUM
Carménère 2018
$$$ | MAIPO | **13.3°**

Este Carménère vem de um vinhedo plantado nos solos aluviais de Maipo, na Hacienda Caperana, na Isla de Maipo. Estagiado por 14 meses em barricas, tem uma expressão que vai além da madeira e que se interna nos aromas de ervas típicos da uva, todos combinados com sabores frutados que lhe dão frescor. No paladar, a acidez parece nítida, enquanto a textura suave permite que o vinho deslize sem problemas.

90 ALTUM
Cabernet Sauvignon 2018
$$$ | MAIPO | **14.2°**

Da Hacienda Caperana, no Vale do Maipo, este Cabernet Sauvignon mostra uma face madura e doce da variedade. Os aromas de frutas vermelhas e negras acoplados com especiarias, o paladar macio, domado e elegantes taninos. Para empanadas de carne.

OUTROS VINHOS SELECIONADOS

88 | ALTUM Merlot 2018 | Maipo | 13.7° | **$$$**
88 | MAGIS Cabernet Sauvignon 2018 | Maipo | 13.5° | **$$**
86 | VINEYARD RESERVE Cabernet Sauvignon 2019 | Maipo | 13.2° | **$$**
86 | VINEYARD RESERVE Cabernet Sauvignon, Carménère 2019 | Curicó
13.5° | **$$**

TerraNoble.

PROPRIETÁRIO Wolf von Appen
ENÓLOGO Marcelo García
WEB www.terranoble.cl
RECEBE VISITAS Sim

• **ENÓLOGO** Marcelo García

[**DEPOIS DE** começar em 1993 orientado exclusivamente para seu local de origem, em San Clemente, Vale do Maule, TerraNoble começa a explorar mais ao norte, desenvolvendo vinhedos em áreas como Los Lingues, na parte montanhosa de Colchagua, ou em Santa Rosa, no lado mais costeiro de Casablanca. Essa variedade de terroirs se traduz em um portfólio diversificado, onde além da linha Gran Reserva e da marca premium Lahuen, destaca-se a linha de vinhos CA, que tem a peculiaridade de focar apenas no Carménère, para mostrar como se comporta de acordo com diferentes origens. Eles têm um total de 340 hectares próprios e o enólogo é, desde 2015, Marcelo García.] **IMPORTADOR:** BR: www.decanter.com.br

95 LAHUEN
Cabernet Sauvignon, Syrah, Malbec, Carménère, Cabernet Franc 2018
$ $ $ $ $ | CHILE | **14.4°**

A primeira colheita de Lahuen foi em 2007. No início eram dois blends, um baseado em Cabernet e outro baseado em Carménère. No entanto, desde 2015 é apenas um vinho, o melhor da safra daquele ano. Esta versão tem 70% Cabernet Sauvignon, 11% Syrah, 10% Carménère, 6% Cabernet Franc e o resto do Malbec. Todos são envelhecidos separadamente, em barricas (e 25% fudres), por 16 meses; em seguida, a mistura final é feita antes do engarrafamento. Consistente com o estilo da casa, tem notas de frutas vermelhas intensas, cheias de frescor, em um corpo médio, mas de muita tensão. O que costumava ser uma pequena concentração selvagem, hoje é equilíbrio e foco na fruta.

94 CA1 ANDES
Carménère 2018
$ $ $ $ | COLCHAGUA ANDES | **14.6°**

Para este **CA 1**, TerraNoble utiliza seus vinhedos de Los Lingues, em direção ao pé dos Andes, na área de Alto Colchagua. A guarda é 70% em barricas usadas e 30% em fudres. As notas de ervas de Carménère são claramente sentidas aqui, mas também há muitas frutas vermelhas frescas e vibrantes em um corpo suculento, com acidez muito boa e taninos. Um vinho para pensar na nova vida de Carménère, uma vida fora do armário, sem vergonha de seus aromas de ervas.

93 CA2 COSTA
Carménère 2018
$ $ $ $ | COLCHAGUA COSTA | **14.6°**

CA 2 vem de vinhedos na área de Lolol, a oeste de Colchagua, em solos graníticos. A guarda, como CA 1, é 70% em barricas e 30% em fudres. As frutas suculentas de Lolol são claramente sentidas, juntamente com ervas e notas especiadas. Comparado ao CA 1, ele parece mais amplo, mais voluptuoso, com uma fruta mais doce e madura. Dois lados da tensão no mesmo vale.

93 DISIDENTE NARANJO
Pinot Blanco ,Chardonnay, Pinot Gris 2020
$$$ | C A S A B L A N C A | **12.5°**

Um dos laranjas mais sutis - e também mais compreensível hoje no merca-do - este Pinot blanc 80% mais porções iguais de Chardonnay e Pinot gris, vem da área de Las Dichas, a oeste do Vale de Casablanca, muito exposto às brisas do Pacífico. Tem cheiro de frutas cristalizadas e frutas cítricas, e na boca tem um corpo leve, muito fácil de beber, cheio de sabores de laran-ja, e uma acidez e textura firmes, com taninos bem marcados mostrando que este vinho teve contato com suas peles por seis meses.

93 GRAN RESERVA
Carignan 2019
$$$ | M A U L E | **14.1°**

Mais um membro da nova onda de Carignans frescos e suculentos que agora são mais comuns do que no passado. Aqui há flores e frutas verme-lhas por toda parte, o caráter nervoso e tenso, apoiado pela acidez intensa e taninos penetrantes em um vinho que pode ser bebido hoje, mas que ga-nhará em complexidade com dois a três anos de garrafa. Vem de vinhedos na área de Melozal, um dos principais lugares para variedade no Chile. Os vinhedos estão sem irrigação desde 1958.

93 GRAN RESERVA
Sauvignon Blanc 2020
$$$ | C A S A B L A N C A | **12.5°**

Da área de Las Dichas, de vinhedos plantados em 2010, e de um ano muito quente, este Sauvignon foi colhido muito cedo na estação para evitar esses calores e preservar esse frescor. Para corrigir a falta de corpo e concen-tração desta colheita precoce, 9% de Pinot blanc foi adicionadc à mistura para ganhar em voluptuosidade. É um vinho de energia ácida vibrante, mas ao mesmo tempo com uma boa cremosidade que compensa. Um branco de verão.

92 GRAN RESERVA
Cabernet Sauvignon 2018
$$$ | C O L C H A G U A | **14.2°**

Esta é uma mistura de aproximadamente 70% dos vinhedos Cabernet Sauvignon de 20 anos de idade em Los Lingues, em direção ao pé dos An-des, em Colchagua, e 30% dos vinhedos de nove anos, plantacos do outro lado do vale, a oeste em Marchigüe. Com um ano de envelhecimento em barricas e fudres, aqui o que brilha é a fruta vermelha, a tensão da acidez e alguns taninos que, embora se sintam moldados, têm aderência suficiente para carne grelhada.

92 GRAN RESERVA
Carménère 2018
$$$ | M A U L E | **14.2°**

Muito consistente com o novo estilo dos vinhos TerraNoble, neste Car-ménère o que brilha é a fruta vermelha, os sabores vibrantes e a acidez marcante que dá um contexto de muito frescor. As notas de ervas, típicas da variedade, são sentidas ao fundo, muito leves. Um tinto para beber e refrescar, vem de vinhedos próprios plantados há 25 anos na área de San Javier, no Vale do Maule.

92 GRAN RESERVA
Merlot 2019
$$$ | MAULE | 14.2°

As frutas vermelhas são vibrantes e frescas neste Merlot, a textura parece tensa, rica em taninos selvagens, prendendo-se ao paladar com força. A acidez também faz sua parte, aumentando a sensação de frescor e vitalidade. Este Merlot vem de vinhedos na área de San Javier, no Vale do Maule, plantados há 25 anos. O envelhecimento foi por um ano em barricas usadas.

90 RESERVA
Cabernet Sauvignon 2019
$$ | COLCHAGUA | 13.8°

De vinhedos a oeste do Vale de Colchagua, nos solos de granito de Marchigüe, este Cabernet Sauvignon com um pouco Marselan tem nervo, frescor, muitas frutas vermelhas maduras e algumas ervas, mas acima de tudo tem um corpo tenso, com os clássicos taninos duros e selvagens da região. Para queijos maduros. 8% de Marselan aumenta a sensação de frescor e sabores frutados.

OUTROS VINHOS SELECIONADOS
89 | RESERVA Carménère 2019 | Colchagua | 13.8° | $$
89 | RESERVA Sauvignon Blanc 2020 | Casablanca | 12° | $$

Tinto de Rulo.

PROPRIETÁRIO Sociedade Agrícola Contreras González y Pereira Ltda.
ENÓLOGOS Claudio Contreras, Jaime Pereira & Mauricio González
WEB www.tintoderulo.cl
RECEBE VISITAS Não

• PROPRIETÁRIOS & ENÓLOGOS
Claudio Contreras, Jaime Pereira & Mauricio González

[TINTO DE RULO é um grupo de amigos que fazem vinho em San Rosendo, na província de Biobío, no sul do Chile. Os amigos são Claudio Contreras, Mauricio González e Jaime Pereira. Eles compram uvas de três viticultores em San Rosendo, Yumbel e Huerta de Maule, todas de videiras muito antigas de País, Carignan, Moscatel e Malbec, com as quais fazem vinhos de forma artesanal e natural, apenas com uvas e focados em práticas ancestrais. Conforme o projeto se desenvolveu, esses três parceiros (todos agrônomos) alcançaram uma precisão muito maior, com sabores de frutas mais nítidos em vinhos que começam a falar claramente sobre um lugar como Biobío, e a profundidade que essas videiras antigas dão junto ao rio.]

IMPORTADOR: BR: www.lavinheria.com

94 TINTO DE RULO
Malbec 2019
$$$$ | BIOBÍO | 13°

Tinto de Rulo compra as uvas para este Malbec com mais de cem anos de José Luis Rozas, um dos poucos produtores que permanece como guardião desse verdadeiro patrimônio genético que é a Malbec em San Rosendo, na margem norte do rio Biobío. Fermentado em tonéis e envelhecido em barricas usadas por dez meses, a fruta vermelha predomina aqui com os toques de violeta da variedade, mas também o lado terroso dos tintos da área. A boca tem uma acidez firme e taninos afiados que fazem você pensar em carnes cozidas lentamente.

93 TINTO DE RULO
Carignan 2019
$$$$ | MAULE | 13°

Da área não irrigada do Maule, em Huerta de Maule, este Carignan - com 70 anos de idade plantado em solos de granito - é fermentado em tanques de pedra e armazenado por cerca de dez meses em barricas usadas. A variedade é claramente sentida, com suas notas de frutas vermelhas e flores, juntamente com uma deliciosa acidez, afiada, pontiaguda e taninos extraordinariamente macios para a cepa, mas muito no estilo da casa. Um delicioso Carignan, cheio de frutas.

90 TINTO DE RULO
Cinsault 2019
$$$$ | ITATA | 13°

De vinhedos de cerca de 50 anos, na área costeira de Coelemu, a cerca de 16 quilômetros do mar no Vale do Itata, trata-se de um Cinsault suculento, muito focado em frutas e com uma textura muito macia, próxima ao que se espera da variedade. Um vinho muito fácil de beber, com a parte certa de acidez para o atum grelhado.

Torreón de Paredes.

PROPRIETÁRIOS Álvaro & Javier Paredes Legrand
ENÓLOGAS Eugenia Díaz A. & Isabel Paredes A.
WEB www.torreondeparedes.cl
RECEBE VISITAS Sim

• **ENÓLOGA & PROPRIETÁRIOS**
Isabel, Álvaro & Javier Paredes

[**ESTA VINÍCOLA** de Alto Cachapoal nasceu em 1979 por Dom Amado Paredes, que aos 70 anos comprou um vinhedo na comuna de Rengo. Hoje ela é liderada por seus filhos, Álvaro e Javier, gerente de produção e gerente geral, respectivamente, continuando com o estilo da casa e colocando, nos últimos anos, o sotaque em vinhos um pouco mais bebíveis e leves. Uma das peculiaridades de Torreón de Paredes é seu compromisso desde o início ao Merlot, que se beneficia das condições andinas. Está presente na mistura de vinhos ícones, Don Amado, e como uma única variedade em diferentes níveis do catálogo. O lugar é bom para variedades bordelesas, por isso cepas como Cabernet ou Carménère também são mostradas dentro do catálogo consistente desta vinícola. Eles têm um total de 150 hectares e uma produção anual de aproximadamente 700 mil garrafas.] **IMPORTADOR:** BR: www.casarioverde.com.br

96 DON AMADO
Cabernet Sauvignon, Merlot, Syrah 2017
$$$$$ | ALTO CACHAPOAL | 14°

Don Amado é o melhor vinho da vinícola e estreou com a safra de 1986, sempre baseado em Merlot. No entanto, desde 2014, é a Cabernet que começou a ganhar destaque. A mistura deste ano é 70% Cabernet Sauvignon, 10% Merlot, 10% Carménère e 10% Syrah, todos de vinhedos plantados por volta de 1982 em Rengo, na área de Alto Cachapoal. Até 2014, este Dom Amado era um vinho intenso e concentrado com paredes largas e fundações muito sólidas. Hoje mantém essas mesmas bases, mas é percebido muito mais fino, mais focado em sabores de frutas frescas e, talvez, com uma maceração mais baixa que resultou em um vinho mais elegante e estilizado. A mudança funciona. E funciona muito bem em um dos grandes tintos de Alto Cachapoal.

94 RESERVA PRIVADA
Carménère 2018
\$\$\$ | ALTO CACHAPOAL | **14°**

Esta é uma seleção dos mais antigos lotes Carménère da propriedade da família Paredes, no Alto Cachapoal, plantados por volta do início da década de 1980. Envelhecido por um ano em barricas, 80% deles feitos de madeira nova, oferece várias camadas de sabores. Notas frutadas predominam, mas também há um lado de ervas muito presente, assim como especiarias. É um vinho intenso em taninos, talvez apoiado por aquele Cabernet Sauvignon de 10% que ajuda com a estrutura. Um delicioso Carménère para beber agora, direto e austero, mas também com grande potencial para ficar por alguns anos na adega.

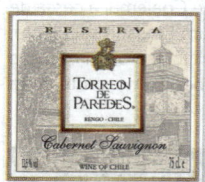

93 RESERVA
Cabernet Sauvignon 2018
\$\$ | ALTO CACHAPOAL | **13.5°**

Talvez um pouco escondidos sob a densa sombra dos Cabernets de Alto Maipo, seus pares de Cachapoal alto desfrutam da mesma influência andina, mas não da mesma fama. E é uma pequena injustiça, porque esse terroir, com solos coluviais e tardes muito frescas no verão, é um dos segredos mais bem escondidos na cena chilena. Veja este Reserva, por exemplo. A pureza da fruta é claramente exibida. Aromas herbáceos e de frutas vermelhas ácidas são sentidos no meio de um corpo tenso, com uma acidez afiada e taninos intensos. Um exemplo perfeito da tensão ao pé das montanhas.

93 RESERVA
Syrah 2018
\$\$ | ALTO CACHAPOAL | **13.5°**

Dos 150 hectares plantados com vinhedos, os Paredes têm muito pouco Syrah - apenas 2,5 hectares - mas é material importado diretamente da França, o que é incomum. Sob a influência das brisas dos Andes, este Syrah parece austero, longe dos exemplares exuberantes da cepa que ocorrem no Chile. Aqui há aromas especiados e tons de ervas em uma estrutura construída a partir de taninos ferozes, finos, mas muito sólidos. Envelhecer por um ano em barricas dá complexidade a um vinho que é puramente frutado.

92 RESERVA
Carménère 2018
\$\$ | ALTO CACHAPOAL | **13.5°**

Com o objetivo de minimizar os aromas vegetais da Carménère (às vezes excessivo, ofuscando a fruta), em Torreón eles desfolham muito cedo no desenvolvimento do cacho para que as uvas recebam o sol e degradem esses aromas. 6% de Cabernet Sauvignon é adicionado ao vinho acabado para apoiar a estrutura tânica, e é envelhecido por oito meses em barricas antes do engarrafamento. O resultado oferece uma boa harmonia entre aromas de ervas e notas frutadas. O paladar é tenso, com acidez muito boa e taninos firmes, suportando muito bem os sabores das frutas negras.

92 RESERVA PRIVADA 2019
Chardonnay 2019
\$\$\$ | ALTO CACHAPOAL | **13.5°**

Sob a sombra dos Andes, no Alto Cachapoal, há um clima moderado pelas montanhas para obter bons brancos como este Chardonnay. Não tem o nervo da acidez de suas contrapartes costeiras, mas tem frutas brancas e tons de ervas, juntamente com uma textura cremosa e acidez afiada. Este vinho fermenta e é envelhecido em barricas (10% novas) por oito meses antes do engarrafamento.

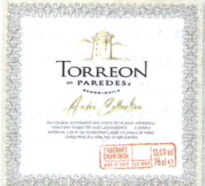

91 ANDES COLLECTION
Cabernet Sauvignon 2019
$ | ALTO CACHAPOAL | **13.5°**

Uma das melhores relações preço-qualidade do mercado chileno - este Cabernet é puro, sem disfarces, sem nada que fique entre as frutas da variedade. A boca também está concentrada, com taninos muito bons. Tudo é fresco, da fruta à acidez, e os sabores são mais longos do que o habitual nesta faixa de preço. Um excelente exemplo da qualidade dos Cabernets de Alto Cachapoal, onde esta uva tem uma longa tradição de qualidade e caráter graças à influência dos Andes.

91 RESERVA
Merlot 2018
$$ | ALTO CACHAPOAL | **13.5°**

Torreón de Paredes tem uma boa reputação para Merlot, uma variedade que não tem mostrado bons exemplos no Chile. Neste caso, os sabores doces da uva são claramente exibidos, além de notas de ervas. Com um envelhecimento de cerca de dez meses em barricas, há leves toques tostados, mas a fruta manda aqui em um vinho muito expressivo e fiel à variedade.

90 ROSÉ ANDES COLLECTION
Cabernet Sauvignon 2020
$ | ALTO CACHAPOAL | **13.5°**

Este rosé 100% Cabernet tem um estilo maduro e untuoso que tem pouco a ver com aqueles estilos rosés de provence hoje em dia tão na moda. Ele toma o caminho da amplitude, notas doces e, em termos de cor, de grande intensidade. Um vinho para guisado de frango.

OUTROS VINHOS SELECIONADOS
88 | ANDES COLLECTION Carménère 2019 | Alto Cachapoal | 13.5° | **$**
88 | ANDES COLLECTION Merlot 2019 | Alto Cachapoal | 13.5° | **$**
88 | ANDES COLLECTION Sauvignon Blanc 2020 | Alto Cachapoal | 13° | **$**
87 | ANDES COLLECTION Chardonnay 2019 | Alto Cachapoal | 13° | **$**

Trabun.

PROPRIETÁRIO Sergio Avendaño
ENÓLOGO Sergio Avendaño
WEB www.trabunwines.cl
RECEBE VISITAS Não

PROPRIETÁRIO & ENÓLOGO
Sergio Avendaño

[**TRABUN**] pertence ao enólogo Sergio Avendaño e baseia seus vinhedos na área de Alto Cachapoal de Requínoa. Lá tem 22 hectares, principalmente tintos. Eles começaram a engarrafar em 2008 e hoje também tem Marcelo Gallardo, ex-enólogo de Los Vascos, em Colchagua. Hoje produzem cerca de 20.000 garrafas por ano.] **IMPORTADOR:** BR: www.lacharbonnade.com.br

96 TRABUN ORCHESTRA
Cot ,Cabernet Sauvignon, Syrah 2018
$$$$$ | CACHAPOAL ANDES | **14.5°**

Orchestra é o novo vinho de Trabun e estreia em uma das melhores colheitas dos últimos anos no Chile. Muito no estilo voluptuoso e suculento da casa, essa mistura tem 60% de Malbec, 30% Cabernet Sauvignon e o resto de Syrah, uma seleção de vinhedos próprios na área de Alto Cachapoal, em direção ao pé dos Andes. Aqui a Cabernet tem um papel muito importante, trazendo frescor e, acima de tudo, estrutura para um Malbec que é redondo e suculento, e que precisa dessa ajuda, dessa tensão. De qualquer forma, é um vinho muito jovem que começará a mostrar complexidade em cerca de três a quatro anos.

94 TRABUN SOLOIST
Syrah 2015
$$$ | CACHAPOAL ANDES | **14°**

Não é comum que os produtores do Chile lancem seus Syrahs de preço médio com tal guarda, e aqui dá um resultado muito bom. Esta Syrah vem de vinhedos plantados em 2005, em solos aluviais na área de Requínoa do Alto Cachapoal. Com 14 meses em barricas, tem alta intensidade no nariz, generoso em notas de carne e frutas negras ácidas que são transformadas em sabores frutados que enchem a boca com sua voluptuosidade, deixando ao mesmo tempo um espaço muito importante para acidez e taninos, dois fatores que proporcionam equilíbrio contra essa massa redonda e suculenta de frutas.

93 TRABUN SOLOIST
Cabernet Sauvignon 2018
$$$ | CACHAPOAL ANDES | **14.5°**

Alto Cachapoal tem uma reputação merecida pelo Cabernet Sauvignon, graças a exemplares de tensão que brilham em suas frutas e oferecem frescor relacionado às brisas frescas que descem dos Andes. Neste caso, vem de vinhas jovens, plantadas em 2012 em solos aluviais na região de Requínoa. Apesar da maturidade dos sabores e dessa certa doçura que aparece no paladar, a estrutura dos taninos é firme, intensa e um pouco selvagem, o que pode falar de uma longa guarda em garrafa. Você tem que ser paciente aqui e abrir espaço na adega.

91 TRABUN SOLOIST
Sauvignon Blanc 2019
$$ | CACHAPOAL ANDES | **13°**

Alto Cachapoal se destaca por seus tintos, mas nem sempre por seus brancos. Neste caso, um Sauvignon Blanc clonal, uma mistura de 376, que dá vinhos amplos e perfumados, além de 30% de clone 1, um dos primeiros clones a chegar ao Chile e que geralmente dá vinhos de grande acidez e nervo. A mistura aqui funciona em um branco que, embora não tenha tanta expressão no nariz, mostra uma boca muito boa, cremosa e rica em sabores de frutas maduras. Para carne de porco defumada.

Trapi del Bueno.

PROPRIETÁRIOS Rodrigo Romero & Luis Moller
ENÓLOGO Rodrigo Romero
WEB www.trapi.cl
RECEBE VISITAS Sim

• **PROPRIETÁRIOS &
ENÓLOGO**
Luis Moller & Rodrigo Romero

[**RODRIGO ROMERO** é o enólogo de Calcu e Maquis, ambas vinícolas do Vale de Colchagua. Este, no entanto, é um projeto em um lugar muito diferente, em Osorno. Lá, junto com o engenheiro agrônomo Luis Moller, eles possuem este vinhedo de cerca de 14 hectares nas encostas aluviais do rio Bueno, ao sul da viticultura chilena e hoje a origem de uma nova ninhada de vinhos que oferecem sabores completamente diferentes no cenário nacional; sabores do clima frio e chuvoso da região.]

95 HANDMADE
Sauvignon Blanc 2020
$$$ | OSORNO | **12.5°**

De acordo com o viticultor Luis Moller, a safra 2020 tem sido uma das mais quentes, mas também a mais seca, que em um lugar como Osorno - onde há chuva de sobra - significava que a maturidade foi atingida sem problemas de podridão, uma maturidade tranquila que lhes permitiu atingir um recorde de álcool de 12,5, um número que seria muito baixo mais ao norte. Apesar do calor da safra, este vinho se sente refrescante em todas as suas dimensões, desde uma acidez cítrica que domina todo o paladar, até seus sabores de ervas que aparecem em todos os lugares em um corpo suculento, delicioso e irresistível. Vá imediatamente para ostras.

94 HANDMADE
Chardonnay 2019
$$$ | OSORNO | **12.7°**

Plantadas em 2010, as vinhas para este Chardonnay estão localizadas na margem norte do rio Bueno, a cerca de cinco quilômetros do leito do rio, em solos de argila e pedras vulcânicas. Na chuva generosa do sul do Chile e no frio, a acidez e o frescor dos sabores não são um problema. No entanto, esta safra teve calor intenso e sol no verão, o que significava que aqui há um contraste suculento entre frutas maduras e uma acidez elétrica, clássico dos vinhos locais. O grau de álcool de 12,7 é o mais alto que eles conseguiram com seu Chardonnay, que fala da safra. Um vinho cremoso e vibrante ao mesmo tempo.

93 BRUT NATURE
Riesling, Chardonnay, Pinot Noir 2018
$$$$ | OSORNO | **12°**

Em uma área fria como Trapi, nos terraços aluviais do Rio Bueno, a acidez é a atriz principal, moderando todos os sabores e dando uma energia muito especial aos seus vinhos. Neste caso, a acidez é firme, cítrica, melhora os sabores de frutas brancas e ervas, e faz a borbulha se sentir pulsante, afiada. Este espumante, com um terço de cada uma das três cepas, foi feito com o método tradicional de segunda fermentação na garrafa e ficou 12 meses em contato com as borras.

Tres Palacios.

PROPRIETÁRIO Patricio Palacios
ENÓLOGO Camilo Rahmer
WEB www.vinatrespalacios.cl
RECEBE VISITAS Não

• **ENÓLOGO** Camilo Rahmer

[**DE PROPRIEDADE DA** família Palacios, esta vinícola em Maipo Costa cultiva um estilo de vinhos frescos e elegantes. Desde sua primeira safra, em 2002, também obteve ótimos resultados com o Merlot, algo que não é visto com frequência no contexto local. A vinícola e os vinhedos estão a cerca de 30 quilômetros do mar em Cholqui, perto de Melipilla. Em seu campo cercado por colinas, os solos graníticos típicos da área têm, produto de um rio que passa por perto, também um componente aluvial. O enólogo é Camilo Rahmer.]

94 CHOLQUI
Cabernet Sauvignon, Merlot 2018
$$$$ | M A I P O C O S T A | **14°**

O blend top de Tres Palacios é tradicionalmente baseado em vinhedos d Cabernet Sauvignon, plantados em solos aluviais. Este ano, tem 75% de Cabernet Sauvignon e 25% de Merlot, as duas variedades que melhor se apresentam naquela área de Maipo Costa, a oeste do Vale do Maipo, um lugar que se beneficia das brisas do mar que, embora distantes (cerca de 30 quilômetros), conseguem imprimir um pouco de frescor nas uvas. Este novo Cholqui ainda se sente muito jovem, embora você já possa ver claramente o estilo elegante e sutil da casa. Taninos polidos, toques macios especiados de madeira e frutas vermelhas maduras cobrindo o paladar. Espere por esse vinho por alguns anos.

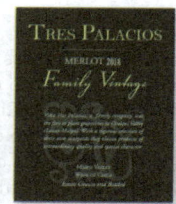

93 FAMILY VINTAGE
Merlot 2018
$$ | M A I P O C O S T A | **14°**

A vinícola Tres Palacios ganhou fama no Chile por seu Merlot em um estilo muito elegante e sutil. E este é um exemplo muito bom. De vinhedos de cerca de 20 anos, plantados em solos aluviais, ricos em pedras, este Merlot é envelhecido por um ano em barricas usadas. O que sai deles é um Merlot rico em frutas vermelhas maduras, mas também generoso em notas especiadas. A boca é leve, mas ao mesmo tempo tem muito boa tensão de taninos e, acima de tudo, é suculento, cheio de sabor. Tres Palacios produz consistentemente alguns dos melhores e mais elegantes Merlot da América do Sul.

92 FAMILY VINTAGE
Cabernet Sauvignon 2019
$$ | M A I P O C O S T A | **14°**

Muito no estilo dos vinhos tres Palacios, este Cabernet é uma seleção de vinhedos de 20 anos, plantados em solos pedregosos da propriedade da vinícola no Maipo Costa. Depois de dois anos em barricas, tudo parece estar no lugar e em equilíbrio, desde as notas de ervas e frutas no nariz, até o saboroso gosto de frutas maduras e taninos muito polidos e amigáveis na boca. Um clássico da casa.

92 FAMILY VINTAGE
Carménère 2019
$$ | MAIPO COSTA | 14°

Dos solos de argila da propriedade de Tres Palacios no Maipo Costa, a oeste do Vale do Maipo, este Carménère de vinhedos de 20 anos tem tons sutis de ervas e mentol, em meio a muitas frutas vermelhas maduras. A boca tem taninos muito polidos, suculentos e cercados por sabores frutados. Um Carménère de tons quentes para acompanhar a pizza.

90 RESERVA
Pinot Noir 2019
$$ | MAIPO COSTA | 13.5°

Muito nesse estilo velha escola de vinhos da casa, este Pinot Noir, em primeiro lugar, é uma pechincha. Por um preço muito baixo você pode ter acesso a um estilo delicado e sutil de Pinot, com madeira um pouco na frente, mas com um corpo ao mesmo tempo generoso em sabores de cerejas maduras, taninos afiados e acidez fresca. Em seu estilo (um estilo que quase não existe no Chile), é muito bem-sucedido.

OUTROS VINHOS SELECIONADOS

89 | RESERVA Cabernet Sauvignon 2019 | Maipo Costa | 13.5° | $$
89 | ROSÉ Cabernet Franc 2020 | Maipo Costa | 13° | $$
88 | RESERVA Merlot 2019 | Maipo Costa | 13.5° | $$
88 | RESERVA Sauvignon Blanc 2020 | Maipo Costa | 13° | $$
87 | RESERVA Carménère 2019 | Maipo Costa | 13.5° | $$

Undurraga.

PROPRIETÁRIO Grupo Hampton & José Yuraszeck
ENÓLOGO Rafael Urrejola
WEB www.undurraga.cl
RECEBE VISITAS Sim

ENÓLOGO Rafael Urrejola

[O PRESENTE desta tradicional vinícola chilena é marcado por sua venda em 2006 ao empresário chileno José Yuraszeck e à família colombiana Picciotto. Investimentos, expansão em novos terroirs e mudanças na enologia, como a chegada do enólogo Rafael Urrejola, fazem parte da nova etapa desta vinícola fundada em 1885 pela família Undurraga (hoje em Koyle). A vinícola continua operando a partir de seu local original, na comuna de Santa Ana, Talagante, no centro do Vale do Maipo, embora hoje seja um dos muitos lugares que se desenvolveram e lhes permitem adicionar mais de 1.600 hectares de vinhedos.]

96 T.H. ALTO MAIPO
Cabernet Sauvignon 2018
$$$ | MAIPO ALTO | 14°

Pirque, no início do sopé da Cordilheira dos Andes, geralmente tem um caráter frutado, temperado com as notas típicas do Cabernet andino - aquelas notas que são vistas em outras áreas montanhosas e que lembram o mentol - e também oferece notas terrosas. Tudo isso é misturado aqui em um corpo de taninos sedosos e polidos, que parecem uma espécie de pista de patinação onde as frutas deslizam. Esta é uma fotografia HD de Pirque, uma área que hoje produz alguns dos Cabernet Sauvignons mais característicos do vinho sul-americano.

Undurraga.

95 T.H. LIMARÍ
Sauvignon Blanc 2019
$$$ | LIMARÍ | 13.5°

O enólogo Rafael Urrejola seleciona uvas para este vinho do vinhedo Talinay, de propriedade da vinícola Tabalí, no Vale do Limarí. É um vinhedo de colinas acima da cordilheira da costa que são ricos em solos calcários. Este cal imprime nos vinhos um delicioso caráter salino, que dá água na boca e é projetado em todo o paladar. É um vinho de acidez persistente, corpo muito bom e cuja cremosidade deliciosa contrasta com essa acidez, como gotas de limão no creme de leite. Um branco de grande personalidade.

95 TRAMA
Pinot Noir 2018
$$$$ | LEYDA | 13.5°

Para **Trama**, o enólogo Rafael Urrejola seleciona vinhedos de Undurraga no Vale da Leyda, especialmente aqueles setores ricos em solos calcários que têm forte influência neste vinho, além da proximidade do mar e das brisas frias do mar que chegam do Oceano Pacífico, distantes cerca de nove quilômetros. É pouco mais de um hectare com tais solos que oferecem um vinho de grande austeridade, marcado por notas salinas e frutas suculentas emolduradas em uma estrutura tensa, taninos firmes e acidez penetrante.

94 FOUNDER'S COLLECTION
Cabernet Sauvignon 2018
$$$$ | MAIPO | 14°

De vinhedos plantados por volta da década de 1980 na área de Los Morros, em solos aluviais na margem sul do rio Maipo, no Alto Maipo, tem uma forte ênfase nas notas de ervas da variedade, mas também em frutas vermelhas maduras que se expandem graciosamente na boca graças a uma deliciosa textura de tanino polido, cremoso mesmo. O final tem notas de mentol e terrosas que falam muito sobre sua origem andina.

94 T.H. CAUQUENES
Cabernet Sauvignon 2018
$$$ | CAUQUENES | 14°

Generoso em notas de frutas vermelhas, e com a textura clássica um tanto rústica dos solos de granito do Maule, este é um Cabernet focado no lado frutado e sem o mentol ou selo terroso característico do Cabernet do Maipo andino, que é de onde os Cabernets clássicos chilenos são obtidos. Este não é o caso; em vez disso anda no lado selvagem, oferecendo textura afiada, frutas vermelhas maduras e ervas. Um vinho para pensar em cordeiro. Vem de um vinhedo plantado em 2007 na área de Cauquenes.

94 T.H. MAULE
Carignan 2018
$$$ | MAULE | 14.5°

A base deste Carignan vem do vinhedo de Santa Elena, nos solos não irrigados de Loncomilla, no Vale do Maule. E mostra essa fruta nítida e os toques florais que esse vinhedo em particular dá - mas a variedade em geral - naqueles solos sob o sol intenso do Maule e que só recebem água da chuva. A textura é firme, ditada pela uva, e sabores deliciosamente frutados são projetados por todo o paladar. Um tinto para beber agora com embutidos ou deixá-lo por cinco anos na adega.

94 T.H. PEUMO
Carménère 2018
$$$ | P E U M O | **14°**

Peumo é uma área ensolarada, no meio do Vale do Cachapoal, com um clima quente que permite que o Carménère amadureça suavemente e também entregue aquelas notas suculentas e doces, às vezes acompanhadas de tons de ervas. Neste caso, o lado de ervas está em primeiro plano, o que é apreciado porque dá frescor a um vinho de "ombros largos" graças ao seu nascimento em solos de argila, que geralmente dão vinhos voluptuosos. Um Carménère muito equilibrado e, acima de tudo, rico em seu lado varietal; um protótipo de Carménère chileno.

94 T.H. LEYDA
Syrah 2018
$$$ | L E Y D A | **13.5°**

Plantado em 2006, este vinhedo de Syrah está em regime não irrigado desde a colheita de 2011, apenas com água da chuva. As uvas obtidas de lá são muito concentradas e que se sente no vinho, um Syrah de grande concentração e ao mesmo tempo de grande equilíbrio, com toques de violetas e especiarias, mas também um monte de frutas vermelhas maduras e taninos firmes e abundantes para suportar esse peso. Pense em um curry de cordeiro.

94 T.H. LEYDA
Sauvignon Blanc 2019
$$$ | L E Y D A | **13.5°**

Baseado no clone 1, a primeira geração de clones de Sauvignon que chegou ao Chile no início dos anos 1990 - e que dá vinhos severos, de acidez muito boa e, acima de tudo, austeros -, este branco tem a marca desse material clonal em sua acidez e notas de ervas. No entanto, o ano quente colocou o seu próprio tom em notas aromáticas mais maduras e especialmente na sensação cremosa da boca. Um vinho para ceviche de corvina.

94 T.H. LIMARÍ
Chardonnay 2018
$$$ | L I M A R Í | **13.5°**

Quebrada Seca é um dos vinhedos mais famosos - ao lado de Talinay, provavelmente - do Vale do Limarí e de lá nascem deliciosos Chardonnay, muito influenciados pelos solos de calcário e pela presença das brisas frias que vêm do Pacífico. Neste caso, para T.H. selecionam-se uvas da Quebrada Seca, de vinhedos de cerca de 20 anos plantados na margem sul de Limarí. Do nariz ao fim da boca, o que predomina aqui é uma deliciosa salinidade em um corpo suculento, mas poderoso, com uma profundidade de sabores e uma acidez que lutam por proeminência.

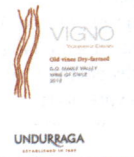

94 VIGNO
Carignan, Cinsault 2018
$$$ | M A U L E | **14.5°**

O vinhedo La Soledad está localizado entre Cauquenes e Sauzal. Foi plantada em solos de granito por volta de 1958 e hoje suas uvas são vinificadas pelo enólogo Rafael Urrejola neste excelente Vigno. Marcado por uma acidez penetrante e a textura selvagem dos taninos, ele se sente jovem, muito jovem para beber agora, a menos que você esteja pensando em um guisado de cordeiro. É tudo fruta, é tudo exuberância, mas com essa acidez sempre lá, espreitando. Cerca de 10% de Cinsault na mistura final fornece um pouco de frescor extra que é apreciado.

93 T.H. LIMARÍ
Syrah 2018
$$$ | LIMARÍ | **14°**

De solos aluviais e calcários na margem sul do rio Limarí, este é o exemplo clássico de Syrah da área, com suas notas de azeitonas, cinzas, mas acima de tudo aquela generosidade frutada que enche a boca com seu caráter expansivo e suculento. A acidez faz sua parte para oferecer frescor e equilíbrio.

93 T.H. RARITIES
Garnacha, Cariñena, Monastrell 2018
$$$ | CAUQUENES | **14.5°**

De vinhedos enxertados de Garnacha (67% da mistura total) na área não irrigada de Cauquenes no Vale de Maule, este é um clássico tinto de sol mediterrâneo. O vinho também inclui 28% de Carignan de vinhedos antigos do mesmo lugar e 5% de Monastrell, ambas cepas de bons taninos e acidez que colaboraram aqui para dar nervo e tensão e, claro, um certo caráter rústico que é apreciado, especialmente se você tem chorizo à mão.

93 TITILLUM BLANC DE BLANCS
Chardonnay N/V
$$$$ | LEYDA | **13°**

Produzido com o método tradicional de segunda fermentação na garrafa, com pouco mais de três anos em suas borras e com 5% de Riesling, além de Chardonnay, tudo do Vale da Leyda, aqui há uma forte presença de acidez, que desempenha um papel fundamental, refrescando tudo em seu caminho. A borbulha macia, muito comum em vinhos de longa maturação, torna esse espumante ainda mais bebível. Ideal para ostras.

93 TITILLUM ORIGINAL
Chardonnay, Pinot Noir N/V
$$$$ | LEYDA | **12.5°**

Com 60% de Chardonnay e o resto do Pinot Noir, aqui você pode sentir a força do Pinot Noir, em meio a borbulhas muito amigáveis e cremosas (o vinho foi estagiado em suas borras por três anos) e uma acidez crocante que ajuda essas bolhas a se sentirem ainda mais vibrantes. Tem um corpo bom, o suficiente para acompanhar uma massa em um molho de frutos do mar. Este Original é feito de acordo com o método tradicional de segunda fermentação na garrafa e vem das colinas graníticas de Leyda, na costa do Chile Central.

92 FOUNDER'S COLLECTION
Carménère 2018
$$$$ | COLCHAGUA | **14°**

Um estilo clássico de Carménère de Colchagua, oferece notas frutadas maduras e doces, uma consequência direta do clima quente da área de Peralillo. Os solos são de argila, o que resulta nessa textura amigável e suculenta de vinho que enche a boca de maturidade, mas enjoar. O final tem notas de ervas agradáveis, intimamente associadas à variedade.

92 SUPREME EXTRA BRUT
Chardonnay, Pinot Noir N/V
$$$ | LEYDA | **13°**

Supreme é uma mistura de 55% de Chardonnay e 45% Pinot Noir, produzida com o método tradicional de segunda fermentação na garrafa e com uma guarda em suas borras de dois anos e meio. Tem notas de panificação

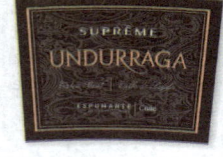

que são típicas desse envelhecimento, mas também muitas frutas vermelhas ácidas e ervas. A borbulha é amigável, abundante, e a acidez faz a boca
salivar. Ideal para ostras gratinadas.

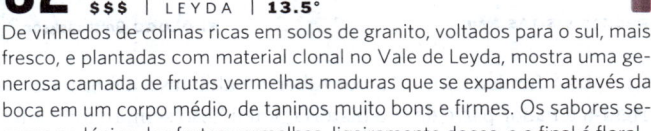

92 T.H. LEYDA
Pinot Noir 2018
$$$ | L E Y D A | **13.5°**

De vinhedos de colinas ricas em solos de granito, voltados para o sul, mais
fresco, e plantadas com material clonal no Vale de Leyda, mostra uma ge-
nerosa camada de frutas vermelhas maduras que se expandem através da
boca em um corpo médio, de taninos muito bons e firmes. Os sabores se-
guem na lógica das frutas vermelhas, ligeiramente doces, e o final é floral.

92 T.H. RARITIES
Montepulciano 2018
$$$ | C A U Q U E N E S | **14.5°**

Notas de ervas e tons de frutas vermelhas em um corpo imponente e voluptuoso, que se estende pela boca enchendo-o com sabores de frutas vermelhas e violetas. A acidez é firme, afiada, e os taninos se sentem firmes,
com muita aderência. Este Montepulciano vem de vinhedos de Coronel del
Maule, enxertados em 2010 em videiras de País centenárias.

90 SIBARIS BLACK SERIES
Syrah, Carignan, Grenache 2018
$$ | M A U L E | **14.5°**

Um vinho estilo mediterrâneo que não seja doce ou enjoativo e a este nível
de preço, não é normal. De vinhedos do Maule, tem 65% de Syrah, 25% Ca-
rignan e o resto de Grenache, todas as variedades que amam o sol daquele
vale e são mostradas aqui em uma generosa expressão frutada. Um vinho
de frutas maduras e suculentas para quando pedirem pizza.

90 UNDURRAGA BRUT ROYAL
Pinot Noir, Chardonnay N/V
$$ | L E Y D A | **12.5°**

Com 60% de Chardonnay e 40% Pinot Noir, este charmat de segunda fermentação em tanques de aço tem toda a fruta de um vinho simples e refrescante cheio de acidez suculenta. Para brindar o ano todo.

90 UNDURRAGA EXTRA BRUT
Chardonnay, Riesling, Sauvignon Blanc N/V
$$ | L E Y D A | **12.5°**

Um blanc de blancs feito com 80% de Chardonnay, 13% Riesling e 7%
Sauvignon Blanc, tudo das encostas de granito de Leyda, no Vale de San
Antonio, na costa central do Chile. Possui uma acidez suculenta e fresca,
com toques de ervas e muitas frutas em uma boca de corpo leve, com
bolhas abundantes e vibrantes.

OUTRO VINHO SELECIONADO
89 | UNDURRAGA ROSÉ ROYAL Pinot Noir N/V | Leyda | 12.5° | **$$**

Valdivieso.

PROPRIETÁRIO Mitjans, Gil & Coderch
ENÓLOGO Brett Jackson
WEB www.valdiviesowines.com
RECEBE VISITAS Não

• **ENÓLOGO** Brett Jackson

[**EMBORA** fundada em 1879 por Alberto Valdivieso, a família de origem catalã Mitjans dirigiu-a a maior parte de sua história. Valdivieso sempre foi conhecida como produtora de espumante, que continuam representando uma parte importante de seu catálogo. Na década de 80, também iniciou um percurso em vinhos tranquilos, com sua vinícola em Lontué, Vale de Curicó. Com vinhedos principalmente nessa área e em Maule, e comprando uvas de diversas origens, eles montam um extenso catálogo encabeçado pela marca Caballo Loco, que inclui o vinho original (um tinto sem safra, mistura de várias colheitas) e aqueles que chamam de Grand Cru, que vêm de uma gama de terroirs específicos. A produção anual de Valdivieso ultrapassa 15 milhões de garrafas.] **IMPORTADOR:** BR: www.ravin.com.br

96 CABALLO LOCO GRAND CRU MAIPO
Cabernet Franc, Cabernet Sauvignon 2017
$$$$$ | MAIPO | 14.4°

Dos solos aluviais de Chada, no Alto Maipo, e no início dos sopés andinos, essa mistura de 60% de Cabernet Franc e 40% Cabernet Sauvignon representa muito claramente o estilo dos vinhos daquela famosa área do Vale Central chileno. Tem notas de mentol, toques terrosos e muitas frutas em meio a uma textura fina, mas ao mesmo tempo compacta de tanino; esse tipo de textura que segura o paladar pedindo rosbife, mas também falando sobre o potencial que tem na garrafa. Um tinto com um grande senso de lugar e que merece espaço na adega por pelo menos quatro a cinco anos.

95 CABALLO LOCO GRAND CRU APALTA
Carménère, Cabernet Sauvignon 2017
$$$$$ | APALTA | 14.8°

Apalta é uma das áreas mais conhecidas do Vale de Colchagua, um pequeno vale ladeado pelo rio Tinguiririca e montanhas que são extensões da cordilheira da Costa. De videiras bastante jovens, cerca de 15 anos, plantadas em solos de granito, aqui está uma mistura de 50% de Carménère e 50% Cabernet Sauvignon. No nariz, nenhum deles parece prevalecer. É, em primeiro lugar, frutado, com leves toques de ervas, mas muitas frutas vermelhas e frescas. A boca ainda é muito jovem, mostrando os taninos da Cabernet Sauvignon como pequenas garras afiadas. Dê a ele cerca de três anos na garrafa.

95 SINGLE VINEYARD
Cabernet Franc 2017
$$$ | SAGRADA FAMILIA | 13.5°

O vinhedo La Rosa é uma das joias de Valdivieso. Plantado na área da Sagrada Família, em 1920, possui uma pequena coleção de vinhas que produzem vinhos deliciosos, o mais brilhante entre eles é o Cabernet Franc, um clássico de Curicó. Aqui você pode sentir as notas de ervas da variedade, bem como aqueles toques de tabaco misturados com frutas vermelhas maduras. A boca é suculenta, elegante em taninos e fresca em acidez, mas ao mesmo tempo com uma doçura agradável de frutas. Um vinho para armazenar por dois a três anos ou beber agora com guisado de cordeiro.

94 CABALLO LOCO GRAND CRU SAGRADA FAMILIA
Cabernet Franc, Carménère, Malbec, Petit Verdot 2017
$$$$$ | SAGRADA FAMILIA | 13.4°

Esta nova versão do Caballo Loco Sagrada Família vem principalmente do vinhedo La Primavera, um vinhedo que Valdivieso plantou há mais de 60 anos em Curicó. Este ano a mistura é baseada em 50% de Cabernet Franc e 18% de Carménère, e o lado de ervas de ambas as variedades é muito claramente perceptível, especialmente no nariz, onde exibe uma camada de hortelã e aromas arruda. A boca é macia, com sabores deliciosos de frutas vermelhas maduras, mas sobretudo com taninos muito finos e afiados que falam de mais alguns anos na garrafa.

94 VIGNO
Carignan 2018
$$$$ | MAULE | 14.4°

Coerente com o novo estilo dos Carignans de Vigno (Viñadores del Carignan), esta nova edição de Valdivieso, de vinhedos antigos na área não irrigada de Melozal, tem um claro foco no frescor de frutas da cepa. O nariz e a boca são frutados até morrer, enquanto os taninos aqui se sentem mais macios do que o normal. 90% deste tinto foi envelhecido em ânfora de cerâmica por 18 meses e o resto passou o mesmo tempo em barricas de carvalho usadas.

93 BLANC DE BLANCS
Chardonnay N/V
$$$$ | BIOBÍO | 12.5°

Um clássico no catálogo de espumantes de Valdivieso, este 100% Chardonnay de vinhedos no sul do Chile, às margens do rio Biobío, tem 30 meses de contato com as borras, o que lhe deu um claro caráter aromático de leveduras, mas não conseguiu subtrair seu lado frutado em um espumante delicado, como sempre foi. Bolhas sutis, picando a língua com suas garras afiadas. A acidez torna todo o resto em um vinho tenso, leve, muito elegante e equilibrado.

93 CABALLO LOCO BLANC DE NOIR
Pinot Noir N/V
$$$$ | BIOBÍO | 12.5°

Cem por cento de vinhedos plantados nos solos arenosos de Negrete, às margens do rio Biobío, no sul do Chile, tem dois anos de contato com as borras e é feito de acordo com o método tradicional de segunda fermentação na garrafa. Os aromas de frutas vermelhas de Pinot são sentidos no nariz, misturados com toques de levedura, mas sobretudo frutas vermelhas que se desdobram como sabores frescos e crocantes na boca. As borbulhas, como toda a linha Caballo Loco, parecem muito macias e cremosas.

93 ÉCLAT CURIOSITY
Grenache, Syrah 2020
$$$ | SAGRADA FAMILIA | 12.5°

85% desse vinho é Grenache de vinhedos muito jovens, plantados na região da Sagrada Família, no Vale do Curicó. O vinhedo ainda não dá concentração ou cor para vinhos tintos, por isso o enólogo Brett Jackson prefere dedicá-lo a este rosé. Com os cachos pressionados diretamente e macerados com as peles apenas algumas horas (o quanto dura o processo de prensagem), daí a cor pálida. Os aromas são sutis para frutas vermelhas ácidas, enquanto na boca parece refrescante desde o início, com sabores de cereja em um vinho leve, mas ao mesmo tempo com acidez rígida. Além de Grenache, há também Syrah e algumas gotas de Pinot gris na mistura final.

93 EL CARRIZAL
Syrah, Carignan, Grenache 2018
$$$$ | MAULE | **14°**

Um novo vinho de Valdivieso, este é um blend de 50% Carignan, 30% Grenache e o resto de Syrah, tudo de videiras de cerca de dez anos de idade plantadas nos solos de granito de Melozal, no Vale do Maule. As três variedades são fermentadas e depois estagiadas separadamente por um ano e meio até serem misturadas e engarrafadas. Aqui comanda a Carignan com suas frutas vermelhas e aromas florais, mas acima de tudo com sua acidez firme e taninos tensos e afiados. Um tinto ideal para frios.

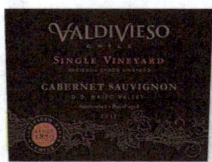

93 SINGLE VINEYARD
Cabernet Sauvignon 2017
$$$ | MAIPO | **14°**

Uma pequena, mas muito nítida fotografia do Cabernet Sauvignon de Alto Maipo, este vem de vinhedos na área do Chada, em solos aluviais, no início do sopé andino. As notas de mentol e terra fazem uma pequena festa no nariz, enquanto na boca os taninos macios e afiados do Cabernet local agem como uma espécie de estrutura para que os sabores de frutas vermelhas maduras sejam mostrados claramente. Um grande senso de lugar neste Cabernet.

93 SINGLE VINEYARD
Chardonnay 2019
$$$ | LEYDA | **14°**

Das encostas frescas de Leyda, de frente para o Oceano Pacífico no Vale de San Antonio, este Chardonnay tem uma certa salinidade que adiciona um toque de complexidade a uma boca cheia de sabores frutados, mas também um pouco lática. Foi envelhecido por um ano em barricas, revolvendo as borras (restos de levedura morta) uma vez por semana, o que adicionou deliciosa cremosidade à textura. Para salmão grelhado.

93 SINGLE VINEYARD
Sauvignon Blanc 2020
$$$ | LEYDA | **13.5°**

De um dos vinhedos mais próximos do mar, no Vale da Leyda, este tem seis meses em barricas que, sem adicionar notas de madeira, parecem ter incluído uma textura cremosa, graças a essa longa maceração com suas borras. O vinho parece amplo na boca, mas ao mesmo tempo com uma acidez intensa e elétrica que se move pela boca livremente, adicionando uma parte necessária do frescor. Este Sauvignon é para ceviche de salmão.

92 CABALLO LOCO BRUT NATURE
Chardonnay, Pinot Noir N/V
$$$$ | BIOBÍO | **12.5°**

Com 30 meses de contato com as borras e produzido com o método tradicional de segunda fermentação na garrafa, este 50% Chardonnay e 50% Pinot Noir de uvas da área de Negrete - ao lado do rio Biobío, no sul do Chile -, é um espumante delicado, com frutas vermelhas e brancas, mas sobretudo com toques de levedura e especiarias. As bolhas são afiadas, a acidez é nítida e as frutas são frescas e suculentas. Este é para sobremesa.

91 ÉCLAT CURIOSITY
Marsanne 2020
$$ | S A G R A D A   F A M I L I A | **13.5°**

Este marsanne vem das encostas de granito da cordilheira da costa, no vinhedo La Primavera de Sagrada Família. Sem fermentação malolática, mostra um lado fresco e leve da variedade, mas também as notas de nozes e especiarias típicas dessa uva. Tem um corpo cremoso, mas ao mesmo tempo uma acidez suculenta que o torna um bom companheiro para costeletas de porco grelhadas.

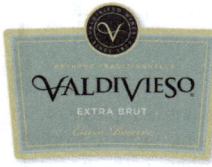

91 EXTRA BRUT
Chardonnay, Pinot Noir N/V
$$$ | B I O B Í O | **12.5°**

Este é um clássico dos espumantes modernos no Chile. Sua primeira versão foi em 1994 e desde então teve uma consistência sólida. Esta nova versão tem - como de costume - 50% Chardonnay e outros 50% Pinot Noir, de vinhedos no sul, no Vale do Biobío. Com 24 meses de contato com as borras e feito de acordo com o método tradicional de segunda fermentação na garrafa, aqui estão notas frutadas e uma doçura suculenta (tem cinco gramas de açúcar residual) que facilitam muito beber, principalmente na hora do aperitivo.

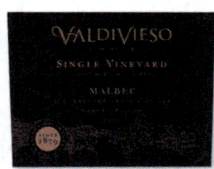

91 SINGLE VINEYARD
Malbec 2019
$$$ | S A G R A D A   F A M I L I A | **13.5°**

Trata-se de um velho Malbec do vinhedo La Rosa, plantado em 1920 em Sagrada Família em Curicó. Estagiado por um ano em barricas (10% delas novas), aqui estão notas de violetas e cerejas pretas, muito de acordo com a variedade. A boca é bastante leve, mas seus taninos firmes suportam a estrutura e dão a sensação de maior volume. Um vinho para o churrasco.

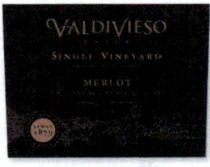

90 SINGLE VINEYARD
Merlot 2018
$$$ | S A G R A D A   F A M I L I A | **14.5°**

De vinhas plantadas no final da última década na área da Sagrada Família, no Vale do Curicó, este é um exemplo quente e amigável de variedade. As frutas parecem vermelhas e maduras no nariz, enquanto na boca os taninos têm um agarre para a carne grelhada.

90 SINGLE VINEYARD
Pinot Noir 2019
$$$ | C A U Q U E N E S | **13°**

Focado em notas terrosas, e com um corpo de taninos firmes e um pouco rústicos, este Pinot da área costeira do Maule, perto de Cauquenes, tem um ano de guarda em barricas, o que, sem dúvida, traz alguns desses toques especiados. Um Pinot para pensar em miúdos grelhados.

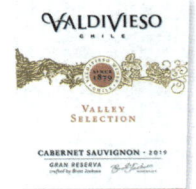

90 VALLEY SELECTION
Cabernet Sauvignon 2019
$$ | R A P E L | **14°**

Com uvas da região de Santa Cruz, no Vale de Colchagua, e Peumo, no Vale do Cachapoal, este Cabernet suave e amigável tem tons especiados e tostados da madeira do envelhecimento em barricas por um ano. A boca mostra taninos muito polidos e frutas vermelhas maduras. O corpo é médio e se bebe muito facilmente. O vinho ideal para assados.

Valdivieso.

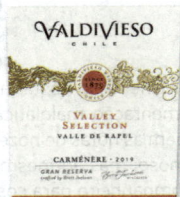

90 VALLEY SELECTION
Carménère 2019
$$ | RAPEL | **14.4°**

A linha Valley Selection oferece excelente relação qualidade-preço para tintos, como este Carménère de uma seleção de vinhedos no Vale do Rapel. Envelhecido por um ano em barricas usadas, tem uma fruta deliciosa e radiante, acompanhada de taninos firmes e afiados e uma acidez que refresca tudo em seu caminho. É generoso em sabores frutados, mas também deixa espaço para notas de ervas muito típicas da variedade. Se estavam procurando um vinho para a pizza, encontraram.

90 VALLEY SELECTION
Merlot 2018
$$ | RAPEL | **13.6°**

Um exemplo brilhante e refrescante de Merlot, este tinto simples e muito frutado mostra notas de frutas vermelhas em todos os lugares, acompanhado de uma textura tensa, com taninos firmes e bem estruturados. O corpo é bastante leve, mas esses taninos conseguem expandi-lo no paladar e fazer com que os sabores frutados se sintam mais intensos. Um exemplo muito bom da cepa, pronto agora para uma massa com molho à bolonhesa e excelente relação preço-qualidade.

90 VALLEY SELECTION
Sauvignon Blanc 2020
$$ | LEYDA | **13.5°**

Uma excelente relação preço-qualidade neste Sauvignon refrescante dos solos graníticos e de argila da área de Leyda, no Vale de San Antonio. Fermentado em aço inoxidável e sem passagem por madeira, tem a nitidez da variedade nas costas do Pacífico, notas de ervas, tons herbáceos e acidez vibrante do clima frio, embora o ano tenha sido bastante quente no Vale Central do Chile. Um vinho para frutos do mar crus, macerados com limão.

OUTROS VINHOS SELECIONADOS

89 | VALDIVIESO LIMITED BRUT ROSÉ Pinot Noir, Pinot Gris, Chardonnay N/V Casablanca | 12° | **$$**

88 | VALDIVIESO LIMITED BRUT Chardonnay, Pinot Noir N/V | Casablanca 12° | **$$**

88 | VALLEY SELECTION Chardonnay 2019 | Leyda | 13.9° | **$$**

87 | VALDIVIESO BRUT Chardonnay, Pinot Noir N/V | Vale Central | 12° | **$$**

Valle Secreto.

PROPRIETÁRIO Antonio Punti & Claudio Berndt

ENÓLOGA Alejandra Vallejo

WEB www.vallesecreto.cl

RECEBE VISITAS Sim

• **ENÓLOGA** Alejandra Vallejo

[**EM ALTO CACHAPOAL** está localizada esta vinícola cujos 35 hectares de vinhedos têm 550 metros de altura. A cadeia de montanhas Cachapoal é conhecida pelo caráter que imprime no Cabernet Sauvignon, embora também variedades como Cabernet Franc e Syrah se beneficiem de sua influência, e isso é demonstrado pelo portfólio de Valle Secreto, um projeto que se concebe como boutique. First Edition é sua linha de entrada, Private é a próxima e Profundo é como se chama o ícone.] **IMPORTADOR:** BR: www.optimusimportadora.com.br

94 PRIVATE
Cabernet Franc 2018
$$$ | CACHAPOAL | 14.5°

Este é um vinhedo único de uma parcela plantada em 2009 em solos aluviais da propriedade de Valle Secreto em Alto Cachapoal. O lugar dá cachos de pequenos grãos que oferecem muita concentração, e que se sente aqui, em um Cabernet Franc que mostra muitos sabores frutados, mas também tons terrosos e toques de couro, provavelmente parte de um breve ataque de brett, algo que aqui em Descorchados - e pelo menos nessas doses - apreciamos. A textura é feroz, com taninos firmes e bem estruturados em um vinho que vai evoluir na garrafa.

92 ORIGEN
Cabernet Sauvignon 2019
$$$$ | CACHAPOAL | 14.5°

Este tinto foi estagiado em ovos feitos de pedras do mesmo solo do vinhedo de Valle Secreto em Alto Cachapoal. Ele mostra frutas vermelhas maduras e doces, e depois de um tempo, taninos e acidez aparecem neste Cabernet de um ano quente. Os aromas herbáceos são sentidos na boca, juntamente com uma acidez que marca os contornos da língua. Ele ainda é muito jovem e talvez muito maduro. Dê-lhe alguns anos na garrafa.

92 ORIGEN
Petit Verdot 2019
$$$$ | CACHAPOAL | 14.5°

Petit Verdot é geralmente uma variedade tânica e muito ácida, mas neste caso apenas a acidez foi preservada, porque a textura é domada, enquanto frutas vermelhas maduras cercam esses taninos como se fossem suavemente encurralados. Este vinho foi fermentado em aço e depois estagiado em ovos feitos de material do mesmo solo do vinhedo de Valle Secreto em Alto Cachapoal.

90 FIRST EDITION
Carménère 2019
$$ | CACHAPOAL | 14.5°

De vinhedos plantados em 2009 na área de Alto Cachapoal, este é um Carménère macio e amigável, sem arestas e com uma textura sedosa, que se adiciona aos seus sabores achocolatados e de frutas maduras. É maduro, mas ao mesmo tempo equilibrado, e isso o torna muito bebível. O corpo leve pede frango assado.

Ventisquero.

PROPRIETÁRIO Gonzalo Vial
ENÓLOGO Felipe Tosso
WEB www.vinaventisquero.com
RECEBE VISITAS Sim

• **ENÓLOGO** Felipe Tosso

[**DESDE A** edição de sua linha Tara, com vinhos do extremo norte do Chile, a Ventisquero vem adotando um estilo mais inovador de vinhos. Um fato notável para uma grande vinícola com vocação comercial. Produz 3,6 milhões de garrafas por ano, provenientes de cerca de mil hectares próprios, incluindo vinhedos em vales como o de Huasco, Leyda costeira ou os tradicionais Colchagua e Maipo. Na parte costeira de Maipo está sua sede, no interior de Trinidad, onde começou sua história em 2001. O enólogo chefe de Ventisquero é, desde o início, Felipe Tosso.] **IMPORTADOR:** BR: www.cantuimportadora.com.br

97 ENCLAVE
Cabernet Sauvignon 2017
$$$$$ | MAIPO ANDES | **13.5°**

Enclave é a cuvée de Ventisquero que seleciona de vinhedos em Pirque, em direção ao pé dos Andes, no Maipo Alto. Pelos padrões chilenos, estes são vinhos de altura - acima de 700 metros - o que é muito importante, não por causa da altura em si, mas porque a influência fresca dos Andes lá parece muito poderosa. E essa influência é percebida nos aromas à base de ervas, na pureza da fruta, nas notas de frutas vermelhas maduras que refrescam o nariz e o paladar com sua sensação de vinho de montanha. A safra, no entanto, não foi a melhor ou, pelo menos, a mais adequada para o frescor ou finesse. O ano mais quente da década deu muito vinho estilo geleia, mas este não é o caso. Pirque é, como já dissemos muitas vezes em Descorchados, um terroir privilegiado, especialmente quando se trata de Cabernet Sauvignon.

96 HERÚ
Pinot Noir 2019
$$$$ | CASABLANCA | **14°**

Herú é uma seleção de vinhedos plantados em uma pequena colina de cerca de três hectares, com solos graníticos e de argila, clássicos da Cordilheira da Costa, no Vale de Casablanca. Fermentado com 50% de cacho inteiro, e depois envelhecido por 14 meses em barricas (25% deles madeira nova), aqui a fruta vermelha é viva e vibrante. Os sabores frutados (e ligeiramente florais) são generosamente exibidos, acompanhados de taninos firmes, que atuam como pilares para que essa fruta seja mantida sem problemas. A acidez cumpre seu papel refrescante e tudo se sente em equilíbrio. Esta é uma das melhores versões de Herú que lembramos em Descorchados, desde sua primeira edição em 2007.

96 TARA WHITE WINE 1
Chardonnay 2019
$$$$$ | ATACAMA | **13°**

Os brancos do Vale do huasco exalam personalidade. No início do deserto do Atacama, conhecido como o mais árido do mundo, muito perto do mar (cerca de 14 quilômetros), e no leito do rio Huasco, este terroir muito especial dá vinhos com igual carga de caráter. Experimente este Chardonnay, por exemplo. Uma mistura de dois vinhedos, um de solos aluviais e o outro, de solos salinos, brancos como cal. As uvas foram fermentadas em tanques de aço, depois estagiadas em um foudre de dois mil litros e em dois ovos de concreto de mil litros. O resultado é um vinho que, embora excêntrico, também é muito bebível. Ao contrário de muitos vinhos "naturais", onde não conta tanto a clareza da aparência ou os aromas e sabores, mas a excentricidade em si, o prazer intelectual de tentar algo diferente, neste caso há tudo isso, mas também há sabores de frutas brancas maduras em um vinho suculento e delicioso de beber.

96 TARA RED WINE 1
Pinot Noir 2019
$$$$$ | ATACAMA | 13°

Tara Pinot é uma seleção dos dois vinhedos que Ventisquero tem no Vale do Huasco, no início do deserto do Atacama, 60% de Longomilla, às margens do rio Huasco, e 40% de Nicolasa, o mais próximo do mar (14 quilômetros), em solos salinos e muito pobre. Este é um Pinot selvagem em seus aromas que lembram ervas e terra; na boca, os taninos marcam uma textura áspera, firme e afiada. Depois dessa sensação, há muitos sabores frutados, frutas vermelhas maduras e novamente ervas em um vinho com muita vida pela frente na garrafa.

96 TARA WHITE WINE 2 EDICIÓN 4 SOLERA
Viognier N/V
$$$$$ | ATACAMA | 13.5°

Imitando o sistema de soleras e criadeas dos vinhos Jerez (mas sem véu de flor, neste caso), este é cem por cento Viognier que começou a ser envelhecido em barricas em 2012 e ano após ano é atualizado com a mais nova safra. Esta quarta versão tem dos anos de 2012 a 2020, nove safras que correspondem este ano a 600 garrafas. O vinho perdeu sua característica varietal e foi transformado em uma espécie de mistura entre cítricos e pedras salgadas, tons clássicos dos brancos do vinhedo Nicolasa, a cerca de 14 quilômetros do mar, e cujos solos são brancos, salinos. Frutas e sal não parecem ser uma combinação muito atraente, mas aqui funciona perfeitamente, em um dos brancos mais singulares da cena sul-americana.

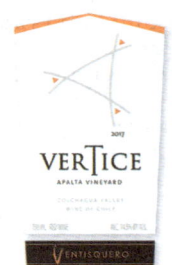

95 VÉRTICE
Carménère, Syrah 2018
$$$$$ | COLCHAGUA | 14.5°

Vértice é uma mistura de Carménère e Syrah dos vinhedos mais altos dessas variedades em Apalta, videiras que Ventisquero plantou por volta de 2000 naquela área de Colchagua. Desde a primeira safra, em 2005, ele é cerca de metade das duas cepas. Mas o que antes era um vinho concentrado e extraído, hoje tornou-se um tinto muito mais equilibrado, com sabores mais frescos, embora mantendo essa certa voluptuosidade sem conexão com madeira ou com taninos brutais. Aqui há frutas vermelhas, maduras e amigáveis, no meio de taninos polidos e finos. Um vinho para guardar por pelo menos cinco anos.

95 PANGEA
Syrah 2017
$$$$$ | APALTA | 14°

Pangea é o Syrah top de Ventisquero, feito a quatro mãos pelo assessor australiano John Duval e Felipe Tosso. Vem de solos de granito nas montanhas de La Roblería, em Apalta, e é produzido desde 2004. Desde então, tem mudado em estilo da maturidade acentuada e da densa concentração de sabores para novas versões (notadamente desde 2016), quando a madeira nova foi reduzida e frutas mais frescas foram colhidas. Mesmo em uma safra muito quente como 2017, neste Pangea você pode ver um equilíbrio de maturidade de fruta, mas também de especiarias e ervas em um vinho de longa duração na garrafa.

94 GREY
Cabernet Sauvignon 2018
$$$ | MAIPO | 14°

De vinhedos plantados em 1998, o primeiro de Ventisquero na área de Maipo Costa, cerca de 35 quilômetros em linha reta do mar, a oeste do Vale do Maipo, este tem a fruta característico daquele lugar, os sabores suculentos de frutas vermelhas no meio de taninos que, embora se sintam, oferecem uma certa sensação de voluptuosidade e sedosidade característica. Ao contrário de seus parentes nos Andes, em Maipo Alto, ele não tem notas de ervas ou mentol, nem mesmo terrosas, mas se concentra em frutas e mais frutas. Um lado mais acessível do Cabernet chileno.

94 GREY
Carménère 2018
$$$ | MAIPO COSTA | 14°

A Carménère é uma das variedades que melhor se dá no vinhedo de Trinidad, no Maipo Costa, a cerca de 35 quilômetros do Oceano Pacífico, a oeste do Vale do Maipo. Lá oferece uma deliciosa generosidade de frutas e, no estilo de Ventisquero, apenas leves toques de ervas que são característicos da variedade. A boca é de textura amigável, com taninos muito redondos, muito polidos. E uma certa doçura deliciosa que não está relacionada ao açúcar residual, mas sim à maturidade da fruta. Este Carménère tem 10% Cabernet Sauvignon, também de Trinidad, para suportar sua estrutura. Além disso, 30% da mistura final foi reservada em tanques de aço, com a ideia de preservar a clareza da expressão frutada.

94 GREY
Sauvignon Blanc 2020
$$$ | ATACAMA | 13°

O vinhedo Longomilla foi plantado em 2007 e foi, para Ventisquero, a primeira fonte de uva no Vale de Huasco. O vinhedo fica no terraço aluvial do rio, em solos ricos em pedra, mas também com um pouco de argila. Estagiado em fudres por seis meses, aqui estão leves toques especiados, mas acima de tudo frutas brancas e tons salinos típicos da área, um lugar extremo no norte do Chile, no início do deserto do Atacama. A cerca de 20 quilômetros do mar, a influência fria do Pacífico é sentida aqui nas notas de ervas, mas sobretudo na acidez acentuada. Um vinho para ouriços ou ostras.

94 GREY
Syrah 2018
$$$ | APALTA | 14°

Os solos de granito e argila das colinas de Apalta, quando as uvas não são colhidas muito tarde na estação, tendem a mostrar esse tipo de tensão, de frutas vermelhas. Aqui esse sentimento crocante, fresco juntamente com taninos firmes, mas não agressivos, é claramente sentido. E a acidez brinca com esses sabores, trazendo brilho. Um delicioso Syrah e em um ponto muito bem-sucedido onde não há excesso ou falta de maturidade. Este vinho foi estagiado por 18 meses em fudres e, além disso, 15% da mistura final inclui Carignan, Grenache e Monastrell.

OBLIQUA
Carménère
APALTA VINEYARD
VALLE DE COLCHAGUA
Wine of Chile

94 OBLIQUA CARMÉNÈRE
Carménère 2017
$$$$$ | APALTA | **13.8°**

Obliqua é o novo vinho da Ventisquero, um Carménère de uma área especial de Apalta, com solos de argila e areia, de muito pouca produção por planta e localizado em um lugar fresco, cercado por colinas. É envelhecido em barricas usadas e fudres por 22 meses e o vinho é colocado no mercado com um ano de garrafa. A mistura também tem 6% de Cabernet e Petit Verdot em porções semelhantes. O resultado é um vinho de maturidade pronunciada - como é típico da safra mais quente da década - que se sente voluptuoso, com toques de especiarias doces e taninos muito domados. Um tinto que precisa de dois a três anos de garrafa para obter maior integração entre seus elementos.

93 GREY
Chardonnay 2019
$$$ | CASABLANCA | **12.5°**

Colhido muito cedo na estação, em uma safra quente como 2019, mostra a acidez desse avanço no calendário, mas ao mesmo tempo exibe frutos muito maduros que se expandem pela boca, oferecendo alguma untuosidade. 80% do vinho foi envelhecido em barricas por um ano, contribuindo para esse sentimento de voluptuosidade e madurez. A acidez faz o resto para que este Chardonnay brilhe em frescor.

93 GREY
Garnacha, Carignan, Mourvèdre 2020
$$$ | APALTA | **14°**

Este **Grey** vem do Block 28, plantado em solos ricos em pedras nas encostas do Vale de Apalta, em Colchagua. As três variedades são colhidas e fermentadas separadamente e depois estagiadas em fudres de 2.500 litros por cerca de um ano. Em uma safra muito quente como 2020, essas três uvas mediterrâneas se sentem muito confortáveis, oferecendo uma visão geral de notas suculentas, sabores especiados e à base de ervas em um corpo tenso graças a taninos firmes; a Carignan e a Mataró fazendo das suas com suas texturas rústicas. Ideal ao lado de carne seca.

92 GREY
Merlot 2018
$$$ | APALTA | **13°**

Um dos clássicos da linha Grey - e um dos bons Merlot que existem na cena bastante esquálida desta cepa no Chile - vem de vinhedos de argila e areia na área de Apalta do Vale de Colchagua. A fruta é azul, suculenta e madura, com sotaque nas notas especiadas e um corpo amigável, textura rica e taninos muito polidos. Um delicioso Merlot para beber agora com ensopados de carne. Este ano, este Merlot tem 15% da variedade da área de Huasco, no norte do Chile, onde Ventisquero tem vinhedos muito perto do mar.

92 GREY
Pinot Noir 2019
$$$ | LEYDA | **13.5°**

Plantada em solos graníticos nas colinas da cordilheira da costa, no Vale da Leyda, e a cinco quilômetros do mar, aqui está uma relação muito boa entre os sabores de frutas vermelhas maduras e a tensão que é criada no paladar entre taninos firmes e acidez suculenta. Esses três aspectos o tornam muito bebível, mas também representa muito bem o clima fresco, onde suas uvas amadurecem. Um vinho para começar a entender o Pinot que é feito na Ventisquero.

Ventisquero.

92
QUEULAT
Cinsault 2019
$$ | I T A T A | **13°**

Um delicioso suco de cereja convertido em vinho, este Cinsault vem das colinas graníticas de Guarilihue, na área costeira do Vale do Itata, um lugar que costuma oferecer estes vinhos tão generosos em frescor e frutas vermelhas. O paladar parece leve, mas com espaço para taninos de garras pequenas, enquanto a acidez faz uma festa, elevando os sabores frutados. Nada melhor do que este vinho para um atum grelhado.

92
TARA RED WINE 2
Syrah 2019
$$$$$ | A T A C A M A | **13°**

Esta é uma mistura dos dois vinhedos que Ventisquero tem no Vale do Huasco, no início do Deserto do Atacama, no norte do Chile. Este é um Syrah untuoso, voluptuoso, com notas muito especiadas e de ervas, mas também de frutas negras maduras que se expandem através da boca com sua textura cremosa e aveludada. Um grande vinho para pensar em cordeiro.

90
QUEULAT
Cabernet Sauvignon 2019
$$ | M A I P O C O S T A | **13.5°**

Embora a madeira tenha destaque, por trás dela há um bom fundo de sabores frutados que moldam este suculento e simples Cabernet Sauvignon da área de Maipo Costa. A textura é firme, com taninos jovens e afiados e um final acompanhado de uma acidez suculenta. Um bom Cabernet para pizza.

90
QUEULAT
Pinot Noir 2019
$$ | L E Y D A | **13.5°**

Uma excelente relação preço-qualidade neste Pinot direto e austero das colinas de granito e cal de Leyda, ao lado da foz do rio Maipo, no Vale de San Antonio. O nariz oferece aromas florais e frutas vermelhas, e na boca parece tenso, com taninos de Pinot finos e afiados apoiando os sabores frutados para que sejam expressos sem problemas. Coloque um filé de atum na grelha.

90
QUEULAT
Sauvignon Blanc 2020
$$ | L E Y D A | **13°**

Das colinas de granitos e argilas de Leyda, às margens do rio Maipo, este é um exemplo clássico de Sauvignon das costas chilenas: notas de ervas, frutas brancas maduras no meio de um corpo leve, de acidez muito boa. Um bom branco para ceviche.

90
RESERVA
Cabernet Sauvignon 2019
$ | M A I P O | **13°**

Uma relação preço-qualidade espetacular neste vinho, notável em sua expressão de Cabernet. Aqui há notas de ervas, frutas vermelhas e especiarias, enquanto na boca tem uma forte presença frutada junto com tons terrosos no meio de uma estrutura tânica que se agarra ao paladar, realçando as frutas vermelhas. Este é o vinho que você precisa levar para o churrasco de domingo e encantar a todos. Muito poucos Cabernets deste nível e por este preço..

90 RESERVA LIMITED EDITION
Cabernet Sauvignon, Carménère, Syrah, Petit Verdot 2019
$ | MAIPO | **13°**

De vinhedos na região de Maipo Costa, este tinto baseado em Cabernet Sauvignon tem a fruta do lugar, sabores suculentos de frutas vermelhas em meio a uma textura que, embora seja amigável, deixa um espaço para os taninos se expressarem, para considerar carnes grelhadas. 70% dessa mistura foi envelhecida em barricas usadas por dez meses, enquanto os 30% restantes foram estagiados em tanques de aço. Uma das boas relações preço-qualidade nos tintos hoje no mercado.

OUTROS VINHOS SELECIONADOS

89 | QUEULAT Syrah 2019 | Maipo | 13.5° | **$$**
89 | RESERVA País, Moscatel de Alejandría 2019 | Cauquenes | 11.5° | **$**
89 | RESERVA Pinot Noir 2019 | Casablanca | 12.5° | **$**
88 | RESERVA Sauvignon Blanc 2020 | Casablanca | 12.5° | **$**

Ventolera.

PROPRIETÁRIOS Vicente Izquierdo & Stefano Gandolini
ENÓLOGO Stefano Gandolini
WEB www.ventolerawines.com
RECEBE VISITAS Não

▸ **PROPRIETÁRIO & ENÓLOGO**
Stefano Gandolini

[**DE PROPRIEDADE** do empresário agrícola Vicente Izquierdo, Ventolera foi uma das vinícolas pioneiras em apostar no Vale de Leyda, área até recentemente inexplorada para viticultura e que hoje está entre as mais prestigiadas do país. Começou em 2008, com a enologia de Ignacio Recabarren (famoso enólogo de Concha y Toro), e desde 2011 Stefano Gandolini, que também entrou como sócio, assumiu. Eles têm 160 hectares, a maioria de Sauvignon Blanc e o resto de Chardonnay, Syrah e Pinot Noir.]

IMPORTADOR: BR: www.wine-co.com.br

96 PRIVATE CUVÉE
Sauvignon Blanc 2018
$$$$$ | LEYDA | **13.5°**

Esta é uma seleção de parcelas Sauvignon Blanc plantadas entre 2002 e 2005 nos solos de granito das colinas costeiras do Vale de Leyda, em San Antonio. O enólogo Stefano Gandolini queria ver como é a evolução da variedade com suas borras e por longos períodos. Neste caso, está ficou dois anos em barricas de aço de 225 litros, sempre em contato com as borras ou restos de leveduras mortas que lhe deram força e intensidade brutais. Não há Sauvignon Blanc como este no mercado, com essa intensidade salina, com essa força de fruta e com essa profundidade penetrante que é inserida no paladar, enchendo-a com frescor e sabor. Se não fosse pela cor, você pensaria que isso é um vinho tinto. Desse Sauvignon, apenas 1.200 garrafas foram feitas.

95 CERRO ALEGRE
Sauvignon Blanc 2019
$$$$$ | LEYDA | **13.5°**

Para este **Cerro Alegre** (alusão a um morro muito turístico no porto de Valparaíso), os vinhedos plantados entre 2002 e 2005 são selecionados na propriedade de Vicente Izquierdo em Leyda, no litoral do Vale de San Antonio. Sem envelhecer em madeira, e sem envelhecer nas borras, esta é uma expressão pura do Sauvignon Blanc costeiro chileno. Uma boca tensa, textura firme, sabores suculentos e uma acidez severa, dão a sensação de que este vinho tem muitas camadas, muito para chamar a atenção. Os sabores são longos, refrescantes, profundos. Deixa espaço na adega para uma dessas garrafas e abra em cinco anos.

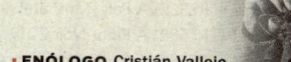

VIK.

PROPRIETÁRIO Alexander Vik
ENÓLOGO Cristián Vallejo
WEB www.vik.cl
RECEBE VISITAS Sim

• **ENÓLOGO** Cristián Vallejo

[**VIK É** o projeto de Alexander Vik, um empresário norueguês que se concentrou na indústria hoteleira e, no Chile, também no vinho. A propriedade de 4.325 hectares no coração do Vale do Cachapoal foi adquirida em meados da década passada, um mini-vale entre montanhas onde Vik plantou cerca de 326 hectares de vinhedos, a maioria destinados à venda de uvas. Uma seleção dessas videiras é utilizada para três vinhos, La Piu Belle, Milla Calla e Vik, todos feitos pelo enólogo Cristián Vallejo, que assumiu desde que o consultor francês Patrick Vallete, responsável pelo lançamento do projeto, deixou a vinícola em 2017.] **IMPORTADOR:** BR: www.wine.com.br

96 VIK
Cabernet Sauvignon, Cabernet Franc 2015
$$$$$ | CACHAPOAL | 14°

Há várias grandes mudanças neste novo Vik. A primeira é a seleção de parcelas que vão para a mistura final, e que são escolhidas a partir das áreas mais frescas do vinhedo no Vale do Cachapoal, aquelas mais a oeste e que são banhadas pelas névoas que vêm do Pacífico. A outra é que a quantidade de madeira nova foi reduzida para 60% e, finalmente, que a Carménère desapareceu da mistura para dar mais destaque ao Cabernet Franc, uma variedade que na opinião do enólogo Cristián Vallejo é muito boa naquela área ladeada por montanhas. A mistura final tem 85% de Cabernet Sauvignon, e é um Cabernet suculento, com tons de ervas, mas especialmente frutas vermelhas maduras, em um vinho de taninos muito amigáveis, muito domados, que se juntam a uma acidez fresca que aumenta a sensação de suculência. É um tinto para beber agora, mas também para abrir em mais cinco anos.

93 LA PIU BELLE ROSÉ
Cabernet Sauvignon, Cabernet Franc, Syrah 2020
$$$ | CACHAPOAL | 13.9°

Este rosé vem de uma seleção de vinhedos localizados no setor mais fresco da propriedade, o mais ocidental, e que recebe alguma influência do Pacífico. As uvas são prensadas diretamente e a cor é obtida a partir do contato mínimo que o mosto tem enquanto está na prensa. Uma vez fermentado, é envelhecido por um período de um mês e um pouco em barricas usadas. O resultado é um vinho de dois propósitos: por um lado, é um rosé de verão, para matar a sede, mas também tem muitos sabores e corpo para levá-lo ao restaurante tailandês favorito. Trata-se de uma mistura de Cabernet Sauvignon de 85%, 10% de Cabernet Franc e 5% Syrah.

92 LA PIU BELLE
Cabernet Sauvignon, Carménère, Syrah 2015
$$$$ | P E U M O | **14.1°**

O que deixou de ser usado em Carménère em Vik, vai para este Piu Belle, um vinho que é baseado em Cabernet Sauvignon com 53%, mais 34% de Carménère e o resto de Syrah. Os dois últimos, plantados em áreas um pouco mais quentes da propriedade de Vik, tendem a dar maior untuosidade, maior amplitude e sensação de calor com o álcool. É um vinho generoso em todos os sentidos.

92 MILLA CALA
Cabernet Sauvignon, Cabernet Franc, Syrah, Carménère, Merlot 2017
$$$$ | P E U M O | **13.9°**

Este é o vinho de entrada da Vik e este ano o blend tem 62% de Cabernet Sauvignon, 13% Carménère, 15% Cabernet Franc e proporções similares de Syrah e Merlot. Pela primeira vez, aliás, não tem nada de madeira nova e isso se sente no caráter mais afiado da fruta em um vinho de muito boa concentração, mas ao mesmo tempo muita suculência. Gostaríamos de vê-lo em dois ou três anos, mas já hoje mostra uma cara jovial e deliciosa.

Villalobos.

PROPRIETÁRIO Família Villalobos

ENÓLOGOS Enrique, Rolando & Martín Villalobos

WEB www.villaloboswine.cl

RECEBE VISITAS Sim

• **ENÓLOGOS** Enrique, Rolando & Martín Villalobos

[**A FAMÍLIA**] Villalobos tem um vinhedo na área de Lolol de Colchagua. E é um vinhedo muito particular, sem manejo, com videiras subindo pelas árvores. A partir desse vinhedo muito antigo, em 2009 eles lançaram seu Carignan Viñedo Silvestre e, na época, era algo que ainda não era visto na cena chilena, um vinho de corte "natural", sem intervenção, feito intuitivamente e mostrando uma cara fresca, leve e selvagem de variedade. Esse é seu tinto estrela, mas também tem outros vinhos que, embora não venham de vinhedos selvagens, mostram um estilo semelhante de vinificação natural. Hoje eles produzem cerca de 35 mil garrafas.] **IMPORTADOR:** BR: www.dagirafa.com.br

92 VIÑEDO SILVESTRE
Carignan 2018
$$$ | C O L C H A G U A | **12°**

A família Villalobos tem Carignan na área de Lolol. É um vinhedo selvagem, onde as videiras sobem nas árvores. A partir desse lugar, os Villalobos produzem Carignan desde 2007 (a primeira safra comercial foi em 2009), intuitivamente, sem conhecimento técnico. Hoje eles já produzem cerca de dez mil garrafas desse vinho que, na época, mostrou um caminho completamente novo para a variedade no Chile. E esse caminho não mudou. Ainda é luz, acidez intensa, com toques terrosos; um vinho refrescante no meio do caminho entre tinto e rosé, e um clássico chileno de vinhos naturais e para matar a sede.

92 ZORRITO SALVAJE
Cinsault, País 2018
$$ | S E C A N O   I N T E R I O R | **13°**

Zorrito é uma mistura de vales e variedades. Metade vem de um velho vi-

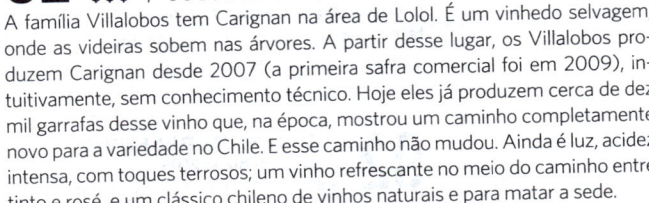

nhedo de Cinsault, da área de Guarilhue, no Vale de Itata, e a outra metade da área de San Javier, no Vale do Maule. As uvas são fermentadas separadamente e misturadas quando este processo é concluído. O resultado é um vinho de muitos sabores frutados, desde tons de frutas vermelhas e um corpo leve, cheio de taninos afiados, como agulhas. Um vinho para matar sua sede.

91 LOBO
Carménère 2019
$ $ $ | C O L C H A G U A | **13°**

Para este Carménère, Villalobos compra uvas em um vinhedo de 20 anos localizado a cerca de 30 quilômetros da costa, na área de Lolol. Sem passagem pela madeira, esta é uma expressão pura da variedade, especialmente no lado mais frutado. Sem que lado de ervas da uva tenha protagonismo, aqui está a fruta vermelha madura e doce que aparece em primeiro plano. A textura é lisa. Pronto para beber agora com queijos e frios.

Villard.

PROPRIETÁRIO Thierry Villard
ENÓLOGA Anamaria Pacheco
WEB www.villard.cl
RECEBE VISITAS Sim

· **PROPRIETÁRIOS**
Thierry & Jean-Charles Villard

[**A VINÍCOLA** fundada em 1989 pelo francês Thierry Villard foi uma das pioneiras do Vale de Casablanca. Nos últimos anos, a liderança foi tomada por seu filho, o enólogo Jean-Charles Villard, que junto com a enóloga Anamaria Pacheco produz um catálogo de vinhos focados nas variedades brancas Sauvignon Blanc e Chardonnay, e nas tintas, Pinot Noir e Syrah. A base de seus vinhos está no setor tapihue, onde eles têm um vinhedo que começou a ser plantado em 2006. São videiras em encostas de diferentes orientações e que se aproveitam das colinas de Casablanca. Tapihue também tem a vinícola. A produção anual de Villard é de cerca de 130 mil garrafas.] **IMPORTADOR:** BR: www.decanter.com.br

94 JCV RAMATO
Pinot Grigio 2019
$ $ $ | C A S A B L A N C A | **13.5°**

Este **Ramato** é inspirado no estilo dos vinhos do Friuli no norte da Itália. Neste caso, é um Pinot Grigio com intervenção mínima e com 60 dias de maceração com suas peles. Em Descorchados, a ideia de outro vinho laranja deixou de nos seduzir, especialmente por causa do abuso do estilo que tem dado vinhos amargos e desequilibrados. Não é o caso deste Villard, que se sente em equilíbrio de sabores; não há amargor em excesso e os frutos são generosos, frescos. Um vinho para ouriços.

92 EXPRESIÓN RESERVE
Sauvignon Blanc 2019
$ $ | C A S A B L A N C A | **14°**

Esta é uma mistura de clones históricos de Sauvignon em Casablanca. Clone 1, que dá acidez e peso, e clone 242, que entrega um monte de caráter frutado e tropical. A mistura faz maravilhas em um vinho refrescante, mas ao mesmo tempo de maturidade muito boa. É um Sauvignon com muita fruta, textura redonda e acidez suculenta; para ceviche de camarão.

91 EXPRESIÓN RESERVE
Pinot Noir 2019
$$ | CASABLANCA | **13.5°**

Este é um clássico da cena chilena, especialmente entre os Pinot. Quando a variedade ainda não estava no nível de hoje, este Villard foi um dos poucos que conseguiu capturar o fruto fresco da cepa, o espírito de vinho fácil de beber que Pinots de baixo preço têm. E depois de tantas colheitas, ainda está no mesmo caminho. A fruta na frente, em um tinto para beber por litros.

Viña Casablanca.

PROPRIETÁRIO Carolina Wine Brands
ENÓLOGO Gonzalo Bertelsen
WEB www.casablancawinery.com
RECEBE VISITAS Não

• **ENÓLOGO** Gonzalo Bertelsen

[SOCIEDADE ENTRE Santa Carolina e os franceses do Domaine Laroche, esta vinícola nascida em 1992 concentra seu trabalho no lado oeste do Vale de Casablanca, a 20 quilômetros da costa. Há o fundo Nimbus (anteriormente chamado Santa Isabel), que inclui plantações nas encostas do morro que flanqueia a propriedade a partir do oeste. Seus melhores vinhos, como Neblus, um Syrah que lidera o catálogo, ou os brancos da linha Nimbus, vêm desse campo. Eles também têm outras duas propriedades no vale, El Chaparro e La Vinilla, somando entre todos os 80 hectares de vinhedos. Desde 2012 o enólogo e gerente geral é Gonzalo Bertelsen.] **IMPORTADOR:** BR: www.casaflora.com.br

94 PINOT DEL CERRO
Pinot Noir 2017
$$$$$ | CASABLANCA | **14.5°**

Pinot del Cerro vem de dois lotes no meio da encosta, das colinas do vinhedo Nimbus, parte da tradicional fazenda Santa Isabel de Viña Casablanca e que recebe diretamente as névoas frescas e úmidas do Pacífico, distante cerca de 20 quilômetros em linha reta. A primeira safra foi em 2014 e cerca de quatro mil garrafas foram feitas desta safra. É um Pinot suculento, com sabores maduros, textura muito macia. Esses sabores são profundos e são montados a partir de notas de frutas e especiarias. O final é quente, mas acompanhado de uma acidez fresca.

93 NIMBUS SINGLE VINEYARD
Merlot 2018
$$$ | CASABLANCA | **14°**

Este Merlot vem de vinhedos enxertados nos pés de outras variedades como Sauvignonasse, Carménère ou Cabernet Sauvignon, variedades que foram plantadas no início dos anos 90, mas não tiveram um bom desempenho. O resultado, após uma primeira safra em 2012, é o melhor até agora. Um ano de clima moderado, com pouca chuva, mas com dias frios, deu-lhe um caráter frutado. Tem aquele caráter levemente salino e refrescante de tinto costeiro, e taninos firmes, muito típicos da variedade, que precisam de algo como um cordeiro assado.

93 NIMBUS SINGLE VINEYARD
Pinot Noir 2019
$$$ | CASABLANCA | **13.5°**

Este Pinot Noir vem das plantações de 2009 nas áreas mais altas do vinhedo de Santa Isabel, a oeste do Vale Casablanca. Estagiado em fudres e barricas de grande formato por cerca de um ano, mantém o frescor da fruta em um ano que não foi exatamente fresco como 2019. A boca é de taninos macios e sabores profundos, com tons terrosos, mas acima de tudo frutado. Um Pinot sério, de muito bom equilíbrio, para carne de caça.

93 NIMBUS SINGLE VINEYARD
Sauvignon Blanc 2020
$$$ | CASABLANCA | **13.5°**

Do vinhedo Nimbus, a oeste de Casablanca, este Sauvignon vem de um ano muito quente e muito seco que deu muito menos produção. Isso concentrou os sabores, mas o calor deu-lhe uma maturidade extra que subtrai o frescor. É um estilo mais untuoso do que o habitual, mas ainda mantém o vigor e o nervo dos Sauvignon de Casablanca. Aqui também estão notas de ervas e uma textura particularmente cremosa, como se pensasse em sopa de molusco. 10% deste vinho foi estagiado em fudres de madeira de acácia.

91 NIMBUS SINGLE VINEYARD
Chardonnay 2019
$$$ | CASABLANCA | **13.5°**

Produto de um ano quente, este Chardonnay da fazenda de Santa Isabel é mais amplo, suculento do que o habitual. Os aromas parecem especiados, com tons quase caramelizados em um corpo sedoso. Vem do vinhedo de Santa Isabel, em uma das áreas mais próximas do mar em Casablanca, e foi envelhecido por dez meses em barricas, com 30% da malolática feita.

90 CÉFIRO COOL RESERVE
Chardonnay 2020
$$ | CASABLANCA | **13.5°**

Este **Céfiro Chardonnay** vem de um vinhedo jovem de Viña Casablanca, localizado a nordeste do vale, uma área mais quente que entrega vinhos mais robustos em álcool e corpo, como neste caso, um branco com muita força na boca, mas ao mesmo tempo uma acidez muito boa que refresca tudo e projeta o vinho pelo paladar. Ele é um branco barato, e entrega muito pelo seu preço.

90 CÉFIRO COOL RESERVE
Pinot Noir 2020
$$ | CASABLANCA | **12.5°**

Não há muitos Pinot Noir no mercado que ofereçam o que ele oferece a esse preço. Aqui está um marcado caráter varietal. Ele não cai na maturidade ou tenta disfarçar os taninos firmes da tensão. Pelo contrário, tem garras e também muitos sabores de frutas vermelhas frescas em um vinho que é facilmente bebido e refresca. Este Pinot vem do clássico vinhedo de Santa Isabel, em uma das áreas mais próximas do mar em Casablanca, mais frutado de Tapihue, em direção ao interior do vale. 30% da mistura tem uma breve passagem por barricas por cerca de quatro meses. Um Pinot para aprender sobre a variedade.

90 CÉFIRO COOL RESERVE
Sauvignon Blanc 2020
$$ | C A S A B L A N C A | **13°**

Este Sauvignon oferece uma excelente relação preço-qualidade, especialmente porque mostra um corpo intenso, cheio de sabores frutados, algo raro nessa gama. Aqui há vigor, força e também muito frescor em um vinho ideal agora para ceviche ou ostras, especialmente no verão, quando este branco crocante vai se sentir em seu habitat natural.

OUTRO VINHO SELECIONADO

89 | CÉFIRO COOL RESERVE ROSÉ Pinot Noir 2020 | Casablanca | 12.9° | **$$**

Viña Choapa.

PROPRIETÁRIO Roberto Gálvez
ENÓLOGO Cristián Rubio
WEB www.choapawines.cl
RECEBE VISITAS Sim

• **PROPRIETÁRIO** Roberto Gálvez

[**A FAMÍLIA** Gálvez é produtora de uvas há gerações na área de Salamanca, no Vale do Choapa. No entanto, desde 2013 eles começaram a engarrafar sob a marca Viña Choapa, com a cepa Pedro Ximénez como bandeira, uma uva que é tradicionalmente associada à produção de pisco. Para seus brancos eles obtêm frutas de dois vinhedos, um na vila de Panguesillo, cerca de 630 metros de altura, e o outro em Batuco, cerca de 1.100 metros acima do nível do mar.]

93 CORDILLERAMAR SALINAS DE HUENTELAUQUÉN
Pedro Ximénez, Moscatel de Alejandría, Moscatel de Áustria 2019
$$$ | C H O A P A | **13.5°**

A foz do rio Choapa tem sido historicamente relacionada à produção de pisco, feita com uvas da família Moscatel. A viticultura associada à produção de vinho é recente, embora a mesma matéria-prima seja frequentemente utilizada, como nesta mistura, onde Pedro Ximénez foi obtida de vinhedos antigos na área de Panguesillo, cerca de 630 metros acima do nível do mar, e tanto o Moscatel de Áustria quanto o de Alexandria foram obtidos da área de Batuco , um pouco mais alto nos Andes, a 1.100 metros. O resultado é delicioso. As flores são claramente mostradas no nariz e paladar; ele se sente fresco e cremoso ao mesmo tempo, além de ser muito fácil de beber graças à sua acidez penetrante. Uma pequena descoberta de um vale que acaba de despertar na cena do vinho chileno.

91 CORDILLERAMAR MALLACÚN
Pedro Ximénez 2019
$$$ | C H O A P A | **14°**

Este Pedro Ximénez é uma seleção de latadas antigas da área de Panguesillo, cerca de 630 metros de altura, ao pé dos Andes, no Vale do Choapa. E parece ser um exemplar bastante austero da variedade, com toques florais e frutados amáveis, mas não exuberantes, enquanto na boca mostra uma harmonia bem-sucedida entre sabores frutados e florais. A textura é densa e convida a peixes grelhados.

Viña del Pedregal.

PROPRIETÁRIO Família del Pedregal
ENÓLOGA Rosario Domínguez
WEB www.delpedregalwines.com
RECEBE VISITAS Sim

• **PROPRIETÁRIOS**
José Manuel, José Manuel & Alberto del Pedregal, Mónica Labbé & Matías Gutiérrez

[**O ASTURIANO** Carlos del Pedregal estabeleceu-se na área de Loncomilla em 1825 e, desde então, ele e sua família continuaram a tradição de produzir vinhos no Vale do Maule. Hoje Viña del Pedregal faz parte do grupo familiar de marcas que inclui, entre outras, Aves del Sul, Kidia e Carta Vieja.]

93 SINCE 1825
Cabernet Sauvignon, Petit Verdot, Syrah 2017
$$$$$ | LONCOMILLA | **14.5°**

Esta é a segunda versão do vinho top de Del Pedregal (a primeira foi em 2014) e vem cem por cento de seus próprios vinhedos em Loncomilla. A mistura deste tem 80% Cabernet Sauvignon e quantidades iguais de Petit Verdot e Syrah. O vinho é envelhecido por três anos em barricas e esse efeito é sentido em um vinho ainda muito jovem que mostra claramente a influência do carvalho com seus toques tostados. Mas também há um monte de frutas maduras por trás dele que, com alguns anos na garrafa, acabará se fundindo e dando equilíbrio. Paciência aqui.

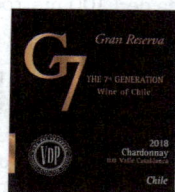

92 G7 GRAN RESERVA
Chardonnay 2018
$$$ | CASABLANCA | **14°**

Trata-se de um Chardonnay da velha escola, com uma forte presença da barrica (um ano de envelhecimento) que domina o nariz, mas deixa espaço para notas de frutas brancas maduras. A textura é cremosa e os sabores láticos fazem uma festa, e aquela sensação amanteigada que sai o tempo todo. Del Pedregal obtém as uvas para este Chardonnay da área de Las Dichas, um dos setores mais próximos do mar em Casablanca.

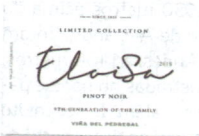

90 ELOISA LIMITED COLLECTION
Pinot Noir 2018
$$ | CASABLANCA | **14°**

Esta é a primeira versão de Eloisa Pinot, de uvas da área de Las Dichas, uma das mais próximas do mar no Vale de Casablanca. Tem um caráter maduro e amplo, com tons de folhas secas, mas acima de tudo frutas vermelhas doces que são projetadas no paladar com essa sensação suculenta. Pense em pato assado.

90 G7 BRUT
Chardonnay, Pinot Noir N/V
$$ | CASABLANCA | **12.5°**

Este é 80% Chardonnay e 20% Pinot Noir, feito com o método charmat de segunda fermentação em tanques. Todas as uvas vêm de áreas frescas do Vale de Casablanca, a oeste, e têm uma acidez muito fria. É afiado, muito nervoso; desses espumantes para beber no verão, e a um preço muito bom.

90 G7 GRAN RESERVA
Cabernet Sauvignon 2018
$$$ | MAIPO | 14°

Este Cabernet vem de diferentes áreas no Vale do Maipo, principalmente Alto Maipo. Tem um ano em barricas, metade delas feitas de madeira nova. O vinho mostra muita amplitude e maturidade, uma fruta doce vermelha e álcool alto, mas ainda mantém um bom equilíbrio. Cobre todos os cantos do paladar com seus aromas e sabores exuberantes. Para cordeiro.

90 G7 RESERVA
Cabernet Sauvignon 2017
$$ | LONCOMILLA | 13.5°

Uma boa relação preço-qualidade neste Cabernet Sauvignon do Vale de Loncomilla, no Maule. As frutas vermelhas e especiarias da variedade são claramente sentidas, enquanto os taninos têm uma forte presença na boca, tornando este tinto um Cabernet ideal para assados.

Viña i.

PROPRIETÁRIA Irene Paiva
ENÓLOGA Irene Paiva
WEB www.iwines.cl
RECEBE VISITAS Não

• **PROPRIETÁRIA & ENÓLOGA**
Irene Paiva

[**ESTE É** o projeto pessoal de Irene Paiva, enóloga de longa data no Chile. Paiva está entre as primeiras enólogas a empreender projetos pessoais, algo que acontece com frequência hoje, mas que há uma década, quando Viña I começou, foi incomum. Produz vinhos principalmente do Vale do Curicó, onde possui sua pequena vinícola, às margens do rio Teno. Produz cerca de 60.000 garrafas por ano.]

90 ILATINA
Petit Verdot 2019
$$$ | CURICÓ | 13.5°

Para este Petit Verdot, a enóloga Irene Paiva recorre a vinhas na zona de Molina, no início do sopé da Cordilheira dos Andes, e a vinhas plantadas em 2008 em solos argilosos. Esta é uma versão especialmente suave e domesticada de Petit Verdot. Tem muitas frutas vermelhas bem maduras e, graças a macerações ligeiras, este tinto apresenta uma suavidade incomum para a casta.

90 ILATINA
Syrah 2018
$$$ | CURICÓ | 13.5°

Este Syrah vem da região de Molina, em direção ao sopé dos Andes, em Curicó. As vinhas foram plantadas em 2008. O envelhecimento em barricas durou um ano. O resultado é um tinto fácil, suculento, com a marca da madeira como protagonista, mas também com sabores de fruta que têm muito a dizer. Para comer com costeletas de porco grelhadas.

Viñamar.

PROPRIETÁRIO Viña San Pedro Tarapacá

ENÓLOGA Francesca Perazzo

WEB www.vinamar.cl

RECEBE VISITAS Sim

• **ENÓLOGA** Francesca Perazzo

[**ESTA VINÍCOLA** de Casablanca é dedicada principalmente a espumantes. Vende a maior parte de sua produção no mercado local, onde a demanda por esses vinhos cresceu muito nos últimos anos, sendo os protagonistas dessa pequena revolução. De propriedade da holding San Pedro Tarapacá, a Viñamar produz seus vinhos com uvas principalmente de Casablanca e Leyda. Sua oferta consiste em várias alternativas de espumantes feitos com o método charmat, exceto por seu rótulo mais ambicioso, o Método Tradicional, feito com segunda fermentação na garrafa, como em Champanhe. A produção anual de Viñamar é de cerca de 1,8 milhão de garrafas.]

93 MÉTODO TRADICIONAL EXTRA BRUT
Chardonnay, Pinot Noir, Garganega 2018
$$$ | CASABLANCA | **12.5°**

Francesca Perazzo assumiu Viñamar desde 2017, este é o primeiro Método Tradicional a ser 100% no seu comando, e a estreia é auspiciosa. Feito com 57% de Pinot, 18% de Riesling e o resto da Garganega, uma variedade pouco usual no panorama chileno, este espumante esteve em contato com suas borras por 30 meses e tem um estilo bastante maduro, com toques de frutas brancas doces no meio de um corpo generoso em sabores e bolhas que inundam o paladar com sua sensação afiada e firme. A acidez, entretanto, contrasta com a maturidade dos sabores oferecendo um frescor crocante.

91 EXTRA BRUT
Chardonnay, Pinot Noir, Pinot Gris 2020
$$ | CASABLANCA | **12.4°**

Um dos bons charmats do mercado, este é produzido com o método de segunda fermentação em tanques de aço e um mínimo de contato com as borras. Para dar alguma complexidade, acrescenta-se um percentual (12% neste caso) da safra anterior. O vinho continua sendo uma festa suculenta de borbulhas, sabores cítricos e acidez vibrante; daqueles espumantes que se bebem por garrafas.

90 ROSÉ
Pinot Noir 2020
$$ | CASABLANCA | **12.4°**

Marcado pela deliciosa suculência, feito de frutas vermelhas e acidez brilhante, a borbulha se move pela boca picando a língua e dando água na boca. Além disso, tem cerca de nove gramas de açúcar residual, o que o torna muito acessível. Este rosé é cem por cento Pinot Noir das encostas de granito do Vale de Leyda, entre 12 a 4 quilômetros do Oceano Pacífico, e é feito de acordo com o método charmat de segunda fermentação em tanques de aço.

OUTRO VINHO SELECIONADO
89 | BRUT UNIQUE Chardonnay, Pinot Noir, Riesling 2020 | Casablanca | 12.6° | $$

Viñedo Chadwick.

PROPRIETÁRIO Eduardo Chadwick
ENÓLOGO Francisco Baettig
WEB www.vinedochadwick.cl
RECEBE VISITAS Não

• **PROPRIETÁRIO** Eduardo Chadwick

[**PARTE DA** aristocracia do vinho chileno, a história deste Cabernet do Maipo, ícone do grupo Errázuriz, remonta a 1942, quando Alfonso Chadwick comprou o fundo San José de Tocornal, localizado na comuna de Puente Alto. Em 1968 ele vendeu grande parte dessas terras para Concha y Toro, que então produziu nada menos do que Don Melchor e Almaviva. Mas Chadwick ficou com sua casa e 25 hectares de propriedade, incluindo um campo de polo, sua paixão. Em 1992 seu filho Eduardo Chadwick hoje presidente de Errázuriz o convenceu a transformar esse campo de polo em um vinhedo.] **IMPORTADOR:** BR: www.vinedochadwick.cl

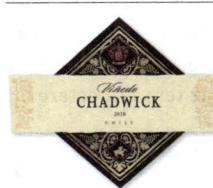

99 VIÑEDO CHADWICK
Cabernet Sauvignon 2018
$$$$$ | PUENTE ALTO | **13.5°**

A primeira edição deste Viñedo Chadwick foi em 1999, e desde então tem sido baseada em Cabernet Sauvignon, com um pouco de Petit Verdot. Vem dos solos aluviais do vinhedo Tocornal, a mesma fonte de grandes vinhos chilenos, como Almaviva ou Don Melchor. Desde a safra de 2014 este vinho vem mudando, mudando para territórios mais frios, com menos madeira e menos álcool. A safra de 2016 foi uma espécie de "saída do armário", um ano frio foi o álibi perfeito para mostrar essa nova cara. Este 2018 segue o caminho já traçado, a delicadeza de um vinho focado em frutas vermelhas e os leves toques de ervas de Maipo Alto. Mas o assunto não morre aí. Deixe o vinho na taça por alguns minutos e você verá como as notas terrosas e clássicas da área emergem fortemente proporcionando complexidade. A boca é tensa, iluminada por uma acidez vibrante, enquanto os sabores das frutas vermelhas tomam conta de tudo. Um vinho que vai durar uma década na garrafa, e talvez mais.

Viñedos de Alcohuaz.

PROPRIETÁRIO Família Flaño, Juan Luis Huerta, Helia Rojas & Marcelo Retamal

ENÓLOGO Marcelo Retamal

WEB www.vdalcohuaz.cl

RECEBE VISITAS Sim

• **PROPRIETÁRIOS** Marcelo Retamal, Helia Rojas, Juan Luis Huerta & Patricio Flaño

[**DAS MONTANHAS** do Vale do Elqui vem um dos projetos mais ousados da cena local, nascido da sociedade entre o empresário Álvaro Flaño e o influente enólogo da vinícola De Martino, Marcelo Retamal. Em terras de 2.000 metros de altura que Flaño tinha em Elqui por seu apreço pelo lugar, ele plantou em 2005 diferentes cepas para ver como respondiam a essas condições extremas de sol e secura. Algumas foram bem, como Syrah, cuja fruta ele vende desde 2008 para De Martino para seu aclamado vinho Alto Los Toros. Impulsionado pelos bons resultados desse vinho e do próprio Retamal, Flaño foi incentivado a construir sua própria vinícola em 2010. A vinícola também é peculiar, com lagares de pedra para pisar e fermentar as uvas. Seus principais vinhos são duas misturas tintas à base de Syrah, com as quais partiram, Grus e Rhu. Ao longo do tempo eles adicionaram outros, como Syrah Tococo e Garnacha Cuesta Chica, ambos de produção mais limitada. Alcohuaz tem 17 hectares.]

IMPORTADOR: BR: www.decanter.com.br

97 CUESTA CHICA
Garnacha 2019
$ $ $ $ | E L Q U I | **13.5°**

Um Grenache extremo, este vem de vinhedos plantados a uma altitude de 2.100 metros nos solos de granito de Elqui, no meio da cordilheira dos Andes. Foi fermentado em tanques de concreto, com 60% de cachos inteiros em uma espécie de semi-maceração carbônica, mas em tanque fechado que abre uma vez por dia para liberar o carbônico. O estágio é feito em ovos de concreto por dez meses. O vinho é um suco de fruta, delicioso em seu frescor, com muita suculência e notas de ervas em meio a uma acidez persistente. O grande ponto aqui é a estrutura firme, com um caráter afiado, que faz de tudo para suportar o peso dessa fruta que está lá, flutuando nessa camada tensa, essa estrutura firme e sólida.

96 RHU
Syrah, Petite Sirah, Garnacha 2016
$ $ $ $ $ | E L Q U I | **13.7°**

Esta é uma seleção de vinhedos que inclui 93% de Syrah de vinhedos plantados em 2009, em solos ricos em granito a 1.788 metros de altura. Em uma colheita complicada, de rendimento muito baixo devido às fortes nevascas na região, isso deu um vinho delicioso, quase delicado em sua estrutura, sabores terrosos antes de frutados, e uma acidez suculenta, tensa e afiada, que é projetada em todo o paladar com sua energia. O final é adoravelmente frutado em um vinho que precisa - pelo menos - cerca de quatro a cinco anos a mais na garrafa para alcançar uma complexidade ainda maior do que já tem.

96 TOCOCO
Syrah 2019
$ $ $ $ | E L Q U I | **13.5°**

Tococo, , o Syrah mais ambicioso de Alcohuaz, é fruta selecionada de um vinhedo plantado em 2009 a cerca de 1.780 metros acima do nível do mar, em um solo de granito no meio da cordilheira dos Andes, no Vale do Elqui.

O vinho é fermentado em lagares de pedra, com 70% cachos inteiros, e depois armazenado em fudres de 2.500 litros por 10 meses antes de ser engarrafado. Antes da variedade, o que este vinho mostra são os aromas e texturas de granito, o lugar antes das uvas ao fundo. Tem aromas terrosos, enquanto na boca é uma flecha de acidez, cercada por notas de terra e frutas vermelhas no meio de taninos que têm arestas, pequenas garras que aderem fortemente ao paladar.

95 LA ERA
Malbec 2019
$ $ $ $ | E L Q U I | **13.5°**

O Malbec de Viñedos de Alcohuaz está localizado a cerca de 1.800 metros em Elqui. Armazenado em ovos de concreto, este vinho revela seus solos (é plantado em um solo particularmente granítico) em seus aromas que se sentem minerais, longe dos aromas de violetas ou cerejas clássicas da variedade. Tem cheiro de aromas terrosos, em um corpo médio, com taninos muito leves, e com uma acidez impressionante que faz com que todos os holofotes se dirijam a ela. Um vinho para a guarda.

94 GRUS
Syrah, Petite Sirah, Petit Verdot, Garnacha, Cariñena, Malbec 2019
$ $ $ $ | E L Q U I | **13.6°**

Grus é a porta de entrada para o mundo dos vinhos andinos de Alcohuaz, uma seleção de vinhedos multivarietais plantados entre 1.750 e 2.206 metros de altura nos solos de granito da cordilheira dos Andes, no Elqui. Tudo é fermentado em lagares (exceto Grenache, que é muito oxidativo e fermentado em tanques) com diferentes percentuais de cachos completos. O estágio é feito em fudres e ovos de concreto por dez meses. O resultado é um vinho frutado e suculento com taninos firmes, com muita vitalidade e energia ácida. Um vinho para cordeiro, esta versão tem 75% de Syrah.

Viñedos Herrera Alvarado.

PROPRIETÁRIO Família Herrera Alvarado
ENÓLOGOS Carolina Alvarado & Arturo Herrera
INSTAGRAM @vinosherrera.alvarado
RECEBE VISITAS Sim

· PROPRIETÁRIOS
Arturo Herrera & Carolina Alvarado

[**CAROLINA ALVARADO** e Arturo Herrera têm um pequeno vinhedo de 2,5 hectares ao redor de sua casa na área de Marga Marga. Com essas uvas, mais outras que compram de vizinhos do setor, elas produzem um catálogo de vinhos feitos com intervenção mínima e técnicas ancestrais, como fermentações em couros de vaca. Um projeto dos mais singulares da atualidade no Chile.] **IMPORTADOR:** BR: www.lavinheria.com

93 ROJO LOCO
País, Palomino, Moscatel Rosado 2019
$ $ | M A R G A M A R G A | **11.5°**

O Herrera Alvarado selecionam vinhedos centenários de Colliguay, uma área mais conhecida pela produção de aguardento do que vinho. Nas vinhas que estão lá (cerca de 850 metros de altura) há principalmente País, mas também Cristal (que eles acreditam ser o palomino espanhol) e Moscatel Rosado, tudo na natureza. As uvas são fermentadas juntamente com

Viñedos Herrera Alvarado.

suas peles em lagares de couro de vaca e, em seguida, envelhecidas em barricas usadas. O resultado é o meio do caminho entre um rosé e um tinto, um vinho semelhante ao que costumava ser feito na área quando essas vinhas abundavam não só nas alturas de Colliguay. A textura é quase frágil; um vinho muito leve no corpo e cheio de sabores frutados. Se você quer saber o que é um vinho de sede, experimente este.

92 LA ZARANDA
Sauvignon Blanc 2018
$ $ $ | M A R G A   M A R G A | **12.5°**

Este **Zaranda** vem dos vinhedos ao redor da casa Herrera Alvarado em Marga Marga, a cerca de 15 quilômetros do mar. E é chamado de Zaranda pelo método tradicional de separar as peles da polpa das uvas, apertando-as em varas de "colihue", um bambu local. O vinho é envelhecido em cimento e barricas usadas, e o resultado é um estilo branco "natural", onde notas terrosas e frutadas convergem em meio a tons de ervas, em uma textura áspera. Para paladares inquietos.

90 ORO NEGRO
País 2019
$ $ | M A R G A   M A R G A | **13°**

Este País vem da área de Los Colihues, cerca de 30 quilômetros ao sul da propriedade de Herrera Alvarado, em Marga Marga. É um vinhedo de cerca de cem anos que o casal gradualmente recuperou para este Oro Negro, cem por cento do País pisado em lagares de couro e, em seguida, envelhecido em cimento por um tempo muito curto. Os aromas terrosos são os que dominam, com a fruta atrás, proporcionando complexidade e frescor. A boca tem taninos rústicos e ásperos da variedade. Ideal para cordeiro.

Viñedos Marchigüe.

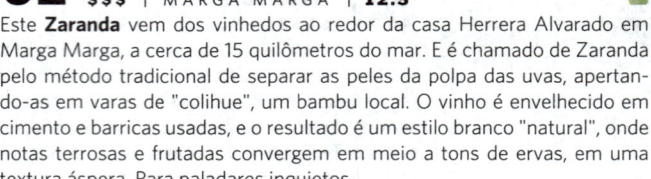

PROPRIETÁRIO Família Errázuriz Ovalle
ENÓLOGO Víctor Baeza
WEB www.vinedosmarchigue.cl
RECEBE VISITAS Sim

• **ENÓLOGO** Víctor Baeza

[**A FAMÍLIA** Errázuriz Ovalle começou sua jornada no vinho em 1994. Depois de converter solos florestais e adicionar novas terras, hoje eles têm nada menos que 2.700 hectares, espalhados entre os vales de Colchagua e Curicó. Este é o seu projeto de engarrafados (eles também vendem a granel) e está sediado em Marchigüe, um setor em direção ao litoral de Colchagua. Sua proposta são vinhos simples, boa relação preço-qualidade, que aproveitam as condições do local. O enólogo é Victor Baeza e têm uma produção anual de 7,8 milhões de garrafas.]

IMPORTADOR: BR: www.comercialzaffari.com.br

91 ALTO TIERRUCA LIMITED EDITION
Cabernet Sauvignon 2018
$ $ | C O L C H A G U A | **14°**

Trata-se de uma mistura de vinhedos de solos de granito e argila, todos em videiras de cerca de 15 anos na área de Marchigüe, a oeste do Vale de Colchagua. A tensão dos taninos, uma característica determinante nos Cabernets da área, é claramente percebida aqui, marcando a estrutura e fazendo com que o vinho se sinta mais encorpado. O resto são frutas vermelhas, especiarias e ervas em um Cabernet adorável e ótima relação preço-qualidade.

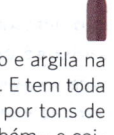

90 ALTO TIERRUCA GRAN RESERVA
Cabernet Sauvignon 2019
$ | COLCHAGUA | **14.1°**

Este Cabernet Sauvignon vem de vinhedos de solos de granito e argila na área de Marchigüe, plantadas em colinas há cerca de 15 anos. E tem toda a textura áspera e firme dos tintos locais, acompanhada aqui por tons de frutas vermelhas e madeira que o tornam comercial, mas também - e coisa rara - tem uma forte identidade da área. A relação preço-qualidade é excelente em um vinho que parece pronto - apesar dessa textura - para acompanhar algumas costeletas de cordeiro.

90 ALTO TIERRUCA LIMITED EDITION
Cabernet Sauvignon, Merlot, Cabernet Franc 2018
$$ | COLCHAGUA | **14°**

Esta mistura consiste em 70% Cabernet Sauvignon, 15% Merlot e 15% de Cabernet Franc, todos de seus vinhedos próprios na área de Marchigüe, no Vale de Colchagua. Aqui você sente os taninos da Cabernet, mas Merlot e franc fazem seu trabalho, fornecendo frutas e maciez em um vinho muito equilibrado.

90 PICHILEMU GRAN RESERVA
Cabernet Sauvignon 2019
$$ | COLCHAGUA | **13.5°**

Este Cabernet vem das colinas da fazenda de Santa Ana e foi plantado em 2000 em solos de granito e argila na área de Marchigüe, a oeste de Colchagua. Aqui a madeira desempenha um papel importante, mas a fruta também tem muito a dizer, com seus aromas e sabores de frutas vermelhas maduras e suculentas. O corpo oferece taninos firmes, como é comum nos Cabernets da área, mas também há muita densidade de frutas para equilibrar.

90 PICHILEMU GRAN RESERVA
Carménère 2019
$$ | COLCHAGUA | **14.1°**

Um Carménère muito equilibrado em todos os seus aspectos, embora fruta madura seja o que predomina; frutas vermelhas doces que se sobrepõem com os aromas tostados de madeira. A textura é macia, cremosa, com uma acidez muito amigável e um final com leves toques de ervas.

OUTROS VINHOS SELECIONADOS

89 | ALTO TIERRUCA RESERVA Chardonnay, Viognier 2020 | Curicó | 13.5° | $
89 | PICHILEMU RESERVA Cabernet Sauvignon 2019 | Colchagua | 13.9° | $
89 | PICHILEMU RESERVA Carménère 2019 | Colchagua | 14.2° | $
88 | ALTO TIERRUCA GRAN RESERVA Carménère 2019 | Colchagua | 14.3° | $
87 | TIERRUCA ROSÉ Syrah 2020 | Colchagua | 13° | $

Viñedos Puertas.

PROPRIETÁRIO José Puertas E.
ENÓLOGO Carlos Torres S.
WEB www.vinedospuertas.cl
RECEBE VISITAS Sim

• **ENÓLOGO** Carlos Torres S.

[**VIÑEDOS PUERTAS** é uma vinícola em Curicó, terra da família Puertas, com vinhedos em diferentes áreas do vale. Eles cultivam um estilo de vinhos caracterizado por sua amabilidade e bons preços. No vale eles têm 850 hectares próprios e uma produção de oito milhões de litros. No entanto, a maioria exporta como vinho a granel. É uma fração de sua produção que é reservada para rotular sob Viñedos Puertas, cerca de 360 mil garrafas por ano. Desde 2006, o enólogo é Carlos Torres, que passou mais de duas décadas na equipe de Concha y Toro.] **IMPORTADOR:** BR: www.mercovino.com.br

93 OBSESIÓN PREMIUM BLEND
Malbec, Carménère, Cabernet Sauvignon 2015
$$$$ | C U R I C Ó | **13.5°**

No momento, a madeira predomina nessa mistura de 50% de Malbec, 35% Cabernet Sauvignon e o resto de Carménère, todos dos vinhedos de Palquibudi, às margens do rio Mataquito. Este vinhedo, plantado por volta de 2000 em solos aluviais, rico em pedras arredondadas pela erosão do rio, é a fonte de alguns dos melhores vinhos da casa. A madeira tem um papel importante, mas por trás dela há frutas vermelhas maduras em um corpo médio, com taninos muito finos e com uma acidez firme, tensa. Ele precisa de alguns anos na adega.

93 TORO DE CASTA PREMIUM BLEND
Cabernet Sauvignon, Cabernet Franc, Petit Verdot 2016
$$$$ | C U R I C Ó | **14°**

Esta mistura consiste em 50% Cabernet Sauvignon, 35% Cabernet Franc e 15% Petit Verdot de diferentes vinhedos no Vale de Curicó. O coração deste vinho são videiras de Cabernet muito antigas de cerca de 70 anos, plantadas ao lado da vinícola na fazenda El Milagro, bem próxima da cidade de Curicó. Você pode sentir a força e concentração dessas videiras antigas em um tinto onde a madeira ainda é predominante, mas onde também há um monte de frutas vermelhas maduras. Mais um para a adega.

91 AGUANEGRA GRAN RESERVA
Petit Verdot 2018
$ | C U R I C Ó | **13.5°**

Surpreendente o quanto este Petit Verdot entrega. E a maneira como absorve a barrica sem perder seu caráter varietal. Este tinto da área de Palquibudi, às margens do rio Mataquito, em Curicó, tem a força da uva, a estrutura tânica que a caracteriza e também suas frutas pretas afiadas em um vinho com um grande corpo e até mesmo com potencial de envelhecimento.

90 AGUANEGRA GRAN RESERVA
Malbec, Merlot 2015
$ | C U R I C Ó | **13°**

Este **Aguanegra** vem de uma seleção de vinhedos às margens do rio Mataquito, na região de Palquibudi, em Curicó. A mistura deste ano é composta de 60% de Malbec e 40% de Merlot. O vinho é armazenado em barricas usadas por um ano antes de ser engarrafado. Aqui há uma relação muito boa entre madeira e sabores frutados, predominantemente frutas, mas deixando um fundo tostado que dá complexidade. A boca é macia, com taninos muito polidos. Excelente relação preço-qualidade.

90 AGUANEGRA GRAN RESERVA
Cabernet Franc 2016
$ | CURICÓ | **13.5°**

Uma excelente relação preço-qualidade neste tinto, cem por cento Cabernet Franc de vinhedos plantados na área de Palquibudi, nos solos aluviais das margens do rio Mataquito. Depois de um ano de envelhecimento em barricas, ele mostra claramente as notas de ervas da uva e também uma camada de frutas vermelhas maduras em um corpo macio, mas ao mesmo tempo com acidez muito firme, muito pronunciada até o fim do paladar.

OUTROS VINHOS SELECIONADOS
89 | AGUANEGRA GRAN RESERVA Malbec 2017 | Curicó | 13.5° | **$**
89 | TRONADOR RESERVA Carménère, Cabernet Sauvignon 2017 | Curicó | 13° | **$**
88 | AGUANEGRA GRAN RESERVA Cabernet Sauvignon 2018 | Curicó | 13.5° | **$**
88 | PICARDÍA CLASSIC Cabernet Sauvignon 2018 | Curicó | 13° | **$**

Viñedos Veramonte.

PROPRIETÁRIO González Byass
ENÓLOGA Sofía Araya
WEB www.vinedosveramonte.cl
RECEBE VISITAS Sim

• **ENÓLOGA** Sofía Araya

[**QUANDO OS** primeiros vinhedos foram plantados em Casablanca, em 1995, Veramonte se estabeleceu lá com uma grande vinícola. Este importante investimento da família Huneeus foi uma mensagem poderosa que contribuiu para o desenvolvimento do vale. Após anos sendo comandado por Agustín Huneeus, um importante empresário do vinho chileno, também conhecido por seus projetos na Califórnia, em 2016, Veramonte foi adquirida pelo grupo espanhol González Byass, famoso por seu Jerez Tío Pepe. Os espanhóis também passaram a controlar suas marcas anexadas, Primus, Neyen e Ritual, que são agrupadas desta vez como parte do mesmo portfólio. Veramonte é uma única linha de vinhos: de Casablanca, para as cepas mais frescas, e Colchagua, para as que precisam de mais sol. Ritual é exclusivamente de Casablanca, de parcelas específicas geridas organicamente. Primus consiste em três tintos premium de Maipo e Colchagua. E no topo do portfólio estão os dois Neyen: a tradicional mistura de tinta Cabernet-Carménère e uma edição mais nova e limitada de Malbec. Ambos nascem do calor de Apalta, em Colchagua.] **IMPORTADORES:** BR: www.totalvinhos.com.br
www.supermercadosimperatriz.com.br

96 NEYEN, ESPÍRITU DE APALTA
Carménère, Cabernet Sauvignon 2016
$$$$$ | APALTA | **13°**

Metade Carménère e metade Cabernet Sauvignon de videiras de mais de 130 anos - uma herança vinícola da mais antiga no Chile de ambas as uvas no mesmo vinhedo -, este Neyén vem de um ano complexo, chuvoso e frio, que tem dado vinhos magníficos, embora também tenha causado muitas perdas por podridão. Este é um dos bons exemplares da colheita. Já mostra uma certa evolução, com toques terrosos no meio das notas de frutas vermelhas muito refrescantes. O corpo é médio, com uma acidez marcada e taninos excelentes, muito finos e afiados.

95 PRIMUS
Cabernet Sauvignon 2018
$$$$ | MAIPO | **13.5°**

Veramonte compra para este Primus uva da área pirque, em direção ao pé dos Andes no Vale do Maipo. E é um exemplo típico de variedade naquele lugar. Notas de ervas, tons frutados muito frescos e especiarias acompanhadas de toques terrosos. A boca é bastante delicada, emoldurada em taninos finos, mas muito afiados. A acidez - moderada pelas brisas andinas e em um ano bastante fresco como 2018 - brilha neste vinho, ilumina os sabores, dá-lhes tensão. Um Cabernet cheio de caráter de uma das áreas vinícolas mais famosas do Chile. .

94 PRIMUS ORGÁNICO
Carménère 2019
$$$$ | APALTA | **14°**

Veramonte possui vinhedos em duas áreas de Colchagua. Marchigüe, a oeste, e Apalta, no centro do vale. Deste último lugar, um dos mais famosos de lá, vem este Carménère. Os vinhas são jovens, plantados entre 2000 e 2008, em solos de granito. O vinho mostra uma cara deliciosa da variedade, com tons de ervas, mas acima de tudo aromas e sabores frutados que são mostrados aqui em uma maturidade suculenta, sem exageros, em seu ponto. A boca é firme, muito forte, desafiando a ideia de que Carménère é uma variedade de taninos macios. Aqui, por outro lado, há potência, mas acompanhada de uma deliciosa acidez.

94 RITUAL MONSTER BLOCK ORGÁNICO
Pinot Noir 2018
$$$$$ | CASABLANCA | **13.5°**

Para **Monster**, a enóloga Sofia Araya seleciona vinhedos dos mais antigos de Veramonte, em Casablanca, plantados - no caso do Pinot - por volta de 1998. Estas são seleções de clones da Califórnia, o que era raro naqueles anos. É um setor plano, rico em solos de granito que dá esse vinho de sabores concentrados, generoso em frutas e especiarias vermelhas maduras, em um corpo imponente, taninos firmes, mas subjugados à sensação carnuda de sabores frutados. Um vinho grande, mas muito equilibrado e fiel à sua variedade.

93 RITUAL
Chardonnay 2019
$$$ | CASABLANCA | **13.5°**

Ritual vem de uma mistura de vinhedos jovens e antigos em setores frios da propriedade de Veramonte em Casablanca. Fermentado e envelhecido em ovos e barricas por cerca de oito meses, este Chardonnay tem a aderência e frescor da versão Gran Reserva, mas com cremosidade muito maior, embora não tenha nada de fermentação malolática. Um branco profundo, com muita textura. Tem 15% de barricas novas na mistura, e isso não aparece, mas proporciona complexidade aromática.

93 RITUAL ALCAPARRAL BLOCK ORGÁNICO
Syrah 2018
$$$$$ | CASABLANCA | 13°

Ritual Alcaparral vem de um setor de cerca de cinco hectares plantados com Syrah em 2003, ao lado da vinícola Veramonte em Casablanca. Esta é uma seleção de vinhas que resultam neste tinto bastante peculiar que cheira a azeitonas e especiarias, por mais estranho que soe. A boca é macia, o corpo é leve e a acidez firme e tensa em um vinho com muita personalidade.

93 RITUAL ORGÁNICO
Pinot Noir 2019
$$$ | CASABLANCA | 14°

Generoso em sabores de frutas vermelhas maduras e flores, o nariz deste Pinot é uma delícia de aromas que, então, no paladar, são transformados em sabores suculentos e acessíveis. A estrutura do vinho, como todo o Pinot de nova escola no Chile, não esconde seus taninos como garras que aderem à língua, proporcionando estrutura e corpo a um Pinot direto e ao mesmo tempo charmosamente frutado. Ritual vem de uma mistura de vinhedos de quatro setores da propriedade Veramonte, na área do chamado Alto Casablanca, a leste do Vale de Casablanca.

92 GRAN RESERVA
Chardonnay 2018
$$ | CASABLANCA | 14°

No lado mais fresco e vivo da cepa, este Chardonnay tem um nervo delicioso que o torna muito refrescante. Vinhas jovens plantadas ao lado da vinícola Veramonte - e fermentadas em aço e barricas - também oferecem um tom floral requintado na boca. Uma boa descoberta a um preço muito bom.

91 RESERVA ORGÁNICO
Sauvignon Blanc 2020
$$ | CASABLANCA | 13.5°

Este Sauvignon é um clássico entre os vinhos de Casablanca. Com sua primeira safra em 1998, vem das primeiras plantações dessa variedade que Veramonte tem ao redor da vinícola, na parte mais oriental do Vale. E o estilo corresponde ao que se esperaria de um Sauvignon da área, ligeiramente moderado pelas brisas do mar. Colhido muito cedo em um ano quente, este tem aquele lado característico de ervas, aliado a frutas brancas e especiarias em um vinho crocante e refrescante.

90 RESERVA CARMÉNÈRE
Carménère 2019
$$ | COLCHAGUA | 14°

De vinhedos próprios em Marchigüe, plantados há cerca de 15 anos nos solos graníticos da região, este Carménère, embora simples e acessível, mostra muito bem as características do lugar: os taninos selvagens, as notas de ervas e especiarias e a rica acidez daquela área, a oeste do Vale de Colchagua.

90 RESERVA ORGÁNICO
Cabernet Sauvignon 2019
$$ | COLCHAGUA | **14°**

Um Cabernet simples, direto em sua expressão frutada. E com uma estrutura tânica bem presente que fala da juventude deste tinto, e também de suas possibilidades ao lado da comida. Pense em carnes assadas ou embutidos. Este Cabernet vem de vinhedos plantados na área de Marchigüe, a oeste do Vale de Colchagua.

Vistamar.

PROPRIETÁRIO Família Yarur
ENÓLOGO Cristián Carrasco
WEB www.vistamar.cl
RECEBE VISITAS Sim

• ENÓLOGO Cristián Carrasco

[**VISTAMAR É** parte do Grupo Belén, juntamente com as vinícolas Morandé, Mancura, Fray León e a argentina Zorzal. Foca-se em vinhos de Maipo, Alto Cachapoal e, para brancos, Casablanca. A produção anual aproximada da Vistamar é de 1,4 milhão de caixas.]

IMPORTADOR: BR: www.grandcru.com.br

91 CORTE DE CAMPO COASTAL
Chardonnay, Viognier 2019
$$ | CASABLANCA | **13°**

Com 85% de Chardonnay e o resto do Viognier, todos de vinhedos próprios na área mais ocidental de Casablanca, fortemente influenciado pelas brisas do mar, este é um branco refrescante, com tons de ervas e florais. O Viognier parece muito austero, deixando toda a proeminência para Chardonnay, com seus sabores suculentos de frutas maduras e notas especiadas. O corpo é leve, acidez rica e de alegres notas de ervas.

90 SINGLE ESTATE
Sauvignon Blanc 2020
$$ | CASABLANCA | **13.5°**

Uma visão madura e voluptuosa de Sauvignon Blanc de Casablanca, este vem da área mais ocidental e mais próxima do Pacífico naquele vale, e talvez seja graças a essa influência fria que este vinho tem nervo e acidez no meio de toda essa voluptuosidade de frutas brancas confitadas. Um branco para abrir com miúdos.

OUTROS VINHOS SELECIONADOS
89 | RESERVA Sauvignon Blanc 2020 | Maule | 13.5° | **$$**
88 | SINGLE ESTATE Cabernet Sauvignon 2019 | Cachapoal | 13.5° | **$$**
87 | RESERVA Carménère 2019 | Maipo | 13.5° | **$$**
87 | RESERVA Malbec 2019 | Maule | 13.5° | **$$**

Viu Manent.

PROPRIETÁRIO Família Viu
ENÓLOGO Patricio Celedón
WEB www.viumanent.cl
RECEBE VISITAS Sim

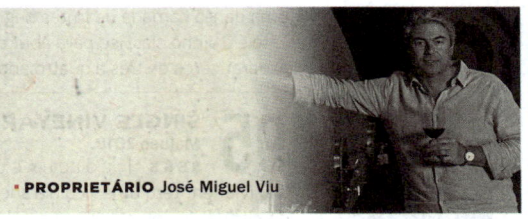

• **PROPRIETÁRIO** José Miguel Viu

[**VIU MANENT** é uma das vinícolas mais importantes do Vale de Colchagua. Sua base de operações fica no vinhedo de San Carlos de Cunaco, onde possuem videiras centenárias, a vinícola e atrações que o tornaram um polo turístico do vale, como o bistrô Rayuela ou a oficina food & wine studio de Pilar Rodríguez, um dos chefs mais destacados do Chile. Dos 260 hectares que possuem no total, 145 estão em São Carlos. O restante vem de dois setores, sempre em Colchagua: La Capilla, onde tem 45 hectares, e El Olivar, localizado nas encostas rochosas de Peralillo, com 75 hectares. Viu Manent nasceu em 1966, embora a família proprietária estivesse engarrafando e comercializando vinhos sob a marca Vinos Viu desde 1935. Foi com a compra do campo de São Carlos que começa adequadamente a história da vinícola Viu Manent.] **IMPORTADORES:** BR: www.zonasul.com.br www.superadega.com.br

97 VIU 1
Malbec 2018
$$$$$ | COLCHAGUA | **14°**

A nova versão do Viu 1, o tinto mais ambicioso da casa, tem uma direção um pouco mais radical do que a já vista desde a safra de 2016. Neste caso, a pureza da fruta e, sobretudo, o frescor desses sabores e aromas frutados que se expandem generosamente. Os taninos macios de Malbec de solos profundos, aqui parecem um creme, acompanhados de uma acidez suculenta que aumenta o frescor. Mas atenção, que também é um tinto profundo, alta densidade e notas amigáveis de ervas e especiarias. Muito jovem, ele precisa de três a quatro anos na garrafa. Esta nova safra da Viu 1 tem 87% de Malbec, 9% Cabernet Sauvignon e 4% Petit Verdot. Foi envelhecido em fudres (62% do volume), bem como barricas e ovos de concreto.

96 VIU 1
Malbec 2017
$$$$$ | COLCHAGUA | **14°**

Viu 1 vem de uma seleção de Malbecs centenários, do lote quatro no vinhedo de San Carlos da família Viu em Colchagua. Os solos são aluviais, ricos em argilas e areias. A idade das vinhas oferece sabores equilibrados neste Malbec com 7% de Petit Verdot. A maceração é feita por duas semanas e o estágio ocorre em fudres (56%) mais barricas e tanques. É um vinho imponente, de grande maturidade graças a um ano quente, mas com uma acidez firme e taninos afiados que conseguem dar equilíbrio. É suculento, amplo, voluptuoso e precisa de pelo menos três a quatro anos na garrafa para se desenvolver. Paciência.

95 EL INCIDENTE
Carménère 2018
$$$$$ | COLCHAGUA | **14°**

El Incidente é o principal Carménère de Viu Manent, sua primeira safra foi em 2007 e, desde aquela colheita, vem dos solos vulcânicos e aluviais do vinhedo La Capilla, no Vale de Colchagua. Nesta safra há 15% de Malbec que contribuiu com suas notas de violetas e frutas vermelhas em meio a

uma densa camada de frutas negras maduras, e tons especiados e de ervas. Este é o vinho clássico para abrir espaço na adega. Neste caso, teríamos que esperar cerca de três a quatro anos para que ele ganhe em complexidade.

95 SINGLE VINEYARD SAN CARLOS
Malbec 2018
$$$$ | COLCHAGUA | 14°

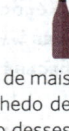

Viu Manent tem uma rica herança de antigos vinhedos de Malbec de mais de cem anos, plantados nos solos profundos e férteis de seu vinhedo de San Carlos, ao lado da vinícola, em Colchagua. Da melhor seleção desses vinhedos faz dois vinhos. O primeiro é o Viu 1, o mais ambicioso da casa, e depois este Single Vineyard que oferece uma sensação semelhante de videiras antigas, com esse equilíbrio, embora um pouco mais abaixo em complexidade. Mas o que não tem em complexidade, tem em frutas, que aqui são suculentas e profundas, em taninos firmes e amigáveis. A acidez é moderada, mas com intensidade suficiente para alcançar o frescor no meio dessas frutas vermelhas maduras. Uma excelente abordagem para a variedade, em um estilo que poderia muito bem ser equivalente ao que é feito nos vinhos da "primeira área" de Mendoza, ao norte do rio Mendoza, em áreas como Agrelo ou Vistalba.

94 SINGLE VINEYARD EL OLIVAR
Syrah 2018
$$$$ | COLCHAGUA | 14°

O vinhedo El Olivar foi plantado nas encostas perto de Peralillo, no Vale de Colchagua, por volta do início de 2000, e este Syrah é uma dessas primeiras plantações. A seleção é feita a partir de uma encosta de solos de rocha fraturada e o vinho é envelhecido em fudres, ovos e barricas por um ano. O resultado é um vinho amplo, com muitas notas suculentas e voluptuosas, no meio de taninos firmes que estão embutidos no paladar com força. Há sabores de carne na boca, junto com frutas vermelhas maduras, o que lhe dá uma certa complexidade. De qualquer forma, deixe na adega por dois ou três anos. Tenho certeza que vai continuar se desenvolvendo de uma maneira muito boa.

94 VIBO VIÑEDO CENTENARIO
Malbec, Cabernet Sauvignon 2018
$$$$ | COLCHAGUA | 14°

Um suco de fruta maduro, este tem uma certa iguaria que encanta desde o nariz, com suas notas de ervas e frutas, até a boca, onde a textura parece amigável, interrompida por taninos que mal picam a língua, mas que se sentem. O resto é suculência, sabores frutados e um delicado final à base de ervas. Este Viñedo Centenario é uma seleção de videiras com mais de cem anos plantadas na propriedade da família Viu em San Carlos, em Cunaco, no centro do Vale do Colchagua. A mistura tem 60% Cabernet Sauvignon e 40% Malbec.

93 GRAN RESERVA
Malbec 2019
$$ | COLCHAGUA | 14°

Para este **Gran Reserva**, Viu Manent seleciona videiras jovens (cerca de 25 anos) de seu vinhedo de San Carlos, em Cunaco, no Vale de Colchagua. Sente-se um Malbec amplo, com notas florais e defumadas, mas também taninos poderosos que enchem o paladar com sua textura firme. Os sabores parecem maduros e suculentos, acompanhados de uma acidez muito boa e fresca.

93 SECRETO
Malbec 2019
$$ | COLCHAGUA | 14°

De vinhedos plantados em meados da última década em solos de argila em uma suave encosta de El Olivar, em Colchagua. Mais da metade do vinho não foi envelhecido em barricas, com o objetivo de resgatar os sabores frutados do Malbec naquela área e nesses solos. E o resultado é delicioso, cheio de sabores de frutas vermelhas e violetas em um corpo com estrutura muito boa, com taninos finos e penetrantes para acompanhar carne grelhada.

93 SECRETO
Sauvignon Blanc 2020
$$ | CASABLANCA | 14°

Para este Sauvignon, o enólogo Patricio Celedón usa uvas de Las Dichas, uma das áreas mais próximas do mar no Vale de Casablanca. Lá, a influência fria do Pacífico projeta vinhos de grande frescor como este, que enche o nariz com notas de ervas. Na boca, acidez e notas cítricas fazem uma pequena festa. Um vinho direto, ideal para ceviche de frutos do mar.

93 SINGLE VINEYARD LA CAPILLA
Cabernet Sauvignon 2018
$$$$ | COLCHAGUA | 14°

Dos solos vulcânicos e aluviais de La Capilla, o vinhedo de cerca de 26 anos que a família Viu tem no Vale de Colchagua, este Cabernet mostra um lado de ervas marcado, mas também acompanhado por tons de frutas maduras que são mostrados com maiores evidências na boca, transformando-se em sabores voluptuosos. Um Cabernet clássico da quente Colchagua para acompanhar ensopados de carne ou queijos maduros.

93 SINGLE VINEYARD LOMA BLANCA
Carménère 2018
$$$$ | COLCHAGUA | 14°

Loma Blanca é uma seleção de solos pedregosos plantados no vinhedo El Olivar, em direção à área de Peralillo do Vale de Colchagua. Cem por cento do vinho é envelhecido em barricas de carvalho, com 10% de madeira nova. A sensação de frutas vermelhas e notas de ervas é forte aqui, deixando espaço para leves toques de violetas em um corpo suculento, amplo e profundo. Este vinho ainda precisa de alguns anos na garrafa.

93 VIBO PUNTA DEL VIENTO
Syrah, Garnacha, Mourvèdre 2018
$$$ | COLCHAGUA | 14°

Esta mistura de variedades mediterrâneas foi uma das primeiras em Colchagua com sua safra de estreia em 2001. Este ano, tem 60% de Grenache, 24% de Syrah e o resto de Monastrell, todos de vinhedos de cerca de 13 anos plantados nas encostas de granito e argila de El Olivar, em Colchagua. De textura marcado por taninos muito finos e firmes, e estrutura bastante ampla, tem muitos sabores de frutas maduras e também notas de ervas em um vinho generoso, mas ao mesmo tempo de acidez muito boa para refrescar.

93 VIU 8 CUVÉE INFINITO
Malbec, Cabernet Sauvignon, Cabernet Franc 2017
$$$$$ | COLCHAGUA | **14°**

O novo vinho de Viu Manent é uma seleção de 61% de Cabernet Sauvignon, 33% de Malbec e o resto do Cabernet Franc, todos de seu vinhedo de San Carlos, propriedade histórica da Viu em San Carlos de Cunaco, no Vale de Colchagua. Depois de 14 meses de estágio de madeira, principalmente barricas, aqui está uma influência óbvia dos toques tostados de carvalho, mas também um claro sotaque na maturidade das frutas. O vinho parece amplo, potente e maduro, rico em frutas negras. Este é para a guarda.

92 SECRETO
Cabernet Sauvignon 2019
$$ | COLCHAGUA | **14°**

Este Cabernet Sauvignon é baseado em videiras de Cabernet muito antigas, cerca de cem anos de idade no vinhedo de San Carlos, que fica ao lado da vinícola Viu Manent em Colchagua. Como os outros tintos da linha Secreto, este também vai para o lado frutado, muitas frutas vermelhas e ervas no meio de taninos afiados, de muito boa pegada.

92 SECRETO
Carménère 2019
$$ | COLCHAGUA | **14°**

Sem vergonha de suas notas de ervas, este Carménère também oferece muitas frutas vermelhas em um perfil fresco, de grande bebibilidade. A textura é firme, construída a partir de taninos vivos, que reagem agarrando o paladar, mas sem violência. E os sabores frutados, que trazem frescor e suculência. Este Carménère vem das encostas do vinhedo El Olivar, plantado por volta de 2005 em Colchagua.

92 SECRETO
Syrah 2019
$$ | COLCHAGUA | **13.5°**

Videiras de 14 anos, plantadas em solos rochosos do vinhedo El Olivar, no Vale de Colchagua. Aqui há frutas vermelhas e especiarias em igual proporção, enquanto na boca tem uma forte presença de taninos que picam a língua e fazem você pensar em sanduíche de pernil. O resto são deliciosos sabores de frutas para desfrutar agora.

91 GRAN RESERVA
Cabernet Sauvignon 2019
$$ | COLCHAGUA | **14°**

Esta é uma seleção de vinhedos antigos de cerca de cem anos na propriedade da família Viu em Cunaco. A mistura também inclui 9% de Cabernet Franc do mesmo vinhedo, mas videiras jovens, cerca de seis anos de idade. Há um caráter de ervas intenso aqui, acompanhado de frutas maduras em um vinho que parece expansivo, voluptuoso. Este é para guisado de cordeiro.

91 GRAN RESERVA
Carménère 2019
$$ | COLCHAGUA | **14°**

Uma Carménère com caráter de ervas e, ao mesmo tempo floral, tem uma densa camada de sabores de frutas vermelhas maduras no meio de taninos amigáveis e cremosos. Parece amplo, como para acompanhar embutidos ou queijos maduros. Vem de vinhedos de cerca de 30 anos plantados nos solos vulcânicos e aluviais do vinhedo La Capilla, no Vale de Colchagua.

91 GRAN RESERVA
Chardonnay 2019
$$ | C O L C H A G U A | **14°**

Litueche é uma área a cerca de 18 quilômetros do mar, a oeste do Vale de Colchagua, e a partir daí Viu Manent obtém este Chardonnay de uma forte intensidade de fruta, com sabores e aromas de frutas brancas maduras em um corpo que se sente cremoso e amplo. 32% do volume total do vinho foi estagiado por oito meses em barricas, e isso lhe dá um certo toque defumado. A acidez é firme e tensa.

90 GRAN RESERVA
Sémillon 2018
$$ | C O L C H A G U A | **12.5°**

Um vinho de vinhas cem anos, colhido no final da temporada, que neste caso era 7 de junho. O percentual de botrytis foi de 96%, bastante alto para o clima seco de Colchagua.

90 SECRETO
Pinot Noir 2019
$$ | C A S A B L A N C A | **13.5°**

Um Pinot Noir cheio de frutas vermelhas, notas de ervas em um corpo suculento, de frescor muito bom. O vinho parece leve, com textura muito polida e com uma acidez que acentua os sabores das frutas vermelhas, em um contexto de Pinot para servir frio e matar a sede.

OUTROS VINHOS SELECIONADOS
88 | RESERVA Malbec 2019 | Colchagua | 14° | **$**
88 | RESERVA ROSÉ Malbec 2020 | Colchagua | 13° | **$**

William Cole.

PROPRIETÁRIO WC Investment
ENÓLOGA Ximena Klein
WEB www.tapihuewines.com
RECEBE VISITAS Sim

• **ENÓLOGA** Ximena Klein

[**FUNDADA EM 1999** pelo empresário americano William Cole, a maior parte da propriedade desta vinícola de Casablanca foi adquirida pela família Weinstein em 2016. O estilo de vinho de William Cole tem sido cada vez mais orientado para o frescor e a força das frutas, o que já é perceptível em sua linha de entrada, Mirador, conhecida por sua boa relação preço-qualidade. Suas outras linhas principais são a Columbine Special Reserve, com algum envelhecimento em barrica, e a mais ambiciosa, Bill. A vinícola e seus principais vinhedos estão localizados em um setor de Casablanca conhecido como Tapihue, embora também trabalhem com uvas dos vales de Colchagua e Maipo, principalmente Cabernet Sauvignon. A equipe enológica é composta pela enóloga-chefe Ximena Klein e pelo consultor Peter Mackey.]

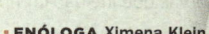

94 BILL LIMITED EDITION
Cabernet Sauvignon, Malbec, Syrah, Petite Sirah 2017
$$$ | M A I P O | **14°**

Esta mistura de 26% Cabernet Sauvignon, 26% Malbec, 26% Syrah e o resto de Petit Sirah vem da área de El Pangue, ao norte de Casablanca, mas em uma área considerada Maipo Costa, embora esteja localizada na mesma cadeia de montanhas que compõem o Vale de Casablanca. Naquele lugar influenciado pelas brisas do mar, as variedades tintas têm algo de clima frio, um ar de crocância e frescor, e isso se sente aqui com os aromas de carne e de ervas, e a acidez firme que acentua a textura selvagem. É um vinho para esperar. Deixe na adega por alguns anos, talvez três.

93 BILL LIMITED EDITION
Cabernet Sauvignon 2017
$$$ | MAIPO | **14.5°**

Da área de El Pangue, ao norte de Casablanca, e nas encostas da cordilheira da costa, este Cabernet mostra uma face ampla e suculenta da variedade. É generoso na maturidade, mas como a maioria dos tintos da casa, também é rico em acidez e muito firme em taninos que suportam o grande peso da fruta sem problemas, como se esse peso não existisse. Um vinho para a guarda. Precisa de pelo menos dois anos para ganhar em complexidade.

92 GRAND RESERVE WINEMAKER'S COLLECTION
Cabernet Sauvignon, Carménère, Syrah 2019
$$ | VALE CENTRAL | **13.5°**

O blend deste ano de Grand Reserve Winemaker's Collection tem 60% de Cabernet Sauvignon da área de El Pangue de Maipo Costa, 30% de Carménère da área de Las Garzas, no Vale de Colchagua, e o resto do Syrah de Casablanca. Três vales muito diferentes que são unidos aqui em um vinho muito no estilo da casa, suculento em sabores, mas ao mesmo tempo com uma acidez que proporciona nervos e frescor, mas acima de tudo equilíbrio, fazendo com que o vinho se sinta muito mais fácil de beber. Ainda assim, temos que esperar aqui. É um vinho muito jovem e precisa de tempo de garrafa.

90 GRAND RESERVE
Carménère 2019
$$ | COLCHAGUA | **13.5°**

De Las Garzas, no meio do Vale de Colchagua, e em solos pesados de argila, este Carménère tem toda a maraca dos vinhos locais, nascidos ao sol. É fruta ampla, suculenta, madura, taninos muito macios e com certos toques de ervas que lhe dão complexidade e também uma sensação de frescor.

OUTROS VINHOS SELECIONADOS

88 | GRAND RESERVE Sauvignon Blanc 2020 | Casablanca | 13.5° | **$$**
88 | RESERVE Carménère 2019 | Colchagua | 14° | **$**
88 | RESERVE Pinot Noir 2020 | Casablanca | 13.5° | **$**
86 | RESERVE Sauvignon Blanc 2020 | Casablanca | 12.5° | **$**

William Fèvre Chile.

PROPRIETÁRIO Víctor Pino Torche
ENÓLOGO Cristián Aliaga
WEB www.williamfevre.cl
RECEBE VISITAS Sim

• **ENÓLOGO** Cristián Aliaga

[**VINHEDOS ACIMA** de 900 metros de altura, na cidade de Pirque, em Alto Maipo, esta vinícola nasceu em 1991 como uma subsidiária da empresa francesa William Fèvre (conhecida vinícola de Chablis, na Borgonha), mas que hoje pertence principalmente à família
chilena Pino. Sua proposta se destaca por seus vinhos de montanha, desde Cabernet Sauvignon, presentes em todos os níveis do catálogo, embora também produzam Chardonnay
que deixam a desejar para os da costa. Há alguns anos, e com a linha Quino, eles também
exploraram o Vale do Malleco, mais de 600 quilômetros ao sul de Santiago, um clima extremo onde produzem vinhos de muita personalidade. A produção anual de William Fèvre
é de cerca de 500 mil garrafas.] **IMPORTADOR:** BR: www.dominiocassis.com.br

95 CHACAI
Cabernet Sauvignon 2017
$$$$ | M A I P O   A N D E S | **13.9°**

Este é um dos vinhedos de maior altitude em Alto Maipo, acima de 900
metros, plantado em solos de origem coluvial e rico em argilas em San
Juan de Pirque. Lá o Cabernet Sauvignon foi enxertado em Chardonnay em
1992. Além disso, tem 11% de Cabernet Franc de um vinhedo mais baixo.
Tem todo o caráter dos vinhos Pirque, pureza frutada, notas ligeiramente
herbáceas (nunca mentol ou eucalipto, como seus vizinhos de Macul) e
aqueles taninos firmes e afiados, que constroem uma estrutura elegante
e projetada para ser desenvolvida na garrafa. Um vinho de forte senso de
lugar.

95 CHACAI
Chardonnay 2018
$$$$ | M A I P O   A N D E S | **13.4°**

A área de Pirque é uma das de maior altitude do Alto Maipo, ao pé dos
Andes. Neste caso, é um vinhedo plantado em 1992 a cerca de 900 metros acima do nível do mar, e a influência das brisas frias da montanha é
sentida em um Chardonnay com uma textura cremosa adorável, rica em
frutas brancas maduras, mas ao mesmo tempo com uma acidez afiada e
penetrante. O vinho foi envelhecido em barricas por 15 meses e esse período de contato com as borras deu uma complexidade aromática extra,
mas também parece sublinhar essa textura oleosa em um dos grandes
Chardonnay de Maipo.

94 ESPINO GRAN CUVÉE
Cabernet Sauvignon 2018
$$$ | M A I P O   A L T O | **13.8°**

Este Cabernet é uma mistura de dois vinhedos na área de Pirque. O primeiro, plantado em 1994 na área de San Luis de Pirque, com cerca de 640
metros de altura. E o segundo, com 80% da mistura final, nas Majadas,
com cerca de 720 metros de altura, plantado em 1998. A fruta do Cabernet
de Pirque parece aqui especialmente clara. Ligeiramente especiado e herbáceo, os sabores de frutas vermelhas maduras predominam aqui em um

corpo de taninos finos, mas firmes. A concentração na boca dá a sensação de plenitude, de muito corpo. Ainda precisa de alguns anos na garrafa, mas já mostra o senso de origem dessa área, uma das mais famosas pela produção de Cabernet no Chile.

94 LITTLE QUINO
Sauvignon Blanc 2020
$$ | M A L L E C O | **12.6°**

Plantado em 2007 em solos vulcânicos e com argilas na superfície, este Sauvignon nasceu no sul do Vale de Malleco, um novo polo vinícola no Chile. As frutas aqui são radiantes, cheias de notas de ervas e frutas cítricas em um vinho refrescante em primeiro lugar, mas que também enche a boca com sabores crocantes e, por sinal, uma acidez que vibra. O clima bastante frio de Malleco e seus solos de argila produzem Chardonnay e Pinot muitos bons. A essas duas variedades você tem que adicionar Sauvignon.

93 LITTLE QUINO
Pinot Noir 2020
$$ | M A L L E C O | **13.5°**

Malleco está lentamente ganhando uma boa reputação como produtor de Pinot Noir, sob clima bastante frio, invernos chuvosos e solos vulcânicos e de argila naquela área na sombra da cordilheira de Nahuelbuta. Este tem frutas vermelhas radiantes, um frescor delicioso e uma acidez que suporta esse frescor com sua sensação afiada. Um vinho de excelente relação preço-qualidade para beber por garrafas no verão.

93 QUINO BLANC NATURE
Chardonnay 2018
$$$$ | M A L L E C O | **11.4°**

Estagiado com suas borras por 18 meses, e feito de acordo com o método tradicional de segunda fermentação na garrafa, este espumante vem do Vale do Malleco, ao sul do Chile, uma comunidade crescente de produtores que está demonstrando o potencial da área. Aqui está uma generosidade suculenta de frutas brancas refrescantes, acompanhadas por uma acidez afiada e bolhas macias e cremosas. Por enquanto, ele só mostra seu lado mais frutado e simples, mas este vinho precisa de dois a três anos na garrafa para ganhar em complexidade.

92 ESPINO GRAN CUVÉE
Carménère 2018
$$$ | M A I P O | **13.7°**

Para este Carménère se selecionam uvas do vinhedo da área de San Luis de Pirque, plantado em 1994 com cerca de 640 metros de altura, no Maipo Alto, mais uvas compradas em Melipilla, na área média e mais quente do Vale do Maipo. O vinho é envelhecido em barricas (20% de madeira nova) por cerca de 14 meses antes do engarrafamento. Ele se sente cheio de tons frutados, sabores de frutas maduras e um leve toque de notas de ervas que são mostrados no final. O que predomina, por enquanto, é a madeira desempenhando um papel de liderança. O tempo em garrafa será capaz de integrá-lo.

Yali.

PROPRIETÁRIO Gonzalo Vial
ENÓLOGO Ángel Marchant
WEB www.yali.cl
RECEBE VISITAS Sim

· **ENÓLOGO** Ángel Marchant

[**YALI** faz parte do grupo de marcas de Ventisquero e possui uvas dos principais vinhedos da empresa, principalmente Casablanca, da propriedade que Ventisquero possui ali, ao lado do mar e na foz do rio Maipo; também da área de Apalta, no Vale de Colchagua, e do Vale do Maipo a oeste, no que é conhecido como Maipo Costa.] **IMPORTADOR:** BR: www.domno.com.br

94 YALI PLUS
Cabernet Sauvignon, Carménère, Merlot, Syrah 2018
$$$$ | COLCHAGUA | **14°**

Esta é uma seleção de vinhedos no Vale do Apalta, em Colchagua. Cabernet vem de vinhedos nas áreas mais altas do vale, cerca de 480 metros acima do nível do mar; o Carménère vem de metade das encostas; e o Merlot, das áreas inferiores. Depois de 14 meses envelhecendo em barricas, metade de madeira nova, este vinho ainda parece muito jovem. A madeira é sentida, com suas notas tostadas, e na boca há uma generosa camada de frutas vermelhas maduras e toques especiados e herbáceos. Seja paciente e abra essa garrafa em alguns anos.

93 LIMITED EDITION
Carménère 2019
$$$$ | MAIPO | **12.5°**

Esta é uma seleção de vinhedos de Yali no Maipo Costa, ricos em argilas e areias. Envelhecido em barricas por 18 meses, este tinto tem uma riqueza de frutas deliciosas. Os aromas de ervas da Carménère são sentidos ao fundo e as frutas vermelhas e maduras, macias e cremosas, mostram em primeiro plano toda a sua exuberância.

90 THREE LAGOONS
Cabernet Sauvignon, Syrah 2019
$$ | MAIPO | **13°**

Esta mistura tem a generosidade frutada dos tintos do Maipo Costa. Há notas de madeira, mas o ator principal é a fruta generosa que se expande pela boca com seus sabores maduros e suculentos em um vinho sem arestas, que se move suavemente pelo paladar.

PEQUENAS
AVENTURAS

A cena de vinhos na **América do Sul** se diversificou e por todos os lados aparecem **novos projetos,** muitas vezes pequenos, de poucas caixas. **Aqui estão alguns.**

3 Monos.

[**3 MONOS** é o projeto dos enólogos Cristián Aliaga e Ricardo Bobadilla, juntamente com o viticultor Pedro Narbna. Eles começaram a engarrafar em 2013, e hoje eles têm quatro vinhos, todos de produtores em Maule, Maipo e Itata. No total, eles produzem cerca de 11.000 garrafas.] **www.vinos3monos.cl** | **IMPORTADOR:** BR: www.semidoro.com.br

94 **SURREAL**
Cabernet Sauvignon 2015
$$$$ | M A I P O   A N D E S | **14.5°**

Surreal é o novo membro do pequeno catálogo de 3 Monos e é obtido a partir de um pequeno setor de meio hectare de solos muito pedregosos no vinhedo de Chada, no Maipo Alto. Além do Cabernet Sauvignon, tem 10% de Petit Verdot para apoiar a acidez em um ano quente como 2015. O vinho é envelhecido por 18 meses em barricas e o resultado é um vinho tipicamente Maipo, um Cabernet generoso em notas de ervas e mentol, juntamente com frutas vermelhas maduras. A boca é delicada, com uma acidez que é projetada até o fim. Lá o Petit Verdot tem muito a ver com isso.

91 **3 MONOS**
Carignan, Garnacha 2016
$$$ | C A U Q U E N E S | **14.5°**

Esta é uma mistura de 72% de Carignan e o resto de Grenache. Para a primeira variedade, falamos de vinhedos de cerca de 50 anos, enquanto Grenache é mais jovem, plantada em 2008. Ambas as variedades são fermentadas e envelhecidas separadamente em barricas por cerca de um ano e meio. Aqui o Carignan é quem comanda com seus sabores e aromas de frutas e flores vermelhas, e a acidez, que é clássica da uva, intensa, afiada. O vinho tem taninos firmes e as frutas doces no final o tornam muito fácil de beber.

90 **3 MONOS**
Cabernet Sauvignon 2016
$$$ | M A I P O   A N D E S | **14°**

Da área de Chada de Buin, no Vale do Maipo, este Cabernet cem por cento está cheio de aromas de ervas sobre tons de frutas vermelhas maduras. É muito macio, com uma estrutura delicada e taninos muito amigáveis. Este é o tinto que precisam para a pizza.

OUTRO VINHO SELECIONADO
89 | 3 MONOS Moscatel de Alejandría, Torontel 2017 | Itata | 13.5° | $$

Afmapu.

[**JUAN CARLOS FAÚNDEZ** é um experiente enólogo chileno. Há anos é braço direito e sócio de Álvaro Espinoza em diversas consultorias no Chile. Afmapu é o projeto da sua família.] jcfv.sv@gmail.com

91 **LOS QUISCOS** Monastrell, Malbec, Petit Verdot, Syrah,
Cabernet Sauvignon, Carménère, Petite Sirah, Grenache, Carignan 2015
$$$$ | M A I P O   A L T O | **14°**

Trata-se de uma seleção de vinhedos orgânicos, plantados por volta de 2008, em Alto Maipo, ao pé da cordilheira dos Andes. As variedades foram cofermentadas e metade do vinho é envelhecido em barricas, um terço deles novos. É um tinto com muitos sabores frutados, ervas e notas florais, com toques terrosos. A boca é de corpo médio, com foco em sabores frutados que se expandem em meio a taninos firmes perfeitos para carne grelhada.

Agrícola El Bagual.

[**OS SOLAR** são uma família de agricultores do Maule. Eles produzem uvas e, com a safra 2018, também estrearam na produção de vinhos, apoiados pela Erasmo, seus vizinhos na região de Caliboro e, além disso, parceiros nessa mesma vinícola, uma das estrelas do Vale do Maule.] @javierrousseau

93 JAVIER ROUSSEAU
Carignan 2018
$$$ | MAULE | 13.5°

Esta é a primeira vez que a família Solar engarrafa uvas Carignan, enxertadas em antigas videiras de País na área de Caliboro, às margens do rio Perquilauquén. Envelhecido por 12 meses em barricas usadas e com um ano de armazenamento de garrafas, este tinto mostra o lado selvagem do Carignan. Cheira a frutas vermelhas e flores, e na boca seus taninos são tensos, eles se agarram ao paladar como pregos. É intenso em sabores, mas nunca doce ou menos cansativo. Deixe-o por alguns meses na adega e depois abra-o junto com frios.

Agrícola La Misión.

[**NICOLA MASSA** e Elena Pantaleoni, dona da vinícola La Stoppa na Emília-Romanha, Itália, uniram forças para investigar o potencial da cepa País no Chile. Para isso, compram uvas de um vinhedo antigo em Coronel del Maule (o registro diz que tem 130 anos) e as vinificam em um par de lagares raulí restaurados, e depois descansam em barricas usadas de 300 litros por cerca de 12 meses.] **FB: vinopisador** | IMPORTADOR: BR: www.piovino.com.br

94 PISADOR
País 2020
$$$ | SECANO INTERIOR CAUQUENES | 14°

Esta nova versão de Pisador vem da área de Coronel del Maule, no "secano" do Vale do Maule. Feito de forma muito artesanal, com "zarandas" para moer os cachos e envelhecer em barricas antigas por um ano, o vinho tem a força habitual de Pisador, os taninos tensos e rústicos, ideais para linguiças ou "longanizas", a linguiça típica do sul do Chile. E o resto são frutas vermelhas maduras que se estendem pela boca, acompanhadas por uma acidez que continua refrescando-as, como se fosse uma escolta. Um País para conhecer a variedade, mas em seu lado mais estruturado e poderoso, muito no estilo do Maule.

Armonía Wines.

[**ARMONÍA WINES** é um clube de vinhos em Santiago que começou a explorar o mundo dos vinhos em colaboração com os principais enólogos chilenos. Lunático é uma dessas experiências e a partir dela foram feitas cerca de três mil garrafas.] www.armoniawines.cl | IMPORTADOR: BR: www.elevagebrasil.com.ar

94 LUNÁTICO
Carménère, Cabernet Sauvignon, Syrah 2018
$ $ $ $ $ | M A I P O A L T O | **14.5°**

Lunático é um vinho feito entre o clube de vinhos Armonía Wines e o enólogo chileno Alvaro Espinoza, proprietário da Antiyal, no Vale do Maipo. Trata-se de 80% de Carménère de vinhedos localizados na região de Alto Maipo, em solos pedregosos ao pé dos Andes. E tem o caráter do Carménère da área, o lado generosamente frutado, as frutas vermelhas, a acidez marcante de um ano muito bom como 2018, e a textura macia e suculenta da melhor Carménère nacional.

93 SICILIANO
Cabernet Sauvignon, Cabernet Franc 2017
$ $ $ $ | M A I P O | **13.5°**

De dois vinhedos em Alto Maipo, no início do piemonte andino, essa mistura de 95% Cabernet Sauvignon e o resto do Cabernet Franc tem todo o caráter dos vinhos da região, os aromas mentolados que unem ervas e notas frutadas, além de alguns toques terrosos. A boca se sente cheia de sabores de frutas doces, notas de ervas e taninos muito macios.

CasaLibre.

[**FRED SKWARA** é engenheiro comercial de mãe chilena e pai brasileiro dedicado aos mercados financeiros da América Latina. Este é seu primeiro empreendimento relacionado ao vinho, para o qual ele procurou a ajuda de Luca Hodgkinson, um enólogo de longa data na Argentina e no Chile, e hoje dedicado a aconselhar pequenos projetos como este. Para CasaLibre, eles obtêm uvas tanto do Vale do Maipo quanto de Colchagua.] **www.casalibre.**
cl | IMPORTADOR: BR: www.lacharbonnade.com.br

94 DE OTRO PLANETA
Cabernet Franc 2019
$ $ $ | M A I P O | **13.5°**

Um Cabernet Franc de enciclopédia, vem de vinhedos na área de Melipilla, plantado em solos de granito por volta de 1997. O vinho é fermentado com grãos integrais em ânforas de argila de 700 litros, recipientes que têm a qualidade de serem porosos; ou seja, o vinho respira, e isso tem muitos efeitos, mas de acordo com o enólogo Luca Hodgkinson um dos principais é que ele suaviza os taninos, fazendo com que o vinho se sinta "pronto" muito rápido. Sem enxofre em qualquer momento da vinificação, aqui o que existem são frutas, aromas de tabaco e ervas, em uma textura cremosa que é projetada até o fim do paladar sem arestas. Um daqueles vinhos para beber e não parar.

92 MÍNIMO
Malbec, Syrah, Carménère 2016
$ $ $ $ | C O L C H A G U A | **14°**

minimo

Trata-se de uma mistura de 48% de Malbec, 21% de Syrah e 31% de Carménère, todos da região de Los Lingues, em direção ao pé dos Andes, no Vale de Colchagua. Frutas vermelhas são misturadas aqui com as notas tostadas de madeira (tem dois anos de envelhecimento em barricas) em um tinto que ainda se sente muito jovem. Mais alguns anos na garrafa farão com que a camada de frutas absorva esse carvalho e alcance o equilíbrio. No momento, é um vinho suculento e amigável texturizado para carnes cozidas.

91 SIETE PERROS
Chardonnay 2018
$$ | SAN ANTONIO | **14°**

De vinhedos em El Rosário, na fronteira entre San Antonio e Casablanca, este Chardonnay é puro frescor, generoso em aromas, mas acima de tudo com uma boca muito boa. Tem peso, e esse peso parece cheio de sabores, enquanto a acidez acompanha até o fim, refrescando e proporcionando tensão. Sem envelhecimento em madeira, este branco é ideal para começar um almoço de frutos do mar e peixe.

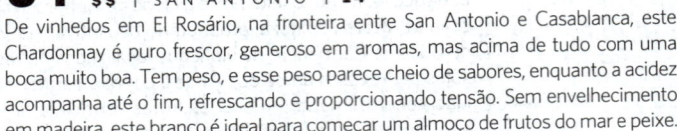

Chile diVino.

[**A ENÓLOGA**] Marcela Chandía tem uma história de 16 anos de fabricação de vinhos. Desde seu último projeto, Viña Estampa, ele saltou para esta vinícola pessoal, com três vinhos na área de Cachapoal e, especificamente, na área de Almahue. Hoje produz cerca de dez mil garrafas.] www.chiledivino.cl

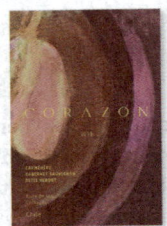

94 CORAZÓN
Carménère, Cabernet Sauvignon, Petit Verdot 2018
$$$$ | CACHAPOAL | **14.5°**

Para este **Corazón**, a enóloga Marcela Chandía seleciona vinhas de um vinhedo em Almahue, plantado há 18 anos nos solos arenosos desta área do Vale do Cachapoal. A mistura é composta por 42% de Carménère, 29% Cabernet Sauvignon e outros 29% Petit Verdot. O envelhecimento foi em barricas por 14 meses, cem por cento de madeira nova. É um vinho que hoje se sente muito jovem, embora tenha grande potencial de armazenamento. A madeira desempenha um papel importante, mas há também uma camada grossa de sabores frutados, sabores maduros e voluptuosos que certamente terminarão por absorverão essa barrica. Ainda faltam alguns anos para a garrafa, então paciência.

94 EL CONSENTIDO
Cabernet Sauvignon 2017
$$$ | CACHAPOAL | **14°**

A área de Almahue é quente e ainda mais em um ano tórrido como 2017, um dos mais quentes da década. No entanto, este Cabernet Sauvignon consegue mostrar frescor, especialmente em suas notas de ervas que refrescam as notas de frutas maduras, vermelhas, intensas, e os toques de cassis tão típicos do Cabernet. A boca é macia, redonda, voluptuosa, quase exuberante. Um Cabernet para ensopados de carne cozidos por muitas horas, quando a carne pode ser cortada com o garfo. É aí que entra esse vinho.

93 LA CONFUNDIDA
Carménère 2017
$$$ | CACHAPOAL | **14°**

A área de Almahue, no centro do Vale do Rio Cachapoal, é ensolarada, quente, e tem se especializado em Carménère, principalmente por ser uma uva que amadurece tarde, e precisa desse sol. Portanto, os sabores da Carménère na área são voluptuosos e densos, como é o caso deste La Confundida. Aqui estão notas de frutas vermelhas maduras, mas também um caráter especiado, como se fosse um curry Carménère. A boca é poderosa, com uma textura muito macia, e os tons especiados novamente ganhando destaque. Um para cordeiro à menta.

Clos Santa Ana.

[**LUIS ALEGRETTI**] mora no Chile desde 2003. Chegou da Toscana e desde 2010 produz seus vinhos na região de Santa Ana de Población, pouco antes de chegar a Marchigüe, e a oeste de Colchagua. Hoje produz cerca de 7.000 garrafas no total. Seus vinhos vêm principalmente de um hectare e meio plantado em 2012, com Cabernet Franc, Malbec, Carménère.]
www.clossantaana.net

95 ARALEZ
Cabernet Franc, Malbec, Carménère 2019
$$$$$ | COLCHAGUA | **14°**

Os vinhedos de Clos Santa Ana estão localizados no início de Marchigüe, a oeste do Vale de Colchagua. É um hectare de vinhedo, e este Aralez é uma seleção das melhores uvas. Este ano, a blend tem 50% de Malbec, 17% de Carménère e 33% de Cabernet Franc. As variedades são fermentadas separadamente em fudres de dois mil litros de raulí e em ânforas, e depois estagiadas (também separadamente) em barricas antigas e engarrafadas após um ano de armazenamento. Este tinto tem muita força, mas ao mesmo tempo um monte de frescor. A acidez parece nítida, contrastando com a densidade de sabores frutados, que lembram frutas e especiarias negras. Este é um vinho projetado para passar anos na adega.

94 VELO
Pinot Noir 2017
$$$$ | COLCHAGUA | **13°**

Este é cem por cento Pinot Noir da área de Lolol, a oeste de Colchagua. O vinho é vinificado como branco, sem contato com as peles, e depois passa um ano e meio sob o véu de flor (como os vinhos de Jura ou Andaluzia). Esse envelhecimento, primeiro, deu uma cor rosa pálida, e depois tons salinos a um vinho com uma camada de sabores frescos, frutas vermelhas ácidas que são então transformadas em uma boca linear, marcada pela acidez e por essa tensão dos taninos que fornece corpo, mas também profundidade. Um vinho raro no mercado chileno, que merece ser bebido com cinco ou mais anos de armazenamento de garrafas.

93 SIRIOS
Carménère, Cabernet Franc 2019
$$$$ | COLCHAGUA | **14°**

Trata-se de uma seleção de 75% de Carménère e 25% de Cabernet Franc, todos plantados na área de Población, em Marchigüe. Ambas as variedades são fermentadas separadamente em ânforas de barro e em fudres antigos de 200 anos de idade. O vinho é envelhecido em barricas por um ano antes de ir para a garrafa e não há muita intervenção enológica, além do cuidado dessas barricas enquanto contém o vinho. Este Sirios é um vinho que se destaca por sua força na boca, por seus taninos firmes, misturando-se no meio de frutas negras e uma acidez severa e penetrante. Este vinho precisa de alguns anos na garrafa, mas promete muito como um vinho de guarda.

Colectivo ARG.

[**OS ENÓLOGOS** Daniela Rojas, Sergio Avendaño e Felipe García têm esse projeto que busca resgatar vinhos que, de outra forma, teriam saído do radar comercial. Para este blend, originalmente destinada a uma mistura muito maior com outras variedades, sua produção atingiu 6.600 garrafas.] www.los-sospechosos.cl | IMPORTADOR: BR: www.lacharbonnade.com.br

92 LOS SOSPECHOSOS
Grenache, Syrah 2015
$$$ | ITATA | **14.5°**

Esta mistura inclui 75% de um Grenache enxertado em antigas videiras de País de 120 anos no Vale de Itata, bem como Syrah de Requínoa, na área andina do Vale do Cachapoal. Envelhecida por três anos em barricas antigas, a Grenache é sentida em seus tons florais e frutados; essa exuberância da variedade aqui paira claramente. A estrutura dos taninos parece tensa, e provavelmente é devido à Syrah que, nessa área de Cachapoal, tende a dar vinhos tensos, com taninos firmes. A acidez é uma questão importante e cuida de refrescar tudo em sua passagem.

Curauma Wines.

[**ROBERTO MILLÁN** é enólogo e desde 2013 tem seu próprio projeto, Curauma, baseado em vinhedos em Las Dichas, uma das áreas mais próximas do mar, no Vale de Casablanca. Hoje produz cerca de seis mil garrafas..] www.curaumawines.cl | IMPORTADOR: BR: www.mareriopescados.com.br

90 WEICHAFE
Sauvignon Blanc 2020
$$ | CASABLANCA | **12.7°**

Exuberante em aromas herbáceos e cítricos, este Sauvignon tem um corpo leve, sabores de frutas brancas ácidas em meio a uma acidez elétrica que continua a refrescar até o fim. Um branco ideal para o aperitivo ou para um prato de ostras.

OUTRO VINHO SELECIONADO
89 | MARICHIWEU Cabernet Sauvignon, Petit Verdot, Carménère, Merlot 2018
Maipo | 14° | **$$**

Dblanc.

[**ESTE É** o pequeno projeto de Cristian Blanc e Juliet Chilling. Eles começam a produzir com a safra 2019, e com apenas três mil garrafas de um tinto que é uma mistura de uvas do Vale do Maipo. A ideia, no entanto, não deve ser vinculada a qualquer origem; o projeto visa pesquisar diferentes áreas ano a ano.] www.somarco.cl

94 DB
Cabernet Franc, Syrah, Petit Verdot, Cabernet Sauvignon 2019
$$$ | MAIPO | **14°**

DBlanc é uma mistura de 50% de Cabernet Franc, 25% Syrah, 15% Petit Verdot e o resto do Cabernet Sauvignon de vinhedos plantados há dez anos em solos franco-argilosos na área de Talagante, no que poderia ser o centro do Vale do Maipo. Sem envelhecer na madeira, e armazenado apenas por oito meses em tanques de aço, este tinto brilha com suas frutas vermelhas, juntamente com notas terrosas e animais que lhe dão caráter. Na boca é feroz, com taninos que atacam o paladar como cascos. É intenso, mas sempre fresco. Você pode mantê-lo por um par de anos na adega ou bebê-lo agora com costeletas de cordeiro.

Domaine de la Piedra Sagrada.

[PIEDRA SAGRADA é o projeto da família Pérez, na região de Pirque. O vinhedo, de cerca de três hectares e meio, foi plantado em 2002 pelo engenheiro agrônomo e enólogo Arturo Pérez, falecido em 2013. Hoje seus filhos Marco e Arturo são os que dirigem a vinícola, e o enólogo é o francês Eric Verdier. A primeira produção foi em 2014.] **www.piedrasagrada.cl**

97 PIEDRA SAGRADA CUVÉE DOMAINE DE LA PIEDRA SAGRADA Cabernet Sauvignon 2018
$$$$$ | MAIPO ANDES | 14°

Este cem por cento Cabernet Sauvignon vem de uma seleção de três parcelas da propriedade da família Pérez em Pirque, em Alto Maipo. O vinho envelhece 14 meses em barricas, das quais 65% são feitas de madeira nova. O que sai delas é uma expressão pura da variedade nos solos de Pirque. A altura dos Andes aqui é expressa em notas de ervas, terrosas, ricas em frutas vermelhas que se movem pela boca com uma força e ao mesmo tempo com uma iguaria muito especial. A madeira ainda está lá em cima, mas isso é uma coisa de tempo. E os taninos são um pouco selvagens, mas nada que o tempo não possa remediar. Um vinho de longa duração na garrafa que já expressa muito claramente sua origem.

96 PIEDRA SAGRADA CUVÉE DOMAINE DE LA PIEDRA SAGRADA Cabernet Sauvignon 2014
$$$$$ | MAIPO ANDES | 14°

Uma forte presença de Cabernet Sauvignon de Pirque neste vinho. A sensação terrosa e ervas dos Cabernets do Alto Maipo é claramente sentida aqui, mostrando também frutas vermelhas e especiarias, em um corpo médio, com taninos firmes, mas muito sutis, rondando a boca com suas garras pequenas. Este vinho precisa de pelo menos mais cinco anos de garrafa, mas hoje é uma tentação. Este Piedra Sagrada Cuvée é feito a partir de uma seleção de três parcelas da propriedade de 3,5 hectares que a família tem em Pirque. O envelhecimento é prorrogado por 16 meses em barricas.

96 PIEDRA SAGRADA CUVÉE PRESTIGE DON ARTURO PÉREZ ROJAS Cabernet Sauvignon 2015
$$$$$ | MAIPO ANDES | 14°

A cuvée especial de Piedra Sagrada, em homenagem ao fundador da vinícola, Arturo Pérez, só é feita em safras especiais, como 2015. Este 100% Cabernet Sauvignon, de uma seleção de três parcelas, plantadas em 2002 e 2005, oferece uma grande maturidade da fruta, as notas doces, quase caramelizadas de uma safra muito quente no Vale do Maipo e que aqui, além disso, é percebida na textura ampla, com taninos polidos e envolventes. Este vinho tem pelo menos mais cinco anos de armazenamento de garrafas.

Fatto a Mano.

[**CAMILO VIANI** é um enólogo chileno com uma longa história no país. Fatto a Mano é o seu projeto pessoal que vem fazendo desde 2009 em casa. A produção é de cerca de 2.500 garrafas.] **www.fatto.cl** | **IMPORTADOR:** BR: www.lacharbonnade.com.br

93 FATTO A MANO
Carignan 2019
$$$ | ITATA | 12.5°

A ideia do Fatto a Mano é fazer vinhos simples, para matar a sede, e feito com intervenção mínima e a menor quantidade de elementos, ou seja, uvas e nada mais. Essa ideia se materializa perfeitamente neste Carignan de videiras de 60 anos plantadas nas encostas de granito de Guarilihue, na área costeira do Vale de Itata. Aqui o que prevalece é essa nova influência em um corpo vermelho, delicado, mas ao mesmo tempo uma intensidade de taninos que se sentem como agulhas no paladar. Daqueles Carignan atuais que refrescam sem encher a boca.

92 FATTO A MANO
Riesling 2020
$$$ | ITATA | 12.5°

Camilo Viani compra as uvas para este Riesling de um vinhedo antigo plantado há cerca de 80 anos em uma encosta na área de Guarilihue, em direção ao litoral do Vale de Itata. Para os amantes da variedade, este vinho não chega muito perto de exemplos alemães, alsacianos ou mesmo australianos. Tem sua própria personalidade, construída mais em especiarias do que frutas. A boca é ampla, muito cremosa, mas ao mesmo tempo com uma acidez penetrante, que refresca tudo em seu caminho.

InsTinto Wines.

[**INSTINTO WINES,** que começou em 2012, é o esforço do enólogo Felipe Riveros e de sua esposa, a advogada Francisca Middleton. Eles o definem como um projeto de vinho de garagem com produção limitada e a capacidade de se mover livremente pelo Chile, comprando uvas e vinificando. Seu objetivo é fazer um dia um representante do vinho de cada vale. Por enquanto, seus vinhos vêm de Leyda, Aconcágua, Colchagua e Maule.] **www.instintowines.cl**

94 ALVINO
Riesling, Chardonnay 2018
$$ | LEYDA | 12.6°

InsTinto compra uvas para este vinho na área de Leyda, no litoral do Vale de San Antonio. É 50% Riesling e 50% Chardonnay, ambos de vinhedos com cerca de 15 anos de idade; uma mistura bastante incomum, mas que funciona. Riesling fornece notas de frutas brancas maduras, e Chardonnay sua textura envolvente, em um ano muito bom para os brancos costeiros chilenos. A acidez contrasta com essa textura oleosa, e o final é ligeiramente herbáceo. Um vinho para pensar em massas com azeitona e pimenta-do-reino.

93 INSTINTO DE COLCHAGUA
Carménère, Carignan 2017
$$$ | COLCHAGUA | **14°**

Trata-se de uma mistura baseada em Carménère com 85% do total e proveniente da área de Santa Cruz, dos solo de granito do morro Ninquén. O restante é Carignan de cerca de 40 anos na região de Patagüilla, também em Colchagua. O vinho é envelhecido cerca de 14 meses em barricas antigas e o resultado é de grande concentração, mas ao mesmo tempo uma acidez que é responsável por refrescar tudo em seu caminho. São frutas vermelhas e negras intensas e maduras que se destacam aqui. Um vinho para esperar pelo menos dois anos na garrafa.

OUTRO VINHO SELECIONADO
89 | TINTONERO Carignan, Syrah 2017 | Rapel | 14.3° | **$$**

Kofkeche.

[**JORGE MORANDÉ,** José Luis Monge e Hugo Salvestrini têm esse miniprojeto de pouco mais de três mil garrafas que vêm de uma seleção de dois hectares plantados em 2014 em colinas suaves na bacia do estuário Pajal, margeando o rio Rehue, um afluente do rio Malleco.] **@vino_kofkeche**

93 KOFKECHE 2019
Chardonnay 2019
$$ | MALLECO | **14°**

Esta é a segunda safra deste projeto na Região de Araucanía, uma área no sul do Chile que tem sido gradualmente armada como uma comunidade de vinhos sólidos e com especialidades como Chardonnay. Este 2019 tem todas as qualidades dos melhores expoentes da área, a textura ampla e envolvente, os sabores das frutas brancas maduras e os leves toques florais, mas também uma acidez firme e tensa, que gera equilíbrio. O local é relativamente frio e as chuvas são intensas nesses solos graníticos, o que pode estar relacionado com esse frescor que se sente aqui.

Kuriman.

[**KURIMAN É** o pequeno projeto do casamento formado por Javier Rojas e Leticia Ortiz. Juntos, eles trabalham com vinhedos muito antigos, com mais de cem anos de idade, herança do pai de Letícia, Gustavo Ortiz, que trabalhou toda a sua vida com aquelas videiras na área do Condor de Apalta, fonte de alguns dos vinhedos mais antigos do Chile, especialmente no que diz respeito às cepas francesas. Kuriman são basicamente Cabernet Sauvignon.] **@vinakuriman**

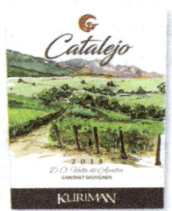

93 CATALEJO
Cabernet Sauvignon 2018
$$$$ | APALTA | **14.5°**

Feito com mínima intervenção enológica, de vinhedos com mais de cem anos na região de Apalta, no Vale de Colchagua, este Cabernet tem uma certa iguaria que encanta imediatamente. Os sabores são frutados, maduros e amigáveis, no meio de uma fina, mas relutante cortina de taninos que fornecem corpo e uma estrutura sólida. Você também sente notas de ervas e algumas tostadas de madeira, mas aqui é principalmente um Cabernet frutado, com carga suficiente de taninos para queijos maduros.

Kütralkura.

[**A FAMÍLIA** Chahin iniciou este pequeno projeto em Angol em 2013, em um local de 24 hectares. No início, eles plantaram Chardonnay e Viognier, então, dois anos depois, continuam com Pinot Noir. No total, agora têm três hectares em produção, com os quais produzem cerca de cinco mil garrafas. A enóloga responsável é a jovem Josefina Chahin.] **www.kutralkurawines.cl**

94 **KÜTRALKURA**
Chardonnay 2019
$$$ | MALLECO | **13.5°**

A família Chahin tem três hectares de vinhedos na área de Angol, em solos de argila. Um deles é de Chardonnay, e com ele é feito este branco, 30% fermentado em barricas de carvalho novas e o resto em aço. Essa mesma proporção permanece nesses tanques por cerca de dez meses, com suas borras, antes do engarrafamento. O resultado é um vinho que, talvez por causa da influência das argilas, é cremoso, amplo e enche o paladar com seus sabores de frutas maduras e especiarias. No entanto, e talvez por causa do clima bastante frio de Malleco - cerca de 750 quilômetros ao sul de Santiago - a acidez parece afiada, penetrante, contrastando deliciosamente com essa voluptuosidade. Um exemplo claro do Chardonnay local, um lugar hoje em expansão na cena chilena.

91 **KÜTRALKURA**
Pinot Noir 2019
$$$ | MALLECO | **13°**

Kütralkura possui três hectares de vinhedos, um dos quais é Pinot Noir plantado em solos ricos em argila na área de Angol, cerca de 750 quilômetros ao sul de Santiago. Foi fermentado em aço e 30% do vinho foi mantido em barricas de carvalho, e o que sai de lá é um vinho de grande estrutura, com taninos firmes em meio a sabores de frutas vermelhas e notas terrosas. Uma boa tentativa de obter caráter em um Pinot que se bebe muito bem hoje.

91 **KÜTRALKURA ROSÉ**
Pinot Noir 2019
$$ | MALLECO | **13°**

Este rosé vem de uvas Pinot Noir e sua cor responde a pouco mais de cinco horas que os cachos passaram pela prensa. Daí seu tom pálido, uma boa porta de entrada para aromas e sabores frutados, refrescantes e delicados. Tem notas de cerejas ácidas e um corpo leve, cheio de acidez vibrante. Ideal para matar a sede no verão.

La Despensa Boutique.

[**MATT RIDGWAY** é inglês e em 2007 chegou ao Chile, tendo vivido três anos em Buenos Aires como professor de inglês. Ele cresceu no campo e procurando por essa atmosfera veio para Colchagua, onde ele finalmente se estabeleceu. Hoje possui dois hectares de vinhedos e desde 2015 produz vinho, atualmente atingindo cerca de dez mil garrafas.] **www.ladespensaboutique.com**

92 **COLD SHOWER WINES LAS SOBRAS**
No proporcionados por la bodega 2019
$$$ | COLCHAGUA | **13.5°**

Las Sobras é uma espécie de resumo dos vinhos que La Despensa tem em sua propriedade de Colchagua. E como o nome diz, eles são as sobras de todos os vinhos que eles fazem, então na mistura há de tudo um pouco, embora a base seja Grenache, uma variedade que produz muito nessa área do vale. É um tinto com aromas terrosos e frutados, com uma concentração muito boa na boca e taninos selvagens que pedem carne. Um tinto muito único, para beber com cordeiro. Desta safra, apenas 650 garrafas foram feitas.

91 COLD SHOWER WINES EL ATINTADO
Grenache, País, Cinsault, Roussanne, Syrah 2019
$$$ | COLCHAGUA | **13.5°**

Atintado é baseado em Grenache, com 80% da mistura, mais 10% Syrah, 4% de Cinsault e 3% roussanne, todos plantados entre 2013 e 2016. Ele adiciona à mistura 3% da variedade País de videiras muito antigas na área de Pumanque. A ideia de Atintado é um vinho leve, maceração muito curta (apenas dois dias) para obter algo mais escuro e mais concentrado que um rosé, mas menos concentrado do que um tinto tradicional. E o que resulta é um vinho delicioso, que é muito fácil de beber, que tem muita fruta e que acompanha qualquer refeição. Para beber por garrafas.

91 COLD SHOWER WINES MISSION: IMPAISSIBLE País 2019
$$$ | COLCHAGUA | **14°**

Matt Ridgway, o dono de La Despensa, descobriu um antigo vinhedo na área de Pumanque. Árvores pequenas de dois metros de altura que, pouco a pouco, foram resgatadas com o dono daquela propriedade até que, em 2019, começou a vinificar suas uvas. Ridgway acredita que o País de Colchagua (muito escasso naquele vale) tem um caráter muito mais concentrado do que aqueles mais ao sul. E é verdade. O calor da área lhe dá uma cara diferente, mais generosa e madura em frutas vermelhas, e também lhe dá texturas mais macias e cremosas. Este vinho é assim, e é tão fácil de beber quanto seus primos do sul.

91 COLD SHOWER WINES MISSION: IMPAISSIBLE THE FIZZ País 2019
$$$ | COLCHAGUA | **13°**

Este é um tipo de frizante estilo tradicional, um "col fondo" com segunda fermentação na garrafa, mas com pressão muito baixa, o que implica menos bolhas. Tudo vem de um antigo vinhedo de País que La Despensa vem resgatando nos últimos três anos na área de Pumanque, em direção ao litoral de Colchagua. O resultado é um vinho de borbulhas muito macias, com toques de notas terrosas da País, e também frutas frescas aliadas a uma acidez refrescante e cintilante. Um para beber por litros no verão.

La Recova.

[**DAVID GIACOMINI** tem quatro hectares plantados em 2005 em uma das áreas mais extremas de Casablanca, na Quebrada del Pulgar, a cerca de 11 quilômetros do Oceano Pacífico. Especializada em Sauvignon Blanc, a La Recova produz vinhos desde 2014.] **www.larecovawines.com** | IMPORTADOR: BR: Vinhos Novo Chile Ltda

95 AVID
Sauvignon Blanc 2018
$$$ | CASABLANCA | **14°**

Protegido entre colinas e muito perto do Pacífico - cerca de 11 quilômetros - o estilo dos Sauvignons da casa é precisamente o que mostra este 2018: um vinho suculento, cremoso, de estilo maduro, abrangendo todo o paladar com seus sabores de frutas brancas maduras e frutas tropicais. O proprietário David Giacomini gosta de colheitas tardias para seus Sauvignons, e nesse lugar essa ideia é deliciosamente realizada. O contraste entre os frutos maduros e exuberantes dessas colheitas tardias e a acidez que dá aquele lugar frio em Casablanca criam um branco muito singular, único na cena chilena. Cerca de oito mil garrafas foram produzidas a partir deste Avid.

94 AVID
Sauvignon Blanc 2017
$$$ | C A S A B L A N C A | **14°**

Esta é a primeira safra em que o produtor David Giacomini toma o pulso de sua origem e o estilo com o qual ele quer interpretar aquele lugar. Uma verdadeira surpresa em um Sauvignon colhido muito tarde na temporada, para obter sabores suculentos e maduros. No entanto, no que poderia ter sido um vinho plano, graças ao clima frio do lugar - apenas 11 quilômetros do mar, em Las Dichas - a acidez cítrica deste Sauvignon atinge o equilíbrio e brilha, causando um delicioso contraste entre amplitude, maturidade e tensão. Um vinho como poucos no Chile.

La Viña del Señor.

[**LA VIÑA DEL SEÑOR** pertence à família Moure e consiste em três hectares plantados na área de Maipo Costa, perto de Melipilla. Metade é tempranillo, e o resto são variedades mediterrâneas como Grenache, Monastrell e Carignan. Os Moures fazem cerca de 19.000 garrafas.]
www.lavinadelsenor.cl

93 ESPÍRITU ÁMBAR
Garnacha, Monastrell N/V
$$ | M A I P O | **18°**

A base deste vinho é Grenache e um pouco de Monastrell, feitos no estilo oxidativo do Porto Tawny, com a adição de álcool para parar a fermentação. O vinho tem tido, em média, dois anos e meio em barricas, e é uma mistura de diferentes colheitas que são finalmente misturadas a cada ano para engarrafar. Nesta "saca", o vinho se sente frutado e doce (tem 90 gramas de açúcar), com leves toques salinos, mas principalmente nozes e especiarias em uma textura intensa e amigável, com muita profundidade. Este é o tipo de vinhos eternos para armazenar por décadas. Eles não morrem. Espíritu Ambar é um vinho feito pela Viña del Señor e pelo enólogo da Ventisquero, e sócio de Viñateros de Raíz, Sergio Hormazábal.

92 ARMINDA
Tempranillo 2019
$$ | M A I P O | **13°**

De vinhas plantadas em 2012 na área de Melipilla, a cerca de 35 quilômetros do mar no Maipo Costa, este tempranillo tem cerca de dez meses em barricas, o que parece ter acalmado parcialmente a carga tânica da variedade. No entanto, há essa estrutura firme da uva, proporcionando corpo em uma boca deliciosa em seu frescor e frutas.

92 GRAN TEMPRANILLO DEL SEÑOR
Tempranillo 2019
$$$ | M A I P O | **13°**

Gran Tempranillo del Señor vem do quartel mais antigo da propriedade da família Moure em Melipilla, plantado em 2011. A partir daí eles fazem uma seleção para este tinto que se sente estruturado e poderoso, com uma carga de taninos que agora, em sua juventude, é selvagem, ataca o paladar. Dê-lhe tempo de garrafa.

91 LAURELES
Garnacha 2019
$$$ | MAIPO | 13°

Suculento e ao mesmo tempo poderoso, com muitas frutas maduras e notas florais, este Grenache vem da área de Melipilla, a cerca de 35 quilômetros do mar no Maipo Costa. Tem apenas 13 graus de álcool e isso o torna um vinho fácil, embora com força e intensidade de tanino nos sabores. A família Moure tem três hectares de vinhedos, um dos quais é Grenache.

Las Cinco Hermanas.

[**AS IRMÃS MARCHANT** não são profissionalmente relacionadas ao vinho, mas têm uma reputação por isso, o que as levou a desenvolver este projeto sediado na área de Cabildo, em direção ao litoral do Vale do Aconcágua, sobre a cordilheira da Costa. Lá elas têm cinco hectares plantados em 2016 dos quais obtêm seus vinhos.] **www.lascincohermanas.cl**

92 RÍO LUA
Cabernet Sauvignon, Cabernet Franc, Syrah, Merlot, Grenache 2018
$$$$ | ACONCÁGUA COSTA | 14°

Este Río Lua é uma mistura de 57% Cabernet Sauvignon, 19% Cabernet Franc, 18% Merlot, 4% Syrah e o resto de Grenache. É envelhecido por 14 meses em barricas e que ficar na madeira é sentido nos aromas tostados mostrados por este vinho, mas há também uma camada de frutas vermelhas maduras que oferecem um lado suculento nesta mescla que parece delicada, com taninos muito polidos. Não tem arestas e se bebe muito facilmente.

Lugarejo.

[**LUGAREJO É** um projeto da família Purcell Carbonell. Em 2014, eles colheram suas primeiras uvas, como hobby para reunir seus parentes. Hoje já estão em mais de quatro mil garrafas distribuídas em cinco vinhos que vêm do jardim da casa da família (250 plantas de Carménère e 250 de mourvèdre) e de um vinhedo familiar em Peralillo. Elina Carbonell e o marido, Fernando Purcell, comandam o projeto.] **www.lugarejo.cl**

93 LUGAREJO
Merlot 2018
$$ | COLCHAGUA | 13.6°

A variedade Merlot é a que Lugarejo mais se identifica. Eles produzem desde o início da vinícola, em 2014, e sempre tiveram um estilo semelhante que vai para o lado delicado, sem grandes extrações, tendo cuidado para que a fruta se sinta fresca e que as uvas não sequem, algo comum com Merlot em um clima quente como o de Colchagua. Em um ano de grande equilíbrio e qualidade como 2018, essas qualidades se sentem potencializadas. Aqui há tons especiados, frutas vermelhas, em um corpo de taninos afiados e muito finos acompanhando uma acidez suculenta. Um caminho nada usual no Merlot sul-americano.

92 LUGAREJO
Cabernet Sauvignon 2018
$$ | COLCHAGUA | 13°

Lugarejo compra essas uvas de um vinhedo na área de Peralillo, no coração de Colchagua. As vinhas já têm 20 anos e com elas a família Purcell Carbonell produz cerca de 800 garrafas de um Cabernet delicado, com taninos finos, aromas e sabores terrosos, e frutas vermelhas frescas; muito de acordo com um ano do melhor da década no Vale Central do Chile: tintos equilibrados, acidez muito boa, muita fruta.

90 UVA PAÍS
País 2019
$$ | COLCHAGUA | 11.3°

O País de Lugarejo vem de um antigo vinhedo na área costeira de Paredones, em Colchagua. Lá os Purcell Carbonell compram as uvas para este tinto fruta-do e refrescante. O corpo é leve, com taninos firmes - como diz a genética da variedade - e também com aquelas notas terrosas que lhe dão complexidade. É um vinho para beber sem parar, especialmente no verão.

Macatho.

[**MACARENA DEL RÍO** e Thomas Parayre estão por trás deste pequeno projeto de vinhos de baixa intervenção, focado em técnicas tradicionais e vinhedos antigos do Vale de Itata. Del Río é enóloga, e Parayre é um designer gráfico apaixonado por viticultura e vinhos naturais.] **www.agricolamacatho.cl**

92 TINAJACURA
Cinsault, Cariñena 2018
$$ | ITATA | 13°

Esta mistura vem das encostas de granito e argila da região de Guarilihue Alto, no litoral do Vale de Itata, e consiste em Cinsault de vinhas antigas mais Carignan enxertado em videiras de País. Engarrafada com uma pequena dose de enxofre, este tinto de muito baixa intervenção enológica tem frutas deli-ciosas e doces em um corpo leve, com taninos macios e sedosos. Um para ir com pizza.

90 TOCA TIERRA
País 2017
$$ | ITATA | 14°

Os incêndios de 2017 varreram milhares de hectares dos vales de Maule e Itata e deixaram seus aromas esfumaçados em alguns vinhos nessas áreas como uma marca. Neste caso, neste País de vinhas antigas plantadas em so-los de granito e argila de Itata, esse tom de fumaça se sente forte, principal-mente na boca, onde compete em importância com sabores de frutas. O res-to são notas terrosas e um corpo de taninos firmes para comida do campo.

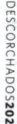

Magyar.

[**MAGYAR É** o projeto de Harold Pinter no Chile. Este descendente de húngaros com nome de prêmio Nobel de Literatura (o dramaturgo britânico Harold Pinter obteve em 2005) tem seus vinhedos plantados na área de Tutuquén do Vale do Curicó desde 2015. Naquele ano, começaram a engarrafar seus primeiros vinhos e hoje produzem cerca de nove mil garrafas.]

www.magyarwines.cl

92 KUNKO MEZCLA CAMPO COFERM
Cabernet Franc, Malbec, Carménère 2019
$$ | CURICÓ | **13.6°**

Para **Kunko**, Harold Pinter colhe as três variedades envolvidas nesta mistura (69% de Cabernet Franc, 18% Malbec e 13% Carménère) ao mesmo tempo, e também as fermenta juntas em um único tanque de aço, tudo de seus vinhedos no Vale do Curicó. E o vinho tem o caráter dos tintos da casa, as deliciosas frutas vermelhas e notas de ervas de todos os seus vinhos, mas especialmente Cabernet Franc, a estrela no catálogo curto da vinícola e que aqui brilha especialmente. Um vinho nervoso e refrescante.

92 MAGYAR
Cabernet Franc 2019
$$ | CURICÓ | **13.9°**

Focado em frutas vermelhas, este Cabernet Franc se sente nervoso, marcado por uma acidez penetrante que acompanha os sabores frutados e oferece uma sensação de verticalidade, tensão, que é mantida o tempo todo até o fim do paladar. Tudo é vermelho, tenso e refrescante aqui. Este Franc vem de videiras de nove anos na área de Tutuquén, entre os rios Teno e Lontué, em solos profundos, ricos em areias e argilas. Sirva este vinho bastante frio, juntamente com frios.

91 MAGYAR
Carménère 2019
$$ | CURICÓ | **13.9°**

Harold Pinter tem apenas um hectare de vinhedos na área de Tutuquén do Vale do Curicó, entre os rios Teno e Lontué, e entre outras variedades tem um pouco de Carménère com o qual produz essa fruta suculenta e vermelha. Notas de frutas vermelhas parecem fortes, e por trás delas há leves toques de ervas que acentuam ainda mais o lado refrescante. A textura é nervosa e repousa em uma acidez afiada. Este vinho é uma boa maneira de conhecer a nova série de Carménère chileno, muito mais fresca e vibrante.

90 MAGYAR
Malbec 2019
$$ | CURICÓ | **13.7°**

Este Malbec vem de videiras de nove anos plantadas no Vale do Curicó. O vinho é envelhecido em barricas (madeira 10% nova) e o resultado é um tinto com tons vermelhos, frutas vermelhas frescas que se movem pela boca graciosamente, dando uma sensação suave de que a boca saliva. O corpo é leve, mas ao mesmo tempo com taninos firmes que se agarram à boca, pedindo carne grelhada. Um Malbec simples e suculento.

90 **TUTUKÉN RESERVA DE CAMPO**
Carménère, Cabernet Franc 2019
$ | CURICÓ | 13.2°

Esta é a mistura básica de Magyar, consiste em 66% de Carménère e 34% de Cabernet Franc e é a representação mais simples do estilo da casa; as frutas vermelhas nervosas e frescas em um corpo leve, mas ao mesmo tempo com taninos afiados e acidez sempre muito boa, detalhe que é visto em todos os vinhos da vinícola. Excelente relação preço-qualidade para pizza.

Masintín.

[**DIEGO URRA** é técnico em viticultura e enologia e tem esse pequeno projeto de cerca de dez mil garrafas que começou em 2018, todas as uvas compradas de terceiros principalmente no Vale do Itata e alguns Carignan no Vale do Maule.] www.vinosmasintin.com

94 **MASINTÍN**
Cariñena 2019
$$$$ | MAULE | 13.5°

Truquilemu é uma das áreas mais próximas do mar e, portanto, mais fria no Vale do Maule. E lá a Carignan tem uma identidade especial relacionada ao frescor da fruta vermelha, com uma acidez nervosa e afiada, e com taninos duros muitas vezes, mas nada que um chorizo não possa remediar. Este Carignan do enólogo Diego Urra é um exemplo perfeito de lugar; um tinto brilhante, cheio de acidez e frutas vermelhas deliciosamente frescas, emolduradas em taninos ferozes e afiados. Um novo mundo em Carignan e uma das boas notícias que o vinho chileno está oferecendo ao mundo.

94 **MASINTÍN**
Cinsault 2019
$$$ | ITATA | 13.7°

Diego Urra compra as uvas para este Cinsault de um vinhedo plantado em 2002 (uma idade extraordinariamente jovem para a variedade em Itata) em solos de granito na área de Guarilihue. Estagiados em ânforas e barricas antigas, ele mostra taninos firmes, uma textura que muitas vezes está relacionada com aqueles taninos com garras que definem os melhores exemplos da variedade em Itata. Tem as deliciosas frutas de Cinsault, aquelas frutas vermelhas que o tornam tão sedutor, mas com a estrutura que tem, o vinho se sente muito mais completo, muito mais inteiro e mais sério, de certa forma.

Melek Wines.

[**OSCAR STANGE** é um corretor de vinhos e também representa os vinhos da Estância Mendoza no Chile. Melek é seu primeiro projeto pessoal com vinhos do Vale de Colchagua.] www.anoliawines.com

90 **MELEK PREMIUM**
Cabernet Sauvignon, Petit Verdot, Syrah, Carménère 2017
$$$ | COLCHAGUA | 14.5°

Trata-se de uma mistura de 70% Cabernet Sauvignon, 10% Petit Verdot, 10% Syrah, e 10% Carménère, todos do Vale de Colchagua. O vinho passa 14 meses em barricas e esse envelhecimento é claramente sentido nos aromas e sabores, onde a tosta da madeira domina, mas também há frutas vermelhas maduras ao fundo, proporcionando um pouco de frescor em um vinho comercial, mas bem feito.

OUTRO VINHO SELECIONADO

87 | GRAN RESERVA Carménère 2017 | Colchagua | 14.1° | **$$**

Moretta Wines.

[<u>NATALIA POBLETE</u>] e María José Ortúzar são enólogas e amigas desde a faculdade. E desde então idealizam um projeto que envolveria ambas. Em 2015, isso foi realizado com a Moretta Wines, uma vinícola à base de uvas do Maule, compradas de Andrés Guzmán, produtor da região de Cauquenes. Hoje, Moretta produz cerca de dez mil garrafas em quatro rótulos.] **www.morettawines.cl**

94 CARIGNO DEL MAULE
Carignan 2018
$$$$ | MAULE | **14.1°**

Natalia Poblete e María José Ortúzar compram este Carignan do vinhedo de Andrés Guzmán, um produtor da região de Cauquenes que tem essas videiras plantadas há cerca de 70 anos. É fermentado em aço e depois envelhecido em barricas usadas por 20 meses, 8 a mais do que na última safra. A ideia tem sido domar os taninos ásperos da variedade, e isso foi feito. No entanto, na tentativa, eles não perderam a fruta vermelha e crocante que caracteriza os vinhos deste projeto; aquela fruta que faz salivar a boca e que neste Carignan abunda.

92 CENICIENTO
Cabernet Sauvignon 2019
$$ | MAULE | **13.5°**

Este Cabernet vem de vinhas de cerca de 20 anos na área de Cauquenes e mostra claramente a força da variedade nessa área de muito sol e calor. Colhido no início da estação, ele mostra frutas vermelhas em todos os lugares em uma cara não muito comum de Cabernet; um rosto muito mais fresco e divertido, sem se levar muito a sério, aproveitando todas as frutas vermelhas que essa variedade pode mostrar. Um pequeno achado para mentes inquietas. E a um preço muito conveniente. É preciso mais olhares como esse.

92 VEDETTE
Cinsault 2020
$$$ | MAULE | **14°**

Embora o Cinsault esteja geralmente relacionado com as encostas de granito do Vale de Itata, você também pode encontrar algumas videiras antigas no Maule, e um exemplo é a uva de Dom Andrés Guzmán. Isso sempre foi vendido como uva para consumo até que, em 2016, Moretta começou a comprá-la. De acordo com as enólogas Natalia Poblete e María José Ortúzar, foi difícil convencer Guzmán a trabalhar no vinhedo para dedicá-lo ao vinho e somente nesta safra alcançaram algo semelhante ao que imaginavam que poderia sair dessas videiras. E o vinho que produziram é um suco de frutas vermelhas para adultos, delicioso em seu frescor; um vinho sedento para beber por garrafas, no feriado, ao lado de um prato de frios e queijos.

Mujer Andina Wines.

[**MUJER ANDINA** é o projeto de Andrea Jure, focado em espumantes que vêm de frutas obtidas no Vale do Biobío para seu Ai!, e do Vale do Maipo para seu Levita, uma Syrah rosé. Atualmente produz cerca de dez mil garrafas.] **www.mujerandinawines.cl**

93 LEVITA ROSÉ EXTRA BRUT
Syrah 2017
$$$$ | M A I P O | **12°**

Para **Levita**, o espumante mais ambicioso de Mujer Andina, a enóloga Andrea Jure compra uvas Syrah orgânicas na área da Ilha Maipo, no coração do Vale do Maipo. Produzido com o método tradicional ou champenoise, segunda fermentação na garrafa, e armazenado com suas borras por 30 meses, este é um vinho radiante em frutas vermelhas, suculento, intenso em frutas vermelhas e uma leve doçura (tem 4,5 gramas de açúcar por litro) que lhe dá ainda mais bebibilidade. A borbulha é macia, muito afiada, sublinhando o caráter fresco e vibrante. Um rosé para beber no verão, ao lado de salmão grelhado ou ceviche de atum.

90 Ai! BRUT
Chardonnay, Pinot Noir 2019
$$ | B I O B Í O | **12°**

Andrea Jure obtém uvas Chardonnay e Pinot Noir da área de Negrete, no sul do Chile, no Vale do Biobío. Feito com o método charmat de segunda fermentação em tanques de aço, ele foca nos aromas e sabores frutados que se desdobram aqui criando uma sensação refrescante. A borbulha é amigável, abundante e suporta frescor.

Nahuel.

[**O SUÍÇO** Daniel Wiederkehr chegou a trabalhar como enólogo em Viña Carmen em 2001, e dez anos depois começou a fazer Cabernet Sauvignon para seu projeto familiar Viña Nahuel, um vinhedo de seis hectares plantado em 1942 na área de Nancagua. Hoje produz cerca de 15 mil garrafas.] **www.vinanahuel.cl**

94 NAHUEL BLEND
Cabernet Sauvignon, Carménère, Malbec, Syrah 2017
$$$$ | C O L C H A G U A | **14.5°**

Cabernet Sauvignon (46% blend) e Malbec (13%) vêm do antigo vinhedo de Nahuel, plantado em 1942 na área de Nancagua, no Vale de Colchagua. Enquanto o Carménère (34% da mistura) e o resto da Syrah vem de uvas compradas. O tinto é envelhecido por dois anos em barricas, cada variedade separadamente, e após esse período a mistura é feita. A Cabernet comanda aqui, um Cabernet no estilo da casa: muito tenso, firme em seus taninos, de frutas vermelhas maduras, mas sem excessos. Além disso, mostra os ossos de uma Syrah poderosa, mas temperado pelas notas de ervas macias de Carménère.

OUTROS VINHOS SELECIONADOS
88 | CHAK Carménère 2019 | Colchagua | 14° | $$
88 | ROSA Cabernet Sauvignon, Syrah 2020 | Colchagua | 13° | $$

OC Wines.

[**ORNELLA PASTENE** e sua família têm um projeto só de espumantes. Eles começaram na área de Lo Ovalle, no Vale de Casablanca, com Casa, mas agora eles já têm quatro rótulos, todos daquele vale costeiro, totalizando pouco mais de seis mil garrafas.] **www.ocwines.cl**

94 INICIO ROSÉ
Pinot Noir N/V
$$$$ | C A S A B L A N C A | **13.5°**

O vinho base para este cem por cento Pinot Noir teve uma guarda em barrica por um ano e, em seguida, teve sua segunda fermentação na garrafa, de acordo com o método tradicional de espumantes. Além disso, ele esteve em contato com suas borras por 27 meses, e que deu um toque aromático à fermento, clássico em estilo. O resto são borbulhas macias, quase cremosas, e muitos sabores frutados que refrescam a boca. De acordo com Ornella Pastene, as uvas foram colhidas um pouco mais tarde do que para o Inicio Blanc de Noirs, e isso aparece na leve doçura, mas sobretudo na profundidade dos sabores. Um espumante muito bom para rosbife.

93 INICIO BLANC DE NOIRS
Pinot Noir N/V
$$$ | C A S A B L A N C A | **12°**

Imagine um suco de morango espumante e isso lhe dará uma ideia muito clara do que é esse espumante brilhante. Feito com o método tradicional de segunda fermentação na garrafa, e com 27 meses de armazenamento com suas borras, este blanc de Noirs (um branco feito de uvas tintas) é cem por cento Pinot Noir de Casablanca. E é um prazer bebê-lo, já desde o início com seus aromas de frutas vermelhas ácidas. Na boca é uma cascata de borbulhas e sabores frutados, com acidez nítida e textura afiada. Um desses vinhos para beber por litros no verão. Compre uma caixa.

92 INICIO EXTRA BRUT
Chardonnay N/V
$$$ | C A S A B L A N C A | **12.5°**

Com uvas do Vale Casablanca, plantadas em solos de granito há cerca de 22 anos, este espumante é produzido com o método tradicional de segunda fermentação na garrafa e é armazenado com suas borras por 31 meses antes de entrar no mercado. Além disso, o vinho base - antes dessa segunda fermentação - tem cerca de nove meses de barricas e isso lhe dá um toque tostado que vai além dos abundantes sabores e aromas frutados aqui. Parece fresco, com corpo muito bom e bolhas afiadas. Um espumante para o aperitivo.

Orígenes Wines.

[**BEATRIZ SILVA** e Herman Fuentes não tinham relação direta com o vinho até que, em 2015, começaram a se entusiasmar com a ideia de fazer seus próprios vinhos e não apenas consumi--los. Herman, programador por profissão, deu o passo e estudou para sommelier, e já em 2018 eles começaram a comprar as uvas para seus primeiros vinhos. Hoje eles produzem cerca de quatro mil garrafas.] **www.origeneswines.cl**

93 ORÍGENES
Cabernet Franc 2018
$ $ $ | MAULE | 14°

É verdade que este Franc é rústico e também tem algumas notas animais relacionadas ao brett, uma contaminação que, em guias como o Descorchados, é mais bem-vinda do que censurada. Mas as notas frutadas e de ervas que emergem no meio de tudo o que o torna charmoso. Há tensão de acidez, textura que se agarra à boca pedindo linguiças, e um final fresco e de ervas para pensar na próxima taça. Um Cabernet Franc camponês, intimamente relacionado com os tintos produzidos em Caliboro, no coração do Maule, a partir de vinhedos sem irrigação.

92 ORÍGENES
Sauvignon Blanc 2018
$ $ | SAN ANTONIO | 13.5°

Orígenes compra as uvas para este vinho em Lo Abarca, no Vale de San Antonio, uma das áreas mais próximas do Oceano Pacífico. Ele tem o caráter fresco e à base de ervas dos vinhos locais, em um corpo bastante leve, mas de acidez muito boa. A boca é generosa em notas cítricas que são projetadas até o fim, deixando a sensação de que seria bom tomar outra taça. Pense em frutos do mar crus quando abrir essa garrafa.

92 ORÍGENES
Syrah 2018
$ $ | MAULE | 14°

Rica em tons especiados e florais, mas com sotaque em frutas vermelhas, este Syrah vem de vinhedos plantados em 2009, na área de San Javier, no Vale do Maule. A boca se sente cheia de frutas vermelhas radiantes no frescor, mas com o plus dessas notas especiados que lhe dão complexidade. A textura é firme, um pouco rústica, projetado talvez para a guarda ou, melhor ainda, para comer um prato de frios e queijos.

Ovni Wines.

[**CINTHIA MORABITO** e seu marido, o enólogo Gonzalo Castro (Barão Philippe de Rothschild) estão por trás de Ovni (Orígenes Vitivinícolas No Imaginarios), uma vinícola que se concentra apenas em vinhedos antigos no Vale de Itata, no sul do Chile. De lá eles obtêm Cinsault, País, Carignan e até Merlot. Hoje eles produzem cerca de seis mil garrafas.] **@ovniwines**

93 ENCUENTRO SECANO
Merlot 2018
$ $ $ | ITATA | 13°

No início da década de 1990 houve uma iniciativa do governo para reconverter os vinhedos do Vale de Itata; arrancar as antigas videiras Cinsault, País ou Carignan e plantar as que eram então consideradas mais comerciais, como Merlot. Dessa ideia com tão pouca visão, e que provou ser um fracasso, houve algumas vinhas como estas de Merlot, na área de Guarilihue. O vinho que produzem se sente generoso em frutas vermelhas, em especiarias, e em um corpo de acidez suculenta e vibrante que torna muito fácil beber, mas ao mesmo tempo com uma profundidade muito boa de frutas.

92 ENCUENTRO SECANO
Merlot 2017
$$$ | ITATA | 13°

Cerca de 30 anos atrás houve uma tentativa de reconverter vinhedos em Itata, arrancas as antigas videiras e plantar novas variedades, muitas delas francesas. Este Merlot vem desses anos e, embora obviamente não concordemos com essa ideia (que, em última análise, não deu frutos), há coisas boas como este tinto que transborda com frutas vermelhas maduras e em detalhes especiados e terrosos. A textura parece redonda, voluptuosa, embora com uma acidez muito boa e taninos que aparecem no meio dessa densa e generosa camada de frutas.

92 OVNI DIVINO
Carignan, País 2018
$$$ | ITATA | 13°

Esta mistura tem 60% de País da área costeira de Guarilihue e 40% de Carignan da área mais quente de Portezuelo, ambas no Vale do Itata. Tem cerca de 15 meses de guarda em barricas e a sensação de suculência é deliciosa, de muitas frutas vermelhas maduras e ervas, com toques florais que podem vir da Carignan e detalhes terrosos da País. A textura é firme, de uma acidez que prende o paladar fazendo você pensar em morcillas.

90 PLANETA PAÍS
País 2019
$$ | ITATA | 12.5°

De vinhedos muito antigos na região de Guarilihue, no Vale do Itata, este País é fermentado com suas leveduras indígenas e com 50% de cachos inteiros. É envelhecido por 12 meses em barricas usadas. Esse guarda suavizou os taninos, mas também lhe deu um lado oxidativo, subtraindo frutas, mas adicionando notas terrosas. Para empanadas de carne.

OWM Wines.

[**OWM É** o projeto do enólogo José Antonio Bravo e do viticultor Jaime Núñez, focado no Vale do Colchagua. Eles começaram em 2011, quase como um experimento, com uma barrica de Carménère. Hoje produzem cerca de dez mil garrafas por ano, todas com frutas do vinhedo da família Bravo, na comuna de Santa Cruz.] **www.owmwines.cl** | **IMPORTADOR:** BR: www.dagirafa.com.br

93 DIVINO PETIT
Petit Verdot, Petite Sirah 2017
$$$ | COLCHAGUA | 13.5°

Esta mistura de 50% de Petite Sirah e 50% Petit Verdot (duas barricas de cada variedade) tem a impressão de ambas as cepas, começando pela acidez, que aqui parece firme e afiada, e depois as notas de frutas negras no meio de uma festa de especiarias e tons de ervas. Um vinho grande e poderoso, para guardar. Seja paciente e espere de dois a três anos para que ele ganhe em complexidade e, acima de tudo, acalme seu momento tânico.

92 CONTAO
Carménère 2018
$$$ | COLCHAGUA | 13.8°

Este cem por cento Carménère vem de vinhedos de cerca de 20 anos plantados na comuna de Santa Cruz. O vinho é fermentado com suas leveduras

indígenas e depois envelhecido em barricas por cerca de dois anos antes do engarrafamento. É um exemplo clássico de Carménère de clima quente, com aromas de ervas ao fundo, e fruta vermelha madura e suculenta bem na frente. A textura é muito macia, boa acidez, mas taninos ricos e muito polidos.

92 OWM HAND MADE Carménère, Petite Sirah, Petit Verdot, Malbec, Tempranillo, Cabernet Sauvignon 2017
$$$ | COLCHAGUA | 13.6°

Este foi o primeiro vinho OWM em 2013 e esta nova edição tem 33% de Carménère, 21% Petite Sirah, 17% Petit Verdot, 13% Cabernet Sauvignon, 8% tempranillo e o resto do Malbec, tudo do vinhedo da família Núñez na comuna de Santa Cruz, no centro do Vale de Colchagua. A mistura é envelhecida por dois anos em barricas e o resultado é um tinto muito estruturado, com uma grande profundidade de sabores e com uma acidez suculenta em um estilo maduro, suculento, de tons doces. Experimente com um guisado de cordeiro.

91 CONTAO
Tempranillo, Cabernet Sauvignon 2017
$$$ | COLCHAGUA | 14.2°

O vinhedo da família Núñez na comuna de Santa Cruz possui quatro hectares de tempranillo, plantados em 2011. Destes, há 50% nesta mistura, enquanto o resto é Cabernet Sauvignon. Os taninos arenosos e afiados do tempranillo são claramente sentidos neste vinho, juntamente com as pequenas notas de flores e frutas vermelhas ácidas. É um tinto suculento, de maturidade muito boa e muito corpo para aquecer os dias de inverno.

90 PILLO DE PANAMÁ
Cabernet Sauvignon, Syrah 2018
$$ | VALE CENTRAL | 14°

Esta mistura de Cabernet Sauvignon e Syrah tem uma camada macia de frutas vermelhas junto com especiarias e tons de ervas em uma textura muito macia, com taninos muito moldados e muito fácil de beber. A mistura tem 60% Cabernet Sauvignon e 40% Syrah, uma variedade que passou 18 meses em barricas usadas.

Punku.

[DEPOIS DE QUASE três décadas trabalhando para diversas vinícolas chilenas, incluindo Santa Rita, Santa Carolina, Porta e Estampa, em 2019 a enóloga Ana Salomó decide empreender seu próprio projeto, com uvas de diferentes áreas de Colchagua, especialmente em Marchigüe e Paredones, ambas localizadas na zona oeste e mais fria daquele vale.] www.donewines.cl

91 PUNKU SELECCIÓN DE MICROTERROIR
Sauvignon Blanc 2020
$$$ | COLCHAGUA COSTA | 13°

Esta **Selección** é feita a partir de um vinhedo plantado em 2011 a cerca de sete quilômetros do mar, na área de Paredones, no Vale de Colchagua. É feita a partir de plantas que estão em solos mais ricos em argilas e cuja orientação é mais fresca, com a ideia de que esses sabores são transmitidos no vinho. Este tem um lado de ervas muito marcado, juntamente com uma base de frutas brancas maduras que são apoiadas por uma acidez intensa, um Sauvignon muito costeiro. Este precisa de empanadas de frutos do mar fritos para brilhar.

90 PUNKU GRAN RESERVA
Carménère 2017
$$ | V A L E   C E N T R A L | **13.5°**

Um Carménère extremo em sua maturidade, mas também generoso em acidez e taninos que lhe dão uma aparência bastante rústica, mas não menos frutado e atraente, especialmente se eles encontrarem a comida certa. Pense em charcutaria ou frios.

OUTROS VINHOS SELECIONADOS
89 | PUNKU RESERVA Cabernet Sauvignon 2018 | Vale Central | 13° | **$**
89 | PUNKU RESERVA Carménère 2018 | Vale Central | 13° | **$**

Rodeo 2020.

[**ESTE É** o projeto de Alberto Dittborn com uvas da região de Limache, no que é conhecido como Aconcágua Costa. Há cinco anos engarrafa esse Syrah, de videiras plantadas em 2010.] **www.rodeo2020.cl**

92 RODEO 2020
Syrah 2018
$$$ | A C O N C Á G U A   C O S T A | **13.5°**

Esta Syrah vem de um hectare plantado em 2010 na área de Limache, perto do reservatório Los Aromos, em Aconcágua. Feito muito artesanalmente - e com uma produção de cerca de 600 garrafas - é fermentado em barricas de 250 litros, abertas, e sem gavinhas, ou seja, frutos anteriormente desengaçados. E ele fica lá por 14 meses antes de ir para a garrafa. O resultado é um vinho muito macio. A ausência de engaços deu-lhe uma textura que desliza pela boca. A fruta parece doce, mas também tem uma boa acidez que dura até o fim da boca. Um vinho sem arestas.

Rukumilla.

[**ESTE PROJETO,** lançado pelo casamento de Andrés Costa e Angélica Grove, em Lonquén (Vale do Maipo), teve sua primeira safra em 2004. Eles fazem um único vinho, uma mistura tinta de um vinhedo de 0,75 hectare de manejo ecológico, vinificado com leveduras naturais e não filtradas. A produção é limitada a apenas 1.600 garrafas por ano.] **www.rukumilla.com**

92 RUKUMILLA
Cabernet Sauvignon, Cabernet Franc, Malbec, Syrah 2013
$$$$$ | M A I P O | **14°**

O casal Costa Grove tem 0,75 hectare na área de Lonquén do Vale do Maipo e cultivam seus vinhedos organicamente. Na vinícola, eles aplicam a ideia de intervenção mínima, apenas com as uvas que colhem de seu pequeno vinhedo. O armazenamento é feito em barricas por dois anos e depois permanece em garrafas por um longo tempo, neste caso cinco anos, que dão a essa mistura 36% de Syrah, 30% Cabernet Sauvignon, 17% Malbec e o resto do Cabernet Franc. A guarda deu-lhe uma complexidade que vai para o lado terroso e à base de ervas, especialmente em aromas, enquanto na boca se sente ampla, sedosa, com sabores doces e suculentos. Um vinho generoso na maturidade, para carnes cozidas lentamente..

San Francisco de las Quiscas.

[**ESTE PROJETO** do enólogo Cristián Azócar (El Encanto) e dos empresários Osvaldo Pavez e Sebastián Peñaloza está localizado na fazenda São Francisco de Las Quiscas, cerca de seis quilômetros a leste do Lago Rapel. Lá eles têm cerca de dez hectares plantados com Carménère, Cabernet Franc, Merlot e Petite Sirah . A colheita inaugural foi em 2017 e produziu cerca de 1.300 garrafas de cada um dos vinhos que hoje compõem seu catálogo curto.] **www.serendipia.cl**

93 SERENDIPIA
Petite Sirah 2018
$$$ | P E U M O | **14°**

Todas as características da Petite Sirah podem ser encontradas neste tinto, da cor intensa à generosidade em frutas vermelhas e negras ácidas. Também taninos firmes e acidez penetrante em um vinho grande, intenso em todos os seus aspectos. Vem da área de Las Quiscas, de vinhedos plantados em 2013 em solos de granito no Vale de Cachapoal.

92 SERENDIPIA
Carménère 2018
$$$ | P E U M O | **14°**

Focado mais em frutas vermelhas maduras do que no lado de ervas da variedade, este tinto se sente suculento, com acidez rica e uma textura que é, acima de tudo, muito macia e amigável. Pense em macarrão quando abrir. Este Carménère vem dos solos de granito de Las Quiscas, a cerca de sete quilômetros do Lago Rapel, no Vale de Cachapoal.

91 SERENDIPIA
Cabernet Franc 2018
$$$ | P E U M O | **14°**

Este Cabernet Franc vem de um vinhedo localizado a cerca de sete quilômetros do Lago Rapel, em solos graníticos e plantado por volta de 2013. Envelhecido por 14 meses em barricas, 15% delas usadas, este Cabernet Franc tem tons de ervas e tabaco que são típicos da variedade, mas também muitas frutas vermelhas maduras em um corpo muito macio e sedoso.

San Juan de Leyda.

[**ESTE É** o pequeno projeto da família González (proprietários de hotéis no Chile) e é baseado em um hectare de vinhedos na área de San Juan de Leyda, localizada a cerca de quatro quilômetros do Oceano Pacífico, no Vale de San Antonio. Com este hectare eles produzem cerca de cinco mil garrafas de três variedades: Sauvignon Blanc, Chardonnay e Pinot Noir.] **www.sanjuandeleyda.cl**

92 MATILDE
Sauvignon Blanc 2019
$$ | L E Y D A | **14°**

Em um ano bastante quente em San Antonio, este Sauvignon vem de vinhas plantadas em 2012 e mostra as notas maduras daquele ano, os sabores das frutas brancas doces, as notas especiadas. A boca é generosa na maciez, com uma acidez que está no caminho proporcionando o equilíbrio necessário para alcançar o frescor. Os 14 graus de álcool são sentidos, mas eles não incomodam. Acompanhe este vinho com peixe branco grelhado.

90 **MATILDE**
Pinot Noir 2020
$$ | LEYDA | **13.5°**

Este rosé é uma mistura de 90% Pinot Noir feito como rosé e 10% Sauvignon Blanc. Possui aromas de ervas e florais, com toques de cinzas em um corpo leve, acidez moderada e frutas vermelhas maduras. Um rosé simples e suculento para o verão.

Tipaume.

[**YVES POUZET** é um renomado enólogo francês no Chile. E desde sua chegada ao país, por volta do início dos anos 80, participou de diferentes projetos como Los Vascos ou Torreón de Paredes. Tipaume é seu projeto familiar, baseado em vinhedos no Vale do Cachapoal que lhe dão uvas com as quais ele produz vinhos de grande caráter, feitos com técnicas ancestrais. Ar fresco na cena chilena.] **www.tipaume.cl**

94 **GREZ**
Carménère, Cabernet Sauvignon, Merlot, Malbec, Viognier 2018
$$$$$ | ALTO CACHAPOAL | **14.5°**

Este vinho é um resumo do trabalho de Yves Pouzet e sua família no vinhedo em torno de sua casa no Vale de Cachapoal. Colhido em abril, fermenta e fica com suas peles por cerca de 8 meses em pequenas ânforas de barro de 150 litros e é engarrafado em abril do ano seguinte. De todas as versões que experimentamos de Tipaume, essa nos parece, de longe, a mais bem-sucedida, a mais precisa em sua forma de mostrar a fruta do lugar. E aqui o que aparece é fruta fresca, vermelha, crocante, madura no seu ponto certo. A textura é amigável, os taninos bem domados, as notas de ervas no fundo, a acidez suculenta. Um vinho para matar a sede, mas também para acompanhar frios e queijos.

Traslagua.

[**A FRANCESA** Anne-France Dolédec é uma agrônoma e trabalhou nos vinhedos de Champagne antes de se estabelecer no Chile. Desde 2014 tem esse projeto com Oscar Alarcón, um médico amante de vinhos que tem um vinhedo a caminho de Los Queñes, na pré-cordilheira do Vale do Curicó. Hoje eles produzem cerca de sete mil garrafas..] @cygnus_wine

94 **CYGNUS QUINTETTO** Chardonnay, Chenin Blanc,
Sémillon, Sauvignon Blanc, Petit Manseng 2018
$$$ | MAULE | **14°**

Este branco vem do mesmo vinhedo plantado em 2014 na região do Guaico, na pré-cordilheira de Curicó. É apenas um hectare com este verdadeiro jardim de variedades que, no vinho, se traduz em 40% Chenin Blanc, além de Sémillon, Chardonnay, Sauvignon Blanc e Petit Manseng, mais ou menos em quantidades semelhantes. O vinho é envelhecido por 20 meses em barricas, com suas borras, o que explica algumas coisas importantes: primeiro, o aroma tostado que é sentido aqui e depois a densidade e cremosidade de sua textura, o que o torna um branco de inverno, suculento, cheio de sabores de frutas maduras e especiarias doces; desses vinhos para pensar em costeletas de porco defumada.

91 CYGNUS
Carignan 2018
$$$ | MAULE | 14°

Para este vinho, Traslagua compra uvas na região de Melozal, no "secano" do vale do Maule. É um vinhedo plantado em 1976 em solos de argila, e que parece ter um efeito importante na textura e no corpo deste vinho: ele se sente amplo, quente, com taninos domados pelo álcool e maturidade. Um Carignan para cordeiro.

Tringario.

[**JOSÉ FRANCISCO GONZÁLEZ** e sua esposa, Trinidad, iniciaram esse projeto em 2014 com o objetivo de fazer os vinhos "de que gostamos e da maneira como gostamos de vinificar, sem pressões técnicas ou comerciais". A marca nasceu inspirada nas suas três filhas mais velhas: Trinidad, Margarita e Rosário. A vinícola fica em Rancagua e trabalha com uvas principalmente de Cachapoal, Colchagua, Maule e Itata.] **www.tringario.com** |

IMPORTADOR: BR: www.sonoma.com.br

93 ATEO
Syrah 2017
$$$$ | ITATA | 14°

Esta Syrah vem do Vale de Itata, da área de Larqui, e vinhedos plantados em 2000. A guarda é feita por dois anos em barricas grandes, 500 litros, e uma vez engarrafado é deixado lá um ano antes de ir ao mercado. É um vinho que impressiona com sua estrutura e acidez. Mais vertical do que fibroso - ou mais linear do que amplo ou gordo - este tem uma boa quantidade de frutas vermelhas maduras e especiarias, além de notas carnudas que são clássicas da variedade. Um bom tinto para beber com carne de caça cozida.

92 LUDOPATA
Marselan 2019
$$ | COLCHAGUA | 13.5°

Na América do Sul, esse cruzamento entre Cabernet Sauvignon e Grenache tem expoentes muito bons no Uruguai, mas muito poucos no Chile. Esta versão tenta explorar mais o lado fresco e leve de Grenache, e consegue em um tinto com moral branca. É refrescante, leve, de carga de frutas muito boa, para beber frio com hambúrgueres. Uma adição muito boa à gama variada cada vez maior que existe no Chile e, acima de tudo, um vinho para matar a sede no verão.

92 LUDOPATA
Sémillon 2020
$$ | CACHAPOAL | 12°

Esta Sémillon vem de solos de argila, e foi plantada há cerca de 40 anos, ao lado do rio Cachapoal. Fermentado em barricas de 500 litros e com um nível zero de tecnologia, permaneceu lá em contato com as borras por dois meses antes do engarrafamento. Honrando sua variedade, tem uma textura redonda e cremosa, com tons de frutas brancas e mel, e uma acidez forte o suficiente para manter o frescor. Parece amplo; um branco suculento para carne de porco defumado.

Viani & Movillo.

[**JAVIER MOVILLO** é gerente de exportação da Europa para o grupo Survalle (Viña Requingua) e Camilo Viani é enólogo do Viña Sutil. Os dois se uniram em 2017 para fazer este vinho.]
www.vmwines.com

93 CANALLA
Carignan, Garnacha 2018
$$ | V A L E C E N T R A L | **13.5°**

Este é o novo vinho da Viani & Movillo e consiste em 80% de Carignan de vinhas antigas na região de Guarilihue, em direção ao litoral do Vale do Itata, e 20% Grenache de videiras jovens no Vale do Maule. Vinificado em aço, com leveduras indígenas, 90% com uma guarda em tanques curta e os outros 10% em barricas, este tinto responde ao protótipo de vinho para saciar a sede, cheio de frutas vermelhas e uma textura nervosa, firme, com acidez nítida. Um suco para adultos.

VICAP.

[**VICAP, VIÑA CAPITÁN PASTENE,** é baseada em um vinhedo de cerca de 120 anos de Moscatel localizado dentro de uma prisão na comuna de Angol, no Vale do Malleco. Os prisioneiros são treinados para trabalhar no vinhedo para cumprir sua sentença adquirindo um novo emprego. As uvas são compradas pelo enólogo Raúl Narváez e seu sócio, o advogado Juan Pablo Pelín, para produzir Los Confines, o Moscatel mais ao sul do Chile.] **www.vicap.cl** |
IMPORTADOR: BR: www.lacharbonnade.com.br

93 NAHUELBUTA
Pinot Noir 2020
$$$ | M A L L E C O | **13°**

Esta é a primeira versão deste Pinot e vem da área de Los Sauces, no Vale do Malleco. O vinhedo foi plantado em 2001 e tem um hectare. Feito com pouca intervenção, apenas macerado frio por uma semana e com suas leveduras indígenas, este vinho tem uma deliciosa clareza de frutas. É generoso em sabores de frutas vermelhas, intenso em taninos que são mostrados em todo o paladar como pequenas agulhas. O final é levemente floral e os taninos também estão presentes lá, com aquela pegada que pede salsichas.

92 TRAWA
Moscatel de Alejandría 2019
$$$ | M A L L E C O | **12.5°**

As uvas para este Trawa vêm de um vinhedo de cerca de 120 anos na área de Angol, um vinhedo que é administrado pelos internos da prisão da cidade e que é a mesma fonte de uva para Los Confines, o mais conhecido dos vinhos VICAP. Este novo branco é macerado com 30% de suas peles a partir da fermentação e, em seguida, permanece mais seis meses até o engarrafamento. O resultado é um Moscatel com aromas doces e cítricos ao mesmo tempo, com uma acidez afiada e muito vibrante, e um corpo leve, muito fácil de beber. Um branco perfumado, floral, e sem esse caráter áspero ou amargo que é frequentemente associado com Moscatéis de maceração com peles.

92 WE TRIPANTÜ
Gewürztraminer, Riesling, Sauvignon Blanc, Sylvaner 2020
$$$ | MALLECO | 12.5°

Uma mistura peculiar de cepas plantadas experimentalmente na área de Los Sauces, no Vale do Malleco, este vinho é fermentado com suas peles e depois fica com elas, em uma maceração que dura quatro meses. O vinho tem uma parcela de taninos, texturizados na boca, mas sem exageros, como muitas vezes acontece neste tipo de laranjas. Também não é extremamente aromático, ao nível de ser cansativo. Este parece equilibrado, fácil de beber e refrescante.

91 NAHUELBUTA
Syrah 2019
$$$ | MALLECO | 13°

Este Syrah é produzido com videiras jovens, cerca de cinco anos de idade, plantadas na área de Los Sauces, em um lugar quente que, no entanto, não parece impactar o frescor. Tem uma acidez fresca, crocante e sabores de frutas negras crocantes, com toques especiados que se sentem fortes no final. Um vinho para prosciutto.

Vigneron.

[**ESTE É** o projeto dos irmãos De Martino, Marco e Sebastián, em vinhedos antigos de Itata e Maipo. A ideia é fazer vinhos com intervenção mínima, da forma mais artesanal possível. As quantidades são pequenas, mal ultrapassam dois mil litros e são vendidas, por enquanto, apenas no Chile, e também fazem parte do catálogo da Vigneron, importadora de vinhos franceses, alemães e espanhóis que os irmãos montaram no Chile.] **www.vigneron.cl**

94 BLANCO DE ITATA
Moscatel de Alejandría 2019
$$$ | ITATA | 13.5°

Em teoria, este é um Moscatel de Alexandria, mas como é um vinhedo antigo nas colinas de Itata, plantado em 1905, há também outras cepas no vinho, principalmente Corinto (nome local para Chasselas) e Sémillon. O vinho tem contato com suas peles por um mês e meio, e então é envelhecido em barricas por cerca de dez meses. Nesse período, há uma evaporação natural do vinho, mas em Vigneron eles decidiram não preencher para, segundo Marco De Martino, restar alguns aromas florais do Moscatel, o que pode ser um pouco desgastante. E o efeito é alcançado. Ele cheira a flores, por sinal, mas também tem leves toques salinos e frutas brancas, enquanto a boca é redonda, leve, suculenta e refrescante acidez, longe do Moscatel de Itata usual.

94 TINTO DE LA REINA
Malbec 2020
$$$ | MAIPO | 12.5°

Malbec é uma variedade que está no Chile há quase dois séculos, mesmo antes da Argentina. Mas aos poucos foi perdendo terreno para Cabernet Sauvignon, que deu culturas mais estáveis em qualidade e volume. Este La Reina vem de um vinhedo plantado com material de Malbec comprado da vinícola Viu Manent, e hoje mostra um lado das violetas e frutas vermelhas suculentas e exuberantes, com tons especiados, mas principalmente frutados. Um tinto que bebe fácil e deixa uma agradável sensação de frescor.

93 BLANCO CHILENO, CUVÉE GIORGIO
Sémillon 2019
$$$ | MAIPO | **13°**

Os irmãos De Martino têm 2,5 hectares de mudas nos solos aluvionais de Isla de Maipo, no centro do Vale do Maipo. Estes são vinhedos plantados em 2007 e geralmente darão o vinho de colheita tardia da vinícola De Martino, D'Oro. Neste caso, é um vinho oposto, colhido muito cedo na estação e oferecendo toques suaves de mel no meio de frutas maduras. A textura é amigável, emoldurada em uma acidez suculenta. Um branco para beber com ostras gratinadas ou deixar cerca de cinco anos na garrafa.

93 TINTO DEL ITATA, CUVÉE LA CHINA
Cinsault, País 2020
$$$ | ITATA | **12°**

Vigneron obtém as uvas para este vinho a partir de uma seleção de vinhedos na área de Guarilihue do Vale do Itata. A vinificação é feita 100% com cachos inteiro, de modo que - segundo Marco de Martino - apoie a estrutura tânica do vinho. Esta nova versão La China tem uma deliciosa sensação frutada, como de costume na cepa. A textura dos taninos parece firme, cercada por mais sabores de frutas vermelhas e uma acidez com aresta. Uma excelente abordagem, pronta agora para pizza. É um luxo beber com pizza, na verdade.

92 TINTO CHILENO, CUVÉE LAS PRINCESAS
Carménère, Cabernet Sauvignon 2019
$$$ | MAIPO | **12.5°**

Principalmente Carménère, com 80% da mistura total, além de um pouco de Cabernet Sauvignon e Cabernet Franc, este tinto é envelhecido por cerca de oito meses em barricas usadas. Os aromas das frutas parecem maduros, mas também há espaço suficiente para o lado de ervas se expressar sem problemas. A boca, apesar do baixo álcool, é suculenta e voluptuosa, cercada por sabores de frutas maduras.

Vinícola Atacalco.

[**CARLOS SPOERER**] e o enólogo Ricardo Baettig queriam resgatar antigas videiras de Sémillon e Moscatel para tentar fazer um vinho Itata característico, algo que - de acordo com sua perspectiva - deveria estar mais próximo da visão do agricultor do que da do enólogo.] cpoerer@aicentinela.com

95 CÁRABE DE ITATA
Sémillon, Moscatel de Alejandría 2019
$$$ | ITATA | **13.5°**

Essa mistura é baseada em Sémillon, cerca de 90%, mais 10% de Moscatel, tudo misturado em um vinhedo antigo plantado em meados do século passado, em Cerro Verde, um dos lugares mais procurados em Itata para vinhos brancos, especialmente Sémillon. Com cinco meses de contato com suas peles, e com 10% do vinho de 2020 e os efeitos tânicos dessa maceração, tem notas de mel que gradualmente emergem, embora provavelmente leve alguns anos para que esse personagem, muito típico da cepa, apareça mais fortemente. Este é outro vinho para guarda; taninos e acidez têm muito.

94 CÁRABE DE CASABLANCA
Pinot Gris 2019
$$$ | CASABLANCA | **12°**

Este Pinot Gris vem de vinhedos plantados em 2005, nas encostas de granito e argila da parte ocidental de Casablanca, na cordilheira costeira. O vinho é fermentado e envelhecido por cerca de oito meses em ânfora com suas peles, em uma espécie de estilo ramato italiano. Esta maceração prolongada deu-lhe uma importante estrutura de tanino, algo rústico, mas também vertical. Também tem 15% do ano de 2020 porque, segundo o enólogo Ricardo Baettig, esses oito meses foram demais e lhe deram muita força tânica, demais para a ideia que ele tinha desse vinho. A questão dos taninos foi resolvida, sem castrar sua textura. O resto é frutas vermelhas ácidas, ervas e especiarias em um vinho que só vai melhorar com o tempo. Pense em cinco anos para começar a falar sobre ele.

Vinos Huingan.

[**ORLANDO FARIÑA** é enólogo e, além de trabalhar na venda de insumos enológicos, tem esse pequeno projeto que se baseia em um antigo vinhedo de mais de cem anos, localizado na região de Quirihue, no Vale do Itata. Atualmente produz cerca de 1.300 garrafas.] **www.huingan.cl**

91 HUINGAN
País 2018
$$$ | ITATA | **12.5°**

Com aromas florais, mas acima de tudo terrosos, este País de um vinhedo de mais de cem anos na área de Quirihue, a cerca de 30 quilômetros do mar, no Vale de Itata, parece quente e amigável. Os aromas correspondem a esses País camponeses, um pouco rústicos. Mas na boca parece muito mais domado, com taninos muito macios que deslizam pela boca suavemente. Para chorizo.

Vinos Peroli.

[**A ENÓLOGA** chilena Tibisay Baesler, seu marido, o enólogo Mario Oliva e o engenheiro comercial Ilich Pérez têm este projeto baseado em um antigo vinhedo no Vale de Itata, na comuna costeira de Guarilihue. A primeira colheita que engarrafaram foi em 2017 e hoje produzem cerca de seis mil garrafas.] **www.peroli.cl**

92 UMARA LIMITED
Carignan 2018
$$$$ | ITATA | **13.5°**

Este Carignan vem da área mais alta do vinhedo, onde o solo é mais profundo e as raízes podem ser crescer em busca de água e nutrientes com mais facilidade, algo importante em um vinhedo seco e em um clima extremo para a uva como Guarilihue, a cerca de 25 quilômetros do mar, no Vale de Itata. O vinho é envelhecido por cerca de seis meses em ânforas de coccipesto (uma espécie de concreto) e, em seguida, um ano em barricas usadas. O resultado é um delicioso Carignan em suas notas frutadas e florais, com um corpo de taninos muito macios e acidez cintilante. Para linguiças grelhadas.

90 UMARA
Carignan 2018
$$$ | ITATA | **12.5°**

Não é comum encontrar Carignan em Guarilihue, um lugar que é considerado muito fresco para esta variedade que tem seu reinado no Maule, um pouco mais ao norte. No entanto, há exceções, como este exemplo delicado e nervoso que oferece aromas florais e frutas vermelhas secas no meio de uma acidez que não libera a boca. Tem oito meses de armazenamento em barricas e isso lhe dá algumas notas doces e especiadas. Ideal para acompanhar salsichas grelhadas.

90 UMARA BLEND ROSÉ
Carignan, Cinsault 2020
$$ | ITATA | **12°**

Um Cinsault simples e refrescante, com tudo o que você precisa para esfriar o calor no verão. Sabores de frutas vermelhas ácidas, uma acidez crocante e um corpo leve, e um final ligeiramente floral. Para beber por garrafas. Este rosé vem de áreas ricas em argila, plantadas com videiras de Cinsault e Carignan muito antigas na comuna de Guarilihue.

OUTRO VINHO SELECIONADO
87 | ÜYAK Cinsault 2019 | Itata | 13° | **$$**

Viña AYNCO.

[**AYNCO VEM** da região do Galvarino, na região de Araucanía, área que hoje vive muita ação com novos projetos de vinho, uma espécie de nova fronteira sul do vinho chileno. Aynco é composta por quatro amigos que decidiram montar um vinhedo e começar a fazer seus próprios vinhos. Enquanto aguardam a maturidade de suas parras, compram uvas na área de pequenos produtores. Sua produção total é de cerca de seis mil garrafas.] **www.aynco.cl**

| **IMPORTADOR:** BR: www.lacharbonnade.com.br

92 YARKEN ECLIPSE
Pinot Noir 2020
$$$ | MALLECO | **12°**

Aynco compra as uvas para este Pinot Noir de um vinhedo de cerca de 12 anos no Vale do Malleco. Plantado nos solos típicos de argila da área, ao pé da cordilheira Nahuelbuta, e em um clima bastante frio, este Pinot mostra um delicioso nariz de frutas vermelhas, enquanto na boca esses aromas são projetados em sabores igualmente frutados, flutuando em uma camada de taninos ferozes e ásperos, que precisam de rosbife. Uma nova amostra do potencial da área com essa variedade.

Viña Caminomar.

[**EM 2015,** Maria José Duque e seu marido, Samuel Larraín decidiram fazer uma mudança na sua vida de cidade e se mudar para Colchagua para se dedicar ao vinho, embora nenhum deles estivesse relacionado a esse mundo. Em 2017 começaram a plantar um vinhedo de dois hectares com tempranillo, Syrah, Malbec e Petit Verdot na área de Peralillo. Enquanto o vinhedo deu seus primeiros cachos, em 2017 eles começaram a engarrafar seus vinhos com uvas compradas no mesmo vale.] **@vino_caminomar**

94 VAHO
Malbec, Syrah, Cabernet Franc, Petit Verdot 2018
$$$ | COLCHAGUA | **13.5°**

Vaho é um vinho tinto de uvas compradas na área de Lolol, a oeste do Vale de Colchagua. A mistura tem 40% de Malbec, 20% Syrah, 20% Cabernet Franc e 20%

Petit Verdot. Devido às condições frias da vinícola, as barricas em que estagiou a fermentação malolática não ocorreu, então neste vinho a acidez málica - que não foi atacada pela bactéria láctica - faz com que o Malbec se sinta afiado e crocante, e brilhe com suas frutas vermelhas e tons violetas. Este não é apenas um tinto muito rico, é também uma boa contribuição para a diversidade de tinto de Colchagua.

93 SOSIEGO
Syrah, Cabernet Franc, Malbec 2018
$$$ | COLCHAGUA | **13.5°**

Uma vista muito frutada de Lolol, em direção ao litoral de Colchagua, essa mistura de 50% de Syrah, 25% de Malbec e 25% de Cabernet Franc não passou pelo processo de fermentação malolática, já que a vinícola onde foi estagiada é muito fria e impediu que bactérias láticas fizessem seu trabalho. Isso imediatamente deu a esta mistura uma acidez firme, que ilumina a fruta com seu brilho. É um vinho delicioso para beber agora, cheio de frutas vermelhas e notas especiadas, e também notas terrosas que lhe dão complexidade. Uma boa e nova contribuição para a cena dos tintos de Colchagua.

Viña Castellón.

[**VÍCTOR CASTELLÓN** é viticultor no Vale do Itata e este projeto nasceu de sua intenção de buscar um benefício maior para seus vinhos, cujos preços a granel eram muito baixos para que a vinícola fosse lucrativa. 2017 foi a primeira colheita que Víctor e sua família engarrafaram, todas com uvas de vinhedos na comuna de Ránquil.] **www.vinacastellon.cl**

93 REDENTOR
Carménère 2019
$$$ | ITATA | **12.3°**

Víctor Castellón plantou este vinhedo em 1996, na região de Ránquil, no Vale de Itata. Naqueles anos, o que ele comprou foi Merlot, mas ele logo descobriu que era então uma variedade bordelesa esquecida. Este, no entanto, é um Carménère atípico. Da cor, muito menos intensa do que os exemplos mais ao norte, à boca, que parece leve, quase etérea, que pouco ou nada tem a ver com o Carménère moderno. Pelo contrário, são notas de frutas vermelhas, florais e muito pouca dessas notas de ervas que geralmente estão relacionadas a esta cepa. Um tinto surpreendente em sua personalidade.

91 DON YITO
País 2019
$$$ | ITATA | **11.6°**

Do vinhedo familiar de Víctor Castellón, este País foi plantado há um século e meio na área de Ránquil, e somente em 2017 começou a engarrafar sob o sobrenome da família. É um suco de cereja, simples, direto, com tons de ervas e uma textura firme, muito típica dessa variedade; com taninos firmes que pedem linguiças. Um tinto para beber por litros.

91 SEIS CÓNDORES
Cinsault 2019
$$$ | ITATA | **12.7°**

Os vinhedos onde este tinto nasce devem ser um dos mais antigos Cinsault do Chile. Se eles são normalmente por volta dos 60 anos - quando uma importação maciça da variedade foi feita - esta videira de três hectares em Ránquil tem 110 anos. Uma grande herança que aqui é transformada em um suco refrescante de frutas vermelhas e tons florais em um corpo delicado, muito macio em seus taninos e ao mesmo tempo crocante em sua acidez. Um vinho com uma carga histórica imponente, mas ao mesmo tempo tão simples e refrescante para beber.

Viña La Fábula de Guarilihue.

[**A FAMÍLIA** de Alejandra Muñoz tem um campo no Vale de Itata e os verões familiares sempre foram lá. Em 2018, e para continuar essa conexão familiar, Alejandra e seu marido, Nicolás Cañas, decidiram realizar um projeto de vinhos. Hoje Fábula tem três hectares de vinhedos antigos de Cinsault e Moscatel, e a safra de 2019 foi a primeira vez que engarrafaram os vinhos dessas videiras.] **www.lafabuladeguarilihue.cl**

94 LA FÁBULA
Cinsault 2019
$$$ | ITATA | 12.5°

Com tons de frutas vermelhas refrescantes, há tensão em todos os lugares. A boca é leve, mas a sensação dos taninos é nítida, trazendo corpo e estrutura para um delicioso fundo de frutas que se conecta muito bem com o caráter do Cinsault de Guarilihue, uma comuna costeira no Vale do Itata, onde Fábula tem um hectare de vinhedos antigos dessa variedade. Aqui está um Cinsault em sua expressão mais vibrante e fresca, um tinto para beber por garrafas no verão, uma das qualidades mais importantes desta variedade.

92 LA FÁBULA
Moscatel de Alejandría 2019
$$$$ | ITATA | 11.5°

Este Moscatel vem de videiras antigas na área de Guarilihue, plantadas há cerca de 70 anos. É perfumado, com tons florais e frutados em proporção semelhante, enquanto na boca é limpo, com acidez cristalina, e os aromas e sabores frutados e florais continuam a comandar, embora sem incomodar. Um Moscatel amigável, bem equilibrado.

Viña Mardones.

[**A FAMÍLIA MARDONES** trabalha no vinhedo há três gerações. São 12 hectares de brancas e 14 de tintas plantadas na área de Guarilihue, no litoral do Vale do Itata. Desde a safra de 2019 eles engarrafam seus próprios vinhos sob a marca Weñe, é que como o vovô chamava Valeriana, Benjamin e Sebastian, os três Mardones que atualmente estão no comando da vinícola e das videiras.] **valerianamardones@gmail.com**

93 WEÑE
Sémillon, Chasselas, Moscatel de Alejandría 2019
$$$ | SECANO INTERIOR COELEMU | 13°

Este **Weñe** vem de vinhedos antigos com cerca de 40 anos de idade na área de Guarilihue, em direção à costa do Vale de Itata, e consiste em um terço de Chasselas, um terça de Moscatel e um terço de Sémillon. E as três variedades parecem coexistir em harmonia, com o Moscatel como um leve protagonista, trazendo seu lado floral. Na boca, porém, é a Sémillon com sua textura oleosa que parece predominar em um branco de muito bom equilíbrio, com tons láticos e frutados.

92 WEÑE
Cinsault 2019
$$$ | SECANO INTERIOR COELEMU | **12.5°**

Embora os Mardones tenham plantado algumas videiras de País ou Carignan, a maioria de seus vinhedos são Cinsault, a uva tinta mais comum na área de Guarilihue, um lugar fresco influenciado pelas brisas do Pacífico. O estilo dos vinhos nessa área tende a ser mais leve do que os do interior de Itata, com menor grau de álcool. E isso aparece neste Weñe, um Cinsault delicado, com taninos muito macios, mas suculentos, frutas refrescantes. Este é o vinho ideal para combater o calor do verão.

Viña Tirreno.

[**A FAMÍLIA CÁRDENAS** não tinha relação com a produção de vinhos até o ano passado, quando, aconselhado por um dos filhos, Guillermo, que é enólogo, decidiu engarrafar sua primeira produção de cerca de mil garrafas, todas de uvas do Vale de Colchagua, na região da Marchigüe, a oeste do vale.] **@ tirreno_wines**

92 TEJUELAS GRAN RESERVA
Cabernet Sauvignon 2019
$$ | COLCHAGUA | **14.1°**

Este Cabernet vem de uvas compradas na área de Marchigüe, a oeste do Vale de Colchagua. Vinificado em aço e envelhecido em um antigo barril de 225 litros, tem taninos firmes e duros que geralmente estão relacionados com os tintos dos solos graníticos da área. Se isso é um sinal do lugar, está tudo bem para nós, especialmente se ele é acompanhado por todas as frutas vermelhas que este Cabernet mostra. Um tinto ideal para acompanhar o assado no domingo, mas também para guardar por alguns anos.

91 TEJUELAS GRAN RESERVA
Carménère 2019
$$ | COLCHAGUA | **14.1°**

Este é um tinto baseado em Carménère, mas ao qual 15% Cabernet Sauvignon foi adicionado para suportar a estrutura de uma variedade que geralmente carece de taninos firmes. Ambas as uvas vêm da área de Marchigüe, a oeste de Colchagua. O vinho tem as notas de ervas da cepa, mas também sabores doces de frutas negras.

Viña Umpel.

[**RICARDO YÁÑEZ** é um agricultor na região de Yumbel, e desde 2019 engarrafa seus próprios vinhos de um antigo vinhedo de País em sua propriedade. O vinhedo tem cerca de seis hectares que funciona organicamente, enquanto na vinificação, apoiada por Mauricio González, da vinícola Tinto de Rulo, a abordagem é muito pouco intervencionista, mantendo as tradições do pipeño, o estilo local dos vinhos.] **www.umpel.cl**

92 DEL PEREGRINO
País 2019
$$ | SECANO INTERIOR DE YUMBEL | **11°**

Desde a primeira produção deste Peregrino apenas 2.500 garrafas foram feitas, e o resultado é um vinho de grande caráter local, o tipo de tintos feitos com País que se beberia em qualquer bar do sul do Chile, servido a granel. Aqui há aromas frutados, mas também aromas terrosos que na boca são expressos no meio de uma textura áspera e um corpo leve. É um tinto para comer. Tente com frios.

Viñateros de Raíz.

[**VIÑATEROS DE RAÍZ** é o projeto da paisagista Macarena Guzmán e seu marido, Sergio Hormazábal, que é o enólogo-chefe da vinícola Ventisquero. Em 2015 decidiram plantar parte de seu lote em Melipilla, no Maipo Costa, com uma pequena quantidade de vinhas, mil plantas de Cabernet e 400 plantas de Touriga Nacional, esta última plantada apenas em 2019. Cabernet é a base da produção, mais uvas compradas de vizinhos. De qualquer forma, a produção é pequena: cerca de 1.600 garrafas, em dois rótulos.] **www.vinaterosderaiz.cl**

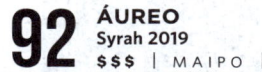

92 ÁUREO
Syrah 2019
$$$ | MAIPO | **13°**

O viticultor Sergio Hormazábal produz a Áureo desde 2008, sempre em pequenas produções. Desde 2018 faz parte do catálogo de seu projeto familiar, Viñateros de Raíz. Esta Syrah vem de uvas compradas de um vizinho que tem um vinhedo em Maipo Costa, em um terraço aluvial no leste de Puangue. Aqui estão as características claras de um ano quente no Maipo, com seus aromas e sabores de frutas negras maduras. Os taninos são firmes e os sabores das frutas enchem a boca.

91 JARDINERO
Touriga Nacional 2019
$$$ | MAIPO | **13°**

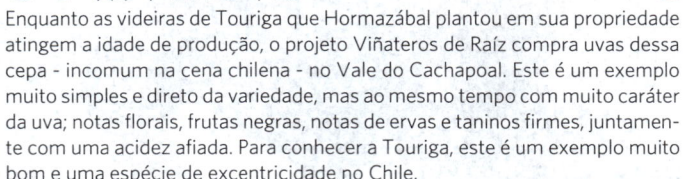

Enquanto as videiras de Touriga que Hormazábal plantou em sua propriedade atingem a idade de produção, o projeto Viñateros de Raíz compra uvas dessa cepa - incomum na cena chilena - no Vale do Cachapoal. Este é um exemplo muito simples e direto da variedade, mas ao mesmo tempo com muito caráter da uva; notas florais, frutas negras, notas de ervas e taninos firmes, juntamente com uma acidez afiada. Para conhecer a Touriga, este é um exemplo muito bom e uma espécie de excentricidade no Chile.

91 JARDINERO MEZCLA TINTA
Cabernet Sauvignon, Malbec, Syrah 2019
$$$ | MAIPO | **13°**

Esta mistura é baseada em Cabernet Sauvignon (75%) plantada no jardim da casa da família Hormazábal no Maipo Costa. O restante é 20% Malbec e 5% Syrah, ambas as cepas compradas de vizinhos do bairro. O vinho envelhece 15 meses em barricas usadas, o que tem um efeito na textura dos taninos, alisando-os e deixando uma sensação de cremosidade. É fruta madura pura, suculenta, e o final é frutado e fresco.

URUGUAI
2021

URUGUAI 2021

Um Tannat para matar a sede.

TEM QUE SE ADMITIR. Em • •••••••••••somos insistentes com a ideia de que o Tannat não precisa ser apenas uma massa de taninos impenetráveis como muralhas medievais; essa casta também pode ser fonte de vinhos mais simples e frescos, para a piscina no verão e não apenas para o cordeiro no inverno. Isso soa bem, até parece revolucionário. E foi. Já não é mais.

Nos artigos do Uruguai de anos anteriores, declaramos nosso amor incondicional pelo clássico Tannat, aquele que vem dos solos argilosos e calcários de Canelones; aquele Tannat austero, grandioso em sua estrutura. Tintos monumentais na linha dos Sagrantino de Montefalco ou dos Baga da Bairrada, esse estilo de vinhos eternos e incomensuráveis que por esse perfil nos emocionam.

E também, claro, estão os Tannat que vêm das novas áreas atlânticas, influenciadas pela brisa do mar, em solos graníticos. Também nos apaixonamos por eles, pelas suas frutas exuberantes, pelas suas texturas mais amáveis. Mas, faltava algo mais básico, mais ao nível de entrada, como poderia se dizer em termos comerciais. Mas, não esses Tannat baratos, cheios de madeira processada e vazios de frutas que, na cabeça febril de um gerente de exportação, vão causar vício em massas de consumidores que não sabem o que querem. Não. Não é assim.

A revolução que aos poucos vai ganhando corpo no Uruguai tem muito a ver com o que aconteceu em outros lugares. Despir a variedade, tirar sua

maquiagem, mostrá-la como ela é, quem dera sem muita intervenção, feliz-mente pura, felizmente feita de frutas frescas, com rica acidez. Ao final das contas, um Tannat que sirva para ser levado à mesa, para que não deixe a boca secar com tanta carne ou simplesmente para matar a sede numa tarde de verão à beira da piscina.

A vinícola Pizzorno foi pioneira neste estilo. Na safra de 2000 eles lan-çaram seu Tannat **Maceración Carbónica**, que, na verdade, passou desper-cebido. Num mundo como aquele, que procurava o impacto da fruta super madura, da sobre extração e da forte influência do carvalho novo, um Tannat simples e direto não deixou de ser algo bastante agradável.

Mas talvez sem querer, o que o Pizzorno estava inaugurando - muito antes de seu tempo - era uma tendência que hoje vários expoentes dizem - com razão, acreditamos - que essa é a porta para começar a entender uma variedade que de fácil não tem nada.

Este ano, no Descorchados, escolhemos o Proyecto Nakkal como viní-cola revelação. E as razões são várias. Um é o trabalho que estão fazendo para valorizar a Marselan (um grande tema, ainda em sua infância), mas sobretudo para um vinho, que mais do que um vinho, é uma ideia: **Suelto Tannat** 2020 de Canelones. Uma sensação de pureza que percorre esse Tannat de vinhedos com cerca de 15 anos na região de Colorado, no coração de Canelones, um distrito clássico do Uruguai, especialmente para a Tannat. No entanto, este não é o Tannat tânico, austero (muitas vezes sublime) da

Projeto Nakkal

Tannat | Tano de Lucca e sua filha Agostina

região, mas sim um outro caminho, mais frutado e bebível. Tem os taninos da casta - inconfundíveis -, mas aqui encontra fruta fresca, suculenta, com tensão e uma acidez crocante que se projeta no palato com a sua sensação refrescante. Um verdadeiro achado.

E outro achado é **Tano Tannat** 2020, da vinícola De Lucca. Este vinho não é de Reinaldo "Tano" de Lucca, o iconoclasta produtor uruguaio, mas de sua filha, Agostina, que mudou o rumo da vinícola (um dos nomes inconfundíveis do vinho Charrúa) para caminhos muito mais cristalinos, mais puros. Elaborado de forma totalmente natural, com leveduras nativas e sem adição de sulfitos em nenhuma parte do processo, é um delicioso e concentrado suco de Tannat proveniente de vinhedos com cerca de 30 anos, plantados na região de Canelones. É profundo nos sabores, com uma acidez que brilha em todo o paladar e também com taninos que, embora sejam firmes e pulsantes, não têm o contorno de muitos dos tradicionais Tannat de Canelones. Toda essa densidade está na acidez e nos taninos. Um vinho límpido, frutado e transparente.

A nova ideia do Tannat germina nas mentes mais jovens do Uruguai, como a do incansável Santiago Deicas, que tem a sorte de trabalhar com a Tannat de várias origens, de Garzón a Juanicó. Para Estabelecimiento Juanicó **Bodegones del Sur Limited Edition Tannat** 2020, Santiago e a enóloga Adriana Gutiérrez selecionaram vinhedos na área de Progreso, com solos ricos em argilas e em cal onde a Tannat mostra uma de suas faces mais interessantes, especialmente em termos de taninos que, graças à cal, sentem-se verticais, afiados, firmes, pulsantes. Um vinho que se constrói a partir desse tipo de taninos, mas também é decorado com frutas vermelhas e flores, notas terrosas que se manifestam na boca, aliadas a uma acidez que brilha. Sem envelhecimento em barricas, é uma expressão pura e cristalina do clássico Tannat uruguaio.

Apesar das notas exorbitantes que atribuímos a esses vinhos, eles não são os melhores exemplos da variedade no Uruguai. Na verdade, não se trata do melhor ou do pior, mas sim de uma aventura em buscar novos sabores numa casta que, claro, é o emblema, é a cara, é o hino nacional do vinho uruguaio. Mas isso não tem apenas um verso, tem muitos. Esse é o mais fresco, o mais bebível, embora não seja o único. E isso é uma notícia muito boa.

Os melhores Tannat de nova escola no Uruguai

95 | **PROYECTO NAKKAL WINES** Suelto Tannat 2020 | Canelones
94 | **DE LUCCA** Tano Tannat 2020 | Canelones
94 | **ESTABLECIMIENTO JUANICÓ** Bodegones del Sur Limited Edition Tannat 2020 | Canelones
93 | **CERRO DEL TORO** Reserva Tannat 2019 | Maldonado
93 | **FAMILIA DEICAS** Atlántico Sur Reserve Tannat 2020 | Sul do Uruguai
93 | **PABLO FALLABRINO** Anarkia Tannat 2020 | Atlántida
92 | **BODEGA OCÉANICA** José Ignacio José Ignacio Tannat 2019 | Maldonado
92 | **ESTABLECIMIENTO JUANICÓ** Don Pascual Coastal Tannat 2020 | Sul do Uruguai
92 | **MONTES TOSCANINI** Crudo Tannat 2020 | Uruguai
92 | **PIZZORNO FAMILY ESTATES** Mayúsculas Maceración Carbónica Tannat 2020 | Canelones

Será que o Uruguai é um país para brancos?.

A TENTAÇÃO ESTÁ AÍ, virando a esquina, pedindo para que se diga que o Uruguai, afinal, é um país de brancos. Que a nova influência do Atlântico e que a baía de Maldonado e seus novos vinhedos mostraram em muito pouco tempo que ali, naquelas suaves colinas de granito e argila, Riesling, Chardonnay, Sauvignon Blanc e, com certeza, Albariño, tem um caráter que não existe em nenhum outro lugar na América do Sul. Mas, claro, é apenas uma tentação, porque realmente sabemos que estamos exagerando.

Este ano, dos 325 vinhos que provamos na seção uruguaia do Descorchados, selecionamos 262. E deles, 72 foram brancos. Fizemos uma média das notas e também refletimos muito sobre esses números em busca de uma justificativa que corrobora com a ideia de que o Uruguai é um país de brancos. Mas, não encontramos. Recomendamos mais tintos do que brancos e, por alguns décimos, a pontuação média desses tintos é mais alta.

Mas a sensação de que algo está acontecendo não tem nada a ver com números, pois - na verdade - nada no mundo do vinho tem a ver com números. Pelo contrário, trata-se de um palpite ou, se preferir, da sensação de se tomar um Albariño da Bodega Oceánica, Bouza, Garzón, e apreciá-lo como já apreciamos o melhor dos Albariños galegos ou dos Alvarinhos portugueses. Ou quase. Quase lá, muito próximo.

Pelo menos não temos dúvidas de que, a partir de 2015, quando as primeiras vinhas brancas plantadas em Maldonado (tudo é muito jovem, como podem ver) começaram a amadurecer e a dar frutos consistentes, a questão ganhou importância. Antes disso, em nossas primeiras viagens ao Uruguai no início dos anos 2000, os brancos uruguaios eram poucos e quase nenhum deles valia realmente a pena.

Vinhedos de Albariño na Bodega Oceánica

Naqueles anos falava-se da Sauvignon Blanc, uma espécie de Nova Zelândia às margens do Río de la Plata que oferecia brancos exuberantes, cheios de aromas que tinham a ver com o efeito do ar condicionado do rio, embora também - e talvez mais - eles estavam relacionados a leveduras e frutas selecionadas colhidas muito antes de seu ponto de maturação. Mas os uruguaios estavam orgulhosos desses Sauvignon. E eles os mostravam como prova de que o Tannat não estava sozinho. Mas sim, estava.

Hoje não está. A comunidade de brancos uruguaios despertou e há muitos exemplos. Na verdade, como dissemos, selecionamos 72 para esta edição de Descorchados e, entre eles, há exemplos notáveis, a começar pelo Garzón **Petit Clos Block 27 Albariño 2020**. Esse branco vem de um lote (Block 27) de pouco mais de um quarto de hectare voltado para o mar. Até à vindima de 2018, esse pedaço de vinhedo destinava-se ao **Single Vineyard**, mas a equipe da adega decidiu vinificá-lo separadamente, devido à concentração de sabores que esse solo rico em granito oferecia. E quando se trata de concentração, esse tem de sobra, mas também tem aquele componente fresco e ágil que parece estar diretamente relacionado com as brisas do mar que se movem entre as suaves colinas de Garzón.

Menos concentrado, porém mais salino, mais "marinho", se preferir, é o Bodega Océanica José Ignacio **Albariño 2020**, outro de nossos preferidos. Essa é apenas a terceira safra desse branco e, desde a primeira, nos cativou pelos seus aromas e sabores. É o branco perfeito para ser levado a uma generosa mesa de peixes e mariscos da costa uruguaia.

"Minha experiência com os brancos tem sido muito positiva, principalmente pelas condições do lugar em Garzón; a proximidade com o Atlântico, a luz filtrada da zona e os solos graníticos soltos que ajudam muito. O nível dos brancos é muito alto hoje no Uruguai, de muita complexidade", diz Alberto Antonini, o assessor italiano da vinícola Garzón e responsável, junto com o enólogo chefe da vinícola, Germán Bruzzone, por um dos melhores brancos da América do Sul hoje.

O Uruguai é um país dos tintos, um país onde a Tannat continua sendo

a fonte de seus melhores vinhos. Mas fique de olho nos brancos, com a Alvarinho, com a Sauvignon e, talvez, também com a Chardonnay. Há uma densidade de sabores neles que não é fácil de encontrar em outros lugares desse lado do mundo.

Ranking melhores **brancos** do Uruguai

96 | GARZÓN Petit Clos Block 27 Albariño 2020 | Garzón
96 | BODEGA OCÉANICA JOSÉ IGNACIO José Ignacio Albariño 2020 | Maldonado
96 | GARZÓN Single Vineyard Albariño 2020 | Garzón
94 | BOUZA Viñedo Pan de Azúcar Chardonnay 2019 | Pan de Azúcar
94 | BOUZA Bouza Albariño 2020 | Melilla/Las Violetas
94 | BOUZA Viñedo Pan de Azúcar Riesling 2019 | Pan de Azúcar
94 | CERRO DEL TORO Cerro del Toro Sobre Lías Albariño 2020 | Maldonado
94 | FAMILIA DEICAS Preludio Barrel Select Lote 22 2020 | Juanicó
94 | GARZÓN Single Vineyard S. Blanc 2020 | Garzón
93 | BODEGA OCÉANICA JOSÉ IGNACIO José Ignacio Chardonnay 2020 | Maldonado
93 | CERRO CHAPEU 1752 Gran Tradición Petit Manseng,Viognier 2019 | Montevidéu
93 | CERRO DEL TORO Cerro del Toro Albariño 2020 | Maldonado
93 | CERRO DEL TORO Reserva Chardonnay 2020 | Maldonado
93 | CERRO DEL TORO Singular Fósiles de Mar Chardonnay 2020 | Maldonado
93 | EL CAPRICHO WINERY El Capricho Reserve Tannat,C. Sauvignon 2018 | Durazno
93 | FAMILIA BRESESTI Familia Bresesti Sur Lie S. Blanc 2020 | Canelones
93 | FAMILIA DEICAS Extreme Vineyards Guazuvirá 2020 | Uruguai
93 | FAMILIA DEICAS Single Vineyard Juanicó Chardonnay 2020 | Juanicó
93 | GARZÓN Reserva Albariño 2020 | Garzón
93 | GARZÓN Reserva S. Blanc 2020 | Garzón
93 | PABLO FALLABRINO Estival 2020 | Atlántida
93 | PIZZORNO FAMILY ESTATES Reserva S. Blanc 2019 | Sul do Uruguai

Descorchados 2021

BODEGA DEL AÑO

OS TERROIRS
DO URUGUAI

Por: **Gustavo Blumeto**, agrônomo, e **Patricio Tapia.**

A irrupção da baía de **Maldonado** no mapa do **terroir uruguaio** não só acrescentou novos sabores aos vinhos daquele país, mas também **diversificou** a paisagem vitícola. Até agora, **Canelones** era a **grande área** vitivinícola, concentrando cerca de 65% do total de vinhedos do Uruguai. Vamos dar uma **olhada** em ambos.

Bodega José Ignacio

Viñedos Edén

Viñedos Alto de la Ballena

San Carlos

Viñedos Garzón
Viñedos Deicas

Viñedos Oceánica

Viñedo Pan de Azúcar
Bouza

Viñedo Las Espinas
Bouza

Maldonado

Viñedos
Cerro del Toro

Pta del Este

Piriápolis

Océano Atlántico

Argentina

Montevideo

BAÍA DE MALDONADO

[**O LUGAR**] **Essa é uma área** relativamente nova para a produção de vinho. Os primeiros vinhedos foram plantados no início dos anos 2000, mas se desenvolveram rapidamente e hoje é um terroir muito importante no Uruguai. Situa-se no departamento de Maldonado. O solo é pouco fértil, ácido, bem drenado e de textura pedregosa, formado a partir da alteração de rochas graníticas que foram geradas em um período vulcânico, há um bilhão de anos e, posteriormente, modificadas por eventos tectônicos há 530 milhões de anos, na época em que a falha de Sierra Ballena foi gerada. Todos os períodos climáticos subsequentes que o planeta sofreu, geleiras, ventos, chuvas e até mesmo períodos desérticos, foram alterando a rocha até que ela se desintegrou em pequenos grãos de cascalho. Estabelecido clima temperado atual, com chuvas homogêneas ao longo do ano, as plantas se recolonizaram, enriquecendo o solo jovem com matéria orgânica que tingiu as camadas superficiais de tons escuros. O grau de alteração da rocha é tal que a videira pode criar raízes muito profundas na matéria-mãe.

[**OS SABORES**] **O granito é o diferencial** dos solos de Maldonado, mas é o clima e, sobretudo, a fresca influência das águas atlânticas, que acaba por determinar o estilo dos vinhos da região. Em termos gerais, as vinhas mais para o interior, como as da Viña Edén, a cerca de 24 quilômetros do mar, tendem a ser mais generosas em aromas e sabores maduros; mais intensas em madurez, se preferir. No outro extremo, os vinhos que vêm de vinhedos a cerca de três quilômetros do Mar de Cerro del Toro, próximo ao povoado de Piriápolis, oferecem toques muito mais herbáceos, junto com uma acidez mais pronunciada. Em suma, Maldonado é um terreno fértil para variedades que gostam de climas mais frios e isso explica por que a Albariño tem um desempenho tão bom nesse lugar, assim como Pinot Noir (especialmente rosés, por enquanto), Chardonnay e Sauvignon Blanc, além de alguns experimentos com Riesling pela família Bouza, em Pan de Azúcar (também muito perto do mar). Mas atenção, que o clima e os solos graníticos têm um efeito sobre os tintos, especialmente os Tannat, que aqui parecem ser menos tânicos, mais frutados e definitivamente menos austeros do que as versões tradicionais de Canelones. A Baía de Maldonado possui atualmente cerca de 410 hectares de vinhedos plantados. ❧

CANELONES

[**O LUGAR**] **É uma tradicional zona** de produção de vinho nas proximidades da localidade que lhe dá o nome, está localizada a cerca de 30 km ao norte de Montevidéu, formando parte do cinturão agrícola da cidade, local escolhido por italianos e espanhóis imigrantes para se estabelecerem ao longo do século passado. Nesta área, há 25 milhões de anos, durante o período terciário (Oligoceno), o clima era quente e semi-úmido. O solo da época era composto por finas partículas de poeira carregadas pelo vento, provenientes da desintegração de rochas primárias, que se depositavam em uma camada ordenada (sedimentação), formando um curioso micro-relevo ondulado denominado "gilgai". Esse material denominado silte (loess) é muito rico em um tipo de argila denominada esmectitas. As raízes das plantas antigas e os microrganismos que viviam a elas associados morreram deixando espaços que se calcificaram e deram origem às concreções de carbonato de cálcio que hoje observamos. Essas características do paleossolo ou solo pré-histórico, submetido ao clima atual, com chuvas homogêneas ao longo do ano, temperaturas médias anuais de 17 graus, com verões quentes deficientes de umidade e invernos de temperatura contrastantes mas amenos, geraram solos argilo-calcários, atualmente chamado de Vertisoles.

[**OS SABORES**] **Canelones é a região** mais importante, em número de hectares de vinhedos, do Uruguai. Cerca de 65% dos quase 6.300 hectares plantados no país estão por lá. É também a zona tradicional e histórica da Tannat, a casta que conseguiu se adaptar à umidade e ao frio que prevalece na área. E também se adaptou aos solos ricos em argila e cal em zonas como Las Violetas, Canelón Chico ou Juanicó, origem de alguns dos melhores tintos da América do Sul e também entre os melhores Tannat do Uruguai. Os Tannat de Canelones, crescendo nesses solos calcários, são austeros, com taninos firmes e com a clássica sensação táctil de giz típica do calcário. Não são particularmente exuberantes em aromas, mas são altamente estruturados. Para o Tannat clássico, Canelones é o lugar.

VENCEDORES

O melhor **tinto** & o melhor **branco**

De todos os vinhos que provamos ano a ano, este par é nosso favorito. Sem dúvida, a maior honra que uma garrafa pode alcançar em *Descorchados*.

Enólogo & **Vinícola revelação** do ano

O prêmio Enólogo do ano leva quem mais nos entusiasmou pela qualidade de seus vinhos; os prêmios **Enólogo e Vinícola revelação** vão para aqueles que, com seu trabalho, transformam o vinho na América do Sul.

Vinhos **revelação** do **ano**

Esta é a novidade, o vinho que se destaca do resto, o que busca caminhos diferentes. Esse tipo de vinhos sempre tem um lugar em *Descorchados*.

Os melhores em cada **cepa** ou **estilo**

Seguindo o estilo varietal dos vinhos no Novo Mundo, estes rankings apelam aos melhores dentro de sua cepa. Mas atenção, porque também se incluem rankings por estilos de vinhos: **doces, espumantes, rosés.**

Os melhores por **vale**

Em *Descorchados* nos interessa o sentido de lugar dos vinhos, sua origem. Por isso aqui destacamos os melhores segundo o vale onde foram produzidos.

Superpreço

Um tema sempre recorrente é a boa relação preço-qualidade. Neste par de rankings vocês encontrarão as melhores ofertas provadas no ano. **Imprescindível.**

97
FAMILIA DEICAS
Extreme Vineyards Suelo Invertido
Tannat 2019
CANELONES

97
GARZÓN
Balasto
Tannat, Cabernet Franc,
Merlot, Marselan 2018
GARZÓN

96
GARZÓN
Petit Clos Block 212
Tannat 2019
GARZÓN

TOP 10

95
BOUZA
Tannat Viñedo
Las Espinas
Tannat 2019
MALDONADO

95
BOUZA
Viñedo Pan de Azúcar
Tannat 2018
PAN DE AZÚCAR

95
CARRAU
Vilasar
Nebbiolo 2015
LAS VIOLETAS

95
FAMILIA DEICAS
Massimo Deicas
Tannat 2016
URUGUAI

TINTOS 2021

95
PIZZORNO
FAMILY ESTATES
Primo *2017*
CANELÓN CHICO

95
PROYECTO
NAKKAL WINES
Suelto
Tannat 2020
CANELONES

95
SPINOGLIO
Estiba Reservada Tinaja
Merlot, Cabernet Franc 2020
MONTEVIDÉU

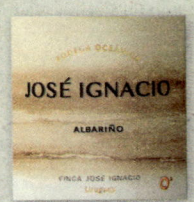

96
GARZÓN
Petit Clos Block 27
Albariño 2020
GARZÓN

95
BODEGA OCÉANICA JOSÉ IGNACIO
José Ignacio
Albariño 2020
MALDONADO

95
GARZÓN
Single Vineyard
Albariño 2020
GARZÓN

TOP
10

94
BOUZA
Bouza
Albariño 2020
MELILLA/LAS VIOLETAS

94
BOUZA
Viñedo Pan de Azúcar
Chardonnay 2019
PAN DE AZÚCAR

BRANCOS 2021

94
BOUZA
Viñedo Pan de Azúcar
Riesling 2019
PAN DE AZÚCAR

94
CERRO DEL TORO
Cerro del Toro Sobre Lías
Albariño 2020
MALDONADO

94
FAMILIA DEICAS
Preludio Barrel Select
Lote 22 Blanco
2020
JUANICÓ

94
GARZÓN
Single Vineyard
Sauvignon Blanc 2020
GARZÓN

93
FAMILIA DEICAS
Extreme Vineyards
Guazuvirá
2020
URUGUAI

97

MELHOR TINTO.

[DIVIDIDO]

FAMILIA DEICAS
Extreme Vineyards Suelo Invertido *Tannat 2019*
CANELONES

Este é mais um experimento de Deicas, mexendo ou revolvendo os solos de seus vinhedos. Neste caso, o solo foi revolvido para deixar a parte espessa da raiz da planta em contato com um solo revolvido de teor de calcário muito mais alto. Depois de retirar o solo, eles plantaram o vinhedo em 2004 em alta densidade, com 10.000 plantas por hectare, mais que o dobro do usual no Uruguai (e na América do Sul). Este é o protótipo de Tannat em Canelones, especialmente plantado em solos calcários e argilosos que conferem austeridade, ligeiros aromas florais e frutados, mas sobretudo uma textura firme, monolítica, séria, austera a nível monástico. Um vinho profundo e intenso, com uma textura a giz e ao mesmo tempo com uma camada de frutas vermelhas maduras que amortece, de certa forma, o efeito sério e rígido desses taninos. Um vinho para beber agora e entender porque não devemos esquecer o clássico Tannat uruguaio. Os novos Tannat atlânticos deram-nos muito prazer em Descorchados, mas é outra coisa.

Os melhores tintos do ano

96 | **GARZÓN** Petit Clos Block 212 Tannat 2019 | Garzón
96 | **BOUZA** Tannat Viñedo Las Espinas Tannat 2019 | Maldonado
96 | **BOUZA** Viñedo Pan de Azúcar Tannat 2018 | Pan de Azúcar
96 | **CARRAU** Vilasar Nebbiolo 2015 | Las Violetas
96 | **CARRAU** Amat Tannat 2017 | Las Violetas
96 | **FAMILIA DEICAS** Preludio Barrel Select Tinto 2000 | Canelones
96 | **FAMILIA DEICAS** Massimo Deicas Tannat 2016 | Uruguai
96 | **PIZZORNO FAMILY ESTATES** Primo 2017 | Canelón Chico
96 | **PROYECTO NAKKAL WINES** Suelto Tannat 2020 | Canelones
96 | **SPINOGLIO** Estiba Reservada Tinaja Merlot, C. Franc 2020 Montevidéu

97

MELHOR TINTO.

GARZÓN

Balasto *Tannat, Cabernet Franc, Merlot, Marselan 2018*
GARZÓN

O vinhedo de Garzón, nas encostas graníticas da zona com o mesmo nome, voltado para a baía de Maldonado, está dividido em 1.500 mini parcelas, de acordo com a cepa, mas também a sua orientação ou a riqueza ou composição das uvas. Balasto é uma seleção do que a equipe enológica de Garzón considera o melhor de toda a propriedade, uma mistura de 40% Tannat, 34% Cabernet Franc, 18% Petit Verdot, 5% Merlot e o resto de Marselan. Estagiou 18 meses em barricas, este é um vinho que se tem orientado - pelo menos nas últimas colheitas - para os sabores da fruta, para o frescor. É o vinho mais ambicioso da vinícola, mas não é o mais concentrado. Tem uma elevada percentagem de Cabernet Franc, que se faz sentir nas notas herbáceas, nas frutas vermelhas que se associam à casta. É um vinho cheio de equilíbrio, para se manter por uma década, mas ao mesmo tempo tão fácil de beber agora. Uma contradição deliciosa. 🐦

Os melhores **tintos** do ano

96 | **GARZÓN** Petit Clos Block 212 Tannat 2019 | Garzón
95 | **BOUZA** Tannat Viñedo Las Espinas Tannat 2019 | Maldonado
95 | **BOUZA** Viñedo Pan de Azúcar Tannat 2018 | Pan de Azúcar
95 | **CARRAU** Vilasar Nebbiolo 2015 | Las Violetas
95 | **FAMILIA DEICAS** Preludio Barrel Select Tinto 2000 | Canelones
95 | **FAMILIA DEICAS** Massimo Deicas Tannat 2016 | Uruguai
95 | **PIZZORNO FAMILY ESTATES** Primo 2017 | Canelón Chico
95 | **PROYECTO NAKKAL WINES** Suelto Tannat 2020 | Canelones
95 | **SPINOGLIO** Estiba Reservada Tinaja Merlot, C. Franc 2020 Montevidéu

96 MELHOR BRANCO.

GARZÓN
Petit Clos Block 27 *Albariño 2020*
GARZÓN

Este é o novo branco de Garzón, uma parcela (block 27) de pouco mais de um quarto de hectare voltada para o mar. Até à colheita de 2018, este block era destinado à Single Vineyard, mas a equipe da vinícola este ano decidiu separá-lo devido à concentração de sabores que este solo rico em granito lhes oferecia. O vinho fermentou dois terços em cimento e um terço em barricas "lancero". Estes recipientes são grandes, alongados e daí o "Lancero Barrel", em homenagem ao charuto que Fidel Castro fumava. Voltando ao vinho, esta segunda safra é ainda melhor que a primeira, que foi um dos melhores brancos no Descorchados 2020. Aqui há maior densidade, maior profundidade de sabores e texturas num branco que se move com delicadeza e frescor, carregando um corpo importante, grande, mas ao mesmo tempo muito ágil. 🌶

Os melhores **brancos** do ano

95 | **BODEGA OCÉANICA JOSÉ IGNACIO** José Ignacio Albariño 2020 | Maldonado
95 | **GARZÓN** Single Vineyard Albariño 2020 | Garzón
94 | **BOUZA** Viñedo Pan de Azúcar Chardonnay 2019 | Pan de Azúcar
94 | **BOUZA** Bouza Albariño 2020 | Melilla/Las Violetas
94 | **BOUZA** Viñedo Pan de Azúcar Riesling 2019 | Pan de Azúcar
94 | **CERRO DEL TORO** Cerro del Toro Sobre Lías Albariño 2020 | Maldonado
94 | **FAMILIA DEICAS** Preludio Barrel Select Lote 22 2020 | Juanicó
94 | **GARZÓN** Single Vineyard S. Blanc 2020 | Garzón
93 | **BODEGA OCÉANICA JOSÉ IGNACIO** José Ignacio Chardonnay 2020
 Maldonado
93 | **CERRO CHAPEU** 1752 Gran Tradición Petit Manseng,Viognier 2019
 Montevidéu
93 | **CERRO DEL TORO** Cerro del Toro Albariño 2020 | Maldonado
93 | **CERRO DEL TORO** Reserva Chardonnay 2020 | Maldonado
93 | **CERRO DEL TORO** Singular Fósiles de Mar Chardonnay 2020
 Maldonado
93 | **FAMILIA BRESESTI** Familia Bresesti Sur Lie S. Blanc 2020 | Canelones
93 | **FAMILIA DEICAS** Extreme Vineyards Guazuvirá 2020 | Uruguai
93 | **FAMILIA DEICAS** Single Vineyard Juanicó Chardonnay 2020 | Juanicó
93 | **GARZÓN** Reserva Albariño 2020 | Garzón
93 | **GARZÓN** Reserva S. Blanc 2020 | Garzón
93 | **PABLO FALLABRINO** Estival 2020 | Atlántida
93 | **PIZZORNO FAMILY ESTATES** Reserva S. Blanc 2019 | Sul do Uruguai

VINÍCOLA REVELAÇÃO.

PROYECTO NAKKAL

Projeto Nakkal conta com três integrantes, os enólogos Santiago Degásperi e Nicolás Monforte e o viticultor Bruno Bresesti, todos muito jovens, embora ligados desde o fim da universidade (e antes também) ao mundo do vinho. A safra 2020 é a sua estreia e é uma estreia das melhores. Com três deliciosos Pet Nats na sua simplicidade, e dois tintos suculentos e refrescantes da linha Suelta, elaboram um pequeno mas sólido catálogo que se baseia na viticultura sustentável e na enologia de intervenção mínima. Eles fazem poucas garrafas. Não mais do que mil por vinho. Este ano, porém, procuram vinhas velhas, para aumentar a produção, embora sem se afastar do seu esquema, um estilo direto e frontal, mesmo honesto; um olhar que, por exemplo, mostra Tannat e Marselan com a cara lavada, sem maquiagem, de uma área clássica como Canelones, origem de ótimos tintos, mas poucos com essa jovialidade e energia. Não há disfarces aqui, apenas uma interpretação cristalina do que podem ser os vinhos uruguaios. E o que esses três jovens interpretam, nos encanta. 🍷

VINÍCOLA DO ANO.

GARZÓN

A vinícola Garzón chegou para dar uma boa dose de energia ao cenário vitivinícola uruguaio. Em Descorchados estamos de olho neles desde a edição de 2013. E embora num primeiro momento os seus vinhos não nos impressionassem, à medida que o espetacular vinhedo de Garzón, na zona de mesmo nome, atingia a maturidade, os vinhos da casa começaram a capturar nossa atenção. Este Descorchados 2021 parece ser o ano da decolagem definitiva, com um portfólio sólido de vinhos, todos com forte sentido de lugar e produzidos sem exageros, fruto de um trabalho de equipe. Germán Bruzzone na enologia, Eduardo Félix na viticultura e o consultor italiano Alberto Antonini conseguiram tintos e brancos que captam claramente a paisagem de Garzón, banhada pelas brisas atlânticas, enquanto o trabalho de marketing e comercial de Christian Wylie revolucionou o forma de vender e expor o vinho no Uruguai. E sim, é verdade, dá para ver que há um forte investimento no projeto, mas sabemos que nem sempre é suficiente. Existem muitas vinícolas no mundo com fortes respaldos econômicos, mas com vinhos medíocres. Garzón não está nesse grupo. ❧

95 MELHOR ESPUMANTE.

VIÑA EDÉN
Viña Edén Espumante 3D Sur Lies Nature Rosé *2017*
PUEBLO EDÉN

Este é um delicioso suco de frutas vermelhas para adultos. Um vinho espumante elaborado pelo método tradicional de segunda fermentação em garrafa e com 92% de Pinot Noir e o resto de Chardonnay. Sem dégorgement, o vinho permanece sobre suas borras até chegar ao consumidor e que, embora lhe dê um aspecto turvo, oferece um sabor e uma textura extras. É um espumante um pouco rústico, mas isso faz parte do seu charme. É frutado, crocante, firme, delineado por uma acidez que parece ter uma aresta acentuado e um final que lembra frutas vermelhas ácidos.

Os melhores **espumantes** do ano

94 | **VIÑA EDÉN** Viña Edén Espumante 3D Sur Lies Nature 2018 | Pueblo Edén
93 | **GARZÓN** Garzón Brut Rosé P. Noir 2019 | Garzón
93 | **VIÑA EDÉN** Pueblo Edén Méthode Champenoise Rosé 2019 Pueblo Edén
92 | **CERRO CHAPEU** Sust Vintage Brut Nature Chardonnay, P. Noir 2016 Cerro Chapeu
92 | **GARZÓN** Garzón Extra Brut Chardonnay, P. Noir 2019 | Garzón
92 | **VARELA ZARRANZ** Varela Zarranz Brut Nature Chardonnay, Viognier 2017 Canelones
92 | **VIÑA EDÉN** Pueblo Edén Méthode Champenoise Brut Chardonnay, P. Noir 2019 | Pueblo Edén
91 | **FAMILIA DEICAS** Castelar Brut Reserve P. Noir, Pinot Meunier 2018 Canelones
91 | **PABLO FALLABRINO** Alma Surfer Pet Nat Nebbiolo 2020 | Atlántida
91 | **PIZZORNO FAMILY ESTATES** Rosé Brut Nature P. Noir N/V Canelón Chico
90 | **PABLO FALLABRINO** Alma Surfer Pet Nat 2.0 2020 | Atlántida
90 | **PROYECTO NAKKAL WINES** Simple PetNat Naranja S. Blanc 2020 Canelones
90 | **PROYECTO NAKKAL WINES** Simple PetNat Rosé Tannat 2020 Canelones
90 | **SIERRA ORIENTAL** Zulma Nature P. Noir, Viognier 2018 | Canelones

94 MELHOR ROSADO.

BODEGA OCÉANICA JOSÉ IGNACIO
José Ignacio Rosé *Pinot Noir 2020*
MALDONADO

Este rosé é feito à moda "provençal", com os cachos completos diretamente na prensa, preservando bem a fruta e evitando a entrada de oxigênio. Depois é fermentado em tanques de aço e vai para a garrafa por volta de agosto de 2020. E foi um pioneiro: desde 2016 vem apresentando um estilo leve, frutado, vibrante, cheio de frutas vermelhas ácidas, como um suco de cereja e que, além disso, combina perfeitamente com o clima do local, com os restaurantes próximos à praia na Baía de Maldonado, onde abundam peixes e frutos do mar. O vinho perfeito para beber quando há uma travessa de peixe na mesa do restaurante e os pés na areia. ☙

Os melhores rosados do ano

93 | **FAMILIA DEICAS** Ocean Rosé P. Noir, C. Sauvignon, Tannat 2020
Uruguai

93 | **GARZÓN** Reserva Rosé P. Noir 2020 | Garzón

93 | **MARICHAL** Reserve Collection Rosé P. Noir, Chardonnay 2020
Canelones

93 | **PABLO FALLABRINO** Alma (Soul) Surfer Rosé 2020 | Atlántida

93 | **SIERRA ORIENTAL** Reserva Rosato Di Sangiovese Sangiovese 2020
Maldonado

92 | **BRACCOBOSCA** Ombú Rose Merlot 2020 | Atlántida

92 | **GARZÓN** Estate Pinot Rosé de Corte P. Noir, Caladoc, C. Franc 2020
Garzón

95 VINHO REVELAÇÃO.

VIÑA EDÉN

Viña Edén Espumante 3D Sur Lies Nature Rosé *2017*

PUEBLO EDÉN

Este é um delicioso suco de frutas vermelhas para adultos. Um vinho espumante elaborado pelo método tradicional de segunda fermentação em garrafa e com 92% de Pinot Noir e o resto de Chardonnay. Sem dégorgement, o vinho permanece sobre suas borras até chegar ao consumidor e que, embora lhe dê um aspecto turvo, oferece um sabor e uma textura extras. É um espumante um pouco rústico, mas isso faz parte do seu charme. É frutado, crocante, firme, delineado por uma acidez que parece ter uma aresta acentuado e um final que lembra frutas vermelhas ácidos.

94 VINHO REVELAÇÃO.

ANTIGUA BODEGA
Protagonista (Temporada 1, Episodio 1)
Marselan, Syrah, Cabernet Franc 2020
MONTEVIDÉU

Este é o novo tinto da Antigua Bodega, aproveitando o que eles estimam como o melhor safra dos últimos 30 anos na vinícola. É um blend de 40% Marselan, 30% Syrah e 30% Cabernet Franc, todos provenientes de vinhedos plantados nos solos pedregosos de Melilla, no departamento de Montevidéu. A suculenta fruta da Marselan, exuberante, radiante, está aqui em primeiro plano, oferecendo um vinho fácil de beber, mas ao mesmo tempo com uma estrutura de taninos muito boa e uma acidez que vibra na boca. Em um estilo incomum na Antigua Bodega, esse parece indicar o novo caminho tomado por este tradicional nome do vinho uruguaio.

94

VINHO REVELAÇÃO.

DE LUCCA
Tano *Tannat 2020*
CANELONES

Elaborado de forma totalmente natural, com suas leveduras nativas e sem adição de sulfitos em nenhuma parte do processo, é um delicioso e concentrado suco de Tannat proveniente de vinhedos com cerca de 30 anos, plantados na região de Canelones. É profundo nos sabores, com uma acidez que brilha em todo o paladar e também com taninos que, embora sejam firmes e vivos, não têm o contorno de muitos dos tradicionais Tannats de Canelones. Toda essa densidade está na acidez e nos taninos. Um vinho límpido, frutado e transparente. ❧

94 VINHO REVELAÇÃO.

PIZZORNO FAMILY ESTATES
Exclusivos Tinaja *Tannat 2018*
CANELÓN CHICO

Este é parte da linha de tintos que a Pizzorno produz em pequenas quantidades e que só são comercializados na vinícola em Canelón Chico, em Canelones. É uma seleção do Parcela 13, plantada em solos argilosos e calcários, plantada em 1997. O envelhecimento dura um ano em barricas e mais um ano em ânforas de barro espanholas e delas sai um vinho de corte Velha Escola, com a austeridade clássica dos vinhos de Canelones, nascidos em solos calcários. Essa versão tem aquela personalidade monolítica, quase monástica, rigorosamente austera. Um tinto para guardar durante uma década na garrafa. Possui acidez e taninos para envelhecer com muito mais que dignidade. 🍷

93

VINHO REVELAÇÃO.

BIZARRA EXTRAVAGANZA
Tannarone *Tannat 2018*
URUGUAI

Este vinho tem por base uvas de Progreso, na zona de Canelones. E é inspirado nos vinhos Amarone, neste caso, com 25% de uvas desidratadas (passas) na planta, que provém de um setor do vinhedo especialmente gerido para esse efeito. O vinho é armazenado em tanques de cimento por alguns anos antes de ser engarrafado, e o resultado é um Tannat denso e altamente concentrado, com muitos sabores de frutas e flores em um vinho suculento, mas ao mesmo tempo com acidez crocante e com um fundo de sabores confitados que lhe conferem complexidade e profundidade. 🍷

93 VINHO REVELAÇÃO.

BRACCOBOSCA
Criado en Tinaja *Tannat 2018*
ATLÁNTIDA

Esta é a primeira experiência da Bracco Bosca com envelhecimento, neste caso durante dois anos, em ânforas de barro espanhol com cerca de 500 litros. O vinho tem um certo ar Velha Escolha, com aquela austeridade dos taninos que parecem uma parede de cimento. E depois os aromas e sabores herbáceos e especiados, as notas frutadas num corpo saboroso mas poderoso, acompanhadas por uma acidez firme, intensa e acentuada. Um tinto para levar para a mesa e beber com embutidos.

93

VINHO REVELAÇÃO.

FAMILIA DEICAS

Ocean Rosé *Pinot Noir, Cabernet Sauvignon, Tannat, Cabernet Franc 2020*
URUGUAI

Esta é uma seleção de Pinot Noir (50% da mistura) mais Cabernet Sauvignon, Tannat e Cabernet Franc de vinhedos plantados na região de Agua Verde, a cerca de oito quilômetros do mar na região de Punta del Este, a leste da Baía de Maldonado. Feito com cachos prensados diretamente, é um rosado que engana. Tem o aspecto de um vinho delicado, quase frágil com aromas florais e cereja. O corpo, porém, é tenso, com muita acidez e tensão dos taninos. Os sabores ainda são frescos, mas este rosé fica na boca e mostra a sua força.

93
VINHO REVELAÇÃO.

GARZÓN
Reserva Rosé *Pinot Noir 2020*
GARZÓN

Esta é a primeira safra deste rosé, cem por cento Pinot Noir, proveniente de uma seleção de vinhas nas colinas graníticas de Garzón, banhadas pela brisa atlântica da baía de Maldonado. Tem uma textura cremosa, sabores ácidos a frutas vermelhas e um corpo leve, muito condizente com um vinho que parece feito para ser bebido à beira da piscina, mas que também pode ser o companheiro perfeito para um carpaccio de atum. Uma verdadeira descoberta de frutas e suculência atlântica.

93 VINHO REVELAÇÃO.

PROYECTO NAKKAL WINES
Suelto *Marselan 2020*
CANELONES

Feito com intervenção mínima, este Marselan provém de vinhas com cerca de oito anos, plantadas em solos argilosos na zona do Colorado, em Canelones. A fruta aqui é quem manda, com os seus aromas a frutas vermelhas maduras em meio a especiarias e ervas, muito próprias da casta. Na boca apresenta uma acidez firme, repleta de taninos intensos e suculentos, sendo que os sabores da fruta dominam num tinto que se tomaria muito bem sozinho, à espera da carne na grelha, ou com tudo o que vem da mesma grelha.

93

VINHO REVELAÇÃO.

SIERRA ORIENTAL
Reserva Rosato Di Sangiovese *Sangiovese 2020*
MALDONADO

Um rosé muito encorpado, com muita tensão, este Sangiovese cem por cento vem de cachos prensados diretamente, e que se sente na crocância da acidez e nos sabores que parecem especiados no palato. É um vinho de concentração, um rosé forte, de grande densidade, mas ao mesmo tempo de uma grande presença de acidez que aqui funciona como uma espécie de catalisador para impulsionar os aromas e sabores e torná-los mais generosos e, sobretudo, mais frescos e crocantes. Um rosé para ceviche de camarão. ⟿

92

VINHO REVELAÇÃO.

ESTABLECIMIENTO JUANICÓ
Don Pascual Coastal *Tannat 2020*
SUL DO URUGUAI

Esta é uma seleção de vinhedos próximos ao Atlântico, a menos de 30 quilômetros de distância, em áreas como San José ou Maldonado. Sem envelhecer em madeira, este vinho é um excelente exemplo de uma nova onda de Tannat que aposta em oferecer muito mais fruta, menos austeridade, mais suculência. Aqui há acidez, taninos firmes, mas nada exagerado. Um tinto para beber e beber, e matar a sede, ou acompanhar um churrasco. A porta de entrada perfeita para começar a aprender sobre a Tannat costeira, a nova cara da uva na América do Sul. 🍷

92 VINHO REVELAÇÃO.

FAMILIA TRAVERSA
Viña Salort *Cabernet Sauvignon 2020*
CANELONES

De vinhedos plantados em 2006 na zona de Canelones, 40% deste vinho envelhece em barricas novas durante quatro meses. O resto em tanques de aço. O resultado é um tinto delicioso em todas as suas dimensões. Esperávamos que fosse mais influenciado pela madeira, mas a verdade é que se trata de fruta vermelha pura, madura e suculenta. A textura tem a acidez e os taninos fortes da casta, mas sob controle; sem agressividade. Apenas sabores frutados que se espalham pela boca distribuindo seu frescor. ▪

92

VINHO REVELAÇÃO.

MONTES TOSCANINI
Crudo *Tannat 2020*
URUGUAI

Este projeto Montes Toscanini aposta numa intervenção mínima da fruta na vinícola, sobretudo, sem aditivos; nem mesmo sulfuroso, um agente de higiene comum nos vinhos. Não envelhecido em madeira, este é um Tannat puro e suculento, uma visão clara da casta, com notas florais e especiadas, mas sobretudo com uma camada espessa e generosa de frutas negras que se espalha pela boca. A ideia é compreendida e parece muito bem-sucedida num tinto cheio de frutas. A má notícia é que apenas 320 garrafas foram feitas este ano. ❧

91

VINHO REVELAÇÃO.

FAMILIA DARDANELLI
Dino Dardanelli *Tannat 2020*
CANELONES

Este é um vinho de surpreendente relação qualidade-preço que provém de vinhedos de cerca de 30 anos, plantados nos solos argilosos e calcários de Las Violetas, uma das áreas mais clássicas do Tannat uruguaio no departamento de Canelones, nos arredores de Montevidéu. Sem envelhecimento em barricas, é uma fotografia nítida do Tannat local, com os seus aromas tímidos a frutas vermelhas maduras e flores, mas com forte presença de taninos, aquela textura monolítica, austera e monástica que Tannat oferece em solos ricos em cal. É um vinho tremendo em tamanho, mas ao mesmo tempo tenso e fresco. Uma verdadeira pechincha.

91 VINHO REVELAÇÃO.

FILGUEIRA
Proprium *Syrah 2016*
CANELONES

A variedade Syrah não se espalhou muito no Uruguai e os poucos exemplares que existem tendem a ser um tanto concentrados. Este vai para o outro lado. Excelente relação qualidade-preço num vinho suculento e refrescante, de corpo leve, mas com taninos tensos e firmes que contrastam com uma acidez viva e vibrante. Um vinho fácil de beber, principalmente se tiver um sortido de charcutaria e queijos. Já pronto para desfrutar no verão, servido mais fresco que o habitual.

94 MELHOR BLEND BRANCO.

FAMILIA DEICAS
Preludio Barrel Select Lote 22 Blanco
Chardonnay, Albariño 2020
JUANICÓ

Dos vinhedos de Juanicó, em Canelones, chega-se a 95% Chardonnay (10% desse total, com uvas colhidas muito cedo, para espumantes) mais 5% Albariño de vinhas muito jovens, com três anos, na região de Garzón, em direção à baía de Maldonado. 80% fermenta em barricas e nelas envelhece oito meses, enquanto o restante passa um tempo semelhante, também com as suas borras, mas em tanques de aço. A primeira coisa que chama a atenção é a cremosidade da textura, aliada a sabores maduros e untuosos. É um branco de sabores longos, muito suculento, de muito bom peso. Vá para ostras com creme. ❧

Os melhores **blend brancos** do ano

93 | **CERRO CHAPEU** 1752 Gran Tradición Petit Manseng, Viognier 2019 Montevidéu

93 | **EL CAPRICHO WINERY** El Capricho Reserve Tannat, C. Sauvignon 2018 Durazno

93 | **FAMILIA DEICAS** Extreme Vineyards Guazuvirá Viognier, Marsanne 2020 | Uruguai

93 | **PABLO FALLABRINO** Estival 2020 | Atlántida

92 | **PABLO FALLABRINO** Pablo Fallabrino Arneis, Chardonnay 2020 Atlántida

97

MELHOR BLEND TINTO.

GARZÓN

Balasto *Tannat, Cabernet Franc, Merlot, Marselan 2018*
GARZÓN

O vinhedo de Garzón, nas encostas graníticas da zona com o mesmo nome, voltado para a baía de Maldonado, está dividido em 1.500 mini parcelas, de acordo com a cepa, mas também a sua orientação ou a riqueza ou composição das uvas. Balasto é uma seleção do que a equipe enológica de Garzón considera o melhor de toda a propriedade, uma mistura de 40% Tannat, 34% Cabernet Franc, 18% Petit Verdot, 5% Merlot e o resto de Marselan. Estagiou 18 meses em barricas, este é um vinho que se tem orientado - pelo menos nas últimas colheitas - para os sabores da fruta, para o frescor. É o vinho mais ambicioso da vinícola, mas não é o mais concentrado. Tem uma elevada percentagem de Cabernet Franc, que se faz sentir nas notas herbáceas, nas frutas vermelhas que se associam à casta. É um vinho cheio de equilíbrio, para se manter por uma década, mas ao mesmo tempo tão fácil de beber agora. Uma contradição deliciosa. 🍷

Os melhores blend tintos do ano

95 | **FAMILIA DEICAS** Preludio Barrel Select Tinto 2000 | Canelones
95 | **PIZZORNO FAMILY ESTATES** Primo 2017 | Canelón Chico
95 | **SPINOGLIO** Estiba Reservada Tinaja Merlot, C. Franc 2020 | Montevidéu
94 | **ANTIGUA BODEGA** Protagonista (Temporada 1, Episódio 1) 2020 Montevidéu
94 | **DE LUCCA** Río Colorado Tannat, Merlot, C. Sauvignon 2018 | Canelones
94 | **FAMILIA DEICAS** Extreme Vineyards Guazuvirá 2020 | Las Sierras
94 | **FAMILIA DEICAS** Preludio Barrel Select Tinto 2016 | Canelones
94 | **FAMILIA DEICAS** Single Vineyard Progreso 2018 | Canelones
94 | **FAMILIA DEICAS** Single Vineyard Sierra de Mahoma 2018 | San José
94 | **FAMILIA DEICAS** Single Vineyards La Tahona 2017 | Canelones
94 | **FILGUEIRA** Famiglia Necchini Blend 2015 | Canelones
93 | **CASA GRANDE ARTE Y VIÑA** Súper Blend 2018 | Canelones
93 | **CASTILLO VIEJO** El Preciado 2016 | San José
93 | **MARICHAL** Reserve Collection P. Noir,Tannat 2018 | Canelones
93 | **PIZZORNO FAMILY ESTATES** Reserva Select Blend 2018 | Canelón Chico
93 | **SPINOGLIO** Tonel X Corte Unico Tannat, Merlot, C. Franc N/V Montevidéu

96 MELHOR ALBARIÑO.

GARZÓN
Petit Clos Block 27 *Albariño 2020*
GARZÓN

Este é o novo branco de Garzón, uma parcela (block 27) de pouco mais de um quarto de hectare voltada para o mar. Até à colheita de 2018, este block era destinado à Single Vineyard, mas a equipe da vinícola este ano decidiu separá-lo devido à concentração de sabores que este solo rico em granito lhes oferecia. O vinho fermentou dois terços em cimento e um terço em barricas "lancero". Estes recipientes são grandes, alongados e daí o "Lancero Barrel", em homenagem ao charuto que Fidel Castro fumava. Voltando ao vinho, esta segunda safra é ainda melhor que a primeira, que foi um dos melhores brancos no Descorchados 2020. Aqui há maior densidade, maior profundidade de sabores e texturas num branco que se move com delicadeza e frescor, carregando um corpo importante, grande, mas ao mesmo tempo muito ágil. 🍷

Os melhores Albariño do ano

- **95** | **BODEGA OCÉANICA JOSÉ IGNACIO** José Ignacio Albariño 2020 Maldonado
- **95** | **GARZÓN** Single Vineyard Albariño 2020 | Garzón
- **94** | **BOUZA** Bouza Albariño 2020 | Melilla/Las Violetas
- **94** | **CERRO DEL TORO** Cerro del Toro Sobre Lías Albariño 2020 Maldonado
- **93** | **CERRO DEL TORO** Cerro del Toro Albariño 2020 | Maldonado
- **93** | **GARZÓN** Reserva Albariño 2020 | Garzón
- **92** | **MATAOJO** Albariño Fresco Albariño 2020 | Uruguai

94

MELHOR CABERNET FRANC.

BRACCOBOSCA
Gran Ombú *Cabernet Franc 2020*
ATLÁNTIDA

O Cabernet Franc é uma das especialidades de Bracco Bosca e tem um hectare plantado há 25 anos em solos argilosos e calcários da região de Atlántida, muito perto da foz do Río de la Plata no Atlântico. Este tem o lado herbáceo da casta, mas também as frutas negras e suculentas de um ano quente. O corpo, entretanto, não está quente. Possui acidez suficiente para equilibrar o peso da fruta. É um tinto para guardar, sem dúvida, mas também para beber agora para acompanhar um cordeiro na brasa.

Os melhores Cabernet Franc do ano

93 | **FAMILIA BRESESTI** Pequeñas Colecciones C. Franc 2018 | Canelones

93 | **MONTES TOSCANINI** Crudo C. Franc 2020 | Uruguai

92 | **CARRAU** Colección de Barricas C. Franc 2018 | Las Violetas

92 | **GARZÓN** Reserva Cabernet Franc C. Franc 2019 | Garzón

91 | **ESTABLECIMIENTO JUANICÓ** Bodegones del Sur Limited Edition 2020 San José

91 | **VARELA ZARRANZ** Cabernet Franc Roble C. Franc 2018 | Canelones

90 | **ESTABLECIMIENTO JUANICÓ** Don Pascual Rosé Franc C. Franc 2020 Juanicó

92

MELHOR CABERNET SAUVIGNON.

FAMILIA DEICAS
Atlántico Sur Reserve *Cabernet Sauvignon 2020*
URUGUAI

Um exemplo claro da casta, este tem notas puras de cassis e pimenta do reino num tinto muito frutado, muito suculento e fresco, mas ao mesmo tempo com os taninos firmes da uva, emergindo à medida que o vinho se desdobra em seus sabores no palato. A acidez ajuda a intensificar esse lado frutado. Um Cabernet que, além disso, apresenta uma relação qualidade-preço tremenda. Este vem de vinhedos em Canelones e San José, especificamente na área de Mahoma. O vinho foi fermentado em aço e não passa pela madeira, como toda a linha do Atlântico Sul.

Os melhores **Cabernet Sauvignon** do ano

90 | **SIERRA ORIENTAL** Gran Reserva C. Sauvignon 2020 | Maldonado
89 | **EL CAPRICHO WINERY** Savre C. Sauvignon 2019 | Durazno
89 | **FILGUEIRA** Proprium C. Sauvignon 2017 | Canelones
89 | **LOS CERROS DE SAN JUAN** Maderos Gran Reserva C. Sauvignon 2016 Colonia
89 | **MARICHAL** Marichal C. Sauvignon 2019 | Canelones
88 | **FAMILIA BRESESTI** Pequeñas Colecciones C. Sauvignon 2018 Canelones
88 | **MARICHAL** Periplo C. Sauvignon 2019 | Canelones

[DIVIDIDO]

92 MELHOR CABERNET SAUVIGNON.

FAMILIA TRAVERSA
Viña Salort *Cabernet Sauvignon 2020*
CANELONES

De vinhedos plantados em 2006 na zona de Canelones, 40% deste vinho envelhece em barricas novas durante quatro meses. O resto em tanques de aço. O resultado é um tinto delicioso em todas as suas dimensões. Esperávamos que fosse mais influenciado pela madeira, mas a verdade é que se trata de fruta vermelha pura, madura e suculenta. A textura tem a acidez e os taninos fortes da casta, mas sob controle; sem agressividade. Apenas sabores frutados que se espalham pela boca distribuindo seu frescor. ᓚ

Os melhores Cabernet Sauvignon do ano

90 | **SIERRA ORIENTAL** Gran Reserva C. Sauvignon 2020 | Maldonado
89 | **EL CAPRICHO WINERY** Savre C. Sauvignon 2019 | Durazno
89 | **FILGUEIRA** Proprium C. Sauvignon 2017 | Canelones
89 | **LOS CERROS DE SAN JUAN** Maderos Gran Reserva C. Sauvignon 2016 Colonia
89 | **MARICHAL** Marichal C. Sauvignon 2019 | Canelones
88 | **FAMILIA BRESESTI** Pequeñas Colecciones C. Sauvignon 2018 Canelones
88 | **MARICHAL** Periplo C. Sauvignon 2019 | Canelones

94 MELHOR CHARDONNAY.

BOUZA
Viñedo Pan de Azúcar *Chardonnay 2019*
PAN DE AZÚCAR

Os vinhedos de Pan de Azúcar somam apenas meio hectare de vinha a cerca de três quilômetros do Atlântico, na baía de Maldonado. Cem por cento do vinho envelhece em barricas durante cerca de 11 meses. Os aromas e sabores são maduros e suculentos, como costuma ser o estilo dos vinhos da casa, mas também aqui há uma acidez quase salgada, que ilumina tudo no seu caminho, conferindo frescor e brilho. Um branco de grande corpo e também de grande equilíbrio. Nada sobra e manda o frescor. ☙

Os melhores Chardonnay do ano

93 | **BODEGA OCÉANICA JOSÉ IGNACIO** José Ignacio Chardonnay 2020 | Maldonado

93 | **CERRO DEL TORO** Reserva Chardonnay 2020 | Maldonado

93 | **CERRO DEL TORO** Singular Fósiles de Mar Chardonnay 2020 | Maldonado

93 | **FAMILIA DEICAS** Single Vineyard Juanicó Chardonnay 2020 | Juanicó

92 | **CARRAU** Juan Carrau Chardonnay de Reserva Chardonnay 2020 | Las Violetas

91 | **MARICHAL** Marichal Unoaked Chardonnay 2020 | Canelones

91 | **SPINOGLIO** Diego Spinoglio Chardonnay 2020 | Uruguai

90 | **BOUZA** Bouza Chardonnay 2019 | Melilla/Las Violetas

93

MELHOR MARSELAN.

PROYECTO NAKKAL WINES
Suelto *Marselan 2020*
CANELONES

Feito com intervenção mínima, este Marselan provém de vinhas com cerca de oito anos, plantadas em solos argilosos na zona do Colorado, em Canelones. A fruta aqui é quem manda, com os seus aromas a frutas vermelhas maduras em meio a especiarias e ervas, muito próprias da casta. Na boca apresenta uma acidez firme, repleta de taninos intensos e suculentos, sendo que os sabores da fruta dominam num tinto que se tomaria muito bem sozinho, à espera da carne na grelha, ou com tudo o que vem da mesma grelha.

Os melhores Marselan do ano

92 | **GARZÓN** Reserva Marselan 2019 | Garzón
92 | **PIZZORNO FAMILY ESTATES** Mayúsculas Edición Limitada 2020
Canelón Chico
91 | **FAMILIA DARDANELLI** Reserva Familiar Marselan 2020 | Canelones
90 | **ESTABLECIMIENTO JUANICÓ** Don Pascual Reserve Marselan 2020
Sul do Uruguai
90 | **FAMILIA DARDANELLI** Cepa Unica Marselan 2020 | Canelones

94

MELHOR MERLOT.

BODEGA OCÉANICA JOSÉ IGNACIO
José Ignacio *Merlot 2019*
MALDONADO

O Merlot foi uma das variedades que Oceánica plantou em sua propriedade em José Ignacio. Fermentado com 15% cachos completos e depois envelhecido 12 meses em barricas (mais 30% envelhecimento em tanques de aço), o vinho tem muita fruta, muito frescor, e condiz com o ambiente do local, uma paisagem marinha que este vinho reflete muito bem e de uma forma, digamos, gastronômica. Imagine este Merlot servido mais fresco do que de costume, acompanhando alguns peixes gordurosos dos que saem da Baía de Maldonado. E a fotografia ficaria perfeita.

Os melhores Merlot do ano

93 | **BOUZA** Viñedo Canelón Chico Merlot 2018 | Canelón Chico
93 | **CERRO DEL TORO** Reserva Merlot 2019 | Maldonado
93 | **GARZÓN** Single Vineyard Merlot 2018 | Garzón
92 | **BOUZA** Parcela Única B9 Merlot 2018 | Las Violetas
92 | **BOUZA** Viñedo Pan de Azúcar Merlot 2018 | Pan de Azúcar
92 | **BRACCOBOSCA** Ombú Rose Merlot 2020 | Atlántida
92 | **MONTES TOSCANINI** Crudo Merlot 2020 | Uruguai
90 | **MARICHAL** Marichal Merlot 2019 | Canelones

94 MELHOR SAUVIGNON BLANC.

GARZÓN
Single Vineyard *Sauvignon Blanc 2020*
GARZÓN

Para este Single Vineyard, Garzón seleciona pequenas parcelas plantadas em solos graníticos altamente expostos, de pouca fertilidade e orientados a sudeste, numa orientação fria. Essa combinação de fatores parece ter um caráter distinto, não estando presente em outros exemplares sul-americanos da variedade. A exuberância de Leyda ou Casablanca, no Chile; o caráter fortemente mineral de Gualtallary, em Uco. Este Single Vineyard é austero, com uma certa mineralidade, mas sobretudo com sabores a frutas brancas (peras) numa estrutura tensa e suculenta, com uma acidez vibrante, com um corpo generoso, mas ao mesmo tempo com um carácter fresco. Este é um branco com muita personalidade, com uma marca de lugar, o que quer que isso signifique no contexto dos brancos de Maldonado, influenciados pelas brisas atlânticas. ❧

Os melhores Sauvignon Blanc do ano

93 | **FAMILIA BRESESTI** Familia Bresesti Sur Lie S. Blanc 2020 | Canelones
93 | **GARZÓN** Reserva S. Blanc 2020 | Garzón
93 | **PIZZORNO FAMILY ESTATES** Reserva S. Blanc 2019 | Sul do Uruguai
92 | **CARRAU** Juan Carrau Reserva Sur Lie S. Blanc 2020 | Las Violetas
92 | **MARICHAL** Marichal S. Blanc 2020 | Canelones
92 | **SIERRA ORIENTAL** Reserva S. Blanc 2020 | Maldonado
91 | **CERRO CHAPEU** Cerro Chapeu Reserva Sur Lie S. Blanc 2020 | Cerro Chapeu
91 | **SPINOGLIO** Diego Spinoglio S. Blanc 2020 | Montevidéu
90 | **ANTIGUA BODEGA** Prima Donna S. Blanc 2020 | Montevidéu
90 | **ESTABLECIMIENTO JUANICÓ** Bodegones del Sur S. Blanc 2020 | Sul do Uruguai
90 | **FAMILIA DEICAS** Atlántico Sur Reserve S. Blanc 2020 | Canelones
90 | **PROYECTO NAKKAL WINES** Simple PetNat Naranja S. Blanc 2020 | Canelones

97 MELHOR TANNAT.

FAMILIA DEICAS
Extreme Vineyards Suelo Invertido *Tannat 2019*
CANELONES

Este é mais um experimento de Deicas, mexendo ou revolvendo os solos de seus vinhedos. Neste caso, o solo foi revolvido para deixar a parte espessa da raiz da planta em contato com um solo revolvido de teor de calcário muito mais alto. Depois de retirar o solo, eles plantaram o vinhedo em 2004 em alta densidade, com 10.000 plantas por hectare, mais que o dobro do usual no Uruguai (e na América do Sul). Este é o protótipo de Tannat em Canelones, especialmente plantado em solos calcários e argilosos que conferem austeridade, ligeiros aromas florais e frutados, mas sobretudo uma textura firme, monolítica, séria, austera a nível monástico. Um vinho profundo e intenso, com uma textura a giz e ao mesmo tempo com uma camada de frutas vermelhas maduras que amortece, de certa forma, o efeito sério e rígido desses taninos. Um vinho para beber agora e entender porque não devemos esquecer o clássico Tannat uruguaio. Os novos Tannat atlânticos deram-nos muito prazer em Descorchados, mas é outra coisa. 🌶

Os melhores Tannat do ano

96 | **GARZÓN** Petit Clos Block 212 Tannat 2019 | Garzón
95 | **BOUZA** Tannat Viñedo Las Espinas Tannat 2019 | Maldonado
95 | **BOUZA** Viñedo Pan de Azúcar Tannat 2018 | Pan de Azúcar
95 | **FAMILIA DEICAS** Massimo Deicas Tannat 2016 | Uruguai
95 | **PROYECTO NAKKAL WINES** Suelto Tannat 2020 | Canelones
94 | **BOUZA** Parcela Única B28 Tannat 2018 | Las Violetas
94 | **BOUZA** Tannat Parcela Única B2 Tannat 2018 | Las Violetas
95 | **CARRAU** Amat Tannat 2017 | Las Violetas
94 | **CERRO CHAPEU** Batovi T1 Single Vineyard Tannat 2017 | Cerro Chapeu
94 | **CERRO CHAPEU** Ysern Gran Tradición Tannat 2018 | Cerro Chapeu
94 | **DE LUCCA** Tano Tannat 2020 | Canelones
94 | **EL CAPRICHO WINERY** Aguará Tannat 2018 | Durazno
94 | **ESTABLECIMIENTO JUANICÓ** Bodegones del Sur Limited Edition 2020 Canelones
94 | **GARZÓN** Single Vineyard Tannat 2019 | Garzón
94 | **MARICHAL** Grand Reserve A Tannat 2018 | Canelones
94 | **PABLO FALLABRINO** Tannat Tannat 2018 | Atlántida
94 | **PIZZORNO FAMILY ESTATES** Exclusivos Anfora Tannat 2018 Canelón Chico
94 | **SPINOGLIO** Estiba Reservada Tannat 2016 | Montevidéu

95

MELHOR LAS VIOLETAS.

CARRAU
Amat *Tannat 2017*
LAS VIOLETAS

Esta é a primeira colheita da Amat, depois da estreia em 1998, que vem cem por cento das vinhas próprias do Carrau na tradicional zona de Las Violetas, em Canelones. Os solos lá são argilosos e calcários e essas vinhas de Tannat estão plantadas lá há 30 anos. Este solo confere a esta variedade um caráter severo, quase monástico, que se traduz em taninos firmes e austeridade de sabores. São Tannat muito clássicos, talvez um pouco fechados ou tímidos para quem se acostumou a degustar os novos tintos do Uruguai mais para o mar, em Maldonado. Este Amat ainda se sente muito jovem, com as notas do seu envelhecimento em barricas (20 meses de madeira nova) proporcionando sabores defumados e tostados. Mas tome cuidado com o que está por trás, porque é puro suco de fruta, puro suco de Tannat, delicado e sutil, severo e tímido. ❧

Os melhores de Las Violetas do ano

94 | **BOUZA** Parcela Única B28 Tannat 2018 | Las Violetas
94 | **BOUZA** Tannat Parcela Única B2 Tannat 2018 | Las Violetas
93 | **CARRAU** Juan Carrau Tannat 2019 | Las Violetas
93 | **CARRAU** Juan Carrau Tannat de Reserva Tannat 2019 | Las Violetas
93 | **FAMILIA BRESESTI** Familia Bresesti Sur Lie S. Blanc 2020 | Canelones
93 | **FAMILIA BRESESTI** Pequeñas Colecciones C. Franc 2018 | Canelones
92 | **BOUZA** Parcela Única B9 Merlot 2018 | Las Violetas
92 | **CARRAU** Colección de Barricas C. Franc 2018 | Las Violetas
92 | **CARRAU** Juan Carrau Chardonnay de Reserva Chardonnay 2020
    Las Violetas
92 | **CARRAU** Juan Carrau Reserva Sur Lie S. Blanc 2020 | Las Violetas
92 | **FAMILIA BRESESTI** Pequeñas Colecciones Tannat 2018 | Canelones
91 | **CARRAU** Colección de Barricas Arinarnoa 2018 | Las Violetas
91 | **CARRAU** Colección de Barricas P. Verdot 2018 | Las Violetas
91 | **FAMILIA DARDANELLI** Dino Dardanelli Tannat 2020 | Canelones

95

MELHOR LAS VIOLETAS.

CARRAU
Vilasar *Nebbiolo 2015*
LAS VIOLETAS

Vilasar é um dos vinhos emblemáticos da vinícola, com a sua primeira safra em 1999 e apenas produzido em anos muito bons. A vindima anterior a este 2015 foi em 2009. O fruto provém de um vinhedo velho em Las Violetas, plantado há 90 anos em solos argilosos calcários, típicos da região. Hoje esta vindima oferece um vinho que é um bebé, que apenas começa a mostrar as suas primeiras armas. No nariz é fruta vermelha, algumas notas de especiarias e toques terrosos num tinto muito austero, muito próximo do que é a casta quando jovem. Depois, na boca, os taninos são firmes, a acidez é forte; tem tudo para ser um grande vinho no futuro. Seja paciente. 🐦

Os melhores de Las Violetas do ano

94 | **BOUZA** Parcela Única B28 Tannat 2018 | Las Violetas
94 | **BOUZA** Tannat Parcela Única B2 Tannat 2018 | Las Violetas
93 | **CARRAU** Juan Carrau Tannat 2019 | Las Violetas
93 | **CARRAU** Juan Carrau Tannat de Reserva Tannat 2019 | Las Violetas
93 | **FAMILIA BRESESTI** Familia Bresesti Sur Lie S. Blanc 2020 | Canelones
93 | **FAMILIA BRESESTI** Pequeñas Colecciones C. Franc 2018 | Canelones
92 | **BOUZA** Parcela Única B9 Merlot 2018 | Las Violetas
92 | **CARRAU** Colección de Barricas C. Franc 2018 | Las Violetas
92 | **CARRAU** Juan Carrau Chardonnay de Reserva Chardonnay 2020
    Las Violetas
92 | **CARRAU** Juan Carrau Reserva Sur Lie S. Blanc 2020 | Las Violetas
92 | **FAMILIA BRESESTI** Pequeñas Colecciones Tannat 2018 | Canelones
91 | **CARRAU** Colección de Barricas Arinarnoa 2018 | Las Violetas
91 | **CARRAU** Colección de Barricas P. Verdot 2018 | Las Violetas
91 | **FAMILIA DARDANELLI** Dino Dardanelli Tannat 2020 | Canelones

94

MELHOR MONTEVIDÉU.

ANTIGUA BODEGA
Protagonista (Temporada 1, Episodio 1)
Marselan, Syrah, Cabernet Franc 2020
MONTEVIDÉU

Este é o novo tinto da Antigua Bodega, aproveitando o que eles estimam como o melhor safra dos últimos 30 anos na vinícola. É um blend de 40% Marselan, 30% Syrah e 30% Cabernet Franc, todos provenientes de vinhedos plantados nos solos pedregosos de Melilla, no departamento de Montevidéu. A suculenta fruta da Marselan, exuberante, radiante, está aqui em primeiro plano, oferecendo um vinho fácil de beber, mas ao mesmo tempo com uma estrutura de taninos muito boa e uma acidez que vibra na boca. Em um estilo incomum na Antigua Bodega, esse parece indicar o novo caminho tomado por este tradicional nome do vinho uruguaio. 🍷

Os melhores de Montevidéu do ano

93 | **CERRO CHAPEU** 1752 Gran Tradición Petit Manseng, Viognier 2019 | Montevidéu

93 | **SPINOGLIO** Tonel X Corte Unico Tannat, Merlot, C. Franc N/V | Montevidéu

93 | **SPINOGLIO** Tannat Diego Spinoglio Tannat 2019 | Montevidéu

93 | **SPINOGLIO** Tannat Diego Spinoglio sin Barrica Tannat 2020 | Montevidéu

92 | **ANTIGUA BODEGA** Pedregal Tannat 2018 | Montevidéu

91 | **ANTIGUA BODEGA** Prima Donna Syrah 2017 | Montevidéu

91 | **BOUZA** Bouza Tannat 2018 | Montevidéu

91 | **SPINOGLIO** Diego Spinoglio S. Blanc 2020 | Montevidéu

91 | **SPINOGLIO** Tierra Alta Reserva Tannat 2018 | Montevidéu

90 | **ANTIGUA BODEGA** Prima Donna S. Blanc 2020 | Montevidéu

94

MELHOR MONTEVIDÉU.

SPINOGLIO
Estiba Reservada *Tannat 2016*
MONTEVIDÉU

Esta é uma seleção dos melhores quartéis do vinhedo Spinoglio em Cuchilla Pereira, no departamento de Montevidéu. Além disso, é uma seleção de barricas. Depois de selecionado, o vinho é deixado para estagiar neles por dois anos. O resultado é um Tannat ainda muito jovem, apesar dos anos em barricas e garrafas. A madeira parece muito na frente, mas há um fundo de fruta muito generoso que vai cuidar de absorver os aromas e sabores do carvalho. É uma questão de paciência num vinho com muito potencial. ✍

Os melhores de Montevidéu do ano

93 | **CERRO CHAPEU** 1752 Gran Tradición Petit Manseng, Viognier 2019 | Montevidéu

93 | **SPINOGLIO** Tonel X Corte Unico Tannat, Merlot, C. Franc N/V | Montevidéu

93 | **SPINOGLIO** Tannat Diego Spinoglio Tannat 2019 | Montevidéu

93 | **SPINOGLIO** Tannat Diego Spinoglio sin Barrica Tannat 2020 | Montevidéu

92 | **ANTIGUA BODEGA** Pedregal Tannat 2018 | Montevidéu

91 | **ANTIGUA BODEGA** Prima Donna Syrah 2017 | Montevidéu

91 | **BOUZA** Bouza Tannat 2018 | Montevidéu

91 | **SPINOGLIO** Diego Spinoglio S. Blanc 2020 | Montevidéu

91 | **SPINOGLIO** Tierra Alta Reserva Tannat 2018 | Montevidéu

90 | **ANTIGUA BODEGA** Prima Donna S. Blanc 2020 | Montevidéu

97 MELHOR CANELONES.

FAMILIA DEICAS
Extreme Vineyards Suelo Invertido *Tannat 2019*
CANELONES

Este é mais um experimento de Deicas, mexendo ou revolvendo os solos de seus vinhedos. Neste caso, o solo foi revolvido para deixar a parte espessa da raiz da planta em contato com um solo revolvido de teor de calcário muito mais alto. Depois de retirar o solo, eles plantaram o vinhedo em 2004 em alta densidade, com 10.000 plantas por hectare, mais que o dobro do usual no Uruguai (e na América do Sul). Este é o protótipo de Tannat em Canelones, especialmente plantado em solos calcários e argilosos que conferem austeridade, ligeiros aromas florais e frutados, mas sobretudo uma textura firme, monolítica, séria, austera a nível monástico. Um vinho profundo e intenso, com uma textura a giz e ao mesmo tempo com uma camada de frutas vermelhas maduras que amortece, de certa forma, o efeito sério e rígido desses taninos. Um vinho para beber agora e entender porque não devemos esquecer o clássico Tannat uruguaio. Os novos Tannat atlânticos deram-nos muito prazer em Descorchados, mas é outra coisa. 🍷

Os melhores de Canelones do ano

95 | **FAMILIA DEICAS** Preludio Barrel Select Tinto 2000 | Canelones
95 | **PIZZORNO FAMILY ESTATES** Primo 2017 | Canelón Chico
95 | **PROYECTO NAKKAL WINES** Suelto Tannat 2020 | Canelones
94 | **BRACCOBOSCA** Gran Ombú C. Franc 2020 | Atlántida
94 | **DE LUCCA** Río Colorado Tannat, Merlot, C. Sauvignon 2018 | Canelones
94 | **DE LUCCA** Tano Tannat 2020 | Canelones
94 | **ESTABLECIMIENTO JUANICÓ** Bodegones del Sur Limited Edition Tannat 2020 | Canelones
94 | **FAMILIA DEICAS** Preludio Barrel Select Lote 22 Blanco 2020 | Juanicó
94 | **FAMILIA DEICAS** Single Vineyard Progreso 2018 | Canelones
94 | **FAMILIA DEICAS** Single Vineyards La Tahona 2017 | Canelones
94 | **FILGUEIRA** Famiglia Necchini Blend 2015 | Canelones
94 | **MARICHAL** Grand Reserve A Tannat 2018 | Canelones
94 | **PABLO FALLABRINO** Tannat Tannat 2018 | Atlántida
94 | **PABLO FALLABRINO** Notos Nebbiolo 2019 | Atlántida
94 | **PIZZORNO FAMILY ESTATES** Exclusivos Anfora Tannat 2018 | Canelón Chico

97
MELHOR COSTA ATLÂNTICA.

GARZÓN
Balasto *Tannat, Cabernet Franc, Merlot, Marselan 2018*
GARZÓN

O vinhedo de Garzón, nas encostas graníticas da zona com o mesmo nome, voltado para a baía de Maldonado, está dividido em 1.500 mini parcelas, de acordo com a cepa, mas também a sua orientação ou a riqueza ou composição das uvas. Balasto é uma seleção do que a equipe enológica de Garzón considera o melhor de toda a propriedade, uma mistura de 40% Tannat, 34% Cabernet Franc, 18% Petit Verdot, 5% Merlot e o resto de Marselan. Estagiou 18 meses em barricas, este é um vinho que se tem orientado - pelo menos nas últimas colheitas - para os sabores da fruta, para o frescor. É o vinho mais ambicioso da vinícola, mas não é o mais concentrado. Tem uma elevada percentagem de Cabernet Franc, que se faz sentir nas notas herbáceas, nas frutas vermelhas que se associam à casta. É um vinho cheio de equilíbrio, para se manter por uma década, mas ao mesmo tempo tão fácil de beber agora. Uma contradição deliciosa. 🍷

Os melhores de la Costa Atlântica do ano

96 | **GARZÓN** Petit Clos Block 27 Albariño 2020 | Garzón
96 | **GARZÓN** Petit Clos Block 212 Tannat 2019 | Garzón
95 | **BODEGA OCÉANICA JOSÉ IGNACIO** José Ignacio Albariño 2020 Maldonado
95 | **BOUZA** Tannat Viñedo Las Espinas Tannat 2019 | Maldonado
95 | **BOUZA** Viñedo Pan de Azúcar Tannat 2018 | Pan de Azúcar
95 | **GARZÓN** Single Vineyard Albariño 2020 | Garzón
95 | **VIÑA EDÉN** Viña Edén Espumante 3D Sur Lies Nature Rosé 2017 Pueblo Edén
94 | **BODEGA OCÉANICA JOSÉ IGNACIO** José Ignacio Rosé P. Noir 2020 Maldonado
94 | **BODEGA OCÉANICA JOSÉ IGNACIO** José Ignacio Merlot 2019 | Maldonado
94 | **BOUZA** Viñedo Pan de Azúcar Chardonnay 2019 | Pan de Azúcar
94 | **BOUZA** Viñedo Pan de Azúcar Riesling 2019 | Pan de Azúcar
94 | **CERRO DEL TORO** Cerro del Toro Sobre Lías Albariño 2020 | Maldonado
94 | **GARZÓN** Single Vineyard S. Blanc 2020 | Garzón
94 | **GARZÓN** Single Vineyard Tannat 2019 | Garzón
94 | **VIÑA EDÉN** Viña Edén Espumante 3D Sur Lies Nature 2018 | Pueblo Edén

92

SUPERPREÇO BRANCO.

MARICHAL

Marichal *Sauvignon Blanc 2020*

CANELONES

Este Sauvignon nasce de uma seleção de vinhedos de Marichal, plantados na zona da Etchevarría, no final dos anos 90. Sem envelhecimento em barricas, e com uma ligeira maceração pré-fermentativa de algumas horas e com pouco mais de um mês em contato com as borras, é um branco com corpo, com peso na boca, mas ao mesmo tempo com uma acidez vibrante que anima todos os sabores. Ideal para frutos do mar crus, somente com limão. ༄

Os melhores superpreço brancos do ano

91 | **MARICHAL** Marichal Unoaked Chardonnay 2020 | Canelones
90 | **DE LUCCA** Marsanne Marsanne 2020 | Canelones
90 | **ESTABLECIMIENTO JUANICÓ** Bodegones del Sur S. Blanc 2020 | Sul do Uruguai
90 | **ESTABLECIMIENTO JUANICÓ** Don Pascual Coastal White 2020 | Sul do Uruguai
89 | **CARRAU** Juan Carrau S. Blanc 2020 | Las Violetas
89 | **SPINOGLIO** Tierra Alta Reserva Chardonnay 2019 | Montevidéu

93 SUPERPREÇO TINTO.

CARRAU
Juan Carrau *Tannat 2019*
LAS VIOLETAS

Este é um dos nossos favoritos em Descorchados e não só porque oferece uma relação qualidade-preço tremenda, mas, sobretudo, porque mostra uma fotografia HD do Tannat na zona tradicional de Las Violetas; aqueles solos argilosos e calcários que frequentemente fornecem alguns dos melhores exemplares da variedade na América do Sul. Aqui estão as notas florais, as frutas vermelhas, a tensão da acidez aguda e os taninos firmes e penetrantes do cal no solo, mas também que estão inscritos nos seus genes. Uma brisa fresca no meio de Las Violetas. 🍷

Os melhores **superpreço tintos** do ano

92 | **ANTIGUA BODEGA** Pedregal Tannat 2018 | Montevidéu
92 | **ESTABLECIMIENTO JUANICÓ** Don Pascual Reserve Tannat 2020
Sul do Uruguai
91 | **ESTABLECIMIENTO JUANICÓ** Bodegones del Sur Tannat 2020 | Uruguai
91 | **FAMILIA DARDANELLI** Dino Dardanelli Tannat 2020 | Canelones
91 | **FAMILIA TRAVERSA** Noble Alianza Reserva 2019 | Canelones
91 | **MARICHAL** Marichal Tannat 2019 | Canelones
91 | **SPINOGLIO** Tierra Alta Reserva Tannat 2018 | Montevidéu
91 | **VARELA ZARRANZ** Varela Zarranz Tannat, C. Franc 2020 | Canelones
90 | **ANTIGUA BODEGA** Pedregal Tannat, Merlot, C. Sauvignon 2018
Uruguai
90 | **ESTABLECIMIENTO JUANICÓ** Don Pascual Reserve Marselan 2020
Sul do Uruguai
90 | **ESTABLECIMIENTO JUANICÓ** Don Pascual Bivarietal Malbec,
Marselan 2020 | Juanicó
90 | **ESTABLECIMIENTO JUANICÓ** Don Pascual Red Blend 2020
Sul do Uruguai
90 | **ESTABLECIMIENTO JUANICÓ** Don Pascual Varietal Tannat 2020
Juanicó
90 | **FAMILIA TRAVERSA** Noble Alianza Reserva C. Sauvignon, Tannat 2020
Canelones
90 | **FAMILIA TRAVERSA** Noble Alianza Reserva Marselan, Tannat,
Merlot 2019 | Canelones
90 | **FAMILIA TRAVERSA** Traversa Tannat, Merlot 2020 | Montevidéu
90 | **MARICHAL** Marichal Merlot 2019 | Canelones

PROVA DE VINHOS

As pontuações

80 ⇥ 85
Vinhos simples
para todos os dias.

86 ⇥ 90
Apostas mais complexas,
mas também adequadas para
beber no dia a dia.

91 ⇥ 95
Vinhos excelentes
que, independente
do preço, devem
ser provados.

96 ⇥ 100
Existe a perfeição?
Provavelmente não, mas
neste grupo há vinhos
que se aproximam bastante.

As castas

tinto   branco   rosado   laranja   doce   espumante

Equivalências estimadas de preços

$ ⟶ **Muito baixo**

$$ ⟶ **Baixo**

$$$ ⟶ **Médio**

$$$$ ⟶ **Médio alto**

$$$$$ ⟶ **Alto**

Alto de la Ballena.

PROPRIETÁRIOS Leandro Pereira, Paula Pivel & Dunkan Killiner
ENÓLOGOS Leandro Pereira, Paula Pivel & Dunkan Killiner
WEB www.altodelaballena.com
RECEBE VISITAS Sim

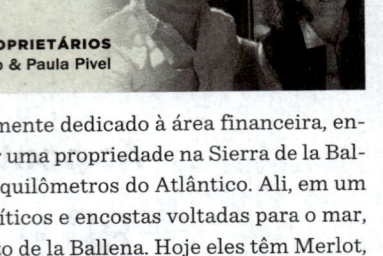

· PROPRIETÁRIOS
Álvaro Lorenzo & Paula Pivel

[**PAULA PIVEL** e Álvaro Lorenzo, um casal anteriormente dedicado à área financeira, entrou no mundo do vinho em 2000, depois de adquirir uma propriedade na Sierra de la Ballena, no departamento de Maldonado, a cerca de 15 quilômetros do Atlântico. Ali, em um lugar bem próximo a Punta del Este, com solos graníticos e encostas voltadas para o mar, plantaram oito hectares de vinhedos e fundaram Alto de la Ballena. Hoje eles têm Merlot, Tannat, Cabernet Franc, Syrah e Viognier e sua produção anual é de cerca de 55 mil garrafas. O trabalho de Alto de la Ballena é considerado pioneiro no ressurgimento de Maldonado e do sudeste do Uruguai como área de produção.]

92 CETUS TANNAT
Tannat 2020
$$$$ | MALDONADO | **14.8°**

Este Tannat vem da Sierra de la Ballena, uma encosta granítica a cerca de 15 quilômetros do Oceano Atlântico onde estas vinhas foram plantadas por volta do início de 2000. Conforme ditado pelo estilo da casa, é licoroso, cheio de maturidade, com álcool muito presente. Os sabores e aromas são de frutas confitadas e negras. O vinho é suculento, enchendo a boca com o seu calor.

90 ALTO DE LA BALLENA
Viognier 2020
$$ | MALDONADO | **13.8°**

Plantado em solos pedregosos na Sierra de la Ballena, na baía de Maldonado, este é um Viognier que é estagiado em concreto por sete meses antes de ser engarrafado. É um branco quente e suculento com sabores encorpados e maduros. Ideal para acompanhar massas com molho de mariscos e creme.

OUTROS VINHOS SELECIONADOS

89 | ALTO DE LA BALLENA Cabernet Franc 2016 | Maldonado | 14° | **$$$**
89 | ALTO DE LA BALLENA Tannat, Merlot, Cabernet Franc 2016 | Maldonado
13.5° | **$$**
89 | ALTO DE LA BALLENA Tannat, Viognier 2016 | Maldonado | 14° | **$$$**
89 | ALTO DE LA BALLENA ROSÉ Cabernet Franc, Merlot 2020 | Maldonado
13.5° | **$$**
88 | ALTO DE LA BALLENA TANNAT Tannat 2020 | Maldonado | 14.8° | **$$$**

Antigua Bodega.

PROPRIETÁRIA Virginia Stagnari
ENÓLOGA Mariana Meneguzzi
WEB www.antiguabodegastagnari.com.uy
RECEBE VISITAS Sim

· PROPRIETÁRIOS
Virginia Stagnari e filhos

[**A FAMÍLIA** Moise produz vinhos no Uruguai desde a década de 1920, quando Pablo Moise chegou a Canelones vindo de Torino, Itália. Em 1955, Héctor Nelson Stagnari deu continuidade ao trabalho de seu sogro e, posteriormente, sua filha, Virginia Stagnari, e seus filhos se encarregaram de continuar fazendo vinhos. Eles têm dois vinhedos, um em Canelones, em Santos Lugares, e outro em Melilla, Montevidéu. No total são cerca de 30 hectares com os quais se produzem cerca de 200 mil litros, todos com uvas próprias. Para a produção de vinhos de mesa (cerca de um milhão de litros), recorrem a terceiros.]

94 PROTAGONISTA (TEMPORADA 1, EPISODIO 1)
Marselan, Syrah, Cabernet Franc 2020
$$$ | MONTEVIDÉU | **14°**

Este é o novo tinto da Bodega Antigua, aproveitando o que estimam como a melhor safra dos últimos 30 anos na vinícola. É um blend de 40% Marselan, 30% Syrah e 30% Cabernet Franc, todos provenientes de vinhedos plantados nos solos pedregosos de Melilla, no departamento de Montevidéu. A fruta suculenta de Marselan, exuberante, radiante, está aqui em primeiro plano, oferecendo um vinho fácil de beber, mas ao mesmo tempo com uma estrutura de taninos muito boa e uma acidez que vibra na boca. Em um estilo incomum na Bodega Antigua, isso parece indicar o novo caminho tomado por este tradicional nome do vinho uruguaio.

92 PEDREGAL
Tannat 2018
$ | MONTEVIDÉU | **13°**

Se você já ouviu histórias de terror sobre Tannat, sobre seus taninos impossíveis de engolir e sua austeridade quase monástica, você deve experimentar este Tannat dos vinhedos de Antigua Bodega em Melilla, no departamento de Montevidéu. É fruta pura e suculenta, rica em intensidade e frescor, com toques florais e especiados. A boca tem uma estrutura firme e os taninos são sentidos, mas nada que um bom bife não possa remediar. Este é o protótipo da Tannat para começar a aprender sobre a variedade.

91 PRIMA DONNA
Syrah 2017
$$ | MONTEVIDÉU | **13.5°**

Um Syrah suculento e fácil de beber, vem dos solos graníticos rosados de Melilla, no departamento de Montevidéu. As vinhas têm cerca de 17 anos e dão um suco saboroso, rico em frutas vermelhas num contexto de taninos suaves e redondos. Para embutidos.

90 PEDREGAL
Tannat, Merlot, Cabernet Sauvignon 2018
$ | MONTEVIDÉU | **13.5°**

Esta é uma mistura de 40% Tannat, 30% Merlot e 30% Cabernet Sauvignon. 20% do vinho envelhece quatro meses em barricas e o restante em

tanques de aço. O vinho é, sobretudo, muito frutado, com notas suculentas de frutas vermelhas maduras e um corpo onde predominam a acidez e os sabores frutados. Pronto para beber com queijos maduros.

90 PRIMA DONNA
Sauvignon Blanc 2020
$$ | MONTEVIDÉU | **12.5°**

Um Sauvignon fresco e simples dos solos pedregosos de Melilla, no departamento de Montevidéu. Com uma breve maceração com as peles durante cerca de seis horas, apresenta aromas herbáceos e frutados num corpo leve e refrescante. Ideal para acompanhar frutos do mar na hora do aperitivo.

Bizarra Extravaganza.

PROPRIETÁRIO Santiago Deicas
ENÓLOGO Santiago Deicas
WEB www.bizarra.com
RECEBE VISITAS Não

• **PROPRIETÁRIO & ENÓLOGO**
Santiago Deicas

[**BIZARRA EXTRAVAGANZA** é um projeto de Santiago Deicas, das vinícolas Familia Deicas, Juanicó e Pueblo del Sol, e visa a produção de vinhos experimentais, especialmente aqueles elaborados com um nível muito baixo de intervenção na vinícola. No momento, existem apenas dois rótulos no catálogo e a produção atinge apenas cerca de três mil garrafas.]

93 TANNARONE
Tannat 2018
$$$ | URUGUAY | **13.5°**

Este vinho tem por base uvas de Progreso, na zona de Canelones. E é inspirado nos vinhos Amarone, neste caso, com 25% de uvas desidratadas (passas) na planta que provém de um setor da vinha especialmente gerido para o efeito. O vinho é armazenado em tanques de cimento por alguns anos, antes de ser engarrafado, e o resultado é um Tannat denso, de grande concentração, com muitos sabores de frutas e flores em um vinho suculento, mas ao mesmo tempo acidez crocante e com um fundo de sabores confitados que lhe confere complexidade e profundidade.

92 AMPHORA NATURAL
Tannat 2020
$$$ | CANELONES | **13.5°**

Inspirado no trabalho de De Martino com velhas ânforas de barro, este Tannat envelheceu seis meses em ânforas de barro (francesas, feitas com terracota da Catalunha) com poros que permitem uma certa micro-oxigenação. Fermentado com leveduras indígenas, e todo feito com frutas da região de Progreso, em Canelones. Esta é uma versão quente da variedade. Os solos argilosos da zona são sentidos na volúpia, naquele lado suculento que dá a sensação de um tinto expansivo, enchendo a boca com os seus sabores a frutas negras maduras.

Bodega Océanica José Ignacio

PROPRIETÁRIA Natalia Welker
ENÓLOGO Hans Vinding-Diers
WEB www.ojoseignacio.com
RECEBE VISITAS Sim

• **ENÓLOGO** Hans Vinding-Diers

[**NATALIA WELKER** e Marcelo Conserva são produtores do azeite O'33 José Ignacio, uma marca muito respeitada no Uruguai. Na sua propriedade de 50 hectares, 21 são dedicados à plantação de oliveiras e com elas produzem cerca de 60 mil litros de azeite por ano. No entanto, desde 2012 são também produtores de vinho, sempre nas instalações da Paraje José Ignacio, a cerca de sete quilômetros do mar. As primeiras vinhas foram plantadas em 2012 e hoje têm oito hectares de vinhas com as quais produzem cerca de 30 mil garrafas..]

95 JOSÉ IGNACIO
Albariño 2020
$$$ | MALDONADO | 13.5°

Esta é a terceira safra de Albariño de Oceánica, e hoje faz parte dos melhores exemplares da variedade no Uruguai e, consequentemente, na América do Sul. Provém dos solos argilosos e graníticos de José Ignacio, banhados pela brisa atlântica, e aquela sensação salina está muito presente aqui, misturando-se com os sabores de fruta madura de uma colheita que teve fortes ondas de calor em fevereiro. A variedade tem reagido muito bem, oferecendo seu estilo suculento como sempre; a textura cremosa, os aromas e sabores frutados e suculentos, a sensação de opulência que aqui permeia o paladar.

94 JOSÉ IGNACIO
Merlot 2019
$$$ | MALDONADO | 13.4°

O Merlot foi uma das variedades que a Oceánica plantou em sua propriedade em José Ignacio. Fermentado com 15% cachos completos e depois envelhecido 12 meses em barricas (mais 30% envelhecimento em tanques de aço), o vinho tem muita fruta, muito frescor, e condiz com o ambiente do local, uma paisagem marinha que este vinho reflete muito bem e de uma forma, digamos, gastronômica. Imagine este Merlot servido mais fresco do que de costume, acompanhando alguns peixes gordurosos dos que saem da Baía de Maldonado. E a fotografia ficaria perfeita.

94 JOSÉ IGNACIO ROSÉ
Pinot Noir 2020
$$$ | MALDONADO | 13.5°

Este rosé é feito de forma "provençal", com os cachos completos diretamente na prensa, preservando bem a fruta e evitando a entrada de oxigênio. Depois é fermentado em tanques de aço e vai para a garrafa por volta de agosto de 2020. E foi um pioneiro: desde 2016 vem apresentando um estilo leve, frutado, vibrante, cheio de frutas vermelhas ácidas, como um suco de cereja e que, além disso, combina perfeitamente com o clima do local, com os restaurantes próximos à praia na Baía de Maldonado, onde abundam peixes e frutos do mar. O vinho perfeito para beber quando há uma travessa de peixe na mesa do restaurante e os pés na areia.

Bodega Oceánica José Ignacio.

93
JOSÉ IGNACIO
Chardonnay 2020
$$$ | MALDONADO | 13°

De vinhedos plantados em 2012 em solos argilosos e calcários, na área de José Ignacio na Baía de Maldonado. A colheita foi acelerada, devido às altas temperaturas de fevereiro. Amadurecido em tanques de aço - e 15% do volume em barricas usadas de 200 litros -, possui textura cremosa e suculenta. Dá para sentir o calor da safra, mas também há uma acidez suculenta, e tons amanteigados (talvez fruto do trabalho de envelhecimento com as borras) em meio a frutos brancos maduros. Um grande branco para peixes fritos.

92
JOSÉ IGNACIO TANNAT
Tannat 2019
$$ | MALDONADO | 13.4°

O enólogo Hans Vinding-Diers é cuidadoso com a extração que pode ser realizada com o Tannat e por isso, devido à quantidade de taninos nesta cepa, é que Hans desengaça todos os cachos e apenas molha o chapéu. 20% envelhece em barricas e o restante em tanques de aço. O resultado tem muito a ver com o que seria de esperar desta variedade feroz, mas cultivada em ambiente de praia. Este vinho é frutado, suculento, leve, com taninos firmes e ao mesmo tempo uma acidez muito firme. Este é para peixes gordurosos na grelha.

Bouza.

PROPRIETÁRIOS Juan Bouza, Elisa Trabal & Eduardo Boido
ENÓLOGO Eduardo Boido
WEB www.bodegabouza.com
RECEBE VISITAS Sim

• **ENÓLOGO** Eduardo Boido

[**A FAMÍLIA** Bouza chegou ao Uruguai da Galícia em 1955, e se estabeleceu em Las Piedras, a 20 quilômetros da cidade de Montevidéu, em Canelones. Começaram a fazer pão e depois se dedicaram à produção de massas. Em 2002, porém, decidiram diversificar e entrar no mundo do vinho comprando uma antiga vinícola construída em 1942, em Melilla. A primeira safra foi em 2003. Hoje são produzidos cerca de 170 mil garrafas que vêm de 32 hectares, 15 deles em Las Violetas (Canelones), dez em Melilla (Montevidéu) e os demais em Pan de Azúcar, a cerca de três quilômetros do mar. Além disso, estão trabalhando em um novo vinhedo, na região de Las Espinas, a dois quilômetros e meio da costa, de frente para a baía de Maldonado. Bouza é conhecido, entre outras coisas, por ser um dos poucos produtores de Albariño na América do Sul, talvez pela herança galega de seus proprietários.] **IMPORTADOR:** BR: www.decanter.com.br

95
TANNAT VIÑEDO LAS ESPINAS
Tannat 2019
$$$$ | MALDONADO | 15.1°

Las Espinas é o novo vinhedo de Bouza, plantado em 2016 na serra onde termina a Sierra de las Ánimas, na baía de Maldonado. São solos rochosos em um vinhedo de frente para o Oceano Atlântico, a cerca de dois quilômetros de distância. Esta é a segunda produção e o primeiro ano com uma safra de produção normal. Tem cerca de 0,85 hectare e cerca de três mil garrafas deste vinho que não tem muito a ver com o estilo da casa, que costuma ser amigável, redondo, suculento. Aqui é quase o oposto. As frutas são frescas e vermelhas, prevalece o lado herbáceo e as especiarias têm sua festa particular. E quanto aos taninos, a suavidade e cremosidade de Bouza não existe aqui; ao contrário, há a influência do Atlântico liberando seu frescor para que a textura se manifeste com aquela aspereza que pede carnes especiadas e gordurosas. Este é um tinto cheio de um senso de lugar, e o estilo de Bouza não conseguiu escondê-lo.

95 VIÑEDO PAN DE AZÚCAR
Tannat 2018
$$$$ | PAN DE AZÚCAR | **15.6°**

Respeitando o estilo dos vinhos da casa, este Tannat de vinhas em solos pedregosos no sopé da colina Pan de Azúcar, e a cerca de três quilômetros do Atlântico, tem um aroma encantador, cheio de notas de flores, violetas, mas também de frutas negras. Os Bouza gostam de maturidade, e nós em Descorchados nem tanto, por isso imaginamos este vinho colhido um mês antes e nos dá água na boca, embora não possamos deixar de reconhecer que, nesse estado de maturidade, o vinho é deliciosamente suculento. Uma pintura de Botero, bem volumosa.

94 BOUZA
Albariño 2020
$$$ | MELILLA-LAS VIOLETAS | **13.5°**

Bouza é pioneira em Albariño no Uruguai. A primeira colheita foi em 2004 e hoje vem de dois vinhedos, um em Melilla, Montevidéu, e outro em Las Violetas, no tradicional departamento de Canelones. Com 15% de vinho envelhecido em barricas, é uma expressão pura e suculenta da casta, com os seus aromas a frutos brancos maduros próximos do damasco ou do pêssego, e um corpo generoso, acidez suculenta e maturidade marcada que provavelmente fala de um ano de clima quente no Uruguai. Um vinho imperdível quando se trata de ver o potencial dos brancos deste país.

94 PARCELA ÚNICA B28
Tannat 2018
$$$$$ | LAS VIOLETAS | **16.1°**

Este **B28** vem de um lote dos Bouza em Las Violetas, uma área tradicional dentro do departamento de Canelones, com solos ricos em argila e cal e que oferece alguns dos mais clássicos Tannat do Uruguai; tintos austeros, taninos severos. Bouza revisitou aquele lugar, olhou para ele com seu estilo neste Tannat suculento, maduro, expansivo –como eles gostam–; uma pintura de Botero tornada tinta. Mas mesmo assim, a força do lugar emerge. Aqui estão aqueles taninos de giz, aqueles aromas florais, aquela sensação de austeridade que subjuga esses sabores voluptuosos.

94 TANNAT PARCELA ÚNICA B2
Tannat 2018
$$$$$ | LAS VIOLETAS | **15.5°**

A parcela B2 é um dos primeiros terrenos que Bouza plantou em Las Violetas, no final dos anos 90. O vinho estagia em carvalho durante 18 meses e depois vai para a garrafa para oferecer agora um tinto muito ao estilo Tannat da casa: suculento nos sabores frutados, maduro, doce, com taninos dóceis, amigáveis, até cremosos (pelo menos no contexto de Tannat) e um final floral e suculento. Este é um vinho para cordeiro grelhado.

94 VIÑEDO PAN DE AZÚCAR
Chardonnay 2019
$$$ | PAN DE AZÚCAR | **12.7°**

Os vinhedos do Pan de Azúcar somam apenas meio hectare de vinha a cerca de três quilômetros do Atlântico, na baía de Maldonado. Cem por cento do vinho envelhece em barricas durante cerca de 11 meses. Os aromas e sabores são maduros e suculentos, como costuma ser o estilo dos vinhos da casa, mas também aqui há uma acidez quase salgada, que ilumina tudo no seu caminho, conferindo frescor e brilho. Um branco de grande corpo e também de grande equilíbrio. Nada é supérfluo e manda o frescor.

94 VIÑEDO PAN DE AZÚCAR
Riesling 2019
$$$ | PAN DE AZÚCAR | **13°**

Bouza tem 1,5 hectare de Riesling no sopé da colina Pan de Azúcar, em Maldonado, plantada em 2010. A primeira versão foi em 2012, uma versão madura e doce da variedade. Nesta safra, o estilo segue o curso das últimas safras, com um Riesling de estilo seco, cheio de frutas e especiarias em um corpo generoso, redondo, cremoso, rico em tons de especiarias e leves notas de oxidação.

93 VIÑEDO CANELÓN CHICO
Merlot 2018
$$$$ | CANELÓN CHICO | **13.7°**

Em Canelón Chico, como em muitas zonas de Canelones, os solos tendem a apresentar um elevado teor de argilas e também de calcário. E isso tem um impacto importante na textura dos tintos. Neste caso, sentem-se os taninos firmes mas finos do cal, a suave sensação de giz na boca, rodeada de sabores a frutas vermelhas maduras e algumas ervas. O vinho é leve, suculento, muito bem equilibrado. Hoje se bebe muito bem, principalmente com queijos maduros, mas daqui a alguns anos vai ganhar em complexidade.

93 VIÑEDO CANELÓN CHICO
Tannat 2018
$$$$ | CANELÓN CHICO | **15.9°**

Este Tannat provém de uma vinha de 19 hectares plantada em 1985 na área de Canelón Chico, em solos argilosos e calcários. Com cerca de 13 meses em barricas, mantém o estilo da casa num tinto suculento, mas ao mesmo tempo muito bem equilibrado, com a acidez certa que confere frescor e brilho em meio àquela festa de frutas negras doces. Os taninos, embora sejam agudos, não são agressivos ou têm a austeridade de muitos outros Tannat de Canelones. Para guardar dois a três anos e depois abrir com porco defumado.

92 PARCELA ÚNICA B9
Merlot 2018
$$$$$ | LAS VIOLETAS | **13.8°**

O lote B9 está localizado na tradicional zona de Las Violetas, em Canelones, local rico em solos argilosos e calcários. Esses tipos de características tendem a dar vinhos austeros, com taninos poderosos, mas o estilo de Bouza parece estar aqui acima do lugar em um vinho com tons doces, sabores muito maduros e tons de ervas. Um Merlot com taninos muito maduros e suculentos, para guisado de cordeiro.

92 VIÑEDO PAN DE AZÚCAR
Merlot 2018
\$\$\$\$ | PAN DE AZÚCAR | **14.9°**

Um suculento Merlot, com tons quentes de frutas negras em meio a toques especiados e herbáceos, característicos de um ano quente no Uruguai, mas também condizentes com o estilo da casa. O corpo é suculento, com taninos bem redondos e uma acidez viva, que consegue mostrar frescor. Este Merlot vem do vinhedo de Bouza em Pan de Azúcar, a cerca de três quilômetros do Atlântico.

91 BOUZA
Tannat 2018
\$\$ | MONTEVIDÉU | **16°**

Para entrar no mundo do Tannat de Bouza, esta é uma mistura de vinhedos de Canelones e Montevidéu, em solos argilosos e calcários. Depois de envelhecer cerca de 18 meses em barricas de madeira usadas, este tinto apresenta suavidade e doçura, frutas vermelhas maduras e flores, especiarias e notas terrosas num Tannat para beber agora com guisados.

90 BOUZA
Chardonnay 2019
\$\$\$ | MELILLA-LAS VIOLETAS | **12.3°**

Esta é uma seleção de vinhedos de Bouza em Melilla e Las Violetas. Estagiou nove meses em carvalho com as suas borras, e o estilo é suculento, com fruta madura, grande cremosidade e volúpia. Enche a boca com seus frutos maduros e suculentos.

OUTRO VINHO SELECIONADO

89 | VIÑEDO PAN DE AZÚCAR Pinot Noir 2019 | Pan de Azúcar | 11.5° | **\$\$\$\$**

BraccoBosca.

PROPRIETÁRIA Fabiana Bracco
ENÓLOGO Marcelo Laitano **VITICULTOR** Enrique Sartore
WEB www.braccobosca.com
RECEBE VISITAS Sim   • **PROPRIETÁRIA** Fabiana Bracco

[**A FAMÍLIA** Bracco Bosca é produtora de uvas há quatro gerações, mas somente em 2005 eles começaram a engarrafar com sua própria marca. Até aquele ano eles se concentraram em vinhos comuns vendidos em garrafões. Foi somente sob a direção da dinâmica Fabiana Bracco que começaram a produzir vinhos de maior ambição. Seus vinhedos (nove hectares) estão localizados na área Atlântida, a cerca de oito quilômetros do Río de la Plata. No total, a produção é de cerca de 60 mil garrafas.] **IMPORTADOR:** BR: www.cantuimportadora.com.br

94 GRAN OMBÚ
Cabernet Franc 2020
\$\$\$\$\$ | ATLÁNTIDA | **13°**

O Cabernet Franc é uma das especialidades de Bracco Bosca e tem um hectare plantado há 25 anos em solos argilosos e calcários da região de Atlántida, muito perto da foz do Río de la Plata no Atlântico. Este tem o lado herbáceo da casta, mas também as frutas negras e suculentas de um ano quente. O corpo, entretanto, não é quente. Possui acidez suficiente para equilibrar o peso da fruta. É um tinto para guardar, sem dúvida, mas também para acompanhar um cordeiro na brasa agora.

93 CRIADO EN TINAJA
Tannat 2018
$$ | ATLÁNTIDA | **13.5°**

Esta é a primeira experiência da Bracco Bosca com envelhecimento, neste caso durante dois anos, em ânforas de barro espanhol com cerca de 500 litros. O vinho tem um certo ar de velha escola, com aquela austeridade dos taninos que parecem uma parede de cimento. E depois os aromas e sabores herbáceos e especiados, as notas frutadas num corpo saboroso mas potente, acompanhadas por uma acidez firme, intensa e acentuada. Um tinto para levar para a mesa e beber com embutidos.

93 OMBÚ RESERVE PETIT VERDOT
Petit Verdot 2019
$$ | ATLÁNTIDA | **13.5°**

Dos 11 hectares plantados com vinhas em Atlántida, Bracco Bosca tem pouco menos de um hectare de Petit Verdot. E com estas plantas produz cerca de dois mil litros desta casta que tem como marca da casa, os aromas a flores e sobretudo a ervas e especiarias num vinho suculento, com taninos bastante suaves para os padrões da casta. Para embutidos.

93 OMBÚ RESERVE TANNAT
Tannat 2019
$$ | ATLÁNTIDA | **14°**

Das vinhas com cerca de 25 anos, 50% envelhecem em barricas e o restante em tanques de cimento. O estilo é muito da casa, num Tannat firme, com taninos muito fortes, acidez suculenta, frutas pretas que alcançam equilíbrio em meio a este tinto robusto, um pouco tímido, austero em muitos dos seus aspectos. Para beber agora com embutidos ou para guardar alguns anos e desfrutar da evolução que vai ter na garrafa.

92 OMBÚ SIN PRE CONCEPTOS MOSCATEL
Moscatel de Hamburgo 2020
$$ | ATLÁNTIDA | **12°**

Este Moscatel provém de uma vinha com cerca de 30 anos, plantada na zona de Atlántida, em Canelones. Fermentado em aço e envelhecido 45 dias nas suas borras em cimento, é uma expressão pura de Moscatel, muito fina, muito austera no contexto de quão generosa e exuberante pode ser a casta. Aqui encontram-se aromas florais e frutados em meio a um corpo leve e suculento. É um vinho que pode ser classificado como delicado, fácil de beber, já pronto para acompanhar embutidos.

92 OMBÚ ROSÉ
Merlot 2020
$$ | ATLÁNTIDA | **14.5°**

Em vez de seguir a tendência (já ultrapassada) dos rosés provençais, este Ombú opta por um estilo mais maduro e com uma cor mais pronunciada, numa ideia de "clarete". Este é 95% Merlot e 5% Moscatel e é uma sangria, que é extraída do suco de um Merlot destinado a ser tinto. O resultado é um rosé suculento, com frutos vermelhos maduros, com corpo de grande densidade e cremosidade para acompanhar miúdos.

92 OMBÚ TANNAT CLÁSICO
Tannat 2019
\$\$ | ATLÁNTIDA | **13.5°**

Esta é uma seleção de lotes de vinhedos de Bracco Bosca, na Atlântida. Sem passar por barrica, esta é uma boa imagem do Tannat da adega. Um estilo frutado, mas ao mesmo tempo com uma parede de taninos sólidos e impenetráveis, muito ao estilo velha escola do Tannat uruguaio. Tem um lado floral, mas as frutas são negras e suculentas num corpo grande e intenso. Para carnes grelhadas.

Campotinto.

PROPRIETÁRIO Diego Viganó
ENÓLOGO Daniel Cis
WEB www.posadacampotinto.com
RECEBE VISITAS Sim

• **ENÓLOGO** Daniel Cis

[**A FAMÍLIA** Viganó vem de Fiesole, na Toscana, e se estabeleceu em Carmelo para começar a fazer vinhos. Os primeiros vêm de 2013, dos cinco hectares que os Viganó plantaram há cerca de dez anos, principalmente com a Tannat. A vinícola conta ainda com uma pousada de 12 quartos e um restaurante com comida que mescla as tradições do campo com as raízes italianas da família.]

92 CHACRA 1 LA CONCORDIA
Tannat 2018
\$\$\$\$ | CARMELO | **13.5°**

Campotinto possui um bairro de vinhedos a cerca de dois quilômetros do Río de la Plata, sempre em Carmelo. Nesse bairro, reservaram cerca de três mil metros quadrados de vinhas, menos de meio hectare, para fazer este Tannat cem por cento, de vinhas plantadas há dez anos. 65% deste Tannat envelheceu em tanques e o resto em madeira, pelo que o vinho tem um forte acento no carácter frutado da casta, nas frutas vermelhas maduras e nos ligeiros toques de flores. A textura é firme, com taninos vivos e um lado suculento que é sublinhado pela acidez aqui vibrante. Um bom vinho para pensar em ensopados de cordeiro.

91 GRAN RESERVA
Tannat 2018
\$\$\$ | CARMELO | **14.5°**

Esta é uma seleção de parcelas da vinha de Campotinto nos socalcos aluviais do Río de la Plata, cujo canal principal está a um quilômetro e meio de distância da propriedade. Envelhecido em barricas durante um ano, este tem um lado suculento e simpático, com notas de especiarias e muitas frutas vermelhas maduras. Um vinho amplo, com espaço para taninos agudos, embora macio no contexto de Tannat, e rica acidez para acompanhar o bife.

OUTROS VINHOS SELECIONADOS
89 | CAMPOTINTO TANNAT DEL LITORAL Tannat 2018 | Carmelo | 13° | **\$\$**
88 | CAMPOTINTO Viognier 2020 | Carmelo | 13.2° | **\$\$\$**

Carrau.

PROPRIETÁRIOS Javier & Ignacio Carrau
ENÓLOGA Carolina Damiano Cores
WEB www.bodegascarrau.com
RECEBE VISITAS Sim

· **PROPRIETÁRIOS** Javier & Ignacio Carrau

[**A FAMÍLIA** Carrau é originária da Catalunha, onde já eram produtores de vinho. Em 1930, Don Juan Carrau, sua esposa Catalina Pujol e seus cinco filhos se estabeleceram no Uruguai. Recém-chegada, a família Carrau imediatamente pôs mãos à obra, comprando seus primeiros vinhedos na já clássica região de Las Violetas, em Canelones. Hoje, a décima geração da família está no comando do negócio. Eles desenvolveram marcas clássicas do Uruguai, como Sauvignon Blanc Sur Lie ou Tannat Reserva, uma das melhores relações qualidade-preço do país. Eles possuem 30 hectares em Las Violetas, de onde vem toda a sua produção, de cerca de 350 mil garrafas por ano.] **IMPORTADORES:** BR: www.vinhosdomundo.com.br www.europaimportadora.com.br

95 AMAT
Tannat 2017
$$$$$ | LAS VIOLETAS | **13.5°**

Esta é a primeira safra de Amat, depois da estreia em 1998, que vem cem por cento das vinhas próprias do Carrau na tradicional zona de Las Violetas, em Canelones. Os solos lá são argilosos e calcários e essas vinhas Tannat estão plantadas lá há 30 anos. Este solo confere a esta variedade um caráter severo, quase monástico, que se traduz em taninos firmes e austeridade de sabores. São Tannat bem clássicos, talvez um pouco fechados ou tímidos para quem se acostumou a degustar os novos tintos do Uruguai mais do mar, em Maldonado. Este Amat ainda se sente muito jovem, com as notas do seu envelhecimento em barricas (20 meses de madeira nova) proporcionando sabores defumados e tostados. Mas tome cuidado com o que está por trás, porque é puro suco de fruta, puro suco de Tannat, delicado e sutil, severo e tímido.

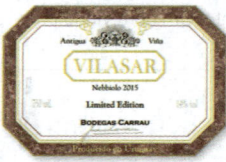

95 VILASAR
Nebbiolo 2015
$$$$ | LAS VIOLETAS | **14.5°**

Vilasar é um dos vinhos emblemáticos da vinícola, com a sua primeira colheita em 1999 e apenas produzido em anos muito bons. A safra anterior a este 2015 foi em 2009. O fruto provém de uma velha vinha em Las Violetas, plantada há 90 anos em solos argilosos e calcários, típicos da região. Hoje esta vindima oferece um vinho que é um bebê, que apenas começa a mostrar as suas primeiras armas. No nariz é fruta vermelha, algumas notas de especiarias e toques terrosos num tinto muito austero, muito próximo do que é a casta quando jovem. Depois, na boca, os taninos são firmes, a acidez é forte; tem tudo para ser um grande vinho no futuro. Seja paciente.

93 JUAN CARRAU
Tannat 2019
$ | LAS VIOLETAS | **13°**

Este é um dos nossos favoritos em Descorchados e não só porque oferece uma relação qualidade-preço tremenda, mas, sobretudo, porque mostra uma fotografia HD do Tannat na zona tradicional de Las Violetas; aqueles solos argilosos e calcários que tradicionalmente dão alguns dos melhores exemplos da variedade na América do Sul. Aqui estão as notas florais, as frutas vermelhas, a tensão da acidez aguda e os taninos firmes e penetrantes do cal no solo, mas também que se inscrevem nos seus genes. Uma brisa fresca no meio de Las Violetas.

93 JUAN CARRAU TANNAT DE RESERVA
Tannat 2019
$$ | LAS VIOLETAS | **13.5°**

Trata-se de uma seleção de vinhas gerida de forma a obter uma baixa produção. Em seguida, o vinho estagia em barricas velhas durante um ano. O impacto da madeira não é sentido, pelo menos ao nível dos aromas e sabores. Onde se percebe é na textura, que tende a amolecer os taninos ásperos da variedade. Aqui encontram-se aromas a frutas vermelhas, flores e especiarias num corpo médio, com grande equilíbrio. Um clássico da variedade e um clássico de Las Violetas.

92 COLECCIÓN DE BARRICAS
Cabernet Franc 2018
$$$ | LAS VIOLETAS | **12.5°**

Com forte sotaque herbáceo, é um Cabernet Franc leve, rico em frutas vermelhas e suculentas. Com apenas 12,5 graus de álcool, é leve e fácil de beber, embora tenha uma estrutura tânica firme e tensa. Um Cabernet Franc muito ao estilo da casa, muito focado na fruta. Provém de uma seleção de vinhas e envelhece um ano em barricas.

92 JUAN CARRAU CHARDONNAY DE RESERVA
Chardonnay 2020
$$ | LAS VIOLETAS | **13.5°**

Fermentado em barricas e nelas envelhecido durante seis meses, este Chardonnay da tradicional zona de Las Violetas, em Canelones, tem uma textura deliciosa, suculenta e amiga; como um creme de frutas brancas. É suculento, com toques especiados e herbáceos e um final refrescante graças a uma acidez que nunca abandona o vinho no palato. Para as "miniaturas", os cubos de peixes que são a especialidade das costas uruguaias.

92 JUAN CARRAU RESERVA SUR LIE
Sauvignon Blanc 2020
$$ | LAS VIOLETAS | **13.5°**

Esse é o clássico branco de Carrau, com sua primeira versão em 2002. Com seis meses em contato com as borras em tanques de aço, possui uma rica cremosidade que se dá pelo envelhecimento nas borras ou restos de leveduras mortas que costumam fornecer essa textura, embora também forneçam aromas. Aqui ficam aquelas notas de padaria junto com fruta madura num delicioso branco; um clássico moderno do Uruguai.

91 COLECCIÓN DE BARRICAS
Arinarnoa 2018
$$$ | LAS VIOLETAS | **14°**

Arinarnoa é um cruzamento de vinhas, Cabernet Sauvignon e Tannat. Carrau importou plantas da casta em 2001 e com este material, que produz vinhos tânicos ricos em acidez como os seus pais, e com uma rica carga de frutas, faz este exemplar. Possui frutas vermelhas maduras, ervas e um toque de madeira onde estagiou durante um ano. Guarde-o por alguns anos para um ensopado de cordeiro.

91 COLECCIÓN DE BARRICAS
Petit Verdot 2018
$$$ | L A S V I O L E T A S | **13.5°**

De solos férteis da zona de Las Violetas, ricos em argilas, este Petit Verdot preserva as características essenciais da casta, a acidez tensa e viva, os taninos agudos. O resto são frutas vermelhas suculentas em um vinho que agora parece pronto para acompanhar guisados de carne.

OUTRO VINHO SELECIONADO
89 | JUAN CARRAU Sauvignon Blanc 2020 | Las Violetas | 13° | **$**

Casa Grande Arte y Viña.

PROPRIETÁRIO Washington De Maio

ENÓLOGA Florencia De Maio

WEB www.vinoscasagrande.com

RECEBE VISITAS Sim

• **ENÓLOGA** Florencia De Maio

[A FAMÍLIA De Maio sempre se dedicou à produção de uvas para vinhos de terceiros em Canelones. Florencia De Maio, membro da quarta geração ligada ao vinho, decidiu dar um passo além e em 2013 começou a engarrafar os seus próprios vinhos com a marca Casa Grande. Este empreendimento tem dez hectares, enquanto os outros 13 hectares de vinhas continuam a ser utilizados para a venda de uvas. Hoje Casa Grande produz cerca de 60 mil garrafas.] IMPORTADOR: BR: www.allwine.com.br

93 SÚPER BLEND Arinarnoa, Cabernet Franc, Cabernet Sauvignon, Merlot, Tannat, Caladoc 2018
$$$$ | C A N E L O N E S | **13°**

Este é um blend muito particular, com nada menos que seis variedades que participam em proporções semelhantes. Cada uma é fermentada separadamente, mas tudo envelhece junto durante 18 meses em barricas. Este vinho é generoso em aromas tostados da madeira, embora também seja rico em frutas vermelhas maduras e especiarias e ervas. A boca é definida por uma acidez tensa e firme, e taninos que se sentem pulsantes. Ele precisa de mais tempo na garrafa para ganhar complexidade, no entanto, agora seria muito bom com cordeiro.

92 GRAN TANNACITO
Tannat 2018
$$$ | C A N E L O N E S | **13.5°**

A primeira colheita do Gran Tannacito foi em 2013 e nasceu com a ideia de selecionar o melhor Tannat da propriedade Casa Grande em Canelones. Com 16 meses de envelhecimento em barricas, aqui é possível sentir a influência da madeira nos tons tostados do carvalho, mas a fruta também tem um espaço importante, conseguindo se equilibrar. É suculento, intenso, cheio de taninos firmes e vivos e a acidez é feroz, robusta. Para costelinha de porco.

OUTROS VINHOS SELECIONADOS
89 | CASA GRANDE Tannat, Cabernet Franc, Merlot 2020 | Canelones | 13.5° | **$$**
88 | ROSÉ Caladoc 2020 | Canelones | 12.5° | **$$**
87 | CASA GRANDE Cabernet Franc 2018 | Canelones | 12.8° | **$$**

Castillo Viejo.

PROPRIETÁRIA Mariana Anfuso
ENÓLOGO Alejandro Etcheverry
WEB www.castilloviejo.com
RECEBE VISITAS Sim

• **ENÓLOGO** Alejandro Etcheverry

[**LOCALIZADA NO** departamento de San José, Castillo Viejo pertence à família Etcheverry, que está ligada ao vinho há quatro gerações. A vinícola foi fundada em 1927 e até 1986 estava totalmente vocacionada para a produção de vinhos a granel. Desde então, iniciou-se um período de reconversão e cultivo de castas francesas, consolidado com o lançamento da sua linha Catamayor, nos anos 1990. Mais recente é a criação de El Preciado, o vinho top da vinícola, que é produzido apenas nos melhores anos.]

93 EL PRECIADO
Tannat, C. Franc, C. Sauvignon, Merlot, Tempranillo 2016
$$$$$ | SAN JOSÉ | **13.5°**

Esta é uma seleção que só se faz nos melhores anos e que provém dos solos argilosos de San José. O blend é à base de Tannat e envelhece cerca de 14 meses em barricas. Este ano, El Preciado tem um forte componente herbáceo, as notas de menta e ervas frescas disputam com os sabores de fruta para ver quem tem o protagonismo. A textura é bastante leve, tendo a madeira como protagonista, mas também a acidez, os taninos firmes e vivos e uma sensação de suculência que permeia todo o vinho. Este é para guardar de três a quatro anos ou beber agora com um cordeiro na menta.

92 CATAMAYOR RESERVA
Tannat, Cabernet Franc 2017
$$ | SAN JOSÉ | **13°**

De vinhas com cerca de 25 anos na área de San José, esta mistura de 60% de Tannat e 40% de Cabernet Franc tem como foco frutas vermelhas e ervas. É um vinho tenso, com muita acidez e taninos (que vêm do Tannat), junto de tons tostados de carvalho onde estagiou durante cinco meses. Um vinho vertical na textura, generoso nos sabores frutados e agora pronto para um corte de carne na grelha.

92 CATAMAYOR RESERVA DE FAMILIA
Tannat 2017
$$ | SAN JOSÉ | **13.5°**

Envelhecido em carvalho durante cerca de oito meses e em vinhedos adultos (cerca de 30 anos), plantados na zona de San José, este é um Tannat da velha escola, com tons de especiarias e ervas, mas também fortemente focado na fruta e nos toques terrosos que se pode apreciar e saborear nesses Tannat de outrora no Uruguai. A textura é tensa, os taninos são firmes, embora nunca exagerados, num vinho que, apesar da sua estrutura monolítica, é fácil de beber e tem uma suculência agradável.

OUTROS VINHOS SELECIONADOS
89 | CATAMAYOR RESERVA DE FAMILIA Pinot Noir 2016 | San José | 13.5° | **$$**
87 | VIEJA PARCELA Cabernet Franc 2016 | San José | 13° | **$$**

Cerro Chapeu.

PROPRIETÁRIO Francisco Carrau
ENÓLOGO Francisco Carrau
WEB www.cerrochapeu.com
RECEBE VISITAS Sim

• PROPRIETÁRIO & ENÓLOGO
Francisco Carrau

[**CERRO CHAPEU** baseia sua produção na uva da região de Cerro Chapeu, na fronteira com o Brasil, no norte do Uruguai. Lá eles têm cerca de 30 hectares de vinhedos, dos quais 15 são Tannat, plantados nos solos arenosos da região no início dos anos 70. A dinâmica Margarita Carrau está no comando da empresa, enquanto o enólogo é Dany Mayo, que desde 1997 faz parte da equipe da vinícola. A produção total é de cerca de 300 mil garrafas.] **IMPORTADOR:** BR: www.vinhosdomundo.com.br

94 BATOVI T1 SINGLE VINEYARD
Tannat 2017
$$$$$ | CERRO CHAPEU | **13°**

Trata-se de uma seleção de um lote de um hectare, plantado na parte mais alta e com solos mais avermelhados, embora sempre arenosos, na proprie-dade da vinícola em Cerro Chapeu. É um vinhedo clonal, um dos primeiros clones livres de vírus que chegou ao Uruguai em meados da década de 1970. Este em particular foi plantado há 40 anos. Esta é a segunda safra (a primeira foi em 2016) e foram feitas pouco mais de 4.600 garrafas. O vinho precisa de tempo na adega. Ele ainda é jovem, fechado em si mesmo. Decantado uma hora antes, mal revela seus intensos sabores de frutas em meio a taninos firmes e monolíticos. Aguarde pelo menos cinco anos na garrafa para ganhar complexidade e se expressar muito mais.

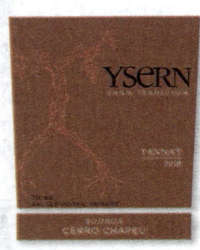

94 YSERN GRAN TRADICIÓN
Tannat 2018
$$$$ | CERRO CHAPEU | **13°**

É a primeira vez que a Gran Tradición não inclui uvas de Melilla, mas vem cem por cento de duas parcelas clonais de Tannat, plantadas há cerca de 30 anos na região de Cerro Chapeu, em Rivera, ao norte do Uruguai, na fronteira com Brasil. Depois de 18 meses em barricas (30% delas de carva-lho novo), este vinho é uma criança e tem um longo caminho a percorrer. Ele se sente fechado em si mesmo, mostrando muito pouco. Mas é questão de tempo. Percebe-se no fundo uma forte carga frutada num corpo médio, com taninos muito finos e ao mesmo tempo muito vivos. A acidez é inten-sa, acentuada. Guarde-o por cerca de três a quatro anos.

93 1752 GRAN TRADICIÓN
Petit Manseng, Viognier 2019
$$$$ | MONTEVIDÉU | **14°**

Esta mistura de 90% Petit Manseng e 10% Viognier vem de solos argi-losos e calcários da área de Melilla em Canelones. De lá, a vinícola leva essas uvas até Cerro Chapeu, em uma viagem que dura toda a noite, cerca de 500 quilômetros, para vinificá-las nas instalações da vinícola em Cerro Chapeu, na fronteira com o Brasil. 50% do vinho fermenta e envelhece em barricas durante seis meses; o resto ficou em tanques. Com 14 graus de álcool, este vinho é um doce de frutas maduras; é um vinho amplo, com acidez firme, mas com textura suculenta. Os sabores doces de frutas brancas se misturam com notas de especiarias. Para carne de porco com molho agridoce.

92 SUST VINTAGE BRUT NATURE
Chardonnay, Pinot Noir 2016
$$ | CERRO CHAPEU | **13.5°**

Este é um blend de 60% Chardonnay e 40% Pinot Noir, todos provenientes de vinhedos da região de Cerro Chapeu, no norte do Uruguai. É produzido pelo método tradicional de segunda fermentação em garrafa e está em contato com as borras há dois anos. Apesar deste contato prolongado, o vinho mostra um estilo frutado marcado, com leves toques cítricos em meio a notas herbáceas. A borbulha é muito macia, mas a acidez é firme e afiada. Um dos espumantes que você não pode deixar de provar ao visitar o Uruguai, principalmente com peixes fritos.

91 CERRO CHAPEU RESERVA
Tannat 2019
$$ | CERRO CHAPEU | **13°**

Um Tannat maduro com sabores suculentos, com destaque para especiarias e frutos secos. Na boca apresenta uma acidez firme, que contrasta definitivamente com os sabores suculentos e amplos de fruta negra. É um vinho simples e direto, um bom exemplo de clima quente em Cerro Chapeu, ao norte do Uruguai.

91 CERRO CHAPEU RESERVA SUR LIE
Sauvignon Blanc 2020
$$ | CERRO CHAPEU | **13°**

Este **Sur Lie** vem de vinhedos de cerca de 30 anos na área de Cerro Chapeu, ao norte do Uruguai, na fronteira com o Brasil. É envelhecido em aço sobre as suas borras durante seis meses (daí o seu nome) e o resultado é um branco herbáceo, com detalhes citrinos num corpo leve, muito fresco graças a uma acidez que parece ter um toque afiado. O branco ideal para frutos do mar.

90 CERRO CHAPEU RESERVA
Pinot Noir 2019
$$ | CERRO CHAPEU | **13°**

Dos solos arenosos de Cerro Chapeu, no norte do Uruguai, este é um Pinot simples, suculento, cheio de frutas vermelhas e notas florais. Um Pinot de corpo leve, rico em intensidade e sabores a frutas vermelhas acompanhados por uma acidez firme e crocante. Este é o vinho de que você precisa para um crudo.

OUTROS VINHOS SELECIONADOS
88 | CASTEL PUJOL ALTOS Chardonnay 2020 | Cerro Chapeu | 12.5° | **$**
88 | CASTEL PUJOL ALTOS ROSÉ SAIGNÉE Tannat 2020 | Cerro Chapeu | 13° | **$**
88 | CERRO CHAPEU RESERVA Chardonnay 2020 | Cerro Chapeu | 13° | **$$**
88 | CERRO CHAPEU RESERVA Nebbiolo 2018 | Cerro Chapeu | 13° | **$$**

Cerro del Toro.

PROPRIETÁRIO Familia Kambara
ENÓLOGO Martín Viggiano
WEB www.cerrodeltoro.uy
RECEBE VISITAS Sim

• **PROPRIETÁRIO** Takao Kambara

[**A FAMÍLIA** Kambara possui estaleiros no Japão e, expandindo seus negócios, instalou-se no Uruguai há cerca de 45 anos. O sonho de Makoto Kambara era fazer vinho, um sonho que seu filho Takao viria a realizar, aproveitando uma propriedade de 800 hectares na baía de Maldonado, que até então não tinha uso. Em 2016, ajudados por Álvaro Lorenzo (sócio de Alto La Ballena), o enólogo Martín Biggiano e o viticultor Fernando Scalabrini, começaram a plantar dez hectares a cerca de dois quilômetros do mar naquela que é a mais atlântica das vinhas do Uruguai. 2018 foi a primeira safra e hoje já estão com 28 hectares em produção.] **IMPORTADOR:** BR: www.azumakirincompany.com.br

94 CERRO DEL TORO SOBRE LÍAS
Albariño 2020
$$$ | MALDONADO | **13°**

Este Albariño vem da seleção de uma parcela que produz apenas dois mil litros por ano (um quarto de hectare), plantada em 2016 junto a um riacho, em solos muito pobres e pedregosos, de frente para o Atlântico, a dois quilômetros de distância. É um local muito frio, que recebe a brisa diretamente do mar, e que se faz muito sentido aqui, principalmente do lado salino que oferece essa brisa. Mas há também o trabalho com as borras, contato que durou nove meses. Isso lhe confere uma dimensão muito diferente e acrescenta aromas de leveduras, ao mesmo tempo em que equilibra a acidez férrea do mar com uma textura muito mais oleosa e amigável. O Albariño no Uruguai já mostra seu potencial há muito tempo; dos tempos de Bouza aos excelentes resultados da Garzón. Nesta pequena mas crescente comunidade de produtores de Albariño, Cerros del Toro e este exemplar da variedade devem definitivamente ser adicionados.

93 CERRO DEL TORO
Albariño 2020
$$ | MALDONADO | **13°**

Esta é uma seleção de vinhedos, plantados em 2016 nas encostas voltadas para o sudeste, diretamente para o Atlântico, em um dos setores mais frios da propriedade Cerro del Toro, em Piriápolis. O vinho tem acidez elevada e frutas cítricas, embora o ano quente também tenha feito que aqui, por exemplo, haja quase 13 graus de álcool, quando o normal é um grau a menos. No entanto, em vez de parecer mais pesado, parece mais profundo; é como aumentar o nível do baixo em uma música. A acidez permite que isso aconteça, proporcionando equilíbrio em um vinho que é um suco de limão para adultos.

93 RESERVA
Chardonnay 2020
$$ | MALDONADO | **13°**

A força do local, os aromas salinos, a acidez firme e os tons herbáceos que se manifestam num corpo leve, mas ao mesmo tempo de grande tensão. É profundo em sabores frutados, enquanto o lado salino continua a se mostrar em todo o paladar. Um Chardonnay com muito carácter, com tensão e aquela acidez que aqui faz quase tudo pelo frescor. Sem passar pela madeira, esta é uma amostra clara do lugar.

93 RESERVA
Merlot 2019
$$ | MALDONADO | **13°**

Trata-se de um misto de dois lotes, um no setor norte (local mais abrigado da influência marinha) e outro mais exposto ao mar, virado para o Atlântico. O blend de 2.000 litros e, entre eles, 300 litros de uma barrica de madeira de segundo uso, dá um Merlot suculento, com suaves toques salgados (como todos os vinhos da casa) e uma camada de sabores frutados. Possui toques especiados e florais, mas também muitas notas de ervas. A textura é tensa, feita de taninos firmes e vivos e aquela acidez que vem do frio e transforma tudo, deixando-o muito mais crocante.

93 RESERVA
Tannat 2019
$$ | MALDONADO | **14°**

Trata-se de uma seleção de parcelas, todas voltadas para o norte, mais protegidas do mar, distantes a pouco mais de dois quilômetros neste caso. 40% do vinho estagiou em carvalho, onde também teve a sua fermentação malolática. Este é um Tannat atípico no cenário vinícola uruguaio. Com um ano de maturação, embora não seja particularmente fresco, apresenta aromas florais e especiados. É um tinto com notas salgadas que se espalham pelo paladar. E isso não é comum no Tannat uruguaio, embora seja normal nos vinhedos jovens (plantados em 2016) de Cerro del Toro, às margens da baía de Maldonado.

93 SINGULAR FÓSILES DE MAR
Chardonnay 2020
$$$ | MALDONADO | **13°**

Este Chardonnay vem de uma das parcelas mais próximas do mar, a cerca de dois quilômetros de distância, no setor sul do vinhedo de Cerro del Toro. Foi plantada em 2016 em solos argilosos e de pedra, com um pouco de cal em profundidade. A produção total foi de dois mil litros, metade dos quais fermentados em barricas usadas, todas sem leveduras selecionadas. O vinho é fruta e sal. Os sabores e aromas são uma reminiscência de limão e iodo; o corpo é denso, suculento, mas ao mesmo tempo marcado por uma acidez que também parece salina, forte, especiada, ajudando os sabores a se projetarem até o final do paladar, deixando uma sensação suculenta e frutada. Um vinho que deve permanecer na garrafa durante pelo menos quatro a cinco anos.

92 CERRO DEL TORO
Tannat 2019
$$ | MALDONADO | **14°**

Trata-se de uma excelente relação qualidade-preço, um Tannat de um vinhedo a cerca de dois quilômetros do mar, nas encostas de Piriápolis, uma área muito fresca da Baía de Maldonado. Sem envelhecimento em madeira, oferece tons florais e frutados num corpo tenso, com os taninos clássicos da casta, afiados e pungentes, e a sensação de grande corpo, aqui contida por uma acidez que vem do clima e consegue moderar tudo em seu caminho. Uma excelente amostra de Tannat marinho no Uruguai.

OUTRO VINHO SELECIONADO
89 | CERRO DEL TORO Pinot Noir 2020 | Maldonado | 13.5° | **$$**

De Lucca.

PROPRIETÁRIO Familia De Lucca
ENÓLOGO Reinaldo de Lucca
WEB www.deluccawines.com
RECEBE VISITAS Sim

• PROPRIETÁRIOS & ENÓLOGOS
Reinaldo & Agostina de Lucca

[**REINALDO DE LUCCA** é uma personagem do mundo do vinho uruguaio. Um tanto iconoclasta, sempre direto em suas opiniões e também um enólogo que não faz julgamentos diante de seu trabalho, De Lucca tem sua vinícola na região de El Colorado, em Canelones. Tem cerca de 40 hectares lá, com algumas vinhas com mais de 30 anos. Sua produção total é de cerca de 400 mil litros, sendo metade embalada em garrafas de 750 ml e o restante a granel. Nos vinhos, o forte aqui são os tintos, com destaque para o Tannat.] **IMPORTADOR:** BR: Premium

94 RÍO COLORADO
Tannat, Merlot, Cabernet Sauvignon 2018
$$$$$ | CANELONES | 13.5°

Este é o clássico blend de 40% Tannat, 40% Cabernet Sauvignon e o resto de Merlot que De Lucca tem feito apenas nas melhores safras, sendo o inaugural em 2000, sempre dos mesmos lotes na propriedade da vinícola em Colorado, Canelones. Estagiou 18 meses em barricas, é um vinho da velha escola, um clássico de Canelones com a sua estrutura tânica firme, acidez pronunciada, aromas bastante tímidos e força de boca; frutas vermelhas maduras, sensação de um tinto monolítico, austero, quase monástico.

94 TANO
Tannat 2020
$$ | CANELONES | 14°

Elaborado de forma totalmente natural, com suas leveduras nativas e sem adição de sulfitos em nenhuma parte do processo, é um delicioso e concentrado suco de Tannat proveniente de vinhedos com cerca de 30 anos, plantados na região de Canelones. É profundo nos sabores, com uma acidez que brilha em todo o paladar e também com taninos que, embora sejam firmes e vivos, não têm o contorno de muitos dos tradicionais Tannats de Canelones. Toda essa densidade está na acidez e nos taninos. Um vinho límpido, frutado e transparente.

93 FINCA ANTONELLA
Syrah 2020
$$ | CANELONES | 13.5°

Com cerca de seis meses de envelhecimento em barricas, esta é a pura expressão da casta. É suculento, fresco, com uma textura muito amigável, com taninos redondos e muitas frutas vermelhas e maduras. A vinha para este Syrah tem cerca de 35 anos e já produz aquela fruta profunda de uma vinha mais velha, e isso se faz sentir aqui. Os sabores têm profundidade, mas também uma acidez que oferece muito frescor.

92 RESERVE
Tannat 2019
$$ | CANELONES | 14°

Há um certo caráter terroso neste Tannat da área do Colorado em Canelones. Estagiou 12 meses em barricas de carvalho usadas, apresenta a textura firme da casta e aromas a flores e frutas vermelhas maduras. Os taninos e a acidez compõem uma estrutura tensa, rodeada por aqueles aromas e sabores terrosos que lhe conferem uma certa austeridade, que o afastam do meramente frutado. Um vinho com uma relação qualidade-preço impressionante.

91 VINO NARANJA
Marsanne 2020
$$ | CANELONES | 11.5°

Esta é a primeira experiência com vinho laranja de De Lucca. É feito cem por cento com Marsanne bem amadurecida, macerada e fermentada com suas peles por cerca de 20 dias, e depois envelhecida em barricas usadas por cerca de seis meses antes de ir para a garrafa. O resultado é um vinho perfumado e suculento com sabores ricos de laranjas confitadas num corpo potente e firme, com um ligeiro amargor final.

90 MARSANNE
Marsanne 2020
$ | CANELONES | 13°

Uma versão muito cremosa da Marsanne, apresenta aromas e sabores florais e notas de especiarias doces. É suculento e cremoso, com sabores de frutas maduras em primeiro plano e boa acidez para equilibrar.

OUTROS VINHOS SELECIONADOS

89 | FINCA AGOSTINA Pinot Noir 2020 | Canelones | 12.6° | **$$**
88 | DE LUCCA Sauvignon Blanc 2020 | Canelones | 13° | **$**
88 | ROSE UP Sangiovese 2020 | Canelones | 13.5° | **$**

El Capricho Winery.

PROPRIETÁRIOS Dirk Reinicke & Paul Savio
ENÓLOGO Javier Alegresa
WEB www.elcaprichowinery.com
RECEBE VISITAS Não

• **PROPRIETÁRIOS**
Paul Savio & Dirk Reinicke

[**O ALEMÃO** Dirk Reinicke e o italiano Paul Savio são amigos e sempre sonharam em ter sua própria vinícola. Em 2015, esse sonho se tornou realidade com a primeira colheita de um vinhedo na área de Durazno, plantado em 2003. Atualmente, eles possuem sete hectares de vinhedos em um campo de 200 na área de Villa del Carmen. Javier Alegresa é o enólogo e hoje produz cerca de 50 mil garrafas.] **IMPORTADOR:** BR: www.lacharbonnade.com.br

94 AGUARÁ TANNAT
Tannat 2018
$$$$$ | DURAZNO | 14°

Esta é uma seleção das melhores vinhas de Tannat, de 1,5 hectare que El Capricho possui na região de Durazno, em direção ao interior do Uruguai, e longe da influência fria do Atlântico ou do Río de la Plata. O vinho estagia 18 meses em barricas novas e depois dois anos em garrafa. Esta já é a terceira versão, sendo a primeira em 2015. Este novo Tannat tem muita força, muita concentração e muita maturidade, mas também uma boa carga de taninos e acidez para atingir o equilíbrio. Vai ganhar complexidade com quatro a cinco anos na garrafa.

93 EL CAPRICHO RESERVE
Tannat, Cabernet Sauvignon 2018
$$ | DURAZNO | 13°

Este blend contém 50% de Tannat e 50% de Cabernet Sauvignon, todos provenientes de vinhedos com cerca de 15 anos plantados na região de Durazno, em direção ao interior do Uruguai. 80% do volume do vinho estagiou em barricas usadas de carvalho francês e americano durante 12 meses. O Cabernet predomina aqui, tanto no nariz como na boca. Os aromas mentolados e herbáceos da variedade são claramente exibidos acima das frutas vermelhas e tons sutilmente florais do Tannat. Este tem corpo, tem muita pegada, dá para sentir a sua acidez e os seus taninos. Vá para o cordeiro.

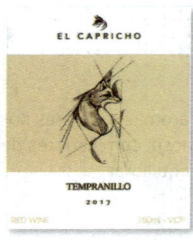

92 EL CAPRICHO RESERVE
Tempranillo 2017
$$ | DURAZNO | 13°

Em El Capricho eles obtêm vinhos muito frescos e vivos de um lugar quente como Durazno. Protegendo os cachos do sol e colhendo cedo (e reduzindo a barrica nova), eles estão conseguindo uma nova interpretação daquela área em direção ao interior do Uruguai, longe das influências frias do Río de la Plata ou do Atlântico. Este Tempranillo tem um delicioso caráter frutado, rico em notas terrosas e frutas vermelhas; é suculento e com taninos firmes.

91 EL CAPRICHO TANNAT BLEND
Tannat, Cabernet Sauvignon, Tempranillo 2019
$$ | DURAZNO | 13°

Tudo proveniente de vinhedos da região de Durazno, é um blend de 50% Tannat, 25% Cabernet Sauvignon e 25% Tempranillo, todos fermentados em aço e sem passagem pela madeira. É um tinto suculento, de textura firme, com notas especiadas e florais a meio de um corpo médio, com muito boa acidez. Um tinto refrescante.

90 EL CAPRICHO PINOT NOIR
Pinot Noir 2020
$$ | DURAZNO | 13.5°

Dos vinhedos plantados nas encostas suaves de Durazno, no interior do Uruguai, esta é uma área quente, por isso é surpreendente como a fruta se sinta fresca neste Pinot. Colhido precocemente, é uma boa expressão de Pinot, terroso, frutado, rico em taninos firmes e ideal para hambúrgueres.

90 EL CAPRICHO ROSÉ
Tannat 2020
$$ | DURAZNO | 12.5°

Este rosé é feito com o suco de Tannat drenado que vai para o tinto ou o que é conhecido como "sangrado". Não tem barrica e é pura fruta vermelha madura que se sente na boca com uma certa suculência, uma maturação de uma certa doçura que se expande generosamente. Beba bem gelado com pizza.

OUTROS VINHOS SELECIONADOS
89 | EL CAPRICHO Verdejo 2020 | Durazno | 12.5° | **$$**
89 | SAVRE Cabernet Sauvignon 2019 | Durazno | 13° | **$**
89 | SAVRE Merlot 2020 | Durazno | 12.5° | **$**

Establecimiento Juanicó

PROPRIETÁRIO Fernando Deicas

ENÓLOGOS Adriana Gutiérrez & Santiago Deicas

WEB www.familiadeicas.com

RECEBE VISITAS Sim

· **PROPRIETÁRIO & ENÓLOGO**
Fernando & Santiago Deicas

[**A ORIGEM** do Establecimiento Juanicó remonta a 1830, quando Dom Francisco Juanicó instalou uma vinícola na zona centro-oeste do Departamento de Canelones, até então dedicada à pecuária. Depois de passar por diversos proprietários, em 1979 a empresa foi finalmente adquirida pela família Deicas, que a estabeleceu como uma das vinícolas mais influentes do Uruguai. Em 2010, ao agrupar seus vinhos mais ambiciosos sob uma nova marca, Bodega Família Deicas, Establecimiento Juanicó passou a se concentrar quase que exclusivamente na marca Don Pascual, cuja produção anual é grande, 1,5 milhão de garrafas.]

IMPORTADOR: BR: www.interfood.com.br

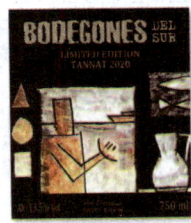

94 BODEGONES DEL SUR LIMITED EDITION
Tannat 2020
$$ | CANELONES | 12.5°

Esta é uma seleção de vinhas da zona de Progreso, com solos ricos em argilas e cal, onde o Tannat mostra uma das suas faces mais interessantes, sobretudo ao nível dos taninos que, graças à cal, parecem verticais, vivos, firmes, vivos. Este vinho é construído a partir destes taninos, mas também é decorado com frutas vermelhas e flores, notas terrosas que se manifestam na boca, aliadas a uma acidez que brilha. Sem envelhecimento em barricas, é uma expressão pura e cristalina do clássico Tannat uruguaio.

92 BODEGONES DEL SUR LIMITED EDITION
Viognier 2020
$$ | SUL DO URUGUAI | 14°

O Viognier é uma variedade complicada, muito tânica, muito amarga, e a maturidade (e o não queimar a casca das uvas) e a extração são uma questão. Em Juanicó foram incentivados a proteger os cachos do sol e a colher mais cedo, em busca de um branco mais simples, mas com maior caráter varietal. Este cheira a pêssegos maduros, damascos, frutas brancas doces em um corpo suculento e expansivo. Um vinho para caranguejo.

92 DON PASCUAL COASTAL
Tannat 2020
$$ | SUL DO URUGUAI | 14°

Esta é uma seleção de vinhedos próximos ao Atlântico, a menos de 30 quilômetros, em áreas como San José ou Maldonado. Sem envelhecer em madeira, este vinho é um excelente exemplo de uma nova onda de Tannat que aposta em oferecer muito mais fruta, menos austeridade, mais suculência. Aqui há acidez, taninos firmes, mas nada exagerado. Um tinto para beber e beber e matar a sede, ou acompanhar um churrasco. A porta de entrada perfeita para começar a aprender sobre o Tannat costeiro que é a nova cara da uva na América do Sul.

92 DON PASCUAL RESERVE
Tannat 2020
$ | SUL DO URUGUAI | 13°

Uma das interpretações mais claras de Tannat, este tem a cota perfeita de flores e frutas no nariz. Na boca é suculento, mas ao mesmo tempo muito fresco, com uma acidez nítida e crocante. Não é envelhecido em barricas (apesar do nome Reserva), o que aumenta a sensação de frescor, de fruta. Os taninos são firmes, assim como o DNA da variedade, e a acidez é uma flecha que se projeta ao final do paladar. Um Tannat para aprender, esse vem de diferentes áreas, especialmente Juanicó, Progreso e Mahoma.

91 BODEGONES DEL SUR
Tannat 2020
$ | URUGUAI | 12.5°

Um suco de Tannat à base de frutas de Juanicó e Progreso, duas áreas clássicas de Canelones. É um novo estilo de Tannat, muito mais acessível e frutado, menos tânico (embora tenha taninos bem presentes) e com uma acidez que acrescenta aquela sensação de suculência. Sem envelhecer em madeira, serve para beber com embutidos.

91 BODEGONES DEL SUR LIMITED EDITION
Cabernet Franc 2020
$$ | SAN JOSÉ | 13.5°

Cem por cento dos vinhedos de Mahoma, este é um Cabernet Franc focado em frutas vermelhas maduras. Num ano que se caracterizou por temperaturas altas a partir de fevereiro, e com poucas chuvas, é especialmente fresco, com muito boa acidez e taninos firmes que sustentam aquela estrutura tensa e nervosa.

91 DON PASCUAL CRIANZA EN ROBLE
Tannat 2019
$$ | JUANICÓ | 13°

Envelhecido durante nove meses em barricas, sendo a maior parte de segundo uso, este Tannat é um tinto de velha escola, com forte acento nas notas especiadas da madeira, mas também nos aromas e sabores herbáceos. Na boca é austero e um pouco tânico, embora ao mesmo tempo tenha uma acidez suculenta que o torna muito mais acessível. Um tinto para o bife.

90 BODEGONES DEL SUR
Sauvignon Blanc 2020
$ | SUL DO URUGUAI | 12°

Baseado nas vinhas de Juanicó, em Canelones, é um Sauvignon fresco e frutado, de corpo leve, muito rico em texturas e sabores herbáceos. Ideal para peixes fritos.

90 DON PASCUAL BIVARIETAL
Malbec, Marselan 2020
$ | JUANICÓ | 13°

Trata-se de um blend de 60% de Malbec (um clone do Malbec que vem da França e costuma ser mais tânico que o normal na variedade, principalmente na Argentina) mais 40% de Marselan, todos provenientes de vinhedos da região de Canelones, nos arredores de Montevidéu. É um suco de fruta vermelha, muito fácil de beber e ideal para assados, principalmente por ter textura para carne.

90 DON PASCUAL COASTAL WHITE
Albariño, Chardonnay, Verdejo 2020
$ | SUL DO URUGUAI | 13°

Este é uma tremenda relação preço-qualidade. Um blend à base de Albariño (40%) mais Chardonnay e Verdejo, tem notas de frutas brancas maduras, que contrastam com o corpo tenso e a acidez suculenta de um branco que parece idealizado para peixes e crustáceos provenientes do litoral.

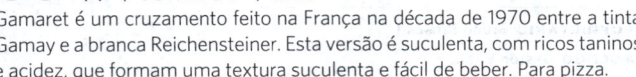

90 DON PASCUAL ORGÁNICO
Gamaret 2019
$$ | J U A N I C Ó | **12.5°**

Gamaret é um cruzamento feito na França na década de 1970 entre a tinta Gamay e a branca Reichensteiner. Esta versão é suculenta, com ricos taninos e acidez, que formam uma textura suculenta e fácil de beber. Para pizza.

90 DON PASCUAL RED BLEND
C. Franc, Marselan, Merlot, C. Sauvignon, Tannat 2020
$ | S U L   D O   U R U G U A I | **13°**

Trata-se de um multivarietal (à base de Cabernet Sauvignon) focado em frutas, todas vermelhas, maduras, de frescor radiante. Na boca tem taninos que são doces, mas a acidez - e mais uma vez os sabores frutados - ajuda o equilíbrio, num tinto fácil de beber e que é o companheiro perfeito para um churrasco no parque.

90 DON PASCUAL RESERVE
Marselan 2020
$ | S U L   D O   U R U G U A I | **13.5°**

Este Marselan vem principalmente da zona de Juanicó e El Carmen, esta última na zona de Durazno, um lugar quente no interior do Uruguai. Este vinho não envelhece em barricas, centra-se apenas nos sabores da fruta da casta (um cruzamento entre Grenache e Cabernet Sauvignon), muito popular no Uruguai. Aqui estão frutas vermelhas maduras em um corpo suculento. Perfeito agora com embutidos.

90 DON PASCUAL ROSÉ FRANC
Cabernet Franc 2020
$ | J U A N I C Ó | **12.5°**

Com base nas uvas Cabernet Franc de Juanicó e Mahoma, este rosé vem de cachos diretamente prensados. O curto tempo de contato da pele com o suco naquela prensa é o que confere a cor suave de pele cebola que ela oferece. O resto são aromas e sabores frutados, como um suco de cereja ácida em um rosé para beber por litros.

90 DON PASCUAL VARIETAL
Tannat 2020
$ | J U A N I C Ó | **13.5°**

Para começar a entender o Tannat, oferece um lado muito fresco e muito frutado da variedade. Tem taninos, ditados pelo DNA da casta, mas também uma acidez muito boa e sabores ricos de fruta num daqueles vinhos que convidam a continuar a beber, principalmente a uma temperatura mais baixa. Quase um Tannat para matar a sede, cada vez mais presentes no Uruguai.

OUTRO VINHO SELECIONADO

87 | DON PASCUAL BRUT BLANC DE BLANCS Sauvignon Blanc, Sauvignon Gris 2020
Juanicó | 12.5° | **$**

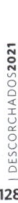

Familia Bresesti.

PROPRIETÁRIO Bruno Bresesti
ENÓLOGO Gastón Vitale
WEB www.bodegabresesti.com
RECEBE VISITAS Sim

• **PROPRIETÁRIO** Bruno Bresesti

[**ESTA VINÍCOLA,** fundada en 1937 por imigrantes italianos, era voltada principalmente para vinhos de mesa até que, promovida por Carlos Bresesti, terceira geração no Uruguai, passou a produzir vinhos de maior ambição. Todos os seus rótulos vêm de suas próprias uvas de 15 hectares plantados em Las Violetas, a famosa e clássica área de Canelones. A vinícola produz cerca de 60 mil garrafas por ano.] **IMPORTADOR:** BR: www.mywinery.com.br

93 FAMILIA BRESESTI SUR LIE
Sauvignon Blanc 2020
$ $ | CANELONES | **12.5°**

Para este Sauvignon, Bresesti obtém uvas de um vinhedo com 20 anos de idade na tradicional região de Las Violetas, no departamento de Canelones, nos arredores de Montevidéu. O vinho permanece por cerca de seis meses sobre suas borras em recipientes de concreto. Engarrafado sem filtrar - daí o seu aspecto turvo - é um branco com muito boa boca, acidez firme e algo cítrica, sabores a fruta madura e uma textura quase cremosa, o que pode dever-se ao longo tempo nas suas borras. Um branco para um ensopado de mariscos.

93 PEQUEÑAS COLECCIONES
Cabernet Franc 2018
$ $ | CANELONES | **13.5°**

Este é um vinho de vinhas velhas, com cerca de 40 anos, da propriedade da família Bresesti em Las Violetas, Canelones. Estagiado em aduelas de carvalho em tanques de concreto, possui uma pura expressão de variedade. Ao contrário do Cabernet Sauvignon, onde o efeito da madeira é mais evidente, aqui surgem notas de ervas e frutas vermelhas num vinho muito fácil de beber, mas que ao mesmo tempo apresenta uma textura tensa e uma acidez acentuada que sugere carnes. Um bom exemplo da uva.

92 PEQUEÑAS COLECCIONES
Tannat 2018
$ $ | CANELONES | **14°**

A linha **Pequeñas Colecciones** é baseada em vinhos envelhecidos em cimento, com aduelas de carvalho. Em alguns casos, como o Cabernet Sauvignon, o carvalho tende a ganhar destaque, mas em outros, como o Cabernet Franc ou este Tannat, a fruta é o predominante. Aqui encontram-se flores e frutas vermelhas maduras em meio a um corpo que, como a variedade dita, tem taninos firmes e vigorosos e uma acidez que ilumina os sabores.

90 PEQUEÑAS COLECCIONES
Arinarnoa 2018
$ $ | CANELONES | **13.5°**

Arinarnoa é um cruzamento entre Cabernet Sauvignon e Tannat, ou seja, uma variedade que possui muita força de tanino e também herda a acidez de ambas as uvas. Neste caso, a madeira (é estagiado em cimento com aduelas de carvalho) tem um papel importante, mas também tem muita fruta - é suculenta - e a textura é firme, viva.

90 SIN MADERA
Arinarnoa, Tannat 2019
$$ | CANELONES | 14°

Com 60% de Arinarnoa e 40% de Tannat, este tinto tem caráter de frutas confitadas, caramelizadas e notas de especiarias. Na boca é intenso, fruto da união de duas castas tânicas, por isso procure um bom assado para o acompanhar.

OUTRO VINHO SELECIONADO
88 | PEQUEÑAS COLECCIONES Cabernet Sauvignon 2018 | Canelones | 13° | $$

Familia Dardanelli.

PROPRIETÁRIA Alba Dardanelli
ENÓLOGO Bruno Noble
WEB www.familiadardanelli.com.uy
RECEBE VISITAS Sim

• **PROPRIETÁRIAS** Alba Dardanelli & Eliana Comesaña Dardanelli

[**A FAMÍLIA** Dardanelli produz vinhos desde 1949, quando Constante Dardanelli, do Piemonte, começou a fazê-los em San Martín, hoje absorvido pela cidade de Montevidéu. Mais tarde mudou-se para Las Violetas, onde ainda hoje reside a base dos seus melhores vinhos. Atualmente têm cerca de 30 hectares, mas compram uvas de terceiros com os quais produzem mais ou menos três milhões de litros, quase o total para "vinhos de mesa". Com seus 30 hectares fazem, desde 2012, os vinhos que rotulam com o nome da família.]

91 DINO DARDANELLI
Tannat 2020
$ | CANELONES | 12.2°

Este vinho de surpreendente relação preço-qualidade, provém de vinhedos de cerca de 30 anos, plantados nos solos de argilas e cal de Las Violetas, uma das áreas mais clássicas do Tannat uruguaio no departamento de Canelones, nos arredores de Montevidéu. Sem envelhecimento em barricas, é uma fotografia nítida do Tannat local, com os seus aromas tímidos a frutas vermelhas maduras e flores, mas com forte presença de taninos, aquela textura monolítica, austera e monástica que o Tannat oferece em solos ricos em cal. É um vinho tremendo em tamanho, mas ao mesmo tempo tenso e fresco. Uma verdadeira pechincha.

91 RESERVA FAMILIAR
Marselan 2020
$$ | CANELONES | 15.2°

Uma visão selvagem de Marselan, este cruzamento entre Cabernet Sauvignon e Garnacha tem muitos seguidores entre os produtores uruguaios. Com quatro meses em barricas americanas de primeiro uso, e com um álcool acima de 15 que fala do calor do ano, este é um Marselan monumental, intenso, suculento em frutas vermelhas, mas ao mesmo tempo acompanhado de uma acidez que faz o titânico trabalho de equilibrar. E consegue.

90 CEPA ÚNICA
Marselan 2020
$$ | CANELONES | 13.5°

Este cruzamento de Grenache com Cabernet Sauvignon é uma variedade que tem dado bons resultados no clima úmido de Canelones. Num ano

Familia Dardanelli.

seco, atípico, mostra o seu lado maduro, com muitas frutas vermelhas doces num corpo onde se sente aquela maturidade de sabores, mas esse corpo também é bem marcado por uma acidez firme.

OUTRO VINHO SELECIONADO
88 | ROSÉ RESERVA FAMILIAR Tannat 2020 | Uruguai | 12.8° | $

Familia Deicas.

PROPRIETÁRIO Fernando Deicas
ENÓLOGOS Adriana Gutiérrez & Santiago Deicas
WEB www.familiadeicas.com
RECEBE VISITAS Sim

· PROPRIETÁRIO & ENÓLOGO
Fernando & Santiago Deicas

[**A FAMÍLIA** Deicas, dona da vinícola Juanicó, uma das principais do Uruguai, decidiu em 2010 separar alguns vinhos de seu catálogo e agrupá-los em um novo projeto: Bodega Família Deicas. Ali recolheram os seus vinhos mais ambiciosos, os que expressam com mais fidelidade os seus diversos vinhedos, como os que têm em Garzón, junto ao mar, ou os que crescem nos solos graníticos da Sierra de Mahoma, em San José. A vinícola foi instalada na zona de Progreso, em Canelones, onde se remodelou uma antiga casa familiar denominada Domaine Castelar, rodeada de vinhas. À frente do grupo de vinhos formado pelas vinícolas Familia Deicas, Juanicó e Pueblo del Sol está Fernando Deicas. Na aventura, ele é acompanhado por seu filho, o entusiasta Santiago Deicas, integrante da terceira geração desta família de enólogos. Este projeto específico produz cerca de 200 mil garrafas anualmente.]
IMPORTADOR: BR: www.interfood.com.br

97 EXTREME VINEYARDS SUELO INVERTIDO
Tannat 2019
$$$ | CANELONES | 14°

Este é mais um experimento de Deicas, mexendo ou revolvendo os solos de seus vinhedos. Neste caso, o solo foi revirado para deixar a parte espessa da raiz da planta em contato com um solo revirado com teor de calcário muito maior. Depois de revirar o solo, eles plantaram o vinhedo em 2004 em alta densidade, com 10.000 plantas por hectare, mais que o dobro do usual no Uruguai (e na América do Sul). Este é o protótipo do Tannat em Canelones, especialmente plantado em solos calcários e argilosos que conferem austeridade, ligeiros aromas florais e frutados, mas sobretudo uma textura firme, monolítica, séria, austera a nível monástico. Um vinho profundo e intenso, com uma textura a giz e ao mesmo tempo com uma camada de frutas vermelhas maduras que amortece, de certa forma, o efeito sério e rígido desses taninos. Um vinho para beber agora e entender porque não devemos esquecer o clássico Tannat uruguaio. Os novos Tannat atlânticos nos deram muito prazer em Descorchados, mas esta é outra coisa.

95 MASSIMO DEICAS
Tannat 2016
$$$$$ | URUGUAI | 13°

Este é um clássico do catálogo de Deicas. É produzida desde 2006 e aos poucos foi diminuindo em madeira e maturação até esta safra que se sente muito mais tensa, com mais frutas vermelhas que negras, menos frutas secas e mais flores que falam de um Tannat colhido antes, sem os exageros (em nosso julgamento) do passado. Possui 13 graus de álcool, em comparação com 14 ou 15 no passado. E isso se faz sentir num vinho que tem mais tensão, melhor acidez, menos doçura e uma sensação de fibra muito presente. Em retrospecto, este é um vinho clássico da velha escola, o típico Tannat de Canelones; aqueles Tannat de solos argilosos e calcários, austeros, duros, mas adoravelmente encantadores.

95 PRELUDIO BARREL SELECT TINTO
Tannat, Merlot, Cabernet Sauvignon, Petit Verdot 2000
$$$$$ | CANELONES | **13.5°**

Já nos anos 2000, a base dos vinhos tintos de Deicas era em Juanicó, um lugar que ainda é muito importante como fonte de uvas para o catálogo da vinícola e que está na base deste clássico, um tinto que se faz desde 1992. O estilo mantém-se inalterado, um vinho da velha escola, com dois anos em barricas, que hoje mostra aquele lado de frutas secas e carvalho tostado. A mistura inclui 44% de Tannat, 26% de Cabernet Sauvignon e franco, 21% de Merlot e o restante de Petit Verdot. Este monstrinho de garras afiadas tem dez anos mais de vida.

94 EXTREME VINEYARDS GUAZUVIRÁ
Merlot, Tannat, Petit Verdot, Viognier, Marsanne 2020
$$$ | LAS SIERRAS | **13°**

Esta é uma pequena loucura de vinhedos a cerca de 27 quilômetros do Atlântico, nos solos rochosos do Cerro Guazuvirá, em Lavalleja. É 55% Merlot, 35% Tannat e percentagens mais ou menos semelhantes das outras uvas. Tudo é cofermentado e dá um aroma muito herbáceo, como se se tratasse de um Porto Vintage muito jovem, acabado de engarrafar. Na boca é opulento, cheio de sabores frutados e maduros, mas sempre sob o controle de uma acidez limpa e bem definida, acentuada. Um desses vinhos para abrir daqui a dez anos.

94 PRELUDIO BARREL SELECT LOTE 22 BLANCO
Chardonnay, Albariño 2020
$$$$$ | JUANICÓ | **14°**

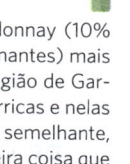

Dos vinhedos de Juanicó, em Canelones, este é 95% Chardonnay (10% desse total, com uvas colhidas muito cedo, para vinhos espumantes) mais 5% de Albariño de vinhas muito jovens, com três anos, na região de Garzón, em direção ao Baía de Maldonado. 80% fermenta em barricas e nelas envelhece oito meses, enquanto o restante passa um tempo semelhante, também com as suas borras, mas em tanques de aço. A primeira coisa que chama a atenção é a cremosidade da textura, aliada a sabores maduros e untuosos. É um branco de sabores amplos, muito suculento, de muito bom peso. Vá para ostras com creme.

94 PRELUDIO BARREL SELECT TINTO
Tannat, C. Franc, Merlot, C. Sauvignon, P. Verdot 2016
$$$$$ | CANELONES | **13.5°**

De diferentes vinhedos do Uruguai (principalmente Canelones) e um blend de 34% Merlot, 25% Tannat, 25% Cabernet Sauvignon, além de porcentagens semelhantes de Petit Verdot, Marselan e Cabernet Franc. Estagiou 22 meses em barricas, este é mais um dos clássicos de Deicas, uma vinícola que transita entre alguns dos vinhos mais vanguardistas do país e outros mais tradicionais. Este pertence ao último grupo. Um tinto austero, com frutas negras e frutas secas e algumas flores. O corpo é constituído por taninos duros e firmes, acompanhados por uma acidez forte e pungente. Para cordeiro.

Familia Deicas.

94
SINGLE VINEYARD PROGRESO
Tannat, Cabernet Franc, Touriga Nacional 2018
$$ | C A N E L O N E S | **13°**

Este blend é composto por 60% de Tannat, 30% de Cabernet Franc e o restante de Touriga Nacional, todos cofermentados, sem passar por barricas e da área de Progreso, tradicional local da viticultura uruguaia (localizada no centro de Canelones e em solos argilosos e calcários). O efeito do cal é imediatamente sentido na textura dos taninos, áspera e firme como o giz. E ainda os sabores de frutas vermelhas e ervas em meio a um corpo suculento e tenso, a prova de que a acidez fez um bom trabalho equilibrando o conjunto. Um clássico de Canelones.

94
SINGLE VINEYARD SIERRA DE MAHOMA
Cabernet Franc, Cabernet Sauvignon, Tannat 2018
$$ | S A N J O S É | **13°**

Este **Sierra de Mahoma** é baseado em 60% de Cabernet Franc, mais Tannat e Cabernet Sauvignon em percentagens semelhantes, todos provenientes de solos rochosos da área de Mahoma, no Departamento de San José, a oeste de Montevidéu. Este vinho caracteriza-se pelos seus tons iodados, quase sanguíneos. Sempre os teve, desde que a Deicas se tornou proprietária desta vinha em 2010. Esta safa volta a dar aquele tom, acompanhado por muitas frutas vermelhas maduras e especiarias doces. O corpo é firme, com acidez rígida, taninos ásperos, mas nada violentos. Um tinto cheio de personalidade.

94
SINGLE VINEYARDS LA TAHONA
Merlot, Tannat, Pinot Noir 2017
$$ | C A N E L O N E S | **14°**

Esta é uma vinha inserida num bairro privado, La Tahona, na zona de Canelones. São vinhas com cerca de dez anos, e o blend é composto por 50% Merlot, 40% Tannat e 10% Pinot Noir. Os solos são ricos em argilas e cal e isso transmite-se ao vinho nos seus taninos firmes, com alguma aspereza da textura, o clássico giz dos vinhos provenientes de solos calcários. O resto são tons terrosos e frutados num vinho que tem um toque muito velha escola, tintos muito clássicos de argila e cal de Canelones.

93
ATLÁNTICO SUR RESERVE
Tannat 2020
$$ | S U L D O U R U G U A I | **13.5°**

Essa mistura - cerca de 20 mil garrafas - vem em 40% de Progreso, 40% de Garzón e 20% de Mahoma, e não passa por barricas. E preste atenção aqui, que esta é uma das melhores relações preço-qualidade que existe na América do Sul, em tintos abaixo de US$ 15. Aqui está um trabalho sério para obter um Tannat moderno, que respeite certa austeridade da cepa, mas ainda exiba aromas florais e sabores extremamente frutados. Também mostra os taninos fortes do Tannat, embora na medida certa. O paladar é cheio de sabor. Tannat em sua versão mais suculenta e amigável, uma faceta que até pouco tempo era estranha nos vinhos uruguaios.

93
EXTREME VINEYARDS GUAZUVIRÁ
Viognier, Marsanne 2020
$$$ | U R U G U A I | **13°**

Com 80% de Viognier e o resto de Marsanne, todos cofermentados, é um branco untuoso. Os aromas movem-se entre os tons de flores e frutas brancas maduras, com notas de especiarias e doces, e o corpo é imponente. Os sabores de frutas brancas voltam a aparecer na boca e a textura é firme, quase tânica. Este vinho vem do Cerro Guazuvirá, um lugar pedregoso, de clima quente, mas acalmado pela brisa do mar atlântico, distante cerca de 27 quilômetros em linha reta.

93 OCEAN ROSÉ
Pinot Noir, Cabernet Sauvignon, Tannat, Cabernet Franc 2020
$$$ | URUGUAI | **12.5°**

Esta é uma seleção de Pinot Noir (50% da mistura) mais Cabernet Sauvignon, Tannat e Cabernet Franc de vinhedos plantados na região de Agua Verde, a cerca de oito quilômetros do mar na região de Punta del Este, a leste do Maldonado Baía. Feito com cachos prensados diretamente, é um rosado que engana. Tem o aspecto de um vinho delicado, quase frágil com aromas florais e cereja. O corpo, porém, é tenso, com muita acidez e tensão dos taninos. Os sabores ainda são frescos, mas este rosé fica na boca e mostra a sua força.

93 SINGLE VINEYARD JUANICÓ
Chardonnay 2020
$$ | JUANICÓ | **13°**

Este Chardonnay vem da região de Juanicó, no Departamento de Canelones, nos arredores de Montevidéu. Fermentado com leveduras autóctones e envelhecido 6 meses sobre as suas borras em barricas de madeira usadas, é um branco com muito bom corpo e muito boa profundidade de sabores a fruta madura. As borras são sentidas em seus tons láticos e a textura é cremosa. Um Chardonnay muito bom.

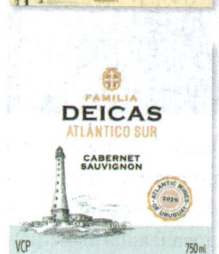

92 ATLÁNTICO SUR RESERVE
Cabernet Sauvignon 2020
$$ | URUGUAI | **13.5°**

Um exemplo claro da casta, este tem notas puras de cassis e pimenta do reino num tinto muito frutado, muito suculento e fresco, mas ao mesmo tempo com os taninos firmes da uva, emergindo à medida que o vinho se desdobra nos seus sabores no palato. A acidez ajuda a intensificar esse lado frutado. Um Cabernet que também apresenta uma excelente relação qualidade-preço. Ele vem de vinhedos em Canelones e San José, especificamente na área de Mahoma. O vinho foi fermentado em aço e não passa pela madeira, como toda a linha Atlántico Sur.

91 ATLÁNTICO SUR RESERVE
Pinot Noir 2020
$$ | CANELONES | **13.5°**

Cristalino na expressão da variedade, aqui se destacam as frutas vermelhas e ligeiros detalhes terrosos e florais. Na boca é leve, mas possui uma acidez tensa e taninos firmes que aderem fortemente ao paladar. A sensação de suculência é deliciosa em um tinto perfeito para beber no verão. Esta é uma mistura de vinhedos de Canelones, mais 10% de vinhedos da região de Agua Verde, de frente para o Atlântico em Punta del Este.

91 CASTELAR BRUT RESERVE
Pinot Noir, Pinot Meunier 2018
$$$ | CANELONES | **11.5°**

Uma pequena surpresa de sabores de frutas vermelhas e borbulhas agudas que se projetam pela boca, este blend de 85% Pinot Noir e 15% Pinot Meunier é feito com o método tradicional de segunda fermentação em garrafa e com um ano e meio de contato com as borras. Aqui a fruta manda, compre

Familia Deicas.

pelo menos uma caixa para levar nas férias de verão.

91 SINGLE VINEYARD EL CARMEN, DURAZNO
Cabernet Sauvignon, Carménère, Marselan 2018
\$\$ | D U R A Z N O | **12.5°**

Um vinho cultivado sob o clima quente de Durazno, no centro do Uruguai e longe da influência do mar e do Río de la Plata. É suculento, maduro, rico em notas doces de especiarias e taninos muito suaves. Beber agora com morcilla.

90 ATLÁNTICO SUR RESERVE
Sauvignon Blanc 2020
\$\$ | C A N E L O N E S | **13°**

Fresco e suculento, com tons herbáceos e cítricos, mas ao mesmo tempo com um fundo de frutas brancas ácidas. O corpo é leve, com acidez marcada e novamente com as notas herbáceas e frutadas dominando a cena. O branco de que precisam para o aperitivo.

OUTRO VINHO SELECIONADO
88 | CASTELAR EXTRA BRUT Chardonnay, Viognier 2018 | Canelones | 11.5° | **\$\$**

Familia Traversa.

PROPRIETÁRIO Familia Traversa
ENÓLOGO Alejandro Gatto
WEB www.grupotraversa.com.uy
RECEBE VISITAS Não

• **ENÓLOGO** Alejandro Gatto

[**TRAVERSA** atua em Montevidéu desde 1956. Fundada pelos irmãos Dante, Luis e Armando Traversa, hoje é uma das maiores vinícolas do Uruguai. Todos os anos processam cerca de 14 milhões de quilos de uvas, dos quais quatro são destinados a vinhos finos. Cerca de metade de tudo o que produzem vem de vinhedos próprios, cerca de 290 hectares, localizados principalmente em Montevidéu e Canelones.] **IMPORTADORES:** BR: www.divvino.com.br www.paodeacucar.com

92 VIÑA SALORT
Cabernet Sauvignon 2020
\$\$ | C A N E L O N E S | **13.5°**

Das vinhas plantadas em 2006 na zona de Canelones, 40% deste vinho estagia em barricas novas durante quatro meses. O resto em tanques de aço. O resultado é um vinho delicioso em todas as suas dimensões. Esperávamos que fosse mais influenciado pela madeira, mas a verdade é que se trata de fruta vermelha pura, madura e suculenta. A textura tem a acidez e os taninos fortes da casta, mas sob controle; sem agressividade. Apenas sabores frutados que se espalham pela boca distribuindo seu frescor.

91 NOBLE ALIANZA RESERVA
Cabernet Franc, Tannat, Marselan 2019
\$ | C A N E L O N E S | **13.5°**

Fresco e simples, este é o tipo de vinho que se gostaria de ter sempre à mão na hora de cozinhar e dar vontade de beber algo e também para juntar ao ensopado se precisar. Puras frutas vermelhas maduras, corpo leve e fresco, acidez crocante, sem outra ambição que agradar com suas frutas e textura firme, mas nada agressivo. Este blend contém um terço de cada uma das variedades.

90 NOBLE ALIANZA RESERVA
Cabernet Sauvignon, Tannat 2020
$ | CANELONES | 13.5°

Com 60% de Cabernet Sauvignon e o resto de Tannat, todos provenientes de vinhas com cerca de dez a 15 anos da zona de Canelones, este tem a forte presença do Cabernet e dos seus aromas herbáceos e frutados. Na textura o Tannat impera com taninos fortes, que exigem carnes grelhadas. Um vinho ideal para abrir agora com o churrasco porque está no seu momento perfeito.

90 NOBLE ALIANZA RESERVA
Marselan, Tannat, Merlot 2019
$ | CANELONES | 13.5°

Composto por um terço de cada uma das variedades, este Noble Alianza está muito em sintonia com o estilo da casa e desta linha em particular. Vinhos frescos e simples, sem maiores aspirações do que acompanhar as refeições. Este tem charme, é fácil de beber e também tem taninos suficientes para a carne.

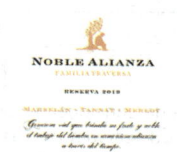

90 TRAVERSA
Tannat, Merlot 2020
$ | MONTEVIDÉU | 12.5°

Este é uma boa relação preço-qualidade. Elaborado com 60% Tannat e 40% Merlot, todos de Canelones, mostra o estilo dos vinhos da região, a sua austeridade e os taninos firmes que não aceitam concessões. As frutas são vermelhas maduras, com ligeiros toques florais e com acidez tensa e viva. Tudo se encaixa no quadro de um clássico do dia a dia, principalmente se você está pensando em carnes grelhadas ou assadas especiadas. Compre por caixa.

OUTROS VINHOS SELECIONADOS
89 | TRAVERSA ROBLE Tannat 2019 | Montevidéu | 12.5° | $
89 | VIÑA SALORT RESERVA Tannat 2019 | Canelones | 13.5° | $$
87 | VIÑA SALORT EXTRA BRUT Chardonnay, Viognier, Sauvignon Blanc 2020
    Montevidéu | 12° | $
86 | TRAVERSA ROSÉ Pinot Noir, Cabernet Franc 2020 | Uruguai | 13° | $

Filgueira.

PROPRIETÁRIO Leonardo Necchini
ENÓLOGA Melissa Barrera
WEB www.bodegafilgueira.com
RECEBE VISITAS Sim

• **ENÓLOGA** Melissa Barrera

[**A VINÍCOLA** Filgueira começou a fazer vinhos em 1999. Durante esses anos, era propriedade de José Luis Filgueira e sua esposa, Marta, ambos médicos e fãs de vinho. Em 2011 os Filgueiras venderam o imóvel para a família Necchini, brasileira de Belo Horizonte. A chegada dos novos proprietários significou também a chegada de Melissa Barrera, a enóloga responsável pela produção dos 250 mil litros por ano que vêm de 30 hectares no entorno da vinícola funcional em Paraje Cuchilla Verde, em Canelones. Do total de hectares, mais ou menos 60% correspondem à Tannat, plantada por volta de 1995.]

Filgueira.

94 FAMIGLIA NECCHINI BLEND
Cabernet Sauvignon, Merlot, Syrah, Tannat 2015
$$$$$ | CANELONES | 13.5°

O estilo deste vinho, pelo menos desde a safra de 2013, surpreendeu-nos aqui em Descorchados pela juventude dos seus aromas, pela expressividade dos seus sabores e pela fruta fresca que se sente, antes de tudo. Isso não é algo muito comum no vinho mais ambicioso de uma vinícola sul-americana. Esta mistura provém de solos argilosos da zona de Canelones e corresponde a uma seleção das melhores parcelas. Depois de um ano de envelhecimento em barricas de carvalho novas e usadas, este tinto mostra vitalidade, fruta vermelha suculenta e sabores a ervas em meio a um corpo de taninos firmes e vivos, mas não agressivos.

93 GUISEPPE DI LOMBARDIA
Tannat 2015
$$$$$ | CANELONES | 14°

De uma vinha plantada há 22 anos nos solos argilosos de Canelones, e com um ano de envelhecimento numa mistura de barricas de carvalho novas e usadas, este Tannat é suculento, generoso em frutas vermelhas maduras e toques florais muito leves. Na boca tem um corpo muito bom, marcado pelos taninos clássicos da casta, aqueles taninos firmes e agudos, mas neste caso rodeado por saborosos sabores de fruta e ervas. Um Tannat clássico da zona, mas com um toque especial no seu lado frutado, mais expressivo que o habitual.

91 PROPRIUM
Syrah 2016
$$ | CANELONES | 13.5°

A variedade Syrah não se espalhou muito no Uruguai e os poucos exemplos que existem tendem a ser um tanto concentrados. Este vai para o outro lado. Excelente relação qualidade-preço num vinho suculento e refrescante, de corpo leve, mas com taninos tensos e firmes que contrastam com uma acidez viva e crocante. Um vinho fácil de beber, principalmente se tiver uma variedade de embutidos e queijos. Já pronto para desfrutar no verão, servido mais fresco que o habitual.

OUTRO VINHO SELECIONADO
89 | PROPRIUM Cabernet Sauvignon 2017 | Canelones | 13.5° | **$$**

Garzón.

PROPRIETÁRIO Alejandro Bulgheroni
ENÓLOGO Germán Bruzzone
WEB www.bodegagarzon.com
RECEBE VISITAS Sim

• **PROPRIETÁRIO** Alejandro Bulgheroni

[**PROPRIEDADE DA** família Bulgheroni, da Argentina, este é o projeto mais ambicioso do Uruguai hoje. São 220 hectares plantados em 2008 nos solos graníticos da região de Garzón, a cerca de 18 quilômetros da costa atlântica. São colinas suaves onde esta vinícola desenvolveu o conceito de microvinhedos (0,2 hectare em média) para respeitar a topografia e também para obter uma maior diversidade de sabores de acordo com as diferentes exposições e diferenças de solos. No total, eles plantaram cerca de 12 castas, sete tintas e cinco brancas. No entanto, são o Tannat –com 67 hectares– e o Albariño –com 35 hectares– as mais importantes. No total, a vinícola tem pouco mais de dois milhões de litros de capacidade nas mais modernas instalações da América do Sul. A produção, porém, é de um milhão e meio de litros.

] **IMPORTADOR:** BR: www.worldwine.com.br

97 BALASTO
Tannat, Cabernet Franc, Merlot, Marselan 2018
$$$$$ | GARZÓN | 14°

O vinhedo de Garzón, nas encostas graníticas da zona com o mesmo nome, voltado para a baía de Maldonado, está dividido em 1.500 mini parcelas, de acordo com a cepa, mas também a sua orientação ou a riqueza ou composição das uvas. Balasto é uma seleção do que a equipe enológica de Garzón considera o melhor de toda a propriedade, uma mistura de 40% Tannat, 34% Cabernet Franc, 18% Petit Verdot, 5% Merlot e o resto de Marselan. Estagiou 18 meses em barricas, este é um vinho que se tem orientado - pelo menos nas últimas colheitas - para os sabores da fruta, para o frescor. É o vinho mais ambicioso da vinícola, mas não é o mais concentrado. Tem uma elevada percentagem de Cabernet Franc, que se faz sentir nas notas herbáceas, nas frutas vermelhas que se associam à casta. É um vinho cheio de equilíbrio, para se manter por uma década, mas ao mesmo tempo tão fácil de beber agora. Uma contradição deliciosa.

96 PETIT CLOS BLOCK 212 TANNAT
Tannat 2019
$$$$$ | GARZÓN | 13.5°

Este **Petit Clos** vem do Block 212, originalmente parte do Single Vineyard Tannat e também parte do blend Balasto, o top da casa. É um conjunto de encostas graníticas viradas a norte e que dão um suco concentrado de aromas florais e frutados. Não é o clássico Tannat duro e ultra tânico que costuma estar relacionado com a cepa uruguaia. Ao contrário, é um tinto amigável, com taninos firmes e tensos - mas nunca agressivos -, em meio a uma camada de deliciosas frutas vermelhas suculentas. Guarde esta garrafa por pelo menos cinco anos.

96 PETIT CLOS BLOCK 27 ALBARIÑO
Albariño 2020
$$$$$ | GARZÓN | 14°

Este é o novo branco de Garzón, uma parcela (block 27) de pouco mais de um quarto de hectare voltada para o mar. Até à colheita de 2018, este block era destinado à Single Vineyard, mas a equipe da vinícola este ano decidiu separá-lo devido à concentração de sabores que este solo rico em granito lhes oferecia. O vinho fermentou dois terços em cimento e um terço em barricas "lancero". Estes recipientes são grandes, alongados e daí o "Lancero Barrel", em homenagem ao charuto que Fidel Castro fumava. Voltando ao vinho, esta segunda safra é ainda melhor que a primeira, que foi um dos melhores brancos no Descorchados 2020. Aqui há maior densidade, maior profundidade de sabores e texturas num branco que se move com delicadeza e frescor, carregando um corpo importante, grande, mas ao mesmo tempo muito ágil.

95 SINGLE VINEYARD ALBARIÑO
Albariño 2020
$$$$ | G A R Z Ó N | 14°

O Albariño é uma variedade importante em Garzón. Dos 239 hectares plantados nas encostas graníticas de Maldonado, cerca de 40 são de albariño. Este Single Vineyard provém de três parcelas que juntas somam um hectare. Esta área fica de frente para o oceano, cerca de 15 quilômetros em linha reta. É um Albariño denso, com sabores suculentos a frutas brancas e flores, com uma textura cremosa e agradável e sabores profundos. Se for necessário fazer uma prova do potencial do Albariño no Uruguai, seria necessário começar aqui.

94 SINGLE VINEYARD
Sauvignon Blanc 2020
$$$$ | G A R Z Ó N | 13°

Para este **Single Vineyard**, Garzón seleciona pequenas parcelas plantadas em solos graníticos altamente expostos, de pouca fertilidade e orientados a sudeste, numa orientação fria. Essa combinação de fatores parece ter um caráter distinto, não estando presente em outros exemplares da variedade sul-americanos. A exuberância de Leyda ou Casablanca, no Chile; o caráter fortemente mineral de Gualtallary, em Uco. Este Single Vineyard é austero, com uma certa mineralidade, mas sobretudo com sabores a frutas brancas (peras) numa estrutura tensa e suculenta, com uma acidez vibrante, com um corpo generoso, mas ao mesmo tempo com um caráter fresco. Este é um branco com muita personalidade, com uma marca de lugar, o que quer que isso signifique no contexto dos brancos de Maldonado, influenciados pelas brisas atlânticas.

94 SINGLE VINEYARD
Tannat 2019
$$$$ | G A R Z Ó N | 13.5°

Em 2019 decidiu-se que a qualidade não cedia para Balasto, o top da vinícola e que vem sendo produzido desde 2015 todos os anos. O Balasto tem como base o Tannat, que normalmente está entre 40% e 50% do lote final, e o resto foi todo para este vinho que agora brilha com os suas frutas vermelhas e os seus aromas e sabores especiados e florais. Tem 18 meses em barricas, mas não é sentido. Não interfere na sua expressão varietal. Na boca só se espalham fruta e taninos firmes e suculentos. Este é um delicioso Tannat, para beber agora ou para guardar por alguns anos.

93 GARZÓN BRUT ROSÉ
Pinot Noir 2019
$$$ | G A R Z Ó N | 12°

Trata-se de um Pinot Noir produzido com o método tradicional de segunda fermentação em garrafa e, neste caso, com nove meses de contato com as borras. Um vinho focado nos sabores da fruta, frutas vermelhas ácidas num corpo leve, mas ao mesmo tempo com tensão, com bolhas agudas e uma acidez que dá água na boca.

93 RESERVA
Albariño 2020
$$$ | G A R Z Ó N | **14°**

Garzón tem cerca de 40 hectares de Albariño e este é o exemplar de entrada, um Albariño suculento, com tons de frutas secas e ao mesmo tempo, detalhes cítricos. A textura é cremosa, mas também com uma acidez que pica o paladar. Está em contato com as borras há seis meses e isso é sentido nos aromas a padaria que se situam em meio dos sabores das frutas brancas. Para caranguejo com maionese.

93 RESERVA
Sauvignon Blanc 2020
$$$ | G A R Z Ó N | **13°**

Esta é uma seleção dos 17 hectares de Sauvignon Blanc que Garzón possui nas encostas de granito desta área da Baía de Maldonado. E é um branco delicioso, suculento, com muita intensidade, com uma marcada sensação herbácea e ao mesmo tempo com uma intensidade na acidez que faz com que o vinho se projete fortemente até o final do paladar. Basta pensar no ceviche de corvina à peruana, apenas macerado em limão.

93 RESERVA ROSÉ
Pinot Noir 2020
$$$ | G A R Z Ó N | **13.5°**

Esta é a primeira colheita deste rosé, cem por cento Pinot Noir, proveniente de uma seleção de vinhas nas colinas graníticas de Garzón, banhadas pela brisa atlântica da baía de Maldonado. Tem uma textura cremosa, sabores ácidos a frutas vermelhas e um corpo leve, muito condizente com um vinho que parece desenhado para ser bebido à beira da piscina, mas que também pode ser o companheiro perfeito para um carpaccio de atum. Uma verdadeira descoberta de frutas e suculência atlântica.

93 RESERVA TANNAT
Tannat 2019
$$$ | G A R Z Ó N | **14.5°**

Há pelo menos três safras (talvez quatro) que Garzón abandonou certas práticas, como a extração excessiva e a "madeirização", para se concentrar nas frutas que podem ser obtidas nas encostas de granito de sua propriedade na área de mesmo nome , a cerca de 15 quilômetros de distância do mar, na baía de Maldonado. E este Tannat prova isso. É pura fruta vermelha fresca e suculenta num vinho fácil de beber, mas ao mesmo tempo com a profundidade de um tinto sério, para esperar na garrafa.

93 SINGLE VINEYARD MERLOT
Merlot 2018
$$$$ | G A R Z Ó N | **14°**

Dos mais de 200 hectares de vinhedos de Garzón, cerca de 11 são Merlot. Com uma seleção destas plantas produz-se este vinho, uma variedade de safra precoce no contexto dos vinhedos da vinícola. Por exemplo, é colhido junto com Cabernet Franc, e um pouco depois do Pinot Noir. É um tinto suculento, com aromas frutados em todas as faces, de textura firme graças aos taninos agudos e à acidez intensa e penetrante. Perfeito para carne de porco defumada.

92 ESTATE PINOT ROSÉ DE CORTE
Pinot Noir, Caladoc, Cabernet Franc 2020
$$ | GARZÓN | 13.5°

Esta é uma excelente relação qualidade-preço, um blend à base de Pinot Noir e Caladoc mais 20% de Cabernet Franc sem barricas, que é pura fruta, puro frescor. Nesta safra foram feitas cerca de 140 mil garrafas e é bom saber que há muito suco refrescante no mercado. Um rosé para beber por litro no verão e, ao mesmo tempo, um dos bons rosés da atualidade no Uruguai.

92 GARZÓN EXTRA BRUT
Chardonnay, Pinot Noir 2019
$$$ | GARZÓN | 12°

Com 80% de Chardonnay e o resto Pinot Noir, este é um vinho espumante produzido com o método tradicional de segunda fermentação em garrafa, ou tradicional, e com nove meses de contato com as borras. Apresenta um caráter principalmente frutado, com sabores ácidos de frutas brancas em primeiro plano, corpo leve, acidez suculenta e bolhas agradáveis e abundantes. O vinho ideal para um aperitivo.

92 RESERVA
Marselan 2019
$$$ | GARZÓN | 14.5°

Marselan é um cruzamento de Cabernet Sauvignon e Grenache e tem funcionado muito bem no Uruguai. Este tem as frutas vermelhas e as notas herbáceas da casta, mas também os taninos firmes que vêm do Cabernet (não da Grenache) e que sustentam os sabores suculentos e frutados desta seleção de vinhas plantadas em 2009 nas colinas graníticas de Garzón, na baía de Maldonado, a cerca de 15 quilômetros do mar.

92 RESERVA CABERNET FRANC
Cabernet Franc 2019
$$$ | GARZÓN | 14.5°

Garzón tem cerca de 22 hectares de Cabernet Franc, e esta é uma seleção dessas vinhas, a maior parte delas plantadas em 2009. Após 12 meses em barricas, toda de madeira usada (barricas e pipas), o vinho tem uma forte presença de tonalidades herbáceas e frutadas. Tudo aqui é fresco e suculento, mas não é um vinho para a piscina, para matar a sede. Em vez disso, é um tinto para guisados, pois tem o frescor necessário para acompanhar carnes cozidas lentamente.

91 ESTATE PINOT GRIGIO DE CORTE
Pinot Grigio 2020
$$ | GARZÓN | 12.5°

Com baixíssimo teor alcoólico, que mal ultrapassa os 12 graus, é um Pinot Grigio delicioso e simples de beber, perfeito para acompanhar caranguejos em molho à base de maionese. E passar a tarde comendo e bebendo.

90 ESTATE CABERNET DE CORTE
Cabernet Franc, Tannat, Merlot, Marselan 2019
$$ | GARZÓN | 14°

Este tinto é baseado em 70% de Cabernet Franc mais percentagens mais ou menos semelhantes das outras variedades. É um vinho cheio de suco, cheio de frutas vermelhas maduras e uma textura que apresenta muitos taninos firmes, mas que se centra principalmente na fruta, cujos sabores são fáceis de beber, principalmente com carnes grelhadas.

90 ESTATE SAUVIGNON BLANC DE CORTE
Sauvignon Blanc 2020
$$ | G A R Z Ó N | **13°**

Garzón possui 17 hectares de Sauvignon e esta é uma seleção desses vinhedos, uma espécie de porta de entrada para o mundo dos brancos da vinícola. Este aqui tem notas de ervas e frutas cítricas em meio a tons de especiarias e novamente muitas ervas em um branco leve e fresco, ideal para o aperitivo.

90 ESTATE TANNAT DE CORTE
Tannat, Marselan, Cabernet Franc, Petit Verdot 2019
$$ | G A R Z Ó N | **14°**

Uma versão suculenta de Tannat, esta é uma ótima porta de entrada para um novo estilo de exemplares da variedade, muito mais acessível e suculento, menos sério e mais lúdico. Um tinto para levar ao churrasco e ser o rei da noite, este aqui oferece frutas vermelhas maduras e muita generosidade.

OUTRO VINHO SELECIONADO
89 | SINGLE VINEYARD Pinot Noir 2019 | Garzón | 13.5° | **$$$$**

Los Cerros de San Juan.

PROPRIETÁRIO SENFOR S.A.

ENÓLOGO Rodolfo Bartora

WEB www.bodegaloscerrosdesanjuan.com

RECEBE VISITAS Sim

• **ENÓLOGO** Rodolfo Bartora

[**LOS CERROS** de San Juan é uma das vinícolas mais antigas da América, inaugurada em 1854 nas encostas do Rio de la Plata, no departamento de Colônia. Depois de pertencer a vários proprietários, hoje está a cargo de um grupo de investidores argentinos. A vinícola foi declarada Patrimônio Histórico do Uruguai e hoje produz cerca de cem mil garrafas por ano, graças a 37 hectares de vinhedos.]

91 MADEROS GRAN RESERVA
Tannat 2016
$$$ | C O L O N I A | **13.5°**

Esta é uma seleção de vinhas com mais de 40 anos, plantadas em solos de pedra perto do Río de la Plata, a cerca de três quilômetros de distância, no departamento de Colônia. Estagiou durante 18 meses em carvalho e isso se faz sentir com bastante evidência, mas ao mesmo tempo aqui há uma forte presença de frutas negras, maduras e suculentas, frutas que foram colhidas no auge da maturidade e que agora dão a sensação de volúpia e doçura.

90 CUNA DE PIEDRA RESERVA ROBLE
Tannat 2018
$$ | C O L O N I A | **13°**

De vinhas com idades entre dez e 40 anos, plantadas em solos ricos em pedras nos socalcos aluviais do Río de la Plata, este Tannat é firme nos taninos, suculento nos sabores de fruta e tenso na acidez. Ideal para levar ao churrasco.

OUTROS VINHOS SELECIONADOS

89 | MADEROS GRAN RESERVA Cabernet Sauvignon 2016 | Colonia | 13.5° | **$$$**
88 | CUNA DE PIEDRA RESERVA ROBLE Chardonnay 2020 | Colonia | 12.8° | **$$**
85 | CUNA DE PIEDRA RESERVA ROBLE Cabernet Sauvignon 2018 | Colonia | 13° | **$$**

Marichal.

PROPRIETÁRIO Juan Andrés Marichal
ENÓLOGO Juan Andrés Marichal
WEB www.marichalwines.com
RECEBE VISITAS Sim

• **PROPRIETÁRIO & ENÓLOGO**
Juan Andrés Marichal

[**ESTA VINÍCOLA,** localizada na região de Etchevarría, no coração de Canelones, foi fundada pela família Marichal, imigrantes vindos das Ilhas Canárias no final do século XIX. Hoje são a terceira e quarta geração dos Marichal que dirigem o negócio, liderados pelo enólogo Juan Andrés Marichal, que também faz os vinhos da Sierra Oriental, no Departamento de Maldonado. O edifício da vinícola em Etchevarría data de 1917 e está rodeado por 50 hectares de vinhedos. Eles têm uma produção anual de 120 mil garrafas.]

IMPORTADORES: BR: www.ravin.com.br www.divvino.com.br

94 GRAND RESERVE A
Tannat 2018
$$$$$ | CANELONES | **13.5°**

Para **Grand Reserve**, Juan Andrés Marichal seleciona vinhas de Tannat dos vinhedos mais antigos, um lote de mais de 40 anos que, em anos excepcionais, é vinificado separadamente. 50% do vinho envelhece 18 meses em barricas (antes era cem por cento), todas de segundo e terceiro uso, enquanto a outra metade envelhece em tanques de concreto. Este é o clássico Tannat de Canelones, com solos ricos em calcário. Possui um esqueleto de acidez e taninos bem marcados, rodeados por frutas vermelhas maduras e notas de flores. É um vinho que pode agora ser apreciado com carneiro ou algo de poder semelhante, mas que será muito mais interessante de degustar daqui a dez anos.

93 RESERVE COLECTION
Pinot Noir, Tannat 2018
$$ | CANELONES | **13°**

Este é um blend bastante original entre 70% Pinot Noir e 30% Tannat, com 80% Pinot e 100% Tannat envelhecido em barricas por um ano, feitas de carvalho usado. Segundo Juan Andrés Marichal, essa é a proporção que funciona para eles. Mais Tannat ofuscaria o Pinot. O resultado é uma espécie de Pinot com maior concentração, com notas de frutas negras e flores e a clássica austeridade do Tannat que quase prevalece na boca. Um vinho muito original.

93 RESERVE COLLECTION
Tannat 2018
$$ | CANELONES | **13°**

Este **Reserve** é uma mistura de diferentes parcelas, com uma idade média de cerca de 25 anos, todas provenientes das vinhas de Marichal em Canelones, em solos argilosos e calcários. 70% do vinho envelhece em barricas durante um ano. A expressão austera e severa do cal no Tannat é claramente sentida aqui, embora também deva ser reconhecido que o lado frutado se torna expressivo à medida que o vinho é oxigenado na taça. A acidez é firme, afiada.

93 RESERVE COLLECTION ROSÉ
Pinot Noir, Chardonnay 2020
$$ | CANELONES | **12.5°**

Trata-se de um blend 60% Pinot Noir, vinificado como rosé, com breve maceração apenas na prensa, e 40% Chardonnay. 70% do volume é fermentado em barricas, mas não envelhece. O vinho é engarrafado de imediato e o resultado é um rosé delicioso, com grande força e pegada na boca, com tons florais e frutados, e com acidez como uma adaga na boca, marcando. Este é o vinho ideal para comer tempura de camarão no seu restaurante japonês preferido ou simplesmente comprar uma caixa e levar nas férias.

92 MARICHAL
Sauvignon Blanc 2020
$ | C A N E L O N E S | 12°

Este Sauvignon provém de uma seleção de vinhas de Marichal, plantadas na zona de Etchevarría, no final dos anos 90. Sem envelhecimento em barricas e com uma ligeira maceração pré-fermentativa de algumas horas e pouco mais de um mês em contato com a borras, é um branco com corpo, com peso na boca, mas ao mesmo tempo com uma acidez vibrante que anima todos os sabores. Ideal para frutos do mar crus, somente com limão.

91 MARICHAL
Tannat 2019
$ | C A N E L O N E S | 13°

10% do vinho é envelhecido em barricas por dez meses, enquanto o restante é deixado em tanques de concreto. É um Tannat suculento, com muita expressão de fruta, mas também com os taninos muito firmes e severos dos Tannat de Canelones, especialmente aquele que nasce em solos ricos em calcário, como é o caso. Um Tannat de dicionário, para beber com embutidos.

91 MARICHAL UNOAKED
Chardonnay 2020
$ | C A N E L O N E S | 12°

A acidez é a espinha dorsal deste Chardonnay, uma espinha dorsal da qual emergem sabores frescos de frutas brancas e também algumas ervas e flores. Tem um corpo muito bom, com taninos firmes e um final floral. Um Chardonnay muito fácil de beber, e agora pronto para o salmão grelhado. Este branco provém de vinhas com 20 anos e não tem envelhecimento em barricas nem fermentação malolática.

90 MARICHAL
Merlot 2019
$ | C A N E L O N E S | 13°

Excelente relação preço-qualidade neste Merlot de duas parcelas de 12 anos de idade. Sem envelhecer em barricas, é uma expressão rica e suculenta da casta. Um suco de frutas negras e ervas para beber com hambúrgueres.

90 PERIPLO ROSÉ
Tannat 2020
$ | C A N E L O N E S | 13°

Cem por cento Tannat, com uma hora de contato com as peles (o que lhe conferiu esta cor, bastante intensa) e com um aroma e sabor muito frutado; muito mais concentrado e firme do que o rosé típico que está na moda hoje, aqueles sutis e às vezes etéreos demais. Nesse caso, há um certo retorno a um estilo mais clássico na América do Sul, os rosés que eram feitos há 20 anos.

OUTROS VINHOS SELECIONADOS

89 | MARICHAL Cabernet Sauvignon 2019 | Canelones | 13° | $
89 | PERIPLO Tannat 2019 | Canelones | 13° | $
88 | PERIPLO Cabernet Sauvignon 2019 | Canelones | 13° | $
87 | PERIPLO Sauvignon Blanc 2020 | Canelones | 12° | $

Mataojo.

PROPRIETÁRIO Felipe Steinbruch
ENÓLOGO Jorge Pehar
WEB www.bodegamataojo.com
RECEBE VISITAS Sim

· PROPRIETÁRIOS
Felipe & Jorge Steinbruch

[**MATAOJO ESTÁ** localizada na área de Solis de Mataojo, no departamento norte de Salto. Lá a família Steinbruch do Brasil possui uma extensa propriedade dedicada principalmente à criação de cavalos e gado. No entanto, eles também alocaram uma área de cerca de 6 hectares para a produção de vinhos. O enólogo responsável por esta parte da empresa familiar é Jorge Pehar.] **IMPORTADOR:** BR: Ibis Participações e Serviços Ltda.

92 ALBARIÑO FRESCO
Albariño 2020
$$$ | U R U G U A Y | **13°**

Observe este Albariño entre os exemplos da variedade que você deve provar no Uruguai, país onde esta uva começa a dar cada vez mais o que falar. Nesse caso, o nariz é tímido, mas a boca é suculenta e rica em acidez crocante. Os aromas de frutas brancas, ao estilo pêssego, do Albariño, são claramente sentidos aqui. Este vem de vinhedos de cerca de dez anos na área de Lavalleja.

90 RESERVA MATAOJO
Tannat 2019
$$$ | U R U G U A Y | **14°**

Este Tannat apresenta um lado amigável e muito frutado, quase confitado, da variedade. Os aromas lembram cerejas em calda e o corpo é fluido, leve, com uma acidez rica e taninos muito suaves para os padrões da uva. Este Tannat é fácil de beber, com pizza, principalmente se resfriar um pouco a garrafa antes de abri-la.

OUTROS VINHOS SELECIONADOS

88 | ESPUMOSO NATURAL ALBARIÑO MATAOJO Albariño 2017 | Uruguai 13° | **$$$$**
88 | MERLOT RESERVA MATAOJO Merlot 2018 | Uruguai | 13.5° | **$$$**

Montes Toscanini.

PROPRIETÁRIO Leonardo Montes Toscanini
ENÓLOGO Leonardo Montes
WEB www.montestoscanini.com
RECEBE VISITAS Não

· PROPRIETÁRIO & ENÓLOGO
Leonardo Montes Toscanini

[**MONTES TOSCANINI** é uma vinícola familiar que atua desde 1979. Inicialmente, a produção era voltada para vinhos de mesa, até que em 1995 o enólogo e atual diretor, Leonardo Montes, decidiu dar um passo à frente e destinar parte de suas uvas de Canelones para vinhos de maior ambição. A vinícola está localizada na cidade de Las Piedras, na divisa de Canelones com o departamento de Montevidéu.] **IMPORTADORES:** BR: www.casaflora.com.br www.portoaporto.com.br

93 CRUDO
Cabernet Franc 2020
$$ | U R U G U A I | **13.6°**

Um Franc sem intervenção, apenas a fermentação do suco de fruta, este tinto tem as notas herbáceas da casta, mas também os sabores suculentos, os tons especiados e os taninos, que são finos e vivos. Sem envelhecer em barricas, é a pura expressão da casta nos solos argilosos e calcários de Canelones. Um vinho a ter em conta quando se fala de Cabernet Franc em outro lugar que não o Vale do Uco, ao sul de Mendoza. Abra para embutidos. Apenas 320 garrafas foram feitas deste vinho e uma deve ser obtida.

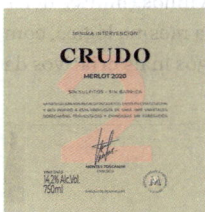

92 CRUDO
Merlot 2020
$$ | U R U G U A I | **14.2°**

Inserido no projeto de vinhos produzidos com mínima intervenção na garrafa (sem envelhecimento em barricas, sem sulfitos, nada mais do que fermentar frutas), este Merlot tem uma deliciosa base de sabores. É intenso, repleto de frutas negras e vermelhas maduras, mais especiarias e ervas. A textura é amigável, os taninos são redondos e doces; acidez, amigável. Um vinho tinto para morcilla grelhada.

92 CRUDO
Tannat 2020
$$ | U R U G U A I | **14.1°**

Este projeto Montes Toscanini aposta numa intervenção mínima da fruta na adega, sobretudo, sem aditivos; nem mesmo sulfuroso, um agente de higiene comum nos vinhos. Não envelhecido em madeira, este é um Tannat puro e suculento, uma visão clara da casta, com notas florais e especiadas, mas sobretudo com uma camada espessa e generosa de frutas negras que se espalha pela boca. A ideia é compreendida e parece muito bem sucedida num tinto cheio de frutas. A má notícia é que apenas 320 garrafas foram feitas este ano.

OUTRO VINHO SELECIONADO

89 | CARLOS MONTES Tannat 2018 | Uruguai | 13.5° | **$$**

Pablo Fallabrino.

PROPRIETÁRIO Pablo Fallabrino
ENÓLOGO Pablo Fallabrino
WEB www.bodegapablofallabrino.uy
RECEBE VISITAS Sim

• **PROPRIETÁRIO & ENÓLOGO**
Pablo Fallabrino

[**ESTE É** o novo projeto de Pablo Fallabrino, enólogo de Viñedo de los Vientos, na região de Atlántida. Esta última vinícola já não existe, e desde 2020 os seus vinhos (muitos deles com os mesmos nomes) fazem parte deste catálogo. Fallabrino segue a mesma lógica, com a mesma fruta e com o mesmo espírito experimental de um dos enólogos mais criativos da América do Sul.] **IMPORTADOR:** BR: www.europaimportadora.com.br

94 NOTOS
Nebbiolo 2019
$$ | ATLÁNTIDA | **13.5°**

Notos é o olhar de Fallabrino para o jovem Nebbiolo, mas sem abandonar o caminho da variedade pelo seu lado mais terroso. Na boca é uma pequena bomba de sabores, com tons de cogumelo, terrosos, e com uma estrutura de taninos forte, muito do lado da rusticidade da vinha, mas ao mesmo tempo fiel ao que é esta casta quando jovem, para beber com um risoto de cogumelos no almoço. Um exemplo que fornece uma foto bastante precisa da Nebbiolo em seu estado mais simples e acessível. Não se esqueça do risoto.

94 TANNAT
Tannat 2018
$$ | ATLÁNTIDA | **14°**

Este é o "clássico" Tannat de Fallabrino, um vinho tinto que vem dos vinhedos plantados em meados dos anos 1990 nos solos argilosos e calcários de Atlántida, a cerca de quatro quilômetros das águas do Río de la Plata quando encontra o sal da águas do Atlântico. Com 30% do lote envelhecido em barricas muito velhas, é uma fotografia da casta em Canelones, com a sua austeridade, os seus tons terrosos (como a Nebbiolo) e os taninos firmes, intensos e ásperos, rodeados de frutas vermelhas maduras, especiarias e flores. Embora agora você possa beber com salame, é melhor esperar de três a quatro anos para que ganhe complexidade.

93 ALMA (SOUL) SURFER ROSÉ
Barbera, Gewürztraminer, Chardonnay 2020
$$ | ATLÁNTIDA | **13.5°**

Este rosé tem 60% de Barbera, 30% de Gewürztraminer e o resto de Chardonnay. Todas as variedades são cofermentadas, sem adições (não contém enxofre), apenas uvas. O vinho tem uma concentração de sabores suculenta e uma acidez radiante que vem da Barbera, uma uva com forte presença de acidez que aqui faz brilhar os sabores. Um rosé um tanto turvo, mas delicioso. Guarde algumas garrafas para o verão.

93 ANARKIA
Tannat 2020
$$ | ATLÁNTIDA | **14°**

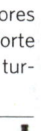

Anarkia é o vinho que abriu um mundo ao enólogo Pablo Fallabrino, o mundo dos vinhos naturais, sem adição; apenas cachos fermentando sem muito mais do que isso. Engarrafado sem filtrar, é a expressão pura do Tannat nas encostas argilosas e calcárias de Atlántida, uma vinha fortemente

influenciada pelo mar e pelo Río de la Plata, e que aqui mostra frutas vermelhas, especiarias e também flores. Na boca é tenso, com taninos duros e sabores frutados num tinto feito para embutidos.

93 ESTIVAL
Gewürztraminer, Chardonnay, Moscatel Blanco 2020
$$ | ATLÁNTIDA | **13.5°**

A primeira safra do Estival foi em 2004 e, desde então, segue uma fórmula semelhante. Esta é uma mistura de 60% Gewürztraminer, 30% Chardonnay e o resto de Moscato Bianco. O Chardonnay é colhido muito cedo, como se a fruta fosse destinada a um espumante, para dar nervo ao vinho, enquanto o Gewürz e o Moscato são colhidos muito tarde, para darem cremosidade e um lado mais frutado. As vinhas localizam-se em solos argilosos e calcários, com idades entre os 25 e os cinco anos. Todas as três variedades são cofermentadas e o resultado é um branco suculento e refrescante, cheio de frutas brancas maduras em meio a uma acidez vital e crocante. Um branco para beber por litros nas férias, com peixes grelhados.

92 BARBERA ESPECIAL
Barbera 2020
$$ | ATLÁNTIDA | **13.5°**

Esta Barbera cem por cento provém das vinhas Fallabrino na zona de Atlántida, onde o Atlântico encontra o Río de la Plata. Não envelhece em madeira e, segundo Pablo Fallabrino, é um vinho para todos os dias, fácil de beber. E o objetivo é alcançado em um tinto suculento, cheio de frutas frescas e acidez intensa. A estrutura possui taninos suficientes para levar ao churrasco.

92 PABLO FALLABRINO
Arneis, Chardonnay 2020
$$ | ATLÁNTIDA | **13.5°**

Trata-se de uma cofermentação de 60% Arneis (a família Fallabrino é originária do Piemonte, berço desta casta) e 40% Chardonnay, todos provenientes de vinhas próprias em Atlántida. Com seis meses nas borras, este ano o vinho apresenta-se untuoso, com sabores a frutas brancas maduras e frutos secos. O corpo é denso, com tons florais, e uma acidez rica que consegue equilibrar. Para peixe frito.

91 ALMA SURFER PET NAT
Nebbiolo 2020
$$$ | ATLÁNTIDA | **13.5°**

O avô de Pablo Fallabrino, produtor de vinhos como seu neto, costumava fazer um espumante doce de Nebbiolo. E Pablo, a seu exemplo, quis reavivar essa tradição familiar neste espumante feito com o método ancestral de uma única fermentação em garrafa e com 30 gramas de açúcar residual. O vinho tem um toque rústico, com os taninos do Nebbiolo muito presentes; taninos jovens que agarram fortemente o paladar. O resto são frutas vermelhas maduras num vinho que é ideal agora com embutidos.

90 ALMA SURFER PET NAT 2.0
Gewürztraminer, Chardonnay 2020
$$$ | ATLÁNTIDA | **13.5°**

Trata-se de um blend de 65% de Gewürztraminer e o restante de Chardonnay, feito com o método ancestral, com um dégorgement no final adicionando mistela como licor de expedição. Não tem outros aditivos, apenas fruta e aquela mistela que aqui se faz sentir com os seus sabores doces, combinados com frutas brancas maduras em meio a bolhas frescas e crocantes.

Pizzorno Family Estates

PROPRIETÁRIO Carlos Pizzorno
ENÓLOGO Carlos Pizzorno
WEB www.pizzornowines.com
RECEBE VISITAS Sim

[**CARLOS PIZZORNO** e sua família têm esta vinícola no bairro de Canelón Chico, em Canelones, e ali engarrafam seus vinhos desde 1982, uma forma de dar continuidade ao trabalho familiar que começou com o avô de Carlos, Próspero, que iniciou a construção da vinícola em 1924. Muito perto da vinícola encontram-se as vinhas, divididas em duas parcelas que totalizam cerca de 21 hectares. Com elas produzem 140 mil garrafas, 30 por cento delas da variedade Tannat, cepa de seus melhores vinhos.] **IMPORTADORES:** BR: www.grandcru.com.br www.obraprimaimportadora.com.br

---

95 PRIMO
Tannat, Malbec, Cabernet Sauvignon, Petit Verdot, Marselan 2017
$$$$$ | CANELÓN CHICO | **13.5°**

Este ano a Primo tem 40% Tannat, 25% Cabernet Sauvignon, 20% Malbec, 10% Marselan e 5% Petit Verdot. O envelhecimento em barricas dura um ano. Esta é a visão mais clara de Pizzorno quando se trata de tintos de solos argilosos e calcários em Canelones, uma área tradicional do vinho uruguaio. Tem pouco nariz aqui, quase nada. Aromas tímidos que contrastam com uma estrutura monástica forte e severa; os clássicos taninos de cal de Canelones que aqui impõem uma espécie de voto de silêncio. Ninguém além deles fala de um tinto que precisa de cinco anos, ou melhor, de dez, para mostrar tudo o que está escondido.

94 EXCLUSIVOS TINAJA
Tannat 2018
$$$ | CANELÓN CHICO | **14°**

Este é parte da linha de tintos que a Pizzorno produz em pequenas quantidades e que só são comercializados na vinícola em Canelón Chico, em Canelones. É uma seleção do Parcela 13, plantada em solos argilosos e calcários, plantada em 1997. O envelhecimento dura um ano em barricas e mais um ano em ânforas de barro espanholas e delas sai um vinho de corte Velha Escola, com a austeridade clássica dos vinhos de Canelones, nascidos em solos calcários. Essa versão tem aquela personalidade monolítica, quase monástica, rigorosamente austera. Um tinto para guardar durante uma década na garrafa. Possui acidez e taninos para envelhecer com muito mais que dignidade.

93 RESERVA
Sauvignon Blanc 2019
$$ | SUL DO URUGUAI | **13°**

30% deste vinho estagia em barricas novas de carvalho durante seis meses, o que tem um impacto significativo, tanto nos sabores como nos aromas deste Sauvignon. Esse lado defumado, tostado, com frutas secas e especiarias, mistura-se com ervas num vinho que, acima de tudo, é frutado e com um corpo importante. Este é o branco clássico de guarda. Leve para a adega até que a madeira se integre à fruta, ou seja, uns três a quatro anos.

93 RESERVA SELECT BLEND
Tannat, Cabernet Sauvignon, Malbec 2018
$$$ | CANELÓN CHICO | **13.5°**

Esta é uma mistura de 50% Tannat, 30% Cabernet Sauvignon e 20% Malbec. Envelhecido durante um ano em barricas, aqui a influência do Tannat plantado no cal, e a sua tensão e austeridade tânica, são fortemente sentidas, quase ofuscando o resto das uvas. É a força do clássico Tannat de Canelones, oferecendo aquela textura de giz em meio a sabores austeros, florais e de frutas negras. Um Canelones tinto de dicionário.

92 MAYÚSCULAS EDICIÓN LIMITADA
Marselan 2020
$$ | CANELÓN CHICO | **13°**

O Marselan é um cruzamento entre Cabernet Sauvignon e Garnacha, um pouco dos dois mundos que se opõem, mas que aqui se complementam num vinho muito fresco, muito vivo, marcado pelas notas frutadas que inundam o nariz e também o paladar. A textura é composta por agradáveis taninos que se integram com a acidez criando um tinto para beber e beber. Provém de vinhas com cerca de oito anos, plantadas nos solos argilosos de Canelón Chico, em Canelones. Não é envelhecido em barricas.

92 PIZZORNO RESERVA
Tannat 2017
$$ | CANELÓN CHICO | **13.5°**

Com solos ricos em calcário e argila, este é o exemplo clássico do Tannat severo e austero da zona de Canelones. As vinhas têm mais de 20 anos e sobretudo se fazem sentir a acidez e os taninos firmes da casta. É carnudo, suculento, com grande generosidade de sabores e, ao mesmo tempo, com tensão e nervo. Para beber com frios.

91 MAYÚSCULAS MACERACIÓN CARBÓNICA
Tannat 2020
$$ | CANELONES | **13.5°**

Este é um pioneiro na ideia de mostrar o Tannat como um vinho muito mais acessível, menos sério, mais fácil de beber do que normalmente se pensa quando se fala desta uva. A sua primeira safra foi em 2000 e, após várias alterações de rótulo e nome, a essência do vinho permanece a mesma. É um Tannat fresco e ágil, com fruta rica, textura macia e acidez pronunciada. Resumindo, esta safra segue o que já podemos chamar de tradição de Tannat para beber aos litros.

91 ROSÉ BRUT NATURE
Pinot Noir N/V
$$ | CANELÓN CHICO | **13.5°**

Depois de envelhecer sobre as suas borras durante um ano, segundo o método tradicional de segunda fermentação em garrafa ou "champenoise", é um vinho muito frutado e refrescante, com tons herbáceos e florais. A bolha é macia, quase acariciando a boca, mas em vez disso a acidez é firme e forte, o que lhe confere um caráter refrescante, nervoso, com muita tensão. Este é um rosé para beber por litro nas férias porque, além disso, é uma excelente relação qualidade-preço, uma das melhores do Uruguai em espumantes rosés.

OUTROS VINHOS SELECIONADOS
89 | DON PRÓSPERO Tannat, Malbec 2020 | Canelón Chico | 13.5° | **$$**
89 | PROFECÍA Tannat 2020 | Canelón Chico | 13.5° | **$**

Proyecto Nakkal Wines.

PROPRIETÁRIOS Santiago Degásperi, Nicolás Monforte & Bruno Bresesti
ENÓLOGOS Santiago Degásperi & Nicolás Monforte
WEB www.proyectonakkal.com
RECEBE VISITAS Sim

• **PROPRIETÁRIOS**

[**NAKKAL É** o projeto dos enólogos Santiago Degásperi, Nicolás Monforte e do viticultor Bruno Bresesti, e 2020 é sua primeira safra. Este pequeno negócio produz cerca de seis mil garrafas, todas baseadas em dois vinhedos, um em Las Violetas e outro no Colorado, ambas na zona de Canelones. O espírito da Nakkal é produzir vinhos com intervenção mínima.]

95 SUELTO
Tannat 2020
$$ | CANELONES | 12.3°

Uma sensação de pureza percorre este Tannat de vinhedos de cerca de 15 anos na região do Colorado, no coração de Canelones, um bairro clássico do Uruguai, especialmente para o Tannat. No entanto, este não é o Tannat tânico austero (muitas vezes sublime) da região, mas sim um outro caminho, muito mais frutado e bebível. Tem os taninos da casta - inevitáveis -, mas aqui há fruta fresca, suculenta, com tensão e uma acidez crocante que se projeta no palato com a sua sensação refrescante. Um verdadeiro achado para uma cepa que há muito mostra que tem muitas faces no Uruguai.

93 SUELTO
Marselan 2020
$$ | CANELONES | 12°

Feito com uma intervenção mínima, este Marselan provém de vinhas com cerca de oito anos, plantadas em solos argilosos na zona do Colorado, em Canelones. A fruta aqui manda, com os seus aromas a frutas vermelhas maduras em meio a especiarias e ervas, muito próprias da casta. Na boca apresenta uma acidez firme, repleta de taninos intensos e suculentos, sendo que os sabores da fruta dominam num tinto que se tomaria muito bem sozinho, à espera da carne na grelha, ou com tudo o que dela venha.

90 SIMPLE PETNAT NARANJA
Sauvignon Blanc 2020
$$ | CANELONES | 12.8°

Para os espíritos aventureiros, este - pelo menos na cor - não é exatamente um laranja, mas tem a textura de vinhos macerados com suas peles, daí o lado tânico e áspero de sua textura. É suculento, cheio de frutas brancas maduras e com uma acidez que favorece o frescor num vinho (branco, laranja, como preferir) que iria muito bem com limão.

90 SIMPLE PETNAT ROSÉ
Tannat 2020
$$ | CANELONES | 12.5°

De vinhas com cerca de oito anos na zona de Las Violetas, um lugar clássico no ainda mais clássico distrito de Canelones, este pet nat de uma única fermentação na garrafa (ou método ancestral) traz uma deliciosa carga de fruta. É um suco de cereja com bolhas que se bebe com a mesma facilidade com que se toma um suco no verão. Abra para o polvo grelhado.

OUTRO VINHO SELECIONADO
89 | SIMPLE PETNAT Ugni Blanc 2020 | Canelones | 11.6° | $$

Sierra Oriental.

PROPRIETÁRIO Rodrigo Diz
ENÓLOGO Gastón Vitale
WEB www.sierraoriental.com
RECEBE VISITAS Sim

• **ENÓLOGO** Gastón Vitale

[**A 32** quilômetros do mar, em Paraje José Ignacio, Sierra Oriental plantou sete hectares desde 2006 em um lote de 1.000 que a família Diz Morita comprou em 2003. Com eles produz cerca de 30.000 garrafas, entre tintos e brancos. O projeto começou como uma ideia, quando Rodrigo Diz pensou que, naquela região de Maldonado, em meio a uma das montanhas mais altas do Uruguai –cerca de 200 metros– se podia fazer vinho. Hoje eles têm variedades plantadas como Sangiovese, Tannat, Pinot Gris e Sauvignon Blanc.]

93 RESERVA ROSATO DI SANGIOVESE
Sangiovese 2020
$$ | MALDONADO | **13°**

Um rosé muito encorpado, com muita tensão, este Sangiovese cem por cento provém de cachos prensados diretamente, e que se sente na crocância da acidez e nos sabores que parecem especiados no palato. É um vinho de concentração, um rosé forte, de grande densidade, mas ao mesmo tempo de uma grande presença de acidez que aqui funciona como uma espécie de catalisador para impulsionar os aromas e sabores e torná-los mais generosos e, acima de tudo, mais frescos e crocantes. Um rosé para ceviche de camarão.

92 GRAN RESERVA
Pinot Grigio 2020
$$$ | MALDONADO | **12.5°**

Fresco e vivo, com a evidente influência da barrica (estagiou oito meses em madeira, sem malolática), mas também com os clássicos sabores de fruta e especiarias da casta que aqui estão muito presentes. Um delicioso branco para abrir com uma refeição ou almoço de verão. Opte por frutos do mar crus, marinados em limão.

92 RESERVA
Sauvignon Blanc 2020
$$ | MALDONADO | **12.5°**

Este Sauvignon vem de vinhedos plantados em 2005 na área da Baía de Maldonado, a cerca de 25 quilômetros do mar. Estagiou cinco meses em barricas, e o resultado é um branco refrescante, suculento, cheio de intensidade e acidez que permeia tudo em seu caminho. A madeira não se sente como protagonista, mas apenas como um condimento entre tantos outros, quase todos frutados, cítricos e refrescantes.

90 GRAN RESERVA CABERNET SAUVIGNON
Cabernet Sauvignon 2020
$$$ | MALDONADO | **14°**

A madeira é um ator central na história deste vinho. Sente-se aqui do nariz ao fim, mas também há muitas frutas vermelhas maduras e densas que podem, com o tempo na garrafa, prevalecer. Dê este vinho tinto cerca de dois anos antes de abrir.

90 ZULMA NATURE
Pinot Noir, Viognier 2018
$$ | CANELONES | **12.5°**

Com 80% de Pinot Noir e 20% de Viognier, este nature é feito com o método tradicional de segunda fermentação em garrafa e envelhece cerca de 20 meses nas suas borras. É frutado, com destaque para frutas brancas maduras e uma bolha refrescante. Muito bom para aperitivo.

OUTROS VINHOS SELECIONADOS
89 | GRAN RESERVA Petit Verdot 2020 | Maldonado | 14.5° | **$$$**
89 | GRAN RESERVA Tannat 2020 | Maldonado | 14.5° | **$$$**

Spinoglio.

PROPRIETÁRIO Diego Spinoglio
ENÓLOGOS Pablo Bieito & Paulo Lorenzou
WEB www.bodegaspinoglio.com
RECEBE VISITAS Sim

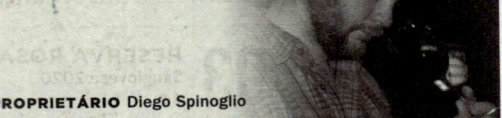

• **PROPRIETÁRIO** Diego Spinoglio

[**A FAMÍLIA**] Spinoglio veio do Piemonte para o Uruguai no final do século XIX; em 1961 compraram um antigo estabelecimento e vinhas onde começaram a fazer os seus vinhos. Em 2009, Diego Spinoglio e sua esposa, Alejandra, decidiram comprar a marca e as instalações da família e iniciaram sua própria jornada, sempre focada em Cuchilla Pereira, a cerca de cem metros acima do nível do mar, a segunda maior elevação do país. Nesse local de brisas permanentes e longe do perigo de geadas, têm 12 hectares de vinhedos, mais oito hectares que vinificam na zona da Sierra de Mahoma, no departamento de San José.]

95 ESTIBA RESERVADA TINAJA
Merlot, Cabernet Franc 2020
$$$$$ | MONTEVIDÉU | **14.5°**

Esta pequena produção de cerca de mil garrafas é um blend de 60% Merlot da região de Cuchilla Pereira, em Montevidéu, e 40% Cabernet Franc da Sierra de Mahoma, em San José, a oeste da cidade de Montevidéu. O vinho estagia dez meses em ânforas de barro espanhol e o que se engarrafa é um delicioso suco de frutas vermelhas maduras com ligeiros toques herbáceos. Na boca brilha com acidez enquanto se enche de sabores frutados e herbáceos. É um vinho amplo, com taninos finos e persistentes e frutado encantador. Beba hoje com embutidos ou deixe na adega por no mínimo cinco anos.

94 ESTIBA RESERVADA
Tannat 2016
$$$$$ | MONTEVIDÉU | **15°**

Esta é uma seleção das melhores parcelas do vinhedo Spinoglio em Cuchilla Pereira, no departamento de Montevidéu. Além disso, é uma seleção de barricas. Depois de escolhido, o vinho é deixado para estagiar neles por dois anos. O resultado é um Tannat ainda muito jovem, apesar dos anos em barricas e garrafas. A madeira aparece muito na frente, mas há um fundo de fruta muito generoso que vai cuidar de absorver os aromas e sabores do carvalho. É uma questão de paciência num vinho com muito potencial.

93 TANNAT DIEGO SPINOGLIO
Tannat 2019
$$$ | MONTEVIDÉU | **15°**

O envelhecimento em barricas deu notas de carvalho tostado e especiarias à exuberante fruta deste Tannat. Estagiou 18 meses em madeira, mas o vinho mantém-se eminentemente frutado, rico em notas de frutas vermelhas maduras. Os taninos são suculentos, intensos, mas não agressivos, enquanto a acidez faz um bom trabalho em refrescar todos esses sabores. Esta é uma seleção de vinhedos de propriedade de Spinoglio na região de Cuchilla Pereira, no departamento de Montevidéu.

93 TANNAT DIEGO SPINOGLIO SIN BARRICA
Tannat 2020
$$ | MONTEVIDÉU | **14.5°**

Esta seleção de Tannat da Cuchilla Pereira, no Departamento de Montevidéu, tem o DNA de Spinoglio, a suculência da fruta, a muito boa maturação, sem excessos, os taninos redondos, mas com algum toque para mostrar que são de Tannat e a sensação de fruta exuberante que permeia o paladar. Eles decidiram não adicionar envelhecimento em barricas (foi envelhecido por nove meses em tanques de concreto) para enfatizar ainda mais seu caráter frutado. E resultou muito bem num vinho tinto suculento.

93 TONEL X CORTE UNICO
Tannat, Merlot, Cabernet Franc N/V
$$$$ | MONTEVIDÉU | **14°**

Trata-se de um blend não só de castas (das Sierras de Mahoma e Cuchilla Pereira, principalmente) mas também de safras, neste caso, de 2009 a 2018. Foi engarrafado em outubro de 2019 e hoje apresenta uma deliciosa camada frutada emoldurada em taninos firmes e musculosos, muito de Tannat, que é a base do lote, com pelo menos 50% do lote final. Um vinho para a adega.

91 DIEGO SPINOGLIO
Chardonnay 2020
$$$ | URUGUAY | **13.5°**

Não envelhecido em barricas, mas com dez meses de contato com as borras em aço, este é um Chardonnay com uma textura densa, com muitos sabores a frutas brancas maduras e também flores. É intenso, mas ao mesmo tempo tem forte presença de acidez em um branco para pensar em carne de caranguejo com maionese.

91 DIEGO SPINOGLIO
Sauvignon Blanc 2020
$$ | MONTEVIDÉU | **13°**

Originário da região de Cuchilla Pereira, no Departamento de Montevidéu, envelhece cerca de seis meses sobre suas borras. É um vinho perfumado, com aromas principalmente herbáceos, com notas de frutas brancas suculentas num corpo que tem força, que não é o leve e simples Sauvignon, mas sim uma concentração maior que se pretende aqui. Para ostras.

91 TIERRA ALTA RESERVA
Tannat 2018
$ | MONTEVIDÉU | **14°**

Com uma excelente relação qualidade-preço, este é um Tannat que mostra claramente a variedade. É suculento nos taninos, com aromas a frutas vermelhas maduras e flores em meio a uma acidez firme e forte, e que

Spinoglio.

se move entre esses taninos pungentes proporcionando frescor, dando vitalidade aos sabores da fruta.

OUTROS VINHOS SELECIONADOS
89 | TIERRA ALTA RESERVA Chardonnay 2019 | Montevidéu | 12.5° | $
89 | TIERRA ALTA VARIETALES Tannat 2020 | Uruguai | 13° | $
88 | TIERRA ALTA RESERVA Merlot, Tannat 2018 | Montevidéu | 13.5° | $

Varela Zarranz.

PROPRIETÁRIOS Enrique, Laura, Cristina & Ricardo Varela
ENÓLOGO Santiago Degásperi
WEB www.varelazarranz.com
RECEBE VISITAS Sim

• **ENÓLOGO** Santiago Degásperi

[**A FAMÍLIA** Varela Zarranz iniciou a sua aventura com o vinho em 1933, na cidade de Las Piedras, no departamento de Canelones. Seu primeiro grande marco foi a compra, uma década depois, da vinícola construída em 1888 por Diego Pons, um dos pioneiros da viticultura uruguaia, na cidade de Joaquín Suárez, também em Canelones. Atualmente, a terceira geração da família Varela Zarranz está à frente da empresa. São cem hectares divididos em duas propriedades, Cuatro Piedras e Joaquín Suárez. Varela Zarranz tem uma produção anual de 120 mil garrafas.] **IMPORTADOR:** BR: www.divvino.com.br

92 | VARELA ZARRANZ BRUT NATURE
Chardonnay, Viognier 2017
$$ | C A N E L O N E S | 12°

Esta nature brut foi feito com o método tradicional de segunda fermentação em garrafa e com três anos de envelhecimento nas suas borras. Apesar desse tempo, o vinho parece muito frutado, refrescante graças a uma acidez que não só acrescenta nervos, mas também realça os sabores frutados. Um vinho suculento, com bolhas delicadas e abundantes. Este é um blend de 50% Chardonnay e 50% Viognier, todos de vinhedos próprios em Canelones.

91 | CABERNET FRANC ROBLE
Cabernet Franc 2018
$$ | C A N E L O N E S | 13.7°

No início, os aromas da madeira tendem a monopolizar todo o nariz deste Cabernet Franc, mas depois de um tempo a fruta aparece. Aromas à base de ervas e frutas vermelhas da casta em meio a um corpo firme, taninos vivos e uma acidez que realça os sabores frutados, enquanto a madeira passa a ficar em segundo plano.

91 | VARELA ZARRANZ
Tannat, Cabernet Franc 2020
$ | C A N E L O N E S | 14.5°

Este é um blend de 50% Tannat e 50% Cabernet Franc, todos provenientes de vinhedos com cerca de 20 anos plantados em Canelones, nos arredores de Montevidéu. 10% do vinho envelhece seis meses em barricas, num tinto que é fruta pura, puro sabor de frutas vermelhas e notas de ervas num corpo que se sente muito presente, especialmente para aqueles taninos que agarram o paladar com força, como se fossem garras. Um vinho para levar ao churrasco. É certo que chamará a atenção e também tem uma excelente relação qualidade-preço.

90 TANNAT ROBLE
Tannat 2019
$$ | C A N E L O N E S | **12.8°**

Este Tannat provém de uma vinha plantada em 2003 na zona de Joaquín Suárez, em Canelones. Os solos deste local são profundos e férteis e dão vinhos generosos, com taninos de Tannat não tão marcados como quando há presença de cal. Aqui está uma mistura de carvalho americano e francês, onde o vinho permanece por um ano antes de engarrafar. O Tannat consegue absorver muito bem os aromas e sabores da madeira e o que aqui predomina é a fruta, além de uma acidez considerável que eleva os sabores da fruta. Um tinto para pizza.

OUTRO VINHO SELECIONADO
88 | PETIT GRAIN MUSCAT Muscat 2020 | Canelones | 12.5° | **$**

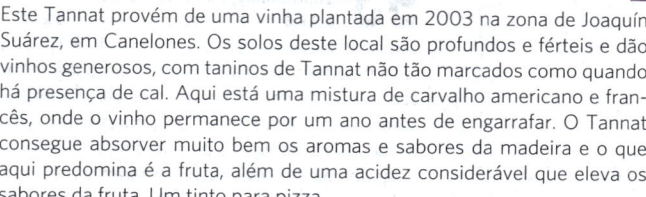

Viña Edén.

PROPRIETÁRIO Mauricio Zlatkin
ENÓLOGO Marcelo Breganti
WEB www.vinaeden.com
RECEBE VISITAS Sim

• **ENÓLOGO** Marcelo Breganti

[**MAURICIO ZLATKIN** é carioca e tem esse projeto de cerca de oito hectares plantados nos solos graníticos da Serra de Maldonado, bem próximo à Laguna del Sauce, a 25 quilômetros em linha reta do mar. Produz cerca de 44 mil garrafas anuais, concentradas em Tannat, mas também com muito bons resultados em vinhos espumantes. No local, Viña Edén possui um restaurante que tem uma vista incrível da paisagem da região, moldada pelas montanhas, em um mar de suaves colinas.] **IMPORTADOR:** BR: www.ruta12.com.br

95 VIÑA EDÉN ESPUMANTE 3D SUR LIES
NATURE ROSÉ Chardonnay, Pinot Noir 2017
$$$$$ | P U E B L O E D É N | **12.8°**

Este é um delicioso suco de frutas vermelhas para adultos. Um vinho espumante elaborado pelo método tradicional de segunda fermentação em garrafa e com 92% de Pinot Noir e o resto de Chardonnay. Sem dégorgement, o vinho permanece com suas borras até chegar ao consumidor e que, embora lhe dê um aspecto turvo, oferece sabores e texturas extras. É um espumante um pouco rústico, mas isso faz parte do seu charme. É frutado, crocante, tenso, delineado por uma acidez que parece ter uma aresta acentuada e um final que lembra frutas vermelhas ácidas.

94 VIÑA EDÉN ESPUMANTE 3D SUR LIES NATURE
Chardonnay, Pinot Noir 2018
$$$$$ | P U E B L O E D É N | **12.3°**

Este é um "sur lie" sem dégorgement, ou seja, as borras ou restos de leveduras mortas ainda permanecem em contato com o vinho no momento em que se abre. E isso se nota no aspecto turvo, mas também em seus sabores e em sua textura, que parecem um pouco rústicos no começo, mas que pouco a pouco se vão suavizando a medida que a bolha se retira deixa que os sabores se convertam em atores principais. É um espumante suculento, mas ao mesmo tempo fresco. Um que viria a calhar com peixe frito.

93 PUEBLO EDÉN MÉTHODE CHAMPENOISE ROSÉ
Chardonnay, Pinot Noir 2019
$$$$ | PUEBLO EDÉN | 12.7°

Um rosé delicioso, este é um blend de 80% Chardonnay e 20% Pinot Noir feito pelo método tradicional de segunda fermentação em garrafa e com seis meses de contato com as borras. É fresco, suculento, cheio de fruta e com uma bolha crocante que, juntamente com a acidez, oferece um carácter de verão, de vinhos para as férias. Melhor se há frutos do mar frescos na grelha ou um ceviche de camarão. E melhor ainda se estiverem na praia. Beba este vinho por litros. Simples, direto e delicioso.

92 PUEBLO EDÉN MÉTHODE CHAMPENOISE BRUT
Chardonnay, Pinot Noir 2019
$$$$ | PUEBLO EDÉN | 12.7°

Com 80% Chardonnay e 20% Pinot Noir e seis meses em contato com as borras pelo método tradicional de segunda fermentação em garrafa, tem muito pouco açúcar residual, apenas 3,5 gramas por litro. Isto acentua o seu lado refrescante e frutado num espumante para beber diariamente, como aperitivo, principalmente se está de férias a desfrutar do mar. Este suco de fruta espumante seria um ótimo companheiro para saborear frutos do mar crus, marinados com limão.

90 PUEBLO EDÉN VERANO
Pinot Noir 2018
$$$ | PUEBLO EDÉN | 12.5°

Com cinco meses de envelhecimento nas suas borras, em aço, este Pinot Noir cem por cento com cachos prensados diretamente, é um suco de cereja ácida, rico em texturas crocantes e muitos sabores de frutas vermelhas. Um rosé para pensar no verão e no marisco ou no peixe no vapor com especiarias.

OUTRO VINHO SELECIONADO
89 | PUEBLO EDÉN CHARDONNAY Chardonnay 2018 | Pueblo Edén | 12.2° | $$$

Argentina Índice de vinícolas.

Argentina Índice de vinícolas.

Brasil Índice de vinícolas.

Uruguai Índice de vinícolas.